左傳集評

一

The Collection of Comments and Punctuation on *Zuozhuan*

李衛軍　編著

圖書在版編目(CIP)數據

左傳集評/李衛軍編著. —北京：北京大學出版社，2016.12
ISBN 978-7-301-27885-7

Ⅰ.①左… Ⅱ.①李… Ⅲ.①中國歷史—春秋時代—編年體 ②《左傳》—研究 Ⅳ.①K225.04

中國版本圖書館CIP數據核字(2016)第321558號

書　　　名	左傳集評 ZUOZHUAN JIPING
著作責任者	李衛軍　編著
責任編輯	武　芳　吳遠琴　王　應
標準書號	ISBN 978-7-301-27885-7
出版發行	北京大學出版社
地　　　址	北京市海淀區成府路205號　100871
網　　　址	http://www.pup.cn　新浪微博：@北京大學出版社
電子信箱	zpup@ pup.cn
電　　　話	郵購部62752015　發行部62750672　編輯部62756449
印　刷　者	北京宏偉雙華印刷有限公司
經　銷　者	新華書店 720毫米×1020毫米　16開本　140.5印張　2207千字 2016年12月第1版　2023年 5月第3次印刷
定　　　價	360.00元（1—4）

未經許可，不得以任何方式複製或抄襲本書之部分或全部內容。
版權所有，侵權必究

舉報電話: 010-62752024　電子信箱: fd@pup.pku.edu.cn
圖書如有印裝質量問題，請與出版部聯繫，電話: 010-62756370

國家社科基金後期資助項目
出版説明

　　後期資助項目是國家社科基金項目主要類別之一，旨在鼓勵廣大人文社會科學工作者潛心治學，扎實研究，多出優秀成果，進一步發揮國家社科基金在繁榮發展哲學社會科學中的示範引導作用。後期資助項目主要資助已基本完成且尚未出版的人文社會科學基礎研究的優秀學術成果，以資助學術專著爲主，也資助少量學術價值較高的資料彙編和學術含量較高的工具書。爲擴大後期資助項目的學術影響，促進成果轉化，全國哲學社會科學規劃辦公室按照"統一設計、統一標識、統一版式、形成系列"的總體要求，組織出版國家社科基金後期資助項目成果。

全國哲學社會科學規劃辦公室

目　　録

一

序一 …………………………………… 杜澤遜/1
序二 …………………………………… 劉永翔/2
前　言 ……………………………………………… 1
稀見及有重要價值《左傳》評點序跋 …………… 41
凡　例 …………………………………………… 82
隱公(元年至十一年) ……………………………… 1
　◇隱公元年 ……………………………………… 3
　◇隱公二年 …………………………………… 40
　◇隱公三年 …………………………………… 41
　◇隱公四年 …………………………………… 67
　◇隱公五年 …………………………………… 77
　◇隱公六年 …………………………………… 87
　◇隱公七年 …………………………………… 91
　◇隱公八年 …………………………………… 94
　◇隱公九年 …………………………………… 98
　◇隱公十年 ………………………………… 102
　◇隱公十一年 ……………………………… 105
桓公(元年至十八年) …………………………… 125
　◇桓公元年 ………………………………… 125
　◇桓公二年 ………………………………… 127

- ◇桓公三年 …………………………………………………… 141
- ◇桓公四年 …………………………………………………… 145
- ◇桓公五年 …………………………………………………… 145
- ◇桓公六年 …………………………………………………… 152
- ◇桓公七年 …………………………………………………… 168
- ◇桓公八年 …………………………………………………… 169
- ◇桓公九年 …………………………………………………… 173
- ◇桓公十年 …………………………………………………… 174
- ◇桓公十一年 ………………………………………………… 177
- ◇桓公十二年 ………………………………………………… 183
- ◇桓公十三年 ………………………………………………… 186
- ◇桓公十四年 ………………………………………………… 191
- ◇桓公十五年 ………………………………………………… 193
- ◇桓公十六年 ………………………………………………… 197
- ◇桓公十七年 ………………………………………………… 200
- ◇桓公十八年 ………………………………………………… 204

莊公(元年至三十二年) ……………………………………… 209
- ◇莊公元年 …………………………………………………… 209
- ◇莊公二年 …………………………………………………… 210
- ◇莊公三年 …………………………………………………… 211
- ◇莊公四年 …………………………………………………… 211
- ◇莊公五年 …………………………………………………… 217
- ◇莊公六年 …………………………………………………… 217
- ◇莊公七年 …………………………………………………… 221
- ◇莊公八年 …………………………………………………… 222
- ◇莊公九年 …………………………………………………… 230
- ◇莊公十年 …………………………………………………… 237
- ◇莊公十一年 ………………………………………………… 245

- ◇莊公十二年 …………………………………… 248
- ◇莊公十三年 …………………………………… 251
- ◇莊公十四年 …………………………………… 252
- ◇莊公十五年 …………………………………… 259
- ◇莊公十六年 …………………………………… 260
- ◇莊公十七年 …………………………………… 262
- ◇莊公十八年 …………………………………… 263
- ◇莊公十九年 …………………………………… 265
- ◇莊公二十年 …………………………………… 268
- ◇莊公二十一年 ………………………………… 270
- ◇莊公二十二年 ………………………………… 273
- ◇莊公二十三年 ………………………………… 281
- ◇莊公二十四年 ………………………………… 284
- ◇莊公二十五年 ………………………………… 286
- ◇莊公二十六年 ………………………………… 288
- ◇莊公二十七年 ………………………………… 289
- ◇莊公二十八年 ………………………………… 291
- ◇莊公二十九年 ………………………………… 299
- ◇莊公三十年 …………………………………… 300
- ◇莊公三十一年 ………………………………… 301
- ◇莊公三十二年 ………………………………… 302

閔公(元年至二年) ………………………………… 312
- ◇閔公元年 ……………………………………… 312
- ◇閔公二年 ……………………………………… 320

二

僖公(元年至三十三年) …………………………… 343
- ◇僖公元年 ……………………………………… 343

◇僖公二年 …………………………………… 345
◇僖公三年 …………………………………… 350
◇僖公四年 …………………………………… 352
◇僖公五年 …………………………………… 371
◇僖公六年 …………………………………… 386
◇僖公七年 …………………………………… 388
◇僖公八年 …………………………………… 395
◇僖公九年 …………………………………… 398
◇僖公十年 …………………………………… 413
◇僖公十一年 ………………………………… 419
◇僖公十二年 ………………………………… 421
◇僖公十三年 ………………………………… 423
◇僖公十四年 ………………………………… 425
◇僖公十五年 ………………………………… 428
◇僖公十六年 ………………………………… 454
◇僖公十七年 ………………………………… 456
◇僖公十八年 ………………………………… 460
◇僖公十九年 ………………………………… 462
◇僖公二十年 ………………………………… 468
◇僖公二十一年 ……………………………… 469
◇僖公二十二年 ……………………………… 472
◇僖公二十三年 ……………………………… 483
◇僖公二十四年 ……………………………… 501
◇僖公二十五年 ……………………………… 529
◇僖公二十六年 ……………………………… 538
◇僖公二十七年 ……………………………… 548
◇僖公二十八年 ……………………………… 556
◇僖公二十九年 ……………………………… 593

◇僖公三十年 …………………………………… 595
◇僖公三十一年 ………………………………… 607
◇僖公三十二年 ………………………………… 610
◇僖公三十三年 ………………………………… 615

文公(元年至十八年) …………………………… 636
◇文公元年 ……………………………………… 636
◇文公二年 ……………………………………… 645
◇文公三年 ……………………………………… 656
◇文公四年 ……………………………………… 664
◇文公五年 ……………………………………… 668
◇文公六年 ……………………………………… 670
◇文公七年 ……………………………………… 680
◇文公八年 ……………………………………… 693
◇文公九年 ……………………………………… 697
◇文公十年 ……………………………………… 699
◇文公十一年 …………………………………… 703
◇文公十二年 …………………………………… 706
◇文公十三年 …………………………………… 712
◇文公十四年 …………………………………… 720
◇文公十五年 …………………………………… 726
◇文公十六年 …………………………………… 734
◇文公十七年 …………………………………… 742
◇文公十八年 …………………………………… 749

宣公(元年至十八年) …………………………… 761
◇宣公元年 ……………………………………… 761
◇宣公二年 ……………………………………… 764
◇宣公三年 ……………………………………… 783
◇宣公四年 ……………………………………… 793

◇宣公五年 …………………………………… 802
◇宣公六年 …………………………………… 804
◇宣公七年 …………………………………… 805
◇宣公八年 …………………………………… 806
◇宣公九年 …………………………………… 808
◇宣公十年 …………………………………… 810
◇宣公十一年 ………………………………… 814
◇宣公十二年 ………………………………… 820
◇宣公十三年 ………………………………… 861
◇宣公十四年 ………………………………… 863
◇宣公十五年 ………………………………… 867
◇宣公十六年 ………………………………… 880
◇宣公十七年 ………………………………… 882
◇宣公十八年 ………………………………… 887

三

成公（元年至十八年） …………………………… 893
◇成公元年 …………………………………… 893
◇成公二年 …………………………………… 895
◇成公三年 …………………………………… 931
◇成公四年 …………………………………… 942
◇成公五年 …………………………………… 944
◇成公六年 …………………………………… 948
◇成公七年 …………………………………… 955
◇成公八年 …………………………………… 960
◇成公九年 …………………………………… 968
◇成公十年 …………………………………… 976
◇成公十一年 ………………………………… 981

- ◇成公十二年 …… 986
- ◇成公十三年 …… 991
- ◇成公十四年 …… 1009
- ◇成公十五年 …… 1013
- ◇成公十六年 …… 1020
- ◇成公十七年 …… 1052
- ◇成公十八年 …… 1065

襄公（元年至三十一年） …… 1078
- ◇襄公元年 …… 1078
- ◇襄公二年 …… 1080
- ◇襄公三年 …… 1085
- ◇襄公四年 …… 1095
- ◇襄公五年 …… 1109
- ◇襄公六年 …… 1115
- ◇襄公七年 …… 1118
- ◇襄公八年 …… 1123
- ◇襄公九年 …… 1130
- ◇襄公十年 …… 1147
- ◇襄公十一年 …… 1165
- ◇襄公十二年 …… 1177
- ◇襄公十三年 …… 1178
- ◇襄公十四年 …… 1185
- ◇襄公十五年 …… 1211
- ◇襄公十六年 …… 1217
- ◇襄公十七年 …… 1221
- ◇襄公十八年 …… 1227
- ◇襄公十九年 …… 1236
- ◇襄公二十年 …… 1245

◇襄公二十一年 …………………………………… 1248
◇襄公二十二年 …………………………………… 1264
◇襄公二十三年 …………………………………… 1277
◇襄公二十四年 …………………………………… 1299
◇襄公二十五年 …………………………………… 1313
◇襄公二十六年 …………………………………… 1339
◇襄公二十七年 …………………………………… 1368
◇襄公二十八年 …………………………………… 1394
◇襄公二十九年 …………………………………… 1411
◇襄公三十年 ……………………………………… 1437
◇襄公三十一年 …………………………………… 1456

四

昭公（元年至三十二年） ………………………… 1485
　◇昭公元年 ……………………………………… 1485
　◇昭公二年 ……………………………………… 1524
　◇昭公三年 ……………………………………… 1531
　◇昭公四年 ……………………………………… 1552
　◇昭公五年 ……………………………………… 1577
　◇昭公六年 ……………………………………… 1596
　◇昭公七年 ……………………………………… 1606
　◇昭公八年 ……………………………………… 1628
　◇昭公九年 ……………………………………… 1635
　◇昭公十年 ……………………………………… 1641
　◇昭公十一年 …………………………………… 1649
　◇昭公十二年 …………………………………… 1658
　◇昭公十三年 …………………………………… 1677
　◇昭公十四年 …………………………………… 1701

◇昭公十五年 …………………………………… 1708
◇昭公十六年 …………………………………… 1717
◇昭公十七年 …………………………………… 1727
◇昭公十八年 …………………………………… 1736
◇昭公十九年 …………………………………… 1746
◇昭公二十年 …………………………………… 1754
◇昭公二十一年 ………………………………… 1783
◇昭公二十二年 ………………………………… 1792
◇昭公二十三年 ………………………………… 1799
◇昭公二十四年 ………………………………… 1810
◇昭公二十五年 ………………………………… 1814
◇昭公二十六年 ………………………………… 1835
◇昭公二十七年 ………………………………… 1849
◇昭公二十八年 ………………………………… 1861
◇昭公二十九年 ………………………………… 1872
◇昭公三十年 …………………………………… 1879
◇昭公三十一年 ………………………………… 1884
◇昭公三十二年 ………………………………… 1892

定公(元年至十五年) ………………………………… 1900
◇定公元年 ……………………………………… 1900
◇定公二年 ……………………………………… 1908
◇定公三年 ……………………………………… 1910
◇定公四年 ……………………………………… 1912
◇定公五年 ……………………………………… 1930
◇定公六年 ……………………………………… 1937
◇定公七年 ……………………………………… 1942
◇定公八年 ……………………………………… 1944
◇定公九年 ……………………………………… 1953

- ◇定公十年 …………………………………………… 1960
- ◇定公十一年 ………………………………………… 1973
- ◇定公十二年 ………………………………………… 1974
- ◇定公十三年 ………………………………………… 1978
- ◇定公十四年 ………………………………………… 1984
- ◇定公十五年 ………………………………………… 1991

哀公(元年至二十七年) ……………………………… 1995
- ◇哀公元年 …………………………………………… 1995
- ◇哀公二年 …………………………………………… 2005
- ◇哀公三年 …………………………………………… 2014
- ◇哀公四年 …………………………………………… 2019
- ◇哀公五年 …………………………………………… 2023
- ◇哀公六年 …………………………………………… 2025
- ◇哀公七年 …………………………………………… 2035
- ◇哀公八年 …………………………………………… 2041
- ◇哀公九年 …………………………………………… 2047
- ◇哀公十年 …………………………………………… 2049
- ◇哀公十一年 ………………………………………… 2051
- ◇哀公十二年 ………………………………………… 2066
- ◇哀公十三年 ………………………………………… 2071
- ◇哀公十四年 ………………………………………… 2078
- ◇哀公十五年 ………………………………………… 2090
- ◇哀公十六年 ………………………………………… 2096
- ◇哀公十七年 ………………………………………… 2109
- ◇哀公十八年 ………………………………………… 2115
- ◇哀公十九年 ………………………………………… 2116
- ◇哀公二十年 ………………………………………… 2117
- ◇哀公二十一年 ……………………………………… 2120

◇哀公二十二年 …………………………………… 2120
◇哀公二十三年 …………………………………… 2121
◇哀公二十四年 …………………………………… 2122
◇哀公二十五年 …………………………………… 2124
◇哀公二十六年 …………………………………… 2128
◇哀公二十七年 …………………………………… 2132
後記 ………………………………………………… 2139

序一

《左傳集評》是李衛軍同志用多年心血搜集、鑒別、考訂、編纂而成的《左傳》學巨著，在《左傳》學史上可以説是總結評點成就的第一部力作，具有集大成和里程碑的地位。

《左傳》在中國經學史、史學史、文學史等領域地位顯赫，歷代的研究成果異常豐富，構成了中國學術史的重要領域。在這一領域中，就著作方式和角度來説，宋、元、明、清至民國八百年間的《左傳》評點成果，可以説自成系統，碩果纍纍。這不僅表現在形式上，而且表現在内容上，都和一般注釋迥然不同，是《左傳》學史上一個重要的分支。搜集這一階段的評點材料，進行整理、鑒別、考訂、梳理，并作出深入的研究，對我們全面認識《左傳》學成就以及中國學術史的全貌，都是不可或闕的工作。衛軍同志可以説是這一領域的開拓者，不僅撰寫了研究專著《左傳評點研究》，而且完成了集八百年《左傳》評點成果大成的《左傳集評》，其學術貢獻理應受到尊敬。我看到的《左傳集評》書稿，洋洋二百二十餘萬言，網羅宏富，其中不乏罕見秘本，讀者難得一見。全書體例嚴明，條理清楚，符合古籍整理傳統規範。該書問世後，必將受到學術界的廣泛歡迎，並拓展《左傳》研究的新領域，對全面總結宋元以來評點學成就也具有一定的示範意義。

衛軍同志是華東師大劉永翔先生的博士弟子，《左傳》評點研究是博士論文選題，既得劉先生指授，宜其駕輕就熟，修成正果。博士卒業，執教商丘師範學院，承蒙不棄，引爲同道，負笈沛上，佐理群經，深得切磋之樂，遂獲先睹之快。忽忽三載，書將授梓，囑爲序言。余惟義不容辭，因綴數語報之。

丙申孟冬滕人杜澤遜敘於山東大學校經處

序二

　　評點之學,其來舊矣。探"評"之源者,有溯至南朝鍾仲偉、劉彥和者。然二賢著作,咸有評而無點。若認此爲"評點"之"評"之濫觴,何不更上推至《毛詩序》耶?有以知其不然矣。至於"點",《禮記·學記》有云:"一年視離經辨志。""離經",疏曰:"謂離析經理,使章句斷絶也。""辨志"則以黄儆季《羣經説》之辨爲確,其言曰:"辨其章悎而標識之也。"能句之、讀之,繼而標識之矣,則文義自見、章悎自明也。此童蒙初學之事,而有人者取其法筆於竹帛,於是章句之學出矣。然言其爲"點"之源,似亦求之過遠。評而兼點,要當起於真西山之《文章正宗》、謝疊山之《文章規範》也。斯道歷宋元而萌達、至明清而大行。顧人多以此爲剖析文心而創,則未免小之乎視其用矣,其未見經史評點而率言之乎?如《左傳》,經也,亦史也,此夫人而知之者也。而其書固評點之大宗,其中不獨有論文者,亦頗有闡經義及辨史實者焉。苟徵其朔,則《公羊》《穀梁》之説《春秋》大義其庶幾乎?

　　弟子李君衛軍,敏事訥言,深思好學,寢饋於《左傳》評點之學有年,成《左傳集評》一巨帙,都二百一十萬言,意在爲《左傳》學與夫評點之學增其倉儲、大其疆界、深其掘發也。十載之勞,萬里之行,歷代《左氏》評點之言搜羅幾盡,讀者手此一編,可不假他求矣。

　　李君搜紹之多,讀者開卷即知。而其深造自得之言皆發於自序。評點者何,學界論者雖多,而未有能全愜人意者。李君折中群言,斷以己意,曰:取文字而讀之,有所見,筆於原文頁上,詮之、品之、議之,其所涉,則文藻、人物、史事、經學、義理,無施不可,惟訓詁考據之類不與焉。此即"評點"之"評"也,而"評"之不麗於原文者則非其類。兹説得吾心矣。

　　其所爲歷代《左傳》評點之分期,亦非苟而定者,下帷苦讀苦索而後乃得之也。其言曰:南宋之前,孕育期也;明萬曆之前,形成期也;

萬曆至明末，發展期也；清初至乾隆朝，全盛期也；嘉慶至民初，延續、餘輝期也。五期之定，驗之誠不可易也。

今其書將付手民，李君問序於余。余喜其勇進，樂其有成，而癃老學退思枯，聊綴數語如上。其精其勤，吾知世之知言、知音者必能知之，進而佩之也。

丙申年十一月杪龍游劉永翔寂潮甫序於海上

前　言

《左傳集評》將傳世《左傳》評點作品匯于一書，力圖爲《左傳》學研究提供新的材料與研究視角。因學界目前對於"評點"尚未有統一看法，故本部分先對"評點"涵義有所界定，并對《左傳》評點的研究現狀、研究意義及《左傳》評點學的發展史略作介紹。

一、"評點"釋義

評點是我國最具特色的批評體式之一，研究者在界定評點時多視其爲一種文學批評手法，這是對評點內涵的一種窄化，限制了其研究範圍。究其實，評點不僅僅是一種文學批評，還可涉及經學、史學等內容。在本質上，評點應是對本文的一種解釋。而通過對評點內涵的重新審視，我們可以擴大評點學的研究範圍，建立更合乎實際的評點學體系。

何謂評點？古人並未有明確的界定，偶有論及者，也以評點之起源及功用爲多。其言起源者，如章學誠謂："評點之書，其源亦始鍾氏《詩品》、劉氏《文心》。然彼則有評無點，且自出心裁，發揮道妙。"① 曾國藩則認爲："梁世劉勰、鍾嶸之徒，品藻詩文，褒貶前哲，其後或以丹黃識別高下，於是有評點之學。"② 章學誠又言："評點始于宋人，原爲啓牖蒙學設法。"③ 黃宗羲也説："文章行世，從來有批評而無圈點，自《正宗》、《軌範》肇其端，相沿以至荊川《文編》、鹿門《大家》，一篇之

---

① （清）章學誠著，葉瑛校注：《文史通義校注》，北京：中華書局，1985年，第958頁。
② （清）曾國藩：《經史百家簡編》，《續修四庫全書》1537冊，第624頁。
③ （清）章學誠著，倉修良注：《文史通義新編新注》，杭州：浙江古籍出版社，2005年，第600頁。

中，其精神筋骨所在，點出以便讀者，非以爲優劣也。"① 而言及功用者，如袁無涯謂評點能"通作者之意，開覽者之心。"② 方苞則説："文之義蘊深微，法律變化者，必於總批、旁批揭出，乃可使學者知所取法。"③ 姚鼐認爲："圈點足以啓發人意，有愈於解説者矣。"④ 章學誠也談到："至於纂類摘比之書，標識評點之册，本爲文之末務，不可揭以告人，只可用以自志。……然爲不知法度之人言，未嘗不可資其領會，特不足據爲傳授之秘爾。……然使一己之見，不事穿鑿過求，而偶然流覽，有會於心，筆而志之，以自省識，未嘗不可資修辭之助也。"⑤ 可以看出，不論是言起源，還是談功用，清代學者都有意無意的把評點和文學批評聯繫起來，這在某種程度上也影響了今人對評點的界定。不過，前人所論多是對評點某一方面特點的描述，而不是嚴格的定義，而評點所涉及的範圍，也遠不止以上所述。

若進一步考察，則可發現，對於什麽是"評點"，前人並無一致的用法。今人視爲"評點"的作品，前人則有"評""批""評閲""點評""批點""批評""評林""評釋""評定""評品""評選""批選""鈔評""參評""品題""評論""評較""評次"等不同之名稱，就中又以"批點""批評""評點"三者使用爲多。然則今人作爲一種批評體式名稱的"評點"，不過是以一總多，以偏概全，而上述各概念之内涵實則並不一致。故前人可以不加分别，把評點作爲一種不言自明之概念加以使用。而我們爲研究之方便，則必須對"評點"之含義有所界定。

到目前爲止，學界多視"評點"爲一種特殊的文學批評方式。如譚帆先生認爲："評點是中國古代文學批評的一種重要形式，與話、品等一起共同構成古代文學批評的形式體系。"⑥ 張伯偉先生也説："評點是中

---

① （清）黄宗羲：《南雷文定》，《續修四庫全書》1397册，第254頁。
② （明）袁無崖刻：《新鐫李氏藏本忠義水滸全傳》，明刻本，卷首發凡。
③ （清）方苞：《欽定四書文凡例》，《文淵閣四庫全書》1451册，第6頁。
④ （清）姚鼐：《答徐季雅》，《叢書集成續編》130册，第904頁。
⑤ （清）章學誠著，倉修良注：《文史通義新編新注》，杭州：浙江古籍出版社，2005年，第141頁。
⑥ 譚帆：《中國小説評點研究》，上海：華東師範大學出版社，2001年，第6頁。

國文學批評的傳統方式之一。"① 而孫琴安先生甚至提出了"評點文學"的概念，認爲："評點文學是一種兼有文學批評和文學作品雙重屬性的文學形態。"② 應該說，多數的評點作品側重文法的揭示，可以歸爲文學批評的範疇。但是，若衡以我國評點的實際情形，則其說又不能涵蓋"評點"的全部內涵，因爲評點不僅涉及文學批評，還可涵涉經學、史學等方面內容，僅視其爲文學批評在某種程度上窄化了其內涵。之所以會有這樣的誤解，有多方面的原因。首先，評點這種批評體式的成熟在南宋，且最初應用於古文選本，如《古文關鍵》、《文章軌範》等，而這些選本都是以指導習文爲主的。其次，古人談到評點起源及功用時，如前所述，也多論及其指導作文的一面。再者，今日研究評點者，多側重於小說、戲曲、詩歌等文學性較強的作品，這無形中加強了評點是一種文學批評的印象。

既然評點不僅僅是一種文學批評，我們應怎樣對其加以界定呢？到目前爲止，不少學者爲了研究方便，已對評點提出許多有建設性的看法，我們將試着在時賢論述的基礎上提出自己的意見。

朱世英等幾位先生合著之《中國散文學通論》有"評點篇"，認爲"評點的含義有廣狹之分，狹義的評點專指批點結合的形式，離開作品的評論不包括在內。廣義的評點是開放的概念，凡是對作家和作品的評論都可以納入評點學的範疇。"③ 譚帆先生認爲其界定"抽去了評點作爲文學批評一種形式的特殊性"，混亂了文學評點的實際內涵，可謂深中其病。而孫琴安先生"評點文學"的提法，譚帆先生也不以其說爲然，認爲評點與文本的結合，只是文學傳播中的"特殊文本形態"，而非"文學形態"，進而認爲"評點文學"兼有"文學批評和文學作品雙重屬性"的提法，容易"混淆評點的特殊性質"，"不利於對評點作深入的研究"。

譚帆先生在對他人批評的基礎上，提出了自己看法。他說：

一、評點是中國古代文學批評的一種重要形式，與"話"、"品"

---

① 張伯偉：《中國古代文學批評方法研究》，北京：中華書局，2002年，第543頁。

② 孫琴安：《中國評點文學史》，上海：上海社會科學出版社，1999年，第1至2頁。

③ 朱世英等：《中國散文學通論》，合肥：安徽教育出版社，1995年，第907至908頁。

等一起共同構成古代文學批評的形式體系。這種批評形式有其獨特性，其中最爲重要的是批評文字與所評作品融爲一體，故只有與作品連爲一體的批評才稱之爲評點。其形式包括序跋、讀法、眉批、旁批、夾批、總評和圈點。

二、正因爲評點與所評作品融爲一體，故帶有評點的文學作品成了一種獨特的文本形式，這種文本一般稱之爲評本。"評本"是文學作品在其傳播過程中一種特殊的文本形態，而非"文學形態"，這種文本形態對中國文學批評史的研究和中國文學傳播史的研究有重要價值。

三、評點在總體上屬於文學批評範疇，是一種對文學作品的評價、判斷和分析。但在古代文學批評史上，評點在俗文學領域如戲曲和通俗小説則越出了文學批評的疆界，介入了對作品本身的修訂和潤色，這是一個特例，但也是一個不應忽視的現象。①

應該説，這種界定更進了一步，注意到了"評點"中批評與圈點並用，並與本文相結合的特點，也注意到了評點者對於文本的介入行爲。但是，此種界定仍把評點局限于文學批評範疇，未能充分認識評點内涵的豐富性。

相較而言，日本學者高津孝在某種意義上對評點的内涵有所開拓，並提出了"評點派"與"標點派"的區分。高氏謂："關於評點文本，吕祖謙與朱熹的看法相互對立。這種對立使得爲文本施加附加要素時，分別向兩個不同的方向展開，即形成了評點本流派與標點本流派。評點是對文章進行批評的一種行爲形態，它重視文章的表現技法。與此相對，標點則以輔助讀者讀解文本內容爲目的，其對象主要是《四書》。標點一派始于朱子高徒黄榦，繼有何基、王柏。標點以句讀施點以及爲文中重要之處施抹爲重點。我們現在所使用的標點法即淵源於此。與評點不同，它並不印刷出來，而主要是使用朱、墨、黄等色筆。"② 從高氏所論，我們可以得到以下幾點看法：在我國評點系統中，存在着評點派與標點派

---

① 譚帆：《中國小説評點研究》，上海：華東師範大學出版社，2001年，第6頁。

② 高津孝：《科舉與詩藝—宋代文學與士人社會》，上海：上海古籍出版社，2005年，第74至75頁。

的對立，評點的對象是文章，屬於文學範疇；標點的對象是四書五經，屬經學範疇。評點側重文章技法的揭示，標點則側重經書內容之解讀。二者最明顯之區別是所用圈點符號之差異，而高氏所謂"評點"、"標點"之區分似亦主要依據此形式之不同。應該説，高氏能指出評點不僅限於文學批評，是其獨具隻眼處。只是其論述仍有可商之處，因爲無論從評點對象抑或圈點形式，都難以對"評點派"與"標點派"劃出嚴格界限。從評點對象看，如果以爲對文章的批評即屬評點派，對經書的批評則屬標點派，那麼明人孫鑛、鍾惺等人的評經活動，實屬於文學批評之範疇，明顯無法歸入標點派的行列。若從圈點形式看，以爲用句讀標抹即屬標點派，圈點則屬於評點派，則所謂標抹之用法亦爲後世之評點者所普遍採用，批點經書者亦非完全不用圈點的形式。實際上，在我國評點發展的過程中，圈點符號從來不曾有過統一之用法，也不存在標抹與圈點的嚴格區別，所以不同的評點者在刊刻其作品時，往往在凡例中對其圈點符號的用法給予説明。因此，對於評點的界定，我們還是應從評語、圈點符號與文本結合的角度，從總體上加以考慮。

關於評點，臺灣學者張素卿運用詮釋學方法所作定義，給我們提供了一種新的視角。她認爲"評點"起源于對經典文本的閱讀與解釋，"從形式上説，'評點'的'點'，指圈、點、抹、畫之類的標示符號；'評'則是指眉批、夾評、旁注、總論等語言文字的評論。評點結合標示符號以及語言文字的評論，不離本文（text）地逐字、逐句、逐段分析其脈絡綱領，指陳其呼應佈局或字句修辭，實際展示閱讀的進程，並藉此引導它的讀者進行閱讀以理解本文。這樣的評點分析，是一種本文解釋。"① 把"評點"視爲一種"本文解釋"，突破了僅把"評點"作爲一種文學批評的狹隘性。因爲"解釋"既可以從文學的視角，亦可以從經學、史學的角度，這對我們正確理解評點的含義頗有啓發意義。但須説明的是，她此處的"解釋"借用了西方詮釋學的術語，其目的在於強調"評點"的閱讀進程性，突出其與"文學批評"之間的差異。她把評點的閱讀進程概括爲：

先掌握全篇主意，由内容旨趣照看形式佈局，然後從尋繹其經

---

① 張素卿：《評點的文本分析》，臺灣"敘事學學會"2000年12月20日第九次聚會會議摘要。按：下文所引相同，不一一作注。

營結構如何體貼題目大概；既綜觀整體主意，復分析各個部分段落如何鋪陳、呼應，總綰成意思相承的本文整體。字裏行間，又揭示遣詞用字修辭之法，指引讀者尋味而深觀其體貼題目處。這樣，由綜觀整體而後進入部分，復縮合部分形成整體理解，如此分析離合的閱讀進程，透露著評點家對"詮釋學迴圈"具體而微的體認。

應該說，她對"評點"閱讀進程性的分析是非常深刻的。須指出的是，她的分析是基於一些典型的評點作品，實則相當一部分評點作品並不揭示這樣一種整體—部分—整體的"閱讀進程"，特別是一些集評之作，如凌稚隆的《史記評林》等。她在上述分析的基礎上，否定了評點是一種文學批評的提法，認為"文學批評是已經閱讀和理解本文之後，品騭其優劣；評點則在本文之中進行閱讀，不離乎本文理解的意義進程。這是評點跟文學批評的不同。"也就是說，文學批評是閱讀"本文"之後的反觀，是對"本文"優劣的評價，而評點本質上則是"閱讀進程"的展示。

由上述可知，把"評點"視為一種"文本解釋"，張素卿基本上是借用了西方詮釋學的方法。但是，如同我們上面所提到的，並非所有評點作品都展示閱讀的進程。而且，還有相當的作品也涉及對文本的評價，如孫鑛所評《春秋左傳》，就經常指出左氏文法的不足。因此，僅把"評點"視為一種"文本解釋"，從而與文學批評對立起來，這種界定仍有其局限性。因此，我們更傾向于在本義層面運用"解釋"一詞，因為"解釋"體現了批評者對本文的獨特理解，也就必然包含着對作品的評價。當然，這種評價可以是文學、經學或者史學的。因此，評點雖不等同于文學批評，但卻包含着文學批評的方面。

還應指出的是，為了突出"評點"的閱讀特性，張素卿特別強調了"評點"中"點"的決定作用。個人以為，這也不符合我國"評點"的實際。她認為："評點在形式上以'點'為要，而'評'次之；性質上，則以閱讀為基本，而批評次之。運用標示符號或評論文字，伴隨本文予以分析離合，呈現閱讀的進程，這是評點的基本特質。"之所以要提升"點"的地位，乃因為"'點'具有須隨文標示的特性，而標示性的符號適合分析、提示，評騭優劣則不夠明確。那麼，'點'特別能凸顯其閱讀的性質，正是評點有別于文學批評的重要特徵。"也就是說"點"必須依附本文的特性，使它更能揭示"評點"的閱讀性質，而評論則有"評隲優劣"的作用，更接近于文學批評。既然要使"評點"和"文學批評"

劃清界限，自然要突出能體現"評點"閱讀特性的方面。當然，她認爲"評點"具有以"點"兼"評"特質，亦有自己的理由。綜其所論，不出以下幾個方面：一，"點"具有不離本文的特點，有些評點文獻甚至只有"點"而沒有"評"。二，評點自成一格的特色厥在運用圈點抹畫的標示符號，並與經典同刊共傳，隨文批註以展示其閱讀的進程。三，宋、元儒者標抹點畫，"辭不費而義明"，由此推之，文辭扼要簡約是"評點"之特點，早期的批點或評點，當以點畫爲主。四，黃宗羲曾圈點自己之《南雷文定》而無評，且謂圈點始于《正宗》、《軌範》，其作用在點出文章精神筋骨所在，以便讀者，非以爲優劣。由黃氏之論觀之，"點"的作用在"點出以便讀者"，指導讀者領會本文，不以"優劣"爲的。故"評點"雖兼"評"與"點"，實當以"點"爲要。但若細加分析，這幾點理由均有值得商榷之處。首先，謂有些評點文獻只有"點"而沒有"評"，這是事實，但也有一些評點文獻只有"評"而沒有"點"，如淩稚隆之《春秋左傳注評測義》，我們是否應據此説"評點"具有以"評"兼"點"的特質呢？其次，運用圈點抹畫隨文批註，與經典同刊共傳確是"評點""自成一格之特色"，但"眉批"、"旁批"、"夾批"等批評形式亦隨文批註，與經典同刊共傳，又何嘗不是評點自成一格之特色呢？其三，宋元評點確實文辭簡約，但點畫同樣簡約，是否以"點"爲主，似尚可探討。即便其時"評點"以點畫爲主，那也只是評點形成期之特色，我們今天所討論之"評點"更多是指明清時期成熟期的批評形式，而其時圈點之地位絕不在批評之上。其四，至於黃氏所論，其本意未必以爲"評點"即圈點，或者以爲"評"、"點"中"點"居於統攝地位。即便其有此意，亦只是一家之言，不可據爲定論。而黃氏所論止於圈點，而不及"評"，自然是"非以爲優劣也"，不能據以説明"評點"這種批評的整體特色。綜上所述，"評點"作爲一種批評體式，應是"評"、"點"並重，既不是以"點"兼"評"，亦不是以"評"統"點"。

既然僅將評點視爲一種文學批評形式不能完全揭示評點內涵的豐富性，那麼，我們應怎樣確定評點的義界呢？在此，我們略舉數例，分析一下評點到底涉及哪些範圍，在此基礎上，對評點的義界重新加以探討。

明末評點風行，孫鑛、鍾惺等人且以之評經，招致了清代正統學者的不滿，四庫館臣就一再加以抨擊，因官方輿論的導向，一些學者在評點《左傳》時，有意與文學批評劃清界限。如魏禧所評，彭家屏參訂之

《左傳經世鈔》，有圈點，有眉批、夾批及篇末總評，是典型的評點作品。而其書魏禧自序則云：

  讀書所以明理也，明理所以適用也，故讀書不足經世，則雖外極博綜，内析秋毫，與未嘗讀書同。經世之務莫備于史，禧嘗以爲《尚書》，史之太祖，《左傳》史之太宗。……而古今禦天下之變備于《左傳》。明其理、達其變，讀秦漢以下之史，猶入宗廟之中，循其昭穆而别其子姓，瞭若指掌矣。嘗觀後世賢者當國家之任，執大事、決大疑、定大變，學術勳業爛然天壤。然尋其端緒，求其要領，則《左傳》已先具之。①

又謂所選"皆古今定變之大略"、"辭令之極致"。而彭家屏所訂凡例又言："向來評《左傳》者，多不論事而論文。然論文者僅資學人之咀茹，何如論事者開拓萬古之心胸？是編專主論事，原取其有關於世務。舊抄本中，尚有一二涉于選《左》餘緒者，兹概從刪削。俾知經世之大猷，不得視爲古文之糟粕。"②由魏、彭二氏之言可知，魏禧所評已以經世資鑒爲目的，然尚偶有論及文法者，而彭家屏又盡刪其涉"選《左》餘緒者"，是其書端爲歷史之批評，而與文學無涉。

  明人淩稚隆於《史記》、《漢書》皆有集評之作，而題曰"評林"，其于《左傳》亦有集評之作，體例與《史記》、《漢書》略同，却名之爲《春秋左傳注評測義》，其意蓋以《左傳》爲解釋《春秋》而作，欲由對《左傳》之"注"、"評"，"測"孔子《春秋》之微意。王世貞作序，謂稚隆是書"盡采諸家之合者而薈蕞之，發杜預之所不合者而針砭之，諸評騭左氏而嫟者皆臚列之，左氏之所錯出而不易考者，或名或字或謚或封號，咸實之編首，一開卷而明之。不惟左氏之精神血脈不至關索，而吾夫子之意十亦得八九矣。"③認爲稚隆由對《左傳》之評，而得孔子之意，可謂深得稚隆本心。是則其書實爲經義之批評，而不以文學爲尚。

  由以上所述可知，評點之内容，實兼及經學、史學、文學等諸多方面，僅視評點爲一種文學批評，實在是一種誤解。在此，我們結合時賢

---

① （清）魏禧：《左傳經世鈔》，《續修四庫全書》120 冊，第 287 頁。
② （清）魏禧：《左傳經世鈔》，《續修四庫全書》120 冊，第 288 頁。
③ （明）淩稚隆：《春秋左傳注評測義》，《續修四庫全書》經 126 冊，第 563 頁。

對於評點的幾種界定，取其是，而舍其不足，對於評點的義界重新規定如下：

　　評點是我國古代頗富民族特色的一種批評體式，本質上是對於本文的一種閱讀詮釋。它運用"評"、"點"與本文結合的方式展示批評者對於本文的獨特理解。此種批評有其內容與形式方面之雙重規定性。

　　就形式而言，此種批評須是"評"、"點"與本文結合，脱離本文之批評不是評點。其中"評"包括序跋、讀法、解題、眉批、旁批、夾批、尾批等形式；"點"則指圈、點、標、抹、截等標示符號。有"評"有"點"是此種批評的常見形態，但亦存在有"評"無"點"或有"點"無"評"的作品。具體評點作品對於"評"、"點"的各種形式，亦多取其一至數種而很少賅備。

　　就内容而言，此種批評有别于傳統之傳箋注疏。注疏特重訓詁，致力於詞義之訓釋、典故之抉發，當然也涉及句義解釋、義理探討，甚至文本主旨的概括。而評點則側重于文本脈絡結構之分析、人物之評價、史事之探討、經義之抉發、思想之探討。因此，徒具評點體式，而内容不符者，亦不能視為評點作品。

對評點的義界重新加以限定後，我們就可以突破傳統評點研究的局限，擴大評點學的研究範圍，由單純的文學批評，擴大為對本文的解釋，從而建立更合乎實際的評點體系。

　　（本部分曾以《"評點"釋義——以〈左傳〉爲中心的述論》爲題，在《古代文學理論研究》二十七輯發表）

二、《左傳》評點之研究現狀與《左傳》集評之意義

（一）《左傳》評點之研究現狀

　　《左傳》文采若雲月，高深似山海，于義爲經，于體爲史，于用爲文，在我國古代產生了廣泛而深遠的影響。就經學而言，爲《春秋》三傳之一，以事解經，乃解讀《春秋》所必不可少者。就史學而言，爲現存最早敘事詳盡之編年體史書，被劉知幾《史通》列爲六家之一，最受推崇；就文學而言，乃先秦古文之典範，舉凡唐宋八家、明清古文無不受其影響。評點者從"文"本身出發，對《左傳》進行解讀，其著作尚

存者有近百種，除去複重，有研究價值者也有五六十種。近年來，《左傳》評點引起學界越來越多的關注，成果漸多，但仍有很大研究空間。

　　整體上看，對《左傳》評點的研究可以分專人專書研究與綜合研究兩類。專人專書方面，臺灣學者從事較早，蔡妙真有博士論文《〈左繡〉研究》（2000年）和專著《追尋與傳釋——〈左繡〉對〈左傳〉的接受》（2003），另有會議論文兩篇，即《〈左傳微〉裏的微詞妙旨》與《未許經典向黃昏——〈左傳微〉評點的時代特色》；劉文強有論文《〈左傳微〉論鄭莊公——及相關經學問題》（2002年）與《再論鄭莊公——補〈左傳微〉》（2006年）；陽平南有論文《魏禧〈左傳〉史論——以互見於〈左傳經世鈔〉及其文集者為例》（2005年）、《魏禧〈左傳經世鈔〉初探》（2006年）與《魏禧〈左傳經世鈔〉的"決疑御變"論——舉石碏及子產為例》（2010年）；黃肇基有專著《鑒奧與圓照：方苞、林紓的〈左傳〉評點》（2008年）。大陸的研究則集中於最近幾年，張根雲有論文《王源〈左傳評〉對清初古文敘事研究的貢獻》；程玉佳有碩士論文《金聖歎〈左傳〉評點研究》（2011）；張博有碩士論文《吳闓生〈左傳微〉評點藝術研究》（2013）；顧明佳有碩士論文《王源〈左傳評〉研究》（2013），並圍繞王源《左傳評》發表有學術論文5篇；劉朋娜有碩士論文《鍾評〈左傳〉研究》（2014）；張盼盼有碩士論文《孫鑛〈左傳〉評點研究》（2014）與論文《釋"陭"——孫鑛〈左傳〉評點關鍵字研究》（2014）；卓莉有碩士論文《林紓的〈左傳〉選評本及其古文理論研究》（2014）；楊增良有論文《王源〈左傳評〉的時代特色》（2014）與《李文淵〈左傳評〉對方苞評點的繼承與超越》（2014）。

　　綜合研究方面，李衛軍有博士論文《〈左傳〉評點研究》（2008），修改後於2014年由中國社會科學出版社出版。江偉波有碩士論文《康乾時期〈左傳〉文學評點研究》，楊增良有碩士論文《清代桐城派〈左傳〉評點研究》，莊丹有論文《〈四庫全書總目〉與清前期〈左傳〉文學評點》及《金聖歎與清前期〈左傳〉文學評點》等。

　　可以看出，除了幾家綜合研究，學者們關注的對象相對集中，而《左傳》評點中有價值者尚多，進行比較、綜合研究也還有很大空間，因此，很有必要對《左傳》評點文獻進行系統地整理。

　　（二）《左傳》集評之意義与價值

　　《左傳集評》在學術方面具有以下價值：

第一，爲《左傳》學的研究提供豐富的材料，拓寬了《左傳》學的研究範圍。目前的幾部《春秋》、《左傳》學史，很少運用《左傳》評點材料。其實評點者對於《左傳》經學、史學、文學等方面，都有獨到見解。就經學而言，姜炳璋《讀左補義》成書於乾隆37年，正值乾嘉漢學鼎盛之際。學界通常認爲當時學者多諱談義理，以避文字之禍。而此書卻以發揮大義爲主，不以訓詁考證爲尚，且對攘夷、復仇等説尤所究心。而其書進呈後，爲四庫館臣收入存目，姜氏並未因此得罪，這説明乾嘉時期之文字獄未必如後世渲染的那樣酷烈。一般認爲，清代《春秋》學重視義理研究始於嘉慶時期常州莊存與、劉逢禄等今文學派，但炳璋此書成於乾隆時期，可以改變傳統的錯誤認識。就文學角度講，方苞、姚鼐、方宗誠、吳闓生、林紓等的《左傳》評點，構成了桐城派文論的重要基石。馮李驊《左繡》、王源《左傳評》、劉繼莊《左傳快評》等，對傳統文章學的許多概念，如賓主、虛實、奇正等，都有闡發，具有較高理論價值。這些作品既然都以《左傳》爲研究對象，自然應納入《左傳》學的研究範疇。

第二，爲評點學研究提供豐富材料，有利於評點學體系的構建與完善。《左傳》兼具經、史、文之特質，而評點者對其品評也涵涉經學、史學、文學等不同層面，這使其具有很大的獨特性。以往多視評點爲一種文學批評，如前所述，這其實窄化了評點的内涵。通過《左傳》評點作品的匯集，可以把更多作品納入評點學研究範疇，有助於我們構建更符合實際的評點學體系。

第三，在應用價值方面，《左傳》重視禮、義、仁、智、信等美德，強調禮爲立身之幹，無禮者常有禍報，行禮者多有福應。評點者通過對《左傳》中人物是非成敗之評價，爲我們提供修身之鑒。對於祛除當下浮躁世風，培養具有完善道德之個體，具有重要作用。《左傳》善於描寫戰爭，評點者對《左傳》中戰爭之法多有論述，去粗存精，亦可爲當世之軍事理論提供有益參考。至如文法方面，評點者通過對《左傳》文法的分析，總結出了許多文學創作的普遍規律，對於不少文章學概念，如賓主、虛實、伏應、奇正等，都有精彩發揮，對於建設當代文學理論也有重要參考價值。

二、《左傳》評點發展史

真正意義上的《左傳》評點，始於南宋真德秀《文章正宗》中有關《左傳》的部分。但是，前此學者們對《左傳》多角度的研究，爲《左傳》評點的正式形成提供了有益的探索，所以把南宋以前作爲《左傳》評點的孕育期。從南宋至二十世紀初"評點"這種批評體式退出歷史舞臺，對《左傳》的評點綿延不絕，歷時七百餘年。我們把這段歷史大致分爲四個時期：明萬曆以前，是《左傳》評點的形成期；明萬曆至明末，爲《左傳》評點的發展期；明末至清乾隆時期，爲《左傳》評點的全盛期；清嘉慶至民國初年，可稱《左傳》評點的延續與餘輝期。

（一）南宋以前：《左傳》評點的孕育期

《左傳》可以從經、史、文三個不同的層面加以解讀，在今存之《左傳》評點作品中，雖以探討文法者居多，而從經、史角度加以審視者也不乏其人。因南宋以前，學者們對於《左傳》的研究，主要是從經學角度，揭示其書法，闡明其義理，其成果豐富，能爲評點者提供深厚之積累，不待多言。故此處所謂南宋以前之《左傳》評點因素，主要是指在文、史兩個方面的零星議論，以見從文、史角度對《左傳》進行評點者，也淵源有自。

從文之視角欣賞《左傳》者，較早有東漢《公羊》學者李育，《後漢書·儒林傳》謂李育嘗讀《左氏傳》，"雖樂文采，然謂不得聖人深意"云云。而晉之王接亦善《公羊》學，也否定《左傳》爲解釋《春秋》而作，但却比李育更進一步，指出了《左傳》文辭富麗的特點。其言曰："左氏辭義贍富，自是一家書，不主爲經發。"① 而荀崧則在肯定左氏傳《春秋》的基礎上，指出其文辭之特點："其書善禮，多膏腴美辭，張本繼末以發明經意，信多奇偉，學者好之。"② 而賀循則視《左傳》爲史，以形象之語言稱美左氏曰："左氏之傳，史之極也。文采若雲月，高深若

---

① 《晉書》，北京：中華書局，1978年11月。卷51《王接傳》，第1435頁。
② 《晉書》，卷75《荀崧傳》，1978頁。

山海。"① 而范寧《穀梁傳序》則從批評的角度，指出《左傳》文辭的特點，他説："左氏豔而富，其失也誣。"范寧之説，影響深遠，嗣後之批評《左傳》者，似多從此一角度。如唐張九齡即謂"左氏以豔富稱誣"②，權德輿亦言左氏"終巫豔而多失"③，韓愈所謂"左氏浮誇"④，雖不必爲貶辭，其于左氏文采之體認亦與前人無異。而真正對左氏文法有較深刻的論述者，還首推劉知幾。劉氏主要從史學角度推崇《左傳》敘事，認爲其能尚簡、用晦、文約而事豐。《史通·模擬》篇云："蓋左氏爲書，敘事之最。"其《敘事》篇謂左氏敘事多："言近而旨遠，辭淺而義深。雖發語已殫，而含意未盡。使夫讀者望表而知裏，捫毛而辨骨，覩一事於句中，反三隅於字外。"而《雜説·上》于左氏文采之稱美，更是酣暢淋漓，爲後世豔羨左氏文采者反復引證，其語云："左氏之敘事也，述行師則簿領盈視，哤聒沸騰；論備火則區分在目，修飾峻整；言勝捷則收穫都盡；記奔敗則披靡橫前；申盟誓則慷慨有餘；稱譎詐則欺誣可見；談恩惠則煦如春日；紀嚴切則凛若秋霜；敘興邦則滋味無量；陳亡國則淒涼可憫；或腴辭潤簡牘；或美句入詠歌；跌宕而不羣，縱横而自得，若斯才者，殆將工侔造化，思涉鬼神，著述罕聞，古今卓絶。"敘事而外，劉氏于左氏之記言亦極盡讚美之能事，其《申左》篇云："尋左氏載諸大夫詞令，行人應答，其文典而美，其語博而奧，述遠古則委曲如存，徵近代則迴圜可覆。"可以看出，劉氏雖是從史學角度尊崇《左傳》，但其對左氏敘事、記言之分析相當精闢，其所論對後世以文論《左傳》者亦頗有啓發。

以《左傳》爲史，自漢代學者已多爲之，司馬遷作《史記》即多取法于《左傳》。而《公羊》等今文學者雖否認《左傳》的釋經地位，卻能以史學視之，如王接所謂"自是一家書"，高祐所謂"（左氏）屬辭比事，兩致並書，可謂存史意而非全史體"⑤，等等。而賀循則直以史書稱《左

---

① 朱彝尊《經義考》卷169引。
② 張九齡：《應道侔伊吕科對策》，見《全唐文》卷290，第2942頁。北京：中華書局，1983年11月。
③ 權德輿：《明經策問八道》，見《全唐文》卷483，第4938頁。
④ 韓愈：《進學解》，見《韓昌黎文集校注》第46頁，上海：上海古籍出版社，1986年12月。
⑤ 《魏書》卷57，第1260頁，《高祐傳》。北京：中華書局，一九七四年六月。

傳》,謂其"史之極也"。唐劉知幾則更將《左傳》提升到一家的地位。不過,這些對《左傳》評點並無太大意義,真正對《左傳》評點產生較大影響者,是針對《左傳》而發之史論。他們通過對《左傳》中人、事之評價,闡明義理,以起到針砭時弊的作用。後世從史學方面評《左傳》者,也多從此入手。此種史論,唐人已多有之,如韓愈《子產不毀鄉校頌》,借對子產不毀鄉校之讚頌,諷諫唐德宗要廣開言路,改革政治,普施教化。白居易《晉諡恭世子議》,對世人多謂晉世子申生乃殺身成仁,是以諡爲"恭"之説提出異見,以爲申生乃"失大義守小節",頗不可取。柳宗元此類文章最多,如《晉文公問守原議》,借對晉文公問原守於寺人之事的批駁,警示當權者不應與宦官商議國之大事,顯示出作者對中唐宦官干預朝政之警覺;又如《愈膏肓疾賦》,借晉景公夢疾膏肓之事,諷喻統治者應及早救治國家之弊;又如《六逆論》,對石碏六逆之説,提出異見,提出疏可以"間"親,賤可以"妨"貴,主張統治者任用人才應不拘一格,舉賢任能;他如《守道論》、《辨侵伐論》等皆針對時事,有爲而發。此種風氣嗣後綿延不絕,如後蜀牛希濟即有《荀息論》和《石碏論》,而宋人勇於疑古、喜好翻案之習,使此風尤盛。如歐陽修有《荀息論》,蘇洵有《管仲論》,蘇軾有《宋襄公論》、《論鄭伯克段于鄢》、《論取郜大鼎于宋》、《論齊侯衛侯胥命于蒲》、《論鄭伯以璧假許田》等數篇,蘇轍有《五伯》、《管仲》、《知罃趙武》等數篇,司馬光有《管仲論》,張耒有《子產論》等。須指出的是,各家所論,取材往往不止於《左傳》,如論宋襄公者,即多取《公羊傳》"文王之戰亦不過此"之説而批駁之,論管仲者,亦多取《論語》中孔子之評語,但其基本事實則多依據《左傳》,而後世以史論《左傳》者也多雜取衆説,不限於《左傳》所記,與此種論説風氣頗爲相近。不過,以上各家所論,多偶一爲之,對《左傳》評點影響尚不太大,至南宋吕祖謙始備取《左傳》史事而論之,萃爲一書,對其後的《左傳》評點產生了深遠影響。

　　從以上所述可以看出,在南宋以前,學者們從經、史、文等各個角度,都對《左傳》給予了一定的關注,特別是對《左傳》文采的欣賞,對《左傳》中史事的評價,都爲後來的《左傳》評點奠定了基礎。

　　(二)南宋至明萬曆初年:《左傳》評點的形成期

　　我們把從真德秀《文章正宗》成書,到明萬曆初年這段時間作爲

《左傳》評點的形成期，因爲就目前所見到的材料看，此期尚未出現針對《左傳》全書的評點，其中如呂祖謙《東萊博議》、《左氏傳說》、《左氏傳續說》，朱申《左傳句解》等書，雖對後來的《左傳》評點產生了較大影響，但體式尚不完備，還不能算嚴格意義上的評點文本。此期真正意義上的《左傳》評點，只有真德秀《文章正宗》、唐順之《文編》及歸有光《文章指南》等少數幾家古文選本中涉及《左傳》的部分。而且，除《文章正宗》及《文編》選文較多外，其他幾家選及《左傳》者，多者十數篇，少者僅一兩篇，對於近二十萬字之《左傳》來說，比例太不相稱。而各家對《左傳》的評點，無論是批評内容還是圈點符號都還較爲簡略，還有較大的開拓空間。不過，此期的《左傳》評點雖然數量較少，且多較簡略，但在内容以及形式方面，都爲《左傳》評點進一步的發展和繁榮奠定了基礎。

真德秀《文章正宗》是此期對《左傳》評點影響較大之作，是編選文始于《左傳》、《國語》，迄于唐末。在南宋，自呂祖謙評選《古文關鍵》後，陸續出現了幾部較有影響的古文選本。如樓昉《崇古文訣》、謝枋得《文章軌範》等。此數家所選皆以"論"爲主，蓋其書均爲指點諸生應舉之作，而當時科舉取士又以"論"爲主①，故其選文有此共同取向。而真德秀是編則不囿於科場程式，所選凡四體：辭令、議論、敘事、詩賦。真德秀之選是書，蓋以前此選本，如《昭明文選》、《唐文粹》之類，皆不得"源流之正"。其《文章正宗綱目》云："正宗云者，以後世文辭之多變，欲學者得源流之正也。"又謂"所輯以明義理、切世用爲主，其體本乎古，其指近乎經者，然後取焉。否，則辭雖工亦不錄。"是其選文本以義理爲主，不以能文爲工。因《左傳》本爲編年之史，以敘事、記言爲主，故各家以"論"爲主之選本皆不及《左傳》，而真德秀主于使學者知古文"源流之正"，故能溯及先秦，以《左傳》入選。真德秀此選，對《左傳》評點影響甚深，約而言之，有以下數端：

其一，前此之人雖多歆艷左氏之文章，然選文則罕有及左氏者。自真德秀是編以《左傳》入選，其後之評選古文者，始多以《左傳》居首。

---

① 宋人吳琮謂："省闈多在後兩場取人，諺云三平不如一冠。若三場皆平，未必得。若論、策中得一場冠，則萬無一失。"魏天應《論學繩尺》引。

其二，是編所選《左傳》各篇，都另擬題目，其後之評選《左傳》者亦多效之，且多有從其説者。

其三，真德秀是編，有圈點，有旁批，有夾批，有些篇目後還有總評，粗具評點之體式，爲後世《左傳》評點提供了有益借鑒。

其四，是編之評《左傳》，間録前儒之説，如賈逵、劉炫、二程、胡安國、朱熹、吕祖謙等，雖非集評之體，實已兆其端緒。

其五，真德秀于左氏之文法，頗有揭示。雖僅於旁批點明其章法、句法等，較爲簡略，然實已開以文法批點《左傳》之風。

其六，真德秀對《左傳》中史事之評價，亦能獨出己見。如《石碏諫寵州吁》篇，其尾批謂："明年州吁弑桓公完，石碏卒能殺州吁，以復君之仇，又並其子殺之，故君子曰：'石碏，純臣也。惡州吁而厚與焉，大義滅親，其是之謂乎？'方莊公之寵州吁也，碏能諫之；及州吁之簒桓公也，碏又能誅之，可謂社稷之臣矣。"又如《臧僖伯諫觀魚》篇，其尾批云："僖伯所陳，皆先王之典法，人君之一遊一豫，其可輕也哉？後世本紀書曰某日畋於某所、某日獵於某地者，其得罪于先王甚矣。"又如《臧哀伯諫納郜鼎》篇，其尾批謂："愚謂桓公本以弑立，故不復知宋君弑立之惡也。臧哀伯之言，始若平緩，至滅德立違以後，乃始句句激切，論事體當如是。"書中如此類評論，多爲後世評《左傳》者所引用，産生了較大的影響。

應該説，真德秀對《左傳》的評點還比較簡略，其所選各篇有的甚至無一字之評，不過，其書已具備評點的基本體式，在内容和形式方面都作了有益的嘗試，爲其後《左傳》評點的發展提供了有益的借鑒，在《左傳》評點史上具有重要的地位。

朱申的《春秋左傳詳節句解》對於《左傳》評點也有比較重要的意義，此書凡三十五卷，所取多爲《左傳》中首尾完具能獨立成篇者。全書不録《春秋》經文，以注釋爲主，文中及篇末有少量按語，頗類評點之夾批與尾批。是編對《左傳》評點的影響有以下幾個方面：

其一，此書爲較早而有影響的《左傳》節本，一些《左傳》評本，特別是書坊主託名的評本，頗有以此書（或其節選）爲底本者，如題爲孫鑛批點之《春秋左傳狐白句解》、《春秋左傳詳節句解》，題爲韓菼所訂之《評點春秋綱目左傳句解匯雋》等，而姜希轍《左傳統箋》也是據朱申此書增廣而成，凡此皆可見其影響。

其二，是編所選，以文爲主，是以所取各篇多首尾完整。王鏊《序》謂"近世學者莫不爲文，而未知爲文之法"，故刻是書以示之。又言："爲文之法盡在是矣。若夫究聖人筆削之旨，以寓一王之法，自當求其全以進於經。"謂學文之法，此書已具，若欲求微言大義，則須觀《左傳》全書並進而上探《春秋》。然則是書之宗旨，實欲爲學者選一學文之範本，而後世之批點《左傳》者，亦多揭示其文法以啓牖初學，與是書之旨意相合。

其三，朱申於各篇之後間有按語，實已具評點之因素，且多爲其後之評點者引用。其按語內容也較豐富，有考證，如隱公四年，石碏語中提及"陳桓公"，朱申云："此時陳桓公尚存，未有諡號，石碏不應稱爲陳桓公，此左氏之誤也。"又有評論，如隱公三年，宋穆公傳位於殤公，朱申云："宣公遜國于弟而使之逐其子，穆公遜國于侄而使之殺其身，然則何百禄是荷之有乎？《公羊傳》曰：'君子大居正，宋之禍，宣公爲之也。'斯言當矣。"又間引前人之語，如桓公二年，臧哀伯諫納郜鼎，其篇末即云："東萊曰：'桓公親爲弑逆而不懼，豈懼取亂人之一鼎乎？羽父爲桓公畫弑逆之謀，哀伯爲桓公畫守成之策，正名定罪，不當置哀伯于羽父之下。'"

其四，《左傳》爲編年之體，是以一事往往散見於數年，若移於一處，則有割裂原文之嫌，若徑取其一節，則讀者又難識其本末，是編則於注釋中略述事件之前因後果，使初學者易識，此法也爲後之評選《左傳》者所慣用。

其五，是編凡例雖言他人《左傳》選本，多"妄有刊削，識者痛之，今並載其全文，以見左氏刪潤之工。"然考其所選，爲使文章首尾貫穿，刪改之跡亦往往而有。如隱公四年，"公問于衆仲曰"句前，本有"衛州吁立，將修先君之怨于鄭……圍其東門，五日而還"數語，而是編則改爲"衛州吁弑桓公而立"。隱十一年，"反譖公於桓公而請弑之"句後，有"公之爲公子也……，不書葬，不成喪也"數語，而是編則易爲"使賊弑公於蔿氏"。若此之類，書中在在多有，此種以己意任改原文之風氣，對後世之評點《左傳》者也有較大影響，雖然其消極因素更多一些。

另可提及的有唐順之《文編》中對《左傳》的批點，因爲他是此期真正從文法角度批點《左傳》者。是編選文取法《文章正宗》，亦分體編排,但其分類更細,評點旨趣也與真德秀不同。真德秀雖也點明章法、脈絡,但實以理學爲宗;而是編則以古文爲尚。觀其自序"不能無文,即不能無法。是編者,文之工匠,而法之至也",而其旨意可知。是書之評點仍極簡潔,然因唐順之深於古文,故所批動中窾要。其平日嘗謂:"漢以前之文未嘗無法,而未嘗有法,法寓於無法之中,故其爲法也密而不可窺。唐與宋之文不能無法,而能毫釐不失乎法,以有法爲法,故其爲法也嚴而不可犯。"四庫館臣謂其妙解文理。又謂是編"標舉脈絡,批導窾會,使後人得以窺見開闔順逆、經緯錯綜之妙。而神明變化,以蘄至於古,學秦漢者,當于唐宋求門徑,學唐宋者,固當以此編爲門徑矣。"① 所評亦稱中肯。故唐順之是編雖不主于《左傳》,但其純以文法評點《左傳》,亦開《左傳》評點中重文法一派風氣之先。

由上述可知,在南宋,《左傳》評點已取得一定的成果,至少真德秀《文章正宗》中對《左傳》的批點已比較成熟,但是,從那以後,直到明萬曆初年,三百四十多年間,《左傳》評點無論在內容還是形式方面,都沒有什麼進展。那麼,爲什麼《左傳》評點會在南宋出現,而此後相當長一段時間又沒有什麼發展呢?這與評點這種批評方式的成熟、科舉等外部因緣的變化、《左傳》自身的文體性質等均有一定關係。

評點這種批評體式的起源甚早,傳統的經注、史評、詩文選注、詩話等都可視爲評點的遠源,但評點的真正形成是在南宋,而且主要見於古文選本。爲什麼評點出現於南宋,並且主要見於古文而不是詩歌或其他?當今學者已經作了有益的探討。吳承學認爲評點始於南宋,與宋代文學批評的發達、宋人讀書認真的風氣及宋代書籍的普及有關,而科舉的現實需要也起到了重要作用。而祝尚書則認爲"始於北宋的科舉策論、經義的程式化,是南宋評點興起的歷史契機,而詩賦程式、江西詩派詩文論則是評點家的參照模式和評論方法。"張伯偉在強調"章句"、"論文"及"評唱"對評點的借鑒作用的同時,也突出了科舉對於評點在南宋興起的意義。也就是說,傳統批評方式的積累、宋代獨特的文化氛圍以及王安石科舉改制後的現實需要,共同促成了評點的形成。下面我們主要從科舉角度,探討一下爲何評點始於古文,以及這對於《左傳》評點的影響。

---

① 《四庫全書總目》卷189,第1716頁,《文編》提要。

自唐以後，經由科舉入仕成爲士人的主要出路，所以科舉文體的變更往往會對特定的文學及批評樣式產生較大影響。嚴羽論唐詩何以勝於宋，謂："唐以詩取士，故多專門之學，我朝之詩所以不及也。"① 顧炎武論唐賦及明之經義，則曰："文章無定格，立一格而後爲文，其文不足言矣。唐之取士以賦，而賦末流最爲冗濫；宋之取士以論策，而論策之弊亦複如之；本朝取士以經義，而經義之不成文又有甚於前代者。皆以程文格式爲之，故日趨而下。"② 一則謂詩因科舉而興，一則謂賦、策論及經義因科舉而卑下，其是非姑置不論，而科舉對於文體的影響則較然可見。唐代以詩賦取士，宋初因之，王安石爲相後，于熙寧四年始變科舉法，罷詩賦，以經義、論策取士。其後雖幾經反覆，但終宋之世，在進士科的考試中，詩賦的地位下降，經義、策論的地位上升則是大趨勢。宋人吳琼云："省闈多在後兩場取人。諺云三平不如一冠，若三場皆平平，未必得。若論、策得一冠場，萬無一失。"③ 四庫館臣據宋禮部貢舉條式，謂"當時每試必有一論，較諸他文，應用之處爲多。"④ 即此可知經義、策論在宋代科舉中之地位。唐代取士特重進士科，故詩格、賦格類指導詩賦寫作的書風靡一時。⑤ 宋人取士也重進士科，⑥ 所以指導士子如何寫好經義、策論的參考書的出現也就勢所必然了。

　　王安石廢除明經及詩賦科，而以經義、策論取士，意在選拔出通達經義、明曉世務的人材，但在實際上，士人於所謂經義並不能任意發揮，其所定《三經新義》即考試之準則，即使南宋廢除《三經新義》以後，

────────

　① 嚴羽：《詩評》，見《滄浪詩話校釋》第 147 頁。北京：人民文學出版社，1961 年 5 月。
　② 顧炎武：《程文》，見《日知錄集釋（全校本）》第 954 頁。上海：上海古籍出版社，2006 年 12 月。
　③ 魏天應：《論學繩尺》卷首《論訣》引，見《文淵閣四庫全書》1358 冊，第 73 至 74 頁。
　④ 《四庫全書總目》卷 187，第 1702 頁，《論學繩尺》提要。
　⑤ 可參張伯偉《中國古代文學批評方法研究》《全唐五代詩格校考》、祝尚書《南宋古文評點緣起發覆》諸作。
　⑥ 《宋史·選舉志》云："宋之科目，有進士，有諸科，有武舉，常選之外，又有制科，有童子舉，而進士得人爲盛。"馬端臨《文獻通考·選舉考》五，引呂祖謙語，謂："唐初間，進士、明經都重，及至中葉以後，則進士重而明經輕。……到得本朝，待遇不同，進士之科往往皆爲將相，至明經之科，不過爲學究之類。"

士人所能發揮的餘地也不大。在大義一定的情況下，士子能否得中，更多的還要看文章的作法。而考官爲了考試時能更方便閱卷，也對經論的體式作了種種限制，所以士子必須熟習經論的作法才有可能得中。而在初以經義、策論取士時，其體式尚未一定，可視爲古文之一體。① 四庫館臣即謂："其始尚不拘成格，如蘇軾《刑賞忠厚之至論》，自出機杼，未嘗屑屑于頭項、心腹、腰尾之式。南渡以後，講求漸密，程式漸嚴，試官執定格以待人，人亦循其定格以求合，於是雙關、三扇之説興，而場屋之作遂別有軌度，雖有縱橫奇緯之才，亦不得而越。"② 可以説，經義文與古文最初並無嚴格的區別，即便經論程式化以後，古文中的優秀論體文未嘗不可在作法上提供有益的借鑒，因此將古文家優秀的論體文匯爲一集，標舉其篇法作意，以指導初學習作的古文評選本便應運而生了。

對今存的幾家宋代古文選本略加考察，便可看出其與科舉的聯繫。吕祖謙所選《古文關鍵》是現存最早的評點與選文合一的文本，其卷首有"總論看文字法"、"論作文法"、"論文字病"等項，于各篇範文則標舉其命意、佈局，示初學者以作文門徑。陳振孫謂其"標抹注釋，以教初學"，所謂"以教初學"，實際上就是爲了應對科舉。樓昉受業于吕祖謙，故其所編《崇古文訣》亦受吕祖謙影響。劉克莊謂其書於所選之文，"逐章逐句，原其意脈，發其秘藏"，又謂樓昉"以古文倡莆東，經指授成進士名者甚衆"③，也可見其書與科舉的關係。而謝枋得所選《文章軌範》因應科場的用意更爲明顯，王守仁《文章軌範序》謂："宋謝枋得氏取古文之有資於場屋者，自漢迄宋，凡六十有九篇，標揭其篇章句字之法，名之曰《文章軌範》，蓋古文之奥不止於是，是獨爲舉業設耳。"是

---

① 如吕祖謙《宋文鑒》收錄張庭堅《自靖人自獻于先王義》、謝枋得《文章規範》收蘇軾《王者不治夷狄論》等即是。

② 四庫館臣：《論學繩尺》提要。又倪士毅《作義要訣》自序謂："宋之盛時，如張公才叔《自靖義》，正今日作經義者所當爲標準。至宋季則其篇甚長，有定格律。首有破題，破題之下有接題，有小講，有繳結，以上謂之冒子。然後入官題，官題之下有原題，有大講，有餘意，有原經，有結尾。篇篇按此次序，其文多拘於捉對，大抵冗長繁複可厭。"（見《文淵閣四庫全書》1482冊，372頁）可見經義形成固定不變的模式基本到了南宋末年。

③ 劉克莊：《迂齋標注古文序》，《四部叢刊》213冊，《後村大全集》卷96。

編在編排上也頗費心思，既不以文體爲別，也不以作家先後爲序，而是從士子學習場屋程文的進度來安排。全書以"王侯將相寧有種乎"分標七卷，每集下之總論也能充分見出其書與科舉的關係。如"王"字集下謂："辯難攻擊之文，雖厲聲色，雖露鋒芒，然氣力雄健，光焰長遠，讀之令人意强而神爽。初學熟此，必雄于文。千萬人場屋中，有司亦當刮目。"又如"將"字集下，謂："議論精明而斷制，文勢圓活而婉曲，有抑揚，有頓挫，有擒縱。場屋程文論，當用此樣文法。"而"相"字集謂："學者熟之，作經義，作策，必擅大名於天下。""有"字集謂："論、策結尾用此法度，主司亦必以異人待之"。可見南宋各家所選古文，都重在文法的揭示，其所評雖是古文，其指向卻是當時的科舉文體，意在用場屋時文的程式和方法去反觀古文名家的代表作，並從古文中找出有益於時文的創作方法。

可以看出，由於宋代科舉考試科目的變革，產生了以揭示文法爲主的古文評點。而《左傳》乃先秦古文的典範，並爲唐宋古文大家如韓愈、柳宗元等所取法，以我國尊經復古的傳統，評點及于《左傳》應是遲早之事。但是，《左傳》評點能出現於南宋又有一定的偶然因素，因爲進士科所試經義與策論都是論體，所以各家選本也多取論體文。而《左傳》卻是編年紀事之史，以敘事爲主，對當時科舉文體的借鑒意義不大，所以呂祖謙雖評選了《古文關鍵》，其論《左傳》，也偶爾及于文法，但整體上未用評點的方法。而南宋的各家古文評本，除真德秀《文章正宗》外，也基本未選《左傳》。① 而真德秀雖借鑒了古文評點的方法，其目的卻不是直接爲現實的科舉服務，而是有感於在他之前的選本，如《昭明文選》、《唐文粹》等，皆不得源流之正，故其"所輯以明義理、切世用爲主，其體本乎古，其指近乎經者，然後取焉；否，則辭雖工亦不錄"。其以"正宗"爲名者，乃"以後世文辭之多變，欲學者得源流之正也。"正因其目的在使"學者得源流之正"，故所選"本乎古"、"近乎經"，而又不拘於論體，分辭令、議論、敘事、詩賦四類，這也使他能將《左傳》納入視野。真德秀以理學家的身份評選古文，我們覺得在某種程度上也有對本朝幾家選本不滿的成分，雖然他並未明言。如前所述，呂祖謙、

---

① 按：《妙絕古今》及《古文集成前集》等雖有一兩篇入選，但並不能見《左傳》之全。

樓昉的評本都以標舉篇法作意爲主，而純粹的理學家多反對刻意爲文，如朱熹就批評呂祖謙論文"亦頗傷巧"①，真德秀對朱熹極爲推崇，尊其爲"百代宗師"，在論文上也會受到朱熹影響，所以他選《文章正宗》以義理爲尚，不以能文爲工，持論極嚴。四庫館臣謂其書："四五百年以來，自講學家以外，未有尊而用之者，豈非不近人情之事，終不能強行於天下歟？"正可見出其選文特點。可以說，《文章正宗》在南宋古文選本中是一個例外，因尊經復古，不津津於指導場屋時文的寫作，所以能多選《左傳》之文，其他各家選本則因爲現實科舉服務，所以選文多不及《左傳》。

從以上所述可以明白，爲什麼南宋已有體式比較完備的《左傳》評點，卻又未能充分發展，這都與當時科舉的特定需要有關：一方面，科舉的現實需要促成了以古文爲對象的評點批評的成熟，而《左傳》本身是優秀的古文，所以對其施以評點也就成爲可能，而真德秀《古文正宗》在實際上完成了這一工作，雖然他可能出於反對經義、策論程式化的目的；另一方面，因《左傳》以敘事爲主的特點，使其文法不能直接爲當時的論體文提供借鑒，所以對《左傳》的評點沒有較大的市場，因而也不能得到多數人的回應。也就是說，科舉需要既誘發了《左傳》評點的產生，又限制了其充分的發展。當然，限制《左傳》評點發展的並不止於科舉，當時學者對《左傳》的看法可能也是重要因素，因《左傳》爲《春秋》三傳之一，屬於經的範圍，雖然王安石考經義廢除了《春秋》，也有許多學者懷疑《左傳》是否爲解釋《春秋》而作，但在整體上《左傳》的經學地位並未改變。而在南宋，評點主要是側重於文法方面，真正要完全從文的角度解剖經部著作，可能還需要觀念的轉變。

《左傳》評點在元代及明萬曆以前也未有太大發展，這與科舉也有較大關係。在南宋，評點的對象主要是古文和科舉中式之文，後者如魏天應編、林子長注之《論學繩尺》，即取南宋科場論文一百五十六篇而評點之。但從南宋末年以至元代，評點的對象逐漸轉向詩歌，古文評點極少，

---

① 朱熹：《晦庵先生文集》卷33《答呂伯恭》（再造善本）；另《朱熹語類》卷139又言及呂祖謙之文有"文字腔子"，因說伯恭所批文，曰："文章流轉變化無窮，豈可限以如此？某因說：'陸教授謂伯恭有個文字腔子，才作文字時便將來入個腔子做，文字氣脈不長。'先生曰：'他便是眼高，見得破。'"（北京：中華書局，第3321頁，200年2月）

如由宋入元的劉辰翁、方回等，都有詩歌評點著作行世。當時人即已指出文廢詩興的原因，在於元滅宋以後廢除科舉，使士人無所用其才氣。元歐陽玄謂："宋末須溪劉會孟出於廬陵，適科目廢，士子專意學詩，會孟點校諸家甚精，而自作多奇崛，衆翕然宗之，於是詩又一變矣。"① 陸文圭也説："科場廢三十年，程文閣不用，後生秀才氣無所發洩，溢而爲詩。"② 評點轉向詩歌還可見於宋末元初的詩社活動，如宋末元初的月泉吟社，其活動幾乎完全仿效科舉，先擬定題目，分于同社中人，使其按期交卷，然後謄副糊名，聘請名士作考官以定其名次，並按期揭曉，發放賞品。而將其優勝者之詩及考官評語匯爲一書，即成評點。如《月泉吟社詩》即元世祖至元丙戌（一二八六年）至丁亥（一二八七年）年間一次活動的結集，此集取中榜前六十人之詩七十四首，考官給第一名羅公福之評語謂："衆傑作中求其粹然無疵，極整齊而不窘邊幅者，此爲冠。"③ 而羅公福《回送詩賞劄》則以門生自居，謂："撫景興思，慨唐科之不復以詩爲試，覬同雅之可追，竊知扶植之盛心，正欲主維乎公是。"此種效仿科舉的詩社活動，在宋元之際頗爲盛行，如越中詩社的活動也與月泉吟社相似。④ 雖然元仁宗延祐年間曾重開科舉，但此種結社活動似延續到了明初，如李東陽《麓堂詩話》即謂："元季國初，東南人士重詩社，每一有力者爲主，聘詩人爲考官，隔歲封題于諸郡之能詩者，期以明春集卷。私試開榜次名，仍刻其優者，略如科舉之法。"這些效仿科舉的詩社活動，反映出士人在失去科舉進身之階後的無奈，與此相應的評點活動，其重心也由文轉向了詩。

元仁宗延祐二年（一三一五年）重開科舉，其科目略仿宋代，以經

---

① 歐陽玄：《羅舜美詩序》，見《文淵閣四庫全書》1210 冊《圭齋集》，第 64 頁。

② 陸文圭：《跋陳元復詩稿》，見《文淵閣四庫全書》1194 冊《牆東類稿》卷 9，第 645 頁。

③ 按：此期考官爲方鳳、謝翺、吳思齊三人，羅公福真實姓名爲連文鳳，據四庫館臣推測，其所以稱羅公福者，或以代名效科舉之糊名。詳見四庫館臣《月泉吟社詩提要》（文淵閣《四庫全書總目》卷 187，第 1703 頁）。

④ 按：四庫館臣《屏岩小稿提要》云："越中詩社以《枕易》爲題，李應祈次其甲乙，以觀光爲第一，其詩今見集中，並載應祈批。……按：黄庚《月屋漫稿》亦稱以《枕易》詩爲李侍郎取第一。一試有兩第一，必有一訛，然無可考證，謹附識於此。"（《文淵閣四庫全書總目》卷 166，第 1426 頁）。

義及時務策爲主，但經義主要從《四書》中出題，且以朱熹《四書集注》爲依歸，取士則特重經義，明代科舉就基本上延續了元代制度，只不過在體式、作法等方面作了更嚴格的規定。既然重以經義、策論取士，那麼針對古文或科舉時文的評點似乎也應再次興起，但實際上在元代基本沒有什麼新的古文評本，這是什麼原因呢？我們認爲大致有以下幾方面：首先，元代科舉取士時間較短，只有三十八年，尚不足以產生廣泛影響；其次，每科取士較少，且對漢人有所歧視；其三，經由科舉入仕者，並不太爲元廷所重視。由於以上原因，所以古文評點在元代基本沒有什麼發展，更不用說以敘事爲主之《左傳》了。

明太祖朱元璋開國以後，曾於洪武三年（一三七零年）開科取士，初場試《四書》疑問，本經義及《四書》義各一道，次年正月，又"令各行省連試三年"①，但因選拔出的人才不合朱元璋的理想，所以自洪武六年暫停科舉，直到洪武十五年才下詔重開科舉，其後明之取士多分三場，其中又特重頭場，② 頭場所考即朱元璋和劉伯溫所創制的明代制義，也即我們常説的八股文。其"文略仿宋經義"③，但又有較大不同，其文題基本出於《四書》，其大義主要依據朱熹《四書集注》，並且要"代古人語氣爲之"④。明之取士雖有保薦與科舉等不同途徑，但進士出身最爲人所重。朱元璋曾規定："中外文臣皆由科舉而進，非科舉者，毋得與官"⑤，其後，甚至形成選官以科目爲盛，卿相皆由此出的局面。⑥ 由於

---

① 按：朱元璋謂中書省臣曰："今天下已定，致治之道，在於任賢，既設科取士，令各行省連試三年，庶人才衆多，而官足任使也。自後則三年一舉，著爲定例。"（《明太祖實錄》卷60，第1181頁）。

② 張岱：《文苑列傳總論》有云："我明自高皇帝開國，與劉青田定爲八股文，專精殫力，一題入手，全於心靈精脈聲口骨節中揣摩刻畫，較之各樣文體，此爲最難。三場取士，專注頭場。"（《續修四庫全書》320 册卷 202，第 88 頁）《明史·選舉志》卷 71 亦云："三場取七，專注頭場。"

③ 《明史·選舉志》卷70，第1693頁。北京：中華書局，1974年4月。

④ 同上。

⑤ 《明史·選舉志》卷70，第1695至1696頁。

⑥ 《明史·選舉志》卷71云："成祖初年，內閣七人，非翰林者居其半，翰林纂修，亦諸色參用。自天順二年，李賢奏定纂修專選進士。由是，非進士不入翰林，非翰林不入内閣，南北禮部尚書、侍郎及吏部右侍郎，非翰林不仕，而庶吉士始進之時，已群目爲儲相。"（第1701至1702頁）。

明代取士特重科舉出身，而科舉又"專注頭場"，所以士子能否寫好八股文直接關乎其前途，因此，指點士子如何寫好八股文的著作也就有了廣闊的市場。由於八股文與宋經義相類，萬曆以前用以指導八股文寫作的主要有兩種：一是重刻宋代一些評點本，如《古文關鍵》、《文章軌範》、《論學繩尺》等，而《論學繩尺》因所選之文與八股文更爲相近，所以流傳更廣。明黃佐謂："國朝以文取士，大概以辭達爲本。天順間，晚宋文字盛行于時，如《論學繩尺》之類，士子翕然宗之，文遂一變。"① 二是本朝科舉中式的八股文的批點，特別是考官和一些名家的批點尤爲流行。也就是説，在萬曆以前，八股文作爲一種新興文體，尚有其發展空間，而用以指導其寫作的，主要是相近的一些文體，所以在這段時期內沒有太多新的古文選本問世，相應的《左傳》評點也沒有什麼進展，而《左傳》評點的快速發展則要到萬曆以後了。

（三）萬曆至明末：《左傳》評點的發展期

明萬曆以後，《左傳》評點得到了迅速發展。如上所述，《文章正宗》中所選《左傳》已具評點的基本體式，但從其問世到明萬曆初年，三百四十餘年中，《左傳》評點作品僅有幾部，而且並不比真德秀的批點有更大發展。而從萬曆至明末，七十餘年間，《左傳》評點作品即有三十餘種，並且出現了針對《左傳》全書的評點，評點內容也更爲豐富，圈點符號的運用也更繁複。可以説，此一時期的《左傳》評點無論形式還是內容都已臻於成熟。並且出現了一些較有影響的評點作品，爲《左傳》評點的全面繁榮奠定了基礎。概而言之，此期的《左傳》評點有如下特點。

首先，依託於古文選本的《左傳》評點繼續發展。《左傳》評點從一出現即與古文選本結下了不解之緣，此期選錄《左傳》的古文選本有九種，約占此期《左傳》評點總數的三分之一。② 此期之選本與前期相比，有較大不同，真德秀、唐順之等的選本皆分體編選，而此期的選本基本是以時代先後爲序，且大多以《左傳》居首，有將《左傳》視爲古文正

---

① 黃佐：《考會試》，見《文淵閣四庫全書》596冊《翰林記》卷14，第1010頁。

② 按：此期的《左傳》評點可能遠不止此數，因官、私書目對於評點類著作多不太重視，所以很難做出合乎客觀的估計，本文所做統計皆以筆者所親見者爲准，希望能據此見出各期《左傳》評點的大致情形。

宗之意。而且此期選本的範圍與篇目都有趨於一致的取向，爲其後《古文觀止》等影響深遠的古文選本的出現奠定了基礎。

從内容上看，此期古文選本中的《左傳》評點，較前期更爲豐富充實：有重史事評價者，有重文法分析者，有史評與文法兼顧者。重史事評價者，如劉佑《文章正論》，自謂取法真德秀《文章正宗》及崔銑《文苑春秋》，所批多關涉世教，期爲世道人心之助。又喜比附後世史事，希望讀者能覽而知戒。如《臧僖伯諫觀魚》篇，即比附宋朝君臣，謂："觀魚細事也，僖伯箴之以不軌不物。宋之君天下者，大率賞花釣魚，侈爲聖美，濫賦詩篇，即英賢滿朝，未聞一言及此。噫，軌物之廢也久矣。"其書之評多爲此類，而較少涉及文法。重文法分析者，如題爲鍾惺所評之《周文歸》，其書被四庫館臣譏爲"以時文之法評點之"，則其旨趣可知。其書實近集評之體，然所采各家之説皆以論文法爲主，如仲光評《臧哀伯諫納郜鼎》，謂："篇法詳整流動，古今人鐵板論式，毋得以熟故略過。"其文、事並重者，如張鼐之《古文正宗》，其旁批、眉批多揭示文章脈絡，尾批多總論事義，後來的《左傳》評點即多用此法。

從形式上看，此期選本中的《左傳》評點也遠較上期完備。就批語而言，真德秀等人以旁批爲主，間有尾批，且極爲簡略。而此期之批評，卷首多有凡例，正文中則眉批、旁批、尾批等各種形式都已出現，有些選本甚至眉批、旁批、尾批兼備，如張鼐《古文正宗》、鍾惺《周文歸》等即是。就圈點來說，此期也遠較前期繁複。據徐師曾《文體明辨·序説》所載，真德秀之圈點計有四種，即"點"：句讀小點（語絶爲句，句心爲逗），菁華小點（謂其言之藻麗者，字之新奇者），字眼圈點（謂以一二字爲綱領）。"抹"：主意，要語。"撇"：轉換。"截"：節段。而唐順之僅有圈、點施于眼目關鍵，極爲簡略。而此期之圈點，如張鼐《古文正宗》即有密圈（○○○），密點（、、、），空心點、重圈（◎）、外圈内點（⊙）等多種，而徐宗夔《古今曠世文淵評林》的圈點符號則有十多種。

其次，《左傳》專書評點于此期大量出現。前此吕祖謙、朱申等人的著作，雖已具評點因素，且對後世《左傳》評點影響深遠，但還不能算嚴格意義上的評點作品。而此一時期比較成熟的《左傳》評點作品大量出現，計有二十餘種。此一時期《左傳》專書評點有以下特點：

從内容上講，此期的《左傳》評點于經、史、文都有涉及。側重從文法批點的，較早而有影響的評本應是汪道昆《春秋左傳節文》，其所選各篇以經統傳，不另立題目，其無經者則上標"別傳"以別之。此書效仿真德秀，將所選各篇分爲敘事、議論、辭令三體，分標各篇之首；又取法于畫史，將各篇區分爲神品、能品、真品、具品，以爲等差；於各篇又自出心裁，標舉其章法、句法、字法。汪道昆此書所批止于文法，且較爲簡潔，體現出早期評點的特色。而其三體、四品及章法、句法諸説，對其後的《左傳》評點影響頗大，許多評點者都喜引用其説。他如郝敬《批點左氏新語》、孫鑛《春秋左傳》等都側重文法的批點。側重史事評論者，如韓范所評《春秋左傳》，韓范生當明末内憂外患交作之際，其評是書乃有爲而作。其自序謂："左氏者，談兵之書，定亂之書也。況今日之事，慘痛已極，原其所繇，皆起于諸君子諱言兵戰。"故是書之評，欲"以計爲戰"，"多語事而寡言文"。他如穆文熙《左傳鴻裁》、湯賓尹《左傳狐白》等也都以論史爲主。側重經義探討的有凌稚隆《春秋左傳注評測義》、王錫爵《春秋左傳釋義評苑》等。

  從形式上講，此期的《左傳》專書評點也已趨於成熟，大多評、點兼備。讀法、眉批、旁批、尾批、夾批等各種批評形式被廣泛採用，圈點符號也較爲豐富。在形式上較有特色的是集評類著作的出現，此類著作彙集衆説於一書，使讀者可以參觀並取而無翻檢之勞，甚爲方便，故頗爲流行。但此種批評之具體形式又不一律，有僅博采衆説而不作區分者，如題爲張鼐之《左傳文苑》，基本上没有張鼐本人的議論。有薈萃諸家而斷以已意者，如凌稚隆《春秋左傳注評測義》。又有以己説與諸家並列者，如穆文熙之《左傳鈔評》等。

  其三，《左傳》評點的科舉導向明顯增強，書坊主開始介入《左傳》評點，評點中的託名現象也因之較多。吕祖謙的《東萊博議》已是爲諸生習文而作，但他不過借《左傳》史事發爲議論，仍是以自己之著作爲諸生範本。而此時期的《左傳》評點，則通過對《左傳》的批點，把《左傳》本身作爲取法的對象。如吴默之《左傳》評點，書名即作《新刻吴無障先生評注利用舉業芳潤左傳》，其取便科舉之意甚明。科舉需要產生了廣闊的市場，而書坊主也從中看到了巨大的商機，從而開始介入《左傳》評點。這一方面促進了《左傳》評點的繁榮，但另一方面也造成了大量粗製濫造作品的出現。書坊主大多雜采一些有關《左傳》的評論，匯爲一書，然後假託某名人之評點以求易售，同時之人已有深譏其失者。如張鼐即謂："近坊刻《左傳評林》、《左國奇觀》等書，或藉爲湯選，或藉爲梅輯，中多混淆舛錯，有難盡信。如《吳敗夫差於夫椒》，哀公元年傳也，《吳將伐齊》，哀公十一年傳也，而並次於定公十一年；又如《周鄭交質》，傳有評云'周天子鄭諸侯也'云云，此呂東萊議史的評也，而改爲楊維楨；又如《士蔿築城》篇評云：'啓獻公殘忍之心者，士蔿也，教獻公離間之術者，亦士蔿也。'此亦呂金華語也，而改爲林伯子，茲如此類，不可枚舉。篇次既倒，評題又混，至於亥豕魯魚，又連帙而是，得無徒供識者一哄堂乎？"此期的《左傳》評點，如王世貞《左傳文髓》、湯賓尹《左傳狐白》、張鼐《左傳文苑》等，或都是書坊主託名之作。

其四，此期評點仍多局部之闡發，少全文之綜括；多感悟式之品評，少細緻之分析。清代評點《左傳》者，如馮李驊等，大多先統觀全文主旨，然後分段分節細評，層次井然。而此期評點多著眼於局部，如汪道昆《左傳節文》，其評不過點明何處爲章法、句法、字法，某文爲神品、妙品之類，至於全文整體有何特色，各部分如何銜接，則較少涉及。孫鑛、鍾惺等人品評雖較爲細緻，但仍未能在通觀整體的基礎上深入局部。此期評點又多感悟式品評，能指出文章妙處，但多言其然而不言其所以然。如孫鑛所評，雖多論文法，然大多言其"敘法絕高妙"①，"繁簡得中，錯落有態，尤爲妙構"②，"造語工而指利害透"③等等，至於如何繁簡、如何錯落、如何造語、如何指利害，則略不之及。其論文風亦多如此，或謂"詞調絕工，鏗然有金石音"，或謂"簡陗"，或謂"錯而煉，色絕濃，味絕腴"等，至於如何"有金石音"，如何"簡陗"，如何色濃、味腴，則較少措意。其他評點者如鍾惺等，也多爲此類。

其五，存在有刪改《左傳》原文的現象。因《左傳》本爲編年體，一事往往散見於數年，前後不相統貫，故朱申節選《左傳》時已多有刪改，以使各篇首尾完整。此期評點因更多從文法角度審視《左傳》，爲尋求文勢暢達，也有不同程度刪改原文的現象。以郝敬《批點左氏新語》爲例，隱公元年，鄭伯克段于鄢，開篇云："初，鄭武公娶于申，曰武

---

① 孫鑛：《左氏芟評·齊無知弒其君》。
② 孫鑛：《左氏芟評·秦伯獲晉侯》。
③ 孫鑛：《左氏芟評·燭之武退秦師》。

姜，生莊公及共叔段。莊公寤生，驚姜氏，故名曰寤生，遂惡之。愛共叔段，欲立之，亟請于武公，公弗許。及莊公即位，爲之請制。公曰：'制，巖邑也。虢叔死焉，他邑唯命。'請京，使居之。"此段交待鄭莊公兄弟相爭之緣由，于後文關係甚大。而郝敬則改爲："初，鄭武姜生莊公及共叔段，欲立之，武公弗許。莊公即位，爲之請制，公曰：'制巖邑也，他邑唯命。'請京，使居之。"刪改之後，文脈雖仍然一貫，但文章之前後因果及前後照應則已全失，故實不足爲訓。

由上述可知，此一時期的《左傳》評點在内容與形式方面皆已趨於成熟，作品數量也遠較前期爲多。不過，此期衆多《左傳》評本中，有相當一部分出於書坊主僞託，又有一部分集評作品，真正能獨出手眼，具有自己批評特色的，只有孫鑛、鍾惺等數家而已。即使此數家的評點，相對而言，仍較簡略，且多印象式的批評，真正能從文法上對《左傳》作細緻之分析，具有較高理論價值的作品還要到清初才能出現。

明代科舉制度並未發生變化，爲什麽在萬曆以後《左傳》評點取得了迅速發展呢？蓋一種文體若行世既久，逐漸程式化以後，便會產生種種弊端，從而招致有識之士的批評。如宋之經義於南宋後期逐漸程式化，元倪士毅謂："按宋初因唐制，取士試詩賦。至神宗朝，王安石爲相，熙寧四年辛亥議更科舉法，罷詩賦，以經義、論策試士，各占治《詩》、《書》、《易》、《周禮》、《禮記》一經，此經義之始也。宋之盛時，如張公才叔《自靖義》，正今日作經義者所當以爲標準。至宋季則其篇甚長，有定格律。首有破題，破題之下有接題，有小講，有繳結，以上謂之冒子。然後入官題，官題之下有原題，有大講，有餘意，有原經，有結尾。篇篇按此順序，其文多拘於捉對，大抵冗長繁複可厭。"① 明之制義取法于宋元經義，而體式更爲嚴格，施行一段時間後，其弊端便逐漸顯露。如其題目主要出於《四書》，而《四書》可出之題有限，所以往往出現擬題與剿襲的現象。此種現象造成的最爲嚴重的後果是士人爲博得一第，便束書不觀，唯讀官、私所刻各種程文墨卷。如李贄曾說："吾熟讀爛時文百餘首，進場做一日謄錄生，便高中矣。"② 明陸深亦言："今日舉子，

---

① 倪士毅：《作義要訣自序》，見《文淵閣四庫全書》1482冊，第372頁。
② 張岱《文苑列傳總論》引，見《續修四庫全書》320冊卷202，第88頁。

不必有融會貫通之功，不必有探討講求之力，但誦坊肆所刻軟熟腐爛數千餘言，習爲依稀仿佛、浮靡對偶之語，自足以應有司之選矣。"① 而明人所以被譏爲空疏不學，以八股取士未嘗不是一大病因。相應的，八股文要求代古人語氣，本是要以儒家正統思想涵養人心，士子既徒事記誦，不知學問，也就不知何謂儒家之道，統治者以儒家道德整合人心的初衷也就難以實現。② 另外，八股文日益嚴密的體式也限制了內容的表達，清魏禧云："八股之法，病在於排比有定式。夫一題之義理，有博衍數十端然後足以盡者，有舉其一端扼要而無遺者。今必勒爲排比，則是多端者不可盡而得，其一說而畢者，必將強爲一說以對之，其對之又必摹其出比之語，斤斤然句櫛比字而不敢或亂。以之而譯聖經賢傳，其陋可知矣。"③ 正因爲八股文有種種弊病，所以招致了許多批評，甚至有把明之亡國歸於八股文的。

爲了糾正八股文的種種弊端，一些學者就主張"以古文爲時文"，對八股文進行改造。所謂"時文"，主要是指當下流行的科舉文體，如宋元之經義，明清之八股，在當時都可稱爲"時文"。應該說，以古文爲時文並不始於明代，如前所述，南宋的古文評點主要就是爲了指導經義、策論，也即時文的寫作。在明清，所謂"以古文爲時文"，則主要是指以古文爲八股文。須指出的是，以古文爲時文，並不僅僅是在寫八股文時運用古文的手法，它首先要求士子端正態度，不以獵取功名爲唯一目的，也就是要能以時文明道。如王慎中即謂："今時所謂學官弟子，攻所業以應有司之舉者，舍可以得有司，則不復過而問。古之文非所以得於有司

---

① 陸深：《國學策對》，見《皇明經世文編》卷155，第1558頁。北京：中華書局，1962年6月。

② 按：袁宏道對此也有批評，他説："余謂文之不正，在於士不知學。聖賢之學惟心與性，今試問諸舉業者，何謂心，何謂性，如中國人語海外事，茫然莫知所置對矣。焉知學？既不知學，於是聖賢立言本旨晦而不章。……爲主司者不能詳別其真僞，故此輩亦往往有幸中者。後生學子，相與尤而效之，而文體不復可整矣。"（《袁宏道集校箋》（上）第697至698頁《敘四子稿》，上海：上海古籍出版社，1981年7月）。

③ 閻若璩：《臧武仲以防節》篇引，見《文淵閣四庫全書》210冊《四書釋地》，第430頁。

之具也。"其自爲之文,則"求合乎古而已,初不求時人之知也"①。而欲以時文明道,則不能徒誦程文墨卷,而應博覽儒家典籍,厚其學養。茅坤云:"世之爲古文者,必當本之六籍以求其至;而爲舉子業者,亦當由濂、洛、關、閩以溯六籍,而務得乎聖賢之精。"② 如真能做到這一點,那麽八股文程式化帶來的各種弊病在某種程度上也就可以得到緩解。

應該説"以古文爲時文"有其現實依據,劉熙載認爲"經義未著爲令之時,此等原可命其爲古文"③,劉將孫則謂:"文字無二法,自韓退之創爲古文之名,而後之談文者,必以經賦論策爲時文,碑銘敍題贊箴頌爲古文。不知辭達而已,時文之精,即古文之理也。"④ 八股文既以宋元經義爲本,所以鄭光策説:"八股之源,蓋亦出於古文。"⑤ 當然,以上各家只是强調古文與時文在明道及文法方面有其相通之處,其實二者在體式上的差别是顯而易見的,否則就不會有"以古文爲時文"的提法了。明代强調以古文爲時文者,正德年間已兆其端緒。如王守仁即謂:"求工於舉業而不求于古作,弗可工也。"⑥ 所謂"古作",實即指古文。此後,"以古文爲時文"得到越來越多學者的回應,逐漸形成一種風潮。如王世貞謂"善爲時義者,未有不譯經而驅古者"⑦,茅坤自言"爲舉業,往往以古調行今文"⑧,袁中道則謂:"文字有從古文中出者,有從時文中出者。從時文中出者,慧人才士自不屑爲。"⑨ 孫鑛稱自己

---

① 王慎中:《與林頤觀》,見《文淵閣四庫全書》1274册《遵巖集》卷23,第550頁。
② 茅坤:《復王進士書》,《續修四庫全書》1344册《茅鹿門先生文集》卷6,第544頁。
③ 劉熙載:《藝概·經義概》第183頁。
④ 劉將孫:《題曾同父文後》,《文淵閣四庫全書》第1199册《養吾齋集》卷25,第242頁。
⑤ 梁章鉅:《制藝叢話》卷16引。
⑥ 王守仁:《重刻文章規範序》,見《四庫存目叢書》集部50册《王陽明先生全集》卷5,第419頁。
⑦ 王世貞:《雲間二生文義小敍》,《文淵閣四庫全書》1282册《弇州續稿》卷41,第546頁。
⑧ 茅坤:《雜著·文訣五條訓縉兒輩》,見《四庫存目叢書》集部106册《玉芝山房稿》卷16,第136頁,山東:齊魯書社,1997年。
⑨ 袁中道:《答趙茂才》,見《珂雪齋集》卷25,第1084頁。上海:上海古籍出版社,1989年。

"二十五歲，始知愛歐陽文，二十六而熟讀《韓非子》，手節錄之，以資舉業。"① 艾南英更是直言："制舉業之道，與古文常相表裏，故學者之患，患不能以古文爲時文。"② 可以說，明代的主要流派，如秦漢、唐宋、公安等，都提倡"以古文爲時文"，並在萬曆前後產生廣泛影響，相應的，爲指導時文而作的各種古文評點也就有了廣闊市場。

如前所述，南宋也有古文評點的高潮，但《左傳》評點並未有什麽發展，爲什麽在明萬曆以後隨着古文評點的重新興起，《左傳》評點也取得了迅速發展呢？我們以爲主要有以下幾方面的原因：首先，宋代古文選本多以論體爲主，且所選以唐宋古文大家之文爲多。而在明萬曆前後，用於指導時文寫作的古文已多追溯到先秦兩漢，且不限於論體。如唐順之《文編》即以《左傳》、《尚書》等爲首，歸有光也有五色評點《史記》之作，宗臣幼時習八股，"最愛讀司馬遷、莊周所爲文詞，往往發之篇章"③，等等。其次，宋代古文選本多以揭示文法爲主，而萬曆前後的古文選本，除了指點初學文法外，還有讓士子博覽儒家載籍的意思，所以多以《左傳》等入選。其三，明代科舉也從五經中出題④，而《左傳》是解釋《春秋》的重要著作，不讀《左傳》，也就難以正確解讀《春秋》，所以也出現了對《左傳》專書的評點。又考慮到初學既要應對科舉，又要多讀聖賢之書，時間有限，所以很多《左傳》評點是節選之本。須指出的是，《左傳》評點在明萬曆以後取得迅速發展，其原因也是多方面的。如明中後期政治的腐敗，以及心學的發展，導致了萬曆前後社會風氣的巨大變化，其總的趨勢是由"理"向"情"、由"雅"向"俗"的轉變，從而造成文人的日益世俗化。這又帶來幾方面的影響：首先是評點

---

① 孫鑛：《與余君房論文書》，《四庫禁毀書叢刊》集部 126 冊，《月峰先生居業次編》卷 3，第 193 頁。北京：北京出版社，2000 年。

② 艾南英：《金正希稿序》，《明文海》卷 312. 北京：中華書局，1987 年影印，第 3217 頁。

③ 宗臣：《刻文訓序》，見《文淵閣四庫全書》第 1287 冊《宗子相集》卷 12，第 96 頁。

④ 《明史·選舉志二》："科目者，沿唐宋之舊，而稍變其試士之法，專取四子書及《易》、《書》、《詩》、《春秋》、《禮記》五經命題試士。蓋太祖與劉基所定。其文略仿宋經義，然代古人語氣爲之，體用排偶，謂之八股，通謂之經義。"（第 1693 頁）

這種批評體式的大發展。文人的世俗化造成通俗文學，如小說、戲曲等的繁榮，而配有評點的讀本更易爲讀者所接受。可以説，通俗文學的繁榮帶來了評點的興盛，又因這種批評方式日益爲人所接受，所以又反過來促進了對經、史、子、集各部作品的評點，從而也對《左傳》評點的發展產生影響。其次，文人的世俗化造成對物質利益的大肆追求，而文人用以謀利的主要手段就是手中之筆。所以當對《左傳》等各種文本的批點有較大市場的時候，他們便紛紛從事評點，從而也促進了《左傳》評點的發展。此外，很多文人還從事圖書行業的經營，明嘉靖以後，出版業迅速發展，特別是家刻、坊刻的書迅猛增長，而出版業的繁榮也有利於《左傳》評點的發展。另外，明代心學的發展帶來思想的解放，使他們對於經典少了一些膜拜，很多人從文法角度批點五經，這也是《左傳》批點在明後期迅速發展的重要原因。

（四）清初至乾隆末年：《左傳》評點之全盛期

從清初到乾隆末年，約一百五十餘年，是《左傳》評點的全盛期。此一時期不僅評點作品數量衆多，而且整體品質較高，多數具有較高理論價值的作品都出現於此期。此期的《左傳》評點承明代《左傳》評點之緒而漸趨繁盛，雖然有些評點者，如儲欣、孫琮等，仍採用明代孫鑛、鍾惺等人的批評方法，用語簡潔，多感悟式的品評，少細緻的分析。但整體上，此期的《左傳》評點較前期又有較大的發展。

首先，論文成爲此期《左傳》評點的主流，其目的多爲指導初學習作，爲科舉服務。當然，此期的《左傳》評點對於經、史也都有涉及，只不過數量較少，如魏禧《左傳經世鈔》即主于論史，而姜炳璋《讀左補義》則主于發揮經義。明唐順之、歸有光等人已不滿於科舉時文的程式化，意圖以古文矯時文之弊，故提倡以古文爲時文。不過，他們所謂古文大多是指唐宋八家之文，對《左傳》等先秦古文的借鑒較少。倒是一些書坊主僞託之作，如題爲湯賓尹之《左傳狐白》，題爲吴默之《左傳芳潤》，題爲王世貞之《左傳文髓》，題爲張鼐之《左傳文苑》等，皆明言爲科舉而作。但考其所評，不過搜集前人論《左傳》之語，匯爲一書，多論事之語，少文法分析。而且各書所采，大同小異，且頗多謬誤，實不足觀。只有孫鑛、鍾惺等人對《左傳》的評點以論文爲主，但又多隨文批點，缺少對文章的整體把握。相對而言，此期的《左傳》評點更爲自覺，多明言爲啓牖初學而作，對文法分析也更深入。如金聖嘆批點

《天下才子必讀書》，乃"昔因兒子及甥侄輩要他做得好文字"。方苞《左傳義法舉要》本為弟子講述《左傳》義法之作。王源《左傳評》，所批"皆作文竅妙"。馮李驊《左繡》，"剽竊篇法作意以見其為古今文字準繩。"倪承茂《古文約編》之序謂《左傳》等古文，"析理論事，必扼其要，必闡其微，曲折反復，歸於達意而止。而且篇有篇法，句有句法，離道則誕，悖道則枝。時文不亦有然乎？故不深於古文，未有能深于時文者也。"謝有煇《古文賞音》，為"取便於黨塾課習"，所選皆"家弦戶誦之文"。程潤德謂林雲銘《古文析義》"但為成材者進一解，而顓蒙初學之士，或猶苦其深奧簡略"，故其作《古文集解》專為初學說法。汪基《古文喈鳳新編》，因朝廷以四書為功令，而《春秋左傳》諸書與《論》、《孟》相經緯，故取先秦文獨多。唐德宜《古文翼》，謂名卿鉅公以時文擅場者，類多得力于古，其所選乃為課徒而作。從以上各家所論，可知此期《左傳》評點之風氣。而此期各家評點又多參用評點時文之語，如所謂相題、立柱、扇、股等。可以說，此期的《左傳》評點自覺致力於文法的分析，其目的乃為矯正科舉時文之弊，希望從古文中吸取有益營養，以提升時文的水準。

其次，受清初徵實學風的影響，此期《左傳》評點較少偽託之作，對於《左傳》原文的任意刪改也受到許多評點者的批評，而純粹集評式的作品也相對較少。如前所述，明後期的《左傳》評點，出於書坊主偽託者不下七八種，其品評"篇次既倒，評題又混，至於亥豕魯魚，又連帙而是"，故整體價值不高。蓋明人為學空疏，又喜為高論，故多有偽作古書以證成己說者。又因明後期出於矯正科舉時文僵化之病，頗有提倡以古文為時文者。故古文評點，特別是出於名家之手的作品，有較大的市場。而書坊主出於謀利的動機，多造為評點之書而托之名人。明末清初，許多學者對明末輕佻士習及作偽之風進行了反思與批評，四庫館臣更是大力抨擊，不遺餘力，故學界逐漸形成一種自覺求實的傾向。具體到《左傳》評點方面，就是偽託之作大量減少。此期四十餘種評點作品，只有題為韓菼所批《春秋左傳綱目句解》及題為周大璋之《古文精言》，似出於偽託，其他都出於評點者之手。明代的《左傳》評點，如郝敬等，對於《左傳》原文多有刪改，從嚴格意義上說，其所評已非《左傳》之舊。而此期的《左傳》評點，多從一種自覺的意義上反對任意改動《左傳》原文，如姜希轍《左傳統箋》乃據朱申《春秋左傳詳節句解》增廣而成，但姜希轍對朱申任意改動《左傳》原文處頗不以爲然，一一更正，悉還左氏之舊。此外，集評式作品雖甚便讀者，但容易輾轉相鈔，且不能體現評點者個人的特色，所以此期評林類作品相對較少。純粹集評類作品只有余光華《古文分編集評》等少數幾家，如程潤德《古文集解》、張昆崖《左傳評林》等，雖也是集評，但能在彙集衆説後，斷以己意，形成自己的特色。

其三，批評内容更爲詳盡，形式更爲完備。明後期的《左傳》評點雖比較成熟，但其批評相對簡略。如孫鑛、鍾惺等人所批，大多隨文品評，有感則發，無則免之，較少對全文的整體把握，其圈點符號的運用也相對簡單。而此期多數《左傳》評點内容更爲豐富，形式更爲完善。就批評内容而言，如馮李驊之《左繡》，其評大抵"先論全旨，次分大段，又次詳小節，又次析句調，務令完其本來，獨開生面，要爲初學撥其雲霧，指其歸趣"，在把握全文主旨基礎上，分段分節細評，層次頗爲分明。王源《左傳評》則"總評於後又細評於中"。大略而言，此期《左傳》評點大都能先掌握全篇主意，由内容旨趣照看形式佈局，然後層分節解，分析各部分段落如何鋪陳、呼應，最後以總評揭示全文文法及主旨。由綜觀整體而後進入部分，複縮合部分而形成整體理解，是此期多數《左傳》評點作品的特色。就圈點符號而言，此期的用法更爲繁複。如《左繡》即有七種符號："━"施於大段落止處；"─"施於小段落歇處；"⌐"施於敘事斷而另起處；"·"表略讀，施於注疏中，表示以下注疏略讀即可；"◎"、"∧"、"。"、"、"四種符號皆用以標示線索關鍵或詞意警妙之處，乃爲方便前後照應，其用法無甚區別。而王源之批評符號多達十種，各種符號間之分工亦非常明確。此期之《左傳》評點，多有凡例對其符號之用法作詳細區分，較明末更爲細緻。

其四，具有廣泛影響及具有較高理論價值的《左傳》評點作品基本上出現於此一時期。在古文選本方面，影響較大者，有金聖歎的《天下才子必讀書》，孫琮《山曉閣古文選》、儲欣之古文選本，過珙的《古文覺斯》，林雲銘《古文析義》，徐乾學奉敕所選《古文淵鑒》，吳楚材、吳調侯所選《古文觀止》，謝有煇《古文賞音》，浦起龍《古文眉詮》，于光華《古文分編集評》等。《左傳》專書評點，有王源《文章練要左傳評》，劉獻廷《左傳快評》，方苞《左傳義法舉要》，馮李驊《左繡》，魏禧《左傳經世鈔》，周大璋《左傳翼》，姜炳璋《讀左補義》，盧元昌《左傳分國集評》，李紹崧《左傳快讀》，盛謨《于埜左氏錄》等。應該說，此一時期《左傳》評點的品質要遠遠高於上一時期。

可以看出，以時文手法評點《左傳》，爲初學揭示文法，以因應科舉之需，是此期《左傳》評點的主流，須說明的是，因論文與論事難以截然區分，故各家在論文的同時，往往會兼顧對事義的評論。

《左傳》批點在清代前中期取得了全面繁榮，也有多方面的原因。首先，評點這種批評方式經過金聖歎等人的創造性發揮，已極爲成熟，成爲批評者最常採用的一種批評體式。其次，明代《左傳》評點已取得較大的成就，爲清代《左傳》評點的繁榮奠定了好的基礎。更主要的是，清代在科舉方面基本承續了明代的八股制度，而明中後期提出的"以古文爲時文"的口號，得到了清代許多學者的回應，這也使《左傳》等古文評點有廣闊的市場，使其全面繁榮成爲可能。如桐城派的先驅戴名世自謂："頃者，余與武曹執以古文爲時文之説，正告天下。"① 方苞認爲，若能立足唐宋八家，"以求《左》、《史》、《公》、《穀》、《語》、《策》之義法，則觸類而通，用爲制舉之文，敷陳論策，綽有餘裕矣。"② 而方苞之文，也被人稱爲"以古文爲時文，以時文爲古文"③。韓菼所以能以制藝得大名者，也因作八股時能運以古文之法。可以說，"以古文爲時文"是此期許多欲提高八股文品位的學者的共同追求。康熙皇帝下令編纂《古文淵鑒》，且對許多篇目親自評點，而《古文淵鑒》選文以《左傳》等先秦古文爲首，這在一定程度上有某種示範意義，從而極大的刺激了《左傳》等古文評點的繁榮。另外，桐城派作爲清代最有影響的散文流派，其代表作家多自覺以《左傳》爲取法對象，而且許多人都有《左傳》評點著作。④ 其始祖方苞即謂："序事之文，義法

---

① 戴名世：《汪武曹稿序》，見《戴名世集》卷4，第100頁。北京：中華書局，1986年。

② 方苞：《古文約選序例》，見《方苞集·集外文》卷4，第906至907頁。上海：上海古籍出版社，1983年。

③ 錢大昕：《跋方望溪文》，《續修四庫全書》第1439冊《潛研堂文集》卷31，第54頁。

④ 據劉聲木統計，清代桐城作家有《左傳》評點作品的，至少有以下諸人：方苞、劉大櫆、姚鼐、曹一士、周大璋、李文淵、方宗誠、吳汝綸，而王源與桐城派也頗有淵源。

備于《左》、《史》。"① 又言:"記事之文,惟《左傳》、《史記》各有義法。"② 即此可見其對《左傳》的推重。這也在某種程度上推動了《左傳》評點的全面繁榮。

(五) 嘉慶至民國初年:《左傳》評點之延續與余輝期

從清初到乾隆末年,《左傳》評點走過了自己的黃金時期。由於此前對《左傳》的評點無論從文法的分析,還是内容的探討都已極爲深入,已將評點這種批評體式的功能發揮地淋漓盡致,所以其後的《左傳》評點似乎難以爲繼。故從嘉慶初年至民國初年,也是一百餘年,僅有《左傳》評點作品十餘種。除民國初期林紓、吳闓生等人評本較具特色外,有價值者更屬寥寥。

此期的《左傳》評點,大略可以分爲兩段:嘉慶至光緒初年,可稱《左傳》評點的延續期,在方法上基本是對前期的延續,但其内容和形式都有返歸簡約的趨勢。較可注意者有余誠《古文釋義》、司徒修《左傳易讀》及方宗誠《春秋左傳文法讀本》等,此數家之評點皆以取便初學爲指歸,雖無太高理論價值,但都產生了一定的影響。而從光緒至民國年間,可稱《左傳》評點的餘輝期,隨著新式學堂的紛紛建立,八股取士制度逐漸淡出歷史舞臺,西學之影響日漸深廣,學者們對《左傳》的評點已不再以科舉爲導向,更多是爲了發揚傳統文化,以與西學抗衡。故林紓、吳闓生等人的評點,更多注意《左傳》本身義法的揭示,具有較高的理論價值。

余誠所選《古文釋義》是嘉慶年間較有影響的選本,其中選《左傳》三十篇。余誠謂是編欲爲初學定一善本,故所選多習見之文,且卷帙不繁,僅八卷一百四十七篇。此書評點手法基本是前期的延續,大抵先標舉通篇大旨,然後分析段落,以旁注和眉批表陳己見,品評其字句、綱目、伏應等,最後于文末總論之,且曰:"吾如是選,讀者亦如是讀,諒必無義不釋矣。"此種由通觀整體而後進入部分,復整合部分以形成整體理解的閱讀進程,頗有現代所謂"闡釋學迴環"的意思。從整體上講,

---

① 方苞:《古文約選序例》,《方苞集·下》第 615 頁。上海:上海古籍出版社,1983 年。

② 方苞:《書〈五代史·安重晦傳〉後》,《方苞集·上》第 64 頁。上海:上海古籍出版社,1983 年。

余誠此書，論文法，則重結構分析，少理論概括；論內容，則持論甚嚴，多用綱常倫理以繩人，較少發明，故價值不大。因其便於初學，所以傳播還是比較廣的。不過，余誠於卷首論讀古文之法，頗有可取者。如謂："讀古文固當先得大旨，大旨不得雖極賞其詞華句調，終未識作者意思，何取乎讀？一得其大旨，而餘文勢如破竹矣。但古來大家文字，細針密線，重包疊裹，曲折變化，每不許人一望竟盡。其大旨或提於篇首，或藏中幅，或點煞尾。在篇首爲綱領、爲主腦、爲眼目；在中幅爲關鍵、爲骨子；煞尾則爲結穴。又或以一二語陪出，又或以反筆挈之，種種不同，要在讀者細心尋繹。"又謂讀古文最忌囫圇吞過，囫圇吞過雖讀千萬篇猶一字未讀，惟逐字逐句皆理會過，往復呻吟，咀之味出，鎔化胸中，方爲有得。又謂讀古文要心無纖介紛擾，而以全副精神靜會才讀得入，凡此之類，對於今日讀者也不無益處。

道光年間，司徒修所評《左傳易讀》流傳較廣，民國初年，楊鍾鈺等據其書刪削而成《春秋左傳擷要》，亦可見其影響。據卷首郭維遲、祝廷彪之序，司徒修因前此評注《左傳》者，如杜、林合注、馮李驊《左繡》等，論文論事甚詳，但于原文不減一字，每令讀者興汪洋之歎，故刪削諸家而成是書，並謂是編"繁簡得宜，注批詳明，令初學隨讀隨解"，爲功甚易，故曰"易讀"。但是，觀是編所評，多引韓范、鍾惺之說，司徒修本人除少數音義考訂外，殊少發明。也就是說，此書不過因其便於初學而流傳較廣，本身並無太高學術價值。

光緒年間，毛慶藩選有《古文學餘》一書，其中選《左傳》八卷，由毛慶藩之序言，頗能見出《左傳》等古文評點風氣的轉變。毛慶藩編選是書時，八股已廢，各種新式學堂林立，大批志士仁人爲拯救祖國於敗亡之中，大力鼓吹西學，故科學日興而古學漸廢，傳統之道德文章已非復士人安身立命之所。毛慶藩有感於此，謂："科學者，各國之所致精也，我國之所未及也；道德文章者，自古在昔，先民有作之所致精也，各國之所未及也。"棄我之所致精而循人，則失其本。且失我之所致精，亦無由知各國之所致精，故有是書之選以救弊補偏。

此期的《左傳》評點，有較高理論價值的是民國初年林紓所批《左傳擷華》與吳闓生所評《左傳微》。二人都與桐城派頗有淵源，吳闓生爲桐城人，其父即曾國藩"四弟子"之一的吳汝綸，可稱桐城派之嫡傳。林紓雖是福建人，其論文則私淑桐城。桐城派論文以"義法"爲先，多推崇《左傳》、《史記》。二人也不例外，如林紓即謂"左氏之文，萬世古文之祖也"，"天下文章能變化陸離不可方物者，只有三家：一左，一馬，一韓而已。"而二人評點《左傳》，也都致力於左氏"義法"的講求。

此期《左傳》評點數量不多，除林紓、吳闓生外，所評也無太多價值，不過此期也有一個現象值得注意，那就是大量翻印前人評本，特別是清末至民國年間尤爲突出。刊刻者翻印較多的，除《古文觀止》等一些選本外，《左傳》專書評點，如馮李驊《左繡》，鍾惺、孫鑛、韓范三人評點的合評本，題爲韓菼所定之《評點春秋綱目左傳句解匯雋》等都有多種翻刻本。以《評點春秋綱目左傳句解匯雋》爲例，至少有以下幾種刊本：集文堂道光二十一年刊本，上海廣益書局宣統三年刻本，上海章福記書局民國五年刻本，上海天寶書局民國九年刊本，上海昌文書局民國十五年刊本，上海商務印書館民國三年刊本，上海商務印書館民國二十六年刊本，上海福章書局民國五年刊本，光緒十年錦文堂刻本題爲《如西所刻諸名家評點春秋綱目左傳句解匯雋》，上海錦章圖書局一八五一年刊本，又有一八七五年刊本，題爲《太史張天如詳節春秋綱目左傳句解》。

《左傳》評點在進入嘉慶以後，數量迅速減少，品質也不高。究其原因，除了前面提到的，因前期的《左傳》評點已經達到頂峰，無論是內容的分析，還是文法的揭示都已極爲深入，此期的《左傳》批點似乎無以爲繼外，可能還與統治者對評點這種批評方式有意無意的批評有關。清代統治者對於評點的態度似乎比較矛盾，初始時，康熙曾親自批點過古文，而四庫館臣在撰寫提要時，對於宋代評點尚有所許可，對於明清的評點，特別是出以時文手法的評點，則極爲不滿。如對孫鑛的《孫月峰評經》，館臣謂其"竟用評閱時文之式，一一標舉其字句之法，詞意纖仄，鍾、譚流派，此已兆其先聲矣。"① 對題鍾惺編之《周文歸》，館臣謂其："以時文之法評點之，明末士習，輕佻放誕，至敢於刊削聖經，亦可謂悍然不顧矣。"② 四庫館臣代表官方的立場，雖未對評點提出正面的批評，但通過對晚明以來評點作品的批評，也會對同時代的評點起到導向作用。如姚鼐本來是欣賞評點的，其《答徐季雅書》曾謂："震川閱本

---

① 《四庫全書總目》卷34，第283頁。
② 《四庫全書總目》卷193，第1795頁。

《史記》,于學文者最爲有益。圈點啓發人意,有愈於解説者矣。"① 而其所選《古文辭類纂》最初也有圈點,後來吳啓昌重刻時,"以爲近乎時藝,用姚先生命去之"②,不管是托詞,還是真的受命于姚鼐,都能見出當時評點者對於以時文手法評點古文的忌諱。曾國藩也對評點加以批評,其言曰:"末世學古之士,一厄於試藝之繁多,再厄於俗本評點之書,此天下之公患也。"③ 以其在政治及文壇上之地位,也足以在當時產生廣泛影響。因自明末以來的《左傳》評點多借鑒時文手法,所以在官方的政策導向下,也必然趨於衰落。

倒是在清末民初的時候,因科舉的廢除,西學的引入,又出現了幾部較有影響的《左傳》評點作品,且出現了翻印以前《左傳》評本的高潮。其主要原因,就是我們前面提到的,爲了因應西學的刺激。因爲士子學習傳統文獻的時間有限,所以刊刻一些易於閱讀的評點本,以期達到普及經典的作用,如前面提到的《古文學餘》、《春秋左傳擷要》等等,都出於相同的目的。

---

① 姚鼐:《答徐季雅》,《叢書集成續編》130 冊《惜抱尺牘》卷 2,第 904 頁。
② 黎庶昌《續古文辭類纂序》云:"道光初,興縣康撫軍刻姚氏《古文辭類纂》,本有畫段圈點。後數年,吳啓昌重刻于江寧,以爲近乎時藝,用姚先生命去之。"(《續修四庫全書》1561 冊《拙尊園叢稿》卷 2,第 290 頁)吳啓昌道光 5 年所作《刻古文辭類纂序》云:"舊本有批抹圈點,近乎時藝,康公本已刻入,今悉去之,亦先生命也。"(《古文辭類纂》第 985 頁附錄。長沙:岳麓書社,1988 年)。
③ 曾國藩:《謝子湘文集序》,《續修四庫全書》第 1537 冊《曾文公文集》卷 2,第 594 頁。

稀見及有重要價值《左傳》評點序跋

1. 朱申《春秋左傳詳節句解》

《春秋左傳狐白》三十五卷，宋魯齋朱申周翰注釋，今董南畿學政黃侍御希武翻刻以示後學者也。侍御以近世學者莫不爲文，而未知爲文之法，故授同知蘇州府事張幼仁，俾刻之郡中。余敘之曰：

文非道之所貴也，而聖賢有不廢。故冉有、閔子、顏淵善言德行，子夏、子游以文學名。孔子亦曰"言之無文，行而不遠"，而善鄭國之爲辭命也，則文豈可少哉！學者不爲文則已，如爲文而無法，法而不取諸古，殆未可也！左氏疏《春秋》，於孔子之旨未盡得也。而載二百四十二年列國諸侯征伐會盟，朝聘宴享，名卿大夫往來辭命則具焉，其文蓋爛然矣。于時若臧僖伯、哀伯、晏子、子產、叔向、叔孫豹之流，尤所謂能言而可法者也。是則疆場之臣亦善言焉，有若展喜、呂甥、賓媚人、解陽、奮揚、蹶由。方伎之賤亦善言焉，有若史蘇、梓慎、裨竈、蔡墨、醫和、緩、祝鮀、師曠。夷裔之遠亦善言焉，有若郯子、支駒、季札、聲子、沈無戌、薳啓彊。閨門之懿亦善言焉，有若鄧曼、穆姜、定姜、僖負羈之妻、叔向之母。於戲！其猶有先王之風乎！其詞婉而暢，直而不肆，深而不晦，精而不假鐻削。或若剩焉，而非贅也。若遺焉，而非欠也。後之以文名家者，孰能遺之？是故遷得其奇，固得其雅，韓得其富，歐得其婉，而皆赫然名于後世。則左氏之于文亦可知也已！而世每病其誣，蓋神怪妖祥夢卜讖兆之類，誠有類於誣者，其亦沿舊史之失乎！雖然，古今不相及，又安知其果盡無也？然余以哀公而後，文頗不類，若非左氏之筆焉，豈後人續之耶？未可知也。若是者今多從削，蓋幾于醇且粹矣。學者因是而求之，則爲文之法盡在是矣。若夫究聖人筆削之旨，以寓一王之法，自當求其全以進於經。正德癸酉二月既望，震澤王鍪敘。

2. 張鼐《左傳雋》

敘：夫知天者以二十八宿，不必誇父之逐也；知地者以五嶽四瀆，不必章亥之步也；知人者以色氣脈理，不必榮衛肥瘠之區分也。蓋提其經而萬緯集，轉其轂而衆輻湊，此之謂握要。國家經術取士，士垂髫通經即佐以古文辭，史則首稟功令，《左氏傳》維時去古未遠，方冊猶存，其眼孔所涉歷，臟腑所包載，非三代以上法物無取焉。即今世持論爲北地輩左祖者，亦謂其成言斑如也，法則森如也，欲建旗鼓千載而比肩，置之而匿諸理，知其無能爲已。顧其依經發義，上下蒐羅二百四十年來事蹟，縱橫馳驟、汪洋浩蕩，窮年孜孜，繭然疲役，而不得其所歸，爰姝溝儒見未逮乎大方，隨其成心而師之，誰獨且無師？是其所非而非其所是，比夫以管窺天、以柱扣地、裂其人之肢體而指爲人耳。夜蟲傳火，不疑於日，非虛語也。伺初張先生氣凌五雲，學窺二酉，尤癖嗜《左》《國》諸書，緣博歸約，匯流溯淵，拔其尤者命之曰《左雋》，爲成學治古文者要刪。試一展玩，義例躍如，去取有體，評論詳明，巔末不漏。烺乎如二十八宿之經天也，井乎如五嶽四瀆之絡地也，綿綿乎如精神血脈之流貫於人身也。經緯相生，轂輻遞運，無溝儒之誣，無窮年之勞，而左氏大全怳如指掌。持此以引繩墨、揭旗鼓而登作者之壇，猶掇之耳，用喜而爲之弁。餘詳見序例中，不具論。秣陵張榜拜言。

張鼐識語：按自《左傳綱目》以上諸書，係校選正傳，《書目》《史通》以下諸書，則所採錄諸評以附於首末者。至近坊刻《左傳評林》《左國奇觀》等書，或藉爲湯選，或藉爲梅輯，中多混淆錯亂，有難盡信。如吳敗夫差於夫椒，哀公元年傳也，吳將伐齊，哀公十一年傳也，而並次於定公十一年。又如周鄭交質，傳有評云"周天子鄭諸侯也"云云，此呂東萊議史的評也，而改爲楊維楨。又如士蒍築城篇，評云："啓獻公殘忍之心者，士蒍也；教獻公離間之術者，亦士蒍也。"此亦呂金華語也，而改爲林伯子。茲如此類，不可枚舉，篇次既倒，評題又混，至於亥豕魯魚又連帙而是，得無徒供識者一哄堂乎？愚概不敢信而採也。是用博搜古本，遍羅家珍，再三較選，反覆讎較，閱兩寒暑而始就是編。極知蕪陋，無增舊聞，而暗渡金針亦或有之，敢以質諸同志左氏者。雲間後學張鼐識。

3. 張鼐《古文正宗》

《古文正宗引》：今之賦質奢、取材捷者，每薄批閱爲迂，曰："丈夫自我作古，于何乃取前人之唾餘以詫爲異也？"嘻！是殆不然。世間有必不可讀之書，有必讀之書。不必讀者，竺龍馱經、駟車入雲之幻是也。必讀者，聖賢經傳、左史、六朝、韓、柳、歐、蘇之文是也。故不必讀而讀之，究且泡影人世，土苴民物，學業流爲二氏，轉成其虛寂。必當讀而不讀，究且問道於盲，問津於聾，一遇操染，謾誇白戰，弗能相説以解，則誤在弗讀矣。語云："不學操縵，不能安弦；不學博依，不能安詩；不學雜服，不能安禮。"今而後乃知讀之有裨於實用也。是集也，偕友人俞彥直發覆之辭，不佻而合諸理書，由博而反諸約，矧其簡經典確若干首乎？大抵理從故而生新，言澤新以化故。即今之衡文者，見能爲古文辭，嘖嘖稱不置，即於稠人廣衆中拔諸青雲之上，不然其卑薾綽弱，不足道也。然則文人學士安得不誦而習之、尤而仿之？惡能舍其可必者以自蹈戾於汎濫迂疎者乎？且人不數篇，瑜美畢具，能令躁讀之而恬，懦讀之而奮，俚讀之而雅，腐讀之而新，其受用弘矣。雖然，吾轉思咕嗶咿吾者固讀，而留神摹古者之更爲真讀也。時彥直在花舫中，聞吾言而有得焉，承讀之而爰壽之梓。（吴中劂氏章欽）

《古文正宗序》：今天下文盛極矣，然不無一二品凡骨弱之誚者，何也？此其病不在動筆揮之日，而在三年揣摩拾飣餖以希一當。所謂從受胎時已無古人氣脈久矣，豈不自詫玄奇，羞類庸吻。及叩其底裹，即先秦兩漢六朝唐宋諸作，人人所必讀者，猶不睹爲何物，無問其他矣。此雖登青紫而號名家，識者竊欲就《霍光傳》進而讀之，則亦無豪易高特，倖而逢年耳。我師侗初張先生汲引蒙士，如《文准》《國雅》等書，不下數十種，前刻幾備已，獨古文一選，若有待焉。每每與彥直輩指架上書曰："是不可不讀，是又不能盡讀。予當揀其必讀者以爲後學津梁。"於是一歲而選定，一歲而評定，一歲而鐫就，凡三閱春秋而告成事也。合於前刻，可謂舉業家全副要訣矣，卜以是月懸諸國門。予喜其嘉惠後學，先得我心，不揣而僭言于簡端。門人周宗建頓首書。

4. 張鼐《左傳文苑》

《題左傳苑序》：博極群書者，于諸史百家靡所不捃摭而茹納其晶華。

矧及《左氏傳》，尤古宕典贍，津津有味者乎？操觚家一乞靈於左，即可銷其綽納之能而矯健欲飛，亦可沃其淫靡之骸而簡練不盈。前舉、後勁、中堅，作法具矣。獨怪取士網疏，令學士各執一經爲羔雉，即攻麟經者，亦以左氏爲外傳之文，不以與胡安國狎主齋盟也。冤哉！夫左氏所載，賦《詩》者三十一，引《書》據義者三十九，論《易》者十有四，似與《春秋》之意較近。史□□□，陳眉公論之詳矣。余何容贅哉！余何容贅哉！第于文囿辭圃内擷其奇葩，似以寸臠盡鼎味云爾。華亭居士張鼐世調父書于永思齋。

《題左傳苑微言》：聖人有心，筆之於經，經以寫聖人之心也。夫既寫聖心於經矣，何必傳？要以經非傳則聖人之道不尊，而聖真幾蝕。是故説《易》則宗轅公，言《書》則推伏生，談《詩》則尊毛公，程《禮》則溯括、蒼、二戴，至若公、穀二氏，曷嘗不列於傳，而争膾炙左氏言者何？《春秋》一書，記載二百四十二年之行事，尼父不以尊齊、晉，不以尊魯，而獨摯摯以尊周，明乎大雅之在共主也。其修《春秋》時，使卜商於十四人求周史記而讀之。乃魯君以車馬資孔子之周，因觀書于柱下史，而《春秋》始成。故左丘明受之，廣衍之爲傳。如往復酬對諷諫箴規戰陣行列之具，靡不殫悉，真所謂古文辭苑者也，況得諸親授之餘？余稽諸掌故，其文核而精，其辭綴而屬，絶不以影響空譚恣其話柄者耶。是有《春秋》即不可無左氏傳也。語云："畫前有《易》，刪後無《詩》。"毋亦□竄經者，高自標舉，如王荊公者流，而卑疵之乎？嗟夫！經猶日也，傳猶光也。日不借光之光，而遇晦蝕之夜，亦能代日以宣其曜。故知此傳不可廢也。其英華故在也。□沖聖以論策疏議策士，士欲博綜之故，練習時務，而不從左氏。觀其操染，猶以一鉛刀與屠牛坦争奏刀之能也，吾虞其不缺則折。昔人不云乎："孫武子十三篇，不獨武人根本，文士亦當盡心。"則知此一左氏苑也，章縫武弁咸莊頌之，驅靈舌於筆端，籌勝算於帷幄，將在兹矣，寧第作《春秋》之羽翼已也？是爲序。景陵鍾惺伯敬父書于武夷精舍。

《左傳文苑敘》：苑之義，蓋取積也。閬風之苑，仙人都焉。瓊枝玉屑，定爲世間不凡有之品。即如矯羽呈姿，鮮葩吐豔，方物畢貢，充牣上林，傳者因爲御苑之奇也。嗚呼，左氏文而繫之以苑也，亦若是而已。夫左氏之文，古雅沉奧，有典謨誓誥之遺焉。而其流宕逸致，際騷壇更過之。況編年之誼大著於天下，故是《春秋》素臣，而反不得與胡《傳》

並列學宮，徒令後生學士剽取其一二以資筆舌。嘻，左氏何冤甚也！而見喜于學士後生耶！然而文苑標新，辭苑振藻，藐古而澤諸經者，無如左氏，即胡氏且退三舍避之矣。海虞魏浣初仲雪父拜手譔言。

5. 徐宗夒《古今曠世文淵評林》

陳璧序：余少好習古文辭，恆厭諸家纂述無當者，欲取左氏、子長諸書，手自擇一編，思以共今世。顧守在垣中，未遑也。項自京朝出守姑孰，茲土故多才至修古壹意當人者，余未之前聞也。惟幸塗尹章元禮與余共事，同聲臭，每談郡國嗜古者，則首山澤徐生云。既而召生置門下，與論故實，揚榷古今，居然博雅士也。以斯稽古撢言，知其必有合矣。會余督學去東粵，又參楚藩，蓋不知歲幾更已。一日生持其輯錄，上自《檀》《左》，以迄明興，炳朗述作，其中犁然足為世範者若干卷，名曰《文淵》，來訪余于楚之江夏。余受而卒業，且驚詫曰："物之精華，天地所秘，何物徐生，遂然羅古攟今若是哉？"視余疇昔裁擇之見，大率同已，夫非後學之筌蹄、應令之羔雉乎？誠秘之則已，如不欲秘也，則一切充棟不雅馴者，不當委令覆瓿耶？由斯而知文不忌同，期於當意；取不貴泛，期於悅心。其或不然，直糟粕耳。乃今徐生編次，何但雅所評騭異于蕭昭明、真氏兩家，及觀附錄私稿，則亦爛然可觀已。穆叔有言：古人三不朽，不廢立言。生之集，其皆是物乎？嘗怪韓子論詩文，謂氣滿志得者，殊無大業可采。而世之探奇抉隱，多得於沉鬱憂愁之士。嗟乎！此虞卿、子長發憤於千古也！餘不具論。生評騭古今文，至論輯虞卿、子長二氏言，獨咨嗟讚歎之不已，則生之意蓋可識乎！不然概以《文淵》言，余不佞惡乎若此序之。萬曆己亥孟夏吉旦賜進士第大中大夫湖廣承宣佈政使司左參政前奉敕提督廣東學校禮刑二科給事中福清陳璧撰。

自序：不佞夒自中道外於功令，遂壹意嗜古，喜頌龍門、安陵二氏言，竟忘寢食。即窮愁，動慕虞卿，務著述，厭薄聲利，幾成杜氏之癖已。久之，翩翩有得，益下帷討論，乃見《檀》《左》《史》《漢》以下諸書，暨吾明北地、汝南、歷下、吳會、廣陵、新都、興國一班故業，思欲擇其傳。然懼奇崛瑰瑋之士未盡也，乃復搜羅疆場、中秘與名山故家所藏書錄，而相次取裁，亦既苦辛五載矣。且又因時感事，濫竽充私辭以附簡末，即不敢方駕前人，竊亦有挽薄俗者。於是分為若干卷，額其端曰《文淵集成》，貯之篋中。其明年過江夏，謁陳公荊山于公署，靳其刪正。乃公見而私喜曰："兹刻成，何但惠來學不眇小乎？且令窮簷白屋生一展卷而知千百年，可不至有王充氏之歎也。不然櫝有珍寶，若令長藏，則修古之謂何？"予因是謝公曰："丹素異炫，識鑒益昏，誰為茂先，誰為子期哉？兹既得公之賞識，何至涼涼焉希覬於世之必不可測之人而望之耶？敢徽惠一言以授剞劂氏，庶幾哉附驥蠅飛之見乎？"萬曆己亥歲月之吉書于金陵嘉賓堂。

6. 吳默《左傳芳潤》

自序：夫自古紀傳文章有裨舉子業者，無軼於《左》《國》《史》《漢》矣。故我國家邇來釐正文體，力挽士趨，其功令凜凜，惟禁用佛書語錄不經字面，若《左》《國》，若《史》《漢》，雅尊之爲修辭指南云。往者了凡袁先生詮釋《史漢芳潤》，廣惠後學，業已家傳户誦，爲士人口中膾矣。而《左》《國》之書尤居先秦而上，後世青衿士往往掇拾唾餘以自藻繪，得一字一句如彝鼎尊琭陳斗室中，古色蒼蒼，襲人甚也。第《左氏》最難讀，亦最難解，是詎可無旁釋以紹其休也者？不佞恤之，乃於退食公餘，與二三友人參互考訂，音注詮次，拔其雋而腴者若干篇，亦弁其首曰《芳潤》，以際王生。王生曰："左氏説《春秋》，於二百四十二年間奉素王華袞斧鉞以繩天下後世，而欲盡以兹編，無乃太約乎？"余曰："不然。昔人有言曰：'得十利劍，不如得一歐冶之巧；得十走馬，不如得一伯樂之數。'且寸鑾適口，尺錦披膚，讀書在得其解而已，又奚貴全之是鶩哉？世之操觚者，倘由兹集窺見一斑，溯流窮源，全書何有？業素嗜《左》之癖，奚恤割裂之誚乎？"王生曰唯唯。因而付諸剞劂氏。時萬曆戊申春王正月穀旦松陵因之吳默題。

7. 湯賓尹《左傳狐白》

《重刻湯先生左傳狐白引》，語曰："千金之裘，非一狐之腋。"志能聚也。余獨以爲狐白之貴，不在於能聚，而在於善用。孟嘗君始用之以取相權，而秦王歡若平生，既用之以脱虎口，而秦姬喜溢望外。夫以秦國之强，六王奏珍，四方貢異，斯豈無連城照乘可以出狐白右？而獨於是裘爲沾沾者，則以孟嘗之善於用耳。是故世有孟嘗，而狐白之裘重于千金；世有宛陵，則狐白之輯價增十倍。蓋先生之輯斯集也，會之以心，思得之於神髓，非一朝一夕之故矣。故一用而步月闌，再用而甲春闈，用之以封大庭、魁多士，用之以兼善，澤萬民。先生之善用，視之孟嘗，不什伯千萬哉。且也，先生用之于前而吾人用之于後，先生得左氏之神而用之，以淩駕前修；吾人傳先生之神而用之，以追芳躅。得之也精則其用之也宏，其售之之術自不容以不廣。不然，《左氏傳》之鐫諸木也，亥啻汗牛，而唯斯輯洛陽爲之紙貴哉？畫朽字湮，幾追蠹矣。主人謀所以更新之，予因潤飾其所不逮，僭述數語于首簡，以羨宇内士之善用狐白云。皇庚戌歲春月穀旦，觀音山主人林世選頓首拜言。

8. 韓范《春秋左傳》

諸子雜詭術，史記多兵謀，劉舍人嘗歎之矣。夫詭與兵皆非所以治天下也。然而學子者，辭雖正，其源流必至於詭。學史者，觀覽成敗，習尚權譎，有近於縱橫之家，而其究必至於恐非養兵而不用。奚以明其然也？當孔子之時，著書立説以垂名後世者，有二人焉，李耳與左氏是已。夫耳，孔子之師也，爲周柱下史，著道德五千言，無爲自化，清淨自正，宜令學士尊而宗之。然而申、韓之刑名毒害天下，蘇子推之，以爲其禍原于老、莊，此實學子者之弊矣。左氏佐孔子定《春秋》，遂推而作傳，因人事以明天道，藉朝聘以正禮樂，孔子意也。其于兵戰之事，尤所獨詳，非孔子意也。然而左氏亹亹不休，何哉？蓋自古及今，未有不用戰者。黃帝五十二戰而後濟，少昊四十八戰而後濟，昆吾五十戰而後濟，商周以來皆然。秦人銷鋒鏑、墮名城而天下亂。成安君嘗稱義兵，不用詐謀奇計，卒爲淮陰斬之泜水之上。繇是觀之，徒恃俎豆干戚可以爲治，而不講于荊尸魚麗之陣、二陵三河之險，有不傾覆我國家、摇盪我邊疆者哉？是故古禮云："養諸侯而兵不用。"余以爲莫如習左氏。左氏者，談兵之書，定亂之書也。況今日之事，慘痛已極，原其所繇，皆起于諸君子諱言兵戰。余少讀《春秋》，治胡氏。胡氏者，制科之所尚也。然余竊樂誦左氏，濡首有年，豈非禮樂可以昭古烈，而兵戰可以教將來哉？東漢之世，古學繁興，諸儒争言左氏文辭雖贍，不合聖人意。余竊惑之。《公》《穀》《鄒》《夾》四家得于所聞，左氏得于所見，信其所聞而疑其所見，豈不陋乎？余故詳厥事會，申厥秘説，出而問世焉，以爲學史者之一佐云。雲間韓范友一氏題於雲頌堂。

9. 郝敬《左氏新語》

《山草堂集外編題辭》：余童時聽先輩説左、馬以下諸史及唐人詩，私心嚮往，猶以耳食也。比筮仕，征逐風塵無暇日。年過四十，抽簪下帷，則專意窮經，百家藻繡供閑賞而已。時復料簡其厄言以爲儲胥，管穴偶窺，僭爲題評，未必盡中肯綮。兒曹以爲發蒙便，録附《山草》後，命曰《外編》，分主客也。惜乎！有嘉客，無配主，珠玉在前，覺我形穢。然既經删拾，人弓人得，凡鳥與威鳳同集，亦莫知其鳥也。時崇禎二年己巳孟秋二十二日郝敬識。

《左氏新語題詞》：或謂余曰："子嘗非左，而又新左，何也？"余曰："非左之説經耳，而不能不新左之爲文也。左之爲文，堂堂不足，而鼎鼎有餘。其縱橫不如《國策》，揚榷不如莊周，洸洋不如史遷。敘事紆曲旁引，妝綴細瑣而時或散漫不收，修飾邊幅而跼蹐傷氣，牽帥附會而浮誇少理。無長風扶摇萬里之勢，有翩翩遊冶、顧影自憐之情。故人喜之，修辭采者采華焉。余束髮受讀，今老矣，猶執偏見，不敢謬爲恭，而重違古今人之通好。竊謂以冠冕群史不足，而方諸後世《新序》《新語》，不啻膾炙人口矣。割取禁臠，剪裁支蔓，題曰《新語》，以授兒曹。嗟夫！世之習左者，幾同敝帚已，而余乃今美新。昔人謂左爲太官，能使人歆豔屬厭，則可云爾已矣。若夫《春秋》大義，聖人盛德，君子温故，古善士不敝之成，左皆未能有與焉。"

10. 劉繼莊《左傳快評》

自有天地以來即有至文，有至文即有尚論之作。六經、史傳，天地之至文也，然不得聖人删定之、贊修之、訓詁而羽翼之，何能成其文之至？譬如日月之照臨，未撥雲霧，何由見其明之至？江河之浩瀚，未遡淵源，何由見其深之至哉？是故立言不貴乎能言，而貴乎不能不言。生千古之下而讀千古以上之書，不能闡發其深微，分疏其意旨，咿唔對壁，皓首窮經，雖讀盡聖賢之書，猶弗讀也。即有二三英傑之士特起其間，以著述自任，而徒剽竊唾餘浮辭膚説，雖連篇累牘，儼然作者，吾安得而許之耶？故曰"文章千古事，得失寸心知"而已矣。劉繼莊先生抱經濟之學，於時不偶，著書等身。其他無論，即評定《左氏傳》諸篇，無微不抉，無隱不窺，吸精洗髓，妙解瀾翻。自有左氏以來，無此尚論，幾成千古缺陷。急與坊客謀壽諸梨，刻成而題之曰《左傳快評》，以公天下之讀至文者。歲在游兆閹茂海陽金成棟天三氏拜手題。

11. 魏禧《左傳經世鈔》

先漢以還，治《春秋》者，率宗三氏，其博士家互相詆訶。及宋陳氏則云："《公》《穀》守經，《左氏》通史。"兩言頗得其概。仲尼雖修魯史，而丘明蒐討列國，非一官之載，其所援引，皆古先哲王之常典，而後世人事之變略盡其中，足資有國家者之勸戒。故班固氏亦曰："丘明據行事、仍人道，因興以立功，就敗以成罰。"其所諄諄者，在乎審成敗、決事機。而考亭氏乃極貶之，謂其以成敗論是非，不本諸義理之正，而一乎功利之說，殆與作者之意大秦越矣。夫成敗本乎人情，前事已然者，率中乎人情之至，苟與之合，鮮有不效。如己巳之役，鄗邸踐阼，而北轅遄返。此與立公子瑕，而衛鄭歸國何異？二百四十年中之事，其複見於後世者何可勝數？舉其當者，踵而行之，抑亦智者之效也。冰叔魏氏因采前史所載，與左氏比類而並陳之，且考論其得失。若杜元凱所言原始要終、尋其枝葉、究其終窮，以之應猝然之變，謀大事、斷大疑，若操券而得也。豈惟左氏之功臣哉，抑亦謀國者之典要矣！昔董江都引經斷獄，作《春秋決事比》，論者譏其浮華經術，開張湯酷吏之漸。宋人亦云孫復所學《春秋》，商君法耳。古之大儒尚有此議，著書立說亦何容易？乃如魏子之上下數千百年，不以私家曲說支離牽合，賓賓一先生之言。其申懷平允，審辨曲當，使覽古者人人厭足其意。遇事宰割，鏡乎先幾，而及時施救，各識其方，誠有益於當塗而不病來學。命之曰《經世》，良不誣哉！康熙丁巳會稽姜希轍定庵氏題。

12. 林雲銘《古文析義》

解古文最忌在前後中間略解得數語，便囫圇讀過。其未解者，一切置之，不知上下文既解不去，即所解者皆錯認也。茲編必細會全文血脈，每篇先諷誦過數十遍。然後落筆詮釋，誓不留一句疑竇致誤同志欣賞。

文所以載道也，是編凡忠孝義烈大節及時務經濟關係於國家興亡，或小題中立意正大者，方匯入選，其一切排偶粉飾變亂是非之文，即有礙于時忌者，雖工致可觀，概不敢錄。

讀古文當先細玩題目，掩卷精思，開手如何落筆。既讀過一段，復思此段之後應如何接寫，如何收拾，直到思路窮竭，方知古人有許多不可及處。若開卷便一氣讀畢，縱能成誦，必茫然無所得之人，此百試不一差者也。是編段段標出，或可爲好學深思者之一助。

　　讀古文要得篇中神理。

　　讀古文最忌先有成見橫於胸中。如讀太史公文，動解作憤怨去；讀長蘇海外文，動解作遷謫悲愴去。附會穿鑿，埋沒了無數妙篇。是編止在本文尋出脈絡，或有言外感慨，亦無不躍躍欲出，悉空從前牽強之病。

　　讀古文最忌在未明其大旨，只記了從前坊本評語，謬加虛贊，如馬首之絡，篇篇可以移用。

　　是編小注內有逐句解釋之下，或遇段落應總結者，恐致相混，必加一小圈別之。或每句解畢，另有評語，亦加一小圈別之。如應釋字音即列於本字之旁，觸目便見，不煩檢閱。

　　是編全文中有明白易曉處，止于逐段下總評數語，以闡發通篇血脈，其深心結構，出沒收縱，有鬼斧神工之妙者，必逐句注出，不敢草率。

　　是編小注內有解字面者，有解大意者，有承襯上文者，有吊起下文者，有補文中語所未及者，有用一二字分析辭句者，總爲全篇血脈著眼，不可以尋常訓詁一例看卻。

　　古文之佳，不外敘事、議論二者而已。然議論之文，或有隨意抒發，無中生有。而敘事必將其人行過事實，平平寫去，又欲簡而能該，質而不俚，使其人之精神面目，躍然畢現，方稱巨手。

13. 徐陳發、宋南金《讀書堂古文晨書》

　　余懷序：孔子刪《詩》《書》。刪者，選之義也，故知選詩古文自孔子始也。梁昭明太子在東宮，積書三萬卷，咨十學士之長，輯成《文選》。雖名《文選》，實兼詩賦。然以絲竹管弦黜右軍《蘭亭》，以白璧微瑕貶淵明《閒情》，則蘇子瞻所云小兒強作解事，信非虛語。自時厥後，則有《華林徧略》《文苑英華》《唐文粹》《宋文鑒》《元文類》，皆藝林要書。而真氏《正宗》、謝氏《軌範》，則以刪選爲能事，不徒以誇多務博見長也。前明一代，選手如林，大約溺於制舉之文，踵習雷同之學，貪常嗜瑣，數見不鮮。古聖蔚然之道，促數耗矣，尚家亦無聞焉。近世選本，尤可嗤鄙。襲舊而已，非標新也；射利而已，非崇學也；考辭而已，非明道也。求如真氏、謝氏者，豈可得哉！余嘗蒐集千六百年之人文，人所不經見者，名曰《古文秘本》，欲懸之國門，猶恐西山耶閣之藏，尚有未備，故且秘之枕中。一日徐子袞侯、宋子南金以所選《古文晨書》屬余參訂，且請余序以冠于簡端。余循覽未終，喟然而歎曰：“甚哉！今而知作者之不易而選者之尤難，作者之心苦而選者之功大也。以選者之精神發作者之光影，以作者之魂魄觸選者之波瀾。適然而相遭，奭然而相合，然後如弓矢之中的，鼓鐘之應節焉。今二子遊心六藝，南面百城，匡坐而弦歌，端居而深念，取千六百年之人文權衡而評隲之。人之所棄，我之所取，人之所記誦，我之所驅除，誠有如劉舍人所言‘會己則嗟諷，異己則沮棄’者。遠自盲左腐遷，近汔金源天水，莫不網羅放失，按部就班。辟之鄧林之木，千章森列，必得大匠之斤，方爲棟樑之用；辟之沐日浴月，百寶生焉，必得波斯胡之識，方爲席上之珍；又辟之跛弛之馬、追風之駿，必得王良、造父，方收駕馭之功。作者之光影常新，選者之波瀾莫二。嗚呼！其功豈不亦偉哉？昔柳子厚序《西漢文類》，中有曰：‘磔裂、攟摭融結，離而同之，與類推移，不易時月，咸得從其條貫。森然炳然，若開群玉之府。指揮聯類，圭璋琮璜之狀。各有位列，不失其序。’余於《晨書》亦云。況南金尊人既庭先生，海內宗工，人倫師表。袞侯尊人用王先生讀書嗜古，隱居求志。余與素心晨夕，往往析疑義而賞奇文。二子恭承家學之淵源，不失高會之規矩，雖閎覽博稽，旁采曲紹，要原本于聖人六經之旨。嗚呼！二子者，其真孔子之徒歟！”莆陽余懷製。

　　錢肅潤序：吳門徐子袞侯、宋子南金以歷代古文選行世，名曰《晨書》。《晨書》者，昔年宋既庭先生今文選之名也。今二子選古文而亦以晨書名者何？南金，先生之賢子也。袞侯，先生之高弟也。其選古文而以晨書名者，不忘所自始也。或曰古之父子相傳者莫如漢劉氏，向嘗作《洪範五行傳》及《説苑》五十篇，其子歆亦有《七略》一書。他如賈逵傳父徽之業，明《左氏傳》語，爲《解詁》五十一篇。鄭衆從父興受《春秋》，明三統曆，作《春秋難記條例》。凡此皆父子著書者也。若夫師弟之間，如鍾興之于丁恭，尤足述焉。當興少從恭受《嚴氏春秋》，後光武詔令定《春秋章句》，以授太子及宗室諸侯。會有功當封，興固辭曰“臣師丁恭”，於是復封恭而興竟不受爵。今徐子館于先生之讀書堂，相于宋子教其子弟。爲光、石麟輩讀書論古，即以其父師所教《左》《國》

《國策》暨《史》《漢》、六朝、唐宋諸大家古文，爲之搜討，撮其菁華，拔其精且粹者，懸諸國門，以詔來學。較前人父子師弟著書之功，不更甚耶？且吾見夫二子之爲是選也，《左氏》擇其沉懿雅麗者，《國語》去其委弱繁絮者，《國策》以峻潔爲宗，《史記》以奇憤爲尚。若漢之賈誼、董仲舒、揚雄、司馬相如之徒，莫不以正大典雅者爲法，六朝綺靡，概置弗錄，但存清新俊逸者數篇而已。至於韓則取其變化渾噩之作，柳則取其鍛煉峻潔之調，歐、蘇、曾、王全以結構剪裁爲上，而風神才致次之。則是二子所選，雖各出心裁，而原原本本，悉不離乎父教師訓之內，二子其誠不忘所自始哉！名其選之爲《晨書》也，不亦宜乎？是爲序。時康熙歲次壬申中秋錫山錢肅潤十峰氏題。

徐陳發敍：余少時受書於家君，治經義，次即命讀《檀弓》《左氏》《公羊》《穀梁》三傳，及《戰國策》《國語》《史》《漢》而下八大家諸文。稍長，肆力於制科之業，獲從既庭、悔庵兩先生游。顧兩先生復誘以學古不倦，嘗謂自漢以來，經史文辭裂而爲三，其他小道雜出，世或模擬剽竊，殫其聰明，琢句追章，矜其智巧者，往往不足以成德，而國家人材亦於焉壞矣。余也幸聞斯言，益信夫爲文章源流本于經傳。而兩先生之教思無窮，不使學者徒攻爲應試之文，忘其學古之功。蓋與家君之訓，有不期然而同者矣。比年，既庭先生命其兩孫從余受業於讀書堂，課文之間，乃上追秦漢，下取魏晉唐宋諸代名家，旁及莊、騷，與宋子南金鈎質考索，貫殊析同，論其體裁，疏其箋注，正其句讀，讎其疑誤，得若干卷。名曰《古文晨書選》者，從先生選時文之名也。要皆一切以經濟理學切於實際者爲歸，蓋非欲以驚己之長，名於當世，誠欲輔翼聖人之遺經絕學，弼承世教，以毋負乎父師之訓焉耳。故凡三傳之諸惑，則仿東萊《大事記》之例，比而一之。《國策》之揉莒，則按中壘之序錄、括蒼之正繆，弋而定之。《史》《漢》之離合，則以究隱括、軼軒輊，仰溯舊經，標引正義，綜核事實，顯發異同，而品畫其嫖姚疏宕，搜舉其節制弛張，凡虯龍之變化，驥褭之超逸，無不抽其雋而懸其解以明之。至於諸家之文，則取其不以華爲尚，不以質爲傷，若夫闡發義理而無偏僻之蔽，考擊金石而無曼幻之聲，采掇掛漏、擯落纖巧而無遺佚之失、委靡之習者，是予與宋子所選之志也。追還大樸則有取於濂洛，原本風雅則有取於《離騷》，出入洸恣、小大詼諧則有取於《莊子》，此又余與宋子選外之志也。嗚呼！學者自讀經史子集，孰不以爲博學而知辯論、篤志而明是非者哉？苟辯論不精，則言誇而旨失，可謂之博矣乎？是非不折，則識沫而辭廢，可謂之篤矣乎？故反而約之，不能費而隱者，不可也；時而措之，不能曲而致者，不可也。然則學者之所當自盡其心者，果何在歟？是役也，余與宋子雖述所聞于家學，而不敢拘牽於一世之説，蓋有千古之思焉。若以爲評騭古人，文其固陋而自侈求足於世，豈我兩人之志也哉！南沙徐陳發題於讀書堂之玉磬山房。

　　宋實穎序：昔吾家宣獻公藏書二萬餘卷，凡無用與不足觀者皆不取，故其收輯至精，其後凋零磨滅不可勝數，余間得其一二種，如淵明、昌黎、柳州集之類，其題跋丹黃如日月常新也。余門人徐子袞侯性亦好書，亦復搜求購訪，助余所不及。辛未之春與余琛兒暨兩孫龍、鍠輩肄業於讀書堂，因有《古文晨書》之選而問序于余。余少聞宋儒劉原父初爲窮經之學，寢食坐卧，雖謁客未嘗不以五經自隨，蠅頭細書爲一編夾袋中，人或效之，傭書者遂爲雕版，世傳夾袋五經，此選所由昉也。嗣有真西山之《文章正宗》，謝疊山之《文章軌範》，皆句櫛字比，發凡起例，爲後學之津梁，至於今而汗青頭白，螢乾蠹老，其人其書不可多得矣。袞侯偕琛兒發憤揣摩，上自《左》《國》《公》《榖》《國策》，以及《史》《漢》、賈、董、魏相、匡衡之對，唐宋韓、柳、曾、王、三蘇諸大家之文，無不去其繁重，簡其菁華，原原本本，溯其指歸，不敢以臆見考《詩》《書》，不敢以杜撰竄三傳。庶幾藏之名山，傳之通邑大都，得與《正宗》《軌範》二書相爲伯仲，或可無誤于海內之後生小子已矣。蘇文忠公有云："悅於人之耳目而適於用，賢不肖之所得，各因其才；仁智之所見，各隨其分，才分不同而求無不獲者，其惟書乎！"袞侯其勉之哉！南史徐盛年過八十，猶歲讀十三經、諸史一遍，余年雖未及，而孜孜翼翼日從事於逸碑蠹翰之間，無敢玩日愒月，稍自暇佚，以負宣獻公藏書之遺意云爾。康熙三十年歲次辛未七月之望吳門宋實穎既庭氏題于昭陽之尊經閣。

14. 馮敬直《正誼堂古文彙編》

　　甲申夏，余膺簡命，出守杭州。竊自計曰："治民之道，惟以正人心、厚風俗，期無負聖天子之付託，庶少慰生平之志。"後從京邸得馮子心友《四書彙編》，覽其緒論，不惟闡揚聖道，又足以箴摩一世。余因想見其爲人，迨孟秋抵境，見夫浙水之瀠洄，吳山之秀麗，余不禁欣然雀起曰："偉哉！斯固人文之藪乎？"第下車伊始，庶績未理，不暇修造請之文。越明年春，余甥二師楊子又以馮子之《古文彙編》手致，予受而讀之，見其考核精切，疏解詳明，分節悉仿乎朱子，評語分列夫理法。嘻嘻，盛哉！殫心極矣。夫古昔幽人達士，每不得志，類皆發憤著作。然即有離奇，亦不過借筆墨以寫其窮愁困苦已耳。其有以天下爲心者，蓋少其人也。今馮子于古人之一言一事，隨舉以寓規戒，而一以聖賢之道爲的。大者綱常倫紀，小者日用事物，往往借古人之文章以發其箴摩一世之思。昔者歐陽永叔謂范文正公少時雖讀書草野，即嘗有志於天下，此馮子之謂也。今世之學者，朝夕研窮，家弦而户誦之，則人心自兹正，風俗自兹厚。異日釋褐登朝，舉而措之，不幾無負乎朝廷養士之隆耶！梓成，余固喜其書之足以裨益治道，而余之所以正人心、厚風俗者，亦將藉是以爲助也，爰弁之簡。時康熙乙酉孟夏京江張恕可韋存氏題。

馮君心友，吾黨孝友之士也。其先君拙岩公登賢書，出知江寧事，生心友，甫五歲，失怙。葉、汪兩孺人撫孤茹蘖，犀焉持户，數載之内，鄰訟株連，寸田尺土，掃蕩靡遺。由恒情論，外侮内難，乘隙交訌，宗祧祭祀之大，其不至剥蝕於寒漂暑燉者，蓋無幾矣。而心友不然，伶仃孤苦，卒以成立。雖環堵之室，困庖屢空，而生脆之供，舌耕取辦。温清視膳，悉迎其志，生與嫡蓋無間焉。則孝友之嘖嘖于吾黨也久矣。乃以有道之躬，研精墳典，其于理學之宗，經濟之具，固又報負而裕如矣。而其先出而問世者，則有《四書彙編》。蓋壬午之役，分校者得心友卷，以爲曠世逸才，首舉以薦主司。久之以三場不果，撤棘之後，監臨趙大中丞重之，因諭所部，各捐帑俸以刊所輯，而《四書彙編》遂得藉郡侯牧伯之力，先登於梨棗云。平生所師事皆海内賢公卿，所結納皆四方知名士。是以其書精通雅貫，一出而四海信從，星霜甫換，行至數萬於籤。坊間艷其書行之迅，遂有評選古文之請。心友以時方讀禮，辭之，不獲，爰與嗣君中陵、猶子重遠，更發先人所遺及交遊投贈，始于《左》《國》，迄於昭代，鍵户濡首，彙編十有二卷，以付剞劂。其考據之精，箋釋之細，門折部分之詳且明，視《學》《庸》《論》《孟》之先出者，更有加焉。柳子厚云："作於聖，故曰經。述于才，故曰文。"經之旨易晦，欲其無晦，不可無注；文之體易雜，欲其無雜，不可無選。心友之窮經也久，久則旨無不明。故其四書一編，以《大全》《或問》爲經，以《蒙存》《淺達》爲緯，探天心，穿月脇，而不爲虛誕蹇淺之説之所咻也。心友之考古也深，深則體無不別，故其古文一選，以秦漢八家爲經，以魏晉六朝爲緯，飲朝露，餐夕英，而不爲空疏謬悠之文之所混也。說者以心友之學，尚爾窮愁困苦，鬱鬱不得志，仰其名者，未嘗不悲其遇。余獨以爲不然，本深者枝茂，積厚者流光，無他，理有可信也。心友以孝友之儒，則今日之不得志，正天之所以將降大任也。況我皇上汲汲求士，春秋兩榜之外，又有弘博薦舉之科，即才學不逮心友者，亦且所在而售，況有德之士，翩翩文藻如我心友者乎？乙酉丙戌之間，雖以母夫人之諱而爲六月之息，乃其文行之光既滿天下，則流之所飛、沫之所濺，必有探驪龍之珠而采荊山之玉者。一旦得志奮六翮、翔千里，則康時濟務，登木問世者，自當什百於此，豈直斷往古、明聖教，遂足盡心友馮君積中發外之全德也耶！康熙乙酉季春海昌楊中吉二師拜題。

15. 高朝瓔《古文知新》

天道之迭運而不已者，新機也；人心之應用而不窮者，新義也。日月星辰山川草木終古不變則終古常新，文之能載道也亦然。六經世所常尊，尚已。自《左氏》《公》《穀》並峙，三傳儼列十三經之內。而《史記》、兩《漢》在二十一史中，號稱標準。六朝體尚駢麗，峻潔之風幾無復存。昌黎韓子起而振其衰，同時有柳河東與之唱和。越數百年，廬陵歐陽篤好其書，宗師規仿，眉山蘇氏父子、王荊川、曾南豐後先輩出，共爲八家。雖于古初淳簡澹樸之意亦稍褒矣，要以風會使然，不相沿襲，表而出之，自有真也。明初劉青田、宋浦江、方寧海並產浙東，古文辭追蹤宋元而上。嗣後作者林立，猶以專精制舉，揣摩帖括，不能盡脫落超越而及于古。然其結構位置，法綦密焉。余自十歲授《春秋左傳》而外，先君子命兼讀蘇長公合作以疏其氣。過庭未幾，不幸早背。學無師承，隨時轉移。會當八比廢復之候，朝誦古而夕趨今，志意不定，體格無常，久而覺其非也。乃始恍然曰：「早知窮達有命，悔不十年讀書，昔言良有旨哉！」今世父師之教其子弟，務爲速化捷得之學，不暇更信迂疏闊落之言。唯是踵承舊習，經書甫畢，即取坊刻所爲古文而適於時用者授之讀，然已十止二三。更欲苛而責之，令其盡取《左氏》《公》《穀》《史記》、兩《漢》、唐宋八家之文遍覽而周知焉，勢將庋置不觀，無以漸而引之于古。於是博考原文，約從時好，匯成一編，顏曰《知新》。庶使嗜古之士得尋其故而常遇其新，還俾趨時之子轉求其新而不厭其故。則新義之不窮，猶新機之不已，天文察變，人文化成，原未嘗不合而一之也。請以質之博雅君子。錢塘高朝瓔自序，時康熙丙戌五月五日也。

16. 馮李驊《左繡》

左氏，文章也，非經傳也。文則論其文，傳則繹其義，不易之規也。昌黎韓氏曰："《春秋》謹嚴，左氏浮夸。"誠哉斯言乎！《春秋》主常而左氏好怪，《春秋》崇德而左氏尚力，《春秋》明治而左氏喜亂，《春秋》言人而左氏稱神，舉聖人之所必不語者而津津道之，有餘甘焉。然則《春秋》之旨其與幾何矣？近莊、列詭譎之風，啟戰國縱橫之習，大率定、哀以後有絕世雄才，不逞所志，借題抒寫，以發其輪囷離奇之概云耳。故曰文章也，非經傳也。雖然，當時二百四十二年列邦事蹟盡爲秦燼，後之人欲通《春秋》之義，必觀其斷。欲觀其斷，必檢其案。《公》《穀》風調之係漢儒，《國語》冗而散，實不類左氏手筆，則是仿佛萬一者，猶賴此篇之存。雖有學如胡氏，識如胡氏，議論精粹如胡氏，其能舍是以爲案哉？且居今日而挾爲兔園冊者，尤有故。自有明以來四百年，以四子書取士，孔孟同時事實莫詳此書，是昔爲《春秋》一經之傳者，今且爲《語》《孟》四書之傳也。援引驅策，幾不可斯須置，而謂是能已乎？余自幼就傅，卒業經籍，塾師即以此授。初疑其不合於經，然其文雄深雅健，變幻高華，嗜而成癖者，何啻當陽獨恨！當陽以後，訓詁無慮數十百家，要無能統括全書，指其精神脈絡，以見作者之才，以盡行文之態。居恒循誦，有志丹鉛。通籍後，鹿鹿使車，未遑也。乃有馮生天閑偕其友陸生大瀛，呈其所輯《左繡》一冊。披覽之餘，甚愜人意。蓋文章一道，本有天然之節族，有自然之呼應，不能文者有意揣摩而常離，能文者本非擬議而自合。忽忽則不知，按之則盡出，左氏之爲文，豈預設一成格哉？而後先互應，疏密得宜，有不期然而然者，是誠文之至也。然則《左繡》之論文，亦論文之至也。學者得此而讀之，自不至買櫝而還其珠，亦不至以辭而害其志矣。抑余又有爲生告者。學人不朽事業，得志則在經濟，不得志則在著述。以生之渺思微會，由論文而進之以談經，更必有卓犖不群之識也，此猶其嚆矢也夫！時康熙五十九年庚子孟冬年家侍生朱軾書於浙署之自修齋。

《刻左例言》

一、近人皆以杜、林合注爲讀左善本，張松南夫子與沈操堂先生俱云此係俗刻，林不得與杜並，故本注悉遵杜氏《經傳集解》原本，一字不敢刪動。林注則芟蕪駁謬，略存其明切者而另刊姓氏以別之，庶不失古人遺意。

二、杜解詞意高古，典制詳明，誠爲左氏功臣。其纖悉異同處備載《註疏》《經解》諸書。《經解》書帙浩繁，不能摘錄。今但採孔氏《正義》及顧氏炎武《補正》三卷參訂一二，而閒附鄙見，皆以黑圈隔之，或加一按字爲別，總期折衷前賢，非妄爲掎摭也。

三、本注單訓義例，不論文法。鄙意則專論文法，然無混入本注之理，故另列上方，所以尊杜也。或以高頭講説爲嫌，弗遑恤也。

四、此書單論傳，不論經，以經有專家，自漢迄今，無慮數十百種，非皓首研窮，未易窺其蘊奥。傳則剽竊篇法作意，以見其爲古今文字準繩，或有千慮一得，此愚之所矻矻致力者耳。

五、《杜林合注》本有當斷不斷、不當斷而斷者，皆編書之誤。今于當斷者增黑圈以界之，不當斷者刊小圈以界之，而本來面目不敢遽易，以云慎也。

六、陸氏云：“舊夫子之經與丘明之傳各卷，杜氏合而釋之。”可見《左傳》原通長寫去，但其中有連經合傳，有依經分傳，都各成篇法，若強取其首尾而一之，事雖貫而文則歧矣。故此編從杜氏分節爲主。

六、傳文于大段落用“──”，小段落用“—”，斷而另起者用“—”，略讀者用“●”。其于線索關鍵、詞意警妙處，或“△”，或“○”，或“○○○○”，或“、、、、”，各就本篇照應，不拘一律。

七、字義音釋于稀見者及別有讀法，世所傳訛者，一遵孔疏陸注增入，其從偏旁得聲，如隧音遂、郛音孚之類，一概從略。至可以四聲得者，直就本字點發而已。

八、家貧無力置書，《左傳》自十許歲讀得《左概》二本，閱十餘年始讀《杜林合注》及《春秋五傳》全書，即謬加丹黄。又閱十餘年，凡易稿十餘過，今年春録有定本。己亥終不自安，復從北墅吴子、石倉錄瞻喬梓乞得汲古閣《註疏》六十卷，徐東海先生所輯《春秋左傳》諸集三十一種，又從友人王若沂、沈薊良、沈于門、范右文乞得徐陽貢《初學辨體》、金聖歎《才子必讀》、孫執升《山曉閣左選》、吕東萊《博議》、永懷堂《杜氏左傳定本》、朱魯齋《詳節》，從及門吳乃人覓得吳青壇《朱子論定文鈔》、林西仲《古文晣義》、真西山《文章正宗》、姜定庵《統箋》，又別見坊刻孫月峰、鍾伯敬評本，唐荊川《文編》，茅鹿門三史，王荊石《左選》，羅文恭、汪南明兩家《節文》，以及《左國文粹》《左氏摘萃》《左傳評林》諸本。增評之未到者十之二，改評之未合者二十之一。夏四月，又從吳興書賈高某購得吳門唐錫周《左傳咀華》二十二卷。秋九月，友人沈雷臣寄示薊門王或庵《左傳鍊要》十卷。冬十月，友人沈仁域購示桐川俞寧世《可儀堂左選》全卷。意新筆雋，均爲讀《左》快書，惜限于尺幅，各量登其尤者數十條，所見如此而已。于劉、賈、啖、服諸古本，概乎未之聞也。寡陋之譏，知無所逃。閱者鑒其探索之苦，而他無所苛，則幸甚幸甚！

九、《左傳》但當論文，不當論事。論事自《博議》《史懷》外，往往互相勦襲，塵飯土羹，見者欲嘔。茲但錄其竪議新雋精切者，以資初學識力，餘不濫登，弗以罣漏爲嫌。

十、全部評論皆一意孤行，直至脫稿，方广羅校訂，凡有增改，必記其所由得，毋敢蹈伯宗無續之訶。然亦時有與前人暗合者，如元妃篇隱立奉桓之解見于鄭眾，克段篇處女脫兔之喻見于東萊，本非勦說，無媿雷同，則亦聽之，不能遍註也。

十一、《國語》《公》《穀》與《左》互相發明，本欲附載，但專論左氏篇法作意，不當旁雜他文，另有《四傳異同》嗣刻奉敬。

十二、《左傳》事類最多，有相似者，有相反者，有相對者，有相錯者，暇日纂得《左貫》二冊，即當盡刻以爲初學佩觽。一貫本傳事實，一貫前古後今。

十三、《史記》《漢書》向有評林之刻，採取略備，而疏謬甚多，亦欲刪訂以請正有道，恨無其力。世有惠然賜教者，僕其蹇裳就之。

十四、此書脫稿後，亟欲問世，苦無同志。同門陸子大瀛素有左癖，見而愛之，盡出其平日評點，與予參校，真臭味也。爰公諸同好，而范子右文、沈子襄武亦皆匡予不逮，玉我于成者，均得備書，以志不朽。

張松南夫子云《左傳》自是有意爲文，但不當執古人以就我法。故愚所評諸法皆是左氏自在流出，並不敢強爲穿鑿以自誣誣古人，且誣天下後世也。讀者看得此法非左氏一人之私，此評亦非余兩人一己之私，乃爲不負此書。

松南師又云："評論正不在多，遇當批處索性說箇暢快，其不用批處連空數頁亦不妨。寸寸填寫，反失其佳。"此言誠著書科律，但驊本意乃爲初學發明，不覺過于煩絮，知爲方家所笑。況尋章摘句原非壯夫所爲，敢望厠古人之席末耶？愧負師言，良用悒悒。

《讀左卮言》

語云：坐井而觀天，曰天小者，非天小也。《左傳》所載何等經濟、何等學問，今概置不論，僅僅以所謂篇法作意者當之，其與坐井觀天何異？然載道者謂之文，文亦道之所寄，考亭朱子論讀《毛詩》，義理外更好看他文章。讀經且然，況于史也！異日論定《左傳》，亦謂左氏是箇曉事該博，會做文章之人。可見左氏之文亦前人所留意，第不專以此盡左氏耳。今余專以文論左氏，本未嘗專以文盡左氏。坐井而觀天，謂所見者小則有之，如曰此昭昭者之非天，則天亦不受矣。撮爲《讀左卮言》於後。昔蜀張南本與孫位並學畫水，南本以爲同能不如一勝，去而學火。夫子是書略古所詳，而詳古所略，此物此志也。不肖窺尋偶及，夫子笑而領之矣。男張孫謹識。

左氏敘事、述言、論斷，色色精絶，固不待言。乃其妙尤在無字句處，凡聲情意態，緩者緩之，急者急之，喜怒曲直，莫不逼肖。筆有化工，若只向字句臨摹，便都不見得。

左氏格調變換不窮，長者千萬言，短者一二字，却都筆筆有法。其中有獨自成篇者，有類聚成篇者，有絶不相蒙而連綴成篇者。世本或去前取後，如宣子玉環；或去後取前，如呂相絶秦；或去兩頭取中間，如呂郤畏偪、季札觀樂；或去中間取兩頭，如陽橋之役"周十人同"。至如賜胙、盟葵丘，本二也，而誤合爲一。子產、醫和論疾，本一也，而誤分爲二。凡此不一而足，要皆只論事實文調，不論篇法作意之故，誠審于篇法，求其作意，則自知一字不可移易矣。

《左傳》刪本最多，然長篇無論，即如漏師、城邗，單辭隻句，無不工緻，更從何處割愛？愚故全刻而評之，世有昌歜之嗜者，定當把臂入林。

自來選《左》讀《左》，不外詞調、故實兩項，即有標舉章法、句法、字法，稱爲奇奇妙妙者，但言其然，而不言其所以然。又或約指大端而遺其委曲，或細分句節而不露全神，雖前輩引而不發，使人自思，而後人則一概囫圇吞棗矣。僕深惜左氏妙文千載埋没，不憚備加評註，先論全旨，次分大段，又次詳小節，又次析句調，務令完其本來，獨開生面，要爲初學撥其雲霧，指其歸趣。當世不乏神解之士，超超元箸，亦安用此嚼飯餵人爲也！

作意：如子産不與鄭環，語語剛執，其神理全爲孔張失位爲客所笑，故意作難，以殺其勢而爭其氣。篇法：如季札出聘，前後敘事，都作連山複嶺局陳，故亦夾一層波叠浪之文以配之。此皆合則雙美，離則兩傷者也。一部《左傳》皆作如是觀。

一部《左傳》大概每篇合成大片段，分之又各成小片段。彼可分而不可合，則氣脈不完。可合而不可分，則條理不密。皆未講于篇法者也。

篇法最重提應。或單提，或雙提，或突提，或倒提，或原提，或總提，或分提，或直起不提，却留于中間以束爲提，乃是變法。或順應，或倒應，或分應，或總應，或正應，或反應，或借應，或翻應，或明應，或暗應，或應過又應，或不應而應，亦是變法。逐篇比對，始知其變化不窮。

古文、今文，体裁各別。日來皆以參差論古，固已。然乾奇坤偶，其不齊處，正是相對處。愚觀左氏片段，無論本當屬對者必兩兩對寫，即極參差中，未嘗不暗暗相準而立，相耦而行。散中有整，在作者尤精緻獨絶。蓋參差者其跡，整齊者其神，讀者慎毋以亂頭麤服爲古人也。

傳中議論之精，辭令之雋，都經妙手刪潤，然尚有底本。至敘事全由自己剪裁，其中有正敘，有原敘，有順敘，有倒敘，有實敘，有虛敘，有明敘，有暗敘，有預敘，有補敘，有類敘，有串敘，有攤敘，有簇敘，有對敘，有錯敘，有插敘，有帶敘，有搭敘，有陪敘，有零敘，有複敘，有間議夾敘，有連經駕敘，有述言代敘，有趁文滾敘，有凌空提敘，有斷案結敘。正敘、順敘、實敘、明敘不必言，原敘如成師兆亂，倒敘如敗狄采桑，虛敘如邲戰巢車之望，暗敘如城濮齊秦之賂，預敘如嬰齊具舟先濟，補敘如巫臣挾繻傅蕭，類敘如鄭瞞伐我，串敘如二憾皆命，攤敘如重耳出亡本末，簇敘如宋鮑禮于國人，對敘如聲伯嫁妹，錯敘如戴公廬曹，插敘如鄭鬬內蛇外蛇，帶敘如晏子更宅反宅，搭敘如郤犨送孫林父，陪敘如畢萬之後必大，零敘如三點屬之役，複敘如兩述郎之師，夾敘如七子寵武，駕敘如宋襄盟盂，代敘如樂伯致師，滾敘如敗秦剗首，提敘如晉文一戰而霸，結敘如子産擇能而使，种种手法，開天地未有之奇，作古今莫越之準。況詞條豐蔚，經術湛深，又有溢乎重規疊矩之外者哉！內艜動而鼓、使營蒐裘亦夾敘法，受命展禽、以曹爲解亦代敘法。男張孫將識。

左氏通身手法未易良僕，其中有巧妙絶人，世所未嘗留意者，略拈數則于後。

賓主是行文第一活着，然不過借賓形主而已。左則有添賓並主之法，如反自箕，竟將胥臣與先軫、郤缺雙結。遂霸西戎，竟將子桑與秦穆、孟明雙結。所謂水鏡造元，直不辨誰爲賓主者。又有略主詳賓之法，如要寫太子不得立，却將畢萬必復其始極力舖張。要見晉文憐新棄舊，却通身詳寫季隗，而叔隗只須起手一句，對面一照，無不了了。又有賓主互用之法，如克段是主，却重在姜氏。殺州吁是主，却重在石厚。于事爲主，于文則爲賓。于事爲賓，于文則爲主。蓋事是題面，文是作意。他處皆循題立傳，此獨借題補傳。須看其從主入賓，反賓爲主，處處有並行不悖之妙。

埋伏是文字線索，而用筆各變。有倒伏，又有順伏之法。如屈瑕盟貳軫篇，師克在和，便伏于"君次郊郢，我以銳師"兩"君"字、"我"字中。不疑何卜，便伏于"必不誠""必離"兩"必"字中，隨手安插，令下文有根也。有明伏，又有暗伏之法。如寫子元欲蠱文夫人勉强出師，處處寫出他心頭有事。寫郤克忿兵倖勝，處處寫作齊侯不弱，便令讀者得之筆墨之表也。有正伏，又有反伏之法。如子產將誅子晳，却先放子南，字字偏枯子南，却正字字激射子晳，爲絶隱秀可思也。有因文伏事之法，如石碏諫寵州吁，却先寫莊姜一段緣故。有因事伏文之法，如晉厲敗秦麻隧，却先寫絶秦一篇文字是也。

褒貶是作書把握其巧妙。有虛美實刺之法，如鄭莊貪許後，才贊他知禮，即刻便譏其失政刑，有此一刺，連美處都認真不得。又有美刺兩藏之法，如荀息不食言，有得有失，引白圭作斷，兩意都到，與敏稱華耦、古稱陳桓，同一筆意。又有怒甲移乙之法，如衛朔入衛，既不便掃諸侯，又不當貶王人，因曲筆反責左右二公子，真有觸背兩避之巧也。

左氏字有字法，句有句法，章有章法，毫髮不苟，却別有不成字之字法，不成句之句法，不成章之章法。如公孫翩逐而射之，上着一"承"字。齊侯以崔子之冠賜人，下着"崔子因是"句。韓宣來聘篇，三節逐節少去，首尾不稱，而其妙正在于此。讀者悟得，無處不有文字。

此就世人所忽者而言，其餘妙法，各評見本文，要其慣用家數，所以運量萬有不齊者，有兩大筆訣：一是以牽上爲搭下。如曲沃伐翼，本以建國弱本對上成師兆亂，却以惠之二十四年，與下三十年、四十五年作類敘。又如王巡虢守，與之酒泉，本連下請器，却抽出與上文"與之虎牢"作對敘是也。一是以中間貫兩頭。如邲戰前後十六轉，只以"盟有日矣"一句爲關棙。重耳出亡，前後凡歷六國，却以宋襄贈馬一節爲界畫是也。此兩法處處皆是。蓋得此則板者活，斷者聯，渙者聚，紛者理。不獨敘事，即議論亦以此爲機杼，乃通部極精極熟、極得力、極得意處，特爲拈出一斑，而全豹盡窺矣。

左氏極工于敘戰，長短各極其妙。短者如衷戎、敗制、雞父、檇李等，或詳謀略事，或詳事略謀，或謀與事合，至簡至精。長者如韓原、城濮、崤、邲、鄢陵等，或先議後敘，或先敘後議，或敘議夾寫，至奇至橫，篇篇換局，各各爭新，無怪古今名將無不好讀此書也。兵法古今異宜，況運用之妙，存乎一心，若執此論兵，不免趙括徒讀。凡老生常談，概置弗錄。

左氏好奇，每每描寫鬼神妖夢怪異之事。如登僕見巫篇凡寫兩遍，二豎大厲篇凡寫三遍，鄭瞞凡寫五遍，伯有妙于突起，蛇鬬妙于插入，陸渾妙于倒煞，須識其誕戲皆有筆法，故不墮《齊諧》惡道中。

左氏極精于《易》，然過于鑿鑿處，却未免附會。唯穆姜論艮八，惠伯論黃裳，乃足爲觀象玩占者定厥指南耳。

左氏極長于《詩》，凡援據釋證，或虛或實。贈答評贊，或質或文。最絢爛者，莫過于"七子寵武，不出鄭志"兩番鋪排。最變換者，莫過于"不答《湛露》，重拜《鹿鳴》"兩番做作。最輕逸者，莫過于"昭忠信也""其誰云之"，彷彿微雲疏雨。最典重者，莫過于"夏父逆祀""遂霸西戎"，儼然清廟明堂。至於引《書》引《禮》，種種博雅；引謠引諺，種種風趣，無妙不臻，誠哉獨有千古！

議論有泛論、切論之不同，如睦者歌子，便只大概說。"二三其德"，便一口咬定。

諫諍有正言、喻言之不同。如郤鼎篇，句句切直。縣陳篇，句句比方。

辭令有婉語、激語之不同。如皋鼬篇，句句委曲。執訊篇，句句戇直。

起有許多手法，而莫妙於"鄭人相驚以伯有"，紙縫中直有一奇鬼，森然來攫人。渡有許多手法，而莫妙于虢公"是寡人之願也"，輕颺一筆，如游絲之裊晴空。

　解經有許多手法，或解于首，或解于中，或解于尾，而莫妙于蔡燮楚黃篇，以兩經雙點于中，而兩傳分敘兩頭，極整極變。

　斷結有許多手法，或分斷總斷，或一事兩斷，或兩事一斷，而莫妙于會鄫篇，懸空掉尾，此語不屬景伯，亦不屬子貢，意味無窮。一部書尤愛此一結，爲飛仙之筆也。

　左氏有絕大線索，于魯，則見三桓與魯終始，而季氏尤強。于晉，則三晉之局，蚤定于獻公之初。于齊，則田齊之機，蚤決于來奔之日。三者爲經，秦、楚、宋、衛、鄭、許、曹、邾等，紛紛皆其緯也。洵乎魯之《春秋》"其事則齊桓、晉文"一言以蔽之矣。

　左氏有絕大剪裁，齊桓、晉文，孔子蚤爲之分別正譎。傳于晉文寫來獨詳，然其鋪張神王處，都暗暗露出詐偽本色。齊桓則老實居多，又生平全虧管仲提調，而管氏亦都不甚鋪排，只一寫其救邢，一寫其服楚，一寫其辭子華，一寫其受下卿而已。簡書之從，賜履之征，是攘外；招攜懷遠，是安內；讓不忘上，是尊王；只此四端，足以該括此公一生勳略，内政軍令等概從割愛，此何等眼界筆力！

　《左傳》大抵前半出色寫一管仲，後半出色寫一子產，中間出色寫晉文公、悼公、秦穆、楚莊數人而已。讀其文，連性情心術聲音笑貌，千載如生，技乃至此。三條只論大略，其詳具于《左貫》中，陸麟書謹識。

　張松南師云：《左傳》贊不盡，亦無庸贊。顧其學問極博，才情極長，自天地人物，以及古今典故，鬼神情狀，無不綜核。自朝聘燕享，征伐會盟，無不典貴整贍，雅與事稱。即俚俗猥褻，家人婦子，經其筆無不點化生動。平者布帛菽粟，奇者福地洞天，濃者雲蒸霞蔚，淡者秋水寒潭，大者東岱西華，小者一丘一壑，古者翠栢蒼松，媚者琪花瑤草，典者漢鼎周彝，淺者街談巷說，乃至繽紛則急管繁絃，工麗則追金琢玉，浩落則長江大河，變幻則蜃樓海市，嶄絕則峭壁懸崖，鬆利則哀梨並剪，尖雋則春鶯巧囀，奧折則諫果回甘，超忽則驚鴻游龍，雕刻則鏤金錯彩，凡百妙境，任古今作手得其一體，皆足名家，而左氏則兼收並蓄，又皆登峰造極也。史公定是後身，昌黎、東坡具體而微，詩史乃足並駕齊驅，而天分終遜一籌。自此而外，大都屈宋衙官而已，以此相目，或不爲浮譽也。

　　學博才長，宜其縱橫跅弛，目空一切矣。乃其矜慎處，又何膽大心小，靜氣凝神之至也！觀其自全篇以至一字，剪裁配搭，順逆分合，提束呼應，無一點錯亂，無一點掛漏，無一點板滯，無一點偏枯，極參差又極整齊，極變化又極均勻，直以夜來之鍼，製天孫之錦，前人有謂"鴛鴦繡出從君看，不把金鍼渡與人"，左氏則竟將金鍼普渡天下後世，但鱳心人覿面失之耳。愚特以繡目《左》，實有望于天下後世之貪看鴛鴦者。有疑繡字爲與《左》不稱者，夫自繡壤、繡裳，以及繡腸、繡虎，經史子集指不勝屈，莫古艷大雅于繡，而何《左》之不稱爲？陸麟書謹識。

　　前人論《全唐詩》有初、盛、中、晚之分，愚于《左傳》亦作此想。隱、桓、莊、閔之文，文之春也，議論如觀魚納鼎，敘事如中肩好鶴，規模略具，而氣局淳樸，翕聚居多。僖、文、宣、成之文，文之夏也。議論如出僕絕秦，敘事如鄢陵城濮，無不大展才情，縱橫出沒。襄、昭之文，文之秋也。議論如觀樂和同，敘事如偪陽華向，氣斂詞豐，強半矜麗之作。定、哀之文，文之冬也。議論如臯鼬夫椒，敘事如艾陵雞父，又復婉約閒靜，絢爛之極，歸於平淡。作者之精神，與春秋之風會相爲終始，讀者按其篇籍，通其脈絡，沉潛玩索，知不河漢斯言。家君見論明詩及歷朝古文者，皆作此語，常欲刪去，愛其獨確，乃復存之。男張孫謹識。

　　《左傳》須一氣讀，一氣讀方能徹其全神。又須逐字讀，逐字讀方能究其委曲。須參差讀，參差讀則見其錯綜之變。又須整齊讀，整齊讀則得其裁剪之工。須立身局外讀，立身局外以攬其運掉之奇，而後不爲其所震。又須設身局中讀，設身局中以體其經營之密，而後不爲其所瞞。持此法以得當于左氏，以之讀盡古今秘書，直有破竹之樂耳。

　　小時學爲八股，好作馳驟文字。先師王約齋夫子（先師生平啓迪不倦，著有《約齋四書小學講義》行世。）指謂先輩點題，尚用對偶，何一往不返爲！驊因此求之古文，亦無不散中有整，且往往純以整御散者。今之評《左》，猶аф説也。或謂奈何等《左傳》于時文，則吾不知之矣。

　　小時讀《左概》，至僖負羈饋餐實璧，先君子梅庵公（先君子性耆吟味，著有《滄浪集詩稿》《山居雜興》兩種，藏於家。）問作何解？驊對曰："當以恐人見知，藏之璧衣中耶？"蓋刻本模糊，視璧爲壁，先君不唯不怒，反有喜色，曰："孺子異日讀書，別有會心，佀當以魯莽爲戒。"今《左繡》粗有成書，而先君下世二十三年矣。掩卷愴然，好古者毋似余之蹉跎，而抱《蓼莪》之痛也。

《春秋列國時事圖說》

杜舊有譜，坊刻分列卷首，殊費繙閱。今準《史記》年表，總編一冊，於每公之末，各附鄙說，令時事小有貫穿，亦讀書論世所不廢也，圖載《左貫》中。

隱公之世，鄭最強，王師亦爲之用，小侯皆爲之弱，而最睦者齊、魯，最仇者許、宋。唯與齊、魯爲睦，故於齊則石門始，於鹹終。於魯則渝平始，及平終。唯與許、宋爲仇，故於許則入許始，滅許終。於宋則伐宋始，取宋終。皆一部大關目處。《春秋》初年，鄭莊梟雄，爲諸國之冠。然克鄭寘潁，内不孝友于家庭；交惡中肩，外不忠順于王國，亦群罪之魁。周之衰，鄭爲之也。《春秋》託始於隱，而《詩》以《鄭》次《王》以此。齊僖小霸，曲沃桓聊，寫得躍躍。《春秋》之事，齊、晉居多，兩君固桓、文之嚆矢也。

桓公之世，鄭稍衰而楚漸強。二年蔡、鄭盟鄧，傳特表之曰"始懼楚"，爲全部提頭也。小芮而敗，卒納其君，秦亦駸駸萌櫱其間矣。春秋列國，鄭爲極樞，以其居中而近王也。故未有伯以前，挾王爲重，桀驁於齊、魯、宋、衛、陳、蔡之間。既有伯以後，附此則此重，附彼則彼重，故齊、楚爭之於前，晉、楚爭之於後。近王故難滅，居中故必爭，春秋之鄭，猶戰國之韓、魏，其勢略相等。

莊公之世，齊桓初霸，而楚亦寖強，其大勢全在爭鄭。緩告入櫟，爭鄭于前。子元襲仇，爭鄭於後。而齊桓前八年盟幽而鄭成，後十九年盟幽而鄭服，卒無如其屢叛何也。無他，桓自北杏、兩鄄、兩幽，連年爲衣裳之會，九年以後，晏然無事，雖以子頹之亂，亦置罔聞。越十年而後，王請伐衛，仍取賂而還。失此大義，固不足以服其心已。一軍爲晉，曲沃居然列侯。荊人來聘，楚成儼然上國。而御說背北杏于小白初霸之年，請先會于衣裳五會之後，亦識時務之俊傑也。蓋五霸各有其基，惜兹父不克負荷耳，豈真一姓不再興也哉！

閔、僖之世，乃霸業極盛時也。僖十六年以前，齊桓服楚于召陵。僖廿五年以後，晉文勝楚于城濮。以楚成雄桀之姿，僅能憑陵小國，而前則屈完來盟於齊，後則鬭章請平于晉，雖其度德量力，善于操縱，而兩君勳業，固自彪炳千秋已。桓、文相去十年，中間忽著一宋襄，勉強支吾，適供楚成操切。迹其顛末，執滕用鄫，戾虐可誅。不鼓不禽，迂腐可笑。蓋亦外彊中乾，非行仁義之過也。然五霸之次，廁名不朽，苟焉無志者，豈反得而訾之乎？勤王最是圖霸要着，子頹之亂，齊桓失之東隅，故馳驅卅載而後爲召陵之師。子帶之亂，晉文占以先手，故迅掃五年，而即有城濮之捷。秦穆徘徊河上，讓第一等事與別人做，宜其僅僅雄長西戎。宋襄又不先不後，無可出色，大丈夫建功立業，固賴適逢其會哉！管仲天下才，妙在不動聲色。孟明不免鹵莽，賴其堅忍。子文無大幹局，只善于自守。目夷才識自足相當，惜不見用。狐、趙不過贊襄，重耳固五霸中第一人也，所得于艱苦備嘗者深矣。

　　文公之世，晉衰楚盛之關也。六年以前，晉襄名爲繼霸，而彭衙拜賜，不能禁秦之不強；先僕、處父，不能救江之不滅。八年以後，晉靈因之失霸，而新城之盟，陳、鄭服而蔡不來，郤缺之二軍何匡；兩扈之討，齊、宋賂而鄭走險，鞏朔之行成可憐。無他，趙盾才既平平，又牽于趙穿公婿之寵。楚穆欲既逐逐，復佐以秦康報復之師，晉之不競，固不得獨咎其君之少而佟也。顧其機全開于范山"北方可圖"之一言，蓋鄭蘭成晉而歸，十年傲事，君盟垂隴，臣會彭衙。衛匡戚之田，睦歌方當未艾。自狼淵師出，尨樂見囚，因之陳懼請平，蔡亦偕次，而厥貉之會，宋邊逆降，楚勢浸昌，燎原在目矣。猶幸莊王年少，未克長驅，然黎、麇誅亂，庸、蠻旋夷，乳虎食牛，吾于晉殊懼其卒也已。

　　天時人事，大都相錯而成。如齊桓既没，晉文未來，恰有一宋襄爲之補苴罅漏。晉文既没，楚莊未來，又恰有一秦穆爲之崛起西陲。自莊迄宣，遙遙八十年間，五霸迭興，想造物于此不知費幾許鑪錘，供千載讀書人俯仰也，異哉！

　　宣公之世，楚莊獨霸，自宣元年侵陳，遂侵宋，三年伐鄭，至十一年盟辰陵，而陳、鄭服矣，然鄭猶傲晉也。十二年而肉袒牽羊，邲戰勝而拱手以去矣，然宋猶救蕭也。十五年而析骸食子，華元質而俯首以從矣。問周鼎，盟吳越，較延道之請、山戎之伐，有其過之，無不及焉。而晉孜孜於攢函，方哆口于文王之勤；悻悻于斷道，且逞志于婦人之笑。不唯晉儒非楚旅之匹，即郤、荀輩又烏足以敵申叔、蒍敖也！其世失霸，不亦宜乎！

齊桓只爭一鄭，晉文兼爭一宋，楚莊則并爭一陳。蓋陳、蔡近楚，爲中國之障。故蔡從厥貉，而楚穆以驕。陳討少西，而楚莊以霸。至宋爲王者之後，又重以茲父之殃，故搶攘者自北杏而後少息于弭兵。鄭居天下之中，又專以虎牢之險，故紛爭者自盟鄧而稍告寧于三駕。二百四十二年間，大勢不出乎此。盟吳越而還，又爲下半部提頭。從此吳通上國，越橫江淮，而春秋以終矣。餘論見本節。

成公之世，又楚衰晉盛之交也。莊王既没，楚共才不及晉景，子重智亦不若欒書，故楊橋之役，諸侯竊盟。伯牛之師，鄭方獻捷，未幾而許田之爭不決，皇戎之執成仇。鄭僞請成，蟲牢輸服，以至鍾儀被獲，申驪亦禽。雖復重賂以求，會鄧作好，而銅鞮之辱，伯蠲之殺，楚卒不能救也。幸而軍府見歸，糴茷報聘，西門交贄，華元合成。無如金奏食言，汝陰空賂，相遺一矢，讖在鄢陵。而沙隨、柯陵，相繼討鄭。楚縱觀兵首止，鄭徒入質髡頑，而辰陵、邲戰之風斬焉。然而楚雖漸衰，晉亦倖強。戰搴固郤氏之憤兵，鄢陵亦州蒲之益疾。長魚作難，匠麗興戎，而君臣同歸于盡。惟命不常，不能不服范文卓識矣。苟非十四歲兒，晉其能使城濮、踐土之勳，復有成霸安疆之一日也哉！晉與齊、秦皆敵國，然齊、晉交兵者少，秦、晉交兵者多。一則僻處東海，一則近偪西河也。故商人賂鳬，而後廿餘年而一見于鞌之師。蕭同爲質，先侮人後爲人侮。輔氏力禽以來，十餘年而又見麻隧之戰。呂相多誣，先欺人而後爲人欺。藉令帷房無笑客之聲，涉河成會所之信，三國同心，攘楚易易，何待虛杆之會，臺谷之援，而後爲悼公之新政乎！前爭陳宋，此番復爭一許。泠敦取而氾祭亡，子國執而蟲牢服，瑣澤盟而申封入，葉縣遷而武城盟，究竟非爲爭許，仍爭鄭耳。後此復遷白羽，吳入郢而許亦滅，唯晉楚皆不能爭也，許之所係亦重矣。子重奪命，伏柏舉之機。華元合成，作弭兵之引。成霸安疆，又直爲三駕提頭。此卷全是一部大書轉關處，不可不知。

襄公之世，悼、平復霸之秋也。然十六年以前，晉悼之服鄭也，息民三駕而有餘。十七年以後，晉平之服齊也，諸侯七合而不足。蓋虎牢城而諸侯戍，勝筭在我，鄭成而楚莫爭。故蕭魚之赦，徧告諸侯，假寵且通于周室。溴梁會而大夫張，乾網下移，齊貳而楚益肆。故弭兵之盟，讓楚先歃，失霸遂訖乎春秋，此三十餘年間，亦時事得失之林矣。

天下得失之數，都由自取。如楚共之不能爭鄭，以其奔命于吳，而其釁皆原于鄧廖之簡組甲。趙武之不免讓楚，以其不能于齊，而其端實始于范宣之假羽毛。比類而觀，前車斯在。襄十四年，遷延之役爲秦晉交兵之終。襄廿八年，弭兵之盟爲南北分霸之始。又一部大關目處。

文公、悼公才智警捷，無可低昂。然一則作三軍以刱霸，又作三行以僭王。一則帥新軍從下軍，旋舍新軍復舊制，此處較有學問。前人謂五霸中秦穆、楚莊頗有道氣，余于周子亦云。

昭公之世，又齊、晉、吳、楚迭爲強弱之秋也。晉平末年，無所事事，逆姜于齊，送女于楚，石言不戒，虒祁是娛。爰及昭夷，平丘發憤，然而示威、示衆，聽鄭僑爭承而弗敢難也。幸頃公嗣世，王室亂生，黃父恤緯，子朝克逐。籍秦致戍，伯音城周，依晉之休，猶有存者。楚靈乘晉媮安，放焉坐大。會虢則讀舊書，會申則用齊桓，滅陳滅蔡，求鼎求田，投龜詬天，惡遠斯棄。負鈇狗軍，來粲然之笑；當璧尾大，致乾豀之辱。恃侈而愎，亡也忽諸！熊居初政，復封陳蔡，簡兵息民，綽有可觀。而邇讒棄忠，天倫之際，實多慚德。遷陰城郟，不在諸侯。長岸雞父，屢敗奚惜！楚昭既立，即誅無極，而大封定徙，吳釁速挑，從此多事。齊自西略久荒，大風莫振。羽毛始貳，重丘旋成。而納燕亦心乎復霸，伐徐尤志存代興。濡上暨平，蒲隧率服，宜令衣裳九合，祖武克繩。而燕姬既歸，甲父復入，鄟陵雖主邾杞之盟，會城不誡高張之後。于周既昧勤王，于魯又爲德不卒。欒、高敗稷，陳桓肇興。論德論禮，有一晏子而不能用。其稅駕回，不待折齒既背而後知也。吳通上國，楚困巫臣。能者壽夢敗粗甲之師，諸樊克皋舟之隘。今夷昧頻年勝楚，長岸之戰，以長鬣復餘皇。雞父之捷，以罪人犯三國。洎乎堀室甲興，闔廬自有。伍胥見用，誤設多方，而楚病亟于奔命矣。然而用師於越，實始星紀。得歲受凶，史墨先見，禍福倚伏，又烏能遽同於先王乎？綜而論之，魯昭十一年以前，楚靈強而晉平弱。十一年以後，晉昭弱而齊景強。二十二年，以迄三十二年，晉頃憂在王室，齊楚所不能也。吳專罷楚，亦足助晉，惜其得之于楚而失之于越耳。弭兵盟後，楚爲章華之臺，晉築虒祁之宮，而楚亡于佗，晉亦替于媮。外寧內憂，晏安酖毒，真千秋金鑑也。管、晏皆當世才，桓之刱霸，不亟子頹之誅。景之代興，不赴子朝之難。俯伏上下，至今爲兩公惜之。

子產爲《春秋》後半部第一流人物，自魯襄八年料侵蔡獲燮以來，至十九年而爲卿，三十年而子皮授之政，昭廿年而卒，凡四十四年。歷事簡、定二朝，于晉則當悼、平、昭、頃，于楚則當共、康、郟、靈，治內禦外，皆以禮爲主，而輔之以權。立政如丘賦刑書，持正如熒龍禳火，定亂如子孔子晳，當機如爭承毀垣，用兵如數俘登陴，剛果如鄭環馴乞，詞令如徵朝獻捷，博洽如臺駘黃熊，風雅如"隰桑""羔裘"，應變如立朝毀廟，理學如不毀鄉校，知人如擇能而使，種種出人意表，所謂救時之相也。左氏臨了以寬猛一論結之，蓋不獨治民，其於事大之法，亦不外此，可爲知子產之深者矣。

定公之世，晉霸之局終矣。會王人及十七國之師于召陵以侵楚，討其留蔡昭則德在小侯，誅其納子朝則功在王室，以此申大義于天壤，宜不在桓文下。乃荀寅以求貨弗得而辭蔡侯，坐使柏舉之捷，轉爲吳有，此大錯也。且羽旄斾而鄭畔，手捥拢而衛畔，高張後而齊畔，仲幾執、樂祁止，而宋亦畔。於是外不能主諸侯，內亦無以正其大夫，楊楯爭而趙、范忤，邯鄲討而趙、荀鬬，晉陽畔而朝歌效尤，韓、魏請而三家勢張矣。獨是齊景當有爲之時，藉有爲之勢，其盟鹹也可以得鄭，盟沙也可以得衛，盟洮也可以得宋，因之以歸田者睦魯，以會牽者助晉，移襜杏之遺養國士，廣軒蓋之賞鼓三軍，借閻沒戍周，帥籍秦而送王，雖失子朝于東隅，猶可收儋翩於桑榆。而一匡之烈，不難再見。無何際代興之會，昧復霸之經，胼上梁間，且以救范、中行氏而襲晉也，鄰國有聖人，亦且奈之何哉！伐楚始終于召陵，而齊桓因侵蔡而次陘，吳光又因質蔡而入郢，亦天然關目。

魯十二公，五霸皆聚前六公，後此無復可觀。雖成十年以前，鞌戰則景勝齊。十年以後，鄢陵則厲勝楚。然一以憤，一以倖，都無大義足以服人。襄公之世，晉悼有三駕之盛，而所爭一鄭。晉平有七合之勤，而所爭一齊。昭公之世，楚靈有會中之專，而示侈不終。晉昭有平丘之合，而示威罔濟。自此以後，成周之城，魏舒以南面妒義。柏舉之師，夫槩以爭宮喪績。揆諸德禮信義之風，遠不逮焉。世多稱五霸不足，六亦未易屈指在。

哀公之世，中夏衰而吳越爭霸。十三年以前，吳驟強，至會黃池而極。十三年以後，越驟強，至盟平陽而終。吳之強也，伐陳而修舊怨，會鄫而徵百牢，城邗溝而江淮通，徼魯師而艾陵捷。周室之爭，晉讓先歃，居然兩伯，竟同宋盟。然而肉食有墨，盛極必衰，國狗之瘈，貽笑宗國矣。越之強也，欈李傷闔廬于前，黃池襲夫差于後。句卒既擾，潛軍斯涉，侵楚以誤吳，聘魯以圖霸。邾益有執父之訴，衛輒亦將伯之呼。駘上之封，動他日之念。適郓之得，藉三桓之去。皆於烏喙有厚望焉。而其時晉有朝歌之畔，齊反爲輪粟之助。齊有舒州之逆，晉不聞沐浴之請。般師之執，晉爲齊弱。犂丘之戰，齊爲晉禽。廩丘乞師，晉以魯勝齊。留舒杖戈，齊又以鄭勝晉。互相軒輊，迄於春秋，而田齊之勢張，三晉之局成矣。秦自《無衣》奸義，申、胥同仇，從此燕坐西陲，安受中國之爐。楚則免冑除亂，武城卜吉，從此滅陳盟越，終稱合縱之雄。而鄭以滅許自豪，宋亦以亡曹自負，中夏無主，干戈日尋，雖欲不爲戰國，不可得也。春秋之始，《匪風》心怛于無王。春秋之終，《下泉》寤嘆于無伯。掩卷低回，亦何以易斯言也哉！

《春秋三變說》

春秋之局凡三變，隱、桓以下，政在諸侯。僖、文以下，政在大夫。定、哀以下，政在陪臣。當其初，會盟征伐，皆國君主之。隱十年，翬帥師，會四國伐宋也，則貶而去族。桓十一年，柔會宋公、陳侯、蔡叔盟折也，亦貶而去族，權猶不遽下移也。僖十七年，大夫爲翟泉之盟以伐鄭，則諱不書公。文二年，垂隴盟書士縠。十五年，以上軍、下軍入蔡，書郤缺，而大夫始專矣。浸淫至成二年，鞌之戰魯以四卿帥師，而三家之勢張。襄十六年，溴梁之會，晉直以大夫主盟，而無君之勢成。于是物極必反，上行下效，諸侯專天子，大夫專諸侯，家臣專大夫。宋樂祁有陳寅，鄭罕達有許瑕，齊陳恒有陳豹，衛孔悝有渾良夫，晉趙鞅有董安于，魯仲孫有公斂處父，而莫狡且彊于季孫之陽虎。以公伐鄭，而實意在惡季、孟于鄰國。盟公周社，而實意在詛三桓于國人。夫子于定八年特書盜竊寶玉大弓，所以治陪臣也。《春秋》上治諸侯，中治大夫，下治陪臣，至目之曰盜，充其類以盡其義，諸侯、大夫一言以蔽之耳。《魯論》通天下之勢，該二百四十二年運會所趨而言。左氏直疏通證明此旨，愚爲約略其說，以見丘明好惡同聖之語，果不誣云！

《列國盛衰說》

列國盛衰如循環，大抵不外理、數二字。春秋初年，鄭最強，東遷之始，鄭爲有功，且新封也。繻葛之役，逆天甚矣，故終制于大國。晉、鄭同依，鄭居中而受制，晉北鄙而主盟。霸必有大國。不其然歟！齊桓獨霸四十餘年，內政軍令，有治法，無治人，美先盡也，故沒不復振。晉文十九年艱苦備嘗，子帶之難，功在王室，霸僅五年而終，賞不酬勞，故子孫繼體不絕。至盛極而衰，則三卿非能分晉，曲沃教之耳。宋襄雅意代興，實不識時務，與戰國之偃，後先一轍，為天下笑。一姓不再興，亦茲父累仁義，豈仁義累茲父哉？楚僭王最蚤，澤麋蒙虎，首犯不韙。熊旅雖賢，昧茲大義。子西改紀，仍而不革，入戰國而竟為秦愚。雖三戶有靈，卒亡于暴。秦封最微，不齒中夏，周遺豐鎬，興王有基。任好于晉有恩，不食其報，西戎雖霸，運會未昌。夫子刪《書》，以《秦誓》終，不已知繼周有屬乎！滕、薛、邾、杞，無關重輕，幸遠南服，不遽為江黃道柏之續。而薛、杞稱伯，滕且名子，邾與小邾反去附庸而儕五等，此王朝之黜陟，抑霸國之恩威也。陳、蔡比肩事楚，而一再見滅，皆陳先蔡後，以娶媯最早，而命仲獨遲。然陳滅于楚，田建于齊，則虞氏之澤長矣。衛與魯享國特久，楚丘帝丘頡頑，曲阜積厚流光，雖弱何病？惜一惡于君臣，一爭于父子，而適鉏遜邾，皆卒于越。兄弟之政，乃至于此，良可浩嘆！許居鄭卧側，首垂涎于許田。曹為宋畿內，實禍萌于鹿上。故許卒為鄭禽，曹終為宋有，積威之漸，使人寒心。吳始于讓，而卒于爭，近媿諸父之義，遠墜泰伯之教。加以立庭不誠，好冠坐大，黃池甫先，於越已入。其強易弱，飄風暴雨固未有終日者。越至僻陋，與波臣伍，而允常從吳敗楚，句踐又乘楚誤吳，橫行江淮，東侯畢賀，五霸之局，竟以越終，禹之餘烈也。顧適郢之得，忽轉為平陽之盟。豁猶用事，知其無當于桓文莊穆之風矣。嗚呼！列國盛衰，雖曰天意，豈非人事哉！

《魯十二公說》

魯十二公，隱有讓國之賢，而優柔之禍，中于菟裘。桓有弒兄之惡，而瀆倫之慘，償于拉幹。莊慚衛寶，喜有禦亂之武功。僖辱魚門，幸有作宮之文德，見于詩歌，于斯為盛。閔以髫年被弒，然落姑之盟，蚤知攸好。文以多疾廢禮，然術椒之聘，特有榮施。宣初稅畝，因賄楚而開厚斂之端。成作丘甲，因畏齊而啟窮兵之釁。襄十一年作三軍，為三家分室之謀。昭公五年舍中軍，為季氏獨強之計。然而杞圃蔥靈，亦接踵至矣。壞隤既入，定不為昭討乾侯之辱，故康樂入而夾谷之相不終。此瑕既城，哀不從定，悟墮成之難，故有山施，而適郢之得罔效。大都魯本弱國，二百四十二年間，前則見弱于伯國，後則見弱于三家，而天王屢有錫命之榮，小邦數有來朝之美，則元公之澤猶長，秉禮之風未墜。夫子定筆削，寓褒貶，獨于魯史三致意。有以夫！有以夫！

《周十四王說》

周十四王都無甚昏虐，第忠厚之遺，過失之弱耳。然平王賵惠及仲，首昧匹嫡之訓。桓王助沃逐翼，全憯裂冠之戒。乾綱不正，宜繻葛之肆逆而無忌也。莊錫魯桓之命，而法漏于吞舟。僖列晉武為侯，而賞僭于竊國。積而至于子頹，惠猶不鑒，反令鄭逃首止之盟，而叔帶之釁不旋踵矣。襄王守匹夫之孝，自致鄙汦之辱。顧始則告難齊桓，王人會洮而位以定。紀則策命，晉一河陽下狩而名亦尊。知人則哲，庶幾近之。自頃及匡，王室無事。若乃定卻楚莊問鼎，王孫猶布周德之盛。簡命單、劉會伐，晉屬猶假周室之威。無如靈王生而有髭，虛有其表。景王多言舉典，徒託空言，以至心疾不瘳。已犧釀禍，悼猛不終。敬乃桓机狄泉姑猶，奔走不暇。賴晉始城成周，繼戍胥靡，迄于春秋，猶然共主。要之，未有伯以前，鄭最跋扈，而諸侯相制，權不遽移。既有伯以後，齊、晉僅以虛名奉之，而公然攫取，大權以去，天子拱手而已。然襄有請隧之拒，定有獻捷之詰，景有閻田之責，敬有城周之命，溫嚴並用，辭意俱美，至今令人想見先王命誥之遺。而天威咫尺，猶凜下堂之拜；犛婦恤緯，猶深缾罄之恥。吒嗟不作，甲粟毋徵；名義所存，冠冕斯繁。此春秋與戰國之所以分也已。

17. 張昆崖《左傳評林》

古今來立德、立功、立言謂之三不朽。而德修於身，充然自得，非言無以表著；功則待時而成，常紀之實亦有藉於言。自史皇制字，書籍以興，墳典丘索、五經四子、秦漢之記載、六朝之駢麗、唐之詩賦、宋之論策、元人之詞曲、前明昭代之制義，皆言也，皆文章也。代有先後，世有汙隆，文章之氣流行其內，無少間斷。五經四子尚矣，無能贊一辭矣。《左傳》翼《春秋》而有作，其文極委婉詳審、提挈照應、奇正變化之妙。文本嚴密也，而出之以疏宕；本和平也，而承之以峭急。其借賓印主，回龍顧母，極山斷雲連之妙，而又句煉於字，字麗於意，意不悖於《春秋》。二百四十二年一百二十國君、卿、大夫、士之事績功勳，細大必羅。二百四十二年一百二十國之英雄辣手、愷悌慈心、奸邪之面目、宵小之肺肝趯然現於紙上。非文以載道、功與德藉以傳世而行遠者耶？春秋至今，時代幾更，文風不能無盛衰純駁之異。譬之天時，雖有春夏秋冬之分，而美景良辰，四時咸具。自《左氏》後，《國語》《國策》、班、馬、韓、歐，下逮前明以及我朝名公巨卿之文，亦如四時之中各有佳處。其中正和平，鏘金振玉之聲，固自不乏。而尋其緒繁，總不外于《左氏》。注左氏者，自杜氏、胡氏外，無慮數十百家，究竟藍勝於青，莫能得《左傳》之神髓。余童而習之，每欲裒前人之精華，參以己意，爲《左傳會編》一書，以教子弟。數年來，奉天子命，督學三秦，旬宣畿輔，志有未逮。而張君雲燦會博采衆論，爲《左傳評林》一書，欲梓以行世。乃旋令建陽，旋即謝世，願亦成虛。今令兄光前、令弟光天爲捐稿付梓，求余文序其端。余既嘉建陽之有是編，足以傳世而行遠，又嘉賢昆仲克成其志，孝友足風也，不辭而爲之序。至若建陽平昔采擇之精嚴，心思之艱苦，李廣文恕觳言之詳矣，余不復贅。雍正甲寅嘉平月，太倉王蓍撰。

客冬雁陽張孝廉海旭兩辱過，匍匐求爲其兄進士昆崖所輯《左傳評林》序。予初以爲古文不講久矣，而北人又荒略，其或平平掇拾者耳。及批而讀之，則見其以王崑繩所評爲主，而又博采衆説，尾以自鏤心思，得故作者神髓。乃拜而歎曰："今其大道休明之時乎！何聖學之掩抑千載者，顏習齋先生起而倡明之，海內興起。然習齋不欲人趨於詩文空言，故不以文辭教人。王崑繩執贄習齋，傳其學，乃謂文者載道之器，更卓然講古文。謂古文自六經後，接以先秦西漢，迤東漢以降，爲駢儷時文所雜，至唐韓昌黎特起振之，故人稱曰'起八代之衰'。宋則歐、蘇遵之，然第遵其文從字順，而其變化離奇者，憚于步趨，遂染以策論時文，而氣格亦卑。明如歸震川、茅鹿門、王遵岩輩，皆學歐、蘇者也，又以八比時文爲根柢，而運以散行古文之法，雖曰古文而實不古。李滄溟、王弇州餖飣秦漢字句以求勝，無能勝也。今崑繩崛起，謂古文不在字句，而在章法，以斷以離以變化。株株頂箴續麻者，童觀也。於是批《左傳》《孟子》《離騷》《史記》諸書。而《左傳》徽人汪氏梓之，遂先行世，布于書林。昆崖酷嗜其説，而更詳之。其細批也，極字斟句酌、柳暗花明之妙；其總評也，盡峰迴路轉、山止雲連之奇，而古文斷續離合順逆虛實賓主奇正雜整錯綜之章法，劃然臚列矣。夫文猶兵也，《易》也，禮樂也。兵不過奇正，奇正之變，不可勝窮也；《易》不過八卦，八卦之變，不可勝原也；禮樂不過進反，進反之變，不可勝用也。《易傳》曰：'象言天下之至賾而不可惡，爻言天下之動而不可亂。'觀其會通以行其典禮，則知《易》之大小往來進退，禮之象也；禮之相交相對相錯相綜，《易》之撰也。而文亦然。《賁》象曰：'觀乎天文以察時變，觀乎人文以化成天下。'天下不過陰陽，陰陽之變化，莫測其妙也。人文不過仁義，仁義之變化，莫盡其美也。文得之而自豎一乾坤，自成一經綸，將見《左傳》明而先秦西漢皆了然指掌矣，六經、十三經皆燦然可得其意矣。知變化中有典常，知典常中即變化，而經文緯武之學，亦可得而造矣。而步賢希聖之詣，亦可得而入矣。其所闡豈淺鮮哉？爰序之以爲天下之能文者告，並爲天下之求道者告，以應休明之運焉。"雍正八年二月中和節蠡吾年家眷同學弟李（埩）頓首拜撰。

左氏文自杜注外，有胡《傳》，胡《傳》而後，元明大儒之注釋評選者，無慮數十百家，本朝王崑繩復有專本行世。陑陽先達張雲燦祖崑繩意，雜以先輩大家評語，而以己批評綴其後，是可謂好學深思與前賢爭烈者矣。先是張君未第時，硯食四方，苦心此道，凡時藝及有明大家文，並先秦以上至《左傳》諸書，靡不一一精研，授諸及門，期玩索而有得焉。而于《左傳》尤所加意，衷集獨多，迨登仕版，即謀梓問世。因榮任年余，繡翁老年伯赴修文館，願竟成虛。悲夫！一日佳弟海旭年兄謂余曰："先建陽兄有《批評左傳》一冊，素存笥中。盡仲兄與弟將成建陽未成之志，授之梓人，期書成就正當世大人先生，子幸爲序之。"余辭不獲已，乃弁數言簡端，希附驥遠傳，是所謂見獵心喜者也。夫天下才人達士亦不乏矣，然往往拘墟固陋。讀時藝者不知有先輩，讀先輩者不知有古文。一知半解，夏蟲難以語冰。建陽公擅長時藝，固矣。進而先輩選有善本焉，又進而古文選有善本焉，而且于《左傳》殫精竭慮，批點成書，以詔學者。該貫淹博，卓爾不群，其丘明之功臣，而崑繩之同調也乎？而二年兄並海旭年兄，不以建陽既沒，使遺志未伸，殷勤求序于李恕谷先生，俾訂正其或有未逮。即不肖如□，亦不鄙無識而求一言以爲序。蓋皆虛懷善下，未容負其雅志而不爲之序也。若謂余言有關重輕，則何敢？是爲序。雍正八年三月既望，樊興年眷弟閻浩頓首拜撰。

18. 周大璋《古文精言》

天下之評釋古文者，自歷朝以迄今，不知其幾十家矣。要皆各抒其識見，以己之意逆古人之志，俾古人之心思昭然大白於後世，其爲後學津梁也，功詎淺哉！然或揭其意之高，或發其法之密，或揚其詞之善而已。其中所用典故，有出自聖經者，有出自賢傳者，有出自子史百家者，而後學讀之，每苦於不解矣。嘗觀過商侯《覺斯》之選，於所援據引用，一一考核開示，亦云悉也。然古文造句選詞，常多倒而裝之，組而練之，每以一句而中藏數句，一字而中藏數字，故爾新奇雋永，詰屈斑駁，深厚渾雅，而無鄙俚淺直之病。後學誦之，茫然於其典故者，亦未嘗不茫然於其辭句也。夫人以明晰詞句爲先，顧安所得精於典故，而又詳於詞句者，以日爲之訓詁哉？近見《快筆》一書，出自杭資能先生，評其法，釋其典，又爲之序其講，亦足以釋後學之苦矣。而猶有所未盡釋者，則以所解於此而不盡解於彼，又能無憾於鰣魚多骨、海棠無香乎！今是集也，堪稱善本，名曰《古文精言》者，其所選之文增加倍蓰，釋之而甚精，訓之而甚詳，訂訛補闕，音義了然。合諸選之美，成一家之言。爰亟令梓之，公諸海内，以津梁後學，嘉惠何既哉！時乾隆癸亥蒲節文川世弟童孫韜頓首拜。

20. 章禹功《古文析觀詳解》

自古之學，皆所以明心學、辨性理、究道原，而始謂之學。蓋聖人固以學之不講爲憂，然講學之議，莫若解前人所未解之義，蒐羅古今，博取經濟理學之文，點定選著，闡發奇幻，以見所志所學。若禹功章先生者，生而爽朗，英奇宕漾。然其操履潔，慷慨尚義，不阿權貴，不慕聲勢。交見事之乖於義者，必正色爭之。以直道不偶，負學南歸。不就情逸樂，不憂違澹泊，不役役富貴爲心，惟孔孟學術、伊周功業爲事。是其性情有大過人者，故能著作爲文，自運機軸，不屑屑隨人步趨，而自與古人心神相洽。法度準繩，纖毫不爽。再復選集周、秦、兩漢以迄唐、宋、元、明諸大家文，而參用林西仲先生之《析義》，吳楚材先生之《觀止》，聚狐成裘，匯爲一書。考定典故，義理經術，段落章句，分解注釋，無不發明源黙，悉貫古人之心，不留一字之竇。及一切坊本浮飾晦僻之語，盡皆駁正。是前人所未解者而先生注解之，義之所未能析者而先生分析之，歷代之典故未能發明者而先生發明之，故曰《古文析觀解》。愈知先生學之有本，粹然一歸於正，以見其素志云。因以援筆，漫爲之序。年家眷弟徐雲鵬天就氏拜題於世德堂之梅軒。乾隆七年歲次壬戌長夏新鐫。

21. 陳震《左傳日知錄》

客有家幔亭下者，爲人言九曲之勝，聞者神往，因欲遊焉，一識山靈真面目。客曰："嘻！脱遊焉，亦不能見武夷。"聞者色然而駭。客曰："一步一曲，一曲一態，九何足云然？猶言其形耳。若夫以風雨爲離合，以陰晴爲明晦，以榮落爲慘舒，以霧露爲净垢，四時易態，旰夕殊觀，即一水一丘，每見恒非熟跡。矧千巖萬壑，呈變態於數百里種，豈扶杖裹糧所能究極山靈之真面目哉？"夫天下有未經賞識而真存，一遇品題而真亡者，識隘之也。僕少嘗上海舶者三，初則望洋而歎，謂極天下大觀也。及掛帆開洋，長風從萬里來，萬斛舟破浪，駛如飛葉，睇天末一痕如髮，轉盼而至，乃連島也。俄而狂飆倒吹，白波山立，黑雲煙擁，千靈百怪，惶惑槎枒，舟隨濤上下如桔槔。既而風恬浪平，水面如鏡，天水皆作銅青色，四圍相際，以極無際。東日如盎，西月如箕，浮魚如嶺，欹帆如鴉。種種駴目蕩心，較初見不啻什百，以誇舟師，笑不置對。始悟離奇譎譎，千端萬倪，殊未易言究極。以淺涉者與習處者較，方存乎見少，奚以自多歟？文何自昉？曰昉於六經。然經以載道，不可以文名。可以文名者何自昉？曰昉于《左氏傳》。然則六經之言不冒萬理，天也，人皆仰之而不可得而究極者也。左氏之文，備列萬象，天工也，可得而究極，而非一朝一夕之力者也。僕六齡歸家塾，閔西華師授以《左傳》，句讀間能粗解。後授他經，愛而時時諷者惟《左》。伯父蘭圃先生因爲疏解一過，遂稍通其文勢，愈益愛諷之。生十三年，見人爲時藝，輒欲效之。苦目未識四子書，因摘《左》爲題，並擘積其典故議論以從比偶體，若唐館職之掃撛玉豀生也。然舍業他營，懼或呵叱，每成輒匿篋中。先君子廉得之，不責以強作解事，而喜其無挾徑造也。郵寄諸先僉憲公，劇加獎異。於是益力讀《左》，漸能通其文意矣。弱冠後受學于紀容菴師，間問讀《左》有心得否？對曰："竊見《左氏》無序事文字。"先生擊節曰："此《左氏》之所以成章也。子而及此，不惟識其文法，且窺見文心矣。"嗟夫！自髫齔讀《左》，迄今且四十稔矣。前賢所指陳，師友所啓發，銳力所鑽研，閒情所觸悟，豈無涯涘曾經測識哉？然而稱武夷爲九曲，識滄溟於望洋，山人海叟，粲然笑來。蓋即於竟秀爭流、沐日浴月者，身遍歷之，猶未盡山海之趣也，則究極稱難也。僕每讀《左》而無新解也，僕每讀《左》而輒有新解，則所以解《左氏》者，固未究極也。爰錄其文，爰志所得，顏曰《日知錄》，稽前功於斯，跂後效於斯。敢曰歷日久而知已深乎哉！雖然，僕本恨人，坐一室如斗大，日諄諄與諸生徒辨訓詁語，殊不自聊。惟時一翻帙，則千岩萬壑，竟秀爭流，沐日浴月，駭目蕩心，頓覺斗室萬里而遙天倪所運，天工契焉，何異置身於名山大溟間，而歷識其勝也！倘日以繼日，知而益知，僕于《左》文，其殆庶幾！豈以得形而遺趣者畫地自限也哉！然于此益喟然於溫故知新之不可以已也。乾隆癸巳中秋二十二日春麓陳震題，戊戌日爲牛子宿燿書于容城寓齋。

22. 盛讚《于埜左氏錄》

《讀〈左傳〉法》

訓《左傳》者，疣也；記《左傳》者，蠹也；掇《左傳》者，盜也。讀然後知《左傳》，讀其意然後謂之讀《左傳》。嗚呼！讀書見大意，一齊大大放開眼孔看古人妙文也。

《左傳》之文海，《左傳》之文祖。

通造化。

全以神行，使讀者自得于言外。

左氏以前無此筆，無此文；左氏以後無此筆，無此文。

左文有對面，有側面，有反面，有正面。

左氏用筆有不經意處，有極經意處，有陡然驚人處，有故意迷人處，有精彩逼人處。

有章法，有關鍵，有伏應，有題前筆，有題後筆。

後人作文，寫此人便說此人如何，唯恐讀者不曉此人如何。寫此事便說此事如何，唯恐讀者不曉此事如何。左氏寫此人卻不說此人如何，令讀者自悟如何。寫此事卻不說此事如何，令讀者自悟如何。然此種神妙，雖司馬子長亦不能及，後來史筆又不足云矣。

讀左文要眼光，要心細，要精神完足。

于埜有十種看法：分看，合看，近看，遠看，趕看，回看，橫看，豎看，含情看，解紐看。看破造化洩處，乃爲大看。

諸選家評《左傳》，類多褒貶前人是非，自矜才辯，喇喇不休，腐爛語不惟無益，並令左氏精氣光怪湮沒於故紙堆中，煞是千古大恨。

或曰敘事好，或曰辭令妙，或曰句調佳。讀古人書，不能取古人神妙，又不肯留古人本色，只向此贊他好處，不可解也。

乍披《于埜錄》，非叱爲異，即疑爲僻，雖暗室然燭，終自滅耳。讀者先將坊本朗誦數次，冥心元鉤，試思其章法何如，用筆用意何如，接落轉變何如，手揮目送何處，精神聚會何處，一一參悟。忽取《于埜錄》觀之，當亦狂呼大笑，爲之三浮大白。

凡讀書不得其大者，眼孔不光，胸次不闊，如何能上下古今？余嘗以讀文不知《左傳》，不可與論文；讀詩不知《國風》，不可與談詩。腐儒老死牖下，不見古人，後生無傳授，有聰明者亦閉塞。呼！可慨也！

于埜是書非爲敏人作捷徑，鈍人作藥石也。引而伸之，觸而通之，雖讀《左傳》可也，不讀《左傳》可也，以讀《左傳》者讀天下書，無不可也！

讀《左傳》者，見左氏傳《春秋》事，誤認爲敘事書，便時刻有敘事二字往來胸中，如近日過商侯、林西仲輩，並欲使天下讀者時刻有敘事二字往來胸中，竟令左氏積成千古冤案，皂白莫分。豈知《春秋》，題也；《左傳》，文也。左氏特借題以發筆墨之奇，舉列國君卿盟會戰伐災祥變異等事，一時奔赴腕下，供其驅使運用，則左氏胸中並無《春秋》，並無盟會戰伐災祥變異等事。讀者亦必胸中無《春秋》盟會戰伐災祥變異等事，以至胸中並無左氏，有不知文之爲文、我之爲我，乃可與讀《左傳》。

有來言于埜者，曰："左氏天下古今之左氏也，子以《于埜錄》居之，無亦李氏《藏書》《焚書》之意乎？"曰："于埜所錄之左氏，非天下古今之左氏也，既爲于埜錄，自有于埜胸中之左氏，則亦有不可以左氏屬之于埜。以于埜之左氏爲天下古今之左氏則妄也，即以天下古今之左氏爲于埜左氏，又豈可哉？故顏之曰《于埜左氏錄》。"

附書：

《左傳》注解，諸本悉載，此獨汰去，亦以讀此書者當有巨眼，非訓詁家所曉也。

《左傳》以《春秋》爲題，凡傳有經者，悉以經文爲題。其無經者，或依傳爲題，非如俗本自撰題目，大失作傳本意。

俗本題目如周鄭交質、重耳出亡之類，與本年傳意不合，令讀者無可尋解。如穆叔重拜《鹿鳴》、子産壞晉館垣之類，竟將傳意露盡，令讀者不必觀文。豈但不曉文字，並不曉段落矣，甚可憫笑。

《左傳》當全讀，然不可不細讀。于埜此書爲文人先開奧寶，後有讀者，各出心思，窮其未至，使于埜得見爲大幸也，望之！

諸選本無可觀者，概不采入。即間有可取，必仍其姓字，誓不竊人有以市美也。是書既成後，於積秀書齋偶見唐子《咀華》，批閱數首，頗愜人意。買歸，又擇其可録者入之以公同好云。

石碏諫莊公，前面提出桓公，後用桓公一結，遂覺中間文字，處處神情聳動，若只向"寵"字、"禍"字尋取，便死於有字句處矣。可知左氏文字全在言外領會。

23. 高嵫《高梅亭左傳鈔》

自序：經以載道也，史以紀事也。然《春秋》爲經中之史，《左傳》寔史中之經，何也？《春秋》上自天子，下逮列國，禮樂征伐等事無不備書，使人得藉以識其得失是非之故，所謂不如見之行事之深切著明也。左氏以傳釋經，因事明道，凡天文、地理、朝聘、郊廟、田賦、兵刑、儀禮、音律、官爵、氏族以下，及戰陣、方術、占驗、醫卜之屬，無不考據精詳而能言其所以然，使不有《左氏》，古先王服物典章、經世垂教大法湮滅而不傳者多矣，此其功高於《公》《穀》之上。故曰《春秋》經中史，《左傳》史中經也。漢劉歆上言，請立學官置左氏博士，唐亦立三傳科，蓋皆尊之爲經。自宋西山真氏《文章正宗》截録《左傳》，分爲敘事、議論、詞命三體，嗣是講古文者無不取之以貫集首。夫《左氏》之書與《春秋》相表裏，其微事也，其明道也，非徒以文也。然其文已開史家之權輿，立古今之極則，後來班、馬轉相祖述，即唐宋諸大家又豈能外是而別闢蹊徑哉？特是閱其全書，自隱、桓以迄定、哀，首尾伏應，直如一線穿成。茲分首截録，雖與各篇文法無礙，究不免割裂掛漏之失，有聰明好學之士，能通讀以貫徹其始終，是尤余之厚望云。乾隆五十三年六月上浣和陽高嵫。

24. 王系《左傳說》

自序：傳以翼經，自漢以來注《左氏》者多矣，皆説其義例而不及其文辭，尊經也。然《左氏》之文，實爲千古史家之祖。其法嚴而善變，制之以心，洪纖疏密，皆得自然。敘十五國二百四十二年之事與人，皆可尋其事之始終，想其人之生平。雖一言一動一名一物，無不如聞其聲，如見其色，如睹其措置、設施、發生、消萎。龍門易編年而爲紀傳，敘事之法莫之能違也。古今名公巨卿，無不含其英、咀其華，而皆得魚而忘筌。非不愛之，特以文詞非古人之所重，故不敢以瀆古人，且不欲自瀆，遂使初學之士望洋而歎，二千年於兹矣。愚聞君子務知遠者大者，小人務知近者小者。《左氏》之義，即《春秋》之義。孔子自謂竊取，筆則筆，削則削，游、夏之徒不能贊一詞。先儒謂左氏親受業于孔子，計其所臻，不過游、夏。左氏之義，果無遺憾於《春秋》之義乎？說左氏之義者，果無遺憾於左氏之義乎？此誠非小子所敢知。且諸家之説，既已班班若彼，小子之後之人，苟欲聞《春秋》之義，將於彼乎求之，亦無庸曉曉。惟其文詞，名公巨卿所不欲自瀆以瀆古人者，是則小子之職，亦區區之心所不能自已者也。雖文章閫奧，鑽仰爲難，而其文具在。文有難曉，求之於事；事有不合，酌之於時；時有所阻，裁之於理。期於文從字順，以爲初學者行遠登高之一助。歷十餘年而後脱稿焉。於乎！義存乎事，事載乎辭。辭達而事核，事核而義顯。是在乎好學深思者矣！古塗雌黑居士王系自敘。

25. 林紓《左傳擷華》

紓按：三傳之列於學官者，左氏爲最後出。然而《公》《穀》二傳已爲老師宿儒所寢饋，其治《左傳》者，至杜元凱始尊爲不刊之書，且謂經之條貫必出於傳，傳之義例總歸諸凡，推變例以正褒貶，簡二傳而去異端，此丘明之志也。其推奬左氏至矣，蓋其崇左之心，以爲膚引《公》《穀》適足自亂，似蔑視二傳爲不足重輕。善乎宋朱長文《春秋通志》之序言曰："孟子深於《春秋》，惜不著書。其後作傳者五，而三家存焉。二家啖助、趙匡也。左氏盡得諸國之史，故長於敘事。公、穀各守師傳之説，故長於解經。要亦互有得喪。實則精於《公羊》者，董仲舒、平津侯也；精於《穀梁》者，劉向也。而左氏之得列於學官，實劉歆、賈逵之力也。乃其篤好，咸不如杜元凱。元凱之心醉左氏，謂其能先經以始事，後經以終義，依經以辨理，錯經以合異，真能徹左氏之中邊矣。"鄙意元凱此言不惟解經，已隱開後世行文之塗轍。所謂先經者，即文之前步。後經者，即文之結穴。依經者，即文之附聖以明道。錯經者，即文之旁通而取證。試覯蘇潁濱非宋之古文大家耶！然有《春秋集解》之著。雖因王介甫詆毀《春秋》，故有此作。余則私意蘇氏必先醉其文，而後始託爲解經之說，以自高其位置。身在尊經之世，斷不敢貶經爲文，使人指目其妄。但觀蘇氏之敍《集解》，述杜預之言曰："其文緩，其旨遠，將令學者原始要終，尋其枝葉，究其所窮。優而柔之，使自求之。饜而飫之，使自趨之。若江海之浸，膏澤之潤，渙然冰釋，怡然理順。"味以上所云，則余所謂元凱之言隱開後世行文之塗轍，不信然耶！夫文家能優柔饜飫，則古書之足浸潤吾身者已自不淺。葉夢得斥穎濱，謂左氏解經者無幾，且多違忤，疑出己意爲之，非有所傳授，不若《公》《穀》之合於經。此言非知穎濱者也。以解經論，《公》《穀》之文，解經之文也。以行文論，左氏之文，萬世古文之祖也。唐陳氏岳作《春秋折衷》，岳自述曰："左氏釋經義之外，復廣記當時之事，備文當時之辭。"夫記當時之事而文之，則已以左氏爲文家矣。僕恒對學子言："天下文章能變化陸離不可方物者，只有三家：一左一馬一韓而已。左氏之文無所不能，時時變其行陣，使望陣者莫審其陣圖之所出。譬如首尾背馳，不能係綴爲一，則中間作鎖紐之筆，暗中牽合，使隱渡而下，至於臨尾一拍即合，使人瞀然不覺其艱瑣，反羨其自然者。或敍致一事，赫然如荼火，讀者人人争欲尋究其結穴，乃讀至收束之處，漠然如淡煙輕雲，飄渺無迹，乃不知其結穴處轉在中間，如岳武穆過師，元帥已雜偏裨而行，使人尋迹不得。又或一事之中陡出一人，此人爲全篇關鍵，而偏不得其出處，乃於閒閒中補入數行，即爲其人之小傳，卻穿插在恰好地步，如天衣無縫。較之司馬光之爲《通鑑》，到敍補其本人之地望族姓，於無鏬隙處强入，往往令人棘目，相去殆萬里矣。又或敍戰事之規畫，極力敍戰而不言謀，或極力抒謀而略言戰。或在百忙之中，而間出以閒筆；或從紛擾之中，而轉成爲針對。其敍戰事，尤極留意，必因事設權，不曾一筆沿襲，一語雷同，真神技也。其下於短篇之中，尤有筋力。狀奸人之狙詐，能曲繪而成形。寫武士之驍烈，即因奇而得韻。令人莫可思議，僕亦不能窮形盡相而言之，當於逐篇之後細疏其能，庶讀者於故紙之中翹然侈爲新得，庶幾不負僕之苦心矣。閩縣林紓敍於煙雲樓。

凡　例

一、《左傳》一書兼具經、史、文之特質，歷來爲學人所重，自宋以訖民國初，評者甚衆，名家輩出，對《左傳》學、評點學、本土詮釋學之研究都頗具參考價值，然至今乏人整理。筆者不揣愚魯，將多年所錄各家評語彙爲一書，以爲進一步之研究提供參考。

二、在《左傳》底本的選擇上，標準有二：一是求真，保證《左傳》原文正確無誤；二是求全，使各家所評之語皆有所附。故以通行阮元《十三經注疏》之《左傳注疏》爲底本，而去其注疏。並參校以洪亮吉《左傳詁》、楊伯峻《春秋左傳注》等在校勘方面卓有成就之本。其有異同，則以"或作……"標出。

三、所匯各家之評，若有多種版本，則以刊刻最早者爲本，參校以他本，亦以求真、求全爲基本原則。

四、本書爲資料彙編，初始所錄力求全備，至若一字一詞等過于瑣碎之評，限于篇幅，只能從略。待全書完成後，將另擇其價值尤高者，以叢書形式影印出版。

五、本輯所收之本有《左傳》專書之評，亦有古文選本中評論《左傳》之部分，爲簡潔計，多用簡稱。因一人或有多種評本，亦有多人所評書名相同者，且有兩人合評一書者，故書中於各家或稱以書、或稱其人，并不一律，要以簡潔爲主。（書名簡稱對照表附凡例後）

六、所謂《左傳》評點，本有評批，有圈點。考慮到彙集、排印技術上的困難與實際參考價值，只錄批語，不收圈點。

七、亦有評本或出於僞托，如題爲湯賓尹之《左傳狐白》等，若未能攷明其確切作者，則一律沿用舊名。

八、關於批語之形式，凡眉批皆簡稱"眉"，夾批皆簡稱"夾"，旁批皆簡稱"旁"，段末及文末總評皆稱爲"尾"。

九、個別文字漫漶不清，又無它本可校，則仍保留原狀，不敢妄改。

十、各評本（包括集評類作品）中引用他人評語者，于其所引之人皆保留全名。

十一、若一人評語爲多書重復引用，其内容亦無差別者，則于最早評本存之，其他本則從略。

十二、因本人才疏學淺，彙評中難免有各種疏誤，敬請方家不吝指正！

簡稱對照表

真德秀《文章正宗》（上海圖書館明正德15年刻本），稱爲"德秀"；

朱申《左傳詳節句解》（上海圖書館明正德8年刻本），稱爲"朱申"；

趙耀《古文雋》（上海圖書館明萬曆6年刻本），稱爲"《古文雋》"；

穆文熙《左傳鈔評》（華東師範大學圖書館高麗錦城刻本），稱爲"文熙"；按：另有《左傳鴻裁》，《春秋左傳評苑》等亦題穆文熙撰，因評語略同，故亦取其全而可靠者。

淩稚隆《春秋左傳注評測義》（哈佛大學漢和圖書館明萬曆16年刻本），稱爲"《測義》"；

劉祐《文章正論》（上海圖書館明萬曆19年刻本），稱爲"《正論》"；

張鼐《左傳雋》（上海圖書館明萬曆刻本），稱爲"《左傳雋》"；

張鼐《古文正宗》（華東師範大學圖書館明萬曆刻本），稱爲"《正宗》"；

徐宗夔《古今曠世文淵評林》（國家圖書館明萬曆27年刻本），稱爲"宗夔"。

吳默《左傳芳潤》（河南大學圖書館明萬曆36年刻本），稱爲"吳默"；

湯賓尹《左傳狐白》（華東師範大學圖書館明萬曆38年刻本），稱爲"賓尹"；

孫鑛《閔氏家刻分次春秋左傳》（華東師範大學圖書館明萬曆44年閔氏刻本），稱爲"孫鑛"；按：另有《左氏芟評》，《春秋左傳狐白句解》

等亦題孫鑛作，其評語略同，故書中以較全者爲据；

方岳貢《歷代古文國瑋集》（上海圖書館明刻本），稱爲"岳貢"；

鍾惺《春秋左傳》（華東師範大學圖書館明崇禎 4 年刻本），稱爲"鍾惺"；

葛鼐、葛鼒《古文正集》（國家圖書館明崇禎 6 年刻本），稱爲"《正集》"；

鍾惺《周文歸》（上海圖書館明崇禎 13 年刻本），稱爲"《文歸》"；

韓范《春秋左傳》（上海圖書館明崇禎 17 年刻本），稱爲"韓范"；

金聖嘆《左傳釋》（華東師範大學圖書館清刻本），稱爲"聖嘆"；

金聖嘆《天下才子必讀古文》（華東師範大學圖書館清刻本），稱爲"才子"；

韓菼《批點春秋左傳綱目句解匯雋》（華東師範大學圖書館清刻本），稱爲"韓菼"；

劉繼莊《左傳快評》（河南大學圖書館清蕉雨閒房刻本），稱爲"《快評》"；

王源《文章練要左傳評》（華東師範大學圖書館清康熙 55 年刻本），稱爲"王源"；

方苞《左傳義法舉要》（華東師範大學圖書館清抗希堂刻本），稱爲"方苞"；

孫琮《山曉閣左傳選》（上海圖書館清遺經堂刻本），稱爲"孫琮"；

杭永年《古文快筆貫通解》（上海圖書館清嘉慶 25 年兩儀堂刻本），稱爲"《快筆》"；

姚培謙《重訂古文斫》（華東師範大學圖書館清康熙元年刻本），稱爲"《古文斫》"；

蔣銘《古文彙鈔》（華東師範大學圖書館清康熙 5 年刻本），稱爲"《彙鈔》"；

過珙《古文覺斯》（華東師範大學圖書館清康熙 11 年刻本），稱爲"《覺斯》"。按：是書刻本又有名《古文評註全集》者，内容略同。

姜希轍《左傳統箋》（上海圖書館清康熙 15 年刻本），稱爲"《統箋》"；

魏禧《左傳經世鈔》（華東師範大學圖書館清乾隆 13 年刻本），稱爲"魏禧"；

林雲銘《古文析義》（華東師範大學圖書館清康熙 21 年刻本），稱爲"《析義》"；

徐乾學《古文淵鑒》（華東師範大學圖書館清康熙 24 年刻本），稱爲"《淵鑒》"；

盧元昌《左傳分國纂略》（上海圖書館清康熙 28 年刻本），稱爲"《分國》"；

宋南金、徐袞侯《古文晨書》（上海圖書館清康熙 31 年刻本），稱爲"《晨書》"；

吳楚材、吳調侯《古文觀止》（華東師範大學圖書館清康熙 33 年刻本），稱爲"《觀止》"；

程潤德《立雪軒古文集解》（國家圖書館清康熙 43 年刻本），稱爲"《集解》"；

馮敬直《古文彙編》（復旦大學圖書館清康熙 44 年刻本），稱爲"《彙編》"；

高朝瓔《古文知新》（上海圖書館清康熙 45 年刻本），稱爲"《知新》"；

謝有輝《古文賞音》（華東師範大學圖書館清康熙 54 年刻本），稱爲"《賞音》"；

馮李驊、陸大瀛《左繡》（上海圖書館清康熙 59 年刻本），稱爲"《左繡》"；

儲欣《左傳選》（上海圖書館清雍正 4 年維經堂刻本），稱爲"儲欣"；

張昆崖《左傳評林》（首都圖書館清雍正 7 年刻本），稱爲"昆崖"；

鄒美中《左傳約編》（台灣中央研究院圖書館清刻本），稱爲"美中"；

倪承茂《古文約編》（上海圖書館清雍正 10 年刻本），稱爲"《約編》"；

汪基《古文喈鳳新編》（河南大學圖書館清雍正 11 年刻本），稱爲"《喈鳳》"；

周大璋《左傳翼》（上海圖書館清乾隆 5 年刻本），稱爲"《左傳翼》"；

周大璋《古文精言》（國家圖書館清乾隆 8 年刻本），稱爲"《精

言》";

唐德宜《古文翼》(上海圖書館清乾隆 6 年刻本),稱爲"德宜";

章禹功《古文析觀詳解》(國家圖書館清乾隆 7 年刻本),稱爲"《析觀》";

楊繩武《文章鼻祖》(上海圖書館乾隆 28 年刻本),稱爲"楊繩武";

姜炳璋《讀左補義》(華東師範大學圖書館清乾隆 33 年刻本),稱爲"《補義》";

朱心焵《古文評注便覽》(華東師範大學圖書館清乾隆 34 年刻本),稱爲"《便覽》";

陳震《左傳日知錄》(台灣中央圖書館藏清乾隆間稿本),稱爲"《日知》"。

李文淵《左傳評》(華東師範大學圖書館清乾隆 40 年刻本),稱爲"文淵";

于光華《古文分編集評》(華東師範大學圖書館清乾隆 40 年刻本),稱爲"光華";

李紹崧《左傳快讀》(華東師範大學圖書館清乾隆 52 年曲江書屋刻本),稱爲"《快讀》";

盛謨《于埜左氏錄》(上海圖書館清乾隆 47 年刻本),稱爲"盛謨";

高嵣《左傳鈔》(華東師範大學圖書館清乾隆 53 年《高梅亭讀書叢鈔》本),稱爲"高嵣";

許寶善《自怡軒古文選》(上海圖書館清乾隆 56 年刻本),稱爲"《自怡軒》";

(日)奧田元繼《春秋左氏傳評林》(華東師範大學圖書館 1793 年有文堂刻本),稱爲"《評林》";

王系《左傳説》(國家圖書館清稿本),稱爲"王系";

武億《敦禮堂簡明評點左傳鈔》(國家圖書館清刻本),稱爲"武億";

方宗誠《春秋左傳文法讀本》(華東師範大學圖書館清刻本),稱爲"方宗誠";

毛慶藩《古文學餘》(華東師範大學圖書館清光緒 34 年刻本),稱爲

"《學餘》";

　　林紓《左傳擷華》（上海圖書館民國 10 年海商務印書館刻本），稱爲"林紓";

　　吴曾祺《左傳菁華録》（上海圖書館民國 4 年商務印書館刻本），稱爲"《菁華》";

　　吴闓生《左傳微》（華東師範大學圖書館民國 12 年大學社刻本），稱爲"闓生"。

隱公（元年至十一年）

【傳】惠公元妃孟子。（《測義》夾）鄭樵氏曰："周家之興，歷年八百，夫子以前四百載西周之事托之《詩》、《書》，以後四百載東周之事托之《春秋》，而隱公元年實爲後四百始年，此《春秋》所以不得不始隱也。"程子曰："平王東遷，在位五十一年，卒不能復興先王之業，王道絕矣。孟子云：'王者之迹熄而《詩》亡，《詩》亡然後《春秋》作。'適當隱公之初，故始於隱公。"趙汸氏曰："孔子作《春秋》，平王以前不復論者，以其時天子能統諸侯故也。始於平王者，所以救周室之衰微，而扶植綱常也。"（《補義》眉）先經始事，事始閨門。即刪《詩》首《關雎》之義。（閩生夾）此篇以隱公讓位居攝，謹小節而昧大體，卒遭篡弒之禍爲主，所以惜隱公之賢而不獲伸其志。意指所寄，皆於隱約吞吐間見之。後世無此文法，三代以上極奇之文字也。孟子卒，繼室以聲子，生隱公。（《左繡》眉）此篇爲不書即位傳，所謂先經以始事也。要表隱讓國之賢，須先見桓之不當立。今平平敘置，絕不著一筆低昂，只於隱公所生詳寫名分，於桓公所生詳寫符瑞，而兩君之是非了然言外。史公《封禪》等書，便純是此段筆意。（文淵夾）諸侯不再娶，夫人卒，則以次妃攝治內事，故曰繼室，所以別于夫人也。後人乃有稱其再娶妻爲繼室者，其不謬哉？（高嵣眉）元不可二，則繼爲分尊，隱公實正嫡矣。宋武公生仲子，仲子生而有文在其手，曰爲魯夫人，故仲子歸於我。（《補義》眉）桓之寵在母爲夫人，此兩母兩子平平敘去，忽于仲子透出"夫人"二字，卻作閒筆，借筆點出，正是隱、桓二傳伏筆、領筆也。（高嵣眉）奇徵乃紊嫡之由。生桓公而惠公薨，是以隱公立而奉之。（德秀尾）呂成公曰："隱、桓皆非嫡，隱爲庶長當立，讓桓，非正也。"（《測義》夾）愚按：左氏先發此傳，爲經元年不書公即位起本，此杜預氏所謂先經以始事也。趙汸："傳於篡公子皆詳其母貴賤與君父寵愛之私，以見禍亂所由起。"邵寶："聲子，娣也，故疑于妾，而不知禮之有攝也。仲子，娶也，故疑于嫡，而不知禮之無再娶也。此說者所以紛紛也。"（孫鑛眉）自此起，至"攝也"，總是釋"不書即位"之意，文氣甚貫，宜附元年經後，不宜止據《傳》"元年"字，截至經前。（《左繡》眉）"而惠公薨"，此句中便見未嘗立隱爲太子，亦未嘗立桓爲太子也。着筆虛活，詞簡而意微。此單句轉法，上用對敘，下亦對收也。隱公代立而奉桓爲太弟，側結中仍用雙綰合，章法勻整。鄭眾說同，《正義》駁之，未是。（高嶹尾）俞桐川曰："諸侯一娶九女，元妃没則立姑姊妹之長者，攝行内事爲繼室，不得更娶，戒漁色，杜亂源也。惠公違禮再婚，以新間舊，以少陵長，溺愛仲子、桓公，釀成篡弒。但莊、閔以後十公，皆桓之子孫，遂飾言仲子有文在手，母嫡子貴。隱公之立，特攝位而奉之耳。左氏爲人臣子，既難顯言，而書法之間，實有不可没者。曰元妃、曰繼室，是名分之定也。曰歸於我，是名分之不定也。聲子、仲子之嫡庶定，則隱、桓之當立與否自明矣。文不過六十字，而三公、三妃，事如鐵案。所以爲素王之功臣、列史之鼻祖歟？"簡潔數言，正名兆釁，面面俱到。不書即位者，左氏以爲攝，《公》、《穀》以爲讓，而杜元凱以爲不行即位之禮，故不書，此定解也。（《評林》眉）王元美："仲子生而有'爲魯夫人'之文，與後季友之生同，人祿命大較前定如此，天固不必一一顯其異也。"按：惠公既薨，然未詳隱、桓二公孰爲惠公之嗣。顏鯨："據禮，諸侯不再娶，亦無二嫡，惠公元妃既卒，即仲子有文，安得爲夫人？母非夫人，則桓安得爲嫡子，隱公何爲立而奉之？"（武億尾）澹豔有神，文不過六十字，而三公三妃事如鐵案，所以爲素王之功臣、列史之鼻祖歟！（方宗誠眉）敘事體。追敘法。因經不書隱公即位，故追敘母夫人之事，以明隱公所以攝位之由。（《菁華》尾）此一節爲隱不得立、祇稱攝位立案。古者嫁女于諸侯，皆以姪娣爲從，以備妾勝之選，此亦古法之不可行者。婦人謂嫁曰歸，曰"歸於我"，自是以正室之禮娶之，隱雖長，爲妾之子，桓雖少，爲妻之子，故得立。惠公知隱之賢，而拘於子以母貴之例，桓既少，不得已而使隱立而奉之，此於詒謀之道，未有所失。桓之不弟，非惠所及知也。後人持論或以寫氏之變，歸獄惠公，似非平允。（闓生夾）隱桓之争由於嫡庶之分，故先從本源敘起。然二公皆非元妃所出，則相去亦不甚遠。東坡云："其爲非嫡與桓均爾。"東坡此論，正由左氏心苦分明得來也。聲子，媵也。文曰"繼室以聲子"，所以伸隱公之賢。仲子則夫人矣。文於"歸於我"下不言夫人，所以抑桓公之不肖。然仲子實爲夫人，不可不著，乃于手文見之，皆古人文章奇妙之處也。

◇隱公元年

【經】元年春王正月。（《測義》夾）愚按："春王正月"諸傳皆無定說，左氏以正月爲建子，是矣，而略于"春"字之義。何休氏以斗指東方爲春，是矣，而略于"正月"之文。《公羊》、《穀梁》皆無論焉，漢、唐諸儒則直以周孟春爲建子之月矣。廼宋諸儒始有三代改正朔不改時月之說，故程子謂《春秋》虛立"春"字于"正月"之上，以示行夏時之意。而胡氏遂因之，獨張洽氏引劉歆天統、地統、人統，洎陳寵三陽三正之說，謂月之建子，即以爲春，其理已明。迨近世諸先正改月改時之辯，其說遂定。趙汸氏曰："月爲周月，則時亦周時，孔氏謂月改則春移是也，後於僖公五年春記'正月辛亥朔，日南至'，昭十七年夏六月記太史曰'在此月也，日過分而未至'，春夏秋冬之制則循周正，分至啓閉之候則仍夏時，其經書'冬十月雨雪'、'春正月無冰'及'冬十月隕霜殺菽'之類，皆爲記災可知矣。然胡《傳》以爲夏時冠周月者，則疑建子非春，而孔子嘗欲行夏之時也。《陳寵傳》云：'陽氣始萌，天以爲正，周以爲春。陽氣上通，地以爲正，殷以爲春。陽氣已至，天地已交，萬物皆正，人以爲正，夏以爲春。'三陽雖有微著，三正皆可言春，孰謂建子非春乎？乃若夫子答顏淵爲邦之問，則與作《春秋》事異，蓋《春秋》即當代之書以治當代之臣子，不當易周時以惑民聽，爲邦爲後王立法，故舉四時禮樂而酌其中，夫固各有攸當也。如使周不改時，則何必曰行夏之時？使夫子果欲用夏變周，則亦何以責諸侯之無王，議桓、文而斥吳、楚哉？"王守仁氏曰："《春秋》書'元年春王正月'，說者或以爲周雖建子而不改月，或以爲周改月而不改時，其最爲有據而爲世所宗者，則以夫子嘗欲行夏之時，故以夏時冠周月，蓋見諸行事之實也。噫！若世儒之論，是後世任情拂理者之爲，而謂聖人爲之耶？夫子嘗曰吾從周，又曰非天子不議禮、不制度，仲尼有其德，無其位，而改周之正朔，是議禮制度自己出矣，其得爲從周乎？蓋爲是說者，以《伊訓》之書元祀十有二月，而證周之不改月，以《史記》之稱元年冬十月，而證周之不改時。夫商而改月，則《伊訓》必不書曰元祀十有二月；秦而改時，則《史記》必不書曰元年冬十月；周不改月與時也，則《春秋》亦必不書曰春王正月。《春秋》而書曰春王正月，則其改月與時又何疑焉？或曰：如子之言，則冬可以爲春乎？曰何爲而不可！陽生於子而極於巳午，陰生於午而極於亥子，自一陽之復以極於六陽之乾，而爲春夏。自一陰之始以極於六陰之坤，而爲秋冬。武王、周公其論之審矣。"唐順之氏曰："四時改易，冬不可以爲春之疑，但以夫子行夏之時一言證之足矣。夫時之一字非但指正朔月數言，必是指春夏秋冬四時言甚明。既有所謂夏之時，則必有所謂商之時、周之時矣。顏子問爲邦，夫子欲其行夏之時，則是當時所行未必是夏時也。未是夏時，非周之時而何？夏之時以建寅之月爲春，則周之時必是建子之月爲春矣。若周之時春亦建寅，無以異於夏時者，則又何以必曰行夏之時爲哉！"王元美："或問：春王正月，夏時冠之歟？曰：否。此正朔天下之首政也，《春秋》以止亂也，而身亂之，其何以訓？"**三月，公及邾儀父盟于蔑。夏五月，鄭伯克段于鄢。**（《評林》眉）朱熹："《春秋》一發首，不書即位，君臣之事也；書仲子，夫婦之事也；書及邾盟，朋友之事也；書鄭伯克段，兄弟之事也。一開首人倫便盡在。"《日知錄》："《尚書》但稱王，《春秋》則曰天王，以別於當時楚、吳、徐、越僭王。"**秋七月，天王使宰咺來歸惠公、仲子之賵。**（《測義》夾）林堯叟氏曰："魯、宋、宿三國共爲盟，參盟之端見矣，憂參盟，故錄其所從始。"（《評林》眉）王克："左氏以仲子爲未死，或以二年下夫人子氏薨，以子氏爲仲子，因以爲此時仲子尚在耳。天下有人未死而先歸賵者乎？恐不然矣。"《日知錄》："惠公仲子者，惠公之母仲子也。文公九年冬，僖公成風者，僖公之母成風也。魯兩仲子，一孝公妾，一惠公妾也。"**九月，及宋人盟於宿。**（《評林》眉）程頤曰："盟于宿，魯志也。"**冬十有二月，祭伯來。**（《評林》眉）孫復曰："祭伯，天子卿，不稱使者，非天子之命，祭伯私來也，故曰'祭伯來'以惡之也。"**公子益師卒。**（《評林》眉）孫復："益師，孝公子，內大夫也。內大夫生死皆曰公子、公孫與氏，不以大夫目之者，惡世祿也。"

【傳】元年春，王周正月。不書即位，攝也。（《測義》夾）愚按：《公羊》謂隱公之立，爲桓公立也。《穀梁》謂不書即位，將以讓桓也。説者因非左氏，以爲諸侯無攝。考《禮記》孔子云："古者天子、諸侯、卿大夫世子未生而死，若生而弱，未能君也，則其娣姪之子次當立者爲攝主。」以此言之，隱公蓋攝主也，何得非左氏？（《左繡》眉）夏時冠月，紛紛注解。左氏只須著一"周"字，而意已無不足。其簡潔處，最不可及也。只以一字解斷，得力在前面預用伏筆。凡文之繁簡，全在用筆先後間辨之。（《左傳翼》）一"周"字可關聚訟之口，吳含章云："按：《古書紀年》晉用夏正，知當時不奉周正者多，而魯則獨遵周制，故經曰王正，傳亦曰周正。"據古禮，諸侯不再娶，元妃歿，繼室爲最貴，則隱非嫡而嫡。桓母仲子，亦妾媵耳，何云子以母貴？安得謂公不當立，攝也，而非君？桓公弒兄，子孫托祥瑞以飾其罪。不知隱長而賢，義所當立，能成父志，而有讓桓之意，而桓弒之，罪更不容逭矣。仲子既爲魯夫人，《春秋》何以仍稱仲子，不稱夫人？一手掌耳，而有"爲魯夫人"四字在其中，豈非荒誕無稽之甚乎？諸侯女爲王后，爲諸侯元妃者，不知其幾，豈必盡有手文？孟子無手文，而爲魯元妃，仲子有手文，而不得爲魯元妃，則爲夫人不爲夫人，不在乎手文之有不有也。國君即位，年月俱不言"一"，而必稱元年正月者，董子謂其欲體元以居正是也。一年體元，則年年宜體元矣。一月居正，則月月宜居正矣。元年謹始，正月從王，王正建子，冬而非春，而冠"春"字於其上，蓋陽生於子，即是春也。特一陽初萌，生物之功未著，五行四時之序皆不得其正，故夫子欲行夏時，胡氏因之，遂有夏時冠周月之說。孔子未操製作之權，豈敢以夏變周，且時以作事，子月之事，而謂寅月行之，常差兩月，更屬乖舛，先儒辨之詳矣。王正即是周正，而《春秋》稱王不稱周者，周對夏殷而言，王對列國而言也。《春秋》魯史，國史所書，皆奉天王正朔，《公羊》所謂大一統也。故《春秋》書王，謂以周正紀魯史則可，以夏時冠周月則不可。即位有即位之禮，國君初立則行之，不行則不書。隱欲讓桓，不脩即位之禮，故謂之攝。仲子非夫人，桓公非正嫡，隱探父志而必欲立之，得毋成父之惡乎？曰非也。伯夷讓而孔子謂之求仁，隱公讓而《穀梁》不許爲蹈道乎？桓之不能爲叔齊，公所知也，至於行弒，則非公之所及料也。隱公之攝，非己不當立而攝，乃欲成父志，以國讓桓而攝也。《左繡》云："要表隱公讓國之賢，須先見桓之不當立，今平平敘置，絕不著一低昂，只於隱公所生詳名分，於桓公所生詳符瑞，而兩君之是非了然言外。"不知左氏大旨，總見桓幼而隱攝，以明隱之非正嫡，故于元年不書即位，大書曰攝。其先經起義，於隱母則曰繼室，於桓母則曰爲魯夫人，惠公薨，雖不明言立桓爲太子，"是以隱公立而奉之"，則竟以桓爲當立矣。又況天王歸賵，不言賵諸侯之妾，而云豫凶事。於聲子之卒，則又著其所以不言薨、不言葬及稱君氏之故。隱夫人子氏薨，而以爲桓母。改葬惠公，則云太子少，意指尤昭然可見。蓋既名之爲攝，所見無往非攝，其厚自謙抑爲攝也，即與鄰和好亦爲攝。先公改葬不臨、大臣小斂不與，爲攝也，即動大衆、興大役，而國不用命，亦爲攝。國不可曠年無君，昭公爲意如所逐，猶書公在乾侯，安有赫赫南面臨御十一年，而謂之非君乎？《春秋》爲跡熄《詩》亡而作，係周不係魯，宜在東遷之始，乃托始于平王之四十九年，不于惠而於隱者，所以冠隱于魯十一公之上，以正隱之爲君也。《春秋》大義，莫大乎定君臣之分，僖不可以躋閔，桓豈可以廢隱？隱正其爲君，而君臣之分定矣，而天下之大義明矣，此《春秋》托始於隱之權衡也。《春秋》既書王正，則二百四十二年必皆以子月爲歲首，如僖五年春，日南至，豈有寅月冬至之理？十年冬，大雨雪，惟戌月，故爲災。襄二十八年春，無冰，子月無冰，所以爲異。定元年十月，隕霜殺菽，若系亥月，隕霜何足異？菽已畢收，何霜之能殺？此人所能辨者。惟六月日食，則莊二十五年與文十五年，同爲正陽之月，豈可忽巳忽未而異之？定元年城成周，魏舒涖政，一于君位，一蔑王人，原是兩事。啖助以舊年十一月，即今正月，謂之重出。忽夏正，忽周正，舛錯可駭，得左氏周正一語，可以息喙矣。（《補義》眉）一"周"字可括諸儒《春王正月考》等書，一"攝"字直揭隱公十一年心跡。（《評林》眉）按：公以攝政之故，不敢脩即位之禮，其意專在謙讓，非若莊、閔、僖母出國亂，故不容即位之比，故杜注曰"見異于常"。李卓吾："桓乃隱庶弟，國乃隱之宜有，曷爲以攝爲名而讓之？宜其起桓之覬覦，而鍾巫之自及也已。"（王系尾）此篇三段，是兩枝一榦文字。前二段是枝，在春秋前。後一段是榦，反入春秋。于事爲順敘，于文爲倒裝。《春秋》始隱公，先儒以爲貴讓。如《公》、《穀》之説則信矣，如左氏所紀載，則不能無疑。元妃無出，繼室生隱，隱則宜爲君者也。諸侯不再娶，惠以手文之故，越禮而娶仲子，此固隱之無可如何者。仲子既爲夫人，而生桓，則桓正嫡矣，隱則不宜爲君者也。薨，惠公薨。桓雖幼，隱以親賢執政，足以靖國人，不必攝也。攝則疑，隱之地又疑，且未知隱之攝爲有父命者乎？爲無父命者乎？有則可辭，無則不可干，此公子翬殺桓以求太宰之請所由來也。人之惡，不難殺儲君以易爵祿，此豈可一日容於天地間者？赫然誅翬，亟致國於桓而退老，則心跡大白。爲其少也而攝之，既長而仍然攝也，曰"使營菟裘，吾將老焉"，將之爲言，且然而未必之辭也。幸而翬遽反譖，而挾桓以弑隱。天下於是痛隱而惡桓。痛之深，則稱之如不足。惡之至，則誅之恨不及。脫翬終行其殺桓以求太宰之意，隱將何以處此？立桓之子，則桓未有子也。其誅翬乎？是以翬爲成濟也。其太宰翬乎？是以翬爲賈充也。隱何以自白於天下後世哉？雖然，隱之讓，雖異于太伯、夷、齊，以視夫鈇鉞而爭者，則有間矣。因論文而及其事，俾知古人之文包藏深厚有如此者。如其定論，以俟君子。

三月，公及邾儀父盟于蔑，邾子克也。（方宗誠眉）訓詁體。未王命，故不書爵。曰"儀父"，貴之也。（《測義》夾）趙汸氏曰："此見春秋之初，諸侯猶稟王命。"公攝位而欲求好於邾，故爲蔑之盟。（《左繡》眉）左氏解經最簡到，如此節先解邾儀父，次解公及盟蔑，無一字閑。"不書爵"是先解後點，"曰儀父"是先點後解，一順一逆，乃通部筆法之大凡。前傳先敍而後斷，此傳先斷而後敍，下篇兩頭敍，中間斷，其餘或隨敍隨斷，或對敍對斷，或兩事一斷，或一事兩斷，或中間敍，兩頭斷，只此三法，而顛倒變化之也。（《左傳翼》尾）邾，魯附庸也。隱公立，邾不來聘，而魯公求好，是蔑之盟魯所欲也。程子謂諸侯交相盟誓，亂世之事也。凡盟，內爲主稱及，外爲主稱會。在魯地，雖外爲主，亦稱及，彼來而及之也。然則此及也，焉知非邾子克意乎？而左氏以爲公攝位而求好於邾，公之攝，公之讓也，欲讓國於桓，而乃求好於外以自固乎？不求大國，而求好附庸，亦公所不爲也。故諸儒但惡首開私盟之端，而不以求好爲公之罪也。（《補義》眉）"邾子克也"，自注一句，左氏慣用之法。有注于事先者，提筆也。有注于中間者，前後關鍵也。注于後者，通體歸宿也。（《評林》眉）湯睡庵："公攝位之初，必行事有不厭衆望者，故有此盟。不然，豈憚一附庸而汲汲求好哉？"（王系尾）此篇是公及邾儀父盟于蔑傳。首段用經文，二段敍不書邾子而書儀父之故，只是解"邾儀父"三字。三段敍盟之故，只是解"及"字與"盟於蔑"四字，極簡貴，極明盡。

夏四月，費伯帥師城郞。不書，非公命也。（《測義》夾）趙汸氏曰："左氏世爲國史，凡經不書，而簡牘有據者，悉取以爲傳，其經首所發不書之義，皆史例也。外事如崩薨卒葬，盟會侵伐，勝敗禍福，經不書而未得其說者，間亦推史例以釋之。蓋其所知者惟此而已，由策書正史，夫子所據以施筆削者，左氏亦未及見，故不能有所發明，此經旨失傳之由也。"（《補義》眉）師，大衆也。城，大役也。而非公命，豈以其攝而藐視之歟？傳爲寫氏之禍伏筆。（《評林》眉）呂祖謙："人知費爲季氏私邑，末大必折，爲公室憂。然在隱公時已自無命城郎矣，履霜堅冰，豈一朝夕故耶？"（王系尾）此篇之事，經不書而傳及之，補法也。爲二年"入極"作案。

初，鄭武公娶于申，曰武姜，（聖歎夾）此是二"初"、三"遂"之文，首句特標"初"字，只貫到"娶于申，曰武姜，生莊公及公叔段"便止，以下便轉入"遂"字科内。特詳娶于申者，通篇"姜氏"二字之注也。看他先出姜氏，便知後來兄弟二人無數乖迕，都是姜氏無端生出來，人家兒女幼時，待之胡可不慎？下寫莊公銜恨處，都是姜氏事，寫叔段，不過是驕縱。（《才子》夾）通篇要分認其前半是一樣音節，後半是一樣音節。前半獄在莊公，姜氏只是率性偏愛婦人，叔段只是嬌養失教子弟。後半功在潁考叔，莊公只是惡人到貫滿後，卻有自悔改過之時。（《淵鑒》眉）《書》曰："烝烝乂，不格姦。"人倫之至，萬世之訓也。以武姜之偏溺，叔段之貪愚，莊公初無孝友之誠心，遂不明於予奪之大義，養成弟惡，而後以兵取之，其失德多矣。臣熙曰："敘事文字貴首尾連貫，詳略得宜，左氏最善此法。是篇骨勁而色腴，摹寫入情，爲傳記之祖。"臣正治曰："鄭莊惡養天倫，左氏以曲筆寫出，千載如畫。隧而相見，亦譎諫之類歟！"臣德宜曰："孝爲人心之同，百行之本，帝王以之及物，忠臣以之格君，所謂推而放之皆準也，故《西銘》言仁，亟稱潁封人之錫類。"（《左繡》眉）選《左》者，無不以此爲稱首，大都注意克段一邊，否或兼重武姜，竟以"君子曰"與"書曰"作對斷章法。皆未盡合。蓋依經立傳，本在鄭莊兄弟之際，開手卻從姜氏偏愛釀禍敘入，便令精神全聚於母子之間。故論事以克段于鄢爲主，論文以寘母於潁爲主。玩其中間結局兄弟，末後單收母子，與起呼應一片。左氏最多賓主互用筆法，細讀自曉也。事在此而文在彼，此例所謂錯經以合異者，若執事論文，必印板而後可耳。（閩生夾）此篇以誅莊公之不孝爲主。生莊公及共叔段。（《左傳雋》眉）朱魯齋曰："傳凡言'初'者，因此年之事，而推其所由始也。後仿此。"（孫鑛眉）平平敘去，不弄奇，然濃色可掬，蓋只是淨鍊。（聖歎夾）一母生二子，亦人家恒事耳，何至有此一篇文字？段奔共終焉，故曰共叔。（《才子》夾）"初"字起，後仍至"初"字結。（《彙鈔》眉）初者，敘前事以引入正傳之辭。（《補義》眉）申侯召犬戎、陷京師、弒幽王，鄭桓公死焉，申亦鄭之讎也。而平既舅氏恩深，武亦岳翁情重，戌申戌甫，掘突與有力焉，雖傳無此意，而《詩》云"孝子不匱"，抱恨豈獨寤生？汪雨亭曰"撇武入莊，'及'字與首'初'字呼應，'志'字最重。三段於公口中連說不義，明知其不義而聽其自及，其志便不可問。"（《學餘》眉）國家之亂，起自宮闈，宮闈之亂，起自愛憎。《春秋》作如是觀，廿四史皆作如是觀。（高壖眉）第一段特提武姜敘入，是以篇旨在母。一惡一愛，遂基禍本。請立、請制、請京三層，極寫溺愛之僻，俱爲後實潁伏案。（方宗誠眉）敘事體，追敘法。首段敘武姜之偏愛，段之禍根在此。**莊公寤生**，（孫鑛眉）用脩謂生子而開目者爲寤生，或近是。（《評林》眉）《名文類聚》："鄭莊公名寤生，其母姜氏生公時死而復甦，若人之寐而復寤，故以爲名。"熊頤："寤生，生而瞑目如死人，曰寤者，要其終也。醫方：小兒有寤生者，急取書翻閱，呼父名即蘇。莊公寤生，姜氏不知，以爲怪，故驚。若以杜注，則當云寤而生莊公矣。"**驚姜氏，故名曰"寤生"，遂惡之。**（聖歎夾）履霜堅冰，只爲爾許。莊公寤生，便名爲寤生。段居京城，便謂之京城大叔。只兩人稱謂相形處，便極其不堪。有才口婦人，實實有此事，當時亦只是搖弄唇舌，後來便極大是非，可恨可痛。莊公聞呼其寤生，那不惱？又聞呼段爲京城大叔，那又不惱？姜氏之爲禍首如此。一篇文字凡用三"遂"字作關鎖，此志姜氏之于莊公也，曰"遂惡之"，惡得急遽無理。親所生子，何至於此？後志莊公之于姜氏也，曰"遂寘於城"，寘得急遽無理。身實生焉，何至於此？末結二人，曰"遂爲母子如初"，卻正就他急遽無理處一翻翻轉來，于此可見聖人教人遷善改過，妙用如許。左氏備書之，以勸戒後來，爲寫一大部書門面，不誣也。（《才子》夾）一"遂"字，寫惡得無理。（《左傳翼》眉）篇中三"遂"字相應，"遂惡之"，母不母也。"遂寘姜氏"，子不子也。"遂爲母子如初"，則母子各得其所矣。**愛共叔段，欲立之。**（鍾惺眉）真婦人之性，然基禍不小。"惡"字、"愛"字可以爲鑒。莊公之狠，叔段之癡，姜氏之愚，可謂三絕。請制、請京，目中無叔段久矣。克段，如籠鳥釜魚耳。祭仲、公子呂一夥腐人，蓋猶以晉武公之流待段也。豈不爲莊公所笑哉？惟潁考叔差強人意，然莊公此時意快而興闌矣，是瞑眩後僧粥平胃散也。（孫琮旁）一惡一愛，遂種無限禍根。（《左繡》眉）最重姜氏，故用重筆首提，而次提叔段，只起手一行，已定通篇大局。莊、段先總一筆，次分作兩筆。"惡"字倒煞，"愛"字順領，對變而緊接，左氏大概不出此法。（《約編》眉）敘姜氏愛憎之偏，伏後寘潁之案。（閩生夾）亂源在此，敘述瑣曲，特妙。**亟請于武公，公弗許。**（聖歎夾）爲莊公者，中心藏之，何日忘之？須知"愛公叔段，欲立之"七字，反面便是"廢莊公而殺之"六個字，讀書人須要眼光穿出紙背，只爲此等句。易儲大事，只爲小小愛憎起，婦人胡可復與語？此姜氏第一案。（《才子》夾）婦人率性，往往遂成家國之禍，如此類甚多。（《評林》眉）孫應鰲："此章始序莊公、段共生，而姜惡莊公愛段，繼序祭仲、呂封之諫，而莊皆不聽。蓋以必除爲心，故養成其惡，其曰'姜氏欲之'，豈人子之言也？曰'不暱不義'，豈人兄之言也？不有潁封人之見，則天常幾絕矣。"**及莊公即位，爲之請制。公曰："制，**（聖歎夾）兄代有國，弟得食邑，足矣，何必有擇而請？且兄代有國，弟得食邑，分也，何必代爲之請哉？姜氏代爲之請者，必欲得制故也。必欲得制者，據其要害，以便圖莊公也。咄咄老嫗，那復可堪？莊公才即位，姜氏便請制，寫出老嫗眼光射定，刻不能待。姜氏才請制，公便接口將"制"字一頓，寫出孼子機警迅疾，狹路不容。讀之真使人遍身不樂。**巖邑也，**（孫鑛眉）"巖邑"是佳字，然在今時則爲腐。**虢叔死焉，**（聖歎夾）公只急口對副七個字，便似劈面抽刃直截來。看他急口相接處，不惟姜氏平日處心積計，即莊公平日亦處心積計，知其必請制也。此姜氏第二案。（閩生夾）宗堯按：必欲殺弟，偏作愛之之言，狡甚。**佗邑唯命。"**（聖歎夾）"佗邑惟命"是滿口相許語，蓋是決不與制之詞耳。又孰料其請制不得，接口便請京哉？請制，莊公所料。請京，非所料也。故下文有"姜氏欲之"一語。本欲請制，是據險以圖鄭也。不得便請京，是擇其易完聚者，終欲圖鄭也。姜氏心計如許。此姜氏第三案。（《才子》夾）一路寫莊公，俱是含毒聲，其齟音節甚短。（孫琮旁）聲口便毒害。（文淵夾）蓋懼其難圖，故託詞以辭姜。且段此時尚未失弟道，而莊公爲是言以啓其疑，則莊之圖段，在段多行不義之前矣。（《便覽》眉）婦人最忌生死，故下一死字。**請京，使居之，謂之京城大叔。**（聖歎夾）不曰"公曰諾"，而曰"使居之"，若曰：爾既欲之，則爾竟居之，奚問我哉？蓋驟聞請制,是一重着惱。續又聞請京,是又一重着惱。惱急忽然將"佗邑惟命"四字,變出"使居之"三字來,母子兄弟至此日真是狼虎相聚。姜氏既得請京,便爲太叔立號,是愛之?是害之?胡可勝歎。"使居之"三字,寫盡莊公面目不善。"謂之京城大叔"六字,寫出姜氏滿心歡喜。母子之仇,至此日而成矣。(《才子》夾)誰與作此名?定是莊公自作之。蓋故若尊寵之,以生其驕心。莊公處心積慮殺其弟,此日便早定計。(《左繡》尾)謂之京城太叔,與名曰寤生相映,乃武姜溺愛口角。從此提頭,下三段都從姜氏而來,章法一線矣。襄時評云:"故張其名以驕之,所以陽悅其母而陰行其毒也。"頗與杜氏合。(《便覽》眉)"謂之"一句,恰與"名曰寤生"相映。(《評林》眉)按:曰大叔以尨其名,竊獎其驕,是似慰母心,實養其惡。(方宗誠眉)敘鄭莊假作孝友,故意養成弟惡而剪除之。

祭仲曰:"都,城過百雉,國之害也。先王之制:大都,不過參國之一;中,五之一;小,九之一。(孫鑛眉)簡核無剩字。今京不度,非制也。"(韓范夾)此數言遂爲後世封建宗藩之本,魏以之疑,晉以之敗,猜與任皆不合也。(《才子》夾)一夢中人。(孫琮旁)句法參差入古。君將不堪。公曰:"姜氏欲之,焉辟害?"(聖歎夾)看他答祭仲,便一口咬定姜氏。害,即祭仲所云害也。"焉辟之"爲言害自外來,猶可辟,今自內成,胡可辟?非祭仲憂之而莊公不憂,此正極憂之辭也。祭仲徒知外癰,莊公自言內毒,君臣二人,各言所見,全不對針,故下文祭仲又勸。"參國之一",句法已自千錘百鍊,下"中五之一"、"小九之一"卻又省去二"都"字、"不過"字、二"國"字,益復奇絕。直呼姜氏,全非母子,照下"爲母子如初"句。(《才子》夾)子稱母姜氏,是含毒聲。(闓生夾)詞氣之中便已不知有母。宗堯按:必欲引其弟入于死地,乃反謂母使殺己,而己畏母,狡甚。對曰:"姜氏何厭之有?(孫琮旁)子與臣皆稱姜氏,純是怨聲。(《彙鈔》眉)斥稱姜氏,有是君,宜有是臣。(《左繡》尾)口口姜氏,總爲城穎伏脈。(《便覽》眉)君稱姜氏,故臣亦然。(《評林》眉)張習孔:"姜氏,公之母也,斥言之,無人子之禮矣。而仲亦敢於公前"氏",斥其母略無禁忌。"不如早爲之所,無使滋蔓!蔓,難圖也。蔓草猶不可除,況君之寵弟乎?"(《左傳雋》眉)茅鹿門曰:"不如早爲之所"十四字一氣讀，句長而有音節，韓文公文多祖此。〖編者按：《周文歸》作唐順之語。〗（《才子》夾）百忙中又入喻。夢中。（《釣編》眉）述祭仲、子封兩人議論作波，是左氏那輾法。正喻夾寫，用筆變化。（《評林》眉）周亮工："《左傳》句讀應改正者：'蔓草'，'蔓'句，'難圖也'句，'蔓'句，'草猶不可除'句。"（《學餘》眉）兄弟爭國，謀臣生心。令人思夷、齊、吳太伯也。公曰："多行不義，必自斃，子姑待之。"（聖歎夾）無使滋蔓、不如蚤爲之所，自是處寵弟正論。乃莊公則正欲其滋蔓而後斃之，以見殺之有名，曰彼自斃也。嗟乎！他日伐諸京，又伐諸鄢，爲是段自斃，爲是公斃段，"自"之一字，何其爲心陰毒磣刻之至於斯也？"姑待之"，非姑待其自斃，待其多行不義也。讀書如斷獄，務要判得明盡。下文左氏"譏失教也"四字，便從此處入罪。"姜氏何厭之有，不如蚤爲之所，無使滋蔓"，只三句其文已了，下忽從"蔓"字生出"難圖"一句來，可謂盡情極致，文至此乃更無轉手處，卻不謂下文又從蔓字草頭上，又轉出兩句"蔓難圖也"來。一句若曰：蔓不過是草，猶憂其難圖。又一句曰：今以君之寵弟而蔓，是豈易圖乎？只就一個蔓字，凡作三層翻跌，試取本文，依我所句讀之，便見紙上祭仲眉毛都動。一部左氏文字，妙絕千古處，只是這個讀法，便會提筆作出史記來。"君之寵弟"四字，正與"草"一字作對仗，長短參差都好。三"蔓"字雙管"草"與"君之寵弟"字，是小小章法。（《才子》夾）含毒如此，人自不覺。（《左繡》尾）旁人著急，此公一味閒閒然，寫出胸有成竹。（孫琮旁）料事揣情，語藏鋒刀。（高塘眉）第二段敘祭仲、子封兩人議論生波，作四層停頓。在鄭莊爲誘犯，在文章爲蓄勢，亦與前三請相配成章法。祭仲云"君將不堪"，就莊公利害言。子封云"國不堪貳"，就通國利害言。祭仲云"早爲之所"，尚是安置之策。子封云"則請除之"，直是險忍之謀。子封前云"無生民心"，猶介兩歧。後云"厚將得眾"，直恐棄此歸彼也。一層進一層，一步緊一步。（閭生夾）不知有弟，而已有死之之意矣。宗堯按：無使滋蔓，段則不死，莊必欲使之入網，乃反謂其自行不義。

既而大叔命西鄙、北鄙貳於己。（韓范夾）大叔之意，便欲爲曲沃莊伯，徒見貪耳。貪乃益愚。（《才子》夾）不敢便收，故且貳也。只須禁之，便止。**公子呂曰："國不堪貳，君將若之何？欲與大叔，臣請事之；**（孫琮旁）先拗一筆。**若弗與，則請除之。無生民**

心。"(《才子》夾)又一夢中人。(孫琮旁)句法。**公曰："無庸,將自及。"**(聖歎夾)一則曰自斃,再則曰自及,必欲殺之有名,只用一句寫出。曰姑待、曰勿庸,莊公豈無策而處此?外廷少算,固未如君之多算矣。"欲與太叔,臣請事之",忽故作一折,文態奇甚。後篇"將立州吁,乃定之矣",便是再用此法,可見是左氏得意之筆。秀才讀至"太叔命西鄙、北鄙貳於己"句,便謂太叔驕橫至此。我窺左氏命筆之意,殊不爾。只看他於西鄙、北鄙,不敢便收爲己邑,而姑先使貳之者,貪二鄙、畏國法,二者交動於心,而姑且試之也。此時只須莊公不許,便令一家母子兄弟寬然有以得全,乃莊公則特特不肯出此,但低聲謂公子呂曰"無庸,將自及"云云者,蓋言不要說破他漸來了,明明排下虎機等他親身踏入,下文便接書云"太叔又收貳以爲己邑",可見全是莊公要他如此。只就二鄙分作兩段寫,便全是莊公心地,不是寫太叔作孽。寫彼人而令此人分外出色,此真千古神奇之筆,非《史記》以下書所得及也。秀才讀至此等處,便罵太叔癡,吾謂卿癡亦不減太叔也。全熖"譏失教也"一句寫出來。(《才子》夾)曰自斃,曰自及,含毒如此,人自不覺。(孫琮旁)漸漸逼人。**大叔又收貳以爲己邑,**(《文歸》眉)胡揆曰:"'收貳'字法謹嚴。"**至於廩延。**(聖歎夾)必至之勢。"至於廩延",是將所收界址注一句,謂之自注法。**子封曰:"可矣,厚將得衆。"公曰:"不義不暱,厚將崩。"**(《才子》夾)含毒如此,人自不覺。莊公語,段段音節甚短。(《彙鈔》眉)莊公處心積慮主于殺弟,觀釁而動,盡情發洩,是以兵機施於骨肉,真殘忍之人。(《左繡》尾)凡作三層跌落,與前三請章法相配,語氣由緩而急,又預爲下文蓄勢矣。四層以前奇後偶爲片段。而前"姜氏"對"君"字,後"自"字對"君"字,前"早"字、"姑"字對,後兩"將"字對,細味之,字字操縱在手。(閫生夾)以上見公陽縱叔段,而陰實欲圖之。又諸臣皆爲公用,段已有必敗之勢。**大叔完、聚,繕甲、兵,具卒、乘,**(《才子》夾)《詩》有兩《叔于田》,則此爲田獵未可知。**將襲鄭,夫人將啓之。**(《才子》夾)此二"將"字,明明疑獄。連坐姜氏,妙。(孫琮旁)兩"將"字亦是疑獄。(《左繡》尾)正敘叔段,卻緊透夫人一筆,從賓見主,顧上起下,事之機,乃文之線也。始如處女,後如脫兔,絕妙兵機,筆意一氣趕緊,與之相肖,是爲傳神之筆。(《左傳翼》眉)有謂兩"將"字是疑獄，誰爲證明？不知此左氏敘事之辭，非莊公聲罪致討語，誣以莫須有，豈通論哉？**公聞其期，曰："可矣！"**（聖歎夾）子封即公子呂也。前"無庸"、"自及"之語，出口入耳之際，封已稔公之計，故至此徑將"可矣"二字，直投入來。乃他人愈急，公即愈緩，所以然者，看他"不暇"二字，便明明已有人于太叔之側，風吹草動，無不備悉，不勞又有第二人爲我著急也。下繕甲兵、具卒乘，是實有其事者。若將襲鄭、將啓之，是尚無其形者。只看左氏連用二"將"字，便是天大疑獄也。二"將"字句下，便緊接"公聞其期"句，可見平日已先佈置奸細于大叔之側，其事益明。不爾者，如此機密事，公何從便知？且外庭多人不聞，而深宮一人獨聞，真必無之事也。至此際，卻寫莊公陡然於口中露出兩字，曰"可矣"，更無第二句，卻宛然天成，便是子封口中之"可矣"兩字，今試思"可矣"竟是何等語？蚩蚩太叔，久爲机上之肉，讀之真令人遍身不樂。人家骨肉有嫌，動託外人偵伺。夫受託則恆思有功於其間，豈肯復毫不增加哉？將襲、將啓，特書二"將"字，以明太叔與姜氏之冤，爲萬世之鑒戒也。問曰："將襲、將啓，則太叔與姜氏誠冤，若繕甲兵、具卒乘，此即反形已著，豈復有冤乎？"答曰："是亦冤也。夫繕甲兵、具卒乘，而有將襲、將啓之實也者，是即反也。若使無之，則吾烏知其繕且具者之非聊以固吾圉也？"他日讀《詩》至兩《叔于田》之章，而後知其甲兵、卒乘，亦爲狩獵之事而已，夫而後哀太叔真冤，直是無處可訴。乃孔子於《春秋》，既書鄭伯克段之文，於《詩》復留國人愛段之詠，然後知聖人之惡鄭伯，蓋有如此之甚。援兩經以明太叔之不反，而太叔之冤大白。白太叔之冤者，非欲反獄莊公，吾亦深惡姜氏之生二子，而不能養，而無端參差，幾殺其一，爲萬世之鑒戒也。孔子之惡鄭伯，惡其無以長一國也。吾之惡姜氏，惡其無以長一家也。要知雖有兩"將"字，乃公聞其期，卻只是聞將襲之期，將襲之爲名，輕師以掩我不備也。有問彼何從知我是日不備者，則連及姜氏，曰："是實啓之。"總是苦一弟段，以洩憤于姜氏。通篇鄭伯毒氣全射姜氏如此。（《才子》夾）祭仲不聞，子封不聞，偏是公聞。（孫琮旁）從前隱忍，至此突然而發。（《約編》眉）曰必自斃，曰將自及，曰厚將崩，曰可矣，見其志在於殺，故曰："謂之鄭志。"（《補義》眉）上面多少蓄勢，逼出"可矣"二字，蹶然而起。先後兩"愛"字極相關，考叔愛其母，能愛及莊公之母。公愛其母，不能愛母之所愛，純孝所以獨稱考叔。（《便覽》眉）祭仲、子封不聞，而公獨聞，"可矣"二字，真如兔起鶻落。（方宗誠眉）上文五層騰挪，愈騰挪愈見鄭莊之奸，至此"公聞其期，曰可矣"一句，文筆奮躍而出，而莊之奸亦自忍不住而盡發露矣。（閩生夾）宗堯云："前數層狀寫鄭莊之陰狠險詐，窮形極態。至'可矣'二字，始爲揭破。"**命子封帥車二百乘以伐京。京叛大叔段，**（聖歎夾）兄責其弟也，一呼即至，奚以車二百乘爲？莊公於是乎不遺餘力矣。問曰："吾讀二《叔于田》之詩，見京人之愛太叔有如是者也，至此而忽叛，何也？"答曰："太叔可愛也，車二百乘亦可畏也。莊公者，方將甘心於其母，而又何有于太叔？夫不有于太叔，何有于全京之民？蓋叛太叔者，車二百乘之故也。"**段入于鄢，公伐諸鄢。**（聖歎夾）伐太叔，爲其據京而襲鄭也。既已去京而入鄢矣，公必又伐是，亦不可以少緩乎？入者，不復再來之辭，所以深明於京必伐，于鄢不必伐，而公又必伐者，乃今而知公之必殺太叔，爲姜氏，不爲京，固非祭仲、子封之所知也。**五月辛丑，大叔出奔共。**（《測義》夾）黃榦氏曰："鄭莊公無孝友之誠心，又不明于予奪之大義，故勉強以狥其母，而處心積慮以殺其弟也。使有孝友之誠心，而又明于予奪之大義，則必能委曲順承，而區處得宜，如舜之於象矣。"（聖歎夾）曰之者，難之也。難之也者，公以車二百乘，伐諸京，又伐諸鄢，太叔豈得有奔共之日哉？五月辛丑，幾幾乎不免也。（孫琮旁）敘事至此斷一段後再敘事，章法玲瓏。（高塘眉）第三段敘克段正文，插入"夫人"句，上顧惡、愛，下起寘潁，事之機，即文之線。"聞其期"，見防伺之密。"可矣"，見積蓄之深。（方宗誠眉）"大叔出奔共"、"遂寘姜氏於城潁"，事本連屬，文特分爲兩段，中間夾書法以作議論，是爲敘事中夾議論法。而文乃免平鋪直敘之病，又可悟敘事中斷續之法。

　　書曰："鄭伯克段于鄢。"（聖歎夾）出經。看他敘事正極忙時，忽然折筆走出篇外去，另作訓詁之文，落後卻重折入來，再續上敘事。文極忙，筆極閑，千古絕奇之法。（《評林》眉）孫復："克者，力勝之辭。鄭伯養成段惡，至於用兵，此兄不兄、弟不弟也，故曰'鄭伯克段于鄢'，以交譏之。"**段不弟，故不言弟；如二君，故曰克；**（孫琮旁）依經釋法。**稱鄭伯，譏失教也；謂之鄭志。**（聖歎夾）又總釋經。上文釋經，言段不弟、如二君、譏失教。夫段不弟，似謂段志也。如二君，似謂祭仲、子封，以至全鄭之人之志也。譏失教，似謂孔子之志也。左氏復自釋曰：皆非也。蓋此三言也者，謂之鄭志。鄭志之爲言鄭莊公之志也。"段不弟"也者，自幼而長而壯，母之愛段愈深者，我之仇段亦愈深。仇之則不復弟之，是鄭志也。"如二君"也者，段請京則聽之，命貳則聽之，收貳則聽之，而使段自擬二君，又使祭仲、子封等擬段二君矣，而後起而伐之，則天下萬世莫能謂我何也，是鄭志也。"譏失教"也者，夫公則有爲公也，侯則有爲侯也，伯則有爲伯也，子男則有爲子男也，居天子之前，而參天地之化，裁成輔相以授之于天子者，是公也。居天子之後，侯天子之化而承行之者，是侯也。不能侯于天子，須天子頒宣而後知之，然能率衆而順行之者，是伯也。不能侯于天子，須天子頒宣之，然又必有率之，而後與衆順而行之者，是子男也。今鄭莊公上不至爲公侯，下亦不至爲子男，則是率衆而順行之者也。今也一弟之不能率，何鄭國之能率？于弟、于國而全以逆行，何鄭國之順行？稱鄭伯以譏之，譏其前，譏其後。譏其前，曰："一父一母，而徒生二人。于二人中，若爲之伯，伯則啼笑玩弄，果餌衣帶，奔走撲跌，何事不可以教叔？而並心積計，必不教之。並心積計，必不教之者，母固惡我，我固惡段。母固愛段，我固惡段也。夫姜氏之遂惡鄭伯者，偶也。若姜氏之終惡鄭伯，則是鄭伯自爲之。終惡鄭伯，鄭伯爲之，然則姜氏之甚愛叔段，非即鄭伯之爲之耶？"譏其後，曰："其初之不教其弟也，畏姜氏故也。方姜氏亟請立段之時，我幾幾乎無言之皆罪，而敢於段所有言乎哉？今日而既得立矣，苟援夫死從子之義，爲鄭伯者，力尚可以教姜氏，何一弟之不能教？誠令當日爲之立師傅以訓迪之，陳典常以灌沃之，慎容貌以款接之，和聲音以獎能之，優而柔之，馴而至之，則是段者，尚將可以學而進於聖人。段而後快然歎曰：'嗚呼！吾母當日之欲舍吾君而立我也，豈其然哉？夫得立者，將以爲鄭伯也。段乃今而後知伯之爲伯也，其道也如是。段小人何知，而吾母遽欲及之？我不幾爲吾母悞耶？'如是則是鄭伯信矣無忝爾職者也。即曰段不必及此，則亦爲之沃地以處之，善人以輔之，禮以坊之，時而見之，更有不率，則猶可以大義責之，夏楚威之，亦何至於身爲千乘之君，而無法以處一匹夫之弟者乎？夫鄭伯之自幼而長而壯，其並心積計必不教段者，志在於必殺段故也。鄭伯亦明知段之無罪，而必欲殺之者，殺段猶殺姜氏也。又殺姜氏快，而殺段之快，又快于殺姜氏，是鄭伯之志也。殺段快于殺姜氏，而又明知段之無罪，則不妨姑且待之，以俟其有罪。夫人罪胡可以俟？

則鄭伯之志曰：'我但失教，則不憂段無罪。'然則我但失教，則不憂段不殺，是鄭志也。"前譏譏伯叔之伯字，後譏譏公侯伯子男之伯字，分釋經前，箭猶輕。總釋釋後，箭極重。如此行文，真非《史記》以下書所得有，安望秀才知乎？(《才子》夾)謂鄭莊公之志也。志言心之所之也。**不言出奔，難之也。**(《左傳雋》眉)唐荊川曰："解經旨只'謂之鄭志'一句都盡了，雖冗言千萬，何以易此？"(孫鑛眉)解經簡明有法。"難之也"，杜注：段實出奔，而以"克"為文，明鄭伯志在於殺。難言其奔，解來快。(聖歎夾)別釋經何故不書奔共，蓋一篇文字，若為段立，則應書奔共，若為莊公立，則不應書奔共。蓋殺段是莊公志，脫段非莊公志。莊公之志，已決不令段得脫，而段得脫，難之也。看他一篇莊公文字，便不便寫段事入來，古人謹嚴如此，《史記》以後書，都只是浪筆。(《彙鈔》旁)敘事至此，忽斷一段，然後再敘事，章法玲瓏。(《左繡》尾)解經只四筆，而自成章法，首尾兩"不言"，一倒一順。中間一"故曰"，一"稱"，亦一倒一順。前兩項，先解後點。後兩項，便先點後解。古文、今文，無二作法，此其一班耳。(《約編》眉)著解經一段，是敘事夾議論法。(《左傳翼》眉)"奔共"以下，可直接"置母"矣，卻將經文逐字解釋，以清正傳本位，文法繚繞，亦有虹垂天半、雲鎖山腰之趣。從姜氏起，先經以始事也；以姜氏結，後經以終事也。中幅正敘，乃依經以辨理者，一篇而三法備焉。(《補義》眉)下段寫母子上十分渲染，倍見于兄弟上十分洽淡，本一意到底，而傳以釋經作橫峰隔斷，其實上三層是順寫鄭志，下一段是逆寫鄭志，正寫其失教也。方知姜氏及段皆賓，而克段之鄭伯為一篇之主。(高塘眉)第四段就經文書法，逐一疏解，是敘事中夾議論法。前兩項先解後點，後兩項先點後解，文筆變化。(閻生夾)"遂寘姜氏於城潁"當直接上"出奔共"，下"書曰"云云，乃後之經師所攙入者也，刪去文義乃順。凡經師附益之說，多支離迂淺，往往有與經旨顯戾者，固可一望而辨也。先大夫《與賀松坡書》曰："往與張廉卿論鄭莊克段篇，廉卿摘文中'段不弟'數語，謂為飛鴻點雪。僕以漢人謂左氏不傳《春秋》，若開宗明義便如此云云，則愚人亦知為《春秋》傳矣。蓋嘗疑之而未敢信也。凡此等於文中增竄語言者，蓋不可一二數，安得如執事者一一辨白而刪薙之，豈不快哉！"

遂寘姜氏於城(聖歎夾)陡然寫出"遂"字，便與篇初"遂惡"之遂字，如叫斯應。大冤得報，何止十年？寫莊公一生心事，灼然如鏡。

上文若不連及"夫人將啓"四字，此際安得遂寘諸城，作此快意之舉？或人不知，乃疑因叔段累姜氏，殊不知正是因姜氏累叔段。然則上正爲"欲立"、"夫人將啓"一案，故連及叔段，有將襲之罪。看他一弟一母，全用鏡花水月手段，兩邊挽作死結，其狠毒陰險，真非人法界中所曾有也。寘城之法，築牆如城，四面無門，而處罪人于中，蓋是論成棄市，而不便加刑，故不得已變而行此法，以示深惡痛絕之至也。秀才不識，卻將"城"字連下"穎"字共讀，謂之城穎，而又自爲注曰："城穎，鄭地名。"如卿幸自無事，那復須讀左氏也？（《才子》夾）二"遂"字，寫寘得無理。**穎**，（聖歎夾）姜氏爲莊公何人？此際但論城不城，豈論穎不穎？左氏於此，又必自注一穎字者，蓋姜氏而終槁死於城中而已，則不須復知城之在穎。若姜氏別有見天之路，則人且將問曰："姜氏已寘於城，至此何得復出？"即不得不應之曰："惟考叔感激之故。"彼即又問曰："鄭人實繁有徒，何爲獨有考叔感激？"即不得不又應之曰："寘姜氏之城，適在考叔封口中故。"如此問答，重復幾至通幅不了。今不如行文時但於城字下只輕輕注一"穎"字，便省卻無數繁聒之筆。不寧惟是，且又圖作落花遊絲法，天然巧生過接。吾嘗言作文無秘訣，只著乖便是，此其一驗也。（《才子》夾）城，高牆也。穎，寘城之地在穎。特注明以爲考叔來因也。（孫琮旁）遙接無痕。（《左繡》尾）"城穎"句，另爲下半篇作提筆。"遂"字本緊接伐鄢，一氣寫下，卻嫌文無淳滀。又鄭莊怨母，甚於怨弟。若一連敘去，不見賓主。故將書法隔斷，先安放大叔已畢，然後抽出重筆，另寫他處置其母一段公案，以發洩起處一惡三請，無數宿恨。此段落最分明、最筋節處，不獨起伏之妙而已。"悔"字良心發見，乃一篇文字轉關處。**而誓之曰："不及黃泉，無相見也。"**（聖歎夾）誓文極毒。人死而葬則闕地，闕地深則有泉，泉從黃土中出，其色混黃，謂之黃泉。及黃泉者，言葬日也。異日姜氏死，莊公不得不葬，葬之日，我一見汝。即不然，我死，我死誰復禁汝不出？汝出而臨我之葬，汝一見我，謂之相見。設使汝既不死，我又不死，則永不願見。蓋深惡痛絕之至也。秀才亦不知其解，遂以黃泉爲鬼國，自漢至今，從來舊矣。自篇初至"寘姜氏於城"句，一篇文字已畢，至此又注"穎"字，又詳載書文，是另起一篇文字，別自有波瀾。（《才子》夾）含毒聲至此始盡暢。（《評林》眉）李于鱗："莊當姜氏欲之之時，寂無一言以諫其母。至其與段逆謀既露而誓之，寧爲子道哉？然未幾而悔，又從穎考叔之言而母子如初，猶不罹悛終之惡耳。"（闡生夾）不孝處，大書特書。**既而悔之。**（聖歎夾）看他上文如許怨毒，到此忽然有"悔之"二字，何意寒谷有此一線之春？答曰：此見莊公之處叔段與姜氏，已是二十分快暢。凡人於報復之事，只有一分未暢快，他還二十分都是怨毒。只須此一分也快暢了，他便陡然有個不安之心從中直動出來。須知此際正是他二十分都滿處，只看左氏筆下寫出一"既"字便可見。既者，盡也。盡情盡力了，自然不覺生出懊悔來，此正是人性極好處，然恰是不好已透頭了。此透頭二字妙絕，世界劫壞更成，地獄盡時，反生第三禪天，只是者個道理。但此處全要一個人扶掖得他正好。譬如大病後人，初有一點活理，此時全賴有人調養得好，不惟大驚大惱來不得，即大喜大笑也來不得。《左傳》寫此四字，便恰好接著潁考叔一段。下文《傳》云：惟聖人爲能至誠，惟至誠爲能盡人物之性，惟能盡人物之性者，爲可以贊天地之化育，只《左傳》便實有此本事，吾親眼見得。（《才子》夾）已上一篇地獄文字，已下一篇天堂文字。（孫琮旁）賴有此一悔。（《便覽》眉）下半收局，只爭"既而"一轉，似快不快，似慢不慢，故突入考叔，只在此機，不用劃斷。**潁考叔爲潁谷封人，聞之，有獻於公，**（聖歎夾）聞之，聞公悔，非聞公城母也。悔與城接連，聞與悔接連，獻與聞接連，都是一日中事。讀至此，始信上先注一"潁"字之妙，不然良心之發，其來也至疾，其滅也亦至易，若使城自在一處，悔自在一處，潁考叔自在一處，則欲求莊公之悔，乃如龜毛兔角，即使能悔，然頃刻之間，已如妙喜見阿閦佛國，一見不可再見。到得潁考叔來，更要重理前案，正如鍥舟求劍，劍去已久，豈得又有所濟？秀才不知，只謂寘城是一日事，悔是一日事，有獻是一日事，彼食甕齏腸胃，安能知聖賢之事哉？隘口曰谷，象形石門對峙，下通車馬，職掌谷口，譏察行李，曰封人。故儀封人自通曰："君子之至於斯，吾未嘗不得見。"譏察之職然矣。潁有口，口有封人，是日莊公親至潁，寘姜氏於城，誓畢而歸，歸未出谷而悔，悔而考叔在側，適乃聞之矣。賢者無時無地不思爲君盡忠補過。然又以事關骨肉，不容直致其辭，則於是進而有獻矣。當獻而獻，是意在獻。不當獻而獻，是意不在獻。意不在獻，則不書獻某物矣，但云有獻。設使此處誤書獻某物，則某物之名爲無取矣。（闡生夾）古人高文多事外曲致、旁見側出之處，此篇本誅莊公之不孝，但嫌直率，故幻出潁谷封人一襯以形容之，若爲莊公文過者，實文字波瀾曲致也。先大夫嘗謂："文外曲致乃精神旁溢之處，唯左氏、太史公時時有之，他人皆不逮矣。"**公賜之食，食舍肉。**（聖歎夾）禮，臣有獻，君亦有賜，酬酢之道也。臣有獻，君則受之。君有賜，臣則對君食之既，不敢褻君之餘也。臣有獻，君亦有賜，故考叔之意不在獻，在於鈞君之賜也。君有賜，臣即對君食之既，故考叔之意，乃並不在賜，在於食之不既，以鈞公之問也。傳言臣事君以忠，考叔如是，可謂忠矣。夫忠豈犯顏強諫之謂哉？方朔懷肉遺細君，便從此處化去，然彼卻是寓言祿薄，又有不同。（《才子》夾）特挑其問。（《左傳翼》眉）此欲進諫，彼欲聞諫，想見君臣有心，一往一來，言各投機之妙。現身說法，言自易入。（方宗誠眉）穎考叔本是來諫鄭莊不應寘姜氏於城潁，乃故意一字不說，若不為此事來者，且若不知有此事者。騰挪曲折，醉氣極好。**公問之，**（聖歎夾）公先開口，故妙，永為進諫之法矣。**對曰："小人有母，**（《才子》夾）只四字，直刺入耳，從耳直刺入心，下俱羨文耳。**皆**（聖歎夾）五字，字字妙絕。五字便寫盡孺慕之樂。五字字字歷入莊公耳根。五字在考叔口中，只如一聲小鳥。在莊公耳中，便如百叫清猿，便令寸心一時迸碎。五字吾讀之亦欲灑出淚來，何況當時說者、聽者？五字不知《左傳》何法鍊成，便覺錦心繡口四字，亦贊他不著。五字吾剔燈思之，三更不能盡其妙，只得且睡，留與世間絕世聰明人明日共思之。讀書人都會說《陳情表》"臣無祖母"四句好，卻偏不會說者五個字好。一篇《陳情表》只就者五個字化出來，然而其間繁簡雅俗，真乃不啻河漢，人都不知得。夫天下豈有無母之人哉？天下之人豈有不與母皆之日哉？封潁谷耳，莫小於此，而得君升斗，與母樂之。此時即使與我全鄭，而欲奪吾母不使得皆，吾寧有負吾母赴東海而死耳，豈能為肫狗之行，輕置吾母而以得鄭國為樂？此是考叔心上口下隱隱含蓄語，然卻又不直吐出來，只輕輕說得五字，令他自作橄欖廻想，真是絕代妙人。**嘗小人之食矣，未嘗君之羹，請以遺之。"**（韓范夾）進說有法，此在左師觸龍之上。（聖歎夾）特地有獻，特地望賜，特地舍肉，特地被問，費三四周折，只為要說出上五個字。至於此三句，便全算餘文，只為他既問舍肉，便不好不說完耳。（孫琮旁）有意無意，自爾刺心。（《學餘》眉）"小人有母"四字，可以易急風暴雨而為甘雨和風矣。**公曰："爾有母遺，繄我獨無！"**（聖歎夾）繄，古兮字，秀才未識也。便作嬰兒呻吟之聲，妙絶。上文公曰："制巖邑也，虢叔死焉，佗邑惟命。"公曰："姜氏欲之，焉辟害。"公曰："子姑待之。"公曰："無庸，將自及。"公曰："厚將崩。"公曰："不及黄泉，無相見也。"悉不是此等聲調，純是造化轉作出來，真哀哀父母之言。(《才子》夾) 哀哀之音，宛然孺子失乳而啼，非復已前毒聲短節。**潁考叔曰："敢問何謂也?"**(聖歎夾) 只如不知者，如此正好也，只好如此。左氏筆墨停勻，便如從稱等上稱等過來。(孫琮旁) 佯爲不知。(方宗誠眉) 一句不説正義，只是隨機而引之，毫不著意，毫不費力，文辭敏妙異常。**公語之故，**(聖歎夾) 無母之故，好句法。**且告之悔。**(聖歎夾) 悔誓不悔城，讀下文自見，句法又好，如此一篇大文，只縮作八個字。(《才子》夾) 故，所以城之故也。悔，又多誓之悔也。(《左繡》尾) 語故、告悔，八個字敘得何等簡括！後撮敘賦詩，筆意正同。此前詳後略之法，起處母子各各樹敵，末路兩兩對收，又前散後整之法。**對曰："君何患焉？**(《才子》夾) 輕輕便解，更無難事。**若闕地及泉，隧而相見，其誰曰不然？"**(孫鑛眉) "其誰曰不然"，今亦用得可厭。極難事解之如戲。(聖歎夾) 處事如救火捕賊，正是稍遲不得。看他便連忙設出計策來，安計其事之合禮與不合禮？只圖當時且得湊手，迨及事定之後，便有一群秀才出來，説長論短。此譬如咬人矢橛，非復好狗，何足惜也。漢雋不疑判僞太子獄，正是一對好手。又妙在自設計，自又先喝破，無人説不然，不是箝定天下之口，正是縛住莊公之心。看他來得快，捉得辣，一句話裏，卻有兩番本事。假如人問此時説不然者是誰，當知正是莊公也。故知此句妙絶。若闕地及泉穿隧，分明是葬之日光景，寫得處大事只如兒戲，妙妙！蓋惡寤生，愛叔段，只是兒戲事，處之以一群凡夫，便構出天大禍事。弑母殺弟，已成天大禍事，處之以一個聖人，便只以兒戲解之。人生世上，亦何得不學爲聖人也？(《才子》夾) 天大難事，到聖賢手中，只如兒戲便解。(《便覽》眉) 極難處事，偏輕輕解脱。其法妙在不咎既往，一味將順。(《評林》眉) 何孟春氏曰："考叔於此直就倫理論之，違逆誓而歸順德，其誰曰不然？而必爲泉隧以文其奸，吾無取焉爾已。"**公從之。**(聖歎夾) 便藏去廻車、重入潁谷、闕地及泉、穿隧等字，謂之省字法。(《彙鈔》眉) 讀前段如淒風苦雨，讀此下如煦日和春。**公入而賦："大隧之中，其樂也融融！"**(《才子》夾) 融融，則知前之陰毒也。**姜出而**

賦："大隧之外，其樂也洩洩！"（《左傳雋》眉）李九我曰："摹寫鄭莊母子之情曲盡。"（孫鑛眉）"中"、"外"字有分曉，此敘法亦奇，然非今時所尚。（韓范夾）"公入而賦"、"姜出而賦"爲句，"大隧"二句另讀，林所謂詩詞也。（《文歸》眉）郭正域曰："敘鄭莊母子相見樂歌，其音節便似歌詠，神洽筆酣，左氏韻折類如此。詎第句字雕琢復隻於古玩也。孔穎達謂或當時所賦之詩，《傳》略而言之，大是呆語。"（聖歎夾）通篇散敘至此，忽作排體，文勢詭變之極。入者，入於隧道，穿至城中，迎姜氏也。出者，由隧道而穿出城外也。入則身正在隧道之中，故其賦之首句，亦曰大隧之中，即事成詩也。出則身已在隧道之外，故其賦之首句，亦曰大隧之外也。公入而即賦者，無祇於悔矣，中心暢然，更無疑滯，不覺瀏然出之於口也。姜出而賦者，城我之誓，猶在於耳，隧而迎我，豈其夢耶？不則眯與？胡爲而來哉？蓋隨公而出，至於隧道之半，猶未敢全信其果無中變耳。迫其既出，直至於隧道之外矣。而後乃今始敢釋然而答所賦也。融融之融字，從鬲從蟲，如鬲斯溫，如蟲斯動也。莊公平生心地，一片冷毒，一塊堅忍，至此日而稍稍和煖，微微蘇動，照通篇下字也。洩洩之洩字，如山川洩雲，鬱極而得舒也。姜氏一實於城，驚魂已絕，永不望有母子復見之日，今不意之間，忽然穿隧，驚定方驚。未知今之果得出耶，憂疑彷徨，直至出隧而後放下，照大隧之外下字也。故寫融融，知其寫莊公也。寫洩洩，知其亦寫莊公也。此左氏之章法也。何意如此一篇文字後，卻見兩"樂"字，此是左氏異樣刷色。（《才子》夾）洩洩，則知前之隱忍也。（《彙鈔》旁）將從前陰毒慘刻之惡，俱於融融洩洩四字中消盡，摹寫生色。（《約編》眉）敘入賦詞，此敘事中設色之法。（《補義》眉）汪雲雨："敘賦詩太和洋溢，另是一番境界，作者亦筆墨飛舞。"（《評林》眉）錢謙益："'大隧之中'二句，即是公賦之詞；'大隧之外'二句，即是姜賦之詞。若舊解則句拙而無味。"
遂爲母子如初。（《文歸》眉）陳溇子曰："'遂爲母子如初'六字痛極。"（聖歎夾）不惟結還"遂"字，乃至直接還"初"字，一篇大文字，"初"字起，"初"字住，奇絕。（《才子》夾）三"遂"字。"初"字結。（《左繡》尾）前人云"遂"字結上兩"遂"字，"初"字直應起手一"初"字，然言外卻是只多了一個兄弟也。暗應冷甚。（《左傳翼》眉）母子久離，一旦相見，不覺疑慮盡釋，歡喜頓生。粗厲者融和，鬱悶者發舒，宛然母慈子孝一幅聚順圖，極力渲染，與上反映，所以見一悔轉移，關係不小，而考叔格君，爲功尤大。寫到此處，真有筆歌墨舞、色怜神飛氣象，結末一贊，尤深遠無盡。（高嵣眉）第五段補敘寘潁事，暗應入手一段，卻生出潁考叔一人，與前祭仲、子封二人遙映，輕輕撥轉，絕處逢生。

　　君子（《統箋》夾）按：傳文所稱"君子曰"者，蓋左氏設君子之言以爲論斷。然多淺陋，不能折之以正大之理。今姑存之，以備一家之言。後凡"君子曰"、"君子謂"之類，皆倣此。曰："潁考叔，純孝也，（聖歎夾）一篇莊公文字，臨結卻歎考叔純孝，如此不堪，那復可耐也？（文淵夾）莊之不友，即其不孝也，況又寘姜氏而誓之乎？故末言考叔之孝以反譏之。愛其母，施及莊公。（聖歎夾）吾聞君之有德，則施及臣民，未聞小人之能施及其君者也。如此不堪，那復可耐也？《詩》曰：'孝子不匱，永錫爾類。'其是之謂乎！"（德秀尾）呂成公曰："左氏序鄭莊公之事，極有筆力，寫其怨端之所以萌，良心之所以回，皆可見。始言亟請于武公，'亟'之一字，母子之相仇疾，病源在此。後面言'姜氏欲之，焉辟害'，此全無母子之心。蓋莊公材略盡高，叔段也在他掌握中，故祭仲之徒愈急，而莊公之心愈緩。待段先發，而後應之。前面命西鄙、北鄙貳於己，與收貳爲己邑，莊公都不管，且只是放他去。到後來罪惡貫盈，乃遽絕之，略不假借。命子封帥師伐京，段奔鄢，公又親帥師伐鄢。於其未發，待之甚緩；於其已發，追之甚急。公之于段，始如處女，敵人開戶；後如脫兔，敵不及拒者也。然莊公此等計術施於敵國則爲巧，施於骨肉則爲忍。此左氏鋪敘好處，以十分筆力，寫十分人情。"（文熙眉）孫應鰲曰："此章始序莊、段共生，而姜惡莊愛段。繼序祭仲、呂封之諫，而莊皆不聽，蓋以必除爲心，故養成其惡。其曰姜氏欲之，豈人子之言也？曰不昵不義，豈人兄之言也？不有潁封人之諫，則天常幾絕矣。"汪道昆曰："此篇敘事能品。其'巖邑'、'滋蔓'、'貳於己'，字法。'無生民心'、'其誰曰不然'，句法。"穆文熙曰："莊公之遇叔段，其人倫之不幸乎？方其母命請制，一違已甚，況敢復違京乎？心知其不可，而重違母命，故欲俟其既發而後圖之，茲其心豈得已乎？呂氏乃謂故授段以巨邑，釀成其惡，求殺之以重罪。莊公果爾，則周公之誅管、蔡，乃亦其釀成。而石碏殺子，允當罪其失教也。況不義如段，即不封之京，亦當有變。非莊殺段，則段必殺莊，處必不可兩全之地，而爲不得已之謀，其心可不原哉？余獨謂之不幸矣。"胡氏曰：

"鄭莊公志殺其弟，使糊其口于四方，自以爲保國之計得也。然身沒未幾，而世適出奔，庶孽奪正，公子五爭，兵革不息，忽、儀、亹、突之際，其禍慘矣。"(《左傳雋》眉)李行可曰："傳中凡稱'君子曰'，多是採取當時君子之言，或斷以已意者。"(《正集》尾)呂東萊曰："釣者負魚，魚何負於釣？獵者負獸，獸何負於獵？莊公負叔段，叔段何負于莊公？且爲鉤餌以誘魚者，釣也；爲陷穽以誘獸者，獵也。不責釣者而責魚之貪餌，不責獵者而責獸之投穽，天下寧有是耶？莊公雄猜陰狠，視同氣如寇讎，而欲必致之死。故匿其機而使之狎，縱其欲而使之放，養其惡而使之成。甲兵之強，卒乘之富，莊公之鉤餌也。百雉之城，兩鄙之地，莊公之陷穽也。彼叔段之冥頑不靈，魚耳，獸耳，豈有見鉤餌而不吞、過陷穽而不投哉？導之以逆，而反誅其逆；教之以叛，而反討其叛，莊公之用心亦險矣。莊公之心以謂亟治之，則其惡未顯，人必不服；緩治之則其惡已暴，人必無辭。其如不聞者，蓋將多叔段之罪而斃之也。殊不知叔段之惡日長，而莊公之惡與之俱長。叔段之罪日深，而莊公之罪與之俱深。人徒見莊公欲殺一叔段而已，吾獨以爲封京之後、伐鄢之前，其處心積慮，曷嘗須臾而忘叔段哉？苟興一念，是殺一弟也。苟興百念，是殺百弟也。繇初暨末，其殺段之念殆不可千萬計，〖編者按：左氏《博議》尚有"是亦殺千萬弟而不可計也，一人之身，殺其同氣至於千萬而不可計"等句。〗天所不覆，地所不載，翻四海之波亦不足以湔其惡矣。莊公之罪，顧不大於叔段耶？吾嘗反復考之，然後知莊公之心，天下之至險也。祭仲之徒不識其機，反諫其都城過制，不知莊公正欲其過制。諫其厚將得衆，不知莊公正欲其得衆。是舉朝之卿大夫皆墮其計中矣。鄭之詩人不識其機，反刺其不勝其母，以害其弟，不知莊公正欲得小不忍〖編者按：《博議》此三字作"不勝其母"。〗之名〖編者按：《博議》尚有"刺其小不忍以致大亂，不知莊公正欲得小不忍之名"數句。〗是舉國之人皆墮其計中矣。舉朝墮其計，舉國墮其計，莊公之機心猶未已也。魯隱之十一年，莊公封許叔，而曰："寡人有弟，不能和協，而使糊其口于四方，況能久有許乎？"其爲此言，是莊公欲以欺天下也。魯莊之十六年，鄭公父定叔出奔衛，三年而復之，曰："不可使共叔無後於鄭。"則共叔有後於鄭舊矣。段之有後，是莊公欲以欺後世也。既欺其朝，又欺其國，又欺天下，又欺後世。噫嘻！岌岌乎險哉！莊公之心歟！然將欲欺人，必先欺心。莊公徒喜人之受吾欺者多，而不知吾自欺其心者亦多。受欺之害，身害也。欺人之害，心害也。哀莫大於心死，而身死亦次之。受欺者身雖害，而心固自若。彼欺人者，身雖得志，其心固已斲喪無餘矣。在彼者所喪甚輕，在此者所喪甚重。本欲陷人而卒自陷，是釣者之自吞鉤餌、獵者之自投陷穽也，非天下之至拙者，詎至此乎？故吾始以莊公爲天下之至險，終以莊公爲天下之至拙。"（《文歸》尾）讀前半如淒風苦雨，後半若煦日和風。悶得。（聖歎夾）考叔，公之類也。公反爲考叔之類，而無以錫考叔者，而反受錫于考叔，即何以伯于鄭國者乎？如此不堪，那復可耐也。通篇莊公文字，公然取考叔作結，文人之予奪如此。（《才子》夾）一篇鄭莊公文字，卻以潁考叔結。是以潁考叔爲孝子，而以鄭莊公爲爾類也。左氏用君子曰，例如此，嚴矣哉。（《快評》尾）從來風氣之先，必有一人以開之。春秋始終五霸，而鄭莊者，固五霸之前驅也。觀其權略，不在桓文之下，左氏於隱、桓之際，以全副精神注射鄭莊，讀《左傳》者，能理會得左氏寫鄭莊之文，則於五霸之文，皆迎刃而解矣。此是鄭莊第一篇文字。《春秋》之法，必先自治而後治人。鄭莊公之權略用之于母子兄弟之間者如此，他日用之于天王者，亦只是此一副手段。觀《國風》二《叔于田》之詩，知京人亦甚愛戴叔段，段固非甚暴橫無理者也。然而深謀遠慮固非晉曲沃武公之比，莊公欲甘心于叔段，夫亦何難？何必縱其多行不義而後殺之哉？蓋莊公之甘心于其弟者，固將快心於其母也。封之以大邑，錫之嘉號，將欲取之，必故與之。將欲殺之，必先驕之。弄叔段于掌股之上，令其自斃，其意以爲非此不足以罪姜氏也。莊公告祭仲、子封之言，可謂將心事盡情吐露，然止道得一半。（王源尾）文章貴乎變化，變則生，不變則死。生則常新，死則就腐。窮陰沍寒，萬物閉塞，一變而爲陽春。伏夏繁衍暢茂，一變而爲秋殺。此天地所以爲生物而至今常新也。文章之道亦然，精嚴當變爲疏宕，險峭當變爲中庸，寫兒女當變爲英雄，寫亂賊當變爲忠孝。正忽變爲奇，奇忽變爲正，千變萬化，不可端倪，然後方有生氣，方能萬古常新。如此篇敍莊公，殘忍人也，陰賊人也。乃未寫其如何殘忍，如何陰賊，先寫其仁厚。而既寫其如何殘忍，如何陰賊，又另寫一孝子如何仁愛，如何篤孝，因寫莊公如何念母，如何見母，如何母子如初。且曰"純孝"，曰"愛其母"，曰"孝子不匱"，與前文固秦越之不相侔也。非變化之妙哉？千秋而下，生氣猶拂拂紙上矣。莊公是正，考叔是奇。莊公之母是正，考叔之母是奇。莊公之不孝是正，考叔之孝是奇。

請京是正，請制是奇。不友是正，友愛是奇。莊公之陷弟是正，群臣之慮公是奇。奇正相生，如迴圜之無端，孰測其奇之所在？孰知其正之所在？要知"請制"二語，在左氏雖是用奇，而莊公當日必實有此語。以其有深憂遠慮，故爲是甘言以謝其母也。至於考叔一節，未可盡信。觀莊公如此一副肺肝，豈有後悔之日？即因考叔一見而復歸其母，不過假仁欺世，以掩其怨。如射王中肩，又問左右；陷阱其弟，又爲餬口四方之語。斷非真心感動，至誠仁孝。左氏借爲文字章法，故如此敘，此傳之所以不可信也。"鄭志"二字，將克段一案括盡，通篇若網在綱，千錘百鍊。後人每誇千言立就，嬰兒嘎耳，何足語於斯哉？前半句句精峭，及序考叔，變爲疎宕。而考叔一案，拖序法也，一字不應叔段，高絕。（孫琮旁）敘莊公事，而結贊考叔，寓意冷然。呂東萊曰："左氏鋪敘好處，以十分筆力，寫十分人情。"徐揚貢曰："一篇寫武姜僻溺，寫大叔狂駛，寫莊公狠毒，寫舉朝懵懂，各一樣寫法，各異樣出色。其前偏寫子封輩迂談正論，若不知鄭莊心事者。蓋鄭莊心事，不使母知、弟知，並不使舉朝得知，乃見狠毒之至。故欲寫公心事，偏寫舉朝懵懂。寫舉朝懵懂，正極寫鄭莊狠毒也。後人文字欲説此一邊，偏説彼一邊，皆祖此法。"情事深透，筆力高古，前幅敘諸臣進言，莊公聲色不動，而乘機迅發，有兔起鶻落之勢。後幅敘莊公悔恨，考叔設辭不多，而談言微中，有迎刃即解之妙。其間章有章法，句有句法，字有字法，簡練精工，真乃古今第一手。孫執升。（《古文斫》尾）克弟于鄢，置母於潁，作兩截看。鄭莊是春秋第一陰毒人，因其母亟請立段，恨弟之念淺，而恨母之念深。一路狠心辣手，無非所以洩亟請立段之憤。此傳於上截，特將祭仲、公子呂二人反托；於下截，特將潁考叔一人反托。皆所以甚莊之不孝也。至於盟母之後，又復悔之，不過怕人以無母之罪罪他，畢竟當不起，只得微微示意於人，求一出脱。故潁考叔略施小術，一撥便轉。不然，豈有母子至情，真心改悔，尚不號泣奉迎，而慮黄泉一誓之不可解乎？（《彙鈔》眉）借他人語斷結一篇，有情致，有收束。（《覺斯》尾）過商侯曰："叔段到底不過一驕弟耳，稍裁抑之，庸詎知不恭于兄？曰'姑待'、曰'勿庸'，是誰氏之釀成之也？及後母子如初，而不聞反弟于國，悔猶得半而失半也。鄭伯始終其忍人乎哉？"（《統箋》尾）愚按：左氏此篇始敘鄭武娶申，至叔段奔共，忽入《春秋》書法，以立斷案。乃再敘置母城潁，而出考叔調停母子之法，又以"君子曰"斷之。敘事議論，相錯雜而行，遂爲千古作文之法。後如司馬遷、班固、唐末諸能文之家，往往倣之。至其《春秋》立斷"難之也"以後，忽入"遂置姜氏於城潁"一語，直接徑下，斬然無跡，此左氏文筆之妙，學者不可不知也。（魏禧尾）魏禧曰："此篇寫姜氏好惡之昏僻，叔段之貪癡，祭仲之深隱，公子呂之迫切，莊公之奸狠，潁考叔之敏妙，情狀一一如見。莊公此等作用，若施於正事，爲君父報仇，爲民除害，則其去石碏者幾何？所謂兵賊同一刀者，此類是也。"王臣曰："潁考叔因獻悟君，全本莊公之悔。然莊公非悔也，蓋已逞其殺弟之志，又深惡有絕母之名，思所以蓋之者不得，考叔微見此意，故其言順投而無卻。田千秋一言悟主，亦因武帝知太子惶懼無他意故爾。史稱其敦厚有智，大率類此。武帝之悔於其子，與莊公之悔於其母，晚節情事略同。"彭家屏曰："黃泉之誓，母子道絕，人倫之大變也。莊公雖無愛母之誠，未嘗不顧名義之重，所以旋生悔心。而特借潁考叔之言，以自文其絕母之咎耳。但母子天性，無待安排，莊公既知前事爲非，即當躬詣城潁，泣見姜氏，請定省久荒之罪，寫哀慕迫切之忱，載與俱歸，身爲執轡，庶幾天良復見，人道猶存。何爲闕地及泉，隧而相見？隧而相見，事同戲劇，豈子所宜施於親乎？泉壤之間，母子相覿，人倫之變，亦非細故也。寧特城潁之寘，黃泉之誓，重爲世道人心憂哉？莊公稔于任術，既以術馭其弟，又以術待其母，重誓言而亡天性，君子有深憾焉。"（《析義》尾）考《鄭風·叔于田》二詩，稱段多材好勇，國人愛之，亦不過紈絝驕癡習氣，馳馬試劍伎倆耳。無論其他，即封京之後，既值危疑之際，乃公然貳兩鄙、收兩鄙，且及廩延，而謂公不知乎？抑謂公知而不忌乎？此病狂喪心之舉，雖至愚者不爲也。其無曲沃兼翼大手段，可知矣。然則莊公何以必殺之而後快？蓋莊公猜刻殘忍人也。前此立段之請，出於姜氏，其怨母甚于怨弟久矣。請制、請京，弓影之疑，都認作有心軋己。因思不陷段於惡，必不能及其母而快其私。故祭仲之說行，猶可以全兄弟之義也，而公弗願。子封之說行，猶可以全母子之恩也，而公弗欲。直伺其脩戰守之備，有涉於篡奪形跡，毋論襲鄭不襲，有期無期，只消用兩個"將"字，一個"聞"字，便把夫人一起拖入渾水中，無可解救，此公之志也。夫以段之驕蹇無狀，全無國體，紾臂之謀，不必深辯。乃夫人處深宮嚴密之地，且當莊公刻刻隄防之際，安能與外邑定期，向國門作內應耶？段既走死，公隨以罪段者罪母，廢置邊城，而出重誓絕之，所以示其平昔愛段種種，皆適以禍段，且自禍也。快心極矣！惟是秦太后以嫪毐被遷，比之姜氏，罪大而情確，時諫死者二十七人，茅焦且繼之。姜氏乃莫須有之事耳，而鄭臣如祭仲、子封輩未聞一言，直待潁考叔就誓言中尋個遷就之法，幸復母子之舊，而後知公積怨必不可回，黃泉之誓，不但絕母，且藉以杜諫臣之口也。通篇只寫母子三人，卻扯一局外之人讚歎作結，意以公本等不孝，即末後一著，亦是他人愛母施及，與公無與，所以深惡之，此言外微詞也。（《分國》尾）鄭莊公固忍鷙人也，然謂其處心積慮欲殺段，深文也。段之見殺，姜氏殺之。何殺乎爾？姜氏以溺愛殺之也。當姜氏惡莊公，愛段欲立之，亟請武公。使武公此時從其所請，以段之貪戾俊傑，加以莊之陰鷙強忍，突、忽之禍，不再世矣。及莊即位，姜氏爲段請制，使莊公即狥其請，以傲弟據嚴疆，其速之殺，當不至二十年後。公曰：「制，巖邑也。」托之虢叔死者，以姜氏愛段之深，料不欲置之死地耳。繼而請京，姜氏使之請。既而命西、北二鄙，姜氏爲之命。既而收貳爲己邑，姜氏縱之收。所以將襲鄭，而傳曰「夫人將啟之」。公于此時，安得不命將出師，聲言以討哉？且段平日所與，無非服馬飲酒之徒，民心不屬。所以居京二十年，鄭師一臨，京即叛段。平日所恃者姜氏，至此無能爲也已。在莊不得辭其責者，獨「城潁」一置。嘗讀漢史，景帝以太后故，不忍置梁王於法。太后哭不食，帝封其男五人，太后始加餐。莊公縱不能然，于鄢克後，便當母子如初，何待解嘲于封人者舍肉遺羹，紛紛然掘地賦隧，爲此怪誕不經之事？是莊公雖無處心積慮殺段之事，不孝之誅，殆難爲莊公寬也。（《晨書》總評）徐哀侯曰：「莊公狠毒，太叔狂駮，姜氏溺愛，昔人摘發詳矣。論者云：『祭仲之說行，猶可以全兄弟之義，而公弗欲；子封之說行，猶可以全母子之恩，而公弗願；黃泉一誓，不但絕母，並以杜諫臣之口。』闡發亦精。雖然，鄭安得有諫臣哉？漢孝景帝、梁孝王，皆竇太后出也。梁王恃寵驕恣，幾陷大獄。田叔等爲之彌縫解救，太后、景帝大喜。今以鄭莊比景帝，可謂擬非其倫。而祭仲之徒，長君、逢君，萬不如田叔等也。祭仲逐公子忽，殺婿雍糾，不有於君，不有于戚，何有于君之弟？『早爲之所者』，猶曰先發制人耳，則殺心已萌矣，行其說，果可以全兄弟之義乎？子封則直言『請除之』矣，其曰『欲與太叔，臣請事之』者，憤激而言也。殺段之後，姜氏居不安，食不飽，行其說，果可以全母子之恩乎？此蓋同一話頭，在當人參破與否耳。篇中歷敘諸人，總爲莊公寫照。

與趙盾弒君篇，同一旁襯法。前路伏案，中間一步緊一步，各有收結。入後忽然宕開，另爲出色，結止贊考叔，意在言表，可謂嚴而冷矣。"（《觀止》尾）鄭莊志欲殺弟，祭仲、子封諸臣，皆不得而知。"姜氏欲之，焉辟害"、"必自斃，子姑待之"、"將自及"、"厚將崩"等語，分明是逆料其必至於此，故雖婉言直諫，一切不聽。迫後乘時迅發，並及於母。是以兵機施於骨肉，真殘忍之尤。幸良心發現，又被考叔一番救正，得母子如初。左氏以純孝贊考叔作結，寓慨殊深。（《集解》尾）段之不義，全是莊公釀成。蓋姜氏當武公存日，常欲立段，及武公沒，又屢爲段請大邑，莊公恐其終爲後患，而内見制於母，外無詞於國人，故授以大邑，而不爲之所，縱使失道，然後以叛逆討之，則姜氏不敢主，國人不敢從，此鄭伯之志也。《春秋》推見至隱，首誅其意，書曰"鄭伯"，是罪在鄭伯也。又曰"克段"，見以力勝也。且曰"于鄢"，言已逃而必斃之至死也。篇中節節摹寫莊公寬縱，忽加一"將襲鄭"、"將啓之"罪案而討之，皆深惡莊公殘忍奸狡之詞。末以純孝歸潁考叔，則莊公之不孝明矣。直而不倨，乃真象外傳神之筆。（《彙編》尾）天下無不是的父母，鄭莊以母一時愛惡，竟成絕大仇隙，不孝不弟，何冠於古文六百篇之首？然觀左氏前只寫母子三人，末卻以潁考叔贊歎作結，明以考叔爲孝子，以莊公爲爾類，意蓋在考叔也。愛其親及人之親，斯爲純孝。而通篇關鍵，全在"既而悔之"一句，以見怙亡之後，到底良心未滅，一念悔悟，無人不可爲善。而凡寫君子者，一遇人骨肉傷殘處，即當迎機曲導能改而止，政所謂莫大乎與人爲善也。自來敗國亡家，莫不禍起婦人，所以然者，婦人未嘗學問，未識理義，每每無端愛惡，索性而行，一念肇端，後遂至國家禍亂而莫之解。自古至今，曷勝痛恨。是在士君子誠正脩身，開陳大義，動之以至性，惕之以利害，防微杜漸，稍能不爲婦人所害，若莊公者，可爲鑒已。是篇即上下截做文字式樣，前半從題前生，後半從題後生，中只以"悔之"一句作渡。但前半獄在莊公，借祭仲、子封頓出克段，以完正面。後半功在潁叔，借舍肉有母，頓出相見以收全局，極得鑄局之法，而起伏照應，又妙在上下一片，結構之精，莫過是矣。（《知新》尾）愛少而癖，婦人常態。怙寵而驕，幼子習氣。莊公欲勝其母，陰剪其弟，故意養成，必逐出之而後快。《春秋》誅意之文，左氏傳神之筆，可謂文夾霜雷。（《賞音》尾）經文止書鄭伯克段于鄢耳，傳必本其始之失愛於母，後之寘母城潁，一一敘出，蓋鄭伯非不能制段，實欲釀成弟禍，以洩其恨母之私。覺此數十年中，無日非挾怨伺隙，耽耽虎視者。如此以傳經文，方見鄭莊心事。而經文所書，字字皆有深意矣。至其後雖有悔心，猶不能自克，直待考叔獻言，而母子始合，公真狠戾哉！然即此可悟諫君之法，祭仲、子封當拜下風矣。猶憶幼時受業于蔣先生，先生指示曰："敍事有原本，有餘波，有正主。武姜之偏愛，此原本也。考叔之格君，此餘波也。其正主，全在'鄭志'句。上文'姑待'、'無庸'、'將崩'三段，俱爲此句蓄勢。放得愈寬，收得愈緊也。鄭莊志在殺弟，不知有母，賴有悔心之萌，故考叔得以打動，足見天理之在人心，雖大奸未嘗亡也。後半以'悔'字作主，闕地之說，亦納約自牖之一術耳。若論正道，則涕泣郊迎，引咎自責，其庶幾乎！然鄭莊強項，言必不入，考叔知之審矣。"先生名濟選，字覺周。（《左繡》眉）前半克段于鄢，後半寘母於潁，兩事本當兩斷。但一樣貶駁，未免境緒無別。忽借君子，忽借考叔，微文刺譏，勝於唾斥。此脫換之法。凡用閒情掉尾，別出事外遠致，其法都本於此。（昆崖尾）吳蓀右曰："敍事夾議論，史遷作列傳法從此悟來。考叔一番救正，其中用機鋒處，極似戰國人手段。至'掘地'數語，遊戲三昧，則又漸入滑稽傳矣。"左氏敍事之文，每以錯綜出奇。此傳獨用一直挨敍法，乃正鋒文字，與秦違蹇叔等篇一樣局勢。但挨敍易板，看他節節頓挫，段段波瀾，有多少層次，多少變換。化板爲活，第一妙訣。末贊考叔之純孝，正反照莊公之不孝。借賓印主，運意玲瓏。（《約編》眉）結處只贊考叔，暗刺莊公，史家深文曲筆也。（美中尾）萬充宗曰："段於莊公，兄弟也，而有君臣之義。恃母而驕，以至於亂，繩以國法，不得不討。莊之失，始在循母志而授之以京，終在段入鄢而復窮之以伐。"魏勺庭曰："莊公此等作用，若施於正事，爲君父報仇，爲民除害，其去石碏者幾何？所謂兵賊同一刀者，此類是也。"浦二田曰："經曰克段，傳推懟母，弟段只中間輕遞，故知篇主在母姜也。以傳補經，寫一幅梟鏡小照。自來看好'悔'字，夫既悔寘母，則決門泣請恐後耳，豈知瘡生本情，顧母不能顧誓，故滋感耶。隧見之言甫聞，狂喜之態頓發，機詐一齊敗露矣。讀去語語似真，勘破言言怙惡。敍事至後半，聖不可知。"（《約編》尾）原其始，要其終，敍事極變化錯綜。間以議論，復抑揚深婉。史遷傳贊，皆從此出。讀者須玩其行文之法，不當徒考其故實也。（《嗜鳳》尾）鄭莊之惡，固在志于殺弟，尤在忍於絕母。故始縱弟以甚其罪，所以彰其母愛之非。後直寘母，而重其誓，正以洩其惡已之恨。雖得考叔引之于道，以成其悔，究未聞釋弟之罪，以慰母心，莊誠倫教之罪人哉！《春秋》書法，猶但在兄弟著其不悌。傳更於母子着意，使人自得其不孝之實於行墨間。左氏真得素王心法，不媿稱爲功臣。古人引《詩》，每斷章取義。若此所稱，尤與詩旨迥殊。"類"字《詩》本訓善，"錫類"言天賜孝子以善，如下文所云祚亂也。而此以錫及儔類爲解，自後本之以說《詩》者，比比而然，要須分別觀之。是說見於長兒鳴鏘《讀古筆記》，偶檢殘篋得之，緣其可備參考，摘附簡末。左氏箋解《春秋》書法、義例，斷制肅括精切，大抵在傳首尾，此則置之中間，非夾雜也。碩園俞寧世先生可儀堂本云："敘事議論，相錯成文，古文妙境，然亦有體。此篇出奔以前是敘正文，'遂寘'以下是補敘後事。則書法自應間於其中，不是有意凌亂。讀者可即此隅反。"其總評通首，亦極詳密，玩吾師士閑細批，已蔽其義，不贅。抑聞之師云："'寤生'二字，向無定解。如杜云'寤寐而莊已生'，此有何驚？楊氏引《風俗通》云'子生而開目'，亦未確。篇中姑從《史記》注。"嗣考《字典》注，"寤生"作"遌生"，遌音忤，訓逆。以逆生而驚，於理極合。得此注腳，從前諸解可廢矣。汪仙裳附記。(《左傳翼》尾) 書曰："必有忍，其乃有濟。"然須有不忍之心以爲之主，而於事之當忍者忍之而不輕發。鄭伯忍人也，母子兄弟之間，有殺機焉，而忍以待之。迨乎猝不能忍，而禍機之發，遂潰決而不可遏。是以忍濟忍，非忍以濟其所不忍也。叔段，武姜驕子，未嘗無曲沃桓叔之謀。莊公只作不知，寬下網，慢收釣，忍人之所不能忍，無非養成其惡而誅之。段之不弟，皆莊公失教使然，"鄭志"二字，推見至隱。黃泉之誓，忍心害理尤甚，幸賴天良未泯，悔心忽萌，因潁考叔之謀而母子如初，淒風陰雨中忽見青天白日，向之蓄謀殘忍者，固不知其何往矣。融融洩洩，宛如孺子久離于父母之懷，一旦見之，不禁悲喜交集，人性皆善，於此可見。人當善養其不忍之心，毋忍心害理以誤用其忍哉！"悔"之一字，乃聖人教人遷善改過之門。朱子謂："悔，理自內出，未有悔而不本于天理者。"莊公雖忍，天理終未能沒。一面寘母，一面自悔。特其蔽錮已久，良心之發，如石火電光，乍明乍昧耳。以黃泉之誓爲患，可知其心術不明。然聞闕地及泉之說從而行之，便有一段融融洩洩、滿目太和光景。設有人焉，告之以至情至性，大啓其良心，彼豈不能負罪引愆于慈母之前哉？世儒皆謂莊公之悔特畏清議，正是老奸險惡處。夫人能畏清議而自悔于心，尚何險惡之有？只看隧而相見後母子如初，莊公事母，尚有以不道聞耶？待考叔恩禮有加，其于母也可知。"悔"之一字，是真是假耶？若謂母子如初，莊公仍然不孝，則是考叔愛母未嘗施及莊公，安得謂之不匱錫類之純孝也？如其説，必武姜老死於城頴而後可，絶人遷善之路，阻人改過之門，皆此等村夫俗子之説有以貽之也。大都耦國，禍亂之本。祭足雖不能以孝友匡君，而云"今京不度，不如早爲之所"，却是正道。使公因其言而裁之以義，導之以禮，段雖驕横，亦必自知斂抑，必無後日之禍，母子兄弟所全實多，而無如公之見不及此也。考叔闕地隧見，未嘗無轉移之功，草草了局，却只在皮毛上敷衍，不能有洗肝滌肺本領，緣他識見粗淺，見得到這地位，便也只説得到這地位，再進一步不能矣。然莊公志在殺弟，即有人爲之羽翼；悔及真母，亦有人爲之開導。長惡救失，各因君心爲轉移。君子、小人，亦隨君心爲進退。吁，其可畏哉！克段之舉，諸儒專責鄭莊，《春秋》于段削去公子，而並不以爲弟者，以其失子弟之道也。且段弟也，人臣也，莊公兄也，人君也。兄不可以不君，弟安可以不臣乎？左氏于居京之後，詳書段之命貳、收邑，繕甲具卒，以及襲鄭之謀，辭繁而不殺者，蓋深惡其蔑視其君爲已甚也。"段不弟"、"如二君"，與鄭伯蓋交譏之。克段，正傳也，置母，餘波也，要緊尤是餘波。莊公而知悔，則天下無不可改之惡矣。"遂爲母子如初"，初者，本始也。天生蒸民，厥有恒性。母無不慈，子無不孝也。"如初"者，復其舊之謂也。孔子曰："君君臣臣父父子子，亦各如其初而已矣。"莊公何足以語此？能改即止，不遽求其全，不遽要其極也。考叔格君，忠焉而謂之孝，爲其能以孝作忠，其忠也，皆其孝也。三綱淪，九法斁，而後《春秋》作，撥亂世，反之正也。不孝者，而能使之孝，母子之恩，不至終絶，此即《春秋》撥亂反正之大義也。（德宜尾）武姜一愛一惡，實釀禍根。文極寫鄭莊險惡，却步步插入姜氏溺愛，太叔僭侈，至同室操戈，幾乎天倫澌滅矣。厥後考叔從一"悔"字撥動，母子如初，勢若轉圜。可見慈孝之性，原未嘗無，特爲物欲所蔽耳，此極有關係文字。篇中離合變化，藏針伏線之妙，亦難以言盡。（《析觀》尾）章禹功曰："鄭莊志欲殺弟，祭仲、子封諸臣皆不得而知。'姜氏欲之'、'焉辟害'、'必自斃'、'子姑待之'、'將自及'、'厚將崩'等語，分明是逆料其必至於此，故雖婉言直諫，一切不聽。迨後乘時迅發，並及於母，是以機施於骨肉，真殘忍之尤。幸良心忽現，又被考叔一番救正，乃得母子如初。故通篇極寫母子三人，卻扯一局外之人讚歎作結。"(《便覽》尾) 此寫武姜溺僻、太叔狂駿、鄭莊狠毒、舉朝懵懂，各一樣寫法，各異樣出色。自"寤生"至"亟請"，只二十餘字，而根株透露。"愛段"句陡接"遂惡"之下，似因惡彼而愈愛此。"欲立"、"亟請"，包括無限事緒。"請制"、"請京"，正與亟請相應。直至"將啓之"，方結武姜案。寫武姜，著公狠毒之由。太叔狂駿，只"命西、北鄙"、"又收貳"兩筆寫完，見如此狂妄，何足計較，乃公必下狠毒手？"使居之，謂之京城太叔"，曰"必自斃"，曰"厚將崩"，曰"將自及"，曰"可矣"，節節算定。至"遂置姜氏"句，方了鄭莊狠毒案。其前偏寫蔡仲、子封迂談正論，若不知公心事者。蓋公心事，不使母弟知，亦不使舉朝知，乃見狠毒之至。厥後悔心之萌，是人性皆善注脚。一篇文字，得此收場，便如淒風冷雨之時，忽見青天白日。讀者、作者皆爲松爽。何必曰怕人以無母罪他，求一出脫哉？芳輯評。(《日知》尾) 三"遂"字作章法，筆筆冷雋，不惟鬚眉若生，抑亦肺肝如見，刻畫至此，造物何以當雕鑴！經譏不友，傳譏不孝，開手提出"欲立之"句，樹幟直至□□□穴。中三段跡若養奸，實則使夫人無可藉口，乃可一網□□耳。闕地之謀，正寫其詐，與中三段是一色人。純孝之贊，直取鄭莊之心頓之芒刃矣，此文家反敲之妙。(盛謨總評) 文分兩段，前段一路趕注"公聞其期，曰可矣"句，用數筆點過題面，文已盡矣。卻又突出"遂寘姜氏"句，側瀉後半，借封人暗作過遞。一轉入"闕地及泉"三句，通體俱靈，而總會全神於"母子如初"四句，方知前段精神雖注"可矣"二字，又側瀉姜氏，而合注神於"母子如初"數句也。左氏此種妙處，未易領取，全待靈眼人覷破。讀到"不及黃泉，無相見也"八字，覺通篇文字，至此俱死。讀到"闕地及泉"數句，覺通篇文字至此頓活。乃知其死處逼活、活處救死，真鬼神於文字者也。先立"愛共叔段"句爲脈，以下文字句句關竅靈通，突出"遂寘姜氏"句爲波，以上文字，句句神情飛動。故中間"請制"、"請京"、"姜氏欲之"、"夫人將啓之"，讀來八面玲瓏。此皆左氏精神處處照管，如天地之無不周通也。聖歎以三"遂"字爲關鎖，亦見讀法。(高嵣眉) 末段讚歎作結，專言母子，不及兄弟，乃使篇旨不雜。一篇骨肉傷殘文字，乃以純孝、愛母作結，文勢脫化。借君子、又引《詩》，有事外遠致，此亦左氏慣伎，卻爲後來論贊所本。(高嵣尾) 俞桐川曰："通篇極形鄭伯之奸，鄭伯之忍。其奸且忍，直欲置其弟于死而後快，皆姜之愛段惡莊致之也。'請立'、'請制'、'請京'，姜之于段，全是熱心相待。'焉辟害'、'自斃'、'將自及'、'厚將崩'，鄭伯之于段，全是冷眼相看。直至'公聞其期，曰可矣'七字，方知鄭伯多少静聽，皆所以養段之惡。而姜氏多少溺愛，皆所以釀段之禍也。制小而險，公便勿與。京大而夷，公即與之。名爲愛弟，實則愚弟。説'將襲鄭'，見段之輕舉妄動。説'聞其期'，見鄭伯之嚴防密伺。忙中插入'夫人將啓之'五字，又見當日舞文周内，母、弟一網打盡。説'京叛大叔'，見段之不得衆也。説'公伐諸鄢'，見鄭伯之不肯逸賊也。如此看來，乃知姜氏、叔段，久在鄭伯掌握，欲生即生之，欲死即死之耳。敘過書法，急接'遂寘姜氏'句，殺弟殺母，間不容髮。黃泉一誓，恩義盡絶。方把鄭伯忍心害理之狀，寫得淋漓盡致矣。然鄭伯是極奸之人，既絶其母，又畏人言，悔之一轉，是其奸謀愈深處，非良心漸露處。故考叔一言，而母子如初。左氏贊考叔，不贊鄭伯，正以誅賊子於千古耳。古人敘一則文字，必將各人神情勘透，曲曲摹寫，然恒以一人爲主。此文專主鄭伯，而姜氏之愚，叔段之妄，祭仲等之過慮，潁考叔之化導，皆從旁襯托。非左氏，誰有此入神之筆乎？敘事議論，相錯成文，古文妙境，然亦有體。此篇'出奔'以前，是敘正文。'遂寘'以下，是補敘後事。則書法自應閒於其中，非有意淩亂也。"（《自怡軒》尾）敘事有原本，有餘波，有正主。武姜之偏愛，此原本也。考叔之格君，此餘波也。其正主全在"鄭志"句，上文"姑待"、"勿庸"、"將崩"三段，俱爲此句蓄勢。放得愈寬，收得愈緊也。鄭莊志在殺弟，不知有母。賴有悔心之萌，故考叔得以打動。足見天理之在人心，雖大奸未嘗亡也。後半以"悔"字作主，"闕地"之説，亦納約自牖之一術。蔣覺周。叔段處處愚，莊公着着狠。姜氏委曲周旋，總不出莊公所算之中，賴潁考叔一言，方得全母子之恩。曲折揣摩，得失自見。許穆堂。（王系尾）此篇十二段，分作三層看。"厚將崩"以上爲一層，是追敘。"遂寘姜氏"以下爲一層，是連敘。中間二段爲一層，是正文。追敘、連敘之文多於正文者，不追敘其原，則"鄭志"無始。不連敘其委，則"鄭志"無終。論事則兩頭實，中間虛。論文則兩頭虛，中間實也。一篇大文，只是發揮"鄭志"二字。（武億尾）通篇以鄭莊爲主，寫武姜偏溺，寫太叔狂駸，寫舉朝憒憒，定則尚寫鄭莊狠毒也。各一樣寫法，各異樣出色。"奔共"下本可直接"城潁"，卻嫌文無淳湢，又鄭莊怨母深于怨弟，若

隱公元年

一連敘去，不見賓主，故將書法隔斷。先安放太叔已畢，然後抽出重筆另寫他處。"置其母"一段公案，以發洩起處一惡三請無數宿恨，此段落最分明、最筋節處。"語故、告悔"八個字，何等簡括！後攝敘賦《詩》，筆意正同。此前詳後略之法。起處母子各各樹敵，末路兩兩對收，又前散後整之法。（方宗誠眉）論贊法，《史記》"太史公曰"本此。篇末止贊穎考叔一人，而莊公之不孝，祭仲、公子呂之助惡，皆可以反照，神氣完固，含毫渺然。（《學餘》尾）左氏敘事多從細微瑣屑處起，是為神品。蓋天下大事，無不從細微瑣屑處起，君子所以慎厥初也。一結尤有意外巧妙，蓋母之偏愛，適以禍子。兄弟爭國，遂貽五世之亂。臣下陰謀辣手，非所以處人骨肉之間。鄭之足稱者，惟潁谷封人耳。"君子曰"數語，可以翼書法而行，左氏為《春秋》素臣，信夫！（《菁華》尾）莊公雄鷙多智，不特姜與叔段在其術中，並能臣祭仲、公子呂輩，亦莫測其所為。觀其論虢叔之死，儼然為謀甚忠，娓娓可聽。使無他日之事，不謂之仁愛之言，不可也。"可矣"二字，具見莊公平日沈幾觀變，至是乃奮然而起。古人作文，一句可作數十句用，此種最不可及。段素得民心，觀《叔于田》一詩可見，至此而民叛之。蓋莊無失道，而段謀奪其位，人人知其無成，而不為之用也。莊公既逐其母，事後而悔，必有流露於詞意之間，穎考叔乘其機而導之，故言之易入如此。穎考叔之諫莊公，動之以情。茅焦之諫始皇，劫之以勢。事雖相似，而意自不同。融融洩洩數句，摹寫盡致，實具畫家傳神之筆。左氏每自立論議，輒以"君子曰"三字發之，後人作史，如史臣曰、史官曰、論曰、贊曰、評曰之類，皆沿此例。（閩生夾）宗堯云："稱考叔以詠歎出之，其刺鄭莊深矣。"閩生案：此詭激譎宕之文也，明謂鄭莊不孝耳，却吞吐其詞，不肯徑出，故文特婉妙。范彥殊云："不容其弟，反以'錫類'稱之，正深刺之也。"

　　秋七月，天王使宰咺來歸惠公、仲子之賵。緩，且子氏未薨，故名。（《測義》夾）季本："咺，小臣，攝冢宰以行，故從王命辭而稱名。觀今之使外國者，假一品服色以重其事，則此容或有之。若以為《春秋》特貶而書名，當時不以名來，便訪問其名而書之於策，恐聖人不如此也。"（閩生夾）先大夫評曰："此等迂曲之說，決非左氏之手。"今案：凡《左傳》中解釋經文者，大率皆後之經師之所附益，讀者不可不知也。天子七月而葬，同軌畢至；（《評林》眉）按：同軌謂中國諸侯，以見四夷不容來弔。方岳，四方各有岳。《尚書·周官》曰"王乃時巡"云云，諸侯各朝于方岳，孔《疏》可考。**諸侯五月，同盟至；大夫三月，同位至；士踰月，外姻至。**（《評林》眉）按：《禮·王制》云："大夫、士、庶人三日而殯，三月而葬。"孔《疏》云："大夫除死月爲三月，士數死月爲三月。"正是踰越一月，故言踰月耳。**贈死不及尸，弔生不及哀，豫凶事，非禮也。**（《測義》夾）朱子曰："仲子未死而來歸其賵，蓋天子正以此厚魯，古人卻不諱死，即今人造生棺生墓，亦何嘗諱死耶？"趙汸："惠公失禮，再娶仲子，蓋嘗假寵于王命以爲夫人，故王室知有仲子。仲子得與惠公並稱，蓋王室已嘗名之曰魯夫人也，然失禮甚矣。"（鍾惺眉）豈惟非禮，然是左氏文章深厚處，後人便要説得痛快。（韓范夾）數語已備喪禮，覺徐勉之爲煩。（《左繡》眉）兩事雙提，而論有詳略。然于仲子前有五字，後只三字。于惠公，前只一字，後卻整對十字。詳者反略，略者反詳，于意尤不測。前斷後解，都兩項開説。中引禮，反十二句，卻兩邊合説。對惠公，則于禮太遲。對仲子，則于禮太早。此即後人拈一説而反復兩用之法。（《左傳翼》尾）天王歸賵，左氏以爲兩事，諸儒非之，謂："仲子未卒，天王豈肯歸之賵？此必仲子死而歸之耳。仲子而係之惠公，以見仲子爲惠公之妾，非夫人也。"以天王之尊，下賵諸侯之妾，亂倫已極。咺爲塚宰，不能救正，而承命以行，失大臣之道，故貶而書名。左氏不考乎諸侯不再娶之禮，不責其賵魯妾媵，獨以"豫凶事"爲説，固爲失之。諸儒謂不當賵妾，則但稱仲子已足，何必更加惠公以致詞費？不知不稱夫人而但言仲子，則焉知爲何人？故必繫以惠公而義始明。特此賵之來，或因是年冬十月改葬惠公而兼爲之賵，恐是兩事亦未可定。引古禮，見葬有常期，不可緩亦不可豫，勿因語有詳略，遂偏重惠公一邊也。仲子爲惠公妾，與僖母成風一類。經於成風薨，則書夫人，于仲子卒，直削之者，以隱讓而桓弒，所以深惡桓也。仲子不死，則賵不歸，而後此仲子之宮何以考？乃于歸賵、考宮但云仲子而不云夫人，不許其爲夫人也。書隱夫人子氏薨，仲子卒不書，但於歸賵內隱含一卒字，此皆聖人特筆也。以此推之，而《公羊》子以母貴之説，其誣甚也。左氏以十有二月，夫人子氏薨爲桓母。夫仲子，子氏也，聲子亦子氏也。泛言子氏，何以知其爲桓母？且桓未爲君，其母不應稱夫人。經文始終止稱仲子，則"夫人子氏"，其爲隱夫人而非仲子明矣。不稱桓母爲夫人，見桓之不當立也。稱隱妻爲夫人，見隱之成爲君也。此諸儒所以從《穀梁》而不從左氏也。（《補義》眉）前段敘事後即斷即解，已括大意，下乃詳言之，開文家無數法門。汪云："'非禮也'總收。"（高嶰尾）數典明核。仲子，惠公之妾，桓公之母。曰"惠公仲子"，謂惠公之仲子，妾稱也。左氏以仲子爲未死，以下年夫人子氏薨，遂以仲子爲隱妻，故以爲豫凶事。天下有人未死而先歸賵者乎？先儒駁之極是。《穀梁傳》曰："禮，賵人之母則可，賵人之妾則不可。"乘馬曰賵，衣衾曰襚，貝玉曰含，錢財曰賻。三年傳曰："歸死者曰賵，歸生者曰賻。"（《評林》眉）《補注》："'豫凶事'，說者多疑傳妄。朱子曰：'古人不諱凶事，如國君即位爲椑之類。'"（王系尾）爲國以禮，王有短垣而自踰之，何以刑諸侯哉？周之衰也，若魚爛也。開手提出"天王"二字，何等尊嚴！結到"非禮"二字，慨歎深矣！（方宗誠眉）說經體。本文止須"諸侯七月"一句已足，而兼引天子、大夫、士之禮，文義乃有包羅，文筆乃能橫肆，文境局勢乃能開展。（《學餘》尾）三傳解經，左氏爲不鑿，然不無可議處，若此傳則先代典物嚴且明矣。嗚呼！先時、不及時，天王猶貽萬世之譏，況其下焉者乎！（閩生夾）劉宗堯云："以下至'公命以字爲展氏'，均係數典禮之事，與後世《通考》體例相近。此于隱公攝位時記其典禮也。"

八月，紀人伐夷。夷不告，故不書。（《評林》眉）《補注》："'秋八月，紀人伐夷，夷不告，故不書'，夫子筆削是據策書所有，所無者不復論。杜氏援隱十一年、莊二十九年傳例爲證，已得其旨。陳氏誤以左氏不書之例爲筆削之法，因謂左氏所記皆爲魯史舊文，其不見于經者，悉夫子所削，遂疑隱十一年傳例爲後人依倣。既非經旨，亦失傳意。《後傳》之弊在此，由不知述作本原故也。"按："故不書"，《注》："凡諸侯有命，則謂國之大事，政令、土功、作事之類。"

有蜚。不爲災，亦不書。（《左繡》眉）事不類而連敘，蓋以兩"不書"相對爲章法。（《評林》眉）啖助："'亦不書'，《春秋》紀異多矣，何必爲災乃書？"（王系尾）此篇是兩扇文字。"故"字、"亦"字作章法。其事經文所不書，而傳明其不書之故，以發《春秋》之例。不補而補，補而不補，補法之妙也。

惠公之季年，敗宋師于黃。（《左繡》眉）傳於春秋之末，記悼之四年。于春秋之始，記惠之季年。見世系之源流，亦所以攬一書之顛末，蓋全部一大照應也。**公立而求成焉。九月，及宋人盟於宿，**

始通也。(《左傳翼》尾)君子屢盟，亂是用長，盟非《春秋》所貴也。惠公與宋交兵，公立而釋怨通好，講信脩睦之道，聖王所不廢。但謂公立而求成，高氏閌遂謂："桓，宋出也，隱公懼宋，故與宋合。"然則隱之攝，將平國而反之桓，殆不可信耶？人者何？微詞也。不稱公者，葉氏夢得以爲："凡公與微者盟，無事而屈之，則見公以示貶。有爲而求之，則沒公以殺恥。"似猶有高氏之疑。惟卓氏爾康則謂："宋以微者來，輕公，故諱公。"與趙氏"諱與大夫盟"同，得《穀梁》內卑外卑之旨也。(王系尾)此篇直敘，而筆勢極曲折。左氏小篇，其結撰之法，飛動之意，皆與大篇不殊。讀者自求之，不盡言也。

　　冬十月庚申，改葬惠公。公弗臨，故不書。惠公之薨也，有宋師，太子少，葬故有闕，是以改葬。(《評林》眉)《補注》："'太子少'，傳見惠公在時，桓公已稱太子。"王荊石："'葬故'，猶葬事。"(閭生夾)隱雖居攝而猶奉桓公爲太子，此"太子少"三字乃探隱公之意而言之。衛侯來會葬，不見公，亦不書。(《左繡》眉)改葬、會葬，兩事相因而連敘。此兩"不書"，又以斷包敘，首尾相應爲章法。前聞改葬而來賵，此榮歸賵而改葬，皆不可知矣。(《左傳翼》尾)喪三日而殯，凡附於身者，必誠必信，勿之有悔焉耳矣。喪三月而葬，凡附於棺者，必誠必信，勿之有悔焉耳矣。卿大夫且然，而況國君？隱既攝位矣，儼然人君，雖有宋師，太子即少，葬安得苟且，以貽後悔耶？既以葬有闕而改葬，仍然弗臨，衛侯來會，且不之見，然則改葬何爲焉？知不仍有闕耶？此等大事，以太子少而致有闕，則其所攝者，果何事耶？此皆桓之子孫誣以公不孝之罪，見其當弒，後遂承誤踵訛，以爲實然。左氏左隱而右桓，于"太子少"一語，尤爲明白。世儒皆謂篇首書法，隱爲桓罪，似不然也。(《補義》眉)中點"太子"二字，是承"隱公立而奉之"來。(《評林》眉)《補注》："'衛侯來會葬，不見公，亦不書'，'弗臨'、'改葬'、'不見衛侯'，傳因見隱攝之實。"李笠翁："葬，重事也，以攝位故，遂不哭臨爲喪主，何厚於生弟、薄於死父哉！隱於父子兄弟間悖矣！"(王系尾)此篇三層敘，一層敘不書改葬之故，一層敘改葬之故，一層敘不書會葬之故。其實改葬、會葬是二事，分作三層，便錯落，便與八月傳不同。

　　鄭共叔之亂，公孫滑出奔衛。(《評林》眉)《補注》："公孫滑出奔，凡賤者奔，史不書。魯史之法，大夫非卿，名氏不登于策。《穀梁》謂之卑者，《公羊》謂之微者。公子尊與卿等，公孫降於公子，與微者同。"衛人爲之伐鄭，取廩延。鄭人以王師、虢師伐衛南鄙。請師於邾，邾子使私于公子豫。豫請往，公弗許，遂行。及邾人、鄭人盟於翼。不書，非公命也。（《左繡》眉）因奔衛而伐鄭，因伐鄭而伐衛，此是原敘許多層折。因使私而請往，因弗許而遂行，此是正敘許多層折。中間卻以"請師於邾"四字作上下關梞，用筆最簡而圓也。前"弗臨"、"不見"，注在兩"不書"之上。此"非公命"，注在兩"不書"之下，只一倒便別。（《左傳翼》尾）此篇以盟翼爲正敘，上面曲曲折折許多層次，都是原敘。因奔衛而伐鄭，而伐衛，而請邾，而私豫，而請往，而遂行，一路遞串，筆簡而净。左氏敘此，總見公爲攝位，衆不用命。而前此"費伯城郎"，及繼此"新作南門"，俱非公命，皆此意也。春秋之始，政尚未在大夫，而專擅若此，可知公以攝而不能行令，魯人以攝而不用命，不待翚帥師而已兆鍾巫之禍也。魯人無君若此，此《春秋》所以托始於隱乎？（《補義》眉）衛黨公孫而伐鄭，鄭役王師而報伐，請邾牽魯，層折頗多，俱以簡筆出之，結云"非公命"，早爲鍾巫之兆。

新作南門。不書，亦非公命也。（《左繡》眉）章斷而意連，亦一敘事法。（《評林》眉）趙汸："'亦非公命'，傳三發'非公命'及'公子翚固請會師'，見隱攝位之初，諸大夫不知稟畏。"繼按："三發"，併費伯帥師城郎而三之，杜注或作二見者，誤也，挍數本皆作三。（王系尾）宰咺名，而周室之衰見矣。大夫專，而魯國之衰見矣。《左傳》周爲綱，魯爲主，二篇是傳中提挈處。

十二月，祭伯來，非王命也。（《左繡》眉）"非公命"、"非王命"，比類而觀，周、魯所以同歸於弱也。（《評林》眉）《傳說彙纂》："祭伯書來，諸傳皆以爲朝，《公羊》獨以爲奔。祭伯書伯，諸傳皆以爲爵，《公羊》獨以爲字。當以《左傳》爲是。不書來朝，《穀梁》謂不正其外交，諸儒多因之。程子謂諸侯不行覲禮，王不能治，而祭伯反與之交，其持議尤正。"

衆父卒。公不與小斂，故不書日。（《測義》夾）愚按：國累有大事，而非公命，或不與侍，因見隱攝之實。（《左繡》眉）上節省"不稱使"句，此節則綴"日"字於"不書"之下，皆敘法之變文。左氏筆法不但一篇之中屢變不犯，即各自成章，苟連類而及，亦必小作分別，煞甚細心。（《評林》眉）程頤："'衆父卒'，或日或不日，因舊史也。古之史記事簡略，日月或不備，《春秋》因舊史，有可損而不能益也。"（闓生夾）歷記公之不敢當位，以明公居攝之志，而深雪其見弒之冤也。

◇隱公二年

【經】二年春，公會戎於潛。（《評林》眉）孫復："諸侯非有天子之事，不得出會諸侯，凡書會，皆惡之也。"夏五月，莒人入向。（《測義》夾）愚按：《春秋》惟書"人"字義例不同，有寡而稱者，有衆而稱者，有微而稱者，有貶而稱者，有諱而稱者，讀者當隨事而觀，以求其意，勿泥焉可也。無駭帥師入極。秋八月庚辰，公及戎盟于唐。（《評林》眉）家鉉翁："胡氏曰：'書日，謹之也。'愚謂書日、不書日，不皆褒貶所繫。"九月，紀裂繻來逆女。冬十月，伯姬歸於紀。紀子帛、莒子盟於密。（《測義》夾）愚按：杜預氏註子帛即裂繻字，果爾，則《春秋》前書名，後書字，何所區別于其間耶？或謂紀本矦爵，當是"矦"字之誤，或疑"帛"字爲"及"字、"與"字之誤，或謂此闕文也，當云"紀矦、某伯、莒子盟于密"，諸說皆無所考，闕疑焉可也。（《評林》眉）程頤："紀子帛，闕文也。當云'紀侯、某伯、莒子盟于密。'左氏附會作帛，杜預以爲裂繻之字，《春秋》無大夫在諸侯上者，《公羊》、《穀梁》皆作伯。"十有二月乙卯，夫人子氏薨。（《測義》夾）愚按：夫人子氏薨，杜預氏以爲仲子，若果仲子，何以元年歸賵，五年考宫，經文直說其名曰仲子之賵、仲子之宫，而于此乃始稱夫人，豈其自相矛盾耶？《穀梁》又以爲隱公夫人，夫子氏既稱夫人，隱公則非攝矣。《公羊》又以爲隱公之母，何以不書葬？子將不終爲君，故母亦不終爲夫人。噫！經文明書爲夫人子氏卒，又不終爲夫人耶？程子從《穀梁》，胡氏因之，愚謂諸說皆無所考，闕疑焉可也。（《評林》眉）《傳說彙纂》："子氏薨，三傳互異，左氏以爲桓母，《公羊》爲隱母，惟《穀梁》以爲隱妻，義爲長，故程子及胡《傳》皆從之。"鄭人伐衛。

【傳】二年春，公會戎于潛，修惠公之好也。戎請盟，公辭。(《測義》夾)愚按：隱公即位，不朝天王，不聘諸侯，而首與戎會，孔子特筆書之，雖不加貶斥，其失自見。而左氏以爲修惠公之好，恐非其旨。即惠公有舊好，其庸修之耶？(《評林》眉)李九我："徐州之戎蓋與魯壤接，惠公與交，非矣。公攝位，何不聞朝王室、聘方伯，而乃爲戎之會哉？所謂幹蠱之道失之。"

莒子娶于向，向姜不安莒而歸。夏，莒人入向，以姜氏還。(《左繡》眉)瑣事經其筆輒復蘊藉。莒人入向，即以點經爲敘事，筆法輕妙。(王系尾)此篇是莒人入向傳，凡二十一字，而與鄭伯克段篇同一結構法。前二句是追敘，末一句是連敘，中二句是正敘。作彼不覺冗，作此不覺淡，是善作人。讀彼不覺長，讀此不覺短，便是善讀人。

司空無駭入極，費庈父勝之。(王系尾)此篇文僅二句，而勢極飛動，有唱歎之音，與先年費伯城郎傳相應。凡傳中呼應處，或隔時，或隔年，或隔世、隔卷，皆是文章血脈，所以強固筋節，發越精彩，史家要訣也。

戎請盟。秋，盟于唐，復修戎好也。(《左繡》眉)起得突，作意對會潛節，下筆順逆轉換，固其所長。(美中尾)何義門曰："傷天下之無王也。桓、文不作，天下其將左衽矣。"

九月，紀裂繻來逆女，卿爲君逆也。

冬，紀子帛、莒子盟于密，魯故也。

鄭人伐衛，討公孫滑之亂也。(《測義》夾)趙鵬飛氏曰："管、蔡之亂，周公誅其父而錄其子，鄭莊克其弟而不字其子，又加兵於衛。"(《左繡》眉)此年凡傳七事，皆係小文。前三節不用虛字，後四節都用"也"字，合而讀之，蓋自有筆意在也。(王系尾)以上三篇，各用一二語釋經，如聞棋子落枰聲。或疏或密，丁丁然不必盡同，不必盡不同，而自然入妙。此年十月，伯姬歸紀，十二月夫人子氏薨，傳皆不敘，所謂裁其所可裁也。裁補之法，後皆倣此。

◇隱公三年

【經】三年春王二月，己巳，日有食之。(《測義》夾)愚按：《春秋》或書日，或書朔，或書日不書朔，或書朔不書日，或日朔皆書，或曰朔皆不書，或書日有食之既，此皆史官失之詳略，仲尼因之，無所加損，非有異義也。（《評林》眉）鄭玉曰："不曰'日食'，而曰'日有食之'，'有'者，自外至之詞也。"三月庚戌，天王崩。（《評林》眉）胡寧："天子崩而不名，諸侯薨而名，所以列于天子也。諸侯生而不名，大夫生而名，所以列于諸侯也。大夫書名，微者書氏，不登于史冊，而所以列于大夫也。此《春秋》正名分之法也。"夏四月辛卯，君氏卒。秋，武氏子來求賻。（《測義》夾）愚按：凡書求賻、求車、求金，皆以誅諸侯不貢，而天下無王也。八月庚辰，宋公和卒。冬十有二月，齊侯、鄭伯盟于石門。（《測義》夾）陳傅良氏曰："外特相盟不書，必關於天下之故而後書。莒、紀無足道也，齊、鄭合而天下始多故矣，是故書'齊、鄭盟石門'，以志諸侯之合。書'齊、鄭盟于鹹'，以志諸侯之散，是《春秋》之終始也。"癸未，葬宋穆公。

【傳】三年春，王三月壬戌，平王崩，赴以庚戌，故書之。（《左繡》眉）與甲戌、己丑兩赴陳侯，相似而不同。（《評林》眉）劉敞："經書遠日者，即傳其偽以懲臣子之過。"非也。赴以庚戌，史官自當書庚戌，聖人雖欲遷正，亦不可得，豈故傳其偽者乎？

夏，君氏卒，聲子也。（《評林》眉）《補注》："盟會戰伐，經書月日，傳每略之。不書月日者，傳則詳之，意在互文相備。"馬端臨："《公》、《穀》經文'尹氏卒'，則以為'師尹，周之卿士'。然則夫子所書'夏四月辛卯卒'者，竟為何人乎？是皆疑而不敢定也。"湛若水："由此可見《春秋》之書，皆因魯史之文，魯史之文，皆因列國之赴告，而諸儒拘拘，謂聖人一字之褒貶，此不足以得聖人心。"不赴于諸侯，不反哭于寢，不祔于姑，故不曰薨。不稱夫人，故不言葬。不書姓，為公故，曰"君氏"。（《測義》夾）愚按：《春秋》未有改姓以見義者，如定十五年書姒氏卒，姒氏非夫人，亦未嘗以君故改其姓也，君氏之義未安。然諸家以為尹氏者，又未有據。愚謂左氏近古，據史為傳，豈得改尹為君？恐且當從左氏。（韓范夾）連用七"不"字，如巒巒層嶺，轉景變勢，處處改觀。（《左繡》眉）經只三字，卻作兩層解。先解"卒"字，後解"君氏"，然以"君氏"為重，此書法之最變者。看起手將"聲子也"提明，中間指破"不稱夫人"，而末以"曰君氏"作歸結，意可知已。"為公故"三字，承上"不書姓"，起下"曰君氏"，乃插注法，用筆最簡而變也。(《左傳翼》尾) 不赴不祔則爲不成喪，故死不稱夫人薨，葬不言葬我小君某氏。反哭則書葬，不反哭則不書葬，此皆公於母不敢備禮，不敢當正夫人也。隱母繼室，桓母再娶，同一妾媵，隱於己母貶抑而尊崇桓母，而桓猶弒之，則桓之惡益著。先解"卒"字，後解"君氏"，與鄭伯蘭卒篇同一機軸，但彼順此逆，彼詳此略，又各不同耳。《公》、《穀》皆以尹氏爲天子之大夫，夫官人以世，夏、商之亂政。周既失道，官以世繼，不獨尹氏矣，何獨于尹氏而譏之？且卒必書名，當如劉卷之類，不應泛泛稱氏，似舉族皆死之文。《疑參》謂："尹氏，鄭大夫，公嘗被囚於其家。公賂尹氏，禱于其主鍾巫，遂于尹氏歸，至是年卒。公感其德，與小斂，故書日以卒之。"不知此公之私情，非天下之公義，魯史即書，夫子必從而削之，豈使濫廁于簡牘乎？《春秋》無改姓之文，定十五年，姒氏卒，姒氏非夫人，亦未嘗因君改姓，左氏特於聲子稱君氏者，以見聲子不得與仲子比，而明仲子之爲魯夫人耳。(《補義》眉)"聲子也"一順，猶云此隱公母也。"爲公故，稱君氏"，亦爲仲子故，禮皆闕。爲仲子，爲桓公也，公一段苦衷如見。(《評林》眉)《補注》："君氏者，攝女君之稱，此特筆也。"(王系尾) 改葬而弗臨，喪母而不赴、不祔、不稱夫人，隱之讓如此，而不能不攝也，富貴之際，使人深歎。(閩生夾) 先大夫評曰："吾疑左氏凡空釋經詞無事實者，皆後之經師妄增之。如此經'君氏'，自是漢時傳經之誤文，豈左氏親承素王筆削時所有乎？"今案：先大夫以"君氏"之稱殊爲不典，不如二《傳》作"尹氏"爲順，故不信此文。惟此篇歷記公之不敢當位，以伸公居攝之志而深明見弒之冤。改葬弗臨，會葬不見，不與小斂，及此"不赴諸侯"、"不反哭於寢"、"不祔于姑"、"不稱夫人"、"不書姓"，皆一氣奔注而下。疑此章或本左氏原文如此，獨"聲子也"三字釋經之辭，爲後之經師所追加耳。

鄭武公、莊公爲平王卿士。(《左繡》眉) 克段篇是原敘法，此篇是正敘法。同以君子作斷，前篇案多而斷少；此篇案簡而斷詳，各成一局，此又其大凡矣。起句名分秩然，後並稱"二國"，則《黍離》降爲《國風》之意耳。雖以周、鄭並稱，卻以王爲主，君君而臣臣也。看"王貳于虢"、"王曰無之"等句可見。(《補義》眉) 補出武公，見鄭伯世篤忠貞，莊詎可不類？曰"平王卿士"，君臣之分凜然。汪云："'信不由中'一語斷定，以下只用反筆透寫。"史雪汀曰："四語板對，卻是嗍尾順接。"(高嵣眉)前半敘事,"貳"、"怨"俱從心上看出,爲"信不由中"立案。(方宗誠眉)論辯體。此篇文筆有色澤,而歸咎周王,不罪鄭莊,尚非正誼明道之論。(《學餘》眉)莊公無親無君,君子蓋羞言之,故僅從失信立論也。易鳴鼓聲罪爲出入諷議,正復婉而多風。其變風、變雅之遺耶?(闓生夾)此篇以鄭莊之不臣爲主,惜王綱之始墮也。**王貳於虢,**(聖歎夾)鄭始封爲桓公友,屬王之子,而宣王之母弟也。相宣王爲司徒,受封于滎陽,至是凡三世矣。而武公、莊公,猶相繼入爲司徒,既世秉重權,又吾跡莊公前後行事,必多不堪于平王者,於是而有王貳於虢之事。貳,副也。莊公爲司徒,而又分其任於西虢公也。君子以爲平王於是乎失天子之體矣,天子置公、孤、百執之臣,惟進退黜陟之自柄,其誰敢因而奸之者?司徒將納民於親遜者也,鄭之祖父而既世之矣,彼莊公者,無壞厥職,則王可以無貳於虢。鄭伯而將陵于天子,王則直以政畀西虢,而退鄭伯,使致其卿,甚且削其封焉,無不可者。如之何私置其副於虢而已也?下左氏一則曰"要之以禮",一則曰"行之以禮",全責王之不能進退于鄭莊也。秀才讀此篇,多遺平王而惡鄭莊。更不文者,乃至並惡周鄭,皆有之。故中間凡遇"信"字,"明恕"字,"禮"字,"明信"字,"忠信"字,悉不知落處,殊不曉此文乃獨責平王之醉,若鄭莊之惡,則固附見於文外者也。此事全從鄭莊起,又上連武公者,因莊之不堪,而疑及世柄國政,則不得不遂連之爲醉也。更不連及桓公者,始受封之人,則必周之所信也。只篇初"武公、莊公"四字,便有如許丘壑,左氏何可易讀?連武公謂之添一人,因添此一人,又謂之減一人,奇絕之筆。**鄭伯怨王。王曰:"無之。"故周、鄭交質。**(《約編》眉)交質是敵國之事,天子而下同于與國,則屢弱不振甚矣。故周、鄭並稱,下即言"二國",左氏之微文也。(闓生夾)"周鄭交質"、"周鄭交惡",皆作者特創此等名詞,不待詞畢,而天王下威,鄭伯不王,種種情事,固已畢露。**王子狐爲質于鄭,鄭公子忽爲質于周。**(聖歎夾)跡前後鄭伯之事,其惡從來通天,怨王何足又道?左氏正責平王之曰"無之"也。只用二字枝梧,全似小兒畏撲光景。通篇"君子曰"全從此句立斷,"無之"二字,是通篇所罵不信。"王曰無之"四字,是通篇所罵不能"要之以禮",故知此句爲通篇之案。須知當時王曰"無之",鄭伯便接口曰:"吾亦只願王無之。但自今以往,須與吾質。"故接下便有交質之事。鄭伯又狠愎,又奸猾,寫得便如明鏡。然只是不足道,吾獨惡平王之不能要之以禮，而遂與之爲質也。頗有秀才譏交質句，平書周鄭，爲左氏之無辨。殊不知左氏乃特地用如此筆，平書鄭于周，以惡莊公。平書周于鄭，以羞平王也。先書王出質，而後書鄭出質者，明是鄭伯偪王立質畢，而後聊以公子忽之也。然鄭伯不足道，獨惡平王以天子而反先與人質也。"王子狐"二句，是注"交質"一句，爲但言交質，猶未明周之先行質也，故又詳言之。下文卻又因"王子"、"公子"四字，便生出"澗溪沼沚"四句妙文來。吾嘗言行文入妙時，只是溪廻山變，又謂之月來成影。韓昌黎一生作序，只用者個秘訣。歎蘇軾先有成竹於胸，爲極天苦事也。（《快筆》夾）此一段是敘周平王與鄭伯交質之始末也，曷爲而交質也？推原其始，鄭自武公以及莊公，父子相繼爲周平王卿士，秉執周政。當武公執政時，猶相安於無事。至莊公而威柄日盛，王竊畏之。時虢公亦仕王朝，平王欲進虢公而不敢進，欲退莊公而不敢退，乃私分貳於虢，而不專任莊公。莊公知之，忿然怨王。夫以臣而怨王，無君甚矣。於是左氏依《春秋》書法，變文而書曰"鄭伯怨王"。斯時天子弱，鄭伯強，平王不敢寔認分政於虢之事，乃諱言曰吾無此意。鄭伯不能深信，因彼此各以其子爲質焉，以圖苟安于一時也。**王崩，周人將畀虢公政。四月，**（聖歎夾）可以畀鄭，亦可以畀虢，而特書"王崩"下者，王固不敢，周人其未可知也。故書曰"將畀"，蓋是畀不畀未可知之辭。乃鄭伯則固已深察周人之積憤於己，必不復令輔于新王，於是周之畀虢與否，即尚未決，而王以三月崩，足以四月寇。書"四月"，言其疾也。**鄭祭足帥師取溫之麥。秋，又取成周之禾。**（聖歎夾）周之四月，夏二月也，麥尚未成，今言取，蓋是帥師拔掘踐踏之也。寫鄭莊之惡，不惟無君，直是異樣慘毒，人法界中無此事。又書"溫"、書"成周"者，四月猶溫，秋則徑入成周，其惡日更肆也。夫徑入成周，則與擿君之袖而抽刃臨之，又何以異？故左氏不概書周之麥、周之禾，而必先別之爲溫，而後遂書成周者，所以著鄭莊之窮兇極惡也。"秋"字下便省"祭仲又帥師"五字。（文淵夾）以小國而取，侵淩王室，此《春秋》之所以作也。**周、鄭交惡。**（聖歎夾）敘事畢，看他章法之妙。"交質"句，便先書後注。"交惡"句，便先注後書。先書曰"周鄭交質"，注之曰"王子狐爲質于鄭，鄭公子忽爲質于周"，便見交質全是平王無禮。先注曰："周人將畀虢公政。"鄭祭足帥師取麥與禾。書之曰"周鄭交惡。"便見交惡全是鄭莊無禮。然鄭莊何足責？痛平王之不能以禮馭臣而爲禍極烈也。只看一章敘事以周鄭交質始、以周鄭交惡終可見。（《快筆》夾）此一段是敘周鄭交惡之失禮也。蓋欲畀政虢公，平王本意也。交質之事，平王不得已也。至是平王崩，周之臣民，遂推平王本意，將復畀虢公以政。鄭伯怨周人負約，命祭仲帥師，夏既取麥，秋又取禾，侵略不已。自此周鄭交質者而交惡矣。（《左繡》眉）交質先提而後敘，交惡先敘而後結，分在中間，合在兩頭，一順一逆，運用尤佳。（《約編》眉）取禾、取麥，見鄭之不臣，斷案已定。下只言質之無益，此脫換法。

君子曰："信不由中，質無益也。（孫鑛眉）不辨名分，却只論質之無益，昔人所駁良是。（聖歎夾）已下凡四段，第一段一口喝倒"質"。第二段宛轉商量不用質。第三段應上第二段，宛轉商量質。第四段應上第一段，一口喝倒不用質。末便輕輕引《詩》結之，章法極其整練，却又參差駘宕之極。此第一段正喝平王之質非也。（《評林》眉）《補注》："凡傳中所引'君子曰'云者，義皆膚淺，與其序事之精如出二手。蓋其序事精鑿者，皆史志成文，而斷論則左氏之陋見也。杜注每曲爲之義，後儒併其事實一切疑之，則又過矣。"明恕而行，要之以禮，雖無有質，誰能間之？（聖歎夾）明恕則不疑鄭而貳於虢也，至於疑之而既貳於虢矣，即當要之於禮，辨上下，定物志，彼鄭伯其安敢上陵而至於行怨乎？間，隙也。不與人以隙也。此第二段正教平王應用禮，不應用質也。（《左繡》眉）開口一句斷煞，以下只用反筆透寫，此對面冷刺法。中數語是即小見大法，虛筆作領，實筆作排，引證作掉，一意翻作三層說，無一字粘煞"質"上，只用蜻蜓點水法，一點一點，真空靈排宕之文。苟有明信，澗谿沼沚之毛，蘋蘩蘊藻之菜，筐筥錡釜之器，潢汙行潦之水，可薦于鬼神，可羞于王公，而況君子結二國之信，（聖歎夾）一往望之，見許多"澗谿沼沚"、"蘋蘩蘊藻"、"筐筥錡釜"、"潢汙行潦"字，只道何其癡重。及細尋之，乃知只從上文"王子狐"、"公子忽"字翻剔出來，空靈揮灑，真行文未有之樂也。此猶曰："明則信，信則至微賤之人，操至微賤之物，亦可以仰告鬼神而上通王公，而況平王以天子之尊，不過下結二國之信，何至遂用王子爲之質？"二國者，王國、鄭國，固得同稱國也。此第三段承上第二段言，即用質亦不至用王子狐也。（闡生夾）"二國"句尤妙，周、鄭既以等夷相待，故作者亦止可以"二國"目之，此所謂微文諷刺也。行之以禮，又焉用質？（孫鑛眉）菜、器、水即是本字，不若上句有韻。（《文歸》眉）胡揆曰：「將微物反形『質』字，論極緊快。」陳溴子曰：「兩『可』字與『焉用』字緊關。」（韓范夾）此論甚正，然非所施於君臣之間，用之則可也。（聖歎夾）轉筆捷如轉馬。一則曰「要之以禮」，再則曰「行之以禮」，全是氣他不過之辭。此第四段承上第一段言，畢竟不應用質也。看他四段凡作四樣身分，第一段用喝，第二段用商，第三段用縱，第四段用擒，真乃無美不備。（《約編》眉）「苟有明信」下又翻進一層，極言「明信」之大。「二國」泛說，不粘定周、鄭。結語有風神。《風》有《采蘩》、《采蘋》，《雅》有《行葦》、《泂酌》，昭忠信也。」（文熙眉）穆文熙曰：「君臣相與，不論交質之不可，而但論忠信之有無。詞雖藻麗，不足爲訓諭也。」又云：「交質，失禮甚於問鼎、下堂多矣。」（《測義》夾）愚按：周即弱，天子也。鄭即強，諸侯也。君子不曰尊卑無辯，而但曰「信不由中」，至等而夷之曰「二國」，言之不倫，抑若此乎！（《左傳雋》眉）湯霍林曰：「『君子曰』以下，是左氏贊體，字不滿百，而許多議論，許多光采，最不可及。」（《左傳雋》尾）呂東萊曰：「周天子，鄭諸侯也，左氏並稱周、鄭，無尊卑之別矣。周亦不能無罪焉，平王欲退鄭伯而不敢退，欲進虢公而不敢進，巽懦暗弱，反爲虛言以欺其臣，固已失天子之體矣。及其甚，至於交質，尊卑之分蕩然矣。鄭亦何所憚哉？溫之麥，洛之禾，宜其稛載而不顧也。」（孫鑛眉）收句勁陗，但「昭」字於今亦爲腐。（《正集》尾）葛端調曰：「天子而與諸侯並稱，無尊卑之辨矣，文之光采議論，自不可及。」（《文歸》尾）此史氏論斷所祖，亦左盲本色，然無婉暢者。〈仲光〉（聖歎夾）引《詩》以結「行之以禮」，則不用質而能好也。左氏引《詩》作結，是他長技，獨此處引法卻異。蓋圖「蘩、蘋、葦、酌」等字，與上十六豔字相映射也。通篇單責平王，不已信乎？矍齋云：「讀克段于鄢，見鄭莊之無親。讀周鄭交質，見鄭莊之無君。無君與親，其無禮孰甚焉？君子于許叔篇，謂鄭莊『於是乎有禮』，不過反形其無禮云爾。」（《快評》尾）從來亂臣賊子至於弑父與君，詰其由來，未有非君父處之不得其道者也。如鄭伯克段于鄢，由於武姜愛惡之偏。周鄭交質，則由於平王貳政於虢也。平王爲天下共主，政由己出，鄭伯不道，則當明正其罪而奪之政，甚則貶其爵而奪其地，鄭伯何辭之有？若鄭伯無罪，王亦不當私貳於虢也。王既不能正己以率臣下，怨讟既興，乃違其心而與之交質，則已失天子之尊，而下儕列國矣。其後馴至奪政、不朝、興兵抗拒王師而射王肩，其漸皆由於此。左氏並書"周鄭"，見周至此已不復爲周矣。此等處正是左氏微辭，書法雖若與經相背悖，而大義實則與經發明。後儒漫不深思，輒以此罪左氏，何謂耶？周既失天王之尊，與鄭交質，則周之與鄭儼然敵體，於是竟將周、鄭寫作一對。因周、鄭一對是左氏作意之筆，遂將通篇皆作對偶以絢染之。周、鄭是本題一對，又將交惡與交質作一對。交質之中，以王子狐、公子忽作一對。交惡之中，即以溫之麥、成周之禾湊成一對。禮與質本是一對，明與信又是一對。澗溪沼沚、蘋蘩薀藻、筐筥錡釜、潢汙行潦，加倍寫作無數對。又順手將鬼神、王公帶筆作一對。引《詩》作結，是左氏常例，今故意兩引《風》、《雅》作一對，而《采蘩》與《采蘋》、《行葦》與《泂酌》又自爲兩對。通篇對偶俱是賓，只有周、鄭一對是主。然而通篇無數對是真對，惟有周、鄭一對卻是假對，真是奇絕。孰謂左氏無意爲文哉？（《快筆》尾）此一段是左丘明借君子之言，以論斷交質之非也。意謂信之所以服人者也，其出於中心也。信不由中，則內無所據，質之何益哉？使彼心與此心，明而相知，恕而相諒，而又要結以上下大小之禮，則一言而終身以之，雖無有質，誰得於其中離間之？不獨此，人事之小者，苟有明信，則澗溪隨地之菜，筐筥隨用之器，潢潦隨取之水，皆可薄祭鬼神，上進王公，而不以爲愧。況于周、鄭二國，凜然有上下之禮在焉，誠能行之以禮，有何不信而各以子爲質哉？此非予言也，《詩·國風》有《采蘩》、《采蘋》之什，《大雅》有《行葦》、《泂酌》之篇，按其爲義，皆借薄物以明忠信也。左氏傳《春秋》，亦以《春秋》之筆傳之，非漫然伸紙弄墨也。即如此篇，劈頭提出"鄭武公、莊公爲平王卿士"，名分昭然，儼如"春，王正月"之義。接手便曰"王貳於虢"，是開其隙也。接手又云"王曰無之"，是縱之驕也。鄭之目無天子，其罪固大，然平王亦不能無責焉。故下文曰交質、曰周鄭、曰二國，傷王室之卑也，誅鄭伯之僭也。正妙在寫得無情無理，可笑可惱，寓譏刺於不言之中。奈何有以並言周鄭、混稱二國駁之者？噫！此迂儒之見，豈識文人微意哉！前二段紀事，以二"交"字爲關紐。後一段論斷，挈一"信"字爲翻駁，提一"禮"字爲眼目。讀者須看他自"君子曰"以下，字不滿百，而許多議論，許多光彩，從來作家不能及其萬一也。六經而後，文章首《春秋》內外傳。全書已揭日月而行，茲僅錄其華贍流麗者數首，爲操觚指南。若此篇，尤爲後代史斷之祖，取冠斯集，其誰曰不然？(《古文析》尾) 一部《春秋》，最惡交質子。此傳乃爲二百四十年中交質子發例，非單論此一事也。或者乃謂周、鄭並稱，若敵國然者，疑左氏之失當。夫以君臣而若敵國，直書其事，正見鄭莊無君之罪，何謂失當耶？(《彙鈔》眉) 曰"交質"、"交惡"，曰"結二國之信"，故夷王室于諸侯，所以譏鄭之無君，亦以譏周之失政。(《覺斯》尾) 過商侯曰："才曰交質，自然交惡，履霜堅冰，所自愼也。以鄭伯之處心積慮，目中久已無平王矣。貳於虢，特借題耳。即舉國而聽之，溫之麥、洛之禾，吾亦懼其不免也。每聞先輩評語，多以並言周鄭、混稱二國爲左氏罪惡。謂賢如丘明，豈眞尊卑莫辨？正妙在寫得無情無理，可笑可惱，而鄭伯之惡愈甚，此筆法也。讀者不可不知。"(《統箋》尾) 魯齋朱氏曰："周天子，鄭諸侯，左氏不當竝稱周、鄭，又不當曰'結二國之信'，周亦不當與侯國交質。東萊《博議》辯之詳矣。"(《析義》尾) 平王欲退鄭伯而不敢退，欲進虢公而不敢進，蓋由不能自強於政治所致。若鄭莊睭底無君，種種不臣，尤爲可罪。是篇把這些大關大節一概閣起，止將君臣交質處，以"信"字、"禮"字作眼，閑閑斷其無益。且以周、鄭並稱，若敵國然者，人皆訾其失當，而不知其立言之意，蓋有在也。細玩首句，王是王，卿士是卿士，堂陛之分，非不凜然。乃王既不能自強政治，進人以禮，退人以禮，反用虛詞欺飾，致行敵國質子之事，是明明拔本塞源，欲自同于列國，安能強爲別異？猶《黍離》降爲《國風》，與《風》詩並稱十五國。即夫子刪詩，亦不能強登之於《雅》也。《春秋》之作，傷天下之無王，故特繫王於天，借二百四十二年南面之權，進退諸侯，所謂謂之天子之事。按平王崩，在隱公三年，則與鄭交質事，猶在前。左氏以周、鄭並稱者，明此時天下無王，《春秋》所以托始也。不然，三尺童子亦稔知周是天子，鄭是諸侯。以千古文章之宗，且夫子曾稱其所恥與己相同者，顧獨憒於此哉？(《分國》尾) 信，國之寶也。能信，君臣嘗見其有禮。周之東遷，晉鄭是依。鄭祖孫父子，相繼爲周卿士，此其君臣相信，夫豈一朝夕之故？忽然平王欲奪鄭伯政而授之虢，豈易爲力？抑豈不可明示以奪之之故？乃先之以貳，曰吾意欲分政於虢也云爾。繼而曰無，心欲是而口復不然，是不信于鄭，又有畏于鄭，而慚且自飾也。於是交疑而交質、交惡，直至交兵。始于不信，卒於無禮，無怪乎君子以"二國"目之，平列之曰"周鄭"也。古之帝王，惇德允元，迪知忱恂，任下如此其信，然後臣亦祇承在宣，勿欺其主。秦王忔中不信人，王翦請田請宅，曰："不如是，王將坐而疑我。"漢高欲誅韓信，僞遊雲夢，諸將皆叛。善乎宋太祖曰："我心如重門洞開，使天下皆見。"杯酒釋兵，猜疑盡消。甚矣！禮爲安上全下之善物，尤貴將之以信哉！（《晨書》總評）宋南金曰："提出'信'字，一字誅心。若止抗言堂陛尊卑話頭，便同嚼蠟矣。經書'天王'，尊之也。傳稱'二國'，愧之也。東遷失策，揚水流蒲，左氏憤激而下此二字，後人亦當歎息而讀此一言，東萊、退谷兩譏之，誤矣。"（《觀止》尾）通篇以"信"、"禮"二字作眼。平王欲退鄭伯而不能退，欲進虢公而不敢進，乃用虛詞欺飾，致行敵國質子之事，是不能處已以信而馭下以禮矣。鄭莊之不臣，平王致之也。曰"周鄭"、曰"交質"、曰"二國"，寓譏刺於不言之中矣。（《彙編》尾）君爲臣綱，鄭莊之不臣，固平王致之，然畢竟周是天子，鄭是諸侯，以下淩上，罪孰大焉？後鄭莊甫沒，而庶孽奪正，公子互爭，兵革不息，忽、儀、亹、突之際，其禍莫延。嗚呼！天之報施亂賊，豈或爽哉？此先敘後斷文字，中"君子曰"三字是界眼，"信不由中"二句是根上斷定，爲後作綱。後凡三段，一段説理，一段縱，一段擒，句句從"無益"生來，緊以"焉用"煞之，章法何等整練！及末結出"忠信"，回應"信"字，又何等蘊藉！本題止是交質，中卻寫到交惡，明見隨質隨惡，雖質無益，爲後半養局耳。後因"王子"、"公子"四字，生出"澗溪沼沚"四句，可見作文者，後半篇俱在前半篇內也。（《知新》尾）起手敘事，止七十餘字，有提筆，有照應，委曲詳盡，始末粲然。"君子曰"以下，止九十字，而正反關合，起伏頓宕，已曲盡其妙。□□□□惟不信，故交質。雖交質，其可信乎？標出"禮"字，是君君臣臣大綱，不煩言而已□。（《賞音》尾）周雖失馭臣之道，鄭更目無天子，可以交質，即可以交惡，故以周、鄭並稱，刺周也，實罪鄭也。"君子"一段，以"信"、"禮"二字爲骨，而意尤重"禮"字。蓋能守禮，則進人、退人，權在天子。群公唯一心以聽上命，不言信而信在其中矣。惟周鄭不能守禮，故始責以信不由中耳。至桓王新立，而取麥、取禾，全無禁忌，則他日繻葛射王之禍，已兆於此。（《左繡》眉）一掉最有風神。得此一宕，通體實處皆靈。左氏引《詩》大都先點而後注，此獨先注而後點，又直寫本文居多，此獨撮舉大意，蓋點化之妙，此爲第一矣。（昆崖尾）交質則君不君，臣不臣，無禮甚矣。無禮由於不信，故後半標出"禮"字爲文中綱領，頻呼疊應，以破却"質"字。"由中"二句，將周、鄭事案，劈頭斷盡，筆快如刀。一層反駁，隨用"明恕"一層正論，以暢其義。字字筋骨，句句精神。再用"苟有"一層跌襯，以起下文，後用"而況"一層掉轉，以應前面。痛快淋漓，到此已無不盡之詞，不完之意矣。乃痛快淋漓之後，忽變為澹宕雋永之筆，尋出一層證佐作結。一唱三歎，餘韻悠然。視上之繁弦急管者，節奏頓殊。嘻！技至此乎！短短篇幅，結構則紆鬱回盤，氣勢則灝瀚洶湧，詞采則濃郁繽紛。山不峻而雲霞千重，水不闊而波濤萬狀，豈非奇絕？左氏之文，有夾敍夾議者，有敍次詳、論斷略者，又有敍次略、論斷詳者。結構變化，總非一法，一部《史記》不能出其範圍。若此篇所謂敍次略而論斷詳者也。（美中尾）浦二田曰："兩個'交'字見書法，不須贅論，而上替下陵，周弱鄭逼，罪狀的然，勿訝人議後忘卻名分一邊。敍事既以文字寓斷，入議單就'質'字發揮，此春秋質子之始，特駁之以見例，不貼周、鄭說。"（《約編》尾）置重筆，取輕筆，故含蓄不盡。若正斷鄭之不臣，意味反淺矣。信脫不得禮，周、鄭之無信，以無禮也。微婉中正，極森嚴。（《喈鳳》尾）因貳而質以示信，質而惡之不已，總由信不由中，而不能要之以禮所致。左氏借君子言作斷，筆挾風霜，而詞特整暇，所以為工。讀前篇見莊之不子，讀此篇見莊之不臣。首錄二傳，以著《春秋》討亂賊之大義。至若文章之錯綜變化，運用因心，《左傳》實為古文鼻祖，即二篇亦可見其大概。桐川俞氏、北平王氏、武林馮氏各有專刻抉其祕密，此學人所宜購讀而心玩之者。是集所錄，第一枝片玉耳。文不滿百五六十字，前敍次甚簡，兩層洗發，曲盡彼此之情，簡而能該。後論斷甚詳，一氣卷舒，備極排宕之勢，詳而不冗。曰"貳"、曰"將"，所以交質交惡之由。曰"信"、曰"禮"，正見交惡交質之非。"信"從"貳"字生來，"禮"又從"信"字看出，無禮無信，總由不能推誠待下。莊固無禮，王先實不信，左氏尤似責重于王，是亦推本之已。慕岩參評。（《左傳翼》尾）周室東遷，鄭桓死難，有大功于周，《緇衣》美之。鄭莊繼父秉政，果其無罪，王不應貳心於虢。如或專權不法，可恕則恕，不可恕則黜陟進退，王可自主，何難明目張膽言之？而乃因怨抵賴，畏葸不振乃爾乎？小過不能容，大惡不能說，含含糊糊，心懷憤怒。既不明，又不恕，以致上替下陵，毫無上下體統，鄭伯不臣，皆王實啓之。左氏不罪鄭伯，專責周王者，惡威權之不立，致強臣之奸犯也。前從"禮"說到"信"，後從"信"說到"禮"，要緊尤是"明恕"。王曰"無之"，總是不能坦白直說，暗昧不明耳。盟誓，《春秋》所惡也，而況於交質子？敵國行之，猶且以爲譏。乃以天子之尊，而使其子下質于強侯。致強侯亦忘其卑，而質其子于天子之廷。既交質矣，安得不交惡？篇中一則曰"質無益也"，再則曰"雖無有質"，三則曰"又焉用質"，總是見交質之非，而爲禍亂之所從出也。明是譏周鄭交質，卻是通常泛論，無一字滯在"周鄭"上。其言"二國"，乃是概舉之詞。姚平山謂："一部《春秋》，最惡交質子，此傳乃爲二百四十二年交質子發例，非單論此一事。"是也。而或乃摭據二國，譏左氏不知有君臣上下之分，誤矣。質以表信，然有信正不必用質，質與信是個敵頭。篇中屢用"信"字駁"質"字，説"信"必説"明"，又曰"明恕"。天下忠信人，光明坦白，毫無遮掩，正如洞開重門，我心人皆得而見之。若奸僞不測人，城府未有不深密者。明則必恕，自無不信。尊尊卑卑，截然有體，自然有禮。一明而諸善備焉，故做人第一要講求一"明"字，平王心裏貳，口説"無不信"，只是不明，因而交質，以致無禮。斷語歸結"忠信"，而引《風》、《雅》作證，蓋《采蘩》、《采蘋》是循法不失職者，《行葦》、《泂酌》加恩兄弟，與周鄭之失正自反映，非泛設也。疊用排句，而風韻更覺飄逸，含英咀華，耐人幽賞。(德宜尾) 交質交惡，雙峰對峙。"君子曰"以下，單頂"質"字，作三層波折，筆極靈緊，一掉更神味無窮。(《補義》眉) 曰"恕"、曰"信"，總歸結到"禮"字，禮達而分定，何必質？一"禮"字一部《春秋》之綱。汪云："已收結'焉用質'，又用引證作掉，風神蕩漾，通體實處皆靈。"(《析觀》尾) 章禹功曰："此篇開口就寫出鄭武公、莊公爲平王卿士，名分昭然，儼如'春正〖編者按：此正當爲王〗正月'之義。蓋畀政於虢，是平王本意，而乃諱言之曰'無之'，且以其子爲質，是平王縱鄭之流也。然畢竟君爲臣綱，篇中妙在混稱'二國'。或曰'交'、或曰'周鄭'，寫得無情無理，寓譏刺於不言之中。前二段敘其事，妙於二'交'字，爲篇中之轉關。後一段是其論斷，挈一'信'字爲翻駁，提一'禮'字爲眼目，自'君子'以下，又發出許多議論。左氏蓋傷王室之卑，而誅鄭伯之僭也。"(《便覽》尾) 因周、鄭作一對，以下交質、交惡，王子狐、公子忽，溫之麥、成周之禾，禮與質，明與恕，沼沚蘋蘩等物，以及王公鬼神，《詩》引《風》、《雅》，皆湊對數説來。然許多對是賓，卻是真。周、鄭是主，卻是假。此左氏微詞也。芳輯評。(《日知》尾) 一曰要之以禮，再曰行之以禮，蓋王固無信，而上下之禮既失，則信愈不能終矣。人謂此篇論斷不知君臣之分，亦未悟其微辭也。或高一層翻入，或低一步襯起，正位只輕敲淺逗，遂得□□虛活。（盛謨總評）"由中"六句已寫盡矣，妙在故作一折，陡然轉入，令我眼忙。又詠歎一結，渺然無涯，令我神遊。若非左氏筆墨，豈能運使至此？於欲絕處忽開生面，於放流處忽泊涯岸。文人熟讀，汩汩乎來矣，何必夢吞五色雲哉！（高嵣眉）後半議論，"信不由中"一斷，是正筆。"明恕而行"一駁，是反筆。"苟有明信"一跌，是賓位。"而況君子"一轉，入主位。結尾三句是引證。文筆宕跌，風韻悠然。（高嵣尾）俞桐川曰："黜陟賞罰，制之天子。王于鄭伯，用舍惟我。陽鄭陰虢，不君甚矣。怨而質之，勢不終日。蓋周之東遷，鄭武死難。平王私虢而難忘鄭勳，故左右其說以至於死。王崩之後，周、鄭義疏，而虢公用焉，以致交惡。豐之作，平王爲之也。左氏深惡綱紀之不立，故譏之曰'貳'，並之曰'周、鄭'，合之曰'二國'，正以罪夫君不君、臣不臣者也。後人不知，議之，過也。"敘事處，極變化，極整齊。議論處，亦曲折，亦排宕。"苟有明信"一段，原從《風》、《雅》化出，未復明言點清，多少神韻！經無周鄭交質事，傳補之以著射肩之釁始也。（王系尾）此篇補經文所無，與後鄭伯朝王、虢公始作卿士于周、鄭伯以齊人朝王數篇，俱爲桓五年陳人、蔡人、衛人從王伐鄭作案。蓋《春秋》之義，莫大于尊王。尊王之義，莫大於討亂賊。鄭莊射王中肩，爲二百四十二年之所未有，而履霜之漸，則自爭政始。貳虢而怨，以惡感之也。將畀政而取麥取禾，以力脅之也。既而朝王，又以齊人朝王，以術鉤之也。及虢公並爲卿士，而鄭莊以王命討宋，欲以功擠之也。王卒奪其政，而莊遂不朝，則術窮而心跡俱露矣。杜注于其以齊人朝王也，謂莊不以虢故而廢禮。于其射王也，謂莊志在苟免，王討爲非。是不參觀前後，而爲莊所愚也。《左傳》備載列國之事，挨年實敘，最爲繁雜。而脈絡貫通，各有歸宿，互爲發明，不相侵奪。譬諸百體，固一體也。執人之一體，不足以知人。執文之一節，豈足以知文哉？敘處平列周、鄭，略無尊卑。蓋當時情事本自如此，據事直書，而鄭莊之惡自著。春秋交質最多，此爲交質之始。"君子"一段，極論其非。所云"二國"，蓋泛指交質之國，非必周、鄭也。讀者每不能無疑，合前後觀之，庶其瞭然。（武億尾）克段篇是原敘法，此篇是正敘法。克段篇案多而斷少，此篇案簡而斷詳，各成一局。譏之曰"貳"，並之曰"周、鄭"，合之曰"二國",正以罪夫君不君、臣不臣者也。小儒不知,以尊卑無辨失劑量議之,過矣。(方宗誠眉)收有餘波,有神韻。(《學餘》尾)天子、諸侯,而以二國平視之,傷已!然苟有明信,則士庶可羞于王公。苟無明信,則王公不可行于士庶。雖在古昔盛時,無以異也。君子之言,可謂深知《風》、《雅》者矣。(《菁華》尾)古人以伐喪爲戒,今王崩未幾,而鄭人儼有取麥、取禾之舉,無禮甚矣。施之敵國猶不可,況天子乎?後人讀此篇,以左氏不主君臣之義立論,而以質之無益爲言,似爲失辭。不知古人作文,皆以發明一義而言,不得以有所不及者,遂疑其偏宕也。"君子曰"下一段,夷猶淡沱,風致絕佳。(閩生夾)宗堯云:"此篇故爲謬悠之論,而名分益顯。"閩生按:若一字涉及名分尊卑,則爲死煞柱下矣。妙處全在詼詭微至,意若曰:"苟振天王之威以討不庭,誰敢不服?何必以質爲?"而其詞故爲深幻迂謬難識,此左氏全書極秘之旨,後世文家莫窺之奧也。重讀"要之以禮"四字,其意自見。以"忠信"二字結煞,最妙。禍釁之成,由於鄭不忠而周不信也。引《采蘩》、《行葦》諸詩,正以明天子、諸侯之分際也。

武氏子來求賻,王未葬也。(美中尾)梁碻軒曰:"仲子之賵,宰咺來歸;天王之賻,武氏來求。比而觀之,可傷矣。"(《評林》眉)家鉉翁:"'武氏子來',某氏子云者,有父在焉故也。"(王系尾)此篇二句,一句舉經,一句釋經。傳文僅三字耳,而所以不稱官、不稱使、來求賻之故俱盡。

宋穆公疾,召大司馬孔父而屬殤公焉,(聖歎夾)左氏每立一傳,必指一人爲主,然後盤舞跌頓,千變而不失其度,若此篇則固指宋宣爲傳主也。不知者全認是穆公事,負左氏甚矣。如此二句,若作穆公傳讀,則止一行耳。苟作宣公傳讀,便得兩行,而其間虛實影現之妙,乃至不可言喻,且令全傳無數委曲丁寧,字字都有落處。蓋書"穆公疾,召大司馬孔父而屬殤公"是賓句,言外便見昔者宣公疾,遺命竟立穆公而不屬殤公,正是主句也。有字處反是閒筆,無字處是正筆,真是鬼在腕中,偷換出來也。(《左繡》眉)此文是兩截復説格,前是屬殤公之立,後是論奉馮之非,總是就"先君立寡人"上發出不可不舍馮而立與夷之意。前段虛,後段實。後段只申説前段,而語意各有所主,若復而無味,何取乎復也?(《補義》眉)此著穆公之讓國,一意翻作兩層,俱從先君轉出,見立殤萬無遊移,正形容其讓之决也。(方宗誠眉)敘事體。此數語是教令體，句句不離先君，辭氣懇惻，《出師表》句句不離先帝本此。（闇生夾）此篇以郜大鼎一事爲主，乃作者微旨所寄，蓋特藉以譏刺魯桓也。曰："先君舍與夷而立寡人，寡人弗敢忘。（孫琮旁）伏下數語。（聖歎夾）"舍"字妙，"而"字妙，七個字便括盡先君無限曲折。"弗敢忘"，粗秀才講之曰："弗敢忘先君立我之惠也。"可樸也。文秀才講之曰："弗敢忘先君之囑也。"亦可樸也。夫"弗敢忘"者，穆公于己初得立之日，已深窺先君舍子而立己之故，口雖不言，而心已默許之。今日固不敢忘昔者默許之心也。書不易讀，寄語後賢，愼勿草草。若以大夫之靈，得保首領以没，（聖歎夾）異樣豔筆，試問從何來？從"大司馬"三字來也。後之爲文者，有豔處不知發，無豔處橫塗之，真瘋狗亂齧也。"立寡人"字，是第一日。"以殁"字，是最後日。"以大夫之靈，得保首領"九字，則中間受託一生履歷也。謙言得保首領耳，實則謂我受宋之社稷於先君，今幸獲全以歸與夷，是惟大司馬捍禦之力也。先君若問與夷，其將何辭以對？（韓范夾）爲人後者，皆存此意，安有太宗、德昭之事？（聖歎夾）劈空説謊，成此靈幻之筆。看他"舍與夷"、"問與夷"，寫出先君一片戀子至情，真乃老牛遍舐犢，石人對之揮淚矣。昔之舍與夷，亦是先君。今之問與夷，亦是先君。全副局面，都推過先君身上，而己無所與於其間，措辭輕妙之極。"若問"字、"其將"字，寫得幽冥路上，亦復娓娓成趣。千古滑稽，此爲始事矣。請子奉之，以主社稷，（孫琮旁）暗伏"義"字。寡人雖死，亦無悔焉。"（聖歎夾）正語只一句，蓋無辭以對之謂悔也。（闇生夾）記此，見其不以社稷生民爲念，而斤斤於交讓之私情也。對曰："群臣願奉馮也。"（聖歎夾）又有此一請者，簡與宣公異也。昔者宣公有子與夷不立，而立穆公。今穆公亦有馮不立，而屬殤公，將無同乎？故又書此一請，便令穆公重復發揮一通，而意乃暢也。先就孔父口中出"馮"字，便覺"使出居鄭"句"馮"字不突然。（方宗誠眉）折筆。于平敘之中忽加一折，乃不平不直。公曰："不可。（孫琮旁）俱從"弗敢忘"三字拓出。先君以寡人爲賢，使主社稷，（聖歎夾）能通其意之爲賢。若棄德不讓，（孫琮旁）暗伏"義"字。是廢先君之舉也，（聖歎夾）果能默通先君之意，而心許之爲德也。舉者，不以社稷托衆人，而獨托我是也。豈曰能賢？（孫琮旁）句法倩逸。（聖歎夾）注上"廢"字也。先君之舉我也，曰："是夫賢。"今如不讓，則人且曰："烏見其賢。"是廢先君之以我爲賢也。忽代先君問與夷，忽代旁人笑先君，全是滑稽口吻。光昭先君之令德，可不務乎？（聖歎夾）先君舍與夷而立穆公，九年于茲，無人能知，故須光昭之也。吾子其無廢先君之功。"（聖歎夾）先君默知我有今日，我又默許先君以今日矣。至今日正先君成功之日，而子乃又有奉馮之請，則是我固不廢先君之舉，而子實廢先君之功也。功即舉穆公之功也。（孫琮旁）收句勁而掉。使公子馮出居於鄭。（孫鑛眉）"可不務乎"於今最爲常語，然此處用束，原自弱無力。上意已盡，"其無廢"句明是重出，然卻有勢，掉尾一折，決起數丈。（《測義》夾）邵寶氏曰："宣公之知人，固不係于其子之饗不饗也，今以其子之饗而蔽宣公之知人，命以義者，固如是哉？"（聖歎夾）寫得妙，不會讀者，只是一句，會讀者，又得兩句。昔宣公之不使與夷出居他國也，其事可知也。（《彙鈔》眉）語語扼定先君，情摯詞婉，孝弟可風。（《左繡》眉）兩段一句一轉，前"何辭"句以虛筆作折，後"豈曰"句以反筆作折，尤婉轉有風致。固知文無今古，以曲爲工。兩段皆以主社稷爲眼目，所謂命以義也。（《約編》眉）反覆曲折，聲情婉摯。（《評林》眉）彭厚德："使出居鄭，人情難堪，致怨必甚，且授鄭以釁，其後鄭欲納馮及殤公屢伐宋，則皆出馮之爲害矣，然則封以遠邑其可矣。"

　　八月庚辰，宋穆公卒。殤公即位。（聖歎夾）所謂先君之功也。

　　君子曰："宋宣公可謂知人矣。立穆公，其子饗之，命以義夫。（孫琮旁）"義"字一篇之主，不獨贊宣，實亦贊穆。（閭生夾）此亦微文刺譏之語，與《公羊》同意。《商頌》曰：'殷受命咸宜，百祿是荷。'其是之謂乎！"（文熙眉）汪道昆曰："辭令具品，'豈曰能賢'句法。"穆文熙曰："宣公讓弟，穆公讓姪，似爲義舉，然皆出於姑息，不徇正道，所以終成禍變。《公羊傳》謂：'君子大居正，宋之禍，宣公爲之也。'當矣。左氏謂百祿是荷者，何與？"公羊子曰："宣公舍其子而立穆公，穆公逃其二子莊公馮、左師勃，曰：'爾爲吾子，生毋相見，死毋相哭。'終致國於與夷，莊公弒與夷。故君子大居正，宋之禍，宣公爲之也。"（《測義》夾）黃震氏曰："《公羊》之說固爲萬世垂訓，而左氏之說亦不可全廢矣。蓋宣公遜穆公，穆公終以遜宣公之子，是穆公不可謂非賢矣，宣公不可謂不知矣。其後馮之弒逆，罪在馮爾，雖《春秋》責賢者備，豈可盡没其賢，而反加以始禍之惡名哉？"（《左傳雋》尾）朱魯齋曰："宣公遜國于弟而使之逐其子，穆公遜國于姪而使之殺其身。然則何'百祿是荷'之有？《公羊傳》曰："君子大居正，宋之禍，宣公爲之也。"斯言當矣。（聖歎夾）看他一篇文字，從穆公寫，從宣公處結，使讀者看朱成碧，思紛紛矣。人無不願其子之得國也，而豈知命固出於義哉？宣公若不舍與夷而立穆公，則惡知弑與夷而奪之國者之非即穆公耶？前書叔段，後書州吁，此書與夷，得失並陳，以備規覽。左氏之教天下後世，豈不深切彰明者哉？漢昭烈便竊用此意，謂諸葛曰："可輔則輔之，如其不才，君可自取。"便亦得亮之死心塌地。然較此便露梟雄之色矣。（《快評》尾）羣議宋之亂自宣公廢太子而立弟，國以不寧者十世。不知兄弟相及不必傳子孫者，殷禮也。宣公賢穆公而舍與夷，知與夷之不足立也。乃穆公以己之私意，度宣公之心，終立與夷而舍其子。穆公不知與夷而立也，是不知人也。知與夷而立之，是遂其私心也。圖能賢之名，而失知人之哲，危其社稷而誣其先君，穆公特好名之人耳，故左氏以知人之美獨歸之宣公也。傳穆公，開口不離"先君"二字，嗚咽纏綿，宛是將死之言。穆公此舉，既以私意誣其先君，而幾危其子。所立非人，興兵構怨，使民不堪命，殤公與大司馬俱不得其死。子馮得國，不以其正，而陷太宰於弒君。宋數十世之禍，皆穆公一念好名之私爲之也。嗚呼！好名之人，不知大體，遺禍至此。然則人亦何可不學聖人之學乎！（王源尾）穆公口口先君，聲中有淚，義讓也。穆公之義，宣公爲之也。歸美宣公，結穴"義"字，不必呆結穆公，而中有穆公在，此古人用筆最活處，亦最奇處，不得視爲以宣公結也。稱"先君"者六，迴旋悲宕，文情特妙。武鄉《出師表》同此酸楚。句調極美，然左氏餘事。今之讀《左》、癖《左》，詡詡然稱《左》、賞《左》者，不過此等處耳。左之妙，不可以此等盡之、誣之也。吾願世人空一切依傍膚淺見，放闊眼孔，鞭心微渺，求古人真面目，與之見，久之，而神遇懸解，則真者自見矣。（孫琮總評）宣公舍子立弟，穆公舍子立姪，兩者皆盛德事。篇中述穆公之言，愷惻肫摯，藹然從天性中流出。情既極真，詞又極婉，此春秋猶爲近古，後代篡奪相尋而不知愧，惜不將此文日讀數過。（《統箋》尾）愚按：有商一代，弟承兄祚者，比比而是，史遷《本紀》可考，而商未嘗以此致亂。豈商道近古，父子兄弟之倫無分厚薄，而爲人君者不必私其所出，斯大道之公耶？自傳子之說定，而讓國諸賢如子臧、目夷、季札之流，往往釀禍。蓋世風日下，雖盛德之事，亦有所不可爲乎？迨其後也，趙宋金縢之事，抑又甚焉。魯齋居正之論，殆爲後世立程也。（魏禧尾）魏禧曰："宣公讓弟，意以弟賢而子不肖也。子之不肖，雖舜、禹他姓，猶可以讓天下，況同母之弟乎？觀穆公之爲君，則宣公之讓，不獨愛弟，亦且得賢君。若莊公與殤公則均之不肖，授之不肖之子，與還之不肖之侄，則還侄爲正。故宣公、穆公之讓，皆義也。而後世以成敗論，顧歸獄于宣公。《公羊》以爲：'君子大居正，宋之禍，宣公爲之。'不知殤公之弒，釀於好戰以失民心，成于怒華督而不誅。督因悅孔父妻而殺孔父，因殺孔父而弒殤公，因弒殤公而召馮于鄭，則弒殤公非馮本謀明矣，而何以此罪宣公哉？晉欒書弒厲公，迎周子于周而立之。督與書其志不同，其事正類。然則晉之成、景，亦豈有讓弟立侄之事耶？宋太祖能爲宣公，而太宗不能爲穆公，後人莫不恨太宗也。若以此事例之，則亦應歸獄于太祖矣！"賴韋曰："穆公斷于立侄，平時當立以爲世子，使之親事聽政。則馮知定位之不可干，朝臣知君之久定矣。頻死而屬，故孔父有願奉馮之說，而馮亦似與夷奪其成位，此則穆公之失也。"彭家屏曰："賴氏謂穆公斷于立侄，當預立爲世子，使君臣之分早定。似也。然劉聰舍其子而立北海王乂，何嘗立之不早乎？而卒不得其死，何也？三代以下，父有國，傳之子，正也。不傳子而別授之，未有不構禍者。昌黎韓氏所謂：'聖人之傳子也，憂後世之争之亂也。'其論當矣。賴氏何思之未熟歟？"（《分國》尾）宋宣公舍與夷，立穆公，爲社稷大計。以穆公爲賢，非謂他日能讓之故也。爲穆公者，所以光昭之，無廢其功，豈在區區小節？不揆諸此，而立先君之所舍者，至黷武殘民，卒死華督之手，究竟召公子馮立之。是則先君若問與夷，公真無辭以對者。君子曰："宣公可謂知人矣。"立穆公爲知人，立與夷爲不知人，亦大彰明較著矣。嗚呼！穆公今日立與夷，又何如當日爲子魚哉？《《晨書》總評》徐袞侯曰："穆公舍馮而立與夷，人謂讓國不易言也。子南之賢，尚啓蒯、輒之爭；季子之貞，猶開僚、光之弒。使殤也賢，奈何數戰而無度？使殤也不肖，先君舍之，何又立焉？則宋穆公立殤，誠爲養禍。宋宣公立穆，未見知人矣。不知殤公之十年十一戰，民不堪命者，州吁誘之也。州吁弒立，求寵于諸侯以和民，將脩舊怨于鄭，使宋伐鄭以除公子馮，於是有東門之役，此十一戰之始也。嗣後鄭、宋爲仇，兵連禍結，而謂穆公能預知之乎？宣公亦預料之乎？若言穆公知以國與殤，而不知所以處殤，委馮于暴鄭，使寔偪處此，鄰國交構，數戰民疑，亂由中作。則穆公之卒，在隱二年，越二年，東諸侯始各分黨，天下多故，穆公又不能逆料之也。況華督、宋萬之弒君又隔數年乎？《公羊》大居正之言，猶《春秋》責備之意，後人踵而效之，罕見其論之不刻矣。"（《知新》尾）以讓繼讓，本是讚歎穆公之賢，卻推原到宣公知人上，曲盡形容，熟此可悟行文轉換不窮之法。（《賞音》尾）穆公不私其子，而致國與夷，使宣公知人之明益彰，穆豈不爲賢君哉？至王僚據而不歸，而公子光篡弒之禍以萌。宋太宗惑再誤之言，而德昭、德芳皆不得死，此大居正之說遂爲萬世法也。（《左繡》眉）《公羊》以宋禍罪宣公，左氏極善附會，況奉馮之對、居鄭之使，後事已明明料及，而篇尾只有美無刺，若絕不知有華督之事者，此非疏也，文各有局。此篇口口先君，自應以知人斷結。史家得失互見，最識此意。若添入旁意一筆，事備而文雜矣。敍穆公事，卻以贊宣公作結。贊宣公，正所以贊穆公也。與克段篇，雖美刺不同，其筆法則自一耳。（昆崖尾）高介石曰："以讓繼讓，本是讚歎穆公之賢，卻推原到宣公知人上，可悟行文轉換不窮之法。"徐揚貢曰："數'先君'字，掉得絕波折，且有哀情。運數'寡人'字，絕佳。'可不務乎'，上意已盡。'其無廢'句，明是重出，然卻有勢。掉尾一跌，決起數丈。"（美中尾）愚按：傳子，正也。不傳子而別授之，未有不構亂者。《公羊傳》"君子大居正，宋之禍宣公爲之也"，名論畢竟不刊。（《約編》尾）穆公致國與夷，可謂能讓矣。故結處斷語，許宣公爲知人，所以深著穆公之賢也。《公羊》因後來殤公被弒，以爲宋之禍，宣公爲之，另辟一議論。彼此參觀，可悟文章翻案之法。（《左傳翼》尾）讓與夷，賢在穆公，不贊穆而贊宣者，以穆公之讓，宣公啓之也。口口先君，聲淚俱下，讀之肺腑生春。"義"字是骨，"知人"二字尤斷得好，若不知人則德、昭之禍，早見於與夷矣。《公羊》謂華督弒逆，禍始宣公，左氏不以爲然者，讓，盛德事也，季子讓而王僚弒，烏得以季子爲禍亂之首哉？《春秋》爲誅亂賊而作，而隱公之時，亂賊多在兄弟。鄭有叔段，衛有州吁，宋有子馮，魯即有桓公。顧鄭、衛之亂也以争，宋、魯之亂也以讓。魯、鄭、衛三國皆因父母溺愛而兆禍亂之萌，宋則命以義而亦致亂。卒之，鄭莊甫克叔段，即欲納子馮。州吁弒君，即結宋以伐鄭。宋殤被弒，子馮得入，即賂魯、鄭。桓公弒隱公，立國未穩，即受郜鼎而合諸侯以成宋亂。亂賊之徒，聲勢相倚若左右手，綱紀幾何不至於淪沒也？蘇東坡云："封建廢則篡弒之禍少。"詎不然歟？（《補義》眉）結段竟若不知有華督事，何也？與夷荷祿，穆公本意如此，夾雜便非。汪云："敘穆公卻贊宣公作結，與篇內數'先君'字照耀生動。"（高嵣尾）俞桐川曰："兩命淒惻纏綿，讀之令人有生死存亡之感。三代以下，父有傳國〖編者按：二字疑誤倒。〗之子，正也。不傳子而別授之，未有不構禍者。昌黎所謂：'聖人之傳子也，憂後世之爭之亂也。'宋穆公舍子傳姪，厥後華督弒殤公，迎馮立之是矣。《公羊》以為：'君子大居正，宋之禍，宣公為之。'為萬世垂戒，持論自正。然宣舍子與夷而立穆公，穆亦舍子馮而立與夷，是穆公不可謂非賢，宣公不可謂不知賢。亦豈得盡沒其盛德之舉，遽被以始禍之惡名哉？"（《自怡軒》尾）穆公不私其子，而致國與夷，使宣公知人之明益彰。穆豈不為賢君哉？至王僚據國，而公子光萌篡弒之禍。宋太宗貪位，而德昭、德芳皆不得其死。此大居正之說，為萬世法也。謝立夫。（王系尾）宣之立穆，未聞託與夷，而與夷享之。宋太祖立太宗，使傳位匡美，以及德昭。載之玉檢，藏之金匱，而德昭與匡美俱斃，竟不知太宗何辭以對太祖也。茫茫九原，我將向何處問耶？（武億尾）此文是兩截複說格，前是囑殤公之立，後是論奉馮之失，兩段一句一轉。前"何辭"句，以虛筆作折。後"豈曰"句，以反筆作折，尤婉轉有風致。固知文無古今，以曲為工。（方宗誠眉）論本應贊穆公，而專贊宣公，贊宣公知人，則穆公之賢自見，一筆作兩筆，高渾靈妙。"義"字一篇主腦。（《菁華》尾）宋宣有國，不傳之子，而傳之弟，自是美事。穆公感其兄之德，而以位歸之姪，後世蓋兩賢之。至殤公以好戰取禍，自其後人之不肖，非二公之罪。《公羊》以賊督之弒，歸獄宣、穆二公，非正論也。傳歸美宣公，其說自比《公羊》為正。使公子馮居鄭，防其兄弟之爭，佈置極為周密。豈知後人賊督弒殤，反藉此以為親鄭之計？連用四"先君"，文筆極連綿之妙。

冬，齊、鄭盟于石門，尋盧之盟也。庚戌，鄭伯之車僨於濟。（美中尾）劉敬齋曰："齊僖資鄭以糾衆，鄭莊亦挾齊以自強，其黨合，天下始多故，諸侯遂無王矣。"汪環谷曰："石門為肇霸之始。"

衛莊公娶于齊東宮得臣之妹，曰莊姜，美（聖歎夾）書娶于齊足矣，又書東宮得臣之妹，何也？書名足矣，又書美，何也？曰："此篇為州吁傳也。夫州吁，嬖人之子也。人之為名，賤之至也。則先書莊姜之貴，以反襯之。若曰：莊姜而徒齊侯之子，是猶疑有嫡庶。若東宮之妹，則非徒曰子而已，是又齊侯之嫡子也，言貴之至也。如是而衛侯別有所嬖者，何也？意或莊姜不能美與？曰又甚美。此又反襯衛侯之嬖之顛倒也。逝不古處，綠絲女治，真可怪也！"此下便應接"衛人所爲賦《碩人》也"句，卻又先插"無子"二字入來者，亦圖章法精潔矣。（闇生夾）此篇以石碏定亂爲主。**而無子，**（聖歎夾）言莊姜貴則貴矣，美則美矣，或無子，未可知。曰："是誠有之。"先插三字於此，下另作解。（《淵鑒》眉）石碏之諫，卓然千古正論，有國有家者不可不三復斯言。臣廷敬曰："履霜之戒，聖人所謹，辨之不早，實爲厲階。石碏謀國而忘其私，可謂忠而且智矣。"（《左繡》眉）此篇特詳石碏諫寵一番議論，爲州吁弒君張本。起手從莊姜敘入，爲六逆等伏筆也。石碏因其父子之間，趁便並論其夫婦嫡妾之際，本是暗諷。左氏卻先替他敘明來歷，此最是史家伏案精細處。使後之讀者不知爲是因文而綴其事，不知爲是因事而綴其文。但見其照應入妙而已矣。雖從莊姜敘起，卻不重寫他賢而失位，只輕輕將賦《碩人》一點，便足其意。總以"無子"、"己子"，跌出"嬖人之子"，所以歸併諫寵州吁作一個頭緒也。與克段篇作意相似而不同。"公子州吁"特作提筆，又非他處換頭之比。其從上段對舉出落，詳略輕重，有體有法，而變化之妙，只於一順一逆間辨之。**衛人所爲賦《碩人》也。**（《正論》眉）太子，國本也。名分不可不早定，分定斯教可行。石碏之論嚴于分，賈誼之策詳於教。莊公寵嬖，本已搖矣，何暇言教？卒之禍貽身後。《燕燕》之詩，佇立以泣，獨爲離別泣哉？（孫鑛眉）此是爲州吁弒君傳，宜入在經四年後，蓋原非三年事也。〖編者按：《周文歸》作汪道昆語。〗（聖歎夾）引《詩》是左氏常技，此又一變。蓋又引《詩》以證成莊姜之貴與美爲不誣也。《碩人》之詩曰："碩人其頎，衣錦褧衣。齊侯之子，衛侯之妻。東宮之妹，邢侯之姨。譚公維私。"則可知莊姜之貴，非嬖人之所得望見也。二章曰："手如柔荑，膚如凝脂。領如蝤蠐，齒如瓠犀，螓首蛾眉。巧笑倩兮，美目盼兮。"則可知莊姜之美，又非嬖人之可同日語也。三章曰："碩人敖敖，說于農郊。四牡有驕，朱幩鑣鑣，翟茀以朝。大夫夙退，無使君勞。"則可知莊姜自齊來嫁成禮以與公醮，非若嬖人之苟且以即事者也。其四章曰："河水洋洋，北流活活。施罛濊濊，鱣鮪發發。葭菼揭揭，庶姜孼孼，庶士有朅。"則可知莊姜之僕媵之多，至於紛然滿河，曾無一人肯與嬖人齒者。盛述莊姜之貴，以反形嬖人之賤也。（《彙鈔》眉）敘事處曲曲寫炤莊姜，筆法極簡到。(《便覽》眉)提筆已全勢在手，又頓挫有神。(高嵣眉)首一截敘州吁之嬖、石碏之諫，爲後弒桓公張本。是時衞桓公已立十六年矣，石碏之諫，本在春秋前。傳追述之，以見有寵好兵，預伏弒逆之禍。並見石碏老成謀國，洞燭事理。後"乃老"二字，係藏身觀變，非理亂不聞也，已通後一截之脈。"教以義方"二句，是此截之主。**又娶于陳，曰厲嬀，生孝伯，早死。其娣戴嬀生桓公，莊姜以爲己子。**(聖歎夾)上文書莊姜既貴且美，獨惜無子。至此忽又補之曰：戴嬀是生桓公，莊姜實有爲子。則又不可言莊姜無子矣。如是則不知莊公之又嬖於生州吁之人也何故？看他一路用筆，真是絕世奇文。欲書桓公爲莊姜子，則不得不書爲戴嬀生。欲書桓公爲戴嬀生，則不得不書戴嬀爲厲嬀娣。欲書厲嬀之娣生桓公，則不得不書厲嬀亦曾生孝伯。此一行敘事雖多，要識單重末句，上頭皆閒筆曲折耳。**公子州吁，嬖人之子也，有寵而好兵，公弗禁，莊姜惡之。**(《約編》眉)以莊姜之愛憎，定其人品之邪正。(《評林》眉)陳傅良："'嬖人之子也'，傳見州吁不稱公子。按：劉侍讀曰：'諸弒君，公子而不稱公子，公子之未爲大夫者也。'其義已當。齊無知同，皆史例也。"**石碏諫曰："臣聞愛子，教之以義方，弗納於邪。**(《便覽》眉)"愛"字對"寵"字來，一層正論，二層注解，皆緊抱"寵"字。(閭生夾)先著石碏一諫，使局勢緊湊，前後一氣貫穿，此謀篇之法也。**驕奢淫泆，所自邪也。四者之來，寵祿過也。**(德秀夾)愚按：石碏之意，蓋謂驕奢淫泆，乃邪之所自起。而所以有此四者，由寵祿之過也。**將立州吁，乃定之矣。若猶未也，階之爲禍。**(《文歸》眉)郭正域曰："議論能品。'寵而不驕'以下章法。"王納諫曰："語簡意悉。"郭正域曰："'驕奢'八句，如輕燕受風，煞有筆態。"**夫寵而不驕，驕而能降，降而不憾，憾而能眕者，鮮矣。**(《測義》夾)愚按：石碏所云"愛子教以義方，弗納於邪"，至哉，言也！而曰"將立州吁，乃定之"者，則吾惑焉。夫州吁恃寵好兵，既已納于邪矣，乃石子猶復探其君之邪志而成之乎哉？是何其言之自相悖也？不幸莊公從若言，則衞國之禍，其誰階之？〖編者按：奧田元繼作陳眉公語。〗(孫鑛眉)頂針句在今亦厭。(《彙鈔》眉)四句相因而下，說盡禽犢之愛，貽禍不淺。**且夫賤妨貴，少陵長，遠間親，新間舊，小加大，淫破義，所謂六逆也。君義，臣行，父慈，子孝，**

兄愛，弟敬，所謂六順也。去順效逆，所以速禍也。君人者將禍是務去，而速之，無乃不可乎？"（《左繡》眉）石碏語作兩層讀，前一層正論，後一層推論，妙於中間特着反接開宕之筆，既束上，又動下，文勢靈活。若徑接"賤妨貴"云云，便直而少致，不但上段收煞少力而已。兩截中間用轉楔，乃通部筆法之大凡。上論州吁，此下帶論嬖人。論事則前爲後伏，論文則後爲前應。章法圓密，如環無端。兩層皆以"義"字爲眼目。（《補義》眉）提句照六順六逆，俱就大概説，突接"將立州吁"，急轉"階禍"，將上下面字字收拾州吁身上，只"階之爲禍"是實發。以下又從大概説，末方承"禍"字加一"速"字，使之猛省，篇中步步着緊，却筆筆空靈。（《評林》眉）《增補合注》："州吁於六逆則賤妨貴，少陵長，於六不順則弟不敬，此所謂'去順效逆'，非謂州吁皆犯之也。"（《學餘》眉）振宕有力，入木三分，老臣之忠讜爲之也。文章之妙，出於性情，此足以觀矣。**弗聽，其子厚與州吁游，禁之，不可。桓公立，乃老。**（德秀尾）明年州吁弑桓公完，石碏卒能殺州吁，以復君之讎，又並其子殺之，故君子曰："石碏純臣也，惡州吁而厚與焉，大義滅親，其是之謂乎？"方莊公之寵州吁也，碏能諫之。及州吁之篡桓公也，碏又能誅之。可謂社稷之臣矣！（文熙眉）汪道昆曰："議論能品。'寵而不驕'以下章法句法。"穆文熙曰："自古驕子未有不敗，碏言剴切，可爲後世之鑒。至於借力于陳以誅州吁，尤可謂有權。"（《左傳雋》尾）施仁曰："自古寵臣驕子，未有不敗。故愛子朝者景王，而去子朝者，亦景王；嬖奚齊者獻公，而弑奚齊者，亦獻公；寵如意者高帝，而鴆如意者，亦高帝。原厥禍始，皆君父者不閑義方之過也。碏言剴切，可爲後世鑒。至於借力以誅州吁，尤可謂能權者矣。"（《正集》尾）明年州吁弑桓公完，石碏卒能殺州吁以復君讎，又並其子殺之。故君子曰："石碏，純臣也，惡州吁而厚與焉。'大義滅親'，其是之謂乎？"〈唐荊川〉（韓范夾）天下邪事所誘，有父不能禁之子者矣，不得已而假手他國，行術致奸，老臣心血，其瀝之太廟乎！（《快評》尾）此傳爲四年"衛州吁弑其君完"先經以始事也。公子州吁，嬖人之子也，母嬖而子有寵耳。若莊姜者，固《國風》之所謂碩人。而戴嬀者，即莊姜之所謂"溫恭且惠，淑慎其身"者也。乃莊公好惡顛倒出於情理之外，以此爲亂階而遺篡弑之禍。莊姜之惡，石碏之諫，舉不能移公之情。愛之溺人，甚矣哉！石碏之諫，此時極難開口，何則？桓公雖非莊姜所生，今實爲莊姜之子，嫡庶之分既定，莊公又實無廢立之心也。莊公以爲州吁馳馬試劍，此亦貴公子之常耳，烏足多責乎？不知有寵則易驕，好兵則易亂。易驕則不能爲人下，易亂則篡弑之心生。他日之事，明眼人固可操左券而必之也。然此語豈堪與莊公明道哉？故石碏通篇只泛論愛子之道宜如此而不宜如彼，中間只將州吁一點，曰："將立州吁，乃定之矣。"乃今日必無之事。曰："若猶未也，階之爲禍。"則他日必有之事也。以今日必無之事，反顯他日必有之事，非此言不足以喚醒癡人之昏沉醉夢也。老臣費盡心血而爲此言，乃莊公昏沉醉夢冥然如故，石碏亦奈之何哉？迨夫桓公立而石碏老，則州吁之謀已定，而州吁之黨已成，雖有知者，亦無如之何矣。學者能設身處地，知其開口之難，然後知其立言之妙也。（王源尾）莊寵州吁，階之爲禍。老臣思患預防，而庸主昏蒙不悟，卒成大變，此傳爲之張本也。嚴緊透辣，鐵案如山。前入州吁之寵，筆筆曲。後序石碏之諫，筆筆切。曲矣，而立案甚嚴。切矣，而敷醉甚變，用筆之妙也。以"東宫"二字起，不知其所來。以"乃老"二字結，不知其所往。起得離奇，結得巉峭。一篇中多少境界，豈若後人文字一覽無餘也？"禍"字爲眼。公者，禍之主，而發其禍於始，辟其禍於中，定其禍于後者，石碏也。"乃老"二字，所以著其辟禍之跡，伏其定禍之機，妙筆妙筆！（《覺斯》尾）過商侯曰："老成謀國，計深慮遠。'將立州吁，乃定之矣'，是觸發語，是作用語，莊公當大猛醒。愎而弗圖，辨之弗早，貽禍後嗣，嗚呼！痛哉！"（《析義》尾）按：衛州吁始末，如弑立伐鄭傳，則專罪州吁。如殺州吁、石厚傳，則專美石碏。此傳則敘過寵速禍之由，專責莊公也。莊公惑於嬖妾，以美而賢如莊姜者，終不見答。考《終風》、《緑衣》諸詩，自見州吁以寵階禍，實基於此。故開口把莊姜說得十分貴重，而以桓公、州吁二人邪正，亦借莊姜好惡爲定衡，最有深意。篇中"有寵"、"好兵"四字，爲此案始終關鍵。石碏之諫，總欲裁抑州吁之寵，使其知守本分，不至於驕，自不入於邪，以作禍本，語語先着。至於"將立州吁"二語，或謂不宜以告癡人，不知州吁義不當立，莊公亦知之，以必不可行之事，作反詰語，甚言其必爲禍之意，非激語也。末把六逆、六順莊誦一遍，不但見得州吁不當寵，即嬖妾配嫡之戒，無不躍然。與篇首敘事照應，細讀方知。（《分國》尾）此傳"有寵好兵，公弗禁"七字，便是桓公見弑之由，亦即州吁自殺其身之機也。"其子厚與州吁遊，禁之，不可"十一字，便是石厚殺身之由，亦即衛人殺州吁、石碏殺其子厚之機也。人知州吁弑桓公，衛人殺州吁，不知實莊公之有寵弗禁致之弑、致之殺耳。人知衛人殺州吁，石碏殺石厚，不知州吁之好兵，石厚之不可其父，自速之殺也。雖無衛人，雖無石碏，非吁殺厚，即厚殺吁耳。甚矣！長國家者不可偏愛。而兵非佳器，弄則不祥。爲人子者，當不善不入，恪遵義方，毋使他日大義滅親也！（《晨書》總評）徐袞侯曰："寵則成逆，逆則召禍，千古名言！何莊公之不悟也？韓非子云：'州吁重于衛，擬於君，群臣百姓盡畏其勢，遂弑桓公。'碏之老也，畏其勢耶？抑如先正所言，善藏其用也？莊公退賢寵嬖，《綠衣》有賦，實爲亂階。州吁阻兵安忍，'擊鼓其鏜，平陳與宋'，國人怨焉。幸而石碏大義滅親，賊子授首，亂斯弭矣。乃宣公繼之，烝夷姜，納伋婦，逆朔竊位，得罪天子，義方之教，何累世未之聞也？"（《觀止》尾）"寵"字乃此篇始終關鍵。自古寵子未有不驕，驕子未有不敗。石碏有見於此，故以教之義方爲愛子之法，是拔本塞源，而預絕其禍根也。莊公愎而弗圖，辨之不早，貽禍後嗣，嗚呼！慘哉！（《集解》尾）篇首以正嫡與嬖人對寫，以正嫡所子與嬖人之子對寫，加以"有寵好兵"四字，序案已自昭然，中以"寵"字通貫，反覆指陳，前有伏筆，後有照應，結構緊嚴，章法盡善。（《彙編》尾）自古寵子未有不驕，驕子未有不敗。衛州吁弑立被殺，其明徵也。然究其禍根，皆由莊公棄賢妻、惑嬖妾之故。左氏開口便把莊姜說得十分貴重，而桓公、州吁二人邪正，亦借莊姜好惡爲定衡，後以賤對貴、新間舊應之，最有深意。讀此篇者，但知子不可寵，不知所以寵子，實由嬖母。嬖其母，不得不寵其子，而其身先不正矣。不正焉能教子？凡有國家者，於嫡妾之間，最宜修身正己，去逆效順，拔其本而塞其源，以預絕其禍胎，否則一念之惑，遂使內寵僭嫡，貽禍後嗣。嗚呼！慘哉！說諫寵，先說寵，又先說所以寵，便有步驟。至其諫處，先泛說道理，次跌到州吁，末推開，繳完君人勿納之理，結構精嚴。（《知新》尾）州吁弑逆，莊公成之，故傳書禍本所由始，而詳志石碏之言，以垂訓戒，看他前後敘事立言緊相關照處。（昆崖尾）王晉升曰："寵嬖已足致禍，加以好兵，是以啓弑逆之惡也。石子之諫，愷切明暢，足徵老成謀國慮遠憂深。"高介石曰："'寵'字乃此篇關鍵。看他前後敘事立言緊相關照處。"義方"伏六順，"納邪"伏六逆。"階之爲禍"句提起，"寵而不驕"以下至末反覆推勘，痛快詳明，總以申"階禍"之意。極緊嚴，極矯變，極老辣，極沉雄。文成斧鉞，筆湧江山。(《約編》尾) 石碏之諫，在春秋前，傳爲下年州吁作亂張本，故追敘其事。"有寵"是本篇之主，"好兵"並爲後文"阻兵"伏案。(《喈鳳》尾) 州吁之爲國禍，莊姜早見之，石子熟慮之，而莊公獨否。篇中反復開陳，詞嚴義切，憎然如故，總由嬖而生寵，寵而滋惑，釀成篡亂之禍，嬖之爲害，可勝言哉！碏之請老，皆以爲知州吁之必爲禍，而己力之不能勝故，然有似全身遠害之爲者。但觀"將立州吁"二句，則此時桓公雖爲莊姜所子，而太子之位尚未立，嬖之奪嫡尤易，不得不留爲防護。迨莊卒而桓立，大事已定，斯可以老。且安知非老謀深慮，在位恐爲州吁顧忌，身在局外，可以相時觀變？卒之州吁死于碏計，則非其力之果不能勝也。前此或桓不克振，碏籌畫未就，故難誅之未弒之先耳。(《左傳翼》尾) 此敘州吁弒君，而追敘石碏之諫，以見莊公不悟，卒成大禍，"禍"字是主。從來君父溺愛嬖孽，未有不成篡弒之禍者。使早從石碏之諫，豈不能消患於未萌？諫既不入，乃爲避禍之計，以圖定禍之幾，計亦苦矣。桓公立已十六年，此諫當更在前，即石碏請老，亦未必係三年內事。左氏先經始事，故特載於此。孫執升譏石碏身相桓公，不能早爲消弭，卒致桓弒厚誅，國家俱病。不知彼能諫莊，豈不知諫桓？況禁其子不與州吁游，義方之教，更爲諄切，豈忍陷子於惡而忍以戕之？識此苦心，方知後面許多作用皆出於不得已。蓋逆料州吁必至弒君，既不能止，又不能討，只得跳出事外，藏蹤閃跡，不惟不令州吁疑，亦不令石厚覺，此皆其深心大力爲之也。衛不能討賊，而石子討之，大義滅親，可以感泣風雷，而可輕爲訾議乎？(《便覽》尾) 按州吁行弒，桓公已立十六年，使公德足撫人，亦可弭亂。而傳必推本言之者，見人君寵惑嬖孽，未有不召禍者。夫衛亂因于莊姜之賢而失位，今從此入手，卻輕輕將賦《碩人》一點便足。只以"無子"、"己子"跌出"嬖人之子"，爲諫寵州吁作頭緒。幾使讀者不知其爲因文而綴事，因事而綴文，但見照應之妙而已。〈芳輯評〉(《日知》尾) 好兵則爲禍，弗禁則速禍，意本一串。忽從州吁一面拓開，大離大合，遂有争流競秀之觀。(盛謨總評) 唐錫周曰："'臣聞愛子'以下，如山明水秀，蒼翠奪目。忽然幾語重疊，如數山相連，迤邐而下。忽然又劈分兩扇，如兩峰相對，矗起插天，尺幅中有無限奇觀。"前面提出桓公，後用桓公一結，遂覺中間文字，處處神情聳動。若只向"寵"字、"禍"字尋取，便死於有字句處矣。可知左氏文字，全在言外領會。(《自怡軒》尾) 按：州吁之行弒，衛桓公已立十六年矣。桓公不能防亂，亦禍由自取。傳必推本言之者，見人君寵惑嬖孽，縱之不義，未有不召禍亂者也。謝立夫。（王系尾）隱之三年，當衛桓之十五年，此篇皆是追敘舊事，爲四年州吁弒衛桓作案也。故附在此年之末，通下爲一篇。（《學餘》尾）天下之治亂，生於好惡。好惡得其平，治之所由興也。好惡不得其平，亂之所由興也。顯則將相，隱則宮闈，要未有隱而不顯者。是故石碏憂之而爲讜論，莊姜悲之而爲變風。（《菁華》尾）石碏之言，語語沈痛，其如癡人不悟何也？"將立州吁"二句，是反迫語，與上篇"若與太叔，臣請事之"一樣口氣。六逆六順，相對爲文，可悟散體中有整比之法。石碏之老，非圖自逸，將留其身以有待也。桓公既立，即宜起石碏於家，委以國政，則大位固矣。乃置之閒散之地，不使有所與聞，使州吁得用其逆謀，而坐待篡弒之及，真庸材也。（閩生夾）有此數語，則前後鉤連，通篇文勢湊泊。

◇隱公四年

【經】四年春王二月，莒人伐杞，取牟婁。（《評林》眉）孫覺："伐而後言取者，先聲其罪以伐之，又奪取其邑以爲己有也。"戊申，衛州吁弒其君完。（《評林》眉）陳岳："隱、桓之《春秋》，凡弒君之人皆書名。"夏，公及宋公遇於清。宋公、陳侯、蔡人、衛人伐鄭。（《測義》夾）林堯叟氏曰："於是齊、鄭一黨也，魯、宋、陳、蔡、衛一黨也，東諸侯分黨，而天下始多故矣。"（《評林》眉）程頤："宋以公子馮在鄭，故與諸侯伐之也。摟諸侯以伐諸侯，故爲罪矣。而衛殺其君，天下所當誅也，乃與脩好而同伐人，其惡甚矣。"秋，翬帥師會宋公、陳侯、蔡人、衛人伐鄭。（《測義》夾）湛若水氏曰："伐鄭一事也，夏書宋公、陳侯、蔡人、衛人伐鄭者，四國始謀而欲動，著四國之罪也。秋書翬會宋公、陳侯、蔡人、衛人伐鄭者，翬已動而行事，著翬之罪也。"（《評林》眉）薛季宣："師興而後翬會之。"程頤："再序四國，重言其罪，左氏以爲再伐，妄也。"九月，衛人殺州吁於濮。（《評林》眉）劉敞："《傳》曰：'石碏殺州吁，其稱人何？討賊之辭也。'"又云："杜氏云：'未列於會，故不稱君。'是篡弒之人已會諸侯，則無咎矣，豈王法哉？"冬十有二月，衛人立晉。

【傳】四年春，衛州吁弒桓公而立。（武億尾）起手從莊姜敘入，爲六逆等伏筆，石碏因其父子之間，趁便併論其夫婦嫡妾之際，本是暗諷。左氏卻先替他敘明來歷，此最是史家伏案精細處，使讀者不知是因文而綴其事，不知是因事而綴其文，但見其照應入妙而已矣。公與宋公爲會，將尋宿之盟。未及期，衛人來告亂。夏，公及宋公遇於清。（《賞音》尾）按：州吁之行弒，衛桓公已立十六年矣。若桓公德足附人，智能防亂，豈不足消彌此禍，而必以罪已往之莊公哉？傳必推本言之者，見人君寵惑嬖孽，縱之不義，未有不召禍亂者也。（《左傳翼》尾）不期相逢之謂遇，其禮從簡。今魯、宋約會，以衛來告亂而簡其禮，若不期而遇者。然既不會矣，何爲又遇？王氏樵以爲：「必有所謀，意在謀鄭，而托於無約而遇，以秘其跡。」是也。公爲狐壤之辱憾鄭，宋亦以鄭納子馮而欲逞志焉，二國合交定謀伐鄭，州吁所以窺其隱而請宋主兵，宋且爲之乞師于魯也。此遇雖不爲衛，而未嘗無與于衛，細玩自知。（《評林》眉）許翰：「隱、莊之間凡六書『遇』，自閔以後有會無遇。」

宋殤公之即位也，（孫琮旁）先提出宋。（《補義》眉）據經，宋公是主，州吁爲賓。物必自腐而後蛆生，非宋欲去馮，吁安得中之？筆筆寫吁之善謀，正筆筆著宋之首惡。眾仲一對，全神注在宋公，觀下文宋公乞師可見。公子馮出奔鄭，鄭人欲納之。（《左傳雋》眉）李行可曰：「按馮之奔鄭也，欲因鄭以求入也。吁之告宋也，欲伐鄭以除馮，吁豈爲殤公計久遠哉？蓋欲以除馮之利，則我得因宋以報鄭怨，以合諸侯，而天下將忘我之篡而不吾事。豈知石碏首義，計執于陳。則吁之睦于陳者，安知非天所以假手而爲石碏地哉？」（《左繡》眉）此篇前案後斷，斷之妙，妙于正喻夾寫。案之妙，妙於賓主互用。蓋此篇自以州吁爲主，經卻以宋主兵。文於三國，獨詳告宋，便令宋出一頭地。然後輕輕將陳、蔡方睦合到衛人伐鄭，只依經平點，而賓主了然，敘事最有手法。議論之佳，乃有目共睹者耳。（《評林》眉）陳傅良：「凡公子奔，非其罪不書。」今案：前言「使馮出居於鄭」，原宣公之意而言。此言「出奔」，又自怨怨言之。兩通其意也。」（高嶹眉）中一截應前好兵，伏後殺州吁于濮張本。州吁之無成，先于眾仲口中發之，亦左氏慣伎。「以德、不以亂」是此截之主。及衛州吁立，（孫琮旁）次接入衛。將修先君之怨于鄭，而求寵于諸侯，以和其民，（孫琮旁）"和民"是章旨。（《左繡》眉）三項以"和民"爲主，修怨求寵，皆所以爲和民也。亦語語爲"亂"字起本矣。（《約編》眉）敘事中推出隱情，最見筆力。使告于宋曰："君若伐鄭以除君害，君爲主，敝邑以賦與陳、蔡從，則衛國之願也。"（《評林》眉）鄒許士："子馮既在鄭矣，而又欲爲鄭除其害，此正衆仲所謂阻兵安忍。"《論語》朱注："賦，兵也。古者以田賦出兵，故謂兵爲賦。"按：調亦賦也，晉平吳，制户調，見晉《食貨志》。宋人許之。於是，陳、蔡方睦于衛，（孫琮旁）再出陳、蔡。故宋公、陳侯、蔡人、衛人伐鄭，圍其東門，五日而還。（《左繡》眉）只五日耳，便有死生契闊之痛，民之不和可知已。（《評林》眉）家鉉翁："是役本衛志，而序宋爲首，責宋深矣。宋公書爵，目其人而貶之也。"汪克寬："《邶風·擊鼓》詩《序》云：'州吁用兵暴亂，使公孫文仲將而平陳與宋。'經書衛人於蔡人之下，所以誅文仲黨惡而忘讎。"

公問于衆仲曰："衛州吁其成乎？"（《約編》眉）左氏敘戰之勝負，國之興亡，人之禍福，往往先之以卜筮或謠言，或旁觀之論，極爲生色。對曰："臣聞以德和民，不聞以亂。以亂，猶治絲而棼之也。（孫琮旁）喻言、正言交互迴合。夫州吁，阻兵而安忍。阻兵，無衆；安忍，無親。衆叛親離，難以濟矣。夫兵，猶火也，弗戢，將自焚也。夫州吁弒其君，而虐用其民。（韓范夾）祖龍既並天下，而征役不休，虐用其民，所以身死未幾，普天同叛。今州吁強不若秦，才不若始皇，而即位以後，稱兵無已，安得不敗？於是乎不務令德，而欲以亂成，必不免矣。"（文熙眉）汪道昆曰："議論妙品。'以亂'句法。'棼之'字法。"（《測義》夾）汪克寬氏曰："衆仲不言其元兇大憝，而但云阻兵安忍，蓋君臣之義不明於天下久矣。"（孫鑛眉）一泛論，一州吁，作四節相錯，最鍊有態。（《文歸》眉）王納諫曰："筆勢迴旋多姿，而氣色蒼厚。"（《快評》尾）鄭有共叔段之亂，宋有公子馮之事，衛有州吁之變，三國皆從弟兄上起見，一奇也。鄭有共叔段之變，衛即爲之伐鄭，取廩延。宋殤公即位，鄭即欲納公子馮。衛有州吁之難，宋即輔之以伐鄭。各人皆有弟兄之難，卻偏要與他人弟兄分上事，二奇也。又其事皆在隱、桓之間，隱、桓兄弟尤難言之，三奇也。豈氣機至此，人亦不能自主乎！曰："將修先君之怨于鄭，而求寵于諸侯，以和其民。"是伐鄭一事，州吁有此三個主意在內。州吁弒其君而民不和也，故州吁圖所以和之者。然好兵之人，所見無非是兵，而兵豈和民之具哉？故"修先君之怨于鄭"一句，從州吁平日好兵中來。"求寵于諸侯"一句，從州吁平日有寵中來。然修先君之怨于鄭，猶是當時實事。求寵于諸侯，則竟是左氏妙文矣。蓋此處"寵"字即後文"成"字，左氏故作"寵"字，圖與前篇相映耳。（孫琮旁）轉語作結，文勢遒緊。（孫琮總評）宋穆公讓侄，可謂晚近高義。公子馮處之淡然，亦自曲體乃公心事。乃州吁以弒君之賊，導宋伐鄭，雖曰修怨，實于宋之父子、兄弟間，惡其相形，而欲以分謗也。觀其"以除君害"一句，情詞狠毒。蓋公子出而殤公伐之，殤則惡矣。惜乎宋人不知而入其計，竟許之耳。至衆仲一對，寥寥數語，料事井然。一段泛論，一段州吁，兩兩夾發，遂將"欲以亂成"字緊繳"州吁其成"，"成"字交互迴合，宕而能鍊，後來絕大奏疏，皆不及此筆力。（《左繡》眉）問一衛州吁，却置兩"夫州吁"，一意分作兩層說，妙甚。既以兩"夫州吁"提頭作對，中間又夾入一"夫"字，便滅去比偶之跡。而"兵"字承上轉下，雖對而實遞，筆法最佳。凡三點"亂"字，斷煞州吁。"難以濟矣"應"焚之"，暗接"成"字。"必不免矣"應"自焚"，明結"成"字。而"德"字、"亂"字，前提後應，首尾回環，章法極整又極圓也。（《約編》尾）此爲殺州吁于濮張本，州吁之無成，先于衆仲口中發之，是左氏慣用家數。連設二喻，俱以"夫州吁"接之，章法勻整。"阻兵"接前篇"好兵"來。（昆崖尾）敘州吁也，卻以宋、鄭情節說起，借魯君臣口內收結，鑄局變化，用筆跳脫。左氏文有自己論斷作結者，有即於敘述中借他人論斷作結者。此篇其一也。以敘述爲結斷，今人無能之者。以伐鄭起案，則"安忍"是賓，"阻兵"是主。文用平敘，而"兵猶火也"特地提喝，亦錯綜，亦分明。"治絲"一段，決其難成。"自焚"一段，決其且將有禍，亦是一層剝進一層法。兩段俱跟"成"字，首暗應，次明繳。兩段俱發"阻兵安忍"，首明提，次暗照，即意不換處亦必換筆。（《左傳翼》尾）州吁弒君，國人不順，欲使民和，惟有求寵諸侯一策。諸侯何以得寵？又想出修怨一層，庶幾民可見諒，得會諸侯，大位已定，國人自無如之何矣。此所謂"不務令德，而欲以亂成"也。佳兵黷武，亂亡比比，而況簒弒之徒？兩呼州吁，以決其必無成功。"難以濟"、"必不免"，首尾相應。經以宋主名，而傳專言衛者，以告宋而連陳、蔡之師，其兵端開自衛也。經罪黨惡，傳惡首禍，錯經以合異，實依經以辨理，此固無忝素王功臣也。兩喻錯綜，議論精純，包括漢唐以後諸名臣無數論兵奏議。（盛謨總評）上下兩段，若脫離若不脫離，最妙。左氏先伏"求寵"一筆，露"和民"二字，以下極描州吁求寵，點出連兵伐鄭氣概，故作張惶以啓隱公之疑，卻已活繪出一阻兵以亂之州吁矣。故于衆仲口中，突接"不聞以亂"，則上下關竅皆通。神化至此，蓋左氏不傳之妙，非後人所能知也。（《自怡軒》尾）敘事簡而逸，衆仲兩設喻，兩提"夫州吁"，尤覺醒切有味。〈許穆堂〉（王系尾）四國伐鄭，州吁爲線索。因其事之情，以爲文之情，史家所同也。愈錯雜，愈清整，左氏所獨也。衆仲之言，亦是敘述，而斷案定矣。（武億尾）此篇前案後斷。斷之妙，妙于正喻夾寫；案之妙，妙於賓主互用。蓋此篇自以州吁爲主，經卻以宋主兵，文於三國獨詳告宋，便令宋出一頭地。然後輕輕將"陳、蔡方睦"合到"衛人伐鄭"，只依經平點，而賓主了然。（《學餘》尾）州吁不足論，衆仲之言，則萬世之良規也。是以聖人先去兵。（《菁華》尾）州吁以篡弒得國，不思輯和人民，而顧輕用其力，此固其好兵生性使然，而其得禍亦卒以此。觀宋人許州吁之請，則殤公之刻不忘情于公子馮可知，亦大負乃叔之用心矣。（闈生夾）插入此段，通體俱振，所謂精神旁溢處也。又案：左氏於事之論斷，每借他人口中言之，不另起波瀾，最是全書勝處。

　　秋，諸侯復伐鄭。宋公使來乞師，公辭之。羽父請以師會之，公弗許，固請而行。故書曰"翬帥師"，疾之也。（《評林》眉）《補注》："翬與無駭、溺俠稱名，皆當從二《傳》'未爵命'爲正，左氏不知此義，見翬、溺不書屬而事惡，皆曰'疾之'。至桓三年翬始稱公子，不得其說，則曰'修先君之好，故曰公子'，由所考史法未備，又不能闕疑故也。"諸侯之師敗鄭徒兵，取其禾而還。（《左繡》眉）徐揚貢曰："四段插兩喻，文如錯繡，尤妙於不說盡。古人唯善用虛，故少以勝多。"此節雖爲翬帥師解斷，卻不重論翬，故只以"疾之也"三字輕撒，而前後于宋公乞師、諸侯敗鄭特詳。總寫州吁欲以亂成，作前後兩篇過脈耳。傳有題面在此，而文意在彼者，此類是也。（《左傳翼》尾）魯、宋既合交以謀鄭矣，州吁使告，特未及魯耳。"州吁其成"一問，隱公煞有深意，設衆仲以有成對，則宋使來乞師，公必不辭，無待羽父固請而行矣。今羽父雖擅以師會，而魯、宋之交實攜於此，所以次年入郕之役，宋來告命，因使者"未及國"一對，公遂不往救，而鄭因來渝平，公亦遂背宋即鄭矣。隱公初年文字，文意極簡，而來蹤去跡，極草蛇灰線之妙，讀者正須連合以觀，曲尋其血脈所在。(《補義》眉) 乞師是吁，而轉托却從遐清來。徐退谷曰："以伐鄭起，以敗鄭結，見'州吁欲以亂成'為上下篇過脈。"(王系尾) 此篇是翬帥師會宋公、陳侯、蔡人、衛人伐鄭傳。公辭而羽父請之，惡矣。弗許而固請之，抑又惡矣。履霜之漸，使人慄然。與上篇同一事，而意存乎疾翬，故自為一篇。

州吁未能和其民，厚問定君於石子。(《正論》眉) 石碏能以父殺子，王導不能兄制弟，乃至假手除憝，尤托滅親之義以欺天下，幽冥之中，良負碏矣。(《左繡》眉) 此篇傳殺州吁，自應以吁為主。然石碏難處，又不在吁而在厚。文從州吁未能和民敘起，已立一篇之主。而一則曰"厚問"，再則曰"厚從"，三則曰"厚與"。浥、殺兩兩對寫，而中間直稱二人，不分首從，至末單以"大義滅親"贊碏為純臣，却全注重厚一邊。蓋論事則吁主而厚賓，論文則吁賓而厚主。看他起處從主入賓，結處反賓為主，中間由平而側，安放無跡，手法絕佳。尤妙在重寫石厚而仍不略州吁，結"惡州吁"三字，尤帶得法密。左氏於賓主互用，尤有並行不悖之妙。不可不深思而熟玩之也。(《約編》眉) 接前篇"和民"說來，和民以德，州吁不務令德，故未能和其民。(《補義》眉) 經書殺吁自以吁為主，碏却將厚為引線，即從厚發機，而吁乃應手而斃。末段似較重殺厚，故急點"惡州吁"三字，連"大義滅親"亦收入"惡州吁"中，而碏之為純臣，正不徒在滅親也，賓主極分明。魏冰叔曰："細細商量，腸寸斷矣。禁之不可，腸斷何言？稍存惻怛，必為所窺。"(高塘眉) 後一截了州吁弒君案，見石碏討賊濟變，其才其智，卓絕千古。合前截諫詞觀之，真乃心社稷之臣，益知"乃老"二字，乃沉機觀變大作用，至此方得藉手也。大義滅親，亦因其不可化誨，非是不教以義方，前後關合，縝密不露。"大義滅親"一句，是此截之主。(方宗誠眉) 州吁既自立為君，必有死黨，石厚又助之，則機事不可以不密。故詭辭以答，令其如陳，方可解其黨而借陳之手以誅之也。此碏之才不可及矣。**石子曰："王覲為可。"**(韓范夾) 此計若出於石厚，而碏不聞，則州吁之事定矣。(《評林》眉) 《翼》："王覲，覲王也。父子之間，遂至用譎，石子至此，可憐矣。"按：《禮·曲禮》諸侯北面見天子曰覲。**曰："何以得覲？"曰："陳桓公方有寵于王，陳、衛方睦，若朝陳使請，必**

可得也。"(《左傳雋》眉)朱魯齋曰："此時陳桓公尚存，未有諡號，石碏不應稱桓公，此左氏之誤也。"(閭生夾)徑敍州吁之敗，恐文字直率，故借"定君"一問入手，而石碏定謀不煩更敍矣，此爐錘之妙也。厚從州吁如陳。石碏使告于陳曰："衛國褊小，老夫耄矣，無能爲也。此二人者，實弑寡君，敢即圖之。"(《便覽》眉)數語一氣讀，愈覺悲憤。(方宗誠眉)辭命沈痛，聲淚俱下。陳人執之，而請涖于衛。九月，衛人使右宰醜涖殺州吁于濮，石碏使其宰獳羊肩涖殺石厚于陳。(《左傳雋》眉)李行可曰："州吁弑君而立，未列於會，故不稱君，故經書曰'衛人殺州吁於濮'。"(《左繡》眉)明是石碏，卻目以衛人。雖曰國討之辭，然作者正特特襯托下文殺厚單出一人之意，以見其爲大義滅親之嚴且斷也。此種筆法，獨史公得之耳。

　　君子曰："石碏，純臣也，惡州吁而厚與焉。'大義滅親'，(方宗誠眉)"大義"二字，一篇之主。其是之謂乎！"(文熙眉)汪道昆曰："辭令能品。'即圖之'、'請涖'皆字法。"(《快評》尾)桓公立而石子老，立身局外以待事之變，則若石子者，固能成事之人也。然老臣苦心，顧必用之於其子，亦可悲矣。石子曰："能定君者，王也。"然必"覲而後可"，當以"王"字爲句。寥寥數語耳，無不盡之情，無不達之意，歎後人連篇累牘之無益也。君子之贊石碏也，非美之，蓋傷之也。以爲純乎君臣之義，則傷于父子之親矣，然豈老臣之得已哉！(《彙鈔》眉)子從弑君之賊，國之大逆，不可不除，故云大義滅親。(魏禧尾)魏禧曰："石碏預諫於前，滅親於後。愚以朝陳請覲，而分誅吁、厚于濮于陳，其忠其智其略，冠絶千古，曉然易見。獨其所以不動聲色而除大奸、濟大變，最爲深心妙用者有三，左氏隱而未發也。一在'禁之不可'，一在'桓公立乃老'，一在'使告于陳'，請得論之。厚與吁遊而碏禁之，未嘗不愛其子也。然厚之暱吁，爲日已久，碏何以不嚴禁其子，使至於弑君而後誅哉？蓋所謂禁之不可者，必非一禁而遂已也。碏能以至忠之道殺其子，必能以至慈之道愛其子。義方之訓，碏能言于莊公而不能行於厚哉？將必有極其誠懇諄切而不從者，極而不從，是厚之從逆已堅也。碏復嚴加督責，則不肖之子，必漏言於吁。吁、厚同心，疑碏，必不問定君於碏，碏縱有朝陳請覲之善策，吁、厚必不信從。始知禁厚不可之後，奸謀日合，逆形已著，碏不得不辦一片殺子之心，而不幾微露於形跡。豈惟殺子之心幾微不露，其平日動靜語嘿必有不失其親愛之常者，使厚坦然安之。雖桓公既弒，仍以其父爲同心，故慨然以定君問父。朝陳之請，厚遽信之，而吁亦不疑也。州吁有寵，桓公既立。是立者不寵，而寵者不立也，亂之生也必矣。碏於此時上不能使君從其言，下不能使子守其訓。吁勢已成、黨已盛，而苟祿以需禍，非大臣之節也。故殺身而無益于國，不若全身以爲後圖。若碏不急老，則坐視吁之驕恣，既非大臣謀國之忠。裁抑之或陰圖之，則權不在己，勢不可爲，而徒以激州吁之怒，故惟有退其身以觀變而已。吁、厚既如陳，碏使告陳誅之，其事甚難，碏言之若甚易者，而陳人果爲執之，碏何以得此于陳哉？春秋時弒君之人，爲他國所執，有要略於其人而遂定之者，有要略于其國而後誅之者，使陳人以碏之告執吁，要略而助之，則吁必反，碏必死矣。然後知碏平日于陳，必有腹心之交，正直之人，能操陳國之政者，故一言而亂定也。或謂桓公母家于陳，碏與陳侯有謀，故能成事。夫婚姻之國，輕義重利，春秋時皆然。宋執鄭突以求賂，獨非母家乎？苟無正直腹心之交，碏其可恃哉？且當時母家若果可恃，則吁、厚必生疑而不敢往矣。古人作用有在於言語文字之外，使人深思而得其故。若徒以殺子爲難，尚非篤論。郗超之父，曹丕之母，皆以子之緩死爲恨，然則大義滅親，固君子所必出也。作如此驚天動地事，而後謂之純臣。蓋人臣爲國有一毫身家子孫之見，一毫功名利害之見，一毫固執偏私之見，便是夾雜。夾雜一分，便損卻一分忠矣。歐陽憲萬先生曰：‘《易》贊乾德曰剛健中正。純粹，精也。不剛健中正則不可以純粹，後世所謂純者，謹守繩墨，無大過舉而已，豈不誣哉。’大義滅親，前此者周公之于管、蔡是已。霍光惟不知此，遂以蓋世忠勳，卒罹滅族之禍，而後人有不學無術之譏也。惜哉！此等作用，須要看石碏一段忠厚惻怛處。不然，學術稍偏，甚之爲吳起之殺妻，輕之爲樂羊之食子矣。《左傳》中作用深狠者頗多，或以濟其私惡，或偏而不正，未有若此舉之光明正大忠厚者也。愚故表而出之，以爲《左傳》第一篇文字，學者不可輕易讀過。除吁作略，智謀之士或有能者。合‘義方’、‘寵祿’之諫觀之，先事豫防，則非老成忠厚、明於大計者必不能矣。觀此則不特碏之禁子，原是愛厚。其諫莊公，並是愛吁。即殺吁亦豈碏本心哉？凡君子于小人，苟非事勢急迫，則必教之不改而後誅，若我初無防閑之方，哀矜之誠，及其惡著而屠之，若犬豕然。雖國法大明，人情大順，終非君子之用心矣。”任安世問曰：「石碏既知其子從逆，勢不可挽，何不於其未弑君時除之，以孤州吁之黨，且使其子免於弑君之惡，不亦可乎？」曰：「殺厚則吁得爲備，吁之黨不止一厚，是殺厚無救於吁之亂，而祇以啓吁之疑也。」曰：「厚既無疑於碏，家庭密邇之地，起居飲食，何在不可殺厚？安見厚死而吁必知碏之殺之乎？」曰：「碏陰殺厚，吁縱不疑，而吁之動靜，碏難與知。事機之來，不得乘便，是碏終難圖吁矣。即以後事觀之，如陳之謀，非厚曷濟？故碏不在於速殺厚也。」曰：「君子爲忠，當使天下後世共白其志。按碏老于莊公，則此時年已高矣，假令碏先死而後難作，則始縱其子之罪誰爲白者？不甚于霍顯毒后，光猶不知乎？」曰：「古人做事只認得道理的確當作，識得時勢機局必如此做方濟事，便一意行之。至於事未成而身死，身死而蒙不韙之名，俱未暇想也。且如武氏未夢鸚鵡而狄梁公死，豈不一依阿女主之人耶？蓋不圖事之必濟，而汲汲表己之心，全己之名，雖是忠心爲君，未免夾雜自爲意思在內，此碏之所以爲純臣也。」謝文洊曰：「碏退身觀變，乃遲至十六年之久，必待君弑而後討賊，謂之坐失事機可矣。」曰：「事固有不可爲者，若徒執先事爲言，則古今討賊之人，皆可被以失機之罪矣。州吁弑逆未成，乃欲以告老之大夫，擅殺專兵之介弟，豈易易哉？共工庸違象恭，鯀方命圮族，堯已知而必待舜誅者，亦以罪惡未著故耳。觀碏前之豫諫，後之討賊，忠智勇略如此，則十六年間，決是理勢實不可爲，而非坐失事機也，明矣。」魏世傑曰：「陳人不居除惡之名，而請涖于衛，使其國法大著，非識大體者不能。不然，如齊襄公殺子亹、輾高渠彌，豈不赫然義舉哉？于此益見石碏交人得力。」（《分國》尾）州吁能攘君位，不能攘民心，思求寵于諸侯以固其勢。石碏無機可乘，得石厚一問，曰「王覲爲可」，兩人如陳，而虎離穴矣。一殺於濮，一殺于陳，真千古快事。（《左繡》眉）唐錫周曰：「考叔純孝，石碏純臣，弁冕金書，千秋華袞，傳之所以翼經也。」孫執升曰：「讀告陳語，至今凜凜有生氣。懷光有子，石厚有父，皆能立大功于君國，而不能變逆節於家庭，其不幸豈非天耶！」（美中尾）魏勺庭曰：「親親，義也。滅親，不義也。而曰『大義滅親』，始知滅親之事，蓋小仁小義小忠小信者所不能爲。此四字開千古不敢開之口，立萬世不可易之法。大義滅親，前此者，周公之於管蔡是已。霍光惟不知此，遂以蓋世忠勳，卒罹滅族之禍。而後人有不學無術之譏也。惜哉！」（《約編》尾）此篇完結石碏一案，由初諫，至討賊，合看見其乃心社稷也。大義滅親，因其不可化誨，非是不教以義方，左氏文字縝密不漏如此。(《左傳翼》尾) 討賊何以必于陳人，豈以戴媯大歸後，陳人皆欲得州吁而甘心耶？定大計者無過於密，絕妙機關，總在因"定君"一問爲之畫策，令他不知不覺，自投羅網，不知此老何以智深勇沉至此。嗚呼！前此二年，結舌箝口，難矣。今茲八月，破涕爲笑，尤難。吾不知石子于夜靜無人時，幾許咄咄書空也。從來嬖子配嫡，多由父母溺愛而生。叔段、州吁，皆鄭、衛之庶孽殘賊子也，一則母愛，一則父寵。"欲與"、"請事"，鄭人憂之；"將立"、"乃定"，衛臣懼焉。然而武公弗許，亟請何爲？莊姜雖惡，弗禁自若。請京收貳，適成不義不匿之愆。破義凌長，豈有能降能眕之目？何則？母也無力，繕甲者無虞滋蔓之難圖；父兮有權，好兵者終憂寵祿之太過也。又況莊之才足以制叔段，桓之力不能勝州吁，情事更有不同者乎！向使"早爲之所"，鄭伯聽祭仲之謀；"弗納于邪"，衛侯受石碏之諫。則伐京伐鄢之乘，可以不出；于濮于陳之使，可以不勞。而乃遺母匡君，必待考叔借箸而告；朝陳請覲，致令石碏含淚以陳。不匱錫類，主臣並榮；大義滅親，家國俱破。孝子有母，純臣無兒，左氏于此三致意焉。爲人君父者，其亦慎其所愛，毋貽臣子之憂而可哉！(《便覽》尾) 題是殺州吁，而碏難處者，不在彼而在厚。文之妙，在"厚問"、"厚從"、"厚與"等字，重寫石厚，而仍不略州吁。結處"惡州吁"三字，尤帶得細密。是篇初意從桃，故附見於此。〈芳輯評〉(文淵尾) 定大事，始以從容，終以猝發，狄梁公之反周爲唐，王沂公之計去丁謂，事雖不同，皆得石子之意者。(高嶁尾) 俞桐川曰："寫逆黨之盛，毒龍猛虎。寫孤忠之苦，烈日嚴霜。通篇以'好兵'、'和民'四字作連貫。惟好兵，故能戕其君，聯其與國。雖以石碏之忠，勢不能敵，久而後誅之。惟不能和民，故雖結好強援，請命天子，而迄于無成。是篇中着眼處。直諫于莊，藏身於桓，定謀于陳，割情於厚。敘純臣作用，段段精神。前幅罪莊公，中幅罪州吁，末幅罪石厚，此是一篇文字，向來選本分三段，又刪去'會清，翬帥師'二段，不知此二段皆爲衛事，且連絡上下，使文有斷續起滅之妙，小儒固不解也。"(《自怡軒》尾) 石碏告老，距此已十六年，而乃心社稷，不忘討賊，謂之純臣，宜也。〈許穆堂〉(王系尾) "純臣"二字贊得好，明不得爲慈父也。遇值其窮，則亦周公之過而已矣。雖然，碏既絕厚，使從國刑不猶愈於自殺乎？(武億尾) 論事則吁主而厚賓，論文則吁賓而厚主。看他起處從主入賓，結處反賓爲主，中間由平而側，安放無跡，手法絶佳。（方宗誠夾）《左傳》開首贊潁考叔，所以教孝；贊宋宣公，所以教友；贊石碏，所以教忠；論周、鄭交質，所以教忠信。（《學餘》尾）大義滅親，天道也，石厚無生理矣。（《菁華》尾）州吁之被給，石碏之深謀密計，石厚爲之子而不及覺，想其家庭中不露聲色之妙。使酈商而知此，則不待人之劫己，而所以去呂氏者必有道矣。石碏口中稱陳桓公，是時桓固尚在，安得有諡？此左氏引用舊史，偶不及檢處。戴嬀大歸於陳，而莊姜送之，誦《燕燕》之詩，有"先君之思，以勗寡人"之語，想其臨歧分手，必有謀及君國大計，而不無兒女私情。其"于野"、"于南"，正恐耳目較近，將洩其情也。州吁之死，戴嬀必與有力焉。特其事秘，人不能知，史家亦無從涉筆及之耳。

衛人逆公子晉于邢。冬十二月，宣公即位。書曰"衛人立晉"，衆也。（《評林》眉）李廉："晉與子朝皆不宜立，晉爲國人所與，子朝獨爲尹氏所與，故書法異。"按：冬十二月以下傳并注，明本或脱，今補之。（《賞音》尾）石碏告老，距此已十六年，而乃心社稷，不忘討賊，謂之純臣，宜也。然不即圖之者，緣州吁簒立，即與宋公、陳侯、蔡人伐鄭，魯公子翬亦帥師與焉，四國連兵以定其位，故久而後得行其謀耳。蔣覺周先生曰："陳人從碏之言如響，蓋有可取必于陳者，並非草草。"

◇隱公五年

【經】五年春，公矢魚於棠。（《評林》眉）王應麟："《淮南·時則訓》：'季冬命漁師始漁，天子親往射魚。'傳曰'君不射'，是矢，射之也。"夏四月，葬衛桓公。秋，衛師入郕。九月，考仲子之宫，初獻六羽。（《評林》眉）家鉉翁："隱爲桓築宫以祭其母，公子允之母，非魯君之所宜爲之立廟也。《春秋》書之，譏也。"李廉："書'初'例二：'初獻六羽'，復正之初也；'初税畝'，變古之初也。"孫覺："凡舞有干羽，此不言干，但言羽者，婦人無武事，但陳羽舞也。"邾人、鄭人伐宋。螟。冬十有二月辛巳，公子彄卒。（《評林》眉）陸淳："趙子曰：'魯卿有王命者即書卒，尊吾命卿，所以尊王命也。'"

宋人伐鄭，圍長葛。

【傳】五年春，公將如棠觀魚者。(《正論》眉) 觀魚，細事也，僖伯箴之以不軌不物。宋之君天下者，大率賞花釣魚，侈為盛美，濫賦詩篇，即英賢滿朝，未聞一言及此。噫！軌物之廢也，久矣！(孫鑛眉) 此等語為老生熟誦，便覺陳。(鍾惺眉) 此文之妙，妙在皮厚。(《文歸》眉) 王納諫曰："不切切觀魚一事，而多言舉典，今日之失自明。古人動如禮法之意，猶可想見。"(《淵鑒》眉) 辭義堅正，有典有則。臣鴻緒曰："吐辭典贍莊雅，鏗然作金石聲。"臣英曰："'納民軌物'一句為一篇之主，文全從此立論，氣格端重，色澤濃縟。"(《左繡》眉) 此篇前整後散格，"講事"、"備用"，前用對起，後用遞收。"講事"正說，"器用"反說，以器用即在講事中也。而兩層分應，"講事"則先點而後排，"器用"則先排而後點，便令實處反正相接在中間，而眼目呼應包絡在兩頭。此種格律，極其平易，而古今作手，實無能出其範圍者。(《補義》眉) 僖伯首二句"講事"、"備物"對起，點出"君"字，隨頓住"君"字，一語領起全神，而下面零星說來，俱歸宿于此。文極肅括，語帶鋒稜，想見古大臣善閉邪氣象。(高嵣眉) 諫詞以"納民於軌物"句作主，分三節看。前節是總冒，中節分舉"軌物"、"數典"以實之。後節入"觀魚"事，卻只虛渾不露。物從軌出，故中用遞舉法。後"若夫"下，又是納物於軌。臧僖伯諫曰："凡物不足以講大事，其材不足以備器用，則君不舉焉。(孫琮旁) 反起。"事"、"材"二字提起，後乃應之。(《便覽》眉) 緊對"矢魚"正筆提起，下正申一句是主，"不軌"二句方是反接，卻連下三"謂之"，又找"亂政"三句，是起訖不輕重法。君，將納民於軌物者也。(《左繡》眉) 通篇以"君將納民於軌物"句為主，前後三點"君"字，鄭重有筆法。故講事以度軌量謂之軌，取材以章物采謂之物。(孫鑛眉) 有關係者是軌，備實用者是物。不軌不物，(孫琮旁) 反收。謂之亂政。亂政亟行，所以敗也。(閭生夾) 着此一諫，以明公之失政，所以惜其無遠大之圖，而不能納民於軌物以致敗也。議論正大，而詞指極為妙遠。隱既當國，而又奉桓公為太子，此所謂不軌不物之亂政也。特借矢魚一事以見意耳。左氏全書微文大抵如此。故春蒐、夏苗、秋獮、冬狩，(孫琮旁) 正接。皆于農隙以講事也。(孫琮旁) 正說講事。三年而治兵，入而振旅，歸而飲至，以數軍實，昭文章，明貴賤，辨等列，順少長，習威儀也。（閩生夾）"明貴賤，辨等列，順少長"等語，皆其用意着眼處，皆關合嫡庶之爭而言之也。鳥獸之肉不登于俎，（孫琮旁）反說取材。皮革、齒牙、骨角、毛羽不登於器，則公不射，古之制也。（《文歸》眉）郭正域曰："以實而腴，以典而厚。"若夫山林川澤之實，器用之資，（孫鑛眉）此"器用"字略礙。（《文歸》眉）王納諫曰："'資'字反應'備'字，蓋言略有資焉已耳，則非足以備器用矣。"皂隸之事，官司之守，非君所及也。"（《左傳雋》眉）孫應鰲曰："是篇句法新整，詞語劃切，條貫森列，敘事典贍，讀之令人凜然。僖伯其知進諫之道矣！"（孫琮旁）又申說一遍。（《左繡》眉）結句單收"則君不舉焉"，首尾呼應一片。（《評林》眉）"魚者"，捕魚者，猶《周禮》草人、獸人之類。王元美："僖伯之諫分二段看：上謂非講大事、備器用則君不舉，而以'亂政'結之。下謂農隙講事，凡鳥獸皮革等，則公不射，而'非君所及'結之。"（《補義》眉）兩層俱順說恐勢太直，都用逆筆兜住，文氣疏宕。收應兩"君"字。（《學餘》眉）溫恭典雅，意思深遠，令人想見三代盛時，鳥獸魚鱉之咸若也。公曰："吾將略地焉。"（韓范夾）後世人君，往往權詞拒諫，以文己所不欲，而迎旨順諛之臣亦別尋指目，將順其君之私，致使忠諫之士噴歎涕泣，皆此類也。遂往，陳魚而觀之。（《評林》眉）《補注》："傳載僖伯諫詞甚詳，而但曰'陳'曰'觀'，必有所據。然則或將弓矢射之。此說未確。"僖伯稱疾不從。書曰："公矢魚於棠。"非禮也，（方宗誠眉）"禮"字一篇之主。且言遠地也。（德秀尾）胡文定公曰："諸侯非王事，則不出；非民事，則不出。今隱公怠棄國政，遠事逸遊。僖伯之忠言不見納，又從而爲之辭，是縱欲而不能自克之以禮也。"愚按：僖伯所陳皆先王之典法，人君之一遊一豫，其可輕也哉？後世本紀書曰某日畋於某所、某日獵於某地者，其得罪于先王甚矣。（《快評》尾）"公將如棠觀魚者"，是公之心也。"吾將略地焉"，是公之言也。公之心則如此，而其言則如彼，合二"將"字看之，公之拒諫飾非可見。讀《左傳》臧僖伯諫觀魚之文，而歎三代盛時所以盡力於民事者，何其思深慮遠，善美兼盡，一至於斯也！夫民之於大事者，固可使由而不可使知之者也。于農隙而教之以蒐、苗、獮、狩，以習講大事於平日。而文章、貴賤、等列、少長、威儀已無不講矣。又恐吾民視爲常規故套而玩之，先王以爲不可使知者，又未嘗不一使之知。於是乎三年之內而一行治兵振旅飲至之禮，以震動吾民之心思，鼓舞吾民之志氣，以數軍實焉。然後文章昭而貴賤明，等列辨而少長順，威儀亦於是乎習矣。先王之納民於軌物者如此，不物之材，固非君之所宜及也。若夫觀魚之舉，大臣尚不肯以之掛諸齒頰，君人者願舉而行之乎？妙在觀魚小小一題中，卻發出如許議論，可悟文章大小輕重之致矣。"冬十二月辛巳，臧僖伯卒"，公曰："叔父有憾于寡人，寡人弗敢忘。葬之加一等。"夫生而不用其言，死則加之寵異，公亦知僖伯之言納人君於軌物者也。觀其拒諫之辭曰："吾將略地焉。"則亦未嘗以僖伯之言爲非，而以觀魚爲是也。終往陳魚而觀之，所謂遂非者也。夫人不知其非而爲之，必能聞人言而改之。若夫自知其非，而遂之者，雖聖人亦無如之何也。吾嘗平日自命能學聖人之學，辨別是非。蓋亦有素不知其非而爲之者，反不多有。試清夜自思，無一事非明知故犯者焉。嗟乎！何責人則明而自責則昏耶？哀哉！願與同志畢生于寡過之學，而無自欺，庶幾不負于聖人之徒歟！因讀左氏隱公矢魚於棠，漫書以自警云。（王源尾）庸手患不能開，不能開則無餘地可展布，而生機息矣。此文妙處，全在"軌物"句一宕，別開境界，然後講事、備用之義寬然有餘，廻翔上下，無往不可。試去此段讀之，"故春蒐"云云，直接"君不舉焉"，未嘗不簡勁明快，而局勢便狹，波折全無，有何情乎？不知其意在開展上文，而以"軌物"爲一篇之綱者，其相去不知幾千里矣。曰"修事"，曰"脩備"，曰"軌"，曰"物"，兩扇也。而後應"講事"，正且詳。應"備用"，反且略。非錯綜之法乎？未有不錯綜而可以言文者。後人務取枝枝相對，葉葉相當，板到底，俗徹骨，皆宋人陋習。開宕與緊密，不相妨而相爲用，讀此文應有會心。（孫琮旁）破略地。（孫琮總評）王緱山曰："僖伯之諫，作二段看。上'物不足以講大事'，而以'亂政'結之。下'農隙以講事'，而以'非君所及'結之。敘事典贍，鑄局莊雅，尤爲上乘。"春秋去古未遠，人務實學，朝家掌故，熟於胸中，每遇一事，信口拈來，皆有精義。僖伯所言，典覈詳贍，可稱博雅之才。竟陵謂此文妙在皮厚，然其間或用反、或用正，或用實、或用虛，一篇之中，衆美畢備，正不得執一格以議之。（《觀止》尾）隱公以觀魚爲無害於民，不知人君舉動關係甚大。僖伯開口便提出"君"字，說得十分鄭重，中間歷陳典故，俱與"觀魚"映照，蓋"觀魚"正與"納民軌物"相反。末以"非禮"斥之，隱然見觀魚即爲亂政，不得視爲小節，而可以縱欲逸遊也。(《集解》尾）魚固當諫，獵更不可長，篇中略有申抑，卻回護得十分周密，"納民軌物"一語，可爲萬世君度。(《彙編》尾）隱公觀魚，志在遊嬉耳，而僖伯即以爲亂政者，蓋人君一身爲天下表率，關係甚大，苟一時縱欲，逸不知檢，即爲亂敗之所由起。然則人君之一遊一豫，其可或輕也哉？篇中"講事取材"爲一篇之綱，"軌物"二字爲一篇之骨，下便將古之軌物應之，歷敘典故，俱與"觀魚"反照，是左氏紀律之文。(《知新》尾）前言"納民於軌物"，後言"非禮也"，可見君舉必書，動必以法。縱敗度，欲敗禮，直是千秋金鑑。(《賞音》尾）以"講大事"二句爲綱，下文分應，堂堂正正之師。(《左繡》眉）以解書法作結，直應起"如棠觀魚者"句，蓋于文自爲起訖，而於事又自爲起訖也。嗚呼！密矣！凡以敘事包議論者，皆以是觀之。(昆崖尾）文貴相題，題是觀魚，一落清雋語，既寒儉不稱，一落頭巾語，又膚廓不切。左氏一掃空之，光華爛□，古藤紛披，不必明露觀魚，而引事屬詞，總與題意隱躍掩映。故點染富麗，迥非枝詞浮豔。則豐贍者，又極密緻也。然此猶人所共見。須知此種文字，局勢易板，精神易疲。看他正敘之中，間以反掉，則局勢參差而生動。散偶之餘，每作總振，則精神亦遒緊而發揚矣，真第一作手。(美中尾）浦二田曰："口中不曾一字說出觀魚，而觀則非軌，魚則非物，非軌非物，即是非禮。言歸典則，法歸絲扣。"(《約編》尾）有典有則，告君之體，自宜嚴肅如此。(《喈鳳》尾）玩篇首"將"字，可知公志欲觀漁，尚未明戒有司。然僖伯爲貴戚之卿，覺之必先，防之宜早。反覆陳說，正有見於"君舉必書，不法何觀"之義。典重肅穆，謨誥之遺音也。"宣洩泗淵，裹革斷罟"是已事而諫，此尚未見之實事，故但泛陳君道以警覺之，言固各以其時也。然二《傳》正可參看。(《左傳翼》尾）諫觀魚，何以及蒐苗獼狩等項？蓋矢魚如後世打水圍一般。孔疏謂："陳魚者，狩獵之類，謂使捕魚之人，陳設取魚之備，觀其收魚以爲戲樂，非謂既得魚而陳列之。"是也。魯之四境，不少川澤陂池，棠在宋魯之間，公欲陳魚爲樂，何必涉遠？《公羊傳》云："何以譏，遠也。公何爲遠而觀魚，登來之也。百斤之魚，公張之。登來之者何？美大之之辭也。"《穀梁》亦有"非常曰觀"之謂，此必有非常之魚與珍禽奇獸類，公聞欲往而親射之，故朱子引漢武江中射鮫爲比。僖伯不論常與非常，而但以"軌物"爲斷，見公之從事游畋非時與地，爲妄舉輕動，此大臣格君正道。東遷而後，去古未遠，大經大法尚存，每論一事，必詳稱典禮以告之，內外《傳》如此甚多，不可枚舉也。"不軌"是大綱，無事盤遊，典禮已失，而所取之魚，又不足以備器用，是謂不物。"大事"兼祀與戎，篇中所引，單說武事，以與矢魚類也。上半寫"軌"用正講，下半寫"物"用反筆，詳略變化，各極其妙。典瞻之文，正須如此灑脫。有謂觀魚是隱公隱情，未嘗明戒有司，故僖伯只泛論道理，未嘗指實。然試問篇中所云不爲觀魚，何爲有此一段閒空議論乎？古之大臣聞君舉動稍不合道，即援據典禮以遏止其萌。"山林川澤之實"，分明指魚。"蒐苗獮狩"，分明對觀魚。矢者，射也。朱子謂是將弓矢去親矢之，若非知公有矢魚之舉，何爲說"則公不射"？莫因公"略地"一語遂非拒諫，遂謂僖伯毫無着落也。（《精言》尾）觀魚自是縱欲逸遊，在隱公以爲無傷於民，且可以自遂其樂。獨不思君之所行，皆所以爲教，無不與民相關者。僖伯把"君"字說得十分鄭重，以"納民軌物"一句作眼，因以"講事、取材"二句，詮"軌物"字義。語雖並提，看來取材即在講事之內。故四時之講，提出"蒐、苗、獮、狩"四字，則所當取之物材，不言自見。三年大講中，插入"軍實"、"文章"二語，即"章物采"之意，亦無不躍然。惟是隱公觀魚，卻在取物材上用意，上面既僅帶說，不得不以講事之時，物材之不當取者，另找一段，詞意方足。末止泛論平常物材，無關戎祀者，皆非君所宜親。與開口三句相應，亦不必露出"觀魚"字樣，何等正大停蓄！細讀是一滾說來，莊重有流動之氣。初學雖無不讀，而宿學亦無有能講解者也。（德宜尾）篇首有起有承，中間分應，至後總繳作收，是左氏最有法度之文。至其歷敘典故處，妙在俱與觀魚反照，筆筆玲瓏映發。曹德培。（《便覽》尾）是文坊選從無遺者，應以議論正、格局齊耳。然非左之上駟也。故讀左者，尤宜於零碎處覓味。芳自記。（《日知》尾）布置極寬，逼湊極緊，語不迫而意獨至。"君"字起，"君"字結，中間兩開兩合，一寬一緊，而步步相生，如抽獨繭之絲。（盛謨總評）左氏拈出"軌物"二字，忽分寫，忽串寫，忽側寫，然後轉入"若夫山林"五句正意，而總結穴於"非禮也"三字。以前筆筆寫"軌物"，筆筆有"非禮也"三字在，只用一筆點出，何等飛動。文陣方正，似無大奇，細看他反順分合，轉接變換，如五花八門，不可出入，真神陣也。後來史將，惟子長辨此。（高塘尾）俞桐川曰："觀魚是公隱情，未嘗明戒有司。故僖伯只泛陳道理，未嘗指實，簡質肅穆，謨誥之遺。"(《自怡軒》尾)以"講大事"二句爲綱，下文分應，莊重中有流動之氣。〈許穆堂〉(王系尾)敘事數百言，斷處只二句。"非禮"二字，已括盡僖伯之意。"遠地"二字，又補僖伯所未及，神味無窮。僖伯之諫，亦是一篇皮厚文字。左氏只於起結處點醒，便覺靈警異常。文章信有法，出神入化，總不外此。(《學餘》尾)古之人君，言動必書。惟恐其或輕也。僖伯之諫，可謂能知左右史之義者矣。君子居其室，左圖右史，其言動之不苟，不啻其有書之者。(《菁華》尾)左氏論禮之文俱詳略有法。以"納民軌物"一句領起，以下生出許多議論，可悟古文提挈之法。

曲沃莊伯以鄭人、邢人伐翼，王使尹氏、武氏助之。翼侯奔隨。(《左繡》眉)兩層亦以順逆爲筆法。(《評林》眉)楊升庵："曲沃一邑，敢以鄭、邢之師，王不能正，又使二氏助之，王室之卑，其何日之有！"陳傅良："翼侯奔隨，爲莊十六年王命曲沃伯爲晉侯張本，見晉自獻公以前，經皆不書。"今案：獻公末年，晉魯始通。前是告命不行，非作經時削之也。(王系尾)此篇敘晉事，至僖公二年，晉始見經。自此年及六年，桓二年、三年、七年，莊十六年、十八年、二十三年、二十四年、二十五六七八年，閔元年、二年，凡晉事諸傳，皆補經所無。蓋以春秋之事，齊桓晉文，而世主夏盟，晉爲尤盛。故特詳其本始，是通部大結構處。

夏，葬衛桓公。衛亂，是以緩。

四月，鄭人侵衛牧，以報東門之役。(《左繡》眉)左氏敘戰最工，有極長者，有極短者。長者奇而變，短者簡而撓。如此篇不過三四語，而重四"軍"字，又疊兩"制"字，讀去便自絢爛緊湊。結亦以三"不"字相配，筆力精悍，寸鐵殺人。衛人以燕師伐鄭。鄭祭足、原繁、洩駕以三軍軍其前，使曼伯與子元潛軍軍其後。燕人畏鄭三軍而不虞制人。六月，鄭二公子以制人敗燕師於北制。君子曰："不備不虞，不可以師。"(韓范夾)此行軍之要。(《分國》尾)其所畏者，其所備也。其所不虞者，其所不備也。不知唯不虞當備，使天下事盡爲我所可虞者，備亦多事。蓋備不虞，則可虞者無。不備不虞，則可虞者至。故備不爲虞設，爲不虞者設。燕人愚矣。(《左繡》眉)他篇前謀後戰作兩番寫，此獨謀與戰合寫，另一章法。句句不用虛字煞腳，文亦可稱簡練之師。（《左傳翼》尾）左氏敍戰，每先謀而後戰，此篇以"三軍軍其前"二語，即謀也，後云"以制人敗燕師"，即戰也。中間橫插"燕人畏鄭三軍"一句在內，所以見謀之善而戰之所以克也。但他處敍謀，多詳議論，此則直敍陣法，而謀在其中，筆法簡峭，老橫無敵。鄭莊諸子，忽、突皆善戰，屢敗戎師。繻葛之戰，王卒大敗，亦此二公子也。《補正》既知子元之爲厲公矣，而猶以鄭京櫟實殺曼伯，疑曼伯即是檀伯。不知檀伯是爲昭公守櫟者，乃鄭大夫，非公子也。曼伯、子元既爲二公子，則爲昭公與厲公無疑，申無宇以殺曼伯與出子遊、殺無知、出獻公並論，三人皆君，則曼伯亦君，非大夫矣。厲公入櫟而昭公弑，是實殺曼伯，即昭公不立也。杜氏自相矛盾，《補正》亦不知駁正，何耶？（王系尾）左氏善繪戰，使人如目睹。此篇別見輕清雋爽之致。（方宗誠眉）鄭有備，燕不虞，二句總束，論斷老潔。（《學餘》尾）敍述明劃，斷制謹嚴，可以立戒矣。

　　曲沃叛王。秋，王命虢公伐曲沃，而立哀侯於翼。（《左繡》眉）助得無理，宜其叛也。立其子，何不復翼侯乎？（《評林》眉）王荆石："前王之命尹氏、武氏助曲沃者，乃欲立哀侯故。"

　　衛之亂也，郕人侵衛，故衛師入郕。（《左繡》眉）即以頂敍爲正敍，只兩語，而顛倒見筆。

　　九月，考仲子之宮，將萬焉。（《評林》眉）陳明卿："仲子之卒已久，至是始立廟者，隱欲以是見讓桓之志耳。"〖編者按：凌稚隆作家鉉翁語。〗**公問羽數于衆仲。對曰："天子用八，諸侯用六，大夫四，士二。夫舞，所以節八音而行八風，故自八以下。"**（《評林》眉）王季重："仲子以妾故，隱所爲有羽數之問，不則直行八佾無疑矣。"按："自八以下"，除八以下也。程子："成王賜魯用天子禮樂祀周公，後世遂禘廟皆用。仲子別宮，故不敢同禘廟，而用六羽也。書'初獻'，見前此用八之僭也。仲尼以魯之郊禘爲周公之道衰，用天子之禮樂祀周公，成王之過也。"**公從之。於是初獻六羽，始用六佾也。**（韓范夾）因今日之是，見前日之非。（《分國》尾）王賵仲子，而聲子則隱公不赴焉。隱公舞仲子宮，而聲子則並不祔焉。蓋母以子貴賤也。隱公雖貴，而自安於攝也。公弗臨，無非明乎其爲攝耳。問羽數而不佾者，佾總於羽。羽文干舞，胡氏曰婦人無武事，所謂戎車不邇女器也。隱公元年至五年。（《左繡》眉）典制之文，既貴于詳，尤貴于簡。此文前列其數，中舉其義，後括其等，不漏不支，兼詳與略之妙者矣。"自八以下"，極簡極變，若再說用六，前後皆復，故用筆以明暗相錯爲工。（美中尾）邵二泉曰："獻六羽書'初'，明前此用八之僭也。然則仲子而用六羽可乎？臣擬君，妾擬嫡，其僭一也。"（《左傳翼》尾）始用六佾，則前此用八之僭可知。仲子諸侯之妾，不宜有宮而有宮，又僭夫人之禮而用六佾，蓋亦猶之乎失禮也。眾仲之論，說得名分截然，但辨上下之分，未嚴嫡庶之別，必如宋儒議論，乃爲醇正無疵耳。孟子既入惠公之廟矣，隱公不敢以仲子並祔，而別立宮以享之。群廟皆用八佾矣，隱于仲子之宮，疑八佾不可用，問眾仲而獻六羽，是亦知仲子之非夫人也。非夫人而猶爲之別立宮，猶爲之獻六羽，是猶以夫人禮待之也。據眾仲之論，則是魯僭天子禮樂，已明知其失，特以其來有自，不敢妄議，今因問而發之，但說自八以下，而不徑云用六，則仲子之不當以夫人禮之，亦隱隱在言下。語意含蓄，雋妙無窮。二年夫人子氏薨，左氏以爲桓母，則今日考宮亦當稱夫人子氏之宮，而經仍云"仲子"者，可知前此書薨乃隱夫人，非仲子也。仲子非夫人，而猶云桓子以母貴耶？而猶隱不書即位，乃夫子削之，紬隱以明大法耶？（《補義》眉）前列敘四語，魯當用六已明，復以數"八"字，將用八極力擡高，以一"下"字包括"諸侯"三句，而魯之僭斥其中，簡而該，重言而不複。汪云："分點經於首尾作敘，以'用六'兩字總收，法又變。"（《日知》尾）典而顯。（高塙尾）源委詳明。胡傳曰："初者，事之始。魯僭天子之禮樂，舊矣。是成王過賜，而伯禽受之非也。用於太廟以祀周公，已爲非禮。其後，群公皆僭用焉。仲子以別宮，故不敢同群廟，而降用六羽。書初獻者，明前此用八之僭也。然則仲子而用六羽，可乎？臣擬君，妾擬嫡，其僭一也。"《傳說》曰："妾不可僭嫡，猶臣不可僭君。書'初獻'，所以明八佾之僭。書'六羽'，所以明妾母之僭也。"（王系尾）公問羽數，眾仲詳陳其制。不斥魯僭，而魯之僭自見。隱公用之于仲子之宮，而不能推之於群廟，蓋亦說而弗繹者。深情遠義，尤耐尋思。（闓生夾）聲子不稱夫人，仲子乃用侯禮，亦所以伸公之志也。記此以與前"君氏卒"一節相配。

宋人取邾田。（《測義》夾）金履祥氏曰："鄭以公孫滑之故用師于宋，宋又以公子馮之故用師于鄭。宋爲州吁所誘，今鄭又爲邾人所嗾。宋志在于去馮，故爲人所誘。邾心在于報怨，故嗾人。《春秋》前以宋主兵，此以邾主兵，皆誅心也。然其時鄭伯猶未朝王也，而左氏謂以王師會之，或誤也。鄭以王師伐宋，則隱九年之事耳。左氏隱篇之多誤，此亦一事也。"（《左繡》眉）因取邾而告宋，因伐宋而告魯，前兩行不過爲後半作引，與公子豫盟翼篇正同。（《補義》眉）此敘宋、魯成隙之始，爲後交兵伏案。公直辭謝宋不發師，正與"鄭伯以王師伐""以"字反照。邾人告于鄭曰："請君釋憾于宋，敝邑爲道。"鄭人以王師會之。伐宋，入其郛，以報東門之役。宋人使來告命。公聞其入郛也，將救之，問于使者曰："師何及？"對曰："未及國。"（《左繡》眉）"未及國"三字，即《國策》"未急也"、"且急矣"之意，而詞令未圓、未亮，遂令聞者疑其飾說，怒其見欺，左氏便從此點綴出一番情景。使者之對，公所未解，以此辭宋，在宋亦所不解也。是一首絕倒差接頭、錯會意文字。從來史家，只會裁別人好文字，作自己好文字，亦能點別人不好文字，作自己好文字者乎？焉得不傾倒吾左公也？公怒，乃止。辭使者曰："君命寡人同恤社稷之難，今問諸使者，曰：'師未及國。'非寡人之所敢知也。"（鍾惺眉）各有一段說不得光景，妙妙！（《分國》尾）西伯救阮，遏密人之兵，正在未至阮時。及郛而救，已無及矣。反以其未及國而辭之，隱何憒憒哉？（《左傳翼》尾）既曰同恤社稷，如何因使者一言便止，宋來告命，情迫水火，而云"將救"，猶豫不決，便有不欲救光景。不然既聞其入郛矣，何以有"師何及"之問？使者悠其遲緩，故作此語以激之，而不知適以藉公之口。"公怒乃止"，止者本意，怒者餘情也，焉知告之以情，不將以既已入郛，無及而止乎？描寫活現，如見其狀，如聞其聲。與其焦頭爛額，何如曲突徙薪，師未及國，正當速往以遏其鋒，固知公本不欲救，特欲得使者一言而止耳。蓋宋黨州吁後，公久有絕宋意，前此乞師辭之，此又不救，情事可知。鄭所以乘間即來渝平也。自後魯宋之交遂絕。（《評林》眉）王覺斯："使者以緩詞遂至失救，詞之不可已也如是。"孫鑛："既聞又問，乃因人之急而自務德色也。"（王系尾）前段正敘，後段連敘，且伏案。宋有策書，公可以無問。公雖多問，使不可以悠對。使雖失辭，公不可以一言之失而敗好。此是左氏垂戒之旨。至其摹寫一對一辭，如聞悠悠之聲，如見悻悻之色，傳聲之妙，於斯極矣。

冬十二月辛巳，臧僖伯卒。（《評林》眉）高閌："其子臧孫達嗣是爲哀伯，自是終春秋，臧氏世預魯國之政。"公曰："叔父有憾于寡人，寡人弗敢忘。"葬之加一等。（文熙眉）胡氏曰："隱公生不能納僖伯之諫，而卒乃爲之加葬一等，與郭公之善善而不能用，至於亡國，一也。其及宜矣。"（《正集》尾）婉而多風，直而有體，可謂盡之矣。〈葛靖調〉（《左繡》眉）兩"寡人"相連，"有憾"、"弗忘"，一順一逆，只兩語而圓緊有法。生不能聽，死而禮之。隱葬僖伯，與哀誄尼父，祖孫一轍也。惜哉！（《分國》尾）人君舉動，非禮必糾，故貴起居注。且非禮不從，故貴侍從。僖伯始而諫，繼而不從，可官起居注，爲眞侍從矣。嗚呼！世傳隱公爲賢主，賢莫大於納諫，不賢莫甚于宴遊。棠何地？如棠何事？曰："將以觀魚。"幸有僖伯之諫，約以軌物，陳以古制，悚以亂政。乃飾詞曰"略地"，其愎諫何如濫淵藏罟宣公賢矣？吾考隱公攝位十一年中，會戎爲外交之始，盟蔑爲私盟之始，無駭帥師爲大夫專兵之始，羽父帥師爲公子專將之始。南門既作，中丘又城。中丘未已，城郎又書。鍾巫之祭，惑於鬼神。菟裘之營，未能退老。《春秋》始於隱公，以見魯失政之所由也。至若不朝京師，不奔王喪，取邴及防，入祊易許，諸大過胡《傳》議之詳矣。（王系尾）生棄其言，死加其服。昭昭與？昏昏與？吾烏乎知之？此篇與諫觀魚篇相應，小呼應也。（《學餘》尾）過而知悔，聞善言而不忘，事賢者之終有加禮，隱公之賢，不徒以其讓國也。

宋人伐鄭，圍長葛，以報入郛之役也。

◇隱公六年

【經】六年春，鄭人來渝平。（《測義》夾）林堯叟氏曰："書'渝平'，以志諸矦之合。書'及鄭平'，以志諸矦之散，諸矦合而天下始多故矣。"夏五月辛酉，公會齊侯盟于艾。（《測義》夾）汪克寬氏曰："書'盟于艾'，著齊僖小霸之始。書'盟于黃'，著齊景爭霸之終。"（《評林》眉）吳徵："前此魯未嘗與齊交，因鄭輸平，而公始與齊盟，蓋鄭莊之謀也。齊侯與魯爲盟，爲鄭結魯也。"秋七月。冬，宋人取長葛。（《評林》眉）趙木訥："首月或不書者，傳授脫之。"

【傳】六年春，鄭人來渝平，更成也。（《左繡》眉）此春秋之始，天下一轉局也。（美中尾）公未立時，戰于狐壤，爲鄭所執。至是鄭莊數與宋戰，以魯、宋方睦，欲結魯以孤宋，故來渝平。而魯猶未即許也，至祊歸而魯、鄭合。（《評林》眉）《傳說彙纂》：" '輸平'、'渝平'，三傳互異，《公》、《穀》以輸平爲墮成，考前年公子翬伐鄭，則更成於義爲近。但左氏謂變前惡而爲和好，則渝與平爲二意。"張洽："鄭莊之納平，爲合黨敵宋計，是以不憚屈己請和于魯，繼以入祊，而未即求許，所以爲敗宋入許之權輿，魯隱亦入其術中而不悟也。"（王系尾）鄭莊深怨宋，聞魯宋有隙，便與魯平，如見奸雄鷹視狼顧之狀。

翼九宗五正頃父之子嘉父逆晉侯於隨，納諸鄂。（《評林》眉）按：翼九宗又見定四年。**晉人謂之鄂侯。**（魏禧尾）魏禧曰："翼之九宗逆晉侯於隨，遂之四氏殲齊師於鄾，興復、報仇皆藉強宗，故曰：'爲政不難，不得罪於巨室。'是以周初封國必陪以大姓與土田並賜，欲使子孫有所憑藉。而後世得天下者，或徙其豪傑以實要地，或遷滅之以防禍亂，用意不同而所見則一也。"魏世傚曰："春秋時小國爲大國所滅，未聞有報仇雪恥者，而遂人以亡國之餘，猶能殺齊戍士。因氏四族之忠義，固當與申包胥、茅夷鴻比烈矣。"（《左繡》眉）只敘一人名耳，卻詳其地，詳其族，詳其官，並詳其所自出，煞甚鄭重。謂之鄂侯，下筆又何輕也？只此兩筆，可以得手法輕重之概矣。因逆隨納鄂，特冠一"翼"字，以見其爲舊臣也。對照鄂侯，不勝舉目山河之歎。

夏，盟于艾，始平于齊也。（《測義》夾）趙鵬飛氏曰："宋伐鄭，齊將救鄭，則地隔於魯，不求魯無以救鄭。春，鄭來渝平，鄭使反命，而齊即爲艾之盟，爲鄭求魯也，魯終未救鄭者，祊未入也。"（美中尾）春秋之初，齊、鄭一黨也，魯、宋、衛、陳、蔡一黨也。魯與鄭平，必與其黨平，故鄭以春結魯，公即以夏會齊而盟于艾。（《左傳翼》尾）春秋之初，齊、鄭一黨也，宋、魯、衛、陳、蔡一黨也。公以狐壤怨鄭，與宋盟宿遇清，其交固矣。爲入郕之役，公怒宋使失醉不救，魯、宋之交始攜，鄭莊乘隙即來渝平，厚自貶屈，求釋舊憾。《公》、《穀》俱作"輸平"，輸，納也，謂納款也。我無求於彼，必有所求於我也。鄭豈真敬畏魯而欲去其宿憾哉？不過欲離魯、宋之交耳。諸儒謂輸者，有所輸也，非輸誠也，乃輸貨也。公之輕於去就，唯利是視，不啗之以利，固不從也。齊者，鄭人之黨也，魯與鄭仇而齊不至，鄭來渝平而齊受盟，蓋齊欲救鄭，必得魯以爲之援，渝平之謀，齊爲之。盟于艾，爲鄭結魯也。自此而三國之交始合，伐宋入許，魯遂爲鄭用也。天下之局於是一變，《春秋》所以一再書之也。

五月庚申，鄭伯侵陳，大獲。（《淵鑒》眉）一篇之中論斷多於序事，是史家又一格。歐陽《五代》諸傳，每得此法。水心葉適曰："周任去惡之論，蓋謂自心與行事罪過處，當力鋤治斷絕，使善道日增長，後世反施之於人，豈惟不能去惡，又助惡矣。"臣乾學曰："陳侯昧于親仁善鄰之義，所謂長惡自及也，左氏辭義嚴正，垂戒切矣。"（《左繡》眉）此篇乃倒敘法。前敘後斷，斷語平對起，側串收，將"善不可失"陪"惡不可長"，引《尚書》緊跟"救"字，只說惡之易長。因周任方言不長惡之法，而末以"善者信矣"繳應"善不可失"作掉尾，前整後散，章法極圓。去惡爲主，"善"字卻承"親仁"、"國寶"說落，故結仍抱轉。否則賓語竟落空矣，此語脈之細也。（闈生夾）此篇以"長惡不悛"爲主。

往歲，鄭伯請成于陳，陳侯不許。五父諫曰："親仁善鄰，國之寶也。君其許鄭。"陳侯曰："宋、衛實難，鄭何能爲？"遂不許。（《評林》眉）申時行："五父誠爲先見。"陸粲："陳侯傲鄰而愎諫以取敗，信有罪。雖然，不有彊大諸侯，過且什伯於此者乎？是區區者，君子奚獨譏之深也？"

君子曰："善不可失，惡不可長，其陳桓公之謂乎！（《左繡》眉）"陳桓之謂"句，乃橫插法，活甚。"長惡"四句，筆意輕雋流逸，宋人四六，乃時似此。（《評林》眉）孫鑛："似謂實作難。"劉蘆泉："相和好爲善，欲征伐爲惡。"**長惡不悛，從自及也。雖欲救之，其將能乎？《商書》曰：'惡之易也，如火之燎于原，不可鄉邇，其猶可撲滅？'周任有言曰：'爲國家者，見惡，如農夫之務去草焉，芟夷蘊崇之，絕其本根，勿使能殖，則善者信矣。'"**（《左傳雋》尾）穆文熙曰："一言長惡之罹於禍，再引言惡念之當絕。反覆取譬，可謂痛切矣。"（韓范夾）行文欲事情明悉，全在於喻。蘇端明一生之長，從此出也。（《左繡》眉）引古語悠然而止，意味無窮，兩證皆以譬喻成片段者。（昆崖尾）因正傳而追敘，因追敘而論斷，因論斷而引證，篇幅雖短，浪湧雲翻，層疊無盡，而正傳只起手六字已畢。賓主詳略，局法絕奇，左氏往往有此。侮鄰招禍，陳之咎也。故層引疊喻，俱主長惡發論。妙在借"善"字引起，仍歸結到"善"字，賓主既明，照應又密。敘妙於略，斷妙於詳，與交質篇法同。(《左傳翼》尾) 不許鄭成，只是忽其小耳。"鄭何能爲"，明將鄭不看在眼裏，不知蜂蠆有毒，何況于國？況鄭在隱、桓之時，最爲强橫，豈小於宋、衛，可蔑視之？因鄭伯侵陳大獲，而追敘其由，特爲重戒，所以見親仁、善鄰，人主所當留意也。下斥其蔑視鄭小之失，而但以長惡不悛咎之，近于孟子樂天畏天，議論最爲醇正。先敘後斷，中間追敘，筆奇而變。斷語先發本旨，後引古作證，戛然而止，詠歎淫泆，其味深長。(《日知》尾) 先本事，後追原，一唱三歎，流連神遠。善、惡二義，平提側落反繳，細若蛛絲，圓如轉環。(高嵣尾) 敘妙於略，斷妙於詳，是史家又一格。歐陽《五代》諸傳，每用此法。(方宗誠眉) 鄭伯侵陳大獲，鄭之罪也。此篇乃追咎前此陳侯之不許鄭伯請成，以致此禍，是探原之論。(《菁華》尾) 鄭勢方盛，請成于陳，而陳不許，故五父以爲言。然周方惡鄭，陳桓公方有寵於王，不許之成者，體周意也。其謀雖拙，其志亦可嘉矣。(閻生夾) 詞若譏其失鄭，實諷其不能逆誅五父也。文義易明，而詞特深曲。

秋，宋人取長葛。(《評林》眉) 劉敞："'取長葛'，左氏作秋，杜注：'秋取，冬來告也。'非也。史之記事，雖據赴告而書，至其日月，猶當依先後次序，豈得但據告時編之乎？然《左傳》日月與經不同者多，或丘明作書雜取當時諸侯史策，有用夏正者，有用周正者，故經所云冬，傳謂之秋也。"

冬，京師來告饑。公爲之請糴于宋、衛、齊、鄭，禮也。(《左繡》眉) 告饑請糴，當有五番詞令，只一筆點過，語多則反略也。又此節只爲鄭伯如周作綰，故略。(《評林》眉) 王覺斯："以京師洊饑，列國不能輸粟，必俟來告而請糴，當世之共主，真若弁髦哉！"

鄭伯如周，始朝桓王也。王不禮焉。周桓公言于王曰："我周之東遷，晉、鄭焉依。善鄭以勸來者，猶懼不蔇，況不禮焉？鄭不來矣！"(韓范夾) 諸侯盡離，心膂唯恃一國，其危甚矣。又不善撫，豈不益孤？猶旅寓之子，四顧無親，止從一僕，而又日撻之，九三之爻，所以欵焚次也。(《分國》尾) 交質、交惡後，得此一來，寒谷之春也，故曰始。又不禮焉，豈非自絶于鄭？此李懷光千里赴難，唐德宗不待以殊禮，去而遂叛也。(《左繡》眉) 兩節夾縫中似有"王室而既卑矣"一轉，今不用轉而直落者，意已藏於東遷內也。古人文字，往往有似脱誤處，正其簡捷處與？以"依鄭"、"善鄰"兩層跌出"鄭不來"，語短而味長。（昆崖尾）一句一轉，詞婉意深。（美中尾）浦二田曰："東遷後之周，情勢具此數言，其脈則前通交質，後通繻葛。"（《左傳翼》尾）是年鄭人來渝平，《春秋》紀之。如周朝王，反不著於編，豈以鄭莊不臣，故削之耶？周公之論，念其舊勳，以平其宿憾，因一念之悔悟，而開以自新之機，亦得元公不施其親大道，非第略分言情，審時安遇，爲王綱不振，行此下策。乃王不能然，駕馭失宜，憤懣不平，而奪之政，致有繻葛之戰。"鄭不來矣"，多少惋惜！"君君臣臣"，聖人所以有味乎言之也。（《補義》眉）京師困乏，鄭伯朝王或有所助，然王心未嗛也。（高嵣尾）一句一轉，詞婉意深。東遷後之周，情勢具此數語。其脈則前通交質，後通繻葛。（《評林》眉）金履祥氏曰："周之東遷，晉、鄭焉依，而王奪鄭伯政，又嘗助曲沃伐翼，此所以失諸侯也。然鄭伯實利政權，又有挾天子令諸侯之意，周桓公之說未盡當時之事情也。"湯睡菴："鄭之來朝，欲挾天子以令諸侯也。鄭始取麥取禾，王於其前得罪時不能正之，今來朝則不能禮之，賞罰無章，何以勸沮？"按：劉勰《新論》云："枝葉蔬之。"蔬，繁茂也，言來者衆多意。（王系尾）此篇之事，與前後相應，參觀自明。而此篇尤酸楚，讀之使人欲淚。

◇隱公七年

【經】七年春王三月，叔姬歸於紀。（《評林》眉）孫復："媵書者，爲莊十一年歸于鄫起。"滕侯卒。夏，城中丘。（《評林》眉）湛若水："'城中丘'，左氏曰：'書，不時也。'《公羊》曰：'以重書也。'愚謂二說皆是也。事孰爲重？愛民爲重；愛民孰重，以時爲重。"齊侯使其弟年來聘。秋，公伐邾。冬，天王使凡伯來聘。戎伐凡伯于楚丘以歸。（《評林》眉）《傳說彙纂》："《穀梁》謂：'以歸猶愈於執。'杜預因以爲非執，其義勝《公羊》多矣。古者君行師從，卿行旅從，諸家謂一人而曰伐，似亦未合。但相沿已久，今姑仍之。"

【傳】七年春，滕侯卒。不書名，未同盟也。凡諸侯同盟，於是稱名，故薨則赴以名，告終、（稱）嗣也，以繼好息民，謂之禮經。（《測義》夾）愚按：《春秋》諸侯卒不同盟者五十二人，不書名者才九人爾，凡例可盡信乎？《公羊》云："不名，微國也。"《穀梁》云："狄道也。"恐皆非也。惟程子云史闕文，庶幾得之。（《左繡》尾）"告終"、"稱嗣"、"繼好"、"息民"，本有四意，平分則板。"也"字一拖，"以"字一接，筆法松活可喜。（《評林》眉）按：注："薨，背。"字新。李密《陳情表》曰："慈父見背。"《小學紺珠》："《春秋》五十凡，稱凡者五十，其別四十有九，《釋例》自注：'母弟二凡，其義不異。'"（《左傳翼》尾）"告終、稱嗣"、"繼好、息民"，乍看似四平，然"繼好、息民"實承"告終、稱嗣"來，板對不得，故用"也"字兜上，"以"字起下，一字不肯妄下，非徒嫌其平板，無端用虛字作轉接也。（王系尾）"凡"字發通部之例，餘皆倣此。

夏，城中丘。書，不時也。

齊侯使夷仲年來聘，結艾之盟也。（《測義》夾）趙鵬飛氏曰："齊侯前年爲艾之盟，爲鄭求魯也。宋取鄭長葛而魯不救，故齊復使弟年來聘，卜進退焉。年歸反命，而鄭賂卒不至。是年秋，公故爲宋伐邾以動鄭，鄭知魯兵不空出，明年春遂以祊來歸。年之來，豈爲聘問哉？爲鄭求魯爾。"（《左繡》眉）尋盟者，恐其忘。結盟者，恐其散。

秋，宋及鄭平。七月庚申，盟於宿。公伐邾，爲宋討也。（《測義》夾）趙鵬飛氏曰："鄭賂未至魯，故爲宋伐邾以要之，既得鄭賂，即從鄭伐邾。今日爲宋伐邾，明日爲鄭伐宋，特以賂故，而邾橫罹其毒，故終隱之生，邾不復通於魯。"（《左繡》眉）敗己盟，以徇人盟，悖亦甚矣。（《左傳翼》尾）宋人以取邾田致鄭來伐，而有入郛之役，則曲在宋而不在邾。宋來告命，因其急而救之，猶之可也。既已不救，而與鄭比，又因宋及鄭平，畏宋而伐邾，欲以悅宋，而宋交終睽，徒敗元年蔑之盟，亦復何謂？邾在魯之宇下，不能庇蔭，而爲他人伐之，但不知聲罪致討時以何爲辭乎？此固不待貶絶而義自見也。

初，戎朝于周，發幣于公卿，凡伯弗賓。冬，王使凡伯來聘。還，戎伐之于楚丘以歸。（《左繡》眉）"弗賓"、"以歸"，字法簡雋，傳之所以省經也。三"于"字小小成章法。（《左傳翼》尾）天子統壹四海，諸侯宜修臣職，朝聘以時。隱在位已七年，既不朝覲，並未遣使一至天子之庭。而凡伯來聘，非王體也。凡伯舉王命以過賓于衛，而戎伐之，衛不能救，蔑先王之官，更何説之辭？以此觀之，魯、衛之無王亦甚矣。（《評林》眉）李笠翁："戎雖夷也，顧當其發幣時，則弗可輕。天子於四夷且加賓禮，況凡伯乎？宜不旋踵而見伐也。"《增補合注》："一人而曰伐，不與戎狄之報中國也。或云'伐'當作'執'，蓋字誤也。"

陳及鄭平。十二月，陳五父如鄭涖盟。壬申，及鄭伯盟，歃如忘。洩伯曰："五父必不免，不賴盟矣。"（鍾惺眉）"歃如忘"、"不賴盟矣"，只七字，俱在言語之外，後人不能措手。（韓范夾）凡作事成敗，全係敬肆。春秋賢者專以此窺人，雖揖讓小節，尚卜治亂、度生死，況盟會之大乎？（《左繡》眉）此篇先總後分，以對爲遞格。首句陳、鄭總提，下分兩對。然陳涖鄭，而鄭斷陳人。鄭涖陳，而又斷陳國，是以陳爲主也。至一曰"不免"，一曰"將亂"，明係對説。而陳之亂，實五父爲之，故對斷之中，又以五父爲主。觀其前重後輕，前詳後略，平中帶側，用筆極圓，其圓處全在末句拖得輕活。（《評林》眉）按：兩國要信，必應賴盟，而重賴，猶萬世永賴之賴，恃賴也，注重字然。

鄭良佐如陳涖盟，辛巳，及陳侯盟，亦知陳之將亂也。（《分國》尾）陳侯長惡，遂有五父之篡立，而五父卒見殺。五父之諫陳侯，何不自勉於敬哉？（《左繡》眉）各各寫來，只三四語，而氣局渾成，愈簡愈妙。（《左傳翼》尾）陳國之亂，雖由五父，實陳侯太阿倒持所致。洩父斷五父，祇就一人決禍福。良佐則以國爲斷，蓋政令無章，奸權得以僭亂。對斷之中，似以五父爲主，而究以陳爲主，神情全在末句。以彼證此，印合如一，淡宕飄逸，絕世豐神。鄭嘗請成于陳矣，陳侯不許，今以鄭侵陳大獲，陳反求成于鄭。"及"云者，我欲之，志在陳也。陳既釋怨請平，五父嘗以親仁善鄰請陳侯，往涖其盟，宜敬以將事，而歃乃如忘，似猶有鄭何能爲之意，其實心頭有事，志不在歃。古來亂臣賊子神魂失措，大抵如此。陳侯長惡不悛，從自及也。凡百皆然，不善先知，不必如神者而能斷也。覘人覘國，一決之於理，與談術數者自別。（《補義》眉）一"亂"字總結兩段。

鄭公子忽在王所，故陳侯請妻之。鄭伯許之，乃成昏。（王系尾）此篇敘二國之平，而"涖盟"兩段，爲桓五年、六年陳亂伏脈。"請昏"一段，爲桓六年鄭忽辭齊昏伏脈。（闈生夾）此篇以"君多內寵，子無大援"二句爲主。昭公失國，由辭齊昏，故從昏陳敘起，想見慘澹經營之致。

◇隱公八年

【經】八年春，宋公、衛侯遇於垂。(《評林》眉) 任伯雨："齊侯將平宋、衛於鄭，衛侯既不敢違齊侯之命，又不能釋鄭國之怨，有異志焉，故先遇于垂。" 三月，鄭伯使宛來歸祊。庚寅，我入祊。(《評林》眉)《增補合注》："書入者，逆詞，我不當受而遽有之也。" 夏六月己亥，蔡侯考父卒。辛亥，宿男卒。秋七月庚午，宋公、齊侯、衛侯盟于瓦屋。(《測義》夾) 陳傳良氏曰："有參盟而後有主盟，然則盟主之興，其亦有感於私黨分而約劑亂歟！" 八月，葬蔡宣公。九月辛卯，公及莒人盟於浮來。(《評林》眉) 家鉉翁："凡公與强國大夫盟，不書公，乃諱强國之以無道加于公也。與小國大夫盟則不諱公，以公自欲與之爲盟，非彼小國大夫要功也。" 螟。冬十有二月，無駭卒。

【傳】八年春，齊侯將平宋、衛，有會期。宋公以幣請于衛，請先相見，衛侯許之，故遇於犬丘。(《左繡》眉) 重一"請"字，見其殷勤之意，此真交如醴者。(《評林》眉) 金聖歎："宋請先見衛，必有私語不可聞之於齊者，而齊侯或無平怨之公心，衛亦知之，故許而先爲犬丘之遇。" 李廉："鄭之怨衛，因公孫滑。宋之怨鄭，因公子馮。其説似有據。然考之於經，後此瓦屋止三國參盟，而不及鄭。十年入鄭伐戴之師，又三國爲黨以仇鄭，則宋、衛此謀蓋有志於從齊黨，而無意於鄭憾也。齊僖亦不過假此以求諸侯耳，豈真有平怨之本心哉？"

鄭伯請釋泰山之祀而祀周公，以泰山之祊易許田。三月，鄭伯使宛來歸祊，不祀泰山也。(《測義》夾) 愚按：鄭伯利在得許田，其謀萌於渝平之時，而未敢訟言於魯，故不憚委先祖所受之土地以與魯，此以利餌魯之術也。而隱不之覺，卒爲間齊於宋，以成敗宋入許之計，而後鄭乃終得許田，先儒謂鄭莊小人之雄也，其然哉！(《左繡》眉) 鄭可不祀泰山，魯何故不祀周公？此以無用易有用也。苟非貪許，胡爲是汲汲也哉？(《左傳翼》尾) 諸侯于京師有朝宿之邑，于泰山有湯沐之邑，皆天子所以待勳戚，不常有也。王不巡守，鄭以祊田無益，而欲易許田，究之王即無方嶽之會，諸侯豈可廢朝覲之事？鄭即欲棄祊，魯斷不可以棄許。以祊易許，是明以無王加魯也。魯而入祊，則受鄭餌而陷於大惡矣。特隱公雖入祊，而猶未肯以許田予之，故桓元年復有璧假之舉。桓以篡立，急欲結鄭，許田始爲鄭有。以祊易許，鄭莊之請，隱公不予，鄭烏得強之？非此時鄭但歸祊，無一語及許田也。鄭何以有泰山之祀？天子祭泰山，鄭往從助祭，故有湯沐之邑，邑內別有廟以祀桓、武之神。亦猶魯朝覲王城於朝宿之邑，別立周公廟以祀之也。廢泰山之祀，是不祀桓、武矣。不祀桓武而祀周公，豈欲魯以祀周公者祀桓武乎？田可易而廟不可毀，易祊之舉，胡氏以爲無王，余更以爲無祖。公既不以許田予之矣，胡爲入祊？先祖受之先王者本不可易，攘人之有而不以爲報，又豈可以爲訓乎？書云"入祊"，明與兵取同也。祊田近魯，魯所欲得。許田近鄭，鄭所欲得。彼此相易，本屬情願。特隱公以狐壤之辱，積憾于鄭，鄭雖渝平，其憾未釋。以祊來歸，冀得其歡心，而離魯、宋之黨。後又取宋郜、防以歸之，隱公不死，許田終亦必爲鄭所得。蓋魯要鄭而得祊，鄭亦詐魯而冀許，以利相接，實以詐相欺。鄭莊爲奸人之雄，不得所欲，固不止也。（《評林》眉）《附見》："鄭釋泰山之祀已由貪許田之汲汲，然魯安可不祀周公乎？衰政可哀耳！"《補注》："桓元年傳曰：'鄭人請復祀周公，卒易祊田。'則我入祊後，事嘗中輟，桓公篡位而脩好于鄭，故復許之，無可疑者。率謂祊與許田是二事，遂疑祀周公爲左氏附益，不亦過乎！"（王系尾）此篇惡鄭莊，而魯之失自見。時王雖不巡狩，安知後無令辟？泰山之祀，不可廢也。魯、鄭雖同姓，各有所承。周公之祀，非鄭所得與也。釋所當祀，而祀所不當祀。侮慢天子，蔑棄王章，罪可勝誅哉？且鄭實非欲祀周公也，貪許田之飾詞也。故申言不祀泰山，以明著其無王之罪。嗚呼！已方以齊人朝王，而欲廢魯朝宿之邑，奸人肆惡，其不能自掩如此。

　　夏，虢公忌父始作卿士於周。（《左繡》眉）不曰周以虢公爲卿士，而曰始作卿士于周，分明於寤生爲眼中釘也。妙筆！（美中尾）金仁山曰："鄭伯爭政之由，桓王伐鄭之故。"（王系尾）此篇止一句，而前後呼應，乃十餘年中一大關鍵也。玩一"始"字，則虢公與政之難，周王綱紀之衰，鄭莊把持之固，積怨之深，有不可勝言者，而已和盤托出矣。

　　四月甲辰，鄭公子忽如陳逆婦媯。辛亥，以媯氏歸。甲寅，入于鄭。陳鍼子送女。先配而後祖。鍼子曰："是不爲夫婦。誣其祖矣，非禮也，何以能育?"（韓范夾）舜尚帝主，而父不知，終不謂之誣祖，度其大小，量其情勢也。故禮有正變，事有經權，今公子忽當正禮之行，而草草苟止，莫之禦而不爲，宜其及也。（《分國》尾）告于莊公之廟而來，楚虔且然。蓋婚以嗣親，故先告祖。先配後祖，忘其身之所自來，是不爲育計也，宜其不終。後齊欲以文姜妻之，辭以父命，豈有父而無祖乎?（《左繡》眉）如陳、入鄭，所謂先配後祖也。橫插"送女"句於中，則先配後祖，便向鍼子目中看出一宗成案，令下斷語有根，敍法入妙。"不爲夫婦"貼"先配"，"誣其祖矣"貼"後祖"，"非禮也"承"誣其祖矣"作斷，"何以能育"承"不爲夫婦"，又轉一層。四句只兩意，而一順一逆，不板不直。（《左傳翼》尾）夫婦人倫之首，《易》始乾、坤，而重咸、亨，《詩》戒淫佚，《禮》謹大昏，《書》美釐降，《春秋》譏不親迎，其鄭重也如此。鄭忽逆婦，奉君父命，親自往迎，可謂不失禮矣。惟自周如陳，逆婦以歸，始告於廟，人皆謂之從權，陳鍼子獨以誣其祖譏之。蓋既已成昏，何妨歸國告廟而後逆婦？可見禮之繩人甚嚴，而婚姻之道，毫不可苟。鍼子送女，親見其事，特發此論，亦可見識大識小，未墜在人之意。（《補義》眉）前不點明"自周"二字，而於送女者看出"後祖"，橫擔格。而上案下斷，皆奕奕生動。（《評林》眉）周謙亭："四月甲辰，忽自周如陳。"按：公子圍事見昭元年，莊王，圍之祖；共王，圍之父也。（闌生夾）左氏此等處最多，皆逆攝後文成敗，用筆特爲警矯。

齊人卒平宋、衛于鄭。秋，會于溫，盟於瓦屋，以釋東門之役，禮也。（《左繡》眉）齊僖小霸，當在此等處。然"卒"字寫出勉强，已伏後事之根。（美中尾）志齊僖小霸之始也。僖自入春秋，於石門盟鄭，於艾盟魯，又今盟宋、衛，豈真有心平怨哉？假名以求諸侯爲搜伐計耳。張西銘曰："宋、衛遇于垂，齊平宋、衛於鄭也。宋、齊、衛盟于瓦屋，齊卒平宋、衛於鄭也，此左氏之文也。然以經考之，遇垂而鄭不聞，盟瓦屋而鄭不與，鄭豈受平者哉？東門之役，衛、鄭怨淺。長葛之役，宋、鄭怨深。公子馮在鄭，宋殤未嘗一日忘也。亟欲去馮而合鄭，鄭莊必不從，是故瓦屋之盟，絕鄭非平鄭也。"（《補義》眉）玩"卒"字，若齊已平宋、鄭，一會一盟，似鄭亦與，以起下告平三國，皆極寫齊僖求霸之殷，而正意於魯臣語中暗會鄭不受盟之意，空靈極矣。（《評林》眉）陸淳："左氏曰：'以釋東門之怨，禮也。'趙子曰：'諸侯結盟本非正道，有何令禮？"

八月丙戌，鄭伯以齊人朝王，禮也。（《左繡》眉）寤生是當時一極有作用人。（王系尾）此篇直以禮許鄭莊，不復慮後人直以鄭莊爲有禮者。蓋以齊人朝王，誠不可不以爲禮。而所以以齊人朝王之意，則傳文前後發明，瞭然易見也。若止逐篇發付，而心眼不能貫通，斯亦不足與之讀書矣。

公及莒人盟於浮來，以成紀好也。（《評林》眉）徐九一："魯既受鄭賂，將空國以赴鄭之求，恐莒議其後，故成紀好而盟之。"〖編者按：凌稚隆作趙鵬飛語。〗

冬，齊侯使來告成三國。公使衆仲對曰："君釋三國之圖，以鳩其民，君之惠也。寡君聞命矣，敢不承受君之明德。"（《分國》尾）此等舉動，僖公實開桓公之先，而獨病其與紀爲難，至襄公卒使大去也。（《左繡》眉）只三四語，凡用三"君"字、一"寡君"爲線索，此等處執着近乎穿鑿。其實作者于整調有整法，於散調又有散法，法雖不同，其聯絡片段則一也。舍聯絡片段，而但以亂頭粗服爲古文，鮮不爲滿屋散錢者耳。（《左傳翼》尾）張西銘曰："宋、衛遇于垂，齊平宋、衛于鄭也。宋、齊、衛盟於瓦屋，齊卒平宋、衛于鄭也。此左氏之文也。然以經考之，遇垂而鄭不聞，盟瓦屋而鄭不與，鄭豈受平者哉？侵牧之役，衛、鄭怨淺。長葛之役，宋、鄭怨深。公子馮在鄭，宋殤公未嘗一日忘也。宋亟欲去馮，而合鄭，鄭莊公必不從，瓦屋之盟，絕鄭非平鄭也。"齊何以汲汲平宋、衛于鄭？蓋齊僖圖伯，欲釋三國之圖以鳩其民耳。前此嘗爲鄭求魯矣，而魯不之應。今又爲鄭而平宋、衛，遇垂而鄭不與，又盟瓦屋以要之，下一"卒"字，有多少勉强在。盟瓦屋後，即使告魯，見三國既平，魯亦當釋憾。況鄭既以齊朝王，魯又受鄭祊田，且盟莒以成紀好，豈鄭人渝平而其交終莫之固也者？故瓦屋之盟，鄭雖不與，而遷就其辭以動魯，蓋欲借平宋、衛以動魯也。圖伯以合諸侯，德禮不能招攜懷遠，但以要結爲事，計亦左矣。零零落落，文不屬而意相承，寫來自有纍纍貫珠之妙。

無駭卒。羽父請謚與族。（《評林》眉）《補注》："無駭固公孫，羽父請族者，爲無駭之子請也。若公孫之子死，然後賜族，則無駭爲終身無氏矣。"錢謙益："'謚'字，此傳寫誤，當以'謚'作'氏'。蓋公問族於衆仲，未問謚也。而衆仲對曰'諸侯以字爲氏，因以爲族'，則問氏而對氏了然自明。又下'公命以字爲展氏',則用衆仲之説又明。"公問族于衆仲。衆仲對曰:"天子建德,因生以賜姓,胙之土而命之氏。諸侯以字爲諡,因以爲族。官有世功,則有官族。邑亦如之。"公命以字爲展氏。(韓范夾)吐谷渾之立號亦然,後世夷狄,猶守此禮也。(《分國》尾)或以官,或以字,或以官與邑,五六言括盡萬姓通考。(《左繡》眉)此篇純用陪法。起以請諡陪問族,中以天子陪諸侯,以賜姓陪命氏,以胙土官邑陪以字爲氏,一路陪襯,跌出結局,筆力絶佳。"天子"段以"氏"字止,"諸侯"段即以"氏"字起,一倒一順,接緊而調變。以字爲氏,一篇之主。妙在安放中間,前後各以兩項伴説,亦常山率然勢也。(《左傳翼》尾)一命氏而有許多典制,可見先王文物之盛。衆仲博雅,在春秋實爲第一流人物,天子是客,諸侯是主,後於命氏,分出以字、官、邑等項,聽君自擇,尺幅中具無限賓主,賓現首尾,主藏於中,變宕簡逸,罕有其匹。(《補義》眉)汪云:"只'諸侯以字爲氏'一句是主,前後則以天子陪諸侯,以賜姓陪命氏,以胙土官邑陪以字爲氏,皆賓也。春秋初年,文字極簡括。"(《日知》尾)古雅樸懋,左氏數典文字中不多得。(高塘尾)"以字爲氏",一篇之主,議論典核。衆仲博物,可方鄭僑。(方宗誠眉)敘典禮。公止問大夫之族,而對酬以天子、諸侯、大夫制悉舉之,文境乃博大。(闓生夾)此兩段,亦所以明隱公素好苟小禮節,故斤斤於此等細故,正見其無遠圖處,與前文意義一貫。兩段皆點明羽父,尤爲章法線索之妙。

◇隱公九年

【經】九年春,天子使南季來聘。(《評林》眉)朱熹:"諸侯不朝於周,而周反下聘於列國,是甚道理?"三月癸酉,大雨,震電。庚辰,大雨雪。(《評林》眉)汪克寬:"或謂《春秋》用夏正,故建辰之月雨雪爲異,苟實建辰之月,則震電不必書矣。"挾卒。(《評林》眉)郝敬謂:"挾不書族,隱攝不主爵,不賜也。"夫隱攝政十有一年矣,盟會侵伐不絶書,何以獨不主爵?無駭之賜展氏,非隱賜歟?夏,城郎。秋七月。冬,公會齊侯於防。

【傳】九年春,王三月癸酉,大雨霖以震,書始也。庚辰,大雨雪，亦如之。（《測義》夾）呂大圭氏曰："《春秋》因其所書日月前後，而知其是非，如'癸酉，大雨震電'、'庚辰，大雨雪'，則有以見八月之間而再見天變也，若此類，蓋於書日見之。"書，時失也。凡雨，自三日以往爲霖。（《評林》眉）劉敞："杜氏云：'此傳解經書霖，而經無霖字，經誤也。'非也。經有電無〖編者按：劉敞《春秋權衡》此下尚有"霖，傳有霖無電"七字。〗傳不解經，經反誤哉？然丘明不宜革電爲霖，蓋其所據簡策錯誤，不能決之於經，直因循舊記而已。"平地尺爲大雪。（《左繡》眉）"始也"、"如之"，見霖雪之久。"三日"、"平地"，見霖雪之甚。前後都用分對，而"時失"總束，"凡雨"總提，一是先分後總，一是先總後分。解經文字，極質極淡，無不精神如此。（《左傳翼》尾）寅月雨可也，霖則非宜矣。雷未可以出而出，電未可以見而見，又繼以大雨雪，雪時又復雷電交作，陽已失節，陰氣又縱，八日之間，連覯大變，此豈無所感召而然？上云"以震"，下云"亦如之"，陰陽愆忒，總在震電上。杜注謂經無"霖"字，經誤。劉敞駁之，謂："經有電無霖，傳有霖無電，傳不解經，經反誤哉？"似又傳誤。不知雨三日以往爲霖，自癸酉至庚辰，不止三日矣，豈非霖乎？微雷且有電，繼曰"以震"，豈有不雷電交作之理？經與傳皆無誤也。下一"始"字，見始於癸酉，終於庚辰，浹旬霖雨大雪雷電交作，故爲大變，總斷之曰"時失"，不專止"庚辰"云云也。末解霖與大雪，見即此已屬陰陽失節，何況震電，此是倒曳語，筆法更陡峭。（《補義》眉）汪云："書，時失也'總一句，前後皆分說。"（方宗誠眉）說一句經，而兼及通部凡例，文境乃大。凡例一明，可省他處多少繁文。

夏，城郎，書，不時也。

宋公不王。鄭伯爲王左卿士，以王命討之，伐宋。（《評林》眉）王覺斯："爲周司徒者，乃莊之祖桓公、武公也，莊蓋假借其虛聲，稱王命以聳動鄰國，實未嘗爲王卿士令伐也。"〖編者按：凌稚隆作姜寶語。〗宋以入郕之役怨公，不告命。公怒，絕宋使。

秋，鄭人以王命來告伐宋。

冬，公會齊侯於防，謀伐宋也。（《測義》夾）傅遜氏曰："公先與邾盟，繼與宋盟，既以宋故伐邾，又以鄭故伐宋，誠二三其德矣。"（《左繡》眉）此三條合爲一篇，凡三寫伐宋爲章法。首段伐宋爲主，後兩伐宋，一跟"宋不告命"轉出，一跟"公絕宋使"轉出，恰好前奇後偶，局段渾成。"不告"、"絕使"四句，插敘於中，作上下轉楔，妙甚。蓋此文以公爲主也。(《左傳翼》尾) 前以王貳于虢，鄭伯怨王，交質因以交惡。今此朝王，王不之禮，虢公始爲卿士，而處之恬然，固由自悔於心，亦欲周旋王室，使之復用以行矯飾報復之私耳。恃己爲卿士，便可挾天子以令諸侯，一則云"以王命討之"，再則云"以王命來告伐宋"，其實王無命，皆矯托之辭。齊以瓦屋之盟，宋衛不與鄭會，故棄宋而即鄭。魯啗歸祊之利，亦助鄭而謀宋，皆仗王命以爲名。鄭前因魯不救宋，始來渝平。此又因公絕宋使，乃來告伐宋。乘間抵隙，其計甚狡。公墮其術而不知，此會以公作主，見公之反覆無常，以利興師，非義討也。(文淵尾) 鄭伯未抗王以前，王命猶行於天下如此。

　　北戎侵鄭，鄭伯禦之。(《左繡》眉) 此篇敘戰，前敘謀，後敘事。敘謀妙於用詳，敘事妙於用略。合讀之，則前伏後應，無懈可擊。文亦謀篇之善者。患戎師，曰："彼徒我車，懼其侵軼我也。"公子突曰："使勇而無剛者，嘗寇而速去之。君爲三覆以待之。(孫琮旁) 破敵之策，只三語括盡。戎輕而不整，貪而無親，勝不相讓，敗不相救。先者見獲，必務進；進而遇覆，必速奔。後者不救，則無繼矣。(孫琮旁) 申明上意，歷歷分曉。(鍾惺眉) 千古夷情，盡此數語。乃可以逞。"從之。(《彙鈔》眉) 破敵之策，只二語括盡。"輕而不整"數句，申明上意，歷歷分明。子突可謂知兵。(《左繡》眉) 患其侵突，即就他侵突上定計。因其所長，誘其所短也。妙極！(高塘眉) 公子之謀，首三句提綱；中四句，原其致敗；後六句，斷其取敗。而致敗、取敗，皆細應提綱，筆力簡透。(《學餘》眉) 審知敵情，不可謂不智，而"乃可以逞"四字，很心辣手，實世濟其兇。左氏此文，亦象物之鼎也。(閭生夾) 鄭忽之功屢見，特先記公子突謀略於此，以與之相配，直射篇末得國，首尾一線。

　　戎人之前遇覆者奔。祝聃逐之，衷戎師，前後擊之，盡殪。(韓范夾) 兵若腹背受敵，未有不敗者也。故輕進必蹶，大將當務持重。(孫琮旁) 善用兵法。(《補義》眉) 敵情歷歷如見，嘗寇速去，已誘入伏中。敘戰多少情事，只一"衷"字盡之。戎師大奔。(《文歸》尾) 敘戰事奇甚，筆力亦遒崿。爻一。十一月甲寅，鄭人大敗戎師。(文熙眉）穆文熙曰：“子突深知虜情，今日禦北虜之法，當依此行之，即兵法所謂奇兵也。以少擊衆之法，無踰於此。”（孫琮總評）古用車戰，正坡公所謂：“爲不可敗，而非以遂利爭勝者也。”廣野利車，狹隘利徒，審勢善用，均足勝敵。今觀公子突數言，一句一轉，一轉一奇，料敵制勝，無不破的。乃知兵有深機，不至泥古兵法，顧用之何如耳。房琯以車敗于陳濤斜，當時譏其不閑軍旅。豈知鄭人禦戎，竟以車勝哉！祝聃今兹殪戎師，後此敗王卒，洵爲鄭名將。然以之逐戎則可，以之從王則不可。（《快評》尾）得此篇與桓公五年王奪鄭伯政、鄭伯不朝二篇參看，然後知左氏用筆之妙。如曰“北戎侵鄭，鄭伯禦之”、“王以諸侯之師伐鄭，鄭伯禦之”，然則鄭伯視王之六師與北戎無異矣。又如子元之謀王與子突之謀戎者，何其相似也？皆大書“鄭伯從之”。則後之射王中肩者，是祝聃；此之衷戎師者，亦是祝聃。是王亦幸而未中要害，不至於殪耳。鄭伯視之固與北戎之師無異也。《春秋》書法，以正名分也。左氏妙文，卻全在名分不正處。如“周鄭交質”與王師、戎師同書“鄭伯禦之”之類是也。諸如此類，隨處皆是，在讀者反之三隅耳。此事經無正文，傳備書之，因爲後文而作也。（魏禧尾）邱維屏曰：“此以車兵而懼徒兵侵軼，又如李陵、岳少保皆以步兵挫敵馬，則兵莫如步強也。後人每以步兵畏馬如虎，蓋不能極盡步兵之長耳。至勝不相讓，敗不相救，後世兵大抵皆戎師矣。古人治兵，全要千萬人合如左右手。治兵不務此，即能勝亦倖焉耳。”（《分國》尾）一覆擊其前，二覆擊其後，三覆擊其中，使戎人腹背受敵。唯輕而不整，故易亂。唯貪而不親，故易離。突真晰夷情，善談兵。（《賞音》尾）鄭伯臨事而懼，公子突善揣敵情，可謂知兵矣。（《左繡》眉）“嘗寇”句，許多層折，只二語寫透。“衷戎師”句，許多情事，又只以一字爲盡。凡文字簡者不曲，奧者不亮，兼之者，左氏也。凡三寫戎師，結應前“患戎師”一筆。（《約編》尾）左氏敘用兵處，極細密。（《左傳翼》尾）設伏誘敵，兵家之常，妙在料審敵情，如指諸掌。“衷戎師”，紙上真有無數伏兵攔截堵殺，盡殪大奔，而延頸授首、狼奔豕突情形紛紛如見。左氏最善兵機，數十字可當鉅鹿、昆陽兩大戰數百言。前敘謀，後敘戰，詳簡變幻，字字鍊逸。（德宜尾）“勇而無剛”四字，事深情深理深。“輕而不整”一段，千古敵情，不能出此，所謂知己知彼也。“彼徒我車”，亦可悟古車戰之法。〈鍾伯敬〉克敵制勝，只用數語括盡，絕不鋪排，此行文以虛運實之法也。（武億尾）六十餘字中，逐節轉折，逐節疏剔，筆力簡透。(王系尾)此篇敘戰，奇趣橫溢。班掾幕南之戰、滎臯城之戰，得其委折，而遜其精神。太史公鉅鹿之戰、垓下之戰，有其精神，而讓其風味。(《學餘》尾)鄭，小國也，謀成戰克，可謂能自強矣。乃兄弟爭國，亂至五世，然後歜突焉、忽焉之將自焚也。

◇隱公十年

【經】十年春王二月，公會齊侯、鄭伯于中丘。(《評林》眉)汪克寬：" 防之會，魯始與齊謀伐宋之舉，至中丘之會復偕鄭合謀，而決出師之期。經備錄之，著伐宋之兵所由合也。此乃直書而義自見。"夏，翬帥師會齊人、鄭人伐宋。(《評林》眉)程頤：" 三國先遣將致伐，齊、鄭稱人，非卿也。"六月壬戌，公敗宋師於菅。(《評林》眉)孫覺：" 左氏例曰：'未陳而薄之曰敗某師。'《春秋》內敗外者凡八，豈魯專能未陳而薄人乎？"辛未，取郜。辛巳，取防。(《測義》夾)呂大圭氏曰：" 《春秋》因書日前後而知其是非，如辛未取郜，辛巳取防，則有以見旬日之間而取其二邑也。"秋，宋人、衛人入鄭。宋人、蔡人、衛人伐戴。鄭伯伐取之。(《評林》眉)賀仲軾：" 《公》、《穀》皆以爲取戴譏鄭伯因人之力，非也。宋、衛入鄭而蔡從之，鄭人之忿在三國，而不在戴，故因其在戴而伐取之。《左傳》曰：'鄭伯圍戴，克之，取三帥焉。'是也。胡氏謂鄭一舉而兼四國，非也。"冬十月壬午，齊人、鄭人入郕。

【傳】十年春，王正月，公會齊侯、鄭伯于中丘。癸丑，盟于鄧，爲師期。(《評林》眉)楊慎：" 自此至伐宋老桃、敗菅、入郜、入防，並鄭莊之計。"

夏五月，羽父先會齊侯、鄭伯伐宋。(《測義》夾)愚按：翬於伐鄭，固請而行。於伐宋，先期而會，無君之心昭如矣。而公猶懵然不知也，其及于禍固宜。

六月戊申，公會齊侯、鄭伯于老桃。壬戌，公敗宋師於菅。庚午，鄭師入郜。辛未，歸於我。庚辰，鄭師入防。辛巳，歸於我。(《測義》夾)黃震氏曰：" 翬先合諸侯以攻之，公即乘虛以襲之，不淹旬而取二邑。既取防於未伐宋之前，又取郜、防於既伐宋之後，鄭、宋兩失其邑，魯隱兩獲其利矣，然何以逃君子之譏！"(《左繡》眉)整整四句，一筆不換，左文蓋無不可。大都事多而文簡，以繁排行之，即以不變爲章法矣。(《補義》眉)鄭加意親魯，魯亦出力助鄭，二邑歸之，爲許田地也。"伐宋"二字包括前後，齊師用暗敘，魯、鄭用明敘，結言"不貪"者，所貪者別有在也，且以見公之貪也。(《評林》眉)唐荊川："鄭莊得宋二邑，不請於王而擅以歸魯，安在其以王命討不庭哉？而左氏猶以爲正，何哉？"《經史鈔》："郜、防皆宋邑，魯與宋戰而鄭入郜、防者，分兵以襲之也。宋虞三國之當合軍，而不虞鄭之攻郜、防。"君子謂："鄭莊公於是乎可謂正矣。以王命討不庭，不貪其土，以勞王爵，正之體也。"(《測義》夾)愚按：鄭莊公得宋二邑，不請於王而乃擅以歸魯，安在其爲以王命討不庭哉？左氏猶與其爲正，李廉氏謂"其事則是，而義則非"，是也。(《分國》尾)取郜、取防，魯取之，爲內諱，歸之鄭師。既非其有，取之矣，一曰歸於我，再曰歸於我，明魯之貪宋地，鄭人逢迎之也。雖然，既假王命，則宜歸之于周。蓋要魯用命，以此賂之，鄭莊之肺腸亦見焉。(《左繡》眉)"王命"遙接前篇，又襯一王爵，語便濃。(美中尾)毛寅谷曰："鄭加意親魯，魯亦出力助鄭，二邑之歸，爲許田地也。'伐宋'二字，包括前後。齊師用暗敘，魯、鄭用明敘，結言'不貪'，所貪者別有在也。且以見公、鄭貪也。"(《左傳翼》尾)只爲鄭莊欲納子馮，深中殤公之忌，州吁構納，以致兵連禍結，連年不解。隱公輕喜易怒，貪鄭祊田，以不告絕宋使，合齊鄭以伐宋，不待師期，羽父先會，公旋親往，獨敗宋師，又取宋二邑。奉王命討不庭者，不如是矣！取郜取防，直書不隱，見非其有而取之爲不義也。夫取者不義，歸之者可謂正乎？鄭莊之隱情，左氏固未之知也！羽父先會，諸儒因前此專擅，遂謂此會亦不待公命，求名專進，有無君之心。余以爲公將親往，使翬將兵先行，是先會出於公意，與前固請而行不同。公敗宋師於菅，而鄭師入郜入防，分兵而進，各自樹功，亦無此先彼後之意。魯爲鄭伐宋，而君臣爭先奮勇。公敗宋師，鄭師乃得乘虛以入二邑，故深爲感激，以郜、防來歸，此皆公之爲鄭所餌，輕於去就。杜《注》因一"先"字，遂謂羽父專橫，又謂鄭伯後期，皆不可從。

蔡人、衛人、郕人不會王命。(《左繡》眉)突着此句，前無所承。蓋上既結宋，又當爲下文取三師及入郕提綱也。"不會王命"、"討違王命"，本相呼應，分作數節者非。

　　秋七月庚寅，鄭師入郊。猶在郊，宋人、衛人入鄭。蔡人從之伐戴。八月壬戌，鄭伯圍戴。癸亥，克之，取三師焉。宋、衛既入鄭，而以伐戴召蔡人，蔡人怒，故不和而敗。（《左繡》眉）"從之伐戴"，略經所詳。"取三師焉"，詳經所略。可得剪裁法。前正寫其事，三項各開說。後補注其故，三項一串說，又可得復敘法。（《補義》眉）二邑之取，以三國之和也。宋、衛之敗，以蔡人之不和也。兩相對照，得失自見。（《評林》眉）李笠翁："鄭本用漁人取鷸蚌之計，惜三國皆入其籠絡而不之悟耳。"孫鑛："宋、衛以下追說也。"按：既者，已然之詞。宋、衛既入鄭，逮伐戴，初召蔡人，故蔡人怒，三師不和而敗。（王系尾）鄭雖可惡，宋罪當討。惡鄭而違王命，反助罪人，三國之罪豈小哉？許多文章，都在無字處，讀者何可不細心？此篇枝節最多，最爲錯雜。敘得簡潔中，別有飛動之意，最足益人神智。

　　九月戊寅，鄭伯入宋。（魏禧尾）魏禧曰："胡傳以爲鄭莊兼取四國。按：左氏只言取三師，蓋三國伐戴，已破戴而入居之，鄭伯故得圍而並取三師耳。故先曰'圍戴，克之'，後言'取三師'也。若胡氏四國之言，以破戴亦爲鄭罪，則三國尚未破戴矣。戴未破則三國尚在圍戴，當先取三師，而後克戴矣。蓋蔡人從之伐戴，是未破之戴。鄭伯圍戴，是三國所破而入居之戴。然則'蔡人從之伐戴'之下，應有破戴之文，而左氏偶逸之。或三國止以伐戴告，未以破戴告，而舊史據以書耳。玩上下文，事理顯然可觀。又胡氏以鄭師猶在郊爲莊公誤宋、衛兵法。彼莊公烏知宋、衛之來入？且陳師郊外，轉戰甚易，宋、衛亦不應以在郊之故，而啓入鄭之謀。若鄭果欲誘其入我，則應先有期約，還師與鄭之守國者內外夾攻，而顧縱之遠去，及伐戴而後伐之耶？若二國不伐戴，各歸其國，則鄭之誘，徒受入于宋、衛以自誤，安在其爲誘人耶？蓋鄭駐兵於郊，或別有所謀，如入郕之類，使人謂其兵已歸國，不復防備，而忽然臨入。宋、衛以鄭方勝宋，迤邐班師，而隨機急襲。及其入鄭而去，則宋、衛志得意滿，以爲鄭必歸國救死扶傷之不暇，故安意伐戴，不虞鄭之猝至。新勝之師，入居人國，帥怠兵掠，與國不和，故鄭莊兼取三師，如拾芥之易。此論兵者必窮其情也。按：各國皆用奇兵，莫多於伐宋之役。"魏禮曰："古人所以受降如受敵，軍行如遇敵，備至於無可備之處，而機出於要，則措于萬不敗之地矣。余幼好啖果，人多藏果相避。藏雖至奇，而一經搜索，無弗獲者，人多神之。其實只是尋到最不通處，則果無所逃矣。蓋備奇兵亦只如是。"

冬，齊人、鄭人入郕，討違王命也。（《測義》夾）汪克寬氏曰："夏而三國伐宋，秋而宋、衛入鄭，又偕蔡伐戴，鄭又圍戴取三國之師，猶以爲未足，且偕齊入郕。一伐一入，迭勝迭負，彼此交侵其黨與，戰國之殺人盈城，暴骨如芥，兆於此矣。此《春秋》所以作也，此《春秋》所以始於隱公也。"（美中尾）李行簡曰："傳言鄭伯爲王左卿士，莊之所以周旋王室，不過爲矯假報復之私，初非有夾輔之誠也。敗宋、入郕、入許，志得意滿，而有繻葛之戰矣。"（《左傳翼》尾）鄭伯以王命會，召諸侯伐宋，而王臣不出，王師不行，未見其爲王討也，故三國皆黨宋而不會。一年之中，鄭合齊、魯以伐宋，宋合衛以入鄭，又偕蔡伐戴，鄭又圍戴取三國之師，旋又入宋，又合齊以入郕，兵戈擾攘，未有若此年之甚者。鄭莊雖假王命，而師出有名，蔡、衛、郕反是。一則討違王命，一則不會王命也。假借王命，尚可克敵制勝，況翼戴天子而加之以恭乎！

◇隱公十一年

【經】十有一年春，滕侯、薛侯來朝。夏，公會鄭伯于時來。（《評林》眉）劉實："凡稱會，外爲主。時來，鄭地，則知伐許，鄭之志也。蓋許與鄭接壤，鄭之所利故也。"秋七月壬午，公及齊侯、鄭伯入許。冬十有一月壬辰，公薨。（《評林》眉）程頤："人君終於路寢見卿大夫，而乃正終也。薨於燕寢，不正其終也。薨不書地，弑也。賊不討不書葬，無臣子也。"陳傅良："薨，十二公所同也。不地不葬，隱、閔所獨也，然則雖諱而亂臣賊子之獄具矣。

【傳】十一年春，滕侯、薛侯來朝，爭長。（《彙鈔》眉）薛祖奚仲，夏所封。滕之先爲周卜正。薛，任姓庶姓，非周同姓也。薛侯曰："我先封。"滕侯曰："我，周之卜正也。薛，庶姓也，我不可以後之。"

公使羽父請于薛侯曰："君與滕君，辱在寡人。（孫琮旁）有此四字，便能定賓禮。周諺有之曰：'山有木，工則度之；賓有禮，主則擇之。'周之宗盟，異姓爲後。寡人若朝于薛，不敢與諸任齒。(孫琮旁)語婉而嚴。(《左繡》眉)此左氏開手第一則辭令文字，看其字字活。主腦在"宗盟"二句，然直說便覺唐突，妙在前後許多襯托。"君與滕君"，先平放一筆。"辱在寡人"下，且頓住口。另扯一話頭作開科，妙甚。"異姓爲後"，已明說破，又縮住口，忽將對面翻轉一看，說得心平氣和，儁妙豈有兩也？"寡人若"、"君若"兩路往復，意亮而舌鬆。《國策》活計，盡在些子耳。按：《析義》云："魯與滕、薛同爲諸侯，有世相朝之禮。若徑把周王朝禮，論定魯廷，何殊帝制？故忙以朝薛爲詞。愚意魯若朝薛，亦無後於諸任之理。此處只是世情語耳。卻隱隱有改步改玉微詞在。每讀此文，便想到反譖時，不知何等謠諑利口。絕可愛處，正其絕可畏處，不可不留意也。"君若辱貺寡人，則願以滕君爲請。"(文熙眉)二句當爲賓主斷案。(孫鑛眉)精簡有韻。(《測義》夾)高閌氏曰："同受天子土地，是同列也，乃班見於魯，豈有同列來朝而班見者乎？異姓爲後，謂朝天子時爾。"〖編者按：奧田元繼作薛方山語。〗(《彙鈔》旁)理正詞曲，自使薛侯悅從。(方宗誠眉)辭命曲折委婉敘入，措辭得體，若說薛侯來朝于魯，不得與諸姬齒，則粗直矣。(《學餘》眉)爾雅溫文，讀之心醉。(《左傳儁》尾)楊荊巖曰："先同姓而後異姓，周有定盟，已不可違，且隱公之言謙遜不迫，此薛侯之不得不從也。"(《快評》尾)諸侯班次，周有定制，其來久矣。今滕、薛二侯，胡乃爭之于魯耶？蓋由當時朝聘之禮不能盡依周班，齊、晉、秦、楚之君以強力擅長諸侯，小國效之，亦不知周班爲何物矣。此時魯侯獨得以周之宗盟定滕、薛之爭，他日，晉、楚爭長於宋，吳、晉爭長於黃池，誰復以周班定之者？亦可慨矣！然而堅冰之漸，起於履霜，君子睹此，知周之政令已不行於天下也。左氏傳滕、薛二國，即可以例知他國。傳此一事，即可以推知他事，莫謂左氏以閒筆寫閒事也。(孫琮總評)寥寥數筆，有喻意，有主意；有反意，有正意。其詞婉而和，其義嚴而正。中間點出周之宗盟，便是大原本處，不然，數典而忘其祖，其何以服遠人？(《分國》尾)"周之宗盟，異姓爲後"二語斷定，猶恐不足以服其心，又斡二語，曰："寡人若朝于薛，不敢與諸任齒。"薛侯語塞矣。(《集解》尾)立言以守周宗盟爲主，而妙在用"寡人若朝于薛，不敢與諸任齒"一語，蓋守周盟是執理之言，其詞正。若朝于薛，不敢與諸任齒，是通情之言，其詞婉。非正不足以服其心，非婉不能以降其氣，真是辭令妙品。（《賞音》尾）蔣覺周先生曰："以'周之宗盟'三句折之，所謂稱天子以臨之也。'若朝于薛'二句，又復委婉，使之心平氣和。"滕、薛以好來朝，若有所左右其間，不惟失待賓之禮，亦且攜小國之心矣。今使薛侯心折而無怨嫌，非文辭不爲功。（昆崖尾）讀前二段如嚴霜峭壁，傲岸淩人。讀後一段，如巧燕流鶯，清和傾聽。小小洞天亦必層折佈景，不令人一望而盡。"異姓"句下，亦可接末二句，然徑直少情。夾入朝薛一跌，玲瓏婉轉，姿態橫生，此古人用筆最活處。（美中尾）此諸侯朝魯之始，亦旅見之始。（《約編》尾）"若朝于薛"二語，辭令妙品。（《喈鳳》尾）提出周之宗盟，儼以先王之禮相折服，好在前後着語引托，不覺其爲直倨。吾友練江程君念伊云："守周盟是執禮之言，其詞正。'若朝于薛'云云，是通情之言，其詞婉。非正不足以服其心，非婉不能以降其氣也。"真是辭令妙品也。（《左傳翼》尾）隱公未嘗朝天子，而滕、薛相率來朝，且不特見而旅見，周之宗盟，異姓爲後，得毋以天子自況耶？而其詞令之妙，款款曲曲，令傾耳而聽者不覺意爲之移而心爲之折也。昔人謂歐子得左氏之婉，此文妙處，總是一婉字。泛泛講一"周"字，彼猶漠不經意，故卜正之言，不足以服其爭。抬出"周之宗盟，異姓爲後"來，赫赫王章，又誰敢越？然直白唐突，便嫌戇率。佳在從對面着筆，和藹虛活，令人不敢爭，亦不願爭，妙筆妙舌。（《便覽》尾）前以宗盟折之，後以朝薛圓之，洵使人心平氣和。芳輯評。（《日知》尾）周盟後異姓，辱覩先滕君，意本直達，妙將"周諺"作一停頓，以"朝薛"作一反敲，遂令直處皆婉。（高塘尾）讀前段，如嚴霜峭壁，傲岸淩人。讀後段，如巧燕流鶯，清和可聽。小小洞天，亦必層折佈景，不令人一望而盡。"異姓"句下，亦可接末二句，然文勢徑直，便少情致。妙用"朝薛"一跌，玲瓏婉轉，姿態橫生。此古人用筆最活處，亦文家對面翻轉看法也。（《自怡軒》眉）"周之宗盟"三句，所謂稱天子以臨之也。"若朝于薛"二句，又復委婉，使之心平氣和。蔣覺周。（《評林》眉）《五經類編》："'異姓爲後'，專以盟時言。若會時班次，仍論國之大小。"《經世鈔》："周，天子也，故宗盟先同姓，若他國當不然。朝薛先任，亦權時之言，非典論也。"（武億尾）敘兩君之言，便覺抗勁不降。敘魯君之請，便覺欸緩可聽。此左氏開手第一則辭令文字，看其字字活處。（《學餘》尾）辭令之善，足使後者心平，可爲邦交法矣。（《菁華》尾）"朝薛"二語，從對面着筆，語氣委婉之極，使聽者盛氣皆消，解人不當如是耶！

薛侯許之，乃長滕侯。

夏，公會鄭伯于郲，謀伐許也。（孫琮旁）先一時事。（《淵鑒》眉）鄭莊公入人之國，而不利其土地，雖怵於齊、魯，猶庶幾能以私自克者。君子許其有禮，亦善善長之義也。敬所王宗沐曰："詳覽莊公之言，'不敢以許自爲功'似讓能，'況能久有許'似反己，'況能禋祀許'似慮患，'吾其能與許爭'似憂遠，然其卒曰'不惟許之爲，亦聊以固吾圉也'，則自爲自利之心不覺自發露矣。要之，殘忍陰忌，莊公本性。不愛於段，何愛於許？"臣英曰："討貳舍服，文能道情，遂若衷言。"臣士奇曰："慮遠憂深，周詳婉至，守國之權謀，脩辭之上品。"臣叔元曰："命許大夫之言，回環微婉，令讀者不復知其情之譎，詞令之妙，足絕千古。"（《評林》眉）王元美："許與鄭接境，齊、魯無與焉者也。鄭伯以許鉤致齊、魯之君，而借兵力吞併小國，以利益於己，甚哉！鄭之不仁，而齊、魯之不智也。"〖編者按：凌稚隆作吳澂語。〗

鄭伯將伐許，五月甲辰，授兵于大宮。（閩生夾）此篇以發明莊公之智略爲主。**公孫閼與潁考叔爭車，潁考叔挾輈以走，子都拔棘以逐之，及大逵，弗及，子都怒。**（孫琮旁）敘瑣事起。（《彙鈔》眉）一篇大文，首尾敘瑣事作起結，章法閒整。（《左繡》眉）此篇首段本連中段，末段收應起段，自當聯作一篇讀。末段並附中段，于君子兩斷，似屬矛盾。然鄭莊有禮，不過因其辭令處置一端之善而稱之，非真許其知禮也。觀於詛射之詐，則行不掩言矣。得後文一抑，並前文一揚，亦屬子虛。左氏固不爲鄭伯所瞞，亦不肯瞞我後人也，正以並讀乃得之耳。（《評林》眉）呂大圭："考叔以一言回莊公之心，固可嘉矣。伐許之役，反爭一車而死于子都之射，能捨肉而不能捨車，能化莊公而不能化子都，何其孝亶而纇，有所不能錫也。"《經世鈔》："考叔位卑，而與大夫爭車，故子都逐且怒之耶？"（《補義》眉）三國伐許，獨寫鄭授兵臨城，銳氣踴躍，便見鄭君臣久艷得許。汪云："寫得奕奕有聲，數'登'字峭急。撇開齊魯，落到鄭人。"（閩生夾）下文入許嫌徑直，故就爭車生一波，以起登城。

秋七月，公會齊侯、鄭伯伐許。庚辰，傅于許。潁考叔取鄭伯之旗蝥弧以先登，子都自下射之，顛。（《左傳雋》眉）李行可曰："子都，公孫閼，鄭大夫。與潁考叔爭車，考叔挾輈以走，子都怒，至是射殺之。"呂氏曰："考叔以孝聞于鄭，一言而回莊公母子之心，固可嘉矣。奈何伐許之役，反爭一車而殺其身？惜哉！"（韓范夾）以公事而逞小怨，不顧其國，子都之與羊斟一也。（《評林》眉）孫鑛："旗蚩弧，倒句。"孔尚典："莊公於二人爭車之時，不能和解。既爭之後，又不能異地處置，而使同事軍中，致有登城之射，此莊公之失也。"**瑕叔盈又以蝥弧登，周麾而呼曰："君登矣！"**（孫琮旁）奮勇以陷陣。（《便覽》眉）設色奇處，每借物件添色。周麾一呼，更自有聲逼人。**鄭師畢登。壬午，遂入許。許莊公奔衛。**（《左繡》眉）拔棘逐之，自下射之，周麾畢登，寫得眾耳眾目，為末段伏筆。（高嵣眉）第一段敘入許之事，登城出於鄭，雖合三國，而以鄭為主。

　　齊侯以許讓公。公曰："君謂許不共，故從君討之。許既伏其罪矣，雖君有命，寡人弗敢與聞。"乃與鄭人。（《測義》夾）愚按：公以許與鄭，蓋償前日郜、防之取。〖編者按：奧田元繼作王荊石語。〗（《左繡》眉）"以許讓公"、"乃與鄭人"，齊僖亦明知寤生貪許，故作騰挪，寫來絕倒。又有此一曲，乃鄭莊之所以不遽然有許者也，莫作閑文讀。（高嵣眉）第二段敘齊、魯之讓，作一小曲折，亦文家步驟。（方宗誠眉）三國共入許，一國不便取為已有，故皆托為辭讓，而辭命皆佳。

　　鄭伯使許大夫百里奉許叔以居許東偏，（《左傳雋》眉）李行可曰："鄭莊公見齊、魯相遜，亦不敢自有許國，故奉許莊公弟與之，其詞溫栗可掬。"又曰："按鄭莊公城潁之誓，幾無行矣。因考叔之悟，母子如初。伐許得國，誰不賴之，況出齊、魯之讓哉？乃奉莊公之弟，曰：'不敢以許為功。'曰：'寡人有弟，不能和協。'曰：'吾先君新邑于此。'父子兄弟之情若為益開。至於使百里處東偏，又使公孫獲處西偏，其處置防範之密，總之欲撫柔許以固鄭圉。乃曰：'許公復奉其社稷，吾其與許爭乎？'始終讀之，毫無利許私鄭之心。左氏模擬，何等婉轉，何等筆力。"（鍾惺眉）春秋小國之君如鄭莊盡有智數，能籠絡顛倒人，自取威德，而以怨予人。既用之弟，而又用之鄰國，亦小人之雄也。然桓、文於此，自有大小之分。（《文歸》眉）王納諫曰："辭極婉雅。然學者多誤于其詞，而不知其情之浮也。奪人之田而據其牛，乃謂其人曰：'我非利汝有也，此天意也，我死則盡以還汝。'是則狡詐不情甚矣。鄭伯之言，何以異此？後來鄭莊公薨，許叔入于許。故左氏據後事而文飾其辭，亦未必鄭伯當時實有此言也。姑取其文而已矣。"（《才子》夾）細細讀，其計又遠，心又孤。極欲瞞人，更瞞不得，於是乎遂成曲曲折折嫋嫋婷婷之筆。曰："天禍許國，鬼神實不逞于許君，而假手於我寡人。（孫鑛眉）調絕工，鏗然有金石之音。（《才子》夾）自瞞云非己欲伐許也，一片純是狡獪，文卻妙絕。（孫琮旁）敘出根由。寡人唯是一二父兄不能共億，其敢以許自爲功乎？（《才子》夾）軍興必有共億，甚言伐許以共億煩父兄，極不得已也。（孫琮旁）就處常推出一層。（《約編》眉）兩層跌宕，一結上，一生下。（闈生夾）不匿其瑕，至爲俊爽。鄭莊之霸略具見於此文中。宗堯云："齊、魯不受許，何等直截！鄭莊狡獪之詞，肺肝畢露。"寡人有弟，不能和協，（孫琮旁）就處變推出一層。而使餬其口于四方，其況能久有許乎？（《才子》夾）看他怕人說，便自開口先說，奸極，然的是妙文。（《便覽》眉）兩"乎"字，一結上，一起下，已奇宕。一點正面，即插入獲，更便捷。吾子其奉許叔以撫柔此民也，吾將使獲也佐吾子。（《約編》眉）已上追前，以下逆後。（《便覽》眉）插入獲矣，又宕開去，上是追前，此是料後。若寡人得沒於地，天其以禮悔禍于許？（《才子》夾）天或佑許也，看他說在自己身後者，明明自己在時，必不使許得悔禍也。筆筆老奸，心事吞吐。無寧茲許公復奉其社稷。唯我鄭國之有請謁焉，如舊昏媾，其能降以相從也。（《才子》夾）"無寧"，寧也。三十字爲句，與下"無滋他族"三十三字爲句，心口相商也。"茲"，此也。言若他族來逼，則不如此許公復國。奸口奸心，不露自露也。（孫琮旁）又推一層。（闈生夾）此時鄭已干預許政，曰"請謁"，謙詞也。文若曰："他日許公復其社稷，雖我鄭國嘗干預許政，譬如婚媾，當能降以相從耳。"宗堯按："滅人之國，反作膠漆之語，何等狡獪！"無滋他族實偪處此，以與我鄭國争此土也。（孫鑛眉）長句鍊勁，最有濃色。吾子孫其覆亡之不暇，而況能禋祀許乎？（闈生夾）突、忽等當時皆頗以才略自見，鄭莊乃能爲此語，若逆知身後之有亂者。意態橫溢，全篇精神，皆逆攝"許叔復入"一語，文亦極英爽跌宕。寡人之使吾子處此，不唯許國之爲，亦聊以固吾圉也。"（孫鑛眉）四"乎"字，句法暗相映,在有意無意間。(《才子》夾) 猶俗言連根俱喪,豈但喪許也? 奸口奸心如此。説至此,老奸不免盡露。然計遠者心孤,亦自不得不露矣。(孫琮旁) 結出真情。(《彙鈔》眉) □□□□□□滿口假仁假義,只爲自家掩飾過去,絶不厭其詞之煩。快筆英鋒,文中僅有。(《左繡》眉) 鄭莊貪許,大旨只在"不惟鄭〔編者按:當爲許〕國之爲,亦聊以固吾圉也"兩句。卻不直説,開口先説許多謙虚冠冕話頭,次又從没後説許多籠絡謙虚話頭,及至説出本意,又不暢發,只一點便住,重又與自家人説上許多不慊意處。通篇總不使一直筆,於事則如縱如擒。于文則半吞半吐,奸人之雄,辭令之雋。(《約編》眉) 許降心從鄭、請謁是一意,無滋他族與鄭争土,又是一意。皆所以固吾圉也。自"若寡人得殁"句至"禋祀許"句,反覆盤曲,止申明不能久有許意。(高嵣眉) 第三段是安置許叔之法,前兩層是半推,追前説。後兩層是半受,逆後説。都用雙調作態。束句"聊以固吾圉",乃鄭莊本意。(《評林》眉) 李笠翁:"觀莊公戒百里、公孫獲二段,用意婉轉周悉,極其開闔變化,自古奸人之詞往往如是。"陳眉公:"此云得没於地,後云我死,皆自表無利許意。"錢謙益:"林注斷'無寧兹'一句屬奉許叔,非是。'無寧兹許公'與'無兹他族'相對,言寧如此,弗如彼,作開合讀,義自明。"《評苑》:"爾許國必能降心以從今日之約也。"

乃使公孫獲處許西偏,(方宗誠眉) 使公孫獲處許西偏,乃所以監許叔使無畔鄭,且使觀釁而取之也。曰:"凡而器用財賄,無寘于許。我死,乃亟去之。(《才子》夾) 只是極憂死後,可見生前更不容許吐氣。吾先君新邑於此,王室而既卑矣,周之子孫日失其序。(孫琮旁) 吞吐有情致。(《便覽》眉) 上下句本接,插"吾先君"一句,便有意味色澤。夫許,大嶽之胤也,(《評林》眉) 吴震方:"四岳乃一人而總四岳諸侯之事,其德望重矣。姓氏不彰,乃後世相傳姜、吕、申、許俱四岳之後,何耶? 世人因堯遜位而岳辭,遂謂四岳許由,更謬矣。"天而既厭周德矣,吾其能與許争乎?"(《測義》夾) 孫應鰲氏曰:"不敢以許自爲功,似讓能。其況能久有許,似反己。況能禋祀許,似慮患。吾其能與許争,似憂遠。然其言曰'不惟許之爲,亦聊以固吾圉',則自爲自利之心,不覺發露矣。要之,殘忍隱忌,莊公本性。不愛于段,何愛于許?"(《才子》夾) 看他心孤語。凡老奸至頭日,都比常人更怯。(《彙鈔》眉)"乎"字後先呼映得妙。(《左繡》眉)通篇分兩截讀，上截安置許叔，下截囑付公孫。上截又分兩層，前一層是半推，後一層是半受，都用雙調作態。而單句起，單句煞，中以單句作轉棙。下截亦有兩對，"不惟許國"云云，于本段自爲起訖。"能與許爭"云云，又合兩截爲起訖，章法極圓足也。東偏、西偏，分明兩對。而詳略變化，處處兩意往復。兩"寡人"、兩"不能"、兩"無"、兩"我鄭國"、兩"而既矣"，皆雙調也。而抑揚開合，使人不覺。前以兩"乎"字起調，中間復一"乎"字，末又復一"乎"字，便令章法遙遙呼應，是左氏極有結構之文。看四"乎"字句中，句句安一"許"字，亦明告後人以作法矣。"一二父兄"，先安頓魯侯一筆，以魯侯不受而見讓，且感且慚也。"寡人有弟"，恐怕別人批點，反先説破。亦暗誇克段手段，且向許叔十分討好作情也。"無寧茲許公"與"無滋他族"對看，言寧如此，弗如彼，作開合讀自明。林注將"無寧茲"三字讀斷，貼奉許叔説，非。"他族實偪"云云，可見齊、魯固不得而染指也。字字有棱，亦便暗應起手一段閑文矣。前云"得没"，後云"我死"，分明我一日在，一日不容許轉縮也。此言外微意，前人論之甚詳。始、終、中三提"夫"字爲眼目，兩"不能"、兩"況能"、兩"其能"爲線索，錯綜入妙。(《約編》眉)告公孫獲語，亦即未能久有許意，特議論變換耳。(高塘眉)第四段乃囑附公孫獲之詞，名爲佐許，實爲監許。"新邑於此"一句，揭明本意。東偏、西偏，分明兩對，卻有詳有略。前段句句謙婉，此段句句斬截，用筆變化。(方宗誠眉)明知一時不能有許，故落得爲此退讓之辭，所謂巧言如簧。

  君子謂："鄭莊公於是乎有禮。禮，經國家，定社稷，序民人，利後嗣者也。許無刑而伐之，服而舍之，度德而處之，量力而行之，相時而動，無累後人，(孫琮旁)八字括盡鄭伯一篇話。可謂知禮矣。"(文熙眉)穆文熙曰："援旗而呼，此謂先聲。韓信令軍人拔趙幟，插漢幟，以惑亂趙人之心，竟以取勝，即此意也。"(《測義》夾)愚按：鄭伯入人之國，逐人之君，擅使大夫守之，征伐之廢置皆自己出，無君甚矣。廼其言又内防其患，而外利其名，所謂制人以刃而捫之手也！左氏所稱當時之君子而謂之有禮，此而知禮，孰不知禮？(《左傳雋》尾)呂東萊曰："共患易，共利難。患者，人之所同畏也；利者，人之所同欲也。同有畏心，其勢必合。同有欲心，其勢必爭。自古及今，變親爲疎，變恩爲怨，鮮不以共利者。吁！亦難矣。當伐許之際，先登者鄭之大夫，而齊、魯之大夫無與焉。畢登者鄭之師，而齊、魯之師無與焉。是則克許之功，獨出於鄭。以許歸鄭，固其所也。然常人之情，戰則避患而居後，勝則争利而居前。不慙己之無功，反不容人之有功。昔鄧艾、鍾會同伐蜀，艾平蜀而會殺之。王渾、王濬同伐吴，濬平吴而渾劾之。使齊、魯之君亦如鍾會、王渾，則三國禍矣。許地雖褊，亦古之建國也。一兔在野，百人逐之。一金在野，百人競之，况一國之利乎？今舉以與齊，而齊不敢受。舉以與魯，而魯不敢取。卒歸之鄭。鄭伯猶不敢絶許之祀，縣許之疆。嗚呼！孰謂春秋争奪之世，而復見羣后德讓之風乎？齊、魯無功而不敢攘人之功，鄭雖有功而不敢恃己之功。是善處無功者莫如齊魯，善處有功者莫如鄭也。是心也，豈特可用之戰陣之間哉，大而共政，小而共財，推是心也，將無入而不自得矣。"（《文歸》尾）字字罪己，字字恕人，字字謙婉，字字沉痛，是老成人磨錬語，左氏以禮許之，意殊深厚，必爲深文，失情實矣。父一。（《才子》夾）"於是乎有禮"，言鄭莊一生無禮，彼善於此，而姑許之。（《快評》尾）鄭莊數年以來，號召諸侯東征西討，儼然五霸規模。己之所不能有者，則先伐之以與人。如往年入郕、入防，而以其地與魯是也。將欲取之，必故與之，此之謂歟？若夫許則固莊公雄心之所注射，竭全力以圖之者。何則？許地邊鄭，鄭可得而有也。既而俟得其釁，罪以不共。偕齊、魯以討之，許公不支而出奔，固以爲操之掌握之中矣。然而，用他人以成功，他人即可以掣其肘。齊、魯二君非小兒，豈堪供鄭人之驅使乎？觀齊侯之以許讓魯，暨魯侯却許之辭，皆是故爲吹唱，使鄭伯不得有許也。鄭伯于此有難焉者，其使百里奉許叔以居許東偏，而以公孫獲監之。所以居不有許之名，而獲有許之實。其作用之妙，辭令之巧，皆因齊、魯二君互爲退讓，不得已而出此也。後人于齊、魯之讓，草草看過，徒賞鄭伯之辭令，又烏知鄭伯辭令之所由出乎？讀《左傳》此文，要看莊公心中明明要許，卻口口不要許。然于口口不要許中，又能將自己心事明明道出，令人共知共見，辭令之妙，於斯極矣。左氏妙文，不惟言辭而已，能將鄭伯之左顧右盼、瞻前顧後、指天撫己之形容意態，無不宛然，令千秋慧心讀書人皆于文字之外，仿佛見之矣。左氏此處贊鄭莊公以有禮，夫莊公何禮之有哉？有謂："於是乎有禮，見莊公一生無禮也。"其説雖巧，然于入許一事，特以有禮許之，則亦過矣。有謂此君子乃左氏特撰一爲鄭伯瞞過之人，以見當時實多此輩。然亦非也。夫君子之于禮也，非禮無以立也，没身焉爾。詩云："人而無禮，胡不遄死。"固非以禮爲利而襲取之者也。若莊公之於禮也，則以禮爲利者也。夫禮之利也，可以經國家、定社稷、序民人、利後嗣者也，其利如此。從莊公"於是乎有"者也。何以言其然耶？夫許不共，是無刑也，莊公則知伐之，如鷹隼之搏擊而無後時也。魯公謂許既服罪矣，莊公因而舍之，無令他人之議我後也。度德而處，量力而行，命公孫獲處許西偏以監許，有得許之實而無得許之名也。相時而動，無累後人，若莊公者，可謂知禮之利，於是焉而有之者也。君子之于禮也，固如是乎？此左氏之深文微辭，惜乎兩千年來無人道破，天下慧心人必有以余言爲然者矣。（《覺斯》尾）

過商侯曰："鄭莊天資刻薄，不愛于弟，何有於許？看其老大機心，卻言言忠厚，愈説愈悽婉，愈露其權詐。'於是乎有禮'者，言舍此無一當於禮也，可謂欺世盜名者鑒。"（《析義》尾）許在穎昌，與鄭爲鄰，鄭欲吞併已久。但以三國共伐，兩國交讓，不敢獨專其利，故特空其國，分爲東西兩偏，假存許名色，結許人之心，而使公孫獲角立箝制。但戒飭之詞，委婉紆曲，似難猝解其意。細閲之，全不爲許計，止爲鄭計。不爲己之當身計，止爲己之死後計。其意以爲己存一日，而智力可以制許一日。亦自覺忍心害理，必不能長有許國，遂不禁諄諄爲子孫之慮如此。故其命百里也，曰得没於地；命公孫獲也，曰我死亟去。打算至此，止是智窮力竭，無可如何。不然，圖許之心未肯已也。惜左氏被其瞞過，以知禮稱之，千載而下，猶有餘憾焉。或取其"寡人有弟，不能和協"句，有引過之意，但問當日何不云"寡人有母，不能孝養，而使其置身於城穎乎？"何不云"寡人有君，不能忠事，而使夏喪其麥、秋喪其禾乎？"此等作用，如何欺得後世？況射王中肩，又爲入許後事乎？但辭令妙品，洵不多得。（《晨書》總評）徐袞侯曰："三國入許，齊、魯不能越國鄙遠者，以中間尚隔曹、衛耳。鄭固可晏然有之也，然竟據爲己有，又恐啓人後言。故使許叔僻處東偏，公孫獲遙爲鉗制，假作甘言，以欺兩國。就目前推讓一番，死後措置一番，瞻前顧後，計利避害，種種遮掩，句句吐露，是猶棄母而賦融洩、射王而稱不敢之故智也。或謂莊公城穎悔過以來，此舉實無利許私鄭之心，識見與左氏相符，被其瞞過。殊不知左氏之予鄭者，正以貶齊、魯之君，豈真予鄭耶？"（《觀止》尾）

鄭莊戒飭之詞，委婉紆曲，忽爲許計，忽爲鄭計，語語放寬，字字放活。

篇中三提"天"字，見事之成敗，一聽於天，已未嘗容心於其際。曰"得沒於地"，曰"我死亟去"，俱從身後著想，可見生前斷不容許吐氣。更妙在用四個"乎"字，是心口相商，吞吞吐吐，無從捉摸，真奸雄之尤！但辭令妙品，洵不多得。謂之有禮，亦止論其事，未暇誅其心也。（《集解》尾）鄭伯克段，並其地而取之，不聞居於何偏。今使許叔居東偏，非忌于齊、魯不然。看其言言謙退，言言籠絡，奸權口吻，宛然紙上。（《彙編》尾）許在穎昌，于齊、魯爲遠地，于鄭爲接壤，鄭欲併吞已久，一旦得許，心滿意足。又欲掩飾其貪許狡謀，分爲兩偏，故特爲戒飭。看其防許，且防他國。憂許，且憂鄭國。計目下，且計子孫。至説到身死後，説到復國後，説到王室，説到許之先世，戒飭之嚴，莫過於是。而紆折委婉，吞吐莫測，真辭令之妙品也。（儲欣尾）纏綿惆款，字字沁人心脾，鄭莊固當日梟雄，而文特摹畫盡致。（昆崖尾）東偏西偏，明分兩段，卻于上段中安插使"獲佐子"一句，下段以"乃"字接轉，既不突然，又覺省力，極埋伏佈置之巧，已開史傳法門。（美中尾）姜白巖曰："鄭莊艷許已久，唾手得之，幸何如也！乃事定而後思，忽也弱，突也忌，子亹、子儀錄錄因人。父析薪，而子弗克負荷，不覺喜極而悲耳。於是以恃强侮弱之謀，變而爲繼絕存亡之義。"（《約編》尾）此傳爲十五年許叔入許張本，見莊公料事精審，爲一時之雄，故結處加以斷辭。坊評以爲左氏被莊公瞞過，何異説夢？（德宜尾）不肯自以爲功，似讓能。"況能久有許"，似反己。"況能禋祀許"，似慮患。"其能與許爭"，似憂遠。然其言曰"不惟許國之爲，亦聊以固吾圉"，則自爲自利之心，不覺發露矣。要之，殘忍隱忌，莊公本性。不愛于段，何愛于許？閔午塘。（《析觀》尾）章禹功曰："此篇只取其委婉曲折，吞吐莫測，爲辭令之善品耳。若論鄭莊心事，實欲掩飾其貪計狡謀，故假存許名色，結許人之心。東使百里，西使公孫獲，胸中早有成竹。看其防許，且防他國。憂許，且憂他國。計目下，且計子孫。種種奸意奸言，毫無實在。左氏極口稱揚，迂甚腐甚。然玩'於是乎'三字，則鄭莊一生無禮，亦可見矣。"（《便覽》尾）《析義》謂左公被他瞞過，固無當也。即《賞音》三巧之説，私心亦有未安。夫鄭莊雄鷙之才，當時罕匹，既欲得許，何必如此？則此文之心中要許，口中不要許，實見生能有許，死不能有許也。故《約編》謂莊公"料事精審，故結處加以斷辭"最妥。至近刻《斫》，謂此文必綜前後觀之，乃見藏頭露尾，奸詐情狀，其説本于《左繡》。然《左傳》一書，篇篇有接縫，處處可鬥筍，獨因鄭莊聯此，亦一偏之見。(《日知》尾)鄭莊一生，惟黃泉之誓爲由衷出，餘則無不僞者。闕地之見母，戰勝而勞王，君親尚僞，孰不可僞？左氏爲之刻畫鬚眉，此篇爲最。開手點出"假手寡人"，即忙以"不能共億"、"不能和協"作兩拓，若極審慎。實則一以謝齊、魯之相讓，一以杜旁觀之腹誹也。點出"吾子奉許叔"，即想到歿後，而以"降以相從"、"他族無逼"作兩囑，若極謙婉，實則見今之箝制不能不從，今之他族斷不容逼也。"不惟爲許"，"亦固吾圉"，實則貪許，正以固吾圉，而誰爲許也？"王室既卑"數語，於理勢最明切，然矢諸我死之後，則亦欒武子"不可當吾世失諸侯"意也。其曰"其敢以許爲功"、"其況能久有許"、"而況能禋祀許"、"吾其能與許爭"云云，若處處謙退，實則處處自任。"不可知"在後人，"可知"在當身也。不然，既度周德之既衰，量鄭力之難守，則取成而還，春秋之例，奚以公孫監制百里哉？左氏就其託辭，姑許爲有禮，以結本段，而以爭車射潁，卒行共詛，點綴首尾，蓋謂萬目共屬者，猶託不得其人。則私心所利者，何難矯誣其辭哉！作者微意如此，則疑兩番斷制，相與鑿枘者，可釋然矣。(盛謨總評)首段寫鄭師，只"君登矣"三字，鄭伯氣魄，何等雄豪！及"使許大夫"後，寫到骨肉、子孫、王室，嗚咽淒切，鄭伯神氣，忽然蕭索！左氏一枝筆，寫鄭伯一人，顚倒怪變如此，令我愕然。(《自怡軒》尾)纏綿惻窔，字字動人，鄭莊固當日梟雄，文亦摹畫盡致。許穆堂。(武億尾)通篇分兩截讀。上截安置許叔，下截囑咐公孫。上截又分兩層，前一層是半推，後一層是半受。下截亦有兩對，章法極爲圓整。(方宗誠眉)鄭莊結黨侵小，以取人之國都，懼齊、魯交爭，不敢獨得，又懼許民不服，故使許叔居東偏，意欲留爲後圖耳。左氏以知禮稱之，是爲鄭莊所欺。而不知此正左氏用筆之妙，曰"於是乎有禮"，見此事之外皆非禮也。"度德而處"四句，將鄭莊一片私心和盤托出，見非眞讓也。不過自量德力與時不能有，懼爲後人之累而爲此耳。似褒之，實是刻骨刺心之論。(《菁華》尾)三國伐許，而鄭獨專其事，左氏此篇亦俱從重處着筆，可悟作文詳略之法。數"登"字自爲章法，寫得作作有芒。莊非愛弟之人，其告許叔者，雖非由中之言，卻自惻然動聽，非奸雄不能爲此語。鄭莊以梟雄之姿，當桓、文未起之先，其氣勢幾出諸國上。然其諸子不賢，爭端將見，亦皆在意計之中，故於此篇反覆周至，幾於聲淚俱下，此意可於言外得之。(閭生夾)

宗堯云：「陽若褒其有禮，實譏其狡獪入微也。」

鄭伯使卒出豭，行出犬雞，以詛射潁考叔者。（孫鑛眉）另收拾了前案。（孫琮旁）敘瑣事結，以了前案。（《評林》眉）《經世鈔》：「'鄭伯使卒出豭'，使卒行詛之，而不施以法，豈公於軍事倥偬中不能實知何人？抑子都強而難制？又或愛倖之人耶？失政，故授車而下爭；失刑，故射有功之人而無罪。」君子謂鄭莊公：「失政刑矣。政以治民，刑以正邪，既無德政，又無威刑，是以及邪。邪而詛之，將何益矣！」（孫琮旁）結語冷刺。（孫琮總評）閔午塘曰：「不敢自以爲功，似讓能；其況能久有許，似反己；況能裡祀許，似慮患；其能與許爭，似憂遠。然其言曰'不惟許國之爲，亦聊以固吾圉'，則自爲自利之心，不覺發露矣。要之，殘忍隱忌，莊公本性，不愛于段，何愛于許？」鄭伯是一奸猾機詐人，其心實欲得許，乃唯恐不能有許，所以不能不言，又自難以顯言。看他喃喃呐呐，從別國之事說一番，從本國之事說一番。從已往事說一番，從當前事說一番，從後來事說一番。從許大夫叮囑一番，從鄭大夫叮囑一番。其言愈深藏，愈覺淺露，一腔奸猾機詐心事，幾於刻畫殆盡，筆墨至此，可謂極毒，亦可謂極神。潁考叔爭車、詛射潁考叔，並中間左氏分作三段，然實一時事。且以瑣屑事起，以瑣屑事收，鄭伯尚不能制其臣，宜其于許多長顧而却慮也，合看當自得之。（《古文斫》尾）鄭伯一生陰毒，專會假仁假義，愚天下人。伐許一事，本資齊、魯之力，齊、魯既不欲有許，鄭豈可以獨私？看他處置之法，意在制許，使永不得出頭，卻滿口是溫言好語，使人無處聲討。此傳起手即敘爭車一事，後敘詛潁考叔作結，明明斃一子都，使潁考叔死於非命，卻佯作不知，將一詛掩天下耳目。故既以會許爲知禮，而以此事斷其失政刑，見得藏頭露尾、奸詐心情如揭。舊評謂左公被他瞞過，殆未綜此傳首尾觀之也。（魏禧尾）魏禧曰：「老奸之言，娓娓可聽，其文如行雲流水，絕無霸詐氣。然正以平實抒寫心腹處，爲奸人稔熟到家伎倆也。余嘗謂鄭莊公爲後世真奸雄之祖，宋襄公爲後世假道學之祖。」彭家屏曰：「爭車之事，或者謂考叔位卑而抗子都，是不遜也。非也。鄭將伐許，授兵車于祖廟，考叔之車，夫固有所受矣。受之祖廟，效命疆場，殺敵之資，報主之具，皆在於此，其可輕以予人乎？不然，考叔能以孝感君，豈不能以順事長？揮旗先登，身且不惜，又何愛于一車？其必不可予者，義也。但子都恃勢妄爭，考叔即應告之鄭君，聽其區處，而挾輈而走，則太激矣。君子處小人之間，執義雖高，事忌過激，激則未有不召禍也。潁考叔其亦有未盡善者歟！"（《分國》尾）兵有先聲足以奪人，詭辭以鼓衆者。如瑕叔盈以蝥弧登，周麾而呼曰："君登矣。"鄭師畢登。微獨瑕叔盈。晉淝水之戰，朱序在陳後大呼曰："秦兵敗矣。"唐周德威擊梁軍，鼓噪而進曰："魏滑軍走矣。"又揮其東偏曰："梁軍走矣。"其實未嘗登，未嘗敗，未嘗走，不過壯我軍氣，潰敵人心耳。魯人辭許，鄭伯受之，又喋喋曰："況能久有許？"又曰："況能裡祀許？"又曰："吾敢與許爭？"欺天乎？欺人乎？不能明正子都之罪，使行卒出豭犬以詛之，又何其愚不能處分也？（《賞音》尾）鄭莊之入許，其巧有三：其力本足亡許，而慮大國討之，故合齊、魯以同其功，巧一。其既入許也，恐一旦亡許而民不服，故姑令百里奉許叔以居許東偏，在許叔有許公在外，則國君現存，不敢遽自爲計。在許公有許叔在內，則國猶未亡，亦難控告以圖復國，巧二。且在百里面前，設爲誠款之語，使其憚己之智，畏獲之偪，以延歲月，庶幾大國不爲討，臣民不爲變，久之漸忘，或能終有許矣，巧三也。若謂兢兢爲身後計，則試問置母城潁，射王繻葛，豈復尚有人心爲身後計者？（《左繡》眉）明是嬖子都之姦，爲此掩耳盜鈴之計耳。看此君只是一個假。才稱他有禮，即刻便譏其失政刑，讀者須得其抑揚之妙。（《左傳翼》尾）三國入許，齊、魯不能有以與鄭，鄭莊亦自知不能定許，而使百里奉許叔以撫柔之，即所服而舍之也。"其敢以許自爲功"等句，凡四見，命百里如此，命公孫獲亦如此，語語實落，無一點虛假，所謂度德量力也。至說"獲沒"之後，許公復國如何，我死之後，爾當亟去如何，分明見己在尚能彈壓，後人不能，打穿後壁商量，所謂相時而動、無累後人也。斷語——從他兩命中體出，有禮而云"於是乎"者，言惟此差強人意。乃一贊之後，旋以失政刑斷之，瑕瑜正不相掩。或乃不看本文，將莊公說成如鬼如蜮，謂左氏被他瞞過，失之遠矣。凡看文字，須虛心平看，不可先橫意見在胸，如鄭莊逐弟離母，罔上欺君，固是不道。但天良未滅，猶有悔心之萌，如城潁之誓，旋即悔之。射王中肩，旋問左右。此皆無人勸諫，自有轉機也。即克段至此，已十年矣，爲奉許叔，竟明目張膽向人說訴，分明此心刻刻不安，不然有誰搜索他短而自張其穢乎？至子孫覆亡，明明忽、突諸子爭國，亦看在眼底，急忙說與人聽。總之，鄭莊行多不義，卻是冒冒失失、心直口快人也。評此文者，惟唐錫周與鄙見合，餘則未免多深文耳。（高嵣眉）末段一揚一抑，前收應中二段，後收應後一段。（高嵋尾）俞桐川曰："凌弱暴寡之謀，變爲存亡繼絕之義，辭命欸曲，情致纏綿，真似有至誠惻怛之意。後得其妙者，惟曹操《自敘令》耳。傳爲桓十五年許叔入許張本，見莊公料事精審。其行文欸曲婉至，娓娓可聽。奸人之雄，辭令之祖。東偏、西偏，分明兩段。卻于上段中預插'使獲也佐吾子'句，下段以'乃'字接轉，既不突然，又覺省力。極埋伏佈置之巧，已開史傳法門。"（王系尾）此篇敘事，有正文，有餘文。謀許、入許，正文也。爭車、射諆，不過伐許時偶有此事，餘文也。而左氏敘之，幾與正文埒者，蓋深惜考叔之材勇，不能處之以謙，行之以和，爭其所不足爭，而殞身於紈綺，爲不得其所耳，蓋爲天下後世之考叔戒。若公孫閼者，固不足論也。（闈生夾）不以其得許爲然，卻借諆射譏其失政刑，此爲微妙。

  王取鄔、劉、蔿、邗之田于鄭，而與鄭人蘇忿生之田：溫、原、絺、樊、隰郕、欑茅、向、盟、州、陘、隤、懷。君子是以知桓王之失鄭也。恕而行之，德之則也，禮之經也。己弗能有，而以與人。人之不至，不亦宜乎？（《測義》夾）金履祥氏曰："鄭之伐宋取三師，又入郕，蓋假王命以報怨，非王意也。桓王知其久假多俘，是以有四邑之取。知其長於用兵，是以授之專據之邑。桓王處此，可謂以詐御詐者矣。"（《分國》尾）鄔、劉、蔿、邗，鄭田也，取而有之。蘇忿生十二邑，王所不能有者，使鄭自取。奪其懷中之物，使取償於難得者，何其不恕？傳曰"爭民施奪"，此之謂也。（《左繡》眉）此節前案後斷，讀前文，似乎以多易少，讀後文，卻是以無易有。着筆不多，使人絕倒。四邑安在"田"字之上，十二邑安在"田"字之下，一是句中，一是句尾，兩"鄭"字又恰作中間交接。只兩語而順逆長短，筆法變化可喜。連綴十二邑作一句，而不覺其累墜，筆力橫絕人。（《左傳翼》尾）平天下之要道在絜矩，無他，恕而已。天命之得失，人心之向背，只爭此一字。己弗能有，而以與人，以少易多，實以無易有。"與"字上先下一"取"字，所以明王之不恕也。平王柔弱，桓王剛強，所行俱是不恕。左氏於交惡及此篇俱標出一"恕"字，見乾綱解紐，由不知絜矩之道來，此論最爲正大。東遷以後，王室雖衰，天下猶知有共主。而歸賵、求賻、求金、求車，紛紛失道，以致上凌下替。晉、鄭爲依，正當倚爲腹心。晉有內難，且爲偏袒曲沃。于鄭又復處置失宜，使之背叛。

鄭自交惡以來，京師告饑，隱公請糴，鄭即來朝王。王不之禮，猶以齊朝王，又奉王命討宋討郕，此番奪田而朝王如故。必俟奪之政而始不朝，向使明恕而行，要之以禮，必自斂手歸心，而日稽顙于王廷矣。從來亂臣賊子固由於先見君父之非，亦必君父處之不得其道。天王明聖，臣罪當誅，此惟文王知之。鄭莊何人而能知此義哉？左氏屢爲王歎息，可以知微意之所在矣。（《日知》尾）此入春秋來第一天地反覆事，左氏固以傳述代斧鉞者。起手四語，如飄風忽起，鷙鳥乍飛。以下一王一鄭，毫不相下，至末路忽然謙退，有海潮突落之勢。非謙退也，從王再勝，將如王何？老奸不肯說明，故托辭云云，且自掩其罪耳。不然，子元請戰則從之，夫獨非陵天子也哉？結及"勞王"，正左氏並列其僞，與前相形，令人自會處。不下斷語者，事無可斷，亦不得斷也。（王系尾）此篇歸獄于王，王固不能辭其責也。鄭莊之桀惡，不可勝誅，誰實致之哉？文、武、成、康之世，豈無鄭莊其人者？德政脩於內，威靈達於外，示之以儀軌，行之以明恕。雖甚桀惡，方且革面洗心，效力於奔走禦侮，唯恐不及。今乃使畿內同姓之諸侯狂逞而不可制，履霜之漸，有由來矣。王之失馭，類可推矣。（閭生夾）王之失鄭，其事甚細，鄭伯因而不朝，奸宄甚矣。君子不責鄭之不道，乃專責桓王，此爲深曲，所以致其悲憤也。

　　鄭、息有違言，息侯伐鄭，鄭伯與戰于竟，息師大敗而還。君子是以知息之將亡也。不度德，不量力，不親親，不徵辭，不察有罪，犯五不韙，而以伐人，其喪師也，不亦宜乎！（文熙眉）汪道昆曰："議論具品，'違言'字法，'犯五不韙'句法。"（魏禧尾）彭家屏曰："言悖而出者，亦悖而入。鄭、息以言交惡，是息之言亦必有不善者也。息不自咎，而興師伐鄭，片言之違，殘民以逞，其悖動甚矣，不亡何待？"（《左繡》尾）連寫五"不"字，而總之曰"五不韙"，老而辣。前兩篇連用"君子謂"文法，此兩篇連用"君子是以知"文法，行文亦各有一時筆氣也。（《左傳翼》尾）恤小事大以交鄰國，必在能懲小忿。以違言之故，而犯五不韙以伐人，焉得不敗？此篇雖斷息之喪師，而精神卻注向鄭國。蓋自隱公以來，所紀多鄭伯與鄰構兵事也。（《評林》眉）周謙亭："其端甚小，見不必大出師而已大敗矣。"王百穀："息之不善保國如此，他日之見滅不可知已！繩息媯者罪也。"（王系尾）此篇結撰，與前篇正同，若排偶然。部中之有偶篇，猶篇中之有偶句也。古人未必有心，亦未必無心。（闓生夾）憤詞。並兼之世，別無是非，惟以強弱爲是非也。

　　冬十月，鄭伯以虢師伐宋。壬戌，大敗宋師，以報其入鄭也。宋不告命，故不書。凡諸侯有命，告則書，不然則否。師出臧否，亦如之。雖及滅國，滅不告敗，勝不告克，不書於策。（《左繡》眉）以"不告"、"不書"爲主。然第一層似乎平說，第二層亦尚渾說，讀至"雖及"一轉，方見側筆，連上平說、渾說都是側注神理矣。妙筆！三層由平而側，有多少脫卸手法在。（《評林》眉）《補注》："宋不告命，故不書也。歸祊之後，魯、鄭同心仇宋，宋宜不告魯，鄭必以告也。傳不知經有舉重不悉書之義，惟以史例推之，故不通。"按：應言"滅不告滅，敗不告敗，勝不告勝，克不告克"，而略之爲二句，此則互文法，傳中多用之，皆倣之。（方宗誠眉）記一段事而義例則包括全經。

　　羽父請殺桓公，將以求大宰。（孫鑛眉）精簡有致。（《左繡》眉）此篇是原敘法。第一段敘羽父所以弒公之故，第二段敘公所以弒於寪氏之故，曲折清晰。及敘正事，卻只以一筆收拾。通篇簡潔之極也。兩段以第一段爲主。經不書弒，傳特詳之，此例所謂錯經以合異也。以羽父爲主，故通篇羽父起、羽父結。《左傳》最多重言夾寫法，一面做，一面說，此文"使營菟裘"兩句是也。（《補義》眉）一段原羽父弒君之故。公曰："爲其少故也，吾將授之矣。（韓范夾）羽父既欲殺桓，此言豈可與語，隱乃自殺其身也。使營菟裘，吾將老焉。"（《評林》眉）李笠翁："隱公之攝位以讓桓之心跡昭然，更無可疑。可恨者，特去位不亟耳。夫當授即授，何云將授？當營即營，何云將營？投機之會，間不容髮，豈容有所謂將者耶？太史公云'當斷不斷，反受其亂'，此所以招羽父之讒，起桓公之疑，而卒以喪其身也。"按：年已老則傳徙家事，付委子孫，不復指使也。見《曲禮》"七十曰老而"傳疏。彭家屏："'將授'、'將老'，二'將'字禍本，隱末年頗難放下。"鍾伯敬："羽父以求一太宰，手弒一君，而心所弒者二君也。"羽父懼，反譖公於桓公而請弒之。公之爲公子也，與鄭人戰於狐壤，止焉。鄭人囚諸尹氏，賂尹氏，而禱于其主鍾巫，遂與尹氏歸，而立其主。十一月，公祭鍾巫，齊於社圃，館於寪氏。壬辰，羽父使賊弒

公於寪氏，立桓公，而討寪氏，有死者。（文熙眉）穀梁子曰："孝子揚父之美，不揚父之惡。先君之欲與，非正也，邪也。雖然，既勝其邪心以與隱矣，已探先君之邪志，而遂以與桓，則是成父之惡也。"顏鯨曰："據禮，諸侯不再娶，亦無二嫡。惠公元妃既卒，繼以聲子，安得爲夫人？母非夫人，則桓安得爲嫡子？惠公之欲與桓，邪心也。隱公不當成父之邪而揚其惡。"穆文熙曰："子臧盡致曹邑，吳札棄室而耕，乃免負芻、諸樊之難。隱公既尊父命，又攝君位，久處嫌疑，讒間乃生，宜其不終耳。然其志則可悲也！"（《測義》夾）愚按：隱公不行即位禮，不臨惠公喪，不稱聲子夫人，而于仲子則考其宮、獻六羽焉，此其處心積慮，曷嘗一日不桓讓哉！顧桓長矣，不勝其欲速富貴之念，而隱方窮兵略地，不顯示以讓之之期，迄十一年，遲遲不斷，以故傾危反覆之徒，不爲隱殺桓，即爲桓弒隱，而鍾巫之難不免矣。故曰需者事之賊，隱公之謂也。而穀梁氏謂其能輕千乘之國，不亦過乎！雖然，使桓不弒隱，隱即讓桓，則隱將退就臣位而朝桓乎？抑桓奉隱於菟裘，率諸廷臣而朝隱耶？國無二君，必亂之道，吾知其終不可免也夫。呂祖謙氏曰："當桓公在隱公之掌握十有二年，不惟無纖介之隙，又且長育而輔翼之，其心跡甚明。所可恨者，特去位不亟，故羽父明發戕殺之言而不忌。尚不自警，方且告羽父曰'吾將授之'，'將'之一字，是隱公貪慕顧惜之心形於言者也。當授即授，何謂將授？當營即營，何謂將營？投機之會，間不容髮，豈容有所謂將者耶？此所以招羽父之讒，起桓公之疑，而迄至於殺其身也。"（《彙鈔》尾）《左傳》所以傳經，文之始末，或先經立傳，爲後文張本。或因經紀事，爲前文追敘。或不與經文相附，實與經表裏。詳核精明，有典有則。自此書成，而漢司馬遷獨探其深，下及兩漢，唐宋八大家凡爲古者，莫不宗之。至矣，盡善矣！後人或訾左氏以文體輕狷，悖中正之旨。然考其時，王章蕩廢，禍亂相尋，故依《春秋》中是非褒貶以佐筆削之權，間有異同者，亦有激而然，變而不離於正也。今悉遵傳載十二公事，采精要合爲十二篇，不另弁以題，蓋使讀者得便觀覽焉爾。《春秋》一書，獨嚴誅亂討賊，故托始於隱。桓以弟弒兄，隱實自取之。不書即位，垂戒深遠。時鄭莊奸雄黠桀，肆行無忌，故傳中敘鄭事特詳。（《統箋》尾）愚按：春秋隱十年伐宋之役，翬不待公命而帥師往會，書法已罪其專而削其氏，卒成桓公弒君之惡者，即翬也。隱公平時不知其臣之不良，使之操兵權而專國政，至於請殺桓公以求太宰，則翬之心事已大可見矣。猶不知斷，而坦然自若，其及於難，不亦宜乎！是以人臣謹無將之誅，而履霜堅冰之漸，爲人君者不可以不知戒也。（魏禧尾）邱維屏曰："讀《春秋傳》，隱公一篇，不見有一賢臣爲公所倚任者。臧僖伯略見骨鯁而已死，衆仲知典故、知事勢，而未見公與之議及行事也。故聞羽父之言，隱公當即執而戮之，而不能者，豈獨畏其執兵之柄，亦緣無可倚任之人，遂不敢動耳。使有平、勃則可以誅諸呂，使有王允則可以誅董卓。夫呂、董豈不皆執兵柄者耶？"魏禧曰："人無故教我以殺弟，而漫然應之如此，豈但當機不斷，其爲不義甚矣。何忍於奸賊而忍于弟也？蘇軾曰：'使隱誅翬而讓桓，雖夷、齊何以尚？'茲真千古不易之論。"彭家屏曰："《周禮》以八柄馭群臣，謂之柄者，如斧斤之有柄，所執以起事也。觀宋人乞師以伐鄭，隱公不許而羽父固請輒行。鄭人期約以伐宋，隱公未行而羽父帥師先往。魯之柄，羽父執之矣。兵柄下屬，太阿倒持，故得恣其所逞，略無忌憚。既可對隱以謀其弟，亦可對桓以謀其兄。隱從則桓殺，桓從則隱弒，兩君之命，懸於其手。操縱之間，易如反掌，總由君失其柄，羽父竊而持之，故至此也。《易》曰：'臣弒其君，子弒其父，所由來漸矣。'豈不信哉？"（《分國》尾）隱之讓而非攝，胡氏論之斷斷矣。所可議者，隱既有讓桓之心，于嗣位時，何不即爲太伯成器之舉？至羽父請殺桓，猶曰"我將授之也"？始也，探父之邪志，隱忍以就位。卒也，縱羽父之奸而不早爲之所。"吾將授之"，隱則云然，誰信之哉？嗚呼！狐壤幾死，禱鍾巫而得歸。菟裘未營，祭鍾巫而促死。彼桓公者，納譖而賊殺其兄，雖不死于羽父，卒不免于彭生，天之報施不爽也。（《賞音》尾）隱公不誅斥羽父，而開示以至誠，不失爲寬仁大度之主。然羽父以欲求太宰之故，而請殺愛弟，其罪著矣，乃當斷不斷，卒受隱禍，千古恨事。（《左繡》眉）羽父之弒，罪歸於桓，不必言，其實隱亦有以取之。生桓公而惠公薨，桓即以惠薨之年生，亦已攝國十一年矣，猶不授之而老，而曰"吾將"、"吾將"。"吾將"云者，戀棧而未肯遽釋之詞，宜其口實讒人矣。自古蹈仁而死者，未有能毫髮無遺憾者也。伐國不問仁人，殺桓之言，胡爲至於耳哉？立誅翬而返國于桓，安得有寫氏之禍？（《左傳翼》尾）桓公生而惠公薨，幼不能立，亦大概言之，非必始生之年也。不然，隱公在位甫十有一年，桓尚幼孩，豈能與羽父同謀？"吾將授之"、"吾將老焉"，一面因其請殺，一面即營菟裘，亟欲避位，豈戀棧不肯釋者？寫氏之禍，豈意所及料乎？隱之失，在羽父請殺桓公時，不能明正典刑以誅之，所以釀成此禍。當斷不斷，反受其亂，可不爲之寒心歟？（《補義》眉）一段原公弑于蔿氏之故。（《評林》眉）孔尚典："羽父欲掩其名，當大討蔿氏，而但曰'有死者'，必蔿氏爲羽父之黨，而誅不相干之人以塞責耳。"（方宗誠眉）夾敘法。"請弑"之下，應直接"十一月壬辰，羽父使賊弑公於蔿氏"，因蔿氏無根，後人莫能明，故夾敘"公之爲公子"一段事于中。此可悟文中斷續之法。知斷續之法，乃可免平鋪直敘之弊。**不書葬，不成喪也。**（文淵夾）只三字，而羽父作僞之情畢見。（高嵣尾）胡康侯曰："魯在春秋，見弑者三君，其賊未有不得魯之兵權者。公子翬再爲主將，專會諸侯。莊公幼年即位，首以慶父主兵，仲遂擅兵兩世。故翬弑隱公，而蔿氏不能明其罪。慶父弑子般，而成季不能遏其惡。公子遂弑惡及視，而叔仲惠伯不能免其死。夫豈一朝夕之故哉？"（王系尾）此篇之説，具見元年正月不書即位傳中。贊曰："隱攝位十一年，王命五至，而未嘗一報禮于京師。君臣之義何如哉？縱翬弗誅，讓桓弗決，卒以自殞，悲夫！"按謚法，隱拂不成曰隱。雖桓之忍，跡其終始，殆亦近之。（《菁華》尾）隱既聽羽父之言，漠然不以爲意，使奸人得以遂其謀，其仁柔不斷，實有召禍之道。然隱已居位十年，一旦退居臣位，以桓之忮，未必能澹然相忘。必也，適他國爲寓公，或可以免。東萊呂氏以："當授即授，何謂將授，'將'之一字，所以起桓之疑。"然此時桓年未長，而讓國大事，豈有因臣下一言，遽行引退之理？此未可以爲隱罪也。

桓公（元年至十八年）

◇桓公元年

【經】元年春王正月，公即位。（《評林》眉）湛若水："國史之法，直書其即位之月，紀大事也。而桓公篡弑之罪，自不可掩。胡氏於隱之不書，曰'不與其爲君'。於桓之書，曰'著其罪'。是前後不一，使人之心益晦也。"三月，公會鄭伯于垂，鄭伯以璧假許田。夏四月丁未，公及鄭伯盟于越。（《評林》眉）程頤："桓公欲結鄭好以自安，故既與許田，又爲盟也。弑君之人，凡民罔不憝，而鄭與之盟以定之，其罪大矣。"秋，大水。冬十月。（《評林》眉）俞皋："書首月而成歲，其有四時不具者，蓋闕文也。"

【傳】元年春，公即位，修好于鄭。鄭人請復祀周公，卒易祊田。公許之。三月，鄭伯以璧假許田，爲周公、祊故也。（鍾惺眉）事不近情，自宜怪而拒之。（《左繡》眉）祀周公，則便宜在魯。易祊田，又吃虧在鄭。而汲汲爲之者，利在許田也，卻口口以"周公、祊"爲辭。文將二事分敘合斷，兜裏璧假許田在中間，蓋以經爲一面照妖鏡矣。桓弑立懼討，修好于鄭。此時便自要他許田亦得，璧假爲之名耳。前人謂許厚祊薄，璧直幾何耶？兩事硬並爲一句，自"周公、祊"始。（《補義》眉）汪云："鄭莊得此機會，託名璧假，隱然責宿負也。"（《評林》眉）《傳說彙纂》："加璧假許田，孔穎達以爲祊薄於許，蘇轍、胡安國皆從之，陳傅良獨以爲鄭伯自文之辭，於當時情事亦合，故並存其說。"蘇轍："許田所以易祊也，以祊爲未足而益之以璧耳。"趙鵬飛："鄭有宋兵，不得已而歸魯以祊，既得魯援，則勢不可以責償，故以璧假爲名，而實責償祊也。"

夏四月丁未，公及鄭伯盟于越，結祊成也。盟曰："渝盟，無享國。"（《測義》夾）愚按：桓公弑隱，懼諸侯之討己也，故爲垂之會，結鄭好以自安，而猶未可必信也，故既與許田，又爲盟於越，而位乃定。蓋衛州吁弑其君，隱公嘗爲會伐鄭，以成其亂矣。出爾反爾，黨逆爲利者，其知所懲哉！（孫鑛眉）此數語寥寥，乃伯玉《節文》亦錄之。（《分國》尾）祊、許皆天子所賜，一祀泰山，一立周公廟。尊尊親親，百世不易。鄭動於無君之心，奪名山之祭，何有于魯之周公？隱雖不卒易，因循至於桓，卒易焉。夫不思祖，祖不歸。祖廟在焉，而委祀于鄭乎？鄭人且惡易之名，托之璧假，魯何沒沒也？爲周公、爲湯沐之邑，爲祊、爲朝宿之邑，皆有關王事，不可易之義明矣。周公、祊，兩事也，故璧假諱易之故，直誅其心。（《左繡》眉）上猶以周公、祊並提，此則竟置周公不道矣。公之餒，鄭之狡，皆可想見。名爲結祊成，其實只是説翻悔許田不得耳。（王系尾）此篇合即位、盟垂、盟越而傳之也。桓欲求寵于諸侯以定其位，鄭因以了其以祊易許田之願。通篇敘事以兩"祊"字作斷案，點睛欲飛。

　　秋，大水。凡平原出水爲大水。

　　冬，鄭伯拜盟。（美中尾）桓弑兄自立，鄭乘機以許田邀魯，魯即以此賂鄭，遂爲越之盟而位定。鄭又不欲顯受賂而自居逆黨也，託名璧假，若曰吾特暫借焉而已。（《左傳翼》尾）程子曰："桓公弑君而立，不天無王之極也，而書'春王正月，公即位'，以天道王法正其罪也。"桓實與聞乎弑，然聖人如其意而書即位，與僖、文等同辭，則其惡自見，乃所以深責之也。隱公八年，鄭伯使宛來歸祊，蓋欲易許田，魯受祊而未予許。及桓弑立，故爲會以求之，復加以璧。朝宿之邑，先祖受之先王，豈可相易也？故諱之曰假，諱國惡，禮也。桓公欲結鄭以自安，故既與許田，又爲盟也。弑君之人，凡民罔不憝，而鄭與之盟以定之，其罪大矣。隱公不書即位，志不在位也。隱之讓，即在於不書即位也。桓公而書即位，急欲得位也。桓之逆，即在於書即位也。非以即位不即位辨其當立與不當立也。隱志不在位，則無愧於天道王法。桓急欲得位，則深慚于天道王法，美惡不嫌同辭也。桓公弑君，欲托諸侯盟會以定其位，而莫知適從。惟鄭莊以祊易許，未遂其欲，可借此以賂之。而鄭莊亦遂以得其所欲，而與之盟會焉。是鄭莊者，亂賊之保障也。祊田雖易，桓猶自不安，必再盟於越，而其位乃定。胡氏謂垂之會，鄭爲主，稱"會"。越之盟，魯志也，稱"及"。余以爲桓立而脩好于鄭，則始之會垂，即魯志也。桓得結鄭，即不以璧，許田亦將拱手獻之。乃鄭莊得遂易田之心，遽忘討賊之義，而猶如魯拜田，其惡豈可以一二計哉？《春秋》削而不書，深惡之矣。鄭伯以祊田易許，蔑視先王先公，無怪其與弒君之賊相盟會，如同等閒。《穀梁》謂內爲志，言魯桓意在定位也。《左氏》謂結祊成，言鄭莊志在得略也。故並載其盟辭與來拜盟，見鄭莊魂夢中經營圖度，祇此一許田。一旦得之，心滿意足，更不知有天之高而地之下也。其鄙夷譏刺，更爲刻毒尖冷。（《評林》眉）陳傅良："鄭伯拜盟"，終越盟。傳言拜貺、拜辱、拜嘉之類，非必君身親之。杜注非是。"案：若鄭伯身來，與吾君接，無不書之理。

宋華父督見孔父之妻于路，目逆而送之，（鍾惺眉）五字深情，爲千古狹邪之祖。曰："美而豔。"（孫鑛眉）此亦宜置二年首。（韓范夾）無限情深，唐宋樂府小詞，皆從此出。（《左繡》眉）此節連下文讀。逆是看他來，送是看他去，只兩字寫盡狹邪行徑。美以質言，豔以神言，杜引毛《傳》，只是美而美也，意未盡。（《補義》眉）斯時已有弒君殺孔父之心，此賊臣，非狹邪也。（《評林》眉）《經世鈔》："婦人只以不輕見人爲第一義，慢藏誨盜，冶容誨淫，聖人見之熟矣。美者，其質也。艷者，其光也。人物之尤者，必有光氣動人。'美而艷'三字，遂爲後世賦美人之俑。"

◇桓公二年

【經】二年春，王正月，戊申，宋督弒其君與夷及其大夫孔父。（《評林》眉）胡寧："孔父悲其死而書'及'，不失其官而書大夫，《春秋》之所賢也。於仇牧亦云。"滕子來朝。（《測義》夾）愚按：滕侯爵而稱子，或以爲時王所黜，或以爲聖人降而稱之，皆非也。周制："諸侯朝覲，玉帛以命數爲節。"而滕以國小禮薄，因自降爵以朝，聖人從而書之。觀子產爭承貢賦之次，曰："昔天子班貢，輕重以列。鄭伯，男也，而使承公侯之貢，懼弗給也。"即此可以得稱"子"之說矣，朱晦翁蓋云然。三月，公會齊侯、陳侯、鄭伯于稷，以成宋亂。（《測義》夾）劉永之氏曰："將書其取鼎也，于稷之會則始之以成宋亂，此重其終而錄其始也。"夏四月，取郜大鼎于宋。（《測義》夾）戴溪氏曰：

"書成亂於前，取鼎於後，不待貶而惡自見。"戊申，納于大廟。秋七月，杞侯來朝。蔡侯、鄭伯會于鄧。九月，入杞。(《評林》眉)呂大圭："《春秋》因其所書日月前後，而知其是非。如七月杞侯來朝，九月入杞，則有以見來朝方閱一月，而興兵以入之也。若此之類，蓋於書月見之。"公及戎盟于唐。冬，公至自唐。

【傳】二年春，宋督攻孔氏，殺孔父而取其妻。公怒，督懼，遂弒殤公。君子以督爲有無君之心而後動于惡，(韓范夾)一語至論不可易。(方宗誠眉)斷制精當斬截。故先書弒其君。(《測義》夾)愚按：啖助氏謂："舊言孔父義形於色，而作傳者繆以爲女色之色，非也。左氏窮覽載籍，原始要終，豈其言出無稽，而妄爲之說，一至于此？"(《評林》眉)李笠翁："觀前目逆而送一事，則督因孔父之妻而及殤公也。"丘維屏："陽容而陰圖之，此大作用也。殤公猝然聞此，怒自難遏，機自難密，非有積日遲久泄密謀而取害者。蓋公怒、督懼、弒殤公皆一日事，故《春秋》書於戊申日下，非異日而先後以書也。"(《學餘》眉)寫奸邪行徑，如鬼如蜮，如豺如狼，良史也。會于稷以成宋亂，爲賂故，立華氏也。(韓范夾)先斷而後案。(《評林》眉)《補注》："'立華氏'，言立以爲卿，杜氏謂'未死賜族'，非也。"(武億尾)起行中寫盡誨淫啓禍之變，煞處凜然有冰霜之色。(《學餘》眉)寫一時同惡相濟，闇無天日，良史也。

宋殤公立，十年十一戰，民不堪命。(《左繡》眉)此篇是倒裝法。他處皆先敘而後斷，此獨先斷而後敘。蓋特出變格也。然不過以下半篇申說上半篇耳。上截依經分項，下截"司馬則然"以上，申說弒君。"遂相宋公"以上，申說立華氏。乍讀似乎參差，熟復乃見整齊。章法神化極矣。(《評林》眉)李笠翁："宋殤亟戰疲民，大較以馮之在鄭所，剪其所忌耳。宋宣舍與夷，立穆公，穆又舍馮立(殤)，二君之意何善也！殤能繼穆之志，即以國與馮可也，而亟尋師於鄭，惟恐馮之尚存，卒以此民不堪命，而督遂乘民之怨，借是弒之，殤蓋自取多矣。"孔父嘉爲司馬，督爲大宰，故因民之不堪命，先宣言曰："司馬則然。"(韓范夾)甚矣！數戰之不可也。數戰則民怨，古諺云："足寒，傷心；民怨，傷國。"於是君相受禍矣。若武侯連年戰爭，而中外無怨，生則從之，死則慕之，雖有十宋督，能倡言歸咎哉？(文淵夾)先宣言者，明其圖孔父已久，不獨爲奪其妻也。而實因民之不堪命，則是借君之過以行其惡，其有無君之心明矣。（《學餘》眉）寫宋之君臣予人口實，遂使奸邪濟惡之才得以橫行無阻，良史也，足以爲鑑矣。**已殺孔父而弒殤公，召莊公于鄭而立之，以親鄭。以郜大鼎賂公，齊、陳、鄭皆有賂，故遂相宋公。**（文熙眉）穆文熙曰："司馬之妻，豈宜道上爲人見之？冶容誨淫，致成弒奪之禍，孔父亦不得爲無罪矣。"（《測義》夾）湛若水氏曰："觀此，則宋亂公成之也，桓公、宋督皆弒君之賊，故以惡濟惡也。"金履祥氏曰："宋殤公立，十年十一戰，大抵皆與鄭戰耳。其獨與鄭爲仇者，以馮之在鄭也。宋宣公舍與夷而立穆公，穆公又舍馮而立與夷，意非不善也。爲殤公者，迹穆公之轍，雖復以國與馮可也，而亟尋師于鄭，唯恐馮之尚存，卒以此斃其民，而華督得借是弒之，殤公蓋有以自取矣。"（魏禧尾）孔之遶曰："吾觀孔父身爲大司馬，不能導君以正，至十年而十一戰，身握兵柄，曾無耳目腹心，至華督殺己而不知，可謂義、智俱昧，雖身死君難，亦何益哉？"禧按：杜云："孔父稱名者，內不能治其閨門，外取怨於民，身死而禍及其君。"彭家屏曰："穆公屬殤公於孔父，而不及華督，意督此時即以公子馮爲奇貨可居。馮雖居鄭，未嘗一日忘之，特俟民不堪命，相時而動耳。故欲立馮，不得不弒殤公，欲弒殤公，不得不先殺孔父。其筭預定，豈因殤公之怒而後弒之哉？孔父顧命正卿，與國休感，豈有無故攻而殺之而奪其妻，尚得宴然自已乎？其必弒殤者，勢也。蓋先剪其羽翼，而隨及之耳。傳曰：'督有無君之心，而後動於惡。'其旨微矣。"（《分國》尾）事皆成於因也。督欲弒殤，礙于孔父。欲甘心于孔父，又無其因。因民之不堪命，借之以殺孔，遂行弒也，其實所因者不在此。（《左繡》眉）許多事，敍得如此徑淨，何等筆力！兩項申説，以兩"故"字爲界限。然又須玩其兩截爲一片處，全在"已殺孔父而弒殤公"句作上下轉梭，妙甚！最要看此等復説處，省不得，又多不得，手法全在一"已"字轉落捷。（美中尾）弒君其本心，"民不堪命"，要是藉口之辭。"司馬則然"，所謂欲加之罪也。（《左傳翼》尾）欲奪其妻而攻而殺之，藉口於民不堪命。又懼公之怒而行弒逆，且賂四國之君，立己以成其亂。專橫不軌，舉國被其簧惑，天下受其籠絡，安然相宋，以寵利終。州吁之亂，討賊者衛有石碏，而宋則無有。請涖于衛，陳人尚知大義。今四國受賂。立華氏以還。天昏地黑，綱紀大壞，亂臣賊子，幾何不接跡於天下乎？此文乍看似乎前段罪華氏，後段罪殤公、孔父。其實"殤公立"以下，不是說殤公二人罪案，正是著華氏逆謀。正月弑君，三月會稷，停停當當，毫不着驚。總之，"目逆而送"時，早已籌算萬全。內而本國，外而鄰邦，無不安頓妥帖。故一發勢如破竹。"已殺"以下三十六字，一氣急遞，無非表華氏之惡。左氏和盤托出，真有刺影出血、繪水聞聲之能。一美婦人耳，禍及其夫，遂流于君國。冶容誨淫，大《易》垂戒，知其流禍長也。孔父內不能正家，外不能正君，與殘賊處而不知爲之所。殤公受穆公之讓，不思成先君之義以和協其弟，日耽耽焉惟除害是務。黷武窮兵，民不堪命，貽賊臣口實，皆有致死之道。並著於篇，正可于言外會意。先下斷語，後用補敘，曲而有直體，筆法奇變。（《補義》眉）周云："一'已'字上對'先'字，下照'遂'字，一氣急遞，見謀略已定，一弑之後，凡百安頓妥帖，毫無一事矣。"（文淵尾）督懼罪而弑君，在殺孔父之後，而《春秋》之書法如此，故以"有無君之心"釋之，而以第三段爲之證。魯爲賂故，立華氏，齊侯、陳侯、鄭伯何爲從之而會於稷乎？故第四段言"親鄭"與"皆有賂"以明之，意深而章法嚴整。合二事爲一傳，敘宋督則因解經而敘事。敘會稷則以敘事爲解經，僅一百五十餘字，而無不詳備。（高嵣尾）俞桐川曰："前一段罪宋督，後一段罪殤公與孔父。攻孔父，止十字；'遂弑殤公'，僅四字，疑敘事之太略。到後段追敘處，說出窮黷之禍，乃知君臣皆有取死之道，督特乘衆怨而作亂也。敘法惟簡乃亮，惟逆乃奇。"（王系尾）樹德于莊，且以暱鄭，並暱諸侯，兇人偏有算打。"賂"字補足上文"賂"字，"相"字補足上文"立"字、"而"字、"以"字、"皆有"字、"遂相"字，歷歷指摘，如見目攝口唾之狀。《公羊傳》云："督將弑殤公，孔父生而存，則殤公不可得而弑也，故於是先攻孔父之家。殤公知孔父死，己必死，趨而救之，皆死焉。孔父正色而立于朝，則人莫敢過而致難於其君者。孔父可謂義形於色矣！"《穀梁傳》云："督欲弑君而恐不立，於是乎先殺孔父，孔父閑也。"二家之說，與《左傳》不同，豈皆無據？《左傳》所載，蓋亦傳聞之異辭。杜征南遂謂經書宋督弑其君與夷及其大夫孔父爲貶孔父之辭，而以孔妻不蔽其面，使華督得見爲孔父罪。所謂鑿經以就傳也。然傳中深惡賊督處，正是痛悼孔父處。杜雖鑿經就傳，其果有當於傳意與！（《學餘》尾）督之惡，不容誅。然十年十一戰，司馬何以不諫？得毋負先君之屬耶？不能不責備賢者矣！

夏四月，取郜大鼎于宋。（《淵鑒》眉）典瞻之中，姿致蔚然，呂東萊所謂"從容委曲，辭不廹而意獨切至"者，此類是也。東萊呂祖謙曰："斬關之盜，人不責其穿窬。桓公弒君篡國，曾無怍色，何有於亂人之一鼎乎！宜其説之不内也。"臣杜訥曰："議論警策，章法遒緊，在左氏集中，尤見峭拔古腴之色。"（《左繡》眉）此篇略敘事而詳議論，起手只一筆點過，下以議論代敘事，末以斷臧孫者斷桓公，蓋又一格也。桓本弒君之賊，臧孫借題發揮，結處竟將"違"字移在君分中，此作者之綿裏針也已。文用直起法，通篇前整後散，前伏後應，有提有束，有鋪排，有翻跌，直作制義金針。"昭德"、"塞違"並提，下分兩截。"猶懼或失之"至"不敢易紀律"重發"昭德"，"今滅德立違"至"其若之何"重發"塞違"。而"昭德"則在賓位中寫出，"塞違"則在主位中寫出。上反下正，詞雖分承，而意實側遞，極整極變之文。（《評林》眉）陳大士："是鼎也，宋取之郜者也，故書曰郜鼎。郜之得是鼎也，得自天子，宋以不義取之，而又以與魯。後有王者作，舉《春秋》之法而行之，魯將歸之宋，宋將歸之郜而後已也。"（方宗誠眉）奏議體。戊申，納於大廟。非禮也。（孫琮旁）先斷是傳體。（《學餘》眉）弒君何事也？而賄賂公行。賄賂何事也？而納於太廟。微哀伯之言，其猶有魯也乎？臧哀伯諫曰："君人者，將昭德塞違，（《文歸》眉）王納諫曰："'昭德塞違'句一篇要領，'清廟'以下，詳言昭德之實。"（《約編》眉）德、違二字是全篇眼目。（《便覽》眉）才提"德"、"違"雙起，即跌進一筆作頓，另單提"昭德"作綱，疊用正接文法，疊排七"昭"字作色澤，又總四句勾轉"臨照"作一束。方喝入時事，隨惕以後患，復又懸空唱歎，倒卸將來，引古作證，反跌進去，然後一筆收盡，此鍊格法。（閩生夾）宗堯按："宋亂大矣，只以百餘字了之，乃以魯之納鼎爲正文，借宋督以譏桓公之弒隱也。史書多借他人之言以見己意。"閩生按：先大夫評曰："桓、宣皆弒立，左氏載哀伯此書及季文子逐莒僕書，用意絕微至。"宗堯未見此評，所論與先公暗合。以臨照百官，猶懼或失之，（孫琮旁）插此句有意。（《評林》眉）王百穀："此與觀魚之章章法略相似，哀伯蓋得之家學爲多。"艾千子："哀伯郜鼎之諫，忠諫也。君子不謂之忠，以所告者桓公其人耳。"故昭令德以示子孫。（方宗誠眉）起總提君人之正道在昭令德。是以清廟茅屋，大路越席，大羹不致，粢食不鑿，昭其儉也。袞、冕、黻、珽、帶、裳、幅、舄，衡、紞、紘、綖，昭其度也。藻、率、鞞、鞛，鞶、厲、游、纓，昭其數也。火、龍、黼、黻，昭其文也。五色比象，昭其物也。錫、鸞、和、鈴，昭其聲也。三辰旂旗，昭其明也。（《文歸》眉）郭正域曰："'儉'與'度'、'數'、'文'、'物'、'聲'、'明'，序次有條。"（閭生夾）意有所注，而詞采特泛濫爲奇，極汪洋恣肆之觀，此三古文字之所以盛也。自李斯《諫逐客》後，馬、楊別爲賦家，六朝以靡弱承之，文士能爲此體者遂鮮。歐、蘇以下，一洗濃郁而爲率易之詞，文乃日趨於質矣。夫德，儉而有度，登降有數。（孫琮旁）承"德"字，總承上數段。文、物以紀之，聲、明以發之，以臨照百官，百官於是乎戒懼，而不敢易紀律。（《文歸》眉）楊任曰："總承上文，錯綜有度。"（孫琮旁）應"塞違"句。（《補義》眉）此只一正一反文字，前一截"昭德"、"塞違"並提，而昭德則百官戒懼，便是塞違。下截以"滅德"、"立違"並提，轉入"賂器"，用"其若之何"作虛掉，見度數聲明文物之太廟，以此違亂之器而污衊之也。"昭"字正與"滅"對，違昭則德滅，結語雙收，贊臧孫即刺桓公也。汪云："'國家'四語拓開，文氣一松。緊合郜鼎，又宕開一層。借賓相形，抉進一步。轉出正意，卻用虛束，不肯用一直筆。"（《便覽》眉）意在"塞違"，而詳敘"昭德"，是賓主互形法。（高嵣眉）前段疏"昭德"，先泛論道理，用正筆，俱緊切太廟內事，不是泛常鋪敘。七個"昭"字宜作眼。（《評林》眉）張半菴："'儉而有度'數句，摠括上意。'百官戒懼'暗伏不敢如華督所爲。"《增補合注》："此以上皆言昭德以塞道〖編者按：疑當作違〗，所以能化下。'滅德'以下，所以不能化下，正與上文相反。"今滅德立違，（《文歸》眉）汪道昆曰："'立違'謂立華督違命之臣，言桓公納鼎章賂，是不能昭德。"又曰："只就鼎上引事證。"而寘其賂器於大廟，以明示百官，（孫琮旁）應"臨照"句。百官象之，其又何誅焉？（《測義》夾）愚按：他日公子牙、慶父、仲遂、意如之徒相繼而起，所謂百官象之也。〖編者按：奧田元繼作沈雲將語。〗國家之敗，由官邪也。官之失德，寵賂章也。（《左傳雋》眉）李行可曰："'失德'句總承上來，方有收拾。"郜鼎在廟，章孰甚焉？武王克商，遷九鼎於雒邑，義士猶或非之，（孫琮旁）應"猶懼或失"句。（文淵夾）不當抑而抑，爲行文所累也。"齊桓公存三亡國以屬諸侯，義士猶曰薄德"，病亦同。**而況將昭違亂之賂器於大廟，其若之何？**"（孫鑛眉）亦爲老生熟誦生厭，"昭其"法尤腐。（鍾惺眉）庇亂人、取亂器，何暇說如許迂累語？（高儃眉）後段發"塞違"，緊切時事，用反筆。合前一段，大開大闔之文。（《評林》眉）張半菴："敘九鼎事，此點綴之法，後世之文家多祖此，又詳宣三年。"（《學餘》眉）排而不厭，先王之典物存焉爾。大廟也，大鼎也，其取義非此不倫也。"國家"一節，重戒賂也，愈蕩漾，愈謹嚴。"武王"一節，申戒納鼎也，愈遠大，愈謹嚴。公雖不聽，而周內史聞之，天下後世皆聞之矣，哀伯之言立矣。**公不聽。周內史聞之，**（孫琮旁）有起有結，體格歸然。**曰："臧孫達其有後於魯乎！君違，不忘諫之以德。"**（德秀尾）胡文定公曰："取者，得非其有之稱。納者，不受而強致之謂。弒逆之賊，不能致討，而受其賂器，實於大廟，以明示百官，是教之皆爲禽獸夷狄之行也。公子牙、慶父、仲遂、意如之惡，又何誅焉？"愚謂桓公本以弒立，故不復知宋君弒立之惡也。臧哀伯之言始若平緩，至"滅德立違"以後，乃始句句激切，論事體當如是。（《古文雋》尾）僖伯諫隱觀魚，其子哀伯諫桓納鼎，積善之家必有餘慶，故曰其有後於魯。（文熙眉）汪道昆曰："議論能品，'清廟'以下章法。"穆文熙曰："華督弒殤公，以郜鼎賂魯，桓公會諸侯立督以成宋亂，不義甚矣。故臧孫謂之滅德立違，可謂切當。且其實鼎廟中，周公、魯公其謂之何？悖逆若此，宜有彭生之禍。"（《測義》夾）呂祖謙氏曰："哀伯之諫，忠諫也，君子不謂之忠，以其所告者桓公爾。"（《左傳雋》尾）呂東萊曰："桓公親爲弒逆而不懼，豈懼取亂人之一鼎乎？羽父爲桓公畫弒逆之謀，哀伯爲桓公畫守成之策，正名定罪，不當置哀伯于羽父之下。"（《文歸》眉）郭正域曰："收掉句，與上應，終不離'德'字、'違'字。篇法詳整流動，古今人鐵板論式，毋得以熟故略過。"仲光。（《快評》尾）三月，公會齊侯、陳侯、鄭伯于稷以成宋亂。四月，取郜大鼎于宋。戊申，納於大廟。夫行賂自宋，而書取者，本爲會以成宋亂，乃得鼎，即罷而歸，茲行特取鼎于宋而已。且納之大廟，此雖三尺童子亦知其非禮矣，故開口即便斷其非禮，而後敘哀伯之諫也。魯惠公本欲立桓公，爲其少也，而隱公攝位，羽父弒隱公而立桓公。宋莊公乃穆公之子，穆公舍之而立殤公，華督弒殤公而立莊公。其事胡相類也？乃魯隱、桓之際，不聞有列國之討者，一則桓公本先君之所欲立，而魯人自討寫氏，已有死者矣。若夫華督之弒殤公，此固無辭以謝天下者也。乃桓公取賂而歸，納之太廟，昭其賂以明示百官及其子孫，若恐人不知者然，此哀伯之諫所以不容已也。然哀伯之諫，"德"、"違"並舉，下文卻只承"昭德"一邊說去，及周內史聞之，乃點出"君違"字，此有深意存焉。慧心人當自知之，吾不敢畢其說也。（王源尾）賓主離合，步伐止齊，森然不亂，卻極奇變縱橫之致，如八陣六花，藏奇於正者也。文有借景生情之法。辟畫一人，岩壑以映之，花樹以襯之，琴樽以佐之，皆景也。然豈人自人，景自景，判然不相屬者乎？不過屬其人之情，以寫其生而已。既屬其情以寫其生，則凡此一人以外之物，雖十數倍於其人，皆此一人情之所屬耳。豈有客勝於主之嫌耶？此文以"德"、"違"二字作眼，立違爲主，昭德爲賓。"清廟"種種，賓也，"賂鼎"，主也。賓則不厭其繁，主則止於一句。非借景生情之法乎？然情有不同，景無常勢，隨手變化，存乎其人。雖借景以生情，實因情以佈景，繁簡濃淡，無一定之景也。講"昭德"，共七段文字，古豔高華，陸離光怪，如天球、河圖，豈秦漢以下所有？"明示百官，百官象之"數語，固哀伯進言之要，而作者精神不在此也。不在此，將何在？曰在賓主離合之際耳。賓主離合，章法也。章法所在，可爲"百官"數語所眩乎？前以"清廟"種種陪一鼎，奇矣！後又陪之以九鼎，更奇！"清廟"種種，德也。郜鼎，違也。而九鼎在德、違之間。賓耶？主耶？以之作結，豈不奇耶！（孫琮總評）庇亂人而取其賂，違之大者也。通篇主意，只重"塞違"。而"塞違"之本，全在"昭德"。起手提出"昭令德以示子孫"一句，便已見違之當塞。以下從昭德落到塞違，說昭德則用正言，說塞違則言違之不可訓，而當塞之義自見。賓主部位，秩然分明。其文之藻麗，自足照耀千古。一結蒼老古勁，餘韻不窮，尤見左氏本色。（《古文斫》尾）此是左氏極整極鍊之文，以"昭德、塞違"作骨。前用"昭德、塞違"起，後用"君違、諫德"收，是通篇首尾。自"猶懼失之"起至"不敢易紀律"，重發"昭德"。自"滅德立違"起至"其若之何"，重發"塞違"。發昭德以"臨照百官"起，以"臨照百官"束。發塞違，以"置賂器於太廟"起，以"置違亂之賂器於大廟"束。是兩截自爲首尾。然昭德、塞違實不是板對，昭德正所以塞違。今不惟不能昭德，而反昭違亂之器於大廟，何哉？通篇前段是賓，後段是主。前段用實，後段用虛。前段用整，後段用散，是文章家一定之勢也。（《覺斯》尾）過商侯曰："宋以弒立，桓亦以弒立。一則何愛於鼎，一則何有於鼎？哀伯歷歷敷陳，皆正名定罪之意，豈但從鼎起見？'滅德立違'，爲華督言也，不止爲華督言也，可謂諫而有諷矣。"（《分國》尾）宋華督賂君，故桓會諸侯于稷以平宋亂，繼而納賂欲立華氏，義始利終，獎亂誨惡。書稱"成宋亂"，不書立華氏，信乎猶爲有隱乎爾！大抵人各有黨，事必有端。督弒君，桓弒兄，從其類也。始納華賂，繼納三叛人，爲之兆也。傳曰"取"，以著桓之貪，縱不賂而桓之心訹訹乎此云爾。嗚呼！唐太宗時，蓋蘇文弒君貢金，褚遂良以爲此郜鼎之類，其猶聞哀伯之風夫？（《晨書》總評）宋南金曰："大開大闔，錯綜成文。將'昭德塞違'、'滅德立違'兩相對炤，而'昭儉'、'昭度'等項，累如貫珠，十分精采。其轉到納鼎處，始言'百官象之，禍在君身也'，繼言'國家之敗，禍在子孫矣'。末又從鼎上洗發，見得郜鼎不比商鼎，大廟不比雒邑，桓公不是武王，違亂顯然，非之者且紛紛矣。哀伯之愛君，千古如揭，文甚典實而波宕。"（《觀止》尾）劈頭將"昭德塞違"四字提綱，而"塞違"全在"昭德"處見，故中間節節將"昭"字分疏，見廟堂中何一非令德所在？則大廟容不得違亂賂鼎可知。後復將"塞違"意分作三樣寫法，以冀君之一悟而出鼎，故曰"不忘"。（《集解》尾）文章不沉着者，必不痛快。篇中"百官象之"、"其又何誅"、"郜鼎在廟"、"章孰甚焉"數語，極沉着，所以極痛快。尤妙在善用挖筆，如"猶懼或失"、"猶或非之"兩句，更自警切動人。（《知新》尾）魯桓與弒乎兄，尚且不忌，區區一鼎，何難受之？特逆取順守，若不塞其違心，昭明令德，周公太廟，儼列賂器，百官象之，其又何誅？真可寒心。説得凜凜怖畏，庶幾有戒心而知改。（《賞音》尾）一亡國之器，何足寶重？況其爲弒逆之賂乎？臧孫"昭德塞違"之言及"百官象之"之語，可謂痛切矣。而公恬然不爲怪，蓋公本以羽父弒隱而立，視此事爲泛常，可以受之華督，即可納之太廟，安計德、違？乃魯廷之上，絶無與臧孫同心者，秉禮之國，至有是失，可歎也夫！（《左繡》眉）上截寫"昭德"而不敢易紀律，卻暗拖"塞違"。下截寫"塞違"而滅德，則明帶"德"字作聯絡，"昭違"則明抱"昭"字作回應，細針密線，妙不可言。上截"昭德"、"塞違"並提，下截亦以"滅德"、"立違"並提，特作對仗以清眉目。前以"臨照百官"起，"臨照百官"束。後以"寘賂器于太廟"起，"昭違亂之賂器于太廟"束。是每截各爲首尾。末以"君違諫德"雙收應起，又合全篇爲首尾，重規疊矩,極變極整。試問古今大作手,有能出其範圍者否?"昭令德以示子孫",領筆用虛。"夫德"云云,束筆用實。"百官象之"云云,領筆用實。"其若之何",束筆用虛。相對中無一筆不變者。前半大作鋪排,後半用層波疊浪之筆,體勢相配,亦行文一定之法也。(昆崖尾)前半正敘,卻泛論道理。後半反轉,方直刺時事。大開大闔之文。前半鉅麗端凝,文成臺閣。後半危悚嚴厲,字挾風雷。結處借局外人語煞局中人事,左氏多用此法。(《約編》眉)"清廟、茅屋"云云,皆對針賂器,此更引鼎事作波瀾,頓跌有力。"違"字、"德"字一句總束。(《約編》尾)典麗,《國語》所有。後幅頓跌周旋,一氣奔放,則左氏所獨步也。(《喈鳳》尾)違莫大於弒逆,桓不能討督,而見利其賂,失德甚矣。況太廟何地,豈可容此違邪之物?哀伯侃侃諫諍,而置若罔聞,宜其見絕於元公。不保其身,而猶得有後,在桓特爲倖耳。若此傳寓曲折於深切之中,是爲異品,勿徒賞其典麗爲工。(《左傳翼》尾)弒君之賂不可納,納於大廟,其若周公何?提明此意,令公毛骨俱悚。君於百官,有許多正大道理維持防閑,百官才知戒懼。今一概滅去,明示以賂,如何了得?不敢易紀律,紀律,法也。法本於德,德是法之本。百官畏法,則不敢失德。君若滅德,則百官不畏法。易者,輕而忽之也。寧世謂篇中七德俱切太廟內事,不是泛常鋪設。愚謂本文雖以昭違亂之賂器於太廟爲主,然"昭德塞違"說來,正自闊大,不專從太廟索解。但將此賂器寘于太廟,尤足見寵賂之章耳。《周官》以六計蔽吏,總不外一"廉"字。廉者,賂之反也。人君御臣,喜廉而惡貪,而於己身反之,何以表率群臣?"國家之敗"四句,諷切最緊。百官象之,見上行下效,捷於影響,不但寵賂滋章,隱然羽父、華督,人人可爲,當爲寒心。曰"明示"、曰"章",與"昭"字映,所以深著取賂納廟之非,非謂賂當來自暮夜,置於深宮,不可令人知之也。篇中屢提太廟,大有意在。百官不可納賂,公知之。人君不可納賂,公不知也。苟子之不欲,雖賞之不竊。聖賢教人,每從對面着筆,正善於開導處。桓以弒君得立,又復受賂以立賊臣,納賂太廟,恬不知懼,而不知將有百官從而象之也。前篇會稷用輕筆敘過,所以深著華氏之惡。此專責魯,見桓公與督同惡,罪深於三國。後此三家之無君,皆桓此舉有以啓之耳。曩時評云:"文、物、聲、明等俱從正大道理遠形遙襯,與郜鼎相對,卻不相觸犯。至末始用九鼎輕逗出'違亂'二字來,有'微雲淡河漢,疏雨滴梧桐'之妙。"其時哀伯批鱗直諫，語語警切，不肯一字含糊。一則曰寘其賂器於太廟，再則曰昭違亂之賂器於太廟，俱是當頭棒喝。即所陳七德，說儉、說度數，固有對針。說文、物，說聲、明，都是光明峻偉，無一椿卑鄙齷齪不可明示衆人。特其出語婉折，不致逢彼之怒也。至其文筆高古，光怪陸離，則或庵所云‘如天球河圖，豈秦漢以下所有’盡之。”（《精言》尾）華督弒殤公，魯即不討，亦不當受其賂而立爲宋相。哀伯前此不諫，以齊、陳、鄭皆有賂，共平共亂，置之勿論可也。至以賂鼎納於太廟，是明明以賂當受、督當立矣。哀伯必不意公出此，而公竟出此者，弒逆之人，本視弒逆爲常事。不知宗廟乃禮法之所在，子孫所世守，百官所瞻矚。若見賂器在廟，皆以爲君可弒，弒君之罪可賂也，豈有國者之利乎？此篇全在“臨照百官”上着眼，把“昭德塞違”四字做個主腦，以爲人君不能有德而無違。但德當明示，違當閉匿。以德可訓，違不可訓。故把廟堂上物件，逐一分疏，皆所以昭令德，並無一件昭違亂之物在內。則太廟容不得郜鼎可知。若連忙退出，猶不失塞違之義。此在既納之後而諫，胸中有許多不果意處，故周內史謂之不忘。（德宜尾）以“德”字爲關鍵，以“昭”字爲眼目，中間無數層折，如散錢皆一索子串成，極有紀律，設色亦甚古雅。（《析觀》尾）章禹功曰：“劈頭將‘昭德、塞違’作提綱，而‘塞違’全在‘昭德’，故中間節節將‘昭’字分疏，見廟中何一非令德所在？則區區弒君之賂，如何可納？後復將塞違意分作三樣寫法，以冀君之一寤而出鼎。諫之不聽，吾不知魯桓之心，置周公于何地也。”（《便覽》尾）此文首尾，向傳“昭德、塞違”起，“君違、諫德”收。今細按正脈，應是“非禮”起，“君違”收。但恐首尾重復而失落中間，故引內史語，是用活筆法。至於哀伯，因君滅德立違，故提“昭德、塞違”明起，用“若之何”暗卷，本自有首尾。奈何讀古者，不記《左傳》一書除敍事外，皆當時自有之文，而經左公位置聯絡點躥耶？芳自記。（《日知》尾）布局極寬，取勢極遠，然愈遠愈逼，愈寬愈緊，古人辭鋒文意，兩不相妨如此。（盛謨總評）題只“納鼎”耳，卻不說出“鼎”字，偏從“昭德”上寫照，層層比物，暗映“鼎”字，有劍匣燈帷之妙。及轉入正位，露出“賂器”二字，又一留住作倒繳勢，急趕出“郜鼎在廟”四字，益覺鼓動，所謂注意處十分躊躇者是也。此等處極不易識，聽讀者自悟之。（《評林》眉）陳傳良：“‘諫之以德’，傳言桓公繼，故羽父不討。哀伯雖不斥言，意已獨至。”（王系尾）首段兩句敍，一句斷，大意已盡。再敘哀伯之諫，再引內史之言，所以暢其義也。極能濃郁，又極精鍊；極嚴整，又極宕軼。《左傳》中布帛菽粟文字。（方宗誠眉）行文必有起有落、忽提忽拍、忽縱忽擒，乃不失于平直。"德"字一篇之主。（《學餘》尾）此所謂直書其事，其惡自見者。蓋同惡相濟，罔知其為微子、周公之遺矣。幸哉！魯臧孫、周內史，猶相望如晨星也。（《菁華》尾）孔父為大臣，不能以息事安民之道匡正其君，誠不為無罪。然孔父在，殤公猶有所恃而以自存，及孔父死而左右乃無一人矣。著之，明其與主為存亡也。"司馬則然"一語，出自賊督之口，則知十一戰之舉，孔父原不預其謀，傳意自在言外。殤公之弒，《公羊》以為馮實與謀，此恐是深文之語。然馮感立己之恩，而置弒君之罪于不問，尚可謂之有人心乎？愧叔孫昭子多矣。桓之與宋馮，得國正同。桓之德羽父，猶馮之德華督也。同惡相濟，豈有興師問罪之理？然此意非臣下所敢明言，故但從受略立議。"昭德、塞違"與下"滅德、立違"自成章法，鋪敘禮文，絕不見堆垛之跡，以氣勝也。後人不善學之，便不免以板滯取厭。（闇生夾）旁及周內史之贊，尤見文情旁溢之致。先大夫讀"君違"二字為句，"不忘"下屬，通篇以"君違"二字作眼也。宗堯按："與贊穎考叔之意同。"

秋七月，杞侯來朝，不敬。杞侯歸，乃謀伐之。

蔡侯、鄭伯會于鄧，始懼楚也。（《左繡》眉）一語為全部書提綱。（美中尾）為蠻荊窺伺權輿，春秋滅國之多莫如楚，滅國之易亦莫如楚，曰"始懼楚"，蓋楚氛惡而中夏雲擾矣。（文淵尾）春秋之初，天下無伯，而滅亡之禍未甚者，以楚尚未為中國患也。楚之患及于蔡、鄭，則小國不能自存，而天下賴伯功矣。（王系尾）《春秋》之義，莫大於尊王攘夷。楚，夷也，而僭王猾夏，吞江漢，陵冠帶，以偪周室。華夷之際，聖人之所謹也。傳中敘楚事最詳，此篇始出"楚"字，是部中大結構處。

九月，入杞，討不敬也。（《測義》夾）愚按：杞侯朝桓公，歸而見入，左氏云："不敬也。"他日杞子復朝僖公，歸而見入，左氏又云："不共也。"杞以國小，懼而來朝，烏得不為敬、共？良由微弱不能備禮，其於魯之誅求，無以應之，故見謂不敬、不共云爾。噫！可念哉！（《評林》眉）《補注》："'九月入杞，討不敬'者，魯人責其玉帛之將不備而為之辭，傳固錄實，非所以釋經。"

公及戎盟于唐，修舊好也。（《評林》眉）王荊石："隱〖編者按：疑當爲桓》之盟戎，則惴惴懼討，不得已矣。斯時也，脫戎詰以何故弑君，捽而問之，其曷以自解哉？噫！亦危矣。"

冬，公至自唐，告於廟也。凡公行，告於宗廟；反行，飲至、舍爵、策勳焉，禮也。特相會，往來稱地，讓事也。自參以上，則往稱地，來稱會，成事也。（《測義》夾）愚按：左氏言"至"之義若此，而程子又謂君出而書至者有三：告廟也，過時也，危之也。則《春秋》書至八十二，不書至九十四。郭登氏以爲："史臣記一君之本末，豈有書其出而不書其至之理？故知'不至'者，文字脫簡爾，聖人不如此瑣碎也。"（《分國》尾）此種章法，幾幾《公》、《穀》兩家矣。《公》、《穀》實祖此，而左氏濫觴焉爾。（《左繡》眉）兩節合讀，凡用五"也"字，前修好、告廟，兩敘爲一對。後"讓事"、"成事"，兩議爲一對。中"禮也"作斷，分明以中間奇調作首尾偶調關楗，章法奇絕人也。（《左傳翼》尾）以五"也"字成文作章段，一句釋盟唐，一句釋至唐。修好、告廟作對，而以"凡公行"補出典禮，用"禮也"一贊以收結上文。隨又從"盟唐"下注腳，爲"公及戎"分疏，推補出"自參以上"，以足本文未盡之意。"稱地"、"成事"，又作一對，而以"禮也"作領筆。吳氏、陳氏皆以桓公弑逆，身負大惡，懼人之討，汲汲乎盟戎以自固。左氏但以修舊好爲言，非諱之也。是時三綱不正，華督弑君之賊，桓且會諸侯受賂而立華氏，居然納郜鼎于太廟，已且庇賊，又何懼乎人之討？天下諸侯不能討，又何懼乎一戎哉？"修好"云云，情事固如此耳。（《評林》眉）《傳說彙纂》："反行必告，則史書其事，不告則不書，杜注孔疏甚明。諸家紛紛，或以爲遠，或以爲久，或以爲危，或以爲幸，失之鑿矣。"

初，晉穆侯之夫人姜氏以條之役生太子，命之曰仇。（《左繡》眉）此篇敘曲沃始末，爲滅翼起本，作三段讀。第一段就命名論其兆亂，第二段就封國論其本弱，末段二節，乃詳寫其亂弱，以結應上文。單讀前半，則先敘而後議，合讀末段，又先議而後敘。章法前偶後奇，變化不測，蓋又出一新意矣。（高塘眉）此篇敘曲沃始末，爲滅翼起本。此乃晉傳開山文字。（方宗誠眉）追敘法。因曲沃滅翼而追敘前二事，以明兆禍之由。其弟以千畝之戰生，命之曰成師。（韓范夾）雙敘兄弟之異，而後敘事變，其法與莊公、叔段同。（《補義》眉）此于命名論其兆亂，從穆侯之夫人敘起，婦人愛少子，穆侯從婦言，亂所由生。

（《評林》眉）王百穀："晉之亂始兆封於曲沃，非兆於命名也，謂名以定禍福，是委巷之言耳。於卜偃之論畢萬亦云。"〖編者按：凌稚隆作陸粲語。〗孫執升："穆侯溺愛於桓叔，師服特因名以諷諫，至於曲沃之封，正所謂假虎以翼也，師服其先知者乎！"《經世鈔》："周宣王三十九年，王與姜戎戰於千畝，而穆侯又生子。按：命名亦是偶然之意，遂爲氣機先兆。二子初生，非必便有愛惡也。師服亦私語，未嘗諷諫。"（閩生夾）曲沃並晉，晉國之所以强，此一大事，故特鄭重言之。借命名起，恐文勢徑直也。師服曰："異哉，君之名子也！夫名以制義，義以出禮，禮以體政，政以正民，是以政成而民聽，易則生亂。（孫鑛眉）此頂針法，尤泛套。嘉耦曰妃，怨耦曰仇，古之命也。今君命大子曰仇，弟曰成師，始兆亂矣，兄其替乎？"（文熙眉）汪道昆曰："議論具品，'故天子'以下章法。"穆文熙曰："穆侯命太子曰仇，命其弟曰成師，意有所偏，故桓叔以曲沃强盛，而武公威晉自伐，此皆穆侯貽謀之不臧所致也。然再傳而至獻公，畏桓、莊之族偪而盡殺之，其亦自有所懲也乎？"（孫鑛眉）此亦宜置三年首。（《評林》眉）《經世鈔》："禮所謂別上下，定民志也。"

惠之二十四年，晉始亂，故封桓叔于曲沃，靖侯之孫欒賓傅之。（《左繡》眉）前半用整對，後半用層疊，中間用寬衍，末後用簡括，變矣。而"始亂"一節，結句與首段相配，起句又與末段相配，既對上，又聯下，分明以此作通身轉樞也，章法尤奇變絕人。"始亂"承上"生亂"、"兆亂"，"曲沃"開下納桓伐翼，一篇筋節，固應以此爲中權。師服曰："吾聞國家之立也，本大而末小，是以能固。故天子建國，諸侯立家，卿置側室，大夫有貳宗，士有隸子弟，庶人、工、商，各有分親，皆有等衰。是以民服事其上，而下無覬覦。今晉，甸侯也，而建國。本既弱矣，其能久乎？"（《測義》夾）鄭樵氏曰："左氏所載隱、桓間事，言多典法。如師服所謂'天子建國'數語，猶見得三代制度，名分等殺，纖悉委曲，如此之不可亂。"〖編者按：奧田元繼作王陽明語。〗（鍾惺眉）此論說叔段則迂，說桓、文則切。（《補義》眉）此于建國決其必亂，兩段俱前敘後斷，末段即以敘爲斷，見師服之言皆不爽。（武億尾）第一段就命名論其兆亂，第二段就封國論其本弱。起法、轉法、收法，已開後人比偶法門。（閩生夾）再加一層與上文相配，氣始樸茂。仍用師服一人發言爲線索，亦左氏之定法也。

　　惠之三十年，晉潘父弑昭侯而納桓叔，不克。晉人立孝侯。惠之四十五年，曲沃莊伯伐翼，弑孝侯。翼人立其弟鄂侯。（閭生夾）數世之事徑敘而下，文勢駿逸。鄂侯生哀侯。哀侯侵陘庭之田，陘庭南鄙啓曲沃伐翼。（孫鑛眉）敘事簡核有力。（《左繡》眉）某年某年，逐節鋪敘，又另一追敘法。後人紀事本末，其法蓋倣諸此。某年某年乃參差中用整齊法，無此即渙亂不成片段矣。一路銜接而來，到此戛然而止，筆力簡勁。（《評林》眉）湯睡菴：“師服之言至是果驗。”《經世鈔》：“此時尚欲侵人田耶？凡衰亡之君多貪昧如此者。”《補注》：“陳氏曰：於此見傳追書之體。”（方宗誠眉）晉未見經之先，而左氏記曲沃之始封、始強者，所以原晉盛之始也。（《菁華》尾）穆侯之名子，未必遂有深意，而其兆則既成矣，故師服亦即借此以進諫。近人讀此篇，乃謂婦人愛少子，穆侯聽婦言，皆爲臆度之説。本末一段，可與公子吕告鄭莊公語互相參看。

◇桓公三年

【經】三年春正月，公會齊侯于嬴。（《測義》夾）愚按：經不書王，有以爲周不班爵者，胡氏辯之矣。而又有以爲闕文者，胡氏以十四年皆不書王爲疑，遂謂：“桓公三年喪畢，猶不入見天子，故自是而後，皆不書王，見桓公無王，與天王之失政而不王也。”若然，則當時宋督、宋萬、趙盾、鄭歸生輩皆以逆賊得免於討，未嘗以爲無王也，何獨以桓公歸罪於天王之失政乎？且於十年、十八年又復書王者，義又何解耶？故惟闕文之説，庶於義例可通，蓋孔子所云多聞闕疑，正此之類爾。（《評林》眉）程頤：“桓公弑君而立，元年書王，以王法正其罪也。二年宋督弑君，亦以王法正其罪也。三年不書王，見桓之無王也。”張洽：“亂臣賊子，與會而爲婚，著齊侯之罪也。”夏，齊侯、衛侯胥命于蒲。（《評林》眉）蘇轍：“胥命者，約言而不盟也。有以相命，故不可以言會。未嘗歃血，故不可以言盟。”六月，公會杞侯于郕。（《評林》眉）《傳説彙纂》：“《左》、《穀》俱作杞，《公羊》獨作紀，程子以爲杞，稱侯皆爲紀，當以《公羊》爲是。蓋齊、魯方睦，紀與郕皆畏齊，故會魯而求庇也。高閎説得之。"秋七月壬辰朔，日有食之，既。公子翬如齊逆女。九月，齊侯送姜氏于讙。公會齊侯于讙。夫人姜氏至自齊。(《評林》眉) 汪克寬："僖公之娶夫人，納幣逆女，未入至皆不書，以合禮也。桓公之娶文姜，不合於禮，故悉志之，以垂戒書法之變也。"冬，齊侯使其弟年來聘。有年。

【傳】三年春，曲沃武公伐翼，次于陘庭，韓萬御戎，梁弘爲右，逐翼侯于汾隰，驂絓而止。夜獲之，及欒共叔。(韓范夾) 公然稱師以伐其君，何無忌也？讀《七兮》、《揚水》之詩，君子於是知周之衰矣。(魏禧尾) 陸粲曰："晉之亂，始兆封于曲沃，非兆於命名。謂名足定禍福，是委巷之言耳。於卜偃之論畢萬亦云。"按：此論亦正，然機有先見於此者，如以仇、以僑如名子，自是古人失處。可鑒也。彭士望曰："《左傳》每於骨肉愛憎偏至處，寫出極大禍害，提醒警切，此《大學》齊家所嚴戒於好惡之辟也。"(《分國》尾)"以條之役"、"以千畝之戰"，此即待事命名之意也，但用意自不同耳。師服知之，不能銷萌杜患，徒言之，亦何益哉？嗚呼！有曲沃之命，因有魏斯、趙籍、韓虔三大夫之命，天道好還，原不爽也。(《左繡》眉) 此節宜並附前篇之尾，不唯終曲沃之事，爲"兆亂"、"本弱"結局，並欒賓父子，亦帶應有情，否則末句贅矣。(《左傳翼》尾) 前命名，後建國，命名是建國之本，建國以終命名之案。看中間聯絡，自見兩扇板對，卻自錯綜。議論正大，可爲千古龜鑑。偶命一名耳，何關輕重？而師服即歎息不已。蓋父母於子，意有左右，即爲禍亂根本，不得謂左氏後段議論得立國本末，前段語多附會也。只看寤生一名，而二君之禍已成。便見事在春秋前，而敘於陘庭、南鄙啓曲沃伐翼時，以見禍亂之生，其來有自，爲人君父者，當謹之於早耳。因武公伐翼，而追敘於桓叔之始封與命名，一路逆溯而上，建國本弱、尾大不掉，猶是人人意中事。師服早於命名時，識亂生之萌。蓋天下禍福之幾，必有其兆。至誠前知，早於朕兆初伏而知其微。師服晉國偉人，言言理學粹論，較卜偃、史墨輩，奚啻倍蓰過之？(文淵尾) 以師服之言張本，即敘其事以應之。兩次敘述略不變換，事繁則章法宜整也。于春秋以前獨詳晉事者，以晉主盟中夏，南可以制楚，西可以制秦也，晉亡則春秋變爲戰國矣，故傳終於韓、趙、魏之喪智伯。敘次簡括而明析，太史公本紀世家之體制所自出也。(高塘尾) 按《世表》：

桓三年，武公虜哀侯，晉人立哀侯之子小子侯。桓七年，武公弒小子侯，周立哀侯弟緡。莊十六年，武公伐晉侯緡，滅之。王命武公以一軍爲晉侯，始列爲諸侯。明年武公卒，子獻公立。俞桐川曰："此時文兩扇之祖，命名、建國，各有精論。晉之亂，兆于曲沃，不必兆於命名，然氣機有先兆於此者，可以爲鑒。"（《評林》眉）王季重："二邑之因革，此皆哀侯啓之。"《經世鈔》："按：武公數宿陘庭者，以待南鄙之應，久宿而翼侯不知者，以南鄙爲之覆匿也。又按：莊公十六年，武公伐緡滅之，盡以寶器賂周僖王，王命武公爲晉侯。"（王系尾）此詳敘晉事，爲通部大結構處。分兩層，而分法不同。以事蹟論，自篇首至"兄其替乎"爲一層，因命名而兆亂也。自晉始亂至篇末爲一層，因建國而亂成也。以敘法論，自篇首至鄂侯生哀侯爲一層，追敘也。自哀侯侵陘庭至篇末爲一層，正敘也。譬若寶珠，光彩變幻，隨人所見，只是一副精神耳。

會于嬴，成昏于齊也。（《左繡》眉）遠遠爲彭生伏筆矣。（《評林》眉）張半菴："公之昏齊，亦爲自固其位計。"（闈生夾）此篇以譏不復仇爲主。

夏，齊侯、衛侯胥命于蒲，不盟也。（《左繡》眉）齊僖小霸，亦葵丘後事之師。（美中尾）《穀梁傳》曰："胥之爲言，猶相也。相命而信諭，謹言而退，以是爲近古也。"蘇穎濱曰："胥命者，約言而不盟也。有以相命，故不言會，未嘗歃血，故不言盟。"

公會杞侯于郕，杞求成也。（《評林》眉）程子："自桓公篡立，無歲不與諸侯會盟，結外援以自固也。"

秋，公子翬如齊逆女。（方宗誠眉）記典禮。敘次參差歷落。修先君之好。故曰"公子"。（《測義》夾）愚按：翬乃弒逆之賊也，豈得以逆昏故，遂以公子貴之？蓋翬於是始爲卿，故稱公子爾。齊侯送姜氏于讙，非禮也。（《左繡》眉）總提一句，下分四項，四"送之"、一"不送"，總見齊侯之送非禮，筆法整齊中有參差也。凡公女嫁於敵國，姊妹則上卿送之，以禮於先君；公子則下卿送之。於大國，雖公子亦上卿送之。於天子，則諸卿皆行，公不自送。（鍾惺眉）妙在"於天子"一段插在中間，文便不板樣。於小國，則上大夫送之。（孫鑛眉）上逆敘，小國卻綴末，亦只是意到筆隨，然法尚存。（魏禧眉）分定四排，四"送"、一"不送"，看他變換安頓，何等錯綜？左氏每如此。(《分國》尾) 按：經曰"公子翬如齊逆女"，次曰"齊侯送姜氏於讙"，終曰"夫人姜氏至自齊"，辭繁而不殺，其中必有大美惡焉。胡氏謂荀敫之刺兆矣，信也。(《左繡》眉) 以"公不自送"爲主，特寫在天子分內，見於至尊猶不送也。前後四"送之"，恰安主句於中，有體有法，無一字苟。(美中尾) 金仁山曰："魯桓弑君，歸許田於鄭，會齊、鄭、陳以成宋亂，成昏於齊，所以求寵於諸侯、求援於大國者，爲謀亦已至矣。而桓之自殞，卒以姜氏，人力不可以勝天如此夫！"(《補義》眉) 公不自送，雖至尊且然，見齊侯親送之非禮。(《評林》眉) 李笠翁："桓，弑逆之人也，中國既莫之討，幸免於王法矣。他日《敝笱》之義、彭生之禍，夫亦天道之隱報歟！公不由媒介而成昏，又以弑君之翬爲逆齊女以自送于國也，不正其始如此，能保其令終乎？"《經世鈔》："插'公不自送'四字，顯出齊侯非禮，妙！婚禮，雖天子而公不自送者，昏姻之始，男女之合，父子之際，所以自遠於嫌也。"(王系尾) 此篇是公子翬如齊逆女、齊侯送姜氏於讙傳。魯侯宜親迎，而遣賊臣。齊侯不宜自行，而親送出境。一不及，一太過，激映成趣，固應合傳。(闇生夾) 文姜不正，故於其始至即斥其非禮，然此乃經師所爲，非左氏之原文也。宗堯按："寫齊侯自送，有疑之怪之之神，而逐層演之，無一可者，文思奇絶。"

　　冬，齊仲年來聘，致夫人也。(《左傳翼》尾) 魯桓弑君，求昏于齊以免討，不由紹介，親至齊境，醜惡可知。翬與同弑，復使逆女以結齊好，家氏所謂非媒而昏，昏不以正。越境而會，會不以正。使其私人往逆，逆不以正。又爲會齊侯而親迎，迎不以正。是也。齊黨惡，許之結婚，送女出境，未幾又使貴介弟致之，溺愛如此，家法可知。文姜之失德，皆齊侯縱之也。婚姻正始，事事越禮，後豈得令終乎？詳書不殺，所以著禍源也。

　　芮伯萬之母芮姜惡芮伯之多寵人也，故逐之，出居於魏。(鍾惺眉) 婦人之妒如此，隋獨孤后見群臣有媵妾者，輒黜之。惡其子勇多內嬖，廢之至死，代人行妒，真怪事也。(王系尾) 芮姜爲隋獨孤后之鼻祖矣。此事及明年侵芮執芮伯，十年納芮伯，經皆不書，而傳詳之。其著以爲婦人之戒與？夫亡從子，而芮伯以非道被逐，則其所以事母者亦必無術矣。

◇桓公四年

【經】四年春正月，公狩于郎。（《評林》眉）趙鵬飛："昭九年，築郎囿，其後遂爲田獵苑囿之地，蓋基於今日之狩。"夏，天王使宰渠伯糾來聘。（《評林》眉）《傳説彙纂》："不書秋、冬，程子以爲天王失刑，其説本於何休，不若杜注以爲史闕文。"

【傳】四年春正月，公狩于郎。書，時，禮也。

夏，周宰渠伯糾來聘。父在，故名。（《左繡》眉）父在故名，當是父前子名之義。杜以攝父職譏之，然則濟美象賢者，誰歟？

秋，秦師侵芮，敗焉，小之也。

冬，王師、秦師圍魏，執芮伯以歸。（《左繡》眉）此二節宜合前惡寵人、後納芮伯爲一篇，今隔離太遠，聽其各見可也。

◇桓公五年

【經】五年春正月，甲戌、己丑，陳侯鮑卒。（《評林》眉）按：甲戌、己丑，去冬今春兩日，陳亂故再告其薨，一曰正月甲戌，一曰正月己丑，故直書其誤，是乃慎疑審事也。趙匡："'甲戌'下當記陳佗作亂之事，全簡脱之耳。"夏，齊侯、鄭伯如紀。天王使仍叔之子來聘。（《評林》眉）汪克寬："《詩·雲漢》序云：'仍叔美宣王。'則仍叔世大夫可知。"又曰："《公》、《穀》皆云：'父老，子代從政。'程子則云：'父受命而使子代行。'"今案：非有天子之命，則亦不敢使子代聘也。葬陳桓公。城祝丘。秋，蔡人、衛人、陳人從王伐鄭。（《評林》眉）啖助："不言會、及，臣從君之辭也。"按：不曰"王人、某人、某人"，曰"某人、某人從王"，是君臣之分也。僖十四年亦同。大雩。螽。（《評林》眉）程頤："螽，蝗也。既旱又蝗，饑不待書也。"朱熹："蝗屬，長而青，長角長股，一生九十九子。"冬，州公如曹。

【傳】五年春正月，甲戌、己丑，陳侯鮑卒，再赴也。於是陳亂，文公子佗殺大子免而代之。公疾病而亂作，國人分散，故再赴。(《測義》夾) 愚按：趙氏云："豈有正當禍亂之時，而暇使人再赴之理。"愚因以爲即令再赴，孔子何以不據實而書？蓋"甲戌"之下，其文有闕爾。而或者遂謂有"陳佗殺其君之子免"八字，則又失之鑿。(《左繡》眉) 因是再赴，故亂亦作兩遍寫。若徑從疾病說起，只一遍可了，"亂"字須寫不透。左氏有極省處，有極不省處，要是相其事而肖之，所以爲化工也。(《左傳翼》尾) 卒陳侯也，而兩日並書。《公》、《穀》以爲甲戌之日亡，己丑之日死而得，諸儒不之信。謂豈有國君出走，臣下不追逐，昧其死日之理？程子以爲"甲戌"下文闕，趙氏謂"甲戌"下當記陳佗作亂之事，全簡脫之。後人遂以左氏再赴爲非，謂豈有正當禍亂之時，而使人再赴之理，縱令舊史有二日並存之訛，孔子不應述而不削。余謂國有大亂，君薨赴告不時，時常有之。齊桓公以十月乙亥卒，十二月乙亥赴；晉惠公以僖二十三年九月卒，次年冬始赴。卒之年月既可改移，舊史因之，孔子亦不之改。然則兩日並赴，國亂使然，舊史並存，孔子又何所據而確知其卒以何日而刪彼存此，以示信於天下後世乎？《春秋》於"虢公"、"夏五"，存而不論。"甲戌"、"己丑"，何不可以並存？左氏再赴之說，蓋亦疑以傳疑之意，固可與《公》、《穀》並行不悖，讀者毋過爲掊擊可也。(《評林》眉) 啖助："《公》、《穀》皆云：'甲戌之日出而亡，己丑之日死而得。'按：國君雖狂而去，亦當有臣子從之，豈有國君走出，臣下不追逐，昧其死日乎？"按：注不曰"桓公弟佗"，見非母弟也。

夏，齊侯、鄭伯朝于紀，欲以襲之。紀人知之。(韓范夾) 知伯襲鄶猶，亦以此法。凡大國施禮於小，其中必有機禍。何紀人之智，而鄶猶之愚？(《左繡》眉) 突如其來，所謂禮多必詐也。人苦不自知耳。

王奪鄭伯政，鄭伯不朝。(《彙鈔》眉) 鄭敢於禦王，無禮之極。左氏偏將戰陣之事歷歷詳敘，正深著其罪惡也。(文淵夾) "鄭不來矣"、"人之不至不亦宜乎"，皆爲此張本。蓋言抗王之罪雖不可逭，而鄭伯不朝，則王有以致之耳，此左氏論人之恕也。至射王中肩之後，以"王亦能軍"與祝聃之請接書，則又顯著其惡，而深惡痛絕之矣。

秋，王以諸侯伐鄭，鄭伯禦之。(孫鑛眉) 敘戰事工絕。(孫琮旁) 先著"不朝"、"禦之"等字，是左氏書法。(《左繡》眉) 此篇傳王伐鄭，卻詳寫鄭伯禦王，是反客爲主矣。然前寫其謀之毒，中寫其事之悖，後寫其詞與禮之詐，而深惡痛絕之意，正在言表。其寫王，只首尾

"王爲中軍"、"王亦能軍"兩筆，着墨無多。而使人讀之，又儼然想見執簡馭繁、天威咫尺、雖敗猶榮氣概。左公下筆有神，而體裁毫髮不苟，千載競傳鄢、郲等篇，於此或未深悉其用意之精也。"王"、"鄭"雙提，卻從王引出鄭。"王"、"鄭"雙結，卻從鄭收到王。中間詳鄭略王，而"王"起王"束"，亂敗能軍，疊連三點，敗意之事，匠心之文。（《補義》眉）經書從王伐鄭，尊王也，尊王所以著寤生之惡也。傳寫王師甚略，而寫鄭甚詳。子元一段是謀，曼伯一段是陣，至戰于繻葛可直接三國之奔，忽插"旝動而鼓"，覺上文字字着落，而實處皆空。師敗王傷，經不忍言，而傳寫三層，末寫鄭伯從容問勞，正見志得意滿，而王一面倍極難堪，皆深惡痛絶之也。此詳賓略主，筆筆顧主之法。（《便覽》眉）起似雙對重案，實則一篇文字從"禦之"開出。不然，周雖弱，有三國同行，何不備六軍而草草若此？蓋王意自將，鄭未敢禦也。及兵敗而殿，亦是此意。故"王亦能軍"正對"鄭伯禦之"。（《評林》眉）《經世鈔》："鄭朝，王不禮，又奪其政，亦自致之。宜以辭責之，舉兵亦太遽。"（閻生夾）此大書鄭伯之肆逆，前云"始朝桓王也"，又云"禮也"，一路全是虛宕之筆，至此始露。**王爲中軍；虢公林父將右軍，蔡人、衛人屬焉；周公黑肩將左軍，陳人屬焉。**（孫琮旁）敘兵事簡盡。

鄭子元請爲左拒以當蔡人、衛人，爲右拒以當陳人，（鍾惺眉）敘軍事便如均敵，當時不知有天子矣，何待射王中肩也。（孫琮旁）寫得旗鼓相當。**曰："陳亂，民莫有鬬心，若先犯之，必奔。**（《評林》眉）《經世鈔》："'必奔'，所謂攻瑕則堅者皆瑕也。春秋時多用此法。"**王卒顧之，必亂。蔡、衛不枝，固將先奔。既而萃于王卒，可以集事。"**（鍾惺眉）左氏每于談兵最簡省。（孫琮旁）深於兵機。（《約編》眉）戰法先於子元口中説出，左氏慣用此秘。（《評林》眉）王元美："人主而在行，將帥不得展其用而內顧重，故萃三軍之良以攻王，一敗而師崩，符堅之伐晉亦然。"從之。**曼伯爲右拒，祭仲足爲左拒，原繁、高渠彌以中軍奉公，爲魚麗之陳，先偏後伍，伍承彌縫。**（《文歸》眉）陳淏子曰："陣名雅甚。"郭正域曰："字字造奇，此設色繪法也。"（孫琮旁）八字寫盡陣圖。（《左繡》眉）王敘中軍在前，此敘中軍在後，只一倒換法。（《評林》眉）按：《佩觿集》云："古無'陣'字，'陳'即'陣'字也，以'陣'代'陳'，自晉王羲之《小學章》始。"《字典》云《史記》作"陣",非自義之始。《五經類編》:"司馬法:車九乘爲小偏,十五乘爲大偏,尤大者則有二十五乘之偏。"按:凡傳中偏法三出,今年及成十二年、成七年也。**戰于繻葛,命二拒曰:"旝動而鼓。"**(孫鑛眉)寫兵法宛然,得擧要法。(孫琮旁)四字寫盡軍令。(《評林》眉)《經世鈔》:"陸元朗曰:'旝亦作檜,建大木置石其上,發機以礮敵。'"**蔡、衛、陳皆奔。**(《便覽》眉)令下而三國即敗,以戰法子元先敍清也。**王卒亂,鄭師合以攻之,王卒大敗。祝聃射王中肩,王亦能軍。**(鍾惺眉)王亦能軍,天子同于□將矣。(《評林》眉)郭扶九:"天子親征鄭,而以三弱國從,三國又不能無畏齊比鄭之心,故不躬擐甲胄而以微者行,安得無敗?"〖編者按:凌稚隆作黃震語。〗《補注》:"'王亦能軍',傳見周衰,天子自將以征諸侯。"(方宗誠眉)"王亦能軍"四字極妙,若非能軍,幾死於陣矣。左氏筆中藏刀。(閩生夾)周鄭交戰,尚云"王亦能軍",詼詭之至。宗堯按:"幸矣!壯如桓王也!意帶嘲謔。"**祝聃請從之。公曰:"君子不欲多上人,況敢陵天子乎!**(孫琮旁)詭詞可發一笑。**苟自救也,社稷無隕,多矣。"**(孫鑛眉)如此便住,覺未了,然可記者已盡,亦更無容著閑語。(鍾惺眉)觀周、鄭交質即宜有射王一事矣。(孫琮旁)如此便住,不著閒話。(孫琮總評)繻葛之戰,君臣之分盡矣。鄭莊自知大惡,爲款言以欺人,其尚能救乎?莊不足誅矣。王又何以堪此?此春秋大關節,故左氏特爲嚴其詞。天子之兵,有征無戰。《夏書》稱:"大戰于甘。"所以著有扈不臣之罪。今王以兵臨鄭,左氏敍之,儼若兩敵國然。夫姬姓之國,惟鄭於王室爲最親,而乃躬爲首惡,犯大逆以敗王卒,自是王命始不行於天下,此傳《春秋》者所以深惡而詳著之歟?(文淵夾)鄭伯爲中軍以當王,至於射王中肩,其敢陵天子明矣,不許祝聃之請者,以王亦能軍,從之未能必克,故飾詞以掩其惡。(王系尾)鄭莊惡甚,來討則禦之射之,敗績則勞之問之,明明輕薄,明明嬉笑,而托之于恭敬,胡可忍也?小人伎倆,可恨如此。此篇敍而不斷,以爲不足斷也。《春秋》之法,人臣無將,將而必誅。"禦王"、"射王",此豈尋常誅討之辭所可得而蔽其辜者?但詳敍其實,使有目者與囚母並觀,知求忠臣于孝子之門爲不誣耳。(方宗誠眉)首敍鄭莊之不臣,中敍諸臣之助惡,末敍鄭莊之奸欺。(閩生夾)周綱之墜,實自茲役始,左氏傷之至矣。

夜，鄭伯使祭足勞王，且問左右。（韓范夾）既犯大憝，而又外修虛文，以自塗飾。司馬昭斬成濟，與此略同。（《文歸》尾）倉卒間，遂無復名分顧忌，惟兵謀陣法精雅有餘，亦可想當時好尚。爻一。（《快評》尾）鄭伯世爲王卿士而秉周政，春秋以前，不可考矣。自隱公元年以來，跡鄭莊公之所爲，其得罪于天王者至矣。王奪之政，何說之辭？顧隱公六年，鄭伯朝王，而王不禮，周桓公知鄭從此不來。隱公十一年，王取鄔、劉、蔿、邘之田于鄭，而與鄭人蘇忿生之田。己不能有，而以與人，君子以是知桓王之失鄭也。迨奪之政而鄭伯不朝，鄭伯之罪固不待言。王欲討之，則當聲其罪於天下，命諸侯討之，茍有以藉口可也。奈何以天子之尊，乃自將三軍以伐之哉？此與周鄭交質事雖不同，自上失則一也。王室日卑，誰之咎哉？王奪鄭伯政，鄭伯即不朝。六師既臨，即興兵抗敵。王室既卑，子孫失序，鄭伯胸中眼中渺無天王，蓋已久矣。爲鄭伯謀者，惟有肉袒輿櫬，以待王命。他日用之于南楚者，今日用之于天王。鄭既有大勳勞於王室，則此亦天王之所無可如何者也。計不出此，乃以前日用之於北戎者，此日復用之于天王。萬一當日祝聃射王中其要害，吾不知鄭伯何辭以謝天下，何面目復立于人世也？嗚呼！鄭莊梟雄之才，何減於五霸？乃不得先桓、文而稱霸者，詎不以此歟？桓、文能存尊王室之名，故九合一匡，存宋敗楚，而天下宗之。鄭莊之於王室，惟是一矢以相加遺耳，其于桓、文何如也？普天之下，誰非王臣？天下豈有無君之國哉？此鄭莊之所以止于鄭莊也歟？隱、桓之際，諸侯之無禮于王室已至於此，迨桓、文一出，則肅然改觀，分外出色矣。嘗謂莊公爲五霸之前驅，若此則又爲桓、文之絢染也。（王源眉）戰法之妙，千古名將不能出此範圍，然非左氏知兵，安能敘之簡而明、精而備如此？文人每敘戰功，不能傳古人兵法之妙者，以不知奇正、虛實、分合之術也。他家無論，即以馬遷之雄，亦不能辨，非不知兵之故乎？故千古以文章兼兵法者，唯《左傳》。以兵法兼文章者，唯《孫子》。先將戰法於子元口中詳出，至後正序處，只一二語便了，虛處用實，實處用虛法也。拒王命，射王肩，不臣已甚，偏結出一種如忠似厚、恂恂秉禮之態。鄭伯之詐，適成左氏之文耳。與克段文同一筆法。（《統箋》尾）魯齋朱氏曰：「莊公以不朝見討，不知服罪請命，而敢抗王師，至於射王中肩，其無君不道，甚不臣矣。杜注乃謂：『鄭志在苟免，王討之非也。』毋乃未之思歟？」愚按：左氏深知兵法，其言戰陣之事，窮極工巧，咸中機宜。自古韜鈐之書，無及此者。故昔之名將往往好之。歷觀傳所具載，後世用兵之略，不能出其範圍矣。子元之謀，蓋其一也。雖事上之道則悖，而兵謀則臧。我欲以左氏籌策告天下之學爲兵者，故發諸簡端，以該全傳云。（魏禧尾）魏禧曰："鄭之被兵，與春秋爲終始，至於犧牲玉帛待於竟上，亦可憫矣。方東遷以來，齊晉未盛，鄭爲最強，敷憑陵小國，而取周禾麥，射王中肩，首倡不臣之逆。且武公寄帑鄶君，通其夫人以取其國，淫險孰甚焉？宜其子孫之受禍無已也。豈獨地界南北，爲中原所必爭哉？且夫恃強凌人，以奸謀濟險惡，犯天道之忌者，其子孫未有不衰弱削亡者也。"彭家屏曰："鄭伯滅理任術，巧于自文，射君矣，而使人勞之。囚母矣，而隧而見之。逐弟矣，而僞爲悔詞。是猶殺人復捫之以手，謂是可告無罪於人也，誰其信之？"（《分國》尾）天子討而不伐，有不朝者，六師移之。以諸侯伐鄭，安在禮樂征伐自天子出也？且夫能左右之曰"以"，當時王雖自將，蔡、衛、陳人，誰肯用命？又安在能左右之乎？敗於二拒，至於射肩，尚曰"王亦能軍"，哀哉！（《賞音》尾）鄭之罪在不朝耳，王不爲文告之醼，而興師討之，王固失親親之道。然子元知兵而不知大體，鄭伯知自救而不知請罪，至祝聃射王而又請從之，其罪更不容誅矣。嗚呼！王綱不振，誰謂假仁假義之桓、文獨可少乎？（《左繡》眉）"命二拒曰"與上"魚麗"云云，本一串事，一氣說，卻將"戰于繻葛"隔斷，便令兵法、文法一齊變動，妙甚。又，此二句即以言語當事實，敘法尤緊而變也。看通篇勤于敘鄭，至王只一筆煞住，極詳略之妙。此篇字字詳，卻筆筆簡，知詳簡而簡詳者，可以作史矣。結處一面寫鄭佯小心，便一面寫王假手脫。否則中肩之後，王何以便休？固知此數語不是結鄭，正是結王。王，主也。（昆崖尾）大敗中肩之下，接曰"王亦能軍"，孤峰陡立，橫障頹波，最見文章伸縮變化之妙。左氏敘事，每用此法。繁簡不同，其意一也。（《約編》尾）敘戰事，語語簡潔，卻極有精神。（美中尾）蒲二田曰："鄭莊於是爲春秋罪魁矣。經止書伐鄭，大分嚴明。傳平書對敵，大惡自著。交質交惡，二'交'字罪案乃結。春秋初，左氏所不一書者，無如鄭莊之惡。楚武、文之橫，皆所以啓齊、晉也。王者不可作，霸尚可緩哉？是故春秋之事，桓、文爲之綱。"（《左傳翼》尾）天子討而不伐，鄭伯不朝，王當聲其罪於天下，命諸侯以討之。而親率三軍，與鄭交兵，致有中肩之辱，不綱甚矣。彼鄭伯者，聞王來伐，不能肉袒銜璧，郊迎請罪。父子君臣，運籌決勝，以待北戎者待天王。一矢加遺，王幾不免。雖旋自問勞，究何解於不臣之罪哉？王室日卑，固在失鄭。鄭莊不伯，亦以無王。桓、文不出，不待荊楚憑陵，天下已無共主矣。如其仁、如其仁，管仲之功，豈可没哉！子元請爲二拒，不當虢公、周公而當蔡、衛、陳，何耶？三國從王，原屬勉强，非有敵王所愾之意，莫有鬭心，彼此同然，偏師犯之，自然奔潰。不犯王卒，待其亂而後擊之也。若早與之角勝，王亦能軍，勝敗豈可逆定乎？此皆料敵明悉處。後世名將，多用此法。合敗燕師與北戎觀之，鄭人之兵略可見矣。（《便覽》夾）日中戰，而夜勞王。若憐王、若慰王、若弄王、若懼王，皆從"夜"字描出，而王亦可假手收兵回矣。（《便覽》尾）前段行伍森然，便似方而不圓。得"旝動"句提醒，通節皆靈。此兵法圓機，即筆陣轉處。直書其事，得失自見。此史法也。評者何不論文，而但謂"鄭莊首惡，桓、文不可少"云云？不知晉文召王，高於鄭莊幾許？芳輯評。（文淵尾）北戎侵鄭，子突敗之。北戎病齊，子忽敗之。齊桓公未出，而鄭人兩敗北戎，其攘夷之功甚大，亦不得因抗王而没之也。（高塘尾）隱元年克段，十一年入許，合觀此篇，真一世之雄，亦千古罪人也。前人評宋襄爲後世假道學之祖，鄭莊爲後世真奸雄之祖，信然。（《自怡軒》尾）王一邊寫得冷淡之甚。鄭只數人，寫得他有智謀，有夾攻，有暗號，有埋伏，何等精神！末復假脫手、佯小心，鄭莊詭變之才，躍出紙上。許穆堂。（《評林》眉）穆文熙："鄭伯禦王，至于射中其肩，猶曰君子不欲多上人，且勞王問其左右，何其驕慢無君若此乎！此時雖謂之無周可矣。"艾千子："鄭伯之勞王與問左右，所謂刃人而復煦煦以手，無他，奸人多僞禮如此。"（《菁華》尾）鄭雖無禮，然此時諸侯不朝者，何止鄭伯一人，以大度容之可也。乃以不量力之舉，自取大辱，此正聖人所云小不忍則亂大謀也。"王亦能軍"四字，極爲分外寫照，喪敗之餘，尚略有生氣。"陵天子"三字，即爲鄭莊罪案，然卻自其口中寫出，妙妙！祭足勞王，且問左右，其奸甚矣。後季平子之於昭公，亦用此法。（闓生夾）宗堯云："此以退避恭謹狀其奸猾。"闓生案：如此大事，通篇並無一語責鄭伯之逆節，文字所以超雋。蓋逆節至此，正無待乎筆伐也。

　　仍叔之子來聘，弱也。（《左繡》眉）以一字作解，傳亦往往而有。只點"仍叔之子"，用筆尤簡而脫。（《評林》眉）《補注》："仍叔之子來聘在夏，釋在'秋伐鄭'後者，由下重言秋錯誤也。杜氏因謂：'久留在魯。'過矣。孔氏疑：'將伐鄭，而遣告魯。'事或有之。"

秋，大雩，書，不時也。凡祀，啓蟄而郊，龍見而雩，始殺而嘗，閉蟄而烝。過則書。（《分國》尾）雩，祀天於南郊耳。大則徧及於山川，謂之大雩。天子之事，諸侯爲之也，豈但不時書、不時諱也？（美中尾）天子雩於上帝，用盛樂，故曰大雩。魯止宜雩於境内之山川，用大雩，僭也。且龍見而雩，於周正爲六月，夏六月之雩，禮也，至秋則已慢，失禮之中又失禮焉。（《左傳翼》尾）雩，求雨之祭。祀於巳月，爲百穀祈膏雨，與啓蟄之郊同。故程子云："春則因播種而祈穀，夏則恐旱暵而大雩。"然熊氏亦云："龍見而雩，設壇祈澤，常祭也。旱而雩，非常也。"則是祈澤而雩，宜在巳月。爲旱而雩，何必不在秋矣？（《日知》尾）短節不難緊峭，而難于奧衍，此能兼之。（高塙尾）雩，祭名，舉于夏正建巳之月，爲百穀祈膏雨也。禮，天子雩于上帝，諸侯雩于境内山川百神。大雩者，雩於上帝，用盛樂，天子之事。今魯大雩，非禮也。《公羊》曰："大雩者何？旱祭也。何以書？記災也。"程子曰："成王尊周公，故賜魯重祭，得郊禘、大雩。成王之賜，魯公之受，皆失道也。故子曰：'魯之郊、禘，非禮也。周公其衰矣。'"大雩，歲之常祭，不能皆書也，故因其非時則書之。遇旱災，則非時而雩，書之，所以見非禮，且志旱也。郊禘亦因事以書，而意自見。此與書初獻六羽，及大閱、吉禘、卜郊同，皆見其非禮。（《評林》眉）王陽明："三代正朔不同，故一以節氣爲限。"〖編者按：凌稚隆作趙汸語。〗（武億尾）整而鍊，簡而逸。（《學餘》尾）過時則書，因詳典禮，讀之復之，猶想見文、武、周公勤民之遺意焉。

冬，淳于公如曹。度其國危，遂不復。（《評林》眉）《補注》："'遂不復'，張氏曰：'州公與祭公同州，必畿内之地，河内州縣是也。'今案：州公既如曹，先使告魯，故書，明年但書'寔來'以此。"

◇桓公六年

【經】六年春正月，寔來。（《評林》眉）《增補合注》："不言州公，省文也。言州公之如曹，其實來魯也。"李笠翁："淳于公以曹弱小，不足堪羈旅，故復來魯，而遂留不去，此與劉禪之不思蜀土者同。"夏四月，公會紀侯于成。秋八月壬午，大閱。(《評林》眉)《增補合州》："周制：'大司馬仲冬教衆庶脩戰法，名曰大閱。'書八月，不時也。"邵寶："凡王所建皆曰大，大廟、大學之類是也。凡王所舉皆曰大，大蒐、大閱之類是也。曾謂魯可行之乎？書，責之也。"蔡人殺陳佗。(《評林》眉)俞臬："左氏曰：'陳厲公，蔡出也，故蔡人殺佗而立之。'然則蔡人殺佗，出於私意，而經書無貶者，善其討賊也。《公羊》以爲淫，《穀梁》以爲獵，皆臆說也。"九月丁卯，子同生。冬，紀侯來朝。

　　【傳】六年春，自曹來朝。書曰"寔來"，不復其國也。(《左繡》眉)合前傳，兩寫"不復"，深爲此公惜之。"紀侯大去"，經用實筆。"州公寔來"，經用虛筆。仰窺聖裁，真因物付物也。

　　楚武王侵隨，使薳章求成焉。(《正論》眉)庸君世主，惑於神而忽於民。虢公曰"神必據我"，齊景公曰"能事鬼神"。隨之于楚，太山之卵也，微季梁脩政之説，隨其殆乎？卒之夭去其疾，則民安而神福之矣。(《淵鑒》眉)季良在而楚不敢伐隨，宮之奇行而晉即舉虞，合二國之事觀之，可以見用賢之效矣。東萊呂祖謙曰："伯比一毁軍而納少師，譬猶置毫末之毒於其心，而使隨之君臣自勝自負、自予自奪，如輪如機，不得少息，而吾拱手以制其斃焉。雖事往迹湮，而讀者猶不知其端倪也。"水心葉適曰："季梁、宮之奇、士會、晏嬰語略同，所謂馨香無讒慝，真古人之格言，成周典型未遠也。"臣岳頒曰："先成民而後致力於神，即孔子務民義、敬鬼神之意，爲千古立國要言。"(《左繡》眉)此是論戰第一首有主腦、有波瀾文字。後來如曹劌、宮之奇等議論，總不出此。前段"忠民"、"信神"並提，而"民餒"、"矯舉"已自側重。後因隨侯只把信神來支吾，便特提"民"字，索性說個事理單在乎成民。語語老辣，篇中反復鋪排，凡其蕩漾處，皆其警策處也。(高嶝眉)桓二年傳，"蔡、鄭會鄧，始懼楚也"，楚自此始大，楚事見傳自此始。前一段就楚邊說伯比之謀，兵機國勢，洞徹無遺。然純乎機詐作用，爲《戰國》諸策之祖。以伯比善謀，形出季梁善料，此亦左氏慣用家數。(《評林》眉)陳傅良："楚事始見于傳，至莊十年敗蔡始見於經，蓋自熊達以上皆略不書。"(方宗誠眉)楚未見於經，而傳於桓公六年後記楚服隨、服絞、敗鄧諸事，所以原楚强之始也。(《學餘》眉)楚之不仁也，詩人所謂"荊舒是懲"者也。然其君臣皆審知彼己，又深心大力以求之，甚可畏也。子曰："微管仲，吾其被髮左衽矣。"信夫！（閩生夾）此篇以楚多將才爲主。軍於瑕以待之。（孫琮旁）以戰用和。隨人使少師董成。（孫鑛眉）少師應是官名，竟不知何姓名。（《文歸》眉）胡撰曰："一云'求'，一云'董'，楚詭隨侈，開口寫出傳中書法也。"孫應鰲曰："此節事情極爲曲折，左氏敘之，曲盡其妙。"鬭伯比言于楚子曰："吾不得志於漢東也，（孫琮旁）領句聲拔。我則使然。我張吾三軍而被吾甲兵，以武臨之，（孫琮旁）再申上意。彼則懼而協以謀我，故難間也。（孫琮旁）折一筆。漢東之國，隨爲大。（孫琮旁）承協謀，再跌起。隨張，必棄小國。小國離，楚之利也。少師侈，請羸師以張之。"（孫鑛眉）語簡淨，鍊法藏其中。（鍾惺眉）季梁可謂知兵矣，鬭伯比高識，又出季梁之上。（魏禧眉）數語兵機國勢，明如十指，深若九淵。而文字曲折奇勁，備極其妙，爲戰國諸策之祖。（孫琮旁）三"張"字，呼應緊勁。（《彙鈔》眉）伯比所謀，言言中要，真善於料敵。（《補義》眉）周云："楚人最怕隨親兄弟之國，卻不知猶是第二層。羸師張之，有行跡可見，故一口喝破。"（《便覽》眉）伯比文遒勁峭拔，筆筆如山立海飛。（《評林》眉）張半菴："伯比全以'張'與'羸'二字擘畫楚策之得失。"鄒許士："伯比揣少師若符契。"彭士望："'以張之'，楚與秦俱主散縱，楚不張而離之，秦張而離之，因利乘便，各用所長。"（閩生夾）謀隨爲併吞漢東諸國之本，此楚之所以強也。熊率且比曰："季梁在，何益？"（《評林》眉）《經世鈔》："'何益'，賢人足重如此。"劉知幾："左氏於善人君子功業不書，見於應對，互章其美。如'季梁在，何益'是也。"（方宗誠眉）記熊率且比之言作一折，伏後季梁諫之根。鬭伯比曰："以爲後圖，少師得其君。"（《彙鈔》眉）二句言後必墮吾計中，季梁雖或見聽，不如少師得君，乃倒句法也。（《約編》眉）以伯比善謀，形出季梁善料，此亦左氏慣用家數。（《評林》眉）《經世鈔》："'得其君'，奸人可畏更如此。"王毁軍而納少師。（《左繡》眉）起手特詳伯比一番策畫，預爲結處伏脈。左氏於各開話頭，亦必令其彼此相顧，章法所固然耳。"懼"字伏後"懼"字，"小國"伏後"兄弟之國"，首尾一線。

少師歸，請追楚師，隨侯將許之。季梁止之，（高嵣眉）後一段，就隨邊說季梁之諫，悉情勢，明義理，修政睦鄰，從國本上講求，可當一則名臣奏疏。"成民"、"事神"本兩事，因隨侯獨言信神，故言事神全在成民。"奉牲"三排，全從事神上看出成民處。"修其三時"三句，又言平日忠民實政，側重成民一邊，與隨侯針鋒相對。"民，神之主"下，分作三排，義理融洽，機調流逸，詞句亦古茂錯綜。（方宗誠眉）奏議體。開口即道破楚之詭計，語意切至。曰："**天方授楚，楚之嬴，其誘我也，君何急焉？**"（孫琮旁）漢高困白登，冒頓匿壯士、健馬。（《左繡》眉）開口一句喝破，此左氏慣家。**臣聞小之能敵大也，小道大淫。所謂道，**（孫琮旁）承"道"，一篇主意。**忠於民而信於神也。上思利民，忠也；祝史正辭，信也。**（孫琮旁）又承"忠"、"信"。**今民餒而君逞欲，祝史矯舉以祭，臣不知其可也。**"（孫琮旁）不忠、不信、不敵大。（《左繡》眉）忠民、信神，略作提掣，留于後段重講，乃養局法。（《便覽》眉）季梁文疾徐緩急，觸手紛來，自成一調。**公曰："吾牲牷肥腯，粢盛豐備，何則不信？"對曰："夫民，神之主也。**（《文歸》眉）戴文光曰："信神只在忠民。"（《彙鈔》眉）事神之道，只在利民，故三段都重民說，且字字俱有證據，方是正詞，方不是矯舉。（《約編》眉）忠民、信神本二說，因公獨重信神，故言信神全在忠民。"奉牲"三段，就事神上見忠民處；"修其三時"三句，又言平日忠民實政，側重忠民一邊，與公意針鋒相對。**是以聖王先成民而後致力於神。**（孫琮旁）信神只在忠民。（《左繡》眉）一路散散而來，到此精神團結，此常山擊中勢也，局法最能動人。（《評林》眉）《經世鈔》："'何則不信'，'民餒逞欲'一語，隨侯亦無以應矣，故只將事神抵說。孟子：'民為貴，社稷次之。''民，神之主也'一語，先開其端，隨侯只要說神，季梁只要說民。"（《便覽》眉）將信神併入忠民，雖為公說法，實乃精理。**故奉牲以告曰：'博碩肥腯。'謂民力之普存也，謂其畜之碩大蕃滋也，謂其不疾瘯蠡也，謂其備腯咸有也。奉盛以告曰：'絜粢豐盛。'謂其三時不害而民和年豐也。奉酒醴以告曰：'嘉栗旨酒。'謂其上下皆有嘉德而無違心也。**（鍾惺眉）三"謂其"，文字鄭重。（孫琮旁）數"謂其"字，鄭重。（閹生夾）文詞雅贍，而於義法無甚關聯，此必有紀載藍本，左氏愛其詞而采入之，他皆仿此。**所謂馨香，無讒慝也。**（孫琮旁）總上三則作收。（《評林》

眉）王荊石：“奉牲、奉盛、奉酒醴，三段並祝史正辭之信，前所謂忠於民而信於神，蓋如此。”《經世鈔》：“嘉栗旨酒，嘉，美也；栗，嚴也；味美而嚴，酒之旨者，訓栗爲敬謹，非。”（《便覽》眉）四句本是一句，卻用四“謂”字，四“也”字，便有態。**故務其三時，修其五教，親其九族，以致其禋祀。於是乎民和而神降之福，**（孫琮旁）應上“夫民、神之主”句。**故動則有成。**（《測義》夾）郭登氏曰：“季梁所謂治國之道忠以養民，似矣。若曰‘信以事神’，則果無先於此者乎？至如‘民和而神降之福，故動則有成’，夫民心和矣，而動則有成即謂之福，此事理自然之感，何待乎神之降之哉？‘國之將興聽於人，國之將亡聽於神’，季梁賢者，惜乎其言之雜而不淳也。”（《左繡》眉）整整三“告曰”，五“謂其”，又另以兩“謂”字作首尾提束，而多少各極其致，乃整齊中藏參差法。歷落生動，花團錦簇之文。三段句句將成民嵌入事神，後人側串法都本於此，今數典而忘其祖矣。**今民各有心，而鬼神乏主，君雖獨豐，其何福之有！**（韓范夾）民心不和，則祭不受福。紂之棄祀，隨之豐祀，其干神怒等耳。故萬姓歌樂，勝於祝釐。**君姑修政而親兄弟之國，庶免於難。”**（《文歸》眉）孫應鰲曰：“文如層瀾疊嶂而又湍回阜轉，以極奇觀。”郭正域曰：“精神陡舉於前，此便是強弩之末。”（《左繡》眉）以上泛論，以下說入本位，答還公語，暗應伯比，而又與“今民餒”一段文法相配，結構之密，毫髮無遺憾也。“主”字、“豐”字，本段自爲首尾。應“國”字、“懼”字，通篇合爲呼應，亦左氏章法之大凡。（《約編》眉）補出“親兄弟之國”句，收應“棄小國”意。（闈生夾）此語點睛，揭破楚之本謀。**隨侯懼而修政，楚不敢伐。**（文熙眉）孫應鰲曰：“此節事情極爲曲折，左氏敘之，曲盡其妙。”穆文熙曰：“季梁能識兵勢，而其言深遠合道，可謂賢臣，使隨能始終用其言，不爲少師所誤，其能遽滅于楚哉？”（《左傳雋》尾）呂東萊曰：“嘗考鬬伯比之謀，既假毀軍之詐而中少師之欲，復假少師之請而激季梁之諫，復假季梁之重而致隨侯之懼，復假隨侯之止而增少師之慚，復假少師之寵而阻季梁之請。置毫末之毒于少師之心，而一國君臣輾轉薰染，自勝自負，自起自僕，自予自奪，如輪如機，不得少息。吾端坐拱手，不動聲色，而徐制其弊焉。雖事在陳書之簡牘〔編者按：《博議》作“雖事往跡陳，書之簡牘”〕，讀者猶不知其端倪，況於當時自墜其網者乎?"(《文歸》尾)兵謀中乃有此一段根本議論,姬周公以後無儒者,信然,信然!爻一。(《快評》尾)此左氏傳荆楚侵淩中國之始,楚雖僭王,然不過夜郎自大,于南荒中自以爲雄長耳,前此未聞其敢侵淩江漢也。窺伺已久,而得其釁,稱兵侵隨,而自求成。徘徊境上,以爲觀望。向使隨人能壯之以兵威,屈之以辭説,楚雖跋扈,亦無奈隨何也。若少師者,楚人猶悉其侈,其不可使也,明矣。以寵故,儼然膺軍國之重任,而楚人之謀遂乘間而入,漢陽諸姬從此漸盡矣。莊公十年,荆始書於經,凡此者,皆遠爲之張本也。甚矣!"懼"之一字,爲衆福之門。"侈"之一字,爲諸惡之本也。願與天下學人書紳銘座以戒之。季梁之諫隨侯,忠、信並舉,民人互陳,當日隨侯得無荒于巫祝而怠於民事乎?不然,胡爲忽及于祝史正辭也?乃隨侯獨以能信于神高自誇許,只此便是不能忠於民事之供狀。季梁於此,更不別費辭説,只就祝史奉牲、奉盛、奉酒醴之辭,一一爲之解説一遍,而神民之賓主後先判然。既不能忠於民事,則祝史之辭,無非矯舉,何以稱能信於神耶?隨侯之高自誇許者,至此亦爽然自失矣。若季梁者,可謂騎賊馬趕賊、奪賊槍殺賊者也。讀古人書,當細心以察其起盡,自能益人神智。若草草讀過,不啻嚼蠟。如此篇本爲諫追楚師,乃忽呶呶于祝史告神之辭,一往觀之,詎不迂闊而遠於事情哉?烏知其深心妙用逈出於尋常萬萬也?若季梁者,宜乎素爲楚人之所懼,而此日能動隨侯之懼也。然爲楚人之懼也易,動隨侯之懼也難,費盡苦心,究不察少師之寵,何也?(王源眉)以方張之楚,加之伯比之謀,視取隨如反手耳。乃竟不敢加兵於隨,以季梁在也,故此傳全爲季梁而作。寫伯比之謀甚奇,謀雖奇,不得逞,以季梁也。寫少師、隨侯之見甚愚,見雖愚,能不爲楚詿,以季梁也。然則寫伯比,寫梁而已。寫少師、寫隨侯,寫梁而已。梁非此傳所由作乎?讀者不可徒賞其詞調之工已也。先從熊率且比口中掣出季梁,聳拔跳脱,便有壁立千仞之勢。所謂揚之則入天,此類是也。何必贊其如何好,如何好,而後謂之贊邪?"毀軍,納少師",的是奇計,其後少師幾以亡隨,則伯比之言,豈屬泛設而非傳中所重?第以此文論則重在梁,重在梁則梁爲主,而餘者皆賓,豈得執一論乎?楚之計,在毀軍,隨之計,在修政。伯比如許説,只爲毀軍。季梁如許説,只爲修政。然伯比之毀軍,只引出季梁之修政。雖前後意各有在,而通篇意又有所專在也。季梁之言,淳雅縝栗,結歸修政,其言有要,而詞之華,調之美,又令人玩詠不已。(孫琮總評）國所與立，惟民與神。中間"忠於民而信於神"句，乃一篇之主。然神又以民爲本，故後段言事神，都從民和説入，看得天人一理、常變一致。章法則參錯而有峰巒，敷詞則精緊而能溫潤，似此鴻文，竟可上與謨、誥比烈。鬭伯比明于情勢，季梁深于事理，一時竟有敵手。然楚能卒用伯比，而隨不專信季梁，則隨之終折而入于楚，豈非任人得失固足爲國重輕哉？（《古文析》尾）忠於民而信於神，本是一串事，隨侯卻以祀神獨豐支吾，故一路痛發"神主於民"之義。至鬭伯比之謀，欲隨張而棄小國；季梁之諫，欲隨懼而親小國，須看他智謀所見一一相入處。（《彙鈔》尾）收句括而盡。（《覺斯》尾）過商侯曰："'民爲邦本，本固邦寧，忠民而信神'，乃通達國體之言。故三告皆關民上，季梁不但識兵勢，抑亦知治術矣。至後隨入于楚，或者其天亡隨乎？抑修政之言息耶？"（《析義》尾）此傳爲八年速杞之戰張本。楚大隨小，伐隨非一次者，以漢東諸國懼楚，與隨互相倚毗。伯比之計，即漢匈奴匿其壯士、健馬以示妻敬之意。若墮入計中，則隨既敗，不得不服屬於楚，漢東諸國，可以肆其吞併，不是專爲一隨起見也。觀後此速杞敗隨之後，即盟貳、軫，伐鄖、伐絞、伐羅、滅鄧，意可知矣。季梁謂修政而親兄弟之國，庶免於難，許多用力，只討個自全，斷不敢求勝楚，以小必不能敵大，所謂知彼知己者也。全篇問答，可與宮之奇諫假道傳參看。晉欲兼取虞、虢，楚欲得志漢東，其措意同。荀息以虞公病在貪，以重寶餌之。鬭伯比以少師病在侈，以羸師驕之，其作用同。晉憚宮之奇，楚憚季梁，其先見同。及宮之奇諫，而虞公謂祀神可據；季梁諫，而隨侯謂祀神獨豐。其愚惑同。宮之奇以神依于德，立言最切；季梁以神主於民，析義最精。其識解同。然二國所以存亡不同者，只在二君聽與不聽耳。篇中鬭伯比之言，明淨簡古，人所易知。季梁之語，挈定民爲神主一句，而以告神之詞串入成民處，得未曾有。其行文如天花亂墜，爛熳迷離，令人應接不暇。細玩其中穿插佈置，針線甚密，所以爲奇。（《分國》尾）楚之羸師，能誘少師，不能誘季梁。如何匈奴示弱，白登被困，堂堂強漢，不及隨有季梁也？（《晨書》總評）徐袞侯曰："按《史記》，楚武欲僭王號，伐隨，使隨請之。周不許，怒而自立爲王矣。桓二年，經大書曰：'蔡侯、鄭伯會于鄧，始懼楚也。'蓋當是時，曲沃逼晉，鄭莊射王，宋督弒殤公，陳佗殺太子，亂逆紛紛。楚以爲中國無暇謀我，故得恐喝諸侯，肆力于漢東諸國耳。漢東隨爲大，親其兄弟，並力拒楚，楚無奈之何也。毀軍一計，隨幾不保，幸季梁一諫，賢于十萬師。觀其提出'民爲神主'，得大主腦。段段破隨侯之所恃，而啓其懼。下言'務三時，脩五教，親兄弟'，雖爲避難圖存良策，逼真聖賢大經濟，孔孟之富教，亦不外此。勿徒賞其句調之工、串插之妙也。"（《觀止》尾）起手將忠民、信神並提，轉到民爲神主，先民後神，乃千古不易之論。篇中偏從致力於神處看出成民作用來，故足以破隨侯之惑，而起其懼心。至其行文，如流雲織錦，天花亂墜，令人應接不暇。（《集解》尾）張侗初曰："忠於民而信於神，正是修政，季梁知政本矣。'故楚不敢伐'至後隨人入楚，豈修政之言終怠耶？"（《彙編》尾）此篇與宮之奇諫假道參看，晉欲取虢及虞，楚欲取隨及漢東，其措意同。荀息以虞公病在貪，以重寶餌之。鬭伯比以少師病在侈，以嬴師驕之，其作用同。及宮之奇諫而虞公謂祀神可據，季梁諫而隨侯謂祀神獨豐，其愚惑同。宮之奇以神依于德，立言最切。季梁以神主於民，析義最精，其識解同。然二國所以存亡不同者，只在二君聽與不聽耳。可見抗志極忠，固在人臣。而虛心下聽，尤在人君也。此即前平後側式樣。起手忠民、信神並提，自公單説信神，便斡旋到民爲神主。後從致力於神處看出成民作用，洵不易之論。而其出色，全在"告神"三段。第一段由"肥腯"句推到百姓，第二段由"豐備"句推到上能和民而民利如此，第三段補出"酒醴"，總説上下皆和。穿插佈置，針線甚密。又連用七"也"字，七"謂"字，尤如天花亂墜，令人應接不暇。（《知新》尾）媚神邀福，慢民佳兵，驕主通病。本以民神交警，迫公自謂己信，則又提出"聖王先成民而後致力於神"發揮，中間"無讒慝也"乃是教他斥遠少師，畏天保國，是何等力量！（《賞音》尾）國勢不論大小，在爲之何若耳。楚有伯比，隨有季梁，可謂英雄所見略同，果能利民以邀神福，楚雖强，其奈我何？乃未幾而速杞之戰，楚遂得志，以楚能聽伯比，而隨不能卒用季梁也。（崑崖尾）鄧蓽夫曰："章法參錯，詞致溫醇。"其佈局有正有翻，其用筆有順有逆，其意思有平有串，其照應有暗有明。逐段細讀，逐句細看，變化千層，錯綜萬狀。至其理之正大，調之宕逸，詞采之典贍，又不待言。（《約編》尾）莊雅雜流麗，自是千古絶調。（嗟鳳尾）楚武初未見經，然其勢浸大，故經未書而傳已及之。此傳若就"以爲後圖，少師得君"觀之，是爲速杞之戰張本。其實鄖、絞、羅、鄧之伐，皆自侵隨之謀基之，此即楚僭王猾夏之濫觴也。季梁正論，足破伯比陰謀，乃其言不卒見信，故自取撓敗，而漢陽諸姬遂供其蠶食實盡耳。然賴其言脩政，而隨尚有以自固。賢臣爲國之福，爲鄰之憂，所關綦重，不信矣乎？若隨侯舍利民而恃事神，庸主所見，大率爾爾。季梁提出民爲神主，詳復先成民而後致力於神，實際喚醒多少？讀者須觀其大要，毋徒賞其詞句之花簇也。通篇眼目在一"懼"字，懼則君不敢張，臣不敢侈，兢兢業業，克盡其道。而盡道尤在利民，故開口說"忠於民"，用一"而"字帶起"信於神"。"矯舉"二字，又見不信由於不忠，側注在民上，初不待說"民爲神主"、"鬼神乏主"而後見也。首以"懼"字從對面反揭，末以"懼"字從事外正收，中祇洗發"道"字，蓋盡道必從能懼來，其旨微矣。慕岩參評。(《左傳翼》尾) 荊楚憑陵上國，蠶食兼併，總在用離。離則不協，不協則可間，而皆一"張"爲之，以其不知懼也。才懼則不敢張，而強敵許多陰謀秘計廢然而返。故楚人最怕的是隨侯親兄弟之國，卻不知猶是第二着。向使不能脩政，即日親與國，亦何能爲？季梁議論，全在根本上綢繆，"親兄弟之國"末祇一語輕帶，其識見超出伯比數倍。既曉兵機，又達治體，且比安得不望而生畏乎？立國之道，內安而後外寧，故脩政爲急。脩政之道，民和而後神福，故成民爲先。隨、楚俗多尚鬼，致力於神，是其所長。季梁開口說忠民信神，早已側串在民一邊。後因隨侯將民掉下不論，極力鋪張成民事，以見民爲邦本，舍此則政何以能脩？末帶親兄弟之國，想亦因隨侯好自張大，漢東諸國解體，故附及之，與伯比所見，正自略同。朱受谷謂："季梁議論好、識見好、謀略好、學術好，神情意氣無一不好。"良然。伯比非不知有季梁，而所幸者少師，以邪能間正也。且比非不知有少師，而所憂在季梁，以正能勝邪也。伯比羸師之謀，亦料必爲季梁所阻，姑爲此以俟後圖耳。齊以一管仲治之不足，以豎刁、易牙、開方敗之有餘。虞廷舉十六相，所以必兼去四凶。隨無季梁，則速杞之敗，早見今日。若無少師，則楚不敢伐，又何自有速杞之敗哉？少師雖卒爲伯比所料，而此番羸師奇計，卻爲季梁不行。治識體要，言有典則，典謨誓誥後有數文字。而其波瀾之浩博，姿態之蹁躚，夏雲春潮不足喻其變，舞鶴游龍不足方其奇。日誦百過，不知其手之舞之，足之蹈之也！(《析觀》尾) 章禹功曰："楚之侵隨，自知不能得志於隨，故持兵於瑕地，先以薳章求成以待其報，謂隨有季梁也。隨即使少師董成主其和，鬬伯比以少師侈，而納少師故以羸師驕之。少師不察虛實，竟歸語隨侯，請追楚師，是其果侈而幾墮楚計也。則季梁之諫，不幾一言而興邦乎？不啻諫止勿追楚師，亦且立言最其關切，從'民爲神之主'、'先民後神'，乃千古不易之確論。又從'神'字中看出現成作用，足以破癡人之夢。去其固恃之想而起其懼。則楚有伯比，隨有季梁，二人之識見謀猷作用之妙，真語語對針，則楚隨之存亡，止在二君聽與不聽耳。然其措詞行文，如流雲織錦，天花亂墜，令人顧視不暇，故特以爲奇。"（《補義》眉）楚人以小國離爲主，季梁以親兄弟爲賓，以成民爲主。"成民"二字，正治國禦戎大主腦，否則雖有兄弟之國無益也。故小人前一層事，正君子後一層事，而君子之大根本，衆人固不識也。如以親兄弟爲主，則季梁似隔壁之聽，且英雄料事略同，而君子小人品格天淵無以見矣。（《便覽》尾）伯比、季梁兩雄也，而關鍵全在少師。少師來而伯比獻謀，是着着殺機，開後人陰符。少師歸，而季梁進諫，是言言精理，追前聖典謨。文勢之妙，真如兩鏡引廣，淺深隨人自領。芳自記。（《日知》尾）林唐翁注云："伐隨不單爲一隨起見，觀速杞戰後，即從事貳軫州蓼可知矣。全文只出色寫一季梁耳。"玩林氏云云，可見楚挾吞噬大欲，將于隨託始，隨使侈者董成，又與楚以隙，脫非季梁，則翦併漢陽，並不待速杞以後，觀左氏以"伐隨"起，以"不敢伐"結，意可想矣。至其寓昌偉於蘊藉，則人共見之。（盛謨總評）左氏著意"忠民"邊，卻故意與"信神"並説，使人不覺。忽借"公曰信神"邊一跌，倒注"民"上，又從告神上借點忠民，然後轉落忠民正面，又從民説向神去，章法離奇錯綜，變化盡矣。自來讀者，不曾領會，左氏亦不許他領會。有起伏，有頓跌。有借點法，有倒勒法。筆筆空，筆筆活。此種妙筆，孟子之後罕有。一篇極奇文字，經選家注斷，便令讀者心眼塵封，不見左氏面目。于埜如此批出，可好不？（高嵣尾）俞桐川曰："楚食漢陽之國，全在散其黨與。隨于諸國爲長，小國服屬，故楚欲張而離之。季梁'親兄弟之國'句，正與伯比針鋒相對。楚之間隨，只在'侈'字。隨之敵楚，只在'懼'字。中間提出'小道'、'大淫'來作骨。'懼'即'道'也，'侈'即'淫'也。又於'道'字中分出神、民二意，又於'事神'上看出爲民意。道理精，針線密，無徒賞其辭之工也。"（《自怡軒》尾）中間"忠於民而信於神"句，乃一篇之主，而神又以民爲本，故後段言事神，都從民和説入。許穆堂。（《評林》眉）沈雲將："隨有季梁，而楚遂寢兵，賢者能爲國干城如此。"（王系尾）此篇結撰完密，敍述清暢，音調流變，色澤穠麗，古文之最近時者。然其神骨高邁處，後人終莫能及。莊十四年，經始書荊入蔡，僖二年，始書楚人伐鄭。此與後伐絞、伐羅、伐隨諸篇，皆補經文所無，以爲通部結構。（武億尾）楚之間隨，只在"侈"字。隨之敵楚，只在"懼"字。中間提出"小道"、"大淫"來作骨。"懼"即"道"也，"侈"即"淫"也。又於"道"字中分出神、民二意，又於"事神"上看出爲民意，道理精湛，針線細密，勿徒賞其辭之工也。（《學餘》尾）楚滅諸姬，其陰謀不忍言。若季梁所言，則有國者所宜銘諸座右者也。文章深切著明，卻自爾雅溫厚。其聲聲打入人心坎處，備《齒風》、《無逸》之菁英焉。（林紓尾）紓按：此篇制局極緊，前半豎一"張"字，正面決策，對面料敵，均就"張"字着想，無句無意不是"張"字作用。下半豎一"懼"字，與"張"字反對。見得張則必敗，懼則獲全。夫侵人之國，反先求成，雖無鬬伯比之言，已寫出楚王張隨之意。少師之來，亦正挾一張隨之意而俱來，故鬬伯比羸師之請，即已明白看出少師之囂張。因痛陳楚張三軍之弊，此第一次清出"張"字意也。惟楚盛張其軍，則小國懼滅而附隨，隨轉不張。隨不張，則楚雖盛張其軍，轉爲小國附隨之益。故欲隨之棄小國，必先張隨，此第二次清出"張"字意也。此時楚之君臣，運籌機審，勢在必勝，在隨宜敗滅。於此時，其所以不滅者，以隨之能懼也。顧文字極寫張隨，而楚師既示以羸，少師復增其侈，文勢欲拗到"懼"字意，則萬萬費力。乃忽插入熊率且比一言，提醒"季梁"二字，則楚國君臣聚謀，一時皆成瓦解。以戒懼之言，必即出自季梁之口也。大抵南人信鬼，懼鬼責重於懼人禍，左氏文章，即借鬼神寫出隨侯恐懼之意，閑閑將"張"字撇去，其中卻加無數莊論，似不關涉于嚴兵在境、籌備應敵之言。不知針對鬼神言，即步步藏宜戒懼之意。"懼"字寫得愈透，則"張"字撇得愈遠。妙在寫"懼"字正面，並不點清字面。及到"隨侯懼而脩政，楚不敢伐"句，畫龍點睛，始將全局作一收束，湧現出一"懼"字，以抵上半無數"張"字。論文勢亦不過開闔，妙在中間論祭品一節，寬綽與題若不相屬，實則步步不肯拋離，所謂遊刃有餘也。（《菁華》尾）此志楚人猾夏之始。季梁之言，看似寬泛不切，然卻是從根本上立論。伯比之謀，一一皆在季梁口中，想當日季梁告人，亦必曰"子無謂隨無人，吾謀適不用也"。"請羸師以張之"與下楚之羸，遙遙相照。楚謀之毒，全在使小國離，而季梁卻以親兄弟之國爲言，可云對症方藥。

夏，會于成，紀來諮謀齊難也。（《左繡》眉）許多事情，只一筆括之，簡甚。

北戎伐齊，齊使乞師于鄭。（《左繡》眉）此篇爲鄭忽失援出奔起本。前半敘其有功于齊，後半敘其固辭師昏，本一連事。因要將舊時辭昏類敘作陪，便索性倒插後事以隔斷之，令讀者驚其起伏斷續之不測，此剪裁之妙也。倒插郎師，雖是因饋餼帶入，卻正見忽如此自負，盡可受室以歸，而固執齊大非耦之，失策爲已甚也，是絕妙逆跌法。（《評林》眉）楊慎：“北戎伐齊，乞師於鄭，求戍於諸侯，則戎患猖獗甚矣。向非桓公之伯，燕、齊其皆爲戎乎！"〖編者按：凌稚隆作金履祥語。〗鄭大子忽帥師救齊。（闈生夾）突曰公子，忽曰太子，亦是着眼之處。六月，大敗戎師，獲其二帥大良、少良，甲首三百，以獻于齊。於是，諸侯之大夫戍齊，齊人饋之餼，使魯爲其班，後鄭。鄭忽以其有功也，怒，故有郎之師。（方宗誠眉）前段因班餼後鄭，鄭忽怒，帶敘後來郎之師一段。

公之未昏于齊也，齊侯欲以文姜妻鄭大子忽。（《左繡》眉）後兩段是兩對格。兩“請妻”、兩“辭”，兩“人問”、兩“太子曰”，乃至兩“我”，一“《詩》云”，一“民謂”，無不兩兩相對。君子語與結句一斷一收，又恰成片段。似此剪裁，直如天造地設者。大子忽辭，人問其故，大子曰：“人各有耦，齊大，非吾耦也。《詩》云：‘自求多福。’（韓范夾）後世求婚之道，當准諸此。在我而已，大國何爲？"君子曰：“善自爲謀。”（《測義》夾）愚按：鄭忽蓋大言無當者，祭仲一執，遑遑出奔，恐後多福，奚自求之？雖然，與其受昏而當魯桓《敝笱》之刺，寧其有突之逐哉！此又天之所以幸忽而禍桓也。（《左繡》眉）兩節中間，忽著君子斷語作頓挫，使下文斷而復起，絕妙間架。（《評林》眉）王陽明：“赤繩之約，悉由前定。故忽之再辭，亦天也，非果卓有定見而然。”按：鄭忽之怒在今年，郎之戰在十年，插入“故有郎之師”五字，以示鄭忽之怒深在今年。又：“公之未昏”數句，述前年事，以示鄭忽再失齊昏。（闈生夾）詳記此事，惜昭公之失國也。而用意處並不明言，故爲微妙。大抵左氏妙處多是此種。及其敗戎師也，齊侯又請妻之，固辭。人問其故。大子曰：“無事于齊，吾猶不敢。今以君命奔齊之急，而受室以歸，是以師昏也。民其謂我何？"（《評林》眉）石星：“忽兩辭齊昏，可謂有超人之見，及其爲君,則逐于祭仲,弒于高渠彌,又何庸劣如此乎?始終若二人焉,吾惜之。"《經世鈔》:"勞民出師,而已以成昏,民必怨其勞衆自利,故曰'民其謂我何'。"**遂辭諸鄭伯。**(孫鑛眉)敘事簡而有態,但茲二事後各見本條中,則此處可刪。(鍾惺眉)此論卻有識,處功名之際宜法此。(《快評》尾)此傳以鄭忽前後二事,連環鉤鎖,敘作一處,見其顛倒錯亂,為他日失國出奔張本。鄭忽昏於大國,此固揆於禮而無傷、度於事而有益者也,乃忽以齊大非耦爲辭。夫小國之不可昏於大國也,從未聞有此制。若此,則王姬不當下嫁公侯矣。鄭忽者,矯情於譽之人也。君子曰:"善自爲謀。"此非君子實有此言,乃左氏描寫鄭忽胸中,以爲天下君子必以己爲善,自爲謀者矣。夫昏于齊也,外可以結大國之援,內可以已三公子之亂。忽以大小不耦辭之,則鄭忽似一謙恭退讓守分自卑之人矣,乃於北戎僥倖獲捷,輒妄自尊大。魯爲之班而後鄭,蓋守王制也。鄭固伯爵,而欲以微功紊之耶?一怒至於興兵構怨,所謂自求在我者,何在哉?夫昏于齊,有益於己,有利於國,而無害於義者,卻偏有許多辭讓。及至當守分處,又偏生頭出角。左氏敘於一處,見鄭忽之爲妄人,他日失土出奔,未可專罪祭封人也。嗟乎!鄭莊一世梟雄,而有子若此,亦奈之何哉?(《統箋》尾)魯齋朱氏曰:"《詩》鄭國風《有女同車》序云:'鄭人刺忽之不昏于齊,卒以無大國之助,至於見逐。'又按,左氏曰:'善自爲謀。'其載祭仲之言曰:'必取之,君多內寵,子無大援,將不立。三公子皆君也。'與《詩序》之言實相表裏。然此皆以成敗論是非也。惟東萊呂氏云:'忽得之於辭昏,而失之於微弱。使其不辭而娶文姜,則拉脅之禍,不在魯而在鄭。'誠哉,是言也!"(魏禧尾)呂祖謙曰:"人皆咎鄭忽辭齊女不能依大國以自固,殆非也。使忽不辭而取文姜,則彭生之禍移于鄭矣。"魏禧曰:"衰族而取巨室,貧士而取富家,不爲婦女所陵者,鮮矣。司馬溫公曰:'嫁女嫁勝己者,取婦取不如己者。'此真老於世故之言,結昏者不可不知。然連姻強族以自固,亦有時可用者。魯仲連曰:'所貴乎天下士者,能爲人排難解紛,而無所取也。'鄭忽辭昏、信陵君令趙王不忍獻五城,居成功者,不可不知此二事,皆足爲法。"彭家屏曰:"諸侯一取九女,一國嫁女,則他國……所甗稱而能斷然辭之,不爲所動,夫亦何可以後日之不終,而貶其前事之美歟?"(《分國》尾)忽辭齊婚曰:"在我而已,大國何爲?"彼借援大國,約爲婚姻者,真奄奄無氣也。再曰:"是以師昏也。""辭以父命",不假父命受，而假父命辭，忽真賢哉！嗚呼！魯桓昏于齊，致彭生之禍，身之不保，何有于國？忽辭昏而文姜之禍不及，自求多福，語足徵焉。而詩人以狡童刺之，謂其但知自謀，悞矣！（《左繡》眉）"無事于齊"，抱前段。"君命奔齊"，繳首段。數句收拾通篇，用筆細密極矣。（昆崖尾）正傳作兩截敘，橫插追敘一段於中，此古人斷續離合之妙。不如是，文便板樣。正傳敘而不斷，卻倒置斷句於追敘後，蓋正傳之意錯綜互見矣。然而用筆何其變化不測也？追敘之後，接入正傳。正傳之中，又以追敘事夾襯，回環繚繞，無限煙波。（《左傳翼》尾）鄭忽救齊，大敗戎師，此正傳也。為其有功，復請妻之，此餘波也。因今日之固辭，追敘舊時辭昏，是帶補法，亦陪襯法。傳意原不以兩事對埒也。賓主不分，那足與論古人文字耶？中間帶敘班饋後鄭、致有郎師一事，而始終本末具備，錯綜參伍，筆法之奇變至矣。按：後傳忽似以失強援而喪國，然娶妻以德不以色，豈資婦家兵力以為兄弟爭國計耶？"在我而已，大國何為"，實千古正論也。不然，魯桓結援大國，何中冓之醜，至不可道，反以此隕其命乎？左氏於忽有予詞者，所以為魯桓羞也。劉繼莊謂："忽昏于齊，無害於義，偏有許多辭讓。乃於北戎僥倖獲捷，輒妄自尊大，一怒興兵。左氏敘作一處，見其顛倒錯亂，為他日失國出奔張本。"不知忽辭齊昏，非謙恭退遜，矯情干譽，總是自負其勇，見多福在我，無假強援，所以不肯守分循禮。一觸其怒，即便生頭出角，前後病痛祇一般，非倨謙倏敖，作兩截人也，細玩自知。（高塘尾）鍾伯敬曰："兩辭齊昏，可謂有高人之識。及其為君，則逐于祭仲，弒于高渠彌，又何庸劣如此乎？始終若兩人焉，吾惜之。"桓十一年傳，祭仲諫昭公辭齊昏，曰："必取之，君多內寵，子無大援，將不立。"傳此以見昭公失強援而喪其位，為十一年出奔張本也。然觀前段辭昏之詞，識見絕大。後段辭昏之辭，議論極正。亦豈可存勢利之見，以成敗論哉？正傳作兩截敘，橫插追敘一段於中，此古人斷續離合之妙。追敘後下一斷語，入正傳則敘而不斷，蓋錯綜互見法。追敘之後，接入正傳，正傳中又以追敘事夾襯，回環繚繞，無限煙波。（王系尾）前二段，為十年郎之師作案。後二段，杜謂忽辭昏而失大援，為十一年出奔作案。（方宗誠眉）後段因忽敗戎師，齊侯請妻，固辭，而先夾敘前此鄭忽辭昏一事。此篇若節去"故有郎之師"一句及"公之未昏于齊"一段，前後原可相接，但覺平順，中間插入"故有郎之師"及"公之未昏于齊"一段，文境乃突兀變化。

秋，大閱，簡車馬也。（美中尾）周息園曰："武不可弛，亦不可黷。蓋忘戰必危，臨事而倉皇，《春秋》所以譏'大閱'。好戰必疲，無名而勞毒，《春秋》所以譏'治兵'。"

九月丁卯，子同生，以大子生之禮舉之，接以大牢，卜士負之，士妻食之。公與文姜、宗婦命之。（韓范夾）適子之生，儀備典舉。周禮在魯，於此亦可見矣。（《左繡》眉）中間議論整整排寫五層，而一句起，一句轉，一句束，章法絕奇。一因後排寫，併起處敘事亦排三"之"字以配之。而結句短峭，亦與中三單句相配，無一筆龐雜者，可以悟鍊格之法。（《評林》眉）按：莊二十四年杜注曰："宗婦，同姓大夫婦。"《周禮·天官》："世婦掌祭祀賓客喪紀之事。"

公問名于申繻。（方宗誠眉）奏對體。上詳命名之法，下言名之所當謹。對曰："名有五：有信，有義，有象，有假，有類。以名生爲信，以德命爲義，以類命爲象，取於物爲假，取于父爲類。不以國，不以官，不以山川，不以隱疾，不以畜牲，不以器幣。周人以諱事神，名，終將諱之。（《左傳雋》眉）黃震曰："到此更進一步，愈精愈密。"（《補義》眉）橫插二語爲通篇主腦。故以國則廢名，以官則廢職，以山川則廢主，以畜牲則廢祀，以器幣則廢禮。（《左繡》眉）於當名者，只申說一遍。於不可名者，卻申說兩遍。知其所不可名，而所名者不出五者之中矣。此透寫反面之法。晉以僖侯廢司徒，宋以武公廢司空，先君獻、武廢二山，是以大物不可以命。"（《左傳雋》眉）張之象曰："命名旨趣具見，亦以見古人重諱之原。"（《彙鈔》眉）連用數"以"字，又連用數"不以"字，又連用數"以"字，排布錯落，如大珠小珠。（《左繡》眉）得此三證，氣方厚，色方濃。文貴典贍，無古今一也。戛然而止，恰與起句首尾相應，氣局渾成。（《評林》眉）孫應鰲："命名旨趣具見，亦以見古人重諱之原，蓋諱名之禮自周人始。"按：《禮·內則》云："不以隱疾。"鄭玄注："諱衣中之疾，難爲醫也。"（方宗誠眉）"隱疾"句無用解釋，"畜牲"、"器幣"二句，引周人"以諱事神"證之，故末不再引證，文法參差歷落。（《學餘》眉）字字典則，故厚而不厭其排。公曰："是其生也，與吾同物，命之曰同。"（文熙眉）汪道昆曰："議論妙品，'名有五'以下章法。"（孫鑛眉）故實可取，文太方太實。（王源尾）命名有五"以"，因有六"不以"。"以"，主也。"不以"，賓也。主則五，賓則六。而五"以"中，僅三言"以"，而變文言"取"，筆已錯綜。乃於六"不以"下，突起諱名，奇文折出"不以"而"以"者五，反筆也。又僅舉其五而遺其一，及引證晉、宋、魯三廢，又僅應其二，而遺其三，可謂錯綜盡致者矣。通篇"以"字二十有一，而變化不同。"命"字有五，而首尾一貫，鎔鑄固非有跡，經營豈曰無心？（魏禧尾）魏禧曰："合'成師'、'子同生'二篇觀之，知命名不可苟如此。今人于子孫之名，常取日用、器物口語易犯者。不知今日彼爲子孫，我可以隨斥其名。他日彼爲祖父，其子孫何以諱乎？褚先生曰：'制宅命子，足以觀士。'信哉！"（《分國》尾）桓無父無兄，何有於子？而鄭重若此，其心以子文姜出，而姜係齊自出，畏故也。《詩》曰："永錫爾類。"桓本弒兄之賊，以同日生，取義於類，永錫之義，恐不如此。況桓嘗自言："同非吾子，齊侯之子。"嗚呼！焉得同？（昆崖尾）段段疊排，層層變幻，又一創格。純用疊排矣，忽插"周人以諱"一句，橫盤中間，承上起下，筆力千鈞。如連岡接嶺之中，矗起怪峰，嵯峨兀岸，分外聳觀也。結只"大物"一句，老極橫極，亦有衆滙奔流一障便住之勢。文境拉拉雜雜，如聞密雪碎玉之聲。重重疊疊，如睹湧浪翻雲之狀。正面只一段，反面遞衍三層，詳略不測。（《左傳翼》尾）命名有五，突接六"不以"，以名於生前，終將諱之也。透寫必諱之實，而所名不出五者可知矣。看似兩橛，其實以後段發明前段，究止一義。"以"固爲主，"不以"亦非賓，或多或少，離奇遒峭。若板對到底，則土木形骸矣。魯十二公，唯莊係正嫡，故大書於冊。觀以太子生之禮舉之，何等鄭重！一命名且不肯苟，而況其他？胡文定謂："書子同生，所以明與子之法，正國之本，防後世配嫡奪正之漸，垂訓之義大矣。"甚爲有識。或乃舉《穀梁》"同非吾子"之說，以爲笑柄，何其誕也？聖人刪《詩》，于齊則曰"甥"，《春秋》于魯則曰"子"，豈得以文姜有淫行而絕公于魯乎？天下只有是非兩途，必去其非而後歸於是，此窮理精義之大端也。故言"以"，必兼説"不以"。"以"者五，詳其實，用略筆。"不以"者六，詳其實，用詳筆。六者之中，去"隱疾"不注，以其不祥，不待諱而後廢也。舉所廢故實，又但舉官與山川二者，而他則否，非無可舉也，悉數之則呆。文有增減，亦行乎其所不得不行，止乎其不得不止也。此古人行文之變體，亦行文之定體。《咀華》謂："說禮文字，恰似三《禮》，又無注疏氣。"得其精矣。（《日知》

尾）不見其排，只見其厚。（高塙尾）俞桐川曰："發命名之義，古甚、質甚、核甚！議論凡五層，不見其板。信、義、象、假、類，有賓有主。五'廢'字，承六'不以'，去'隱疾'一段，文字錯綜。子生之爲嫡長，首敍典禮，是子生之義。後因命名推論，有本有原，點出'同'字，一絲不漏。合成師篇觀之，命名之不可苟如此。古人云：'制宅命子，足以觀士。'是或一道也。段段疊排，層層變幻，又一創格。純用排調，不見其板。忽插'周人以諱事神'二句，橫盤中間，承上啓下，筆力千鈞。"（《評林》眉）鍾伯敬："莊公名同，而孔子作《春秋》不爲之諱，蓋聖人諱固不爲此齷齪苟禮，如後世諸臣之所以尊君也。"（王系尾）《穀梁傳》："疑，故志之。"時曰："同乎人也。"朱子曰："桓三年，夫人姜氏至自齊，六年子同生，十八年，桓公乃與夫人如齊，則莊公誠非齊侯之子矣。"（《學餘》尾）《公》、《穀》解經，惡桓也。左氏舉禮，則幸周公之有後也，吾以左氏爲能見其大矣。其詳命名之義，又秩然見典物之不可違焉。（《菁華》尾）魯桓在位十八年，無一善可稱，獨此舉差強人意。文姜歸魯三年，而子同生，十有五年如齊，年月昭然可考，斷無呂嬴牛馬之嫌，得此一篇，可以破《公羊》"同非吾子"之妄。"周人"二語，爲一篇主意，卻於中間插出，文法絕妙。（闇生夾）記子同生一節，文極鄭重，所以明莊公之實魯胤也，與詩人"展我甥兮"一語同指。宗堯按："此節謂同實魯之公子也。"

冬，紀侯來朝，請王命以求成于齊，公告不能。（《左繡》眉）何不即因魯求成，而假寵王命爲？公告不能，直寫出他袖手白眼一種神理來，白描聖手。（《評林》眉）卓爾康："杜謂公無寵於王，故告不能。然明年王使主紀婚矣，何言不能自通也？當繇齊欲滅紀，魯與齊好，不敢顯言爲紀求成耳。"

◇桓公七年

【經】七年春二月己亥，焚咸丘。（《評林》眉）高閌："咸丘，魯地近齊者，故孟子以咸丘蒙爲齊東野人。"程頤："古者昆蟲蟄而後火田，去莽翳以逐禽獸，非竭山林而焚之也。"**夏，穀伯綏來朝。鄧侯吾離來朝。**（《評林》眉）陳宗之："穀、鄧去泰山絕遠，越國踰境，相繼朝桓，非桓大惡之黨而何？故特貶之。"

【傳】七年春，穀伯、鄧侯來朝。名，賤之也。（《測義》夾）愚按：穀、鄧來朝書名，或以爲辟陋小國故，則《春秋》小國未易更僕數也。或以爲遠朝于篡逆之國，則滕子、杞侯不來朝於恒公乎？何以不皆名？趙鵬飛氏云："二國爲楚所逼，失地而奔，以朝禮見書朝，以失國書名。"左氏賤之之意，亦或以此。（《左繡》眉）伯也、侯也而名，非賤侯、伯，賤其來朝耳。此傳於經，逐字咀味出意思來也。

夏，盟、向求成于鄭，既而背之。

秋，鄭人、齊人、衛人伐盟、向。王遷盟、向之民於郟。（《左繡》眉）盟、向背鄭遷周，鄔、劉、蒍、邗，不聞背王遷鄭也。亦可以識前王不忌之意矣。

冬，曲沃伯誘晉小子侯殺之。（孫鑛眉）此漢奉車子侯所本。（《左繡》眉）稱本孺子王，而意之重輕厚薄，奚啻霄壤。

◇桓公八年

【經】八年春正月己卯，烝。（《測義》夾）湛若水氏曰："據此可見，周之時正朔改，而月數亦從之而改矣。"天王使家父來聘。（《測義》夾）程子曰："桓公弑立，未嘗朝覲，天王不討，而屢使聘之，失道之甚也。"（《評林》眉）季本："家，氏；父，名。蓋天子之元子作《節南山》詩者，自謂'家父作頌，以究王訩'，而不可名稱乎？"夏五月丁丑，烝。（《評林》眉）程頤："正月既烝矣，而非時復烝者，必以前烝爲不備也，其黷祀甚矣。"秋，伐邾。冬十月，雨雪。（《測義》夾）愚按：程子所謂建酉之月，蓋夏時之八月也。今魯史以周時書之曰冬十月，則周以子月爲春正月，于此一驗。若果亥月雨雪，又何異乎？（《評林》眉）程頤："建酉之月，未霜而雪，書異也。"祭公來，遂逆王后于紀。（《評林》眉）程頤："祭公受命逆后，而至魯先私行朝會之禮，故書'來'，而以逆后爲遂事，責其不虔王命，而輕天下之母也。"

【傳】八年春，滅翼。（《左繡》眉）此節與上事本連編書者，因另起年，遂斷其事，非左氏之舊也。餘可類推。

隨少師有寵。（孫琮旁）寵臣是豐。（《補義》眉）周云："'速戰'、

'當王'，兩次崛強，緣胸中有嬴師在。"何義門曰："怒我怠寇，田單以是破燕。此以少師爲主，隨之疾即'有寵'二字，伯比以爲在膏肓矣，連季梁亦其掌握中也。忽云'天去其疾'，則季梁有權，觀釁者嗒焉神沮。"（《評林》眉）李笠翁："季梁雖賢，固不能奪少師之寵，自古權臣與重臣固不能並立如此。"（方宗誠眉）此篇以"隨少師有寵"五字一起，下文"讎有釁"、"天去其疾"皆指少師。中間隨侯不聽季梁之謀，皆以寵少師故也。楚鬭伯比曰："可矣。讎有釁，不可失也。"（韓范夾）楚之伺隙，全在少師一人。以少師之進退爲我兵之進退耳。王龍驤云："使孫皓悔過，更用賢良，則不可圖。"此之謂也。（孫琮旁）前所云"以爲後圖"。（《彙鈔》眉）伯比"以爲後圖"之言驗於此。（《左繡》眉）前篇季梁爲主，此篇少師爲主。前以用季梁而退楚，此以寵少師而喪師。觀於一起一結，可以知文之所重矣。（《評林》眉）《經世鈔》："只'讎有釁'、'天去其疾'七字，國家不利有小人如此，豈必速杞敗績，然後爲禍哉！"

夏，楚子合諸侯于沈鹿。黃、隨不會，使薳章讓黃。楚子伐隨，軍於漢、淮之間。（《左繡》眉）中間"軍漢、淮"、"望楚師"作兩半讀。上以"速戰"破"請下"，下以"當王"破"攻右"，筆筆相對，正寫其恃寵而張處。"有釁"起，"去疾"結，章法極整又極匀，直如天造地設者。季梁"請下"之議論，却作敘事帶過，簡捷有法，便讓兩"少師曰"出一頭地矣。賓主輕重，其妙如此。

季梁請下之："弗許而後戰，所以怒我而怠寇也。"（孫琮旁）妙計一語拈出。少師謂隨侯曰："必速戰。不然，將失楚師。"隨侯禦之，望楚師。季梁曰："楚人上左，君必左，無與王遇。（孫琮旁）與繻葛之戰同局。且攻其右，右無良焉，必敗。（《左繡》眉）"右無良焉"，分明對而指點，而少師不悟，宜其獲也。（《評林》眉）穆文熙："季梁之見，即兵法避堅攻瑕之意。"偏敗，衆乃攜矣。"（鍾惺眉）春秋時何知兵者之多也？立論簡奧，後世談兵手口不能如此。（韓范夾）行兵者，當不宜如此爲敵人所測。（孫琮旁）他人累言，不能明瞭如此。少師曰："不當王，非敵也。"弗從。戰于速杞，隨師敗績。隨侯逸，鬭丹獲其戎車與其戎右少師。（《彙鈔》眉）季梁料敵決勝，與伯比正不相上下。（《評林》眉）《經世鈔》："隨侯先用季梁之言，少師必妒恨，至此一力與季梁相左，雖僨車敗國不顧矣。孫叔敖能薄晉以信伍參之言，而少師必不從季梁攻右之策，君子小人情事，千古如是。"

　　秋，隨及楚平。楚子將不許，鬭伯比曰："天去其疾矣，隨未可克也。"（文熙眉）季梁之見，即兵法避堅攻弱之意。大凡小人之在君側，皆少師之類也，能斬然以去之，是自去其疾也。"天去"二字，有味可玩。（韓范夾）國家以人爲存亡，類如此也。（《快評》尾）此又寫楚君臣之矯捷，季梁之謀，少師之侈，寥寥數語而各盡其致。隨侯一聽季梁之言而懼，楚即不敢伐。一寵少師，鬭伯比即以爲可伐。一獲少師，即又以爲未可克。君子、小人之用舍關人國家爲何如也？隨有季梁而不用其言，楚子惟伯比之言是聽，雖欲不有江漢，不可得矣。觀季梁之謀，儼然與鬭伯比相當，奈隨侯之不從何也！（王源尾）小人用而敵心生，小人去而敵謀沮，此傳所爲作也。乃前曰"讎有釁"，後曰"天去其疾"。前曰"不可失"，後曰"未可克"，鑒戒昭然。而文何不測也？《傳》曰"一陰一陽之謂道"，又曰"陰陽不測之謂神"，蓋五行、八卦、日月、寒暑、霜露，莫非二氣相爲倚伏，而宇宙萬化，莫能外焉，此文之本也。人不知其本而漫訽曰："文者，才人之事也。我，才人，能文也。"井蛙之見乎？悲夫，可憐哉！敘少師，妙在兼敘季梁。寫季梁之忠，形少師之佞。寫季梁之智，形少師之愚。善矣！尤妙在伯比口中明結少師，暗應季梁。隨侯庸人耳，少師雖死，以楚子之雄，伯比之智，何難克之？以爲去其疾而未可克者，季梁在耳。蓋梁之不得伸其志者，少師也。熊率且比既慮之於前，而隨侯聽之，楚不敢伐，已有明徵矣。今少師死，而梁得伸其志。梁得伸其志，而楚何能爲乎？故知伯比所謂未可克，有季梁在也。嗚呼！此種筆法，誰其會之？誰其傳之？誰其效之？（孫琮旁）賢邪不兩立，國所以勝敗。**乃盟而還。**（孫琮總評）善用兵者，莫如《春秋》。善言兵者，莫如左氏。伯敬所言，又善言左氏者也。前侵隨篇末云："隨懼，脩政，楚不敢伐。"此云："天去其疾，隨未可克。"乃知用人行政，勝敗攸分，故戰勝必於朝廷。（《彙鈔》眉）少師得君，□□□□，假手于楚，此一役，庸非福乎？（《分國》尾）扣馬書生曰："權臣在內，岳少保且不免，而兀術回戈。"正少師有寵，其釁可乘之謂。契丹曰："中國相司馬相公矣。"正季梁在，而少師死之謂也。國之存亡，豈不以人哉？（《賞音》尾）季梁"無與王遇"之計，特視浪戰者高一籌耳。倖而勝楚，亦非隨之福也。爲隨計也者，若子產之對晉徵朝，斯善矣。少師遇敵而死，則"不當王，非敵"之言，或果出其本心，視後世畏死降敵者，猶天壤也。然不免殄師辱國之罪。(《左繡》眉) 起結照應，此篇尤顯而易見。而分作兩節，前人亦大憒憒矣。(美中尾) 俞碩園曰："隨從楚，而楚得以蠶食諸姬，自速杞始也。"(《約編》尾) 此終六年"以爲後圖"之案。(《左傳翼》尾) 國之興喪，視君子、小人之進退。季梁在而敵謀沮，少師寵而寇心生。前此非無少師也，用季梁而楚不敢伐。今此非無季梁也，用少師而隨遂喪師。一進一退，關係非輕。故前寫季梁，而以少師作陪。此寫少師，而以季梁相形，都妙從楚君臣心目中看出。"雖有豐"、"天去其疾"、"不可失"、"未可克"，敵人揣測如燭照龜卜，彼昏不知，如之何哉？伯敬謂："鄭與王遇，妙在避整趨亂，以分整者之神，整且化而爲亂。隨與楚戰，妙在避堅趨瑕，以分堅者之力，堅且化而爲瑕。"吾謂善於攻整，善於攻堅，總之，善於攻瑕而已。究之，攻瑕非獨用兵妙術，亦是覘國妙法。開口說"雖有豐"，便是有瑕可攻。"天去其疾"，則瑕者堅矣。季梁、伯比真是一對國手。(高塘尾) 俞桐川曰："伯比張網，季梁破之，少師投之。前篇毀軍納少師，全爲此處張本。隨從楚，而楚得以蠶食諸姬，自速杞始也。此終六年'少師侈，以爲後圖'之案。至莊四年，武王卒於伐隨，乃結伐隨之案。"(王系尾) 六年之侵隨也，無名之師也，故使薳章求成，欲其不成也。許成而羸師示弱，欲其叛成也。與今年沈鹿之會，皆求可執之辭也。以楚之強，攻隨之弱，猶必求可執之辭，是善於用強者。怒我怠寇，避良攻右，是善於用弱者。伯比得楚，楚之所以興也。季梁不得隨，隨之所以困也。天去其疾，隨之所以未遽亡也。賢不肖之利害章矣哉！(《菁華》尾) 楚莊欲伐宋，而使公子馮使晉。楚成欲侵隨，而使薳章讓黃。何兩事相似乃爾？小人得志，敵國生心，可爲殷鑒。怒我怠寇，是以柔制剛之法，勾踐以之破吳，田單以之破燕，用意略同。既勝而許之平，深得知足不辱之道。偏是無能之人，喜作崛強語。

　　冬，王命虢仲立晉哀侯之弟緡于晉。(《評林》眉) 陳傅良："王命諸侯，不書。"今案：王室不以立緡告諸侯，晉又不告立君，史亦無由得書。

　　祭公來，遂逆王后于紀，禮也。(《評林》眉) 《傳說彙纂》："程子謂：'王姬下嫁，則同姓諸侯爲主。逆王后無使諸侯爲主之禮。'然據家氏玄翁所引，莊十八年虢、晉、鄭使原莊公逆公，則同姓諸侯爲主，確有可據。"

◇桓公九年

【經】九年春，紀季姜歸於京師。（《評林》眉）《補注》："先儒皆以莊十年傳見定王后、齊姜，駁例與傳違。案：二后皆見於傳，何苦自相違異？蓋傳例乃魯史舊法，二后非魯主婚，故夫子削之，特存魯主婚者以見義。"夏四月。秋七月。冬，曹伯使其世子射姑來朝。

【傳】九年春，紀季姜歸於京師。凡諸侯之女行，唯王后書。（美中尾）胡康侯曰："往逆稱王后，示天下以母儀也。來歸稱紀姜，化天下以婦道也。"（閻生夾）紀昏王室而不能自存，以見周之衰弱。

巴子使韓服告于楚，請與鄧爲好。（《左繡》眉）本是巴、鄧爲好，卻從巴轉出楚，又從鄧轉出鄾。鄧以鄾爲主，巴以楚爲主。而楚鄧作對，又以楚敗鄧、助巴潰鄾爲主。只此四國，寫得花團錦簇，仍自賓主分明，敘事聖手。楚子使道朔將巴客以聘于鄧。鄧南鄙鄾人攻而奪之幣，殺道朔及巴行人。楚子使薳章讓于鄧，鄧人弗受。（《左繡》眉）中兩層都楚、鄧對寫，而側重楚邊。巴師則夾敘於中，末二句正收鄧，帶收鄾，無一字閑復。（《評林》眉）沈雲將："鄾人殺楚使，鄧宜謝罪弗遑，乃拒而弗受，得無重之怒哉！敗師辱國，固其宜也。"穆文熙："巴人借楚以交于鄧，而鄧人併殺兩國之使，於理於勢無一可者，宜終滅于楚哉！"

夏，楚使鬬廉帥師及巴師圍鄾。鄧養甥、聃甥帥師救鄾。三逐巴師，不克。鬬廉衡陳其師于巴師之中，以戰，而北。鄧人逐之，背巴師，而夾攻之。鄧師大敗，鄾人宵潰。（韓范夾）鄾所恃者，鄧爲之援也。鄧敗則鄾自散，奪其所恃也。（王源尾）"鬬廉衡陳"四語，只二十六字，而陣法、戰法，奇兵正兵，正中之奇，奇中之正，無一不備，非深於兵者不能括其要，非神于文者不能詳其要如此也。精雄潔練，卓立古今，直令文人置身無地。《史記·高帝紀》序垓下之戰本此，而後世名將得此術以成功者衆矣，能傳者誰乎？特標出爲序戰功之法。（《分國》尾）巴之請楚，有造于鄧也。鄾之虐楚，貽禍于鄧也。鄧不巴是德，反助鄭以抗楚，不敗何爲？（《左繡》眉）此與北戎侵鄭篇，同一兵法。而前篇謀與戰分作兩處寫，此併作一處寫。寫謀則彼明此暗，寫戰則彼略此詳。左氏大概不作一色筆墨。"衷戎師"只用一字，此橫陳、夾攻，凡用一十餘字，詳略之變極矣。（《左傳翼》尾）楚以巴人聘鄧，鄧鄾人攻奪之幣，殺楚使及巴行人，楚人來討，偏負固不服，以致構兵，罪在鄧不在楚、巴明矣。鬬廉精於兵法，橫陳夾攻，佯北取勝，他文多先謀後戰，此獨詳言戰法，不敘謀而謀略已悉。虛虛實實，令人捉摸不定，真神于文者也。（《補義》眉）此爲楚滅鄧張本，楚與鄧全無交涉，忽巴客之聘、鄾人之攻，皆連及楚，似起事者巴，造禍者鄭，庇鄭者鄧，其實着着爲楚伐鄧之津逮，暗承天方授楚來。汪云："謀戰合敘。"（方宗誠眉）敘楚、鄧勝敗之故，簡而明。

秋，虢仲、芮伯、梁伯、荀侯、賈伯伐曲沃。（《左繡》眉）此事虢仲爲主，前年立緡于晉，故今帥四國伐曲沃，皆所謂強打精神。

冬，曹大子來朝，賓之以上卿，禮也。享曹大子，初獻，樂奏而歎。施父曰："曹大子其有憂乎？非歎所也。"（《分國》尾）孝子以繼嗣爲憂，不二月其父曹伯終生卒，太子之歎，良有以也。（《左繡》眉）當時專以威儀省禍福；此是第一則文字。然曹太子以父疾故，每飯不忘，與他人自別。施父乃知心之論，非僅僅作逆料觀也。落筆輕活可想。（《左傳翼》）射姑以父病而憂，每飯不忘。燕享樂奏，即有不甘、不樂之意。孝子至情，蓋有發於不自覺者。以視衛獻、魯昭何如？施父之論，乃窺見至隱，深獎曹世子，非尋常逆料禍福比也。（《評林》眉）《附見》："'冬，曹太子來朝'，經曰世子，傳曰太子，古者世與大字義通也。按《周禮》注：'公之子如侯伯而執圭，侯伯之子如子男而執璧，子男之子與未誓者皆次小國之君，執皮帛而朝會焉，其賓之皆以上卿之禮焉。'"葉臺山："曹太子當享而歎，蓋必念其父終生之疾也，然當未至魯時，何不一懇辭，而順旨以來哉？承父則非孝，歎享則失容，太子無一可者也。"《經世鈔》："非歎所而歎，故知其有憂，此非貶詞。"

◇桓公十年

【經】十年春王正月，庚申，曹伯終生卒。（《測義》夾）愚按：《穀梁》謂："桓無王，此曰'王'者，正終生之卒也。"胡氏駁之，以爲："'果正諸矦之卒，陳矦鮑在五年之正月，曷不書王？'斯言當矣。乃胡氏又以爲："十者，數之盈。故十年書王，紀常理也。"恐非通論。蓋書王者史例，而不書者，史闕文也。(《評林》眉) 按：胡傳云："桓無王。今復書王，何也？十年者，盈數也。天道十年則亦周矣，人事十年則亦變矣。"或云："十年無王，則人道滅矣。"亦通。夏五月，葬曹桓公。秋，公會衛侯於桃丘，弗遇。(《評林》眉) 劉敞："弗遇者何？公不及遇也。曷爲或言不，或言弗？不者，正辭也。弗者，遷辭也。君子之於言無所苟而已。"趙匡："經意直譏衛無信爾。"李廉："經書'弗'例四：此年及文十六年，胡氏皆以爲遷辭，'晉人納捷菑弗克納'，則亦遷善之義矣。"冬十有二月丙午，齊侯、衛侯、鄭伯來戰于郎。

【傳】十年春，曹桓公卒。(魏禧尾) 胡安國曰："大位，姦之窺也。危病，邪之伺也。世子，君之貳也。君疾而儲副出，啓窺伺之心，危道也。當享而射姑歎，逾月而終生卒，其有疾明矣。使世子來，終生之過也。世子將欲已乎，則方命矣。曰：'孝子盡道以事其親者也，不盡道而苟焉以從命爲孝，又焉得爲孝？'"魏禧曰："曹伯有疾而使太子朝，對盛饌、聞音樂，其歎宜矣。此與文王行不正履意同，後世居大喪而觀優樂無慚色者，何哉？"彭家屏曰："禮，輟朝而顧，不有異事，必有異慮。曹太子臨享而歎，有異慮者矣。大抵聲音之道，最足感人。當其觸於耳而動於中，故不覺忽忽形之口也。"(美中尾) 胡康侯曰："大位，姦之窺也。篤疾，邪之伺也。世子，君之儲也。君疾而世子出，啓窺伺之心，危道也。"

虢仲譖其大夫詹父于王。詹父有辭，以王師伐虢。夏，虢公出奔虞。(《測義》夾) 呂祖謙："詹父，虢大夫而命於天子，非虢所能私討，所以必譖之王，此王制之尚存也。履祥謂使其大夫伐其國，亦王制所未有也。"〖編者按：奥田元繼作陳眉公語。〗

秋，秦人納芮伯萬于芮。(《左繡》眉) 芮姜之逐魏也義，其納秦也仁。(闓生夾) 以侵凌小國爲主。

初，虞叔有玉，虞公求旃。弗獻。既而悔之，曰："周諺有之：'匹夫無罪，懷璧其罪。'吾焉用此，其以賈害也？"(鍾惺眉) 虞叔蓋操老氏之術而用之者。(《評林》眉) 王季重："虞叔之悔而獻璧，似有見矣。繼因寶劍之求而伐虞公，何其悖乎！"**乃獻（之）**。（王系夾）"弗獻"，決辭也，是本心。"既而悔之"，轉念也，全從算計中來。"乃獻之"，難辭也，是自占地步處。看他止慮藏璧之罪，不責求玉之貪，是狠毒人退一步法。**又求其寶劍。叔曰："是無厭也。無厭，將及我。"遂伐虞公，故虞公出奔共池。**（文熙眉）汪道昆曰："能品，'懷璧'、'無厭'句法。"（《彙鈔》眉）始慮賈害，既慮禍及，兩兩對照成文。（魏禧尾）魏禧曰："虞公之貪妄，虞叔之堅忍、狠斷，皆可爲鑒。"彭家屏曰："古者分寶玉于伯叔之國，所以親親也。虞叔有玉有劍，而虞公求之，忘親好貨，其失甚矣。然虞叔既不有玉，何有於劍？既不忍于劍，何忍於玉？雖已獻之，未嘗忘情也。知懷璧之可以賈禍，而卒不能自割，玩物喪志，不誠然哉？"（《左繡》眉）傳虞公出奔緣起，恰好兩事連類而及，雖用筆寬緊不同，而上重兩"罪"字，下重兩"無厭"、"賈禍"、"及我"相承作對，總于參差中藏整齊，見作者精神耳。古人用字往往若有脫處、復處、拗處，卻正於此見筆致。如此文兩"其"字是也。"無厭"、"將及"，獨不能再獻以待其三乎？目劍以寶，固忍而不能舍矣。（昆崖尾）劉開侯曰："貪心無已，卒有假道之禍。"東萊謂虞公以貪失國，虞叔以吝逐君，固矣。然始終一貪與吝，而兩段文字，絕不相同。厚貌深情，翻然一變，即成毒心辣手。勺水卷石，而波浪峰巒，亦復不測如是。杜詩云"橘茨藤稍咫尺迷"，讀此文，興此歎矣。（《左傳翼》尾）既知懷璧其罪，獨不知懷劍亦罪乎？象齒焚身，千古大戒。虞叔以賄而伐君，虞公以貪而見伐，交失之也。自此至僖公垂五十，虞又有貪璧馬亡國之事，雖未必即此虞公，而黷貨無厭，其禍之烈，遂至於此。《旅獒》不貴異物，《楚語》不寶白珩，即《大學》不以利爲利之要旨也。凡爲君臣者，可不惕然知所戒懼乎？（《補義》眉）貪賄罪小，伐君罪大，"將及我"是賊臣謀先之辭。（高塘尾）虞公貪心無已，卒有假道之禍，其失宜矣。虞叔獻玉，極有達人之識。及寶劍之求，厚貌深情，翻然一變，即成毒心辣手，可畏哉！（《評林》眉）楊升菴："虞公以貪失國，虞叔以吝逐君，此禍之所由成也。"彭士望："周諺：'富人不可不知處亂世。'遇貪人最要知此八字。"《經世鈔》："'又求'二字，寫出貪狀。"《補注》："虞公畿內諸侯，不與魯通，傳博采衆籍，爲虞滅起本。"（王系尾）既焉用玉，復焉用劍？懷璧猶罪，伐君獨非罪乎？看他止責虞公之無厭，更不計在己之是非，與前獻玉時竟似兩人，狠毒人到算計已定時，忽然發洩出來，真使人禁當不起。虞公貪而愚，虞叔狡而狠，傳神處都在幾個虛字上。

冬，齊、衛、鄭來戰于郎，我有辭也。（《補義》眉）周云："齊人使魯爲次，以魯秉周禮壓服之，使諸侯大夫無辭于己也。"（《評林》眉）程頤："左氏曰：'我有辭也。'我則有禮，彼悖道縱慾，而以興戎，故特曰'來戰'，以三國爲主，甚其惡也。"

初，北戎病齊，諸侯救之，鄭公子忽有功焉。齊人餼諸侯，使魯次之，魯以周班後鄭。鄭人怒，請師于齊。齊人以衛師助之。故不稱侵伐。先書齊、衛，王爵也。（《左繡》眉）此篇乃先斷後敘法，亦即以敘事爲解經法。重在中段，正我有辭處，末只帶說。一事再敘，各有所主。前篇是正敘，重在忽之有功。此處是原敘，重在魯之有辭。同一後鄭，時著"周班"二字，可以悟用筆輕重詳略之法矣。末結王爵，見魯無往不以周班，所謂有辭者益明。此以餘意透出正意之法，筆力十分圓足也。"不稱侵伐"，先解後點。"先書齊、衛"，先點後解。一倒一順，固左氏說經之大凡。（《左傳翼》尾）齊人餼諸侯，不自爲次，而使魯次者，蓋知鄭忽之必怒，欲以魯秉周禮壓服之，使無辭於我也。而遂以來郎之師，齊人又從而附之，嘻！亦已謬矣！不稱侵伐，見師出無名，不以侵伐予之也。書法次第，必以王爵爲後先，則魯以周班後鄭，其有辭不亦明乎！（《評林》眉）張半菴："鄭忽之怒周班，非矣。齊、衛又曷爲而助之？可見春秋諸君知急功能，而不知禮制也。"汪道昆："鄭主兵而先書齊、衛，罪黨惡也。"《補注》："諸侯以爵序，大夫各如其班，魯史恆法也。自非伯者，無以主兵先諸侯之例。《傳》贅，杜說非。"（王系尾）第二段，釋不書侵伐而書來戰之故，第三段釋先書齊、衛之故，繁簡不同，而屹然如兩峰之對峙。是於難整齊中見整齊也。第二段先提出"有辭"，後倒找"不稱侵伐"；第三段先寫"先書齊、衛"，然後提出"王爵"，是又於整齊中見錯綜也。

◇桓公十一年

【經】十有一年春正月，齊人、衛人、鄭人盟于惡曹。（《評林》眉）湛若水："《春秋》無善盟，盟者忠信之薄，況結黨謀魯，同惡相濟，逞其私忿，而不知聲罪致討之義乎！"夏五月癸未，鄭伯寤生卒。秋七月，葬鄭莊公。（《評林》眉）季本："卒逾四月而葬，速也，太不懷也，其故何也？必慮有爭焉耳。蓋嗣君爲喪主，諸侯會葬，其位始定，庶孽不敢爭矣。故凡速葬者，皆有故也。"九月，宋人執鄭祭仲。（《評林》眉）家鉉翁："宋非方伯連帥，鄭之執政非其臣屬，受其執而不怒，蓋共爲盜姦，外雖執而中則同也。《春秋》先書宋人執祭仲，繼書突入忽出，著仲爲首惡也。"啖助："凡稱行人而執，以其事執也。不稱行人而執，以己執也。此經書'執'之始也。"突歸於鄭。鄭忽出奔衛。柔會宋公、陳侯、蔡叔盟于折。（《評林》眉）李廉："陸氏例：'諸侯兄弟以國連字者，有蔡叔、許叔、蔡季、紀季，皆國而字之，言與君一體也。'是蔡叔爲蔡侯之弟矣。而《穀梁》、杜氏皆以爲蔡大夫，未命，故名而不氏。恐陸説是。"公會宋公于夫鐘。冬十有二月，公會宋公于闞。（《評林》眉）家鉉翁："二年之間，兩盟、四會，惟宋之故，《春秋》書盟會，未有若是頻數者也。"

【傳】十一年春，齊、衛、鄭、宋盟于惡曹。（《測義》夾）郭登："十二年宋辭平，是宋終不肯與鄭爲平也。豈有與鄭、齊、衛同盟之理？蓋傳衍一'宋'字，非經闕也。"（《左繡》眉）傳不敘事，只爲經補一"宋"字耳。此例亦往往而有。

楚屈瑕將盟貳、軫。（《左繡》眉）左氏敘戰最工，大都長篇工於敘事，短篇工於敘謀。似此審勢度情，曲折奧衍，蓋兼孫、吳之長而文筆過之者也。鄖與四邑凡寫四遍，先並説，次分説，次合説，末側説，兩意雙行，順承倒應，一步一計，一轉一快矣。（《補義》眉）此全神注到伐羅篇，觀其患四國之助，鬭廉畫策已盡，而猶欲濟師，又欲問卜，知胸中毫無把鼻，全賴他人。傳用三層寫出屈瑕因人成事伎倆，正爲伐羅"諫者有刑"一語反照也。鄖人軍于蒲騷，將與隨、絞、州、蓼伐楚師。（鬭生夾）楚之初起，所滅小國至多，傳不能悉載，記此數戰，已盡大概，而前後均以伐隨緯之，以爲線索，以諸小國中隨爲大，且其歷年爲彌長也。莫敖患之。鬭廉曰："鄖人軍其郊，必不誡，且日虞四邑之至也。君次於郊郢，以禦四邑。我以鋭師宵加於鄖，鄖有虞心而恃其城，莫有鬭志。若敗鄖師，四邑必離。"（鍾惺眉）歷觀春秋時用兵，只講得明離合兩字。（孫琮旁）鄖虞四邑，未虞楚師禦四邑，而加以鋭師，所以破其虞心。（《左繡》眉）兩意雖並説，而重在敗鄖，以"虞心"句爲主，故獨重點一"鄖"字，蓋無一筆苟也。**莫敖曰："盍請濟師于王？"對曰："師克在和，不在衆。（孫琮旁）説出兵機妙用。商、周之不敵，君之所聞也。成軍以出，又何濟焉？"莫敖曰："卜之？"對曰："卜以決疑，不疑何卜？"遂敗鄖師于蒲騷，卒盟而還。**（文熙眉）穆文熙曰："鬬廉策鄖人望救，鬬志不決。既絶救路，復以潛師加之，奇正並用，安得不敗鄖哉？至於不請濟師，不信龜卜，又何決也！"孫應鰲曰："'維斷乃成'，鬬廉之謂。"（《快評》尾）此諸篇皆不附於經，所備傳之者，見楚强大之始也。楚雖天授，然江漢諸侯使能量力度德，戒慎恐懼，楚人亦無如之何矣。乃輕舉妄動，自取滅亡者，踵相接也。楚人將盟貳、軫，此與五國無與，乃思合謀以伐楚師，縱使當日能克楚師，楚亦不能甘心，況敵之料之已如觀火，究竟四邑之兵不至，城亦不可終恃，而五國之謀，適足供楚人之一笑，亦何苦而多此舉也？楚之莫敖，亦隨少師一流人物，蒲騷之役，亦自束手無策，使非鬬廉之謀，莫敖亦殆矣。乃他日輒狙而自用，以取敗亡，小人之不可僥倖也如是夫！莫敖雖無定見，然此日能臨難而懼，用鬬廉之謀以有成，固與隨侯之于季梁者異矣。他日狙而自用，立見摧敗，左氏前後備書，真萬古龜鑑哉！（王源尾）前後以國名聯絡作章法，亦是小小機巧。左氏敘戰，每將權謀方略鋪敘於前，而實敘處不過一兩言，簡練直截，絶不拖帶。總之，著神於虛，省力於實，所以虛實不測，靈怪百端。庸手反之，故詳則失之繁，簡則失之略。即無繁與略之病，而終不能有生氣，以不能著神於虛而已矣。（孫琮總評）陳明卿曰："鬬廉不請濟師，不信龜卜，又何決也！所云'惟斷乃成'，其鬬廉之謂耶！"兵貴神密，恃人者多僨事，寡斷者鮮成功。鄖人之敗，所恃在外也。鬬廉之勝，斷生於心也。料敵制勝，知己知彼，可與行師，可與謀國。一身而兼將相之器，當是楚國之良材。（《彙鈔》眉）鄖有虞心而敗，屈瑕亦未嘗□無虞心，賴鬬廉定算，僥倖成功。（《分國》尾）鬬廉舍四國，潛師搗鄖，是用鄖人之所虞也。用其所虞者，攻其所恃也。兵固有出其不意而制勝、奪其腹心而四支自潰者，鬬廉之謂乎？莫敖始而患，繼請濟師，終請卜，一庸妄人耳，荒谷之縊，何待伐羅？（《賞音》尾）莫敖身爲大將，乃全無主張，始則"患之"，繼則曰"請濟師"，再則曰"卜之"，其爲怯懦無謀殊甚。鬬廉惟委以次郊之安，而身其伐鄖之危，故能有功。不然，吾未見莫敖之必從也。然自此有功，而開發莫敖者深矣，故遂有伐絞之捷。(《左繡》眉) 上段已十分透徹，"濟師"、"卜之"，殊屬畫添。故"何濟"、"何卜"，答得甚簡，而合之則成上重下輕、前奇後偶章法。又，"和"字即從"君"與"我"抽出，"決"字即從兩"必"字抽出。前後一線，似此伏應，何必神針得自夜來？詳于謀而略于戰，較前數篇又另一結構。應起作結，尤妙于簡。若於貳、軫略作重筆，則文律歧出矣。(《紉編》尾) 傳言楚之雄長南服，以謀臣之衆故也。(《左傳翼》尾) 楚師爲盟貳、軫而來，猝遇鄖與四邑之難，衆寡自然不敵。妙在即從師少生出妙計來，要着只在"軍其郊"三語，敵情如指諸掌。遏其聲援，攻其不備，勝算在我，又何疑圍之不可釋乎？鬭廉之謀，即白起所用以敗楚與韓、魏者也。廉合用之而勝，起分用之而亦勝。運用之妙，存乎一心，未可執定本以求之也。紂臣億萬，惟億萬心。周臣三千，惟一心，一心則和而已。用少莫如齊致死，齊致死莫如去備。只是一心，只是和，不然符堅七十萬，王匡百萬，何難一戰而燼乎？"師克在和不在衆"一語，括盡兵符數萬言。"着神於虛，省力於實"二語，最是文家換骨金丹。萬斛之舟，鼓枻而行，瞬息千里，爲其以虛運實也。無風膠淺，則尺寸難移矣。史公疏宕有奇氣，曰疏曰宕，便是能用虛。昌黎起八代之衰，只是脫去排偶之習。不能以虛運實，排偶又何能脫乎？一陰一陽之謂道，有對待，有流行，妙處全在兩"一"字。對待者，偶也，流行則偶化爲奇矣。偶則實，奇則虛。實則能整齊，虛則能變化。不整齊則無結聚，不變化則不玲瓏。虛虛實實，實實虛虛，如環無端，不可思議。左氏之文，所以獨有千古也。(高塘尾) 俞桐川曰："三層議論，前曲後直，前緩後急，各見精彩。此傳志楚人逞兵，亦見楚多謀臣，所以日強也。鬭廉既明且決，便是固。莫敖患之，請濟、請卜，便是不固。兩兩相形，已爲莫敖不固引脈。"(《自怡軒》尾) 語無數句，而審勢度情，極曲折奧衍之致。許穆堂。(《評林》眉) 張天如："鬭廉揣敵情而制勝，可謂知兵。"(王系尾) 此篇論事則盟貳軫是主，敗鄖師是賓，故以盟起，以盟結。論作傳之意，則以鬭廉智勇不可埋沒，且爲後伐羅作案，敗鄖又是賓中之主，盟貳軫又是主中之賓。故敘戰事詳，而敘盟事略。鬭廉揣敵之情妙矣，尤妙在揣莫敖之情。莫敖方患四邑，而使禦之，能無懼哉？故用一"次"字，言四邑未至，君不過安次以作聲勢，我速以銳師宵加而鄖破矣。鄖破而四邑離，是終不至也。處人以易，自擇其難，智勇人心量如此。鄖將與四國伐楚師，其勢誠重。然連難之勢，彼此相仗。鄖方恃四邑，乃四邑未至，而銳師已加，誰能致死？四邑方恃鄖，乃鄖未及合而蒲騷已敗，誰不解體？就敵人之所恃而得其罅隙，智勇人才捷又如此。（武億尾）此篇上重下輕、前奇後偶章法。三層議論，或曲或直，或緩或急，各見精采。

鄭昭公之敗北戎也，齊人將妻之，昭公辭。祭仲曰："必取之。君多內寵，子無大援，將不立。三公子皆君也。"弗從。（孫鑛眉）文勢但淨則味自長，前昭公辭婚，語雖佳，然用之此處，以上下文較之，未免煩簡不相稱，故寧別見。（《左繡》眉）此篇傳昭、厲之際，卻以祭仲為主。上半敘仲立昭，下半敘仲立厲，本屬對寫。而上用輕筆，下用重筆，又起手特為昭奔伏線，而並伏厲立之根。至敘厲公之立，則語語為昭之所由出。格平意側，蓋深惜昭公也。而祭仲之罪，自在言表矣。（閭生夾）鄭昭頗英壯，左氏惜其不立，故屢用此提振之筆，逆攝警聳，全篇俱振。

夏，鄭莊公卒。

初，祭封人仲足有寵于莊公，莊公使為卿。為公娶鄧曼，生昭公，故祭仲立之。宋雍氏女于鄭莊公，曰雍姞，生厲公。雍氏宗有寵于宋莊公，故誘祭仲而執之，曰："不立突，將死。"亦執厲公而求賂焉。祭仲與宋人盟，以厲公歸而立之。（《測義》夾）劉敞氏曰："《公羊》謂祭仲知權，若果知權，宜效死勿聽，使宋人知雖殺祭仲，猶不得鄭，宋誠能以力殺鄭忽，則不待執仲而劫之。如力不能，而誇為大言，何故聽之？又不能是，則若強許焉，還至其國而背之，執突而殺之可也。黜君以行權，亂臣賊子孰不能為此者乎？"季本氏曰："宋人本無納突之意，特以突方在宋，奇貨可居，欲挾之爭國，以取威於鄭，而鄭大夫不相下，於是宋人執仲以脅之，而鄭人震懾，遂開門納突，逐忽而出奔爾。"（《左繡》眉）只兩語，而必有詳略倒順，法在故也。又，此文以祭仲為主，故執厲公只作輕帶之筆，尤是賓主一定之理，非好為參錯者。（《評林》眉）金賢："'夏，鄭莊公卒'。祭仲，鄭相也，宋執之，欲其廢正立邪以亂人國，宋莊之不道甚矣。《春秋》去其爵，所以惡宋也。祭仲見執，惟知偷生之為安，而不知死難之為義，遂從亂以忘君，其為不道亦甚矣，《春秋》去其官，所以惡仲也。"陳傅良："《傳》

言宋莊公見執貶書人。今案：凡執恒稱人，稱君者，經變文也。"《補注》："'求賂焉'，春秋之諸侯以貪起亂，其後伯主以貪廢法，其末也，晉大夫以貪失諸侯。《傳》具見其事。"

秋九月丁亥，昭公奔衛。己亥，厲公立。（文熙眉）汪道昆曰："辭令具品。'受室'、'師昏'字法句法。"呂氏曰："人皆咎鄭忽之辭齊女，不能依大國以自固，殆非也。使忽不辭而取文姜，則彭生之禍，移于鄭矣。"公羊子曰："祭仲知權也。其爲知權奈何？莊公死，已葬。祭仲將往於留，塗出於宋。宋人執之，謂之曰：'爲我出忽而立突。'祭仲不從其言，則君必死，國必亡。從其言，則君可以生易死，國可以存易亡。少遼緩之，則突可故出，而忽可故反。古人之有權者，祭仲之權是也。權者，反於經，然後有善者也。行權有道，自貶損以行權，不害人以行權。殺人以自生，亡人以自存，君子不爲也。"（《分國》尾）昭公之立，出於祭仲之私，宜其不終也。乃厲公之立，又脅于雍宗之私乎？夫立君非置棋，已立矣，又脅于宋立厲公，不勝其耦矣，祭仲之心事難問矣。（《左繡》眉）對敘、對收，章法甚整。分作三節，不見結構之工矣。（《左傳翼》尾）張悔庵曰："先是宋穆公出子馮于鄭以避殤公矣，鄭莊顧欲納之。其後宋華督弒殤公，卒召子馮立之以親鄭。則是殤公之所以弒，莊公之所以篡，臣賊其君，子悖其父，皆鄭莊爲之也。鄭莊爲此，自謂有德于馮，奉我不二矣，豈知身死之日，執仲出忽，責賂伐鄭，諸子構亂，歷數十年而未已者，即出於我所立之公子馮也。禍人之國者，適以自禍其國。長惡不悛從自及，左氏嘗以之刺陳桓矣，盍移之以刺鄭莊乎？武姜以溺愛叔段而致亂，莊公身受其害，則嬖子配嫡，當防其漸。而繼嗣不定，忽此忽彼，諸子爭立，已危其國，尚得謂有人心乎？庇黨宋莊，原以賄故。故宋莊以亂報亂，正欲以賄償賄。謀之不臧，大啓禍源，有國家者所宜反覆於出爾反爾之戒也。立昭公者，祭仲也。立厲公者，亦祭仲。宋惟知廢立之權在仲一人，故誘而執之，使之逐忽立突。仲果大節不奪，有死無二，則宋何能相強？乃君薨未久，非會非聘，何爲以誘而至宋？販賣其主，幾有人盡夫也之意。不名稱字，重其事權，以見廢其所不當廢，立其所不當立，所以深責之也。絕突于鄭，繫鄭於忽，兩人順逆自見，而皆綴于執仲之後，《春秋》之義例嚴矣。（《補義》眉）張悔庵曰："使諸子構亂數十年未已者，即出于鄭莊所立之馮也。"（王系尾）祭仲有寵，權能立君，故以私暱立昭公。宋人執而盟之，復立厲公。厲、昭之廢立在其掌握。天子方伯不得問，國人不得問也。昭無援而立，仲能逐之。厲有援而立，仲亦能逐之。然則"無援不立"，特一時阿其所好之言，豈事之情哉？當時遂以是深咎昭公之醉昏，亦未之深思也。自入春秋以來，二十餘年，莊之用兵，殆無虛日。淩天子，惑鄰封，虐小國，身死而國亂，天之所以報莊，于昭何尤焉？

◇桓公十二年

【經】十有二年春正月。夏六月壬寅，公會杞侯、莒子盟于曲池。（《測義》夾）劉永之氏曰："或會而盟，盟而同日，是會之與盟合而爲一事矣，則同書。或會而盟，盟而異日，是會之與盟離而爲二事矣，則異書。此據其事之離合而書之者也。"秋七月丁亥，公會宋公、燕人盟於穀丘。（《評林》眉）《傳說彙纂》："自折以下，魯與宋四會二盟，有以爲魯志者，左氏所謂欲平宋、鄭也。有以爲宋志者，《穀梁》所謂'會者，外爲志也'。二說不同，惟黃正憲謂始則宋欲親魯，繼則魯欲爲宋平鄭，引宋、魯地名以爲證，於情事爲近。"八月壬辰，陳侯躍卒。公會宋公於虛。冬十有一月，公會宋公於龜。丙戌，公會鄭伯，盟于武父。丙戌，衛侯晉卒。（《測義》夾）鄭樵氏曰："丙戌，一日也，不應再書丙戌，非後申則前子。"十有二月，及鄭師伐宋。丁未，戰于宋。（《評林》眉）郭登："凡戰不言伐者，未伐而即期戰也。先言伐而後言戰者，既伐而始期戰也。"

【傳】十二年夏，盟于曲池，平杞、莒也。

公欲平宋、鄭。（《左繡》眉）此連經駕敘法，先敘後斷。本責宋無信，然五事皆以公爲主，故第一句無信，先安放賓。末句再將主作歸結。左氏於賓主兩重者，都用此法。（《評林》眉）吳澂："左氏以爲魯欲平宋、鄭，然此盟必是魯、宋、燕三國別有他事相要約，非爲鄭賂故之事盟也，因是盟與宋公相見，而爲鄭致請焉耳。"金履祥："善惡各以類相爲謀，魯侯既弒其君兄而得國，前日成宋亂，今日平宋鄭，爲亂何其勤也！"秋，公及宋公盟於句瀆之丘。宋成未可知也，故又會於虛。冬，又會於龜。（《評林》眉）《補注》："句瀆之丘，燕人在會，傳欠考。後年春戰有燕人，蓋黨于宋。"李笠翁："宋、鄭無可平之理，魯桓非平亂之人，莊子云'以不平平其平也，不平'，他日之辭平，有以哉！"宋公辭平，故與鄭伯盟于武父。遂帥師而伐宋，戰焉，宋無信也。（《測義》夾）黃震氏曰："先儒嘗言宋、鄭無可平之理，魯桓非平亂之人。"（《補義》眉）汪曰："此依經駕敘法，五事前平宋，後伐宋，皆以公爲線索，結用兩層專責宋公，而責魯自在言外。"（《評林》眉）陳傅良："帥師而伐宋，傳見公在，不書鄭伯書師。"今案：此一事再見，用衆稱師之例，不書公，蒙上文。

君子曰："苟信不繼，盟無益也。《詩》云：'君子屢盟，亂是用長。'無信也。"（《左繡》眉）連寫五事，只用三單句作串，敘法最簡者。連敘五事而總斷之，則非一遍之可結也。故既以無信斷之，又以君子引《詩》重作斷結，皆用筆稱停恰好處。君子語專責宋，引《詩》乃兼責魯，一承上無信，一起下無信也。圓甚。（美中尾）郎之戰，魯與忽讎，既宋立突，而多責賂於鄭，公汲汲平之者，定突位以拒忽也。平之不從，至於戰焉，鄭、宋利盡而爭起，魯、宋勢盡而交疏，世道人心，尚堪問哉！（《左傳翼》尾）元年會稷以成宋亂，是公爲宋平鄭矣。今欲爲鄭平宋，豈專欲爲此等事居間耶？宋莊自鄭入以賂，鄭厲自宋入亦以賂，多責賂，欲加倍取息耳。"盟句瀆"，便是爲他斟酌多寡。"成未可知"，便是多寡斟酌不定。"會虛"、"會龜"，僕僕道途，宋始辭平，則宋多責賂而鄭之不堪可知矣。宋既無信，便當絶之，何爲一會再會，卒致用師乎？屢盟長亂，罪難辭矣。此篇雖責宋，而究以公爲主。既盟矣，而成未可知，一會再會而遂辭平，明係貪賂。而傳以無信斷之，蓋可平則平，不可平則止，何爲欲平不平，全以狙詐待人？非不信而何？宋、鄭未嘗求平，憑空有此欲，不知其無信而强邀之，不能平人，反致用戰，何不曉事若此？要之，宋公懷詐，雖責賂未遂，要亦入郛之怨未忘耳。公必汲汲于平宋鄭者，蓋以郎師憾鄭忽，欲早定突位以拒忽也，合前後觀之自見。（王系尾）長亂，則非徒無益矣。是進一步也。宋鄭不平，魯平之不得而伐宋，是加一不平者矣。豈非長亂？傳本責宋之無信，君子並譏魯桓，事又進一步也。最有味。此篇以一事合傳，中間裁去陳侯躍卒、衛侯晉卒二事，裁其所可裁以成章也，讀者各以類求之。

楚伐絞，軍其南門。莫敖屈瑕曰："絞小而輕，輕則寡謀，請無扞采樵者以誘之。"從之。絞人獲三十人。明日，絞人爭出，驅楚役徒於山中。楚人坐其北門，而覆諸山下，大敗之，爲城下之盟而還。（孫鑛眉）亦以簡妙。句句鍊。《文歸》眉》郭正域曰："境態一一如畫。'驅楚役徒'以上細敘，以下走敘。'絞之役'以下旁敘，小文字，大結構。"（韓范夾）乘其無備，反守其國門而覆其師，城內空虛，外徒敗喪，此滅國之道也。絞以得盟爲幸，故不顧小恥。（《左繡》眉）此篇連下年傳作兩截讀，單敘屈瑕事。上半寫他伐絞而勝，下半寫他伐羅而敗。前是責人則明，後是物滿則覆。本可分而爲二，作者故意聯成一片，以見勝不可狃，料人者還爲人料也，而垂戒深矣。兩截上輕下重，乃以勝引入敗，非兩平也。故下截緊從伐絞之役遞落，凡寫勝算處，都爲後文作倒映之筆。"絞小"、"小羅"相對。輕則寡謀，分明向趾高不固寫照。"分涉"、"亂次"，盟城、縊谷，得失相懸，卻曾不旋踵也。史家往往以兩人相反者合傳，此則以一人兩事相反者合傳，左史作述，此亦其一耳。若論呼應，中段當云莫敖狃於伐絞之役，然伐絞全從蒲騷得手而來，而伐羅因以自恃，乃所謂狃也。此正暗脈流通處，若明粘伐絞，反有斧鑿痕矣。林注于起"屈瑕"下，即伏蒲騷，妙甚。"伐絞"、"伐羅"兩提句相對。"伐絞之役"數句，承上起下，自爲一節，以三"之"字成章法，如所謂中紐格者。左氏蓋無美不備，後來都向此中作活耳。詳寫伯嘉膽智，見羅大有人，非絞之比。而趾高自用，所弗能敵也。絕妙激射法。（《補義》眉）屈瑕爲主帥，王不在軍而瑕有所請者，請于鬬廉也。上篇以聽鬬廉取勝，故此番發謀必請于廉而後行。從之者，諸帥俱以爲然也。此亦與下篇"諫者有刑"一語反照。（《評林》眉）《經世鈔》："軍南門而坐北門，潛軍不易。"《增補合注》："伐絞以治鄖人之黨也。輕，輕敵也。"陳大士："使絞初獲三十人，而次日堅守以待，則楚亦失利矣。大較輕者之見小利而敗事如此。"《補注》："兵法有立陣、坐陣，見《尉繚子》。立陣所以行也，坐陣所以止也。傳曰楚人坐其北門，又曰裹糧坐甲，又曰王使甲坐于道，又曰士皆坐列。司馬法曰'徒以坐固'，荀子曰'庶子介而坐道'，皆坐陣也。"（方宗誠眉）先敘兵謀，後敘戰事，語簡而事明。

　　伐絞之役，楚師分涉于彭。羅人欲伐之，使伯嘉諜之，三巡數之。（《分國》尾）均一小國也，絞愚如此，羅智如彼，羅可輕敵乎，而莫敖易之？（《左傳翼》尾）莫敖本恇懼無謀之人，因蒲騷得手，遂以謀敗絞，可謂有會心矣，奈何狃於其勝，自取敗衂乎？蓋輕則寡謀，未有不敗者，莫敖以此勝絞，而躬自蹈之。謙受益，滿招損，古人垂戒，不可忽也。（《補義》眉）瑕謀只説得一半，故敘事補出用覆，與上篇筆法又變。分涉亦與下亂次反映。周云："餘波即是後篇起筆。"（《評林》眉）《經世鈔》："分涉所以備不虞，而適有羅人之謀，故軍行如遇敵，至於涉水入險，尤不可不備。楚師伐鄭，城上棘而後涉潁，古人之慎如此。"《增補合注》："爲十三年屈瑕伐羅張本。"（王系尾）此段人但知其順筆拖起後傳，不知其已乘便敘過一事矣。是伏案中帶敘法。

◇桓公十三年

【經】十有三年春二月，公會紀侯、鄭伯。己巳，及齊侯、宋公、衛侯、燕人戰。齊師、宋師、衛師、燕師敗績。（《測義》夾）黃震氏曰："愚按此役用師者凡七國，魯、紀、鄭爲一黨，而魯爲之首。若紀則懼齊欲滅紀者也，若鄭則怨宋責賂于鄭者也，魯則紀其自出，鄭其所黨，故書曰'公會紀、鄭'，此魯爲首也。齊、宋、衛、燕爲一黨，而齊爲之首。若齊、衛於魯則有戰於郎之怨。若宋於魯則有戰于宋之怨，若燕則比宋興兵，謂魯穀丘之盟爲不信，而齊則欲滅紀，又德鄭忽，而助忽攻突，且怒魯之屢盟以平突，是齊於魯、紀、鄭皆有憾，故言齊爲主兵，此齊爲首也。"郭登氏曰："此段經文最爲明白，蓋去年十一月魯桓與鄭厲會于武父，十二月伐宋戰于宋，今年與紀、鄭及齊、宋、衛、燕戰而勝之，左氏於'齊'字下比經文增一'與'字，似謂魯、紀、鄭、齊同戰宋、衛、燕也，苟如此，下文明書齊師、宋師、衛師、燕師敗績，則前後文理不通矣。或曰宋與魯戰，或曰鄭與宋戰，或曰紀與齊戰，皆非也。蓋齊合宋、衛、燕三國伐紀，欲滅之。魯爲紀之親戚，求兵于鄭往救之，戰于紀地而勝之也。"（《評林》眉）蘇轍："先言會而後言日，既會而後戰，會戰異日也。"季本："齊、鄭本一黨也，及武父之盟，鄭、魯合，則宋、燕黨於齊、衛矣。齊欲滅紀，魯援之，故桓公與紀、鄭合以與齊戰。日在會後，見其以會定日，志在我也。"三月，葬衛宣公。夏，大水。秋七月。冬十月。

【傳】十三年春，楚屈瑕伐羅，鬬伯比送之。（《淵鑒》眉）戰勝而驕者必敗，讀此可以知兵。臣熙曰："轉折有致，勁而能婉，末後繳足前意，略增數字，結尾一掉，無限烟波。"還，謂其御曰："莫敖必敗。舉趾高，心不固矣。"（韓范夾）爲將宜愼重。歷觀戰事，未有不以驕敗、以愼勝者也。（孫琮旁）淺人情態畢露。（《便覽》眉）左氏慣就威儀起論，可見春秋時人精於學問。遂見楚子曰："必濟師。"（孫琮旁）襯出必敗意。楚子辭焉。入告夫人鄧曼。（《左繡》眉）下截鄧曼語自作一篇妙文讀。先就大夫意中虛猜一遍，次就莫敖身上實說一遍。而首以一筆正喝，末以一筆反掉，章法極整，筆法極松。文莫妙於復說，亦莫難於復說。不變不得，盡變又不得。順逆增減，以參差兼整齊，則得之矣。一意翻作兩層說，整整賓主三疊，中間用散筆一隔，氣舒而致曲。臨了復又作反宕之筆，靈心儁腕，姿致無窮。鄧曼曰："大夫其非衆之謂，（孫琮旁）一句明明道破。（《便覽》眉）一語道破，下"其謂"、"夫固謂"，一意分作兩層。前語勢急，後語勢慢。慢處反是直喝，下句急處反是頓挫上文。中間自下斷語，是緊要處，卻又飄宕出之。用筆之妙，真開人多少法門。其謂君撫小民以信，（孫琮旁）"其謂"發明伯比之意。訓諸司以德，而威莫敖以刑也。莫敖狃于蒲騷之役，將自用也，必小羅。（孫琮旁）如親見其舉趾高，心不固。君若不鎮撫，其不設備乎？夫固謂君訓衆而好鎮撫之，召諸司而勸之以令德，見莫敖而告諸天之不假易也。不然，夫豈不知楚師之盡行也？"（《左傳雋》眉）茅鹿門曰："一婦人能料之，莫敖卻不能自脫。"（孫鑛眉）即前句略增數字，殆如注腳。然明是重出，而意旨乃更腴暢，左氏多此法。（《文歸》眉）王納諫曰："只重莫敖必敗，卻兼小民、諸司相配成文，抑揚反覆有餘態。"（孫琮旁）應起句。緊宕。（《左繡》眉）季梁諫追楚篇，凡用七"謂"字。此文凡用三"謂"字，而各自一種筆陣。此等妙文，沾丐後人不少。前調"其非"、"其謂"作呼應，連在一處。後調"夫固"、"夫豈"作呼應，分在兩頭。抑揚開合，極文之致。（《約編》眉）覆說一遍，跌出末句有力。（方宗誠眉）伯比之言簡而曲，鄧曼之言詳而直，文有步驟。楚子使賴人追之，不及。（《彙鈔》眉）通篇文字俱從"必濟師"三字生出。蓋伯比示其端，鄧曼爲之暢其說，愈折愈醒，愈辨愈透，明智婦人，千古所□見。（《補義》眉）以小羅爲主，屈瑕前敗鄖全仗鬭廉，繼伐絞，下咨群帥，至此全師伐羅，更不許人參末議，以見非因人成事也。鄧曼"小羅"二字已灼見其隱，不設備非謂至羅猶無備，蓋方及羅境，未及安壘，而敵軍猝起不意，方知伯嘉三巡，預定勝算，而屈瑕早在伊指數中。

　　莫敖使徇于師曰："諫者有刑。"（孫琮旁）應"自用"。（《測義》夾）孫應鰲："諫者有刑，此屈瑕之所以敗。"**及鄢，亂次以濟。遂無次，且不設備。**（孫琮旁）應"不設備"。**及羅，羅與盧戎兩軍之。大敗之。**（《左繡》眉）末段接連幾筆，都寫他一種足高氣揚光景，既顧起處，又映前段，局法渾成。**莫敖縊于荒谷，群帥囚于冶父以聽刑。楚子曰："孤之罪也。"皆免之。**（文熙眉）鄧曼賢智，夫人中蓋鮮見之。穆文熙曰："淺夫一戰得勝，遂自用不納人言，如莫敖者甚多，豈惟戰？凡事多然，可爲深戒。"（《左傳雋》尾）呂東萊曰："屈瑕之禍，鄧曼歸之蒲騷。吾以爲成屈瑕之禍者，在絞，不在蒲騷。方伐絞之初，屈瑕雖欲自用，尚未敢自信也。苟又挫於絞人，必謂昔以用人言而勝，今以自用而敗。將益求其所未至，不敢以兵爲戲矣。彼既見其謀之驗，忘其幸而矜其能，心口相語：'疇昔蒲騷之勝，借曰鬭廉之謀，今采樵誘敵之策，豈亦鬭廉教我哉？'此所以堅其自用之意，而趣其荒谷之縊也。"（《文歸》尾）濟彭之師，已久落諜者目中，三巡之數，何等精細？莫敖亦云不幸，遇着勝手，"不設備"疑猶事後附會之說耳。文一。（《快評》尾）《左傳》備載楚人侵蝕中國之始，深有感於驕侈盈滿之敗國亡身也，一篇之中，三致意焉。如鬭伯比之謀隨，曰："彼則懼而協以謀我，故難間也。隨張，必棄小國。少師侈，請羸師以張之。"甚矣，懼之爲國長城，侈之爲國蟊賊也。故少師以侈而見獲，鄖以不戒而喪師，皆其明驗也。奈何屈瑕偶獲捷于蒲騷，得志於伐絞，遂以羅爲不足滅。舉趾一高，陷身荒谷。楚以空國之師，付之莫敖，死不足惜，其奈社稷何？猶幸伯比、鄧曼知之于前，楚子悔之於後，不然，楚幾爲隨乎？學者能合前後數篇觀之，然後知左氏之用意深矣。鄧曼一婦人耳，具此絕人之識，天方授楚，不信然乎！（王源尾）自賓自主而判然分，則章法平。雜賓雜主而淆然亂，則章法混。平則無奇，混則無正。無奇無正，而文之道亡矣，尚何論賓主乎？雖然，平固無奇，奇則易於混。混固無正，正則易於平。既欲不平，復欲不混，將何以處此？曰："無他也。唯並舉以爲奇，單抽以爲正而已。"並舉以爲奇，則不平；單抽以爲正，則不混。如衡嶽七十二峰，峰峰競秀，而獨以祝融爲尊，所以磅礴而鬱積也。此文莫敖主也，"心不固"三字，斷盡莫敖。後鄧曼多少議論，俱攝於此。而曼卻將撫小民、訓諸司、威莫敖三者平說，並舉以爲奇也。又將莫敖獨説一段，單抽以爲正也。奇正辨而賓主明，賓主明而章法出矣。只賓主二字，古人是多少變化！（孫琮旁）自咎而不行罰，所以強國服小。（孫琮總評）禍福相倚，天道亦人事也。聖賢千言萬語，不外一"敬"字。處常御變，守成持滿，關棙全在此。莫敖之敗，伯比決之威儀，鄧曼斷以驕溢，言若著鑑。始知行師之要，只在治心。讀鄧曼語，有無數曲折，無數作用，極婉極透，不謂世間有此絕頂細心婦人。（《統箋》尾）愚按：勝軍無他道，一言以蔽之曰："師克在和。"敗軍無他釁，一言以蔽之曰："兵驕者敗。"屈瑕之喪師，千古爲將之前車也夫。（魏禧尾）鍾惺曰："非鄧曼發此極婉透之論，伯比'濟師'二字，作何歸著？"又曰："進諫爲反語、隱語，以聽君之悟于不可知，又待一人從旁分疏，危矣！非諫君之法也。"魏禧曰："鄧曼見微知著，而辭意深切精密，大有學問，豈但以知莫敖之敗爲賢？"賴韋曰："人于君、友之際，不能據事切實極諫，于情於理，便隔一重。嘗謂術者，所以濟道之窮，反語、隱語原以輔正言之不及。使其君其友非十分昏悍，其事非十分不可形之於口，乃舍正言不道，而徒欲爲反語隱語以悟君、友，不惟難悟，且有因其不明言而疑其疏薄於己，彼亦反因以疏薄者。然非不得已而爲是者，故亦有二。或性情學術喜于用智，或畏禍患、惜情面而不敢有所抵觸，故姑爲此言。悟則不失爲忠信，不悟亦可免禍患，而人又不得以不諫咎之。伯比濟師之言，鍾惺評甚當。夫忠臣愛君，事關軍國，成敗乃輕輕一語説過，其於心不已忍乎？凡爲臣爲友者，不可不以爲戒也。"（《分國》尾）鬬廉策莫敖，一明智丈夫耳。鄧曼策莫敖，婦人中有此人哉！請師之故，廉不言，楚子不悉。鄧曼洞見其然，而謂廉之意不在益師，以莫敖小羅，必不設備而取敗，欲王以此儆之耳。推之治國撫民御下，莫加於此。後來鄧國三甥，明決過人，想其母亦鄧曼一流人物。（《晨書》總評）宋南金曰："楚武憑陵中夏，不知戒懼。鄧曼歸重莫敖，兼説撫信訓德。後日左廣、右廣，日以'民生不易，勝不可保'訓其國人，皆自此言啓之矣。鄧曼巾幗丈夫，真堪與穆姜、定姜、叔向之母、僖負羈妻配享千古。"（《知新》尾）伯比知莫敖之必敗，而反請濟師，楚子不解，夫人懸揣，情形歷歷如見。直使恃勝而驕、輕敵而慢者，悚然以驚，較伯比乃倍有發明。（《賞音》尾）伯比不面誠屈瑕，以非己言所能入耳。乃楚子辭濟師之請，而亦不明言者，何哉？蓋楚子僭王而天下不敢問，戰勝而天下莫與爭，其志得意盈，豈直莫敖已哉？設伯比反覆敷陳，安知不以爲訾人細過，故作不祥之語？彼蹇叔尚不能得之降心之秦穆，而況伯比之于楚子？故不若微言之，以待旁人闡繹，在夫人亦得伯比爲之先發，故乘機開導，婉而易入。覺"必濟師"三字中，有無限深意。楚子拒之，不爲無過矣。夫楚子非有大德，而在位久長，國無敗衂，其得內助之力者，豈淺鮮哉！（昆崖尾）徐揚貢曰："'夫固謂'、'其謂'，重疊句，意思乃更腴暢。妙在一頓挫，一反挑，又一直喝，一逆挑，遂使兩疊句隔水越山，異樣秀動。"（美中尾）俞碩園曰："莫敖輕躁之狀，在伯比目中看出，卻不曾說。在鄧曼口中道出，卻不曾見。直至末段盡情發露，妙甚！"（《約編》尾）莫敖之敗，伯比于輕佻決之，鄧曼于自用知之，皆見識力過人。（《左傳翼》尾）莫敖因人成事，驟勝而驕，器小易盈，狂躁之狀，具於顏面。不惟伯比深知之，即鄧曼亦稔聞之，特無如楚子不覺，猶以爲可依賴，而深任之也。伯比之送，原以卜此行之吉兇，既知必敗，不敢明言，蓋逆料楚子之不見省，且知鄧曼之必能暢所欲言耳。伯比發端于前，鄧曼詳陳于後，莫敖敗徵，如燭照數計。而追之不及，遽自止焉，必待大敗後始任其咎，喪師辱國，豈獨莫敖一人之咎哉？（德宜尾）一意分作兩層，筆筆靈緊，掉句更極敏快，英氣逼人眉宇。（《便覽》尾）伐羅，君命也。請濟師，君辭也。追之不及，發使晚也。故結尾一語，是通首眼目，而"入告"則轉關也。芳自記。伯比不面誠莫敖，不明告楚子，當知非己言所能入也。莫敖之敗，一決于趾高，一決于自用，皆識力過人。芳輯評。（《日知》尾）蜿蜒縱送，如遊絲百丈，獨裊晴空。（高嵝尾）俞桐川曰："前段敘莫敖之勝，後段敘莫敖之敗。要知輕則寡謀，莫敖所以勝絞，即其所以自敗處。明于料人暗於自料。左氏此處，最爲着眼。單敘送之，不敘莫敖如何形狀。及謂僕時，又不言'心不固'之故。進告楚子，又不言莫敖之不設備。及鄧曼言之，乃知伯比卓有先見。敘到敗處，悉如所言。莫敖輕躁之狀，在伯比目中看出，卻不曾說。在鄧曼口中道出，卻不曾見。含蓄脫化，文章一大機括也。"此本兩傳合爲一傳，"輕則寡謀"，絞取敗之由也。"趾高不固"，莫敖取死之由也。絞敗之由，莫敖知之，而仍自蹈之。俞云明於料人而暗於自料，亶其然乎？上截末因絞及羅，下截即以伐羅爲起筆，聯絡亦好。

（《自怡軒》尾）莫敖輕躁之狀，在伯比目中看出，而不向楚子說明。留在鄧曼口中一一道出，極文章含蓄變化之妙。許穆堂。（《評林》眉）王百穀："前日蒲騷之役，莫敖欲請濟師，鬭廉嘗阻之，故至是佯順其意而為之請。"汪道昆："鄧曼賢智，夫人中蓋鮮見之。"王陽明："楚外有伯比，內有鄧曼，敵國即欲窺之也，得乎？"李笠翁："楚子聽鄧曼而追莫敖，因其敗而免諸將，甚有賢君之度。"（武億尾）前段敘莫敖之勝，後段敘莫敖之敗，要知輕則寡謀，勝處即所以敗處，故兩截上輕下重。乃以勝引入敗，非兩平也。史家往往以兩人相反者合傳，此則以一人兩事相反者合傳，左史作述，可得其大凡矣。（王系尾）從來讀此傳者，無不歎鄧曼之奇。然鄧曼一番妙論，只是"必濟師"三字注腳，是伯比更奇也。兩人一樣聰警。楚子似癡，然能用其聰警而引罪於己，是楚子更聰警也。不善讀書人，不知埋沒却多少妙文，更不知埋沒却多少妙人。（《學餘》尾）狡兔死，走狗烹，天也。彼狡兔何罪也？好勝者必遇其敵，亦天也。彼不勝，何罪也？近則鄭絞敗，而屈瑕縊于荒谷。遠則諸姬盡，而南公傷其三戶矣。天下豈有克敵成功之後，而舉趾不高者哉？秦漢以來，益多故矣。（《菁華》尾）屈瑕料絞，可謂深中窾要，乃伐羅之役躬蹈輕則寡謀之譏，非知之難，行之維艱，不其然乎？伯比知莫敖必敗，何不直對楚子言之，而為是隱約之詞，使人摸索不着？然以熊通之雄，而其智反出鄧曼下，可怪！蒲騷之役，出自鬭廉之謀，莫敖不過因人成事而已，而遽以之自負，何也？

宋多責賂于鄭，鄭不堪命。故以紀、魯及齊與宋、衛、燕戰。不書所戰，後也。（《左繡》眉）《穀梁》以為紀與齊戰，不書地，于紀也。據此知紀為兵主。故書先鄭伯，左蓋傳聞異詞也。（王系尾）鄭莊生時與齊為黨，征戰每相從，若狼狽然。身死未冷，遽尋干戈，小人之交，良可慨也夫。

鄭人來請脩好。（孫鑛眉）此句亦當置下年。

◇桓公十四年

【經】十有四年春正月，公會鄭伯于曹。無冰。（《測義》夾）湛若水氏曰："書無冰於春正月之下，是周以子為春正月，見正朔改而月數不改之説非也。"(《評林》眉）劉實："凡不宜無日無。"陳宗之："《天官·占》云：'燠而無冰，則政治縱弛不明之所致也。'又劉向曰：'周失之舒，秦失之急，故周衰無寒歲，秦滅無燠年。'"夏五。（《測義》夾）鄭樵氏曰："疑則闕之，如'夏五'之闕其月之類是也。"（《評林》眉）《傳説彙纂》："夏五，或以爲闕月字，或以五爲羨文，或以爲聖人因史闕文，或以爲後人傳寫脱漏，皆傳疑之意也。"湛若水："《春秋》所謂筆者存而書之也，所謂削者去之而不存也。聖人于史舊文有損無益，故曰其文則史，其義則丘竊取之也。後儒以一字而取義者，盍亦觀此夏五之闕文而有悟乎！"鄭伯使其弟語來盟。秋八月壬申，御廩災。乙亥，嘗。冬十有二月丁巳，齊侯祿父卒。宋人以齊人、蔡人、衛人、陳人伐鄭。（《評林》眉）陳深："宋用四國之師，而左右死生，唯宋人之爲聽，比於平日諸侯各率其師以伐人者，又不同，故書以別之。"

【傳】十四年春，會于曹。曹人致餼，禮也。

夏，鄭子人來尋盟，且脩曹之會。（《評林》眉）趙鵬飛："鄭突之立，恃祭仲而已，國人不與也。外恃魯而已，鄰國不與也。使其弟來盟，或者諸大夫不心乎突也。"

秋八月壬申，御廩災。乙亥，嘗。書，不害也。（《測義》夾）按：《公羊》謂遇災不如勿嘗，劉氏辨曰："見災而懼可矣，豈可廢宗廟之祭？"《穀梁》又謂以災餘者祭爲不共，鄭氏辨曰："廟祀必十日戒享，越三日而嘗。則粢盛已出廩，乙亥嘗，非災之餘也。"然則嘗，常事也，何以書？爲御廩災，不害而嘗，故書。左氏得之。（《左繡》眉）壬申、乙亥，只四日災，而猶嘗，知其不害矣。（《評林》眉）張半菴："《公羊》謂遇災不如勿嘗，蓋得之。"《補注》："'書，不害也'，鄭漁仲曰：'廟祀必十日戒享，越三日而嘗，則粢盛已出廩，壬申，致齊之初，乙亥，嘗，非災之餘也。'"

冬，宋人以諸侯伐鄭，報宋之戰也。焚渠門，入，及大逵。伐東郊，取牛首。以大宮之椽歸，爲盧門之椽。（孫鑛眉）拙句卻有致。（《分國》尾）宋因立鄭厲公，責賂于鄭，魯桓公欲與之平也。既不得賂，歸其一椽，聊以解嘲。（《左繡》眉）《史記》往往寫大事用小筆，寫小事反用多筆，一經點綴，色態便濃，似出於此等處。中二句是插入類敘法。蓋末二句本與"大逵"句連也。（《左傳翼》尾）宋多責賂于鄭，鄭不堪命，會魯與紀而敗宋。宋不自反，而合四國之師以伐之，殘其郊牧，焚其城郭，暴已甚矣。又復驅其太宮，取其椽以爲城門之椽，貪之爲害，一至此乎？鄭突負德忘恩，結魯伐宋，以致交怨尋兵，殘民以逞，洵爲有罪。而四國輕爲人役，齊方有喪而會伐，更爲稔惡。聖人蓋交惡之，書"以"罪宋也，書"人"罪四國也，書"伐"罪宋，並罪鄭也。（《補義》眉）數語中兼焚門、拆屋、殺傷、劫掠之慘。（王系尾）焚門深入，進之銳也。還而伐郊取邑，退之舒也。以廟椽爲門椽，深辱之，且自旌也。寥寥數語，而聲勢奕然。遂將進退之情形，伐前之根由，伐後之張設，無不寫盡。

◇桓公十五年

【經】十有五年春二月，天王使家父來求車。三月乙未，天王崩。（《評林》眉）趙匡："此後莊王、僖王不書崩，見王室不告，魯之不赴，著諸侯之不臣也。"〖編者按：凌稚隆作趙鵬飛語。〗夏四月己巳，葬齊僖公。五月，鄭伯突出奔蔡。（《測義》夾）陸淳氏曰："逐君之臣，其罪易知也。君而見逐，其惡甚矣。聖人之教在乎端本清源，故凡諸侯之奔皆不書其所逐之臣，而以自奔爲名，所以警乎人君也。"鄭世子忽復歸於鄭。（《測義》夾）杜預氏曰："忽爲大子，有母氏之寵，宗卿之援，有功於諸侯，此大子之盛者也。而守介節以失大國之助，知三公子之强，不從祭仲之言，脩小善，潔小行，從匹夫之仁，忘社稷之大計，故君子謂之善自爲謀，言不能謀國也。父卒而不能自君，鄭人亦不君之，出則降名以赴，入則逆以太子之禮，始於見逐，終於見殺，三公子更立，亂鄭國者實忽之由。"（《評林》眉）劉敞："突何以名？奔而名者，見有君也。忽未入則其日有君何？忽雖未入，國固其國也。"程頤："避祭仲而出，非國人出之。"許叔入于許。公會齊侯于艾。邾人、牟人、葛人來朝。（《評林》眉）杜諤："三國班見，所以人之也。杜預以爲附庸世子，安有國同時遣世子耶？"孫復："三國皆微國之君。"秋九月，鄭伯突入于櫟。冬十有一月，公會宋公、衛侯、陳侯於袤，伐鄭。

【傳】十五年春，天王使家父來求車，非禮也。諸侯不貢車、服，天子不私求財。(《左繡》眉) 一句分出兩意，細心。(美中尾) 葉石林曰：「古者器有服貢，用有貨貢，諸侯不修職，伐之，正也。而求焉，非所以王天下也。」(《左傳翼》尾) 當貢不貢，罪在下。不當求而求，失在上。將"車服"二字拆開細寫，諸侯且不得貢，天子如何可求？兩邊夾發"非禮"二字曲盡。(《評林》眉)《穀梁》："古者諸侯時獻於天子，以其國之所有，故有辭讓而無徵求。求車，非禮也，求金甚矣。"陳傅良："《周官》九貢有服貢，傳未必左氏之舊。"今案：《周官》雖左氏亦未嘗見，考傳可知。(《學餘》尾) 人不可有求於人也，天子尤不可有求於人也。求利，貪象也；求名，賤徵也。其可求於人者，其惟言乎？自天子以至於庶人，其不可不求於人者，其惟言乎？

祭仲專，鄭伯患之，使其婿雍糾殺之。(《左繡》眉) 敘鄭突出奔，却詳雍糾事，然斷雍糾即所以自斷也。突與甥謀其舅，其與糾之與女謀其父者，何以異？假令五人合謀，厲雖欲奔蔡，不可得矣。此作者借題反刺之法，不但問答奇創可駭可笑而已。告語説得隱躍，亦自狡甚。聽之則人盡夫也，父一而已。不聽則人盡父也，夫一而已。仲懷二心以事君，固應有此肖女。厲公語非爲糾嘆惜，蓋深恨不得殺仲之辭，亦自悔使糾失算之辭。正回顧起手，莫作閒語讀。(《補義》眉) 祭仲權奸，非其壻不能殺，而突素狡猾，豈不知其人而誤使之？且欲殺其父，預告其女，雍糾疑不至此。然則姬何以知之？傳敘事着"將享于郊"句，姬之疑在此，而糾于神色間爲姬所窺，告祭仲只"吾惑之"三字已盡。告者，將糾之破綻微露處告之也，仲豈不洞然于殺己乎？突謂其謀及婦人，其實非也。傳以隔影語作結，連厲公亦在醉夢中，奇絕！于是服石硞不動聲色之難。(《評林》眉) 魏世傑："或謂鄭伯不當使仲之婿圖仲者，當是鄭伯知糾之爲人，而以所親圖之，謀更易哉！" **將享諸郊。雍姬知之，謂其母曰：「父與夫孰親？」其母曰：「人盡夫也，父一而已，胡可比也？」**(韓范夾) 母知自愛其夫，故不復使其女愛其夫，然其言何喪心也？(闔生夾) 此左氏才力勝處，故時時旁縈側拂，爲此等趣語。《史記》而外，無能多見。實以誚當時祭仲等皆不知有君臣之義，故借女子以形之耳。**遂告祭仲曰：「雍氏舍其室而將享子於郊，吾惑之，以告。」**(《測義》夾) 愚按：君欲殺臣而委其婿，婿欲殺其妻之父而告其女，所謂謀之不臧，不足論已。然則女宜如之何？父一父也，夫亦一夫也，既思所以全其父，又思所以保其夫，上也。不幸父死則死父，夫死則死夫，次也。外此無策矣。昔周大夫妻淫於鄰，恐大夫覺之，置毒於酒，使婢進焉。婢自語曰："進之則殺主父，告之則殺主母。"乃僵仆覆酒，因得兩全。惜乎雍姬之不喻此也。**祭仲殺雍糾，尸諸周氏之汪。公載以出，曰："謀及婦人，宜其死也。"**（《測義》夾）張洽氏曰："諸侯苟能制節謹度，用賢愛民，自足以守其社稷，何至位南面之尊，秉一國之權，而爲臣民之所逐哉？突以庶孽奪嫡，初與權臣比而篡位，又與其親戚謀殺之，爲反覆盜賊之計，自取亡也。"（韓范夾）雄略之談。**夏，厲公出奔蔡。**（《彙鈔》眉）機事不密則害成，每多發於床笫，雍糾事之鑒，可凜矣。（《左繡》眉）唐錫周曰："言出於公之口，入於糾之耳，則是舉國之人不得而知也，而仲宜死。舉朝之人不得而知也，而仲宜死。即雍糾舉家之人亦不得而知也，而仲又宜死。且也，近舍其室，遠享於郊，顯露破綻，以仲之智，而全然不覺，似乎天奪之魄，助糾成功，而仲更宜死。卒也，仲不死而雍糾竟死，糾何以至於死？謀及婦人，宜其死。"（高塙尾）俞桐川曰："糾欲殺仲，謀之于妻。然房闈之言，誰人聽得？只著'雍姬知之'一句。其漏言之失，乃在厲公口內說出，絕妙波瀾。雍姬身處兩難，問母之言，有多少躊躇；告父之言，有多少委曲。善摹婦人口角。諧語令人頤解，莊語令人心動。'人盡夫也'，喪心之語。"（《評林》眉）金聖歎："語云：'女不更二夫。'則'人盡夫也'恐不可爲訓。"陳廣野："突欲殺仲，而謀之其婿，萬無不洩之理。此臣不密則失身，而突則不止失臣也已。"《經世鈔》："'謀及婦人，宜其死也'二語，千古確論。亦有謀婦人而成者，此所謂求十一於千百，不可恃爲嘗試也。初，宋人執祭仲，非執昭公也。昭公復入，亦固厲公欲殺祭仲而逐之耳。《公羊》'以生易死，突可故出'之語，大是不通，而董子亦附其說，是所謂授亂賊之柄而助之攻者。"（武億尾）前半只著"雍姬知之"一句，其漏言之失，乃在厲公口內說出，絕妙波瀾。（《菁華》尾）雍姬知有父而不知有夫，盧蒲姜知有夫而不知有父，皆處人道之至難，丁人倫之極變，反覆求之，終無長策。必不得已，如楚之棄疾，尚爲得之。祭仲老奸，鄭伯欲殺之，不使他人，而使其婿，意非至親之人，不得一當。雍糾不顧妻父之私，而以身任之，其忠亦可感也。乃不幸而舉動之間爲其妻所窺，其事遂敗。謂之不密害成則有之，謂謀及婦人，亦是冤獄。

六月乙亥，昭公入。（文熙眉）穆文熙曰："夫不比父，婦人之言，未爲定論。然'謀及婦人'二句，實當爲千古至戒。"（魏禧尾）魏世倢曰："姬聞祭仲之謀，不可不告父，旋當以告父之事告夫，而使亡其難焉。父與夫皆得爲備，則成敗聽之天矣。雖糾怒而殺姬，固不足悔也。糾不殺姬，不幸父死，則死父，夫死，則死夫，自盡其道而已。姬不出此，致糾於死，又不能如楚棄疾之死父者死夫，殺夫之罪，姬安能逃哉？"魏禧曰："報之以死，亦以身與其事故耳。若父夫相圖，吾不身與其事，則父死而絕夫婦之情，夫死而絕父子之情，不必死焉可也。"賴韋曰："按祭仲於雍糾事機止爭先後，雍姬婦人，豈能即往即來，以告父之語告其夫哉？愚謂此等事當論禮之曲直，父直而夫曲，則告父而身死於夫。夫直而父曲，則不以告父而身死于父。父、夫皆曲，吾力止夫而不從，則或密遣人告父。而已以告父之事告夫，使父、夫皆得爲謀，如興士之說可也。夫父一也，夫亦一也。於未爲夫之日，則人耳。既爲夫，則夫豈有二耶？開後世婦人之二心，淫奔再醮，不以爲恥，其必自姬母一言禍之矣。"邱維屏曰："此事爲雍姬者，但當計理之是非，若父或夫以大義見殺，則姬非惟不當死，並亦不必絕，觀大禹之事舜可見。今雍糾既有君命，而祭仲以專見討，姬則又何告焉？若仲爲尋常之人，或告使出奔，猶似未大惡，況以權自專之人乎？雍姬一告，殺夫逐君，而致父得爲逐君之逆臣，豈小惡哉？"（《分國》尾）私其夫，忘其父者多矣。雍糾之妻，猶屬可取。使其爲慶舍之女、盧蒲癸之妻，祭仲之首領難保矣。（《左繡》眉）昭公立附讀，遙對前文，以足使人一快。忽、突出入奔走不暇，而許叔安然入許，瘞生不得而問之矣。傳連書其事，不置一詞，使人自思耳。（美中尾）段懋堂曰："告則殺夫，不告則殺父，雍姬處此，本難兩全。然則宜如何？曰：'告於父之後，即以告於父者告其夫，令速行可也。如夫不免禍，死之可也。'"（《左傳翼》尾）言出於公之口，入於糾之耳，姬何以得知？糾告之也。殺其父而告其女，機事不密則害成。如此人而與謀此事，亦屬公之過耳。謀及婦宜其死，謀及謀及婦人之人，其不死也幸矣。忠臣不事二主，烈女不更二夫，未聞人可盡爲夫也。祭仲賣主，其妻又欲使女賣夫，殺糾之後，姬當抱琵琶向別船以實母氏之言矣，欲其爲懷光子，豈可得乎？父固當全，夫豈可殺？母欲全夫，女豈當獨保其父？勢處兩難，誠難措手。乃祭仲女以父而殺夫，慶舍女又以夫而殺父，皆千古人倫之異事。合觀之，可以知世變矣。

（王系尾）人君謀誅權奸，權奸逼逐其君，是何等大事，而禍亂之機，發於兩女子，使人慨歎之餘，哇然而笑。鄭莊之詐，而仲有寵，仲之詐可知也。仲既有寵，思專鄭國，以忽爲世子，故獻無援不立之言，以自親附，忽立而仲已專矣。宋使立突，要盟可欺。仲之意，則以逐君立君，其權益張，其寵愈固，其專可久，故立突而逐忽。突不能堪，則復忽而逐突。仲權如此，忽雖有百援，奚益哉？忽固非能自求多福者，然其所以無後於鄭，則非失大援之故也。

許叔入于許。

公會齊侯于艾，謀定許也。（《評林》眉）郭登："公會齊侯，自十年來，戰於郎之後，相爲讎敵，至是復與其子通好，彭生之禍，兆端於此。魯與齊、鄭入許，今復與齊定許，豈以入許之罪歸之鄭莊，而欲自解耶？"

秋，鄭伯因櫟人殺檀伯，而遂居櫟。

冬，會於袲，謀伐鄭，將納厲公也。弗克而還。

◇桓公十六年

【經】十有六年春正月，公會宋公、蔡侯、衛侯于曹。夏四月，公會宋公、衛侯、陳侯、蔡侯伐鄭。（《評林》眉）王季重："會曹，蔡先衛。伐鄭，則衛先蔡。於以見當時諸侯但計目前之利害爲先後，而周班之制蕩然矣。"〖編者按：凌稚隆作呂大圭語。〗程頤："突善結諸侯，故皆爲之致力，屢伐鄭也。"秋七月，公至自伐鄭。冬，城向。（《評林》眉）啖助："冬，城向，下有十一月，則此乃十月也，縱是同月，亦今之九月，農功未畢，不可興役。"十有一月，衛侯朔出奔齊。

【傳】十六年春正月，會于曹，謀伐鄭也。

夏，伐鄭。（《測義》夾）王葆氏曰："突之未出也，宋欲有所責，故嘗伐之。既出也，宋懼無所得，又欲納之。始鄭不和，魯嘗以鄭伐宋。及突既出，魯又與宋伐鄭，反覆皆私也。"

秋七月，公至自伐鄭，以飲至之禮也。（《左繡》眉）兩節連讀，"謀伐鄭"、"至自伐鄭"，中間先著"伐鄭"二字，敘法簡甚、奇甚！（王系尾）胡傳曰："昭公與突之是非邪正亦明矣，然昭公雖正，其才不足以君國，復歸於鄭，日以微弱。厲公雖篡，其智足以結四國之援，既入於櫟，日以強盛。諸侯不顧是非，而計其強弱，相與連兵動衆，納篡國之公子也。"家則堂曰："桓之惡亦稔矣。己篡弒未討，前既會諸侯于稷以成宋之亂，此復合三國以輔突之篡，謂天下無王而敢爲此也？物極必反，天討將加，灤之禍且將作矣。"

冬，城向，書，時也。

初，衛宣公烝于夷姜，生急子，屬諸右公子。（《左繡》眉）此傳衛朔出奔事。以"二公子怨惠公"句爲主。而二公子則何爲而怨惠公者耶？因用步步原敘法，推原到急、壽之見構，左右之分屬，而宣公之悖，二子之賢，亦無不見焉。多許情事，打疊極緊，卻又條理極詳。此故迥異於以枯直爲簡老者。（方宗誠眉）追敘法。敘二子遭變時辭意懇摯激烈，雖是愚孝，寫出惻惻動人。（閩生夾）以王室不能救衛爲主。**爲之娶于齊，而美，公取之，生壽及朔，屬壽于左公子。**（《評林》眉）《經世鈔》："衛宣烝庶母，而下取子婦，真禽獸不如，尚得列以爲君，如此世界，三光俱黑，天地易位。至於唐明皇取楊氏，干壽邸，則又獸中之獸。"**夷姜縊。**（《評林》眉）《經世鈔》："若縊于始烝之時，豈不死重於泰山乎！"**宣姜與公子朔構急子。公使諸齊，使盜待諸莘，將殺之。壽子告之，使行。不可，曰："棄父之命，惡用子矣！有無父之國則可也。"及行，飲以酒，壽子載其旌以先，盜殺之。急子至，曰："我之求也。此何罪？請殺我乎！"又殺之。**（《測義》夾）愚按：方宣公使盜殺急，而壽以告之，且勸之行，於是乎急可以去矣，而曰"棄父命也"，卒不去。及壽載旌先往，且代之死，於是乎急可以不死矣，而曰"我之求也"，卒死之。嗚呼！父命固不可逃矣，不曰從治命不從亂命乎！上以掩其父之惡，下以成其弟之志，庶幾爲得於禮，而乃汲汲焉惟死之爲，安非所謂好仁而愚者哉？或曰："然則申生之死非歟？"曰："申生不欲被弒父之名以出，急則無此名也，可以出而不死矣。"〔編者按：奧田元繼作李笠翁語。〕（閩生夾）表章二子處，並不另起峰巒，但就二子口中見之。**二公子故怨惠公。**（《補義》眉）統敘朔一生惡跡，即二公子所具列以告王者，《傳》寫一面而兩面皆到。

（《評林》眉）彭士望："宣公偏有此二子，乃知天地之氣，兇惡至極，即有至純，亦剝極而復之理也。"《經世鈔》："凡人國勢將興，則賢臣壽，奸人死。家道將敗，則賢子死，不肖子生，以占盛衰，古今畢中。"陳傅良："凡殺諸子不書。"

　　十一月，左公子洩、右公子職立公子黔牟。（《評林》眉）按：二公子，宣公弟，洩、職其名。陳傅良："不書立黔牟，以朔奔爲義。"**惠公奔齊。**（孫鑛眉）二公子名至此始見。（魏禧尾）魏禧曰："急、壽孝友出於天授，千載下讀之令人心腸寸裂，而廼爲宣公、宣姜之子，信乎芝草無根，醴泉無源，天理良心不擇人而付，不擇地而發也。王祥、王覽亦遭父母兄弟之故，孝友並至，而福澤長久，天地報施不爽，可以勸矣。急之孝過於祥，壽之弟過於覽，而並死非命。此知趙孝、姜肱所值諸盜，不可謂非盜中之傑也。以宣公而生賢子，天理逆矣。故使二子以義自殺，不予壽、急爲之子也。若壽、急得嗣爲君，衛當勃然興矣，豈所以報淫人哉？壽、急既死，一傳而惠公奔，再傳而懿公滅，衛之禍歷四十年不休，則皆宣公之報也矣。凡人國勢將興，則賢臣壽，奸人死。家道將敗，則賢子死，不肖子生。以占盛衰，古今畢中。"（《分國》尾）兄弟爭死，自古爲難，況急、壽不同母乎？急不敢棄父命，壽不忍死其兄。乘舟汎汎，詩人所謂流連也。（《賞音》尾）古來申生、急子之死，其所遇略同，嬻妻之禍，可勝道乎！若壽子之死，可謂死得其正矣。（《左繡》眉）二公子凡點三遍，分在兩頭，總在中間，章法極整。又，二公子名前不點明，留於末後陪黔牟作類敘之筆，極小小處，都有結構在，奈何鹵莽讀之？後人敘此事，度無不競用《衛風》者。今前不引《新臺》，以此處只重怨朔，不重惡宣。後不引《乘舟》，以此處只重二子怨朔，不重國人思壽、急也。剪裁去取，夫豈苟焉而已？（美中尾）洪容齋曰："衛宣以魯隱四年立，魯桓十二年卒，凡十有九年。姑以即位之始即行烝亂，而急即以次年生，勢須十五歲然後娶，既娶而奪之，又生壽、朔，已能同母譖兄，又能代爲使者越境，非十歲以下兒所能辦也，此最爲難曉。"（《左傳翼》尾）敘朔出奔，而追敘急、壽之見殺，以見朔之滅絕人心而爲親戚所共畔也。夷姜縊不言其故，觀下構急子便知其故。古今爭寵奪嫡之禍，無不如是。吁，可畏哉！衛宣之立在隱公四年，至桓公十二年而宣公卒，烝夷姜當在立國後。生急子而爲之娶于齊，因其美而自取之，生壽及朔，約計前後該四十餘年，不應僅十有九年。既生急，又奪急妻而生壽、朔，朔又構急子而併殺壽也，即烝夷姜在衛桓初立之年，桓公在位十有六年，並宣公十九年，通計三十五年，朔又宣姜幼子，年方沖幼，亦不能與姜共構急子也，姑闕之以俟考。（文淵尾）通篇順敘，故文甚質直。（高嵣尾）俞桐川曰："急、壽各有所屬，明無寵也。急愛父、壽愛兄，極形爭死之烈，罪朔之不類也。夷姜縊，不言縊之故。構急子，不詳構之説。《詩》所云：'中冓之言，不可道也。'簡淡勝人百倍。"（王系尾）此篇是衛侯朔出奔齊傳。散散追敘，而以本傳作收束，章法又別。凡左氏之法，論其謹嚴，似有鐵版儀注，毫不可易者。論其如意自在，又是信筆而成，毫無可執者。所以爲大官，不可與《公》、《穀》同觀與？（《菁華》尾）壽、朔一母之子，而梟、鸞之性，相去天壤，真不可解。急子、申生，俱以遵父之命，甘心就死。孝則孝矣，然律以大杖則逃之義，仍以避去爲是。蓋人子不愛其身，而實不忍予吾父以殺無罪之名。惜乎，以二人之賢，所見俱不及此！

◇桓公十七年

【經】十有七年春正月丙辰，公會齊侯、紀侯盟于黃。（《評林》眉）張洽："公十三年會紀侯敗齊，以益其怨。今乃盟之，豈足以釋憾？又欲納朔，一動而二失也。"二月丙午，公會邾儀父，盟于趡。（《評林》眉）汪克寬："下書伐邾，則盟趡不待貶而惡自見矣。"夏五月丙午，及齊師戰于奚。（《評林》眉）吴澂："盟黃未幾，而齊來侵境矣，平紀之信，豈足恃乎？"六月丁丑，蔡侯封人卒。秋八月，蔡季自陳歸於蔡。（《評林》眉）孫復："蔡季言自陳歸于蔡者，桓侯卒，蔡季當立，時多篡奪，明季無惡，故曰歸于蔡，所以與許叔異也。"《翼》："或曰季即哀侯，或曰非也，季能辭位，故《春秋》嘉之。"癸巳，葬蔡桓侯。（《評林》眉）《增補合注》："春秋諸侯，葬皆僭稱公，而蔡桓獨稱侯者，蓋傳寫之誤也。或曰季賢而以本爵來赴，故史因其所赴而書之。"及宋人、衛人伐邾。冬十月朔，日有食之。（《評林》眉）《傳説彙纂》："書朔不書日，諸子皆以爲闕，蓋晦朔甲乙，或書或不書者，舊史有詳略，而夫子因之也。故當以闕文爲正。"按：宣八年七月甲子日食，注曰："三十日食。"

【傳】十七年春，盟于黃，平齊、紀，且謀衛故也。（《測義》夾）黃震氏曰："齊之圖紀，於是十有二年矣，魯爲紀納后於王，故紀雖從魯、鄭敗齊，而齊僖不敢報怨，齊僖猶畏義也。僖公卒而襄公立，春與魯盟黃，夏與魯戰于奚，齊且無魯，豈爲魯存紀？故紀卒爲齊所滅。"〖編者按：奧田元繼作鍾伯敬語。〗

乃邾儀父盟于趡，尋蔑之盟也。（《左繡》眉）不有于兄，何有于兄之盟？宜其甫尋而輒寒也。

夏，及齊師戰於奚，疆事也。於是齊人侵魯疆，疆吏來告，公曰："疆場之事，慎守其一，而備其不虞。姑盡所備焉。事至而戰，又何謁焉？"（《測義》夾）郭登氏曰："疆場相侵，必當申以文告之辭，至不得已，然後交兵可也。若曰有事則與之戰，何必來告，豈爲國之道哉？"（魏禧尾）魏禧曰："數語得馭邊吏之體，凡守邊將吏，道無踰此者。後世邊臣小有寇警，輒請兵請餉，驚擾朝廷，不知平日設鎮置將，果何事也？"（《分國》尾）爾毋我侵，我毋而犯，杜甫詩謂"立國自有疆"也。唐人貪龍駒、石堡，侵伐虜疆，卒之隴右一帶，反致吐蕃麥莊之誚。桓公數語，足爲千古邊吏石畫。"又何謁焉"四字，使喜開邊釁，如王恢者，索然氣盡。後惟趙充國金城方略，惟以繕亭障，浚溝渠，屯要害，以固守爲務，而勿輕襲擊，得其遺意云。（《左繡》眉）能守而後能戰，唯整乃暇也。桓固知兵。六語兩層，先泛論，次屬吏。"告"字、"事"字、"備"字，一反一復，亦以順逆爲承接法者。四"疆"字，涉筆成趣。（《左傳翼》尾）孫執升曰："疆場重任，妙在出奇。兵難遙度，專制最爲害事。鋒鏑交于原野，而受策九重。機會變於須臾，而定計千里。唐之將帥大功不立，弊正坐此。乃知推轂授鉞，古王良有深意。魯公數語，可當軍誡三篇。既屬疆事，責在疆吏，君相不能遙制。事至而戰，決機雖在臨時，而備其不虞，慎守尤在平日。必能守而後能戰，即此便是錦囊。"（《補義》眉）昭公以前凡侵伐我者，皆書四鄙，有備不深入也。

蔡桓侯卒。蔡人召蔡季于陳。

秋，蔡季自陳歸於蔡，蔡人嘉之也。（《測義》夾）愚按：鄭夾漈謂蔡矦無嗣，國人召其弟于陳而立之，是爲哀侯獻舞，是季即獻舞也。何休氏又謂蔡矦欲立獻舞而疾季，季避之陳，蔡矦卒，季歸奔葬無怨心，是以季與獻舞爲二人也。紛紛諸説，姑闕其疑可焉。(《左繡》眉) 連寫五"蔡"字，亦以順逆回環爲章法。(美中尾) 劉原父曰："智足以與權而不亂，力足以得國而不居，蔡季是也。"(文淵尾) 可見《春秋》書字以嘉人，是史官從當時之俗，而孔子因之者。春秋之俗，如弑君者既列於會則不得討賊之類，誠逆理滅倫之甚者，孔子改史舊文多此類耳，其他可以示勸戒者，未嘗不因之也。(《評林》眉) 湯若士："蔡桓公卒，何休氏謂蔡侯欲立獻舞，而疾季，季避之陳，蔡侯卒，季歸奔葬，無怨憝心，季蓋賢公子也。"《傳説彙纂》："蔡季非獻舞，杜氏誤合爲一人耳。左氏止曰蔡季自陳歸于蔡而已，未嘗謂立以爲君也。"劉敞："蔡人嘉之，則必蔡人逆之矣。"

伐邾，宋志也。

冬十月朔，日有食之。不書日，官失之也。天子有日官，諸侯有日御。日官居卿以底日，禮也。日御不失日，以授百官於朝。(《左繡》眉) 日官、日御本對説，忽于中間橫插"禮也"二字作界畫樞紐，便令束上遞下，生動非常。因日食不書日，亦連寫六"日"字，而字字整對，筆法之變如此。合上兩節讀，所謂筆墨之奇，亦有一時氣類者。(《左傳翼》尾) 欽若昊天，敬授人時，是國家第一重大事。故《堯典》以命羲和居百度之首，《甘誓》、《胤徵》皆於威侮五行、昏迷天象致討。日官失日，百度隳矣，此雖臣之不職，亦由君之不敬天使然。故於日食不書日發之。魯，侯國，以日御爲主。中雖平敘，末用側注，底日爲禮，失日則日不底，其爲非禮可知。祇三五筆而賓主順逆之法，無所不備。(《評林》眉) 趙匡："左氏曰：'不書日，官失之。'非也。或史官闕之，或年深寫誤，何關日官、日御乎？"陳傅良："自文以上，日食或有不書日者。自文以下，皆書日。故曰桓、莊之世多闕文。"《附見》："日官日御共掌曆，但有天子諸侯之分，而相對説，中間插入'禮也'二字，收上遞下。"《翼》："省中間'禮也'二字，置下'授百官于朝'之次，其意尤明。"

初，鄭伯將以高渠彌爲卿，昭公惡之，固諫，不聽。昭公立，懼其殺己也。辛卯，弑昭公，而立公子亹。(閔生夾) 即敘昭公之死，並無大波瀾，亦必用逆筆倒提，可見《左傳》無一平語。

君子謂："昭公知所惡矣。"(《補義》眉) 知所惡而不能去，以致其復惡，蓋深爲昭惜之。（文淵夾）此譏其惡惡而不能退以招禍也，蓋昭公即位幾三年，而不能去其所惡之人，則知所惡適足殺身耳。**公子達曰："高伯其爲戮乎？復惡已甚矣。"**（文熙眉）穆文熙曰："鄭伯用渠彌，而昭公諫之。昭公既立，當亟除之可也，何故逡巡不果，自取弑奪乎？古謂當斷不斷，反受其亂，尤信。"（《測義》夾）孔穎達氏曰："韓非子以爲：君子言知所惡者，非多其知之名，而嫌其心不斷也。曰知之若是其明也，而不早誅焉，以及於死，故言知所惡，以見其無斷也。"（韓范夾）惡可改也，即不可改，猶可止也。非唯不改，而又復焉，是以殺人爲未甚，而加之以輕割也。（《左繡》眉）此段以斷高伯爲主，卻先安頓昭公一筆，乃賓主輕重雙結法。說見前公欲平宋鄭篇。敘事著一"惡"字，下以"知惡"疊"復惡"，作兩層斷結，文律最細心。（《左傳翼》尾）本斷渠彌之弑君必將爲戮，而先插昭公知所惡於中，見昭公之惡小人，原不爲過。不幸遭弑，非其自取。而渠彌之不容於覆載，乃更無所逃。但既知所惡，何以不加誅斥？優柔不斷，姑息養奸，亦所不免。抑揚斷續，別具無限神味。（《評林》眉）《經世鈔》："昭公在位久矣，惡於爲太子之時，而縱於爲君之日，真所謂自貽伊戚矣。然亦須論所惡之正，若以爲太子時以私意惡，而爲君遽殺之，又大不可也。"《補注》："鄭弑君不書者，魯人君突而細忽，鄭不告。"（王系尾）此篇前敘後斷，敘合而斷分。渠彌弑忽立子亹，次年齊襄公殺子亹，祭仲立子儀。莊十四年，傅瑕殺子儀，而納厲公，經皆無明文。據經，桓十五年五月，鄭伯突出奔蔡，鄭世子忽復歸於鄭。秋九月，鄭伯突入于櫟。莊四年夏，齊侯、陳侯、鄭伯遇于垂。如左氏所載，則遇垂之時，子儀在國，厲公在櫟也。鄭伯爲誰乎？以爲厲公，則厲未入鄭。以爲子儀，則經既書入櫟者爲鄭伯，是一國二伯也。考《公羊》、《穀梁》俱無渠彌、子亹、子儀事，《公羊》即以入櫟爲入鄭，而昭公無下落。姑志所疑，以俟博雅者。（闈生夾）此皆歎息昭公之辭，蓋昭公實賢君也。又藉以起下文高伯之死。又案：《韓非·難篇》曰："君子之舉'知所惡'，非甚之也。曰知之若是其明也，而不行誅焉，以及於死，故曰'知所惡'，以見其無權也。"《韓非》解釋左文，最爲曲至。左氏全書皆用此筆法，皆當以此意求之。

◇桓公十八年

【經】 十有八年春王正月，公會齊侯於濼。公與夫人姜氏遂如齊。夏四月丙子，公薨于齊。（《評林》眉）蘇軾：“桓公千乘之君，而陷于一婦人之手，夫子以爲文姜之不足譏，而傷于桓公制之不以漸也。故書曰：'遂如齊。'言其禍自公作也。”趙鵬飛：“如齊者，文姜志也，非公意也，故不書及，而書'與'，若曰公不得已而與姜氏如齊也。”趙匡：“在外薨，不以有故無故，皆當書其地。”丁酉，公之喪至自齊。（《測義》夾）姜寶氏曰：“《春秋》弒例有二：在內則以不地見其弒，在外不容不書其地，則以上下特異者見之。此書公會齊侯于濼，公與夫人遂如齊，公薨于齊，公喪至自齊，夫人孫于齊，雖無傳，亦知公之不得其死，賊在齊矣，而釁由夫人矣。”秋七月，冬十有二月己丑，葬我君桓公。

【傳】 十八年春，公將有行，遂與姜氏如齊。申繻曰：“女有家，男有室，無相瀆也，謂之有禮。易此，必敗。”（《彙鈔》眉）魯桓拒忠謀，徇婦志，越禮亂倫，迷惑不悟，一死何足惜哉？（《左繡》眉）此篇有敘無斷，詳申繻語于前，蓋亦先斷後案之法也。公薨事，不得不敘，又不忍詳敘。只輕寫幾筆，而告齊語則曲折隱躍，字字寫得淒婉。齒冷之事，心惻之文。先女後男，申繻明知此行夫人爲主也。事未見端，而使人慨然言表，妙筆。（《評林》眉）王陽明：“桓之遇害，雖夫人與齊襄之罪，實自貽之戚也。世未有聽從其婦而能保身者，雖然，亦弒逆之報與！”（《補義》眉）此以申繻語起，以薨車束，以魯告齊起，以殺彭生束，似兩扇格，其實以"易禮必敗"作主，而下兩段皆爲繻言左證也。兩"禮"字相應。云寡君已過文姜、請彭生已卸却齊侯，此便是忘讎之根。

公會齊侯於濼，遂及文姜如齊。齊侯通焉。公謫之，以告。

夏四月丙子，享公。使公子彭生乘公，公薨于車。（韓范夾）此鍾巫之報。（《左繡》眉）"公薨于車"，四字隱秀，筆法似經。依南華文法，所謂乘亦不知也，薨亦不知也，寫醉生夢死人入骨。（《評林》眉）徐文長：“君父見害，臣子所恥，義當略說，不忍斥言，故敘桓公在齊遇

害，而云：'彭生乘，公薨於車。'"〖編者按：凌稚隆作劉知幾語。〗

魯人告于齊曰："寡君畏君之威，不敢寧居，來脩舊好，禮成而不反，無所歸咎，惡于諸侯。請以彭生除之。"（韓范夾）陳泰謂司馬昭曰："惟有斬賈充可以謝天下。"昭曰："更思其次。"泰曰："止有其上，更無其次。"齊之誅彭生，亦猶殺賈充而已。魯之請誅彭生，亦是不得已而姑言其次也。**齊人殺彭生。**（文熙眉）穆文熙曰："桓公挾妻如齊，犯男女相瀆之禮，及其見通於人而謫之，致殺何疑？此猶桓公之罪，若襄公禽獸之行，則不足責矣。"（《分國》尾）按：桓公三年，夫人姜氏至自齊。十八年，公與姜氏如齊，《春秋》特記其始末耳。記其始，以著姜氏於歸之由。記其末，以著桓公喪身之故。其實中間不能屢書也。至於桓公既薨後，會禚、會防、會穀，如齊師，享祝丘，則罪在莊公也。蓋齊襄之立，雖在桓公十四年，文姜則爲齊襄之妹，綏綏之狐，妄求其匹，必非朝夕之故。此"展吾甥兮"，見諷于齊人。"同非吾子"，魯桓亦以爲然也。嗚呼！魯桓弒隱，見殺彭生，卒之貝丘之田，齊襄又喪魄於人豕。天道好還，章章不爽。（《左繡》眉）咎固在齊侯、文姜也，開口寡君，便藏過文姜。託辭彭生，便激射齊侯。隱躍中卻字字有法。（美中尾）汪雨亭曰："寡君已藏過文姜，請彭生已卸卻齊侯，此便是忘讎之根。"（文淵尾）姜氏不稱夫人，諱桓之醜也。更稱文姜者，明姜氏即夫人也。魯稱人者，譏其不討賊復讎也。魯之賊爲文姜，讎爲齊侯，徒使齊人殺彭生，豈足當之哉？（《左傳翼》尾）開口女有家，男有室，分明中冓之言，言之醜也。而彼昏不知，兵在其頸，就之如飴，亦天奪其鑒而授之首耳。秉禮之國，而帷簿不脩，貽笑天下萬世若此，申繻之諫，可不爲之三復乎？（《評林》眉）陳傳良："殺彭生不書，嫌討賊也。杜氏：'不書，非卿。'說非是。公子書殺，不必皆卿。"今案：史既諱弒書薨，則殺彭生必不復書。（王系尾）魯不能報讎，而請殺彭生以除惡。果可除乎？惡彌甚耳。家則堂曰："齊、魯雖婚姻之國，盟會未幾，戰爭相尋，蓋敵國也。公一旦與姜氏如齊，殆天所以致弒逆之誅，非人之所能爲也。"（《菁華》尾）桓以羈旅之身，知文姜醜行，俟其既歸，罪而黜之可也。不能須臾之忍，以取殺身之禍，愚亦甚矣。然桓推刃其兄，竟坐享富貴者十餘年，天網恢恢，疏而不漏，申繻之諫不行，亦天有以奪之鑒。彭生何人，殺之如屠一狗，魯人此請，亦無聊甚矣。（闇生夾）此譏魯之不讎齊也。但敘其事而意自見，左氏文妙處皆如此。若著議論，則必詭詞謬稱，以寄其微旨，亦從不一字平直也。

秋，齊侯師於首止，子亹會之，高渠彌相。七月戊戌，齊人殺子亹而轘高渠彌，祭仲逆鄭子于陳而立之。是行也，祭仲知之，故稱疾不往。人曰："祭仲以知免。"仲曰："信也。"（文熙眉）齊侯此舉大快人心。（魏禧尾）孔之逵曰："高渠彌雖以舊怨弒昭公，然必祭仲主其謀。以'稱疾不往'及'知免'、'信也'觀之，則仲之主謀明甚。祭仲專國，不主謀則渠彌不能弒，渠彌弒而仲亦能討之矣。爲昭公者，復國之後，當深自韜晦，一唯祭仲是聽，潛結腹心，伺其可制，則一舉而殲之。今觀渠彌懼公殺己，則平日欲除小人之意形見情露，故渠彌知懼而祭仲亦不能自安。夫人君不幸而大權既去，奸黨脅制，則必沉密以濟之，不可躁動取敗。昭公生平全以血氣用事，怒班後而與魯構兵，豈知有忍能濟之道哉？後世如漢和帝十四而誅竇憲，周武帝自晦而誅宇文護，可以爲人君除奸之法矣。"孔尚典曰："昭公既弒之後，不召立厲公而立公子亹，明係祭仲爲謀主矣。夫昭公于父時猶知惡渠彌而固諫，一旦即位，豈不知誅之？特以渠彌爲祭仲之黨，勢有所不可也。愚嘗謂祭仲不討渠彌，趙盾不討趙穿，與桓公不誅羽父，皆共謀之人。而隱公之不能斬羽父，則亦以羽父素專，勢有不能故耳。"彭家屏曰："入春秋以來，弒君者多矣，諸侯未聞有討賊者。齊襄之殺高渠彌，可謂義舉矣。然昭公往年敗戎師，大有造于齊，齊人殆以公義報其私恩者歟？"（《分國》尾）高渠彌手刃昭公，其車裂宜矣。祭仲於忽、突、儀、亹，更立四君，毫無主持，靦然在位，吾不知其何心！（《左繡》眉）此節兩事遞結，乃合傳體。高、祭是一流人物，而轘與免殊。非罪有輕重，智弗若耳。兩人皆有敘無斷者，高斷已具前傳，祭斷即在自評中。蓋分明網漏於吞舟也。筆法輕妙極矣。"逆鄭子"句，結上生下，文之以事爲轉楔者也。"是行也"，即從上文抽出另敘。《史記》慣用"當是時"，與此正同。（《左傳翼》尾）弒君之賊必討，高渠彌允當其罪矣。祭仲之惡，更浮于高，而吞舟漏網，天王不問，列侯不討，失刑甚矣。致使小人自多其智，世變至此，尚忍言乎？討賊大義不行已久，而齊忽行之，此亦重陰冰雪中得此一點陽春也。然齊襄非能討賊之人，聲罪致討，不惟失之祭仲，並渠彌亦不來矣。唯以詭詐出之，而元惡授首，當時爲之一快，《春秋》削而不書，以非義討也。（《補義》眉）"師"字起得聲勢。抽出另敘，即以仲自言爲斷。（《評林》眉）穆文熙："齊侯此舉，大快人心。

祭仲逐君，亦所當輕，何獨以知得免？可恨也。"（王系尾）仲專鄭國，而渠彌弒立，權足相侔，非仲之所利也。齊人之討，非有益於鄭，而大有造于仲足，天其佑老奸乎哉？（闉生夾）文若美仲，實以明子亹、高伯之愚也，而措語風趣特甚。左氏此等風趣最可愛，《史記》中亦無有，後人更無繼之者矣。

周公欲弒莊王而立王子克。（《補義》眉）汪云："此與會澤篇參看，彼順敘致亂之由，而此倒敘也。"（方宗誠眉）小文忌平直，故用追敘倒敘之法，乃不平順，乃有氣勢。辛伯告王，遂與王殺周公黑肩。王子克奔燕。（《評林》眉）《經世鈔》："制敵之道，有先去其謀主，而彼即無能為者。辛伯殺黑肩，而子克即奔燕矣。後世如寇恂之斬皇甫文，而高峻即降者，正此類。意季友誅叔牙而置慶父，當亦以此故耶？"初，子儀有寵于桓王，桓王屬諸周公。辛伯諫曰："並后、匹嫡、兩政、耦國，亂之本也。"周公弗從，故及。（王源尾）魏叔子曰："'告王'二字中，有許多間諜在。'遂與王殺'四字中，有許多機權作用在。凡古人定大難，不知費多少心血，而史未詳其本末者，讀書人皆須設身處地想出當日情形方得。"先生論經濟爾，而文章在其中。凡作簡鍊文字，斷當規模此等。看他短幅中起應斷續之法。筆筆藏鋒，每一句中即包有無限文字，豈漢以下手筆所及？（《彙鈔》尾）桓聽羽父之讒而弒隱公，又不制其妻，于兄弟夫婦間蔑亂已極，卒莫保其令終。魯稱秉禮，乃至於斯，魯其衰矣！而王法不行，方伯不討。繻葛一戰，以下陵上。楚氛漸熾，萄虐諸姬。讀是傳而思《曹》憂無王，《檜》憂無霸，有同慨乎？（魏禧尾）魏禧曰："'告王'二字中，有許多間諜在。'遂與王殺'四字中，有許多機權作用在。不然，欲弒莊王，其謀必密，辛伯何由得知？而黑肩世卿，桓王以屬子儀，其後又欲弒莊王，則是大有權力人也，豈易殺哉？觀辛伯初諫語，則知此老胸中時時慮此一事，著著辦此一舉矣。凡古人定大難，不知費多少心血，而史未詳其本末者，讀書人皆須替他設身處地，想出當日情事方得。如漢和帝、鄭眾之誅竇憲，吳王休、丁奉之誅孫綝，北魏莊帝、陽城王之誅爾朱榮，是其類也。若雍糾與鄭厲謀誅祭仲，邱孫與魯昭謀誅季氏，圖之不密，攻之不克，則反中于其君於其身矣。"魏祥曰："'遂與'二字，亦出其不意耳。黑肩勢大，豈疑人遂殺之？所以殺之極易。以此知善謀者貴於乘機而斷，善備者在於微而不敢忽。"(《分國》尾）桓寵克，屬之黑肩，邪志也。爲黑肩者，辭於桓，即以辛伯之言進可也。已從先君之邪志矣，告于莊王，守金匱之盟可也。弒莊王，何欲速也？辛伯惡其無將，告于王而先之，定亂于未然，千古有作用人。黑肩不納辛伯言，殺機已決，信乎爲人臣者，不可不讀《春秋》。(《左繡》眉）此節乃倒敘法。以周公爲主，而前敘辛伯之告，後敘辛伯之諫，俱極簡括。唐錫周曰："'並后'四語，千錘百鍊，絕勝'賤妨貴'五句。"(《左傳翼》尾）君、友一也，君不可背，友豈可賣？反覆告之，終不見聽，此心已盡。至於欲弒莊王，則不得不告而殺之矣。周公負辛伯，辛伯不負周公也。千古亡國覆家，未有外此四語者。東遷以來，大難未已，又復見此覆轍，殊可歎也。善乎張子悔庵之言曰："周幽以替長立少之故，身弒戮，國幾亡。遷於郟鄏，僅而獲濟。子孫所首鑒者，宜莫先於此。而眈愛溺私，仍世疊見。使失職不逞者得藉以爲釁，豈不悖哉！桓王之於子儀，是一幽王也。莊王之於子頹，是又一幽王也。惠王之于叔帶，是又一幽王也。景王之於子朝，是亦一幽王也。傷虎者談虎而色變，乘車而摧輈，視平地皆羊腸九折也。桓之去幽再世耳，是其所見聞也。至於莊王親見子儀之釁，而偏愛子頹，以稔毒于惠。惠王身遘子頹之難，而又寵暱子帶，以基禍於襄，則尤惑矣！嗚呼！周壞於奪嫡，而數世奪嫡。漢傾于外戚，而連用外戚。唐之女寵、宦官相繼也，宋之守和議而不變以終其世也，解酲以酒，滅煬以薪，其溺沒顛墜，不至於亡不止也，豈不悲夫！"(《日知》尾）簡鍊秀削。(高嵣尾）呂東萊曰："辛伯之諫，才數字爾。漢高祖犯之，而有人彘之禍。唐高宗犯之，而有武氏之篡。晉獻公犯之，而有里克之釁。隨文帝犯之，而有張衡之逆。齊簡公犯之，而有田、闞之亂。齊王芳犯之，而有曹、馬之爭。晉元帝犯之，而有武昌之叛。唐明皇犯之，而有范陽之變。亦天下之甚可畏者。"(《評林》眉）《經世鈔》："先盡忠告，當與石碏教之不改一段參看。"(王系尾）贊曰："殺奪皆爭，桓獨施之於揖讓。異哉！豔妻煽禍，獲報亦奇。魯人曰：'無所歸咎，惡于諸侯。'蓋自今日，猶將爲之掩鼻焉。"(閩生夾）味此言，則周公之死蓋冤獄也。所謂"欲弒莊王"云者，當時愛書加之罪名耳。寥寥短篇，而寓意深遠不測。

莊公（元年至三十二年）

◇莊公元年

【經】元年春王正月。三月，夫人孫于齊。（《評林》眉）吳徵："魯人以桓公之弒實由夫人，衆怒群誚，夫人内慙不安，故出奔齊。"《傳説彙纂》："文姜之罪，莫大乎與聞乎弑，故尤於出奔時貶之。李廉所謂一貶而罪惡自見也。故二年如齊，復書姜氏。"夏，單伯送王姬。（《評林》眉）按：《公》、《穀》經"送"作"逆"。《傳説彙纂》云："三《傳》互異者，折衷於經。"左氏以單伯爲周大夫，故以逆爲送。然以書會、書至例考之，則單伯實爲魯臣，故《公》、《穀》爲是。秋，築王姬之館於外。（《評林》眉）趙匡："左氏云：'于外，禮也。'與讎主昏，縱在城外，豈爲禮乎？"冬十月乙亥，陳侯林卒。（《評林》眉）高閌："莊公與桓王同時，王名林而公亦名林，君臣同名也。"王使榮叔來錫桓公命。（《評林》眉）何休："桓行實惡，而追錫之尤悖天道，故不稱天王。"孫覺："《春秋》書錫命者三，三《傳》、諸儒論其禮不同。杜預尋左氏之説，則以謂：'桓公之命，若今之哀策。文公則錫以命圭，合瑞爲信。'若如其説，則錫命之禮有不同矣。書之皆曰命，無異文。"王姬歸於齊。齊師遷紀、邢、郚、鄑。（《評林》眉）程迥："土地人民盡有之曰取，逐其人，有其地，曰遷。"

【傳】元年春，不稱即位，文姜出故也。（《左繡》眉）不曰父弒故，而曰文姜出故，言父弒則姜出不見，言姜出則父弒見，左氏筆法亦微而顯矣。（《評林》眉）啖助："遇弒則嗣子廢即位之禮，左氏不達其意，而云'文姜出故也'，不舉其大而舉其細。"

三月，夫人孫于齊。不稱姜氏，絶不爲親，禮也。（《左繡》

眉）即"公遜碩膚"之孫，《春秋》美惡不嫌同辭。（美中尾）顧亭林曰："文姜與公喪同歸，自知爲國論所不容而去，於此而遂絶之，則臣子之義申，而異日之醜行不登於史策矣。左氏'絶不爲親'一言，深得聖人之意。"（《左傳翼》尾）文姜出，公何以不行即位之禮？以文姜弑桓，先君不以道終，則子不忍即位也。不言桓弑，而言姜出，姜出即桓弑，此左氏微詞也。文姜隨喪歸魯，衆怒群誚，内慚不安，故復奔齊。姜罪通天，莊公宜上告天王，明正典型，討賊以復父讎，方爲合禮。今乃暱於私恩，而聽其出入自如，尚得謂有人心乎？左氏因去姜氏而云"絶不爲親"，齊尚不可謂女，魯又安得以爲母乎？必絶之而不以爲親可也。（《評林》眉）《補注》："'不稱姜氏'，承上文'公與夫人姜氏如齊'，用一事再見之例略之。夫人罪〔編者按：三字上下皆有闕文〕，但傳以去姜氏發義則非。"

秋，築王姬之館於外。爲外，禮也。（《測義》夾）愚按：左氏但知衰麻不可以接弁冕，故以築館於外爲得禮之變，而不知忘親釋怨以主讎敵之昏姻，則雖于外焉而亦非也。（《左繡》眉）以此爲外人禮耳。外王姬，所以外齊侯也。（美中尾）孫莘老曰："齊爲魯世讎，而魯主其婚，又在縗絰之中，書此，見魯之失禮，王之失命也。"萬充宗曰："人情怨讎，難於初合，自王姬一歸，與齊暱就，而後此之會享，夫人遂得託國計以遂其姦矣。"（王系尾）説此傳者，多謂齊强魯弱，魯不能讎齊。然喪制未闋，故異其禮。今考莊公之爲人，知有母而不知有父。文姜數數如齊，略無防閑。而自與齊人狩，旋又娶于齊。是其心未嘗讎齊也。且夫不共戴天之讎，豈暇計强弱哉？築館於外，不若辭王命之爲愈也。

◇莊公二年

【經】二年春王二月，葬陳莊公。夏，公子慶父帥師伐於餘丘。（《評林》眉）按："於餘丘"，《公》、《穀》、孔疏皆爲邾之別邑，左氏無文。《彙纂》爲近魯小國也，恐是。**秋七月，齊王姬卒。**（《測義》夾）愚按：莊公昧於復讎之義，釋怨而主昏，故經書逆女，書築館，書歸，書卒，辭繁而不殺，皆以病莊公也。（《評林》眉）孫覺："魯與天王同姓，天王之女嫁諸侯者多魯主之，然二百四十二年之久，王姬之歸書之最備者，齊王姬也。書之備者，所以見莊公之盡禮於仇讎，而無恩於先君也。罪之大則書之備，惡之積不可掩也。"冬十有二月，夫人姜氏會齊侯於禚。乙酉，宋公馮卒。

【傳】二年冬，夫人姜氏會齊侯於禚。書，姦也。(《評林》眉)王陽明："夫人與魯既絕不爲親矣，故雖臣子紀事，亦書其姦，甚惡之之詞也。"(王系尾)元年遜于齊，不書姜氏。此會書姦，特揭姜氏。《春秋》之疾惡至矣。夫姦淫，大惡也。姜氏，齊女也。以姜氏而淫于齊侯，豈不蠢然禽獸也哉！

◇莊公三年

【經】三年春王正月，溺會齊師伐衛。(《評林》眉)高閌："衛朔奔齊，齊欲納之。然天王曰：'絕朔。'而立公子黔牟爲衛侯。魯輒興兵會仇讎之人，抗天子之命，納不義之人，其罪大矣。"夏四月，葬宋莊公。五月，葬桓王。(《評林》眉)俞皋："凡天王之葬，魯會則書，不書者皆不會也。"秋，紀季以酅入于齊。冬，公次於滑。(《評林》眉)俞皋："次，欲進而止也。書公'次'，君自將也。"

【傳】三年春，溺會齊師伐衛，疾之也。(《評林》眉)《補注》："陸氏曰：'不命之卿，例不書氏，不可別爲義。'"

夏五月，葬桓王，緩也。

秋，紀季以酅入于齊，紀於是乎始判。(《左繡》眉)一句經，一句傳，敘事便爾了了。不知簡法者，難與讀《左》、《史》二書。

冬，公次於滑，將會鄭伯，謀紀故也。鄭伯辭以難。凡師，一宿爲舍，再宿爲信，過信爲次。(《左繡》眉)不曰三宿，變文言過信，鄭重之詞。(文淵尾)《春秋》書"次"十有三，而未有書"舍"、書"信"者，其所書皆過信耶？(《評林》眉)張洽："公欲閔紀之難，而度其身終不能救，故次師於滑，將以鄭之不去而辭於紀爾。彼於父之讎且忘之而不圖，豈有心於存紀哉？故書'次'，見出師無名，以深譏之。"《補注》："傳見宿師非過信者不書，説者議之皆過。"

◇莊公四年

【經】四年春王二月，夫人姜氏享齊侯于祝丘。(《評林》眉)

高閌："禮，姑姊妹已嫁而反，兄弟不與同席而坐，況用兩君相見之禮乎？"三月，紀伯姬卒。夏，齊侯、陳侯、鄭伯遇于垂。（《評林》眉）高閌："鄭伯即厲公，或以爲子儀者，非也。"紀侯大去其國。（《評林》眉）汪克寬："大去者，如荀偃云大還，婦人見絶於夫家爲大歸，蓋凡可欲之物盡棄不顧，往而不返也。"六月乙丑，齊侯葬紀伯姬。（《評林》眉）陸淳："葬者，臣子之事，非由鄰國也。齊侯恃其强大，并人之國，而禮葬其妻，是謂豺狼之行而爲婦人之仁也。"啖助："內女之葬不書，書者，皆非常也。"秋七月。冬，公及齊人狩於禚。

【傳】四年春，王三月，楚武王荆尸，授師孑焉，以伐隨。（《左繡》眉）此篇前後敘事，中間議論。事固靈變，論尤奇闢。是一則極有權術，極有道學文字。左氏一手寫出，雙管化爲生枯枝矣。（《評林》眉）《經世鈔》："《方言》曰：'戟謂之孑。'取名于鉤子也，上有刺刃，下有鉤刃。"將齋，入告夫人鄧曼曰："余心蕩。"（《評林》眉）張半菴："齊而反蕩，此神離其魄，在庶人且爲不祥，況王乎！"鄧曼歎曰："王禄盡矣。盈而蕩，天之道也。（闔生夾）逆攝王薨，特爲奇縱。先君其知之矣，故臨武事，將發大命，而蕩王心焉。若師徒無虧，王薨于行，國之福也。"（鍾惺眉）曼何等婦人也？開口怕人。（《彙鈔》眉）鄧曼知屈瑕之敗，又知楚〖編者按：疑脱"王"或"子"字〗之死，何明智乃爾？（《左繡》眉）只一"蕩"字，分出兩層。"盈而蕩"，是原其蕩之本。"蕩王心"，是指其蕩之幾。寫得天地之鬼神與吾心之鬼神，是二是一？此等道學，直作《中庸》注疏可也。前論濟師則長於知人，此論心蕩則精於説理。楚武每事必告，亦以曼爲入官一良佐矣。（《補義》眉）生轉爲禍，死反爲福，看破此關，乃不爲生死所惑。（《評林》眉）鍾伯敬："國之福也，此社稷爲重，君爲輕，已先孟子看出。"李笠翁："鄧曼前知莫敖之亡，此知王之薨於行，一婦人而明鑑若爾，即子貢之能辨高卑俯仰，當不過是。"（《學餘》眉）一片歎聲，從數虛字流出。王遂行，卒於樠木之下。（《評林》眉）《增補合注》："今湖廣承天府樠木山有楚子廟。"令尹鬭祁、莫敖屈重除道、梁溠，營軍臨隨。隨人懼，行成。（《評林》眉）《經世鈔》："忽然從天而下，故隨人不及戰，懼而行成。凡欲操必勝之勢，必出奇以懾敵。如吳爭盟晨壓晉軍之類。秦始皇東遊，明文皇北征，此其摹本也。"莫敖以王命入盟隨侯，且請爲會於漢汭而還，濟漢而後發喪。（《快評》尾）此與前篇皆傳楚，楚不幸中之大幸，以見楚實有材，天之授楚，亦以生材卜之也。前半寫夫人之見微而知清濁，後半寫令尹、莫敖之臨事而能暇整。楚材如此，盡有江漢，固其宜矣。鄧曼絶世奇人，其于盛虛消息之理，天人微顯之際，説之如説家常茶飯，竟是透頂學人之言。且重社稷而輕王身，千古有識女子，當推鄧曼爲第一座。王伐隨而卒於行，爲令尹、莫敖者，極難措手，乃二臣之暇整若此，可當社稷之臣矣。（《統箋》尾）愚按：古來秘不發喪之事，始見於此。此猶以行師在外，防患而行權。後世斯、高之徒，且以之奸人國矣。（魏禧尾）彭家屏曰："鄧曼巾幗中人，料事審幾，每多微中，其才智誠有過人者也。然不能梱王之行，使不獲考終於正寢，豈其力固有所不能及歟？若令尹、莫敖當伐國之際，王薨於軍，而能以智盟隨侯，全師而返，其倉卒濟變之才，有足多者。楚武黷兵，道家謂'佳兵者不祥之器'，故雖不死於敵，而卒死於行。禍自己作，妖由人興，死期將至，而志氣先動，可爲後世殷鑒。"（《分國》尾）虧盈益謙，天道也。楚王之盈，在於稱王。楚自熊繹，曾一稱王。後畏屬王，隨去王號。至魯桓十八年，熊通自立爲武王。曼曰："先君其知之矣。"知王號不可僭，今日子孫稱王，爲禄盡之日耳。因其授兵於廟，齋告祖宗，即以此言進也。秘喪臨隨，仍用王命，遂爲後世不易之法。（《左繡》眉）孫執升曰："不謂于楚得此奇婦人。使王聞言知悟，則可無薨於行，而奇兵直道，皆爲多事矣。而臣能以死王爲生，而不能使生王不死，吾謂令尹、莫敖，其智皆出鄧曼下。"如此收煞，方不孤負荊尸授載一番調度。文字亦得首尾相副，而其意則正爲"王薨于行，國之福也"作注腳。或王爲鄧曼點醒，預留錦囊，未可知也。（美中尾）浦二田曰："夫人語精，可垂惡盈之戒。諸將事密，可識濟變之權。"（《左傳翼》尾）楚以蠻夷僭王猾夏，連年用兵，壯志雄心勃勃不可遏抑，可謂盈矣。夫日中則移，月滿則虧，天道虧盈，理之常也。鄧曼明於天人之理，因其將齋心蕩，而知禄之將盡。蓋楚子平日窮兵，皆夫人所不滿者，而力不能諫止之，此番竊歎，深恐其履滿不戒，將蹈屈瑕覆轍，故以得死爲幸。説到"先君其知之"，正見佳兵不祥，天地祖宗尚默佑之，使之死於行不死於敵也。"若"字一轉，有幾幸不可必得意，此等識見，直可目空千古。勝負兵家常事耳，自夫人言之，師敗重于王薨，非重師徒而輕王也。兵兇戰危，韓之戰晉惠被獲，泓之戰宋襄受傷，升陘之戰僖公胄且懸魚門矣。王薨于行，尚屬得正而薨，否則師徒有虧，禍且不測。總之一盈最爲害事，以蕩王心屬之先君，分明鬼神禍盈與天道虧盈止此一理。《左繡》謂：前論濟師，長於論人。此論心蕩，精於說理。不知莫敖自用即是盈，心不固即是蕩。告諸天之不假易即是盈而蕩天之道。其論莫敖，無非諷諫楚子。楚子不悟，總是一盈爲之也。後世楚靈投龜詬天，致有乾谿之辱，共王中目，皆不善於持盈者。此種精理名言，不但兵符家所不到，亦道學先生所未聞也。（《便覽》尾）寫荊尸，有聲有光；寫將齋，無情無緒；寫鄧曼，情辭嗚咽；寫王行，意境蒼涼；寫臨事，有應變之才；寫歸家，有發喪之舉。短幅中，已變態百出。前知兵之勝，此知王之生死，鄧曼亦奇矣哉！〈芳輯評〉（《日知》尾）後半敘事皆伏於前半議論中，凌空起，陗。（高嵣尾）俞桐川曰：＂＇蕩＇字莫可名言，從齋時覺得，故說先君知之。鄧曼固明理，亦左氏敘法得訣也。＂（《評林》眉）《經世鈔》：＂內不足者，外故爲有餘，想見整暇之妙，用心細密處。＂王百穀：＂當喪而秘不發，深得兵家權宜之計。＂（王系尾）鄧曼，婦人也。能知師徒之爲重，王薨之爲輕，可不謂明焉！鬭祁、屈重卒能取成，非徒無虧而已，楚有人哉！（《學餘》尾）莫敖之心不固，楚子之心蕩，皆於出師見之。鄧曼一言以蔽之，曰＂盈＂而已矣，然皆不能阻其行。蓋荊蠻之俗，以用兵爲武，其來久矣。（《菁華》尾）＂盈而蕩＂句，絕似《道德經》中語。桓八年已與隨平，至是復伐之，想服而復叛故也。鄧曼知王必死，不止其行，絕無一毫兒女子態，真奇女也。

紀侯不能下齊，以與紀季。夏，紀侯大去其國，違齊難也。
（魏禧尾）謝文洊曰：＂公羊子謂齊實滅紀，而《春秋》賢襄公復九世之讎，遂爲之諱，故不書滅。鍾惺氏曰：＇襄公所難者，在此念耳。＇愚以爲仁至義盡之念，雖賢者猶難之。襄公禽獸，豈能有此？雖天理常存，人性不滅，惡極之人，未嘗無一念之仁，然亦乍發乍止耳，求其真切堅忍，見之事業，則斷斷不能也。吾以爲既書紀侯去其國，則滅國者之罪，不書自著，此變例也。公羊子求其說而不得，見其上世適有紀、齊相構之事，遂推其故而云然耳。然則九世之讎可釋乎？曰＇不可＇。公羊子以爲：＇雖百世不可釋。國君以國爲體，諸侯世，故國君一體。＇其說最是。然柯之盟，魯及齊平，而胡氏引＇敵怨敵惠不在後嗣＇之說，以爲魯莊于齊襄當復，于齊桓則當釋，則又何也？愚以爲胡氏之言，勢也，非天理之至也。魯莊之父見殺于齊，齊襄公雖死，而魯莊之讎未復，雖敵子敵孫，皆吾讎之子、讎之孫也，吾又何暇問其祖父有罪而子孫無罪乎？父子祖孫一體，祖父有罪，子孫身償，亦其分也。乃若復讎者，身未及復，則齎恨以没。子念父齎恨以没，則必不忍不爲祖父雪恨者，情也、仁孝也。所懼者，世漸遠，仁孝漸衰耳。若父仇未復，敵人已死，而以爲當釋，則先君之怨，何時而灑乎？敵怨不在後嗣之説，小怨耳，非爲殺父之怨言也。胡子特見齊桓合諸侯、安中國，攘夷尊周，伯業將成，其國日盛，恐魯莊脩怨怒鄰，反爲宗社危，遂以釋怨爲是。故曰此成敗之勢，非天理之至也。天理之至，不以敵之强大而懼，不以己之弱小而忘。故復讎者見敵可乘則乘之，敵未可乘則内以安民脩政進賢用能，外以卑躬戢翼奉職和鄰，專心一志以伺敵人之便。夫勢亦何常之有？齊桓，諸侯也；魯莊，亦諸侯也。齊桓可以振拔有爲，魯莊獨不可振拔有爲乎？不責魯莊之不能强爲善，而取其見機釋怨，謂有當于天理，豈其然耶？"宋之盛曰："讎之當報與否，不專在年遠代易，而以所讎之淺深爲斷。若人滅我國土，絶我宗祀，我奕葉神人共痛之，雖百世在所必報，如宋之于金是也。若止及一人之身，國祀無恙，則不共戴天之憤，亦及其身而止，如律殺人者，身故不責子償是也。然不推刃足矣，全然釋怨而與之盟好，則斷無是理。但魯莊交好于齊，當襄公身已然，何論易世！柯之盟又不足責矣。"魏禧曰："以九世之讎亦當復，此烈士之義、孝子之志也。愚以爲讎在九世之前，則年遠事殊，彼此子孫更代已甚，似在可釋之義。若魯莊公則不然，魯桓親爲莊父，見殺於人。桓公弑逆，此雖其應然，于齊襄則毫未有曲也。齊襄淫其母，殺其父，而齊桓親爲襄子，父血未乾，讎人之遺體儼在，而莊公可以釋怨脩好乎？至於紀侯大去，此又去國一變，變而不失其正，聖人之所與也。何以言之？牽羊肉袒，爲辱已甚。破國殺民，覆宗絶祀，爲禍太酷。紀侯上不能抗强敵之威，下不忍爲苟且之計，於是委國紀季，使之屈節于齊，得全先人之祀，而其身超然遠去，不蒙僕妾之羞，春秋亡國之權，未有善於紀侯者，故聖人大之。夫亡國而大之者，大其敗不辱國，而亡不絶宗也。州公實如曹，度其國危遂不復，事亦爲近，而聖人不以'大去'予之者，其所謂危，非有强敵偪脅之禍，亦無善後之策，則但委而去之而已。故曰變而不失其正者，紀侯是也。"穀梁子曰："大去者，不遺一人之辭，言民從者四年而後畢。"禧按：春秋不書齊滅紀，而曰紀侯大去其國者，若紀侯之自去，不與齊之滅紀也。與梁亡書法同而異。賴韋曰："太王之去，去而國存。紀侯之去，去而國亡。然則紀侯身死社稷，而使季下齊可也。不然，身爲昏亂，以致滅亡，及臨事委而去之者，皆得藉口矣。"彭家屏曰："《曲禮》：'父之讎，弗與共戴天。'《檀弓》子夏於孔子曰：'居父母之讎如之何？'夫子曰：'寢苫枕干，弗與共天下，遇諸市朝，不反兵而鬭。'初未嘗言九世及百世之下皆不可釋也。祭法自顯考以上二世爲祧，再遠則去祧爲壇，去壇爲墠，去墠曰鬼，言親盡也。報祖之義，親盡則殺，何獨于讎乃九世必報，且至百世不釋乎？遠而不釋，則輾轉相讎，何有限極？豈所以立教哉？唐元和中，富平人梁悅報父讎殺人，昌黎韓氏議曰：'律無復讎之條，非闕文也。蓋不許則傷孝子之心，而乖先王之訓。許之則人將倚法專殺，而無以禁止其端。故聖人丁寧其義於經，而深沒其文於律，將使法吏一斷於法，而經術之士得引經而議也。'於是杖悅流循州。今國法，子孫報祖父之讎，惟事在即時，得以勿論。若過後及已議抵遇赦，而子孫仍報者，皆不得槪從援免。是一世之讎，輕重之間，尚有權衡，何有於九世？更何有於百世乎？若所謂齊襄九世之讎，猶有可言者。紀侯譖齊哀公于周，而王烹之。烹齊哀者，王也，非紀侯也。是紀侯之罪，只在譖也。以一譖之故，讎及九世，不已甚哉？無論齊襄滅紀本無復讎之心，即果有之，亦無足取，而謂聖人顧賢之乎？固知公羊子之說，不可以訓後矣。"（《分國》尾）齊處心積慮以圖紀，紀娶魯昏周以圖存，黃之盟既平矣，而齊憾未釋。割攜入齊，願爲附庸也，而齊之憾終未釋。紀心盡矣，紀謀窮矣，惟有一去以了之。君子傷魯之不振，惡齊之憑陵，鄭之黨惡，而又歎天王之尊不能庇一小國，悲紀侯之一去不反，不知其何國之從，而生死存亡不可復問也。雖然，去則去矣。千載下，想見此不能降齊之紀侯，蹤跡飄然，直高於田橫一等。劉禪、孫皓等，真愧死無地矣。（魯桓五年至莊公四年）（《左繡》眉）州公不復，紀侯大去，兩人極是見機，而書法不同，以"與季"一着安頓更妥也。（美中尾）陸伯沖曰："失國而曰'大去'何？紀侯賢而無罪，怙力者并之，故力不足者，君子不咎也。不書滅，不絕其祀也。齊實利紀，《公羊》謂哀公烹乎周，紀侯譖之，春秋賢襄能復九世之讎，故不書滅。夫讎在九世猶可以復，魯莊宜如何自處耶？"（《評林》眉）陳傅良："'違齊難'，傳見紀侯所以不書奔。"

◇莊公五年

【經】五年春王正月。夏，夫人姜氏如齊師。（《評林》眉）孫覺："姜氏會齊侯之惡，或會、或享、或如師，一時之迹不侔，皆據實書之，其惡則一。"秋，郳犂來來朝。（《評林》眉）劉敞："郳者何？小邾也。小邾則曷爲謂之郳？未成國謂之郳，既成國謂之小邾。"冬，公會齊人、宋人、陳人、蔡人伐衛。

【傳】五年秋，郳犂來來朝，名，未王命也。（《評林》眉）陳傅良："傳釋書名有非必貶之者。"

冬，伐衛，納惠公也。（《評林》眉）鄒訏士："朔陷急及壽，王法所必不貸，五國相共納之，豈其無人心者耶！"

◇莊公六年

【經】六年春王正月，王人子突救衛。（《測義》夾）林堯叟氏曰："自救衛無功而後，王命益不行於天下。"（《評林》眉）《傳說彙纂》："左氏以子突爲字，《穀梁》以爲名，名字雖殊，其以爲褒救衛則一也。或以名字非褒貶所在，則恐〔編者按：下疑有闕文〕。"夏六月，衛侯朔入于衛。（《評林》眉）張洽："名之，又書入，與鄭伯突同篡逆之罪。"秋，公至自伐衛。螟。冬，齊人來歸衛俘。（《評林》眉）家鉉翁："桓、莊二公皆黨篡逆以要厚賂，宋之鼎、衛之寶，其事尤著者也。"《品字箋》："一說俘，取也，與書'俘厥寶玉'同義。"經以所取言之，傳以其物言之，非經誤也。

【傳】六年春，王人救衛。（《左繡》眉）此二節連上納惠公傳爲一。伐衛者，諸侯。救衛者，王人。論理則王人爲正，論勢則諸侯爲優。然主理則昧勢，主勢又倍理。妙於兩邊都不著斷語，卻轉將二公子閒閒評論一番，而理勢之短長自在言表，其實在我初未嘗左王人而右諸侯也。此真用筆之至巧者。否則稍於正面落墨，非觸即背。自來分作三處讀，於是有未免成敗論人之嫌，而作者靈心妙腕，都成鈍置矣。孤負千古，豈淺鮮耶？伐衛不敘諸侯，便是深貶諸侯。救衛不敘子突，便是深諱子突。"衛侯入"，先着此句，既不說他全賴諸侯，又不說他敢抗王師。都爲下文別斷"立黔牟"作地。若此處有一字粘帶，則轉身便不得撤脱。其故甚微，細玩乃得之耳。（《評林》眉）《經世鈔》："急去內難，而後即位，亦處變之法。"《補注》："劉氏曰：'朔比衎，黔牟比剽，左氏君剽而退黔牟，存朔而絕衎，賞罰無章，莫此爲甚。'"（《補義》眉）汪云："此當連上納惠公看，論理則王人爲正，論勢則諸侯爲強，此只將二公子閒閒評論，衰世勢伸理屈之懣自在言表。此極喪氣事，傳者亦自氣短，二公子立君時，特著其名，殺之亦書名，前後相映，一表其功，一予其節。"

　　夏，衛侯入，放公子黔牟于周，放甯跪于秦，殺左公子洩、右公子職，乃即位。（美中尾）朔奔齊，《公羊》謂得罪於天子，《穀梁》謂天子召而不往，則知朔以有罪見黜，而黔牟之立，王實命之。魯、齊、宋、陳、蔡黨朔以伐衛，無王甚矣。陳止齋云："伐鄭書從王，救衛書王人，尊王也。自伐鄭不服、救衛無功，而後王命益不行於天下。"

　　君子以二公子之立黔牟爲不度矣。夫能固位者，必度於本末，而後立衷焉。不知其本，不謀。知本之不枝，弗強。《詩》云："本枝百世。"（《測義》夾）愚按：二公子討朔而立黔牟，義之正也，不幸而無成，乃遂以不度譏之，豈《春秋》善救衛意哉？蓋左氏以成敗論人類如此。（韓范夾）"度於本末"則全勢皆見，"立衷"則四隅皆平。故見一偏者，不可以察凡，所知未全也。持私辟者，不可以定事，所舉未正也。此雖小事猶然，而況立君之大乎？（《分國》尾）廢衛朔，立黔牟，計左矣。爲二公子計，于急、壽未死前，揣知衛有內難，挾之他往，使急、壽爲重耳、夷吾，己爲狐、趙、呂、郤，未爲不可。計不出此，入而見殺，自取之哉！（《左繡》眉）看衛朔出奔，不言二公子逐，便知此處獨責二公子乃是曲筆。文須通前後讀者，此也。（《評林》眉）《經世鈔》："謂本不能勝其枝，則弗強立也，舊注俱未明。"《增補合注》："今黔牟雖或見立，而孤窮寡弱，終致危亡，故以二公子爲不度。"（方宗誠眉）先斷一筆，申明。收引《詩》作詠歎，乃有餘韻。（閩生夾）不責惠公無道，而反咎二公子，此所謂詭詞，乃所以深惜伋、壽之死也。左氏全書筆意大率如此，鈍者不悟，則全書所言皆爲顛倒矣。且此非獨爲二公子寄慨，乃深慨歎王室之不振也，寓意尤爲妙遠激宕之至。"本之不枝",乃慨歎王室之詞。

冬,齊人來歸衛寶,文姜請之也。(《測義》夾)家鉉翁氏曰:"桓、莊二公皆黨簒逆以要厚賂,宋之鼎、衛之寶,其事之尤著者也。"(美中尾)齊襄約諸侯納衛朔,朔以寶賂齊,齊以分於四國。莊從齊仇,是忘親也;愛衛寶,是志利也。(《左傳翼》尾)王人雖後而字之,善救衛也。救衛稱善,則伐衛者不善矣。張氏洽謂:"《春秋》一經,王旅之出,合司馬九伐之法者惟此一事。"是也。朔逆王命,連五國之師,入簒黔牟,肆行誅放,罪大惡極。魯公輔朔以抗王師,師出經年,取賂而還,使天子威命不行於天下,不待貶絶而惡自著。《春秋》嚴賄賂之禍,桓、莊父子宋鼎、衛寶交接於廷,卒啓慶父、子遂之亂。齊納朔入,代朔行賂,不數年而見弑無知,天道昭然,尤爲不爽。左氏于衛朔及諸侯不置一詞,而但惜二公子之不度,以爲理無可議,惟於勢則未之審耳。後云齊人來歸衛寶,善王人而貶諸侯之意,仍未一語含糊。權衡自在,未可遽以成敗論人譏之也。(王系尾)文姜醜,魯人更醜。真使人汗流至踵。惡人猶不知悔,懦夫猶不思奮乎哉?

楚文王伐申,過鄧。鄧祁侯曰:"吾甥也。"止而享之。騅甥、聃甥、養甥請殺楚子,鄧侯弗許。三甥曰:"亡鄧國者,必此人也。若不早圖,後君噬齊。其及圖之乎?圖之,此爲時矣。"鄧侯曰:"人將不食吾餘。"對曰:"若不從三臣,抑社稷實不血食,而君焉取餘?"(《測義》夾)愚按:三甥察見楚子之爲人,其志非滅鄧不已也,則曷不勸君自強其國,以爲異日拒楚地,而徒欲僥倖謀一楚子?藉令楚子而死者,楚寧無君乎?而諸侯之強于鄧者何限,又寧無聲罪而滅鄧者乎?甚矣!三甥之無謀也。厥後鄧滅於楚,蓋亦有由,非三甥之言之中。(孫鑛眉)就"餘"字轉得妙。(《補義》眉)字字急煎,聲口如盡。(《評林》眉)《經世鈔》:"請殺楚子,亦是一見,如巢人殺吳王,曰'是君也死,疆其少安'是也。"張習孔《雲谷臥餘》:"噬臍,此以麝爲喻也。獵者捕麝,以取其臍,麝急有自噬破其臍者,人遂不取。若既就縶,雖欲噬臍,亦無及矣。余意如此,存質後人。"李笠翁:"鄧侯不殺楚文王,項羽不殺沛公,殆所謂王者不死也。"弗從。還年,楚子伐鄧。十六年,楚復伐鄧,滅之。(文熙眉)呂氏曰:"鄧之三甥,不知國之存亡,繫於我之治亂反謂繫于楚子之死生,汲汲然欲殺之。忘內而憂外，何其疏也！"穆文熙曰："楚之滅鄧，誠爲不仁。然于止享之時，而襲殺大國之君，若楚復立王，而責鄧以襲殺之罪，其滅不尤速哉？且人之相與，談笑戈戟，酒杯鴆毒，往往有之，亦何必以楚、鄧爲口實乎？故人在自處何如，不必忌人也。"（韓范夾）唐宗縱祿山，爾朱縱高歡，高歡縱黑獺，後皆爲己禍。雄強之人不除生患，然果天所授，正未易除也。（《彙鈔》眉）止五六語，而抑揚振宕，波瀾俄頃，是化工之筆。（《統箋》尾）魯齋朱氏曰："三甥之謀亦愚矣，不能使鄧侯自強其國，而徒使爲戕賊之謀。縱使楚文王可得而殺，安知後來無滅鄧者邪？"（魏禧尾）魏禧曰："東坡《管仲論》言楚子不殺晉文，鄧侯不殺楚文，皆有人君之度，信然。余嘗謂東坡此篇，真千古知命明道、達而不迂之言也。"（《分國》尾）鄧曼機警，三甥亦復驍絕。楚文鄧出，絕類可知，宜爲三甥所忌。可笑鄧侯長者，何無忌酷似其舅，未必盡然也。（《左繡》眉）此篇純是着急語，兩番催促，句句轉緊，不着一筆放鬆，文氣峻削，《呂覽》、韓公子之濫觴也。噬齊、食餘、血食，語皆一脈。古今用意、用字，無不戒雜者。持矛刺盾，語最夾人。只是將"食"字、"餘"字翻進一層說耳。孫執升曰："三甥眼明手辣，事後而思，鄧侯誠爲失策。乃坡公有言：'以鄧之微，無故而殺大國之君，使楚人擧國而讎之，其亡愈速。'夫鄧不患有楚子，而患不能脩德以固圉，使其國不可亡。國苟不可亡，雖百楚子何害？不然，殺一楚子，天下遂無楚子乎？三甥知勸鄧侯殺楚子，而不勸鄧侯脩德固圉以不亡其國，則三甥誠失策也。"（美中尾）方性夫曰："近楚者莫如申、息，次莫如陳、蔡，不霸申、息，則蔽楚之藩籬不固。不朝陳、蔡，則窺鄭之門戶不通。若隨若鄧，皆鄰於楚，其爭也，勢使然耳。"呂東萊曰："楚急於滅鄧，見鄧有可乘之釁耳。三甥不是憂，而勸殺楚子，雖楚子可得而殺，猶有楚國存焉。"（《左傳翼》尾）楚成王不殺晉文公，鄧祁侯不殺楚文王，皆不失爲盛德事。然中有天道在，所謂違天必有大咎也。不然，殺之必滅，不殺亦滅，均皆將死，不能使吾君聞勝與臧之死以爲快乎？（《日知》尾）出奇者眼明心急，持正者守理循情，相對如畫。（高嵣尾）俞桐川曰："圓轉中有儁爽之氣。一則鴻門宴小記。"先是，武王侵隨、敗鄖、圍鄢、伐絞、伐羅、伐隨矣。傳此，見文王繼強，楚勢浸橫也。蠶食小國，並及舅氏，惡益著矣。先說君，次說社稷，步步遞進。"享"字引"噬臍"，"噬臍"引"食餘"，"食餘"引"血食"，節節相生，章法句法，細絕工絕。（王系尾）鄧祁庸，三甥警，楚子梟雄，不待言矣。然使鄧祁雖從三甥，亦未爲得計也。楚既強大，又多良臣，無故而殺其君，奉辭伐罪，鄧可支乎？是知爲國在自強，弗能自強，雖有智計之士，弗可以久。（《菁華》尾）不能滅楚，殺一人何益？若從三臣之言，則大禍立至，鄧國之亡，何能俟之十年之後乎？

◇莊公七年

【經】七年春，夫人姜氏會齊侯於防。（《評林》眉）陳琛："凡夫人與齊侯會享，一一書之不遺，所以著其已甚也。"夏四月辛卯，夜，恒星不見。夜中，星隕如雨。（《評林》眉）按：釋迦於四月八日夜，從母右脅而生，當周莊王九年，魯莊公七年夏四月，常星不見，夜明，是也。出《續博物志》。然是等說虛誕，存而不論爲是。沈雲將："星隕如雨之異，春秋而下，惟晉時有之。"朱熹："日見於晝，星明於夜，天道常理，今夜有日光，常星不見，此陰不陰、陽不陽、君不君、臣不臣之應也。"按："隕"字傳中通用，然"賈霜不殺草"、"夜中星賈"，從雨可也。"碩石於宋"，從石可也。"有死無殞"，從阜可也。說出《說文長箋》。秋，大水。無麥苗。冬，夫人姜氏會齊侯於穀。（《測義》夾）愚按：《春秋》或書齊侯至于魯，或書夫人至于齊，或書會于齊地，或書會于魯地，無所事事，公爲淫邪之行，聖人不一而書，其惡自著。

【傳】七年春，文姜會齊侯于防，齊志也。（美中尾）歸寶，文姜請之，故來會而以夫人主之。（王系尾）此年稱齊志，二年冬稱書奸，文姜之事，傳不悉述，而二言足以該之矣。是剪裁法，亦是詳盡法。

夏，恒星不見，夜明也。星隕如雨，與雨偕也。（《分國》尾）此異也，胡氏謂："後此桓、文更霸，政歸盟主之兆。"似也。但魯有文姜，縱淫會齊侯無度，咎徵實應之耳。（《左繡》眉）《公》、《穀》極費力著解處，左氏只一二語而足，作文宜從《公》、《穀》，解經宜從左氏，謂其簡而明也。（美中尾）張德元曰："蓋王運將終，而霸統方作之祥，自此堯、舜、禹、湯、文、武之紀綱法度，掃地殆盡矣。"（《評林》眉）《增補合注》："'如雨'。如，似也，言其狀似雨，不可爲數。偕，同也，即如字之義也。"

秋，無麥苗，不害嘉穀也。(《測義》夾) 愚按：《春秋》書無麥苗，以志災也，如必曰不害嘉穀，何益於教而聖人書之？(《評林》眉)《補注》："'不害嘉穀'，傳釋書'大水'不言饑也。"

◇莊公八年

【經】八年春王正月，師次於郎，以俟陳人，蔡人。(《評林》眉)《增補合注》："書'次'、書'以俟'，責其無名而妄動也。"趙匡："師駐曰次，要興師也。無寇而次，是欲自爲寇也。"甲午，治兵。夏，師及齊師圍郕，郕降于齊師。(《評林》眉) 吳徵："蓋齊欲圍郕，而徵兵於魯、衛爾，郕畏齊而不畏魯，故齊、魯同圍，而郕獨降齊也。"秋，師還。(《評林》眉) 孫復："春秋用師多矣，未有言師還者，惡其與強讎覆同姓，踰時還也。"冬十有一月癸未，齊無知弒其君諸兒。(《評林》眉)《傳說彙纂》："無知不稱公孫，絕其屬籍也。胡《傳》罪僖公，恐非篤論也。"按：秋，師還。《注》："克己復禮。"《論語集解》："克己，約身也。復，反也。身能反禮，則爲仁矣。"

【傳】八年春，治兵於廟，禮也。

夏，師及齊師圍郕。郕降于齊師。仲慶父請伐齊師。公曰："不可。我實不德，齊師何罪？罪我之由。《夏書》曰：'皋陶邁種德，德，乃降。'姑務脩德，以待時乎！"秋，師還。君子是以善魯莊公。(《測義》夾) 愚按：君子而善莊公乎哉？竊謂其次郎也爲無名，其治兵也爲黷武，其圍郕也爲無功，其歷三時而師還也爲害民，故《春秋》備書以著其惡。而至于郕降齊而不之爭者，畏齊之強，自當不敢爭爾，烏得以其一言之遜，而遂善之？(《分國》尾) 于奚之役，桓公辭邊吏之告。圍郕之役，莊公却慶父之言。是父是子，殊無忒穀，此則其子同生之可取者。雖皆由於畏齊，以之自固，豈非嘉謀？(《左繡》眉) 只三語而分合順逆，亦左氏用熟法。"我"字、"罪"字，已作回環，獨留"德"字於下，另作洗發，無一筆苟也，善其責己厚而責人薄也，卻用虛說，其旨微矣。讚語無歇後者，只此一見，謂其待己薄而待齊厚也云爾。(《左傳翼》尾) 所治之兵，即次郎之兵也。以俟陳、蔡不至，役久不用，恐其潰叛，故申明約束以治之，即治之于郎也。師未及還，何緣治之於廟？於廟云者，誤也。郕爲魯同姓，莊公忘親而伐之，始俟陳、蔡不至，卒與齊共圍。郕人憾魯而獨降齊，此實德之不脩所致，魯力不敵齊，故退避不與之爭。乃不言力而自咎其德，責己重而責人輕，得自反之道。然親仇讎、伐同姓，自春徂秋，暴師露衆，何善之有？"是以善莊公"，善在務德一言，則不善在次郎、圍郕可知矣，此亦言外微意也。（《補義》眉）"脩德"兩字極是善言，而用于此時，直是楚商臣一類，責之無可責也，只善其善言而已。"善"字與"德"字緊緊照應，情餘於文。梁徐怦對武陵王曰："生兒如殿下，何益也？"故經不書公。（文淵夾）言君子之善魯莊公者，惟治兵於廟之合禮、不伐齊師之能讓耳，其不復讎而與讎共事，則以爲非也。（《評林》眉）朱申："齊襄淫乎其妹，而戎殺魯桓公，乃莊公不共戴天之讎也。莊公既不能爲君父復讎，又不能以禮防閑其母，且與讎人共起師而伐郕國，獨何心哉？左氏乃謂君子善魯莊公，愚不知其何説也。"陳眉公："莊公不聽慶父伐齊師，亦畏齊之強，不敢與爭耳。即脩德一言，安足贖其無名黷武之罪而善之哉？"《補注》："書師、書還，皆經變文，爲國諱恥。傳謂善莊公，杜氏謂因史舊文，由不達變文之義。"（王系尾）莊公無父，不能仇齊，而與之伐郕，卒受其侮，可恥甚矣。郕之降齊，不過畏齊之強而易魯之弱，非歸於德也。魯莊不伐齊師，不過自揣其弱而畏齊之強，非能知德也。脩德待時，飾詞焉耳。然猶愈於殘民以逞者，是以君子善之。（闔生夾）不共戴天之仇置而不問，作者特寄微意於此，無限憤鬱之旨具在言外，此所謂詭詞謬稱之妙也。全書皆一種筆法。

齊侯使連稱、管至父戍葵丘。（孫琮旁）敘一事。（《左繡》眉）此傳弒諸兒事，以無知爲主。然作者不重無知之立，而重在諸兒之弒。前敘瓜戍，是爲人非；後敘豕人，是爲鬼責；至從誅屨忽轉合遇賊，便是將人非歸併在鬼責中。一片寫出，所以深惡諸兒而爲之掀髯稱快也。真入神之品矣！（高塘眉）前半敘襄公之弒，分兩截看。前截揭明作亂之人與作亂之由，頭緒極清楚。後截是見弒正文，敘次極變化。因田而見彭生，因見彭生而墜車、喪屨，因喪屨而鞭徒人費，因鞭而走出遇賊。由是而先入，由是而伏公、出鬭，或死於門中，或死於階下，或死於床，皆爲見足於戶下作煙襯。徒人費、石之紛如、孟陽三人，皆爲襄公作煙襯。情事極忙亂，層次極詳細。前後皆敘人，中雜一鬼，讀者至此，必謂襄公被弑，由於厲鬼，孰知不然。讀至費請先入，將謂行弑者必此人矣，又不然。"遂入"之下，自然應敘弑公矣，卻又以"殺孟陽於床"一閃，又何其曲折變化也！瓜時而往，曰："及瓜而代。"（孫琮旁）約語生韻。期戍，公問不至。請代，弗許。故謀作亂。（鍾惺眉）碎事委曲湊泊，而又極簡，馬遷無處著手。（孫琮旁）二人謀亂是主。《約編》眉）先提出作亂之人與作亂之由，便有頭緒。（闈生夾）以魯不能立子糾爲主。數語敘述簡勁而奇，與通篇相稱。

僖公之母弟曰夷仲年，生公孫無知，有寵於僖公，衣服禮秩如適。襄公絀之。二人因之以作亂。（孫琮旁）應上段，章法緊。連稱有從妹在公宮，（孫琮旁）合敘兩事。無寵，使間公，曰："捷，吾以汝爲夫人。"（《彙鈔》眉）欲敘一事，因曲曲折折敘出數事，末復一兩句都收歸正傳，鎔鍊章法，殊不易易。（《左繡》眉）俞寧世曰："忽插'使間公'句，不解所謂，直到遇賊於門，乃知姑棼之游，正稱妹伺其間以約賊也。與下'伏公出鬭'同一筆意。"（《評林》眉）湯若士："無知無連、管與稱之從妹，必不能相比而亂。然瓜期弗代，禮秩驟絀，襄固爲數人歷階也。"陳傅良："傳見連稱、管至父實弑君，而敓罪無知。"《經世鈔》："作亂必內外相比，至女子在官，而其至親握兵於外，有寵無寵，尤須留心。蓋無寵易于生變，有寵易于擅權，皆致亂之梯。"（方宗誠眉）以上敘四人合謀作亂之由，"使間公"三字最妙，後半諸賊皆是乘間而入。（闈生夾）方望溪極歎"使間公"一語之妙，以後文之出奇無窮，皆由此一語之得簡也。宗堯按："伏此六句於前幅，入後便能出奇。"

冬十二月，齊侯游于姑棼，遂田于貝丘。（孫琮旁）又敘一事。見大豕，（闈生夾）突然而起以爲波折，以下接入亂事，離奇突兀，章法神變不測，大體是逆筆、伏筆之妙。從者曰："公子彭生也。"（《約編》眉）因田而見彭生，因見彭生而隊車、喪屨，因喪屨而鞭徒人費，如許曲折，皆與本事無涉。妙從徒人費一面接入"遇賊"句，何等緊湊！（方宗誠眉）突如其來，文章奇縱。（闈生夾）先大夫評曰："左氏往往借神怪以寄恢詭之趣，柳子厚《非國語》乃以淫巫瞽史病之，未足喻於文字之精微也。"宗堯云："此所謂左氏浮誇也。左氏采此等怪誕之談，以寓己意之所欲誅伐也。"公怒曰："彭生敢見！"射之，豕人立而啼。（孫鑛眉）一鬼見兩形，寫法絕妙。此下敘法更精。（孫琮旁）活肖。公仍見是豕。一鬼見兩形，絕妙寫法。（《便覽》眉）一鬼見兩形，筆有鬼氣。**公懼，墜于車，傷足喪屨。**（《左繡》眉）一路佈置已定，忽然夾入豕人一案，見淫禍之報不爽也。寫得變動，令讀者可驚可喜。豕人奇稱，又是豕，又是人，寫怪異便字字作怪異筆墨。有以豕字讀者，反失其妙。**反，誅屨于徒人費。**（《便覽》眉）一屨甚微，忽而喪，忽而誅，動作純是鬼。陡入遇賊，眼目忽清。**弗得，鞭之，見血。走出，遇賊於門，劫而束之。**（孫琮旁）忽接入正傳。（《便覽》眉）百忙時事，敘得極清晰，又極有剪裁。（方宗誠眉）奇突之至。忽然遇賊於門，此賊何爲來哉？皆由間公者通其謀，故賊得乘間而至也。**費曰：「我奚禦哉！」袒而示之背，信之。**（閩生夾）宗堯云：「敘事之奇，無過此者，此等文法多逆攝要意於前幅。」**費請先入，伏公而出，鬭，死於門中。**（《約編》眉）敘徒人費之死，下接石之紛如、孟陽二人，是類敘法。**石之紛如死於階下。**（韓范夾）費與孟陽諸人，皆忠臣也。而春秋不以死節與之。崔杼之難，從莊公而死者，亦無取焉。固知從君於邪，雖以身殉，猶鼠首也。故大臣先正其君。**遂入，殺孟陽於床。**（孫鑛眉）陡說殺孟陽，真是險絕。（孫琮旁）一朝得三忠烈，又覺奇幻。**曰：「非君也，不類。」**（閩生夾）簡捷之至，方望溪嘗極歎之，以爲敘事之奇，千古所無有也。記費、石、孟陽，史家所以表章忠節。**見公之足於戶下，遂弒之，而立無知。**（文熙眉）穆文熙曰：「庶子匹嫡，猶且不可，況兄弟之子乎？僖公寵無知過分，宜其致亂。」又云：「徒人費不以鞭舍怨，反爲致死。孟陽居床代公見殺，皆奇士也。」（孫鑛眉）敘法絕高妙，淨而色濃，簡而味腴。（方苞總評）左氏之文，有太史公不能及者。如此篇謀亂之始，連稱、管至父與無知交何由合，何以深言相結而爲亂謀，連稱如何自言其從妹，何由通無知之意于宫中而謀伺襄公之閒，若太史公爲之，曲折敘次，非數十百言莫備。此但以"因之作亂"及"使間公"二語隱括，而其中情事不列而自明。作亂之時，連稱之妹如何告公出之期，無知與連、管何以部署其家衆，何以不襲公於外而轉俟其歸，何以直入公宮而無阻閒，非數十百言莫備。此則一切薙芟，直敘公田及徒人費之鞭，而以走出遇賊於門遙接作亂，騰躍而入，匪夷所思。費入告變，襄公與二三臣倉皇定謀，孟陽如何請以身代，諸臣何以伏公於戶下，費與石之紛如如何相誓同命以禦賊，非數十百言莫備，此獨以伏公而後出鬭一語隱括，而其中情事不列而自明。其尤奇變不測者，後無一事及連稱之妹，而中間情事皆包孕於"閒公"二字，蓋弒謀所以無阻，皆由得公之閒也。（孫琮旁）敘正事畢。（《左繡》眉）百忙事敘得極清晰，又極變換。尤妙在瑣敘中時用偶句作樞紐，令文字有片段，散中有整，無古今一也。于門、于階、于床、于戶，又文字臨了作連珠筆陣法，前疏後密，前淡後濃，最令讀者改觀。（昆崖尾）遇賊於門句，有突如其來之勢，政非無因而至也。王〔編者按：指王源〕驚其接落之奇，俞〔編者按：指俞寧世〕服其伏應之巧，在局勢猶易見也。巧在無字句處，非慧心其孰參之？徐揚貢曰："瑣碎處皆極變幻處，寫得縱橫撩亂，聲光照耀，絕奇之文。中段妙在'喪屨'二字，公既墜車，何至喪屨不覺？想此時疾驅而歸，一種倉皇景況，殆有不堪言者。尤妙在'傷足'二字，故喪屨不覺。讀至見足戶下，愈知二字之妙。足惟傷，故雖伏猶見而被弒也。情景敘來，文中有畫。"（《便覽》眉）于階、于門、于床、于戶，是連珠筆陣，而于床、于戶兩事，又都是伏公時一事。（《評林》眉）李卓吾："徒人費、石之紛如、孟陽死於襄公之弒，皆不得以死節書，蓋近暱嬖幸之臣，從君於昏，自宜身任其禍，未可以死節許也。"〔編者按：凌稚隆作汪克寬語〕《經世鈔》："天報元惡，故雖有如費、孟陽忠智之臣，不能免死。"（方宗誠眉）首敘諸賊之謀，末敘諸臣之死，兩相應照。中間敘公子彭生最妙，見齊襄之見弒，非徒諸賊之罪，乃齊襄自作之孽也，尺幅小文而縱橫變化如是。提鮑叔數語，爲齊定亂之根，與前襄公致亂相應。

　　初，襄公立，無常。（《左繡》眉）此文直至管仲相桓作一篇讀，但前後文氣不類，固當分之。然在無知虐雍廩截，則非也。立無知以上，是弒諸兒傳。虐雍廩以下，是殺無知傳。而從此便連小白之入、子糾之殺作結局。故特將管、鮑、糾、白拖敘於中，作承上啓下之筆。今當斷自"立無知"作一篇，而以"襄公立，無常"另起，直合乾時之戰爲一篇，以管、鮑事爲起訖，蓋亦自然之結構也。未審于左公本意有當否？（高嵣眉）中段是前後轉樞，無常而慢，繳前幅襄公被弒根由。二公子出，起後幅桓公得立緣起。**鮑叔牙曰："君使民慢，亂將作矣。"**（《評林》眉）《經世鈔》："'君使民'，'使'字包含無限。"**奉公子小白出奔莒。亂作，管夷吾、召忽奉公子糾來奔。**（《測義》夾）鄭曉氏曰：＂管仲、召忽于公子糾君臣之義未定也，故死之未足深嘉，不死未足多誚，死事甚難，立功亦不易，故仲尼但美仲之功，不嫌忽之死。'自經溝瀆'指忽也。＂（韓范夾）三臣見國難將作，各自佈置，以爲後圖。無相仇之心也。讀《大匡》諸篇，自知夷吾可以不死。（《快評》尾）齊侯通于文姜，使公子彭生乘魯桓公，拉公幹而殺之，又殺彭生以謝魯，此固從者之所習知也。無端逞現殺機，妖由人興，從者見大豕爲彭生，射之，豕人立而啼。鬼神之事，影響由於人心，甚可畏也。乃賊之來，適於斯日，敢謂氣機無感應哉？以襄公之無常，乃有爲之死者，且不止於一人，然皆其私暱也。甚矣，非死之難，而處死之難也。＂無常＂二字，寫盡暴橫無理人情性。鮑叔奉小白，夷吾、召忽奉子糾，一奔於未亂之時，一奔於既亂之後，鮑叔事事先管仲一着。（王源尾）文才數行，而除襄公外，共敘十有五人。以數行文字，敘一十六人事，若入他人手，忙矣，亂矣。看此老擺佈之妙，如千軍萬馬，作坐進退，寂無人聲，何等力量！弒襄公者，連稱、管至父也，故二人爲主。無知雖被弒君之名，二人特藉以作亂，故爲主中賓。僖公、夷仲年只引出無知，故爲賓中賓。連稱從妹，二人使以間公者也，故爲賓。公子彭生，與二人迥不相謀，卻亦欲弒襄公者，故爲賓。徒人費、石之紛如、孟陽三人，爲公死者，故總爲賓。二人立無知，鮑叔牙奉小白，管夷吾、召忽奉公子糾，又借來映帶作結。鮑叔、管、召陪二人者也，故爲賓。小白、子糾陪無知者也，故爲賓中賓。賓主井然，卻以神行，全不着跡。但覺繽紛錯落，如疑城八面，千態萬狀，不可捉摸。何必千手千眼，而後謂之顯神通也？文欲靈活，段段欲靈，字字欲活。然不必段段求靈，字字求活。但得一二處靈活，即通體無處不靈活矣。此文妙處，全在彭生一段。若無此段，但序齊侯遇弒于游田之後，則索漠無情趣，而生機息矣。唯突接彭生，離奇荒誕，如入妖狐異境，與連稱、管至父竟若幽明異路，絕不相蒙。卻又即從此段渾脫而下，無形無影，瞥然已入連稱、管至父矣。何其靈，何其活也？又何處不靈，何處不活也？（孫琮旁）追敘前事，又帶敘一事，筆法閑緊。（孫琮總評）連稱、管至父，倡亂者也。公孫無知，亂之因也。從妹無寵，因連稱及之者也。敘法由外而內而宮中，一步近一步。陡接貝丘見怪，記異也。因異而出徒人費，費受鞭而鬭死，一烈也；石之紛如，小臣而死，一烈也；孟陽，小臣而代公受殺，一烈也。敘法由門而階下而床，亦一步進一步，而總爲奉公子出奔兩下公案。其間敘次如理亂絲，絲絲入扣，净而色濃，簡而味腴，覺後人難着手。（魏禧尾）按：衛文公爲衛之多患，而先適齊。古今有爲之君，每有此見，亦父子不同舟之義。晉元、宋高不没于難，終得興復者，正賴有此。凡人處亂世，不可無此識力。彭士望曰："亂將作而鮑叔奉小白奔莒，亂作而管夷吾奉公子糾奔魯，鮑叔自是高夷吾一等。"丘維屏曰："看鮑叔未亂而奉小白奔莒，則于齊必早有以經營者，故可先入也。"魏禧曰："所以致亂處，皆可鑒。徒人費諸人見危授命，可謂忠矣，而《春秋》不予。汪克寬以爲：'此皆嬖幸之臣，平日從君于昏而任其禍，故未可以死節許之。'然詐賊伏君，居床代死，倉卒濟變，皆可爲法。"邱維屏曰："左氏歷敘徒人費諸人之死，遂接出鮑叔牙、管夷吾、召忽，見齊多奇才，襄公但能得其小而失其大，故得者能爲之死，而襄公不能自救於死，是左氏大手眼處。"孔之逵曰："襄公不能委任管、鮑諸賢，而狎暱群小，雖徒人費諸人之死，無救於其弑。然則小人雖忠，專委任之，則反以召禍而無濟于國，況未必忠者乎？蓋君子而忠則有深識遠見，所以爲君國計者，防患於未萌，定變於將發，使君享泰山之安，而無一時不及救之患。棄君子而用群小，彼雖忠愛，不過順君之欲，感恩思報。禍機所伏，明有所不及察，謀有所不能施，事至則委其身殉之已矣。嗚呼！人君亦何樂乎臣之徒以身殉吾死也？"孔鼎曰："予讀魏禧父子不同舟之説，而重有感于崇禎甲申之事。當闖賊犯北京急，督師李建泰奏乞駕南遷，願保太子先行。於是平臺召對，出建泰奏疏示群臣，言國君死社稷，朕將安往？其勸太子先行一議，斟酌詳奏。宰相范景文、都御史李邦華亟言太子監國，金陵最是根本之計。給事光時亨大聲沮曰：'諸臣奉太子往南，意欲何爲？將效唐靈武故事乎？'景文等遂不敢再語。夫時亨無識小人，城破即降賊，不足深責。獨惜景文諸君子，其時能開陳利害，以死力爭，則時亨援靈武之説，何足撓國家之大計哉？靈武口實壞于宋儒拘牽義理，袖手聽國禍敗，不講救時急着也。語曰'安危視所任'，成敗以謀，易於反掌。《易·屯象》曰：'天造草昧，宜建侯。'而不寧建侯，則動乎險中，大亨貞矣。《記》曰：'敬大臣則不眩。'亦見潛帝無重臣親臣，故小臣得而撓之。"（儲欣尾）序事道净，無一字閑，亦無一處不變化，後人于何著手？宜乎其爲廣陵散矣！《約編》尾）此篇敘事之妙，變化錯綜，令人不可思議。（《日知》尾）簡極鍊極，翦裁之極，天孫雲錦，非復尋常杼柚。"閒公"暗伏"遇賊"，"伏公"暗伏"于戶下"，並暗伏"于垤"、"于床"，則接轉愈突奇，愈穩愜，誠有如寧世先生云云者。然間其游而作亂，乃反弒之宮中，則見豕一段，于事爲敘其死之兆，于法實敘其反之由也。傷足喪屨，寫其倉皇矣。而傷足即伏見足，以爲歸結。喪屨即伏誅屨，以爲折落也。鞭之見血，寫其恣虐矣，而即伏"奚禦"、"祖示"之獲信也。則見豕兩行文字，似間敘瑣事，實如國工著子，閒著皆全局布置關鍵。乃至從者之驚，公之怒，費之誑，賊之疑，語語傳神，不惟聞聲，且如見形，豈非神工！（盛謨總評）唐錫周曰："通篇以'亂'字爲眼目，前用二'亂'字，後用二'亂'字，如神龍怒爪在空中忽隱忽現。"左氏眼中、手下只要寫弒襄公，左氏偏不去寫。忽從游田一段，幻出奇觀。鬼鬼怪怪，汪洋無涯，卻又一句忽合。觀者方驚駭莫測，左氏偏又放開作幾層側寫，然後正落"弒"字。行文至此，石破天驚，令我憶左氏捉筆時風雨會集手腕也。于埜與衆友坐飲月軒談笑，時盛暑酷熱，喧言孰可出語解之，于埜子曰："與君等即買舟，順風頃刻千萬里，忽至海上，泛航縱遊，涼風驟至。解衣散坐，或弈或歌，魚龍躍舞，飄灑欲仙。及日將暮，返棹順風，頃刻忽歸林下，對月共酌，君等何如？"衆友大笑，以爲奇談。細讀左氏游田一段，有此境界。（《評林》眉）王荊石："小白未亂而去，子糾待亂而行，叔牙之見，高人數等矣。"《經世鈔》》："莒雖小而近，魯雖大而遠。近齊則事機皆得知也，此小白所以先入也。"（闈生夾）齊襄事才了，便用逆提之筆，以攝桓公之入國，道勁之至。

　　初，公孫無知虐於雍廩。（孫鑛眉）此句當屬下年。（《左傳翼》尾）弒襄公者，無知也。然無黨不能作亂，無媒不能成亂。連稱二人與其妹，皆所以助亂也。前敘亂所由起，後敘亂所以成，千頭萬緒，條理井井。最妙是彭生一段，不惟渲染奇變，令人目眩神驚。亦見爲禽獸行者，必無生理，天道人事，毫髮不爽。雄狐大豕，冤對昭然，豈不爲千古龜鑑乎？僖公寵無知太過，幾於上下無等，襄公絀之宜矣。而外連久成之叛臣，內結無寵之賤妾，公行弒逆，於襄公乎何尤？結末特標出"無常"二字，以爲襄公斷案，乃知襄公被弒之由，實無常有以取之也。"無常"云者，非特政令之無常，乃綱常漸滅之謂也。綱常漸滅則天理亡、人心死矣。"南山崔崔，雄狐綏綏"，非無常之實證乎？敘田貝丘，突入大豕一段，如入鬼魅幻境，而連、管作應，即隨其後，接落變化，有神無跡，奇怪不可名狀。襄公弒，無知雖立，非君也。君齊者桓公，争立则子糾也。故以襄公結案爲二子起案，一連下兩"初"字，一爲桓公入張本，一爲無知弒張本。左氏每於篇末用拖筆以生後線。蓋福兮禍倚，禍兮福伏，固天道之常理，而連者忽斷，斷者忽連，亦文章之定法。而或欲割截比綴而一之，陋矣。(《便覽》眉)拖一句伏下案，而兩"初"字映帶有情。(《便覽》尾)前敘瓜戍，是人怒。後敘豕人，是鬼怒。自詠屨至遇賊，是人、鬼併在一時。而讀者自覺眼光閃爍，心神鬆快。其妙尤在極瑣碎處，皆極變幻，橫縱繚亂，無不自然。芳輯評。(《評林》眉) 王荆屏："管、召於公子糾君臣之義未定也，故死之未足深嘉，不死未足多誚。死事甚難，立功亦不易，故仲尼但美仲之生，不慊忽之死。'自經溝瀆'，指忽也。"按：杜氏以子糾爲小白庶兄。《論語注》："程子曰：'桓公，兄也；子糾，弟也。仲私於所事，輔之以爭國。非義也。'"若使桓弟而糾兄，管仲所輔者正。(《學餘》尾) 善不積，不足以成名。惡不積，不足以滅身。終日構釁，終夜伏戎，以爲莫我害也。至災殃及身，則無救矣。嗚呼！豈獨南山雄狐哉？(《菁華》尾) 此篇敘次絕妙，前只言無知失職，連稱、管至父二人因之作亂，及連稱之妹無寵，以著生亂之由。以後只敘襄公危迫時情況，及諸臣死事之狀，于無知及連、管二人如何運謀于外，連稱之妹如何伺間於中，並不一語提及，竟似亂事本末，與此諸人無與焉者。然掩卷思之，則愛書中人，可以指名而得，真神筆也。方望溪亦極服此篇，謂此等境界，太史公尚不能到。無知既死，齊國無主，小白、子糾，各懷捷足先得之心，本無名分之可言。説經之家，乃以糾兄桓弟辯論不已，殊屬多事。

◇莊公九年

【經】九年春，齊人殺無知。公及齊大夫盟于蔇。(《評林》眉) 邵寶："盟以謀納糾，内則釋怨親讎，外則輔少伉長，如倫理何？人莫甚於父母之讎，國莫大於少長之序。"夏，公伐齊納子糾。齊小白入于齊。秋七月丁酉，葬齊襄公。八月庚申，及齊師戰于乾時，我師敗績。(《評林》眉) 趙匡："内敗不書，此書者，納讎喪師，以惡内也。"九月，齊人取子糾殺之。(《評林》眉) 家鉉翁："此桓公殺之，而書齊人殺子糾，以路人結之，絕之於天倫，所以天誅斥之也。魯不能納糾，又使受而甘心焉，魯亦有罪矣。"冬，浚洙。（《評林》眉）湛若水："浚洙，非所當作而作，雖時，非也。"

【傳】九年春，雍廩殺無知。（《分國》尾）人臣苟能死君難，何論其君之有道無道與其臣之大小？吾讀齊傳，得襄公、莊公之諸小臣焉。襄公無道，為禽獸行，彭生豕立，喪其精魄。以政令無常，稱父遂因無知以作亂，卒見殺。死公難者，有關死之徒人費，死於階下之石紛如，有代公死之孟陽，奇矣。莊公通棠姜，見弑于崔杼，死公難者，有州綽等八人。甚而復命之佗父，不脫弁而死；監漁者之申蒯，先宰死，並其宰亦死。兩公無道略相當，諸小臣為君死難亦同。此雖平日嬖倖使然，然較之居高位，食厚禄，視其君若路人者，反愧之也。或曰："魯有公父文伯死，其母戒妾曰：'好內，女死之；好外，士死之。吾惡其以好內聞，二三婦之辱其先祀者，請無瘠色，無出涕。'母之意，恐章文伯之過，於婦人厚，於長者薄，是深於愛子者。襄、莊死，死難者唯諸小臣，適見其多嬖寵，而待大臣不以禮，何取焉？"是非通論也。夫一鳥死，百鳥哀。君臣之義，何論大小？嗚呼！"萬事反覆何所無，豈憶當殿群臣趨"，此杜子美作《杜鵑行》也夫！（《左繡》眉）此下數節敘殺無知及糾、白事，然都不重，只要歸結到鮑叔薦仲，收應前兩"出奔"，完一篇之局。故中間都以徑捷法行之，若分開讀，不見其剪裁矣。一"治"字，映前兩"亂"字，收應簡而足。（《評林》眉）彭士望："此時當納糾矣，乃渝盟伐齊而納之，何哉？坐令桓公先入耳。"《補注》："晉叔向論桓公所以得國者，見昭十三年傳。"（林紓尾）紓按：齊國大亂之萌，不始于連、管。襄公取死之道，亦不出於連、管。必以連、管為莊公收局者，即昌黎所謂引繩而斷、斷必有處者也。此篇敘瓜期不代，則致亂之由也；絀無知僭禮，則孕亂之由也；從妹間公，則助亂之由也；白晝見鬼，則兆亂之由也。遇弒之先，已種種可危。至其殉節者，不過兩三小臣，當軸大臣，匪特無討賊之人，而且無從死之義。不如是寂寞荒涼，亦不見襄公之無道，此亦明白易曉。惟此篇用縮筆，用省筆，節卻無數閒語，人自不覺耳。夫作亂必有擁戴之人，無知是也。顧不詳無知歷史，則敘事近突。故入僖公之母弟夷仲年數語，述其所生，述其怙寵，述其見絀，縮成無知一小傳，夾入行間，此亂人所必資以為主。更夾入連稱女弟，設間公宮，此又亂人所必資以為輔。於是圖亂之計已成，亂成又不能無因而發，故突入公子彭生見形一節，初無一字言鬼，從者但曰"公子彭生也",作驚怪語,而鬼形已見於白晝。此時若説成公亦驚怪,則文勢轉平衍無味。乃見豕而怒,見啼而懼,至於墜車,寫得懼處,較從者爲甚,以公預懷虞心,從者則坦然非有冤對之懼也。曰"誅屨"、曰"伏公",此均省筆。且敘徒人費死義處,閑閑帶出石之紛如、孟陽二人,不問來歷,即知爲徒人費之黨人。當先入伏公時,已一一部署,大概命石之紛如當階而禦賊,孟陽卧床而僞公耳。省卻無盡張惶,俾讀者一目即了。第倉卒中部署斷不完密,故户下之足,已爲賊覺。中間無盡曲折,本宜用無數筆墨,左氏但作簡語了結。淺人以爲序事筆墨宜詳盡,若果能如是結構,則雖簡亦詳,雖略亦盡。凡彼自爲詳盡,均不能用縮筆與省筆者也。

公及齊大夫盟于蔇,齊無君也。(孫琮旁)總句,承上啓下。

夏,公伐齊,納子糾。桓公自莒先入。(《補義》眉)從魯納糾下,急插"桓公自莒先入"一語,包括交親高、國情事,而管仲射鉤之怨於後寺人披告晉文處補敘。(《評林》眉)王陽明:"齊,讎國也,而爲之納君,即致敗衂,其誰憐之?"(方宗誠眉)桓公未亂先出,亂定先入,故是高子糾一等。

秋,師及齊師戰于乾時,我師敗績,公喪戎路,傳乘而歸。秦子、梁子以公旗辟於下道,是以皆止。(《補義》眉)秦子、梁子是漢紀信、明韓成之節,傳特表之。(高塘眉)後半敘桓公之立,亦分兩截看。前截敘桓公之所以入立,後截敘管仲之所以相桓。於桓公入後,即特起管仲,桓四十餘年霸業,已發軔於此,此左氏大着眼處。(《評林》眉)《經世鈔》:"魯雖爲齊弱,然嘗相戰矣,安得至此,魯真無人哉!"

鮑叔帥師來言曰:"子糾,親也,請君討之。管、召,仇也,請受而甘心焉。"(孫琮旁)欲生得管仲,故托詞以欺魯。乃殺子糾于生竇,召忽死之。管仲請囚,鮑叔受之,及堂阜而稅之。(鍾惺眉)謂四"請"字爽甚,不但從容而已。歸而以告曰:"管夷吾治于高傒,使相可也。"(美中尾)桓殺糾,罪也。然其言曰"請君討之",則生殺固在魯矣。不能庇而從齊令,魯亦與有責焉。顧亭林曰:"論至於尊周室、存華夏之大功,則子糾與管仲區區一身之名分小矣。雖然,其君臣之分故在也,遂謂之無罪,非也。"(闈生夾)此節乃爲管仲相齊作勢,事前不露一字,至末始點出,故分外有精神。公從之。(文熙眉）穀梁子曰："十室之邑，可以逃難。百室之邑，可以隱死。以千乘之魯，而不能存子糾，以公爲病矣。"（《測義》夾）愚按：經書齊人取子糾而殺之，而傳稱魯殺子糾，如果魯爲齊殺，仲尼欲爲魯諱，則書齊殺子糾足矣，何必曰取而殺之？蓋《論語》云"桓公殺公子糾"，是已。當以經文爲正。〘編者按：奧田元繼作張天如語。〙（鍾惺眉）大膽識，開漢高、蕭何一派眼孔。（韓范夾）鮑叔此來，意中實有仲耳。倘魯此時留子糾而不殺，執管仲而不予，則叔將何以處此？齊、魯強弱，雖云不敵。然此時齊國未定，觀後之兩敗齊師，魯豈不能得志于齊者乎？奈何其殺者殺而囚者囚也？（孫琮旁）住法簡老。（孫琮總評）從來爲國薦賢，必使賢者畢盡其用，方不虛此一薦。管子誠天下才，然于齊桓則仇也，不置之高位，得毋來讒慝之口？淮陰國士無雙，可以破趙、平齊而處項。乃人素易之，僅以爲將，豈能展其籌略哉？故鮑叔一言，決計使相；鄭侯開口，便及築壇。具眼卓識，不特感知己者刻骨銘心，直使千古英雄，有搔首問天之想。（魏禧尾）魏禧曰："管仲、召忽之事，余嘗疑焉。作詠史詩附錄以質。詩曰：'奔魯或奔莒，分已定君臣。猶天不可逃，庶兄何足論？虞人死皮冠，嬖童死敗軍。自經莫之知，語疑非聖人。'按：程子謂：'小白，糾之庶兄，故管仲相桓爲徙義。'"彭家屏曰："晏子有言，君爲社稷死則死，爲社稷亡則亡。子糾既未爲君，無社稷之寄，又非世子，無次立之義。管仲受命齊主，以爲糾傅，初未嘗委質以爲其臣，而有君臣之分也。君臣之分未定，若遽爲死，則晰義不精，又荀息之弗若矣，此聖人所以不責仲以死也。唐王、魏傅太子建成，太宗殺建成而王、魏不死，且事太宗。後儒譏其事仇，幾至聚訟。尹氏起莘辨之最爲精當，謂：'王、魏奉高祖之命輔太子，則高祖其君也，太子其長也，食高祖之祿，非食太子之祿也。萬一高祖遷王、魏爲秦府官屬，其可違命而盡節太子乎？萬一太子得罪高祖而被誅，其可讎視高祖乎？是王、魏之於建成，義可不死。義可不死，即可以臣太宗矣。'況子糾乃齊之諸公子，非建成已立爲儲君者比，而顧以死事責仲乎？大抵爲諸王之傅，及爲之官屬者，與人臣使君不同。即以漢初論之，申公事楚王戊，而戊以叛死，亦可責申公不死節乎？枚乘事吳王濞，而濞以反誅，乘轉臣漢，亦可責枚乘爲事仇乎？如此類者，不一而足，相比互觀，其義至明。魏氏顧疑聖人之言，抑獨何哉？程子謂：'桓公兄也，子糾弟也。'以管仲相桓公爲徙義，故聖人不責其死，而稱其功。毛氏奇齡駁之，謂子糾爲兄，桓公爲弟,引據極其確核。然糾無論爲弟爲兄,管仲特爲之傅,非爲之臣。所謂傅者,傳之德義,有師道焉,原無必死之義也。仲惟可以不死,故夫子許其功。若應死而不死,則大節已虧,大本已蹶,雖有相桓之功,聖人烏得而許之?是'如其仁如其仁'之言,幾爲口過矣。《春秋》於召忽之死不書,不與其死也。召忽之死不足與,則管仲之不死不必非矣。論管仲者,必深求聖人之意,未可爲孟浪之説也。"(《分國》尾)鮑叔請管仲,似也。然當時魯施伯言之曰:"此非欲戮之,欲用其政也。殺而授之以尸。"桓公亦言之曰:"施伯,魯之謀臣,知吾將用之,必不予矣。"魯莊憒憒,奈何曰:"天生仲才,必有以用之。"況魯莊非用仲之人乎!秦、梁二人,能開丑父之先,踵孟陽之後。(《賞音》尾)管仲佐桓以霸,其才似過於鮑叔,吾以爲器度識量總在鮑叔範圍之内。先出奔莒,則易爲復國之地,管、召不及計也。乾時之戰,桓公甫入得國,而足以大勝魯師。一勝之後,乘勝疾驅,殺子糾,請管、召,脅魯以必從之勢,一舉而事定矣。既得賢相,不賴寵,不攬權,人任其勞,而己安其逸,器度識量固莫逮也。其才抑豈管仲下耶?子糾、小白《傳》俱稱公子,杜《注》謂:"子糾爲小白庶兄。"《公羊》亦謂:"子糾貴,宜爲君。"而胡《傳》、程子俱主桓兄、糾弟,以史稱周公誅管蔡以安周、齊桓殺其弟以反國也。(《左繡》眉)後來急智,可見皆前人所有,數語不過爲敗績作注耳。看其簡處,只四語而賓主輕重分因,又蘊藉,又斬截,左氏最是簡雋處,後賢不及。後世薦賢者,連篇累牘。用賢者,猶豫狐疑,何處覓此等真率風味來?仲之才,叔之薦,桓之任,都不必言。吾獨異高氏世爲上卿,而恬然安之,毫無妬心四十餘年也。嗚呼!後世復得此人乎!執鞭欣慕矣。(《左傳翼》尾)盟蔇原欲納糾,至桓公先入,而糾不得納矣。不能納,豈竟不能免死乎?齊師壓境而子糾殺,管、召獻,一何懦也。齊請管仲,亦是險着。設魯人知計聽施伯之言,將如之何?篇中敘糾、白爭國事略,而獨詳於鮑叔諫仲,以齊桓伯業成于管仲也,作者蓋欣然神往矣。(《補義》眉)三字可當一篇得賢臣頌。(文淵尾)此篇自首至立無知,敘襄公之被弑。自"初公孫無知虐於雍廩"至末,敘桓公之入國。自"初襄公立"至"公子糾來奔"一段,束上起下,爲前後樞紐。望溪所錄,但至"立無知"而止,蓋意在論敘次之簡妙,故未及篇法耳。期戍公問不至,請代不許,是襄公被弑之由。而無常又公問不至、請代不許之由也,故以鮑叔牙之言束上半篇。雙提二公子之出奔,而桓公入國但以一語括之者，因詳敘子糾也。原敘桓公入國，而子糾獨詳者，不詳敘子糾，則無由敘管仲之不死也。既詳子糾之納，則桓公入國宜簡。詳子糾之殺，則齊殺無知宜簡。（高嵣尾）齊襄淫兇不道，通其妹而殺魯桓。莊公立後，復屢行宣淫，初會于禚，次享于祝丘，又次如齊師，又會于防，會于穀，八年而五相求。《敝笱》、《載驅》錄于齊風，天下之大惡，覆載之不容也。而又外作禽荒，狎比小人，使徒人費、石之紛如、孟陽等日居左右，究至禍發蕭牆，隕滅其身，此禍淫之報，豈特無知亂嫡、積漸於僖公之時哉？連書小臣徒人費等死君受命，見舉朝不與也。或曰：“徒人費等鞭背而鬭死，可謂忠矣。先入伏公，居床代死，可謂智矣。而《春秋》不書，何也？”汪德輔曰：“徒人費、石之紛如、孟陽死於襄公之弒，賈舉、州綽、邴師、公孫敖、封具、鐸父、襄伊、僂堙、祝佗父、申蒯死于莊公之弒，皆不得以死節書，蓋近暱嬖幸之臣，從君于昏而任其禍，未可以死節許之。”程子曰：“桓公、子糾，襄公之二子也。桓公兄而子糾弟，襄公死，則桓公當立。《春秋》書桓公，則曰‘齊小白’，言當有齊國也。於子糾則止曰‘糾’，不言齊，以不當有齊也。不言子，非君之嗣子也。《公》、《穀》並《注》，四家皆書‘納糾’，《左傳》獨言‘子糾’，誤也。”朱子曰：“程子以薄昭之言，證桓公之爲兄，則荀卿嘗謂桓公殺兄以爭國，而其言固在薄昭之前矣，蓋未可以此而證其必然。但以公、穀《春秋》所書之文爲據，而參以夫子答子路、子貢之言斷之，可也。蓋聖人之于人，不以罪掩其功，亦不以功掩其罪。今于管仲，但稱其功，不言其罪，則可見不死之無害於義，而桓公、子糾之長少，亦從以明矣。”又曰：“仲之所以不死者，正以小白兄而子糾弟耳。若使糾兄而當立，則齊國之士，君臣之義，無所逃矣。”子糾死于生竇，魯從齊令，魯人殺之也。其曰“齊人取子糾殺之”，所以病魯，亦所以罪齊也。胡《傳》曰：“取者，不義之詞。前書‘納糾’，不稱‘子’者，明不當立也。此書殺糾，復稱‘子’者，明不當殺也。或奪或予，于義各安，《春秋》精義也。仁人之于兄弟，不藏怒焉，不宿怨焉，親愛之而已。糾雖爭立，越在他國，置而勿問可也。必請于魯殺之然後快於心，其不仁亦甚矣。”季彭山曰：“子糾之難，召忽死之，而《春秋》不書者，蓋糾弟也，桓公兄也。召公輔糾，所事已不正矣。孔子比之匹夫匹婦自經於溝瀆而不知也，可以爲萬世之公案矣。”此篇分三段看，前段敘襄公之弒，後段敘桓公之立，中一小段，前結襄公之案，後起桓公之事，爲一篇樞紐。前半"謀作亂"、"因以作亂"、"使間公"，敘三層亂源，有條有理。後卻敘入彭生一段，見襄公之死，雖人事，亦天道也。忽插"使間公"句，不解所謂，直到遇賊於門，乃知姑棼之游，正稱妹伺其間以約賊也。伏公而出鬬，不知如何伏法，直至殺孟陽於床，見公足於户下，乃知費之先入，伏公户下，而使孟陽之代公也。"亂將作"、"亂作"，見子糾、小白見幾有遲速之不同。"伐齊納糾"、"自莒先入"，見子糾、小白入國有主客之不同。"乘傳而歸"，寫魯敗狀極其倉皇。帥師來言，寫齊勝勢極其整暇。召忽並請，意在管仲，正是齊人愚魯之詞。管仲已得，不論召忽，益見魯人中齊之計。殺子糾于生竇，罪齊人，亦所以罪魯君。稅管子於堂阜，美叔牙，亦所以美齊桓。此爲齊國患難啓霸之文，以前半托起後半，齊桓、管仲至此出頭矣。作法之妙，各批盡之。（《評林》眉）沈雲將："《史記·屈原傳》'楚願得張儀而甘心焉'，亦用此句法。"王維楨："仲之請囚，蓋鮑叔平時交仲，知鮑在齊，必不殺己也。"《經世鈔》："薦人作相，如此輕易說出，輕易舉行，是君是臣，相見當年。"按：桓公自莒反於齊，使鮑叔牙爲宰，始末詳於《管子·小匡篇》。（武億尾）此文分兩段，前段敘襄公之弑，後段敘桓公之立，用句用字，筆筆精工。（王系尾）《國語》及《管子·小匡篇》皆載鮑叔先薦仲於桓，桓公許之，然後請于魯。此則鮑叔乘乾時之勝，先脅得仲，然後薦于桓，尤見愛惜賢才唯恐或失之熱心。所可異者，鮑叔知仲之深如此，而委身事主，各有所擇，當時情事，竟不知何如也。此篇應結前文，自成結構。如林麓之布地，如雲霞之在天，人無不見其勝，而莫能言其所以勝。（方宗誠眉）管仲之才大於鮑叔，鮑叔之識高於管仲。鮑叔能薦才，桓公能納言用才，左氏記此于桓公初立之時，是伏後來桓公創霸之根本也。《左傳》原是通部爲一篇整文字，不止一篇之中有起伏照應。（《學餘》眉）齊、魯之戰，不足言也。鮑叔之薦賢，管仲之忍辱以利天下，則春秋之所以猶有春秋也，吾哀齊之無兄弟，而幸管、鮑之有朋友焉。（《菁華》尾）桓之與糾，既屬兄弟之親，糾已敗逃，留之亦不足爲患，必欲迫之死地，忍亦甚矣。魯以一國之君，不能庇一亡公子，能無愧死？意在管仲，偏以召忽爲言，恐人窺其心也。召忽不背故主，甘心一死，其忠盛矣。暴其事，亦足以爲反顏事仇者愧。"自經溝瀆"一語，自是指庸庸無所表見者而言，非指忽也。後人乃疑聖人重功名而輕氣節，斯不然矣。

◇莊公十年

【經】十年春王正月，公敗齊師於長勺。二月，公侵宋。三月，宋人遷宿。（《評林》眉）高閌："宿介於宋、魯之間，屬於宋而親魯，宋人以爲貳於魯而遷之，自後宿不復見，其亦滅亡而已矣。"夏六月，齊師、宋師次於郎。公敗宋師於乘丘。秋九月，荊敗蔡師於莘，以蔡侯獻舞歸。冬十月，齊師滅譚，譚子奔莒。（《評林》眉）胡寧："管仲相桓公，伯諸侯，只是詭遇。如譚有恨，便滅之。郕可降，便降之。若學聖人，則行一不義、殺一不辜而得天下，不爲也。"張洽："齊桓方有志爲政於天下，非特不能興滅繼絶，而以私憾覆滅小國，其罪大矣。"

【傳】十年春，齊師伐我。公將戰，曹劌請見。（孫鑛眉）伯玉謂是神品，尚未能了然。（《文歸》眉）王納諫曰："文體高明雄健，左文上乘。"（《補義》眉）兵法貴知彼知己，此篇約略盡之。水心葉適曰："穎考叔、曹劌、燭之武皆自草莽起，以人材見於春秋。左氏載劌皆忠信禮義之詞，後世雜說，始有盟柯劫齊桓事，司馬遷遂列於刺客之首。是時東遷未百年，人材雖陋，未至便爲刺客，遷考之不詳也。"臣廷敬曰："詳整有法，文家矩鑊。"（《左繡》眉）此是左氏一首極有心結構文字，又整齊，又變化，開後人無數局法。通篇敘議兼行，大概是兩截格。而前一個"將戰"，後兩個"將鼓"、"將馳"，文是一頭兩脚格。然上截一事卻分說，下截兩事卻合說，則一變。上截先解後做，下截卻先做後解，則又變。四"不可"、三"可"，上實下虛，上暗下明，則又變。上"公曰"、"劌曰"，一遞一換。下單寫四"劌曰"，則又變。其實下二事即從上一事中分出，而中間總敘實事，解說安在兩頭，又是鶴膝蜂腰格。並兩截及一頭兩脚局法不足以拘之，而變化極矣。在左氏亦有數文字，不奈後人之隨口念熟何也？（《補義》眉）以"遠謀"二字作主，前三段審君德是遠謀之本，以後比偶相屬，其所謂遠謀非有奇計，都是平實道理，只肉食者不能見耳。文於前後寫戰外另出一格。其鄉人曰："肉食者謀之，（孫琮旁）此語亦憤。又何間焉。"劌曰："肉食者鄙，未能遠謀。"（孫鑛眉）鍊甚，然亦覺太方。（《左繡》眉）"遠謀"二字，通篇大旨。前體後用，居然霸、王兼濟之矣。"肉食者鄙"，笑盡千古，豈此時管氏猶未得手耶？吾嘗謂長勺之戰，乃内政、軍令之師，當不誣也。（《評林》眉）李笠翁："王荊公詩云：'肉食何人為國謀。'古今仕宦，大較類此。"按《注》曰："魯人，示其賤者也。"《附見》："肉食者鄙，笑盡千古。"（方宗誠眉）"遠謀"是一篇之主，先敘戰前之謀。乃入見。問何以戰。（《約編》眉）戰必問其何以戰，是遠謀也。（《評林》眉）《經世鈔》："'何以戰'，一問便不苟。"按：凡國君能保民而後使之，即戎猶有懼，況今莊公於民有何功德而用之，以與齊戰耶？公曰："衣食所安，弗敢專也，必以分人。"對曰："小惠未徧，民弗從也。"公曰："犧牲玉帛，弗敢加也，必以信。"對曰："小信未孚，神弗福也。"公曰："小大之獄，雖不能察，必以情。"對曰："忠之屬也，可以一戰，戰則請從。"（《左傳雋》眉）葉臺山曰："曹劌之言，與季梁之諫，若出一轍。彼以成民為主，此以察民為主，均不恃力逞勇以取敗者。"（鍾惺眉）獄通於兵，微矣哉！"忠之屬也"一語，孫、吳説不出。（《文歸》眉）王納諫曰："決獄以情，何與戰事？此似迂而有理，宜細思。"（孫琮旁）一應，呼應如神。（《彙鈔》眉）公所言，亦非浪戰者。且能一聽曹劌指揮，善於用將，宜其勝也。（《評林》眉）王季重："以忠之屬而一戰，此正可以作軍士之氣而振逐寇之勇。"

公與之乘，戰於長勺。公將鼓之，劌曰："未可。"齊人三鼓，劌曰："可矣。"齊師敗績。公將馳之，劌曰："未可。"下視其轍，登軾而望之，（孫琮旁）細甚，如畫。曰："可矣。"遂逐齊師。（《評林》眉）《補注》："齊師敗績，傳序長勺之戰甚詳，經書敗者，變文也。杜氏膠於傳例未陳之説，乃曰列成而不得用，穿鑿甚矣。"（閩生夾）將所以然之故留之篇末，但敘其動作，令人不解何故，極離奇變幻之致。

既克，公問其故。對曰："夫戰，勇氣也。一鼓作氣，再而衰，三而竭。彼竭我盈，故克之。（孫琮旁）臨敵決勝，大有本領。夫大國，難測也，懼有伏焉。（孫琮旁）已勝尤能慎重。吾視其轍亂，望其旗靡，故逐之。"（文熙眉）孫應鼇曰："一節照應一節，句句典實，末出審獄一段，似出別調，仍歸本絡，所以為佳。"穆文熙曰："胡氏謂：'善為國者不師，善師者不陣，善陣者不戰，至於善戰，德已衰矣。又以詐謀取勝乎？'此其言蓋深有貶于曹劌也。余謂：'兵，詭道也，不詐不足以取勝。胡氏之論，其亦宋襄之仁歟？長勺之戰，劌功可少乎哉？'"（《測義》夾）愚按：劌謂必俟三鼓之後，彼竭我盈，而後克之，此詐戰之術爾。若視其轍亂，望其旗靡，此又是逐奔之法。（《左傳雋》尾）王陽明曰："余讀《孫武子》篇：'未戰而廟算勝者，得算多也；未戰而廟算不勝者，得算少也。'故不盡知用兵之害，則不盡知用兵之利。曹劌先詰可戰之故，而後施其善戰之術，乘其彼竭我盈而克之，望其轍亂旗靡而逐之。既欲其利，又虞其害，此所以爲遠謀而愧肉食者也。"（《正集》尾）蒼古濃豔，質有其文。袁了凡。（《文歸》眉）王納諫曰："斷語精嚴。"（《文歸》尾）快内勝而奇劌，便極力裝點。鄉人一段，見其壯；問戰一段，見其達；視轍一節，見其精細。文小方而多色矣。仲光。（《快評》尾）曹劌格外奇人，生於藜藿，未諳軍國之事，乃其識力，全從天性中流出，不假學問歷鍊，天下固有此一種人，未可以常理論也。及其臨事出語，每能見人所不能見，言人所不能言，此一輩人，遇亂時便能出頭作事，太平時淹虀菜甕中，死者何可數計，可歎也！左氏之傳曹劌，妙在寫出一草野粗糲人，舉動輕佻，不諳規矩，卻又龍跳虎卧，不可捉搦。左氏之文，信與化工爭巧矣。（王源尾）謀者，戰之本也。未能遠謀，何以戰乎？曹劌深衷，兩言揭盡。厥後度己度彼，審情審勢，莫非遠謀。妙在"遠謀"二字藏而不露，而通篇文情甚折，使讀者惝怳情移，忘卻先謀後戰者，曹子之略也，但覺如往如復者，左氏之文也。（孫琮總評）曹劌持重周密，大將之才也。曰"請見"，突然自薦。曰"肉食者鄙"，目空一時。曰"問何以戰"，直恁細心。曰"戰則請從"，毅然自任。從惠與信，直說到忠，可見能用其民。從三鼓直到轍亂、旗靡，可見能制其敵。通篇自首至尾，步步有精神，着着有定算。曹劌妙用，得此爲之寫生。（《快筆》尾）太公論兵，則曰："智、信、仁、勇、忠。"孫子論兵，則曰："智、信、仁、勇、嚴。"大約兵法之要，不出此六者而已。今曹劌論戰，衣食不專，仁也。犧牲不加，信也。察獄以情，忠也。一鼓作氣，勇也。將鼓而止其鼓，將馳而止其馳，嚴也。俟敵三鼓而速鼓，望敵旗轍而急馳，智也。即一長勺之戰，實得兵家之六要，劌可謂洞悉兵機者矣。而小惠、小信二段，更發人之所未發。仁信固不可少，然小仁、小信仍無足取，又爲天下之誤用仁信者開一迷津矣。雜之武經中，可當兵書。至其布格鍊局，節節照應，字字精彩，非左氏不能有此快筆。(《古文斫》尾)此傳作一頭兩腳看，前段將戰而先求何以戰，是一頭。後段將鼓而曰未可鼓，將馳而曰未可馳，是兩腳，皆肉食者決謀不到處。前段暗藏兩個"未可"，後段明點兩個"未可"。前段則分敘問答，後段則總敘問答，局法變化。而前論用民之道，後論用兵之法，皆千古龜鑑。肉食者聞之，豈不愧死？(《彙鈔》眉)此篇純用對仗法，而體格圓妙，不覺其板。(《覺斯》尾)過商侯曰："料敵決勝，劌可謂知己知彼矣，而必原之以平日之忠。劌之問，公之答，尤為知戰之本。至於彼竭我盈而克之，轍亂旗靡而逐之，自是有見。"(《魏禧尾)魏禧曰："由前言之可，以知用兵之本。由後言之可，以知用兵之謀。"(《析義》尾)齊師壓境，正魯國君臣戒嚴之日。若論不在其位，不謀其政，曹劌以局外之人，忽欲插身廟算，何等唐突？且不直陳應敵急策，卻閒閒發問，把莊公平日所行政事，較論一番，何等迂闊？迨既入戰場，死生存亡，定在呼吸矣。乃應鼓而偏不鼓，應逐而偏不逐，何等乖方失宜？時莊公既不解其故，而在位諸臣，亦寂無一言掣肘於其間，直待成功之後，方請解說，俱成稀有僅事。細玩通篇，當分三段。以"遠謀"二字作眼，總是一團慎戰之意。惟知慎戰，故于未戰之先，必考君德。方戰之時，必養士氣。既勝之後，必察敵情。步步詳審持重處，皆成兵機妙用。所謂遠謀者，此也。肉食輩能無汗浹？(《分國》尾)曹劌胸中，具有成算。覷破肉食一輩人，故突然請見，便問何以戰也。小惠、小信，以其小故鄙之，所謂"未能遠謀"也。至曰"忠之屬也"，而後曰"可以一戰"。未戰之前，有成算也，遠謀一。將鼓之，曰未可，齊人三鼓，而後曰可。將戰之時有成算也，遠謀一。齊敗，公逐之，而曰未可。視其轍，望其旗，而後曰可。既戰之後有成算也，遠謀一。凡此皆非肉食者所知，公在曹劌疑陣中，況肉食者？前有曹劌，後有毛遂，十九人與肉食者大抵亦相等。(《晨書》總評)徐袞侯曰："曹劌之謀敗齊，正所謂'未戰養其心，將戰養其氣'也。觀其不由他人引進，突然請見，何等氣骨？未戰酬對，奇論至理。方戰交鋒，從容應接。既勝之後，周密詳審。追奔逐北，何等閒暇！可謂儒將風流，何史遷僅列之《刺客傳》中也？但莊公此舉，何不用師于齊襄之日以報父仇？君子惜焉。"(《觀止》尾)"肉食者鄙，未能遠謀"，罵盡謀國僨事一流人，真千古笑柄。未戰考君德，方戰養士氣，既戰察敵情，步步精詳，着着奇妙，此乃所謂遠謀也。左氏推論始末，復備參差錯綜之觀。(《集解》尾)"遠謀"二字是一篇眼目，未戰必推原其本，既勝不輕肆其鋒，皆遠謀也。至於佈局整練而不板，用筆參差而不亂，節節照應，字字精神。（《彙編》尾）戰，危事也，民之死生，國之存亡，俱係於此，得不遠謀？古來多少肉食人誤殺大事。"未能遠謀"二句，罵盡謀國憒事一流人，真至談也。看其未戰之前必考君德，方戰之時必養士氣，既戰之後必察敵情，步步詳審持重處，皆成兵機妙用，此乃所謂遠謀也，肉食輩能無汗浹？是篇結構，俱從三"將"字生情，分未戰、既戰兩截看，前後俱作兩番跌法。然前段問在前，後段問在後，絕非一樣腔口，極嚴整，又極參差。（《知新》尾）長勺之戰，經以責魯，而傳備載劌言，以見雖本詐謀，猶參忠信。至論戰一段，較之孫吳兵法，此爲儒將風流矣。（《賞音》尾）戰，何事也？將戰，何時也？曹劌以一細民而請見則見，問戰則一一詳答，公何納言也？至鼓之未可，馳之未可，而肉食者絕不出一言以阻撓之，其視剛愎憒事之臣，亦相去遠甚。虞公曰："吾享祀豐潔，神必據我。"隨侯曰："我牲牷肥腯，何則不信。"公獨曰："弗敢加也。"公可謂知本矣。（《左繡》眉）前段層層挑剔，後段兩兩對收，章法最佳。"公曰"、"劌曰"，爲後來問答對寫局法所本，陰飴甥説秦伯篇與此正同。（昆崖尾）程念伊曰："佈局整練，用筆參差。"逆挈三段在題前，倒結兩段在題後，俱用直敘。中敘戰逐卻作隱約不盡之筆，錯綜變化，實處用虛，虛處用實，是第一妙法。中之虛，所以變前而伏後。後之實，即以變中而應前。回環相生，參差無盡。（《約編》尾）此篇以短節促排勝。（《喈鳳》尾）"遠謀"是主意，戰之本、戰之法俱從遠謀來，碩園先生評足蔽其義。惟劌具遠謀，故直鄙此肉食之輩。然絕非尊己輕人者比，看其層層審慎，步步矜持，至末道出作用，無纖毫苟且，謀定而後戰，曹子之謂矣。立雪軒跋有："局整練而不板，用筆參差而不亂，節節照應，字字精神。"聖門季路有治賦之才，自道其撰曰："有勇知方。"而夫子教以行師之要曰："好謀而成，臨事而懼。"二者曹劌皆得之，安得不勝齊師？命懷附識。（《左傳翼》尾）突然請見，自薦甚奇。論戰而究戰之本，臨戰而講戰之法，知己知彼，總非肉食者所能謀也。是時管仲已經相齊，而長勺一戰，敗于曹劌之手，豈內政軍令尚未及行，故曹子得以施其所長乎？獨惜劌有遠謀，而魯不能用，不克與齊代興也，其謂之何？齊狃于乾時之勝而來，舉朝無應敵之策，曹子所以越俎而代也。料敵致勝，兵將之常，而劌先探其本，設使無察獄以情之忠，則小惠、小信，皆難一戰，必不以戰爲嘗試矣。文雖分兩段看，而要緊尤是前段。蓋有戰之本而後講戰之法也。不取小惠小信而取忠，猶謂其爲"忠之屬"僅可一戰，可知曹子胸中尚有絕大本領在，不得謂遠謀已盡此也。（德宜尾）"遠謀"二字，是一篇之骨，前後一問一對，及戰時之審量，總莫非遠謀也。通篇一冒三截，其中自具起伏照應之妙。如"何以"、"可以"、"未可"、"可矣"、"故克"、"故逐"等句，章法極細。（《析觀》尾）章禹功曰："'肉食者謀之'，古今仕宦，比比皆然。'肉食者鄙'，罵盡謀國僨事一流人。即此二語，千古卓見。篇中由推兵以及審獄、勸忠、作氣，至一鼓再鼓而止其鼓，將馳而止其馳，待敵之三鼓而速鼓，望敵旗靡而急馳，深得兵法之要旨。前從小惠小信，言仍無足取，是發人之所未發，實開天下一大迷津。自'何以戰'、'可以戰'，隨手曲折，緊緊呼應中段，連用三個'必以'作轉語關頭。後段兩用'未可'、'可矣'，言簡靈活，足見句法之妙。結處又用'故克之'、'故逐之'作收，其布格練局，節節照應，字字精采，筆勢如駿馬奔騰，真英氣逼人，有神出莫測之幻。"（《日知》尾）夾敘夾議，如火如荼，筆筆寫出遠謀，左文章法最平整者。（盛謨總評）通篇以"遠謀"二字爲主，玩下"將鼓"、"將馳"是未能遠謀。而曹劌所見，乃能遠謀。左氏明明如此，卻不說破，至末只從曹劌口中寫出遠謀意，妙絕！逐步空籠虛描，故作停留以蓄文勢。一入"夫戰，勇氣也"數句，忽令讀者回顧前文，俱在空中盤桓，躍躍欲活。文情停頓曲折，各極其妙。（高嵣尾）俞桐川曰："遠謀是主意，戰之本，戰之法，俱本遠謀來。惠猶弗從，信猶弗福，忠僅可以一戰，論戰何其慎重？後人終年窮黷，真輕用民命也。齊人三鼓，寫其審聽；下視、登望，寫其諦視；忽未可、忽可，絕不說破。敗者敗，克者克，莫解所謂。及至說明，盡有極細道理。佈置巧妙，句法、字法又極精工。通篇以'遠謀'二字作主，下分三段，政本、軍機皆具。未戰論君德，方戰養士氣，既勝察敵情。步步詳慎持重，此所謂遠謀，孫、吳不能出其宗，左氏所以爲言兵之祖也。"（《自怡軒》尾）前段層層挑剔，後段兩兩對收，章法絕佳。許穆堂。（《評林》眉）王季重："彼竭我盈而克，此詐戰之術。轍亂旗靡而逐，此逐奔之法。"（武億尾）通篇敘議兼行，又整齊，又變化。大概是兩截格，而前一個"將戰"，後兩個"將鼓"、"將馳"，又是一頭兩脚格。然上截一事卻分說，下截兩事卻合說。上截先解後做，下截卻先做後解。上"公曰"、"劌曰"一問一答。下單寫四"劌曰",筆筆轉換,粗心人未易領取其妙也。(王系尾)此篇只是寫"遠謀"二字,未戰而反己自求,將戰而因機制勝,既勝而慮變防危,老成切實,有古意焉。與楚、鄭蒲騷、北戎諸戰,別是一種意思。説《左傳》之例者,謂"皆陳曰戰,敵未成列曰敗某師"。今此所敘,齊魯皆成列矣,而經書"敗齊師於長勺"。説之者曰:"齊人雖成列,魯以權譎稽之,列成而不得用,故以未陳爲文。"夫戰者,衆之生死,國之存亡,決於呼吸。作我之氣,乘彼衰竭,固其宜也,何譎之有?列成而不得用,齊人之咎,魯何罪哉?必若所云,敵作氣而我乃與之作氣,敵衰竭而我亦與之衰竭,然後爲正哉?其爲愚謬,又在宋襄下矣。此類至多,聊指其一,以明所以闕疑之意云爾。(方宗誠眉)前半先議論後敘事,後半先敘事後議論,有變化。大停束。(《學餘》尾)齊師伐我,無釁而動,敗之機也。雖然,小敵大,弱敵強,不可不懼也。問何以戰,蓋以人心爲本也。曹氏其知兵乎!(《菁華》尾)"肉食"句,容容充位之流,都經一語罵煞。論用兵之道,不用權謀秘計,全從根本上立論,此亦向來兵書中所不多見,分作三層,與子犯告晉文公之言,可以互看。乾時一敗,魯人慴服莫敢動,子糾之殺,唯唯惟命,小白於此,亦已得志矣。乃復興無名之師,其取敗宜也。意其時管仲爲新進,尚未言聽計從歟?(闇生夾)先大夫評曰:"《史記》敘韓信、陳壽紀曹公用兵,往往用此法。"

　　夏六月,齊師、宋師次於郎。(《測義》夾)李廉氏曰:"齊之忿魯始于子糾之納,宋之忿魯始于莊公之侵,而其實則齊桓挾宋以圖霸也。"公子偃曰:"宋師不整,可敗也。宋敗,齊必還,請擊之。"公弗許。自雩門竊出,蒙皋比而先犯之。公從之。大敗宋師於乘丘。齊師乃還。(魏禧尾)魏禧曰:"數語耳,而攻瑕、先發、驚敵之法皆備。"(《分國》尾)齊人不得志於長勺,隨有次郎之師。公子偃雩門一出,豈激于曹劌之言,以此賈勇?與明年鄑之役,復乘宋師未陳薄之,大敗宋師,其亦雩門之餘勇也。(《左繡》眉)請擊弗許,先犯則從,以遞爲對,夾敘簡老有法。(美中尾)前待其竭,此犯其先,因時制勝,兵謀固無一定死法也。(《左傳翼》尾)二國合師,難以抵敵,必得攻瑕之法而後堅者可摧,不整可敗。攻瑕妙着,失此則勝算在人。不許請擊,遂爾先犯,偃其知兵哉!(《評林》眉)劉知幾:"齊、宋輕用其衆,以侵人之國,罪也。魯師誠能不用子偃詐謀,推忠信、奉詞令,齊、宋去矣,可以弛患止亂,安國便民,不益堅且久耶!偷得一時之安,而忘長久之慮，小人賽于勇、嗇于禍之咎。"《翼》："乘丘之役，《檀弓》以爲敗，左氏以爲勝，蓋先敗後勝也。"（王系尾）此篇與長勺對看，彼用正，此用奇。彼以實，此以權。"弗許"見持重之意，"從之"見乘機之能。莊公之從善，亦有可觀者。

　　蔡哀侯娶于陳，息侯亦娶焉。息嬀將歸，過蔡。蔡侯曰："吾姨也。"止而見之，弗賓。（《評林》眉）陳臥子："觀後日蔡侯繩息嬀以譽楚子，則所云弗賓者，其事難言之矣。其師敗身虜，宜哉！"按："止而見之"，含蓄許多輕褻不可言者，以"弗賓"二字括之，臥子及《繡》評可見。息侯聞之，怒，使謂楚文王曰："伐我，吾求救于蔡而伐之。"楚子從之。秋九月，楚敗蔡師於莘，以蔡侯獻舞歸。（韓范夾）蔡禍始於息嬀，而息禍亦從之。是一婦人也，亡蔡滅息，而又殺子元焉，夏姬之外，又一不祥人矣。（《左繡》眉）止而見之，有許多輕褻在，卻只以"弗賓"二字括之，潔甚。此時息侯亦殊得計，讀至後事，遂爾弄巧成拙。（美中尾）邵康節曰："自是江漢之國皆服於楚。"（《左傳翼》尾）從此生隙，兩國敗亡相繼，冤冤相報，無有了時，可謂怨毒之於人實甚，而冶容誨淫，尤千古之大戒也。（文淵尾）"弗賓"二字簡雅至矣，而蔡侯言貌之淫褻皆可想見。（《評林》眉）《增補合注》："《史記》云：'楚文王虜蔡侯以歸，留九年，死于楚。'"按：魯莊十九年也。《翼》："自是，江漢之國皆服于楚。"（王系尾）蔡侯信有罪，而息侯之抱怨，何其譎哉？荊楚方張，志存兼併。小國相保，猶懼不支。若之何誨盜乎？且婦人無外交，夫人之行，必有送者。蔡哀雖固欲見，夫人可辭，送者亦可辭，而皆不聞也。息侯不知自反，而親豺狼以報小忿，可謂智乎？楚憑陵諸夏，實自此始，而息實啓之。卒以亡國，足爲後世鑒矣！故詳其顛末，使知抱怨必以直，譎詐不可用也。

　　齊侯之出也，過譚，譚不禮焉。及其入也，諸侯皆賀，譚又不至。冬，齊師滅譚，譚無禮也。譚子奔莒，同盟故也。（《左繡》眉）解經事遞而文對，大率以整爲工。一滅譚、奔莒，一經對點，遂成後人雅記。桓、文開手，大略相似。（美中尾）前亦有滅國者矣，而《春秋》則始於此。惜也！《春秋》書滅國，乃始於創霸之人。（《左傳翼》尾）興滅繼絕，王者之大義，故武王克商，歷封先聖之後。忠厚開基，卜年久遠，固所宜然。齊桓方欲得志於天下，而以私憾夷人宗社，所以存三亡國而義士譏其薄德，以其所存之功不足贖所滅之罪也。左氏雖以無禮責譚，而譚實無可亡之罪。惟不能死社稷而至於出奔，則其罪固有所不能免耳。（《補義》眉）惜也，《春秋》書滅國，乃始于創霸之人。（《評林》眉）《補注》："此譚無禮，亦杞不敬之類。齊桓欲圖伯，恐諸侯不從，故滅小國以示威。"按《注》："'及'，逆謂小白終入齊爲君。"

◇莊公十一年

【經】十有一年春王正月。夏五月，戊寅，公敗宋師於鄑。（《評林》眉）趙與權："宋報復之師也，屢役不勝，可以已矣。莊公以兵始禍，屢勝鄰國，能無悔乎？"秋，宋大水。冬，王姬歸於齊。（《評林》眉）《傳説彙纂》："王姬歸齊，《春秋》兩書之，皆以魯主婚也。左氏稱齊侯來逆共姬，則魯之主婚明矣。《公》、《穀》以此年爲過我，恐無可據。"王葆："主襄公之昏，其罪大，故書之詳。主桓公之昏，其罪小，故書之略。"

【傳】十一年夏，宋爲乘丘之役故，侵我。公禦之，宋師未陳而薄之，敗諸鄑。（韓范夾）未陳而擊之，千人可以勝萬人，整亂之異也。後世往往離敵尚遠，先陳而後待，畏其急乘故耳。（《評林》眉）李于鱗："自長勺、乘丘、于鄑三戰，並以詐謀取勝，恐非睦鄰安國之道也。"

凡師，敵未陳曰敗某師，皆陳曰戰，大崩曰敗績，得儁曰克，覆而敗之曰取某師，京師敗曰王師敗績於某。（《左繡》眉）因未陳而悉數之，始以敵，中以儁，終以京師，小小敘列，亦必有倫有脊焉。（美中尾）方望溪曰："魯能比勝齊宋之師，則國非甚弱，而不足以復讎者何，爲不用於先君見戎之日哉！"（《左傳翼》尾）魯秉禮之國，不以用兵見長，長勺而後屢出奇以敗宋，豈聞曹子之風而起，人人知兵耶？（《評林》眉）《補注》："《春秋》有實戰而不書戰者，有敗績而不書敗績者，左氏皆不能發義，而於未陳書敗，執之甚堅，豈非有所據而然乎？"《增補合注》："戰勝其師，獲得其軍内之雄儁者，書曰克。"按：京師，即言京之軍師也。（方宗誠眉）凡例若隨經文所在而解之，則成訓詁體，無文章之妙。惟因一事而遍及之，則文筆縱橫開展。

　　秋，宋大水。(《左繡》眉)此篇是一案兩斷法。前一層斷宋當興，後一層斷公子宜爲君，前詳後略，前實後虛。贊公子即是從贊宋內抽筆另提，而轉遞圓融跳脫，不板不渙，運局新。一語看出兩意，"言懼"、"名禮"，本可平對。而分講處，一用偶句，一用單句。以參差爲比偶，始與通體文格相稱。細心烹鍊之文。(《補義》眉)只一遇災而懼，分出"言懼"、"名理"，其一段爲民之心尚未說明，故臧孫發之，見勤民所以敬天，君道也。公使弔焉，曰："天作淫雨，害于粢盛，若之何不弔？"對曰："孤實不敬，天降之災，又以爲君憂，拜命之辱。"(《評林》眉)陳傅良："公使弔焉，傳言外災所以得書。"王百穀："比歲交兵，怨不廢禮，蓋古意之猶存而未滅者也。閔公不能踐敬之一言，而以靳宋萬自禍，乃董氏所謂'出災害以譴告之，而不知變'者。《春秋》之存災異，可不察哉！"(《學餘》眉)一言也，而臧氏父子反覆詠歎之，人之樂善如此哉？然亦可見立言之重矣。臧文仲曰："宋其興乎。禹、湯罪己，其興也悖焉；桀、紂罪人，其亡也忽焉。且列國有凶，稱孤，禮也。言懼而名禮，其庶乎。"(孫鑛眉)兩語在今亦近腐。既而聞之曰："公子御說之辭也。"臧孫達曰："是宜爲君，有恤民之心。"(文熙眉)汪道昆曰："辭令能品，敘事妙品，'言懼'句法。"(韓范夾)言可以動人，可以動天。興元一詔而諸州感泣，動人也；景公三語而熒惑退舍，動天也。御說恤民而爲君，天人相應也。甚矣，言之不可苟也！故王者左史記言，以戒妄發。(王源尾)"宋其興乎"一句，虛虛提起，下分兩段，一罪己，一稱孤。罪己全不說宋，只引禹、湯以證之，又引桀紂以形之，虛描也。稱孤實寫，卻以單行變上排耦，然後以"言懼"二語總束之。又罪己明接"興"字，束語暗應"興"字，看他整齊中綜變之法。小小結構中有起有結，有正義有餘波有變化，與長篇同一用筆，所謂搏象搏兔俱用全力也。(魏禧尾)魏禧曰："興國在罪己，爲君在恤民，千古本計，人君當坐置一通。"(《分國》尾)漢武輪台，唐德興元，皆能悔過罪己，卒收已去之民心。嗚呼！恤民者，宜爲君。彼草菅人命，豈容一日立民上乎？(《左繡》眉)兩讚語，前是先指其言懼、名禮，而後斷其庶幾於興。後是先斷其"是宜爲君"，而後指其恤民之心。屢變不復，總是熟於順逆之法耳。林注謂明年御説既立之後，方聞而贊之。則前是決其將來，後是稱其見在，筆意固不同也。(昆崖尾) 茅鹿門曰："因敬天而決其恤民，毋亦以天之耳目，寄於民之視聽耶？"作四段敍，寸幅中水窮雲起，柳暗花明。賓主詳略，明暗虛實，無法不備。讀者細玩，自得其用意用筆之妙。(《左傳翼》尾) 一言之善耳，于國則決其必興，於御説則斷其宜君，甚矣，言辭之不可苟也！"言懼而名禮"就外面看，"有恤民之心"抉出本原，左氏於此煞具知言學問。(高嶱眉) 俞桐川曰："兩段辭命，兩段議論，各有精理。簡净溫潤，比德於玉。"(《評林》眉)《經世鈔》："只此數語，説盡古今興亡成敗之故。"張半菴："'是宜爲君'二句，其法倒用。《史記·匈奴傳》中行説曰：'必我行也，爲漢患者。'亦用此句法。"(王系尾) 通篇敍事，而敍中有斷，斷處作兩層，極宕逸之致。(《學餘》尾) 鄰有災則弔，禮也。聞弔則引咎自責，亦禮也。然此特詞令之工而矣。果能罪己，果能遇災而懼，然後身心意知之命新，家國天下之命亦新，千古轉危爲安，轉亂爲治者，胥是道也。禹、湯其最著矣。(《菁華》尾) 宋人之對，本屬平平無奇，臧文仲遂決其必興，殊無意義，惟以稱孤爲知禮，尚爲有見。

　　冬，齊侯來逆共姬。(《評林》眉) 劉敞："何以書，我主之也。我主之，則曷爲不言我主之？常事不書，必非常然後書。杜氏曰：'不書，齊侯逆，不見公。'非也。魯爲王主婚，若齊侯來逆女，而公輒不見，何謂主婚矣？乃常事，自不書者也。"陳傅良："凡諸侯親迎，合禮不書。"

　　乘丘之役，公以金僕姑射南宮長萬，公右歂孫生搏之。(《評林》眉)《補注》："傳言南宮長，而注不言長，是何義？《周官》：'州長，中大夫一人。'萬反國即爲卿，則此長應是州長。杜氏謂：'萬氏南宮。'陳氏因之，非也。賈氏以爲'未賜族者'得之。"宋人請之。宋公靳之，曰："始吾敬子，今子，魯囚也。吾弗敬子矣。"病之。(孫鑛眉) 此亦當置十二年首。(《左繡》眉) 此節合下兩節爲一篇，首段敍宋萬弑君緣起，次段正敍其事，末段敍奔陳結局。通篇凡以九"之"字爲章法，起四"之"字連用，中兩"之"字對用，後三"之"字則前奇後偶，以虛字爲綫索，筆意奇絶人也。前一"請"字，後兩"請"字，亦相映處。(《評林》眉) 汪道昆："戲言終以爲禍，可不戒哉！"張半菴："古之賢君待其臣，出入起居罔有不欽，則詼諧之語，國外之變，何由至哉？閔公乃以魯囚戲其臣，未幾碎首於棋局，不可專爲臣罪也。"〔編者按：凌稚隆作王葆語。〕（《補義》眉）讀後篇方知公之技、歜孫之力。（王系尾）宋公薄萬，則不必請于魯，必不可以爲卿。貴之敬之近之，而嫚侮之，有致亂之道，故詳敍之，以爲鑒戒。此二段，通明年秋爲一篇。（《菁華》尾）凡戲無益，自敵以下猶不可，況君臣乎？宋閔公、陳靈公皆以一言取禍，故曰敗國喪家之人，必先去其禮。

◇莊公十二年

【經】十有二年春王三月，紀叔姬歸於酅。（《評林》眉）蘇轍："叔姬始以媵歸紀，紀侯去國無歸，而叔姬歸魯，及紀季自定於齊，而後歸酅，善其得禮，故書稱紀叔姬，明非嫁也。"按：酅乃紀五廟之所在，故叔姬歸以奉先祀耳，非嫁紀季也。經曰"歸于酅"，是乃如初嫁爲文，賢之也。夏四月。秋八月甲午，宋萬弒其君捷及其大夫仇牧。（《評林》眉）《增補合注》："萬恨閔公之靳己，故弒之。此與桓三年宋督弒其君書法同。"卓爾康："太宰督與仇牧同死，官位崇於牧，操國重於牧，削而不得書，身有罪也。當時督之見殺，告策必先於牧，削而不書，夫子特筆。"冬十月，宋萬出奔陳。（《評林》眉）陳深："不曰宋人殺萬，而書宋萬出奔陳，歸惡於陳也。陳納之，又受宋賂而後歸之，黨惡之罪，不可掩矣。"

【傳】十二年秋，宋萬弒閔公于蒙澤。（《評林》眉）《補注》："不書蒙澤者，爲連書'及其大夫'省文，雖無異義，謂史有詳略亦非。"遇仇牧於門，批而殺之。遇大宰督於東宮之西，又殺之。立子游。群公子奔蕭。公子御說奔亳。南宮牛、猛獲帥師圍亳。（《補義》眉）三寫萬之多力，一以見閔公暱小人之罪，一以見大心討強賊之功，篇中字字快合，不獨以金僕姑始，以犀革終。（方宗誠眉）以上敍宋萬作亂，以下敍蕭大心輩定亂。先伐圍亳之賊，以救出公子御說，此大計也。公子御說出則宋有君矣，諸賊自不難平。

冬十月，蕭叔大心及戴、武、宣、穆、莊之族以曹師伐之。殺南宮牛于師，殺子游于宋，立桓公。猛獲奔衛。南宮萬奔陳，以乘車輦其母，一日而至。（文淵夾）處處形其有力，以見宋君非真不敬之也。

　　宋人請猛獲于衛，衛人欲勿與，石祁子曰："不可。天下之惡一也，惡于宋而保於我，保之何補？得一夫而失一國，與惡而棄好，非謀也。"（韓范夾）石祁子此言，一以誅天下之惡，一以勸本國之忠，此即《春秋》之意也。（鍾惺眉）不獨明於利害，是天下一段極恕議論。（《評林》眉）《增補合注》："失一國，謂失宋國之心，非失衛也。宋、衛本同好，故云棄好。"（閭生夾）宗堯按："此篇以誅亂賊爲主，左氏於誅奸賊，意興時時一露，其本意固不在此也。"衛人歸之。（文淵夾）述衛之不保惡，以映宋閔公保惡而被弒也，觀萬被獲而請之，與"始吾敬子"之言，則閔公之保惡可見。亦請南宮萬于陳，以賂。陳人使婦人飲之酒，而以犀革裹之。比及宋，手足皆見。宋人皆醢之。（文熙眉）穆文熙曰："既言惡人不可保，又言鄰好不可棄，皆正論也。"又云："數語足爲容惡者之戒，忍不能決，必有林木池也，魚之禍矣。"（魏禧尾）魏禧曰："宋閔公戲南宮長萬，陳靈侯戲夏徵舒，皆以見殺。而晉孝武戲一婦人，卒致蒙被之禍。戲言召禍，不可不戒。險惡之人，不可與戲語，懷慚則成恨也，故宋閔以靳南宮長萬被弒；兇悍之人，不可加輕刑，致怨則思報也，故子般以鞭圉人犖見賊。"（《分國》尾）石子之言，是爲從來納叛者石畫。華督之死，假手于萬，故快。宋萬多力，以婦人柔之，尤奇！（《左繡》眉）宋萬之弒，別無他謀，只是恃勇。中間"批殺"、"又殺"，正寫其多力。然未甚明暢，留于末段透寫。起手卻從僕姑生搏敘入，爲萬生平極失意之事，而乃公口頭嘲謔，中其所忌，此氣矜人所不甘也。似此伏脈，真月移花影、灰線草蛇不足以喻之矣。立意寫宋萬多力，故凡立遊、圍毫、殺牛、立桓許多事，都用簡括法幾筆點過，獨留精神寫乘車、犀革，以與生搏、魯囚相映成趣。非左公好奇，賓主輕重，章法固應爾耳。"牧"主用重筆，"督"賓用輕筆，只一"殺"字，亦不混寫也。以宋萬爲主，猛獲陪客也。今兩"奔"雙提，"皆醢"總結，似無輕重。然"乘車"、"犀革"，皆寫萬之多力，而安放兩頭，包猛獲於中間，則固始終着筆在萬矣，此最用筆微而顯處。連三節爲一篇，前顓孫乃莊公之陪，中太宰乃仇牧之陪，與末段章法相配，無一筆偏枯也，妙哉！（昆崖尾）通篇敘宋萬之勇極矣，起手卻敘得如此醜樣，翻風逆浪，總不可測。一篇好勇作亂之文，插入石子一段，另一番議論，遂另一番氣骨。如霆雷一擊，妖魔藏形。烈日懸空，風雲變色。理出於正，文變爲奇，妙妙！請獲于衛，請萬于陳，無心中與起處一請遙遙映帶。雖左氏餘技，亦不可不知。丹青家謂美人難描，余謂文章家惟勇士難寫。不難寫其相貌，而難寫其精神。即寫其精神，不難於行墨之中耐人觀看，而難在語句之外令人思索。如畫龍者，不畫龍，畫得風雲有氣。畫虎者，不畫虎，畫得草木有聲。斯真神來矣。看此文結處寫萬之勇力，不沾沾刻畫正面，而曰"婦人飲之"、"犀革裹之"，另出一副筆墨，渲染得異樣生色。讀至"手足皆見"四字，真覺勇悍精神驀然起、瞥然現，令人色動魂移也。嘻，傳神至此，止矣！再將結處與起處一射一搏，兩兩對看，翻激倒影，更覺趣態無窮。文局到此，真奇變，真活潑。（《左傳翼》尾）魯人之生搏者，宋萬也。宋公之請而靳者，亦宋萬也。弑閔公、批仇牧、殺太宰督者，又宋萬也。宋萬是主，猛獲特帶說耳。有勇無義爲亂，閔公不能遠，而以一戲之故，遂致殺身。篇中極寫其多力，以見小人之不可近，而公之禍其自取也。亂始于宋萬，猛獲其黨也。篇中詳載石祁子之論，以討賊國君大義，三綱賴以明，九法賴以正，衛猶有人，不比陳之與賊爲黨，受賂而後歸之也。宋萬稱魯侯之淑美，閔公妒之。閔公靳宋萬之爲虜，宋萬豈不之忌？刻意寫宋萬多力，描摹如活。俞寧世以爲："雖史公敘轟政刺韓傀，項羽叱樓煩，亦不能過。"良然。（《評林》眉）《經世鈔》："制強力者莫過酒色，用其一足以斃之，況用其兩乎！"張半菴："左氏之款曲而言人事也，如'乘輿輦母，一日而至'、'比及宋，手足皆見'之類，雖發語已殫，而含意未盡，使讀者望表知裏，捫毛辨骨，此爲敘事之祖也。"〖編者按：凌稚隆作劉知幾語。〗（王系尾）第一段、第二段敘亂本，第三段敘宋亂，第四段敘定亂，第五段敘討賊，而每段必言萬之力，深明有力無德者之不可近也，是文章斤兩。至其色澤陸離，尤極絢染之妙。（武億尾）此篇首段敘宋萬弑君緣起，次段正敘其事，末段敘奔陳結局，凡以九"之"字爲章法。前奇後偶，虛字線索，筆意奇絕人也。（《菁華》尾）太宰督手弑其君，諸侯曾無一人問罪者，忽于無意中遇殺，誰謂無天道哉？蕭叔大心以一大夫起兵定亂，其事業仿佛與楚之沈諸梁相似。（闈生夾）文情近寂，特于萬、獲多力處生色。

◇莊公十三年

【經】十有三年春，齊侯、宋人、陳人、蔡人、邾人會於北杏。（《評林》眉）高閌："齊桓始謀合諸侯，皆人之，而獨舉齊爵，抑揚之辭也。"張萱："當年天下諸侯皆不知有王矣，齊獨以尊周爲名，首倡大義，欲使王法復明於天下，雖所會止四國，然春秋之世已浸浸戴之爲盟主矣。此管仲爲政之功也。"夏六月，齊人滅遂。秋七月。冬，公會齊侯盟于柯。（《評林》眉）王錫爵："桓於柯之會反魯侵地，欲信大義於天下也。然遂人一不至而隨滅之，在遂誠爲有罪，然未至于可滅也。桓之用罰亦太過矣，毋乃蹊田奪牛之習乎！"

【傳】十三年春，會於北杏，以平宋亂。遂人不至。（《測義》夾）愚按：當時天下諸侯皆不知有王矣，齊桓獨以尊周爲名，首創大義，欲使王法復明於天下，雖信義未孚，所會止於四國，然春秋之世以諸侯而主天下會盟之政者，權輿於此，蓋是時管仲爲政四年矣。

夏，齊人滅遂而戍之。（《測義》夾）家鉉翁氏曰："遂人不會，固爲有罪，然未至于可滅也，霸者假公義以濟私欲，《春秋》連書二滅，以著齊桓之罪，功過不相掩也。"（《補義》眉）何云："遂，虞後也。陳胡公，遂之小宗。齊人滅遂，故篡齊者即爲陳氏。"（王系尾）齊桓公任管仲，制國以爲二十一鄉，作内政而寄軍令，興鹽筴之利，以三選擇賢，相地衰徵，山澤以時，民各安其居，所以自治者固矣。於是出而求諸侯，約之以會，要之以盟，臨之以威，束之以力。有弗順者，小則侵之伐之，甚則執之滅之。假尊周以自封殖焉。故爲會之始，赫然而滅遂。陳大士曰："其滅也有二，曰襲諸侯，曰倍兵力。"齊桓之所以爲霸，無柔遠能邇之心也。齊桓之所以能霸，得近攻遠取之術也。

冬，盟于柯，始及齊平也。

宋人背北杏之會。（孫鑛眉）此句當在十四年首。（《左繡》眉）四傳似寂寥，左氏非亦有不經意處，蓋于齊桓往往好用輕筆也。詳見《卮言》、《圖說》。（《評林》眉）姜寶："宋大國上公，見齊桓一旦欲伐征，在其上，雖受其定位之惠，而心尚不服，背北杏之會，意蓋如此。"

◇莊公十四年

【經】十有四年春，齊人、陳人、曹人伐宋。（《評林》眉）張洽："伐宋而同陳、曹，皆宋之鄰，不動遠國，亦簡便之規模也。"胡銓："齊桓非天子之命而專伐，亦《春秋》之所惡也，孟子曰：'天子討而不伐，五伯摟諸侯伐諸侯，三王之罪人也。'"夏，單伯會伐宋。（《測義》夾）愚按：說者謂杜氏見周有單子，遂誤稱單伯亦為周大夫，其實魯大夫也，未詳。秋七月，荊入蔡。冬，單伯會齊侯、宋公、衛侯、鄭伯于鄄。

【傳】十四年春，諸侯伐宋，齊請師于周。（《評林》眉）《補注》："經文已序，則傳皆稱諸侯。經總稱諸侯，則傳為序列，意與日月互見同。"《增補合注》："此齊桓以王命號令諸侯之始。"夏，單伯會之，取成于宋而還。（《左繡》眉）請師于周，何等鄭重！取成于宋，何等草率！前後對寫，為霸業一笑。（美中尾）五霸摟諸侯以伐諸侯，於伐宋之師見之。齊桓猶奉王命以率諸侯，於單伯之會見之。戴岷隱曰："挾天子以令諸侯，桓之本謀也。"

鄭厲公自櫟侵鄭，及大陵，獲傅瑕。（孫琮旁）原厲公得入之由。（《左繡》眉）此夾敘法也。本敘鄭厲入國誅貳，從傅瑕引入原繁。左氏好奇，便敘入蛇妖一案，令文字另換一番色澤。然安在篇首即不見其妙，妙在正敘事間，忽然夾入，篇法遂有橫雲斷嶺之奇。（高塘眉）首段敘厲公入國緣由，為傅瑕之貳立案。傅瑕曰："苟舍我，吾請納君。"與之盟而赦之。六月甲子，傅瑕殺鄭子及其二子，而納厲公。（韓范夾）傅瑕非真為厲公者，迫於威耳。厲公亦知其不誠，故殺之。權用傅瑕以濟事，而又殺之以絕後患也。（方宗誠眉）"而納厲公"之下應直接"厲之入，遂殺傅瑕"，乃忽追敘蛇鬭一段，夾入其中，文境奇闢變化，文筆乃不失之平直，名言至理。

初，內蛇與外蛇鬭于鄭南門中，內蛇死。（孫琮旁）插敘一怪事，渡入本傳。（《補義》眉）納厲、厲入，中間插敘內蛇外蛇鬭已屬不測，敘蛇論蛇中間又插敘"六年而厲公入"，分明哀今之人胡為虺蜴，有餘慨焉。俞云："史遷敘白帝子、赤帝子事，從此脫胎。然老嫗夜哭之言，始終一幻字，不如申繻妖由人興，總歸到常理也。"（高嵣眉）中段不急接厲公入國事，忽插入蛇妖一層，又夾敘魯語一層，光怪錯綜，極斷續離合之妙。史遷敘赤帝子、白帝子事，從此脫胎。**六年而厲公入。公聞之，**（孫琮旁）又夾敘一事，思致超忽。**問于申繻曰："猶有妖乎？"對曰："人之所忌，其氣燄以取之，妖由人興也。人無釁焉，妖不自作。人棄常，則妖興，故有妖。"**（《測義》夾）孫應鰲氏曰："君子道其常，是言近之。"（孫琮旁）言妖由子儀畏忌厲公太過所致。（《彙鈔》眉）議論可破愚俗。（《左繡》眉）前段凡寫四"妖"字，四"人"字，後段凡寫兩"二心"，四"貳"字，以復爲奇，筆意亦兩兩相配也。連寫"妖"字，有意取鬧。厲突，君之妖也。瑕、繁，臣之妖也。關照在有意無意之間。上三句就事而論，下四句推進一層論理。而"釁"字虛，"棄常"實，反復相承，極説得透。（《約編》眉）不急接入厲公入國事，卻寫入此閒景作波瀾。（閨生夾）又借申繻之對以指斥當時之棄常，亦精神旁溢之妙也。

　　厲公入，（《約編》眉）復書"厲公入"三字，是提掇法。（方宗誠眉）厲公入，遙接"而納厲公"，此可悟文字斷續之法。**遂殺傅瑕。**（孫琮旁）又入本傳，靳丁公對雍齒祖此。（文淵夾）厲公之立，由雍氏迫祭仲也。出奔，由患祭仲之專而殺之不克也，則其復入焉有不殺傅瑕者？（高嵣眉）後段接敘厲公入國後事，斷傅瑕之貳，接入原繁，緊摘"貳"字，乘間而入，遂爲持論之本。數層翻駁，淋漓痛快，鋒芒甚利，尤爲全篇扼要。（《評林》眉）《經世鈔》："禧按：林云：'子儀畏忌之氣燄。'未是，子儀安得有氣燄耶？"劉懷恕："妖由人興，足破千古之惑，故其枯祥桑、退熒惑，亦皆反之自己，名言也夫？"孔尚典："厲公一入，即殺傅瑕，蓋懲於祭仲之專也。祭仲逐昭立厲，幾不免雍糾之難。傅瑕又欲效其轍，愚矣！從古擅廢立，據大權，罕有得其終者。"**使謂原繁曰："傅瑕貳，周有常刑，既伏其罪矣。納我而無二心者，吾皆許之上大夫之事，吾願與伯父圖之。且寡人出，伯父無裏言，**（孫鑛眉）裏言當是腹心密言。**入，又不念寡人，寡人憾焉。"**（《左繡》眉）詞氣婉折，意忌而外寬，酷似乃父口角。**對曰："先君桓公命我先人典司宗祏。**（孫琮旁）以先君折之。**社稷有主而外其心，其何貳如之？苟主社稷，國内之民，其誰不爲臣？臣無二心，**

天之制也。（孫琮旁）轉入一層，以臣道折之。子儀在位十四年矣，而謀召君者，庸非二乎。莊公之子猶有八人，若皆以官爵行賂勸貳而可以濟事，君其若之何？臣聞命矣。"（孫鑛眉）章法亦流動，然皆口頭話。（《左繡》眉）"外"字、"內"字與"外蛇"、"內蛇"相映，此照應一定之法，非穿鑿也。在有意無意間，則用筆之輕耳。繁語凡兩層，前一層泛說，後一層切說。亦分兩意，一說已往，一說將來。語語持矛刺盾，又爽快，又蘊藉也。申繻及厲公語，皆兩層，章法未有不相配者。不納則已耳，納矣而有二心，是所謂為舊者賊新君也。故原繁只反復論召君之貳，而於"入又不念"，絕不置辨，無可辨也。繁與渠彌同以中軍敗王師，高已伏誅，原其能免乎？死不為屈矣。《約編》眉）責其貳已，故對詞專就"貳"字翻駁。"子儀在位十四年"句，駁"納我而無二心"。"莊公之子"句，駁"許之上大夫"之事。（《補義》眉）將貳者、勸貳者一齊痛斥，快甚。乃縊而死。（文熙眉）汪道昆曰："辭令能品，'衷言'、'典司'字法句法。"穆文熙曰："傅瑕之謀，大類祭仲。然仲終身專鄭，而瑕獨見殺，則弒逆亦有幸不幸也。原繁守正不狗，得死所矣。"（《左傳雋》尾）呂東萊曰："禍莫甚於內叛，奸莫甚於內立。傅瑕叛子儀而納厲公，終不免于厲公之誅也。乃若原繁之自為謀，可謂密矣。自莊公之世用事於朝，歷忽、亹、儀、突之變，國四易主，汎然中立，舉無所助，入則事之，出則舍之。視君位如傳舍，不置欣感於其間。厲公以私憾殺之，固非其正。天其或者假手于厲公以大警為臣者與？"（韓范夾）人君不可用二心之臣，二心之臣惟利是視，彼可以助我，亦可以棄我也。原繁數言，可以懸諸日月。（《快評》尾）鄭莊公死，諸子爭立。鄭之諸臣，以其君為傳舍，視廢立為兒戲。惟原繁稍堪稱社稷之臣，乃厲公既殺傅瑕，又殺原繁。無情無理，令人何以措其手足耶？且其言曰："納我而無二心者，吾皆許之。"夫身事子儀，心納厲公，何二如之？納我而無二心，此天下必無之事也。我知之矣，其所以殺傅瑕者，非若漢高皇之殺丁公也。其所謂傅瑕貳者，亦非謂此日之殺子儀、納厲公之為貳也。蓋誅其未盟之前，十四年以來，心不在我故耳。子儀君鄭，厲公居櫟，十四年中，以官爵行賂于鄭之群臣而圖濟事，亦非一人一日矣。所謂納我而無二心者，謂一心納我，更不在子儀也。若夫傅瑕，直至見獲於大陵，然後有"舍我"、"納君"之言，則其平日之無心于厲公可知，此其所以終於見殺。平日一心於子儀者，即厲公之所謂二心也。傅瑕猶且見殺，況原繁乎？原繁以社稷爲主，故以外其心爲貳。厲公以我一人爲主，則以一心於子儀者爲貳，宜乎原繁反覆于厲公二心之言而終不解也。若厲公者，知有我而已矣，誰與論宗祐社稷哉？敘事中忽夾入魯侯與申繻論妖一段，文章變幻之極，緊接"厲公入"三字，而逞欲殺人，不可捉摸，覺厲公通身妖氣逼人。申繻之論妖，快絕千古，竟是聖人精微之言。有妖、無妖，皆成戲論。左氏詳載此等事，皆有深意，後人不察，漫謂之誣，過矣。（王源尾）前借蛇鬭起峰巒，後以原繁爲襯貼，其實序傅瑕之貳耳。傅瑕之貳，厲公所由入也，看其佈局之妙。傅瑕貳，固矣。而厲公謂之貳者，謂其二心於己，非以其納己爲貳也。而原繁則以其納厲公爲貳，以明己之不納爲不貳，厲之要納爲教貳也。曰"傅瑕貳"，曰"納我而無二心"，曰"臣無二心"，曰"庸非二乎"，曰"行賂勸貳"，貳一也，而或以貳爲不貳，或以不貳爲貳，循環反覆，五色迷離。（孫琮總評）陳寒山曰："傅瑕之謀，大類祭仲。然仲終身專政，而瑕獨見殺，則所遇有幸不幸也。原繁守正不苟，得死所矣。"通篇敘事凡四段，前後二段是本傳正筆，中間記妖論妖是插入之筆。有插入之筆，則正筆愈襯得精彩，此左史獨得之妙。（《彙鈔》眉）既誅傅瑕之納，又責原繁之不納，此等舉動，何以服人？一"貳"字，轉入轉深，如游龍升雲。（魏禧尾）正論妙語，厲公聽之，繁可以無死矣，而卒死者，昏暴之君，不可以情理奪也。故惠公殺里克而懷公殺狐突，晉文赦寺人披而楚莊生解揚。雖然均一死耳，繁之縕不愈於瑕之殺乎？故曰："不知命，無以爲君子。"孔之遬曰："鄭厲公復國入鄭，遂殺傅瑕。二年始治與雍糾之亂者，殺公子閼、刖強鉏。蓋是時祭仲已死，傅瑕又誅，宜若可一舉而空其黨者。不知急治之，則將鳥獸散，而不可得誅。惟討瑕之後，安靜無事，若毫不爲餘黨計者。俟其黨歸而治之，則可以無漏網矣。傳謂鉏不能衛其足，蓋必奔而後還者。"（《分國》尾）厲公殺傅瑕，丁公之戮，不爲過也。其曰"納我而無貳心者，皆許之以上大夫之事"，獨不思納我之人，即貳心於子儀之人乎？況納我之人，又可以納人。我有爵，人亦有爵，既殺傅瑕，又以爵許納我者，是賞貳也。原繁歷朝老臣，處突、忽、亹、儀間，無左右袒，信能中立者。厲公以其出不納，入不親，疑其有貳，悮矣。一縕自盡，哀哉！最可怪者，祭仲有寵于莊公，既立忽矣，又立突。既出突矣，又立亹。亹殺矣，又立儀。儀殺矣，突又入。傅瑕未殺以前，不與渠彌同禍。傅瑕既殺以後，不與原繁同死。雍糾之刃既逃，强鉏之刖不及，何其幸與？人曰："祭仲以知免。"仲亦曰："信也。"嗚呼！知耶？奸耶？而《公》、《穀》美其名曰"權"乎？其心事不可得而知也。我儀圖之，其五代馮瀛王乎？（美中尾）俞碩園曰："傅瑕貳矣，原繁值忽、亹、突、儀四朝，中立依回，而無仗節死難之義，貳乎，不貳乎？"黃東發曰："鄭莊大逆無道，身死而嫡庶爭立，弒奪相尋者二十餘年，殃報不爽。"（《約編》尾）其理正，故其辭直。（《左傳翼》尾）傅瑕之貳，在納厲公，若以此殺之，與漢高之斬丁公何異？厲公反以不早納己，謂有二心而殺之，失刑甚矣。原繁依違四朝，絕無可否，當是長樂老一流人物，不此之罪，而戮其不納己、不親己，毋怪其振振有詞也。自己表暴一番，又將他人痛掃一番，又將厲公搶白一番，"二"字、"不二"字，往復繚繞，痛切中見婉摯，字字快心。（《日知》尾）鄭厲殘賊陰險，傅瑕苟且變詐，原繁雖將死言善，乃不得已耳。繻葛敗王，與有力焉，其爲世蠹久矣，皆妖也。左氏插敘蛇妖，橫空起黛，而以三人之事之言，列諸首尾，若掩若映，有意無意，水中酪味，色裏膠青，所謂寓斷制于序述也。（高崲尾）俞桐川曰："通篇以'忌'字、'貳'字作柱，鄭子忌而弒，傅瑕貳而誅。一借妖異從申繻口中說出，一因殺原繁從厲公口中說出，此文章脫化之妙也。雖然，鄭子忌矣，乃厲公篡忽、弒儀，而又殺其臣，獨非忌乎？傅瑕貳矣，乃原繁值忽、亹、儀、突四朝，中立依回，而無仗節死難之義，獨非貳乎？故左氏比厲爲蛇，而書繁死於瑕之後，明兩君、兩臣之罪同也。"（《自怡軒》尾）中忽敘入內蛇與外蛇一段，橫雲斷嶺，另換一番景色，左氏每有此筆法。杜草亭。（王系尾）此篇敘厲公入鄭，而插入蛇妖一段，有微意焉。鄭厲以篡奪得國，又不能於其黨，而逐于祭仲。使子儀能固其位，以理以勢，厲無得而入矣。子儀之德之才之力，渺無可見，而心畏厲公。其心且不能自定，一國之人心何由而定？仲死而益孤，妖能無作哉？然則厲公妖也，傅瑕妖也，而蛇非妖也。蛇也者，天所以告子儀，使自強於政治者也。然則子儀正乎？曰："昭公弒矣，厲公奔矣，子亹死矣，社稷無主，強臣來迎矣。若子儀者，雖無子臧之節，其猶愈于厲也與？"（林紓尾）紓按：此篇是寫厲公之淫刑，不是斥原繁之中立。寫厲公之殺傅瑕，猶宋文帝之殺傅亮、徐羨之意。能殺子儀，則必能殺己，宋文帝之于傅、徐亦然。若原繁者，典司宗祐之人，猶趙宋之祠祿，無拳無勇，既不與逐君之謀，亦不爲納公之舉，庸庸一臣耳，厲公殺之，已屬無爲。

即原繁有言，亦無關緊要，左氏何由記之？記之即所以證厲公之濫刑也。左氏不直厲公之意，初不明說，先寫厲公、傅瑕與盟，盟弒逆之賊也。後寫入國即殺傅瑕，刑弒逆之賊也。再寫迫殺原繁，討中立之賊也。以中立爲不是，則納己者是矣，乃先殺納己之人。以納己爲不是，則中立附子儀者是矣，乃又殺中立之人。既無所懲，又無所勸，果言納己而無二心，其人到底爲誰？則又不明言以示原繁，但造爲臆說，曰"納我而無二心"，吾意原繁口中所駁之言，均左氏渲染以駁厲公者也。"社稷有主，而外其心"，即斥"納我而無二心"之言。以身事子儀十四年之臣僕，而求其無二心於在櫟之寓公，難矣！故納己而無二心之人，不特無其人，亦並無其事。行賂勸貳一語，即明明罵煞厲公。不用史評體，但用原繁臨縊之言以代之，已爲厲公一生之定讞，文字警鍊極矣。尤奇者，中間夾入內蛇、外蛇一段，又夾入申繻議論一段，將本局文勢忽然推開，似難收拾。然中間有"六年而厲公入"一語，其下即將"厲公入"三字帶起本文，復歸宿到下文收局文字，此法亦不可不知。凡整篇中文字，應夾敘他事，爲探本事之原由者，欲歸到本文，甚不易易。無已，則以甲子年分爲另起之筆，亦可與上文截斷，不至膠聯牽強。然終不如此"厲公入"三字之渾成。平日與學子談《左傳》，曾舉"伯宗辟重"四字，其下忽接入重人之言，試問此"重人"二字何本？譬移到他處，凡擔夫、輿夫之屬，皆可呼之爲重人乎？雖明知其出《左傳》，亦不敢用。獨此處伯宗辟重，即以載重之人爲重人，閒閒帶下，並不杜撰，亦自然入古。吾讀此篇"厲公入"三字，方知左氏往往用順帶之法也。（《菁華》尾）敘傅瑕納公，及其被殺，中間忽插入魯君臣一段，極文筆變化之妙。鄭厲入國而殺傅瑕，晉惠入國而殺里克，大都皆誅鋤異己，爲自安之計。二君誠爲寡恩，然亦足爲人臣賣國者戒。原繁之論，義正詞嚴，亦與狐突相似。（闡生夾）厲公之無道，但記殺傅瑕、原繁兩事已見，此皆史法所以峻潔也。

蔡哀侯爲莘故，繩息媯以語楚子。（鍾惺眉）戲曰靳，譽曰繩，古語如此甚多，今失其解。（《左繡》眉）此篇前敘後斷，單爲荊入蔡作傳。故息侯之弄巧成拙，息媯之失身報怨，概不一論，而專罪蔡侯也。文固以旁雜爲戒矣，蔡哀侯起，蔡哀侯結，中間特提一筆"楚子以蔡侯滅息，遂伐蔡"，是非以楚伐蔡，特以息伐蔡。亦非以息伐蔡，直以蔡伐蔡耳。兩"遂"字相映，出爾反爾一結，直傳喜笑怒罵之神。（《補義》

眉）申、息楚所必取，虜息嬀其餘事耳。傳以餘文作正意，所以顯楚之惡。兩"遂"字急於燎原之火，其實起于哀侯之星星耳，所謂惡之也。嬀不必深求，然無非無儀可矣，乃一啓口而蔡入，一泣下而鄭圍，可畏哉！《評林》眉）按：繩息嬀，《禮·表記》孔疏云："繩可以度量於物，凡口譽於人，先須忖度，亦量之於心，故以譽爲繩。"鍾惺曰："譽曰繩，失其解。"則未之考。楚子如息，以食入享，遂滅息。以息嬀歸，生堵敖及成王焉，未言。楚子問之，對曰："吾一婦人而事二夫，縱弗能死，其又奚言？"（《測義》夾）孫應鼇氏曰："既已入敵，猶欲報讎，所惜只欠一死。"楚子以蔡侯滅息，遂伐蔡。秋七月，楚入蔡。（《評林》眉）李笠翁："杜牧之過息夫人廟，詠云：'細腰宮裏露粧新，脈脈無言度幾春。至竟息亡緣底事，可憐金谷墜樓人。'蓋譏其不能如綠珠之於石崇墜而死也。此意雋永且是非甚當。"《補注》："蔡哀侯在楚，而蔡人會于北杏，此荊所以入蔡也。傳乃以爲由息嬀故，失在采輯未備，舉其細遺其大，後人因此併其可據者一切疑之，則又過矣。"

　　君子曰："《商書》所謂'惡之易也，如火之燎于原，不可鄉邇，其猶可撲滅'者，其如蔡哀侯乎。"（文熙眉）穆文熙曰："息嬀以一婦人，能復夫仇，縱不能死，亦見奇特。蔡侯以他人之婦，誘悅强伯之楚，其能不併入於滅亡哉？"（《測義》夾）李廉氏曰："蔡邇於楚，而常受楚害，中國之力有不及焉，故自北杏之後，齊之盟會，蔡不復與矣。蔡之始錄于經則會鄧以懼楚，終錄于經則遷州來以避楚。楚之始見于經曰敗蔡，終錄于經曰圖蔡。齊、晉之伯，其極盛則侵蔡以伐楚，其極衰則會召陵以救蔡。吳操中國之權，又以蔡故焉。原一蔡之始終，而中國消長之形，荊楚强弱之變，皆可見矣。"（魏禧尾）魏禧曰："蔡、息婉轉相害，小人險詐本色如是，卒皆以自害，誰謂害人者有益哉？然以二國論，則首禍在息矣。止而弗賓，固爲有過，何爲遽譖人以伐國乎？且蔡以救息之故，而國破身鹵，尤人情天道所不順，故息獨膺滅亡之禍。息嬀辱身猶能報仇，亦女中之傑。即其不言，想見堅忍之志，惜欠一死耳。"（《分國》尾）此楚猾夏之始也，若息嬀者，國亡夫死，既以身事楚子，將以不言謝息侯乎？何不以不受子元蠱早誓絕于楚子也？（《左傳翼》尾）"遂"之爲言速也，易也。滅息速矣，伐蔡亦不遲。滅息易矣，伐蔡亦不難。冤冤相報，如影隨形，不爽分毫，非獨天道好還，出爾反爾，亦人事必至之數。左氏獨於此篇不言天道而引《商書》，歸之人事，有味哉！蔡侯以舊怨遂滅息，息媯以舊怨遂伐蔡，怨毒之於人甚矣哉！前篇罪息侯，實罪蔡侯。孽由己作，真不可逭矣。（王系尾）此篇是荊入蔡傳，故論斷處獨罪蔡侯，而息侯之罪，即事可見。彼荊楚方張，吞噬鄰國，以食入享，略無戒備。親豺狼而輕世守，豈勇夫重閉之義乎？且夫楚子之滅息，爲息媯也，而不盡爲息媯也。苟可以啓土，其何憚而不爲？其入蔡也，悅息媯也。而亦不盡爲悅息媯也。苟可以取威，又何憚而不爲？巫臣曰："唯然，故多大國矣。唯或思或縱也。"善夫！《菁華》尾）"弗賓"二字，包許多輕薄語在内。息媯一言，而蔡侯爲虜，亦足以見亡夫於地下矣。雖失節之婦，吾有取焉。火雖燎原，猶可撲滅，不如惡之不可救止也。左氏用筆極得含蓄之妙。若竟説惡如火然，不可撲滅，則索然無味矣。（閩生夾）外責蔡侯，實疾楚勢日盛之不可遏也，有弦外音，詳玩之自見。

冬，會于鄄，宋服故也。

◇莊公十五年

【經】 十有五年春，齊侯、宋公、陳侯、衛侯、鄭伯會于鄄。（《評林》眉）許翰："十三年、十四年會，至是又會，三合諸侯而不盟，以示重慎，是以盟則衆信，莫敢渝也。" 夏，夫人姜氏如齊。（《評林》眉）《增補合注》："文姜不如齊八年矣，至是復如齊，桓公欲求魯好，以定伯業，而不之拒也。" 秋，宋人、齊人、邾人伐郳。（《評林》眉）《傳説彙纂》："郳之役，宋實主兵，故齊序宋下，伐鄭、伐徐亦同。胡傳謂：'二十七年盟幽，然後成伯。'則三十二年梁丘之遇，宋先於齊，亦將疑齊未成伯耶？" 鄭人侵宋。冬十月。

【傳】 十五年春，復會焉，齊始霸也。（美中尾）張西銘曰："宗國，魯爲大。王者之後，宋爲大。齊不得魯、宋，霸必不成。盟于柯，齊、魯合矣。再會陘，齊、宋合矣。（王系尾）此篇提出"齊始霸"三字，是通部大結構處。

秋，諸侯爲宋伐郳。鄭人間之而侵宋。（《測義》夾）汪克寬氏曰："侵、伐二字必皆當時行師之名，故雖夷狄亦書伐，霸者之兵亦書侵，其義之是非係乎其事之得失，不以此爲褒貶也。"（《左繡》眉）"復"字對上年"冬會鄄"說，"爲宋伐郳"，"間之侵宋"，並下年"宋故"、"伐鄭"，傳皆連類而及，事在而文因之矣。《評林》眉）陳眉公："齊方帥諸侯伐郳，而鄭即間之侵宋，可見齊桓主伯之勢猶未振，而諸侯尚未知所畏也。"《補注》："傳言始伯，指諸侯始定而言，然魯未信從，衛、鄭復叛，蓋諸侯之心猶未一也。"

◇莊公十六年

【經】十有六年春王正月。夏，宋人、齊人、衛人伐鄭。秋，荊伐鄭。冬十有二月，會齊侯、宋公、陳侯、衛侯、鄭伯、許男、滑伯、滕子同盟於幽。（《評林》眉）《增補合注》："但書會，不書公，或謂爲莊公諱，或謂以微者行，恐文字脫簡。"陳岳："凡空書會某侯，是公自會也。諸侯皆序，非微者明矣。"邾子克卒。（《評林》眉）孫復："邾稱爵者，始得王命列爲諸侯也。俞皋曰：'不日，闕文也。不書葬，不往會也。'"

【傳】十六年夏，諸侯伐鄭，宋故也。

鄭伯自櫟入，緩告于楚。秋，楚伐鄭，及櫟，爲不禮故也。（《測義》夾）愚按：齊方圖霸，楚亦浸强，而鄭適當其衝，中國得鄭則可以拒楚，楚得鄭則可以窺中國，以故楚乘諸侯伐鄭之斃而繼伐之，以圖得鄭而窺中國，而鄭自此爲齊、楚必爭之地矣。（美中尾）潘經峰曰："秦、楚之争鄭，所以偪王也。齊、晉之求鄭，所以維周也。"（《評林》眉）《補注》："緩告于楚，傳見鄭嘗附楚。"

鄭伯治與于雍糾之亂者。九月，殺公子閼，刖强鉏。公父定叔出奔衛。三年而復之，曰："不可使共叔無後於鄭。"使以十月入，曰："良月也，就盈數焉。"（《補義》眉）汪云："詳敘定叔，正反襯强鉏。"（《評林》眉）汪道昆："復共叔之孫，亦見厚道。"

君子謂："强鉏不能衛其足。"（韓范夾）處於亂世，以自全爲寶。每見一世才智之人，其爲强鉏也多矣。（《分國》尾）祭仲殺雍糾，逐厲公。祭仲而在，必不免矣。而先死，何其幸與？强鉏不能衛其足，以其强，故謔之也。（《左繡》眉）此段當以强鉏爲主，刖而不殺，罪必較輕於闋也。令其早計出奔，安知不援定叔爲例乎？文不于定叔收煞，而特點强鉏，意可想已。以兩賓陪一主，主在中間，賓在兩頭。而略者竟略，詳者極詳，用筆變甚。詳敘定叔，正所以反襯强鉏也。不知者，疑爲喧賓奪主矣。末句本接卹强鉏，卻將定叔事插敘于中，又可得行文斷續法。（《左傳翼》尾）爲共立後，以釋先君之憾，固盛德事也。但以先世比較，忽則莊公，突乃共叔也。己乃篡竊，而謂共叔可無後乎。强鉏、定叔情本一例，奔者獲全，招者刖足，只爭能潔身與否耳。不能衛足者尚爾咨嗟歎息，則首領不保者更可知也。介如石，不終日，貞吉，去亂可不早哉？（王系尾）吳草廬曰："齊自北杏以後，屢合諸侯。又會無盟者，諸侯之心未一也。至此而鄭服，始合九國之君而爲此盟，此桓公糾合諸侯，一匡天下之始。"（武億尾）此篇强鉏爲主，公子、公叔二人爲賓。主在中間，賓在兩頭。而略者略，詳者詳，用筆變甚。（闉生夾）此等餘波皆痛惜昭公之詞，蓋昭公救齊顯鄭，有功于國，宜立爲君。共叔尚不可無後，正所以惜昭公也。譏强鉏，亦是激射之處。

　　冬，同盟于幽，鄭成也。（美中尾）陳止齋曰："盟未有言'同'者，於是言'同'，以桓公初主盟，舉天下而聽命於一國也。"

　　王使虢公命曲沃伯以一軍爲晉侯。（魏禧尾）魏禧曰："後世咸以不討晉罪而命爲侯，是天子亂法之首。夫周不命晉，晉將不爲侯乎？後世權宜之計多如此。蓋周不能强於政治以御諸侯，而反求財賄成，假靈于諸侯，本之不立，乃欲强其枝也，得乎？故周之衰，在論其本，而不在責其末與流弊也。唐部將殺節度，即命爲節度，姑息養亂正如此。然當時天子之令，不行于藩鎮，若不姑與之，則明叛王朝矣。但不當一味苟且，不思善後之計。周之勢，又自不同，力不能討，聽其自侯而不命，猶之可也。"魏祥曰："曲沃之侯，必由請而後命，則王命重矣。王命猶重，則命之者失矣。寧可使晉自侯，猶我愛其禮之意。"（美中尾）史，武公伐晉，滅之，盡以其寶器賂僖王，王命爲晉侯。夫武公之罪大矣，王誅討不加，而爵命之，是教弑也。異日者，魏、韓、趙相繼而起，又移所以命武公者命三卿，隄防一決，其流潰而不可止矣。（《評林》眉）王陽明："王利曲沃之寶賂，而命之爲侯，與後之賣爵者何異？"（王系尾）按《晉世家》：曲沃武公伐晉侯緡，滅之，盡以其寶賂獻周僖王，僖王命曲沃武公爲晉君，列爲諸侯，於是盡並晉地而有之。此篇直書王命曲沃伯爲晉侯，而不敘獻賂者，罪王也。夫王者，執天下之柄，命有德，討有罪，一夫不獲，則曰"斯予之辜"。今曲沃以臣滅君，而就命之，何以禁天下之叛周？且晉侯緡，王所立也。即匹夫之諾，猶有不欺，而況天下之主乎？然則貪其賂固罪也，即不貪其賂亦罪也，夫是以略而不道也。厥後三家分晉，威烈王因而命之，亦猶行古之道耳。三綱之絕，已在此矣。

初，晉武公伐夷，執夷詭諸。蔿國請而免之，既而弗報，故子國作亂。謂晉人曰："與我伐夷而取其地。"遂以晉師伐夷，殺夷詭諸。周公忌父出奔虢。惠王立而復之。（《左繡》眉）此是晉開手第一節事，甫受王命，以一軍為侯。便爾肆伐王臣，以致卿士出奔，禍及王室。此雖子國兇終隙末，小人之尤，而晉武之罪，可勝誅乎？惠王立而不能討也，讀《無衣》之詩，吾固不暇責晉人，而深為王之名器惜也已。子國事有案無斷，然一請免而弗報，一弗報而作亂。平平寫去，兩人曲直，已了然在目。此以敘為斷之法。本節意不重子國，而重在晉，又從賓見主之法。（文淵夾）既命為侯，又使一軍，周之典禮，王室已紊亂如此。備述晉之憑陵王室，以見命之為侯，乃迫于強勢，以傷周之微也。（《左傳翼》尾）才得王命，便爾聽亂臣之言以伐王臣而取其地，晉之開基，早已無王。惠王懦弱，不能致討，王綱不振甚矣。子國是致亂之由，本傳正以晉為主。《左繡》云："讀《無衣》之詩，吾固不暇責晉人，而深為王之名器惜。"最婉曲有餘味也。（《評林》眉）張半菴："蔿國以詭諸之弗報而謀亂，其量誠隘。然詭諸背德，其取禍亦宜也。"陳傅良："於周公忌父，見凡奔者復之則不書，說在文十一年。"（王系尾）晉執詭諸，蔿國請免，是追敘。子國作亂，是正敘。惠王立在十八年，是連敘。敘子國之亂，於經無所附，明周之衰也。亂而無討，亂乃不已。子頹、叔帶、子朝之亂，踵而至矣。

◇莊公十七年

【經】十有七年春，齊人執鄭詹。（《評林》眉）趙匡："《公》、《穀》皆云：'詹，鄭之微者，書，甚佞也。'言微者，不當書，特為佞書，諸見執者豈無罪乎？何獨特書此佞？"夏，齊人殲於遂。（《評林》眉）《傳說彙纂》："《左》、《穀》作殲，蓋盡殺之也。《公羊》作瀸，何休以爲積死非一，徐彥謂相瀸汙而死，皆言其死之多也。"秋，鄭詹自齊逃來。(《評林》眉)《增補合註》："書'逃'以罪詹之苟免，書'來'以罪魯之受逃。"冬，多麋。(《測義》夾) 愚按：《五行志》謂麋乃牝獸之淫者，蓋是時莊公將娶齊之淫女，故其象先見如此。

【傳】十七年春，齊人執鄭詹，鄭不朝也。(《評林》眉) 王荊石："齊桓當諸侯不服，不能脩德以來之，而執其大夫。又不能明正其罪，而使之得逸以歸。豈非創伯之初，人情未協，有難以深罪者乎！不然，桓公、管仲爲政而罪人，胡以得逃也？於此可見小之服大，出於力之不贍，而以力服人者有時而窮也。"〖編者按：凌稚隆作凌約言語。〗

夏，遂因氏、頜氏、工婁氏、須遂氏饗齊戍，醉而殺之，齊人殲焉。(美中尾) 春秋之世，以諸侯而主天下之會盟，自北杏始。齊桓之有功於中國，亦自北杏始。萬充宗曰："桓自入國以來，屢以兵威脅諸侯，故魯、宋、鄭皆見伐，而譚、遂皆見滅。迨遂戍盡殲，始怵然於諸侯之未可力制，兵稍戢矣。《論語》稱不以兵車，當自莊二十七年幽之會始。而檉、而貫、而陽穀、而首止、而甯母、而洮、而葵邱、而鹹，凡九合。"

◇莊公十八年

【經】十有八年春王三月，日有食之。(《評林》眉) 孫復："不言朔，不言日，日朔俱失之也。"王應麟："莊十八年三月日食，古今筭不入蝕法。"夏，公追戎於濟西。秋，有蜮。(《評林》眉) 按：《穀梁傳》曰："一有一亡，曰有蜮，射人者也。"楊士勛云："舊解一有，南越所生是也；一亡，魯國無是也。今以一有一亡，曰：'有者，謂或有有時，或有無時，言不常也，故書曰有。若螟、螽之類是常有之物，不言有也。'"《增補合註》："按：孔氏謂蜮多淫，蓋亦公取淫女之象。"冬十月。

【傳】十八年春，虢公、晉侯朝王，王饗醴，命之宥，皆賜玉五珏，馬三匹。非禮也。王命諸侯，名位不同，禮亦異數，不以禮假人。(韓范夾) 使周素嚴此禮，安有下堂而見諸侯之事乎？至於此時，亦如洪河之決，無可隄障也已。(《分國》尾) 七衣之命，尚許武公，何有于玉馬？是猶江河之防決，而慎蟻穴之漏也。左氏以非禮譏之，迂矣。(《左繡》眉) 此節前案後斷，看其前伏後應，字簡而意足。"非禮也"先虛斷一句，"禮亦異數"解非禮之故，"不以禮假人"又解異數之故，逐層申説有法。(《左傳翼》尾) 賞賚因名位而異，假借不得，古禮何等嚴正，一層申説一層，正以簡老勝人。(《補義》眉) 想曲沃賂王，兼賂虢公。(《日知》尾) 東周贅旒，正坐以禮假人，得之正易，故不足爲重耳。着語無多，關係極大。(《評林》眉) 陳大士："周室既卑，其視列國不啻等夷，且無畏心矣，故侯與公同賜，禮制非所惜也。"

　　虢公、晉侯、鄭伯使原莊公逆王后于陳。陳媯歸於京師，實惠后。(《左繡》眉) 只著一"實"字，而禍胎了然。(《補義》眉) 一"實"字示禍胎。(《評林》眉) 按：陳傅良曰："'實惠后'，爲王子帶起傳。"一"實"字而禍胎了然。(王系尾) 此篇敍惠后之始，爲僖二十四年叔帶之亂伏脈，是部中小結構處。玩一"實"字，已令人聳然拭目矣。

　　夏，公追戎於濟西。不言其來，諱之也。(《左繡》眉) 不言其來，只從"追"字看出。左氏解經，最是著眼無字句處，見其會心。(《評林》眉) 陳卧子："凡國必有重門擊柝，守衛森密，以備不虞，乃戎入境而不知，追既去而追，噫！魯之宗社寧不幸哉！"《補注》："啖氏曰：'書追，明已去而追，直言事實，有何諱乎？'"

　　秋，有蜮，爲災也。(《左繡》眉) 然則人亦有蜮，其爲災可勝道哉？

　　初，楚武王克權，使鬭緡尹之。(《補義》眉) 此合下作一篇，兩尹之一叛一逸，都爲鬭拳反襯。兩"殺之"爲"自殺"、"自刖"作反襯，此見楚子用刑之當，下段乃用人之奇。(方宗誠眉) 因巴人叛楚取那處，而追敍那處之來歷。以叛，圍而殺之。遷權於那處，使閻敖尹之。及文王即位，與巴人伐申，而驚其師。巴人叛楚而伐那處，取之，遂門于楚。閻敖遊涌而逸。楚子殺之，其族爲亂。冬，巴人因之以伐楚。(《左繡》眉) 此段連下篇讀，從鬭緡引入閻敖，只爲鬭拳作緣起耳。叛者殺，逸者殺，都遠爲鬭拳自殺作陪。(《評林》眉) 王荆石："鬭緡、閻敖，並非良臣，武王何兩爲所設耶？巴人之伐，蓋自己致寇也。"《附見》："此段與下連讀，從鬭緡引入閻敖，只爲鬻拳作緣起耳。"(《菁華》尾)此事本無關輕重,傳文著之,專爲鬻拳一人立案。

◇莊公十九年

【經】十有九年春王正月。夏四月。秋,公子結媵陳人之婦於鄄,遂及齊侯、宋公盟。(《測義》夾)愚按:結以媵往,事至微也,何緣遂與霸主爲盟哉?《公羊傳》云:"大夫出竟,有可以安社稷、利國家者,專之可也。"啖氏亦謂:"結爲魯設免難之筴,爲齊畫講好之計,是以《春秋》善結也。"若然,則齊、宋、陳何以冬即來伐?或又以爲三國伐魯,以結不奉君命而專之之故。若然,則齊桓公何不當其會時叱而絶之?而既與之盟矣,旋即背盟而來伐,安在其霸主哉?愚以爲必有所謂而史失之,朱子所謂《春秋》自有無定當處,蓋正指此類耳。〖編者按:奧田元繼作《增補合注》語。〗夫人姜氏如莒。(《評林》眉)家鉉翁:"前此姜氏如齊,齊不能討,遂使肆然罔忌,蕩遊及莒,非惟魯之辱,亦齊之辱也。"冬,齊人、宋人、陳人伐我西鄙。(《評林》眉)黃震:"諸家多謂齊、宋怒結抗君而來,若止怒結之抗,不受其預盟足矣,伐我者,必其素謀耳。"

【傳】十九年春,楚子禦之,大敗於津。(《補義》眉)俞云:"前段叛亂如麻,一經此納,轉敗爲功,乃見鬻拳有力。"(《評林》眉)陳傅良:"傳見楚卒猶未見於經,至文元年弒君始書之。"今按:當齊桓始伯,楚人於魯好命不通,赴弔之禮未行。(方宗誠眉)因楚子之敗,而帶敘鬻拳之以弗納君自殺。還,鬻拳弗納。遂伐黃,敗黃師於踖陵。還,及湫,有疾。夏六月庚申,卒。鬻拳葬諸夕室,亦自殺也,而葬於絰皇。(《左繡》眉)此段先敘後斷,因敘近事,追敘前事。本是兩開,斷語卻寫成一串,筆力拗勁繞人。"亦自殺也"、"遂自刖也",兩兩相對,于參差中藏整齊,無此即不免於渙矣。(《補義》眉)從本事追敘前事,"自刖"恰好與"自殺"對舉,"君子"一斷,緊粘前事,順勢廻抱本事,手法最密。

初,鬻拳強諫楚子,(方宗誠眉)因鬻拳之自殺,而追敘前此之以強諫自刖,倒敘文乃不平。楚子弗從,臨之以兵,懼而從之。鬻拳曰："吾懼君以兵，罪莫大焉。"遂自刖也。楚人以爲大閽，謂之大伯，使其後掌之。君子曰："鬻拳可謂愛君矣，諫以自納于刑，刑猶不忘納君於善。"（文熙眉）穆文熙曰："鬻拳自刖以免罪固難，而後復自殺以從死尤難。故君子曰'鬻拳愛君'，明其非臣法矣。"（《測義》夾）呂大圭氏曰："左氏習于世之所趨，而不明乎大義之所在，如鬻拳強諫楚子，臨之以兵，而以爲愛君之類是也。"（魏禧尾）范祖禹曰："左氏以鬻拳兵諫爲愛君，是人主可得脅也。傷教害義，不可得而強通者也。"魏禧曰："鬻拳兵諫，左氏以爲愛君，後之君子多非之。余謂兵諫固非臣道，若概以兵諫便爲不臣，則伊、霍放廢，湯、武征誅，又何如耶？事有大小，勢有緩急，不可一例論也。拳弗納楚子，使之伐黄，自是大謬。敗津非失道之事，不必用此強法。且楚子貪息媯之色而滅息，又破譽息媯者之國而鹵之，滅絕天理莫甚於是。而息媯數年不言，豈常婦人哉？報仇而與寢處，孰危於是？此之不諫，而強諫於敗津之役，由是推之，則向之所謂兵諫者，未必其有當於義也。或謂：'春秋、戰國人但顧利害，不論是非。拳以敗津挫威，故激其伐黄以張國勢，息、蔡逆理之事，非所計也。'曰：'勝敗兵家常事，今君敗於外，臣拒於內，四鄰生變，鄰國乘釁，楚之安危，未可知矣。設使伐黄更敗，則拳又將何以處之？'故非兵諫之必非，而當論其所以兵諫者之未是也。詳鬻拳論。"（《分國》尾）"臨之以兵"，非以兵臨君也，乃指陳敵國外患以危之，如伍員之諫夫差曰"吾見王之親爲越之禽也"云爾，而范寧尚議之。至若梁開平時，弘農王渥無道，牙將徐溫諫不聽，露刃直入，數渥所親信盡殺之，自謂兵諫，難與鬻拳同日論也。（《左繡》眉）敘從近事轉出前事作陪，斷從舊事仍轉到近事作結，用筆賓主有法。只兩語，而"愛君"二字寫得十分透足，他人正不知多少辭費耳。"自納"、"納君"，絕妙轉換。兩"刑"字，絕妙頂針。以串遞爲對仗，以對仗爲回環，筆法屢變彌工，焉得不獨步千古！（美中尾）齊蒓圃曰："左氏以鬻拳爲愛君，蓋棺之定論也。范武子譏其脅君，何邵公以爲開後世簒弒之路，則就其一事言之也。"（《左傳翼》尾）一次強諫自刖，再次弗納自殺，人人如此諫諍，則讒諂面諛之人無有矣。文王能納，可謂是君是臣。生爲大閽，死葬絰皇，生死相依，孤忠可表。楚人能以此處鬻拳，其亦當矣，第不識能效而法之否？敘從本事追出前事，斷自當從前事歸到本事，才有結構。"自納"、"納君"二語，言簡意足，收拾通篇，綿密之極。（《評林》眉）

顧九疇："君而臨之以兵，罪莫大焉，而曰愛君，何也？豈左氏習乎世之所趨，而不明乎大義耶？至後漢徐幹有曰：'兵諫以爲忠，不如無忠焉。'噫，得之矣！"（王系尾）鬻拳之弗納其君也，欲其君安歸哉？將復伐巴？而敗瞢之餘，士氣沮喪，不可用也。計乃無聊，乘黃不備而掩之，是無名之師也。雖倖而勝，亦已危矣，其又奚善之有？楚自武王以來，狃于常勝，強而不義，苟以立威，是則鬻拳之所謂善也。故君子許其愛，而不許其忠。楚，夷也，而有人焉。意者，天方授楚，降才爾殊乎？抑維楚有才，天乃啓之乎？於乎！才之生也，不擇地，亦不擇時，惟君所用耳。夷狄之有君，諒夫！（武億尾）此篇先敘後斷，因敘近事，追敘前事，本是兩開斷語，卻寫成一串，筆力拗勁絕人。（《菁華》尾）戇直之性，任意而行，竟不知禮法爲何物，其事則悖，而其心則忠。左氏以愛君許之，可謂得褒貶之正。後世如鬻拳者，不可多見。就使有之，其君亦斷不能容，而楚子乃毫無疑忌之意，足見其上下相親，恩若父子。其強盛之由，未必不本於此。（閭生夾）此篇記楚之始強，而鬪伯比、莫敖、鄧曼、季梁、鬻拳諸人錯見其中以爲章法，穆、莊之業已基於此。

　　初，王姚嬖于莊王，生子頹。（孫鑛眉）綜括事情，嚴核有法。（《左繡》眉）此敘子頹事，兩節宜合爲一。上半敘致亂之由，用參差之筆。下半敘創亂之事，用偶對之筆。中間用總束之筆承上啓下，恰作轉捩。子頹起，子頹結，章法既變化，又整齊。此等處，世人所視爲寂寥者，殊自耽玩不厭也。子頹有寵，蔿國爲之師。及惠王即位。取蔿國之圃以爲囿。邊伯之宮近于王宮，王取之。王奪子禽、祝跪與詹父田，而收膳夫之秩。（孫鑛眉）俱奪地事，而三變文。故蔿國、邊伯、石速、詹父、子禽、祝跪作亂，因蘇氏。秋，五大夫奉子頹以伐王，不克，出奔溫。蘇子奉子頹以奔衛。衛師、燕師伐周。冬，立子頹。（孫鑛眉）王室有如許大事，齊桓竟若不聞，經文不書，殊可疑。（《左繡》眉）上段兩"取"字，一順一倒，單句開寫。一奪一收，便雙句聯寫。"作亂"綴於六人之下，"因"字則冠於一人之上，寫得字字變換不測。下段"五大夫"、"蘇子"分頂上兩項，竟以"奉子頹伐王"、"伐周"對說。章法前散後整，分之不覺其奇，合之愈見其妙，鹵莽者未免交臂失之耳。篇中凡寫多人，或明或暗，倏減倏增，看他由六人而七人，而五人，而一人，又出一人，而忽然兩二千五百人。稗官演義，安得有此奇奇妙妙之文也？（《評林》眉）艾千子："奪諸臣圃官田秩四事，誠爲釀亂。"（《補義》眉）原敘。子頹起。兩"取"字一順一逆開寫。"奪"與"收"連寫，總一筆承上起下。（王系尾）此篇敘亂，其知盜乎！有盜魁，有盜鋒，有盜巢，有盜之進退蹤跡。有亂本，有亂機，有亂流。文僅百許字，而無不歷歷如繪。子頹，盜魁也。六人爲戎首，盜之鋒也。蘇氏爲囊橐，盜之巢也。蔿國之好亂，在僖王世。子頹之基亂，在莊王世。蘇氏之思亂，在桓王世。惠王一發亂機，群亂競動，可謂拉雜如火矣。群亂既合，盜鋒奉魁伐王，有功便可立王，不克而奔溫，歸盜巢也。蘇氏既爲囊橐，又使群盜守巢，而自奉魁出奔，以求援于諸侯。衛、燕又從而助亂立頹，其進退情形，隨時變換，真如大火之燎于原，不可逼視，尚可爬梳哉？左氏只用一個"初"字，一個"及"字，一個"因"字，兩個"奔"字，兩個"伐"字，以爲斡旋，便如一線穿珠，不脫不冗，有頭有緒。使讀者皆如目睹，此史、漢諸賢所尸祝社稷，而不勝高堅前後之歎者也。（方宗誠眉）以上敘子頹作亂之由。（《菁華》尾）列國諸侯，敢於興兵以伐天子，朝廷法紀，掃地盡矣。比于繻葛之戰，尚爲自救之師，衛、燕二君，其罪更在鄭莊之上。

◇莊公二十年

【經】二十年春王二月，夫人姜氏如莒。（《評林》眉）張溥："莒非父母國，而如者，意夫人爲齊桓所絕也。夫人行年六十而不知恥，莊公成君二十年而不能子，是可哀也。"夏，齊大災。秋七月。冬，齊人伐戎。（《評林》眉）《傳說彙纂》："戎近齊而爲魯患，齊桓伐之，所以親魯也。家鉉翁謂：'周有子頹之亂，而坐視不救。'洵爲正論。若程端學責其不告王而專伐，則諸侯專伐者多矣，何以獨責桓乎？"

【傳】二十年春，鄭伯和王室，不克。（《左繡》眉）此敘鄭伯納王本末，兩篇可分讀，亦可合讀。分讀則前篇先敘後議，以"和王"起，"納王"止，鄭伯爲主，虢公語，只於結處一帶，輕重有法。後篇則兩敘兩斷，以"將王"起，"惡王"止，亦鄭伯爲主，虢公事，各以對舉相形，平側有法。合讀則由"和王"而"納王"，由"納王"而"將王"，而"享王"，而卒于"惡王"，總以鄭伯爲主。"徧舞"、"樂備"、"樂禍"、

"效尤",遙遙相對。而寶器即爲鑿鑑之根,櫟、鄔亦伏虎牢之脈。雖前文整片,後文零星,筆墨各變,而線索呼應,首尾極靈。所謂分之爲環,合之成璧者,於此益信也。(《補義》眉)此敘鄭伯勤王本末,前段只說鄭伯與王,便見首事是鄭伯。後段帶出虢叔,亦見首功是鄭伯。中間寫子頽賞功得意,對面便見天王失所,皆所以表鄭伯也。豈得以其篡兄而沒之?"寶器"一點,下請器予鑑皆伏。(閭生夾)先大夫評曰:"齊桓不勤王,內未治也。晉文納襄王,老而得國,欲及時也。"執燕仲父。夏,鄭伯遂以王歸,王處於櫟。秋,王及鄭伯入于鄔,遂入成周,取其寶器而還。(《評林》眉)《經世鈔》:"成周,洛邑東都也,百姓所居在瀍水、澗水之間,今河南府治。"

冬,王子頽享五大夫,樂及徧舞。鄭伯聞之,見虢叔,曰:"寡人聞之,哀樂失時,殃咎必至。今王子頽歌舞不倦,樂禍也。夫司寇行戮,君爲之不舉,而況敢樂禍乎!奸王之位,禍孰大焉?臨禍忘憂,憂必及之。盍納王乎?"虢公曰:"寡人之願也。"(文熙眉)穆文熙曰:"鄭伯之論未幾,而王子頽及五大夫果見殺,則其言驗矣。奈何鄭伯效尤,終亦取咎,何其不自知矣!"(《測義》夾)愚按:王子頽以庶孽而奸王位,殃咎固所必至者,奚俟夫哀樂失時而知之矣,抑微此將不納王乎?〔編者按:奧田元繼作王荊石語。〕(《左繡》眉)前後總以鄭伯爲主,中間偏著虢公"寡人之願也"一句,束上遞下,跨節生枝。嘗愛史公合傳,每於佳處作拖逗之筆,而"蔡澤聞之,往入秦也",尤爲拍案叫絕。不知其筆法乃出於此。熟玩《左傳》,真亦不必更讀《史記》已矣。(美中尾)朱西亭曰:"齊霸方盛,而天子蒙塵,不能削平禍亂,桓輸晉文一籌矣。"(文淵夾)子頽之亂,齊未勤王,固創伯者之失計。然周之東遷,晉、鄭焉依,以其邇于王畿也。齊處東海,而虢、鄭于周爲鄰國,其力又足以勤王,此齊之所以未至歟?不然,管仲之智,豈在子犯下哉?(《左傳翼》尾)亂所由生,固由莊王寵子頽,而無五大夫以爲之輔,則亂不成。歷敘群怨,並帶出蘇氏舊怨,見王實自取。許多零零碎碎人,敘來整整齊齊,不覺累墜,真《史》、《漢》世家列傳之祖也。敘鄭伯納王,遞出虢公,總以鄭伯爲主。末將虢公語拖逗一筆,以爲下胥命同伐起案。筆勢飄逸,有跨節生枝之妙。《左繡》謂:"《史記》'蔡澤聞之,往入秦也'筆法從此生出。"良然。(《評林》

眉）按：虢叔即虢公也，爲虢公子，《注》謬，下同。王錫爵："鄭、虢相命納王，而靖亂之功，鄭視之虢爲最，王乃待虢有加，能無召亂乎？"（方宗誠眉）言子頹必敗，以動虢公勤王之心。醳命絕善。（《菁華》尾）鄭、虢二君，本有宿憾，此時能捐棄舊怨，同心一力，以救王室，亦屬難得。

◇莊公二十一年

【經】二十有一年春，王正月。夏五月辛酉，鄭伯突卒。（《評林》眉）家鉉翁："自鄭突之入于櫟，《春秋》蓋絕之矣。及周惠王以子頹之亂出居于櫟，諸侯勤王者獨鄭與虢爾，厲公雖有篡國之罪，亦勤王之功，是以《春秋》於其卒與葬而復録之。"秋七月戊戌，夫人姜氏薨。（《評林》眉）張洽："文姜之行惡矣，而卒以國君之母，寵榮終身，一用小君之禮，此魯之禍所以未艾，必至於莊公之終，兩君弒，哀姜、慶父誅，而後魯亂始息也。"冬十有二月，葬鄭厲公。

【傳】二十一年春，胥命於弭。夏，同伐王城。鄭伯將王自圉門入，虢叔自北門入，殺王子頹及五大夫。（《評林》眉）《正字通》："將，扶進也。《小雅》'無將大車'、《左傳》'鄭伯將王'云云。"《經世鈔》："分人以防不虞。"陳傅良："'及五大夫'，凡篡立，雖王子殺之不書。"

鄭伯享王于闕西辟，樂備。王與之武公之略，自虎牢以東。原伯曰："鄭伯效尤，其亦將有咎。"（韓范夾）人惟功名未立，乃致憂謙。志氣得展焉，夫亦得志之餘，忘其經訓也。（文淵夾）此但爲章法計耳，鄭伯以大義討賊，定王位而後享王，固應樂也，何咎之有？（《評林》眉）《經世鈔》："纔說他人，已即蹈之，所謂局外者明，居中者暗，智士每每如此。天子蒙塵，宗祧失守，倖而得復，當憂勞恐懼，安民奉祖。且子頹雖奸，親爲叔父，殺之固當，獨無不忍乎？故君臣備樂，亦謂之樂禍。"五月，鄭厲公卒。

王巡虢守。（《評林》眉）《五經類編》："春秋時，巡狩之典已廢，此年王巡虢守，特以其有功而幸之，非能巡狩也。"虢公爲王宮于玤，王與之酒泉。鄭伯之享王也，王以后之鞶鑑予之。虢公請器，王予之爵。鄭伯由是始惡于王。(《測義》夾)傅遜氏曰："茲役也，鄭伯功大於虢，而王待虢有加，寧毋爭亂乎？"(《統箋》尾)愚按：平王末，命以貳於虢，而周鄭交惡，卒有中肩之禍。至是同平子頹之難，則鄭既幡然效順矣。夫虢、鄭官同守，族同親，其有造於王室也，又同功而一體者也。使惠王處之得其平，不改股肱夾輔之舊，則強大諸侯猶未敢弁髦王室也。此之不慎，而竟以燕顧錫予之微，致形厚薄，萌小釁，而積成大怨。《小雅》乾餱之戒，不其然乎？嗟乎！此東周之所以不復振也。(美中尾)姜白巖曰："定天王之位，執黨逆之臣，誅出君之賊，此鄭厥絕大奇勳也，豈得以其簒兄而没之？"顧復初曰："東遷後，王畿疆域，西有虢，據桃林之險；南有申、呂，作東都之藩；南陽肩背澤潞，富甲天下。攬轡伊闕，襟山帶河。地雖小，亦足王也。楚滅申而南服之窺伺張，晉滅虢而西京之消息斷。至陸渾入居伊川，異類逼處矣。惠既以虎牢與鄭，酒泉與虢，襄更以陽樊溫原畀晉，則寧大河以北委之，此詩人所以嘆息痛恨於日蹙國百里也。"(《補義》眉)此節節逼出鄭伯始惡于王，鄭、虢同功，其實鄭爲功首，虎牢美於酒泉，而王謂特恩。鄭謂故物犖又不如爵也，鄭伯父子所以怏怏歟？然鄭之樂徧，猶之子頹徧舞。虢之作官，無異鄭伯備樂。明寫鄭伯之死，暗照虢後之亡。(文淵夾)此即名位不同，禮亦異數也，而鄭伯由是惡王矣。君弱臣強，交接之際，其難如此。

　　冬，王歸自虢。(魏禧尾)孔之逵曰："管仲作內政曰：'三萬人以行天下，以誅無道，以屏周室。'則當其規模初立，已早定一尊周名號矣。故即位六年，宋背北杏之盟，即請于周伐之。當時一有舉動，必借名于周可知。乃子頹之亂，惠王出奔，鄭伯和王室不克，齊君臣豈不聞乎？曾不知討賊納王，致使功出於鄭、虢，所謂屏周室安在也？"按：莊公二十年冬，齊伐戎。二十一年夏，鄭、虢同伐王城，納惠王而殺頹。是年齊無事可紀，意一年皆在戎，故不及勤王耶？其後秦穆、晉惠伐戎救周，而齊又不至。豈以秦、晉近戎，二國伐戎救周，而周之戎難已解，桓公更不必爲勤王之舉耶？彭家屛曰："禮，男女不同椸枷，不同巾櫛，所以遠私褻之嫌也。婦人服飾之物，安可以賜人？以后之鞶鑒予鄭伯，其失甚矣。豈特賞薄召怨而已哉？然鄭突受之而不辭，則均過也。"(《分國》尾)鄭伯納王，起於貪心。初入成周，遂取寶賂，繼以鞶爵厚薄故，致隙于王。貪妬之心萌，而禍不旋踵，宜其亡也。原伯以其效尤，謂將有咎,其鏡禍猶淺耳。(《左繡》眉)此篇自作三節讀,首節只完納王事,宜附前文之尾。然曰"胥命同伐",便見事屬一體。曰"鄭伯將王",又見鄭獨功高。而王賜有厚薄,此怨之所由生也。起手全爲結處伏案,次節以效尤斷樂備,而結之以鄭厲公卒。末節以始惡斷予器,而結之以王歸自虢,本是對局。然先敘效尤,而補敘始惡,則必留"鞏鑑"在後,與"予爵"作伴。而因提"酒泉"於前,與"虎牢"作陪。于事則聯者斷之,于文則斷者聯之。化整齊爲參差,復運參差爲整齊。後人亦知類敘之法,安得有此剪裁伸縮神妙不測也哉?前兩"與之"遙對,故句法不變。後兩"予之"近對,故句法倒轉,小小處皆有意在。若以予鑑、予爵分附虎牢、酒泉之後,便只一層文字,折作兩對,格變而致亦濃。又,論器則鞏不如爵,論地則酒泉不如虎牢,若將虎牢併敘於後,則始惡于王,便費轉折。故抽出在前,伸縮皆有故也。前半以虢作拖,後半亦以虢作煞,皆相准而立,章法妙甚。(《左傳翼》尾)賞罰,國之大典,稍或不公,則人有攜志。前此周鄭交惡,以王貳於虢也。今茲鄭伯始惡于王,又以賞不如虢起隙。宋多責賂于鄭,突不能堪,以致連年用兵。今乃以此責報于王乎?效尤有咎,正不專在樂備也。胥命同伐,例應同賞。虎牢、酒泉,則厚鄭而薄虢矣,鞏不如爵,所差幾何?而以此惡王,跋扈之狀不減鄭莊。享王與虎牢及鞏,巡守與酒泉及爵,本可敘在一處,而析作兩層者,見地勝於虢,恬然安之,器稍不如,遽爾嗔怒。以明惡所不當惡,爲後執王使立罪案,不獨行文恐費轉折也。鄭突一人不能納王,賴虢公之助而王始得入,乃欲奪其功,而以賞賜有偏怨王。豈享王樂備,遂欲獨邀厚賞乎?原伯斷以有咎,不於始惡,而於效尤,猶未誅其心矣。由和王、納王、將王、享王,而終歸惡于王,見鄭伯爲功之首,實爲罪之魁。一亂未平,一亂又起,貽禍無窮也。(《日知》尾)杜註云:"傳言王之偏也。"文凡四篇,只分三段,敘子穨紛紛黨與,只爲鄭伯作勢。敘鄭伯處處首功,只爲偏賞作跌耳。虢、晉朝王,位異而賞同;鄭、虢納王,功高者賞薄:東周所以不振也。事緒最繁雜,又故行以錯綜之筆,而作意蜿蜒隱現,如蛛絲馬蹄,最爲妙境。(文淵尾)首段述王取諸大夫圃宮田秩,末段述王與虢、鄭田、器,相對作章法。第二段述"蘇子奉子穨"、"鄭伯奉王",第三段述"子穨享五大夫,樂及徧舞"、"鄭伯享王樂備",亦各自相對。然章法太整,故"王與之武公之略"二句,不敘于"鄭伯之享王也"之下,而敘于"樂備"之下,以取其變化。(高塘尾）俞桐川曰："三年事敘來如此簡勁，其論哀樂，義理入微。是時齊桓已立十三年矣，十九年伐魯，二十年伐戎，何王室有子頹之亂，而不爲勤王之師，致使功出於鄭、虢？所謂圖霸業而屛周室者，安在耶？前人議之允矣。"（王系尾）此年及二十年、十九年經文所書，傳皆不及，經自明也。獨詳子頹之亂，則以鄭屬之功，實有不可沒者。厲篡奪得國，逐於其黨，復以詐力入，賞惡人，戮無罪，刑政頗辟，無一可觀。而卒有鄭國，子孫蕃阜，則惟此勤王一事，固天心之所不忍廢也。是時齊桓始霸，而子頹之亂，置若罔聞。王命討衛，乃取賂而還。則鄭屬之有後，豈不宜哉？凡此皆《左傳》精神血脈處，裁補之妙，讀者其盡心焉。（《菁華》尾）五大夫既敗，子頹之亂，刻日可平。衛、燕二國，公然助逆，逼逐天子，其罪大矣。是時齊霸未盛，諸侯蔑有過而問者，獨鄭伯奮然興師，爲勤王之舉，使王室復安，叛臣服罪，其功大矣。于周爲敵愾之臣，于鄭爲幹蠱之子，而《春秋》稱道桓、文，竟無一及之者，亦足異已！王子頹雖不臣，然固王弟也。戮之者，國法，哀之者，私情，二者並行不悖，而王遽於此時奏樂，失其道矣。

◇莊公二十二年

【經】二十有二年春王正月，肆大眚。（《評林》眉）程頤："大眚而肆之，其失可知。凡赦何嘗及得善人？諸葛亮在蜀，十年不赦，審此爾。"癸丑，葬我小君文姜。（《評林》眉）劉絢："夫人之謚，皆私謚也。婦人不尸善名，不當別謚。"王樵："婦人法無謚也，生以夫國冠之，韓姞、秦姬是也。死以夫謚冠之，莊姜、定姒是也。末世別爲作謚，如景王未崩，妻稱穆后，非禮也。"陳人殺其公子御寇。夏五月。（《評林》眉）劉敞："此其以五月首時何？《春秋》故史也，有所不革。"《增補合注》："書時之首月，而四訛爲五。"秋七月丙申，及齊高傒盟於防。（《測義》夾）愚按：莊公忘殺父之讎，求昏齊女，故《春秋》盟于防、納幣、遇穀、盟扈、觀社、逆女、丹楹、刻桷、大夫宗婦覿用幣，一一書之，不厭其複者，以皆爲夫人而設，示譏也。冬，公如齊納幣。

【傳】二十二年春，陳人殺其大子御寇，陳公子完與顓孫奔齊。顓孫自齊來奔。（孫琮旁）雙敘二人。（《左繡》眉）此篇敘陳完事，分兩截。上截即小見大，以仁義斷結，直作一首列傳讀。下截原始要終，以始大得政斷結，直作一首世家讀。（《補義》眉）鍾云："高識遠志，爲田齊開國。"（《便覽》眉）二句提綱，下即一撇一提。下"使爲工正"二句，是一收一起，同此手法。（《評林》眉）《翼》："宣公欲立嬖姬子欵，故殺其太子。"《補注》："陳氏曰：'杜稱："太子，以實言。"非是。'蓋經改正之，若殺太子，當稱陳侯。"（方宗誠眉）解經止一語已畢，以下帶敘陳敬仲事。

齊侯使敬仲爲卿。（孫琮旁）以下單敘敬仲。辭曰："羈旅之臣，幸若獲宥，及於寬政，（《評林》眉）《經世鈔》："寬政，謂齊宥其罪，而加以寬政，舊注非。"李笠翁："以羈旅漂泊之臣，一旦至齊，八世之後，而有齊國，殆天意，非人力也。"赦其不閑於教訓，而免於罪戾，弛於負擔，君之惠也，所獲多矣。敢辱高位，以速官謗？請以死告。（韓范夾）知足不辱，守分而後安其身。陳完其深于函關五千言者也。《詩》云：'翹翹車乘，招我以弓，豈不欲往，畏我友朋。'"（孫鑛眉）辭命語甚工。（《文歸》眉）風致蕭然，真詩家妙品。（孫琮旁）善自托其身與子孫在此一段。（《評林》眉）彭士望："'翹翹車乘'，如此佳詩，孔子豈肯刪去？史稱《詩》、《書》並闕，至今逸其半。《詩三百》獨全，何也？多係漢儒纂補，故《國風》爲不理之言，即左引諸詩，是一確據。"（《學餘》眉）溫溫恭人之言，引《詩》尤雅，韻遠風長，遂生出下半篇文字。使爲工正。（《彙鈔》眉）敬仲辭卿數語，一本真誠，毫無覬覦于齊。至其子孫代齊之祀，則有數存焉。傳中敘奔齊事，而追尋兩占辭，亦見陳氏克昌，數預定也。（《左繡》眉）辭卿而爲工正，固不料其後之並正卿而得政者也。注云："陳完有禮于齊，子孫德協于卜。"兩截一線，眼光直注春秋之末，不特一篇之首尾呼應而已。上截一辭爲卿，一辭夜飲，是兩對格。下截一卜于妻，一筮於少，亦兩對格。而平側詳略，各各不同。單看上截，自成章法。"爲卿"、"飲酒"對領。兩"辭曰"、兩"不敢"對敘。一"詩云"、一"君子曰"對收。而一則自作分疏，一則旁人稱讚，雙起單收，手法不測。

飲桓公酒，樂。公曰："以火繼之。"辭曰："臣卜其晝，未卜其夜，不敢。"（《文歸》眉）郭正域曰："《世說》雋語。"君子曰：

"酒以成禮，不繼以淫，義也。以君成禮，弗納於淫，仁也。"
（文熙眉）穆文熙曰："陳完至齊，而齊即授以卿，則完必有以當齊侯者。然授之而固辭之，則愈以當齊侯，所以終受之卿，而因以代齊也。完豈常人哉？"（《左傳雋》尾）呂東萊曰："辭一卿之秩，而開一世之基；辭一夕之宴，而得數百年之眷。深矣哉！敬仲托其子孫于齊也。"（《晨書》總評）宋南金曰："按《呂氏春秋》，管仲觴桓公，日暮矣，公徵燭。辭曰：'臣卜晝，未卜夜。君何沈於酒也？'則敬仲、仲父告君之言，英雄所見略同矣。又考《韓詩外傳》，桓公置酒大會諸侯大夫，曰：'後者罰。'《韓非子》又記公飲酒，醉遺其冠，遂三日不朝。公其酒徒哉？敬仲之言，具忠貞之義，故左氏以'仁義'二字美之。彼謂旅臣托身他國，不如此小心樸實，何以固位者，猶以淺見窺之也。"（《左繡》眉）以君子作斷，可見上文已結，此下分明另作排場，史家往往因敘一事，特綜其顛末而通論之，其法大都本此也。（《嚙鳳》尾）自古得國，未有不由於先世之賢者。陳之代齊，固緣虞舜之聖不至不祀，若敬仲始至而辭為卿、辭夜飲，皆見賢者識力。左氏並綴卜筮之詞，見其代陳有國，正以此為張本，不得以厥後之僭亂，並議敬仲為矯飾也。（德宜尾）一辭為卿，一辭夜飲，天然兩對。而辭卿則語加詳而婉，辭飲則語甚簡而直，各臻其妙。斷結亦極有力。（《補義》眉）篇中分辭卿、辭飲、卜之、筮之四段，一氣相貫。辭卿引《詩》已伏下卜妻一段韻語，敬仲之興必有內助，故詳懿氏之事。國家將興，有開必先，故又追敘周太史之筮，卜云將育于姜，而筮辭暗與之合，然五世八世，筮未明言，故結處以桓子、成子證之，極詳略佈置之妙。（《評林》眉）李笠翁："兩觀敬仲辭卿、辭火之言，於守身事君之禮皆得之，其能開長發之祥有以也。"（方宗誠眉）以上敘敬仲之知禮，以下追敘敬仲之先兆，皆為後來陳氏代齊伏根。前敘敬仲辭卿、辭夜飲，知禮者二；後敘敬仲之先兆亦二，文法整齊。（《學餘》尾）二語婉而多風，皆中《小雅》。（《菁華》尾）此為田氏代齊張本，惟改陳為田，傳不詳其故。徐廣曰："始食埰地，由是改姓田氏。"司馬貞云："以陳、田二字聲相近，遂為田氏。"未知孰是。敬仲一生亦無他善可言，獨其羈旅異邦，而以禮自守，不敢稍越尺寸，聞其語者，亦足信其為賢者矣。（闓生夾）此因陳氏之盛而追記其先德也，自幕至於瞽叟無違命，義亦與此同。宗堯按："文似褒敬仲，意實譏陳氏世世偽為仁義以市其奸也。觀下文自明。"

初，懿氏卜妻敬仲，其妻占之，（鍾惺眉）以下一一如事後追敘語，絲毫奇中，不能不疑。（孫琮旁）追敘前事，以爲後事張本。（《便覽》眉）雖用追敘法，卻是奇峰忽起，用妻占，是幻想。曰："吉，是謂：'鳳皇於飛，和鳴鏘鏘，有嬀之後，將育于姜。五世其昌，並於正卿。八世之後，莫之與京。'"（《評林》眉）王荆石："占而及五世、八世之後，若符契不爽，後之季主君平，恐不能及也。"《經世鈔》："附會後事，却燦然可觀，左氏此等最多，而此篇文字最歷落，錄之以見一功。"（《學餘》眉）"鳳凰於飛"，其抱器來奔之兆耶？至今誦之，猶如聞和鳴鏘鏘也。（閩生夾）先大夫評曰："左氏載此二占，乃其識微之論，後儒疑非出左氏之手，過也。太史公用此爲《田完世家贊》。"閩生謹按：痛太公之不祀，知陳氏之必昌，不敢明言而幻爲此也。陳厲公，蔡出也。（孫琮旁）又追敘一事。故蔡人殺五父而立之，生敬仲。其少也，周史有以《周易》見陳侯者，陳侯使筮之，遇《觀》之《否》。曰："是謂'觀國之光，利用賓于王'，此其代陳有國乎！不在此，其在異國；非此其身，在其子孫。（孫鑛眉）兩句甚勁有力。（鍾惺眉）奇文，變化之極。（《評林》眉）劉用熙："'觀國之光，利用'以下五字衍，注疏以爲不衍。"光，遠而自他有耀者也。（韓范夾）徵應甚奇，近于傅會。然理數譎異，真《陰符》之秘言也。（孫琮旁）筆參活句，與前占詞相映。《坤》，土也。《巽》，風也。《乾》，天也。（《便覽》眉）上發一粒粒總斷，此用訓詁體釋之。風爲天，於土上，山也。有山之材而照之以天光，於是乎居土上，故曰：'觀國之光，利用賓于王。'庭實旅百，奉之以玉帛，天地之美具焉，故曰：'利用賓于王。'猶有觀焉，故曰其在後乎。（孫琮旁）應法錯綜。風行而著於土，故曰其在異國乎。若在異國，必姜姓也。姜，大嶽之後也。山嶽則配天，物莫能兩大。陳衰，此其昌乎。"（文熙眉）汪道昆曰："辭令能品，'不在此，在異國'句法。'故曰觀國'以下章法。"（《測義》夾）陸粲氏曰："卜筮，《易》之末也，聖人用之以導惑教愚，亦陳其吉凶之大端，而擬議取舍，則存乎人矣。其他怪迂語，特瞽史賤人所爲，抑好事者睹其成敗，追合之云耳。左氏所稱述者尤衆，衰世之習尚固然耶！韓簡子曰：'先君之敗德乃可數乎，史蘇是占，弗從何益。'子服椒曰：'忠信之事則可。'蓋春秋之士惟二子知《易》哉！』〖編者按：奧田元繼作李笠翁語。〗（孫鑛眉）演卦義甚暢，有態。（《文歸》眉）劉懷恕曰："周史解《易》之辭，燦然可觀。"（《彙鈔》眉）借周史斷《易》之辭行我之文，與懿氏妻所占相應，前辭約，後辭繁。妙能字字對照，語語關情。（《左繡》眉）先虛說一遍，再實說一遍。虛說用總挈，實說用分疏。解占文字，莫詳於此。古雋之致，觸手而來，亦左氏得意處。實解凡五節，上二節解爻辭，用順。下二節解占斷，用逆。末節另換筆調，却仍用"乎"字成章法，與提句相應，蓋變而整也。常疑左氏占斷，大概看了後事，附會其說，不然，無此奇驗者，如此處五世、八世一毫不差是也。至田齊之局，在春秋以後，便不能明判，亦見其誣矣。有疑左氏爲戰國時人者，即當以此言解之。而緊接"陳衰其昌"句，應起雙結，人知其詳，不知其簡。非此老潔，收不住矣。唐錫周曰："文章要成家數，此篇純以韻語結成異彩，襯出一個風流儒雅公子。'辭爲卿'一段，'辭夜飲'一段，寫敬仲不可及處，兩'辭曰'句作一鎖。'懿氏卜之'一段，'陳侯筮之'一段，寫敬仲不可量處，兩'是謂'字作一鎖。"（《補義》眉）上二段是實寫敬仲，下二段是虛寫敬仲。應"代陳"，抱轉"其昌"。（《便覽》眉）"風行"句頂"風"字，又作一層，仍用"故曰"排下，且獨拖一句，繳到"山"上，以完訓詁體。（《評林》眉）《讀書質疑》："大岳之後也，四岳乃一人，以一人而總四岳諸侯之事，堯首巽以位，四岳辭之，其節高矣。獨薦舜，其舉明矣。何史失其名，而《虞書》沒人耶！既姓氏不彰，後世相傳，姜、呂、申、許俱四岳之後，何邪？世人因堯遜位而岳辭，遂謂四岳許由，更謬。"

及陳之初亡也，陳桓子始大於齊。其後亡也，成子得政。（《測義》夾）杜預氏曰："卜筮者，聖人所以定猶豫，決疑似，因生義教者也。《尚書·洪範》通龜筮以同卿士之數。南蒯卜亂而遇元吉，惠伯答以忠信則可，臧會卜僭遂獲其應，丘明故舉諸縣驗於行事者以示來世，而君子志其善者遠者。他皆倣此。"（《文歸》尾）倒敘法。爲田齊張本，固宜詳。至析《易》理，精暢奇發，或理數所有，指以爲誣，狹矣。〈仲光〉（《快評》尾）此傳雖附于"陳人殺其太子御寇"下，而遠爲他日陳大於齊張本。文中前後四段，皆可見陳之他日必得齊政。然而兩段暗，兩段明；兩段實，兩段虛；兩段真，兩段假，不可不辨。前兩段寫敬仲是一謙卑謹愼之人。夫人極謙卑謹愼之德者，天之報之，不於其身，必於其子孫，前後未有不昌大者也。今觀敬仲之爲人，其謙卑謹愼，皆出於至誠，則他日之代陳有國、得政于齊，皆敬仲之德爲之基也。此二段是實寫，是眞有其事。然而暗含他日得政張本，不曾明說。後二段追敘敬仲當日始娶初生之時，兆之見乎卜筮者，已明說其他日代陳有國，得政于齊矣。然是假託之言，當日未必實有其事也。何則？當敬仲出奔之時，使其言已流布於天下也，則可信其實有矣。然而其言果流布於天下，則齊人者肯留其在國，寵之以高位，令之他日得政有國，以實懿史之言乎？此可信其必無也。若其言至後日而始出也，安知其非子孫已握齊柄，故造此言以搖動人心，如後世之篝火狐鳴之術也哉？左氏此篇備載四事，大有深意，讀者無爲陳氏子孫直瞞至今日也！（王源尾）文有賓主，所從來矣。然賓主二字，何人識得也？如我意顯然，賓主判然，則人了然矣。如我意渾然，賓主錯然，則人茫然矣。蓋主伏於數十層之下，而賓見於數十層之中，乃此數十層者，綿綿翼翼，不測不克，覺我之神畢露於此，而立意所在，卻拚於數十層光焰之下而不見。則孰賓孰主，豈夫人能辨之乎？如此文，人但知敘敬仲，敬仲主爾。不知敘敬仲，敬仲賓也。何以敘敬仲，敬仲反爲賓也？敬仲，陳氏之祖也，而陳氏，代齊有國者也。敬仲奔齊，原無可紀，若不因其子孫代齊，則敬仲奔齊，一言畢耳，安得有如許文字？然則如許文字，乃田氏篡齊張本，爲敬仲子孫作，不爲敬仲作明矣。既爲其子孫作，則敬仲賓，敬仲之子孫主，亦明矣。然讀者茫然于賓主之際者，以奔齊之下，敘其授卿、辭卿。辭卿之下，敘其飲酒。飲酒之下，敘其仁義。使讀者眼光耽耽然不得不注于敬仲矣。眼光既注于敬仲，則占辭雖有五世、八世在其子孫等語，以爲不過敘敬仲已耳。而兩段占辭，前段猶簡，後則層翻疊轉，浪湧霞鋪，眩惑迷離，崩騰繚亂。則以敬仲之爲主也，又何疑乎？然後方將桓子、成子敘出，且輕輕帶下，未嘗另起峰巒，又只略略四言，絕不鋪張一字，所謂拚於數十層光焰之下而不見也。主既拚而不見，則讀者終以如許文字爲敘敬仲，絕不知主之存乎此，而敬仲之爲賓，豈待問哉？嗚呼！高矣，美矣，奇矣，妙矣，神矣，至矣！後有作者，望洋返矣！然則賓主二字，畢竟何人識得也？既知敬仲之子孫爲主，讀者只宜注目結尾四語，則知其敘辭卿也，暗射其子孫而已矣。序仁義也，反映其子孫而已矣。序懿氏之占敬仲、周氏之筮敬仲也，明證其子孫而已矣。變化千般，總是一靈所幻。故不爲古人所詎，方可言文，不爲造物所愚，方可言理。兩段卜辭甚重，而前段尤要，以其有五世、八世之語，恰是桓子、成子也。然則後段雖繁，卻是後勁。既有中權，又有後勁，顧無前驅，可乎？《車乘》之詩，所以爲之前驅也。於是三段韻語，自相應和，前後形勢，自相聯絡。此雖文章小處，亦不可草草讀過。（孫琮旁）結出占筮之應。（孫琮總評）宋子建曰："田齊開國，遠識遠志，在'使爲工正'四字。他日公量貸而私量收，從此肇矣。旅臣托身他國，遇明君察相，若不如此小樸實，何以固位？'卜晝不卜夜'，妙在從主人口中說出。君享臣，猶曰：'厭厭夜飲，不醉無歸。'臣享君而不敢以火繼，何也？仲蓋窺桓隱衷，知其不能忘情酒色，易牙之羹，從此饞其腹矣。借禮遏之，防其顧也。"左氏善言兵，亦善言《易》。懿氏之占，周史之筮，皆精微奧理，非失誣也。蓋敬仲有禮于齊，子孫世不忘德。德協于卜，故傳中備著其終始。前言禮讓，所以明代齊之有本；繼言占筮，所以見代齊之有徵。占筮似渺茫，禮讓固爲正義。紀禮讓于先，紀占筮於後，此左氏之正訓，豈其僅同符識之文？（魏禧尾）魏禧曰："羈旅驟躋高位，貴舊仄目，必不相善。故雖以僑如之佞，不免於數奔也。此敬仲所爲善安其身于齊臣。亡臣托身大國，如孤鳥依人，多巽頓以苟容。然久之而君輕以厭矣，此敬仲所謂善重其身于齊君。君子處身涉世，道當如是。論者不必以後事便看出許多陰謀大用也。左氏卜筮於後事有纖悉奇中處，後人謂之附會，誠爲可疑。然近世命相卜數，亦有纖悉奇中者，則左氏所載，未可盡以傅會抹煞也。"彭家屏曰："古之治天下者，重占卜。《洪範》稽疑，必取決於龜從筮從。《周禮》六龜、九筮蓋設專官掌之，故《易》曰：'成天下之亹亹，莫善乎蓍龜。'所以藏往知來，開物成務，察天人之際，識趨避之理，戒謹恐懼以求當其情，此先王之深心致治之要道也。後世輕之，不列於朝廷。龜卜法既不傳，蓍占亦具而不用，甚至變占法爲火珠林小數，爲市井小人攫利之資，而先王以蓍龜輔治之意，蕩然不可復見矣。春秋之時，去古未遠，故左氏敘卦占，每多奇中，猶有先王之流風也。夫亦何可概指爲傅會，而疑其有不然歟？"（《分國》尾）陳完奔齊，代齊之由也。傳志其辭卿位，辭夜飲，以見完有敬德，敬能有國，況育姜賓王，數已前定乎？齊子孫不務脩德，陳氏厚施均祿，收拾人心，其勢日昌，以至崔、慶殲，欒、高披，姜氏之祚，遂拱手而授有嬀也。當時齊桓霸業方始，乃八世後代齊之人已入我國。如唐太宗貞觀十二年間，爲極盛時，而亂唐武氏，已在宮中。自非知幾，焉能燭微哉？（《賞音》尾）陳之伐齊，虞帝之貽慶也。然非敬仲之有禮，何以得容于齊？顓孫在魯，固泯泯無聞也。至卜筮之占，吉徵若是，天之鍾美，洵不與常人同乎？（美中尾）齊霸方盛，而篡齊者已至。履霜堅冰，寄慨深遠矣。（《約編》尾）此爲陳之代齊張本，卜筮之辭，若燭照數計，而皆斷之以禮。左氏不特善言兵，兼善言《易》。文中前後四段，皆可見陳之他日必得齊政，然而前兩段實寫敬仲謙虛之德，是真有其事。後二段是追敘敬仲始娶初生之時，已兆他日代陳有國，得政于齊。是必其子孫已握齊權，假託以惑衆心，如後世篝火狐鳴之術，未必實有其事。左氏備載之，自有深意，讀者宜細玩之。我持。（《左傳翼》尾）因陳完來齊，而遂將其子孫究竟言之，以見履霜堅冰之漸不可長。後敘畢萬、敘成季，筆有繁簡，而垂戒之意則同。隱見三家專魯，六卿分晉，田氏篡齊，其來有自。或見之卜筮，或者之掌文，較著彰明，人主可不防微杜漸，以止其專擅篡竊之萌也？此皆左氏寓意深遠處。卜筮兩語，一簡一繁，而大致相同。"不在此，其在異國"，即有媯育姜之謂也。"非此其身，在其子孫"，即五世八世云云也。筮辭變在四爻，故專就四爻取義。看本卦又看變象，看互體判斷休祥，確有奧理，不得以附會疑之也。若謂五世、八世，僅就桓子、成子決斷，田齊之局，在春秋以後便不能明判，獨不思"莫之與京"及"代陳有國"，此何語耶？《左傳》終篇，及韓、趙、魏喪知氏，在貞定十六年，去田和篡齊尚六十二年，雖未得見，今但據春秋時事爲斷，而田和之篡，早已函蓋于卜筮兩辭中矣。（《便覽》尾）此敘陳完事，前記其有禮，後斷以術數，是兩截格。而上截辭爲卿，辭夜飲；下截卜于妻、筮于少，又是兩對格。其間平側詳略收應之法，亦各各不同，全在細心體認。至坊評有謂有禮是真，術數是陳氏代齊後造以欺人。余意不必苛論到此。蓋此言于文既不切，徒長後生好議論人之心耳。芳輯評。（《日知》尾）諸評備矣，然愚謂左氏當陳氏既大之時，追溯其初其德其卜，歷歷可憑，當有致此非偶之歎，故備言之耳。敘畢萬事亦如此，從此着眼，文趣一新。（高嵣尾）俞桐川曰："因敬仲奔齊，敘出軼事，爲下半部代齊張本，是左氏大血脈。正敘説人事，追敘説天意。詩詞冷逸，辭詞樸直，卜詞雅麗，筮詞奇質。"（《評林》眉）《補注》："成子得政，傳於此見陳氏之始。朱子曰：'陳敬仲、畢萬、季友占筮，皆子孫假託，如後世符命之類。'"劉懷恕："天欲興陳，本國亦可，乃使之齊，何也？豈太公之德至此而衰乎？周史解《易》之辭，燦然有文可觀。"（王系尾）此篇因陳人殺其公子御寇，而詳敘敬仲事。志陳氏盜齊之本也。是部中大結構處。然卜筮之言，何其巧中哉？誠若此，是國家之興廢存亡，其遲速皆有定數，哲后之兢兢無所用，昏庸之泄泄無所害也，豈理也哉？此必陳乞、陳恆造爲欺誕之説，以惑齊人。是以五世八世，若合符契。其爲可信，乃其所可疑也。齊自靈、景後，世棄其民，陳氏從而噢咻之，民方欲其有齊，夫何不信其誣罔？傳之鄰國，耳食者紛紛矣。此是王莽圖讖之祖，左氏録之，雖若浮誇，安知非垂戒後來使無輕信之微意也與？（武億尾）辭爲卿一段，辭夜飲一段，寫敬仲不可及處，兩辭作一鎖。懿氏卜之一段，陳侯筮之一段，寫敬仲不可量處，兩"是謂"字作一鎖。（《學餘》尾）齊桓公之方盛也，敬仲來奔，而嬀育于姜自此始。日中則昃，月盈則蝕，履霜堅冰，其可懼乎？左氏謹而傳之，可謂深於天人之際者矣。（闈生夾）宗堯云："此固明謂陳氏將有齊也，而倒影于敬仲來奔之始，幻甚、妙甚！"

◇莊公二十三年

【經】二十有三年春，公至自齊。（《評林》眉）趙與權："莊公踰年而後反，居喪告朔之禮俱廢矣。"祭叔來聘。（《評林》眉）啖助："私行，假言聘，故不言王使以譏之。"趙與權："祭有祭公、祭伯、祭叔，意者，叔其弟也，猶蔡季、許叔之類。伯，其爵也，公，其官也。"夏，公如齊觀社。（《評林》眉）《增補合注》："墨子云：'燕之社，齊之社稷，宋之桑林，男女之所聚而觀之也。'故公羊氏謂觀社爲觀齊女。得之。"公至自齊。荊人來聘。（《評林》眉）孫復："荊十年敗蔡師于莘，始見於經，十四年入蔡、十六年伐鄭，皆曰荊，此稱人者，以其脩禮來聘，少進之也。"公及齊侯遇於穀。蕭叔朝公。（《評林》眉）張洽："書朝公，以見非其地，蕭之來，魯之受，皆非禮也。"秋，丹桓宮楹。（《評林》眉）高閌："莊公不能爲桓復讎，而反娶其女，以奉祭祀，故丹楹刻桷以示孝，甚矣，莊公之行詐也！夫宗廟之飾，國有彝典，而妄肆奢麗，加於禰宮，亂王制，瀆先君，不恭莫大焉，聖人直書其事，具文見意。"冬十有一月，曹伯射姑卒。十有二月甲寅，公會齊侯盟于扈。

【傳】二十三年夏，公如齊觀社，非禮也。（孫鑛眉）正論質語，然尚覺未暢。（《補義》眉）議昏其隱衷，觀社其名色，結出後嗣，直是頂門一針。（《評林》眉）程端學："諸侯非王事不出境，且諸侯各有其社，舍所事而觀他國之社，已非禮矣，況齊爲讎國，又有新昏之嫌，於此見莊公之棄國政、無君父、壞禮法、忘廉恥、縱遊觀，罪具見矣。"曹劌諫曰："不可。夫禮，所以整民也。故會以訓上下之則，制財用之節；朝以正班爵之義，帥長幼之序；征伐以討其不然。（閭生夾）慶父亂而不能制，無上下之則、長幼之序也。丹楹刻桷，無財用之節也。皆于閑文中見意。"征伐"句則譏其忘齊仇，與《詩》之"以禦亂兮"同意。諸侯有王，王有巡守，以大習之。非是，君不舉矣。君舉必書，書而不法，後嗣何觀？"（孫鑛眉）長卿論巴蜀"衛使者不然"本此。（韓范夾）敵國外患所以懼人君于一時，史官所以懼人君于萬世。人君處巍巍之勢，莫之敢抗，苟無後世之榮辱，鮮不恣睢矣。故潁濱曰："域中三大，吾與史也。"（《分國》尾）劌論兵是名將，論禮是名相。時莊公年三十六矣，受制于母文姜，必娶於母家。而齊女待年未及，二十一年，文姜薨。二十二年，才納幣，時尚未逆也。如齊觀社，何爲乎？或曰："齊蒐軍實，以兵威脅公，欲堅婚約。"夫齊亦何忌於公，必於脅也？公舉動弗謹，自貽伊慼。明年姜氏始至，用幣亂男女之別。其後通于共仲，帷薄不脩，有自來也。齊人諷公，曰："巧趨蹌兮。"其輕儇跳躍可知。（《評林》眉）張半菴："曹劌於長勺之詐戰，甚爲可訾。而觀社之諫，則典禮曉然，深得規諫之體。"按：隱元年傳云："君舉必書。"然則史之策書，皆君命也。（《左繡》眉）一篇正大文字，"禮"字起，"法"字結。中分兩層，前一層就事說，"會"、"朝"分，"征伐"合。後一層就人說，"王"、"侯"分，"君"字合。相承說落，都在賓位中鋪排。只將"不舉"輕輕轉出"不法"，主位收住，通體無一閑字，無一寬調。而承、轉、起、結，不明著一筆呼應，乃又一格也。長勺以來，劌已肉食，而侃侃若此，知免於鄙矣。（美中尾）議婚仇女耳，觀社，其託詞也。言後嗣已隱含先君。（《日知》尾）典懋而道逸。（方宗誠眉）典重簡明，斬截無支蔓。（閭生夾）實譏其有奸不能討，故有"長幼之序"、"征伐以討"云云，非爲觀社而發，皆深文曲致也，若曰："將無以庇其後嗣爾。"

晉桓、莊之族偪，獻公患之。（閩生夾）此篇以申生之死爲主，後附奚齊、卓子，則其必至之效也。**士蔿曰："去富子，則群公子可謀也已。"公曰："爾試其事。"士蔿與群公子謀，譖富子而去之。**（《左繡》眉）只將"去"字、"謀"字一倒，而其事已了，用筆最爲輕捷。此節合後二段，都用輕捷之筆，總見心毒而手辣處。兩"謀"字用筆甚深。蓋與群公子謀者，即所以謀群公子者也，而群公子殊夢夢也，哀哉！（《左傳翼》尾）桓叔莊伯以曲沃篡晉，子孫狃于其習，亦欲效尤。下一"偪"字，見獻公之患與士蔿之謀原出於不得已。但萠惡去太甚，必盡殺之，毋乃忍乎？椒聊之實，蕃衍盈升，一舉而滅之，可哀也哉！富子，獻公之所忌，亦二族之所忌也。因其忌而使其自相攻擊，慢慢展布，則一網可盡。獻公以事委士蔿，已若不知。蓋群公子強盛，急之恐有禍害，故置身局外，此謀之巧者也。《咀華》云："漢唐之末，誅宦官若用此法，何至潰敗不可收拾乎？"（《評林》眉）穆文熙："處公族固自有道，士蔿胡爲此謀？啟獻公不仁者，必此言夫！"《經世鈔》："富者易於有爲，故去之。然富爲人所忌，富者少而貧者多，以多去少，又易爲力也。"陳臥子："用其所親則似信，離其骨肉則黨弱，群公子所以終於見滅。"（王系尾）此篇與二十四年、二十五年，詳敘士蔿之謀，志晉之所以安，亦晉之所以分也。曲沃本以子孫強盛篡其宗，又慮所與篡奪者還而奪我焉，禽獮而草薙之，然後得安。自是之後，遂爲咒詛，不畜群公子，斥遠骨肉，權歸六卿，卒有俱酒家人之禍。亂流鮮終，豈不哀哉！此是部中大結構，而篡奪之徒可以觀矣。

秋，丹桓宮之楹。（《左傳翼》尾）此即晏子告景公"無非事者"意，會朝征伐，國家大典禮所在，諸侯與王非此不舉，何等嚴正。曹子善談兵，又善言禮，豈一劍之士乎？說會朝，必兼征伐言者，以齊因祭社蒐軍實，公往觀之故也。觀社而往，不算朝會，雖蒐軍實亦不算征伐。以事論之，既不合禮。即以人論，彼非天子，不應有王。我非天子，亦不當巡守。于禮又乖，發明"非禮"二字，最爲詳盡。曹劌識議實出衆仲諸人上，而魯不能庸，絕可歎也。去年公如齊納幣矣，而昏議未定，故復以觀社爲名，再往請議。《穀梁》以爲是行爲尸女，蓋盛其車，華其服，炫惑婦人而要其從己，此公隱情也。曹子據理以爭，而不批其隱情，其殆爲公諱歟？讀程子、家氏論，可以爽然矣。

◇莊公二十四年

【經】二十有四年春王三月，刻桓宮桷。（《評林》眉）趙恒："天子諸侯黝堊，而今丹之，非也。天子之桷斵之、礱之，加密石焉。諸侯斵之、礱之，而今刻之，亦非也。丹刻雖天子無其制，此舉蓋不但僭而已，又過之矣。"葬曹莊公。夏，公如齊逆女。秋，公至自齊。（《評林》眉）吳澂："親迎常事，不書。公納幣，越三年而後得親迎，以非常書，故致之以示譏也。"八月丁丑，夫人姜氏入。（《評林》眉）張洽："妻者，齊也。書八月丁丑入，見後公而至之日多也。"戊寅，大夫宗婦覿，用幣。大水。冬，戎侵曹。曹羈出奔陳。赤歸於曹。郭公。（《測義》夾）鄭樵氏曰："《春秋》疑則闕之，如郭公之闕其人之類。"（《評林》眉）孫覺："'郭公'，《春秋》書梁亡，言梁之自亡也。《管子》載郭亡之跡，蓋亦曰郭自亡爾。公與亡字相近，疑經書郭公爲郭亡也。然疑誤之事，聖人闕之，善善惡惡之朔，足以訓後世，且當存之。"張溥："春秋時無郭國，疑即東虢也。"

【傳】二十四年春，刻其桷，皆非禮也。（《左繡》眉）"皆"字併上"丹楹"總斷，觀此益知凡隔年分節之非矣。御孫諫曰："臣聞之：'儉，德之共也；侈，惡之大也。'先君有共德，而君納諸大惡，無乃不可乎！"（文熙眉）汪道昆曰："具品。'章物告慶'句法字法。"穆文熙曰："莊公不能復父之讎，又娶襄公之女，崇飾宗廟，誇示齊姜，故經言丹桓宮楹、刻桓宮桷，言桓宮，所以惡莊公之不子也。"（韓范夾）丹楹刻桷，亂廟制而以不義予父；婦覿用幣，亂贄別而以不義予妻；如齊觀社，亂王典而以不義予己。莊公之於大禮如此。《詩》云："巧趨蹌兮。"末節不足道也。（《左繡》眉）泛講一遍，切説一遍，只須分合順逆，反正相承，而意已足。（《左傳翼》尾）丹楹刻桷，爲哀姜廟見也。盛飾以誇讎人之女，悖禮踰制，惡莫大焉。御孫雖不言其所以，而就一"侈"字，斷以大惡，欲尊夫人而反陷父于大惡，稍有人心者尚忍爲之乎？言不盡意而意味深長，讀者宜熟玩之。（《評林》眉）楊慎："夫人，讎女也，曷爲丹刻以誇示之？御孫之諫，又其小者耳。"孫鑛："其桷，是承上文語。"（王系尾）魯莊惡矣哉，又何愚也？齊，父讎也，死而無知，奚以廟爲？死而有知，而取讎仇之女以奉宗廟，又施非禮于其父以媚其仇，其爲怨恫，可勝言哉？莊不可以爲子矣。御孫之諫，特就其可言者言之而已，若曰："敵怨敵惠，不在後嗣。而文姜之淫惡，夫豈不足爲前車？其又奚慕乎齊女？"

秋，哀姜至。公使宗婦覿，用幣，非禮也。御孫曰："男贄，大者玉帛，小者禽鳥，以章物也。女贄，不過榛、栗、棗、脩，以告虔也。今男女同贄，是無別也。男女之別，國之大節也。而由夫人亂之，無乃不可乎！"（儲欣尾）御孫兩諫俱嚴切，"由夫人"句，毛骨爲悚。（《左繡》眉）經並言大夫，傳單點宗婦，以經意本只重宗婦用幣也，此便是認題之法。整對而有參差，特著"不過"二字，側在宗婦一邊，下只渾論同贄之非，而意自了然矣。妙筆！兩"無乃不可"，是一個人聲口筆墨。（《分國》尾）丹楹刻桷，以展孝思，猶曰可也。窺公之意，不過將逆齊姜，侈美觀以媚讎人，女童心耳。男女同贄，慶父之奸，宜其及也。（《左傳翼》尾）經書"大夫宗婦覿，用幣"，傳單言宗婦者，張氏洽謂："夫人至，大夫見於宗廟，婦見於內，禮也。今竝覿同贄，特書以譏其失男女之別。"是也。大夫固有見小君之禮，見而用〔編者按：下有闕文〕。（《補義》眉）"男女之別"一語橫截，嚴甚。（高塘尾）俞桐川曰："莊公制于文姜，娶齊女以薦宗廟，丹、刻以誇之，用幣以隆之，無人心矣。御孫斥之曰大惡，指之曰無別，而忘彭生之仇，啓慶父之奸，俱在言外。極隱極嚴。"（《評林》眉）胡寧："'大夫、宗婦覿'，譏同見也，故不稱及。'用幣'，譏同贄，故特書用。若大夫不覿，只書宗婦覿足。"《附見》："經并書大夫，傳單點宗婦，經意本只重宗婦用幣也，此便是認體之法。"（王系尾）此篇之義，重在"無別"二字，哀姜之淫，慶父之亂，般、閔之禍，莊實啓之矣。（閩生夾）夫人之惡尚在後文，此逆攝取影而痛斥責之。

晉士蔿又與群公子謀，使殺游氏之二子。士蔿告晉侯曰："可矣。不過二年，君必無患。"（《左繡》眉）此節只是過渡文字，一句承上，一句起下，用筆最簡捷。天下事能除已然，而不能防未然。蓋群公子去，而六卿來矣。作法於涼，何以示後？蓋士蔿用而二五效尤矣。（《補義》眉）汪云："群公子去而六卿來矣。"（《評林》眉）李卓吾："士蔿欲張公室，不能爲君明正國法，乃前譖富子而去之，此又謀殺游氏二子，何其譎也！噫！用小人以去小人，能常靖乎？"《經世鈔》："二游必不富而有强力者，去富子二游之力必多。"（闓生夾）盡誅同族，驪姬所以起禍也。六卿分晉，皆肇於此。"君必無患"二語趣甚。

◇莊公二十五年

【經】二十有五年春，陳侯使女叔來聘。（《評林》眉）李廉："女叔稱字，《穀梁》、啖助、張洽皆以爲敬老而書字，疑非《春秋》之意。"夏五月癸丑，衛侯朔卒。六月辛未，朔，日有食之，鼓、用牲於社。（《評林》眉）孫復："日食三十六，書'鼓用牲'者三：此年六月辛未朔，三十年九月庚午朔，文十五年六月辛丑朔是也。"伯姬歸於杞。秋，大水，鼓、用牲于社、於門。（《評林》眉）胡銓："未聞大水而用牲者，況伐鼓于門乎？書者，非惟惡爲國之非禮，惡其不務脩政事以消患弭災，而爲是區區淫巫瞽史之見也。"冬，公子友如陳。（《評林》眉）啖助："凡公及内卿往他國朝聘，皆書曰'如'。"

【傳】二十五年春，陳女叔來聘，始結陳好也。嘉之，故不名。（《評林》眉）李九我："聘者，常事耳，且女叔至魯，無事可見，何足爲嘉？《穀梁》以爲天子命大夫，故不名，是也。"〖編者按：凌稚隆作啖助語。〗陳氏曰："自入春秋，非姻鄰之國不交聘，於是有伯。諸夏自相爲好，故曰始。"

夏六月辛未，朔，日有食之。鼓，用牲於社，非常也。唯正月之朔，慝未作，日有食之，於是乎用幣於社，伐鼓於朝。

秋，大水。鼓，用牲于社、於門，亦非常也。凡天災，有幣，無牲。非日、月之眚，不鼓。（《分國》尾）鼓以助陽氣也，正陽之月，純陽用事，而陰侵焉，爲不宜耳。諸侯用幣于社，請救於上。公伐鼓於朝，退而自責，以明陰不宜侵陽、臣不宜掩君也。大水次之，牲且不用，何況於鼓？考莊公自慶父主兵，哀姜至後，凡書日食三，大水二，慝作於内，災見於外，不務正宫闈，抑權奸，以弭天變。紛紛然今日用幣，明日伐鼓，巫覡之陋習耳，何救於災異？（《左繡》眉）《補正》以杜注爲非。"非常"者，謂不用幣而用牲，鼓不于朝而於社。是也。又曰："唯正月以下，乃昭十七年季平子之言，此恐誤。"則失之矣。蓋此條合下條，乃兩兩對舉之文。下條有斷語，而此條獨缺，不成章法。又兩段義亦互見，天災有幣無牲，可以止解上條用牲之失。非告不鼓，何以發上條鼓社之非乎？兩"非常"對說，不當作兩解，《注》可商也。"凡"字與上"唯"字作對舉文法。"天災"句併上條在內，見其同。"非告"句，又畫上條在外，見其異。兩對文字，必如此洗發，乃得分明，又得融貫耳。（《左傳翼》尾）不當鼓而鼓，則有責神之意，是爲僭。不當用而用，則有媚神之意，是爲諂。僭與諂皆非也。況古人遇災而懼，內則側身脩行，外則釐政舉事，乃可消患彌變。淫巫瞽史豈足以救大水乎？兩"非常"對說，上言惟此則用，下言非此不鼓，長短參差，却實整齊。而于"大水"中又帶"日月之告"伴說，兩對乃作一串。（《補義》眉）上段言日食鼓用牲之非禮，下段言大水鼓用牲之非禮，俱引禮以明之。（王系尾）二事不相蒙，而失禮同，故合爲一篇，是《史》、《漢》合傳之祖。

晉士蔿使群公子盡殺游氏之族，乃城聚而處之。（《評林》眉）王荊石："晉士蔿此前所謂不出二年，可無患者。"《經世鈔》："着着是使群公子，哀哉！城聚時，必以功賞，不知有多少親愛恩典在。"

冬，晉侯圍聚，盡殺群公子。（《測義》夾）金履祥氏曰："晉自曲沃桓叔、莊伯奪宗，故其子孫亦忌宗族之偪，圍聚而殺之，桓、莊之支無子遺矣，是亦可爲世鑒哉！"（韓范夾）晉侯之欲殺群公子，其謀深且久矣。而已乃以驪姬之亂，至於兄弟爭立，數十年不寧，豈群公子之患哉？齊明帝盡誅齊宗室，而已亦不能保其子，與晉獻同也。（《左繡》眉）兩"盡殺"字，特寫果報與世人看。（美中尾）金仁山曰："曲沃奪宗，至此桓、莊之族無子遺矣，是亦可爲世鑑哉。"彭躬菴曰："晉司馬、宋劉，子孫互相屠戮，亦如是。"何義門曰："獻公之子九人，唯重耳在焉，豈非天道！"（王系尾）此篇合二十三年、二十四年傳讀之，而士蔿之能見矣。始與之謀，僞附之也。譖富子而去之，若假手於公以除其患者，而桓、莊之勢衰矣。既而謀殺游氏之二子，則交益親，計益行，不復假手於公，而桓莊之勢益孤矣。猶與之謀也，至是使盡殺游氏之族，則不復用謀，直以勢使之，而不得不從矣。城聚而處之，圍聚而殺之，若檻羊耳。夫以盤根錯節之患，在心腹腎腸之際，使自驅除，曾不費手，何其巧哉！雖然，士蔿之能則高，士蔿之計則非也。《詩》曰："懷德維宗，宗子維城。"孚之以德，固之以恩，安之以禮，孰非屏翰者？且夫勢族強家，乘間伺隙，是亦有國者之師保也。桓、莊之族盡，而狐裘之賦興，果何益哉？晉奪于曲沃，祀猶未斬。奪于三卿，而叔虞餒矣。士蔿其謂之何？（方宗誠眉）晉獻陰謀詭計以盡殺桓、莊之族，所以子孫後多受禍，不得其死，左氏記此以伏後日之根。

◇莊公二十六年

【經】二十有六年春，公伐戎。（《評林》眉）許翰："隱、桓世有戎盟，至於莊公，戎始變渝，是以有濟西之役，於此伐戎，義已勝矣。"夏，公至自伐戎。曹殺其大夫。（《評林》眉）《增補合注》："罪在專殺，而見殺者是非不論也，故不書姓氏。"秋，公會宋人、齊人伐徐。（《評林》眉）汪克寬："宋先於齊，而公書會，則宋主兵明矣。蓋桓公伯業未盛，亦若伐郳、伐鄭之先宋也。"冬十有二月癸亥朔，日有食之。

【傳】二十六年春，晉士蔿爲大司空。

夏，士蔿城絳，以深其宮。（魏禧尾）魏禧曰："群公子殺富子、游氏，卒自殲於聚，可謂天道。獻公殘毒，禍幾亡國滅宗，報稍輕矣。若士蔿老賊，逢君造此大惡，宜身死嗣絕，不足償罪。而子孫賢明，富貴百年不衰，何以爲天道解也？人猶有憾，余每於此歎息。士蔿、姚廣孝皆無故造大難，世有無間地獄，當萬劫不出。"孔尚典曰："人於至親，稍有疑釁，則讒即從而中之。今有無故使我害其至戚者，此其人必將圖我者也。不嚴拒而痛絶之，即當陰警而豫防矣。"（《分國》尾）剪伐同室，亂亡之本也。漢削七國，幾危社稷。齊誅宗室，不保其子。獻已殘忍，士蔿又不遺餘力，墾伐晉室，人謂二禍實利耳。不知磨厲以須，有先爲之下手者。（《左繡》眉）一筆寫出他高枕無憂勝算來，應前"君必無患"作結束也。筆法簡潔之至，而文情文致特甚濃厚，亦奇矣哉！（《補義》眉）按桓、莊之于故晉酷矣，子孫以爲鑒，而士蔿之智，遂傳爲衣缽。（文淵尾）晉獻公殺群公子，有驪姬之禍；唐太宗殺太子、齊王，有武氏之禍。（《評林》眉）李笠翁："士蔿方得賞即城絳以深其宮，殆亦以己之謀人者自爲防患計歟！"

秋，虢人侵晉。冬，虢人又侵晉。(《左繡》眉）連寫兩筆，遠爲夏陽伏脈矣。

◇莊公二十七年

【經】二十有七年春，公會杞伯姬于洮。(《評林》眉）孫覺："伯姬前年歸杞，會公于洮，三傳皆無淫惡之跡，《春秋》書之，與夫人姜氏會齊侯于禚文同而無異者，蓋婦人無專行之道，傅母不至不下堂，伯姬無事而會公于洮，其犯禮之跡無異也。"夏六月，公會齊侯、宋公、陳侯、鄭伯同盟于幽。(《評林》眉）張洽："再舉同盟之禮以申伯令，而一諸侯之心也。魯、宋、陳、鄭皆至，而衛獨不來，故明年伐衛。"秋，公子友如陳，葬原仲。(《測義》夾）愚按：大夫非君命不越境，況以舊故適他國而葬之乎，《春秋》未有書外大夫葬者，特書葬原仲，以示戒也。冬，杞伯姬來。莒慶來逆叔姬。杞伯來朝。(《評林》眉）何濟川："杞，先代子孫也。方東樓公始封，與微子啟無異，得郊祭而用天子禮樂，入春秋已失公爵，降而曰侯，後稱伯、稱子，都無定限，足知其微弱僻陋。"公會齊侯於城濮。

【傳】二十七年春，公會杞伯姬于洮，非事也。天子非展義不巡守，諸侯非民事不舉，卿非君命不越竟。(《日知》尾）渾然斬然。(《評林》眉）王元美："莊此時嫡嗣猶未定，乃不爲嫡嗣念，而愛女之私是徇，豈明於經國之大體者哉？"

夏，同盟于幽，陳、鄭服也。

秋，公子友如陳，葬原仲，非禮也。原仲，季友之舊也。(《左繡》眉）只論其人，不論其事，而事之是非已見，簡甚輕甚。

冬，杞伯姬來，歸寧也。凡諸侯之女，歸寧曰來，出曰來歸。夫人歸寧曰如某，出曰歸於某。(《左繡》眉）以夫人陪女，又以出陪歸寧，明整之筆。(《左傳翼》尾）此亦兩兩對舉文法，上以公會爲言，見公之不宜會也。下以姬來爲言，見姬之不宜來也。方與公會，而冬又來，公不能制之以禮，爲不父。姬不能安於杞，爲不婦。杞伯聽其出入往來無度，爲不夫，蓋參譏之也。上以天子與卿作陪，賓在兩頭，主藏于中，文法用三疊。下以夫人陪女，以出陪歸寧，主在前，賓在後，文法用兩疊，又成四疊，整齊之極，參差之極。（《評林》眉）《補注》："出曰來歸，言凡諸侯之女，傳見列國史例，父母不在而假歸寧之禮以來者，亦以歸寧之例書之也。無文以見義，非謂當來。趙氏、陳氏駁之，皆過。"

晉侯將伐虢，（《補義》眉）從虢公一驕字看出棄民，從棄民看出無眾，下面便可直接"亟戰將饑"意，卻推進一層，以禮樂慈愛頓住，又言民被化而後可用，是不饑猶難輕用，況用饑民，安得不亡？更醒更透。（闡生夾）此篇以晉之啓土爲主，重在"親以寵偪"三句。虞、虢無罪，以見侵欺於強大而滅，文若責之者，皆詭詞也。宗堯按："此篇以虢取滅亡爲主，以虞附之。"士蒍曰："不可，虢公驕，若驟得勝於我，必棄其民。無眾而後伐之，欲禦我，誰與？夫禮樂慈愛，戰所畜也。夫民，讓事、樂和、愛親、哀喪，而後可用也。虢弗畜也，亟戰，將饑。"（鍾惺眉）二句深，"畜"字尤可思，古人慎戰如此。（韓范夾）以小國勝大國，天下至危之事也。而不思撫眾，反恃武功，安得不亡？蘇端明《封事》所謂："不勝則變速而禍小，勝則變遲而禍大也。"（魏禧尾）彭士望曰："蒍能知此理，爲此言，而行極慘刻不仁，非背馳也。惟將禮樂慈愛皆看做作用權術，以求濟其不仁之事耳，古今自有此一派學問。"（《分國》尾）善戰者，必日畜精兵，畜利器、糗糧。蒍曰："禮樂慈愛，戰所畜也。"得戰之本矣。楚申叔時之論亦然。（《左繡》眉）第一層論虢已透，下又申說，用兩"夫"字起調，作開宕之筆，乃是諷晉獻先治己後治人之意。"可"、"不可"，兩"而後"，正相映處，卻仍以"虢弗畜也"收住，便無痕跡，用筆最爲深穩也。不曰"亟戰將亡"，而曰"將饑"，乃是又轉出一層，與"禦戎"、"誰與"不復，此另一應法。（《左傳翼》尾）王者以善服人，惟恐人棄其民。伯者以力服人，惟恐人不棄其民。晉人恐江南更立令主，正此意也。只一"驕"字，便看出棄民無眾根原來，全是陰符作用，禮樂慈愛爲戰所當畜，與曹劌"忠之屬也，可以一戰"相似，此爲有本之言。"亟戰將饑"，武侯猶犯此病，況姜維乎？佳兵不祥，黷武者所宜三復此言也。（《日知》尾）此《越絕》之嚆矢也，雄峭亦與相匹，而渾雅較過。（《評林》眉）《附見》："孔氏謂國君教民，民間有此四者，畜聚此事，然後可與人戰，故云戰所畜也。"《經世鈔》："老賊又講道學，卻說得妙，仍與殺群公子一個機械。"（王系尾）士蔿論戰，則探本窮源。用謀，則處女脫兔。而大主腦只在一個"驕"字。蓋先看破敵之為人，而制敵之書因之而生矣。故覺紙上塵言，皆是靈機活械。（鬭生夾）先記謀略，于文章則逆提之妙也。

王使召伯廖賜齊侯命，且請伐衛，以其立子頹也。（《左繡》眉）何其遲也？晉文勤王而後錫命，齊桓賜命而後伐衛，此等處，真覺後來居上。

◇莊公二十八年

【經】二十有八年春，王三月甲寅，齊人伐衛。衛人及齊人戰，衛人敗績。（《評林》眉）《傳說彙纂》："程子謂管仲以制用兵，未嘗輕用大眾，胡傳因之，故於齊桓征伐，皆主將卑師少之說，而以書人為非貶。此年伐衛之役，以衛及齊戰，專責衛，洵為定論。然《左傳》載齊桓受賂而還，則亦不得為伯討矣。故先儒有兼罪齊、衛者，並存之。"夏四月丁未，邾子瑣卒。秋，荊伐鄭。公會齊人、宋人救鄭。（《測義》夾）程子曰："救鄭，制楚之始，蓋天下大勢所在。"冬，築郿。大無麥、禾，臧孫辰告糴于齊。（《評林》眉）張洽："冬雖用民力之時，而下書'大無麥禾'，則'築郿'之不時可知矣。"趙匡："譏臧孫為政無蓄也，故以自行為文。"又曰："《穀梁》云：'諸侯無粟，諸侯相歸粟，正也。告然後與之，言內之無外交也。'此若不告，彼何由知之？"郭登："臧孫不稱使，若自行者，所以著莊公無意於民也。觀其築郿、新延廄、城諸及防，牽連而書，其義可見。"

【傳】二十八年春，齊侯伐衛。戰，敗衛師。數之以王命，取賂而還。（《測義》夾）愚按：去年城濮之會，衛獨不至，故桓公乘王討立子頹之命而伐之，得尊王之義矣。然既敗衛，乃取賂而還，則桓公興師以圖霸也，而規規為利若此，譎亦甚矣，尚何以糾合諸侯稱伯主哉？而仲尼又何以稱其正也？說者謂未可盡信。呂祖謙氏曰："管仲在，而齊侯不以王命為重，取賂而還，則桓公之所為，管仲有不能盡致力者，於此事可見矣。"（《左繡》眉）"王命"、"取賂"連寫妙，"王命"適為"取賂"地耳。齊桓霸業，甚不足觀，當時何赫赫也？（美中尾）高息齋曰：“衛助子頹篡王，齊不奔救。及鄭伯既納王，王錫齊侯命使討之，乃取賂而還。嗟夫！齊桓以能尊王室霸諸侯，而所爲乃若是！”（《評林》眉）王元美：“桓將王命以伐衛，是得討罪之正矣，而取賂而還，何桓之以義始，以利終哉？豈管仲其時曾無一諫耶？此桓之所爲止於伯也。”（王系尾）此篇敘齊桓之勤王，何其陋哉。桓之稱霸十餘年矣，子頹之亂，若罔聞知。奉命討衛，乃取賂而還。是其卑污苟賤，莫與爲比。而孔子許其一匡，則攘夷之功大也。攘夷見後，然即今此一事觀之，可知其霸業之不終矣。

晉獻公娶于賈，無子。（《淵鑒》眉）觀獻公之行事，雖非驪姬、二五，亦無不亂之理，此人事，亦天道也。臣德宜曰：“讒譖之入，必探君之情而曲中之，二五之言甘而易悅，潛移國本，此《小雅‧巷伯》所爲絕痛也。”（《左繡》眉）此篇敘晉立奚齊緣起，以驪姬爲主，二五爲輔，故中間特用兩筆提明。凡二五兩番慫恿，皆以“使”字貫下，並晉侯之使，亦隱隱都寫在驪姬甲裏。至末一氣趕出“二五卒與驪姬譖群公子，而立奚齊”，譬如高峯墜石，筆力千鈞。末句非結二五，正結驪姬，見此禍之爲此人用也，而蘊藉無窮矣。**烝于齊姜，生秦穆夫人及大子申生。**（《評林》眉）彭士望：“烝於齊姜，凡烝生之子多不克終，衛、晉其證。”又曰：“獻三娶皆同姓。”**又娶二女於戎，大戎狐姬生重耳，小戎子生夷吾。**（孫琮旁）以上帶敘。**晉伐驪戎，驪戎男女以驪姬。歸，生奚齊。**（孫琮旁）此方正敘。**其娣生卓子。**（《彙鈔》眉）歷歷敘次，詳盡而無滲漏，思力俱到。**驪姬嬖，欲立其子，賂外嬖梁五與東關嬖五，**（鍾惺眉）二五如今人稱行也，蓋狎昵小人之稱。（《補義》眉）“驪姬欲立其子”，一篇之主。**使言於公曰：“曲沃，君之宗也。蒲與二屈，君之疆也，不可以無主。宗邑無主，則民不威，疆埸無主，則啓戎心。戎之生心，民慢其政，國之患也。**（韓范夾）其慮甚長，其言自正。娓娓出之，能不令人主動聽乎？小人可畏如此。（《文歸》眉）胡揆曰：“戎啓、民慢，理勢相因，千古一轍，無此說得簡快。”**若使大子主曲沃，而重耳、夷吾主蒲與屈，則可以威民而懼戎，且旌君伐。”使俱曰：“狄之廣莫，于晉爲都。晉之啓土，不亦宜乎？”**（鍾惺眉）女子、小人，偏有此一副遠謨正論，故曰“利口覆邦”。“民慢其政”四字，非管、商不能道。（韓范夾）爲歌詞以結之，神志搖軼，如龍翔而振尾。（《文歸》眉）陳溪子曰："使俱曰'，杜注作：'使二五合言以對。'殊少快。"胡撰曰："'使俱曰'以下，說得柔脆，是嬖人語氣。"（《評林》眉）張天如："驪姬以非出太子、重耳、夷吾於外，則奚齊將不得立，故其使二五進言如此。"王元美："晉侯即聽二五，而分居諸子，疑必驪姬於內又陰爲之地。"丘維屏："看'使'字，則其說本驪姬語也。其言大中機宜，有權制，當使英主動心，其長舌如此。"《經世鈔》："從來內寵外嬖，未有不相比而亂國者。"穆文熙："'使俱曰'云云，即承上言。君伐既章，使四鄰諸侯皆曰：'狄人曠絕之地，今皆爲晉都邑。則晉辟土之功，莫宜於此。'杜注以爲公意未決，復使說之，上下文意殊不相承。"邱維屏："杜注：'廣莫，狄地之曠絕，即謂蒲、屈。'非也。蒲、屈皆晉邑，何得言狄地？凌氏以爲：'俱曰爲使人皆曰。'最是也。蓋此語緊接'旌君伐'句，俱曰者，即人皆旌君，作如此語也。言若使三公子分主三邑，則雖狄地之廣莫，皆爲晉都，晉爲啓土矣，故晉侯說之。"（《學餘》眉）如此侈說，乃說從之，是謂心術不正。**晉侯說之。夏，使大子居曲沃，重耳居蒲城，夷吾居屈。羣公子皆鄙，唯二姬之子在絳。二五卒與驪姬譖羣公子而立奚齊，**（孫琢旁）忽又帶敍後事，文勢周密。（《補義》眉）汪云："'羣公子皆鄙'是一筆跌落，'唯'字更精神。末結二五，正結驪姬。"**晉人謂之二五耦。**（文熙眉）汪道昆曰："議論能品，'蒲與二屈'以下章法，'啓戎心'句法。"穆文熙曰："以驪姬之愛幸，而其譖猶借二五爲之。蓋言不由己，則可從中贊之，獻公自不得不從耳。《國語》又有優施通于姬，其人愈下，其謀愈深，何其謀之多乎！"（《文歸》尾）計似淺陋，獻公非不能察，同出嬖口，公心溺耳。內嬖、外嬖協謀相傾，豈復有智主哉？豈復能深計哉？爻一。（《快評》尾）此志晉亂之始。後文千溪萬壑，皆從此發源。將晉獻公子女總敍一通，猶衣之有領，網之有綱矣。公嬖驪姬，嬖其色耳，初亦未嘗欲立其子也。乃姬承公之嬖，便思立其子。人情莫不欲其子貴也，無間可乘，斯亦已耳。驪姬欲立其子，非殺太子及羣公子不可。欲殺太子及羣公子，非間之使遠不可。間之使遠，姬不可自言，非外人言之于公不可。外人言之，非嬖於公者不可。公嬖驪姬之色，二嬖復喜驪姬之賂，於是獻公之前無復太子及羣公子之跡矣。他日死亡相繼，皆公之嬖爲之也。嗟乎！後世之讀斯文者，誰不知歸罪獻公？然尤而效之者，踵相繼也。從來富貴中人，晚年多蹈此弊，禍亂之萌，半由於此。是以君子寡欲以養其心，固所以爲天下國家也。從來小人之蠱惑其君，其言未有不入理可聽者。蓋天下之甚圓，只要人有口才，反覆縱橫，皆可以成文章。使非燭理明而見事透，鮮有不爲之動搖者。如二五之說獻公，何其言之入理可聽也如是夫。（王源尾）文不過説理與敍事。吁，文有何奇？説得理出，便是奇文。序得事出，便是奇文，所謂辭達而已也。雖然，達易言哉？理則天人事物，隱顯高深，無一之不達。事則治亂、賢奸、話言、情狀，無一之不達。固非夫人之能事。然則蘇氏謂能達則文不可勝用，非達爲文章之要道乎？此篇亦直序之文，無他奇巧，妙處只是能達驪姬之情狀而已。獻公一世奸雄，非昏庸者比，何至爲一婦人，自戕其骨肉，自毀其國家？及觀左氏所序，乃知獻公不得〔編者按：此疑脱一"不"字〕入其彀中，雖死不能悟者，蓋以姬之機深而用微，陽忠而陰賊，假手於人而幾微不自露其跡也。夫申生既孝，且早位東宮，爲人心所屬。重耳、夷吾俱長，重耳又賢而得士。姬雖寵，欲奪之而立其子，不亦難乎？於是私計以爲，將欲除之，必先讒之。將欲讒之，必先疏之。將欲疏之，必先親之。乃托爲威民懼戎之謀，既所以安國家而重三子，更加以廣莫啓土之説，又所以中其欲而説其心。且其言乃使二五進之於外，一字不出之於中。斯時不但獻公不知爲姬之謀，即三子、群臣亦未必知爲姬之謀也。不但獻公不知爲姬之奸，即三子、群臣亦未必知爲姬之奸也。無跡無形，無聲無色，得不茫茫然入其彀中乎？一入其彀中，則弄獻公如嬰兒，除三子如草芥，應手而解，不爲難矣。嗚呼！婦人之奸，至驪姬止矣。後世唯武氏可與並驅，餘俱不能及矣。然非左氏妙手，不能達之如此。有國有家者，可不熟讀斯文，以察婦人之情狀有如此，而辨之不可以不早乎？通篇卓鍊緊潔，無一字之靡、一詞之費。當觀其筆力堅厚處，而一結更爲人所不能及。（孫琮旁）結有奇趣。（孫琮總評）自古讒邪構人天倫，禍人家國，必有一番真精神、大議論，使人入其中而不覺，非無才無識所能與也。看二五謀立奚齊處，何等深心，何等遠算！蓋晉獻雖嬖驪姬，然亦頗有雄略。惟説以固邦本、安邊境，而以群公子主其事，此如後世親王出鎮一般，初無半字及于建儲，而儲嗣之易，藏機固已極其深，而種禍固已極其毒矣。爲術之險而工，當推爲讒邪第一。（《彙鈔》眉）讒慝之人所言，必當情理，足蔽君聽。二五與伊戾可□一人，若輩舌鋒腹劍，□甚可畏哉！（魏禧尾）魏禧曰："二五之讒，語語妙有理勢，妙無形跡，使讀者亦欲俯首聽之矣。又不可執此疑人，便廢却多少嘉謀也。秦知鄭國之間，而卒用其策，最爲高見。然群公子皆鄙，惟二姬之子在絳，便是昏主行徑，不必到後面聽讒時矣。"孔尚典曰："凡讒說之行，最爲近理。夫國家重地，誠不可無親人守之，且令生長深宫者出總外地，習知軍政、民情、土俗，此亦高宗舊勞於外之意也。一旦國內有變，群公子猶得起靖其難，或爲他人所滅，亦得據一城以圖興復。若北宋宗室聚居京師，金人破汴，舉宗盡滅，非高宗天幸在外，宋其斬矣。然則二五之讒謀，孰非爲國之至計哉？獨是太子國本，不宜遠出，而竟無一人諫者，可見晉廷無人矣。"（《分國》尾）國家禍亂，未有不由於內外交構者。晉獻嬖驪姬，又有外嬖、東關嬖之二五，此交構之由也。內嬖無外嬖，奸不行；外嬖無內嬖，謀不固。內外之嬖合，而君心蠱，國本搖矣。傳中前則"使言於公"，驪姬使之。後則"使俱曰"，驪姬使之。實皆公使之也。嗚呼！二五爲耦，群公子去矣。爲人君者，慎所嬖哉！以此防民。後世又有嬖張良娣、李輔國，譖殺建寧王倓者。（《左繡》眉）前"賂"字從主轉出輔，後"卒與"從輔抱到主，一順一逆，章法如環。通篇大旨，有開手第一筆即與提出者，有第二筆方與提出者，如此文要寫驪姬欲立其子，卻須先與說明來歷，蓋正敘之前有原敘也。看其筆筆爲後文伏案處，真有輕雲籠月之奇。後文說群公子、二姬之子，許多"子"字，卻先着"無子"一筆，最是行文襯托妙法。前路平寫五個"生"字，中間頻頻寫三個"無主"，兩個"主"字，又三個"居"字。太子申生、重耳、夷吾說上兩遍，又總一筆群公子，末後單結一筆"二姬之子在絳"，是爲畫龍點睛。起將數人散散敘置，此處一併結束，後來大家，不出此法。敘事以繁縟爲工，斷語卻只三字，又出自旁觀輕薄之口，奇妙極矣。（《左傳翼》尾）從來讒賊之口，必置身局外，而後其言得入。如宋棄之殺子痤，授計于伊戾；驪姬之去三子，假手於二五是也。然平公昏庸，易於聳動，故借楚客之享，用坎加牲，不煩言而痤死。獻公英睿，難以驟入，非漸次疏遠，則三子豈能一網打盡？驪姬國內豈無心腹，遽使進言，必啓公疑，故用外臣之謀。知其好大喜功，以擴土開疆爲辭，公但知爲讜論忠言，而不知實爲含沙射影也。獻公爲申生去富子，殺游氏二子及其族，又盡殺群公子，似乎難以離間。然既不有於公族，何有于諸子？蓋天下未有不孝不友而能慈者。明皇長枕大被，諸子尚且冤死，況獻公乎？使其壽命再生嬖孽，則奚齊、卓子又不保矣。嗚呼！爲子孫而殺兄弟，必至爲子孫而殺子孫，不仁之禍，一至於此，可不戒哉！使太子主曲沃，二子主蒲、屈，人知姬爲其子謀安全，不知三公子多徒，後此作亂，實胎於此。蓋大都耦國，與並后、二政、匹嫡之禍，不相上下。三子既主曲沃、蒲、屈，可以威民懼戎，所以實繁有徒。而奚齊、卓子孤立無黨，獻公死，里克殺二子毫無顧忌，非其徒衆多之故乎？觀重耳"保君父之命，而享其生祿，於是乎得人"數語，則知徒黨衆多皆驪姬此舉爲之。禍福相依，誠不可測。天道好還，洵可畏哉！（《日知》尾）出羣公子，乃可用讒，此本意也。前用反振，後用縉染，文情文勢，遂鼓舞不盡。（高嵣尾）俞桐川曰："利口覆邦，哲婦傾城，晉獻兼而有之。左右內外，交通蠱惑。女子、小人之情狀，可謂盡態極妍矣。此篇爲晉立奚齊緣起，以驪姬之嬖爲主。言出二五，而所主者驪姬。黜及三子，而所重者儲廢，爲後諸篇之綱領。"閔元年，使太子申生將下軍，二年使申生伐東山，僖四年殺太子申生，五、六年重耳、夷吾出奔，並此共五篇，須連看。（王系尾）此篇敘晉亂之始也。桓、莊滅而晉以安，驪姬嬖而晉以亂，惡人其奚利之有？獻公之子九人，自相屠戮，至魯僖時，獨重耳在，天之所以報晉獻也。圍聚而殺之，椒聊之實，不遺一掬，天之所以報桓、莊也。夫天豈屑屑然計所施而報之哉？殺人手滑，習爲常事，傳爲家法，未有不自弒於骨肉者也。事理之常，故曰天耳。（方宗誠眉）前篇記晉獻與士蔿謀去桓、莊之族，此篇記驪姬與二五謀去太子及羣公子，天理昭彰，而文法亦前後照應。（《學餘》尾）獻公淫嬖於內，強暴於鄰，殘賊于兄弟，有杕之杜，其能昌乎？二五之耦，獻公實耦之。夫何尤于驪姬？申生之賢，重耳之才識，其猶能存晉國者，豈非唐叔、文侯之遺澤耶？（《菁華》尾）急子、申生，孝行相同，而其母則皆失節之婦，可怪。"驪姬嬖，欲立其子"，是一篇之綱，以下二五獻謀，及晉侯聽用邪說，皆由此生出。在春秋之初，晉獻公亦一雄略之主，其日夜淬勵，思遂開疆拓土之計者，久爲其下所窺，故二五得投其所欲而說之。其言娓娓可聽，無怪聽者入其彀中，而不暇求其用意所在。小人之可畏，如是如是！（閩生夾）事前總挈之筆，長篇如此，便不散漫。

楚令尹子元欲蠱文夫人，爲館于其宮側，而振萬焉。（《補義》眉）此傳諸侯救鄭，子元欲服鄭有功，遂有息嬀耳。師及逵市，唾手可得，鄭人粧點原出不得已，而子元若與其心事暗觸，故驚疑而不進，首一句乃不落空。又著"將奔桐邱"句，將上面"爲斾"、"爲殿"兩番入門俱分外精神，而諸侯救兵自主客看去，遂若從天而下。(《評林》眉)楊慎："子元之蠱文夫人，罪不容貸。然一聞尋讎之説，翻然知悔，亦有俠士感慨之氣。"繼按：子元伐鄭，爲悦夫人，而終處王宫，焉得謂有俠士感慨之氣？《品字箋》："蘇軾曰：'器久不用而蟲生，謂之蠱。人久宴溺而疾生，謂之蠱。'"(閩生夾)連上文讀之，見一代梟雄身後衰壞如此。夫人聞之，泣曰："先君以是舞也，習戎備也。今令尹不尋諸仇讎，而於未亡人之側，不亦異乎！"(鍾惺眉)息嬀有至性，有高識，只歉息侯一死。死之難也，李陵之降虜也，楊雄之莽大夫也，息嬀哉！御人以告子元。子元曰："婦人不忘襲讎，我反忘之！"

秋，子元以車六百乘伐鄭，入於桔柣之門。子元、鬬御彊、鬬梧、耿之不比爲旃，鬬班、王孫游、王孫喜殿。衆車入自純門，及逵市。縣門不發，楚言而出。(《評林》眉)陳卧子："'縣門不發，楚言而出'，鄭人蓋能矯情鎮物，令敵莫測其虛實也。"《翼》："兵入郭門，及通市矣，而吊橋不徹，且做楚言，示閒暇也。縣門即今内城吊橋也。"《附見》："楚言，未審其何言，想見一時絶倒。"子元曰："鄭有人焉。"諸侯救鄭，楚師夜遁。鄭人將奔桐丘，諜告曰："楚幕有烏。"乃止。(文熙眉)穆文熙曰："文夫人既令楚王殺蔡侯，以雪夫恨。而又拒子元振萬，使尋仇讎，可謂奇甚。子元奮然伐鄭，似見悔悟，乃復處王宫，圖遂宣淫，其爲鬬班所殺，宜矣！"(韓范夾)子元之爲此舉也，苟悦婦人而已，故草草旋師。以兵戈爲狐媚，何其謬也！(《快評》尾)此爲荆人伐鄭之始，後來荆、鄭浴血百戰，而其始乃由於此。令尹振萬以蠱夫人，作意造想，可惡可恨，喪心極矣。乃夫人慷慨一泣，不惟令尹狂念瓦解冰消，亦且羞慚無地。其自責忘讎之言，乃是羞極故作壯語，以泯其狂淫之跡也。於是大陳師旅，深入敵境。鄭人縣門不發，楚言而出，不是胸有成竹，乃驚懼之極，故爲暇整以蠱楚人耳。詎知令尹本無伐鄭之志，只要有辭以謝荆人斯已矣。諸侯之師一起，令尹乘此宵遁。鄭人欲奔桐丘，則前之縣門、楚言，其情可見。而楚幕有烏，劍去久矣。(《彙鈔》眉)勉强出師，聊以解嘲。其意專在速歸蠱文夫人耳。至無功而還，身陷大戮，天道罰淫，信不爽也。(《左繡》眉)此傳荆伐鄭、諸侯救鄭事，卻從子元猥褻敘入。篇中寫得伐不成伐，救不成救，並被兵者亦忽暇忽擾，大家草草，而其故只在起手一行也，妙哉！以子元爲主，寫他乘興而來，興盡而返，遊戲三昧，全是心頭有事，真入神之筆。"蠱"字下得奇，物必先腐也，而後蠱生之，盡蠱字之義。鄭人趣甚，然只是大家遊戲耳。輕敘有法。不必記其何言，想見一時絕倒。"楚幕有烏，乃止"，此不是結鄭，正是從鄭一邊，照出子元歸心如箭也。似此寫蠱字，全在無字句處。讓後人何從臨摹？（《左傳翼》尾）振萬習戎，不過以此絕子元耳，非真欲其尋諸仇讎也。子元誤認，猶欲逢其所欲以悅之，伐鄭之舉，乘興而來，興盡而返，草草了局，可知子元心頭原有一蠱障塞也。以泰山壓卵之勢，竟成棄甲曳兵之形，描寫鄭人全爲子元添毫，真是寫生神手。（《日知》尾）振萬，蠱也。伐鄭，亦蠱也。縣門楚言，諜告幕烏，皆對面縅染其蠱也。愚每言左氏無序事，其序事處，皆于主筆回環向背，猶羣山萬壑赴荊山之勢，讀馮評，歎其先得我心。（《評林》眉）李笠翁："師之所止，其幕無烏，此諜善識兵事者。師曠曰：'烏鳥之聲樂，齊師其遁。'亦得此意。"（王系尾）此篇是荊伐鄭，公會齊人、宋人救鄭傳。罪在子元，不待言矣。而其情事之癡，文筆之妙，最堪尋味。子元振萬以蠱夫人，夫人豈不知之，乃以是爲習戎備之舞，不應在未亡人之側，閑閑托開，是知而不知，不知而知也。夫人有意無意，全無捉摸。子元遂借其仇讎之言，欲立威於外，以媚夫人而行其蠱。是不知而知，知而不知也。車六百乘入純門，及逵市，不過虛張聲勢，非有戰情。縣門不發，楚言而出，若深知其不足畏者。然鄭實無備，計乃無聊，謬示閒暇耳。其對針處，卻不對針。鄭方欲棄城而奔，子元以爲有人，脫然宵遁，闇懦極矣。然楚師既無敵愾之心，諸侯復有救鄭之舉，不對針處，卻又對針。蓋敘事之法，有以分明爲分明者，有以不分明爲分明者。其事本不分明，曲曲寫來，使人瞭然。見其不分明之狀，乃所以爲大分明也。安得不歎絕於斯文！

　　冬，饑。臧孫辰告糴于齊，禮也。

　　築郿，非都也。凡邑，有宗廟先君之主曰都，無曰邑。邑曰築，都曰城。（《左繡》眉）只三四語，而賓主順逆有法。（《評林》眉）陳傅良："都曰城，大夫不敢祖諸侯，都城無宗廟之制，今不取。"今案：《春秋》書城多矣，豈皆有宗廟？杜氏欲通之於《周禮》，尤非。左氏惟不見《周官》，故妄發此例耳。

◇莊公二十九年

【經】二十有九年春，新延廄。(《評林》眉)按：王保曰："養馬欲其富，故馬廄謂之延，延長也。猶庫藏欲其有餘，而謂之長府也。"又，孔疏云："延之義不可知。"《穀梁》云："延廄，法廄也。"未知孰是。夏，鄭人侵許。秋，有蜚。(《評林》眉)《傳說彙纂》："《春秋》災異並書，蜚之為物，魯本無而今有之，則異也。能食稻花，使稻不蕃，則災也。若劉敞所謂一目而虯尾者，則《山海經》所載，姑並存之。"冬十有二月，紀叔姬卒。(《評林》眉)《傳說彙纂》："叔姬書卒，皆以為賢其守節，此不易之論也。胡傳獨以為卒叔姬者，見紀侯之異於太王，則非《春秋》之旨矣。"城諸及防。

【傳】二十九年春，新作延廄。書，不時也。凡馬，日中而出，日中而入。(《左繡》眉)簡老。以兩"日中"解時字，為後人換意不換字法。(美中尾)馬政，有國者所必講也。然去冬大無麥禾，則憂民之不暇，安問馬？勸耕之不暇，安事廄？冬築郿，春復新延廄，厲民甚矣。後世有寓賑於工者如之何？曰："聚失業之人而傭之，使無轉徙可也。"此則力役征於民，烏乎同？恭錄《春秋直解》。(《評林》眉)王陽明："禮，兇年馬不食穀，馳道不修。去冬大無麥禾，而今春新延廄，廄有肥馬，民有饑色矣。其時若告糴之臧孫，何曾無一諫耶？"〖編者按：凌稚隆作王葆語。〗《補注》："若新作，但當云作延廄，不當云新也。馬雖出入有時，廄何妨農隙修之？

夏，鄭人侵許。凡師，有鐘鼓曰伐，無曰侵，輕曰襲。(《左繡》眉)以"輕"解"襲"，不惟明其義，兼寫其神矣。(《評林》眉)《補注》："夏，鄭人侵許，《晉語》趙宣子曰：'伐備鐘鼓，聲其罪也。襲侵無聲，為暬事也。'傳例蓋本此，但左氏語意未備。"

秋，有蜚，為災也。凡物，不為災，不書。

冬十二月，城諸及防，書，時也。凡土功，龍見而畢務，戒事也。火見而致用，水昏正而栽，日至而畢。(《分國》尾)畢務，農務畢也。日至而畢，板築之功畢也。以"時"字括之。(《左繡》眉)四句平說，以首句獨變為法。四節事不類，而皆以發凡起例，亦筆墨一時氣類也。(《左傳翼》尾) 築城以扞牧圉，與臺觀不同。農畢興事，故左氏以為時，《穀梁》亦謂可城，此特拘于常例農隙之時耳。魯連年饑饉，莊公輕用民力。前年冬築郿，今年春新延廄，此又連城二邑。雖興築以時，而究與非時者等。楊氏以為："失土功之時者責之深，得土功之節者責之淺，凡城之志，皆譏。"是也。(高崶尾) 落落數語，重農事，惜民力，成土功，源流具備。儲同人曰："左氏數典短篇，輒成大文。"(《評林》眉) 張半菴："大較天道亦與人事相應，故土功一以秋冬節候為度。"《旁注》："戒事謂使民豫警戒起土功之在近。"(王系尾) 以上五篇，皆因事以發通例，故皆用"凡"字。

樊皮叛王。

◇莊公三十年

【經】三十年春王正月。夏，次於成。(《評林》眉) 趙匡："魯蓋欲會齊圍鄣，至成待命，聞鄣已降，不復行爾。"秋七月，齊人降鄣。(《評林》眉) 孫復："案：八年，師及齊師圍郕，郕降于齊師，先言圍而後言降，此直書齊人降鄣者，惡齊強脅，且見鄣微弱不能伉齊之甚也。"八月癸亥，葬紀叔姬。(《評林》眉) 孫覺："叔姬之卒，又錄其葬，以為於喪滅之中能以節義自守，故嘉之也。"九月庚午朔，日有食之，鼓、用牲於社。冬，公及齊侯遇于魯濟。(《評林》眉) 張洽："簡禮以議軍旅之事，所謂定其交而後求者歟！"齊人伐山戎。(《評林》眉) 王荊石："以明年齊侯來獻戎捷觀之，知此稱人者，齊侯也，桓不務德而勤兵遠伐，特貶稱人。"

【傳】三十年春，王命虢公討樊皮。夏四月丙辰，虢公入樊，執樊仲皮，歸於京師。(王系尾) 虢公此舉，豈不賢于齊桓之伐衛萬萬哉？而卒亡其國，何也？則甚矣驕之害大也。勝晉而驕，猶棄其民。有此堂堂正正之功，其棄民又當何如哉？合前後觀之，可以見傳者垂戒之深意矣。

楚公子元歸自伐鄭，而處王宮，鬬射師諫，則執而梏之。(《評林》眉) 孫鑛："處王宮，蓋亦既烝息媯。"

秋，申公鬬班殺子元，鬬穀於菟為令尹，自毀其家，以紓楚國之難。(韓范夾)凡國家多難之世，若無賢相，不能定也。宋有李綱，乃成朝廷；楚有子文，乃成伯國耳。(《分國》尾)子元胸中有一息媯，伐鄭聊塞責耳。獨是一息媯也，滅息死息侯，兩伐蔡，死楚子，亡堵敖，殺子元，何不祥至是？當時肯爲息侯一死，諸兇皆可禳矣。雖然，不共楚王言，聞振萬而泣，其情亦可憐哉！(《左繡》眉)此公出手便奇人。虛寫法，言簡而意該。(美中尾)黃懋容曰："鄭近王畿，楚伐而齊救之，不惟得恤鄰之義，崇獎王室，實藉此舉。"程子曰："齊霸主，魯望國，宋王者之後，同救鄭以攘荊，天下大勢可觀矣。"汪環谷曰："經書'救'者二十三，而桓居其五，五霸桓公爲盛，有以哉！"(《左傳翼》尾)子元不死，子文不興，毀家紓難，視館宮振萬者，何啻天懸地絕？初政便自如此，宜楚之駸駸日盛也。(高塘尾)此傳全爲子文代政緣起，歸結在末二句。前寫子元欲蠱夫人，以致取死，正以托起子文也。楚兵威極盛，卻是要遁。鄭應敵極暇，卻是要奔。兩邊寫來，亦絕有情致。(《評林》眉)《評苑》："自減損其家財，紓，緩也，傳言令尹子文忠也。"(武億尾)此傳伐鄭、救鄭事，卻從子元猥褻敘入，篇中寫得伐不成伐，救不成救，並被兵者亦忽暇忽擾，大家草草，而其故只在起手一行，妙妙！(王系尾)此篇了結子元，引起子文，是過峽文字。子文執政垂三十年，至僖二十三年以授子玉。其得政也，以紓楚難。其授政也，以靖楚國，楚之所以益強也。(方宗誠眉)楚自子元爲政而愈強，故於其始爲令尹而敘其賢，以伏後日之根。

冬，遇于魯濟，謀山戎也，以其病燕故也。(美中尾)何義門曰："二十年，經書'齊人伐戎'，至是書'齊人伐山戎'，明年書'齊侯來獻捷'，蓋經營十年，始成斬孤竹、刺令支之績，書'齊人'者，偉其伐也。"(《評林》眉)陳大士："齊之伐山戎，無從諸侯者，蓋以道險遠，不欲煩諸侯，此正管子節制之兵。"(闇生夾)敘桓公九合諸侯皆用簡括之筆以爲章法，實亦寓輕忽之意，以其無可詳紀也。凡於經文下加訓釋，大率皆經師所爲，獨此篇則疑出左氏之舊，以其全篇一貫，自爲章法，且其詞氣視他篇亦極有辨也。

◇莊公三十一年

【經】三十有一年春，築臺于郎。(《評林》眉)孫復："莊比年興作，今又一歲而三築臺，妨農害民，莫甚於此，皆書，示譏也。"夏四月，薛伯卒。築臺于薛。(《評林》眉)《傳說彙纂》："薛稱伯，時王所黜也。"六月，齊侯來獻戎捷。(《評林》眉) 王葆："前年遠事山戎，有恃勝危師之道，故抑而稱人。今以方伯而獻捷於侯國，有矜功失節之恥，故愧而稱爵。"秋，築臺于秦。冬，不雨。(《評林》眉) 呂大圭："二百四十二年間，一時不雨者，豈止一年而已？而此特書之者，莊公亟興土功，屢見災異，故詳志之。"

【傳】三十一年夏六月，齊侯來獻戎捷，非禮也。凡諸侯有四夷之功，則獻于王，王以警於夷。中國則否。諸侯不相遺俘。(《測義》夾) 愚按：齊大國，且霸主也，即欲自詡其功，毋寧不命一使，廼甘屈己以詣魯廷哉？李廉氏謂："齊侯自伐戎歸，道經魯而躬來也。"事疑有之，然亦無據。惟郭登氏以爲："秦火之後，宜多殘缺，安知'齊侯'之下不脫一'使'字？"斯言得之。(《分國》尾) 得國非幸，勝敵爲憂，業未可量也。戎捷而獻，桓業其止此乎？(《左繡》眉) 提句只重獻王，以見來獻之非耳。添入"中國"一層，以對"四夷"句，則兩意雙敵，便成上偶下奇調法。寥寥數言，無一率筆。(《左傳翼》尾) 來獻者，卑詞也。齊桓北伐山戎，矜功恃勝，以其所得誇示鄰國，故《公羊》以爲"威戎"。本相遺俘，聖人直以來獻爲文，且愧之而稱爵，言齊侯來獻，是以王待魯也。篇中特提獻王，正得《春秋》書來獻之意。末找"諸侯不相遺俘"，威我而適以尊我，故爲非禮。獻者戎捷，原屬四夷，中國可否，自是帶說，所重者只在王與諸侯耳。(《補義》眉) 桓公詎昧此？必有以也，句外有神。(《評林》眉) 張半菴："齊所得戎捷，即遺之魯，則他國可知，但歸道經魯，以故躬來。"按：《旁注》、《本注》以"警"絕句，言天子見功捷，以威懼四夷。(王系尾) 齊桓戰勝山戎，固四夷之功，而不可獻鄰國。遺俘且非禮，況以獻爲名乎？此似是過執謙卑者，而齊實以旌其伐，且嘗與魯共謀山戎故也。

◇莊公三十二年

【經】三十有二年春，城小穀。(《評林》眉) 呂大圭："《春秋》因其所書日月前後，而知其是非，如前年春夏秋皆築臺，今年春城小穀，則有以見纔閱三時，而大功屢興也。若此之類，蓋於書時見矣。"夏，宋公、齊侯遇于梁丘。秋七月癸巳，公子牙卒。（《評林》眉）陸淳："季子恩義俱立，變而得中，夫子書其自卒，以示無譏。"八月癸亥，公薨于路寢。冬十月己未，子般卒。（《評林》眉）張洽："子般卒，《春秋》自夫人孫齊以來，三十年間，備載莊公內治之失，而終之以此，所以皋其為風教之本而不免於禍首也。"公子慶父如齊。（《評林》眉）王葆："內大夫以君命適他國皆書，如慶父弒子般而出，《春秋》書之無異辭者，既書子般卒，則知無君命矣。慶父專兵日久，上下畏之，宜其出入自如而莫敢誰何也！"狄伐邢。

【傳】三十二年春，城小穀，為管仲也。（《測義》夾）愚按：孫明復云曲阜西有小穀城，而杜預氏以小穀為齊邑，為管仲城之，則《春秋》為何不繫之齊，而迺以內辭稱耶？昭十一年傳云齊桓城穀而寘管仲焉，蓋齊自有穀，非魯之小穀也，疑有誤字。（《左繡》眉）私家之盛，亦此公為之俑也。（《評林》眉）《補注》："范氏曰：'小穀，魯邑。'孫氏曰：'曲阜西北有小穀城。'高氏曰：'昭十一年傳，申無宇曰：齊桓公城穀而置管仲焉。此齊穀也，非魯邑。'且公雖感齊侯，豈為管仲城邑乎？且文十七年、宣十四年盟會此齊穀也？"（王系尾）齊大夫之私邑也，而鄰國城之。則齊桓之得志于諸侯，與管仲之得志于齊桓，俱不假描畫而精神飛動矣。節短韻長，耐人尋味。

齊侯為楚伐鄭之故，請會于諸侯。宋公請先見於齊侯。夏，遇于梁丘。（《左繡》眉）會於犬丘傳，兩"請"字安在一邊，作重疊之筆。此兩邊相對，作回環之筆，自爾小別。（美中尾）張西銘曰："遇魯濟則親至魯，遇梁邱則序先宋，遇固簡禮，齊獨執謙，其能定霸，宜哉！"（《評林》眉）王元美："桓公賴宋為多，北杏之會，宋人一叛，則諸侯首鼠，齊兵再伐而後得之，既得之則再會于鄄以堅其心，又為伐鄭以悅其意，自非大盟會，齊不敢先之，所以為諸侯之倡而就伯功也。"〖編者按：凌稚隆作趙鵬飛語。〗（王系尾）此篇是宋公、齊侯遇于梁邱傳，實為齊桓謀楚之始。故提明齊侯請會，並提明所以請會之故，以為會貫、盟陽穀、盟召陵張本。夫楚自武、文以來，江漢諸侯，吞噬殆盡。其僅存者，服之若鄙邑。至於楚成，子文為政，日以益強，遂憑陵諸夏，駸駸乎有伐周之勢焉。而鄭者，楚通中夏之門戶也。楚得鄭，則諸夏益危。齊得鄭，則楚不能出。故鄭服齊而楚伐之，至再至三，爭之不已。則齊之勤鄭，豈徒一國之爲哉？此是齊桓尊周攘夷大關鍵，即是《左傳》大結構、大佈置處。

秋七月，有神降於莘。（《左繡》眉）此上下截對格。上論降神，下論聽神，都以"將興"、"將亡"，賓主對說。而"聞虢請命"，於上截之末先爲下截作提，又似中紐格。然上截拖下"聽神"，下截卻又抱上"德"字，又是首尾回環格。重規疊矩，章法極整齊而變化不測也。上下以兩"德"字爲眼目，而前以"德"字起，後以"德"字結，一順一逆，恰作兩頭呼應。所謂分而爲二，合而一者，於此益信。（《評林》眉）吳梅村："妖氣得人鼓舞即盛，故虢之請命，而神居莘者六月。"王元美："民與神本自一道，但將興時神之氣結，於民心離散而妖眚惑人矣。如梁武帝之好佛而亡矣。"（《補義》眉）傳明虢亡之由重在凉德，即惡也。惡由于虐民，兩截意本一串，史過告王就大概說。"聞虢請命"先掣下截一筆，"虐而聽神"，早爲史囂作提筆，卻留下地步，下截用"神居莘"劃清眉目，而史囂之言與史過相表裏，看他極照應、極自然，千載下使求福懵懂人冷水澆背。

惠王問諸内史過曰："是何故也？"對曰："國之將興，明神降之，監其德也；將亡，神又降之，觀其惡也。故有得神以興，亦有以亡，虞、夏、商、周皆有之。"（《評林》眉）按：《周語》載史過此言，唯言夏商周之興亡皆有神異，不言虞事，詳于孔疏。（方宗誠眉）語雖論虢，而意實諷王，言外有神。王曰："若之何？"對曰："以其物享焉，其至之日，亦其物也。"（韓范夾）此《月令》配物之本義。蔡中郎《獨斷》所論祭祀諸具，亦原於此。（《評林》眉）陳卧子："以物享，亦禳災之義。"（閩生夾）宗堯云："韓退之論文章之美，于左氏謂其浮誇，且與《春秋》之謹嚴並稱。《春秋》筆削，貴在謹嚴；左氏褒譏，寄於浮誇耳。凡侈言神怪，皆其浮誇之處。"王從之。内史過往，聞虢請命，反曰："虢必亡矣，虐而聽於神。"

神居莘六月。虢公使祝應、宗區、史嚚享焉。（《左繡》眉）"聽"字透下，"享"字緣上，亦聯絡處。興、亡對說，以"將亡"爲主。看上下兩以"虢必亡矣"、"虢其亡乎"緊相呼應也。（《評林》眉）《品字箋》："祝司，贊名者，即今讀祝文之人，宗謂祭時拂拭神主之人。"神賜之土田。史囂曰："虢其亡乎！吾聞之：'國將興，聽於民；將亡，聽於神。'神，聰明正直而壹者也，依人而行。虢多涼德，（孫鑛眉）"涼德"字在今亦是陳言。其何土之能得！"（文熙眉）穆文熙曰："神之鑒人，不應若此瑣屑。史過所論，特世之所謂鬼物者耳。至於虢公請地，則其失愈甚，何得不亡！"（《左傳雋》眉）楊素庵曰："數語名言，可爲萬世龜鑑。"（魏禧尾）魏禧曰："正論灑然，申繻曰'妖由人興'，史囂曰'神依人而行'，二語可謂要言不煩。"邱維屏曰："必待降觀知其德惡，史巫之謬如此。虐而聽神爲必亡，方是古史巫之遺。"（《分國》尾）虢聽於神，祈賜之土田。虞曰："我享祀豐潔，神必據我。"兩君之愚相類，而兩國俱亡，甚矣，神歆於德也。然則虞、虢之滅，雖滅于晉。"神其吐之"，實天厭之乎？（《左繡》眉）"神"字寫得着實不同，影響之談。兩截住得簡勁，亦相准而立。（儲欣尾）監德觀惡，猶非極至之論。末論興亡之際至矣，君聽於民，神倚於人，由其言，即萬年有道可也。（昆崖尾）前一截說神之降，後一截說人之享，總以興亡爲線，"德"字爲骨，段落雖分，血脈一片。于上段内即帶起虢之請命，亦斷者連之之法。上段先發論後敘享，所主在神。下段先敘享，後發論，所主在人。風雨離合，羅浮兩山間，氣脈雖聯，丘壑仍各異也。（《左傳翼》尾）不務民義，而諂瀆鬼神，聖賢屢以爲戒。篇中所言，皆至精至粹之論也。秦皇漢武，窮極以求神仙，了無證驗。蕭衍宋徽，乃更餓死臺城、受辱漠北。虐而聽命於神者，有何益乎？前言降神，虛論其理；後言聽神，實證其事。兩截三段，變化無蹤。"德"字一篇眼目。（高嵣尾）俞桐川曰："興亡爲經，德、惡爲緯，又從神推原到民，理精而筆銳。"（王系尾）此篇是一頭兩腳文字，因神降於莘，而王使往祭，虢亦祭之，神賜土田，即是內史過所聞請命之事。一事分敘，使段落清晰也。神降於莘，必有所依。若漢之宛，若吳之王表之類。神賜土田，是巫覡妄傳。史囂之言，足以明其詐矣。此敘虢之所以亡，爲後傳張本，本非語怪也。（《菁華》尾）左氏一書，好言神怪之事，而大旨則歸於以勸善懲惡爲主，故能不悖于聖人之言。內史過之言甚正，而必教王以物享，殊屬多事。史囂之言，與內史過大旨相同，左氏連類書之而不嫌重復者，須玩其詳略相配之法。（闓生夾）此專爲虢亡取影，特以神降爲詭異之觀。宗堯云："'依人而行'是有神如無神，而必曰'有神降於莘'者，故著其妖異以刺之耳。"

初，公築臺臨黨氏，見孟任，從之。（《左繡》眉）此篇作四段讀，首段敘子般所由生，次段敘犖所以賊般之由，三段敘共仲所以使犖賊般之由，末段正敘賊般事。前面許多曲折，後只以一筆結煞。筆力簡勁，章法緊嚴，與翬弑隱篇格律正同。起從黨氏敘入，結處連點兩黨氏，首尾照應，此《關雎》所以爲風始也。作者之垂戒深矣。（《補義》眉）此弑子般傳，從孟任說起，垂鑒意深。首一段敘子般所由生。次段敘犖所以賊般之由。帶敘立般、酖牙皆由季友。"八月"以下正敘弑般事。**閟，而以夫人言，許之。**（閩生夾）紀瑣事語殊簡覈，見般之始本不正，故肇亂也。**割臂盟公，生子般焉。**（《評林》眉）呂種玉言鯖："今倡婦與子弟燒香刺臂始于此。"（文淵夾）從孟任事瑣細，可以不書。然欲敘子般之被弑，則圉人犖被鞭之由不可不詳也，故書孟任事以相映。（方宗誠眉）追敘子般之生。**雩，講于梁氏，女公子觀之。**（鍾惺眉）女公子奇甚。（閩生夾）"女公子"之稱殊不詞。古者男女皆曰"子"，公之女子不得爲女公子也。據《史記》、班說：梁氏女往觀，圉人犖與梁氏女戲云云，則"梁氏女"三字連文，疑"雩講"下更有脫文。公以孟任生般，般以梁女肇禍，兩世情事相類，故連記以爲文法。杜不知"梁氏女"之爲連文，而臆說"女公子"爲子般妹，望文生訓，盡失其趣矣。**圉人犖自牆外與之戲。子般怒，使鞭之。公曰："不如殺之，是不可鞭。犖有力焉，能投蓋於稷門。"**（《測義》夾）愚按：莊公既知犖不可鞭，何難於犖而不即殺之以除後患，而必以待子般乎？是時子般方八歲耳，固宜其及也。〖編者按：奧田元繼作王陽明語。〗（韓范夾）圉人而敢於戲公女，其罪不容誅矣。奈何鞭之遽已耶？公但畏其有力，恐遺後患，而亦不正國法，何其家之蒙瞀也？（文淵夾）"不如殺之"數語，是映鴆殺叔牙，不但爲共仲使圉人犖張本也。若但爲共仲使犖張本，則"使鞭之"三字足矣。（方宗誠眉）伏後犖弑子般之根。

公疾，問後於叔牙。對曰："慶父材。"問于季友，對曰："臣以死奉般。"公曰："鄉者牙曰慶父材。"成季使以君命命僖叔，待于鍼巫氏，使鍼季酖之，曰："飲此則有後於魯國，不然，死且無後。"飲之，歸及逵泉而卒，立叔孫氏。（《測義》夾）孫應鰲氏曰："或言叔牙雖殺，無補後日閔公之禍，恐不然。文姜以來，胎養亂本，至此已成，使牙不誅，則莊公既薨，慶父、叔牙強盛，雖有季子之忠、秉禮之俗，亦不能爲。故誅牙乃魯之所以存亡，慶父成敗所係，大義滅親，稱君命以殺，春秋所以不貶之。"〖編者按：奧田元繼作鍾伯敬語。〗（韓范夾）大義滅親，自石碏而後，再見之季友，其爲公室元輔也宜哉！（《左繡》眉）賊般立閔事，以共仲爲主，中間卻不正敘，只于叔牙及公口中，連點兩"慶父材"句，其意已十分透足，最是以虛運實妙法。中段敘成季於公曰"慶父材"下，絕不正言其非，竟去將君命行事。于"鍼季鴆"之下，亦不明言其故，只叫他飲此便罷，寫得智深勇沈，既剛正，又機警，爲後輔魯張本。神理皆在無字句處。妙甚。（《評林》眉）《經世鈔》："莊公子幼弟強，立弟則非其情，立子則有弑禍，此一問最有主意。"按：《正字通》云："《左傳》注云：'鴆，鳥名。'合鴆、酖爲一，不知酖毒酒，非鳥名，然《字典》以爲酖、鴆通。"王元美："季友之置牙後也，以厚也。其立孟氏何居？周公復蔡不復管。"按：慶父後爲孟孫氏，叔牙後爲叔孫氏，季友後爲季孫氏，皆莊公庶弟，即三桓也。涂尚斆："知此，則慶父不當立後明矣，淫國母而弑二君，論者以爲推親親之恩，欲同之叔牙，則何以服叔牙也？"（方宗誠眉）公之問後於叔、季，所以試二人之心也。季友曰："臣以死奉般。"則心忠於公矣。故公以叔牙之欲立慶父告之。告季友者，欲季友設法以備之也。但語意含而不露，所謂授之意爾。季友使鍼季鴆叔牙，所以剪除慶父之黨也。黨除則事難成，所以慶父終敗。（《菁華》尾）孟任娶不以正，故哀姜至而孟任遂黜。圉人犖廝養之賤，而敢戲女公子，其罪大矣，不殺何爲，而尚以多力爲慮耶？季友聞叔牙之言，不俟君命，酖而殺之，其定變之才，自不可及。其不去慶父者，慶父方有哀姜之援，非力所能及也。

八月癸亥，公薨于路寢。子般即位，次於黨氏。（《評林》眉）邱維屏："般既即位，何不居朝廷而次於黨氏？蓋孟任非聘，般位未定，此間便有成季危疑處在，故般弑而成季亦奔也。但魯未衰，國人與成季同心，故只得立閔公耳。"**冬十月己未，共仲使圉人犖賊子般於黨氏。成季奔陳。立閔公。**（《彙鈔》尾）齊有無知之亂，晉有驪姬之讒。禍亂攸作，殆天所以開霸業乎？厲公侵鄭，出入無常。敬仲奔齊，廢興有數。文皆變幻離奇，茲備輯之。莊公不能報父讎，又不能防閑其母，使數會齊侯。《敝笱》、《猗嗟》，風人致慨，亦深可愧矣。（魏禧尾）呂祖謙曰："慶父、叔牙一體也，季友誅叔牙而置慶父，何耶？一失此機，及子般之禍，奉頭鼠竄之不暇，非所謂當斷不斷反受其亂者耶？"

魏祥曰："公問後於叔牙，試之也。乃果以對。向者牙曰'慶父材'，則兩人會意指實之語也，故友遂誅牙。公與友平日相與議叔牙者久矣，故爲之不疾而速。"熊頤曰："古今成大事，定大變，必有腹心密友陰相規畫而明任其責者。如鍼季鴆叔牙，挾以必從，固其才力有大過人，亦由季友平日腹心得力，鍼季不洩季友之謀，故季友得以不死。此二人慎密果斷，其作略亦同。"魏禧曰："慶父覬立，叔牙爲之謀主，故季友先誅之，以爲慶父雖存，不足爲患。而不忍一日殺其二兄，未可概以先機當斷爲言也。後人徒以慶父再弑君，及仲孫湫'不去慶父、魯難未已'之語，遂謂季友失刑。不知此皆事後之見，亦未設身處人兄弟骨肉間耳。余嘗謂古今'斬草除根、先發制人'八字，壞人無限心術，造幾許彌天大惡。欲先發則始之以無端之疑、纖微之隙，輕殺人以造難端。欲除根則終之以祖父之怨而殺其子孫。以一人之怨而陷其同黨，以絕後禍。明患人忌，陰干鬼誅，子孫世世受慘毒之報，皆此八字爲殃也。不知麋鹿在山林，命在庖廚。豹養其內，而虎食其外。舟車飲食，出入寢處之間，不經意之事，我苟當死，無一不可以殺身，豈必讎人怨家乃足禍人哉？是故義所不可，則彼雖能先發、能後報，吾且至死而無悔，此固未可爲深忍之人道，亦未足爲迂闊之儒道也。"任安世曰："叔牙承莊公之問，但曰'慶父材'耳，季友遽以此一語殺其兄，不已甚乎？"賴韋曰："管叔既叛而後周公致辟，所謂大義滅親也。鄭叔段逆節已著，而莊公伐之，君子猶譏其養成弟惡，陷之於罪，爲滅兄弟之倫。況叔牙未見逆謀，而季友遽以一語殺之耶？先生比于周公，似爲失倫。是長小人殘忍刻薄之風而開兄弟之禍也。"曰："季友與鄭莊，事勢不同。莊公可以漸制其弟，季友則變出於倉卒也。叔牙之謀雖止見於'慶父材'一語，然由後慶父弑君推之，則此二人當有比周之惡，季友始誅叔牙而不及慶父，後誅慶父而不及其子，三家儼然竝列，可見季友立心多在仁厚，決不以一語疑似遽殺其兄也。"塗尚撣曰："莊公止泛泛問後，故叔牙以'慶父材'對，若正名立般，而以大義屬諸弟，則季友可以執顧命，叔牙不敢違公議矣。是莊公之問自失於模棱而開人之貳心也。季友欲立般則亦當以大義動其二兄，告于諸大夫，而力擁護之。季友之賢，國人信重已久，其不從叔、慶而從季友明矣。觀閔公立而盟齊侯以請復季友，慶父再弑，國人不順而再奔可見也。是季友之舉，失於親親之仁，而亦失于定國之義也。"曰："是亦一説也。如此不失爲社稷之臣。然叔、慶同母兄弟，陰相圖謀，則季友之勢孤，必先殺季友而弑子般。孔父、仇牧之禍見矣。故比肩事主，或有不容竝立之勢。當變者因人相機而用之可也。"吳正名曰："慶父初弑子般，不及季友。後弑閔公，又不及季友。則以爲立般而叔、慶必先殺季友者，亦未必然也。"曰："或季友自衛周密，慶父不得而殺，然觀慶父先弑子般而奔齊，再弑閔公而奔莒，意叔牙爲人奸深有謀，慶父雖兇逆，固一鹵莽粗疏之人。此季友誅叔牙時，可以容慶父耶？是又不可得而考矣。"魏世傑曰："叔牙欲立慶父，慶父必知其謀，觀其後事及仲孫湫語，則慶父非良人明矣。當誅叔牙時，季友既不忍並殺，而子般既立，亦當慮其爲亂，何以初不能防護子般？及閔公請復已一年，又不能正慶父弑般之罪，而使得再弑閔公乎？疎縱之失，季友不能辭其罪矣。"孔之逵曰："按《左傳》：閔公，哀姜之娣叔姜之子也，慶父弑般而如齊，必以立齊所出爲名，以求援于齊。其後閔公立，齊伯主援之於外，哀姜國母主之于内，季友即欲討慶父弑君之罪，其勢不能。觀季友復魯，魯猶不敢擅令其歸，必告于齊、許之而後召，則討賊之權季友不得而操也明矣。至慶父弑閔公，外失齊援，於是不奔齊而奔莒，季友乃得正其罪而討之。然則慶父之再弑閔公也，實由齊桓庇鄰國之賊，貪立其所出。夫季友能以一言之故誅叔牙，而顧不能誅弑君之慶父，非定論矣。"邱維屛曰："立後自有定典，公疾而何爲問後？是莊公知當日有慶父之逼。季友對‘以死奉般’，亦素知有爭奪之釁故也。而叔牙果有‘慶父材’一語，則爭奪之禍已發矣。此《公羊》所謂牙之弑械成也。季友立鴆叔牙，手段最是斬截，孰謂‘慶父材’一語非大惡，不可誅乎？般既即位，何不居朝廷而次於黨氏？蓋孟任非聘，般位未定，此間便有成季危疑處在。故般弑而成季亦奔也。但魯未衰，國人與成季同心，故只得立閔公耳。"（《分國》尾）不鴆叔牙，則慶父立矣。不矯君命，則叔牙難鴆也。蓋慶父借叔牙，而所恃者實哀姜。乘公未葬，以君命殺之，叔牙固無如何，即慶父、哀姜亦有所忌而未敢動。稍遲，大事去矣。雖然，圉人犖在焉。莊公不殺，委之慶父。慶父卒用，使賊子般。子般以淫於黨氏生，子般以次於黨氏死，成季雖以死奉般，亦奈之何？（《左繡》眉）叔孫、成季於此皆屬賓，故立叔孫、成季奔陳，都用帶結，輕重有剪裁。兩段中公失言者再，前"不可鞭"，足以生圉人之心。後"慶父材"，又足以生兩人之心。蓋言不可不慎也。剛斷其庶乎！（美中尾）邱邦士曰："立嗣自有定典，公疾而何爲問後？蓋仲、叔相比，莊早知其有異志。季友對

'以死奉般'，亦素知有爭奪之釁故也。而叔牙果有'慶父材'一語，則爭奪之禍已發矣。此《公羊》所謂弒械成也。季友立酖叔牙，手段最是斬截。"（《左傳翼》尾）問後於叔牙，意在立般。知牙與慶父比周爲黨，恐般不得立，故問以探之。説"慶父材"，不惟般不得立，並公諸子亦將廢之矣，此公所以轉而問季也。"以死奉般"，深中公之隱。告以"向者牙曰"云云，蓋嘿以牙有異志示之，而令之討罪也。以君命命僖叔，可知酖牙原是君意，此屬省筆。季謂叔牙死，黨惡無人，子般可長恃無恐。豈知不去慶父，魯難未已，公薨之後，而般即從而見弒乎？莊無嫡嗣，般長當立，何必問臣？且舍慶父不問，而問叔牙與成季，蓋慶父與夫人爲亂，又掌兵柄，公不能制，冀二弟中或有忠貞自矢可以輔般者耳。一問再問，宛轉躊躇，具無限苦心。篇中不言慶父，而慶父驕橫之狀可以想見。不然"慶父材"三字，叔牙何以公然直出諸口而絶無忌諱也？成季奉命討罪，出其不意，一毫風聲不露，真智深而勇沉者。而公之慎密，亦于"慶父材"三字中傳出。《左繡》謂神理皆在無字句處，最得此文三昧。叔牙黨惡，不誅則子般不得立。然叔牙雖爲亂而未成，未成而誅之，故不絶其後。王氏謂："《周禮》'同族有罪不即市'，《文王世子》'刑於隱者'，不與國人慮兄弟也。"魯之處牙，遵用此故事。既全忠君之義，又存兄弟之恩，可謂兩得之矣。（高塘尾）莊公以世嫡承國，在位三十餘年，而二嗣受禍，幾至亡國，何也？一由於閨闈之不脩也。文姜、哀姜，淫亂相繼。上不能閑其母，下不能正其妻。孟任之見嬖，女公子之見侮，閑家無道，内治久失矣。一由於宗嗣之不立也。莊無嫡子，般長當立，而内制于夫人，外牽于母弟，以致臨疾之時，徨徬顧問。倘正名立嗣，而以大義屬諸弟，則季友賢能，即可以當顧命。何致開人疑貳之心？叔牙、慶父，輒敢朋比爲奸哉？一由於威權之下移也。莊公幼年嗣位，即以兵權授之慶父，昏庸耽樂，不恤國事。以致慶父肆行奸宄，國人莫能制之。不然，季友能鴆叔牙，何於弒子般之後，而不能誅慶父也？胡傳曰："莊二年，於餘丘，聖人特書曰'慶父帥師'，以志得兵之始。而卒書'公薨，子般卒，慶父如齊'，以見其出入自如，無敢討之者。垂戒之意深矣。"此魯三家所自始也。長慶父，莊公庶長兄，仲其字，共仲其諡也。子孫以字爲氏，故曰仲孫氏。以係長房，又稱孟孫氏。弒子般及閔公，又通于哀姜，後奔于莒，成季以賂求於莒，歸之，縊於密。立其子公孫敖。僖十五年，"公孫敖救徐"是也。次叔牙，慶父同母弟，諡僖叔。爲叔孫氏。季氏矯君命，鳩于鍼巫氏，立其子公孫茲。僖四年，"公孫茲帥師侵陳"是也。幼季友，莊公同母弟，又曰成季，季其字，成其謚也。生而有文在其手，故名曰"友"。此季孫氏也。魯國係之爲重，人皆賢之。僖元年，敗莒於酈，賜以汶陽之田及費是也。緣皆桓公之子，故曰三桓。三家鼎力，後惟季氏爲最強。試觀其叔牙被誅，慶父逼弑，而卒不廢其後，勿論臨機定變，其才有不及者。而君臣之義，兄弟之恩，卒曲盡而兩全之，賢于慶父、叔牙遠矣。子孫之昌盛，不亦宜哉？（王系尾）此篇四段，首段追敘，二段敘叔牙卒，三段敘公薨及子般卒，皆是正敘。四段一句是連敘，文章之過峽也。贊曰："不食鳥喙，不待智者，雖在童昏，無再試焉。文姜之後，乃復有哀姜焉，莊獨非人情乎哉！"

閔公（元年至二年）

◇閔公元年

【經】元年春王正月。齊人救邢。（《評林》眉）孫執升："奉簡書以從事，使泗上諸侯莫敢不俯首，蓋欲人聽命，必思有以彈壓之。管子伯略，只此具見一班。"《增補合注》："桓公遣人救邢，故《春秋》據實書齊人，説者以爲桓公緩於救患，故貶而稱人，非也。"夏六月辛酉，葬我君莊公。秋八月，公及齊侯盟于落姑。季子來歸。（《評林》眉）程端學："以事勢考之，此盟多季子倚齊爲歸魯計爾，故既盟而季子來歸。"冬，齊仲孫來。（《評林》眉）啖助："《公》、《穀》云是公子慶父，疏之，故言齊仲孫。案：齊之仲孫，謂是魯之公子，謬亦甚矣。"

【傳】元年春，不書即位，亂故也。（《評林》眉）《補注》："劉氏曰：'去年十月子般卒，則閔公立至今已三月，亂亦定矣。言亂不得成禮，非也。且必若所云，何以能朝廟乎？'"

狄人伐邢。管敬仲言于齊侯曰："戎狄豺狼，不可厭也。諸夏親暱，不可棄也。宴安鴆毒，不可懷也。（《文歸》眉）胡撰曰："'宴安'二字，是桓公錮疾，管仲卜死而後發。"（《評林》眉）《經世鈔》："管仲一生名義功業，盡'戎狄'以下二十四字。"（閩生夾）救邢、衛最爲齊桓顯烈，故用特筆提起。攘夷狄、親諸夏，定霸本謀。《詩》云：'豈不懷歸，畏此簡書。'簡書，同惡相恤之謂也。請救邢以從簡書。"（文熙眉）三言即見夷吾攘夷尊周之意。（《評林》眉）李笠翁："是時桓、仲經營方始，其意氣日夕淬厲，思樹威德以爲天下觀望。邢被狄患，仲能進言，桓遂用之，至仲没而桓怠荒，即同盟若江、黃亦坐視其滅亡而莫之恤，此五伯之所以爲假也。"（方宗誠眉）奏議體。管仲所以相桓公一匡天下，其本領在此數語，與"招攜以禮，懷遠以德"二語，真名言也。**齊人救邢。**（孫鑛眉）句法太方。（《文歸》尾）真霸臣氣象，去王佐一間耳。春秋時人，誰辨得夷夏二字？（王源尾）上平列，下單承，亦非難事。所難者，平列無輕重，而單承有低昂，未免偏而不舉，與詳此略彼之法不同也。此文妙在引詩用單承，而上之平列者，又鎔煉于"簡書"二字內，然後將"簡書"三折，折出救邢。結構之精，卷石具有層巒，須彌納於芥子，使人玩索無盡。（魏禧尾）魏禧曰："數語簡嚴，有三代典誥之氣。"（《左繡》眉）此文前整後散，然上三"不可"用排比，下三"簡書"用接連，調法相配，小小文字，其結構精緻乃爾。三"不可"，一句説狄，一句説邢，一句説自己，重在末句。故引《詩》單頂"懷"字，以結到救邢，筆法緊甚。于上爲兩句接連，於下爲兩頭起訖，只三個"簡書"字，寫得如此有法，只一順一倒耳。五伯得手處，全在扶天子以令諸侯。孫執升云："奉簡書以從王事，使泗上諸侯莫敢不俯首，所以彈壓之也。"得解。（美中尾）許松老曰："春秋之初，戎亂曹、魯，荊病蔡、鄭，狄禍邢、衛，微齊桓，孰能匡之？夫子仁管仲，有以也。"（《左傳翼》尾）邢本當救，狄伐邢尤不可不救，況安内攘外，救災恤鄰，在己更當自盡。三句中包卻後人無數議論。引《詩》三事，鎔煉爲一，簡峭邁古，高不可攀。（《日知》尾）此仲氏開手第一事，然一生本領功名，不出開場數語，閎深肅括，想見其人。全書加意描寫者二人：管仲，子產也。描寫管仲極少，愈見本領。描寫子產極多，愈見才鋒。蓋不少不似管仲，不多不似子產。化工肖物，文有其能，奇矣！（高嵣尾）美齊桓也，論救發自管仲，並美仲。列國有相救之義，方伯有救患之權，著齊之伯功也。前整後散，前偶後奇，岑石具有層巒之勢。（《評林》眉）《補注》："齊人救邢，傳言齊桓救邢之緩。"〖編者按：凌稚隆作陳傅良語。〗（王系尾）管仲之言，所見者甚大，所執者甚正。慷慨之中，多寓聲惠。有以知齊桓之爲中主，而管子真天下才矣。（《學餘》尾）管氏之言，兄弟急難，《下泉》之所以思伯也。解《詩》尤典雅可風。（閩生夾）此句頓住，救邢未已，間入衛事，錯綜特妙。

夏六月，葬莊公，亂故，是以緩。（《左繡》眉）"又曰"、"故又曰"、"是以"，前人往往好用重疊字，而兩實字分在兩頭，兩虛字併在中間，無往不用順逆法也。

秋八月，公及齊侯盟于落姑，請復季友也。(《評林》眉) 王錫爵："是時魯君幼稚，慶父擅權。季子忠賢，正其所深忌也，誰能奉幼君以請之伯主哉？殆必有深爲公家計者，而史有所不及知耳。雖然，莊公明德之遠，享祚宜永，亦天之不絕於我魯也乎！方省其難，而遽欲取之，其伯之不終固宜。"《補注》："落姑之盟，雖曰請復季友若出公意。然是時閔公八歲爾，哀姜、慶父專國，豈欲季友之歸者？故陳氏以爲國人爲之，吳臨川謂必魯之世臣告於伯主請復季友也。"齊侯許之，使召諸陳，公次於郎以待之。(《評林》眉)《補注》："陳氏曰：'凡次不書，舊説非是。'""季子來歸"，嘉之也。(《測義》夾) 吳澂氏曰："此時慶父秉外權，哀姜爲内主，惟恐季子之歸，孰能奉幼君出會霸主？蓋必有魯之世臣如衛之石碏，深謀密計，告於霸主，請復季友，故桓公召閔公至齊地而與之盟，使若復季友之意出于齊，而不出於魯，故盟以要其信，而使魯復之，既盟之後，桓公使召諸陳，而閔公次郎以待之，若不敢背霸主之盟而使季友得以歸魯者，季友以霸主之重，則慶父不敢去之矣。《春秋》書之，所以著魯臣之有謀也。"李廉氏曰："《春秋》列國大夫，惟季子、高子以'子'稱，聖人必有深意。"(《左繡》眉) 盟而請復，歸而嘉之，解經首尾對説，中間補敍兩層簡潔。(《左傳翼》尾) 季友與慶父不兩立也，慶父專國，豈肯請季友而令之歸？閔公幼弱，而出會伯主而請之，先儒以爲國人爲之與國之世臣爲之，是也。《春秋》賢季子，嘉其歸而不名，蓋深許之之詞。朱子謂無取管仲意同。蓋有季子，則慶父之篡不成，而莊公之統不絕。季氏亡則魯亦亡，此言爲季友言之，而非爲季氏之後世言之也。聖人固不逆探後世之惡，而預罪季友也。(《補義》眉) 只"以待之"三字寫出孺子侯竚立盼望光景，忽然來歸，欣喜過分，全神貫注武闈。

冬，齊仲孫湫來省難。(《左繡》眉) 開手捉"省難"一筆，下分兩段。上段寫魯難，下段寫寧魯難。若網在綱，故作文全在提筆。(《補義》眉) 省難者，詳察其致難之故而救之也，一句提起，見桓公之使自是美意。而仲孫詳言魯難，且言寧難，語語與省難應，卻節節與省難左，蓋深罪仲孫。書曰"仲孫"，亦嘉之也。(《評林》眉)《補注》："陳氏曰：'傳釋大夫恒書名，於是特書族。'吳先生曰：'書氏而不名者，魯人以兩臣之禮接，而不以見君也。'"

仲孫歸，曰："不去慶父，魯難未已。"公曰："若之何而去之？"對曰："難不已，將自斃，君其待之。"公曰："魯可取乎？"對曰："不可，猶秉周禮。周禮，所以本也。臣聞之：'國將亡，本必先顛，而後枝葉從之。'魯不棄周禮，未可動也，君其務寧魯難而親之。親有禮，因重固，間攜貳，覆昏亂，霸王之器也。"（《測義》夾）愚按：是時魯君死子弒，權臣橫逆，嗣君幼弱，危亡之機，間不容髮。桓公霸主也，不能聲罪討逆，以定其難，而顧令親信之臣陽爲省之，而陰實窺覘之，以承其厄而利其國，是誠何心哉？而使非仲孫秉禮之言有以格君心之非，龜蒙其墟矣。聖人得其情，故書曰"齊仲孫來"，去其名，固以嘉仲孫之忠諫。不言"省難"，亦以誅桓公之陰謀，此《春秋》之深旨也。趙汸氏曰："魯大國，非譚、遂之比，即內亂，猶有人焉，桓公方以救邢爲功，豈遂萌取魯之意？葉氏謂魯可取以下，乃後世附益之辭，其說是也。"（《左傳儁》尾）呂東萊曰："魯自周公伯禽以來，風化浹洽，其民耳濡目染，身安體習，無適而非周禮者。雖經哀姜、慶父之難，能易其主而不能易其禮，能奪其權而不能奪其位。舉魯國之俗，皆秉周禮，其爲惡者，獨哀姜、慶父二三人耳，舉魯國之美俗，豈二三人之惡所能遽移乎？湫可謂善覘國矣。"（《分國》尾）人得禮而立，國有禮而固，七國早滅，魯亡獨後，至漢高尚有不肯行之魯兩生，禮之持運誠久也！若齊桓者，因魯難欲取魯，則知其封邢、救衛，非其本心。（《左繡》眉）"本"字、"器"字，正喻夾寫，前後相映，于章法不雜又不渙也。（儲欣尾）仲孫不在甯戚、隰朋、賓須無之列，而見事之明，燭照數計，何齊之多賢也！（美中尾）曰"若何去之"，桓固有心靖亂也。仲孫於此時急爲請討，魯難寧矣。乃臣俟自斃，而君轉欲乘釁，罪仲孫，亦以病桓也。（《左傳翼》尾）胡氏以不討魯賊爲仲孫罪，而不知桓公省難，本意原在用兵，恐有蹊田奪牛之患，仲孫止之，意與高子同也。前云"君其待之"，已將桓公取魯心事爲之暗塞。後且盛稱秉禮，不惟教之寧魯，並教之親魯，而以霸主勗之，致薄德之主而有存亡國之善功，與封衛、救邢等，豈不偉哉！（《日知》尾）三代論理不論勢，戰國論勢不論理，春秋人猶知守理，而已兼勢計之。觀此等處，古今升降，歷歷可想。慶父弒般，豈安周耶？魯難未已，鄰國猶知之。季子以明眼辣手，除叔牙于異圖將萌之先，獨不能聲罪致討，除慶父于惡逆已成之後耶？左氏前則曰："臣以死奉般。"後則曰："以僖公適邾。"又曰："成風聞成季之繇，乃事之而屬僖公焉，故成季立之。"其有意也耶？其無意也耶？當日情事，無由他考，專據《傳》中云云，則成季功罪，殊難論定也。（高塘尾）俞桐川曰："嘉季子，嘉仲孫，俱嘉其能存魯也。季子忠賢，不待問矣。仲孫存魯，在'務寧魯難而親之'句。蓋齊侯使來省難，欲討其亂而取之，如楚莊王縣陳之意。故仲孫以'自斃'止桓公之兵，又以秉禮淡桓公之欲，待假仁仗義之主惟有如此，故曰能存魯也。胡氏之說太苛矣。"（《評林》眉）《經世鈔》："淫母后、弒君兄，接踵不絕，猶謂之秉周禮乎？然借此以存魯，爲說甚好。"胡寧："不稱齊侯使仲孫，又書曰'來'，譏之也。問魯可取者，齊侯之心。俟其自斃者，仲孫之策，故兩譏之。以其猶曰'務寧魯亂而親之'，是以書字，《春秋》舉法有輕重，若又不書字，則當時假有勸齊侯因亂以取其國者，則無以貶之矣。"《經世鈔》："務寧魯難，主意在此。"（王系尾）仲孫可謂善覘國矣。本必先顛，而後枝葉從，寔物理之自然。然其所謂周禮，特儀文度數之謂，非禮之本也。安上治民，莫善於禮。隱、桓以來，禍亂極矣。周公以之治天下，魯不足以靖一邦，所秉者安在乎？然魯徒守其糟粕，猶足以弭強大之窺伺，而延數百年之祀，而況有其寔者乎？吾於是而益知禮之信足以爲國也。（《學餘》尾）內有季子，外有仲孫，而不能平魯國之難，兇人可畏哉！然危而不亡，則其所藉於賢者之力爲不少矣！仲孫之言，可以存魯，可以匡齊，謨訓之遺也。（《菁華》尾）慶父既弒子般，罪名已定，齊桓方以盟主自居，亟取而誅之，而魯國定矣。乃聽仲孫湫之言，而欲聽其自斃，致閔公復有武闈之變，君子于此，不能爲桓寬其罪也。

晉侯作二軍，公將上軍，大子申生將下軍。（《左繡》眉）此篇總提分應，乃借賓形主格也。申生主，畢萬賓，兩兩相對。申生以逃爲令名，畢萬以魏爲大名。申生之天祚，幾幸於或然。畢萬之天啓，直決於見在。行文亦略於主而偏詳於賓，絕妙反射法。總見獻公之愛其子，曾不若愛其臣之甚也。經微而顯，吾於傳亦云。（《補義》眉）此一頭兩腳文字，首段爲主。（《評林》眉）陳傅良："晉侯作二軍，外改制不書。"今按：外改制不告。**趙夙御戎，畢萬爲右，以滅耿、滅霍、滅魏。**（《評林》眉）《補注》："晉滅三國不書，春秋之初，楚滅國略不書，於齊桓公特書之。"今按：晉滅三國在西，楚滅諸小國在南，告命皆未通於魯，不可爲例，說已見前。(《學餘》眉)將下軍以滅人國，申生之仁虧矣。是故其上諫滅國，其次逃死，戀而不去，禍無日矣。**還，爲大子城曲沃。賜趙夙耿，賜畢萬魏，以爲大夫。**(高嵣眉)以敘事作總冒。父率其子，君統其臣，兵威整，部伍嚴，一舉滅三國，何等勢燄？讀後文議論，乃識其妙。**士蒍曰：「大子不得立矣，分之都城，而位以卿，先爲之極，又焉得立？不如逃之，無使罪至。爲吳大伯，不亦可乎？猶有令名，與其及也。**(鍾惺眉)從來出亡者胸中皆有此二句，惟泰伯、夷、齊可免。且諺曰：『心苟無瑕，何恤乎無家。』(孫鑛眉)是童稚語，何遽爲符耶？**天若祚大子，其無晉乎？」**(高嵣眉)此段論申生事，是正文，主也。跟將下軍、城曲沃兩層發論。(方宗誠眉)此論爲太子城曲沃，伏後來殺太子之根。(《評林》眉)鍾伯敬：「士蒍爲申生謀最善，如此則身名俱榮，惜申之不能用，而竟以自斃。嗟乎！此泰伯者爲千載一人而已！」《經世鈔》：「立則君，不立則罪至，古今此等事再無中立之勢，此漢東海、唐淮陽所以爲仁且智也。」《附見》：「猶有令名，倒句，又歇語。」《經世鈔》：「爲吳太伯，此是申生上策，只以貪位，不能爲此。士蒍老賊，卻能見及此理，不獨知機而已。『與其及也』以上十句俱四字，一句一意，一字一轉，何等靈勁遒韻，今人學四字句者，但有板滯耳。」(《菁華》尾)此篇爲三家分晉張本，與敬仲奔齊事，同爲左氏着意處。一舉而滅三國，從古開闢之易，未有如此者。吾意非一時之事，左氏特彙而書之耳。申生此時，猶有可去之意，至奔新城之後，便爲有罪之人，祇有待命而已，畏死而逃，志士所不爲也。**卜偃曰：「畢萬之後必大。萬，盈數也；魏，大名也。以是始賞，天啓之矣。天子曰兆民，諸侯曰萬民。今名之大，以從盈數，其必有眾。」**(文熙眉)汪道昆曰：「『以滅耿滅霍』句及『以是始賞』是句法，『太子』以下議論能品。」穆文熙曰：「士蒍之策良是，諸帥紛解，皆弗能及。何當時乃出私議，而不以告太子乎？豈太子忠赤，即告之而弗從乎？」汪道昆曰：「議論能品，『先爲之極』以下章法句法。」(《左繡》眉)上段開口一句喝破，而以分都、位卿雙提之。下段亦開口一句喝破，而以盈數、大名雙承之。上陪一大伯，下陪一天子。上證一諺曰，下證一占曰。雖詞意多寡不侔，文格未始不相配也。世人好以參差論古文，亦知參差之有整齊，其妙乃如此乎？「天祚」翻應「不立」，

"復始"正應"必大"，各爲起結，而筆法不同。兩賓中忽詳一置一，用筆往往不測。徐云："如花半開。"妙！上段結處掉一"天子"，下段起處即接一"天"字，兩截一線。此又後賢牽上搭下、倒收順承等法之所自來也。（高嵣眉）此段論畢萬事，是旁文，賓也，跟畢萬之名並賜魏兩層發論，後又追出筮仕一層，詳賓略主，另是一格。而兩層中又詳一置一，用筆不測。合敬仲奔齊篇，知陳氏及趙、魏之興。昭三年，晏嬰請繼室于晉，與叔向語，一曰齊其陳氏，一曰政在家門，此左氏線索處。（《評林》眉）孫鑛："'萬盈數'二句，似童稚語，何遽爲符耶？"沈澤民："既述卜偃之言，又載畢萬之筮，見萬之所以起魏者，天授非人力也。"（方宗誠眉）此論封畢萬魏，以伏後來魏與韓、趙分晉之根。（闈生夾）宗堯云："敬仲奔齊，意極奇肆，然猶自爲一篇。此則于太子之不得立而倒攝二百年後之篡謀，發之於此，以警當時，卻爲文之旁枝，尤覺奇肆無比。"

初，畢萬筮仕于晉，遇《屯》之《比》。辛廖占之，曰："吉。《屯》固、《比》入，吉孰大焉？其必蕃昌。《震》爲土，車從馬，足居之，兄長之，母覆之，衆歸之，六體不易，合而能固，安而能殺。公侯之卦也。公侯之子孫，必復其始。"（韓范夾）左史每述繇辭，必古奧奇險，後世能文之士，萬不能及。想始皇之世，並此等書籍亦焚之矣。不然，何以無傳也？相傳不焚卜筮之書，亦未盡然也。（王源尾）賓可多，主無二，文之道也。獨此二主並列而互爲賓，別開境界，大奇大奇！蓋前爲殺申生張本，申生主也。後爲魏氏之興張本，畢萬亦主，不可以爲賓也。然前後聯絡以"天"，二主總攝於一主，彼此互相映射，二主又可爲二賓，奇變至此，所謂聖而不可知之神邪！申生一段，畢萬兩段，亦錯綜之法。略雜趙夙，亦化板之法。士蔿、卜偃、辛廖三人並序，亦映帶之法。（《統箋》尾）魯齋朱氏曰："韓、趙、魏三家，前後共分晉國，周威烈王因命爲諸侯。《左傳》載卜筮之事甚多，如莊公二十二年陳敬仲之筮，亦此類也。然此等或幸而言中，又恐好事者造爲之，故不可盡信。"（《分國》尾）黥布反，上欲使太子將，四皓曰："太子將兵，事危矣。有功則位不益，無功受禍。"下軍將，皋落伐，而申生之座危，千古一例。然廣平王將而卒嗣其位，亦賴李泌彌縫其缺耳。（《左繡》眉）簡甚、古甚，《焦氏易林》大都倣此，然安得有此質而不俚、奧而不僻也？上段一"不得"，一"焉得"，又"無家"、"無晉"兩"無"字。此段卻寫"必大"、"必衆"、"必昌"、"必復"四"必"字。令讀者不暇爲畢萬喜，而深爲申生悲也。文章有神，其筆力乃至於此。朱君翊曰："合讀敬仲奔齊篇，知陳氏及趙、魏之興。後來晏嬰請繼室于晉，與叔向語，一曰'齊其陳氏'，一曰'政在家門'，相對致慨，此《左傳》線索處。"俞寧世曰："知廢知興，深於天人之義。"晉侯既滅桓、莊之族，又吞與國、兼同姓，以爲子孫不拔之基。豈知殺子之禍，即伏於此。分晉之慘，亦即伏於此。最妙起手二行，敘得有勢。（《左傳翼》尾）曲沃之城，獻公明露本謀，寵之實以卑之也。賜耿、賜魏，優待趙夙、畢萬，正以夷申生與諸臣等耳。獻公此舉，原非無心部署。不知欲薄其子，反以厚其臣，此中有天道在。使乖用術，究竟何益？後世人主翦除骨肉，實足爲奸雄驅除難耳。士蒍知廢，猶是人意中語。卜偃知興，非具深識遠慮者不能也。左氏于此，特爲垂戒，已是隻眼千古。滅桓莊之族，皆士蒍爲之主謀，所以爲太子也。分之都城而位以卿，在他人夢夢，不覺士蒍早已窺破公隱。"不得立矣"一句，大有聲聲叫奈何之意。重耳、夷吾以出亡而存，申生以不逃而死，"爲吳太伯"實爲上策，若從其言，何至有新城之禍哉？一爲奪嫡伏脈，一爲分晉張本。其實分晉之禍即胎於奪嫡中，兩事實屬一串。左氏前略後詳，正深爲獻公惜也。敘畢萬，一卜偃，一辛廖，似屬兩對。因卜偃之言追敘辛廖占繇以實之，兩段亦止一段。趙夙帶敘不多贅者，固化板爲活之法，亦因無卜偃、辛廖實證耳。文之詳略，因乎事之有無，不得概以浮詩疑之也。（《日知》尾）前對舉，後並峙，若平列者。然申生冀邀天祚，畢萬已得天啓，又若借下形上者。橫嶺側峯，固難執孰爲廬山真面也。（文淵尾）以大夫之後爲公侯，反映太子之不得立，此篇之結構也。然卜偃之言實無理，故述辛廖之占以徵之。（高塘尾）俞桐川曰："知廢知興，深於天人之義。晉侯既滅桓、莊之族，又吞與國、翦同姓，以爲子孫不拔之基。豈知殺子之禍，即伏於此。分晉之慘，亦即伏於此。然則損人以自利者，適所以戕骨肉而資仇讎也。"最妙起三行，敘得有勢。（《評林》眉）毛晉："'震爲土'以下，如漢郊祀三言詩。"（王系尾）偃以人名地名之合，斷其有象，不已纖乎？廖筮似信，然亦安知非分晉後曲爲附會乎？是亦夙占之類而已矣。此篇是伏脈文字，申生，近脈也。趙夙、魏萬，遠脈也。厥後三卿分晉，此爲胚胎之始，是部中大結構處。（方宗誠眉）前封賜三人，後止論太子、畢萬而不及趙夙。論太子止士蒍一段，論畢萬則有卜偃、辛廖兩段，文法參差錯落，毫不平板。收句回應"畢萬之後必大"。（方宗誠尾）齊桓正盛，而左氏載公子完之將興；晉獻正盛，而左氏載畢萬之後必大。外盛則內衰，陽極則陰生，而文法亦通部相照應。（《學餘》尾）作二軍，滅三國，甚盛事也。而自智者觀之，則申生之死，三家之分晉，從此兆矣。禍亂滅國者無後，左氏之垂戒深哉！錄申生事止此，此後不足言，亦不忍言矣。予殺人子多矣，能無及此乎？不謂其竟自殺之也。（閩生夾）先大夫評曰："載此占與田完同。蓋田氏未取齊、三家未分晉，識者已能見之。姚姬傳乃疑爲吳起所續，何其專輒耶？"

◇閔公二年

【經】二年春王正月，齊人遷陽。（《評林》眉）啖助："移其國於國中而爲附庸，蓋桓公之強力施于可取者如此，非有興滅繼絕之心也。"夏五月乙酉，吉禘于莊公。（《評林》眉）吳徵："莊公薨，喪二十七月而遽吉祭，僭用禘禮之盛樂，非別有所追享而降莊公爲配食也。"秋八月辛丑，公薨。（《評林》眉）鄭玉："弑君之賊討，則書葬。慶父雖縊，不以賊討，猶不討也。"九月，夫人姜氏孫于邾。（《測義》夾）吳澂氏曰："哀姜不奔齊而奔邾者，身負大惡，自歉于心，而畏齊桓，故不敢歸齊也。《春秋》雖不去姓氏，而直書孫于邾，絕之之意已著矣。"公子慶父出奔莒。（《評林》眉）高閌："先書公薨，而繼書孫邾、奔莒，則知夫人姜氏、公子慶父實弑公也。"冬，齊高子來盟。（《測義》夾）姜寶氏曰："或曰：'不言齊侯使之者，權在高子也。'恐不然。善高子之能安魯，所以善齊桓也。"（《評林》眉）程子："高子來省難，然後盟，盟未前定也。稱高子，善其能恤魯。"王葆："魯危而復安者，內則季子，外則高子，春秋內外大夫之美者，莫過于二子，故皆以子稱也。"十有二月，狄入衛。鄭棄其師。（《測義》夾）鄭樵氏曰："《春秋》即其舊文而因之，如'鄭棄其師'出于汲冢之類是也。"

【傳】二年春，虢公敗犬戎於渭汭。舟之僑曰："無德而祿，殃也。殃將至矣。"遂奔晉。（魏禧尾）邱維屏曰："勝戎而奔，較勝楚而祈死者，所見尤遠，當虢之殃尚爲無跡也。"（《分國》尾）末世之祿，大抵皆無德者享之，而殃亦不止，何也？曰："天富善人，亦富淫人。富淫人以厚其毒。"(《左繡》眉）虢舟僑、虞井伯，恰似一流人。亡國未嘗無才，奈天奪其鑒何？連寫兩"昳"字，傳見幾不終日之神。（《左傳翼》尾）此即晉卜偃意，不諫而奔，不可諫也。無望之福，無望之禍，古人每以爲懼，大都如此。（《補義》眉）可謂見幾而作，城濮之役以先歸死，何也？

　　夏，吉禘于莊公，速也。（美中尾）葉石林曰："吉禘者，喪畢而祭，新主致於廟，遠主遷於祧。莊公之薨，二十有二月耳，未應吉而吉也。又禮，行於太廟，以其祖配之，莊猶在寢耳，非所配而配也。"（《評林》眉）《論語集注》："趙伯徇曰：'禘，王者之大祭也。'王者既立始祖之廟，又推始祖所自出之帝，祀之於始祖之廟，而以始祖配之也。成王以周公有大勳勞，賜魯重祭，故得禘於周公之廟，以文王爲所自出之帝，而周公配之。然非禮也。"王元美："禘禮當行於大廟，今禘于莊公，將屈太廟、群廟之主而就莊公以行禮乎？則爲屈尊從卑，此失禮中之失禮。若夫以諸侯而用天子之禮樂，魯國行之已久，不足譏矣。"〖編者按：凌稚隆作家鉉翁語。〗

　　初，公傅奪卜齮田，公不禁。（《左繡》眉）兩人合傳，有各敘者，有串敘者，此則其串敘者也。然上半篇寫共仲，下半篇寫哀姜。兩人共事，而于前單寫賊公武闈，若于哀姜全無干涉者。到後筆筆串出，便是前疏後密，前暗後明等作法。其間前從公敘起，後即以公作轉楗。前陪一成季，後陪一齊人。前寫奔莒，後寫孫邾。前寫縊，後寫殺。前寫賂歸，後寫尸歸。前寫奚斯哭而往，後寫僖公請而葬。都兩兩相准成章，於參差見整齊，此合傳之正格也。

　　秋八月辛丑，共仲使卜齮賊公于武闈。成季以僖公適邾。共仲奔莒，乃入，立之。以賂求共仲於莒。莒人歸之。及密，使公子魚請，不許。哭而往，共仲曰："奚斯之聲也。"乃縊。（《測義》夾）姜寶氏曰："共仲之奔莒，蓋畏桓討而去也，齊桓可謂能知義矣。若季友計安社稷，使賊無所奔，其忠亦安可少乎？而胡《傳》猶譏其失賊，責之過矣。"（《左繡》眉）此處正傳共仲，故成風托僖事不得夾入，而成季只用輕點，此史家剪裁一定之法。兩段都點入僖公，又是暗立大主腦處，不可不知。（《評林》眉）《經世鈔》："或謂畏桓討也，觀齊殺哀姜，亦可見行賂有不可非者，此類是也。聽其自縊，不顯戮之，失刑矣，立後甚矣。"（方宗誠眉）敘成季定亂。

閔公，哀姜之娣叔姜之子也，故齊人立之。共仲通于哀姜，哀姜欲立之。閔公之死也，哀姜與知之，故孫于邾。（閭生夾）補敘，文勢便不平順。齊人取而殺之於夷，以其尸歸，僖公請而葬之。（文熙眉）穆文熙曰：「季友始鴆叔牙，繼殺慶父，立二君以存魯之社稷，不知古大臣之功，何以加此。後人狃于平子逐君僭禮，併季友之功沒之。類指而目之季氏，是不講於《春秋》'毋相及'之義矣。」又云：「叔牙無罪狀，特以倡謀立慶父見殺，故可立後。慶父弒君有顯罪，何可與叔牙並立乎？成季於是爲失刑矣。」又云：「哀姜通於慶父，與謀弒君，罪不容誅。魯不能殺，桓公取而殺之，雄斷若此，乃稱伯哉！或乃謂婦人業已適人，不宜殺，謬矣！」（《分國》尾）共仲雖掌兵權，恃內援，弒閔之後，哀姜孫邾矣。奔莒而歸，一孤豚耳。天討終稽，但令自縊。原季友之意，不過以叔牙待之，使若無罪而死，以爲立後也。然愛書則不均矣。胡《傳》以共仲巨憝，卒難誅僇，比之祿產，又何迂與？雖然，藉非奔莒，盤踞內地，召卜齮爲羽翼，反哀姜于齊，魯事未可知也。（《左傳翼》尾）成季立閔公，又立僖公，先除叔牙，繼剪慶父，兩定大亂，宗社又安，所以爲公室輔也。叔牙與慶父爲黨，子般之死，閔公之弒，皆慶父爲之，必去慶父，魯難乃已，豈其然乎！齊人立閔公，而哀姜與共仲弒之，齊人所以殺哀姜也。嗚呼！文姜與襄公通而弒夫，哀姜與共仲通而弒子，所可道也，言之醜也，齊魯閨門之化安在？唯哀姜欲立共仲，共仲得以弒閔公。後半是前半緣起，乃倒敘法，非合傳體也。共仲魯討，哀姜齊殺，雖云討賊大義已伸，而奚斯哭往，僖公請葬，一味姑息，失《春秋》明王法、大復仇之義。杜氏以爲存兄弟母子之情，此中豈復有權衡乎？（文淵夾）季友歸魯久矣，何不討慶父而待其再弒君？其勢有不能耶？（《評林》眉）吳徵：「哀姜不奔齊而奔邾者，身負大惡，自歉于心，而畏齊桓，故不敢歸齊也。《春秋》雖不去姓氏而直書孫于邾，絕之之意已深矣。」《經世鈔》：「有淫行者，唐武氏且不顧其親子，況姊妹之子乎！」（方宗誠眉）補敘共仲之作亂，以哀姜與之通謀。（《菁華》尾）慶父之罪，重于叔牙，叔孫氏可立，孟氏不可立，季友當國，而不能分別言之，爲失刑賞之正。哀姜爲婦不貞，又與弒二君，一死不足蔽辜，齊人取而殺之，足以一快人心。爲僖公者，絕之於廟可也，請而葬之，無謂之至。卜齮、圉人舉二事相映帶成文。

成季之將生也，桓公使卜楚丘之父卜之。（《評林》眉）按：

或云："楚丘之父，卜人名，非父母之父。"不知孰是。曰："男也。其名曰友，在公之右。間於兩社，爲公室輔。季氏亡則魯不昌。"（韓范夾）強臣亦國運耶？又筮之，遇《大有》之《乾》，曰："同復于父，敬如君所。"及生，有文在其手曰"友"，遂以命之。（文熙眉）汪氏曰："能品。"穆文熙曰："魯之仲子有文在手，曰'爲魯夫人'。成季亦有文在手，曰'友'，是何魯之多奇也？"（《分國》尾）天生成季，與魯終始。季氏亡則魯不昌，直照見哀公以越伐魯而去季氏。此叔孫指楹曰："雖惡此，豈能去乎？"比之於楹，誠倚之也。（《左繡》眉）將生、及生、名友、文友，此起結呼應之最見成者。載震必問男女，多着筆則又屬閒話。只以"男也"二字揭過，安頓有法。卜繇凡三易韻，益以筮詞，恰與"社"、"輔"爲隔句韻。前後凡韻語都各有章法，不及詳論，讀者隅反可也。是又一仲子也，與唐叔鼎而峙矣。俞寧世曰："有文在手，乃在桓公母子，亦奇。"（《喈鳳》尾）敘季子始生之異，即爲僖、宣以後春秋伏案。寧世先生謂埋伏後案與陳敬仲奔齊同法，眼光直無不到也。讀古者不惟資以爲文，亦因以論世。況《春秋》與《論》、《孟》相經緯，尤不可忽。是集凡有關於四子書者，寧汰他文而多鈔譔，爲此也。按：昭末年傳史墨述始生事，因云："既而有大功于魯，受費爲上卿。"至於文子、武子，世增其業。文公薨，東門遂殺適立庶，君於是乎失國，政在季氏，於此君四公矣。季氏事合此觀乃備。（《補義》眉）汪云："三桓係魯一大轉局，前敘仲、叔，今特志季氏，已見輕重。卜筮手文三層疊下，步步見異。"閻百詩曰："按：'吾鄉張文潛生而有文在其手曰耒，故以爲名，而字文潛。'陸務觀云。"（王系尾）此篇是閔公薨、慶父奔莒、夫人孫于邾傳。凡三段，前二段釋經，爲正敘。後一段似追敘，實爲連敘。志季氏專魯之始也。成季之勳，寵之非過。而其子孫世竊魯柄，私門盛而公室卑。履霜之戒，左氏其嚴矣哉！（方宗誠眉）補敘成季之定亂，以成風之屬僖公。

　　冬十二月，狄人伐衛。（《左繡》眉）此篇作兩半讀，前半敘狄入衛事，後半敘立戴廬曹事。亡衛以國人故，上半國人起，國人結。存衛以齊侯故，下半總提以齊子起，分敘以齊侯結。至上下聯絡映帶，則大題小做，純以零星點綴見姿致。蓋畫家小李將軍金碧山水筆意也。凡敘事以類相從，筆墨始成片段。此篇開口敘一好鶴、乘軒事，以後便從此附麗作章法。如玦也、矢也、繡衣也、不去其旗也、賦《載馳》也，直至末段乘馬也、祭服五稱也、魚軒也、重錦三十兩也，首尾映耀。極敗意之事，卻寫成極生色之文。得此筆意，更無枯寂題矣。並牛羊豕雞狗都寫入成妙文，史公百肉賬簿，此應作其嚆矢。以好鶴亡國，亡國之韻者也。文亦以風雅之筆稱之，妙絕。

　　衛懿公好鶴，鶴有乘軒者。將戰，國人受甲者皆曰："使鶴，鶴實有禄位，余焉能戰！"（鍾惺眉）"皆曰使鶴"三語，怨而謔，妙絕。"盜從東方來，令麋鹿觸之足矣"，亦是此意。然語輕，去此遠甚。（韓范夾）平居則隱忍不敢言。臨難則顯然怨懟其上矣。爲人君者，不能使天下無患難之時，當使其民無怨上之心。（《補義》眉）吕東萊曰："浮華之士高自標致，未聞畫一策、杖一戈，是亦異公之鶴也。此分兩截，上敘滅衛事，所以發明衛滅之由。下敘立戴成曹功由齊桓，所以發明經不書滅之義也。中間點出子女五人，正是興亡轉軸。"周云："望風瓦解，如入無人之境，言'遂滅'，滅之易也。"又云："許不能救，夫人所以賦《載馳》，大義至情何減秦庭之哭？故夾敘宋齊之中。"（《評林》眉）王元美："衛之見滅，非特懿公好鶴以失人心。自惠公即位，宣姜淫恣，耽樂忘政，亡形已具，而懿公又重之，故狄人一至，而遂渙然散去不支耳。《春秋》所以止書人而不言滅也。"〖編者按：凌稚隆作張洽語。〗（《學餘》眉）亡國之音，喪敗之象，加之點綴，愈覺不堪，神筆也。（閩生夾）就好鶴寫衛之敗，異樣奇采。公與石祁子玦，與甯莊子矢，使守，曰："以此贊國，擇利而爲之。"與夫人繡衣，曰："聽於二子。"（《彙鈔》眉）敘出匆忙中不及細詳，取物示意，具見倉皇情景。渠孔御戎，子伯爲右，黃夷前驅，孔嬰齊殿。及狄人戰於熒澤，衛師敗績，遂滅衛。（《評林》眉）王季重："懿公之臨患擘畫，亦無捍禦守備之略，安得不敗！"按：王震《左翼》本"敗績"下有"懿公死焉"四字，傳文有注曰："四字用《史記》補。"衛侯不去其旗，是以甚敗。狄人囚史華龍滑與禮孔，以逐衛人。二人曰："我，大史也，實掌其祭。不先，國不可得也。"（韓范夾）古人愚夷狄，往往如是，未嘗不見信也。（《評林》眉）楊慎："衛懿之失民如此，即去其旗，曷救於敗乎？"（閩生夾）亡而復存，又就二人作波折，無一平筆。乃先之。至則告守曰："不可待也。"夜與國人出。狄入衛，遂從之，又敗諸河。（文熙眉）汪道昆曰："敘事能品，'受甲’、‘贊國’章法。"（孫鑛眉）敘戰事亦妥悉有致。（高嵣眉）前半直敘入衛之事，"好鶴"一事，"使鶴"數語，皆是亡國景象。

初，惠公之即位也少，齊人使昭伯烝于宣姜，不可，強之。生齊子、戴公、文公、宋桓夫人、許穆夫人。（韓范夾）無戴公、文公，則無衛矣。人固不論其所自出也。且兩夫人又皆賢，此亦奇也。（高嵣眉）後半拖序入衛以後事，立戴廬曹，皆爲復衛張本。分敘五人處，于文公則首提，于宋桓夫人單敘其夫，戴公、許穆夫人又不一連敘去，中用"遺民"數句隔斷，齊子重敘而兼及其子，輕重詳略皆有法。抽出文公先提，文公復衛也。重敘齊子，歸結齊桓封衛也，皆文字體裁筋節處。（《評林》眉）劉懷恕："齊人使昭伯烝宣姜，生文公，竟以有衛，稱賢君焉，則聖賢果不係於世類也。然非禮甚矣。"（閭生夾）此總挈法，《史記》多此種筆意。文公爲衛之多患也，先適齊。及敗，宋桓公逆諸河，宵濟。衛之遺民男女七百有三十人，益之以共、滕之民爲五千人，立戴公以廬于曹。（《彙鈔》眉）昭伯，公子頑也。宣姜，惠公母。中間頭緒頗多，一絲不亂，何周匝至此？（《學餘》眉）愈散碎，愈瑣細，愈覺映照風流，乃知筆筆閑，正其筆筆到也。許穆夫人賦《載馳》。齊侯使公子無虧帥車三百乘、甲士三千人以戍曹。歸公乘馬，祭服五稱，牛羊豕雞狗皆三百，及門材。歸夫人魚軒，重錦三十兩。（王源尾）文字惟不可捉摸方臻勝境，如懿公好鶴，將戰而先敘國人使鶴之語，其敗可知。若徑序其敗，何趣乎？惟特地將他規畫方略鋪敘於前，然後方將敗亡敘出，人豈能捉摸得定乎？今人爲文，以無間爲工。古人爲文，以有間爲奇。韓信背水爲陳，趙人望見大笑，非以其有間乎？不知兵法之妙，正在於此。此文自"衛侯不去其旗，是以甚敗"而後，竟無一字及懿公，如以爲死，觀此二語，則懿公尚存。如以爲存，何以後幅不及懿公，而竟敘戴公之立？非左氏之一間乎？孰知文章之妙，正在於此。夫日月麗天，顯然共見其往來之跡。寒暑默運，隱然莫測其消長之形。用筆有隱顯，亦猶是也。然吾用顯筆而無筆不顯，人固見吾章法所在。即吾用隱筆而無筆不隱，人亦可尋吾章法所存。唯既以隱筆結於前，而旋以顯筆提於後。則顯然者，人之所注目。而隱然者，人之所不察矣。懿公之死，乃在甚敗之後。衛國之亡，即在公死之後。國亡君死曰滅，例也。則懿公固隱然消繳於一"滅"字之中矣。但使書滅衛於甚敗之後，而滅衛之下即敘戴公之廬曹，蹤跡尚有可尋。唯于滅衛之下，緊接曰"衛侯不去其旗"，則尚有懿公在也。曰"是以甚敗"，則猶未至於死也。然後將懿公截然撇起，於是讀者芒芒然入於雲霧之中矣。不知復提衛侯者，追述也，即誤敵之奇兵，韓信之水上軍也。特書"滅衛"者，結衛侯也，即破敵之奇兵，持漢幟之二千騎也。敵之笑我者在此，而我之破敵者已在於彼矣。孰測其如神之妙也哉？狄入衛，又敗衛人於河，宋桓公遂逆諸河而立戴公于曹，原是相連事，卻于"又敗諸河"之下一斷，忽將惠公提起。提惠公者，所以敘昭伯。敘昭伯者，所以出戴公與宋桓也。戴、桓既出，於是復以"及敗"二字，遙接上文。然後落出桓之逆衛人而立戴公。如此敘法，當費幾許經營？結尾一段，鋪張妙絕。原是一篇亡國敗家文字，寫衛侯之敗，狄人之入，衛人之亡，戴公之立，亂離光景，如落葉秋風，雨零星散，衰颯極矣。使如此即索然而住，文章便無收煞。故借齊侯戍曹、歸公乘馬云云，極力鋪張。將從前景況，洗發淨盡，煥然復覺氣象維新。如大寒之後，萬物凋零，忽爾春風鼓動，欣欣向榮。文章至此，那得不令人快煞！（《左繡》眉）惠公事不過另提頭敘法，非追敘例也。上段三"敗"字自作片段，下段用"及敗"二字串落聯絡成篇，首尾照應。又，上段伐衛、滅衛、入衛作章法，下段連寫七百有三十人、五千人、三百乘、三千人，又乘馬五稱、皆三百、三十兩，許多數目，與前二子、二人、兩國人，多少相映，皆文字各成片段處。大概文字長短疏密，都要相濟相錯，出沒不拘，而合之則成一大章法，分之則自成小章法，乃千變萬化而不可易者耳。連敘五人，于文公則首提，于宋桓夫人，單敘其夫。戴公、許夫人又不一連敘去，中用遺民多許人作一隔斷。于齊子則倒煞而兼及其子。順逆詳略，輕重分合，無法不備矣。抽出文公，文公復衛也。倒煞齊子，齊侯封衛也，皆文字體裁筋節處。分點五人中，尤要玩其穿成一片之妙。齊子，女齊之子。唐云："長衛姬生無虧，故使戍曹。"俞以歸夫人為迎齊子歸。按：《正義》解"歸"字一例，此說未是。（美中尾）姜白巖曰："讀左者，不但當諦視之，尤當細聽之。如此篇，諦視之，衛懿以好鶴乘軒亡國，凡牛羊雞狗乘馬魚軒祭服重錦，特地鋪張烘托，將一種荒涼凋殘景狀，寫得綺錯花團。及細聽，句中有奔突之軍，有戰敗之卒，有徧野呼號，有遺民擾攘，有夜舟爭渡，有車馬馳驟，使千載下覺耳邊百刃交攢。而不明敘出者，蓋亡國之慘，不忍形容也。"（《左傳翼》尾）好惡爲治平之要道，好專在鶴，顛倒錯落，不問可知。官不及私昵，爵罔及惡德。小人竊位，尚足令國人解體，況鶴乘軒乎？然則公之倚爲腹心，任爲爪牙，如石寧、渠孔、子伯輩，皆鶴類也。華龍滑、禮孔安知非素懷憤懣，藉以報復，爲狄佈告聲勢，使守者望風而逃乎？不獨受甲者皆曰使鶴，能令國亡君滅也。觀與石祁子玦云云，分明舉目無親，禍不旋踵，早已看在眼裏。勝敗軍家之常，一敗遂滅衛，遂者，易辭也，言其君臣俱盡，非復尋常喪師敗衂者比也。宣公宣淫，釀成後世之亂，而復國者卒爲宣姜之子。孫執升以爲天道至此，殆不可測，諒哉！齊嘗救邢矣，豈不能救衛者？況衛滅之後，尚復戍曹，又有宋爲之犄角，而狄來不問，致使其亡也忽焉，不能親民，焉能睦鄰，觀後之立戴戍曹，愈知懿公之内外無親，自取滅亡也。不然，狄人長驅至河，遇宋桓而返，彼豈漫無顧忌者？以是知狄非能滅衛，衛自滅耳。衛自康叔以來，享國長久，公族繁盛，人民衆多，今一敗塗地，遺民僅七百三十人。先公子孫僅餘戴公兄弟，狄人荼毒之慘，千古罕有，靖康之禍不烈於此矣。君虐民，民叛君，同歸於盡。養士數百年，竟無有以伏節死義聞者，尚忍言乎？諸姬環列，亦無有興一旅之師以相救援者，而迎立遺戍，乃在宣姜數子墶也。周之子孫日失其序，於此益見。吾于秦穆夫人及齊子三人而知惓惓宗國，患難不忘，令人發生男不如生女之歎也。（《日知》尾）處處錯綜，層層掩映，畫家無此神行之筆。衛之傾覆，成於宣公、昭伯之世，懿無與焉。然懿能君人，猶可苟延。奈昏亂之後，繼以放誕，故從好鶴敘起，而于中幅"惠公之即位"云云，暗溯其傾覆之本。衛之中興，始于齊桓恤鄰，成于文之勵精，然宋實先齊，戴實先文，故立戴廬曹，特書于遺民之後，文公只用虛筆頓放。戍衛歸衛，特書于歸曹之後，宋桓只作中間過接。《載馳》一賦，夾敘中間，隱隱見轉敗爲存，非獨内有賢嗣，外有強鄰，即遠適小國之女，亦有急難仁親之志，此垂爐之灰所以復燃也。而於中幅"生齊子、戴公"云云，先作提絜，合讀之則前半捯作跌勢，後半捯作轉勢，零星瑣碎，合成無縫天衣。前賢云云，恐未盡其妙。（盛謨總評）師已敗，衛已滅，港絕流斷矣。忽出二人，飛仙而渡，令人目瞪神驚，蓋其用"夜與國人出"句爲渡，以"我太史也"數句作舟，又用"宵濟"二字一頓，落到"立戴公以廬于曹"句，方下帆繫纜矣。俄爾滅，俄爾夜出，俄爾敗諸河，俄爾逆諸河，奇險不測，卻妙在先伏"擇利而爲之"一筆爲渡消息，後用"宵濟"二字爲渡風帆，此種設伏過接之巧，任後人乞不得。（高嵣尾）俞桐川曰："敘入衛，如履無人之境。後段四行文字，安放齊子輩五人，極簡極古，其寫亂雜草創之狀，不出繪圖而觀矣。衛宣公烝于庶母夷姜，生急子，爲之娶于齊而美，宣自娶之，是爲宣姜。此《新臺》詩所由作也。宣姜生壽及朔，壽賢，宣姜與朔構急子，壽與急俱死，衛人爲之賦《乘舟》。嗣朔立，即惠公也。昭伯，惠公庶兄，烝于宣姜，又生戴公、文公等五人。《牆有茨》之詩，即其事也。是惠公與戴公、文公，叔姪同母，淫亂已極。誠所謂中冓之言，不可道也。然壽與急皆賢，芝草無根，醴泉無源，信哉？（《評林》眉）李笠翁："懿公其時適有宋桓之賢婿與齊桓之賢伯，故得安於滕之民，處曹邑，而復造《定之方中》之業，不則盡爲狄俘矣。"按：兵車一乘，以甲士三人，步卒七十二人爲常制。今言車三百乘，甲士三千人，則每乘甲士十人也，故注曰異於常。（王系尾）此段敘宋桓公急婚姻之難，許夫人致同氣之情。齊桓霸主，不專爲婚姻，然亦一婚姻也。文情斐亹，若專應上段者。實通敘衛事，又以宋、許畏狄，襯起齊桓霸略，爲前後傳筋絡，是文章神化處。此篇散敘，似岳武穆之師，人自爲戰者。而不相參涉處，又互爲倚伏。意外有意，事外有事。意常有餘於事，事復生無窮之意，五花八門之陣也。入者皆迷，而運用之妙，存乎一心。常山蛇勢，殆謂是與！（武億尾）此篇分兩半讀。上半敘入衛事，下半敘立戴事。大題小做，上下聯絡映帶，純以零星點綴見姿致。蓋畫家小李將軍金碧山水筆意也。（《學餘》尾）"新臺有泚"，宣公其無後乎！"二子乘舟"，惠公其無後乎！文公之中興也，康叔、武公之澤也。雖然，木瓜之美，民歌舞之矣。（《菁華》尾）春秋之世，夷狄之禍，未有如衛之酷者。比之晉、宋中葉，幾無以異。迨桓、文繼起，相繼劃除，而其害始息。觀衛懿公出師之始，佈置亦似有法，乃人心已去，土崩瓦解，不復可爲，國隨以亡，非戰之罪也。"使鶴"三語，怨毒之至，平時所隱忍不敢言者，到此不覺沖口而出。宣公烝于夷姜，昭伯復烝于宣姜，穢德相承，竟成家法，可笑！文公中興之主，宋桓、許穆兩夫人亦皆賢女，天生此輩，而皆出於不貞之婦，怪極！論者姑爲之説，以爲此乃康叔、武公之澤方興未艾。然何不使他子孫當之，而專屬之人人唾棄之人，愈不可解！詳志喪敗情形，而衛侯之被禍自見，納肝之事，舍而不登，非略也。

鄭人惡高克，使帥師次於河上，久而弗召。師潰而歸，高克奔陳。(韓范夾) 不意退臣有如此權宜之術。鄭人爲之賦《清人》。(《左繡》眉) 經文"鄭棄其師"，杜注謂："克狀其事以告魯。"看《傳》當是夫子特筆，所以深責鄭也。爲之賦《清人》，高克則亦已矣，其如清人何？淡淡一筆，直爲經"鄭棄其師"四字傳太息之神。師者，清邑之兵，前不敘明，留於引《詩》點出，此互見法，得此乃字字簡潔。(《左傳翼》尾) 狄滅衛，鄭爲宗盟，不能出師救援，而河上之師，乃爲惡高克而使也。賞罰，人君之大柄，高克不肖，何難黜而遠之？而乃使之帥師而不召，以致師潰而歸，馭臣馭民，兩失其道，宗盟之不恤，又何責哉！惡一小人，退之不以其道，乃至捐一邑民命而不之顧，殘虐甚矣。特書鄭棄其師，重民命也。(王系尾)《公羊》、《穀梁》皆言鄭文公惡高克，此言鄭人，明克亦人所同惡也。既所同惡，則宜以義逐之。使帥師而弗召，欲以師潰爲克罪，師則何罪哉？經書"鄭棄其師"，罪文公也。君而棄師，蔑與爲國矣。

晉侯使大子申生伐東山皋落氏。(孫鑛眉) 此是文本原。(《彙鈔》眉) 通章七段，首段以"將戰"作結，故末段于煙波黯慘中復出"將戰"以結之。中五段則前後各言常法，中三段以逃爲從權。看其章法，真前茅、後勁、中權，有率然之勢。(《淵鑒》眉) 申生之禍，機牙已成，雖無偏衣金玦，其得免乎？左氏雜引諸臣之言，變化錯綜，文特古藻。東萊呂祖謙曰："里克告父以慈，告子以孝，其處父子之間，可謂至矣。其後驪姬殺申生之謀已成，憚克而未敢發，使優施以動之。而克乃曰：'吾其中事乎！'夫兩刃之下不容足，克守前術而應後勢，宜其敗也。"臣英曰："晉獻公只因'寡人有子'一語，遂使讒間窺伺，申生獲戾。觀其諸臣聚謀，懼而不怨，怨而不叛，至今讀之，猶有凄風寒雨之色。"臣荌曰："諸大夫多勸申生去，然捐階掩井，舜亦安之矣。故《西銘》曰：'無所逃而待烹，申生其恭也。'"臣士奇曰："辛伯所諗四事，是千古亂源，左氏特爲拈出。"(《左繡》眉) 此篇一事分作兩項說，前半論太子帥師之失，後半論偏衣金玦之危，然以太子不可帥師爲主。偏衣、金玦不過就上事抽出旁論，故末段只歸重孝而安民作結，輕重可見矣。(《補義》眉) 此亦敘殺申生始事，言獻公非即有殺之之意，而深惜申生之死也。作兩截看，上論帥師之失，下論佩服之危，總以"寡人有子"二語爲主腦。獻公最指點得明，里克最理會得到，狐突最處置得宜，總不出一"逃"字。通篇逐層脫卸，或順或逆，或斷或聯，嗃嗃之音，一堂聚哭，更何從下一斷語，悽絕！（高塘眉）前截是初命時論太子帥師之失，里克諫詞，固國本，崇國體，卓識崇議，爲千古論太子所本。後對太子語，亦秉持義理之言。"何故廢乎"、"無懼弗得立"、"則免於難"等句，於本事作反激，以作頓挫之勢。（方宗誠眉）晉侯欲廢太子，故使帥師，欲因罪以廢之。**里克諫曰："大子奉塚祀、社稷之粢盛，**（孫琮旁）首言家政。**以朝夕視君膳者也，故曰塚子。君行則守，有守則從。**（孫琮旁）次言國政。**從曰撫軍，守曰監國，古之制也。夫帥師，專行謀，誓車旅，君與國政之所圖也，非大子之事也。**（孫琮旁）只就帥師說，所謂不敢深言也。**師在制命而已。稟命則不威，專命則不孝。故君之嗣適不可以帥師。君失其官，帥師不威，將焉用之？且臣聞皋落氏將戰，君其舍之。"**（孫鑛眉）正論，然文卻平。（《文歸》眉）蔣尚賓曰："里克亦善處人骨肉間。"（《左繡》眉）里克語與後狐突諸人本一樣意思，卻因誤會獻公"有子誰立"之言，將謂伐狄有功，猶得不廢。文字到此一松。下半篇接寫先友之言，又著實鬆去。然後層七轉緊，直至太子將戰，狐突透底説破，回應前文，總成一哭。此以下截申上截格，初非各自立論，不相照應也。前後凡五點"孝"字，正一篇線索眼目處。（《評林》眉）陳卧子："克恐太子軍敗得罪，則必見廢，故陳悉利害，以說獻公，使勿令太子將也。此段凡五轉，筆力極其變化。"丘維屏："'稟命'兩語，盡使子將兵之弊，雖肅宗靈武之立，亦未免由此不正。故凡當垂亡而欲使子圖存之日，只有傳以大位而已，餘日則必不可使將，豈惟太子不可，即諸子皆不可也。若唐之高祖、太宗，方事取天下者，則使之專命可也。"（閩生夾）此皆倒攝太子之死，而里克窺探君心，小人心事如繪。**公曰："寡人有子，未知其誰立焉。"**（孫琮旁）前許多含吐，才請出此句。**不對而退。**（《左傳雋》眉）王鳳洲曰："太子，國之本也。本搖則國從之。里克當獻公問其誰立，即舉申生以對。濟，君之靈也。不濟，以死繼之。夫誰曰不然？乃隱忍不對而退，優施飲之酒，而動之歌，又繼之以中立之言，新城之禍，皆克之貽也。"（《文歸》眉）陳渼子曰："不對而退，不可再對也，如勿聞者然。"

見大子，大子曰："吾其廢乎？"對曰："告之以臨民，教之以軍旅，不共是懼，何故廢乎？且子懼不孝，無懼弗得立，脩

己而不責人，則免於難。"（《測義》夾）愚按：是時申生已爲太子，而獻公乃曰"未知誰立"，其欲立奚齊之意可概見已。申生既喻其意，使即移病請退，虛儲副之地而聽其立焉，則上順於親，下友於弟，而身享讓國之譽，即太伯不是過已，何至有新城之禍哉？〖編者按：奧田元繼作李笠翁語。〗（韓范夾）處人父子之間，其道止於如此。爲是言而成者，韓、歐諸公也；爲是言而不成者，里克也。（孫琮旁）處人父子之間，立言道宜如此。（《評林》眉）王臣："里克之對太子，似是而非。克既聞'未知誰立'之言，當明告太子，豫爲成謀，乃反其言曰：'何故廢乎？'狐突輩君意未顯，而猶測之。里克君意既彰，而竟隱之，亦何取此與子言孝之空言乎？其後惠公殺里克，不責以中立禍太子，致亂晉國，而責以弒奚齊、卓子，爲失誅矣！"

大子帥師，（孫琮旁）四字承上提下。（高塘眉）中段是臨行時論偏衣、金玦之危。皆揣摩時勢之言，先友作引，狐突重發，子養、罕夷、丹木三人輕敘，羊舌作結。故論衣佩則以狐突之說爲重，論道理，則以羊舌之言爲主。偏衣、金玦，似有意，似無意，從此逐層推測，極奇極古。行者欲行，死者欲死，戰者欲戰，止者欲止，令其君無所適從。讀其文者，無不悲其遇，是《左傳》竭力經營結撰文字。（《評林》眉）《匯參》："主意在不可帥師，故緊從帥師説落。"李九我："揣摩晉事，若符左契。"楊慎："先友之見，不及狐突、子養、罕夷、丹木遠矣。"公衣之偏衣，佩之金玦。狐突御戎，先友爲右，梁餘子養御罕夷，先丹木爲右。羊舌大夫爲尉。（文熙眉）汪道昆曰："'狐突'以下，章法、句法、字法俱是妙品。"（孫琮旁）提六人是綱。（《評林》眉）王荊石："此段原始要終，洗發獻公心曲最透。"譚友夏："當時偏衣金玦，疑亦出驪姬之意。"（方宗誠眉）後敘諸人之議論，而先將諸人一總提，文法乃不散漫。（閩生夾）從衣、佩倒提，趁勢鋪敘諸人一番，以開下文，所以深惜申生之死也。以下諸將聚謀，悲憤之氣滿紙。先友曰："衣身之偏，握兵之要，在此行也，子其勉之。偏躬無慝，兵要遠災，親以無災，又何患焉！"（孫鑛眉）本是不好，卻令一人說好起。（孫琮旁）目一。強爲解說，不達時宜之論。（方宗誠眉）先友之言是文中開筆，狐突以下方是正論。狐突歎曰："時，事之徵也；衣，身之章也；佩，衷之旗也。故敬其事，則命以始；服其身，則衣之純；用其衷，則佩之度。今命以時卒，閟其事也；衣之尨服，遠其躬也；佩以金玦，棄其衷也。服以遠之，時以閟之，尨涼冬殺，金寒玦離，胡可恃也？雖欲勉之，狄可盡乎？"（《左傳雋》眉）李行可曰："揣摩晉事，若符左契。"李九我曰："此傳若走盤之珠，圓活遒勁，字字針線，句句聯絡，句法、文法、字法尤奇之奇者也。"（孫鑛眉）狐突尊行也，故其論最深而盡，此是文腹。（孫琮旁）目二。狐突是尊行，故其言最深而盡。梁餘子養曰："帥師者受命於廟，受脤於社，有常服矣。不獲而尨，命可知也。死而不孝，不如逃之。"（文熙眉）穆文熙曰："諸帥之見，當以子養爲尚。"（孫琮旁）目三。此語更婉妙。罕夷曰："尨奇無常，金玦不復，雖復何爲，君有心矣。"（孫琮旁）目四。先丹木曰："是服也。狂夫阻之。曰：'盡敵而反。'敵可盡乎！（閭生夾）《國語》："且是衣也，狂夫阻之衣也，其言曰盡敵而反。"韋注："狂夫，方相氏之士也。阻，古詛字。言謂狂夫祭詛之言也。"今按：韋注極當。蓋公所衣之偏衣，亦非自爲，此制本巫覡祭詛之服，所由衣以此者，取其詛詞"盡敵而反"之言，實以隱示疏外之意也。雖盡敵，猶有內讒，不如違之。"（孫琮旁）目五。又進一層，無生路矣。（《評林》眉）按：《禮·王制》"宜社"注引《爾雅》云："起大事，動大衆，必先有事乎社，令誅罪得宜。"又《品字箋》云："祭之以求福宜，故曰宜。"《詔苑》："君命如此，其意可知。"狐突欲行。羊舌大夫曰："不可。違命不孝，棄事不忠。雖知其寒，惡不可取，子其死之。"（孫鑛眉）諸大夫各出議論，殆如送行文字，甚有態有色，但文多四字，稍覺方拙。（鍾惺眉）人申其說，正言危言，各自有心，各自有理，如聚哭一堂，千載之下有餘慟。（孫琮旁）目六。一語斷定行止。（《彙鈔》眉）諸大夫正言危論，各持一理，如泣如訴，讀之慘于易水之歌。（《左繡》眉）上段先緊後松，下段先松後緊，合之則爲蜂腰格。前後以兩"將戰"爲關鍵，包絡中間許多議論，又是鶴膝格。上半篇太子一層，帥師一層，至將戰一層，都不暢言，留末段狐突地步，此行文虛實互見妙法。下半篇另爲總提分應結構，以狐突爲主，先點御戎一筆，下以"歎曰"、"諫曰"，首尾呼應。中敘各人議論，忽將"狐突欲行"作一頓，最是文字提掇起伏妙處。否則何難將羊舌大夫一連寫去耶？先友語先作一開，夢夢得妙。必有之人，亦必有之文。數段以狐突爲主，故其語反復痛切，而文法亦最緊最變。泛論兩層，切論則作三層，既添一"時"字作三項，忽將衣、玦並說，化作兩項。又忽將金、玦分說，化作四項，筆意真不測也。以一字起，兩字收，句法、字法變化極矣。三人都承前段而申言之，子養著眼偏衣，罕夷著眼金玦，丹木接來一總虛說，而著意"狄可盡乎"一語，抉進一層。又一則點出"命可知"，一則點出"君有心"，一則點出"猶有內讒"，都是逐層推出。而以"逃之"、"違之"，跌出"欲行"，文勢一步緊一步，絕無轉身處矣。忽然羊舌大夫翻盡前說，一筆兜轉，以松爲緊，迥出讀者意表。作文最苦枯竭，熟復此等，自當層轉不窮耳。前從戰說到行，後又從行說到戰，回抱起手，收拾全篇。多而不亂，碎而不渙，絕妙章法。三段連用"雖"字，都是抉進一層法，又恰與狐突作呼應，無此即不成片段矣。"死之"配上"逃之"、"違之"，又是對下"圖之"，皆自成片段處。"諫曰"應上"歎曰"，是于本段中自爲起訖，語語與里克相應，又是於通篇合爲起訖。古今作手，總不出此法耳。通篇語語透切，已無不說。然文氣亦太偪迫矣。結處忽拖一歇後語虛宕作收，令讀者悠然不盡，真妙筆也。作文最妙是此種掉法。（方宗誠眉）羊舌之言又是文中開筆。

大子將戰，（孫鑛眉）煙波黯慘，復出將戰一奇。（高崶眉）末截是將戰時，乃總括情勢之論，通前貫後。引周桓公語，推原亂本，與篇首論太子事，足相追配，皆千秋金鑒。狐突諫曰："不可，昔辛伯諗周桓公云：'內寵並后，外寵二政，嬖子配嫡，大都耦國，亂之本也。'（文熙眉）四者致亂之本，自古皆然，而人鮮有悟之者，蓋其情有所溺也。周公弗從，故及於難。今亂本成矣，立可必乎？孝而安民，子其圖之，與其危身以速罪也。"（《左傳雋》尾）呂東萊曰："里克告父以慈，告子以孝，其處父子之間者至矣。其後驪姬殺申生之謀已成，憚克而未敢發。使優施以言動之，克猶用前術而不知變，曰：'吾秉君以殺太子，吾不忍。通復故交，吾不敢。中立其免乎？'驪姬得其中立之言，始無所憚，而新城之難作矣。是克知父子之間當兩全，而不知邪正不當兩立也。兩刃之下，人不容足。兩虎之鬬，獸不容身。驪姬、申生之際，夫豈中立之地哉？勢已新而方守其舊，勢已改而方守其初，用前術，慮後勢，克之所以敗也。"（《正集》尾）人申其說，正言危言，各自有心,各自有理,如聚訟一堂,千載之下有餘慟。鍾伯敬。(《文歸》尾)只偏〖編者按:或佚"衣"字。〗、金玦兩事耳,人出一見,口各一辭,而同歸於早識,冀多良材,此一徵也。(韓范夾)讀此數段,如立風煙黯淡之中,令人無所從適。(《快評》尾)獻公之于申生,本無間隙。二五謀而遠之,日遠日疏,而浸潤之譖行焉。所以移公之情、奪公之愛者,甚深甚巧,恐不在於語言行跡間也。閔公元年,晉侯作二軍,自將上軍,使申生將下軍,滅耿、滅霍、滅魏而還。為太子城曲沃,士蒍以為太子不得立矣,分之都城而位以卿,又焉得立?夫二五之始謀,使申生主曲沃之宗,雖曰遠之,猶太子事也。浸假而分之以土,浸假而位之以卿,猶太子事乎?然人不得以此難晉侯也,何者?太子將下軍,人將曰:"胡為位太子以下軍之卿?"則公且亦自將上軍矣。亦將曰:"胡為位公以上軍之卿乎?"既而滅耿、滅霍、滅魏而還,為太子城曲沃,人不得曰:"胡為分太子以土也?"太子主曲沃者,六年於此矣。此則以克敵之功而加之寵異也。即士蒍見及於此,惟有竊議於下耳,亦不得明諫之公也。至此則竟命以自將、盡敵,而曰:"寡人有子,不知誰立。"則太子之廢,不言可知。但未知三嬖二五之所以中獻公、謀太子者何術,乃能至於此也。里克之諫,猶以申生為太子,故反覆只論太子之不當自將,且以皋落氏將戰為太子危。豈知公于城曲沃之際,已為廢太子作地矣,不然,詎有太子而分之以地,命之為卿者乎?獻公是以不與之論自將之是非,只截斷里克口中"太子"二字,若曰申生未得便為太子也。然則里克適來無數議論,只為太子。而太子者,誰耶?里克不對而退,深知申生及群臣皆被獻公暗算,開口不得矣。城曲沃、將下軍,期年於此,公等尚在夢中,猶以為太子哉?申生曰:"吾其廢乎?"猶以已為太子也。里克不告之以廢與不廢,只教太子以不當憂廢。蓋公雖不以申生為太子,然亦未嘗有廢字出諸其口故也。里克亦可謂善處人骨肉之間者矣。太子帥師之際,公以偏衣衣之,金玦配之,寵異中伏無限殺機,更與城曲沃、將下軍不同,人於此而知其意之不善矣。乃先友故為好言,以慰太子之憂患,反引出狐突一歎。細將二事再四推原,終無一事可恃。夾以梁餘子養、罕夷、先丹木各出己見,議論紛紛,而狐突欲行,羊舌大夫又以為不可,到底付之無可奈何而矣。狐突聽三子之謀便欲行,而羊舌止之。太子聽羊舌之言便欲戰,狐突又諫之。寫惶恐之際,七嘴八舌,終無定見。所謂亂本已成,群言適足以亂其心曲而已矣。寫六人六樣意思,六種聲口，文亦六種章法，拉雜扶疏之至。狐突之言，復而整，是初發議論人，神理方在躊躇詳審之際。中間夾入梁餘子養、罕夷、先丹木三人，各出主意，而後接狐突欲行，方才是狐突自出主意。狐突因先友之言而歎，三人議論又因狐突之言而發，狐突欲行，羊舌又諫其不可，確是惶惶無定光景，讀之如親見其聚哭一堂，若只作平平六段讀過，便失卻無數光景矣。(王源尾) 嗚呼！申生，孝子也。無所逃而待烹，此其張本也。故"孝"字，眼也。羊舌大夫之論，正傳也。以議論爲章法，又一結構。獻公欲廢太子，此文起緣也。故里克之諫，所以杜其原，爲大起。狐突之諫，所以推其本，爲大結。然太子死于孝者也，故羊舌大夫之論爲正論，而里克之對太子，乃正傳先驅。中間先友之論，故作波瀾，乃客中之客。而狐突、子養、罕夷、先丹木四人，俱教太子以違難免禍，總非正也。偏衣金玦，不過借爲諸人生情立說，不可因議論紛紜，遂以此二者爲一篇眼目也。諸人共九段議論，妙在絕不旁著一語，只就諸人口中平平敘去，但用一兩筆聯絡之，穿插之。而或離或合，或正或反，或短或長，自成一篇天然恰好文字。然而讀來無甚奇妙，不知無甚奇妙，以其平平。而至奇至妙，正在平平。何也？古人爲文，未落筆，先有意。意在筆先，文隨意生。所謂心知其意者，此也。後人每刻意爲文，及問其意所在，覺處處俱有意，又處處俱無意。總之，不知用意，所以不知用筆。不知用筆，愈不知用意。如此文，用意只爲申生死孝作張本，故知羊舌數語，乃立意所在。妙在雜于諸人議論之中，一概平平敘去，且於衣、玦二者，寫得纍纍若若，如曹孟德七十二疑塚，處處是塚，卻不知骨在何處。此所以於平平之中，而獨藏其至奇至妙也。(孫琮總評) 唐荊川曰："通篇七段，首段以'將戰'作結。故末段于煙波黯慘之中，復出'將戰'以結之。中五段則兩言常法，而中三以逃爲從權，看其章法，前茅、後勁、中權，真率然之勢。數段雖有經、權之別，申生亦究爲其可爲者而已。至今讀之，猶使人掩卷唏噓。若其行文，或整或散，忽斷忽續，各有一段不能不言之情，又各有一段不相爲一之致，分番詳寫，筆筆欲生。(《彙鈔》眉) 奉身爲孝，不戰爲安民。戰而有功，其罪更速，真老成先見。(魏禧尾) 魏禧曰："里克之執義于父子間，可謂賢矣。然其後聽優施之歌而中立，何哉？克前之兩盡，天理也。後之中立，人欲也。蓋前者克之身無利害，惟見有獻公父子而已，其心公，公則明，故能執義。後則身入利害之中，懼難而求免，其心私，私則昏，故依違以苟全。然中立免身，而卒不免惠公之殺，爲人臣者，惟有執義而已，豈獨所欲有甚於生而已哉？呂東萊以爲守前術而應後勢，猶未爲確論也。嘗讀微子之書，見亡國之象。讀伐臯落之傳，見亂國之象。二三大臣，彼此歎息，彼此疑猜，悽涼悲惻，真有讀之不任聲者。晉諸大夫只就衣玦上看出許多不祥之兆，說得獻公事事有意，其實此等亦未必果有意也。總之，廢太子之意，人人知之，故舉手輒疑耳。觀申生讒死猶在四年之後，則知此時獻公尚未有殺太子之心矣。余嘗謂教太子以逃者，是矣。然受命以出，棄命而逃，豈臣子之義乎？若戰之不捷，而死於敵，則申生但可謂之死事，而獻公無殺子之名，申生何爲其不當戰也？爲申生謀者，必奉命而戰，戰而捷，使諸大夫致成功于君父，而已逃之，則庶乎其可也。"魏世傚曰："克爲太子傅，聞獻公'未知誰立'之言，當執義以死爭，何乃不對而退，若視越人之關弓者乎？且克知驪姬畏己，而挺身以護太子，則太子不死，未可知也。是故克之罪著於三旬不出，而克之情已見於不對而退之時矣。噫！克不能死申生，而荀息顧死奚齊、卓子，此所以成荀息之名也與？"（《分國》尾）人臣謀國，未有中立而能有濟者，或者事已成，身不爲人所畏憚，已成則難挽，不爲人所畏憚，則雖欲獨斷而不能。當獻公使申生伐東山臯落時，雖有廢立之心，其謀未洩。幸語里克曰："寡人有子，未知誰立。"爲里克者，當以申生既爲太子，進不從，以死繼之。顧不對而退，何也？至申生敗翟，自稷桑還，驪姬告優施曰："君許我殺太子，吾難里克，奈何？"優施曰："吾來里克，一日而已，吾教茲暇豫事君。"里克聞優施苑枯之歌，不殢而寢，意必有深謀至計，乃夜半召施，不過問曰："曩而言戲乎？"施曰："君許驪姬殺太子，謀成矣。"里克曰："中立其免乎？"遂稱疾不朝，三旬而難成。嗚呼！人臣當國，臨大節固如是乎？先事既不早爲之計，已爲人所畏憚，反爲人所奪，是太子之廢，廢于里克中立之一言。故傳曰："既與中大夫成謀。"里克爲中大夫也。然則里克者，洵申生之罪人哉！至申生縊，獻公卒，三公子之難作，殺奚齊、殺卓子，于事何濟？而已卒不免於夷吾之手，嗚呼！克亦愚矣，拙矣。臨行諸人之言，狐突爲不可易。（《晨書》總評）徐袞侯曰："巉岩峭壁，急管繁弦，其句法也。鬼怪離奇，獰獰搏人，其字法也。若章法片段，則先友、羊舌，同爲正論，偏於首尾分寫；末以狐突一諫，作不盡煙波。而其中層層剝盡，愈憤愈急，愈婉愈慘，直說到内讒，刺骨刺心，不自知涕泣之何從也。嗚呼！諸將聚談，孰意新城之鬼，羊舌一言爲定案哉？先輩謂如送行文字，則蕭蕭易水，當以白衣冠相送矣。"（儲欣尾）重耳、夷吾在外而存，爲太子謀，惟有逃之一法，但伐東山則非其時耳。爲吳太伯，士蔿早已言之，吾怪夫前乎此、後乎此之何以不去也！（美中尾）浦二田曰："臯落事不還下落，作者意在描繪孤孽情形，戰不戰非本旨所在，故逸之。"（《左傳翼》尾）人必有間也，而後讒言得入。獻公之間，狐突所謂亂本是也。自古未有母愛子抱而嫡不奪者，申生被驪姬二五離間出外，獻公爲其迷惑而不知，六年之中，日遠日踈，讒構以滋，公乃眞有廢立之志矣。前此分之都城而位以卿，士蔿雖窺見至隱，然公未有形跡。里克諸人猶不之信也。今此臯落氏之伐，而期以盡敵而反，出此難題，意欲何爲？欲太子爲懿公耶？爲高克耶？必盡敵則死於敵，不盡敵則死於法，即盡敵亦死於讒，申生於此不死則逃而已。太王欲立季歷，而太伯則逃。孤竹欲立叔齊，而伯夷則逃，孔子且以至德仁人稱之。而謂申生必以死爲孝，恐非大杖則走之義。申生之死，只是戀戀于國，冀幸其不廢，不肯逃耳。若早從士蔿之言，城曲沃而飄然高蹈，恩義兩全，身名俱泰，策之上者也。帥師而逃，已爲下策，然猶不致乃父有殺嫡立庶之名。狐突諸人，紛紛議論，未爲不是。至羊舌大夫之論出，而申生之死決矣。"死"字、"逃"字一篇眼目。獻公此時亦未有必殺申生之意，使其逃去他國，奚齊得立，便也甘休。只看伐蒲、伐屈二公子出走再不追尋，便見惟不肯逃避，勢不得已，不殺不休耳。申生之孝，史遷所謂遭變事而不知其權者。《西銘》："無所逃而待烹，申生之孝。"亦微含不足之意。謂此傳必以羊舌之論爲正，恐亦考之不精也。太子朝夕視膳，不宜一刻暫離。申生去新城已六年矣，里克何以不言，而待今日耶？只爲東山之伐，期於盡敵而反，此是萬難得志事。即掃地興師，糾合與國，公親自將，亦未必能，而況太子？此是死着，故里克爲太子危，知其意在廢立，口口太子，爲申生討下落耳。"臯落氏將戰"，懼其死也。"未知誰立"，不惜其死也。"子其死之"，勸其死也。"死而不孝"、"危身速罪"，恐其死也。里克既勉申生以孝，而猶以免難戒之，即是教之以不死。諸人所見略同，唯羊舌議論獨別，申生概不之從，欲從羊舌以死，他日新城之禍，始悔不用狐突之言，不亦晚哉？奚齊立，申生不得不廢，前此深藏其機，至此則開牙露齒，顯白於衆。既告里克，猶以偏衣金玦示意，一國臣民乃始如大夢之初醒也。紛紛絮論，原非背地裏說閒話，都是爲太子決從違耳。

"子其勉之"、"不如逃之"、"不如違之"、"子其死之"、"子其圖之"，七嘴八舌，太子寂無一言，只辦將戰，尚欲死中求生，可哀之甚也。一篇議論，前重里克，後重狐突，諸人或同或異，隨之以見，讀者正須識定賓主所在。狐突始而一欷，似今日始窺見獻公心事，其實尨涼冬殺，金寒玦離，雖決之此時，而竝后、二政、配適、耦國，早已斷之平日。其深識灼見，不惟先友諸人所不逮，即士蒍、里克亦未能或之先也。但獻公未露形跡，申生又孝，不便遽作此寒心之語。至此心跡已露，申生猶不覺悟，不得不大聲疾呼耳。讀者慎毋以狐突之言與諸人例看。（《日知》尾）前論帥師，後論衣玦，似乎兩分。然父疑誰立，子懼其廢，是點睛處。前數行以此爲歸宿，後半篇與此相回拱耳。後半六人之言，識議層遞，轉折蟬聯，固左氏集衆論以自成首尾者，然亦第言其文勢耳。若求其意，則滿堂動色，歧論紛出，言各有理，理各有當，然求一立而不廢之法，卒不可得，正見人人束手，生待宮中之讒而已矣。是以作者訕然而止，讀者悵然而歎，其妙全在言外也。（文淵尾）里克諫太子帥師，與狐突諫太子欲戰相對，里克諫太子懼廢，與羊舌大夫諫狐突欲行相對，首尾之對待何其整也！先友、狐突之言相敓，梁餘子養等之言相承，中間之脈絡，何其貫也！義法之精密如此，而又運以古筆偉詞，所以連述九人之言，而讀之不覺其冗也。（高塘尾）論里克兩論，執義于父子之間，可謂賢矣。及聽優施之歌，而依違苟全以中立，然卒不免于殺，何前後頓若兩人也？然吾謂克之中立，其情已見於此。唐錫周曰："里克含蓄不露，確是當面隱諷。先友數人，左思右想，確是背後商量。"俞桐川曰："以議論爲章法，又一結構。此文只爲申生死孝張本，故'孝'字一篇眼目。羊舌數語，乃立意所在，妙在雜于諸人議論之中，且於衣、玦二者，寫得纍纍若若，如曹孟德七十二疑塚，處處是塚，卻不知骨在何處。文敍伐狄，卻不敍戰之始末，以所重不在戰也。注意在廢立關頭，文情慘澹。"（《評林》眉）穆文熙："諸帥之言，當以子養爲高。"王季重："子養、罕夷、丹木則勸太子以逃，狐突則激太子以死，要之，死者爲正也。"《增補合注》："狂父，指獻公。阻，遠隔也。"汪道昆："'內寵'以下四者，致亂之本，自古皆然，而人鮮有悟之者，蓋其情有所溺矣。"李卓吾："狐突直陳時事極切當，而太子猶不悟，信非智士。"《附見》："此文只爲申生死孝張本，故'孝'字一篇眼目。"（武億尾）文敍伐狄，卻不載戰之始末，以所重不在戰也。文情慘澹，是左公竭力經營結撰文字。（王系尾）此篇凡三層，第一層敘晉侯使申生伐狄，重在里克之諫。第二層敘太子帥師，重在諸大夫之言。第三層敘太子將戰，重在狐突之諫，非敘戰伐之事也，故不及其戰之勝敗。夫里克雖依違中立，使晉侯能聽，則太子可免。先友不察時事，羊舌不達權宜，餘子、丹木、罕夷、狐突，雖遜士蒍之早見，而處人父子家國之變，最得其道。使太子能聽，猶不失爲泰伯。此作傳之微意也。尤有微焉者，諸大夫之言，皆是明寫。獻公之意，即于諸大夫之言中傳出，是暗寫。是時驪姬煽處，欲殺太子而立奚齊，獻公不得已于黶妻，亦未遽忍于太子。賜厖衣、賜金玦，亦顯示以當去之意也。申生能死而不能去，通權達變，蓋其難哉！（方宗誠眉）此段方是正論，伏後晉殺太子之根。（林紓尾）紓按：此篇制局最奇，有起無結，文凡兩截。使太子時，有里克一人獨諫獻公，此一截也。太子既帥師，則有狐突數人群諫太子，此又一截也。而臯落氏到底抗命與否，行成與否，初不一言。就文字而言，實無收束之地，然天下文如左氏，乃有無收束者耶？觀兩"不可"字，即可用爲此篇之收束。狐突欲行，羊舌大夫曰"不可"。太子欲戰，狐突曰"不可"。羊舌之阻狐突，爲諸人進言之收束。狐突之止太子，即爲出師不戰之收束。"危身速禍"一言，見得功高則身愈危，內嬖之謀且愈急。師之無功而歸，獻公不責，大抵亦望太子此行，不有戰功，易爲他日易儲之地。左氏並不說盡，但凜凜然拈出"危身速禍"字爲煞尾，見得嬖寵奪嫡之禍，往往如此。身危由於功高，禍速由於名立。雖然，左氏之載筆，尤有深意存乎其間。里克者，終始與人家事者也，此次見太子失寵，翻然乃與驪姬圖廢太子，既而又殺奚、卓二子，而卒爲惠公所戮。小人反覆，終亦不保其身。左氏全錄其言者，即爲下文驪姬與中大夫成謀之張本。但觀里克聞公"未知誰立"一言，即不對而退。不對者，知太子之終不立，此時已有成算，歸附驪姬矣。退而面太子，寥寥數言，全是不關痛癢，較之狐突諸人忠告，相去遠矣。《左傳》終始不指出里克奸點，而但就本事直書，使人自爲尋繹，辨其忠奸。文字寫生之法，真神化不可思議也。此篇文法，《平淮西碑》亦嘗取而用之。曰某人以兵出某路，錯錯雜雜言之，言出諸君也。此篇進諫之言，亦錯錯雜雜出之，言出諸臣也。曾文正《金陵昭忠祠記》，則反其道而用之。鋪敘戰功，亦錯錯雜雜，出以將弁之口，面目皆有變換，非以呆相學古人也。《嘯亭雜錄》記辛亥兵敗事，亦極力摹仿，惜其太似耳。文字摹人，不加以變化，即使盡態極妍，到底假啼偽笑，非復真相。（《菁華》尾）里克憸巧小人，而處人父子之間，卻自語語中理。將在外，君命有所不受，即"稟命"二句注腳。獻公廢立之意，對里克分明說出。于申生帥師後事，竟略而不書，文勢似神龍見首不見尾。考《晉語》云："申生敗狄于稷桑而反，讒言益起。"足補傳文之闕。（闈生夾）古人文字之妙者，略如時文家之截下題，眼光注射一物，詞氣吞吐間皆爲此事，卻不輕揭破，便爲神妙。此章止懷一憂慮太子不立之意，反覆猜疑，皆是此故，文情何等生動！

成風聞成季之繇，乃事之，而屬僖公焉，故成季立之。（《測義》夾）愚按：季友以賢定社稷，即成風不以僖爲屬，友必以次立之，而左氏特以其立爲屬之之故，則大失古人之心矣。〖編者按：奧田元繼作鍾伯敬語。〗（美中尾）愚按：成風私事友而屬僖，故一任閔之弒而不力爲之捍，二心故也。陸稼書曰："讀隱、桓及文姜、哀姜、慶父、襄仲、意如之事，未嘗不嘆周公之後何以有此？蓋子孫之不肖，如苗之有莠，此聖人所無如何也。然良農不能必苗之無莠，能使有莠而無傷。聖人不能必後世之無不肖，能使有不肖而不害，則惟其禮樂教化有以維持之耳。以魯之亂，至於定、哀之際，而猶重禮教，崇信義，豈非周公之立本者厚歟！"（《左傳翼》尾）討賊立君，全是成季功勳，至此忽敘出始生之繇，見乎文爲輔，其來有自。而成風事之，僖賴以立，雖功在社稷，卻是一片私心。皮裏春秋，一字不苟。俞寧世謂："有文在手，乃在桓公母子，亦奇。"余謂桓公弒隱，季氏專魯，假此以威衆耳。春秋時魯有三家，晉有六卿，齊有陳氏，皆亂臣竊國者也。而左氏皆敘其蕃昌之由，以爲見之卜筮，豈天獎禍亂，而特爲之啓其源耶？（高塘尾）埋伏後案，與陳敬仲奔齊同法，此左氏文章血脈。（《評林》眉）《補注》："'乃事之'，黃先生曰：'事，如孟子事之以皮幣之事。'後言敬嬴嬖而私事襄仲，義亦與此同。"（王系尾）此篇于閔僖之際，作一過渡，是文章筋絡處。文簡而意則長也。成季，賢大夫，置君何事，而乃不能無私哉！（方宗誠眉）成季以僖公適邾，此所以能定亂之本。若不以僖公適邾，則共仲必求而殺之矣。僖公出而共仲知不能安其位，故出奔也。此辦大事所以貴知幾也。（闈生夾）定亂立君，成季之大功，故借卜筮重筆補敘于後，全文一振。又便及僖公之所以得立，尤妙於位置。

僖之元年，齊桓公遷邢於夷儀。二年，封衛于楚丘。邢遷如歸，衛國忘亡。（孫鑛眉）兩語精絕。（韓范夾）桓公之德，仲父之才，俱盡"如歸"、"忘亡"四字之中。（《分國》尾）于田完，思卜夜之飲。于蔡姬，有蕩舟之戲。桓志荒矣，"宴安鴆毒，不可懷也"，仲蓋寓意于救邢云。（《左繡》眉）二事後並有正傳，而先撮敘於此，亦先經始事之變調也。以僖年冠齊桓，其《閟宮》膺懲之意歟？鍊語至簡，而有汁漿，神味足耳。（《補義》眉）邢如有風，定有《木瓜》之詩。（閨生夾）衛事在前，邢事在後，設此以爲文中樞紐。以上逕敘衛事，然實爲齊霸點綴，故再用重筆提頓，又以綰合邢、衛也。宗堯按：襃其功也，用重筆提頓。

衛文公大布之衣，大帛之冠，務材訓農，通商惠工，敬教勸學，授方任能。元年，革車三十乘；季年，乃三百乘。（孫鑛眉）實事，作工陋語。（《彙鈔》尾）莊享國最永，穢德著聞。閔踐阼不長，強家脅制，俱碌碌無足紀。慶父先弒子般，再弒閔公，二年之中，賊弒二君。賴成季定策，立僖莫定公室。敘其始生卜兆及文手之符，異矣！衛之亡，申生之廢，皆傳中大文，節錄二條，餘悉從刪減。（《分國》尾）新臺納婦，鶉奔烝母，衛狄久矣，外狄因之。所異者，懿公雖好鶴，觀其臨戰處分，授祁子以玦，授莊子以矢，授夫人以繡衣。一曰"以此贊國"，一曰"聽於二子"，何井井哉？傳者舉此以見狄之滅衛，不由懿公，有前乎此者矣。石、甯二子，潰圍夜出，渡河七百餘人，不至盡殲于狄，非其力與？（《左繡》眉）此事本可屬"廬曹"文後，但彼處錯落，此處整贍，以一人之手，而筆墨各見精彩，便雜綴不得，況骨董羹乎？中四句，二句富之，二句教之。末二句，卻是庶。可見既庶者，以富、教保其庶。未庶者，以富、教致其庶。首二句便是脩身爲富教之本。衛文中興，有以夫！上節"元年"、"二年"作領，此節"元年"、"季年"作束。兩條各自成文，而亦若對立篇法，順逆回環者，然只要筆筆變換耳，左氏蓋無一字率爾也。（美中尾）王伯厚曰："春秋時，諸侯急攻戰而緩教化，其留意學校者，惟魯僖修泮宮、衛文教敬勸學，他無聞焉。鄭有《子衿》城闕之刺，子產僅不毀鄉校而已。"顧亭林曰："衛文訓農，而《駉牝》詠於風；魯僖務穡，而《駉牡》揚於頌。古之馬政，皆本於田功也。吾未見廄有肥馬，野有餓莩，而能國者。"（《左傳翼》尾）齊桓伯業，專在尊周攘楚，而救邢封衛，乃其有功于諸夏之大者，故特提此于上下正傳之中，以見桓公之所以伯在此，而其所以伯，亦僅在此也。"如歸"、"忘亡"，邢衛立國固賴有齊，而衛之復興，實文公節儉富教致之，不盡由於齊也。"忘亡"之後，即詳敘文公立國規模，左氏正有微意。後敘遷邢用詳筆，封衛用略筆，俱以此耳。文以類相從，此傳固可附于"廬曹"後。但是時方立戴公，徙居楚丘乃文公事，文公未立，不便遽以封衛爲言。況先經始事，每於將敘其事而先經以始之，未嘗隔遠。救邢是次年事，故特敘此。封衛又間一年，故以元年、二年別之也。若謂文法不類，不應敘在一處，左氏文法濃淡相間，奇正錯出，一篇之中變化不一者，固多有之，正不盡拘拘於此也。民無論多寡，富而教之，皆不可少。"既庶者以富教保之，未庶者以富教致之"，自屬不朽名論。衛民之庶固由文公富教積漸所致，但聖人所謂富教，又非文公務材訓農云云也。若然，則衛已富教矣，聖人又何加焉？（《日知》尾）杜《注》云："衛文公以此年冬立，齊桓公始平魯亂，故傳因言齊之所以霸，衛之所以興。"玩《注》，則此二節合讀正妙。（文淵尾）奇峭，左氏變調。（高嵣尾）二事後並有正傳，而先撮敘於此，亦先經始事之變調也。（《評林》眉）《翼》："'粗布'，厚繒，言儉樸也。"鍾伯敬："文公致富若是，當亦不係衣冠及方能等事。《詩》云：'秉心塞淵，騋牝三千。'其得文公之所爲致富之本矣。"（武億尾）此段句句對，又一格法。（王系尾）此篇所敘，皆非此年之事，後皆有傳。而於此先提者，美齊桓公也。閔公之時，齊桓克定魯難。元年救邢，二年救衛，至於"如歸"、"忘亡"，霸業之修，斯爲盛矣。故連類及之。先作一總，後再隨時隨事而分敘之。讀其津津無已之文，不可見其善善欲長之心哉？衛事獨詳者，文公之賢，固不可沒。苟非齊桓，其將何以自振？美衛文，仍是美齊桓耳，不可不知。贊曰："閔未既齔，能知季子，且能爲落姑之會以復季子，魯十二公，未有若斯之睿者也。再祀而殞，天其不弔魯哉！則莊之遺禍烈也。"（《學餘》尾）形容伯功止四字，實止二字耳，而情事宛然在目，傳也，幾於經矣。記文公中興之業，如聞《定之方中》與簡書之恤、《木瓜》之歌相賡唱也。

左傳集評

二

The Collection of Comments and Punctuation on *Zuozhuan*

李衛軍　編著

僖公（元年至三十三年）

◇僖公元年

【經】元年春王正月。齊師、宋師、曹師次於聶北，救邢。（《評林》眉）按：曹伯，《欽定春秋》作"曹師"爲是。校數本多作曹伯者，然於例不合，必是傳寫之誤。孔疏云："此三國皆師多而大夫將，故名氏不見，並稱師。"夏六月，邢遷於夷儀。（《評林》眉）張洽："因邢之欲遷而遷以定之，與前邢、鄶、郜、陽、宿之逼遷強取者不同。"齊師、宋師、曹師城邢。（《評林》眉）家鉉翁："先書次以譏其緩，繼書救、書城，再敘三國以美其救。"秋七月戊辰，夫人姜氏薨于夷，齊人以歸。（《評林》眉）胡寧："齊人既殺姜氏，魯人請於齊而桓公許之，然後以夫人喪禮往逆之，其曰以歸，不必在薨之月也。"楚人伐鄭。八月，公會齊侯、宋公、鄭伯、曹伯、邾人於檉。（《評林》眉）陳深："是時楚伐鄭，其勢方強，齊會諸侯，合謀救之，慎重而不輕舉也。"九月，公敗邾師於偃。（《評林》眉）家鉉翁："繼檉之會，而書公敗邾師，責魯之棄信而忘義也。"冬十月壬午，公子友帥師敗莒於酈。獲莒挐。（《評林》眉）蘇轍："凡徒執曰執，兵執曰獲，諸侯戰而死曰滅，生曰獲，大夫生死皆曰獲。"十有二月丁巳，夫人氏之喪至自齊。（《評林》眉）《附見》："胡傳云：'夫人不稱姓者，殺于齊；不去氏者，受于魯。'"

【傳】元年春，不稱即位，公出故也。公出復入，不書，諱之也。諱國惡，禮也。（《左繡》眉）因四字，而三字，而兩字，遞減得妙，愈減而句愈峭矣。（《評林》眉）《補注》："劉氏曰：'去年八月，閔公遭弒，僖公自邾入爲君，不應猶以出奔之故，不得行即位之禮。'"

（闓生夾）公出復入，固無可諱，此皆漢經師臆增之曲説也。

諸侯救邢。（闓生夾）至此始接入救邢。邢人潰，出奔師。（《評林》眉）陳傅良：「諸侯救邢，經文已序，則傳皆稱諸侯。'邢人潰'，傳言經不書潰。」師遂逐狄人，具邢器用而遷之，師無私焉。（韓范夾）與敘遷衛事一詳一略，其變化伸縮之能事畢矣。（《左繡》眉）兩節合讀，以救邢爲主。下遷邢、城邢都趁勢帶敘，歸併"救"字中，此以綱統目之法。否則，連敘三經，未免連營七百矣。"師無私焉"，寫邢遷如歸簡透。（《評林》眉）唐順之：「以師徒倥偬而不敢私邢之器用，齊桓之軍令震肅，此可概見。」（闓生夾）左氏極鄙薄桓、文，而於其佳處則一毫不掩，此謂直筆。

夏，邢遷於夷儀，諸侯城之，救患也。凡侯伯，救患、分災、討罪，禮也。（《左傳翼》尾）邢被狄患已三年矣，齊桓救之不力，幾至於亡，然卒救之而不亡，《春秋》以其有全邢之功，故書而美之。邢潰由於聶北之次，書次而不書邢潰，爲桓公諱也。然救而書次，不誠於救之失自見。繼之以遷邢、城邢，邢人欲遷而遷之，邢不能城而城之，合於救患分災之禮，聖人論人功過原不相掩，故不以前此翫寇之過而没後此存亡之功也。一書再書，詞繁而不殺，蓋予之云。

秋，楚人伐鄭，鄭即齊故也。盟于犖，謀救鄭也。（美中尾）張元德曰：「荆自莊十年敗蔡始見經，嗣是入蔡、伐鄭、來聘皆稱荆。荆乃州名，未正國號也。改荆爲楚，自子文相成王始。然終齊桓世止稱人，知桓力猶足以制之也。至桓没而宋襄霸，始列會盟，遂得以爵書矣。」（《評林》眉）趙汸：「'盟于犖'，經言會，傳言盟，傳誤。自同盟于幽，至此九年，齊侯合五國爲盟，無不書之義。」（王系尾）凡齊楚爭鄭處，皆是夷夏之防，爲部中大結構、大關鍵處。讀者須用著眼。

九月，公敗邾師於偃，虛丘之戍將歸者也。（《測義》夾）高閌氏曰：「邾受姜氏，公不請於會而討之，乃既會而敗其師，非禮也。」（《左繡》眉）單句獨嫋嫋有委致。

冬，莒人來求賂。公子友敗諸酈，獲莒子之弟拏。非卿也，嘉獲之也。公賜季友汶陽之田及費。（《左繡》眉）非卿也，見可以不書。嘉獲之也，見所以書。兩句中省卻一轉，此以脱爲簡者。（美中尾）李行簡曰：「季之有費自此始，至襄七年，南遺請城而費強。昭十二年，南蒯以費叛。定八年，公山不狃又以費叛。十二年，不狃結叔孫輒襲魯，孔子命申句須、樂頎伐之，遂墮費。此費之始終也，而季氏盛衰可考矣。"（《評林》眉）陳傅良："'嘉獲之'，釋凡獲非卿不書，於是特書莒挐。"今案：此亦史例。王元美："自此費授之季友，而私門之強遂蔓延數十世不可秡，何僖公慮之不遂也？然則賞友之功宜何如？亦曰隆其爵秩耳已。"《穀梁》："公子友謂莒挐：'吾二人不相說，士卒何罪？'屏左右而相搏，公子友處下，左右曰孟勞，孟勞者，魯之寶刀也，公子友因殺之。"

夫人氏之喪至自齊。君子以齊人之殺哀姜也爲已甚矣，女子，從人者也。（《測義》夾）邵寶氏曰："女子從人，常禮也。不曰與弒二君乃稔禍乎？況齊桓以霸討之，曷謂已甚？此說行，天討不加於武瞾，女禍滋矣。"（《左繡》眉）先斷後解，筆致輕逸，字字傳駭歎之神。（《左傳翼》尾）三節雖若各自爲一事，而究以終慶父、哀姜之案連而書之，文不屬而意實相成，有連山斷嶺之妙。邾欲侵魯，要而敗之，不爲不義。莒人不能爲魯討賊，而索賂不已，詐而敗之，擒其主將，內難始定，亦不爲過。諸儒譏之，苛矣。哀姜淫虐，與弒二君，罪大惡極，法所不容，魯不能討，而桓公殺之，三綱賴以不墜，《公》、《穀》皆以爲義，獨左氏疑爲太甚。桓公身爲盟主，天下之亂賊皆所當討，況于本國之女？但既殺之，因魯請而猶以其尸歸，君子議其于討賊之義猶有所未盡，左氏云云，大失《春秋》之旨矣。此議行，毋怪其武、韋之禍接跡于後世而莫之討也。（《評林》眉）李廉："齊殺哀姜，《公》、《穀》、劉氏、胡氏皆以爲義，獨左氏曰'爲已甚矣，女子從人者也'，是不察於《春秋》之公義也。"穆文熙："女子從人，而人不能殺，齊國代殺，以正其淫亂弒君之罪，所謂以義斷之者也，何謂不可？"（閭生夾）譏莊公也，筆情敏妙，乃知起處用意。

◇僖公二年

【經】二年春王正月，城楚丘。夏五月辛巳，葬我小君哀姜。（《評林》眉）季本："先儒皆謂：'哀姜，僖公之嫡母，子無絀母之義，得用小君之禮。'竊意既得罪於夫，宜絕於宗廟，以私禮葬可也。"

虞師、晉師滅下陽。（《評林》眉）《傳説彙纂》："《戰國策》魏謂趙王曰：'晉人欲亡虞而先伐虢，苟息以馬與璧假道於虞，晉人伐虢反而收虞，故《春秋》書之以罪虞公。'然則聖經罪虞公之意，其説已著於當時矣。"秋九月，齊侯、宋公、江人、黄人盟於貫。（《評林》眉）張洽："齊桓謀楚，先服此二國，皆迫近楚之境者，所以遠交而孤楚之勢，此桓公服楚之規模也，唯宋與盟，不煩諸侯也。"冬十月，不雨。楚人侵鄭。

【傳】二年春，諸侯城楚丘而封衛焉。不書所會，後也。（《左繡》眉）既不得目公，又不欲目諸侯，則渾之見"城楚丘"，蓋兩無所屬之辭耳。（美中尾）齊桓城三國，《春秋》屬辭各異，城夷儀書邢者，邢未亡也。城楚邱不書衛者，衛已滅也。城緣陵書諸侯者，命諸侯而齊不與也。邢書三師，楚邱不書諸侯者，邢未亡而先城之以定其國，衛已滅而後城之以續其封，故略之也。君子謂"於邢見桓持危之德焉，於衛見桓興滅之仁焉"，邢如有風，當與《木瓜》之什並傳矣。（《補義》眉）一"封"字釋經。（《評林》眉）《補注》："遷國不當言封，蓋承用俗語，故二《傳》有專封之説。不書所會，此《穀梁》'離、至不序'之例，左氏不達，妄謂'後期'，説者疑之，且謂'楚丘非衛邑'。"（王系尾）此篇無齊桓一字，而讀者心目中赫赫然有一齊桓焉。彼連雞之諸侯，但有後至，誰能倡此義舉哉？無文字處有文字，文章之化境，讀書之樂境也。

晉荀息請以屈產之乘與垂棘之璧，假道于虞以伐虢。（《左繡》眉）此篇較《公》、《穀》，左氏總以簡雋見長。（《補義》眉）以首二句爲主。（《評林》眉）王元美："據《公羊傳》，獻公亦先有伐虞、虢意，故寢不能寐，荀息遂以假道之計進，所謂逢君之欲者也。"（方宗誠眉）伏後來晉滅虞之根。（《學餘》眉）經先書虞，賄故也。傳先書荀息，陰謀故也。虞則亡矣，荀息其能免乎？公曰："是吾寶也。"對曰："若得道于虞，猶外府也。"（《補義》眉）汪云："只一語，簡雋。"公曰："宮之奇存焉。"對曰："宮之奇之爲人也，懦而不能強諫，且少長於君，君暱之，雖諫，將不聽。"（韓范夾）當時昏弱之國，如隨如虞，皆有一賢，如晨星焉。本國不知用，而敵人反知重之。或忌其謀之行，或料其謀之不行，以爲用兵之得失。孰謂賢人無益人國也？（闓生夾）從晉君臣口中，先將虞之必亡，及宮之奇之不能強諫，一一倒攝取影，筆墨空靈，文勢遒緊，此左氏定法。乃使荀息假道于虞，曰："冀為不道，入自顛軨，伐鄍三門。冀之既病，則亦唯君故。今虢為不道，保於逆旅，以侵敝邑之南鄙。敢請假道以請罪於虢。"虞公許之，且請先伐虢。宮之奇諫，（文淵夾）記言之文，左氏於一篇之中往往詳述二次，多則四次、六次，取其整也。若詳述三次，則難於對待，而章法裂矣。此篇已詳荀息之對與假道之辭，故宮之奇之諫以四字括之。不聽，（闇生夾）六字甚簡，因已倒影於前，且避後文之地也。遂起師。夏，晉里克、荀息帥師會虞師伐虢，滅下陽。先書虞，賄故也。（《分國》尾）借冀以形虢，又言虞能病冀以張虞，蒙古之假道于宋，其誘宋亦如此也。虢亡，虞隨之。金亡，宋隨之，前後一轍。可異者，季梁、宮奇兩人，隨、虢不能用，為敵國所畏忌，而皆窺破之。熊率且比曰："季梁在何益？"荀息曰："雖諫，將不聽。"何敵智而我愚耶？（《左繡》眉）二傳皆詳假道之謀，左氏獨詳假道之辭令，詞令之妙，固非高、赤所敢爭也。不唯假道，且請師矣，詞令妙極。兩"為不道"，借賓形主，參差中必有整齊，方成片段。說得甚輕，以預釋其唇齒之忌也，妙妙！斷語應起作結，妙只一字，簡老之筆。（美中尾）李行簡曰："鄭不能守險，虎牢所以書城。虢不能守險，下陽所以書滅。"（《左傳翼》尾）憑空起意，欲滅虢取虞，為一箭雙雕之計，料其臣並料其君，洞若觀火。既造假道之謀，又工假道之詞，晉室謀臣，士蔿而外，不多覯也。故獻公倚為心膂而以之傅奚齊，而不知適以速之斃耳。從來傾危人包藏禍心，夷人宗社，定無好結果，一部二十一史中如此類甚多。（《補義》眉）以冀之病虞作陪筆，隱見鄰國適為己病，而不必恃為唇齒。"請先伐"、"遂起師"，寫出受賄後一番興會，正是實寫經文虞先晉故。（《日知》尾）開口遽下"外府"二字，可見意不在虢，目並無虞矣，起結乃十分有勢有力。（高塘尾）程子曰："虞假道，而助晉伐虢。虢之亡，虞實致之，故以虞為主。下陽，邑也。虢之亡由此，故即書滅。"胡仲和曰："《春秋》誅惡，皆罪其與之為惡者。故以齊首石曼姑，以宋首州吁，以虞首晉，以子家首子公。先儒以滅漢者張禹，非王氏。亡唐者李續，非武后。得《春秋》之意矣。"（《評林》眉）李笠翁："荀息揣宮之奇與虞公，洞照肝膈，安得不傾其國而視如外府也！"呂東萊："息以璧馬覆虢如反掌，世皆以為智。以吾觀之，驪姬、申生之釁近在肘腋而不能謀，拙孰甚焉？"陳傅良："傳言里克、荀息，見滅稱師，他倣此。"今案：征伐不在大夫，不得有二義，侵、伐、入、滅稱人，亦不當異旨，説在《屬辭》。《補注》："虞以天子上公封國，序晉上，《公羊傳》亦謂使虞首惡，皆非。"（武億尾）荀息語不待多，極有蘊藉。先伐虢會虞師，力摹無狀！（王系尾）此篇精神，全在一個"賄"字。虞、虢無怨，特以璧馬之故，遽請先伐，賄之力如此哉！觀荀息開口便説屈産之乘、垂棘之璧，早已抬起賄字。公曰"吾寶"，息曰"外府"，反覆辯論，惟賄之得失是計。至深探虞公之必不聽宮之奇之諫，而後以璧馬假道焉。則賄之惑人，不待虞公之許，而固知其必有當矣。虎頭畫龍，點睛破壁。人第歎其點睛之妙，而不知其畫一鱗一鬣時，全神已注阿堵也。（《學餘》尾）滅虞、虢者，荀息之陰謀也。立奚齊、卓子者，荀息之不得已也。是故荀息之死，不死于立奚齊、卓子，而死于滅虞、虢之陰謀也。弱息何辜？弱國又何辜？謀人家國者鑒諸！（《菁華》尾）忠言不用，敵國生心，賢者之有益人國如此。厚賂以中其意，甘言以悅其心，癡人不曉事，那得不墜彀中。"猶外府也"，語刻而雋。"且請先伐虢"句，喜不自勝情狀，一一如繪。

秋，盟於貫，服江、黃也。（美中尾）胡康侯曰："荊楚，天下莫強焉，桓先結江、黃以斷楚之右臂，其慮周矣。"季明德曰："江、黃偪近楚東北，可出兵以截齊後者，得江黃則師無左顧憂矣。"（王系尾）此篇傳文止三字，而為部中大結構處。齊桓之圖楚，非一日矣。楚勢方張，以齊伐之，未見其必勝。以諸侯伐之，亦未見其必勝。夫善鬭者，必扼其吭而拊其背。江、黃者，近楚者也。江、黃服而齊得犄角之援，江、黃服而楚有肘腋之患，江、黃之服，豈非尊攘之一大機哉？楚之窺夏，必以鄭為門户。齊之攘楚，必以蔡為門户。今年盟於貫，次年會陽穀，江、黃之交既固，遂合八國之師，侵蔡而伐楚。楚進有強敵，退有後患，召陵之盟所以成也。管子真天下才也！此傳第言服江、黃，而江、黃之所以服，使人自尋，又是文章包孕處。

齊寺人貂始漏師於多魚。（韓范夾）言齊亂所繇始，而記法特奇。（《左繡》眉）大國言齊、宋，小國言江、黃，其餘莫敢不至，此正伯業極盛時也。忽閑閑着一冷筆，令人莫測其故，真妙文矣。只一句十字，而人也、事也、地也、時也，無一不到，簡而愈曲，精絶。（《左傳翼》尾）江、黃來盟，非齊招之也，江、黃自服耳。必待招而後來，則恐不能必其來，何以于貫于陽穀而江、黃皆在也？江、黃于楚爲近國，近國攜則楚人之勢孤矣。于齊爲遠國，遠國來則齊侯之威著矣。謀楚數十年，至此始大舉南伐，此桓公攘楚計出萬全之大略也。齊桓入國，作内政而寄軍令，全爲攘楚計。此云："寺人漏師。"注謂："漏洩軍事。"當無過於伐楚者。今年秋已服江、黃矣，次年會陽穀，即謀伐楚，則是伐楚一事，桓公明以號召諸侯，有何隱秘不言而待豎貂漏洩之有？楚子將圍宋，先治兵於葵與蔿。晉文將救宋，先大蒐於被廬。則所云漏師，當即治兵大蒐之謂也。計民數曰料民，簡車徒曰漏師，左氏每有此等文法。但以寺人典兵，特非其職，五子爭立之禍，即胎於此。故書此以志亂，若曰漏洩軍事，胡不於盟貫衆會時，而獨于多魚諸侯不在之地耶？漏師曰始，或以前此伐楚之計尚秘而不宣，江、黃既盟後，乃大閲兵而曉告於衆耳。（《評林》眉）楊慎："以桓伯之英識，管仲之長才，乃容一漏師之寺人而不能正法，何也？豈天將以是貽其亂人，謀不能及耶？"按：《丹鉛總録》云："寺人即侍人。《文選·宦者傳論》：'寺人掌女官之戒。'"寺音侍。（王系尾）師，大事也。漏師，大罪也。寺人漏師，則罪不在寺人，而在任寺人之君。是時齊桓方盛，綱紀諸夏，絲絲入手。而刑餘小豎，與聞密謀。其任人何如哉？身死而國亂，孰則爲之？孔氏曰："始者，言其終又甚焉。"凡此等，皆是傳中筋絡處，讀者勿以其簡而忽之。（方宗誠眉）齊桓正盛之時而記此一語，伏後來亂齊之根。（閻生夾）于其極盛時先提一筆，以埋伏亂萌。

虢公敗戎于桑田。（《補義》眉）陳錫元曰："非天實奪之，亦自昏也，鑒安在哉？昔人云'桀失金鏡'，此其説也。"（《學餘》眉）字字聳，節節動，爲虢公言之，惜其不爲晉侯言之也。晉卜偃曰："虢必亡矣。亡下陽不懼，而又有功，是天奪之鑒，而益其疾也。必易晉而不撫其民矣，不可以五稔。"（文熙眉）汪道昆曰："辭令妙品，'天奪之鑒'句法，'五稔'字法。"穆文熙曰："二句足破其愚，然而虞公竟不信者，迷於利也，利令人昏，信哉！"孫應鼇曰："輔車唇齒之喻至矣，不聽，乃謂爲同宗不害，滅虢何愛于虞，雖至愚且興警矣。不聽，乃謂事神豐潔，真可大噱。"（魏禧尾）魏禧曰："按：宣六年，赤狄伐晉，圍懷及邢邱，晉侯欲伐之，中行桓子曰：'使疾其民，以盈其貫，將可殪也。'意與此同。"（《分國》尾）虢勝晉，士蔿策其棄民。虢敗戎，卜偃決其必亡。此趙氏得左人、中人二邑而懼，爲之廢殯不食也。

（《左繡》眉）首尾呼應，中三句都用"而"字句法，皆更進一層之辭。讀"奪鑒"、"益疾"句，使人不敢作得意事。（《左傳翼》尾）憂勞所以興國，逸豫所以亡身，此千古名言也。從來蹉跌失腳，無不自得意中出。奪鑒益疾，發人猛省。苟戰兢惕厲，有功而以憂患處之，又何亡之有哉？（高嶝尾）閔公二年，虢公敗犬戎於渭汭，舟之僑曰："無德而祿，殃也。殃將至矣。"遂奔晉。當與此傳參閱，皆見微之論。（《評林》眉）王季重："虢之亡，固不係於敗戎也。是時下陽既失，即畫地而守之，其能為晉禦哉！"（《學餘》尾）仁而蒙難，謂之天牖其衷。不仁而有功，謂之天奪其魄。豈獨虢公哉？晉之父子、君臣、兄弟相賊殺，益不可終日矣。（閩生夾）插入此段，筆力奇縱，一片神機，不落滯相。

　　冬，楚人伐鄭，鬭章囚鄭聃伯。（王系尾）楚伐鄭，數數矣，此敘聃伯之囚，見楚勢日張，楚禍日深，以起召陵之師，以大齊桓之績。

◇僖公三年

【經】三年春王正月，不雨。夏四月，不雨。（《評林》眉）高閌："不雨八越月，而不書旱，何也？凡書旱者，雖有時而雨，猶以不足為旱也。若直不雨，則旱在其中矣。連於首月書之，見其為災之久，而僖公以不雨為念也。"徐人取舒。（《評林》眉）《傳說彙纂》："徐始見經而得書人，始滅國而得書取，是必未滅之辭。"六月雨。秋，齊侯、宋公、江人、黃人會于陽穀。（《評林》眉）李笠翁："齊、宋同盟已久，猶未敢聲人之罪，必江、黃至而後定計出師，江、黃之盟會，無非為伐楚計也。諸侯之師當其前，江、黃之師擬其後，楚將腹背受敵，有不戰，戰必勝矣。"〖編者按：凌稚隆作家鉉翁語。〗冬，公子友如齊涖盟。（《評林》眉）《傳說彙纂》："僖方遣季友如齊，則盟期未定，自不得日，《穀梁》以不日為前定者，非也。"楚人伐鄭。

【傳】三年春，不雨。夏六月，雨。自十月不雨至於五月，不曰旱，不為災也。（《左繡》眉）經只言正月、四月，傳卻從十月數至五月，乃是要其始終而言，愈見其旱之意。然妙在先說到了六月雨，然後再從十月不雨說起，曲折有趣。若從頭數來，文字便一直賬，此亦錯綜之一也。

秋，會于陽穀，謀伐楚也。（高嵣眉）首段是預定伐楚之謀，盟於貫，會于陽穀，已屬慎重。復借侵蔡以出楚之不意，必萬全而後舉。經書曰"遂伐楚"，言志不在蔡也。江、黃近楚，必先盟之，所以孤其勢。蔡國從楚，必先潰之，所以披其黨。（王系尾）"謀伐楚"三字，可謂提出冰心，貯之玉壺矣。齊桓之汲汲然勤鄭也，尊攘之大計，而非一國之爲也。江、黃未服，楚未可伐，故救鄭而不伐楚。前年盟貫，今會陽穀，江、黃既親，而伐楚之計決矣。説者第云以二年楚伐鄭故，眼光之小，不惟埋没左氏雄文，並埋没齊桓雄略矣。

齊侯爲陽穀之會，來尋盟。冬，公子友如齊涖盟。（《評林》眉）陸淳："啖子曰：'他國來魯盟者曰來盟，魯往他國盟者曰涖盟，皆爲盟而往，故直以盟爲文也。若因朝聘而盟者，則先書聘、書如，後乃言盟。'"（王系尾）齊魯之交，桓、僖最親。檉、貫、陽穀之會，魯皆不與者，内難初定故也。今將伐楚，興發大衆，恐魯師不出，故特尋盟，可知召陵之師是齊桓全副精神。

楚人伐鄭，鄭伯欲成。孔叔不可，曰："齊方勤我，棄德不祥。"（《左繡》眉）感激語不在多，只一"勤"字，已足使人低回不去。（美中尾）汪環谷曰："楚兵三加於鄭，齊桓不救，而孔叔猶云'勤我'，知于檉、于貫、陽穀，皆爲伐楚救鄭之謀也。"（王系尾）敘孔叔之言，見鄭人信齊之深，召陵之所以有功也。鄭伯欲成，已伏逃歸之脈矣。

齊侯與蔡姬乘舟於囿，蕩公。公懼，變色。禁之，不可。公怒，歸之，未之絶也。蔡人嫁之。（孫鑛眉）此亦當入四年。（鍾惺眉）公懼，懼得無膽。公怒，怒得無趣。敗千古風流之興，爲姬人所笑，被左氏數語形容得盡。（王源尾）十句文字，一句九字，七句二字，二句四字，共三十一字，而文有七層，轉轉摺摺，螺若瀠若，真蟻封盤馬本事。宋人文字整而不能碎，肥而不能瘦，所以去古愈遠。觀此文，只三十一字，而蕩舟一案了了，何其瘦也！十句中，而二字句者七，何其碎也！安頓四"之"字，錯落盡致。一"也"字，蕩漾可愛。（《分國》尾）貂何人也，使之掌兵，至於漏師？唐之魚朝恩不至此。大抵女奄相因，奄擅權，如夫人六人，勢必至此。且挾姬乘舟，何怖乎？蕩蕩而懼，懼而禁，禁之不可而歸之，可見齊桓之威，不能施一婦人。（《左繡》眉）多許情事，若曲筆描寫，滿紙不盡。只用短句直敘，以此事不過爲侵蔡作緣起，無庸多着筆墨耳，蓋簡亦有道也。(《左傳翼》尾）此皆先經以始事者，亦文不屬而意實相承也。前三節爲伐楚起本，後一節爲侵蔡起本，會陽穀本爲救鄭伐楚謀，而楚又伐鄭，鄭不肯叛齊，則伐楚之師益急。蔡人服楚，今又以嫁蔡姬怒齊侯，則侵蔡之擧亦不可緩。伐楚之謀定於前，而適以嫁蔡姬承其後，則"侵蔡、蔡潰，遂伐楚"，究以伐楚爲主，不因侵蔡而波及楚也。左氏文間見似斷，錯出似亂，而究之斷者不斷，亂者不亂，尋其血脈，如藕斷而絲牽，會全文讀之，始知其妙。(《日知》尾）透、瘦、絢三妙都兼。(《評林》眉）孫鑛："齊侯與蔡姬乘舟于囿，更不重着'蔡姬'字。"按："未之絕"或作"未絕之"，校數本互見，要之"未絕之"爲是。《補注》："'歸蔡姬'，當時適有是事，或者假此爲名，欲出楚人不意，左氏惟記所聞，故未盡。"（王系尾）齊桓好內，蔡姬之過，不過兒女子狎暱之常，何至於歸？歸即歸耳，何以弗絕？蓋欲因是求蔡人之隙，以爲侵伐之由也。解見《後傳》細注中。（閻生夾）先大夫評曰："左氏于桓、文譎正及以力假人處，皆各如其分，不失銖兩，與孔、孟所論符同，此所以爲良史也。"宗堯云："《史記》'桓公實怒少姬，南襲蔡，管仲因而伐楚'，本《傳》亦云'侵蔡，遂伐楚'，伐楚之擧由侵蔡使然也，故詳敘蔡姬之事。此微辭也，又直筆也。"

◇僖公四年

【經】四年春王正月，公會齊侯、宋公、陳侯、衛侯、鄭伯、許男、曹伯侵蔡。蔡潰，遂伐楚，次於陘。（《評林》眉）吳徵："孫子云：'百戰百勝，非用兵之善也。不戰而屈人之兵者，善也。'齊以楚眾方強，若不持重而輕進，則勝負未可知也，故次于陘，以待其自來屈服，所以爲節制之師也。"孫復："桓之病楚也久矣，故元年會于檉，二年會于貫，三年會于陽穀以謀之。是時楚方強盛，蔡，楚與國，故先侵蔡，蔡既潰，遂進師，次於敵地。"夏，許男新臣卒。楚屈完來盟于師，盟於召陵。（《評林》眉）蘇轍："齊桓退舍以禮楚，故復書曰'盟召陵'，言非陘也。"齊人執陳轅濤塗。（《評林》眉）《傳說彙纂》："伐陳之役，先儒皆謂濤塗誤軍道，讀王樵以爲'陳貳於楚'，似亦有理。"秋，及江人、黃人伐陳。（《評林》眉）孫復："內言及外，稱人，皆微者也。"程子云："齊命也。"八月，公至自伐楚。葬許穆公。冬十有二月，公孫茲帥師會齊人、宋人、衛人、鄭人、許人、曹人侵陳。(《評林》眉)程迥："濤塗既執，又再侵伐，陳罪特暫謀之不善耳，非有荊楚之暴也。桓公責楚甚略，罪陳甚備，非道也。"

【傳】四年春，齊侯以諸侯之師侵蔡。(《左傳雋》眉)按：齊桓公霸諸侯，楚國恃強不服，且屢伐鄭，欲與齊爭霸長。蔡，楚黨也。桓公不先伐楚，而先侵蔡者，所以治其黨也。《傳》例曰："無鐘鼓曰侵，有鐘鼓曰伐。"(《淵鑒》眉)楚勢日強，召陵一盟，而俛首聽命，齊桓屈服之功大矣。晦庵朱熹曰："諸侯有罪，則天子討而正之，故《春秋》每書諸侯戰伐之事，必加譏貶，以著其擅興之罪，無有以爲合於義而許之者。但就中彼善於此者則有之，召陵之師之類是也。"臣正治曰："伐楚一役，是春秋大舉，然不責楚以僭王，而問王祭，此伯功之所爲卑也。"(《左繡》眉)此合兩爲一章法。上半兩問兩答，卻用分承。下半亦兩問兩答，卻用總承。上則半認半推，下則前恭後倨，都用一開一合筆法。極變化，極整齊。已開後人遙對格法門。見刻本有分作兩首者，真不知章法爲何物矣。上段管仲就理上講，說得正大。楚子卻答得活脫，極有躲閃。下段桓公就勢上講，說得張惶，屈完便答得閒冷，極佔便宜。似此辭令，皆隨機應變，好看煞人。左氏特特對寫，以自娛娛我後人也。(《補義》眉)此篇爲召陵伐楚傳，其敘齊桓之功無一溢語，見其謹嚴。"遂伐楚"，寫得兵機迅速無比，諸儒乃謂書"遂"爲桓之專，非也。董次公曰："周禮莫大于王祭，管子首責包茅，雖楚有材，亦不成對。"(文淵夾)興師伐楚，齊桓以前未有也，會諸侯而謀之，必有懼而不欲者矣，故不得已而以侵蔡爲名，而蔡實無罪，又難勤諸侯之師，故歸蔡姬以生釁，此齊桓之術也。不然，囿中之舟，婦人蕩之而不懼，桓公何至懼而變色乎？(《評林》眉)陳傳良："傳見伯主徵師諸侯皆不書，以後傚此。"(方宗誠眉)齊侯本以諸侯之師伐楚，慮楚禦之，故不言伐楚而但言侵蔡爾。侵蔡實以從楚，而托言爲蔡姬事，使楚不備，而蔡亦不及防，此兵謀也。**蔡潰。遂伐楚。**(《測義》夾)愚按：蔡當楚之衝，華夷之門戶也，齊欲攘楚而不得蔡，無以入其境。然蔡爲楚所偪，招之必不肯至，故假蔡姬故，大合諸侯，出其不意以先侵蔡，而即伐楚以繼之。侵蔡者，奇兵也；伐楚者，正兵也。此桓公之善於用兵也。(《才子》夾)此篇寫齊凡三換聲口，寫楚只是一意閒閒然，此爲左氏于小白之微詞也。看齊來楚蹤跡，便不正大。（孫琮旁）伐楚來歷便不正大。（文淵夾）陽穀之會，謀伐楚也，而此篇但云齊侯以諸侯之師侵蔡，其因諸侯不欲伐楚，而後以侵蔡令之明矣。至於侵蔡而蔡潰，則諸侯之師已臨楚境，雖欲不從之伐楚，不可得也，故曰："蔡潰，遂伐楚。"楚子使與師言曰："君處北海，寡人處南海，唯是風馬牛不相及也。不虞君之涉吾地也，何故？"（孫鑛眉）已有懼意。牛順風行，馬逆風行。（鍾惺眉）風馬牛後人強解，杜注灑然。（《文歸》眉）胡揆曰："馬走順風，牛走逆風，喻南北背馳，事不相及。與《尚書》'馬牛其風'異。"（《才子》夾）問得閒閒然，絕不以齊爲意，妙！（《評林》眉）按：《注》言楚地實未至南海之濱，然對齊處北海而言，故以其近稱南海。"風馬牛"，陳明卿云："馬喜逆風而奔，牛喜順風而奔。故北風則牛南而馬北，南風則牛北而馬南，故曰'風馬牛不相及'，所謂背馳者也。"《代醉篇》："牛走順風，馬走逆風，牛馬風逸往不相及，楚是以云。"《書隱叢說》云："《書》曰：'馬牛其風。'《左傳》：'風馬牛不相及。'俱爲馬牛之病風耳。"《字貫》云："牝牡相誘謂之風，然則馬牛放逸，因牝牡相逐，而遂至放逸遠去也。"以上四家說，姑錄全文，各有所取而已。（方宗誠眉）楚子本懼諸侯，而故爲閒暇，若無事之辭。辭命絕好。管仲對曰："昔召康公命我先君大公曰：'五侯九伯，女實征之，以夾輔周室。'（孫琮旁）援王命以破"不相及"句。賜我先君履，東至於海，西至於河，南至於穆陵，北至於無棣。（孫鑛眉）穆陵是極南地，無棣是極北地，蓋指征伐所得及言。（孫琮旁）宣賜履以破"涉吾地"句。爾貢苞茅不入，王祭不共，無以縮酒，寡人是征。昭王南征而不復，寡人是問。"（《測義》夾）愚按：楚僭王，大惡也，桓公舍此不問，顧舉其小者與其遠者而聲罪以責之，豈其智不及哉？蓋楚之僭王，荐歷數君，已非一日，而遽欲行天討以正其罰，非滅其國分其土地不足伸大義於天下，而楚勢方強，一旦兵連禍結，攻之弗克，其勢有不可解者。故舍其大罪，而僅僅以其小者遠者爲言，庶幾楚之爲辭也易，不盡力以抗我。我之服楚也亦易，不勞師而有功，蓋桓公籌之熟矣。噫！此其所以爲霸者之用心也！（《左傳雋》眉）李九我曰："敷辭峻烈，深得問罪之體。"（孫琮旁）與楚罪，以破"何故"句。（《左繡》眉）對針上文，分外說得闊遠。先答"何故"一問，然後正言責楚，亦是兩層往復，與下半相配者。聲罪致討，詞意整贍。飛書馳檄，高文典冊，合而爲一，良未易才。"包茅"是些小事，令其可受。"不復"是遠年事，令其有辭。楚人雖狡，要皆在仲氏算中耳。(《約編》眉) 言征伐得至之地，破"涉吾地"句。"寡人是征"、"寡人是問"，答"何故"之問。(《便覽》眉) 稱王命及賜履，以破"不相及"句，答得重。折入二事，答"何故"，便如強弩之末。明知無奈楚何，故一取易承受，一取好推託也。(《評林》眉) 李笠翁："楚僭王，大惡也，桓舍之不問而問其小者遠者，何哉？蓋楚之僭已非一日，必欲行天討以正之，非滅其國不足申明大義。而楚勢方強，勝負有未可必者，故僅以小者遠者爲言，庶楚之爲辭也易，不盡力以抗我。我之服楚也亦易，不勞師而有功。蓋桓獨籌之熟允，伯者之用心者，固如此。"《補注》："《帝王世紀》：'昭王德衰，南征，濟于漢。船人惡之，以膠船進，中流膠液舩解，王及祭公皆沒于水中，崩。'"(方宗誠眉) 管仲提出召康公之命，典重嚴肅。管仲本應責其僭王猾夏，懼楚不服，難以退師，故取輕罪以責之，使彼可以受而易於和解。辭命絕善。(《學餘》眉) 管仲此對，仗義執言，審時度勢，唐皇冠冕，八面玲瓏。故春秋二百四十年，無能及召陵之師者。**對曰："貢之不入，寡君之罪也，敢不共給！**(《才子》夾) 看他承一件。**昭王之不復，君其問諸水濱。"**(德秀夾) 按：荊楚僭王，罪之大者也；包茅不入，罪之小者也；昭王之不復，則非其罪矣。管仲不以僭王責之，而舉此二罪，是舍其所當責，而責其不必責也。仲豈懵乎哉？吁！此其所以爲霸者之師也。禹之征苗，湯之伐桀，皆明徵其辭。蓋有諸己而後可求諸人，無諸己而後可非諸人。齊桓之霸，所謂以力服人而非心服者也。內嬖如嫡，同產不嫁，內之失德者多矣。滅譚、滅遂、遷陽、降鄣，外之失義者多矣。楚大國也，僭王其大惡也，我以大惡責之，彼肯弭然受責者哉？必斥吾之惡以對，方八國之師云集，而爲敵人指數其惡，豈不爲諸侯羞？攻之弗克，圍之弗下，將何詞以退師乎？故舍其所當責者，而及其不必責者，庶幾楚人之爲辭也易，不盡力以抗我。我之服楚也亦易，不勞師而有功。仲蓋計之熟矣。嗚呼！此其所以爲霸者之師歟！(韓范夾) 苞茅不貢，其事小；昭王不復，其事大。一承一不承，正自得體。若全不服，是桀驁也。楚見大師壓境，正辭相責，雖蠻夷忿睢，亦自不得不半屈耳。(《才子》夾) 推一件。其實與楚無干也。看他只是閑閑然，絕不爲意也。妙妙。(孫琮旁) 一句承服，一句卸罪。(《約編》眉) 且承且抗，見楚之強。（方宗誠眉）楚乘機承認一輕罪，而辭一重罪，不亢不卑，辭命絶善。（《學餘》眉）此對如歌之有和，蓋善問者必先爲答者作地步也。或乃謂其勝於管仲，豈非癡人説夢乎？**師進，次於陘。**（孫琭旁）楚不受罪，故進。（《快筆》尾）或曰："荊楚僭王，罪之大者也。包茅不貢，罪之小者也。昭王之不復，則非其罪矣。管仲不以僭王責之，而舉此二罪，是舍其所當責，而責其所不必責也。"余謂不然，禹之征苗，湯之伐桀，皆明徵其辭者。有諸己而後可求諸人，無諸己而後可非諸人。齊桓之伯，所謂以力服人，而非以小〖編者按：疑當爲心字〗服者也。所行之事，失德寔多。若遽加楚以無上之罪，彼必將摘我之瑕以抗我，于威名不無所損。故舍其所當責，特發其小罪，並事之無涉者，使彼易於輸服耳。伯術往往如是，仲豈昧昧者哉？寫楚只是閑閑然，絶不爲意。真詞令神命〖編者按：疑當爲品字〗。而句調鏗鏘，豐神淡宕，允爲用古家之金科玉律。（《彙鈔》眉）先援王命以告之，次聲楚罪以責之。詞嚴義正，楚人一承一諉，亦應答得來。（高嶹眉）中段是以義責楚之詞，雖所責二事，一切一不切，然王室之夾輔，遠服之供貢，久矣不聞是言。得此一提在會之耳，功亦足多也。進師次於陘，慎重而不肯輕進，以待其自來屈服，亦屬節制之師。（盛謨總評）不知其來，不知其往，如坐春風秋月中，別有領會。左氏文字妙處，只令人想，愈想愈妙。若不細心想，他妙處仍藏在裏，不比後人文字易於窺見也。

　　夏，楚子使屈完如師。師退，次於召陵。（《正論》眉）不問僭王之罪，而妄稱漢濱故事，非其質矣。苞茅責貢，足以憚楚乎？復誇之以衆，而爲屈完所折，蓋非誠心王室者。（《左繡》眉）一春一夏，兩段各以時令對起，見其久也。各提諸侯之師爲眼目，而前後兩先君遙遙相對。東海、西河，穆陵、無棣，方城爲城、漢水爲池，都兩兩映襯。併兩段爲一章，真有璧合珠聯之歎。（高嶹眉）後段是以禮招楚之詞，先以情動之，次以威怵之，雖屈完詞亦亢直，然止説得自完，未敢與齊較勝負也。卒與之盟，見齊桓不肯輕用戰伐，以力服人也。僖二年傳，管仲言齊侯曰："招攜以禮，懷遠以德。"此其是矣。（方宗誠眉）齊因楚之不服而進師，因屈完來而退師，得伸縮之宜，合招攜之道。

　　齊侯陳諸侯之師，與屈完乘而觀之。（《才子》夾）寫齊總不正大。（文淵夾）諸侯皆憚于伐楚，而桓公必欲帥之者，志在借諸侯之從己以服楚，非欲與之戰也。陳諸侯之師，與屈完乘而觀之，桓公之必帥諸侯，正爲此耳。然此意桓公與管仲知之，諸侯弗能知也，故憚于伐楚也。或疑齊固不欲戰矣，使楚不服而禦之，諸侯之師皆憚楚不敢戰，奈何？曰此管仲熟籌而後發者，因諸侯之親附以勸其同好，所謂綏之以德，加之以訓詞也，楚焉得不服？即萬一不服而戰，齊之强自足以當之，亦不賴諸侯之師也。**齊侯曰："豈不穀是爲？先君之好是繼。與不穀同好，如何？"**（孫琮旁）應前"先君"段，亦是飾詞。（《才子》夾）最是婉曲好文，然總寫出齊怯處。**對曰："君惠徼福於敝邑之社稷，辱收寡君，寡君之願也。"**（《才子》夾）妙妙。只是閑閑然，絶不爲意。（方宗誠眉）屈完因齊侯有招攜之意，即乘機承任，辭意敏妙。**齊侯曰："以此衆戰，誰能禦之？以此攻城，何城不克？"**（《測義》夾）孫應鼇氏曰："以此衆戰，以此攻城，霸略矜張，猶可概見。非德以將之，宜屈於完之對也。"（《才子》夾）寫齊更不是。**對曰："君若以德綏諸侯，誰敢不服？君若以力，楚國方城以爲城，漢水以爲池，雖衆，無所用之。"**（《左傳雋》眉）唐荆川曰："不剛不柔，而大義凜然。"（《才子》夾）到底只是閑閑然，絶不爲意也。（《約編》眉）桓公頗自矜兵力之有餘，完對以衆無所用，隱然見齊雖善攻，楚亦能守也。極占地步。（《補義》眉）"德"字作合面，"力"字作開面，屈完意也。卻以開筆爲合，而以合筆爲開，便爲本國占多少地步，然終是屈於力處多。通體純用排句，結以德、力雙舉，而復以方城、漢水對收，覺上面東西南北、是征是問，皆交影而舞。（文淵夾）桓公原欲借諸侯之親附己以服楚，正以德綏之而非以衆戰也，故借屈完之言以結通篇，不必桓公果有衆戰攻城之戲言，而屈完對之以正也。（《評林》眉）楊慎："衆戰攻城，終是伯者矜威氣習，宜反爲完之所詆也。"邱維屏："完雖有辭，只説得自守語，未敢與齊一語較勝負矣。"（《學餘》眉）前對爲管仲後二節作近接，管仲意中語也。此對爲管仲前二節作遙應，亦管仲意中語也。氣合神回，變化無跡。（閩生夾）召陵之師，莫大之功也，然實未能服楚，故詳載屈完之詞以折之。**屈完及諸侯盟。**（德秀尾）按：屈完之對，才數語耳，皆足以折服齊侯之心，蓋善於辭令者也。（文熙眉）呂東萊曰："伐楚之役，苟直指其不共職貢而討之，楚必知罪。乃求昭王不復之事，以大吾出師之名。抑不知膠舟之禍，年逾數百，茫昧不可考，楚安肯坐受其責乎？此所以來水濱之侮也。"穆文熙曰："包茅不入，爲罪甚細。而昭王不反,又與楚無與。齊人失問,所以反爲所屈。若以楚之憑陵中夏、僭稱王號責之,必無辭矣。至於以兵勢脅楚,尤爲失策。屈完之對,齊當有愧色也。"孫應鰲曰:"'以此衆戰'二句,伯略矜張,猶可概見,非德以將之,宜屈于屈完之對也。"(《文歸》尾)苞茅不入,爲罪甚細,而昭王不反,又與楚無與。齊人失問,所以反爲所屈。若以楚之憑陵中夏、自稱王號責之,必無詞矣。至於兵勢脅楚,尤爲失策。屈完所對,得無有愧於心乎?鹿門。(《才子》夾)及諸侯盟,則非與齊盟也,通篇結案在此。(《快評》尾)太史公曰:"桓公實怒少姬,管仲因而伐楚,責其苞茅不入貢于周室。"然則伐楚非桓公本心,管仲以此掩桓公侵蔡之失也。桓公生平實無天下蒼生之志,徒以能用管仲,遂致一匡九合之烈。即如侵蔡之舉,本因少姬之怒,乃使天下諸侯疲於奔命。管仲因之而南伐楚,不過借此有辭于諸侯焉爾。夫楚以子爵而僭王,蠶食諸夏,幾盡江漢,欲正其罪,何患無辭?顧乃責以微物之失貢與久遠不可致詰之事哉?嗟乎!此固管仲於無可如何之中聊作解嘲之計耳。夫楚爲勁敵,而桓公又無成算於胸中。若聲其大罪以臨之,楚不服而請戰,天下之事,未可知也。不幸而敗,奈天下後世何?管仲籌之熟矣,王祭不共,昭王不返,令楚易于承受,而進退之權操之在我。盟楚而返,借此以辭于諸侯,而蓋其侵蔡之失。使楚畏我之威,而懷我之惠,且使天下知尊周室,管仲洵爲天下才也。奈何屈完來盟,齊侯對之,復多失辭,徒爲楚人之所笑,管子亦奈之何哉?嘗謂晉文之才遠過齊桓,而其臣皆不及管仲。桓公用一管仲而一生之事畢,管子死而齊亂,固其宜也。(王源尾)召陵以義勝,干戈而不失爲玉帛,故作者但敘幾段詞令,雍容不迫,當年情景如生,讀之覺和風襲我衣裾也。前面五番問答,針鋒相對,如燕語鶯歌,聲聲巧亮。結尾一問一答,忽爾金鐵齊鳴,山排嶽倒,看他筆陣之妙。德綏諸侯,乃齊桓定伯之本,而此舉尤切,宜大書特書。卻只從屈完口中輕輕帶出,着而不着,有鏡花水月之妙。總是文無定格,化而裁之,存乎變而已。(孫琮總評)召陵執言,大義烺烺,但因侵蔡而及楚,其起念乃不專在尊周,故齊人辭氣似多張惶,楚人詞氣反爾閒暇。其張惶者,唯恐楚之不服。其閒暇者,則知齊之必與盟也。真鉤人心坎之筆。(《古文衎》尾)是一篇極整齊文字。前段兩問兩答,後段亦兩問兩答。前段兩問,"包茅"一問是主,"昭王"一問卻是賓,屈完則認其一而推其一。後段兩問,"同好"一問是主,"攻戰"一問卻是賓。屈完則答其恭，亦答其倨。蓋因當日情事，齊之制楚，實苦鞭長，楚之料齊，師難久駐。只應草草結盟，各全體面。故一邊全是牢籠，一邊全是閒暇。言外各自有意會處。(《彙鈔》眉)齊桓終是霸者矜威氣習，故反爲屈完所詆。(《覺斯》尾)過商侯曰："齊人詞氣張惶，妙在以一二冷語折之，兩發言而兩口塞，甚矣，見齊之師出無名也！或云：'何不責楚以僭王猾夏？'然管子籌之熟矣。楚即不義，齊亦豈無失德？以屈完之智，寧肯以口舌讓人？使遽加以無上之罪，彼必斥我之惡以對，豈不爲諸侯羞？故特輕加罪案，非特便楚，亦便齊也。何得罪管仲以失言？"(魏禧尾)胡安國曰："或曰：'侵蔡次陘之師，諸侯皆在，江、黃獨不與焉，安知其爲謀伐楚乎？'曰：'兵有聚而爲正，亦有分而爲奇。諸侯之師同次於陘，所謂聚而爲正也。江人黃人各守其地，所謂分而爲奇也。次陘，大衆厚集其陣，聲罪致討，以振中國之威。江人黃人各守其境，按兵不動，以爲八國之援，此克敵制勝之謀也。退於召陵而盟禮定，循海以歸而淸塗執，然後及江人黃人伐陳，則知侵蔡次陘而二國不會，自爲犄角之勢明矣。此大會而未言者，善是謀也。'"禧按：江、黃楚之東北境，可出兵以截齊後者，則必江、黃服而後伐楚，所以困楚，亦所以固齊也。趙鵬飛曰："齊桓五霸之盛，其初會北杏以求諸侯，諸侯未和，伐宋以爲鄄之會，伐鄭而爲幽之盟。諸侯無二矣，而後伐戎、伐徐。戎、徐率服，則救鄭以示威于南，伐山戎以示威於北，定魯之難，救邢之危，衛滅而齊封之，杞滅而齊城之，內之諸侯一德事齊，可以南征楚也。則會江、黃以犄楚之後，取舒、庸以折楚之臂，然後興次陘之役，成召陵之功，則攘戎狄之功成矣。"家鉉翁曰："齊、宋同盟已久，猶未敢聲楚人之罪，必江、黃至而後定計出師。去年盟江、黃，今年會江、黃，皆爲楚計也。諸侯之師當其前，江、黃之師擬其後，楚將腹背受敵。有不戰，戰必勝矣。"魏禧曰："楚亦無有大於僭王之罪者，但責以僭王，必須其去王號，事大且長，而不能決，故薄責之，使易收拾耳。"謝文洊曰："諸侯僭王號，楚實首之，又久爲中國患，強大莫制。齊桓欲霸中國，而不能服楚，則何以立威？然事屬重大，故經營有年，而臨事斟酌，不敢一步造次。見楚未迎敵，稍來觀望，即乘機求盟，輕便結局。雖未嘗纖毫損楚，而齊威則甚張矣。可見戎狄驕橫，爲中國者，稍得大體，即是盛着，倘若求全，則未可必得，而至於輕殘民命，喪威損勢，反使其焰益張，此管仲識時達變，知彼知己，長於謀國者也。城濮之敗，固晉才之多，然亦子玉之驕有以致之。使如屈完之持重，則晉亦安能得志哉？"彭家屏曰："楚僭王號，憑陵小國，前此無敢問其罪者。桓公赫然一怒，以諸侯之師聲其罪而討之，使當時東南半壁，凜凜頓有生氣，真盛舉也。然進次於陘，退盟於召陵，所不深入而決戰者，本求服之，非求勝之也。詩稱：'薄伐玁狁，至於太原。'召陵之役，其庶幾焉！晉楚爭霸，大戰者數矣。城濮之役，晉勝楚。邲之役，楚勝晉。鄢陵之役，晉又勝楚。互有勝負，楚真勍敵也。然二國爭霸，民則何辜，而使之血膏鋒鏑骨暴疆場哉？召陵之師，楚服而退，其用師也，猶有王者之遺意焉。蓋兵兇戰危，聖人不得已而用之。可已而不已，是黷兵也。黷兵是殘民也，豈仁人所忍言乎？此齊桓、管仲之規模，非晉之君臣所能及也。或者不察，謂其畏楚之強，潦草結局，其所見亦疎矣。"（《析義》尾）齊桓公伐楚一事，千古美談，而魯僖猶借其功作頌，極力鋪張。看來當日合八國之師，歷三時之久，其聲罪也，僅得其半推半認。其陳師也，反惹其先恭後倨。以列國諸侯不能睹楚君之面，止盟一大夫而還，有何功績？越二年，齊侯伐鄭，而楚即圍許救鄭，仍是相持不下景況，何曾得其半點心服乎？不知伯者作用，本是個假。兵一到而來盟，便算楚服，所謂拏得起、放得倒也。或謂楚有僭王之罪，桓公問之，何說之辭？試問當日伐楚果能脅楚令去王號乎？若楚不聽，果何以中止而還師乎？此皆管仲籌之最熟，正恐楚之不能置辭也。後儒紛紛饒舌，無有是處。（《分國》尾）侵蔡，為衽席私忿耳。何必以諸侯之師？若曰為伐楚故，是乘其不備而襲之，安在其正而不譎也？且楚自荊尸授師，漢陽諸姬半為剪滅，包茅不貢，細不足問。南征不反，尤屬荒遠。乃威之以諸侯之師，曰誰能禦之，宜屈完強詞，足以奪之也。況東略不知，襲外攘之虛名，勿克終局。嬖寵六人，忘內亂之實禍，至於爭立。即事而論，誰謂其優於晉文哉？穆陵即指楚界，唐王昌齡《送人赴安陸》，有"天邊何處穆陵關"句，蓋安陸郡，即雲夢二縣也。後人以穆陵為齊地，誤。（《晨書》總評）宋南金曰："管仲之言侈而愚，桓公之言驕而淺，屈完之言雋而嚴，合寫光景活現紙上。"愚按：《公》、《穀》皆盛稱召陵之舉，然考屈完及諸侯盟，未嘗與齊盟也。閱三月之久，集八國之師，盛氣而來，袖手以退，何以為情？真西山謂："舍其僭王之罪，責以小惡，庶彼不盡力以抗我，則師不勞而有功。"吾未見其有功也。世儒所云，總欲周旋管仲耳，然器小者伎倆，只合如是便止。（《觀止》尾）齊桓合八國之師以伐楚，不責楚以僭王猾夏之罪，而顧責以包茅不入、昭王不復，一則爲罪甚細，一則與楚無干，何哉？蓋齊之內失德而外失義者多矣。我以大惡責之，彼必斥吾之惡以對，其何以服楚而對諸侯乎？故舍其所當責，而及其不必責。霸者舉動，極有收放，類如此也。篇中寫齊處，一味是權謀籠絡之態。寫楚處，忽而巽順，忽而詼諧，忽而嚴厲，節節生峰，真辭令妙品。（《集解》尾）屈完對辭，直而不倨，曲而不屈，熟習此等閒冷之筆，文境自臻淡遠。（《彙編》尾）楚有僭王莫大之罪，齊若伐楚，必責其大罪，令去王號，方是正徑，乃舍其大者，責以小節，盟一大夫，便算勝楚，此伯者作用，非堂堂之師也。作文每豎一難，必回覆得有趣乃佳，看他前後答應，筆筆緊密，筆筆精采，至於前答先認後推，後答先和後厲，斯爲抑揚盡致。（《知新》尾）春秋無義戰，召陵、城濮，功之大者。然城濮以詐取勝，召陵以義致服，毋寧取此置彼？若更加深文，舍齊桓、晉文，尚有何事可紀？且明責以要服當貢，而既服其罪，則名分已正，只好在荊蠻中蠢然坐大，王豈能僭？故知二公伯業，終以齊桓爲正。（《賞音》尾）桓合八國之師，次於楚境，自春徂夏，師無息心，力有餘而不求速戰，終於服楚，可謂盛矣。蘇子由曰："桓公退舍召陵，與楚盟而去之，夫豈不能一戰哉？知戰之不必勝，而戰勝之利，不過服楚。全師之功，大於克敵，故以不戰服楚而不吝也。"（《左繡》眉）敬仲、子文，兩人真是對手。大家將計就計，適可而止，否則爲守爲戰，事未可知矣。上文"繼好"、"辱收"，已見兩邊説妥，此下不過閒話取笑耳，小白絶不認真。妙極！然亦作者裁對已工，不容更着一語矣。上半師起、師結，下半屈完起、屈完結，片段明整有法。（昆崖尾）李恕谷曰："齊桓經營歷年，諸國合，兵力盛，然後帥而伐楚，且不遽及楚也，先侵其與國蔡，蔡衆潰叛，軍聲赫矣，遂入楚境。楚使來問故，管仲責以不供王祭包茅、昭王南征溺死於漢二事。使于不貢認罪、昭王不復委之水濱以對。齊桓於是進師，直入楚境。使回，楚人震恐，乃使重臣屈完來齊師求盟。夫敵國以兵聲罪伐我，而我造其師中請盟以求息戰，大辱也。宣十五年，華元謂子反曰：'城下之盟，有以國斃，不能從。去我三十里，惟命是聽。'是也。屈完陳詞，若出己意，而不直言君使，諱辱也，故不書使。然來必有使者，君在其中矣，故書曰'來盟于師'。楚絀矣，霸主之威伸矣。齊桓乃曰：'楚，先王建國也，師中不可以辱，吾其以禮盟焉。'乃退一舍，使屈完與諸侯盟。自此終齊桓之世，楚不敢争鄭焉。其後晉文興霸，雖勝楚，而不能服楚，遜齊桓矣。經大書曰'盟於召陵'，見齊桓之招攜以禮也。經文明白如是，而三《傳》皆不能解。《公羊》謂'師在召陵'，《穀梁》謂'權在屈完，桓不得志'。《左傳》但記屈完如師，不言求盟，反謂齊師退召陵，桓公向完求好。夫楚未請盟而齊兵遽退三十里，緣何故乎？楚不求盟而桓先繳之，何桓悖誤乃爾乎？蓋《公》、《穀》道聽塗說，並非史文。《左傳》雖本魯史，而兼采之《乘》、《檮杌》。此傳蓋采楚史之文也，故掩醜弄美如此。後人爲其文筆之妙所眩，而不解聖經大義，遂使《春秋》表著霸功第一舉，沉埋千古矣。"（美中尾）何義門曰："齊以伐楚召諸侯，楚必預爲備。預爲備必戰，戰則勝負未可知也。今因伐蔡而猝移師臨楚，楚無備必震，震而後可服也，此齊之得也。齊以伐楚召諸侯，楚素強，陵暴中夏，諸侯懷兩端，必有至有不至，惟率之伐蔡，因而劫其眾以伐楚，有不唯命者乎？雖然，非素約也，心與力不一，其何以戰？屈完來即與之盟而退，唯用其虛聲焉耳，又齊之得也。"紀曉嵐曰："有力者不盡其力，乃可以養威。屈人者使其易從，乃可以就服。召陵之役，不責以僭王，而責以包茅，使易從也。屈完來盟即旋師，不盡其力也。說《春秋》者動議桓之小就，方城漢水之固，不識可一戰勝乎？一戰而不勝，天下事尚可爲乎？淮西、符離之事，吾徵諸史冊矣。"（《約編》尾）左氏寫召陵之師，絕無鋪張揚厲之詞，殆窺見以力假仁之意歟？因侵蔡而伐楚，桓公本無尊攘之志可知。仲不責楚以僭猾之大罪，而責以失貢及久遠之事，不過令楚易於承受，而進退之權，操之在我，便於結局耳。知彼知己，略短著長，仲洵天下才也。我持。（《左傳翼》尾）自《史記》有"桓公實怒蔡姬，管仲因而伐楚"一語，世儒遂謂召陵之舉以怒蔡姬而起師，遷怒至楚，名號不正。不知自盟貫、會陽穀以來，有成謀矣。蓋荊楚憑陵諸夏，桓久欲伐之，蓄威養力，垂三十年，始大舉南伐，以成尊周攘楚之功。不入不復，是征是問，仗義執言，楚人亦心服其義，而兵不刃血，拱手受成。胡氏所謂："齊師雖強，能以律用之而不暴。楚人已服，能以禮下之而不驕。"是也。所以干戈森列中不失樽俎雍容氣象。然招攜以禮，懷遠以德，雖有一匡九合之功，而無至誠惻怛之實，不尚兵威，猶以力遲。屈完雖盟而未心悅誠服，左氏敘次權衡不爽，讀者于此可以知王伯之辨矣。開口說南海北海，若大宇內止有一君與寡人，儼然東帝西帝之意，目中無王久矣。說召康公之命，便見征伐皆本天王，原非己所擅興。是征是問，責有攸歸，總以夾輔周室爲主。辭意何等正大，楚人雖許納貢，而南征不復，未肯服罪，猶必進師，必待屈完如師請成而後舍之，《國語》所謂："濟汝，踰方城，望汶山，使貢絲于周而反，荊州諸侯莫不來服。"是也。孔子稱管仲之功，謂："一匡天下，民到於今受其賜。"孰大於此？莫因屈完方城數語，遂謂齊桓無如楚何，受其奚落也。真西山謂："我以大惡斥之，彼亦必斥我之惡，爲諸侯羞。唯舍其大而責其小，庶幾楚不盡力以抗我，則師不勞而有功。"夫大惡莫過於僭王猾夏，桓公尊周攘楚，未嘗僭稱王也。存三亡國，九合諸侯不以兵車，功在生民，未嘗猾夏也，有何大惡而懼楚斥之乎？至云責包茅不入與昭王不復爲舍其大而責其小。夫求車求金非天子所爲，而不享不祭實諸侯大罪，包匭菁茅，楚所貢也。禮曰："縮酒用茅，明酌也。"易曰："茅之爲物薄，而用可重也。"包茅不入以致王祭不共，忠孝兩失，豈可謂之小罪乎？僭王由於不貢，貢入則知有王矣。至於君父之仇，百世不忘，齊襄公復九世之仇，《春秋》美之，豈昭王不復而不當問者？若云當時江漢尚不屬楚，不宜以此罪楚，試問楚不膠舟，昭王何自而没？則南征不復，非楚罪而誰罪乎？以此較之，猾夏孰大孰小，必有能辨之者。如其説則是桓公一楚靈，楚人一慶封也。有瑕未可戮人，齊不伐楚可矣，誰逼勒桓公而作此乖異舉動乎？其譎較晉文更甚，夫子何以謂之正而不譎，朱子何以謂之仗義執言？以孔子、朱子斷之，此等數説不必從矣。屈完如師，蘇氏以爲："屈完來求盟，因而許之。"是也。若云來觀强弱，則召陵之退，毋乃太早乎？總之，招攜以禮，懷遠以德，齊桓不以兵威脅人，而知難而退，有德不敵，楚成實量力自守。後遇晉文，入申以避之，猶是召陵請盟故智也。設子玉亦如子文而逡巡不戰，又何至有城濮之衂乎？余嘗謂："楚成之才實高於楚莊，而不能伯者，以所遇有齊桓、晉文也。"前半仗義執言，孔子"正而不譎"從此看出。後半以力假仁，孟子"非心服也"從此看出。開口便提諸侯之師，兩段原是一套事，合而觀之，而齊桓之身分自見。（《精言》尾）荊楚僭王，罪之大也。包茅不貢，罪之小也。昭王不復，非其罪矣。管仲不以僭王責之，而舉此二罪，是舍其所當罪，而責其所不必罪也。予謂不然。禹之征苗，湯之征葛，皆明徵其辭者，有諸己而後求諸人，無諸己而後非諸人。桓公之霸以力服人，非心服也。所行之事，失德實多。若遽加楚以無辜之罪，必將彼敵我之戰，以抗我之威名，不無所損。故舍其所當責，特發其小過，並事之無涉者，使彼易於輸服耳，伯道往往如是，管仲豈昧昧者哉？（《便覽》尾）《賞音》載蘇子由評曰："桓公知戰之未必勝，而戰勝之後，不過服楚，故全師之功，大於克敵。"余按：召陵之役，是評最允。誇大之，殊失經文"蔡潰，遂伐楚"之義。苛論卻又不必，讀者惟平心論事，細心論文，是各有所見。芳自記。（《日知》尾）以此衆戰、以此攻城，楚所畏也，然方城為城、漢水為池，亦齊所畏也。故楚不任受罪，而齊不得不進，師進而屈完不得不來，完來而齊師不得不退矣。關目全在中幅，具見各有心事，末路乃點睛語，識得此意，乃知齊之責楚，不重不輕。楚之答齊，一遜一傲。胸中各有所恃，又各有所畏也。如此看，乃成貫徹一線之文，不識前賢何以不論及此。（盛謨總評）前二段已寫盡，似無文字，忽又生出二段，別開洞天。蓋所謂"山窮水盡疑無路，柳暗花明又一村。"尤妙在先伏"陳師"二句，卻用"以此"字指點出來，如見齊侯手眼活活紙上。傳神至此，非後代史氏所能也。諸本合前首為一，餘分為二，依經文也。兩用"諸侯之師"，亦見聯絡。（高嵣尾）趙企明曰："齊桓，五霸之盛。其初會北杏以求諸侯，諸侯未和，伐宋以為鄄之會，伐鄭而為幽之盟，諸侯無二矣，而後伐戎、伐徐，戎、徐率服。則救鄭以示威于南，伐山戎以示威於北。定魯之難，救邢之危，衛滅而齊封之，杞滅而齊城之。內之諸侯，一德事齊，可以南征楚也，則會江、黃以犄楚之後，取舒、庸以折楚之臂，然後興次陘之役，成召陵之功。則攘戎狄之功成矣。"按：江、黃在楚東北境，可出以截齊後者，必江、黃服而後伐楚，所以困楚，亦以固齊也。然前既兩次會盟，何侵蔡伐楚之時，諸侯皆在，而二國不與乎？胡康侯曰："次陘大衆厚集，聲罪致討，以振中國之威，所謂聚而為正也。江、黃各守其境，按兵不動，以為八國之援，所謂分而為奇也。此犄角之勢，克敵制勝之謀也。"俞桐川曰："合觀齊、楚辭令，一是半縱半擒，一是半順半逆。齊桓霸業已成，惟荊未帖。借侵蔡之師，乘楚不備，求得一盟，以示諸侯，非必決戰以損威重也。以義責楚，義則是假。以禮招楚，禮只是偽。屈完因其假，順其偽，使之去以安其國。究竟滅弦、滅黃，楚日憑陵，齊不能救。包茅之貢，終於不入。是盟也，乃屈完籠絡齊桓，豈齊桓能折服屈完乎？最妙起處'乘觀'一段，極大題目，從極小情節說起。霸主心術作用，一齊窺破，真善繪情狀也。五霸，桓公為盛。而桓之功，莫大於召陵。召陵之役，《公羊》以為序績。《穀梁》以得志為僅。後人本此二說，各有發明。"按此須兼兩義乃盡。齊桓稱霸二十餘年，諸侯力能抗齊不受盟者，西惟秦，南惟楚。秦遠而楚近也，楚屈則東諸侯震，而齊益張。故拳拳以伐楚爲事，而心畏楚之強也。僖元年，會於檉，中國已服。伐楚之意，權輿於此矣。二年、三年，盟於貫，會于陽穀，遠國已服，伐楚之謀決矣。四年以侵蔡爲由，出其不意，伐楚之計善矣。數年經營，列國雲集，當楚使之來，宜問其何以僭王，何以虜蔡，何以伐鄭？乃舍其所當責，而以包茅不貢、昭王不復二事問之。是責其所不必責，已明授以易托之詞，可以將就收拾也。及屈完入師，答詞甚亢，略不究詰，卒與之盟。夫陳師以出，未踐郢郊。諸侯皆在，未覿楚子。振旅以歸，潦草結局。豈不負此盛舉乎？迨既盟之後，逾年而楚滅弦、圍許，又逾年而楚滅黃、伐徐，桀驁如故，而桓不能禁，同盟有事又未聞楚遣一介一旅以赴，所謂得志爲僅者，誠有然矣。然楚自武、文繼強以來，肆其蠶食，先自近絞、隨、羅、鄧，及後憑陵中國，兩入蔡，三伐鄭，諸國不敢南下而視焉。桓公率八國之師，聲罪致討，使當時東南半壁，凜凜有生氣。其進次於陘，退盟於召陵，所以不深入而決戰者，本求服之，非求勝之也。《詩》稱："薄伐獫狁，至於太原。"此庶幾乎？朱子曰："桓公伐楚，仗義執言，不由詭道，故夫子稱正而不譎。"又曰："彼善於此，召陵之師之類。"胡傳曰："齊師雖強，桓公能以律用之而不暴。楚人已服，桓公能以禮下之而不驕，《公羊》以爲此王者之事，序績也。豈溢美哉？"（王系尾）此篇敘齊桓服楚，是部中大結構、大頭腦處。寫桓用明寫，讀者易知。寫楚用暗寫，讀者易略。如師涉境而遣師問故，徵其辭也。齊既有辭，則又遣重使以觀強弱。強則服，弱則必拒。既見其強，既請盟矣，又服其德而不服其力，楚可謂無人哉？知楚之非易服，則齊桓之功見矣。自此終齊桓之世，楚不敢憑陵諸夏，孔子之所謂一匡也。欲知楚之強，必自桓二年蔡、鄭始懼楚看起。欲知齊桓之服楚，必自莊十七年齊始霸看起。至若楚罪莫大于僭王，管仲全不道及者，以爲提此一字，更罷手不得，亦自度非其力之所能及矣。（武億尾）此合兩爲一章法。上半兩問兩答總，下半兩問兩答分，都用一開一合筆法。亦變化，亦整齊，已開後人遙對格法門。（方宗誠眉）此段齊侯之言，實不如屈完辭命之理足而氣昌。（《學餘》尾）城濮若有功，召陵若無功，不知管仲天下才，知己知彼，折衝口舌之間，其所保全者大也。夫仗義執言，尊周室而安中夏，是亦足矣，何取必于一戰，以爲威武乎？"九合諸侯，不以兵車，民到於今受其賜"，於召陵見之矣。（《菁華》尾）義正詞嚴，雖強侯亦爲折服。楚勢方盛，非齊力所能制，得其柔服之言，與盟而去，兵法所謂知難而退也。桓公自伐兵勢之盛，幾至一言僨事，豈必待葵邱之會，一朝振矜，叛者九國哉？召陵之役，草草了事，遠不如城濮之獲全勝。然桓之仗義執言，猶有堂堂正正氣象，不似文之詭詐取勝也。聖人正譎之論，似專指此二役而言。

　　陳轅濤塗謂鄭申侯曰："師出於陳、鄭之間，國必甚病。若出於東方，觀兵於東夷，循海而歸，其可也。"申侯曰："善。"濤塗以告，齊侯許之。申侯見曰："師老矣，若出於東方而遇敵，懼不可用也。若出於陳、鄭之間，共其資糧屝屨，其可也。"（孫鑛眉）五"出於"字，文甚平而方。（韓范夾）雖仲父亦宜聽之，況桓公乎？胸中有此，故陽善濤塗以取悅伯主、誠小人之雄也。齊侯説，與之虎牢。執轅濤塗。（《測義》夾）凌約言氏曰："濤塗誠自私其國者，齊侯責以大義，以示刑威足矣，何至既執之，而復勤師以伐其國哉？蓋陳與蔡爲鄰，勢必懼楚，而又以殺御寇之故懷疑於齊，則循海而歸之謀未必非叛齊即楚之漸矣。以故齊侯乘楚之服，而還師以伐之，無非欲定其從齊之志耳。此實有關於天下之故，豈區區爲一謀之不協而然哉？"（《左繡》眉）此篇直是後人兩扇格，換意不換詞者。東方、陳鄭，一利一害，只以顚倒出之，而各以"其可也"煞住，蓋明告我以對股法門矣。申侯與濤塗語，妙在全然相反，尤妙在全然相類。相反則獨見己説之爲長，相類則愈形彼説之可憎。如見斯錦，左氏真有化工肖物之能。（《左傳翼》尾）此番議論，賣人討好，無非取悅伯主、冀邀厚賞意，所謂專利而不厭也。而不知身之所以喪即在此。不然，既反宣仲矣，反聽其言，美城其賜邑，致來讒慝之口，豈非利令智昏乎？文王諄諄誡訓而弗能改，宜子文爲之深致歎也。（《評林》眉）穆文熙："執轅濤塗，濤塗左桓公於東方，乃所以爲國，而申侯賣轅塗，則小人媚人之術，所以終爲轅塗所賣，死不足恤矣。"（闈生夾）先大夫評曰："此見齊外示強而内怯。"闈生按：兼寓師行煩擾苦民之意。

　　秋，伐陳，討不忠也。

　　許穆公卒于師，葬之以侯，禮也。凡諸侯薨于朝、會，加一等；死王事，加二等。於是有以袞斂。（《左繡》眉）以一等、二等對舉，而侯葬袞斂，恰一實一虛爲起訖，文貴匀稱，此一班也。（《左傳翼》尾）此朝會也，故加一等，而以侯葬之，由朝會而推之死王事，由加一等而推之加二等，由侯葬而推之衰斂，一虛一實，前用逆敘，後用順敘，中間對舉，剪裁工穩，筆筆匠心。

冬，叔孫戴伯帥師會諸侯之師侵陳。陳成，歸轅濤塗。

初，晉獻公欲以驪姬爲夫人，（《左繡》眉）此篇傳晉殺申生事，卻意在驪姬。猶鄭伯克段，卻意在姜氏。故中段一氣趕落，全用彼處筆法，蓋亦相准成文也。又，此事與二五耦篇，緊緊相接，卻別自一種筆意。彼處從獻公無子敘起，便通篇著意"子"上。如"欲立其子"乃一篇之主，後面群公子、二姬之子，一一照應。此篇從以驪姬爲夫人敘起，則通篇着筆姬上。如姬謂太子、姬寘諸宫、姬泣、姬遂譖二公子，草蛇灰線，用意極顯，用筆極微。總之，一文有一文主腦，非可隨手雜湊也。申生口中兩"姬"字，尤一篇精神所在。唯以姬爲主，故立姬用重筆，立奚齊反用輕筆。特寫與二五耦篇相反，以見其用筆之變，用意之精，妙極！（《補義》眉）殺申生前三篇一步緊一步，至此更不費手，而"賊由太子"四字其下刃處。從立夫人敘起，姬爲夫人則其子必爲太子，是殺申生之故俱已見前，故一點自足。里克成謀，其罪大矣。然詳敘則于姬反寬，而晉侯之罪不著，故用"既"字撇過，正歸重驪姬。（高嵣眉）首用追敘卜事，不置于姬初入之時，而鋪敘於此，爲本篇殺申生案底，可悟敘事竅秘。（方宗誠眉）敘事體。欲以驪姬爲夫人，一"欲"字一篇禍根。卜之，不吉；筮之，吉。（孫鑛眉）簡而濃，核而鍊。公曰："從筮。"卜人曰："筮短龜長，不如從長。且其繇曰：'專之渝，攘公之羭。一薰一蕕，十年尚猶有臭。'必不可。"弗聽，立之。生奚齊，其娣生卓子。及將立奚齊，既與中大夫成謀，姬謂大子曰："君夢齊姜，必速祭之。"（韓范夾）令太子不得不聽，婦人之計，甚便而險惡無似。（《彙鈔》眉）驪姬設計奸巧，立置太子于死地。婦人狠心，最是可畏。（高嵣眉）中備敘殺申生本事，主謀自由姬，而聽讒則自公。如姬謂太子、姬寘諸宫六日、姬泣，太子不辯，口中說出兩"姬"字，皆寫前篇一"嬖"字也。（《評林》眉）邱維屏："公曰從筮，龜憑灼，灼近自然。數憑分，分稍屬意爲之，以此爲長短。"大子祭于曲沃，歸胙於公。公田，姬寘諸宫六日。（《左傳儁》眉）李行可曰："毒酒經宿輒敗，而經六日，明公之惑也。"公至，毒而獻之。公祭之地，地墳。與犬，犬斃。與小臣，小臣亦斃。姬泣曰："賊由大子。"大子奔新城。公殺其傅杜原款。(《左傳雋》眉)李衷一曰："敘申生被害本末詳盡，中間巧計詐術，剔括無異，令人讀之心戚。"(《評林》眉)《評苑》："有中立之語，則是成謀者里克也，見《國語》。"《經世鈔》："外傳云：'原款教太子死。'玩此太子奔新城而不遽受死，則死爲原款教之無疑。"(方宗誠眉)"公殺其傅杜原款"之下，原可直接"十二月，太子縊于新城"，然而平直，且太子仁孝之心事不明。有"或謂太子"折筆，將太子仁孝傳神，傳太子仁孝之神，正所以形容獻公之昏也。或謂大子："子辭，君必辨焉。"大子曰："君非姬氏，居不安，食不飽。我辭，姬必有罪。(孫鑛眉)獻公溺愛姬，安得死？但辯明後，事情費處，家庭間終是不快。(韓范夾)愚哉太子！公溺愛姬，姬安得有罪？但恐辯明之後，太子得罪也更甚，則不如不辯。(《補義》眉)公中毒已久，辨必不行，姬必不死，申生以父子常理論其父，不忍以非理測父也。"其誰納我"，聲與淚俱。"君安驪姬"數語，申生本非揚父之過，傳述之，覺上文姬言之得行，下文太子之死，二子之亡，皆以此爲樞紐。君老矣，吾又不樂。"(《測義》夾)何孟春氏曰："申生之死也，既不忍君以恨終，又不欲君惡聞於列國，及刃即頸，猶慮君老而不自辯明之，其愛父之心惓惓，與死俱也。其謚爲共以此，吾特痛其所處雖恭，而猶未臻於盡善耳。"(《彙鈔》眉)"君老矣"二句，如聞嗚咽慘泣之聲。(《評林》眉)《經世鈔》："又不樂，死爲過矣，此理尤大舛謬。"(闇生夾)嗚咽唏噓，所以發明申生之孝也。"吾又不樂"，言已不能娛親也，解者多誤。曰："子其行乎！"大子曰："君實不察其罪，被此名也以出，人誰納我？"(《左繡》眉)奔新城下，本接二公子事，因要還申生了局，故趁便敘去。然得毋顧賓失主乎？看他連忙接"遂譖二公子"作收煞，字字跳脫，筆筆機警，其老辣直與事相肖也。化工、化工！其寫申生處亦都是緊顧姬氏落筆，無一閒話。

十二月戊申，縊於新城。(高嵣眉)末拖敘二公子，開出後事。姬遂譖二公子曰："皆知之。"(闇生夾)譖太子止四字，譖二公子止三字，簡括之至，所以極獻公之昏庸，不待多言之間也。重耳奔蒲。夷吾奔屈。(文熙眉)汪道昆曰："敘事妙品。'祭之地'以下章法、句法，'墢'字法。"穆文熙曰："申生被讒，既不敢辭，又不能去，止有一死而已。獨不曰死而成親之過，尤有大不樂者乎？此所以爲申生之孝也。"（《測義》夾）劉知幾氏曰："左氏載申生爲驪姬所譖，自縊而亡，不言其節操，而忠孝自彰，所謂惟書其事跡者。"崔銑氏曰："獻公必殺申生矣，申生必被惡名以出，獻公猶欲甘心焉，爲宋馮之受伐，爲長萬之賂獲，父惡愈著，身死爲逆，孰若受命自裁之恭且安乎？夫反常之禍，辭難明也。快心之忿，情難釋也。世子之慮審矣，其心純乎仁，未可以瑕訾也。"（《正集》尾）姬之論申生也，曰："其爲人也，小心精潔，甚精必愚。"千古聖賢人心術，必反爲小人窺破，故直可弄之股掌之上而無難。悲哉，恭君！其愚不可及也。葛端調。（魏禧尾）魏禧曰："申生出奔，則獻公死後反國而群情服，不至骨肉殘賊，禍延數世矣。然則群公子之冤，何由發乎？故知申生之孝，天爲之也。天欲禍敗人家國，以償其祖父之惡，有生不肖子孫以敗之者，有生賢子孫以報之者。徐勣附和高宗，廢皇后而立武氏，卒以武氏滅其族。使勣不生敬業之忠，徐氏豈得滅哉？嗚呼！身爲惡逆，覆宗絕祀，而徒成子孫之令名，亦足悲矣！爲人祖父者，其亦慎所貽謀哉？"魏禮曰："獻公之所欲殺者，夷吾、重耳輩也。欲全者，奚齊、卓子也。卒之奚齊、卓子皆見殺，夷吾得國令終，重耳身爲伯主，傳之子孫，安在其欲全者全而殺者殺乎？祖父之于子孫，徇其偏私，亦自枉作小人，況能施之他人耶？"彭家屏曰："父子之間，骨肉至親，非有積怨深仇，必不可忍，而史書殺子者，往往行之最決，略不需時者，抑何哉？大都以位爲利也。以爲大利則虞人奪之，故讒人之言甫入，而塚子之首已殊，惟恐少遲則速禍，不斷則失幾。利之見明，害之見益明也。然申生之事，與漢戾太子、晉懷太子、唐太子瑛之事不同。蓋彼無以自明與勢不能自明，而此則尚有可以自明之道也。胙納公宮已隔六日，傳受有人，收貯有所，以此致辨，雖甚昏惑，不能無疑。況獻公殺太子之傅，而不及申生，是殺子之心，猶未遽決。爲申生者，使痛哭流涕，報親之膝，吮親之乳，以自明其無他，安在其不悟哉？而申生之不爲者，總以君安驪姬，不欲傷親之心也。自明則姬必有罪，而親心傷矣。觀其告狐突之言，至誠懇惻，死不忘君，其心至苦，其道曲盡，未可以小杖則受、大杖則走之說一類而律之也。或者不察，援瞽瞍殺舜之事，以爲舜終不可得而殺，所以爲大孝，而咎申生之不去。是殆不然，人子得罪于親，安所逃死而逃之，是實其罪也，將何以自明？

故曰無所逃而待烹，申生其恭也。經書晉侯殺其世子申生，專罪晉侯也。聖人早有以斷斯獄矣。魏氏以趨避之見，恣一隅之説，謂申生之死爲過，其言爲謬，豈知申生之用心者哉？"（《分國》尾）"既與中大夫成謀"一句，與《國語》中"吾其中立"句，隱隱關照，作傳者罪有所歸。（《左繡》眉）末二句輕帶得妙，筆法又與前奔新城相應，經營匠心。杜、里同傅，一死一生，咎將安在？俞評云爾。按：此乃史家附見之法，如謂本文全著意在此，當未盡然。（美中尾）黃寬夫曰："有國家者，不可以不通《春秋》。前有讒而不見，後有賊而不知。爲人臣者，不可以不通《春秋》，守經事而不知其宜，遭變事而不知其權。爲人君父而不通《春秋》之義者，必蒙首惡之名。爲人臣子而不通《春秋》之義者，必陷篡弑誅死之罪。若獻公所謂前有讒而不見，故蒙首惡之名。申生遭變事而不知權，是以不免於死，而且陷父於不義。"（《左傳翼》尾）細看前篇，主腦在"驪姬嬖，欲立其子"二句。"使太子"、"使重耳"、"使夷吾"，皆驪姬謀也。從獻公無子敘起，不過爲諸子敘出身耳，非專重在獻公也。此篇主腦在"及將立奚齊"一句，譖太子、譖二公子，所以爲立奚齊地也。從"欲以驪姬爲夫人"敘起，不過敘其得氣之由耳，非所重在立驪姬而所輕反在立奚齊也。總之，兩篇皆爲並寵奪嫡描寫，前是布網設阱，此則下手結果矣。合觀前後，獻公之昏、姬氏之毒，歷歷如見。女戎禍國，至此豈不爲千古炯戒乎？親莫如父子，而嬖孽之計一行，至使欲辨不能，欲行不得，死無以自明，於此歎讒人罔極而彼昏不知，千古有餘恨也。嗚呼！浸潤之譖，膚受之愬，有不行者，得不謂之明且遠乎？獻公廢立由姬氏，里克中立亦由其妻婦言是用，君危其國，臣喪其身，牝雞司晨，維家之索。吁！可畏哉！（《日知》尾）公欲以姬爲夫人，則姬即必欲以奚齊爲太子矣，"專之渝，攘公之羭"，包孕一篇，却從占詞説出，有神無跡，論者爭誇繇詞古奧，遂使章法橫遭埋沒矣。（高塘尾）俞桐川曰："此文敘獻公溺愛，驪姬工讒，可謂肖矣。其著意尤在里克，克聽優施之言，許之中立，故姬氏敢於無忌，'成謀'句已定罪案。譖申生、譖重耳、譖夷吾，里克不置一辨，或勸太子醉，或勸太子行，里克不畫一策。至於杜原欵者，與克同爲師傅，一死一生，咎安在乎？弑君之惡，已伏於此，鐵筆不可易也。此篇傳晉申生事，仍歸禍于姬以結案，與晉獻嬖驪姬篇，相承相對。前聽立奚齊，嬖也。此聽殺申生，亦嬖也。女戎之毒烈矣。（《評林》眉）《經世鈔》："譖申生如此難，而譖二公子如此易，所謂破竹之勢也。"（王系尾）讀此篇，至"縊於新城"而始失聲一歎者，未嘗讀書者也。于城曲沃而敘士蒍之言，於伐東山而敘狐突諸大夫之言，明申生之死，其志素定矣。《檀弓》曰："是爲共世子也。"（武億尾）此篇從"以驪姬爲夫人"敘起，通篇着筆姬上，草蛇灰線，用意極顯，用筆極微。（方宗誠眉）前段敘太子見殺，後段敘二公子見逐，中間數語爲關鍵。（《菁華》尾）《國語》載里克中立之言，儼然張禹、孔光一流人物，然卒不能免於禍，何如守正之爲愈也？此可爲人臣全軀保妻子者戒。獻公此時，但問歸胙凡幾日，則姬之奸謀立見。奈何溺於床第之私，而竟不一問也？蓋獻公已有殺太子之心，幾若幸其有此事，使己得以爲辭耳。或之爲申生謀，未嘗不是。惟優施論申生曰"精潔易辱"，又曰"甚精必愚"，蓋精潔之人，顧惜名譽，一遭汙衊，憤不自勝，惟有一死而已。以辭自理，優施固早料其必不能也。

◇僖公五年

【經】五年春，晉侯殺其世子申生。杞伯姬來朝其子。（《評林》眉）高閌："先王之制，諸侯未冠而即位，謂之童子侯，童子侯不朝，蓋不可以成人之禮接之也。伯姬歸杞方十三年，有子必尚幼稚，如之何。"鍾人傑："'來'字絕句，'朝其子'，猶言其子來朝。"夏，公孫玆如牟。公及齊侯、宋公、陳侯、衞侯、鄭伯、許男、曹伯會王世子於首止。（《評林》眉）俞皋："及諸侯以會，殊會也。殊會之義有二：會王世子，尊之而不敢與抗也；會吳，抑之而不使其抗也。"秋八月，諸侯盟于首止。鄭伯逃歸不盟。（《評林》眉）《傳說彙纂》："首止之盟，先儒皆與桓，獨蘇轍以爲衰世之意，或遂以挾天子議桓者，非也。逃者，匹夫之事，觀下文鄭伯不盟書逃，則經之與桓無疑。"楚人滅弦，弦子奔黃。九月戊申朔，日有食之。冬，晉人執虞公。（《測義》夾）汪克寬氏曰："下陽不當書滅而書滅，虞當書滅而不書滅。蓋下陽者，虞、虢之捍蔽，下陽既取，則虞、虢自亡，故書虞師同晉滅下陽者，著虞之自滅也。書執虞公而不言滅者，以虞之亡不待此時也。"（《評林》眉）程端學："諸侯，天子所封。又晉、虞同姓，虞固愚也，然晉獻詭計執之，惡不可掩矣。"

【傳】五年春，王正月辛亥朔，日南至。公既視朔，遂登觀臺以望。而書，禮也。凡分、至、啓、閉，必書雲物，爲備故也。（韓范夾）後人臺榭之成，必求名人作記，蘇、歐集中比比也。吾以爲累篇煩牘，不如此數言之華簡。（《分國》尾）觀以眺遠，後人謂仙人好樓居，遂有飛廉、桂觀、延壽觀、青梧、白楊等觀，誣也。魯自莊公，天災疊見，星隕日食，不一而足，僖之望，其有懼思乎？不虞豫備，凡事皆然。已災而伐鼓用幣，何如未災而側身脩行？古人作臺觀，望氛祲，察妖祥，後人但侈登臨，失其意矣。（《左傳翼》尾）國之有臺，所以望災祲、察雲物，非僅時觀遊、節勞逸也。登臺而望，謹而書之，書，正書其所望也。下雖單結"書"字，而究以"望"爲主，斷之以"禮"，總在"爲備"上，能爲備則天不能災矣。（《補義》眉）望而書方，不是空望。書而備方，不是徒書。作兩層寫也。（《日知》尾）古人勤民，後不盡傳，寥寥數語，猶足令人神溯。

晉侯使以殺大子申生之故來告。

初，晉侯使士蒍爲二公子築蒲與屈，不慎，寘薪焉。（《左繡》眉）此篇是結上生下文字，蓋申生既殺，便且揭過一邊，以後須敘二公子出亡本末，因補寫士蒍築城一段議論，以爲後文緣起。見早悟其言，太子可以不死，二公子亦可以不奔。篇中"宗子維城"乃回顧篇首，"一國三公"乃反疊篇尾，無一浪筆也。（高塘眉）上半追敘前事。士蒍之對，意極沉痛，語極和平，都從"不慎"二字引出，最得隱諷之意。退而賦《詩》，更有遠神。（閩生夾）將敘攻二子，不肯平落，故追敘此。夷吾訴之。公使讓之。士蒍稽首而對曰："臣聞之：'無喪而慼，憂必讎焉。無戎而城，讎必保焉。'寇讎之保，又何慎焉！（《補義》眉）周云："父子而曰寇讎，反言以動其天性。"守官廢命，不敬，固讎之保，不忠。失忠與敬，何以事君？《詩》云：'懷德惟寧，宗子惟城。'君其脩德而固宗子，何城如之？（閩生夾）獻公殺子之不道，未嘗一言及也，於此微諷而已。三年將尋師焉，焉用慎？"（孫鑛眉）左氏常套。不築則已，築則必須堅。豈有以築爲不廢命而不慎爲不固讎者乎？大是曲說。（《評林》眉）張半菴："士蒍當築城時，恐無此意，因公之讓，巧辭以文罪耳。然其言自深中晉室之病。"（閩生夾）此見重耳、夷吾其時已各有黨與羽翼，而公不知也。退而賦曰："狐裘尨茸，一國三公，吾誰適從？"（《測義》夾）陸粲氏曰："蔿者，獻公之信幸臣，知其不可，盍諫止焉？既受命以興事矣，弗慎而實薪，若將有為也。及承譴讓，又不敢端言其故，以折讒嬖之謀，忠敬以事君者，固若是耶？且退有後言，而曰'一國三公'者，何所諷切也？蔿固姦人之雄，內存寵祿而外恤公議，姑為是以自說於眾，曰吾亦嘗諫之云耳。是故二五、優施之徒，其讒愿不足誅也，若士蔿、里克，君子疾之。"及難，公使寺人披伐蒲。（高嵣眉）下半接敘今事。重耳、夷吾，兩人並序，同一奔也，而優劣自見。重耳曰："君父之命不校。"乃徇曰："校者吾讎也。"（韓范夾）其言甚正，然自與申生不同。踰垣而走。披斬其袪，遂出奔翟。（文熙眉）汪道昆曰："議論能品。'尋師'字法，'君父之命'句法。"穆文熙曰："士蔿之言，可謂極懇，獻公何無一言以詰之？想其將來之變，亦自知之，特其迷于慾而不能自禁耳。愚哉！"（《左傳雋》尾）呂東萊曰："群公子之出於桓、莊者，獻公之從父昆弟也。士蔿逢公之惡，反覆陷之死地，使公屠其宗族昆弟，如刈草菅，略無不忍之意。其于宗族昆弟之間既如此，何獨難於其子耶？此所以來驪姬之譖也。驪姬之譖，襲吾譖富子之術也。蒲、屈之城，襲吾城聚之術也。是故開獻公殘忍之心者，士蔿也。教驪姬離間之術者，亦士蔿也。授賊以刃而禁其殺人，世寧有是理耶？"（《左繡》眉）士蔿築城實薪，乃是故作詫異以動公責問，大旨在"脩德而固宗子"兩句。前云"寇讎"，後云"三公"，中云"宗子"，總見申生無恙，蒲、屈都可不築。三年尋師，吾誰適從，極言築城之危。口中自說重耳、夷吾，意中卻全指絳之二子也。此公極有深心，宜其言之針針見血乃爾。士蔿連說四"讎"字，直將以二子為讎，而重耳乃以校者為讎，此正文字兩兩激射處。總見獻公前既失之申生，後又失之重耳也，而重耳自此興矣，首尾照應之密如此。起處總提二公子一筆，而夷吾訴之於始，重耳逃之於終，可見兩人優劣。其不附伐屈事，又行文欲得勻稱，不令偏重也。（《左傳翼》尾）本傳只是敘重耳奔翟耳，既殺申生，旋伐重耳，以其得人異於夷吾也。追敘士蔿築城填薪，以見今此之伐早被士蔿料破，公迷不悟耳。人謂士蔿不慎為姬所使，不知士蔿一腔熱血全為申生，做此詫異舉動啓公譴責，明目張膽以告之也。父子也，而曰寇讎，俱反言以動其至情至性，教以脩德，則不悅色而興女戎；教以固宗子，則不奪嫡而謀廢立。至說到三年尋師，將後來機關一齊說破。"吾誰適從"，士蔿此時直感慨欷歔欲絕矣。顧同一不慎也，夷吾訴而重耳不言；同一來伐也，夷吾盟而重耳不校。且公以二子爲讎，重耳不唯不敢以讎視君父，而更以校者爲讎，伯主之規模，其大端已見於此哉！（文淵夾）此篇以"讎必保焉"指二公子，"宗子"指奚齊，說方順。（高嶹尾）因二公子由蒲、屈而出，乃追敘築城事也。士蒍之對，深中欸會，惜其不悟，以致驪姬讒而申生死，至二子出，又開晉事後局。（王系尾）追敘處，是伐蒲伐屈總冒。伐蒲在此年，故並敘。伐屈在六年，故別敘。事固宜然。亦以重耳剏霸之君，不應與夷吾並敘也。觀二子同譖，而伐有先後，則驪姬之忌重耳，固已大有異於夷吾矣。（武億尾）士蒍之對，意極沉痛，語極和平，最宜諷誦。（方宗誠眉）觀重耳、夷吾出奔時所言所行，而賢否成敗已見。觀申生、重耳、夷吾三人所言，具見申生有至性，而才不足。夷吾無才。重耳天性不如申生，而明知大義，且有才，伏後來復國繼霸之根。（《菁華》尾）寘薪之舉，重耳不訴，夷吾訴焉，兩人優劣之分，已見於此。明明爲二公子築城，而曰"寇讎之保"，是明告以天屬之親盡爲敵國。獻公苟非病風喪心，幾何不聞言汗下？士蒍爲獻公謀去群公子，亦非能以道事君者，而其料事之明，神于著蔡，不謂之智計之士不可也。未伐夷吾，先伐重耳，蓋重耳素有賢名，國人愛重，尤爲姬所忌。若夷吾，則猶在所緩也。（闓生夾）敘二公子出亡，爲先後入國張本。文筆明捷之至，如弈棋之佈局。

　　夏，公孫茲如牟，娶焉。

　　會於首止，會王大子鄭，謀寧周也。（《左繡》眉）左氏於此等大事，卻只用寂寥之筆，嘗不可解。要之，當是極其慎重，不敢輕易落筆，欲博綜廣覽，以待後之補輯，而後乃終闕之也。固大異於不知而作者矣。（美中尾）高息齋曰："天王以惠后故，將廢鄭而立帶。齊桓爲會以尊世子，使天下曉然皆知世子之爲鄭而共尊之，於是后之謀塞，而世子定矣。"陳止齋曰："桓於洮，序王人於諸侯之上，而同盟焉。於葵邱，序宰周公於諸侯之上，而不敢同盟焉。於首止，殊會世子，不以夷於諸侯，而不敢同盟焉。桓知節矣。"（《補義》眉）首止之會，絕大勳猷，而傳只三字盡之，非略也，蓋此事著不得聲色，否則太子與桓均似要君，文不假些子張皇，而桓公心事如見。（《評林》眉）李廉："襄王、子帶皆陳后子，僖二十四年傳曰'不穀不德，得罪於母弟之寵子帶'是也。而《周本紀》曰'襄王母早死，後母曰惠后，生叔帶'，與左氏異，未詳孰是。"（王系尾）此會見齊桓之盛，而晉文之所以霸，已藏其朕矣。夫機兆相乘，事之所以爲事，即文之所以爲文。文非事不見，事非文不傳。不善爲文者，或以文掩事。而不善讀書者，雖讀古人之妙文，而不知其事。夫有事而後有文，不知其事，安望知文哉？

　　陳轅宣仲怨鄭申侯之反己於召陵，故勸之城其賜邑，曰："美城之，大名也，子孫不忘。吾助子請。"乃爲之請于諸侯而城之，美。遂譖諸鄭伯，曰："美城其賜邑，將以叛也。"申侯由是得罪。（韓范夾）亂人報復，其險如此，所謂宴談之側有荊棘也。（《左繡》眉）此篇爲匿怨而友者寫一小照。首句提明"怨"字，下以"故勸之"、"乃爲之"、"遂譖諸"三層描寫，而末以"由是得罪"作結，語不多而意已透。左氏蓋以筆爲鏡、墨爲鼎者也。前申侯之反，宣仲不必別尋話頭。今宣仲之譖，申侯亦不必別尋題目。看數虛字，字字傳將計就計之神。（王系尾）此篇與四年齊人執轅濤塗傳，已活畫出一個利令智昏之人，神情畢具，而不說破，以待讀者之深思。夫濤塗之以密謀告申侯也，親之也。而申侯陷之，使夫身被囚執，國再受師，豈人情哉？申侯親陷濤塗，豈不知其惡己？乃勸之城，助之請，城之美，其事可疑，而漫然不察，又豈人情哉？此雖不善讀書之人，未有不虩虩然疑者。迨讀至七年鄭殺申侯傳中"專利不厭"四字，而後歎其點睛之妙也。雖然，亦不待讀至"專利不厭"四字而後知其點睛之妙也。草蛇灰線，本文自具。四年傳不嘗敘"與之虎牢"乎？然則申侯之陷濤塗也，媚齊以求利也。此傳不云"子孫不忘"乎？然則其信濤塗之詐也，又將以爲子孫利也。雖未明出利字，而專利不厭之人，早已鬚眉生動矣，亦在讀之深思而已矣。（閻生夾）筆力雄駿，遂能包括餘事。

　　秋，諸侯盟。（《評林》眉）王元美："秋，諸侯盟，齊思帖楚，其經營數年，始得底績，何惠王乃復導鄭伯以叛之乎？故知周之不競，非獨夷狄與諸侯也，王自弱也。"王使周公召鄭伯，曰："吾撫女以從楚，輔之以晉，可以少安。"（《測義》夾）高閌氏曰："齊之服楚，所以營圖之非一日矣，纔踰年而惠王已導鄭伯以叛之，故知中國不競，非獨強楚與諸侯之罪，王室實有以啓之也。"鄭伯喜于王命而懼其不朝于齊也，（《左繡》眉）凡文必有總括之筆，在首爲提，在尾爲束。此篇獨用之中間。"喜于王命"承上，"懼不朝齊"起下，於上爲束，於下又爲提，蓋以中權作首尾關鍵也。章法奇甚妙甚。**故逃歸不盟。孔叔止之，曰："國君不可以輕，輕則失親。失親，患必至，病而乞盟，所喪多矣，君必悔之。"弗聽，逃其師而歸。**（《左繡》眉）"逃歸"、"不盟"四字，亦以中句分綰首尾，真重規疊矩矣。"可以少安"、"所喪多矣"，"多"字、"少"字乃前後互映處。文情總以對寫爲佳。（美中尾）何義門曰："楚方僭王猾夏，而惠王反欲撫鄭以從楚，牽於私故也。有父子然後有君臣，父子之倫不正，則夷夏上下之防裂焉。輔之以晉者，晉侯前年方殺其世子，從君於昏者也。"（《左傳翼》尾）下一"謀寧周"字，可見王室父子兄弟間幾許扤陧不寧狀，伯服、子頹之禍，現在目前，與其救亂于已然，不若弭亂于未然。非王惡鄭愛帶尚屬隱情，桓公窺其隱而寧之也，不得以爲子抗父、挾臣敵君爲疑。王教鄭伯叛齊，鄭伯亦輕于去就，獨不思東遷之禍，鄭實定之。子頹之亂，鄭實安之。而乃聽王命而逃歸不盟乎？鄭伯祇是一輕，輕則聽言不察，濤塗譖易以入，宰孔之命易於喜，反覆顛倒，輕於去就而無難也。孔叔之言，事後其應如響，而惜乎聽之藐藐也。（《補義》眉）首句見旁觀看得極清，而工於譖人者卻忘人將譖己。宰孔傳王命於鄭伯，只爲鄭謀；孔叔止鄭伯，亦只爲鄭謀，中插鄭伯喜於王命，亦以王爲鄭謀也，那曉都是隔影文字。王何嘗爲鄭謀，爲叔帶謀耳，而鄭君臣在宰孔之顛倒。妙在並不點明，使人於無字處會之。（《評林》眉）家鉉翁："鄭伯當陳義於王，力言其不可，必待既盟乃去，然後於義爲盡，安有執王私命，逃諸侯而遂去者乎？"（王系尾）此篇是鄭伯逃歸不盟傳，因以志叔帶之亂之所由始也。王欲廢太子而立帶也，惑也。齊桓于定太子也，義也。王不能遵齊桓之義而私怨之，惑之甚也。至召鄭叛齊即楚，何其謬哉！楚既僭王，吞噬南服，憑陵諸夏，駸駸乎有伐周之勢。而齊桓攘之，敵王之愾也。一匡之烈，民受其賜，而王自敗之哉！王室之亂日以滋，周德之衰不復振，誰則爲之？凡此等，皆是傳中筋節處。班、馬作帝紀，但敘大綱，其得失於各傳、志見之，皆是從此學去。

  楚鬭穀於菟滅弦，弦子奔黃。

  於是江、黃、道、柏方睦于齊，皆弦姻也。弦子恃之而不事楚，又不設備，故亡。（《測義》夾）高閌氏曰："鄭伯竊與楚通，楚人遂滅弦，以爲寇中國之兆也。"（《分國》尾）小國原可圖存，唯恃大者必亡。隨侯脩德，楚不敢伐，弦子何憒憒也？（《左繡》眉）弦恃四國之睦于齊，而不事楚，凡有三層轉折。中間卻又有"皆弦姻也"一層注解，看其用筆之簡而曲處。所恃者姻，所恃之姻又僅恃齊之睦，而於己一無所恃也。只一兩筆，寫盡天下妄人。（美中尾）此《春秋》書楚滅國之始，張元德曰："楚外受盟於召陵，而乃懷負固之心，至此因王間鄭，而帥師滅弦。弦、黃同壤，黃受弦子之奔，楚之滅黃亦自此始矣。"（《左傳翼》尾）齊桓一匡九合，諸侯蒙其賜者固多，然當其全盛時，而晉已滅耿滅霍滅魏滅虢滅虞，而不之問。召陵一舉，大聲義討，楚人屈服，不戰而退，信義雖著于天下，楚未懲創，得養其全力以蠶食列國，而齊卒無如之何。蓋其威德之所及未能無遠不屆，而其志已滿，早已爲宰孔之所窺也。齊桓歿後，楚氛愈熾，漢東諸侯，楚實盡之，而圍緡戍穀，齊、宋皆不能免，不有城濮一戰，孰能戢其威？嗚呼！晉文之功豈可沒乎！

晉侯復假道于虞以伐虢。（《正論》眉）盡言以諫，而主不悟。知其國之必亡而先幾以去，宮之奇蓋直知之士乎？（孫琮旁）下一"復"字，便見一甚其可再意。（《才子》夾）事險，便作險語。看其段段俱是峭筆健筆，更不下一寬句寬字，古人文必照事用筆，每每如此。下一"復"字，便有一甚可再語也。通篇文字在敍事時如此。（《淵鑒》眉）前段文勢緊峭，後段藻色紛披。臣熙曰："侃侃鑿鑿，往復盡情，無一懈筆。"臣廷敬曰："敍宮之奇諫語甚深峭，與《公》、《穀》合看，始知左氏文筆之妙。"臣奕曰："奇諫屢矣，不聽而逃，不失爲忠。孟子之智百里奚，特辨食牛之妄耳，奚實愧奇也。"（《左繡》眉）此篇傳晉執虞公事，只一"易"字盡之。看其前議後敍，處處伏一"易"字，至末一筆點出，絕世奇文。（《補義》眉）汪云："'復'字承下陽篇來。"（方宗誠眉）奏疏體。確切懇摯。所謂垂涕泣而道之。**宮之奇諫曰："虢，虞之表也。**（孫琮旁）此論國勢。**虢亡，虞必從之。**（《才子》夾）事急，故陡作險語，峭甚健甚！**晉不可啓，寇不可翫，一之謂甚，其可再乎？**（《才子》夾）在昔爲晉，在今爲寇。在昔爲啓，在今爲玩。晉不可啓，故一爲甚。寇不可玩，故不可再也。**諺所謂'輔車相依，唇亡齒寒'者，其虞、虢之謂也！"**（孫鑛眉）大意已具，略嫌未暢。（《才子》夾）事急，故再作險語。虢存則輔車相倚，虢滅則唇亡齒寒。

（《彙鈔》眉）開口便已破的，深識安危之機。（《約編》眉）此段論勢，見滅虢之有害于虞。（《便覽》眉）此段論勢，只三句大意已盡，下回顧前文作頓宕，是運線索於態度也。引證諺語，埋伏童諺也。（《評林》眉）《品字箋》："諺所謂輔車相依，兩頰謂之輔，《易·咸》'其輔頰舌'，《釋名》'頤或曰輔車，其骨弦可以輔持其口'。或謂牙車，牙所載也。《左傳》言輔車相依者，乃頰輔與牙骨也。"按：唇亡齒寒四字，又出哀八年。或謂韓子曰："夫虞之有虢也，如車之有輔。"輔依車，車亦依輔，虞、虢之勢正是也。杜、林並以此句與下句"唇亡齒寒"同就人身取譬耳。韓子則直解"車"字，殊穩。孫應鰲："'輔車'、'唇齒'之喻至矣，不聽，乃謂爲同宗不害。滅虢何愛於虞，雖至愚且興警矣。不聽，乃謂事神豐潔，直可大噱。" 公曰："晉，吾宗也，豈害我哉？"（孫鑛眉）以下兩段卻暢。（《補義》眉）公提出"宗"字，便於宗上指點，"將虢是滅"是從現在一照，則虞亦虢也。"桓莊爲戮"，是從前事一照，虞更不如桓莊也。愈入愈醒，俱作詰問之辭，使之憬悟。 對曰："大伯、虞仲，大王之昭也。（孫琮旁）此用"豈害吾"之言而論其情。 大伯不從，是以不嗣。虢仲、虢叔，王季之穆也，爲文王卿士，勳在王室，藏於盟府。將虢是滅，何愛于虞？（孫琮旁）就虞、虢相形一層。 且虞能親于桓、莊乎，其愛之也？（孫琮旁）又推開一層，愈見激烈。（《才子》夾）句法妙，謂之補注法。若順筆寫之，則將云："且晉愛虞，能過於桓、莊乎？" 桓、莊之族何罪，而以爲戮，不唯偪乎？（孫琮旁）又借桓、莊擊進一層。 親以寵偪，猶尚害之，況以國乎？"（孫琮旁）應"害我"句，悚聽。（《文歸》眉）戴文光曰："數轉，字字流宕。"（《才子》夾）桓叔莊伯，皆晉獻從祖昆弟，惡其逼，盡殺之。（《約編》眉）此段論情，即現在滅虢及往年殺桓、莊之族，見同宗之不可恃。（《便覽》眉）此段論情。即從"宗"字起手，先按本家次清虢作一對，次合併虞、虢，藏過"晉"字，收到"害我"意，正答還公語，意已盡矣。又用"且"字一轉，"乎"字一喝，"也"字一頓，比前又彈一調，卻妙在仍拈"愛"字拖下。揆之當日神情，前則正色而談，此是泣涕而道。（《評林》眉）穆文熙："'桓叔'、'桓莊'二句，足破其愚，然而虞公竟不信者，迷於利也，利令人昏，信哉！"（闔生夾）並兼之禍始于春秋，晉、楚爲甚。左氏記此等議論，有恫心矣。涉及桓、莊，精神旁溢，文勢一縱。古人文字遠勝後人者，實在此等，此文字死活之判也。公曰："吾享祀豐潔，神必據我。"（《才子》夾）寫大愚人到盡頭如畫。（《補義》眉）公又提出"神"字，便於神上分剖。汪云："三引《書》，一層緊一層，至末卻不直說虞之無德，忽從對面反掉一筆，十分醒快。"對曰："臣聞之，鬼神非人實親，惟德是依。（《才子》夾）通篇悉作峭筆健筆。故《周書》曰：'皇天無親，惟德是輔。'又曰：'黍稷非馨，明德惟馨。'又曰：'民不易物，惟德繄物。'（《才子》夾）連引三《書》，"德"字三見，皆是峭健之筆。如是，則非德，民不和，神不享矣。（孫琮旁）上三引《書》，此總承，出正意。（《才子》夾）又作冷語，愈益峭。神所馮依，將在德矣。（《才子》夾）愈益冷，愈益峭。若晉取虞而明德以薦馨香，神其吐之乎？"（《測義》夾）愚按：輔車唇齒之譬至矣，不聽，乃曰"吾宗"也。"不愛滅虢，何愛於虞"，雖至愚亦必警悟矣，不聽，乃曰"事神豐潔"。噫！不執何待？（孫琮旁）反收雋永。（《文歸》眉）戴文光曰："'又曰'上用疊引，卻以二字頓挫反轉，文勢鼓舞。"（《才子》夾）妙語隨筆轉出，冷峭乃不可言。（《約編》眉）此段論理，見神之所享者德。享祀之豐，亦不足以邀神之眷。（《便覽》眉）此稱述祖訓是論理，故以莊語領之，領筆既重，便疊排以暢其氣。前用諺語，後引童謠，中卻橫擔以經語。弗聽，許晉使。（《左傳雋》眉）何孟春曰："輔車、唇齒之喻，議論至矣。虞公不許，乃以同宗不害為懷，至於'將虢是滅，何愛于虞'，語更加切，雖至愚者亦無不惕然省矣。公猶以事神豐潔為念。《書》曰：'玩物喪志。'其虞公之謂乎？公貪寶馬，以亡其國，誠難以口舌諍，此百里奚所以有不諫之智者歟？"（《彙鈔》眉）一氣滾下，累如貫珠，而層□井□，亦復激昂盡致。奈君聽不聽，終蹈覆轍。讀竟為之掩卷三歎！宮之奇以其族行，曰："虞不臘矣，在此行也，晉不更舉矣。"（《測義》夾）愚按：臘，秦祭也，春秋時何得稱之？以故說者謂左氏非孔子時之丘明，未可知也。劉向氏曰："晉獻公用荀息之謀而擒虞，虞不用宮之奇謀而亡國，故荀息非霸王之佐，戰國并兼之臣也。若宮之奇，則可謂忠臣之謀也。"（《左傳雋》尾）按：冬十二月，晉滅虢，遂襲虞，滅之。《穀梁傳》曰："荀息操璧牽馬而前，曰：'璧則猶是，而馬齒加長矣。'"（《正集》尾）婉切事情，言言棒喝，諫而如此，不聽可以去矣。

誰謂其不能強諫也？葛端調。(《文歸》尾)先說虞之表，後以輔車脣齒申明"表"之一字。"晉，吾宗也"二句，是虞公昏處。"太伯、虞仲"下十二句，正破"吾宗"之說。"且虞能親于桓、莊乎"八句，又深一層說話，言晉之親族，且以寵偪而戮害，"偪"之一字，正破豈害之說。至虞公托神據我，則其昏愈甚，而以"吐"之一字破"據我"之說，尤見刺骨。鳳洲。(孫琮旁)語氣斬截。(《才子》夾)到底作險語，峭甚健甚，言虞不及臘祭，與虢俱滅，晉不必再起兵也。(魏禧尾)彭家屏曰："禮，爲人臣之禮，三諫而不聽，則逃之。宮之奇屢諫不納，而挈族以行，可謂知所處矣。"(《知新》尾)利令智昏，古今一轍。篇中輔車脣齒之喻，桓莊寵偪之鑒，可謂深切著明。而猶欲求據於神，何其愚也？提出"德"字，正警醒他憒憒。乃卒爲璧馬所溺，貪夫徇財，可以鑒矣。(《左繡》眉)上半自成一篇絶妙文字。開手提明"復假道于虞"，故文中前則曰"其可再乎"，後則曰"晉不更舉矣"，首尾呼應一片。中間"吾宗"、"神據"兩層，卻因虞公自解自寬，就其說而駁之。其實正意已于首段說盡也。然層層駁難，于本文爲絶妙波瀾，於後事爲絶妙埋伏。讀至下半，其詳滅虢童謠時日，偏不一筆商量及虞，分明是虢亡虞從、晉不更舉注脚。其詳寫執及大夫以媵秦，分明爲"吾宗"二字寫出極其不堪。其詳寫脩祀、歸貢，又分明爲"神其吐之"還他著落。而末以"罪虞公，且言易也"結之，前半妙文得後半實事，兩兩相應，使人讀之，又好哭，又好笑也。刻本往往刪去後半，亦食蔗而遺其本矣。他只說個假道伐虢，我看來便是假虢滅虞。開口說破，頑石亦應點頭。須看其字字激切處，爲全篇之綱領也。"將虢是滅"，是叫他從虢一邊翻轉看。"親于桓莊"，又叫他從晉一邊翻轉看，絶妙對面指點法。替他說個"親"字，而既不我愛，反忌我偪，是吾宗不惟不得其親，適增其害也，痛快極矣。前連寫兩"親"字，兩"愛"字，兩"偪"字，此又連寫七"德"字，四"神"字。他說人情，便與他說情，而情不可恃也如彼。他說天理，便與他說理，而理又一無足恃也如此。反反復復，透徹無遺，誰謂達心而懦耶？"況以國乎"、"神其吐之乎"，兩段都用反詰語作掉，令其自思，與前"其可再乎"筆意呼應一片，絶妙章法。王鳳洲曰："疊四引《書》，以'如是'二字一頓，便用反轉落下，文勢鼓舞。""虞不臘矣"三句，煞住上半篇，呼起下半篇，乃一篇轉楔處。刪卻後文，便語無歸結，不見其妙矣。(《補義》眉)"不臘"、"不更舉"，照定結處"易"字，束上起下，通篇轉捩。(《便覽》眉)此文家遊騎，明收宮之奇，實借渠口中暗渡也。(《評林》眉)鍾伯敬：「晉獻公用荀息之謀而擒虞，虞不用宮之奇之謀而亡國，故荀息非霸王之佐，戰國兼併之臣也。若宮之奇，則可謂忠臣之謀也。」《經世鈔》：「此時宜去矣，宮之奇可謂忠臣，可謂智士。昔人謂傳中有『虞不臘』及『秦庶長』語，遂斷爲秦以後之書，此卻未確。緣後人只看秦紀耳，安知庶長之官不設於秦初，而周時列國亦有臘祭耶？翫其詞旨，自是戰國以前文字。」(方宗誠眉)首二段是諫之正意，後二段是餘意，波瀾壯闊。(林紓尾)紓曰：此一篇是愚智之互鏡。虞公開口抱一「宗」字，繼此抱一「神」字，其愚駸處已從兩語描出。宮之奇即分兩項駁他，説到「宗」字，宮之奇即將宗字分出親疏。虞虢視晉，則虢近于虞。猶恐駁他不倒，又出桓、莊二族，不但同宗，且屬近支。近支尚爾，何況遙遙之華胄？一步緊似一步。「將虢是滅」，是叫他從虢邊翻轉看。視親于桓莊，又叫他從晉一邊翻轉看。「猶」字是縱筆，「況」字是收筆，文字精透極矣，詞鋒亦便利極矣。乃猶不悟，拈出「神」字，以爲可據。此直是璧馬之餘情，貪心不已，以爲尚有後酬。「據」之爲言安也，謂神安其享，即是親己。宮之奇心憫其愚，牢不可破，連舉七個「德」字，苦苦醒他。曰「依」者，必主之謂也。曰「輔」者，舍是不可也。曰「馨香」，德足感神也。曰「繄」者，言舍此別無所仗也。曰「非」者，德外無第二途也。曰「將」者，揣摩其決如此也。曰「明」、曰「薦」者，自己丟卻機會以授人，人能虔事神靈，神亦不好意思以竣卻之。綜言德之關係於存亡，無所不至，故言之重疊，不惟不見其遝，且反覆辯論，亦一步緊似一步。已乃用「弗聽」二字，將其忠言截住。宮之奇兩用「矣」字，一斷虞之亡，一決晉之得，此雙鎖之筆。文筆既含蓄而又完滿。或謂必增下文，始謂之有歸結，吾意殊不謂然。試視開頭一個「復」字，宮之奇口中一個「再」字，虞之國家，已了此兩字之中，何必再讀下文耶？

八月甲午，晉侯圍上陽。問于卜偃曰：「吾其濟乎？」對曰：「克之。」公曰：「何時？」對曰：「童謠云：『丙之晨，龍尾伏辰，均服振振，取虢之旂。鶉之賁賁，天策焞焞，火中成軍，虢公其奔。』(韓范夾)熒惑星不見，必下至民間，化爲童子而言未來之事。故童謠者，皆熒惑所爲也。聖人屢屢采之，以志興亡。此不得以左氏爲誣矣。(《補義》眉)問于卜偃，問虢也，絕不問及虞。偃曰「克之」，克虢也，亦不及克虞，所難在虢耳，虢亡虞從之矣，不出公〖編者按：當作宮〗之奇所料，而下文"易"字可直接。（《評林》眉）按：丙之晨，或作丙子之晨，非是。元繼校數本，皆"子"字亡。（閩生夾）此乃涉筆成趣，所謂浮誇者也。不然，直記其事，更有何味？童謠尤古雅可誦。宗堯按："猶云晉非有德以勝人也，童謠使然耳。此與《史記》所稱'東方物之所生，西方物之成熟'意同。"其九月、十月之交乎。（孫琮旁）以下釋童謠。（《評林》眉）《補注》："九月、十月之交，傳見三正通於民俗，後見襄三十一年，絳縣人丙子朔傳，見赴告策書惟用周正，與童謠異。"丙子旦，日在尾，月在策，鶉火中，必是時也。"（《便覽》眉）風雅如《詩》，典奧如《易》，上引下解，又彈一調，此訓詁妙文。

　　冬十二月丙子朔，晉滅虢，虢公醜奔京師。（《左繡》眉）此段先了伐虢事，其出色寫虢亡，正是出色寫"虞必從之"也。須知。（《評林》眉）《補注》："虢公，天子三公；京師，朝廷所在，不可言奔，傳不知此義。"師還，館于虞，遂襲虞，滅之，執虞公及其大夫井伯，以媵秦穆姬。而修虞祀，（閩生夾）"而修虞祀"應前"事神"，乃詼詭之旨之所寄也。且歸其職貢于王。（孫琮旁）奇之言驗。（《覺斯》尾）過商侯曰："虞公只是利令智昏耳。曰'吾宗'、曰'神必據我'，雖一時飾說，未必由中之發，然亦愚妄極矣。使迷惑在此，只一點便破，何始喻之輔車唇齒不悟，再諭以滅虢同宗而猶不悟？憒憒乃爾，宜其覆亡也。"（《晨書》總評）宋南金曰："論勢、揆情、度理，筆筆飛灑，聲聲淚下。"（《觀止》尾）宮之奇三番諫諍，前段論勢，中段論情，後段論理，層次井井，激昂盡致，奈君聽不聽，終尋覆轍。讀竟爲之掩卷三歎。（《集解》尾）意止"虢亡，虞必從之"二句，反覆開陳，詞語懇切中更饒搖曳之致。（《彙編》尾）初晉獻公以璧馬賂虞，已曾假道滅下陽矣。此復假道，公又許之，豈非利令智昏乎？人一爲利所動，見短智窮，雖如此愷切詳明，亦昏迷而不悟矣。貪心一起，敗國亡身，即至於此，可不戒哉！事急，下一寬句寬字不得，看其段段俱是險筆峭筆，古人文必照事用筆，每每如此。（《賞音》尾）按：莊公二十七年傳，晉侯將伐虢，士蔿曰："不可，虢公驕，若驟得勝於我，必棄其民。無眾而後伐之，欲禦我，誰與？夫禮樂慈愛，戰所畜也。夫民，讓事樂和，愛親哀喪，而後可用也。虢弗畜也，亟戰將饑。"人知晉之滅虢，荀息之謀也，不知士蔿爲之權輿。孟子曰："不仁者可與言哉？"安危存亡之機，忠臣義士，瀝膽披肝以進，或置若罔聞，或反作支辭掩飾，古來如此人者豈少乎？一言以概之，曰喪心而已。（《約編》尾）言未嘗略，亦非不能強諫，而虞公不悟，所以自取滅亡也。（德宜尾）先說"虞之表"，輔車脣齒，明"表"之一字。"太伯"、"虞仲"下十餘句，正破虞公"晉我宗"之愚。"且虞能親于桓、莊八句"又深一層說，言晉之親族，且以寵偪而僇害，正破"豈害"之說。至托神據吾，其昏愈甚。而以"吐之"一字破之，尤見刺骨。疊三引《書》，以"如是"二字一頓，用反轉落下，文勢鼓舞。王鳳洲。

故書曰："晉人執虞公。"罪虞，且言易也。（《快評》尾）僖公二年，晉荀息請以屈產之乘與垂棘之璧假道于虞以伐虢，晉侯以宮之奇爲難，荀息曰："宮之奇之爲人也，懦而不能強諫，且少長於君，君暱之，雖諫，將不聽。"乃使荀息假道于虞以伐虢，滅下陽而歸。而此復請假道，夫獻公之料宮之奇，猶楚鬪伯比之料季梁也。季梁爲楚人所畏，而隨侯寵少師以間之。宮之奇爲晉侯所忌，而虞公以少長暱之，此其所以終於滅亡也。然而，虞之將亡，百里奚不諫，孟子以爲知虞公之不可諫而不諫也。虞公不可諫，而宮之奇必諫者，得無以少長於君，而公暱之，安危與共，義不容已，未可與百里奚同類而共論也？而荀息之料其不能強諫，與虞公之必不能聽者，亦即以此。今觀宮之奇之諫虞公也，亦可謂反復剴切痛哭流涕者矣，所謂懦而不能強諫者，已能不爲荀息之所料，而雖諫不聽，則息固如操左券於掌握之中者也。甚矣，賢者之不可測，而庸君終不足與言夫？觀虞公之拒諫，可謂頑鈍無禮之極者矣。若此而不亡，未之有也。然亦儻是輕慢戲弄親暱人聲口，甚矣，人之立身不可爲人所暱也！童謠耳，古奧典雅如此，譬之三代微物傳至今日，皆爲重寶，不必雷樽象鼎也。然安知非晉之君臣謀虢已有成算，故造此謠，傳之民間。又故問之瞽史，令其解釋以堅我軍心而詫有天意也？從來民間謠諺，大半皆奸雄造作以搖動民心者，奈何明理之君子亦多爲之所惑哉？（孫琮總評）王鳳洲曰："先說'虞之表'，輔車脣齒，明'表'之一字。'太伯'、'虞仲'下十餘句，正破虞公'晉吾宗'之愚。'且虞能親于桓、莊'八句，又深一層說，言晉之親族，且以寵逼而戮害，正破'豈害'之說。至托神據我，其昏愈甚，而以'吐之'一字破之，尤見刺骨。疊四引《書》，以'如是'二字一頓，便用反轉落下，文勢鼓舞。"記宮之奇所言又四段，首段言虞之不可無虢，末段言晉之決于取虞，中二段則因虞公之愚而反覆開陳之。其間或以事勢言，或以情理言，或用正言，或用喻言，或婉曲以言，或直捷以言。其言皆深切著明，非復達心而懦矣。無如玩好在前，禍患在後，見利而昏，不幸言之中耳。豈操璧牽馬，荀息之謀獨智？聞謠知時，卜偃之數偏正哉？之奇族行而明哲著，井伯見執而霸功顯，虞固不可謂無人。(《分國》尾) 恃親，奇曰"虞不親于桓莊"；恃神，奇曰"神所憑依在德，晉取虞而明德以薦馨香，神其吐之乎？"下愚亦當猛省，憯諫不從，虞之滅，虞自滅之也。(《左繡》眉) 末段一氣趕出，正如秋風之卷籜，點出"易"字，乃所謂千里來龍到頭結穴也，神來之筆。克段篇，解經安在中；孔父篇，解經安在首；此篇解經安在尾，各見筆妙，各成章法。此不得草草讀過者。通篇層波疊浪，至末只以一字斷結，奇絕！唐錫周曰："一個是極聰明人，一個是極懵懂人。聰明人開口便說一'虢'字，全爲假道起見也。懵懂人開口便說一'晉'字，全爲璧馬起見也。洵乎人之賢不肖開口立見也。"(儲欣尾) 論事明曉若此，而猶不悟者，何也？達心而言不略，雖懦而能強諫，三《傳》短宮之奇，特以成敗論人耳。(昆崖尾) 程念伊曰："反覆開陳，懇切中更饒搖曳之致。"第一段先論大勢，便爾警絕。第二段剖晰人情，提醒憒憒。第三段推究到天理，識愈高，論愈精。前兩層猶是在利害上論較，此乃說到顛撲不破處，以名言破妄念，再無冀望，此是他通篇結構處。第一段以直截爲痛快，第二段以婉排爲痛快，第三段因他說豐潔，從上面抬出德來，因他說據我，又從對面想出晉來，無一句攻其瑕疵，卻無一句不是醒其迷謬。意則直捷，詞則婉折，而總歸痛快。此是他通篇用筆處。論結構則一層推進一層，有多少次第！論用筆，則一步換卻一步，有多少變化，真第一作手！(美中尾) 顧復初曰："虢爲東西都出入往來之地，周有志西歸，必問途於虢，故平王末年，即欲以虢公爲卿士。迨乎惠王，鄭、虢卒定王室。虢入晉，而晉日強，周日削矣。"(《喈鳳》尾) 元始載齊初諫之詞尚簡易，此則語語深切，而不能覺，夢夢是公，猶不得爲中智以下矣。正文分三段，前段已盡諫之本旨，次對以同宗之不可恃，又對以神據之初無常，每深入一層以抉其義，變化中隱相比次，章法尤佳。(《左傳翼》尾) 俞選謂："首段論勢，次段論情，三段論理。"其實道不可復假，大意首段已盡。下二段不過因其拒諫，反覆以曉譬之耳。説"宗不我害"，即與言必害之故，又轉出桓莊之族一層。説"神必據我"，即與言不據之故，又轉出取虞薦馨一層。又委曲，又明豁，而毫不見省，真所謂安其危而利其災也。晉侯"吾其濟乎"一問，問在虢而意實在虞，一箭雙雕，胸中早有成算。而憒憒懂懂，師還館虞，絶不往備，猶然"宗不我害"、"神必據我"痞塊橫據在心。下愚不移，忠臣哲士痛哭流涕，將如之何哉？罪虞外，添一"易"字，令通篇議論俱有歸結，尤爲神龍點睛手法。(《精言》尾) 晉伐虢必假道者，以虞爲虢蔽，不可飛越而往也。虢既就滅，但閒晉，豈能越國鄙遠，時時假道于虞，以往治其民人乎？雖至愚者，亦知虞必不免矣。"吾宗"、"享祀"二語，總爲璧馬所迷，以國殉貨，故作支飾之詞。宫之奇語語破的，無奈不悟，所謂不仁者不可與言，豈宫之奇之懦哉？(《便覽》尾) 前敘宫之奇諫，是記被執之故，以著貪璧馬之罪。後敘圍上陽一段，是記滅虢之難，以襯執虞公之易。而結尾二語便有著落。以傳釋經，精神全在於此。《約編》、《賞音》輩，何夢夢也？芳自記。(《日知》尾) 兩辨兩駁，剛健含婀娜，文章極筆也。然正文則開口數語已盡，中幅特申説"虞必從之"句，乃文家推波助瀾之妙。結處是結應虢亡虞從正旨，後映照"吾宗"、"神據"支流，議論敘事，水乳交融，坊選不會此意，輒題曰《宫之奇諫假道》，豈非憒憒！(文淵尾) 莊公十八年，虢公朝王，二十一年伐子頹以納王，三十年奉王命討樊皮，執之歸於京師，閔公二年敗犬戎於渭汭，僖公二年敗戎于桑田，其尊王攘夷之功，雖齊桓弗能及矣，而謂亡國之君能如是乎？然不免於亡者，以小國鄰狼虎之晉，而助晉爲虐者，又有虞焉，故勢有難存耳。舟之僑、卜偃之言，未可盡信也。(盛謨總評) 左氏篇首，只用"虞必從之"四字，讀後面文字，處處有此四字，奇絶。左氏作傳，有先寫後點者，有先點後寫者，有中間點前後寫者。此傳先從宫之奇口中寫照，卻已活畫一受執之虞公矣。至末一筆點出便醒。《穀梁》略，《左氏》詳，豈傳述之不同乎？亦以文人用筆，縱所欲之，不暇計古人之果然果不然也？《左傳》非記事書也，知此可讀《左氏傳》。(高塘尾) 俞桐川曰："'滅'者，難詞也。'執'者，易詞也。宫之奇三段議論，段段有幾許層折，洞見情勢！而虞公不悟，故變滅而言執。童謠一段，正爲'虞不臘'句結案，而詞極古奥，使前幅文氣改一境界。下陽，虞、虢之塞邑，猶鄭有虎牢、秦有潼關、蜀有劍嶺，皆國之門户，不可失也。虞公貪賂忘禍，而以國之所恃資敵，故書'滅下陽'於前，書'晉人執虞公'於後，所以罪虞公也。《穀梁傳》曰：'虞虢之相救，非相為賜也。'今日亡虢，而明日亡虞，不信然哉？"（《評林》眉）劉敞："左氏謂晉修虞祀，且歸其職貢於王，故書曰'晉人執虞公'，非也。晉虞同宗，滅之，大罪也。雖其自欲文飾，修祀歸貢，不足以掩其大惡，《春秋》曷為聽之耶？"林少穎："不云滅，而但云'晉人執虞公'者，聖人不忍周衰，諸侯再取其地，故不斥言，而微文以見其意，見晉人執天子三公，不道之甚矣。"（王系尾）此篇結構，與滅下陽傳同。敘事數百言，皆是虞公罪案與所以易之故，末用"罪"字、"易"字一點，通身骨節皆鳴。故以二字結通篇，而不覺敘處多、斷處少。（《學餘》尾）宮之奇諫虞，較季梁諫隨為尤切，虞亡在旦夕也。季梁用而宮之奇不用，不幸也。然荀息用而死，宮之奇不用而以其族全，何者幸，何者不幸？必有能辨之者。傳解經為罪虞，為宮之奇痛也。晉一舉而滅二國，其罪當何如哉？執虞易，定晉則難矣。（《菁華》尾）先以虞、虢並論，後以桓、莊為比，以醒虞公"晉不害我"之惑，可謂著明深切之極。所云懦不能強諫，吾謂能強諫者，亦不過如是。宮之奇兩次進諫，前不著其語，而此獨詳述之，想此一篇奏疏之工，左氏亦賞之也。庸闇之君，其所恃以自存者，祇有媚神而已。虞公之言，與隨侯如出一口。

◇僖公六年

【經】六年春王正月。夏，公會齊侯、宋公、陳侯、衛侯、曹伯伐鄭，圍新城。（《評林》眉）王樵："伐而不服，故圍新城。然圍而不取，見桓公以德綏鄭，志不在於為暴。"秋，楚人圍許，諸侯遂救許。（《評林》眉）張洽："圍許之役，蓋攻其所必救，以解新城之圍也。釋鄭而救許，所以抑暴而救患，此見桓公之急於義也，故書'遂'以予之。"冬，公至自伐鄭。

【傳】六年春，晉侯使賈華伐屈。夷吾不能守，盟而行。將奔狄，郤芮曰："後出同走，罪也。不如之梁。梁近秦而幸焉。"乃之梁。（《測義》夾）愚按：夷吾以不能守故，而後盟。有如可守，將遂與校乎？重耳曰："君父之命不校。"此文公所以稱霸也。（《分國》尾）

築城寘薪，士蒍知晉將有內亂，所急不在此也。夷吾之訴，何慣憒乎？"三年將尋師，焉用慎"，獻公肺腸，士蒍見之矣。(《左繡》眉) 二公子皆知之，其見忌于姬等，而一則見伐於及難之時，一則遲至於期年之後，可見忌夷吾較輕於忌重耳，而相繼奔狄，是自令同忌也。郤芮忠而有謀，此已見一班矣。

夏，諸侯伐鄭，以其逃首止之盟故也。圍新密，鄭所以不時城也。(《左繡》眉) 筆意蘊藉，此譏其既畏齊，而又逃盟，無策之甚。城而見圍，雖城何益？注謂："齊桓聲其擅興土功之罪，以告諸侯。"恐非。

秋，楚子圍許以救鄭，諸侯救許，乃還。(《測義》夾) 姜寶氏曰："自其解新城之圍而不迫鄭之從，則可謂得討罪之義。自其移伐鄭之師而救許之急，則可謂得分災救急之義。伐鄭，義也；救許，亦義也。"

冬，蔡穆侯將許僖公以見楚子于武城。許男面縛，銜璧，大夫衰絰，士輿櫬。(《測義》夾) 愚按：左氏載許男面縛降楚，夫面縛者，圍急而出降之事也。秋，諸侯救許，楚師已還矣。至冬數月後，蔡侯何緣以許男行此滅國禮乎？或曰："然則楚師秋還而冬復伐許，未可知也。"若爾，許既從楚矣，齊桓何以不討許，且曾不旋踵，許又與諸侯會盟于洮也？豈其既嘗降楚，而又即齊如是之速耶？說者謂："左氏楚人，辭多右楚，失之誣，信矣夫！"楚子問諸逢伯，對曰："昔武王克殷，微子啟如是。武王親釋其縛，受其璧而祓之。焚其櫬，禮而命之，使復其所。"楚子從之。(《測義》夾) 邵寶氏曰："微子啟如是，信乎？曰蓋信也。微子愛宗祀，而知其必亡，故成罪以存焉。宗祀為重，則身為輕矣。不然，豈其不能死耶？孔子稱殷三仁，微子是先，于斯知之矣。"陸粲曰："微子啟如是哉？聞諸孔子曰'微子去之'，是且不辱于紂，而何為面縛于周人之壘歟？逢伯蓋詭言以說于君，而後儒信之，甚者謂抱祭器而往臣焉，謬矣。"(《分國》尾) 微子行遁，在殷未亡之前。而謂其面縛啣璧于武王，必無之也。(《左繡》眉) "問諸"不記其詞，"從之"不列其事，只敘逢伯之對，而"問"與"從"皆在其中矣。此亦詳略之一班也。(美中尾) 金仁山曰："紂之末年，微子已遜於荒。武王克殷，面縛非其事也。"(《左傳翼》尾) 諸侯伐鄭，而不能即得志于鄭。楚子圍許，而遂以逞志于許。葬以侯禮，以乃父死後之榮，博伊子面縛銜璧生前之辱。召陵之盟，楚未心服，益肆枉謀，蔡人怙惡，以許降楚，尤屬可惡，而總皆鄭伯反覆無常有以致之。乃鄭拒齊至再至三，而齊終待之以禮信，不納子華，鄭卒請盟，失之東隅者，未嘗不收之桑榆，正不以争效旦夕爲得計也。（王系尾）此篇之義，有不可強解者。許事齊謹，楚人圍許以救鄭，諸侯釋鄭而救許，未嘗不勤許也。楚既還矣，許何所若而謬自摧辱以降楚哉？且既以降楚，勢不得復事齊。而洮之盟，葵邱之會，北戎之役，許未嘗不與，楚亦未嘗以爲討，則又何也？當闕所疑，以俟君子。（閭生夾）記此，見齊霸方盛，楚已憑陵中國。

◇僖公七年

【經】七年春，齊人伐鄭。（《評林》眉）趙鵬飛："鄭不服，則諸侯之心摇，而首止之盟有所不固，而楚人亦有以議我矣，故急於服楚。"夏，小邾子來朝。鄭殺其大夫申侯。（《評林》眉）《增補合注》："申本國名，而臣於楚，故以國爲氏，侯爲名也。稱國以殺，君臣皆譏也。"秋七月，公會齊侯、宋公、陳世子款、鄭世子華盟于甯母。（《評林》眉）《傳説彙纂》："甯母之會五國，而陳、鄭皆遣世子，蓋二國皆新被侵伐，陳欲渝盟而未敢渝，姑勉強以應。鄭欲與盟而未得與，猶趑趄不前，故君皆不行而止遣世子也。"曹伯班卒。公子友如齊。（《評林》眉）汪克寬："甫盟甯母，而又使季友修聘，所以勤霸國之好也。十三年夏會鹹，冬季友復聘，與此同。"冬，葬曹昭公。

【傳】七年春，齊人伐鄭。孔叔言于鄭伯曰："諺有之曰：'心則不競，何憚於病。'既不能強，又不能弱，所以斃也。國危矣，請下齊以救國。"（韓范夾）立國之道，因機乘勢，剛柔迭用，以自克也。雖地大人衆，可以雄視天下，而猶且相時觀變，有强有弱，況小國乎？（《評林》眉）《經世鈔》："'既不'以下八字，説盡昭、厲以後之鄭。"公曰："吾知其所由來矣。姑少待我。"對曰："朝不及夕，何以待君？"（《分國》尾）王寵叔帶，盟首止，定世子，王所惡也，故使鄭伯從楚以攜之。"乃討"，則匹夫之事，宜其貶也。新密之圍已解，齊師又至，鄭終能恃楚乎？尚曰姑少待乎？"又不能弱"四字，道盡孱國而掘強者之情形。(《補義》眉)"吾知所從來"一語，若禍由申侯致之，意中是惡其叛鄭，口中是說他貳楚，卻含糊不明，連孔叔亦不甚曉，故急追二語，傳寫昧心人，聲口如畫。下段"有寵楚文"與"由來"二字相應，"專利、不免"，卻與"由來"相反，傳神在言外。

夏，鄭殺申侯以說于齊，且用陳轅濤塗之譖也。(《測義》夾) 愚按：申侯本由楚而仕鄭，其於鄭之從楚，蓋必與有謀焉。以故鄭伯用濤塗之譖，遂暴其罪以告齊，此亦理之宜有者。而說者謂鄭伯但以濤塗譖之之故，本意欲殺申侯，而姑借之以說於齊。則申侯蓋忠于齊者，鄭即駕言以殺，適以激齊之怒爾，何得爲說？(《左繡》眉) 此爲齊伐鄭、鄭殺申侯傳。兩節合讀，以"說齊"、"用譖"爲兩節關鍵。"說齊"句束上，應"知其所由來矣"一層文字。"用譖"句遞下，領"弗可改也已"一段文字，與鄭伯逃歸篇一樣章法。"諺有之"、"古人有言"，首尾相映。而競病強弱、待我待君，語語對待交互。予取予求、女疵女容，字字轉換錯綜。一樣筆意，分之不必兩傷，合之則成雙美。人巧極，天工錯。古人可作，知不河漢斯言。

初，申侯，申出也，有寵于楚文王。文王將死，與之璧，使行，曰，"唯我知女，女專利而不厭，(方宗誠眉) 五字是申侯得禍之由。予取予求，不女疵瑕也。後之人將求多於女，女必不免。(《評林》眉) 按："將求多於女"，《字典》云："多，刻求也。《左傳》'求多於汝'。"我死，女必速行。無適小國，將不女容焉。"既葬，出奔鄭，又有寵于厲公。子文聞其死也，曰："古人有言曰：'知臣莫若君。'弗可改也已。"(文熙眉) 穆文熙曰："楚子既知申侯之惡，乃多予之以重其惡，又令之以適大國，以冀倖免，惡得不敗？君臣俱失之矣。"(《測義》夾) 孫應鰲氏曰："生之時不戒其專利，而於將死，乃使懷璧以行，是授之死也。"(《左傳雋》尾) 呂東萊曰："楚文之嬖申侯也，猶明皇之嬖林甫也。明皇知林甫之妒賢嫉能，楚文亦知申侯之專利不厭。一則終彼之身，任之不替；一則終我之身，寵之不衰。二君之罪一也，彼子文不知楚文之失，又追誦其明，惑矣！"(魏禧尾) 魏禧曰："楚文知申侯之貪，而不能裁其欲，但教以適大國，是速其死也，豈爲君之道哉？然猶愈於後世之不知其臣者，若唐明皇于李林甫、德宗于盧杞，則其禍烈矣。"邱維屏曰："私寵處其明如此，故知人主知惡易，絕寵難，且楚文說其惡如此，更不說其可寵處何在，知當日所寵，必有嗜痂之癖說不得處在。"（《分國》尾）申侯自是險人，美城之報，雖似已甚，亦自取也。夫以專利之人，到處不免。楚王知之而寵之，寵之而予取予求。彼意天下皆楚王，己之欲無往不遂，不知美城之禍已及。此猶柳宗元所記永州某氏之鼠。某氏鼠宮，縱鼠不捕。鼠以終無捕鼠之貓，一更他氏，殺鼠如丘。然則楚王之寵申侯，適殺申侯。而美疢之毒，其滋多也夫！（《左繡》眉）以殺申侯爲主。上節"吾知其所由來"，先虛透一筆。下節"聞其死也"，仍找轉作收。兩頭回抱中間，常山率然，有此好勢。"申出也"一段，不入補敘、倒敘例，乃是爲用諺句作注腳耳。說到"寵于厲公"，此下不免還有許多層折，看其只用"子文聞其死也"疾轉入題，撇脫乾淨。不會此法，總不能簡也。"弗可改"，猶諺云毛病在身改不來，所以終致濤塗之譖。林注單解古語不可改，便只收拾中段文王語，於起句少照應矣。（昆崖尾）前段說申侯之死，沒頭沒尾，令人悶殺。後段閒閒追敘，不必明申上段，而申侯被殺之故，已躍然言下。局勢變化，機致玲瓏，斷續離合之妙，與醉昏篇同一章法，古人敘事之文，決無一筆直下者。（《左傳翼》尾）鄭伯逃盟，本因王命，又懼不朝于齊，以致齊侯連年用兵，與申侯何涉，而乃嫁禍以自解說乎？只爲宣仲一譖深入骨髓，無可下手，故借此除之。瑣敘文王將死之言，見逃盟非其罪，而申侯專利無厭，原有取死之道，宣仲之譖，正非無自而來也。詳楚略鄭，用"弗可改"作收，回顧有情，筆亦簡峭。（高塘尾）鄭文公背盟即楚，禍由自取，所以啓諸侯之伐也。僖五年，齊會諸侯于首止，鄭伯欲附楚，逃歸不盟。六年夏，齊會諸侯伐鄭，圍新城。秋，楚人圍許，伐鄭之諸侯遂救許，乃還。未得志于鄭，故此復伐之。申侯自楚奔鄭，不忘故國，導鄭伯以從楚，故鄭伯殺之，暴其罪以解說于齊也。其實用陳轅濤塗之譖，本忌其叛鄭，今因坐以叛齊，死非其罪也。然申侯專利而不厭，亦有自取死之道，故復敘有寵于楚文王一事及楚子文之語以結之。（王系尾）此篇追敘申侯有寵于楚文一段，爲鄭殺申侯以說于齊作注腳也。齊實以虎牢賜申侯，欲以說齊，奈何殺其所愛哉？則以申侯故楚之寵臣也，以叛齊從楚之罪委之申侯，于事于情，固有可信矣。"專利不厭"四字，又是四年申侯陷濤塗、五年濤塗譖申侯二傳點睛結穴處。（闈生夾）詳記申侯事，譏其濫賞也。宗堯按："微與桓公聽申侯之言對照，意最冷妙。"

　　秋，盟于甯母，謀鄭故也。（《淵鑒》眉）於召陵見君臣之義明焉，於甯母見父子之倫正焉，左氏於此二事敘致特詳，所謂好惡與聖人同也。元德張洽曰："傳言齊侯因管仲之言而脩禮於諸侯，不受鄭世子爲內臣之請，以見管仲之於桓公，正救多矣。"臣鴻緒曰："齊桓力非不強，卒以德禮服鄭，可爲得制勝之本。"（《左繡》眉）此傳甯母服鄭事，謀鄭起，請盟結，中間使太子聽命于會，可見鄭已爲德、禮所動，故此篇以首節爲主，中幅不過因將許子華而極論之，語語申說德禮，回顧起處，而正文不在此也。少筆是主，多筆反是賓，明於賓主多少之變，可以讀史矣。開手四語，妙於整齊。末路三層，妙於錯落。前則詞簡而意該，後則意密而詞暢。少者籠罩全文，多者翻騰不竭，極文章之大觀也。通篇以"德禮"爲主，起手總提，以下前重寫"禮"字，後重寫"德"字，凡各四點，章法最勻。（《補義》眉）以謀鄭起，是主。以禮制心，以義制事，王者正己而率物也。"招攜以禮，懷遠以德"，霸者撫近而懷遠也。"德、禮"二字一篇樞紐。

　　管仲言于齊侯曰："臣聞之，招攜以禮，懷遠以德，德禮不易，無人不懷。"（《正論》眉）呂成公曰："觀此言見得管仲猶有三代氣象。其曰'君若綏之以德'云云，此等言語蓋嘗聞先生長者之餘論，惜其急於功利，俛首以就桓公，自小之爾。"（孫琮旁）立言正大。（《約編》眉）"招攜"二句，爲一篇之綱。（方宗誠眉）德、禮一篇之主，雙提於篇首。**齊侯修禮于諸侯，諸侯官受方物。**（文淵夾）此因詳述子華之事，故"齊侯修禮"以二語括之也。然其意實與管仲諫桓公之言相貫，鄭伯請盟又與此相對，其用筆之巧妙至矣。（闓生夾）宗堯按："管仲之學術多矣，左氏每稱之必不離乎禮、義、信等說，意謂仲之他學不足取，其所長者仍不過假儒學以爲用耳。此儒家門户之見，意謂仲即有所長，亦不出乎儒術之外耳。"

　　鄭伯使大子華聽命於會，言于齊侯曰："洩氏、孔氏、子人氏三族，實違君命。君若去之以爲成，我以鄭爲內臣，君亦無所不利焉。"（《測義》夾）吳澂氏曰："疑子華雖聽命於會，齊桓必未使之與盟，故明年盟洮，鄭伯乞盟。"（孫琮旁）華欲乘間篡國。（《補義》眉）太子聽命便是德、禮所感。**齊侯將許之。管仲曰："君以禮與**

信屬諸侯，而以姦終之，無乃不可乎？子父不奸之謂禮，守命共時之謂信。違此二者，姦莫大焉。"公曰："諸侯有討于鄭，未捷。今苟有釁。從之，不亦可乎？"對曰："君若綏之以德，加之以訓辭，而帥諸侯以討鄭。鄭將覆亡之不暇，豈敢不懼？若揔其罪人以臨之，鄭有辭矣，何懼？（韓范夾）霸與王不同，其大旨皆規利而動者也。然而不可有貪利之形，予人以辭。故無擇利之心者王，擇利而能禁姦者霸，貪利不止，就姦如鶩，則後世之師矣。（《補義》眉）言德而禮、信在其中，每提合諸侯，見不專爲鄭，正與前脩禮諸侯一氣。（《學餘》眉）鄭無釁也，齊以爲釁，則齊有釁矣。齊不以爲釁，則子華有釁矣。蓋釁由自取也。管仲之言，何明達乃爾？且夫合諸侯，以崇德也，會而列姦，何以示後嗣？夫諸侯之會，其德刑禮義，無國不記。記姦之位，君盟替矣。作而不記，非盛德也。（孫琮旁）復申上意，正反數層。君其勿許，鄭必受盟。夫子華既爲大子，而求介於大國以弱其國，亦必不免。鄭有叔詹、堵叔、師叔三良爲政，未可間也。"（《測義》夾）蘇軾氏曰："管仲相桓公，辭子華，盛德之事也，齊可以王矣。恨其不學道，不自誠意正心以刑其國，使家有三歸、國有六嬖之禍，故孔子小之。"齊侯辭焉。子華由是得罪于鄭。（孫琮旁）首尾應。（《補義》眉）又就子華作兩層斷。桓從諫如轉圜，而子華得罪，鄭伯乞盟，德、禮之效如此。（《評林》眉）邱維屛："齊伯政經營，俱在大體處，晉文則遠不及此，孔子正譎之論所從出也。"王元美："子華蓋有憾於二族，故欲假齊力以去之，此真葛藟之不若也。"艾千子："桓仗義糾合，乃欲乘利爲子華姦人之聽，終是伯者氣習，使其時無仲之諫，桓之行荒業怠，當不在陽穀伐黃之日矣。"穆文熙："仲言主於禮信，謂會而列姦，何以示後，其言種種合道，可以垂訓，桓公納之，宜其主盟哉！"孫應鰲："伯者之略固如此，九合一匡，非偶然者。"《附見》："齊不聽鄭子華言以鄭爲內臣。"

冬，鄭伯請盟于齊。（《測義》夾）李廉氏曰："此會以齊辭鄭世子之事觀之，則與首止相類，蓋首止正天下之人倫，而此正一國之人倫也。以諸矦官受方物之傳觀之，則與邢丘相類。蓋此明王室之貢，邢丘改命朝聘之數也。"（《快評》尾）左氏詳于晉而略于齊，至於管仲霸齊之略不少概見，而獨載此一事，豈不如太史公所謂其書世多有之，是以不論，而論其佚事乎？既而伏讀此篇，竊歎管子之學實不止於霸者之佐也。若桓公非管仲，則雖欲霸必不能矣。而孟子謂管仲得君如彼其專，行乎國政如彼其久，功業如彼其卑者，恐亦未可深罪管仲也。而後世尤稱管仲爲得時行道深爲幸者，吾不能不爲管仲墮淚。（王源尾）招攜以禮、懷遠以德，謀鄭也，而不受子華之奸，禮也，德也！所以招之，所以懷之，此正傳也。乃德、禮提綱之下，緊接齊侯修禮，諸侯官受方物。此其事甚重且大，豈得謂與謀鄭同乎？豈得謂不與正傳涉乎？噫！天半蜃樓，誤爲人間臺閣。不真不誤，不假不幻。極假極真，乃幻乃誤。所以妙也。飛鳥過蜃樓而棲之，不識耳。鳥自不識蜃樓，何尤？以爲妄而初未嘗有是者，未嘗見者之見也。大書謀鄭，原非誤也。天運不測，豈誤人哉，噫！前以禮、德提綱，後以禮、德分應，參差見於詳略，文情繚繞，紙落煙雲。（孫琰總評）管仲識得大體，通篇所言，博大精深，無不具見。既善於自處，又明於料人，情事曉暢，其術則專在圖霸，其義固已進于王。（《統箋》尾）愚按：王霸之道，無非大公至正，足以服人之心耳。齊之不聽子華，此管相桓成霸之大端也。使其行事皆若此，何得罪于三王乎？後世乃以權術傾危，爲取危定霸之要略。秦漢以還，取天下者，有所未免。其謀國之臣，抑有愧于管仲也遠矣。（魏禧尾）魏禧曰："按：僖三十年，鄭公子蘭既奔晉，從晉伐鄭，請無與圍鄭。許之，使待命於東。鄭石甲父、侯宣多逆以爲太子，以求成于晉，晉人許之。合子華、子蘭二子觀之，真所謂君子樂得爲君子，小人枉費作小人矣。朱齡石不肯攻桓氏，徐世勣不負李密，徐晦不負楊臨賀，每每爲怨家所賢，而世之反覆小人必欲殺故主、蔑舊恩以求新寵者接踵於世，禍福別自有在，徒欲遺臭萬年耳。謂之下愚，豈不信哉？桓公辭子華，晉文使子蘭待命于東，伯主義略如此。若庸主苟且貪得，則必樂子華之叛，而惡子蘭之貳矣。每讀史載人主於臣下之言，連書數'不聽'字，則知其禍至矣，不亡國則敗事也。連書數'從之'字，則知其福至矣，不強大則治安也。管仲言簡書，則齊人救邢，言禮、德則齊侯修禮，言子華則齊侯辭焉，言聽計從，桓公之霸，不亦宜哉？"（《分國》尾）甯母爲衣裳之會，人有奸父命如子華者，與諸侯共正其罪可也。猶賴仲父，不然，記奸替盟，桓績不早頓乎！（《賞音》尾）修禮于諸侯而官受方物，會之大端也。若不列子華之奸，只是修禮中一節，較之示禮示信之舉，譎與正相去遠甚。（《左繡》眉）兩"若"字，正對他一"若"字，一反一復，利害了了。

《國策》全得此種筆法，無不暢之意，無不爽之辭。上只就鄭論利害，此更說到示後嗣，亦以記不記反復比對。三代以下，唯恐不好名，假王道，亦自有一種精神照顧得到，左氏最寫得出也。末二層又從子華身上著眼，既斷其行，又破其言。三良、三族，語語對針，用意最爲周密。子華得罪，乃是趁便帶結，不得作正文讀。只重鄭伯請盟，收應起處，爲一篇之歸宿也。孫執升曰：「霸佐如管仲、百里奚，皆近于聞道者。故孔子稱仲，孟子稱奚。論古人如傳神，于衆中陰察之，則其人之天得矣。」(儲欣尾) 曹劌曰「君舉必書」，管仲曰「無國不記」，史之重也，垂賞罰，儆君心。後世作而不記者多矣，此人主所以肆然於上，無所忌憚也。(昆崖尾) 「德」、「禮」二句，一篇之綱。下面逐步應，明分合，講詳略，俱見變化參差之妙，至於從德禮反面尋出「奸」字，對影拈「禮」字，又添出「信」字，拈「德」字，又添出「訓辭」，合拈「德禮」，又添出「刑義」，錯綜迷離，煙波萬狀矣。(美中尾) 浦二田曰：「其言純粹平和，視召陵一盟，矜氣都釋。三代氣象，去人不遠，春秋時無兩見也。」(《約編》尾) 運筆曲折而能達。(《左傳翼》尾) 德禮是大綱，後面或單提禮，或單提德，或添出信，或添出刑義，無非此二者。鄭反覆多變之國，難以帖服，桓欲乘釁，而管仲祇以德禮綏之，拿定主意，鄭卒請盟。光明正大，敬仲此舉猶有三代氣象。開首下一「謀」字，疑有許多權變方略，而不知只是「德禮」二字足以服之，所謂服人以德不以力也。子犯示義示信示禮作用，似與此同，而全副精神，只以濟其陰謀秘計之用，正譎之分於此可見。左氏敘管仲霸齊之略，僅載此篇，並不欺曹沫亦逸而不存，然合《外傳》與《公》、《穀》觀之，可以知其有仁者之功矣。(《日知》尾) 德、禮字爲主腦，奸字爲波瀾，層層拓折，揔歸一線。(高嵣尾) 俞桐川曰：「『禮』、『信』二字是關鍵，『德』字總綱，『奸』字對照，堂堂正正，所以敘齊桓之功也。召陵以義服楚，終受屈完之盟。甯母以禮服鄭，不列子華之奸。此皆正而不譎處。」僖五年，齊桓會諸侯于首止，會王太子鄭，謀寧周也。鄭伯逃歸不盟。六年夏，伐鄭，以其逃首止之盟也。今盟于甯母，謀鄭故也。閏四月，惠王崩，襄王惡太叔帶之難，懼不立，不發喪而告難於齊。八年春，盟於洮，謀王室也。鄭伯乞盟，請服也。襄王定位而後發喪，此皆齊桓尊王之功，《春秋》所予也，因摘其首尾以附之。(《自怡軒》尾) 篇中管仲兩「若」字，正對子華一「若」字，一反一覆，利害了然。許穆堂。(王系尾) 此篇與救邢傳，敘管仲之言特詳。其救邢也，深明宴安之不可懷。其辭子華也，深明德禮之不可易。雖曰假之，所托者正矣。是時天子方欲撫鄭以從楚，若總其罪人以臨之，是益堅其事楚之心而假之以辭也，豈不誤哉！管仲雖未明言，桓公想已悟到，使其不悟，仲必當反覆言之。古人文字，包孕如此，何可不細心搜討？（武億尾）此篇傳服鄭事，"謀鄭"起，"請盟"結，中間"使太子聽命于會"，可見鄭已爲德禮所動。故首節爲主，中幅不過因許子華而極論之。語語申説德禮，回顧起處，而正文不在此也。少筆反是主，多筆反是賓，多少之變，可以讀史矣。（《學餘》尾）春秋多齊桓、晉文之事，而文不如桓，蓋係乎其臣也。管仲之相君以道，豈先軫所知哉？吾聞甯母之盟，猶想見玉帛冠裳之近古也。（林紓尾）紓曰：通篇寫桓公之劣處，在一個"從"字，寫桓公之佳處，在一個"辭"字。此章不是寫管仲，正是寫桓公。試問桓公若不聽子華之言，仲雖有一段直道正辭，如何發洩？用一"從"字、"不亦可"，遂引出管仲一篇衍衍烈烈之文章。然而入手"招攜以禮，懷遠以德"八字，已足以鎮子華之奸心，尤足以息桓公之欲念。下語莊重極矣。子華之來，全不曉管仲德禮之作用，冒冒失失，貢一"利"字，正投入霸者之心坎，其始將許，其繼將從，此兩項不是寫子華，正爲德、禮二字作反振。篇中累用"德"字，處處與"奸"字對照，字挾風霜，自不消説。脱齊侯仍爲"利"字所中，如虞公之戀璧馬，管仲又將如何？幸末幅得一個"辭"字，則此會安穩到十分矣。凡讀文於炳炳煌煌處，孰不知其佳？然必須看其閑閑著筆，爲佳文之引子。又閑閑著筆，作佳文之收場。從平淡無奇中看出方妙。（《菁華》尾）齊桓公方以假仁義來諸侯，若納子華之謀，則人人有以窺其隱矣。其謬爲光明正大者，亦其工於欺人者也。齊桓"有釁可從"一語，近於欲速不達之譏。後篇如荀吴之取鼓，亦知此意。蓋以大遇小，以強遇弱，固處於必勝之勢，無俟於詭遇見功。若兩敵相持，勢均力埒，則機會之來，間不容髮，又不能執此爲拘拘也。

　　閏月，惠王崩。襄王惡大叔帶之難，懼不立，不發喪而告難於齊。

◇僖公八年

【經】八年春王正月，公會王人、齊侯、宋公、衛侯、許男、曹伯、陳世子款盟於洮。（《評林》眉）《穀梁》："王人之先諸侯，何也？貴王命也。朝服雖敝，必加於上。弁冕雖舊，必加於首。周室雖衰，必先諸侯。兵車之會也。"鄭伯乞盟。（《評林》眉）李廉："《春秋》書乞六，乞盟一，乞氏五，得未得，未可知也。"夏，狄伐晉。（《評林》眉）許翰："晉恃強且遠，不與齊合，是以狄得侮之。"秋七月，禘於大廟，用致夫人。（《測義》夾）齊履謙氏曰："禘之為祭，追祭祖所自出，以其祖配之，於致夫人何與焉？故特書禘致，以譏失禮，蓋不特為妾母也。"（《評林》眉）王樵："以妾體君，是卑其父；致于太廟，是誣其族。故《春秋》謹而志之。"冬十有二月丁未，天王崩。（《評林》眉）《傳說彙纂》："左氏稱惠王於七年閏月崩，八年十二月而後告喪，則秘喪一年之久，恐無此理，皆以為疑也。"

【傳】八年春，盟於洮，謀王室也。鄭伯乞盟，請服也。襄王定位而後發喪。（《左繡》眉）此節連上節讀，"不立"、"定位"、"不發喪"、"而後發喪"，兩兩相對，中間以"告難"、"盟洮"為關鍵，筆法簡而捷也。（美中尾）（《評林》眉）楊慎："鄭伯始而逃歸，今則乞盟，此皆惑於撫汝從楚之言，故進退無據，以至於此，舉動之不可不慎如此。"（王系尾）盟洮本謀王室，定位發喪而事乃畢矣。鄭伯乞盟，本非一事，而在一時，經既並書，傳亦夾敘，以了結首止逃盟、甯母辭子華二案。此是自然枝節，無假安排者。然于首止定太子之位而逃盟，于洮寧王室之難而乞盟，其事其文，皆有莫之為而為之妙焉。

晉里克帥師，梁由靡御，虢射為右，以敗狄于采桑。梁由靡曰："狄無恥，從之必大克。"里克曰："拒之而已，無速眾狄。"虢射曰："期年，狄必至，示之弱矣。"（《補義》眉）周云："召陵不戰而楚張，城濮一敗而楚蚋，秦懲殽而不敢東，狄懲箕而不復肆，若不令其破膽，終恐疲於奔命，此虢射之說也。倒敘年月，又是一法。"（《評林》眉）趙與權："晉與狄鄰，故有疆場之警，啟土以居帶公子，又為采桑之役，內釁頻仍，狄安得不肆乎？國必自伐而後人伐之，晉之謂也。"

夏，狄伐晉，報采桑之役也。復期月。（《分國》尾）"一日縱狄，數世之患"，善哉，先軫之言乎？唐肅宗至德年間香積之役，祿山大潰，僕固懷恩謂廣平王曰："賊棄城走矣，請以三萬騎追之，縛取安守忠等。"廣平王曰："將軍疲矣，且休息。"賊宵遁，明年，新店之戰，又煩我師。采桑之役，梁由靡明於料敵，里克未免儒書也。嗚呼！蜂蠆而可遺毒哉！（《左繡》眉）追敘前年事，卻不用"初"字，以末著"復期月"三字也，此即他年、往歲之變文，只一倒便別。三論不同，以末條爲主。期月正應期年也。由靡本與射意合，但只言從之之利，射更言不從之害。里克以從之爲速狄，射更言不從正所以速狄。意議各出，而主筆特精。此左氏之別裁，非獨晉人之多智也。移他處提句，作此文結句，是顛倒五行手。不解此法，只有印板文字耳。分作兩篇，便不見手法，此妙於合。（《左傳翼》尾）召陵不戰而楚張，城濮一敗而楚衄，秦懲崤而不敢東，狄懲箕而不復肆。從之爲利，不從爲害，示之以弱，彼將復至，不獨狄爲然也。采桑之敗，狄未受創，故今夏來伐，靡、射預決若操左券。他文逆追，此用順敍，愈直愈有奧致。

　　秋，禘而致哀姜焉，非禮也。凡夫人不薨于寢，不殯於廟，不赴於同，不祔于姑，則弗致也。（《左繡》眉）"弗致"以"不薨於寢"爲主。四"不"字，一併渾說，蓋有不忍析言者。（美中尾）顧亭林曰："哀姜薨七年矣，魯人有疑焉，故不祔於姑，至是因禘而致之。哀姜與弑二君，猶以之配莊公，亂於禮矣。致夫人也，躋僖公也，皆魯道之衰，而夫子所以傷之者也。"以成風稱小君，是亂嫡妾之分。雖然，猶愈於哀姜也。説在乎漢光武之黜呂后而以薄氏配高廟也。（《評林》眉）楊士勛："左氏以夫人爲哀姜，元年爲齊所殺，何爲今日乃致之？《公羊》以爲齊之媵女，先至脅公使立爲夫人，則僖公是作頌賢君，縱爲齊所脅，豈得以媵爲夫人乎？明知二傳非也。"齊履謙："禘之爲祭，追祭祖所自出，以其祖配之，于致夫人何與焉？故特書禘致，以譏失禮，蓋不特爲妾母也。"

　　冬，王人來告喪，難故也，是以緩。（《左傳翼》尾）爲定世子而有首止之會，鄭伯因奉王命而逃盟，今則王位定而鄭亦服，逃盟者轉而乞盟，蓋齊桓明于父子之大義，不使王以愛易嫡，不使鄭以奸於禮，則天王不得有異議，而鄭伯亦於是心服，此皆齊桓之義舉也。謀王謀鄭，俱一齊收束，結構點水不滲。

　　宋公疾，（閩生夾）此篇惜宋爲商後，有可圖霸之基而不能也。"天之棄商"、"亡國之餘"二語，乃其見意處，爲一篇之眼。（《補義》眉）子魚上三句破其"仁"字，是對面翻轉看。末句破其"長"字，是斬截説明，省卻無數饒舌。大子茲父固請曰："目夷長，且仁，君其立之。"公命子魚，子魚辭，曰："能以國讓，仁孰大焉？臣不及也，且又不順。"遂走而退。（魏禧尾）魏禧曰："由襄公平生推之，則固請立子魚者，特僞以邀名耳。宋襄之讓，王莽之謙也。若子魚不辭，便當發殺機矣。《公羊》載楚執襄公時，情事益見。"（《左繡》眉）長與仁兩意，子魚先破"仁"字，次駁"長"字，亦以倒換爲筆法。明知子魚不受，故讓之以沽名耳。子魚偏不説固辭，而真者自真。茲父便特著固請，而假者自假。吾觀其卒，可以識其初矣。（《評林》眉）王季重："子魚可稱延陵季子之節。"（方宗誠眉）此篇以"仁"字爲脈絡。

◇僖公九年

【經】九年春王三月丁丑，宋公御説卒。夏，公會宰周公、齊侯、宋子、衛侯、鄭伯、許男、曹伯于葵丘。（《評林》眉）季本："《史記》謂襄王使宰孔賜桓公彤弓大路，則命以牧伯之事，得專征伐矣，《春秋》何以不書？蓋桓之專征伐久矣，豈待錫命哉，故略之。"秋七月乙酉，伯姬卒。（《評林》眉）公羊："婦人許嫁，字而笄之，死則以成人之禮治之。"九月戊辰，諸侯盟于葵丘。（《評林》眉）《穀梁》："葵丘何以日？美之也。"甲子，晉侯佹諸卒。（《評林》眉）《傳説彙纂》："經書甲子於戊辰之後，杜注孔疏皆以爲赴在盟後也，張洽從《公羊》作甲戌，或戌誤爲子，亦未可定，姑並存之。"冬，晉里克殺其君之子奚齊。（《評林》眉）杜諤："曰殺其君之子，猶曰晉君之子爾，雖立爲君，《春秋》不成之爲君也。"

【傳】九年春，宋桓公卒，未葬而襄公會諸侯，故曰子。凡在喪，王曰小童，公侯曰子。

夏，會於葵丘，尋盟，且修好，禮也。（《左繡》眉）此篇就下拜一節，極寫桓之知禮。然一直寫去，須不見得。妙在宰孔説話未完，連忙便去下拜，以致天子必故止之，小白必故下之，反復鄭重，寫得下拜如許濃至。事以曲而出靈，文以曲而入妙。千載讀之，爲是至誠？爲是作假？左氏傳神到此，亦奇矣哉！（《補義》眉）此極寫桓公之知禮，妙在"孔曰"一折，覺極尋常事寫得如許絢爛。或云班掾《霍光傳》敘黃門令讀奏一段，中間忽入"太后止"數語，想從此處得此法。予謂此齊侯將下拜，孔不可無以止之。《霍光傳》前後一意，可有可無，左氏神技，誰能效顰？

王使宰孔賜齊侯胙，（《才子》夾）看他一連寫五個"下拜"。《周禮》"脤膰以親兄弟"，於異姓則獨夏商二王之後有焉，客之也。今以胙賜桓，乃尊之比二王後。（《評林》眉）《補注》："葉氏曰：'案是時襄王初立，以月計之，惠王猶未葬，不得有事於宗廟，何賜胙之有？且脤膰之禮，以親兄弟之國，或小白特賜，亦疑在終喪之後，而誤記於此。'"曰："天子有事于文、武，使孔賜伯舅胙。"（孫鑛眉）下三句與此本是一連語，以桓公將下拜，故插入"且有後命"一句。（《才子》夾）本與下"以伯舅耋老"句連文，因見齊侯下拜，遂隔斷，此古人夾敘法也。（高嶹眉）賜胙本連賜級，妙中間夾敘"將下拜"一頓，搖曳出後命，蹴起齊桓對語，曲爲恭謹傳神。（方宗誠眉）"賜伯舅胙"之下可直接"天子使孔曰"，然嫌平直，中間有"齊侯將下拜"二句，乃有曲折。**齊侯將下拜。**（《約編》眉）孔語未畢，齊桓將下拜，插入"且有後命"一句，此左氏敘事入妙處。（《便覽》眉）傳命未了，插入敘事，孔遂添注"有後命"，《史》、《漢》敘事，皆於此脫胎。**孔曰："且有後命。**（《才子》夾）孔本欲一氣宣下，因見齊侯下拜，遂添出此句。**天子使孔曰：'以伯舅耋老，加勞，賜一級，無下拜。'"**（《才子》夾）此一段原連上文。**對曰："天威不違顏咫尺，**（《才子》夾）此句是說平日。**小白余敢貪天子之命無下拜？恐隕越於下，以遺天子羞。敢不下拜？"**（《才子》夾）應云"敢貪天子之命，不下拜"，句最明健。因自注"天子之命"，即"無下拜"三字。再又注天子所以命無下拜，乃爲恐隕越以遺羞。只爲添此兩重自注，便成嫋嫋二十六字長句。**下，拜；登，受。**（文熙眉）穆文熙曰："拜胙與請隧之事，俱大禮所關。一則命之而不從，一則不命而自請，此足以見齊桓、晉文之優劣。"〖編者按：《左傳雋》作楊素菴語。〗（《左傳雋》眉）孫應鰲曰："天子優臣，諸侯謹禮，使者從容將命，俱可概見。"王荊石曰："'天威'至'天子羞'，只當作三句讀，句法、字法，極鍊極奇。"（《快評》尾）《國語》亦載此事，桓公承天子之命，將從之。管仲諫公，而後下敗。後周公止晉侯曰："可無會也。齊侯不務德而勤遠略。"得無以是歟？孫月峰曰："下三句與'使孔賜伯舅胙'本是一連語，以桓公將下拜，故插入。"是也。曰："天子有事于文、武，使孔賜伯舅胙。以伯舅耋老，加勞，賜一級，無下拜。"此皆天子之命也，周公傳天子之命未畢，而桓公遽將下堂就級以拜，故周公止之曰："且有後命。"此夾寫法，左氏多有之，秦漢而後，不可多見矣。舊解"天威不違顏咫尺"句，"小白余敢貪天子之命無下拜"句，恐非也。自有文字以來，至於今日，從無有稱名之下，更加一"余"字者。愚以為"天威不違顏"句，"咫尺小白"句，"余敢貪天子之命無下拜"句，"咫尺"猶言逼近也。非敢亂古人句讀，實覺此為安耳。（王源尾）曰"將下拜"，曰"無下拜"，曰"貪天子之命無下拜"，曰"敢不下拜"，曰"下拜登受"，一筆五折，盤紆屈曲，讀之嫋嫋然。折以險，折以峭。狹則險，孤則峭。此文筆徑甚狹，筆情甚孤，所以能折。險而折者九，折阪乎？峭而折者三，疊泉乎？此文可當《卧遊》。"天威"句孤撐於中，巉巖崛起，前後折處，分外增妍，通篇方有骨子。（《古文研》尾）文之簡者，極易直，直則寡味。看齊桓口中止三十三字，何等嚴肅，卻何等委婉？真是筆頭上挑得千鈞起。（《彙鈔》眉）宰孔宣命，本一氣說下，卻插敘"將下拜"句，王命遂分兩番說，錯落入妙。（《析義》尾）葵丘之會，所以明王禁，乃尊王之意，實有功於周室。況襄王得立，原藉首止之盟以定其位，為勞甚大。襄王賜胙，比之同姓諸侯，所以親之。比之夏商之後，所以尊之。又命無下拜，以寵異之。可謂加恩無不至矣。但恩可加而禮不可假，齊桓之對，君臣堂陛之分凜然，較之晉文請隧，不啻天壤。此夫子所以評其正、孟子所以稱其盛也。文之嚴肅處帶有婉曲之致，愈誦愈有味。（《晨書》總評）徐袞侯曰："葵丘之會，左氏、穀梁盛稱其美，公羊以為有震矜之色，至讀《管子》、《史記》，則天子寵命，公將許之，管仲諫止，始懼而下拜矣。蓋貫澤、陽穀之會，諸侯遠邇畢集，葵丘震矜，叛者九國，桓公晚節，志亦荒矣。然'天威'一語，名分凜然，朗讀數過，如置身冠裳殿陛間也。"（《觀止》尾）看他一連寫五個"下拜"，兩"無下拜"與"敢不下拜"應，"將下拜"與"下、拜、登、受"應。（《彙編》尾）君尊臣卑，亘古不易。君之寵下，恩或可加，而臣之事君，禮斷難踰。齊桓下拜，真正一生好處，凜然尊卑之分，較之晉文請隧，何啻天壤，此夫子所以稱其正、孟子所以稱其盛也。文最苦一句說盡，此文最短，看他一連寫五個"下拜"，曰

"將"、曰"無"、曰"敢不"，然後以"下拜"煞之，多少婉曲！然又看他連下四個"天子"字，又多少嚴肅，可謂節短音長。(《賞音》尾) 葵丘之會，于桓爲盛。下拜受胙數語，千載下猶覺辭氣凜然。然其會務勤遠略，故宰孔歸遇晉侯，而謂之曰"可無會也"，誰謂假仁假義可以欺人乎哉？(《左繡》眉) 以"天威"句爲主，敢貪天子命、恐遺天子羞，一正一反，乃是將宰孔口中"無下拜"三字，反復作兩層說，既局踖，又躊躇也。凡四稱天子，五寫下拜，節短而色最濃。唐錫周曰："風行水上，雲破月來，俱從逆處生出至文。此篇逆搶齊侯'將下拜'句在前，極其得勢。班掾《霍光傳》敘黃門令讀奏一段，中間忽插入'太后曰止'數語，如橫風吹斷，而水波忽興。如雲翳消盡，而月在高空，想是從此處偷得此法也。"(昆崖尾) 敘次有情，議論有體。一套辭令，作兩番敘述，橫插"將下拜"句於中間，令當年關目情節，十分生動，直能使之曲，是敘事體第一妙訣。後世窺此秘者，唯龍門一人。"下拜"字雖五見，卻節節變換，各有意景，峰巒繚曲，波浪瀠洄，豈意寸山尺水中，亦復不測如是！下拜者，下階而拜也。二字拆看方明，見有連讀者，則隕越登受俱難解矣，非是。(美中尾) 汪環谷曰："桓之勤王，始於首止，繼於洮，終於葵邱。尊王嗣而天下之大本定，謀王室而天下之大勢安，明王禁而天下之大法昭，厥功懋矣。"陳大士曰："桓有大功三：無召陵，楚無周也。無葵邱，諸侯無周也。無首止，天王無周也。"又曰："桓自北杏迄葵邱，衣裳之會十一，而未嘗歃血，以信結也。自于洮迄于淮，兵車之會四，而未嘗大戰，以義勝也。故其氣象略近王者，若晉文則一戰而霸矣。王降爲霸，桓降爲文，世變也。"(《約編》尾) "下拜"數語，意重詞疊，傳出肅謹神情。(《喈鳳》尾) 按：周惠王以惠后愛少子帶，將廢太子鄭而立之，桓公始帥諸侯會太子于首止，以定其位。王崩，又盟於洮以謀王室，而襄王始克立。此又會于葵邱，尋盟脩好，亦所以藩王也。其勞實多，王之寵賜異數，宜矣。乃獨知凜天威，以禮自守，視定王郊郿而辭地請隧者，敬肆迥別。他日夷吾平戎于王，不敢於上卿禮以擬天子之守，桓之君臣皆有足嘉者。此聖賢猶有取于齊霸也。抑《公羊》葵邱傳云："震而矜之。"毋亦有不克自制者耶？此又桓之所爲假仁，而同失之器小焉耳。(《左傳翼》尾) 尋盟脩好，正傳只此二語敘過，偏就賜胙一事，幻出絕妙至文。王命愈隆，執禮愈恭，想見齊侯小心翼翼之狀。本是一命，析作兩層說，文境曲折見奇，敘次之妙，開後人無限法門。（德宜尾）稱天子，尊君也。下拜，抑臣也。篇中四寫天子，五寫下拜。君臣之義，千古爲昭。小小文字，有尺水興龍之勢。(《析觀》尾）章禹功曰："襄王之立，原藉桓公之力以定其位，其功勞固大。襄王賜胙，較之夏商之後，比之同姓諸侯，其所親之尊寵之之恩者，蔑以加矣。但可加之於恩賜，不可假之於禮儀。其桓公之對，則君臣之分凜然不可褻，況當時周室衰微，諸侯強大，而桓公獨能守臣節以尊天子，所以諸侯賓服，而爲五霸之首。此夫子所以評其正、孟子稱其盛也。篇中字雖不滿百，然其詞婉委曲，嚴肅凜然，較之晉文請隧，足以見其優劣也。讀者當熟玩之。"(《日知》尾）只下拜一事，曲折頓挫，生氣鬱勃，逆使跼踏躊躅神態活現，並"後命"一隔，亦非寫孔，正是見天命一臨，惶悚頓起耳，史公寫生，前人已有擅其技者矣。(《自怡軒》尾）下拜受胙數語，千載下猶覺辭氣凜然。謝立夫。(《評林》眉）張天如："諸侯共推桓伯，而天子且爲賜胙，其勢可概見。是會也，天子優臣，諸侯謹禮，使臣從容將命，三者具見。"《左粹類纂》："進一等也。按：外傳命賞服、大路、龍旂、九旒、渠門、赤旂，皆殊禮。"按：下拜，對堂上言。注：隕墜於下，據位而言。故對天子在上也。王荊石云："下即對堂上而言，言我僭越拜於堂上，則神魂不安，必隕墜於堂下矣。"(武億尾）此篇就下拜一節，極寫桓之知禮。然一直寫去，須不見得。妙在宰孔說話未完，連忙便去下拜，以致天子必故止之，小白必故下之，反覆鄭重，寫得下拜如許濃至。事以曲而出靈，文以曲而入妙，逼真傳神之筆。(《學餘》尾）葵丘之下拜，與河陽之召君，等伯也，而不勝古今升降之感焉。"天威不違顏咫尺"七字，大義凜然，可以著之爲經矣。（闈生夾）假王命以自重，伯者之作用也。宗堯按："桓、文亦一時之雄，左氏欲以見天子之禮侮弄之，故偏寫其恭謹之狀。"

秋，齊侯盟諸侯于葵丘，(《補義》眉）上言同盟脩好，下述宰孔，筆筆與上反對，以見齊失晉好，皆孔致之。晉侯如會，恐其西略耳。孔言必不能西，又言將有亂，安能討不服者？則晉侯自可高枕。(高嶹眉）前敘齊桓知禮，此將他一生霸業，從宰孔口中斷出，亦史家得失互見法。末借齊桓點醒晉獻，皆見微知著之言。曰："凡我同盟之人，既盟之後，言歸於好。"(《測義》夾）趙汸氏曰："傳記盟辭，即孟子所述之末句，其五禁之辭，傳不能舉，則二霸之事闕漏多矣。"宰孔先歸，遇晉侯曰："可無會也。齊侯不務德而勤遠略，故北伐山戎，南伐楚，西爲此會也。東略之不知，西則否矣。其在亂乎。君務靖亂，無勤於行。"（閻生夾）此全篇大頓束處，借宰孔口中斷定，想其意中菲薄特甚，文尤有遠神。**晉侯乃還。**（《測義》夾）趙汸氏曰："桓之弘規遠略至此甫定，又與前日之求諸矦、服叛國而爲會，謀王室而爲盟者不同，故胡《傳》云：'葵丘之盟，美之大者也。'"（《分國》尾）自北杏至葵丘，衣裳之會凡九次，而盟貫服江黃、會陽穀謀伐楚不與焉。不務德，勤遠略，宰孔片言斷盡，且料其績居桑榆，東略之必不能，預卜其內亂將作，歎其不務德以靖亂，徒襲外攘之虛名也。吾觀齊桓一生事業，管仲爲之，桓無足取。乘共仲之亂，便欲襲魯。聽子華之請，幾於覆盟。卜夜之飮，見醉于敬仲。陳師之言，不直于屈完。于柯見其理屈，陽穀徵其志荒。而況豎刁漏多魚之師，雍巫預定策之事。寵姬蕩舟，庶孽並建。身死爭立，稽殯六旬。嗚呼！霸王之器，固如是耶？（《左繡》眉）齊桓莫盛於葵丘，亦始衰於葵丘，振而秒之，畔者九國。此篇卻借宰孔口中逗一消息，然不帶敘於會葵丘之後，而倒敘於盟葵丘之篇，則史家得失互見。上文正寫下拜許多好處，則此語固不得而累之。召陵篇板寫東西南北四處，後賢效之，都成佳文。若此處平寫北、南、西三面，忽將東作一颺筆，松靈圓活，姿致無窮，後來未有能仿佛之者。以西爲主，故"西"字獨重一遍，而又重一"略"字以伴之，下筆有多少分寸在！（美中尾）汪環谷曰："葵邱之會，乃桓霸盛衰之幾也。槪自再盟幽，而諸侯協。獻捷治戎，存邢、衛却狄，盟召陵怗楚，而列國安。盟首止、于洮，而王室寧。及乎葵邱而極盛矣。自是而後，城杞之功不若城邢，救徐之師緩於救許，伐黃不恤，謀鄭無成，而霸業於是遂衰。論者謂葵邱以前，猶自朔至望之月。葵邱以後，猶自望至晦之月。由其心有勤怠之殊，是以功有盛衰之漸也。"黃東發曰："齊攘夷，而孔反以爲非。晉來會，而孔反阻其行。意襄王雖立，叔帶旁睨，孔固素黨帶而不與桓同心者，觀前奉王命召鄭從楚可見。"閻百詩曰："是歲晉獻卒，桓公爲之討亂置君，則宰孔以爲不復西略者，其言虛矣。"（《左傳翼》尾）下拜登受，宰孔親見齊桓事王盡禮，何以突遇晉侯，遂有許多不足議論？讀《國策》始知葵丘之會，桓有驕秒之色，叛者九國，蓋爲此。文章出沒隱見，如龍行空中，煙雲布濩，不見全身，方有妙致，否則直頭布袋，便不耐咀嚼矣。（《便覽》尾）首止、葵丘等盟，已爲孔、孟所許。然左氏就事細敘，而得失互見。故上首提清"禮"字，下即以

"在亂"二字遙遙呼應，真史筆也。芳自記。(《日知》尾）結齊局，起晉事，祇從旁面敘出，妙！跌宕出以磊落，風調彌高。（高嶋尾）宰孔傳命，本一直說下，以"將下拜"作一頓，節奏入妙。齊侯答辭凡七句，有無限惶恐謹慎之意。遇晉侯一段，數語察兩國大勢，又隱而不露，議論上品。傳本兩截，前截寫禮尊受恭，爲齊桓成功大結。後段寫齊桓盛極將衰，並含點醒晉獻，神理與齊、晉後傳通脈。(《評林》眉）張萱："秋，齊侯盟，左氏詳於他事，至桓公五禁，即不能盡見之行，乃尊王之大法也，顧寥寥無述，何與？"按：傳記盟辭，不舉孟子所述之五禁，則二伯事闕漏多矣。（武億尾）筆意圓轉，如珠走盤。（王系尾）此篇散敘，若雲霞之在天，林麓之在地，非有佈置，自然成文。合看分看，各極其妙。趙企明曰："是時叔帶尚有睥睨之心，桓公首爲是舉以尊之，則叔帶尚何敢窺其鼎之輕重也哉？"陳大士曰："桓有大功三：無召陵，楚無周也。無首止，天王無周也。無葵丘，諸侯無周也。《春秋》所以與桓也。"（方宗誠眉）"不務德而勤遠略"，實齊桓定論。伏齊內亂之根，又伏晉內亂之根。

九月，晉獻公卒，里克、丕鄭欲納文公，（孫琮旁）此是正義。(《約編》眉）提清欲納文公，有眼目。(《補義》眉）敘欲立文公於獻公卒之下，則其事遲，便含荀息從昏一層。繼敘作亂，則其理逆，便含荀息死義一層。此追敘荀息從昏之誤。(《評林》眉）王元美："立嫡以長，正也。獻公溺於嬖寵，廢長立少，荀息爲國正卿，君所倚信，不能陳禮義以格君之心非，而遽以死許之，是其言玷於獻公未沒之前，而不能救於已沒之後也。"〚編者按：凌稚隆作司馬光語。〛**故以三公子之徒作亂。**(《左繡》眉）文之有斷，是非一成，南山可移，此判不易，從無暗藏兩可者。獨此篇引《詩》作斷，極爲圓活。以荀息爲有此重言之義可也，以荀息爲未免斯言之玷亦可也。蓋荀息踐言於終，是他好處。失言於始，又是他不好處。文於前幅，詳寫其從君於昏；於後幅，詳寫其從容赴義，自是得失互見。而起手兩提句，一則曰"欲納文公"，便見荀息復立卓子，胸中全無皂白。而一則曰"以三公子之徒作亂"，則亦不全許里克，而荀息之執節未盡非也。似此佈置，揚中有抑，抑中有揚，因乎自然，並非私意臧否。將詩詞微吟一過，真乃意在言表。虛圓不滯，天生妙語，作此文妙結者矣。

初，獻公使荀息傅奚齊，公疾，召之，曰："以是貌諸孤辱

在大夫，其若之何？"（韓范夾）獻公雖立儲不以正，然其托孤之辭，亦可謂婉而篤矣。後世顧命之語，卒多具文，不若此之約摯。稽首而對曰："臣竭其股肱之力，加之以忠貞。其濟，君之靈也；不濟，則以死繼之。"（《左繡》眉）稽首而對，寫得鄭重，特爲結語伏案。公曰："何謂忠貞？"對曰："公家之利，知無不爲，忠也。送往事居，耦俱無猜，貞也。"及里克將殺奚齊，先告荀息曰："三怨將作，秦、晉輔之，子將何如？"荀息曰："將死之。"里克曰："無益也。"（《評林》眉）彭士望："'無益'二字，是千古趨避人口實。"荀叔曰："吾與先君言矣，不可以貳。能欲復言而愛身乎？雖無益也，將焉辟之？且人之欲善，誰不如我？我欲無貳，而能謂人已乎？"（孫鑛眉）流動而鍊。（《左繡》眉）前後都是雙調，中幅略作參差。然兩"乎"字反復呼應，亦仍是雙調格律，此片段不雜處也。前對獻公，作兩番。後答里克，亦作兩番。故敘事亦各寫兩遍，而引《詩》恰好雙調作結，其稱停細密如此。（《約編》眉）詞旨和婉，不禁里克等之所爲，尤是恕道。（《評林》眉）《匯參》："明知不濟，明知無益，遂作苦語，非忠恕也。"王季重："荀息但知以死狥獻公，不知托孤寄命，不專在節，亦貴有臨機應變之才。"

　　冬十月，里克殺奚齊於次。書曰："殺其君之子。"未葬也。荀息將死之，人曰："不如立卓子而輔之。"荀息立公子卓以葬。（韓范夾）不如是，則獻公之嬖子不盡，天所以報獻公殺嫡立庶也。十一月，里克殺公子卓于朝，荀息死之。（《測義》夾）孫應鰲氏曰："托孤寄命，不專在節，亦貴有臨機應變之才。"（《補義》眉）此追敘荀息死義之決。汪云："答里克作兩層寫，與答獻公相配。經以全節予荀息，而傳但責其玷，何也？蓋從容就義，上已盡情敘明，而對獻之言，一片忠貞，'有死無貳'，孰知其爲斯言之玷？故明白指出，見人臣當以道事君，毋從君之欲，而但以一死謝責也。故經予之以愧偷生之臣子，傳責之以勵格非之大臣。"君子曰："詩所謂：'白圭之玷，尚可磨也；斯言之玷，不可爲也。'荀息有焉。"（文熙眉）汪道昆曰："議論具品，'其若'二句句法。"穆文熙曰："荀息之立奚齊，猶有君命。既已見殺，何又擅立卓子以大逆人情乎？死不足惜矣。"（《測義》夾）愚按：是時申生死矣，重耳、夷吾奔矣，獻公以息可以托孤，命爲奚齊傅，而息於君之將終已有盟言焉，是安得不繼以死哉！而杜當陽謂其從君於昏，柳子厚謂《春秋》進息以甚苟免之惡，皆非中論。朱晦翁云："荀息始終一節，死君之難。"胡康矦亦云："世衰道微，孰可托六尺之孤、寄百里之命、臨死節而不可奪如息者？"愚於息亦云然。（《左傳雋》尾）司馬氏曰："立嫡以長，正也。獻公溺於嬖寵，廢長立少。荀息爲國正卿，君所倚信，不能明白禮義以格君心之非，而遽以死許之，是則荀息之言玷於獻公未沒之前，而不可救於已沒之後也。"朱氏曰："使荀息早知二子之立，國人不與，而身辭托孤之寄，以悟其君。君不能用，則是有不必死矣。既不能正諫於其始，又爲任托孤之寄，雖欲臨難苟免，其可得乎？"（《正集》尾）合濟與不濟，度時量力而言也，後世顧命之臣，鮮有及者。葛靖調。（《快評》尾）獻公以驪姬二五之讒，使其諸子死亡相繼，"是藐諸孤"，能保其他日長有晉國乎？其以奚齊托之荀息也，蓋亦知之矣。獨不思三怨徧于國中，秦晉輔之，一荀息也，其若之何？息于太子廢立之際，不聞其一言，至此而以死許奚齊。然則若荀息者，獻公之私人耳，非社稷之臣也，夫人烏可不學聖人之道哉？（王源尾）荀叔以死許君，既而果不負其言以死。"死之"，案也，妙在以"言"字爲眼目，將荀息之言敘得淋漓悲婉，句底有聲，字中有淚。使讀者魂傷心死，而荀叔之死乃有生氣矣。不然亦索索也，此序節烈之一法。爲荀息作傳，卻先敘里、丕，既而追敘荀息一段，然後遙接里、丕，又敘荀息，然後方敘其死，末引《詩》以結之。觀其結，序荀息也。觀其起，非序里克乎？此等處，亦有以賓爲主，以主爲賓，變易服色，多方誤敵之妙。"斯言之玷"，傳者謂荀息爲失言，固自有義。而注以爲贊之，文卻深一層。然於結"言"字，不論作何解，皆一也。（《覺斯》尾）過商矦曰："立國之長，正也。獻公溺愛嬖寵，廢長立少。荀息爲國正卿，君所倚信，不能明白禮義以格君，而遽以死許之。是則荀息之言，玷於未沒之前，而不能救於已沒之後。司馬君實此評當矣，何容余贅言也？"（《分國》尾）荀息傅奚齊，受遺命而死輔之，似也。里克殺奚齊，息於此時捐軀以殉，豈不卓卓？卓子之立，胡爲者？里克可殺先君所立之奚齊，何難殺荀息所立之卓子？至卓子殺而荀息死，死晚矣。嗚呼！挈缾之智，得人付託，尚欲固守而勿失之。先君挈生者畁之我，我不能以身捍衛之，使之免于難，安在其竭股肱之力乎？又不即以死繼之，曰："先君在殯也，葬而後

此身可以死也。"嗚呼！殉六尺乎？殉先君乎？荀息食言矣。（魏禧尾）
魏禧曰："荀息本智謀之士，何至此時一籌莫展，只辦一死乎？蓋舉國人心不順，雖有智謀，無可施也。荀息始雖不正，一死尚可取，固是子路、豫讓一流人。余詠史詩曰：'子路死臺下，嵇紹死車側。死未爲不義，其失在初服。若使紹且奔，忠孝兩無得。'噫！是可論荀息矣。"邱維屏曰："寫荀息之死甚平處，是《左傳》文字身分，亦是與荀息身分相稱處。"彭家屛曰："晉獻殺太子立奚齊，所以爲嬖子謀者至矣，而所愛之子，均不免于死，何也？太子國之根本，國本既易，窺伺者眾，故其亂三世，國幾危矣。後世晉廢太子遹而亂中原，隋廢太子勇而亡天下，骨肉之間，愛憎之際，可弗慎歟？"（《晨書》總評）徐衮侯曰："人謂荀息之忠，忠而愚。皆有不滿之意。予謂息之所處極難耳，當年廢立之舉，中大夫里克同謀，息未嘗與也。藐茲小子，外無強援，內有三怨，荀息雖智，其能敵乎？且息能料宮之奇之爲人，獨不能料里克之爲人乎？惟是重耳、夷吾出奔他國，舍其君而外求君，亦非易事，而臨死之托，情義兩不可辭。此時惟有一死報君矣。漢高帝寵戚姬，愛趙王如意，欲易太子，與晉獻同。置趙相周昌，與荀息爲傅同。高后鴆殺趙王，昌謝病，與奚齊見殺同。然周昌始在帝前，有期期不奉詔之語，息未嘗有也。周昌少荀息之一死，荀息少周昌之強諫，千載而下，所以惜其但不食言，而於死事有未盡也。"（《賞音》尾）杜注謂有詩人重言之義，後人以左氏之意，謂其有此玷也。蓋立嫡之義，年均以德，義均以卜，豈奚齊之謂哉？荀息之言失於輕諾獻公，而其後遂不可爲也。設當獻公之問，而正言匡之，召重耳而立之，則國可無亂，而二嬖孤可無恙，孰與立之而身首不保乎？（《左繡》眉）"君子曰"下，不著斷語，只借詩來虛虛詠歎。便只此等筆訣，開後人巧妙多少！（《約編》眉）左氏自贊其能不食言，非惜其言之有玷也。（美中尾）顧亭林曰："晉獻公之立奚齊，以王法言之，易樹子也。以臣子言之，則君父之命存焉。是故荀息之忠，同於孔父、仇牧。"朱可亭曰："奚齊殺而息復立卓子，是君死而猶逢其惡也。爲息計，齊死，迎重耳立之，僇里克而正其罪，然後一死謝獻公，則信義兩立。"（《約編》尾）荀息受獻公之托，雖非近義之信，然既許之矣，其可以食言乎？故結處揚之，非抑之也。（《喈鳳》尾）獻嬖驪姬而生奚齊，遂肆讒譖，使太子申生自經新城，重耳、夷吾不安蒲、屈，秦晉之積怨于姬者已久，不惟三子之徒也。其肯容厥子嗣獻而有國乎？荀叔不審信之近義，而强守言之是復，至死不悔，斯之謂好信不好學，匹夫匹婦之爲諒耳。然誦其對君之言，字字披肝瀝血而出。謝友數語，示以各行其志，從容就義，又復欹曲入情。文之動人，欲歌欲泣，不可廢也。附按：是年九月，獻公卒，子奚齊立；冬，殺奚齊，卓子立。又弒卓子，惠公夷吾立。僖二十三年，惠卒，子懷公圉立。二十四年殺懷公，文公重耳立，而晉始定。林氏所謂五立而後平也。（《左傳翼》尾）荀息許君以死，卒踐其言，左氏引《詩》作結，而以"斯言之玷，不可爲也"爲説，實見獻公殺嫡立庶，義不當助，而乃妄託忠貞，輕許以死，豈非斯言之玷乎？馮天閑謂："荀息踐言於終，是他好處。失言於始，是他不好處。"不知既失言於始，即踐言於終，又何好處之有？此所謂匹夫之諒也。本文引《詩》正以始之從君於邪而斷其失，非許其從容赴義而有予詞也。里克成謀，荀息爲傳，皆信不近義者也。一則作亂不踐其言，一則死之必復其言，似有優劣，究之信不近義，言豈可復乎？傳於里克不下斷語，獨深譏荀息者，所以深罪其失言耳。本傳以里克殺奚齊爲主，荀息卻是帶敘，而詳略賓主，變化不測，此左氏長技也。驪姬毒手，千古無雙，何以獻公死而寂無聞焉？其子任人魚肉，無計可施，可知驪姬非有奇材異能能箝制獻公也，特彼昏不知，任其狐媚耳。若武氏之于唐高，生前猶未猖獗，死後遂移唐祚，舉天下之大，莫敢誰何，其禍不更烈乎？世多以則天比驪姬，儗非其倫矣。（德宜尾）荀息合下即辦一死，其對獻公則曰"以死繼之"，告里克則曰"將死之"。後分兩層廻應，以詩詞作結，似褒似貶，詠歎情深。（《日知》尾）自坊選撰立此篇題目，曰《荀息不食言》，遂成不刊之醉，故馮天閑謂其："引《詩》作斷，暗藏兩可，以爲謂荀息有此重言之義可也，謂荀息未免斯言之玷亦可也。"乍讀似妙，細思則下層殊謬，上層亦有未盡。何也？謂其玷者，不過指忠貞之對爲失言耳，然則必不受顧命而後可矣。謂其有重言之義，貌則合矣，而神猶離。蓋荀息守有餘而才不足者也，果能竭股肱利公家，則一聞里克之告，即當喻以先君之不可背，名義之不可奸，成敗之不可知，亂賊之不可蹈，博謀於朝廷以聲其罪，慎意爲防護以警其變。中立者特利徒耳，隙無可乘，勢將自解，即終不解矣，必將合同仇于衆力，成先發之制人。否則當於變逆之作，盡其防禦，爭以死生，必至勢窮力屈，以死相繼，亦可以謝先君於地下也。今觀荀息矢一死於意中，而並拚齊、卓之死於意中，乃束手以聽禍福之來者也。三怨之告，特嘗我耳，乃曰"將死之"，則彼無忌憚矣。且指其叛曰"欲善"，是獎成其惡矣。曰"而能謂人已乎"，又不啻勸駕矣。於次、於朝，連弒兩君，旁如無人，則荀息之爲兩雛謀者疏可知矣。不過守非義之義，期以一鼠首相殉耳。抑思獻公託孤，欲博兩孤之生耶？抑欲期荀息之死耶？作者洞見此意，故先書曰"以三公子之徒作亂"，見非舉國皆變，事無可爲也。次述其對公之語，見其固以竭股肱利公家自許，至不濟而後矢死也。再序其對里克語，見其絕無竭力利公之策，惟以一死自居也。再敘里克連戕兩孤，若斃家雛，見其並無戒備，惟賊所欲也。且殺奚齊而即欲死，並不想到卓子，見其當局之自命者，並不若人之旁觀者也。顧命得忠臣，先君何幸！忠臣如荀息，嗣君何賴乎？朱子論託六尺之孤云："自家不欺，若被別人欺了，也不濟事。"斯言其有以斷斯獄矣。然則所謂竭股肱利公家者，特不過曲廉小節，無關兩雛生死者，人不我欺，則爲君之靈。人一我欺，則以死繼之耳。左氏於序述中備寓斯意矣，而不肯指破者，矢死靡它，人之所難，而束身待死，世將奚賴？故引《詩》云云以結之，意若曰："第以踐必死之言論之，則固合不玷之義矣。惜乎一死之外，則不知也云爾。"而豈果贊其有重言之義也哉？至謂且未免斯言之玷，是必將游移其亂於受託之時，至患難之來，此身綽然進退而後可，此正里克中立之奸，荀息所激而爲此者也。如此持論，誣人並以誣文矣。（盛謨總評）左氏前後佈景，中間只用"與先君言"一句點醒，遂覺通篇文字海市蜃樓，若不尋出此句，豈知左氏文字之妙。"與先君言"以下十句文字，於埜幾回欲寫所愛，還自笑而止。正如少女舞腰，百折不迴，頓令觀者魂飛魄蕩。雖有道子，不能繪其妙也。左氏生出"忠貞"二字，公羊卻拈"信"字，可見文人用筆，結構由我。豈徒作一部敘事書、記口舌已乎？（高嵣尾）柳子厚曰："《春秋》之進荀息，非聖人之情也。進荀息以甚苟免之惡也。"胡傳曰："世衰道微，人愛其情，私相疑貳，以成傾危之俗。至於刑牲歃血，要質鬼神，猶不能固其約也。息不食言，其可少乎？"司馬溫公曰："獻公溺於嬖寵，廢長立少，荀息爲國正卿，君所倚信，不能明白禮義以格君心之非，而遽以死許之。是則荀息之言玷於獻公未殁之前，而不可救於已殁之後也。左氏之志，所以貶荀息，而非以爲褒也。"家則堂曰："《公羊》于孔父曰'義形於色'，于仇牧曰'不畏強禦'，至荀息則曰'可謂不食其言矣'。蓋既不能正諫於始，又任托孤之寄，雖欲苟免，其可得乎？聖人所取，特在於不食言。若事君大節，猶有所愧。"俞桐川曰："通篇以'死'字貫。"又云："末引白圭，罪其失言，非許其踐言。"然荀息雖失言於前，而能踐言於後。《公羊傳》曰："使死者反生，生者不愧乎！"其言則可謂信矣，自是得失互見。(《自怡軒》尾) 荀息踐言於終，是他好處，失言於始，是他不好處。故不著斷語，只借詩詞虛虛詠歎作結。(王系尾) 此篇敘獻公之卒，奚齊、卓子之死，先提出"欲納文公"四字，見重耳之能，久爲國人所與，豫爲霸主作絢染，是文章顧盼處。前讀士蔿"狐裘龍茸、一國三公"之語，以爲是惡夷吾訐公而然。今以荀息智計之士，奉君命以輔愛子，不謂無權。里克以公子之徒作亂，視荀息如無物，荀息無如三怨何也。乃知一國三公，竟是當時情事，而獻公之政可知矣。獻公盡滅桓莊之族，宗枝孤弱，不得不重諸子之權以自輔。及志得願從，縱欲回惑，族自禽獮，身死於殺而難不已，豈不哀哉？此是文章包蘊處。(武億尾) 通篇以"死"字貫，一貶克、鄭，一貶荀息，筆法深嚴，不愧素臣。(方宗誠眉) 論贊二語最妙，荀息自任忠貞，實不得爲忠貞也。不能引君當道，而逢君之欲殺適立庶；不能諫止君惡，而反受其托孤之命，何得爲忠貞？第許君以死節，即不肯再生，可謂能復言矣，論中引《詩》以贊其不食言，而又傷其許君以死之言爲斯言之玷，褒之中有諷刺焉，筆極敏妙。(《菁華》尾) 荀息從君於昏，而力又不足以止里克之亂，無可奈何，止以一死塞責，人稱其忠，吾笑其戇。里克先事告之，亦知荀息之無能爲也。不然，豈有弒逆大事而預以告人之理？奚齊既死，又立卓子，是以一死爲未足，又從而益之也，人之有言，亦可謂拙謀矣。告獻公作兩層，告里克亦作兩層，章法遙遙相對。(閩生夾) 宗堯云："議荀息爲'斯言之玷'，以見驪姬之子不當立也。此于結束處論定晉太子廢立之事。"

齊侯以諸侯之師伐晉，及高梁而還，討晉亂也。令不及魯，故不書。(孫琮總評) 唐荊川曰："里克欲納文公，正也。而不果，與前不逐狄，同無略也，只是中立之心爲崇耳。息昧大義矣，但其詞令最妙。"荀息昧於擇主，身傅奚齊，難作而死，於不愧其言之信，固無歉矣。然能殺身，而非有益君國，律以大義所在，恐概乎未有聞。(《補義》眉) 宰孔之言不驗，或謂孔有先見之明者，謬也。

晉郤芮使夷吾重賂秦以求入，(閩生夾) 六字提挈，已貫全篇。**曰："人實有國，我何愛焉。入而能民，土于何有。"從之。**(韓范夾) 以他人之物爲己利，此亦長算。但此乃祖宗之國，父亡而子得之，與敵國境土不同，今惠公貪利已甚。視其先世分茅之地，與蠻夷甌脫等。雖云便，亦不仁甚也。（《左繡》眉）此篇爲秦納惠公起本。"忌克"二字，斷盡夷吾一生。如其言，盡可不納。秦伯偏以爲利而納之，則純從重賂起見。後文背賂、戰韓，都伏脈於此矣。郤芮賂秦，只四語，而權術無所不有。此便是解知識、會僭賊人論頭，夷吾之忌克，郤芮教之也。**齊隰朋帥師會秦師，納晉惠公。**（《測義》夾）愚按：秦伯以賂故納夷吾，無論已。齊桓，伯主也，於秦、晉本未相通，安肯越險會秦而出師哉？即欲討晉亂而爲置君，豈不援立重耳之賢，何緣而惟秦之聽以黨逆也耶？竊疑左氏謂齊帥師會秦納惠公一節，恐未必然。（《評林》眉）陳傅良："凡納，所宜納不書。"秦伯謂郤芮曰："公子誰恃？"對曰："臣聞亡人無黨，有黨必有讎。（閭生夾）先大夫評曰："詞旨譏刺重耳，故曰'言多忌克'。"夷吾弱不好弄，能鬭不過，長亦不改，不識其他。"（《補義》眉）以"重賂"起，以"吾利"結，皆所以深罪秦穆也。以人目重耳，是忌克其兄。"誰恃"一問在初起兵之時，此評論在既起兵之後。周云："即芮言而知其忌克，所謂知其臣可以信其君。'忌克'二字本平，忽用串說，妙！'焉能克'是不勝我也，可以索宿負。"（《評林》眉）《經世鈔》："郤芮語稱說惠公太過，反以致秦人之議，故知稱君父處亦須傍本分一邊，正是彌謗全譽之法。若鍾儀之論共王，得其道矣。"公謂公孫枝曰："夷吾其定乎？"對曰："臣聞之，唯則定國。《詩》曰：'不識不知，順帝之則。'文王之謂也。又曰：'不僭不賊，鮮不爲則。'無好無惡，不忌不克之謂也。今其言多忌克，難哉！"公曰："忌則多怨，又焉能克？是吾利也。"（文熙眉）汪道昆曰："議論具品，'入而能民'句法。"穆文熙曰："秦之君臣知夷吾不能定晉，而故納之，徒幸其不能害己，此豈得爲恤鄰之公心哉？鄙矣。"（魏禧尾）孔之逵曰："按：晉遠于狄而近梁，夷吾奔梁，以托于秦，即有入國之勢。大抵文公從者如狐、趙等，謀略皆不及子金、郤芮，觀其出奔于狄，又無大援，便不濟事。當時夷吾在秦，其交已深，獨有齊桓可托，使能結齊以爲外援，而又有里克、丕鄭爲之內主，則隰朋之師，不在夷吾，而在重耳，豈待十九年哉？介之推謂天實置之，二三子以爲己力，不亦誣乎？此平心之論，非激也。"禧按：獻公卒，秦欲納重耳，重耳不從，乃納夷吾。重耳諸人不遽反國，又別有見。邱維寧曰："秦伯問公子誰恃，芮奚不曰：'恃大國，及晉之臣民。'若曰：'里克、丕鄭初欲納重耳，今何恃？'則曰：'重耳辭，今納夷吾，順也。'舍是不言，而曰'亡人無黨'云云，蓋由其心之欲克重耳，忌里、丕而姑爲之辭以自掩，猶之埋金者而立標於地，曰此處無金也。故子桑謂其言多忌克，世之以美言市人，而人早已識其惡者，蓋往往然矣。"（《左繡》眉）"誰恃"一問，秦伯自是真心商酌。郤芮便當告以內恃某某，外恃某某，而尤恃人國之安靖己也，則彼此推心置腹矣。今卻藏頭露尾，既不肯說無恃，又不屑說有恃。明明重賂求入，卻無一語歸功於秦，語語不忌不克，卻不覺把滿腔忌克，一時流露也。左氏正於渾淪處傳彼會之神。就郤芮斷夷吾，不知其主，視其使也，觀人於微矣。"忌克"二字本平，穆公卻用側說，箋解得此乃活。"利"字乃借應法，所以回顧重賂作結也。輕颺一筆，聊復爾耳，如聞其聲。（《左傳翼》尾）重賂求入，視仁親爲寶者何如？子犯握算，未必肯輸一著與郤芮。夫取果於既熟，止爭旦晚之間，子犯辭之愈固，秦伯納之愈堅，郤芮先著乃爲敗著也。然因內外無親，全局已輸，沒奈何作此無聊之計。"公子誰恃"，雖不定要他說恃秦，隱隱卻有此意。重賂求入，明明恃之而不肯言恃，秦便有欲背意。忌克之意，已見於言表，公孫枝所以窺之於微也。秦伯既弔重耳而勸其得國矣，何爲受賂而納夷吾？只因文公堅辭，故改圖爲此，觀後納丕鄭之言、使冷至報問、召呂甥等便見。勿因末句"是吾利也"一語，遂謂秦伯舉動皆爲利起見。夷吾之入，穆公爲重賂所動也。"唯則定國"，而推本於不識不知，不愆不賊，蓋惟虛公信義人乃能動合法則也。多忌克者何足語此？子桑未見夷吾，而遽以忌克斷之，以郤芮爲之謀主，知其臣可以信其君。於忌克而決其不能定國，則背施等事，不待計而可知矣。"忌克"二字本平，穆公忽用側串，人惟思上人，所以多忌，此與驕吝忠恕相爲表裏，一般古人析義之精如此。（文淵尾）自此篇以後，敘晉事皆爲韓之戰張本，而以"忌則多怨"爲綱領。惠公賂秦之地大矣，使入國而踐言，則秦益強而晉不能制，蠶食之禍，豈待三卿分晉後哉？故背秦之賂在惠公自謀則過矣，以天下之勢論之，則甚爲得計也。（《評林》眉）《經世鈔》："人之忌克在心，卻每於言上見得，言亦不可不慎。忌者本以求克，而反不能克，余嘗謂人事事好勝，必不能取勝於人，夫忌則不克，謙尊而光旨哉！言乎忌者不能克人，反爲人利，語耐千思。"按：害、亡，秦伯自指。（王系尾）此篇敘惠公將入晉時事，觀惠公之汲汲，則文之遲遲者，識量不同矣。觀秦穆"吾利"之語，則知其三置晉君，與齊桓之封邢、衛不同矣。敘一事而能爲三處寫照，豈非化工？（方宗誠眉）觀人法。伏後晉惠公見獲于秦之根。（《菁華》尾）秦穆公于晉，爲姻好之國，於夷吾之爲人，豈至毫無所聞？乃貪重賂之入，舍重耳而納之，其爲無恥甚矣。及聞公孫枝之言，乃曰"是吾利也"，是幸他人之亂，以爲己資，尤爲喪心之甚。齊桓以諸侯之師伐晉，苟于此時請諸天子，正其奪嫡之罪，然後迎立重耳。其于葵邱盟約曰："無易樹子，無以妾爲妻。"可謂能踐其言矣。乃遽爾退兵，全無舉動，蓋其暮氣已深，應事以苟，及聞秦師已起，乃使隰朋率師會之，以爲苟盡盟主之職，冀免人之有言，其去救邢、救衛之時，氣象何大相遠也？然則晉亂數十年，始于秦穆，而成于齊桓也。以貪國之故，而至裂土與人，何以見祖宗地下？後來石敬塘竊其故智，使蘄雲十六州淪于夷狄三百餘年，皆夷吾導之也。

宋襄公即位，以公子目夷爲仁，使爲左師以聽政，於是宋治。故魚氏世爲左師。（《分國》尾）目夷之賢，實倍茲父。茲父即位後，名雖爲霸，實無善狀。於泓傷股，一蹶而殞。讓，美德也。余獨惜目夷多此一讓。（《左繡》眉）世爲左師，卻未必其世世爲仁也，奈何？（《左傳翼》尾）春秋時兄弟爭國者多矣，襄公正嫡而讓子魚，不必問其意之誠否，而皆不可及也。故子魚以爲："能以國讓，仁孰甚焉。"請必固而公始命子魚，知襄公之不必讓也。辭不必固而公不再命，知子魚之不當立也。桓公卒而襄公不再讓者，儲位已定，不必再讓以沽名也。若云觀其卒之不讓，而疑其初讓之爲僞，論亦苛矣。（《評林》眉）王元美："世爲左師，此後世承襲之意也，他日魚氏之弱公室，襄實貽之。"

◇僖公十年

【經】十年春王正月，公如齊。狄滅溫，溫子奔衛。（《評林》眉）張洽："王靈不振，畿內諸侯，狄得滅之，此天王出居鄭之權輿也。"晉里克弒其君卓及其大夫荀息。（《測義》夾）郭登氏曰："奚齊固先君之命立乎其位者也，卓子則荀息所立者也。奚齊書殺，説者以爲國人不君矣。卓子書弒，又何獨國人以爲君乎？恐是獻公未葬，奚齊未立，已爲里克殺于喪次，《春秋》何緣稱之爲君乎？卓子既立，里克弑之，《春秋》何緣不稱之爲君乎？其書殺書弑，特係夫君與未君爾，據實而書，無他義意。"夏，齊侯、許男伐北戎。晉殺其大夫里克。秋七月。冬，大雨雪。（《評林》眉）高閌："《春秋》書大雨雪者三：隱以日書，桓以月書，此以時書。"湛若水："周之冬，酉、戌、亥月，即夏之八、九、十月也。是時陰結而未凝，故以爲異也。"

【傳】十年春，狄滅温，蘇子無信也。蘇子叛王即狄，又不能于狄，狄人伐之，王不救，故滅。蘇子奔衛。（《左繡》眉）只兩語，而寫無信人反復已盡。"不相能"，猶言不相得也。古"能"與"耐"通，蓋不耐煩之義。

夏四月，周公忌父、王子黨會齊隰朋立晉侯。（《左繡》眉）此篇緊接重賂篇，開局便作出忌克手段。看他良心難昧，只得先作一揚。而輕輕一轉，直令百口莫辨。里克接來一解一駁，總見既賴弑君而興，又何必以弑君爲罪？不辯之辯，亦足塞忌克之口而愧其心矣。（《補義》眉）賂克以求入國，雖殺之不得爲討賊，故末點"賂"字。弑二君，詰里克即以告諸侯，所謂説也。"君何以興"，隱隱指賂，便是負秦之根。（文淵夾）晉未與齊同盟，而齊討其亂，納其君而立之，此齊桓之伯業所以優也。晉侯殺里克以説。（文淵夾）里克即中大夫也，而韓之戰言許賂中大夫，既而皆背之，則中大夫實不止一人矣。未入而賂之，既入而或殺之，或背之，宜其失晉大夫之心也。（《評林》眉）《經世鈔》："'以説'，即下'謂之'云云，杜云：'自解説不纂。'非是。"將殺里克，公使謂之曰："微子，則不及此。雖然，子弑二君與一大夫，爲子君者不亦難乎？"（韓范夾）里克，強大夫也。有兵有黨，弑二君如刈艾，使在國中，亦可危之事也。故惠公忌而誅之。對曰："不有廢也，君何以興？欲加之罪，其無辭乎？臣聞命矣。"（《左傳雋》眉）王鳳洲曰："數語極婉委，極斬截。"伏劍而死。於是丕鄭聘于秦，且謝緩賂，故不及。（文熙眉）穀梁子曰："稱國以殺，殺之不以其罪也。其殺之不以其罪奈何？里克所爲弑者，爲重耳也。夷吾曰：'是又將殺我乎？'故殺之不以其罪也。"穆文熙曰："里克之殺奚齊、卓子，未爲不是，而惠公亦不得不疑之，此任事之所以爲難，而霍氏之所以赤族也，悲夫！"胡氏曰："若惠公以殺奚齊及卓罪克，克必再拜而死，不復有言矣。乃曰'又將圖寡人',是殺之不以其罪也。"(《左傳傳》尾)李行可曰:"里克不能辨世子之無罪於前,乃違先君之命於後,功成身死,爲天下笑。故《春秋》於獻公未葬,書曰:'晉里克殺其君之子奚齊。'既葬,書曰:'晉里克弒其君卓,及其大夫荀息。'又書曰:'晉殺其大夫里克。'一謂息從君於昏,一謂克召怨弒主,故兩人皆稱名以罪之,《春秋》之斧鉞嚴矣。"(魏禧尾)魏禧曰:"惠公以弒二君殺里克,克盍對曰:'驪姬亂晉,幾滅晉宗。諸公子流徙道路,奚、卓非君,乃晉讎也。臣之殺之,將使諸公子反而靖國,而君乃爲驪姬報讎乎?'如此惠公必悟,不悟而克之舉無弒名矣。乃曰:'不有廢也,君何以興。'徒以樹私恩爲言,益甚惠公之疑矣。"邱維寧曰:"此亦爲里克自處當如是耳,若惠公則諗知里克依違中立,即如此言,亦恐不免。至謂克之舉無弒名,是又不然。奚齊之立,君父之命也。克不能爭於獻公之時,既君奚齊而又殺之,其非弒乎?使後可以一二言而免惡名,則小人之計得矣。《春秋》之法,尤嚴誅意。聖人隱惡,而特惡似是以誤天下來世,故不得不明著其罪。不然武仲卑辭請後,又何以不免要君之惡名耶?"孔之逵曰:"按:里克、丕鄭欲納文公,其謀必多出於丕鄭。蓋鄭知過於克,克特一無主張之人,觀其聽優施之歌而杜門不出及惠公賂己又許之可見。是故呂、郤欲誅納重耳者,不忌克而忌鄭,故使鄭聘于秦,以去克之謀主。鄭去而克可殺矣,克既殺則鄭等在所必除,雖無使秦召三子之謀,呂、芮亦必殺之,蓋勢不兩立也。"(《分國》尾)里克胸中有一重耳,夷吾洞見之,懼其以奚齊、卓子我也,然忌克矣。雖然,里克以中立之悞申生,夷吾以一劍聊謝中立之罪耳!嗚呼!里克亦自言矣,曰:"吾以重耳爲寄也。"(《左繡》眉)里克固應伏罪,然于惠固有恩也。今以正論誅之,讀者幾以其刑之當,而忘其猜忌之由。作者特以丕鄭之不及相形,始知里克之殺,初非以弒君之故,徒以其欲納文公而怨之也。似此照應,全在無字句處耳。唐錫周曰:"公殺里克,有愧色。里克臨死,有恨色。一一如畫。"(《左傳翼》尾)里克殺奚齊、卓子,惠公未入也,何必殺里克以說?欲納文公,故以三子之徒作亂,則克之本謀,呂、郤輩早已知之矣,惠公其能忘情於克哉?若討有罪,名正言順,誅之宜矣,又何"微子"云云也?"難乎"一語,隱然寒心,和盤托出,不待以丕鄭不及相形,而知其欲納文公而怨之也。敘次之妙,真是剝取心肝劊子手。(《日知》尾)雋妙廉峭,二妙兼之,左公獨步也。里克欲納文公者也,盡殺以說,實絕後患耳。"欲加之罪"二語，洞中隱懷。（高嵣尾）里克者，太子申生之傅。丕鄭者，克之黨也。九年殺荀叔傳曰："里克、丕鄭欲納文公。"則惠之入，非里克等本意明矣，故惠公忌之。蓋里克殺二君與一大夫，雖屬有罪，而惠公之殺，乃畏其害己而除之，非討賊之意也。《穀梁傳》曰："里克所爲弒者，爲重耳也。夷吾曰：'是又將殺我也。'故殺之不以其罪也。"丕鄭以里克見殺，懼及其身，故于入秦，言于秦伯曰："臣出晉君，君納重耳。"雖鄭懷貳心，亦惠公之多忌激之使然，卒至與克俱死。《春秋》於十一年，書"晉殺其大夫丕鄭父"，與書殺里克同，蓋皆不以討賊之詞予之，言殺之不以其罪也。（《評林》眉）王元美："惠公之殺里克，前以掩奪國之嫌，後以防重耳之入。克雖爲社稷生靈之計，惓惓於重耳，然與其弒二君而成重耳，孰若全申生以弭後患？因優施一言之誘，遂爲中立之謀，坐視申生之死於前，而卒取弒逆之名於後，惜哉！"〔編者按：凌稚隆作金履祥語。〕

晉侯改葬共大子。（《測義》夾）王世貞氏曰："大子，元士也，士無謚，是以大子無謚，晉惠公之改葬世子申生也，而謚之共，後世因之。大子有謚，自申生始也。"

秋，狐突適下國，遇大子，大子使登，僕，而告之曰："夷吾無禮，余得請於帝矣。將以晉畀秦，秦將祀余。"（《左繡》眉）此篇爲戰韓張本，卻無端敘一鬼神事。又不寫一遍，卻寫兩遍。前一遍寫得分明，後一遍寫得模糊。前一遍寫得整片，後一遍寫得錯綜。寫鬼神固當作此若明若滅之筆。兩遍前詳後略，然中間狐突只作承上啓下，語本不重，而首尾字字相對。尤妙在前作一層寫出，後作兩層寫出，而見巫一層，又只于前文帶起，不作正敘。詳中有略，略中有詳，變化之妙，真非筆舌所能盡耳。（閭生夾）上顧申生之冤，下起韓原之戰，此文中脈絡貫輸之處。對曰："臣聞之，神不歆非類，民不祀非族。君祀無乃殄乎？且民何罪？失刑乏祀，君其圖之。"君曰："諾。吾將復請。七日，新城西偏將有巫者而見我焉。"許之，遂不見。及期而往，告之曰："帝許我罰有罪矣，敝于韓。"（文熙眉）穆文熙曰："夷吾忌克背德，自宜取敗，豈因申生之請，而後天罰之乎？且帝果可請，自當首罰驪姬也，誕哉！"（《測義》夾）愚按：鬼神之事，儒者所不道，即有之，不可以訓，此何以傳焉？（王源尾）文有形，形生於情。情急則形亦急，情緩則形亦緩，情平則形亦平，情幻則形亦幻。雖然，有是情便有是形，固矣。使作者以如是情，便還以如是形，則下筆即得，夫人能事，何足見匠心之妙？故古人于此，以爲情一也，而形有真有假。非真形不足寫真情，非假形不足變真形。於是急者故緩，緩者故急，平者故幻，幻者故平。然故緩者，急愈急矣。故急者，緩愈緩矣。故幻者，平愈平矣。故平者，幻愈幻矣。則假形雖所以變真形，實所以逼真形也。此文之寫共太子，可謂幻故平、幻愈幻者矣。寫狐突遇共太子，登僕如常，問答如常，竟與生人無異，絕無牛鬼蛇神之狀、豎毛肌栗之情，所謂幻故平也。直至"遂不見"三字，方寫出神蹤鬼跡，便覺前後俱恍惚滅沒，人遂不寒而慄，所謂幻愈幻也。用筆高，便能討巧。寫共太子，只用三字，而通篇俱幻，何其高，何其巧也？庸手呆呆刻畫，沾沾摹擬，便處處拙住。（魏禧尾）魏禧曰："《外傳》云夷吾以太子之禮改葬申生，而曰'臭達於外'。是則改葬者，夷吾之厚意，而臭達於外，其不幸耳。太子乃曰'夷吾無禮'，是知得不足以償失也。故曰：'葬者，藏也。藏也者，使人之不得見也。'世之以棺衾簡陋而易殮，以風水弗利而遷葬者，可以觀矣。"謝文洊曰："此當是狐突以術卜知有敗韓之事，遂托言以恐惠公耳。不然，即敗韓之兆，所謂國家將亡，必有妖孽也。若上帝爲鬼報私怨，是其明不及狐突。而又可以改請，則上帝之禍福人，一惟鬼是從矣。且共世子生不忍違父而就死，死寧肯覆宗社以求祀于秦乎？秦伯曰：'惟晉之妖夢是踐。'凡此等事，皆一斷歸於妖，妖由人興，有道之世又焉有此？"彭家屏曰："按《檀弓》，申生將死，使人辭狐突曰：'君老子少，國家多難，伯氏苟出而圖吾君，申生受賜而死。'再拜稽首乃卒。是申生瀕死之頃，猶拳拳以國家宗社爲念也。死而有知，安肯以晉畀秦請於上帝乎？若其無知，則亦寂矣，烏能請也？此特附會夢感之事，師巫之言，左氏信之，以加共世子，弗倫矣。昔人稱太史公好奇，左氏實基之焉。"（《分國》尾）夷吾爲申生改葬加諡，可謂有禮矣，而冥譴難逃者，烝賈君爲亂倫之大，敝韓猶薄譴也。（《左繡》眉）晉惠改葬共太子，蓋欲媚鬼以求福也，而反爲鬼所算。是亦所謂其氣燄以取之也已。前後都不說遇鬼，只此處著"遂不見"三字，滿紙鬼氣矣。奇妙無比。（《左傳翼》尾）改葬共太子本欲加禮，而反以無禮遭冥譴，知忌克人無一而可也。敘妖夢宛如實事，前用"遇太子"作領，後用"遂不見"作結，兩"告之曰"首尾相應。奇奇怪怪，疑有風雨在其筆端。或庵謂前若敘人，神蹤鬼跡至末方露。《左繡》亦云前後都不説遇鬼，只後著"遂不見"三字，滿紙鬼氣。余謂："太子鬼也，遇太子使登僕，便是遇鬼。二人問答，皆是説鬼，不是説人。'得請於帝'，鬼也。'秦將祀余'，亦鬼。'神不歆非祀'，鬼也。'民不祀非族'，亦鬼。'吾將復請'，鬼也。'有巫見我'，亦鬼。相對如人，而所言無一非鬼，不必著'遂不見'而始知爲鬼也。妙在末以巫作證，以人言傳鬼語，實以鬼語證人言，如此敘鬼，乃寫得活靈活現，不止若滅若明也。"（《補義》眉）篇中並不點明夢，但曰"太子"，又曰"君曰"、"遂不見"，都是恍惚，便是摹寫夢境，以晉畀秦，尤極支離，又爲戰韓篇一"妖"字寫照也。若把"遇太子"改"夢太子"，全無氣色矣。以"遇"起，以"遂不見"束，一片迷離。狐突矢心重耳，深惡夷吾之篡，奇幻之夢，卻有至理。（《日知》尾）連下兩"太子"字，寫狐突出於不意，方駭其有形，旋踵則有言也，方曰太子，又曰君，寫狐突惝恍迷離，不能十分清白也。許遂不見，寫狐突回想所遇，真如夢寐，將信將疑也。末段云云，寫狐突欲驗所聞所覩，覯信否也。段段頓斷讀之，便知左公不是畫鬼，正是畫一遇鬼者，全神耳目，爲太子顯魂。而不知其着筆狐突，直作一則《齊諧》、《諾皋》看，汨没良多。（《評林》眉）楊慎："人之負怨於陽明之界，而取償於幽陰之府者，必其平生有甚不安。觀《檀弓》所記申生受賜而死，既以死爲安矣，何爲又有狐突之告耶？且死生一道，太子豈有孝於生而爲厲於死者哉？果爾，萬世而下，又安得以共稱也？此事理所必無，不足信。"（武億尾）此爲戰韓張本，卻無端序一鬼神事。作兩遍寫，前一遍寫得分明，後一遍寫得模糊，若現若隱，妙絶！（《菁華》尾）狐突之見太子，于後篇補出"妖夢"二字，此處並不言夢，一似白畫遇鬼者然。後來小説者由此濫觴，撰出幾許文字。古稱左氏好言怪，良然。《檀弓》載申生將死，告其師狐突，以國家多難爲言，至今思之，猶有餘痛。乃身死未幾，遽欲以國予人，於爲臣爲不忠，於爲子爲不孝，此固申生所斷斷不爲也。至國之存亡，自有天數，豈有任鬼物簸弄其間？此皆必無之事，而左氏言之津津有味。昌黎浮誇之譏，即指此等而言。（闔生夾）此故作離奇誕幻之説，以深惜太子之冤也。宗堯按："此與'有神降於莘'筆意相類。"

丕鄭之如秦也，言于秦伯曰："呂甥、郤稱、冀芮實爲不從，若重問以召之，臣出晉君，君納重耳，蔑不濟矣。"（孫鑛眉）此宜入下年。（《左繡》眉）此篇三事相承敘去，末段"殺"字、"出"字對煞，一結中段，一結首段。蓋亦以雙承倒應爲章法者。其實此文以出君爲主。唯其能殺，故不能出，結亦語平而意側。中間敘惠公能殺，丕氏父子首尾相對，皆以出君爲言。分明以兩頭兩"出"字，包絡中間一"殺"字，而後乃取而雙結之也，章法奇絕人。（《補義》眉）以出君起，轉入能殺諸臣。交通強國，欲出其君，殺之宜也。

冬，秦伯使泠至報問，且召三子。郤芮曰："幣重而言甘，誘我也。"遂殺丕鄭、祁舉及七輿大夫：左行共華、右行賈華、叔堅、騅歂、纍虎、特宮、山祁，皆里、丕之黨也。丕豹奔秦，言于秦伯曰："晉侯背大主而忌小怨，民弗與也，伐之必出。"公曰："失衆，焉能殺。違禍，誰能出君。"（文熙眉）穆文熙曰："里克之死，實爲無罪。若丕鄭之計誘三子，欲以謀人，自取釁端，其取殺也宜矣。"（《分國》尾）丕鄭父子欲作亂于惠公既入、里克既殺之後，晚矣。何不早與克謀納重耳乎？秦伯決夷吾，止丕豹，識高千古。（《左繡》眉）此等處，見秦穆智深勇沉，若在他人，未免爲二子所動矣。閑閑爲戰韓起本，故只作輕置之筆。（《左傳翼》尾）一面殺里克，一面即謝緩賂，背大主，忌小怨，一齊俱行。秦伯前聽丕鄭召三子，尚欲得賂，後則以其殺丕鄭而不聽丕豹之請，則懷恨愈深，而禍機不測矣。輕輕着筆，而秦穆智勇深沉，正可想見。（《評林》眉）胡寧："若惠公以殺奚齊及卓罪克，克必再拜而死，不復有言矣，乃曰'又將圖我'，是殺之不以其罪也。"陳傅良："傳見殺賤者自祁舉以下不書，他倣此。"今案：此史例也。王荊石："秦伯可謂有見之言。"（王系尾）此篇敘惠公初入國事，其不足有爲可見矣。申生、狐突一段，尤爲怪誕，而敘之特詳，以見妖孽並興，民聽謠濫，正取其不足信，非以其可信而傳之也。觀敗于韓一語，其爲事後附會無疑。

◇僖公十一年

【經】十有一年春。晉殺其大夫丕鄭父。（《評林》眉）王樵："郤芮背惠，不與秦賂，詿誤晉君。懷復私怨，贊其濫殺，其罪亦安可辭？胡氏謂：'稱國者，兼罪用事大夫。'得之。"夏，公及夫人姜氏會齊侯于陽穀。(《評林》眉)家鉉翁:"齊桓始霸,以哀姜爲戮,於是齊襄、衛宣污染之習,爲之一掃,庶乎古方伯之遺烈矣。及其暮年,乃與僖姜爲陽穀與下之會,伯業其衰矣。"秋八月,大雩。(《評林》眉)趙鵬飛:"雩,有二月令仲夏大雩,帝用盛樂,時祭也。《周禮·司巫》:'國有大旱,則師巫舞雩,旱祭也。'"冬,楚人伐黃。

【傳】十一年春,晉侯使以丕鄭之亂來告。(《左繡》眉)此直以亂誅之,與前殺里克以說不同矣。(《評林》眉)高閌:"丕鄭父者,里克之黨也,惠公以私意殺里克,故其黨皆懼,謀召重耳,是懷貳心以事君也。鄭之死雖可傷,亦可罪也。"(《補義》眉)此直以亂誅之。

天王使召武公、內史過賜晉侯命。受玉惰。(《評林》眉)按:《周語》云:"晉侯執玉卑,拜不稽首。"過歸,告王曰:"晉侯其無後乎!王賜之命而惰於受瑞,先自棄也已,其何繼之有?禮,國之幹也。敬,禮之輿也。不敬,則禮不行;禮不行,則上下昏,何以長世?"(韓范夾)天王之命,當時承之甚輕,如在不意,此雖失儀之小,實蔑王之大也,故度其不長世。是又不止視流行速之類,就一身之威儀論得失也。(《分國》尾)申生曰:"夷吾無禮。"史過曰:"禮不行,何以長世?""無禮"二字,夷吾一生受病處。烝賈君、三施不報,皆是物也。受玉惰,末也。(《左繡》眉)虛喝一句,下分兩層。一是論其事,一是原其理。"惰"是說容體,卻兼在內者說。"棄"字說身,"昏"字則直說到心矣。凡敘惠、懷事,都遠遠爲重耳作襯托之筆。(《左傳翼》尾)內而諸臣,外而鄰國,無一在他心眼裏,今乃並天王亦且蔑視,真所謂心死也。禮在外,敬在心,由禮推出敬來,而歸本於心之昏,精理名言,非經生家所有。斷晉侯無後,以其惰。斷管仲世祀,以其讓。一敬一怠,關係不止一身,探本之言,維世之識。(《補義》眉)上與齊桓"下、拜、登、受"固一龍一豬,下與晉文出入三覲,亦一鼠一虎。(《日知》尾)據顯知微,即小知大,譚理精切,春秋時內史過、劉康公皆出後儒之上。(高塘尾)見微知著之言。

夏,揚、拒、泉、皋、伊、雒之戎同伐京師,入王城,焚東門,王子帶召之也。秦、晉伐戎以救周。秋,晉侯平戎于王。(《左繡》眉)可惜遇好題目,不能出色作好文字。(《左傳翼》尾)齊桓一匡天下,全在尊周攘夷。戎伐王室而不救,其於尊攘也何有?書秦、晉伐戎，而齊不與，則齊桓之罪難逭矣。（《補義》眉）叔帶罪不勝誅。

黃人不歸楚貢。冬，楚人伐黃。（《評林》眉）鍾伯敬："天下勢而已矣，黃當桓伯稍衰，而不歸楚貢，是自速其禍也。"（王系尾）吳草廬曰："楚之強暴，凡近楚之國，皆責之以納職貢，如事天子之禮。黃既從齊霸，故不歸楚貢。如斯言，黃自盟貫以來，固已不歸楚貢矣，何以至今日始伐之？蓋自會葵丘而齊桓有驕色，會陽穀而齊桓有怠志，戎伐宗周，夷然不救，夫且不救天子，何有于與國哉？是以肆然伐之，而敢以不貢爲罪也。此見齊桓霸業之衰，是部中大結構處。"

◇僖公十二年

【經】十有二年春王三月庚午，日有食之。夏，楚人滅黃。（《評林》眉）趙鵬飛："冬伐而夏始滅，黃守以待救也。三時而齊救不至，黃尚何以存之，桓之伯業於是乎不克終矣。"秋七月。冬十有二月丁丑，陳侯杵臼卒。

【傳】十二年春，諸侯城衛楚丘之郛，懼狄難也。（《左繡》眉）衛也、楚丘也、郛也，三層寫作一句，而不嫌累贅。唯輕，故能簡也。

黃人恃諸侯之睦于齊也，不共楚職，曰："自郢及我九百里，焉能害我？"夏，楚滅黃。（《測義》夾）愚按：《穀梁》謂："貫之盟，管仲曰：'江、黃遠齊而近楚，楚爲利之國也，若伐而不能救，則無以宗諸侯。'桓公不聽，與之盟。管仲死，楚伐江滅黃，桓公不能救，君子閔之。"如據《左傳》，明年冬使管仲平戎于王，《史記》管仲卒在僖十五年，是此時仲尚在也，毋寧不爲黃計，而坐視其滅，以隳霸業哉？說者謂《穀梁》之言爲信。（韓范夾）莒恃其地陋而亡，黃恃其地遠而亡。夫遠孰如蜀？秦猶通道以據之矣。陋孰如雟昆明，漢猶興師以伐之矣。況莒在東州，黃在漢側，居大國之左右哉！（《分國》尾）郢止九百里，不能害我。齊遠東海幾千里，能庇我乎？黃之滅，與弦一律，皆齊桓悮之矣。（《左繡》眉）一句意思，一句行狀，一句論頭，寫得托大之極，末倏接"楚滅黃"一筆，一似將軍從天而降者，可謂入神之筆。（《左傳翼》尾）齊桓之霸，天下想望，如仰膏雨。而威德不能及遠，使弦、黃諸國遭楚荼毒，君子惜之。獨怪黃人不脩德以自強，徒恃諸侯之睦于齊，謂楚不能害我，其亡也忽諸，豈非自取之罪乎！（《補義》眉）此應敘在楚人伐黃之前，左氏善於生趣，若語畢而兵至云。（《評林》眉）葉臺山：「是時管仲尚在，何寂無一言於桓，而坐視黃之滅耶？豈其言之而不聽耶？噫！伯之不能久也如是。」（王系尾）此篇敘黃之所以滅，病齊桓也。且以為恃人而不自強者之戒。程時叔曰：「齊桓未霸，其求諸侯如此之勤也。霸業既盛，而棄江、黃如敝屣者，何也？以德行仁者，德愈盛而心愈固。以力假仁者，力盡志濫則怠矣。」（《學餘》尾）弦恃黃而亡，黃又恃齊而亡，人之一無所恃也，其危矣乎？人之一有所恃也，其亡矣乎？敘筆如驚雷掣電，足使醉夢頓醒，神品也。

　　王以戎難故，討王子帶。秋，王子帶奔齊。

　　冬，齊侯使管夷吾平戎于王，使隰朋平戎于晉。

　　王以上卿之禮饗管仲，（高崪眉）以三「禮」字為主腦，以一辭一命為對敘，以「上卿」、「下卿」為眼目，以一饗一受為照應。**管仲辭曰：「臣，賤有司也，有天子之二守國、高在。若節春秋來承王命，何以禮焉？陪臣敢辭。」王曰：「舅氏，余嘉乃勳，應乃懿德，謂督不忘。往踐乃職，無逆朕命。」管仲受下卿之禮而還。君子曰：「管氏之世祀也宜哉！讓不忘其上。《詩》曰：『愷悌君子，神所勞矣。』」**（文熙眉）汪道昆曰：「辭令能品，『有天子之二守國高在』句法。」（《測義》夾）愚按：管子所著書，大都以魚鹽富齊爾，然後知管氏所以無後於齊者，而左氏謂其宜世祀，豈以其功德在齊，宜世為齊人所祀乎？（《左傳雋》眉）丘瓊山曰：「仲以有國、高在，竟受下卿之禮。上不違君，中不倍位，下不渝禮。」〖編者按：凌稚隆作孫應鰲語，奧田元繼作王荊石語。〗（《統箋》尾）愚按：以管仲之勳，當時莫貳，而猶不敢貪天子之寵命，固讓于國、高。蓋周禮重命卿，雖有功之臣，不得越成命而居其次。管仲以禮服列國之諸侯、大夫，不得不以禮自處。而功高不矜，秉權不擅，其於同列猶不失協恭之義，亦可見矣。三代以後之才臣，一執國柄，務傾儕輩，以專其權。官府之間，隙稱水火，而國事遂不可為，是又管氏之所竊笑也。（《分國》尾）小白拜胙，仲父辭卿，君臣之間，似乎有禮，要之具文耳。（《晨書》總評）宋南金曰：「隱桓以前，傷天下之無王。管仲佐桓尊周，正屬盛時，故天朝寵命，陪臣守節，各盡其禮。左氏美之，如見三代訓誥氣象。至管氏有後無後，不必滋辨也。"（《賞音》尾）人之驕而犯分，不過欲自尊大耳，然而人皆刺譏賤惡之。管仲樹塞門，有反坫，而一辭享于周，即膾炙人口不置，禮果何負於人，而不兢兢守之也？（《左繡》眉）此與"下、拜、登、受"同一舉動，桓與仲真所謂是君是臣者矣。通篇以三"禮"字爲主腦，"上卿"、"下卿"爲眼目。一饗一受，前後都不著詞。中間一辭一命，兩兩相對，結局勻整有法。兩段都用摹古之筆，雅與事稱。左氏固無所不有也。斷語緊對饗上受下，落筆不作寬套，讚語只是密于照應之法耳。（美中尾）王方麓曰："王子帶召戎伐京師，王室之賊也。桓不聞勤王，而反受其奔，謂之何哉？且使仲平戎，夫鄰好和合之謂平，戎犯王室而平焉，惡用方伯連帥爲矣。"董次公曰："功在王室，禮受下卿，謙讓之至。《論語》稱其塞門反坫，豈功成而志溢耶？"（《左傳翼》尾）塞門反坫，仲亦非知禮者，而平戎王室，卒受下卿之禮而還，真卑以自牧，謙謙君子矣。往疑敬仲專國四十餘年，而高、國不疑，歎其有休休氣象，讀此方知仲有以化之也。於讓不忘其上，而決其宜世祀，然則驕橫自恣如三郤之流，禍不旋踵可知矣。禮讓爲國，聖人之言，豈欺吾哉！（《補義》眉）黃次公曰："功在王室，禮受下卿，謙謙之至。《論語》稱其設屏、反坫，豈功成而志溢耶！"（文淵尾）北伐山戎，南伐楚，西會葵邱之後，齊之伯業多虛應故事，不獨桓公之氣衰，而管仲之才亦發露幾盡矣。（高嵣尾）桓公下拜，管仲辭饗，是君是臣，可謂知禮矣。（王系尾）王子帶奔齊與平戎于王，二事連敘，而齊桓之失見矣。齊桓之失，管仲之恥也。仲不知敵王所愾，而鰓鰓于燕享之文，所謂不能三年之喪，而緦、小功之察也。且塞門、反坫，處之泰然。上卿不卿，毫釐必辨，是尚爲能充其類乎？（《學餘》尾）齊侯之下拜，管仲之辭禮，小心翼翼，禮之節也。君重其勞，臣守其分，如聞《小雅》之遺音焉。（《菁華》尾）管仲功在王室，故王於其來也，優禮遇之。而仲受下卿之禮而還，於禮之定分，一毫不敢逾越。獨怪塞門、反坫二事，爲臣而君，於此竟似兩人。或其初尚未免豪華習氣，迨其後學養漸深，卒爲有道君子歟？（闇生夾）桓之霸業皆仲之力也，故於此特書以褒之。

◇僖公十三年

【經】十有三年春，狄侵衛。（《評林》眉）趙鵬飛："前年狄滅溫，溫子奔衛。今狄侵衛，以衛納溫子也。伯主豈容安視而不討乎？楚滅黄，畏其大而不救，狄滅溫，以其小而不恤。大者吾畏之，小者吾忽之，則諸侯安用夫伯主也？"夏四月，葬陳宣公。公會齊侯、宋公、陳侯、衛侯、鄭伯、許男、曹伯于鹹。秋九月，大雩。冬，公子友如齊。

【傳】十三年春，齊侯使仲孫湫聘于周，且言王子帶。事畢，不與王言。歸，復命曰："未可。王怒未怠，其十年乎。不十年，王弗召也。"（《測義》夾）愚按：子帶以戎伐周，逆莫大焉，桓公身不能容子糾，而顧欲爲王容子帶，則以受其奔爲此姑息云爾，霸主寧若是哉？仲孫湫號多智，能測王怒十年，何以不能測子帶之惡終不悛耶？（魏禧尾）魏禧曰："仲孫湫，古大臣也。使之覘魯而曰未可取，使言子帶而終事不言，蓋因亂取國，反不爲天子誅亂人，而再三請復，皆桓公極損伯業之事，是以必不肯爲。又妙不肯取魯，卻託詞于魯秉周禮。不言子帶，卻託辭于王怒未怠。持之有故，而言之可從，所謂納約自牖，曲引其君於當道者也。不然，桓公、慶父疊弒君親，文姜、哀姜恣行淫逆，周禮何存？而魯喪亂無君，取之若拾芥，有何不可動？至王方恃齊爲命，戎且平矣，豈子帶遂至不敢言耶？"（《左繡》眉）著"其十年乎"一宕，有姿致，無此即嫌於直。（《評林》眉）《經世鈔》："必言子帶，何耶？"

夏，會於鹹，淮夷病杞故，且謀王室也。（《評林》眉）按：趙鵬飛："主謀杞。"家鉉翁："主謀王室。"

秋，爲戎難故，諸侯戍周，齊仲孫湫致之。（《左繡》眉）此二節合讀，相對處，以順提倒煞爲章法。（《左傳翼》尾）子帶召戎伐王，入城焚門，禍亦烈矣。齊不能救，反欲復王子帶耶？仲孫不言，亦知其理有不可耳。爲淮夷病杞，會諸侯于鹹。因謀王室，不能討戎，僅使戍周，與前救邢次於聶北，將毋同？

冬，晉薦饑，使乞糴于秦。（《補義》眉）唐云："只'輸粟'一句耳，加六字點染，便如輸粟者絡繹紙上。再加七字，便如輸粟者劈面相逢。"（《評林》眉）陳傅良："外饑不書。"今案：外饑不告。（閻生夾）此篇前半記惠公無道，明韓戰之必敗。後記晉諸臣敗而不屈，以起晉侯之復歸。秦伯謂子桑："與諸乎？"對曰："重施而報，君將何求？

重施而不報，其民必攜，攜而討焉，無眾必敗。"謂百里："與諸乎?"對曰："天災流行，國家代有，救災恤鄰，道也。行道有福。"（《評林》眉）朱熹："百里奚之言質實渾厚，無較利害之心，真賢臣也。"《經世鈔》："'行道有福'數語，是王佐規模。"

丕鄭之子豹在秦，請伐晉。秦伯曰："其君是惡，其民何罪?"（《評林》眉）《經世鈔》："'其君是惡，其民何罪'二語，有王者氣象。"秦於是乎輸粟于晉，自雍及絳相繼，命之曰汎舟之役。（文熙眉）汪道昆曰："議論能品。'天災'以下句法。"穆文熙曰："百里所見甚大，秦伯能從，所以成伯，而益見惠公之有罪也。"（《左傳雋》眉）唐荊川曰："'其君是惡'二句，殆王者氣象。"（《賞音》尾）公孫枝之言，猶有計利之心，百里只言其理所當然，自有王道氣象。秦伯曰："其君是惡，其民何罪。"大哉斯言乎!（《左繡》眉）此等處，都爲秦獲晉侯起本。篇中句句都照定後文落筆，無一閒話。子桑照閉糴，百里照秦饑，秦伯合來，直照到戰韓。結特張大其辭，以見如此驚天動地之事，夷吾豈在睡裏夢裏，而有忘之而遂背之者耶? 眼注後事，口讀此文，乃見用意之妙。兩對參差，兩問却整齊，合秦伯語，是前偶後奇格。前重一"攜"字，後重一"道"字，參差中筆意亦未始不相配也。秦伯語暗暗分應上兩人語，妙極。（昆崖尾）每段換意，俱一層進一層，爲後來文人開山。（《左傳翼》尾）朱受谷曰："子桑之言主于欲取姑與，百里之言主於作善降祥，秦伯之言主於濟人利物，此陳明卿所謂遞高一層者也。然三段中其實有沽名釣譽心腸在內，方是伯者真面目。秦君臣三段議論，雖有純雜之不同，然皆略不與，後猶以救災恤鄰爲心，可見秦人之厚，而晉之罪擢髮難數矣。其君是惡，其民何罪，每讀此語，令人肺腑生春。"（高塘尾）俞桐川曰："一君兩臣，三層議論，以漸而精，筆甚高古。"（《評林》眉）陳傅良："汎舟之役，爲十五年韓之戰起。"（《學餘》尾）子桑之言，達於事者也。百里之言，衷乎道者也。秦伯則仁人之言，其利溥哉! 命之曰"汎舟之役"，秦晉如一家矣。

◇僖公十四年

【經】十有四年春，諸侯城緣陵。（《評林》眉）劉敞："諸侯何以不序？不足序也。其不足序奈何？桓德衰矣。"夏六月，季姬及鄫子遇於防。使鄫子來朝。秋八月辛卯，沙鹿崩。（《評林》眉）《傳說彙纂》："《公羊》謂：'沙鹿崩，爲天下記異。'胡傳於成五年梁山崩，用《公羊》之説，而此獨用左氏，以爲晉咎，豈以梁山大，故應在天下，沙鹿小，故應在一國耶？要之，災異之興，天子諸侯當各引爲己咎，有天下者以爲天下之異可也，有一國者，以爲一國之異可也，故兼用二説。"狄侵鄭。冬，蔡侯肸卒。

【傳】十四年春，諸侯城緣陵而遷杞焉。不書其人，有闕也。（《測義》夾）愚按：前年諸矦會于鹹，以淮夷爲杞患，故今城緣陵而遷杞，不序諸矦者，《公羊》所謂一事而再見，則以凡舉爾。傳謂不書其人，有闕，恐亦臆説。（《左繡》眉）非復邢遷如歸、具器無私光景矣。齊桓將霸，杞最無功。今與邢、衛一視同仁，此叔季之所難也。猶以有闕爲嫌，亦《春秋》責備賢者之意。（王系尾）此傳合邢遷如歸、衛國忘亡傳觀之，齊桓之盛衰見矣。

鄫季姬來寧，公怒，止之，以鄫子之不朝也。夏，遇於防，而使來朝。（《測義》夾）愚按：經文季姬不繫國，是猶魯女也，豈得來寧？且既怒而止之，不使還鄫，又何由得遇于防？蓋呂大圭氏所謂許嫁于鄫，而未歸于鄫，故先遇之而使來請己，則以僖公溺愛其女，不能防閑之故，事或有之。信如《左氏傳》，經何以不書來寧，而於明年再書歸鄫耶？恐亦失實。（《左繡》眉）原敘中出季姬、鄫子名目，後正敘便不再見，乃簡法也。（《補義》眉）聖人加一"使"字，不沒季姬調停苦心。（《評林》眉）《補注》："傳見季姬歸鄫來寧皆不書，學者不知筆削之旨，更以傳爲妄。"李笠翁："據左氏，則季姬蓋已嫁矣，然經不繫國，是猶魯女也，豈得來寧？且既怒而止之，不使還鄫，又何由得遇于防？蓋此時雖許嫁而猶未歸於鄫，故先遇之而使來請己，則以僖公溺愛，不能防閑其女耳。如《左氏傳》，經何以不書來寧，而終於明年再書歸鄫耶？恐亦失實。"

秋八月辛卯，沙鹿崩。晉卜偃曰："朞年將有大咎，幾亡國。"

冬，秦饑，使乞糴于晉，晉人弗與。（《左繡》眉）此篇又承前汎舟篇來。合三層讀之，語意一層進一層。合前數篇讀之，文氣一步緊一步。結句乃直喝下篇矣。血脈之貫通如此。慶鄭曰："背施無親，幸災不仁，貪愛不祥，怒鄰不義。四德皆失，何以守國？"虢射曰："皮之不存，毛將安傅？"（《測義》夾）王士禎氏曰："晉背秦地約，及饑，復分之粟，秦繆之所以霸，有道哉！然亦百里奚佐之也。彼虢射者，適足以敗晉爾。"（《左繡》眉）昧心語，卻成千古名言。斷章取義可也。（《補義》眉）俞云："慶鄭極急切，虢射極冥頑。"周云："慶鄭反覆切諫，毫不醒悟，退而一歎，多少低回。"（《學餘》尾）晉侯之孤立也，晉侯之罪也，可惡也。慶鄭之孤立也，非慶鄭之罪也，可哀也，然亦不智甚矣。慶鄭曰："棄信背鄰，患孰恤之？無信患作，失援必斃，是則然矣。"虢射曰："無損於怨而厚於寇，不如勿與。"（《測義》夾）孫應鰲氏曰："虢射不恤鄰好，竟貽其君之災，謀之不臧，有如是者。"慶鄭曰："背施幸災，民所棄也。近猶讎之，況怨敵乎？"弗聽。（《左傳雋》眉）劉畏所曰："平敘慶、虢之言，而智、愚相越之遠，自見言外。"退曰："君其悔是哉！"（文熙眉）穆文熙曰："虢射皮毛之喻，足以亂聽。曾不思怨不可積，惡不可長，而得失猶可以相償乎？惠公不察而遂聽之，君臣俱失，宜其有秦禍也。"（韓范夾）君臣皆貪小利，何以立國？慶鄭雖持正義，而務悻悻以求勝其君，使其君不堪，亦非真欲國事之成者也。故凡末世之臣，邪者必諛，正者必亢，總歸於敗而已。（《分國》尾）子桑數語，報不報兩層皆透。"行道有禍"四字，便是陰果矣。秦穆弗聽丕豹之請，晉惠卒從虢射之言，兩君優劣何如？（魯僖公十三、十四年）（《左繡》眉）點出"君"字，應起晉人。可見全爲韓原被獲起本，與虢射輩無涉也。（《左傳翼》尾）前篇極力寫秦之仁，此篇極力寫晉之惡，一惠公已是苦口不入，加以虢射從旁附合，真令忠臣碩士爲之捲舌。慶鄭一腔熱血，反覆傾瀉，襃如充耳，毫不醒悟，退而一歎，多少低徊神情，而或猶譏其務悻悻以求勝君，非真欲國事之成者，更且以楊國忠促祿山反以實己言，比之冤哉！（《日知》尾）置韓原一篇全局于心，然後讀此，乃見字字玲瓏。（高塘尾）俞桐川曰："一邊極切直，一邊極冥頑，議論有層次，而高古亦與上篇匹敵。"（《評林》眉）《經世鈔》："諺云：外甥似舅，信哉！下一'寇'字，可謂全無人理。"王元美："秦不憾晉地約之背，而有汎舟之役，緣誠賢伯也。然亦百里奚爲佐耳。彼虢射者，寧無敗晉哉！"（王系尾）此是戰韓之根。

慶鄭、虢射之言，白黑易見。惠公偏聽，固是不聰。亦由鄭言太戇，無婉轉納約之誠，非驕主所能受也。（《學餘》尾）晉惠公可謂自寇矣，背賂猶可言也，背施不可言也。秦樹其德，晉樹其怨，尚何勝負之足言乎？晉惠公可謂自寇矣。（閩生夾）以慶鄭爲線索，以明晉侯之乖戾。

◇僖公十五年

【經】十有五年春王正月，公如齊（《評林》眉）汪克寬："杜預謂：'諸侯五年再相朝，禮也。'何休謂：'合古五年一朝義。'皆非是。周制諸侯之邦交，但曰世相朝，安得以五年爲合禮乎？"楚人伐徐。（《測義》夾）愚按：楚既滅黃，而齊莫之恤，於是狄乘間而侵衛、而侵鄭、而伐徐，霸業於是寖衰矣。《春秋》自勝楚以後，所以責桓公者皆此意。三月，公會齊侯、宋公、陳侯、衛侯、鄭伯、許男、曹伯盟于牡丘，遂次於匡。公孫敖帥師及諸侯之大夫救徐。夏五月，日有食之。秋七月，齊師、曹師伐厲。八月，螽。九月，公至自會。季姬歸於鄫。（《評林》眉）卓爾康："季姬見止於魯，爲鄫子不朝故爾，鄫子既來朝，歸而以季姬請，故復以季姬歸鄫，明前此非遂絕鄫而離昏也。"己卯晦，震夷伯之廟。（《評林》眉）高士奇："《公羊》曰：'晦者何？冥也。'《穀梁》亦同。按：晦非暝也，月之三十日也。《春秋》書晦者二，成十六年'甲午晦'，是也。"冬，宋人伐曹。楚人敗徐于婁林。十有一月壬戌，晉侯及秦伯戰于韓，獲晉侯。（《評林》眉）劉敞："獲者，獲得之也。大凡君死其位曰滅，生得曰獲，大夫生死皆曰獲，此所以異君臣之辭也，不現獲于臣也。"

【傳】十五年春，楚人伐徐，徐即諸夏故也。三月，盟於牡丘，尋葵丘之盟，且救徐也。孟穆伯帥師及諸侯之師救徐，諸侯次於匡以待之。（《左繡》眉）齊桓伯業已衰，敘事亦了無生色矣。（《評林》眉）戴溪："徐遠楚而近齊，齊不得不救，盟于牡丘，謀救徐也。次于匡，畏楚而不敢救也，使大夫往救也，姑爲救徐之名，故徐即爲楚所滅。"（王系尾）此篇揭出楚人伐徐之故，雖未敢與齊爭鄭，而已非復向日之斂跡矣。召陵之威信日以衰，楚人之氣焰漸以張，是部中大結構處。

夏五月，日有食之。不書朔與日，官失之也。

秋，伐厲，以救徐也。（《評林》眉）張半菴："厲在徐、楚之間，欲楚之必救以解徐也。然楚卒以敗徐于婁林，則厲非楚之所急，此不得已之下策也。"〖編者按：凌稚隆作張洽語。〗（王系尾）桓何以救徐而不救江、黃？江、黃遠也，遠而不能救，則如勿與之盟。盟江、黃，制楚之一奇也。以計取之，以遠棄之，暫得志於召陵，而信義虧於天下。是以一匡天下而功烈如彼其卑耳，噫！

晉侯之入也，秦穆姬屬賈君焉，（孫鑛眉）綜括諸事以發因，左氏每多此法。而以此段繁簡得中，錯落有態，尤爲妙構。西山獨取之，良有以。（孫琮旁）綜括諸事以發其因，左氏每多此法。《淵鑒》眉）韓之戰，其曲在晉。秦獲晉侯，而因晉人之憂感，卒歸而禮之，穆公於是乎有君人之度矣！臣熙曰："敘晉侯背施、棄親、違卜致敗，次第井然，似碎實整，讀之惟恐其盡。"臣正治曰："戰韓之舉，秦直晉曲，其敗也宜，不必史蘇之占矣。"臣乾學曰："晉大夫反首茇舍，哀痛之誠，上感皇天后土，僅而得濟。田單之存齊，種、蠡之霸越，狐、偃諸臣之興晉，皆以孤忠克成奇烈。"（《彙鈔》眉）歷敘諸事，極明簡，而篇中千頭萬緒，處處錘鍊，節節生奇，古今有數文字。（《左繡》眉）通篇分四大段，首段在秦伯伐晉截，是一篇緣起；次段至秦獲晉侯截，又次至作州兵截，末段又一篇結斷。大要中兩段乃正敘之文，分上下半篇讀。上半步步回顧首段，暗伏一"人"字。下半忽提起妖夢，于穆姬口中明透一"天"字。步步爲結處伏脈，而"匪天"、"由人"，竟以一筆倒卷中間，繳還起手，此等結構，世豈有兩也？前半寫見獲之由，平日既着着理虧，臨時猶事事膽大，其見獲固不待言。後半忽連敘"舍靈臺"、"許晉平"，此不是寫他絕處逢生，正是寫他盡情出醜。至寫到子金賞衆，分明事後追悔無及，全賴諸臣挽回。尚不知自反，而猶追咎先君也。至死不悛，想作者于此亦未免拔劍著死之恨也。韓原之戰，正面着筆無多，前後都是寫晉惠見獲可惱、可憐處。尤妙在卜右一段，句句說小駟，卻句句是寫此公，將忌克人性情舉動，刻畫無遺。子金一段，句句有算計，卻句句是弄虛，顧將負心人不稍退步，打落殆盡。蓋前是借映法，後是反映法。不得此二法，只有老實正寫他幾段耳。文字安得有生動之致耶？凡大篇段落必多，佳處全在每段自爲提結，又段段遞相聯絡。旁評偶拈，讀者隅反可也。（《約編》眉）歷敘晉之罪狀，見秦之伐晉有名。晉所以敗，事繁語簡，真大手筆。(《補義》眉) 秦伯始則索債用兵，繼乃關門取當，然做來卻極冠冕、極寬仁，故名實兼收。晉則事事乖張，孽由己造，故傳專責晉侯。汪云："賂秦是主，故特詳。"汪云："繇詞古奧，占詞輕逸。"(高塘眉) 第一段，敘戰之緣起，秦直晉曲，勝負之機，不戰已決。敘次五事，整散奇偶，錯綜盡致而文筆簡潔，真西山所以獨取之。"故秦伯伐晉"一句入題。(《評林》眉)《經世鈔》："足見穆姬之賢。"且曰："盡納群公子。"晉侯烝于賈君，又不納群公子，是以穆姬怨之。(文淵夾) 通篇以"怨"字爲綱領，卻于秦穆姬出之，渾然無跡。穆姬，晉侯至親，縱不聽其言，亦未必深怨，即使果然怨之，與秦晉之戰亦無關係，不應著之於篇，而不得不敘者，左氏欲備述晉侯之失，而烝于賈君、不納群公子實無處安置，故以穆姬之怨出之。且秦伯舍晉侯於靈臺，實由穆姬之請，則登臺履薪一段不可不敘。而徒敘此一段，又失之無着，故敘穆姬之怨以相應。其所以必列於篇首者，以此篇惟篇首一段提秦晉之怨，舍此則不能以類相從也。**晉侯許賂中大夫，既而皆背之。賂秦伯以河外列城五，東盡虢略，南及華山，內及解梁城，既而不與。**(《測義》夾) 王樵氏曰："名位公器，而欲因亂入，土地世守，而許以賂人，本既不正矣。出因其資，入用其寵，饑食其粟，而一旦倍之，非惟秦之觖望，雖晉人固不直惠公矣。然則召秦師者，惠公也。"**晉饑，秦輸之粟；秦饑，晉閉之糴，故秦伯伐晉。**(德秀尾) 按：此十數句，如大史具獄，然真名筆也。(文熙眉) 此見晉侯罪狀，秦人伐之有名。汪道昆曰："敘事議論辭令，'晉饑'以下句法。"(《左傳雋》眉) 唐荊川曰："按此十數句，如大吏具獄，然真名筆也。"(方苞夾) 備舉晉侯失德，而束以"故秦伯伐晉"，通篇脈絡皆總會於此。(《左繡》眉) 首段是原敘法，又類敘法。六事作三層敘，由賓而主，由寬而緊，凡用三樣筆法。第一層兩事用側筆單行。第二層兩"既而"對寫，卻長短參差。第三層竟用整對，而兼五說。只此一起，便無法不備。大抵古今作手，總不外整中有散、散中有整耳。(《評林》眉) 孫鑛："晉閉之糴，對上句作偶語，妙！"(方宗誠眉) 敘秦伐晉之由，已伏晉敗之根。(《學餘》眉) 晉侯罪狀，以閉糴爲極，一氣趕出，忽用對舉，直令人毛髮俱豎也，所謂文章有神。

卜徒父筮之，吉。"涉河，侯車敗。"詰之，對曰："乃大吉

也，三敗必獲晉君。其卦遇《蠱》，曰：'千乘三去，三去之餘，獲其雄狐。'夫狐蠱，必其君也。《蠱》之貞，風也；其悔，山也。歲云秋矣，我落其實而取其材，所以克也。（孫琮旁）尋常卜筮語，經其手即奇豔不測。實落材亡，不敗何待？"（《評林》眉）孫鑛："去與驅同。"（高嵣眉）第二段就秦寫，從筮詞內伏獲晉侯之脈。（《彙鈔》眉）左氏喜談夢卜鬼怪，一事必有一驗，特藉以行文，非故神奇其說也。（方宗誠眉）敘秦伐晉得吉兆，伏後得勝之根。並與篇末晉獻公嫁女時之卜筮相應。"故秦伯伐晉"、"三敗及韓"原可直接，中間夾敘"卜徒父筮辭"一段，文乃靈幻不測。"三敗及韓"一句，省多少事情，語言神妙高簡。

　　三敗及韓。（方苞夾）方敘秦筮伐晉，忽就筮辭"敗"字突接"三敗及韓"，以敘事常法論之，爲急遽而無序，爲沖決而不安。然左氏精於義法，非漢、唐作者所能望正在此。蓋此篇大指在著惠公爲人之所棄，以見文公爲天之所啓，故敘惠公愎諫失德甚詳，而戰事甚略；正戰且不宜詳，若更敘前三戰三敗之地與人，則臃腫而不中繩墨。宋以後諸史冗雜庸俗，取譏於世，由不識詳略之義耳。（高嵣眉）第三段就晉寫，卜右弗使，諫馬弗聽，先伏晉侯被獲之由。此二事先敘分明，後只著"戎馬還濘"、"救公誤之"二句，寫晉侯被獲，絕不費手。此虛實詳略互見法。合上一段，俱在未戰前。**晉侯謂慶鄭曰："寇深矣，若之何？"對曰："君實深之，可若何？"**（韓范夾）慶鄭之言，但知發己之憤，而不顧其君之不可當也。甚非臣子告君之體。**公曰："不孫。"**（文淵夾）慶鄭不遜之言，與諫乘小駟接書，正所以敘晉大夫之怨也。蓋晉大夫之怨不可徧敘，故舉慶鄭一人以該其餘，以見慶鄭之能諫如此，在君前猶出怨言，其他可知矣。**卜右，慶鄭吉，弗使**。（方苞夾）愎諫、違卜，自取覆亡，承上"敗德"，下與詩辭相應。（《評林》眉）楊慎："公前愎慶鄭諫，至是兵事倥傯，無惑其言之不遜也。乃卜其吉，而猶怒之不使，豈非取敗之道哉！"**步揚御戎，家僕徒爲右，乘小駟，鄭入也。慶鄭曰："古者大事必乘其產，生其水土而知其人心，安其教訓而服習其道，唯所納之，無不如志。今乘異產以從戎事，及懼而變，將與人易。亂氣狡憤，陰血周作，張脈僨興，外強中乾。進退不可，周旋不能，君必悔之。"**（孫鑛眉）語稍覺繁。馬不宜，只"將輿人易"句已足，何須説到此？然語卻上。（文淵夾）敘秦晉之怨皆用深文曲筆，故渾然無跡。（《評林》眉）王元美："戎、馬二事原並重，故乘異産者，必不能善其進退周旋。"《評苑》："必將變易人意而不如人所使。"《經世鈔》："人欲東而馬欲西也。"鍾伯敬："微于論馬，奇奥似《内經》。"（閏生夾）前借占筮逆入，猶嫌徑熟，乃更就小駟生波，倍饒風趣，其措詞之工切，尤不易到。**弗聽**。（《補義》眉）汪云："臨事剛愎，步步廻顧首段，暗伏'由人'。"（文淵夾）晉侯之多怨由於忌克，乃臨禍而猶愎諫違卜，是其忌克終弗能改矣，宜其爲外内所棄也。此段敘晉大夫之怨，又以愎諫違卜著晉侯之忌克。（方宗誠眉）敘晉侯不聽慶鄭之謀，以見所以取敗之故。

九月，晉侯逆秦師，使韓簡視師，（高嵣眉）第四段就晉秦兩邊寫，卻從晉韓簡口中説出致敗之故，至約戰之語，晉矜驕，秦遜婉，不必兩兵接刃，已知勝負所在，皆伏案也。此段在將戰時。**復曰："師少於我，鬭士倍我。"**（韓范夾）比鄭語更甚，而不見其直遂。**公曰："何故？"對曰："出因其資，入用其寵，饑食其粟，三施而無報，是以來也。今又擊之，我怠秦奮，倍猶未也。"**（《評林》眉）謝文洊："造就人才，訓練士卒，皆可自此悟去，數語形容假勇最盡。"**公曰："一夫不可狃，況國乎。"遂使請戰，曰："寡人不佞，能合其衆而不能離也，君若不還，無所逃命。"**（《測義》夾）王樵氏曰："兩國非有父兄之怨、疆場之争也，彼涉吾地，我固不得不應，然獨不可先之以一介之使，以禮義再三辯喻，安知秦伯之不悔而還乎？而惠公輒使請戰，曰寡人能合其衆而不能離也，躁而用闇如此，烏得不敗而見獲乎！"（文淵夾）"能合其衆"，前後關鍵也，卻於請戰之詞出之，渾然無跡。晉侯以背中大夫之略爲晉大夫所怨，而被獲之後，晉臣能憂慼以從君，征繕以固國，婉詞以悟秦者，以能合其衆也。蓋晉侯雖多怨，而亦自有其親暱，所以能合其衆以復國也，故特述其請戰之詞以綰合前後，不然則反首拔舍之從，與子金之朝國人、説秦伯，皆屬意外之事，而前後意不相貫矣。（《評林》眉）王元美："惠公既聞韓簡之言，但宜遣使以禮，再三辨諭，安知秦不悔還乎？而乃曰'能合其衆而不能離'，夫以不縮之理而逞用闇之氣，不敗而獲何待？"邱維屏："語極似大公無我，然晉惠一向背恩喪義之罪，毛髮俱寫出矣。詞令之妙如此。"**秦伯使公**

孫枝對曰："君之未入，寡人懼之，入而未定列，猶吾憂也。苟列定矣，敢不承命。"（《彙鈔》眉）憤極之語，楚楚有致，使人愧恨。（《約編》眉）左氏敍戰事，每先加意形容。一驕矜，一恭遜，不待兩兵接刃，已可知其勝負之所在。（文淵夾）秦怨于韓簡之對出之，公孫枝之對卻用虛筆，因後半篇皆實敍也。韓簡退曰："吾幸而得囚。"（方宗誠眉）又敍晉侯不聽韓簡之諷諫，以見其驕而被獲之故。以上盡敍晉所以致兵、所以致敗、所以被獲之故，至戰事、敗事止數語括之。

壬戌，戰于韓原，晉戎馬還濘而止。（高嵣眉）第五段是戰韓正文，慶、韓相形，戰、獲互挑，絶有波致。"秦獲晉侯以歸"一句點清。（《評林》眉）按：《經世鈔》本"還"字句絶。鍾伯敬："戎馬濘而止，此正外強中乾，而進退周旋之俱失也。"《潛確類書》："晉戎馬還（音旋）濘而止，自注云：'謂遇泥濘盤旋而不進也。'"公號慶鄭。慶鄭曰："愎諫違卜，固敗是求，又何逃焉？"遂去之。梁由靡御韓簡，虢射爲右，輅秦伯，將止之。鄭以救公誤之，遂失秦伯。秦獲晉侯以歸。（文熙眉）穆文熙曰："慶鄭在君父之前，當危迫之際，出言若此，取死何尤？況又誤人以失秦伯，反獲晉侯，則罪蓋大矣。"汪道昆曰："議論神品，'出因其資'以下章法。'我怠秦奮'句法，'輅秦伯'字法，'且晉人慼憂'以下章法。"秦伯數語與王者無異，然晉侯背德，則實有可殺之罪。（方苞夾）削盡枝葉，以詳敍晉侯之獲，則重腆失文律也。（《左繡》眉）次段又分四小節，第一節敍秦伯筮吉，占斷亦作兩層。"三去之餘"，説得古奥。"歲云秋矣"，説得輕逸。大有雙管齊下之妙。第二節寫未戰着忙，以卜右、乘駟對，見其剛愎。第三節寫將戰托大，以視師、請戰對，見其頑鈍。而公孫微文刺譏，即可作一篇檄文讀。夷吾倘有頭風，當無不立愈。第四節正寫戰獲事，以"去之"、"誤之"對"去之"，不過看清"誤之"直是見賣，而秦則幾止而反脱，晉則無救而受縛。駟既莫追，狐亦載跋。忌則不克，固不待三敗既占而始決也，是爲一大段落。輅秦伯反失秦伯，失秦伯反獲晉侯。此處當是申生得請之靈，然正敍便易説煞，與結尾"匪降自天"不免矛盾。只于秦伯口中輕輕一點，用筆何等圓活！而文情轉佳。（《補義》眉）韓簡廻車，穆遂兔脱，而公已爲秦他將所得，傳曰"秦獲晉侯以歸"，寫出歸鞭迅指，車馳馬驟之聲。全軍已亂，奔逐從公，或殺或俘，飴甥謂"悼喪其親"，正在此。卜慶鄭吉，偏不用。小駟不調，偏用之。聞鬥士倍我，偏激其怒。聞幸而得囚，偏趣進師。迨呼救公，反失秦伯。伯方脫走，反得公以歸。奇奇幻幻，若有鬼神顛倒其間，幾驚歎於共世子之五里霧也，故下段點出"妖夢是踐"。（《評林》眉）《經世鈔》："大抵鄭亦喜有爲、肯出頭之人，若用爲右，即死右矣。然己雖一時慎言而去，猶呼韓簡救公，此人畢竟可惜。公渾而止，則救公是實事，但以失秦伯耳。晉侯之獲在鄭之去，不在呼救公也。今人將"秦獲晉侯"句緊連上二句讀，並以獲晉侯爲誤救公之罪，非也。"（閨生夾）左氏敘諸大戰，每於已敗之國特見其長，不肯埋沒，倍覺生動。

晉大夫反首拔舍從之。（《才子》夾）寫秦伯語，又如驕奢，又如戲謔，又如真懇，妙。寫晉群臣語，滿口哀求，又並不曾一字吐實，妙。寫穆姬語，無限慌迫，卻只説得一片瓜葛，何至於此？並不是悍婦要求，妙。（方苞夾）以上敘晉侯無一事一言之在於德，見其自取敗亡；以下敘晉群臣凜凜有生氣，所以能歸其君。（《彙鈔》眉）"反首、拔舍"，與臥薪嘗膽同一愧憤。君爲之，可以雪恥。臣爲之，可以復國。（高嵣眉）第六段就晉秦兩邊寫，晉大夫以哀痛之情動之，秦夫人以脅制之術劫之，皆爲秦歸晉侯作轉局，乃前後文關棙。大夫反首拔舍、夫人登臺履薪，此時晉侯作何面目？不待描寫，醜態萬千之妙境，固在無字句處也。"乃舍諸靈臺"一句作轉。（《評林》眉）《經世鈔》："'拔舍從之'，惠公亦能得此于臣乎？是必郤芮諸人也。"按：《詩·車攻》疏云："《周禮》仲夏教茇舍。"鄭云："茇舍，草止也。軍有草止之法。此苗田即草止，明茇草止其中焉，或舍其中也。"（閨生夾）才了戰事，便提筆急寫晉諸臣戰後氣概凜凜，所以能復其君。**秦伯使辭焉，曰："二三子何其慼也？寡人之從晉君而西也，亦晉之妖夢是踐，**（《才子》夾）十六字句。"從君而西"，醉令妙。**豈敢以至？"**（《左傳儁》眉）按：杜氏曰："夷吾忌克多怨，終於失國，雖改葬加諡，申生猶怨。傳言鬼神所憑，有時而信。"（孫鑛眉）蒼忙中卻如此調文，然語絶工，真可謂神品。（《才子》夾）四字句，如相戲，如相慰，妙妙。（《約編》眉）獲晉侯後，生出二波。**晉大夫三拜稽首曰："君履后土而戴皇天，皇天后土實聞君之言，群臣敢在下風。"**（《才子》夾）妙于滿口感激，卻並不曾吐出一字，渾是鏡花水月之筆。（方宗誠眉）以下敘晉侯所以得復國之故。晉大夫乘秦伯"豈敢以至"等語，即稽首以謝，指天地以要之，令秦伯不能改移食言，辭命極敏妙。

穆姬聞晉侯將至，以大子罃、弘與女簡璧登臺而履薪焉，使以免服衰絰逆，且告曰："上天降災，使我兩君匪以玉帛相見，而以興戎。（《才子》夾）十八字句。相其語意，乃正妙於"我兩君"字、"不以玉帛相見"字，全是一片瓜葛至感，正不以"降災"、"興戎"字爲憤感也。若晉君朝以入，則婢子夕以死；夕以入，則朝以死。唯君裁之。"（孫鑛眉）文絕階勁，然其著力處，卻只在四"以"字。（《才子》夾）上一句何其纏綿，此四句何其決裂，秦伯雖欲不從，又豈可得？（《彙鈔》眉）本怨晉侯，此卻以死救之。婦人酷庇內家，一至此。（《評林》眉）王元美："惠公使無穆姬之登臺履薪，當必如公子縶所請矣。"《經世鈔》："履薪疑是藉薪於臺，履於其上，將以自焚。注：履柴乃通。似未是。既抗絕之，則臺必高矣，豈薦薪可上下耶？"彭士望："穆姬本怨夷吾，至是卻又激烈。所怨者正所爭者，怨所爭者大，真女中傑也。夷吾庸惡，媿姊實多。"（閩生夾）先大夫評曰："以上四十二字，陸、孔並云古本無，應刪。"乃舍諸靈臺。（《賞音》尾）晉侯外樹怨于強秦，內不直於臣庶，其戰也，必無倖勝之理。其被獲也，宜無復國之望。秦伯豈以諸大夫及夫人之故，遽爲縱舍？按：是時重耳猶未入秦，故公得以僥倖耳。然"皇天后土"數言，殊足動聽，復國之機，實啓於斯矣。

大夫請以入。（高嵣眉）第七段就秦寫，大夫請入，公子請殺，皆爲秦歸晉侯反照作波。"乃許晉平"一句，爲歸晉侯作引。公曰："獲晉侯，以厚歸也。既而喪歸，焉用之？大夫其何有焉？且晉人慼憂以重我，天地以要我。不圖晉憂，重其怒也；我食吾言，背天地也。重怒難任，背天不祥，必歸晉君。"公子縶曰："不如殺之，無聚慝焉。"子桑曰："歸之而質其大子，必得大成。晉未可滅而殺其君，祇以成惡。且史佚有言曰：'無始禍，無怙亂，無重怒。'重怒難任，陵人不祥。"乃許晉平。（《彙鈔》眉）秦穆數語，器度自□，覺後日先軫武夫、婦人□語，淺陋極矣。（《約編》眉）許晉平又作三層議論。（《評林》眉）李笠翁："秦穆處四失之晉，而一旦獲其君，在常情必且爲甘心焉，而猶圖晉憂，重食言，其度亦宏矣哉！"《經世鈔》："祇以成惡，此説亦善，然殺之而納文公，未爲不可，乃許晉平，穆公之賢如此。"（方宗誠眉）上先敘晉大夫，後敘秦穆姬之請，至此段秦穆之言，則先論不可喪歸，後論不可重怒、背天。文法變化，前分敘兩段，後總論，亦恣肆變化。前有晉大夫之請，後有秦子桑之謀，兩相照應，文法整齊。（《學餘》尾）是戰也，不足與於勝敗之數也，晉無人焉爾。有一慶鄭而不能用，然鄭亦直而無禮者也，晉無君臣焉而。若秦之恩明誼與好謀而成，可謂兼之也已。

晉侯使郤乞告瑕呂飴甥，且召之。（高嵣眉）第八段就晉寫，見晉多賢臣，先在本國中作一番佈置，爲晉侯之歸立腳跟。子金既托郤口傳君命，復用己意揚君德。其定策在置新君，其吁衆仍是感舊君，不講君歸，君乃歸矣。前寫晉狼狽極矣，故將晉振作一番，方有生氣。古人文字，只是活潑。一哭一悦，情景如生。**子金教之言曰："朝國人而以君命賞，且告之曰：'孤雖歸，辱社稷矣。其卜貳圉也。'"**（韓范夾）失國之後，全恃情詞懇惻，感動人心。陸贄之教唐德，與子金等也。（《補義》眉）特地豎起一峰，秦之歸君全在此。**衆皆哭。晉於是乎作爰田。**（方苞夾）晉侯本以背中大夫之賂失衆心，故假晉侯之命作爰田以要結之。**呂甥曰："君亡之不恤，而群臣是憂，惠之至也。將若君何？"衆曰："何爲而可？"對曰："征繕以輔孺子，諸侯聞之，喪君有君，群臣輯睦，甲兵益多，好我者勸，惡我者懼，庶有益乎！"**（方苞夾）晉人凜凜有生氣，未戰之前，人皆知君之敗，既敗之後，人皆欲君之歸，又與前反對。**衆説。**（孫鑛眉）"衆哭"、"説"，互應有致。（《評林》眉）謝文洊："晉侯昏庸剛愎極矣，平日不得民心必矣。一有仁言，衆便感哭，可見民心易感，只是上人不以爲念。"《附見》："子金謂雖惠公歸晉國，而國人不從惠公命，故先矯惠公命云爾。"《經世鈔》："'喪君有君'四字，近爲宋子魚、遠爲于忠肅模本。"**晉於是乎作州兵。**（文熙眉）汪道昆曰："妙品。'孤雖歸'以下句法章法。"（孫鑛眉）作文若無奇。如此段事，節節生奇，而操觚者又句鏤字琢以鬥奇，此等文字，在古今真不多得。（《左繡》眉）下段亦分四節，第一節敘諸大夫苦肉計，寫得極軟，是晉惠好替身，分明搖尾乞憐。第二節敘秦穆姬討分上，寫得極硬，是晉惠好救星，分明倚嬌撒賴。第三節敘秦伯因懼內而假作人情，虎頭蛇尾，寫得兒戲。子桑以質子而藉口，古人以縱爲擒，寫得正經。第四節寫子金背後商量，以"辱社稷"三字下衆人之淚，説來極傷心。呂甥當場籠絡，以"輔孺子"三字開衆人之顔，説來極高興。凡此皆晉惠既獲之後，所不及料也。然與其舍、平於後，何如不戰獲於前？與其爰田、州兵，重賞而買人心，何苦背賂閉糴忘施而挑敵國？斯亦悔不可追也矣。是又一大段落。篇中段段提結，段段聯絡，起手秦伯伐晉，卜徒父筮之。中間秦獲晉侯，諸大夫反首、拔舍從之。後幅"乃許晉平"，晉侯使郤乞告瑕甥且召之，尤一篇關鍵處。故文調亦暗暗相准而立。兩"乃"字見此番苟免，出於望外。兩"於是"則諺所謂過廟躲雨、賊去關門者也。寫來句句是晉惠敗缺，方令此文前後神理一片。若作轉敗爲功看，便是不善讀書。一路散散敘來，到此忽作對束之筆，又散中有整大片段處。又此段見挽回全賴人力，亦所以反照首尾，令激射有波瀾也。（文淵夾）此段用筆甚整，因前半篇敘事皆散也。（《評林》眉）《經世鈔》："作爰田妙矣，作州兵尤妙，宋紹興間則以爲觸敵之忌矣。"王元美："晉恐秦得惠公，以奇貨可居，故征繕以輔孺子，使之抱空質而負不義之名於晉，其歸之必速，此晉臣之善策也。"（方宗誠眉）晉侯自取敗亡，喪師辱命，甚失民心，故子金謀收人心之法。陸宣公爲唐德宗下罪己之詔，民皆感泣，師呂生之謀也。乘衆之哭，而爲此深痛之言以感之，則民情易動，民氣易奮。明英宗見獲於也先，于忠肅立景泰帝以守國，也先因送英宗歸，師此意也。"衆皆哭"之下應直接"呂甥曰"一段，"衆皆悦"之下應直接"十月，陰飴甥會秦伯"一段，然平鋪直敘無變化，中間夾敘"晉於是乎作爰田"、"晉於是乎作州兵"二語，文乃不平。（《菁華》尾）歷敘晉侯失德，爲取禍之由，正以見秦伯此舉，卻非無名之師。慶鄭忠臣，然訐直太甚，殊非進言之體。以夷吾之愎，無怪其不悦也。寬饒少和，吾無取焉。左氏博極群書，故每論物情，皆精微入理。"亂氣"四言，絕似《内經》中語。"請戰"二語，與楚子玉"能進不能退"一樣口氣。寫一時戰狀，他人數百言方盡者，此只以一二言了之，可謂簡括之極。此等境界，萬難學到。前敘狐突遇太子，明明是夢，卻不言夢，而此方以"妖夢"二字補出。秦伯之歸晉侯，非其本心，劫于穆姬一言，故勉而從之。然以一國之主，而受制於婦人，豈復有顔立於人上？故反覆以人情天理爲言，儼自托于伯者氣象。若秦穆者，蓋亦奸人之雄也。惠公平日行事乖謬，人情不附。此時大敗之後，不得不爲懇惻之詞，使聽者恕其既往而冀其將來。惡我者，或轉而憐我乎？後來惟唐德宗奉天一詔，與此仿佛相似。（闈生夾）此段寫晉人謀復其君，生氣勃勃，所以敗而不亡之故，千載下讀之，猶爲奮動。

　　初，晉獻公筮嫁伯姬于秦，（方苞夾）筮嫁穆姬何以追敘於此？以時惠公方在秦，有史蘇之問與對也，舍此更無可安置處。觀此則知古人敘事或順或逆、或前或後，皆義之不得不然。（《評林》眉）楊慎：「自此至高梁之墟，廼追敘史蘇占詞，見韓之敗獲，亦由數定。」遇《歸妹》之《睽》。史蘇占之，曰：「不吉。其繇曰：『士刲羊，亦無衁也。女承筐，亦無貺也。西鄰責言，不可償也。《歸妹》之《睽》，猶無相也。』《震》之《離》，亦《離》之《震》，爲雷爲火。爲嬴敗姬，車說其輹，火焚其旗，不利行師，敗于宗丘。《歸妹》，《睽》孤，（方苞夾）睽孤亦與「晉侯失德而內外無親」相應。筮占又與前筮占相應。寇張之弧，姪其從姑，六年其逋，逃歸其國，而棄其家，明年其死於高梁之虛。」（孫鑛眉）太涉傅會，此所謂其失也誣。（《補義》眉）汪云：「換韻開此七字，使人不可捉摸。」又云：「筮占與前筮占相應。」（《評林》眉）王鼎爵：「怪而不經，此跡往事而附會之者也。《易》義止昭吉凶，不應瑣屑牽合若是。」（方宗誠眉）又追敘晉獻之筮，以應首段秦穆之筮。（闈生夾）繇詞極奇幻吊詭，而將後事一一攝起，尤爲奇妙。及惠公在秦，曰：「先君若從史蘇之占，吾不及此夫。」（《評林》眉）顧九疇：「自此至『由人』，見數雖在天，而此敗亦君之失德致之，但不可顯言耳。」（《補義》眉）周云：「獻公嫁姬於秦，未爲全不吉也。若從史蘇之占，則無秦伯之援，先不得入；無穆姬之救，竟不得歸矣。」（文淵夾）與愎諫違卜相應，以見晉侯在困猶不能自省其忌克也。韓簡侍，曰：「龜，象也；筮，數也。物生而後有象，象而後有滋，滋而後有數。先君之敗德，乃可數乎？（方苞夾）通篇言晉侯敗德，而以史蘇語出之則稱先君，是謂變化無方。（闈生夾）先大夫評曰：「『敗德』，猶今俗言敗運也。五運謂之五德，《盤庚》『降我兇德』，與此『敗德』亦同。『可』者，『何』之借省，言先君之敗運及此，何關筮數也？」闈生謹按：古本《春秋》何、可二字多互通。史蘇是占，勿從何益？（韓范夾）此實正論。凡專信圖讖妖祥，則人事皆可廢矣。光武之聖，以此小誤。董昌之愚，以此大誤。其成敗異，其失正均也。《詩》曰：'下民之孽，匪降自天，僔沓背憎，職競由人。'"（《快評》尾）此文以七段彙爲一篇，學者當一一相其結構起盡，然後合而觀其章法，始得古人之能事。凡大幅文字，無不如此。第一段先追秦人伐晉之故，突作四段細寫，而以一句結，露布文中，得未曾有。以秦穆夫人爲起結者，以晉侯之獲歸晉，全得秦穆夫人之力也。以卜筮作起結者，因晉侯之敗，由於違卜而黜慶鄭也。第二段，秦卜徒父之占。第三段，晉侯違卜而黜慶鄭，後悔先君不從史蘇之占對。公以不孫而黜慶鄭，乃於小駟一事，鄭猶娓娓言之，鄭固不學，然亦可謂盡心者矣。慶鄭之論小駟，細入毫髮，學者熟讀之，增長慧心何限？第四段，韓簡視師請戰。韓簡意在不戰，公卻偏使之請戰，異哉！秦人之辭，所謂不戰而屈人者也。將慶鄭與韓簡對看，人亦知其所學矣。第五段，秦獲晉侯以歸，寫晉大夫之要秦伯，秦穆夫人之救晉君，與秦大夫之圖晉君，繁簡輕重，各盡其妙。秦穆公雖非王者之學，然已超乎五霸之上矣，《尚書》終於《秦誓》，有以也。第六段，飴甥之謀。子金之才有大過人者，事非其主，亦可悲矣。第七段，晉侯悔先君不從史蘇之占。晉侯違穆姬之言，背秦之德，危身以辱社稷，方賴穆姬之力，可以圖歸，乃不悔違卜愎諫之非，反怨先君不從史蘇之占，不知惠公心思何以異人乃爾。韓簡之言破盡從來卜筮之謬。（方苞夾）晉侯先事而敗德，臨事而失謀，孽由己作，通篇關鍵。（《分國》尾）晉事敗極矣，猶仗呂甥耳。呂甥使朝國人，而以君命賞。又曰"君亡之不恤，群臣是憂"，此時國君見執，人心潰散，觀望睊睊，事未可知。呂甥之言出，能使潰散之人心忽然收拾。奉天罪己之詔一布，而河北、山東無不感泣，亦猶是也。當晉大夫反首拔舍之時，秦夫人登臺履薪之後，穆公之歸夷吾有日矣，特未有其會耳。有呂甥，惠旆之返旋踵矣。其要尤在"卜貳圉"、"輔孺子"、"諸侯間之"、"喪君有君"數語，秦人以留惠公，不過一羈主，歸之市德，固其所也。戰國時，趙王如秦，藺相如送至竟，與王訣曰："三十日不還，請立太子爲王，以絕秦望。"從來善謀國者，不幸遭此，而使主還國復者多矣，然而徽、欽亡，英廟返，倘亦有幸不幸與？（《左繡》眉）末段收拾通篇，忽追敘一晉獻嫁女事，不特與起手"怨之"、中間"逆告"兩段照應有情，亦單爲惠公在秦與韓簡一番往復，論斷有力。"匪天"、"由人"，在韓簡則借先君以諷切時事，在左氏亦即借旁論以回繳前文，爲一篇之大結束也。此《左傳》開頭第一首長文，用法至精,用意至密,名言莫罄,直當鑄金事之。敘事至此,已用對煞之筆作收局矣,重又掉尾回應起手作斷結。蓋無此則文勢往而不返,雖對煞亦收不住耳。繇辭亦有三層,前六句是說本卦,後六句是說變卦,中十句是正卦、變卦互說,奇麗處與起手異璞同工。克段篇以贊考叔結,是反刺法。此文以斷先君結,是正刺法。用意不同,而總之只是運實於虛,不單從正位著筆,所謂別行一路者耳。豈有他謬巧哉?(《左傳翼》尾)如此一大戰,而左氏只敘韓簡與慶鄭兩段議論,蓋惠公既以背施幸災而致寇,又以愎諫違卜而致敗,皆被獲之由,所謂自作之孽也。慶鄭語憨,韓簡言婉,大意則同。向使早從韓簡之言,請平而不戰,則必不敗衂。即戰,用慶鄭爲右,而不乘小駟,亦不還濘被獲,此兩條最此戰大頭腦,特爲詳敘,昌黎所謂記事必提其要也。至兩軍相當,交鋒接刃,無關緊要,又何贅焉?從來天道人事相輔而行,而人事爲主。雄狐之獲,見於臨戰之占,而妖夢先之,史蘇之占又先之,雖穆姬亦以爲上天降災矣。向使惠公惕然知儆,不作如許負心事,未必不可轉兇爲吉。吉兇不僭在人,唯天降災祥在德。郄侯謂君相不可言命者,正爲此耳。起段詳敘秦伯伐晉緣由,中間慶鄭、韓簡兩條句句爲孽自己作、匪降自天伏脈。末就論史蘇之占結出,議論精警,令讀者通身汗下。秦伯是個豁達大度人,而姻親之情尤重。伐晉之舉只爲惠公種種不義,不得已而興師。又不屈服而請戰,晉侯被獲,其氣已平,便有欲歸之意。一見晉大夫反首拔舍,遂好言以慰之,不待穆姬登臺履薪而後舍之也。觀前此"其君是惡,其民何罪",及後此"吾怨其君,而矜其民"等語,可知"晉未可","晉庸可冀",是他意中實落語。穆姬之請,適迎其機耳。"喪歸"、"焉用",不過作個話柄,大意歸重後半截。"且"字一轉,賓主分明,而世且謂必歸晉君,專爲夫人,想諸君胸中,祇有此一段道理耳。穆姬是極周旋母家一個人,屬賈君,屬群公子,納惠公,納文公,盡情到底。穆公聽之于先,康公成之于後,晉人負秦,秦不負晉人也。呂相絕秦,一派胡說,良心安在?惠公歸國,諸臣救護之力居多。前則反首拔舍,后土皇天,哀詞以感秦伯之心。後則愛田州兵,征繕輔孺,激眾以寒秦伯之膽。君雖不道,而救敗有人,所以雖獲得歸也。然呂甥雖稱謀國奇才,而試問在國數年,何無一言匡救?臨行決戰,何仍寂無一語?郄乞與諸大夫在軍見韓簡、慶鄭忠言讜論,何以無一人勸君採納者?可知惠公平時背施幸災等項,皆若輩有以逢長之耳。不爲曲突徙薪之計,雖焦頭爛額，亦何庸之有？秦伯伐晉，雖由穆姬怨之始，而惠公歸國，亦賴穆姬一力保全。則當日獻公筮嫁伯姬于秦，未爲全不吉也。晉侯至此猶不自悔，而追咎於先君，將穆姬救死情由盡情掃去，總是棄信背施故智。若從史蘇之占，則無秦伯之援，先不得入。無伯姬之救，竟不能歸矣。篇中以穆姬始，以穆姬終，中于獲晉侯以歸詳寫穆姬登臺之請，眉目清朗，血脈貫通，讀者正須著眼。追敘獻公嫁女筮辭，分明惠公父子數已前定，似有天道，卻一筆掃過，歸到"由人"上，不惟賓主迷離，而垂戒深遠，亦可書紳銘座。晉侯之獲以愎諫違卜，而背施幸災之惡先之。晉侯之歸以反首拔舍，而爰田州兵之作繼之，此一篇大頭腦所在。篇中用此爲前茅後勁，其餘只作遊騎點綴耳。(《日知》尾) 點睛在結處，而全文字字爲《詩》言寫生，尤妙在層層皆以禍降自天相爲吞吐，作"松浮欲盡不盡雲，江動將崩未崩石"之勢，結處引《詩》，僧繇之龍破壁飛去矣。此敘述文字否？然有一字非敘述否？於此悟敘述法全在裁剪結構，而一線文心，融貫于無字句處，駕鴦繡出，金針已度矣。(文淵尾) 此段敘晉侯之敗乃人事之失，非盡關天道，與卜徒父之筮相對。晉侯忌克以斂怨，多怨以取敗，能合其衆以釋怨而復國，皆由人也，故引《詩》以結通篇。自秦伯納惠公之後，敘晉事皆以"忌則多怨"該之，不惟背秦之施、背中大夫之賂與殺里克、丕鄭等以忌怨該之也，即烝于賈君、不納群公子，亦以穆姬之怨貫之，是"忌則多怨"一語，無不可該者矣。然其與秦晉之戰無與者，猶不能該也。忽于晉侯被獲之後，引《詩》以明其孽由己作，則狐突之妖夢、受玉之惰、沙鹿之崩，以及懷公之以濫刑被殺，無不筋脈俱振矣。以一篇論之，則爲一篇之歸結，合前後而論之，則爲秦納惠公以後、文公入國以前晉事之關鍵。縮合之神巧至於如此，真神施鬼設也。(《評林》眉) 按：傅沓，形容小人之狀。傅，衆也。沓，重復也。傅傅沓沓，多言以相說，而背則相憎也。出《山堂肆考》。(王系尾) 此篇是晉侯及秦伯戰于韓傳，而敘戰甚略，意在秦晉曲直之際，明惠之所以無後，穆之所以霸西戎也。一篇大文，以筮起，以筮結，乍看之，如兩峰對青。再看之，前筮只是一事，後筮是一篇總攝處，已極參差之致矣。又細看之，將敘前筮，先敘惠公許多結怨處。既敘後筮，而急敘韓簡之言，乃知韓原之敗，總是人事，毫不得委之於數也。局陣整齊，又極變幻。道理極平實，又極深微。至其中夾雜零碎處，字字寫生，句句出色，或使人怫然而怒，或使人哑然而笑，或使人肅然而起，或使人穆然而思，或使人爽然而失，文章之能事畢矣。（方宗誠眉）"敗德"二字，一篇之主，"職競由人"，一篇歸宿。謂此敗是惠公自取，非天之所爲，與首段相應，神完氣固。（闈生夾）論定戰事，責惠公也。宗堯按："蓍不足信，狐突遇太子愈不足信矣。左氏遇有所惡之人與事，往往取妖妄以驚之弄之，猶云妖由人興，不自作也。"

震夷伯之廟，罪之也，於是展氏有隱慝焉。（魏禧尾）魏禧曰："經於九月書'己卯晦，震夷伯之廟'，《公》、《穀》以爲晝日晦冥。胡氏曰：'不曰夷伯之廟震，而曰震夷伯之廟者，天應之也。'按：周九月，今七月也。當秋時，雷應微潛，而震廟且晝晦，其變大矣。聖人特書之，邱明傳以展氏有隱慝，發天人相與之故，顯聖人垂戒之心，可謂深切著明矣。由是觀之，則凡爲惡於冥冥，欺人於昭昭，行濁言清，掩過飾非，以欺世盜名之人，縱能逃王法，混清議，而爲天地鬼神之所誅，理不誣也。後儒信理而不信神，獨以雷霆爲陰陽激薄之氣，所以能擊人者，觸之者死，非真有神主而擊之也。然則震夷伯廟，不過如山崩壞屋，又非國之宗廟，亦常事耳。聖人何爲特書哉？夫雷之所以爲雷，固陰陽激薄之氣。然氣至而神生焉，山之質，土耳。川之質，水耳。積土積水，則必有神主之。今夫水氣積而生蟲魚，人氣積而生蟣蝨。氣之所至，形以成焉。況雷霆山川乃天地大氣所積，而顧不能生神哉？從古聖人言鬼神之際，如見如響。獨後儒不信，專一言理，意恐開人心之惑。而不知人據所見以合之，其疑惑愈甚也。《論語》'子不語怪力亂神'，神曰'不語'，則其有神明矣。若謂神怪不足信，則力、亂亦無是事耶？或曰：'然則人之死于雷者，一一皆雷神擊之乎？'曰：'有無意觸氣而死者，有有意擊之而死者。如人有好酒色以致死，亦有保身而氣盡命絶以死。'凡禍福報應，鬼神妖祥之事，皆當作二説觀，則豁然無窒礙矣。"（武億尾）隱慝而後克昌，蓋慾乃以回天矣。

冬，宋人伐曹，討舊怨也。（《測義》夾）張洽氏曰："曹方伐厲救徐，而宋襄乘虛伐之，尚可繼桓圖霸乎？於是見桓德之衰而襄志之私也。"（美中尾）齊霸至是三十餘年，諸侯無擅相侵伐者。襄乘桓德衰而有繼霸之心，其後執滕、用鄫、圍曹，張本於此。（王系尾）此敘諸侯之離散也。宋與曹同盟之國也，其伐之也以舊怨，則目前之無釁可知也。桓之五命何爲哉？以是見霸業之衰，爲部中大結構處。家則堂曰："宋襄于齊桓之方存，已有圖霸之心。其後執滕圍曹，張本於此。"

楚敗徐于婁林，徐恃救也。(《測義》夾)姜寶氏曰："見救徐之威不立，伐厲之謀無補也。"(《左繡》眉)此不重徐恃救之非，而重在救徐者之不足恃，用筆虛活。爲桓諱，爲桓惜矣。

　　十月，晉陰飴甥會秦伯，盟于王城。(《正論》眉)一人定國，當是時，召文立之，晉之內外定矣。不此之務，而貪人之城，質人之子，晉亂復數年。豈獻之餘烈而文之驅除也哉？穆之不得爲盟主也，固宜。(《淵鑒》眉)飴甥立言之妙，能使秦伯降心以從，千古第一詞令也。臣德宜曰："呂甥之立子圉，與明于謙之立郕王意同，使敵不得挾質以要我也。"(《左繡》眉)初疑此文宜連戰韓爲一篇。許平後，晉惠即召飴甥，而爰田、州兵，便爲此處前半作引。後半殺慶鄭，完還淨案。而餽晉、始征，又應起背賂閉糴作結，首尾似爲完密。然前篇引《詩》作斷，筆力斬然，似峭壁臨江，不容一絲攀附。而此篇以五"德"字自成結構，國和不和，君歸不歸，兩層挑剔。末以怨其君而矜其民雙應。作"曰"調亦有意相准，前整後散，章法天成，固不必強作膠粘，令與買菜、續鳧同類而並之也。晉侯得歸，全賴飴甥妙舌，然亦秦伯先有此意。看開手"晉國和乎"、"國謂君何"兩問，分明故意挑逗。結處數語，原是汎舟本懷。而"是吾心也"，中間又明明道破。人知飴甥善於籠絡，豈知秦伯胸有成竹，于此落得做人情耶？故此文飴甥辭令雖工，終以秦伯樹德爲主。以樹德爲主者，遠爲伯西戎埋根，近爲納重耳起本也。問和，卻說不和，妙絕。然句句說不和，卻正是句句說和，尤妙絕也。語語托之君子、小人，則唯吾意所欲言。唐突而不患於亢，乞憐而不患其貶，此真遊說妙訣，亦真行文妙訣，乃代字訣之所本也。當時得之爲續命湯，後人得之爲益智粽矣。前一段字字著實，後一段字字虛圓。前一段意思說話，只做一遍，妙於直致。後一段意思說話，卻作兩遍，妙於推敲。末段一反一正，忽變兩對爲單行，章法前偶後奇，格創而法最濃。(《約編》眉)呂甥復惠公，見其措詞之妙。(《補義》眉)惠已拘秦一月矣。何云："呂甥之言近於縱橫，獨四語深溫，惻惻動人。"(《高塘眉》)第九段就晉秦兩邊敘，而以晉爲主，晉臣答秦伯之詞，能以國內忠憤之情狀感之。而詞令一縱一控，又能籠絡秦伯，拏定歸君矣。上段爰田、州兵兩段策畫，可謂奇謀。此段君子、小人兩番議論，可謂奇辨。"歸晉侯"一句結清。

　　秦伯曰："晉國和乎？"(《左傳雋》眉)唐荊川曰："此段問答錯

綜變化，妙不容言。"對曰："不和。（鍾惺眉）"不和"二字，對得駭人，解來卻平平正理。前段之和百姓，此段之對強鄰，少一端不得。然又有先後着，妙在章法整整中顛倒奇變，莫知端倪。（聖歎夾）秦問晉國和乎，尋常有機變人，只是權宜且對一"和"字。他偏不然，鬥然對曰"不和"，使秦伯反劈面吃一驚。（《才子》夾）看他劈空吐出"不和"二字，卻便隨手分作小人、君子。凡我有唐突秦伯語，便都放在小人口中。有哀求秦伯語，便都放在君子口中。於是自己只算述得一遍，既是不曾唐突，又並不曾哀求，真措辭入於甚深三昧者也。小人恥失其君而悼喪其親，不憚征繕以立圉也，曰：'必報仇，寧事戎狄。'君子愛其君而知其罪，不憚征繕以待秦命，曰：'必報德，有死無二。'（《才子》夾）對得奇殺人，直是使人吃驚。後來宋人爭獻納字，豈復有此精彩？整整兩扇，說出不和之故，看他句句挺特，字字精神，妙絕妙絕。上初讀"不和"二字，只謂盡露其短。今詳讀此，始知正炫其長，煞是奇事。以此不和。"（聖歎夾）疾接小人、君子二段，言以此不和也。文只是小人曰必報仇、君子曰必報德二句。看他於二句上，又倒裝小人有小人之心，君子有君子之心。小人有小人之事，君子有君子之事。於二句下，又加倍四字，云"寧事戎狄"，云"有死無二"，然後接"以此不和"，文字真有貫甲洞胸，滿心滿願之樂。（《才子》夾）二扇下又用"不和"字結，正筆法精整。不和，在"必報仇"、"必報德"二句。看他句上一樣雙加"不憚征繕"四字，乃是制縛秦伯之要着也。上再加"君親"，下再加"寧事戎狄，有死無二"，真是一字千椎，二字百鍊。（方苞夾）晉人凜凜有生氣。（《評林》眉）《經世鈔》："一个'征繕'作兩解，妙！既不失情實，又以解秦之疑。"（方宗誠眉）不亢不卑，極其敏妙。（闔生夾）此篇詞令妙絕千古，在本書中亦爲有數文字。秦伯曰："國謂君何？"對曰："小人慼，謂之不免。君子恕，以爲必歸。小人曰：'我毒秦，秦豈歸君？'君子曰：'我知罪矣，秦必歸君。（聖歎夾）秦又問"國謂君何"，他亦更不別對，仍只將上文小人、君子，又接連復寫二遍，以自補其前言之所未盡，真是異樣滿心滿願之筆。無端因一"和"字，輕輕生出小人、君子兩樣名目。卻不謂其便借一樣名目來張晉，一樣名目來款秦。于自家口中，自對晉國不和。而於他人耳中，卻是晉未可犯，秦未可肆。凜凜然，何等凜凜然！依依然，卻又依依然！使讀者直疑"君子"、"小人"字，乃是天生成兩峰對起，並非無端輕輕生出。真莫測之奇筆也。後對仍將小人、君子，接連復寫二遍。又妙將胸中所不欲秦如此者，盡寫向小人名下。將胸中所深望秦如此者，盡寫向君子名下。天下即安有願爲小人，而不必爲君子者哉？秦伯此時欲不入玄中，不可得也。（《才子》夾）看他通篇用整整二扇之法，又用接連四扇一氣寫成，奇奇妙妙。**貳而執之，服而舍之，德莫厚焉，刑莫威焉。服者懷德，貳者畏刑。此一役也，秦可以霸。納而不定，廢而不立，以德爲怨，秦不其然。"**（孫鑛眉）借"不和"以見奇，意謂奇盡矣，乃復又出此論，真可謂奇之又奇，一劫一誘，然總之皆曰"不憚征繕"。（韓范夾）口語心計，俱有風雲湧躍。前以誘其臣民，今以籠其秦伯，皆是術也。（《才子》夾）明明籠絡。須知秦伯之受此明明籠絡，全是上文兩"不憚征繕"奪氣。（《彙鈔》眉）通篇作整對格，而其反正開合，變幻難盡。更妙在借他人之語，説自己之意，精神肆映，真有風雲彩繡洶湧筆端。（《約編》眉）歸晉君，秦之德、刑並著。不歸晉君，秦之前功盡棄，亦就君子口中説出。（《評林》眉）王元美："前後晉之諸臣所對秦之辭，惓惓憂己之失君，忠愛懇至，而語意委曲，氣概壯偉，於晉不爲卑，於秦不爲激，此詞命之絶佳者。"按：古文連用"不其"二字，多反語，而句尾"乎"字或有或亡。宣四年"若敖氏之鬼不其餒"，而杜預《序》先儒所傳"皆不其然"之類，皆反語也。然"秦不其然"四字，裏二十六年"亦出不反"語，孔疏本作"其不然"，傳寫誤耳。其他書，《洛誥》"敘弗其絶"，《召誥》"不其延"，並不反語，此異未詳。（方宗誠眉）若求秦如是，未免卑屈，徒長秦之驕心。如此立言，以爲秦必如是，而秦自不得不如是矣。和婉之中又有亢直之意，可謂語妙天下。**秦伯曰："是吾心也。"**（《學餘》眉）若使秦伯無此心，則爲陰氏辭令所侮弄矣。是故君子以仁存心，而智者無所用其巧矣。**改館晉侯，饋七牢焉。**（文熙眉）穆文熙曰："吕甥述小人之言，征繕立圍，蓄有餘不盡之威。而君子則爲晉引過，發動秦伯不忍之心。説辭之善，無以踰此矣。"（《文歸》尾）飴甥心計口語，俱有風雲綵繡洶湧筆端。然其誘國之臣民及籠絡秦伯，精神只在"征繕"二字，千古奇計，千古奇文，指不多屈。罔得。蓄威布欵，備極曲折，卻不露一字本意，百戰老滑，弄之掌上，妙極妙極。爻一。（韓范夾）秦伯所慮者穆姬耳，而因以飴甥之言，即以歸晉侯爲出於本心，可謂因機會，居美名，霸王之略也。(聖歎夾)"貳而執之"至"秦不其然"，君子自注"秦必歸君"四字也。只算述其國中私語，而轉換秦伯，如在掌上。又一路小人、君子文字，皆板板相對，至此忽然于君子口中，獨多作十餘句，便變成異樣嶙峋跳脫，最爲有好勢矣。通篇排比，而愈見精悍。又通篇無一字曾作伏地可憐之聲，是大奇事。(《覺斯》尾)過商侯曰："開口説'不和'兩字，下文正難着解，及述君子、小人處，凡三變，文法亦三變。紆徐婉曲，自足動人，宜秦伯之心折也。"(魏禧尾)魏禧曰："如此辭令，真無一字不妙，無一着不老靠圓密，春秋時祖此者甚多，不特千古辭命之祖，亦千古處難濟變之師也，拜服拜服。子金才略不在狐偃下，特所遇非主耳。吾嘗疑惠公反國後，種種背謬，以至敗執，此時子金等何在？而不聞出一言諫諍，何也？意惠公忌克，可共患難，不可共安樂。復國之後，棄子金等不用，故子金之策，前後止見於患難之時耶？抑豈子金智謀之士，優於處變，而於制治保邦之大計，顧未之知耶？"謝文洊曰："收民心，立儲貳，益甲兵，先固根本，使敵國知我不可動，且隱然有可戰之勢，然後許平可决。此呂甥實實經濟，不徒靠辭令之妙。"彭家屏曰："茅鹿門謂秦穆之歸晉惠，自有主見，不關子金口舌，是也。當始獲晉君之際，穆公已明言衆怒難犯，背天不祥，必歸晉君。故一聞子金之言，而即應之曰'是吾心也'。穆公之賢，其心跡豈不彰明較著哉？然子金竭忠效智，孳孳謀國，輔孺子，作州兵，安撫國人，屹然自立，而詞令之善，又有以動之，使秦穆有不得不從之勢，是亦返君之一助也。其功亦胡可没歟！"(《析義》尾)呂甥作用，全在教郤乞"征繕以輔孺子"一語，示晉已有君，使秦徒抱空質耳。此番以不和言和，借君子、小人口中逗出"立圉"、"待命"二意，渾成無跡。末把歸晉君一着爲秦之利，抑揚中純是一片籠絡，可謂詞令妙品。(《觀止》尾)通篇作整對格，而反正開合，又復變幻無端。尤妙在借君子、小人之言説我之意，到底自己不曾下一語，奇絶！(《集解》尾)通篇對陳到底，詞語不卑不亢，全是籠絡秦伯，而渾涵無跡，令人自墮術中，舉業家熟讀此文，自悟抑揚吞吐之妙。(《彙編》尾)呂甥作用，全在"不憚征繕以輔太子"一語，示晉已有君，使秦徒抱空質耳。然卻放在君子、小人口中逗出，便無唐突劫脅之跡。通篇用整整二扇之法，後又用接連四扇一氣寫成，前兩段並述君子、小人意中事，"貳而執之"下又單就君子意中一反一正，以歆動他，文法之變幻錯綜莫妙於此。(《知新》尾)秦穆本有歸晉惠之意，迎機歆動他，使不遊移，言言直中心坎。（《左繡》眉）孫執升曰：「殺慶鄭而後入，便知其無後於晉。從來惟英主始能於患難後賞忠智之士，若狂惑狠愎之君未有不殺忠臣智士以釋慚者。」以秦伯爲主，故秦伯起，秦伯結。（德宜尾）頭緒煩多，作者一氣寫來，或於忙處著閒，或於鬧中見冷，或緩而承之以急，或急而示之以緩，或於宕處見其緊，或即緊處行其宕，線索在手，指揮無不如意，可稱敘事神品。孫執升。（林紓尾）紓曰：此文妙處，重在用四個「必」字，又連用四個「德」字，都有來歷。「必」字根秦伯「必歸晉君」一語而來，「德」字即爲下文秦伯「姑樹德焉」一語之伏脈。呂甥本非正人，忠誠不如韓簡，愚直不如慶鄭，而詐譎善於辭令，又其才頗能應變。觀其僞傳惠公之命，作爰田以賞衆，作州兵以設備，胸中頗有把握。惠即不歸，尚可輔圉爲背城之一戰，故見秦伯能作壯語，亦不盡爲恫疑虛喝之辭。報仇本意也，報德謙辭也，用代字訣，把報仇一節，推在無知小人之身上，已隱隱漏出爰田、州兵之豫備。雖假託小人之語，亦半屬實事。至「必報德」之下，而曰「有死無二」。夫報德何必死？其言「有死無二」者，見得君若不歸，亦但有與秦決一死戰，名托君子，其實與小人聯貫一氣，無甚分別。又復述前語，曰「以此不和」，然秦伯胸中已有成竹，見呂甥如是乖巧，知國中必有宿備，方敢放膽如此。因再挑逗之曰：「國謂君何？」此語不是問晉人，是自詡晉惠生死在我掌握之中，我如何便如何耳。呂甥一挑即動，又用小人作盾，以抵秦伯，曰小人眼中，自然謂之不免。君子眼中，自然信其必歸。以君子信君子，是尊秦伯爲君子，且爲敵國君子之所信。而秦伯又有必歸晉君之言，自然聲入心通。則小人報仇之言，此時已歸無用，遂專就君子身上發論。連用三個「德」字，極力讚揚，把秦伯口舌手足，閉塞束縛，至於無可申剖，無可轉旋，使他不得不允。而秦伯亦只好順水行舟，閒閒作答，曰「是吾心也」。或謂秦伯發問「晉國和乎」及「國謂君何」兩語，是豫蓄求和之意，余大不謂然。「晉國和乎」四字，似長輩對孺子說話，又似財東對負債者言。似問他近來尚淘氣否，有飯到口否，閒暇中微帶驕盈之氣。「國謂君何」四字，言下更極有權力，呂甥出口一說不和，秦伯已不期愕然一震。及呂甥說出報仇報德，尚不著意，而著意卻在「不憚征繕」四字，似爰田、州兵已有所聞矣，故曰「國謂君何」。雖生死之權操於己手，亦頗憚晉人之致死，呂甥此時已露匣劍帷燈之光氣，只好舍剛用柔。彼此針鋒之巧利，好看煞人。

蛾析謂慶鄭曰："盍行乎？"對曰："陷君於敗，敗而不死，又使失刑，非人臣也。臣而不臣，行將焉入？"（方苞夾）慶鄭不敢逃死與陷君於敗反對，將死之言順與諫君之語犯反對。十一月，晉侯歸。丁丑，殺慶鄭而後入。（方苞夾）結正慶鄭之罪，又見晉侯困辱而無能改德，所以為外內所棄，而重耳由是興也。（《評林》眉）李笠翁："晉惠前以愎慶鄭諫而敗，及敗獲得歸，又殺之而入，蓋怒其言之不遜，又恥己之符其言，故必殺之而怒與恥俱泯耳。視秦穆之思蹇叔而不替孟明者，相去豈特逕庭哉！"

是歲，晉又饑，秦伯又餼之粟，（《補義》眉）晉侯到底忌克，其無後也於殺慶鄭知之。秦穆到底寬仁，其霸西戎也於又餼之粟見之。遠為納重耳伏脈。汪云："十七年子圉質秦，秦歸河東而妻之。"（高嶹眉）第十段應起段作收，敘晉之敗，卻說晉必興。秦不報怨，此偏說樹德。結法不測，並為文公起案。穆姬起，穆姬收，是小結構。輸粟、許賂起，輸粟、許賂收，是大結構。曰："吾怨其君，而矜其民。（韓范夾）與其君自惡相應。且吾聞唐叔之封也，箕子曰：'其後必大。'晉其庸可冀乎！姑樹德焉以待能者。"（《左傳雋》眉）李行可曰："傳終慶鄭事。傳晉又饑，晉〖編者按：當為秦〗餼粟，與首段相應，見秦所以伯也。"（孫鑛眉）此事亦偶湊。然以襯帖前項各事則濃。（《正集》尾）慶鄭之罪，若遇齊桓、晉文，則當赦之。惠公淺夫，宜其殺之也。且殺之而後入，則又淺矣。穆少春。（方苞夾）此篇著惠公所以敗，為重耳之興張本，至此始點明，卻于秦伯輸粟出之，是謂變化無方。秦伯樹德與晉侯斂怨反對，箕子之言與史佚之言相應。（《約編》眉）敘晉敗，卻以晉必興作結，為文公張本。於是秦始征晉河東，置官司焉。（《快評》尾）惠公之臣若子金者，其才可謂大過人矣。惠公為秦所獲，使郤乞召之，盤根錯節，於斯極矣。看他節節次次，井井有條，朝國人以君命賞，於是乎作爰田。征繕以輔孺子，於是乎作州兵。晉國有此一番調度，已是立定腳跟，於是挺身而來，會秦伯于王城，只看秦伯如何開口耳。秦伯之問，意中冀晉之不和也，更意子金之必謬以和對也。乃子金就秦伯口中"和"字，翻作不和，將君子、小人分作兩路。以小人之言恐之，以君子之言誘之。胸中實以小人之言為主，口中翻以小人之言為賓。胸中本以君子之言為賓，口中卻以君子之言為主。奇奇正正，虛虛實實，遂令秦伯不覺墮其玄中。應變之才，辭令之妙，千古無出其右。只因胸中有"朝國人，以君命賞"一番舉動，已鼓國人親上死長之勇。又有"征繕以輔孺子"、"喪君有君"一番議論，主意立定，來會秦伯，自然顧盼雄毅，把柄在我。豈若戰國之士，徒取給於口舌哉？讀古人之書，所以自錬其才識，當於此等處設身處地理會之。惠公有臣如此，乃不能用之於平日，爲曲突徙薪之客，至此而收焦頭爛額之功，亦可悲矣！乃他日反國，更不聞其別有施展，豈非惠公在位，便令其一籌莫展乎？有才無命，事非其人，千古同慨。（王源尾）文章之妙，不外奇正。奇正者，兵家之説也。堂堂正正，四頭八尾，觸處爲首。大將握奇于中，偏裨分統乎外，旌旗以方，金鼓以節，晝行夜止，不履險，不臨危，遇敵而戰，進無速奔，退無遽走，於是銳兵不能破，突兵不能冲，伏兵不可陷，追兵不可躡，當我者破，觸我者碎，而我無毫髮間隙之可乘，是謂正兵。或掩旗息鼓以誤之，或變易服色以亂之，或伏于草莽山林以陷之，或佯北以誘之，或從間道疾趨掩其不備而襲之，或擊其西而聲其東以乖之，或形諸此而出彼以罔之，或以驍騎直冲中堅以摧之，或詐降、或内間從中以潰之，或斷其歸路餉道以困之，不以常律，不由軌道，以戰則克，以攻則取，百戰百勝者，奇兵也。雖然，此特以正爲正，以奇爲奇之説也。乃正之中有奇，雖正也，時忽宜於奇，則一變而爲奇。奇之中有正，雖奇也，時忽宜於正，則一變而爲正。奇正互變，敵則不知吾之正果爲正，而乖其所之矣；不知吾之奇果爲奇，而乖其所之矣。總之，因時制宜，不可爲典要，務期克敵致勝而後已。故知正不知奇，兵之所以屢戰無功也。知奇不知正，兵之所以一敗不可救也。文章之道亦然，如敘一事，敘其起如何，結如何，成與敗如何，忠與佞如何，始終次第，有條不紊，是非得失，判然以分者，正兵也。借賓相形也，反筆相射也，忽然中斷突然離也，所謂奇兵也。然而正固人之所易見，奇亦人之所易知，若夫以正爲奇，以奇爲正，如雷電鬼神，變化不知其何自來，何自去，何自出，何自没，而能不爲古人乖其所之者，亦寡矣。如此文敘慶鄭陷君，正也。而曰"卜右，慶鄭吉"，則奇矣。敘秦獲晉侯，正也，而晉失秦伯則奇矣。敘伯姬之請，正也，而大夫之請與公子縶之説，則奇矣。敘晉之喪敗，正也，而晉之倔强，則奇矣。敘晉侯之歸由伯姬，正也，而獲由伯姬，則奇矣。敘穆公敗晉，正也，而不敢輕晉，則奇矣。奇正之變，固已不可端倪。然猶以正爲正，以奇爲奇也。若夫開手四段，原敘秦伯伐晉之由，非正乎？而穆姬乃救晉侯者也，則第一段固以正爲奇矣。敘卜徒父之筮，爲獲晉侯伏案，正也。而晉侯之獲，乃由馬不由車，則卜徒父之筮，又非以正爲奇乎？秦伯與子桑兩段議論，一則曰"歸晉侯"，再則曰"許晉平"，正也。然所以歸晉侯、許晉平者，實伯姬之故。故兩段議論，卻是旁文，則又以正爲奇矣。敘伯姬之嫁秦不吉，奇矣。而韓簡引《詩》，卻結從前多少事故，又非以奇爲正乎？蓋以正爲奇者，其形似正而實奇也。以奇爲正者，其形似奇而實正也。故看古人文字，必先辨乎奇正。奇正辨則章法明，章法明則正之奇、奇之正，皆不辯自明矣。然欲辨奇正之分，先觀作者之意。意即將也，兵無將，烏合之衆耳。惡能正，惡能奇？文無意，雜亂之言耳，烏能正，烏能奇？此文序晉惠公之喪敗，全是自作之孽，故"職競由人"一語，乃通篇之主。而前敘其獲，後敘其歸。序其獲，固見其孽由己作。序其歸，更見其孽由己作。故凡正敘其事者，皆正也。正固正，奇即爲奇中之正矣。凡與其事相反者，皆奇也。奇故奇，正即爲正中之奇矣。然而讀者孰不知晉侯爲自作之孽？乃未必明乎奇正之辨者，蓋爲古人乖其所之也。故作者當如吳之肆楚，使之不知其所備。而讀者當如陸遜之禦蜀，不爲連營七百里之所愚，則庶乎其可爾。惠公之敗，由於自取，鑒戒昭然。而序晉不亡，即伏文公之興。秦不取晉，即伏穆公之伯，皆意所包羅。（方苞夾）又抱篇首"賂秦伯以河外列城五，既而不與"。（方苞總評）左氏長篇多於篇首總挈綱領，而隨地異形，其變化無方。此篇晉惠公以失德致敗，篇首具矣，而中間愎諫違卜、臨事而失謀，則非平昔敗德所能該也。故因韓簡之論占，忽引《詩》以要縮前後，而篇中所載惠公之事與言，細大畢舉矣。且失德失謀以致敗由人，則守義好謀而轉敗以爲功亦由人，並晉群臣之感憂以從君，惕號以致衆，馳辭執禮以喻秦，皆一以貫之。而慶鄭之□由己作，亦包括無遺矣。敘事之文，義法精深至此，所謂出奇無窮，雖太史公、韓退之不過能仿佛其二三，其餘作者皆無階而升。（孫琮總評）唐荊川曰："孔子刪《書》，獨存《秦誓》，喜其樹德不休也。左氏親承聖教，於此篇備極精神，描繪如生。"晉惠韓原之戰，棄信背德，是召兵之端；違卜愎諫，是臨事之失。其敗而見止也，諸臣反首拔舍，既大張其氣。伯姬登臺履薪，又陰爲之地。其止而得歸也，爰田州兵之作，其根本先已固；君子小人之對，其操縱又極工。至諫從戎之乘異產，慶鄭之言當聽；以救公而失秦伯，慶鄭之過在誤。晉惠必殺之而後入，乃褊衷所爲。晉以閉糴而開罪于秦，秦復餼粟以加惠于晉。怨其君而矜其民，真大度之事。頭緒繁多，作者一氣寫來，或於忙處著閒，或於鬧中見冷。或緩而承之以急，或急而示之以緩。或於宕處見其緊，或即緊處行其宕。線索在手，指揮無不如意。可稱敘事神品。(《古文析》尾) 前敘晉侯所以被獲，後敘晉侯所以得歸。晉侯之獲，始因小駟，後因慶鄭。不知三施不報，晉急秦奮，雖非小駟之乘、慶鄭之誤，晉必無僥倖勝秦之理也。晉侯之歸，始賴穆姬，後賴呂甥。然此時秦實未能以吞晉，且使夷吾殺而重耳入，英雄忌人，又不如歸晉侯之威德自我。縱非穆姬之請、呂甥之謀，秦必不遂以晉侯祀上帝也。獨是惠公，既失衆於平時，復被執於一旦。爲諸臣者，舉敗衂之餘燼，當強鄰之威燄，此時欲轉危爲安，易亡爲存，何等難事？及觀爰田之賞、州兵之作，智略輻輳。至應對之間，雄主爲之動容。呂甥真可謂應變之才矣。若惠公者，虎口方免，且追咎不從史蘇之占。國門未入，徒洩忿于慶鄭之殺。全無懲創之心，僅快匹夫之憾，其獲歿于晉，幸哉！(魏禧尾) 魏禧曰："鄭雖有誤君之罪，卻正是能死義之臣。觀其閉糴時三次力諫，卜右不從又力諫小駟，至惠公拒韓簡之諫，本心盡亡，事勢全昧，鄭必聞之詳矣。陷於濘而號之，鄭一肚憤懣，不能自制，始去而不顧。然頃之猶呼韓簡救公，聞惠入而坐以待殺，其人本末如此，只錯中間一節耳。吾甚悲之、惜之！慶鄭誤君，李陵降匈奴，皆是千古好人最傷心事，而鄭猶多陵之一死。爲君父者，于有罪之臣子，最不可不曲諒情事，以全賢者。而爲臣子者，尤當抑情思義，不可逞一時之客氣，墮終身之忠孝，敗君國之大事，貽萬古之惡名，受身家之戮辱也。先軫以不顧而唾，死于翟。慶鄭以憤言誤君，坐待誅。此等皆是最有血性人，惜平日無學問，好任氣，遂踭跌至此耳。每一念及，乃使我通身汗下。按：晉敗韓、復晉侯、殺慶鄭三事，傳文本相連綴，今分爲三篇者，欲使各篇精神特出，以便學者著眼著手耳。"(《分國》尾) 惠之歸也，內有穆姬之劫制，外有呂甥之詭辭，幸耳。"以待能者"，能者謂誰？非重耳乎？慶鄭雖有不孫之罪，而以救公失秦伯。且其語雖戇直，無不洞中，殺而後入，何褊衷哉？較之斬袪不校者，度量奚翅什百？(《賞音》尾) 子金之收拾人心，妙在先加以惠，而後動之以徵繕之計。挽回秦伯，妙在先示以必報仇之勢，而後動之以德刑之言，其機智一也。(昆崖尾) 徐揚貢曰："通篇筆筆照應，'侯車'與'戎馬'照應，'反首拔舍'與'登臺履薪'照應，末'樹德'

與起 '報怨' 照應，法各不同。穆姬怨晉侯，及聞晉侯被獲，忽轉爲登臺履薪，另闢境界。便覺情緒纏綿，此又一應法。"前半敘晉侯之獲，步步伏定，文脈紆徐，如春雲吐岫。後半敘晉侯之歸，層層激起，文情壯往，似秋濤排空。(《約編》尾) 頭緒繁多，總用一線貫穿，具大神力。(《左傳翼》尾) 此篇遙接上州兵之作而來，蓋必歸晉君，秦伯雖然有此心，我若自家立腳不住，專仰他人鼻息，則生死操縱總在人掌握而不能自主，故以爰田之賞激勵國人，使之親上死長，然後作州兵以輔孺子，而喪君有君，進退在我，秦伯聞之，自然膽落而不敢加害于晉侯也。觀秦伯與子桑之言，皆云衆怒難任，可知州兵未作，秦早已怕此一着，況已征繕卜圍，消息已彰彰四聞乎？欲報德則報德，欲報讎則報讎，不憚征繕自是内脩外攘實事，有此舉動，足以劫制秦伯，乃可以報德動之。一予一奪，煞有至理，不徒以口舌調巧動人也。既獲惠公，不長驅直入，即振旅以歸，可知秦伯無意滅晉，所以一見晉大夫反首拔舍，即有許平之意。此番兩問，雖然聞得晉人舉動，不肯作重怒難任之事，實是要將自己心事傾吐說與呂甥知覺。"是吾心也"，原是實落語，蓋"吾聞唐叔之封"云云，是其夙志也。五霸之中，惟秦穆最光明磊落，刪《書》而以《秦誓》終，聖人蓋深取之。無小人之言，不能令秦伯懼；無君子之言，不能令秦伯喜。忽予忽奪，誰賓誰主？辭令之妙，千古無兩，要惟有"征繕"一着立定腳跟，才能明目張膽，開牙露齒耳。可知晉未嘗無才，而惠公不善用之，所以卒致敗亡也。不然入國而賞慶鄭，痛自懲艾，豈不能收功於末路哉？(文淵尾) 此篇與前篇意義相承。晉侯以多怨爲外内所棄，皆由忌克也。乃將戰之際仍愎諫違卜，是臨禍而不能改其忌克也。被獲之後，歸咎於先君，是在困而不能自省其忌克也。殺慶鄭而後入，是復國之後不能改其忌克也。其斂怨以取敗由忌克，而終身弗能改焉，宜其卒爲人所棄，而文公得以入國而興也，此兩篇之正意也。晉侯雖斂怨以取敗，而亦自有其親暱，如郤乞、呂甥之徒，所謂能合其衆也。是以被獲之後，晉臣能憂感以重秦，婉言以說秦，朝國人以收衆心，而晉侯卒賴其力以復國，此兩篇之關鍵也，而皆以"怨"字括之。蓋忌克乃斂怨之由，而能合其衆則釋怨之由也，此兩篇之綱領也。其用意如此而處處渾然無跡，又處處變化無方，望溪謂之出奇無窮，誠非虛言也。右二篇方本合爲一篇，因其意義相承。然二篇中間已隔數事，且前篇篇法已完，實難强合，論意義則合觀之，論篇法則分觀之可也。何以見前篇篇法已完乎？曰首段提晉、秦之怨，而篇末引《詩》以結之，則首尾完備矣。前半篇敘晉秦之怨，後半篇敘解秦晉之怨，與秦晉之怨已釋，而又以卜徒父之筮、史蘇之占相對待，則前後備矣。以"三敗及韓"對晉侯被獲一段，以"穆姬之怨"對"登臺履薪"一段，則正事與旁事無不備矣，故曰篇法已完也。蓋左氏限於編年之體，前後之事不得接書，故事雖未完，而必使其篇法完整以自成一篇也。（《日知》尾）曩時爲子金生花舌所眩，則後半格不相入，細讀之秖是贊秦伯耳。蓋夷吾君臣，惟飴甥頗强人意，故爲之寫生，卻又不肯顧奴先主，而以"是吾心也"句消納之，此句有壺公□地之妙。心本欲歸晉君，飴甥雖不言無害也，與下矜民樹德，以類相從，而中夾殺慶鄭一事，正是借不忍小忿，以烘縕以德報怨之大度耳。然三段摁是許平以後事，故絮絮及之，而自成結構，不得其綫索，烏知古人爐鎚之妙，不可增減一字哉！世之併入上篇，或專截子金一段爲篇者，其於章法何如也？（盛謨總評）左氏拈筆已注"歸"字，先從君子、小人數層，兩兩夾攻歸不歸，忽接"貳而執之"數句，寫到"歸"字正義。如雙龍遊空，忽然風雨會合潭淵，令讀者無處尋他運轉斷續之痕，妙極！憑空拈出君子、小人，奇矯變幻極矣，卻總歸宿於"是吾心也"一句，則此句乃一篇巢臼也。須看其以上精神畢注此句，及後"晉饑"一段，精神躍躍此句言外，乃知左氏用此句之妙。（高塘尾）韓之戰，其曲在晉。及秦獲晉侯，而卒以歸之。雖曰秦夫人之要脅、晉大夫之忠智有以致之，然秦穆之豁達大度，亦以此見，卒霸西戎也，宜哉！收人心，立儲貳，益兵甲，先固根本，使敵國知我不可動，且隱然有可戰之勢，自然不敢挾以要我。此實在經濟，洵千古處難濟變之策，不徒君子小人兩層議論爲千古辭命之祖也。此篇細分之，共作十段讀，若以大片段看之，獲晉侯以前爲上半篇，以後爲下半篇。上半敘晉侯之獲，步步伏定，文脈紆徐，如春雲吐岫。下半敘晉侯之歸，層層激起，文情壯往，如秋濤排空。（《自怡軒》尾）子金之收拾人心，妙在先加以惠，而後動之以征繕之計；挽回秦伯，妙在先示以必報仇之勢，而後動之以德、刑之言。其機智一也。謝立夫。（王系尾）晉惠之入，以內有能臣，外值穆公之賢也。呂甥之能，不後狐、趙，而未聞輔惠公以義，君臣無後，爲世大僇，信才之不足恃也夫！（武億尾）此篇以五"德"字自成結構，國和不和，君歸不歸，兩層挑剔，末以怨其君而矜其民雙應作結。前整後散，章法天成。（方宗誠眉）又應首段"晉饑，秦輸之粟，秦饑，晉閉之糴。"晉敗德，秦樹德，兩相照應，伏後晉文復國霸諸侯之根。篇首賂秦伯列城五，既而不與，末以"秦伯始征晉河東"二句相對照，所以恥晉侯也。文法神完氣固。（《學餘》尾）陰氏各種詞令，不及"是吾心也"一語，蓋含宏光大，已並晉君臣而包之也。晉侯殺慶鄭，秦伯又饋之粟，是晉再敗而秦再克也已。（《菁華》尾）子金之言，婉曲周至，足爲千古辭令之祖。戰國説士雖多，無能出其右者。晉侯思慶鄭之言，不以爲忠，而以爲罪，殺而後入，何其極也！後來袁紹殺田豐一事，與此相類。既置官司，欲如前此之不歸秦賂，不得矣！憑虛巧構，生出兩種議論，使聽者意解。後世文人撰各體文字，有設爲問答之詞自成篇法者，其源濫觴於此。

◇僖公十六年

【經】十有六年春王正月戊申朔，隕石于宋五。是月，六鷁退飛，過宋都。（《評林》眉）余光："言宋則散在四鄙，言都則專在國中。"《傳説彙纂》："經書'是月'，非止嫌同日也。或鷁之退飛，不止一日，故以是月概之也。《公羊》以是月爲晦，《穀梁》以有知無知分日月，皆非也。"三月壬申，公子季友卒。（《評林》眉）陸淳："季友去邪輔正，以安公室，魯大夫莫之能及，是以褒之。"夏四月丙申，鄫季姬卒。秋七月甲子，公孫茲卒。（《評林》眉）高閌："茲，公子牙之子也，世秉魯政，至春秋之終而猶未絕。"冬十有二月，公會齊侯、宋公、陳侯、衛侯、鄭伯、許男、邢侯、曹伯于淮。（《評林》眉）萬孝恭："許以男而先於邢、曹，邢以侯而後於鄭、許，聖人之作《春秋》，從主會者所爲而無所改正，所以著其罪也。"

【傳】十六年春，隕石于宋五，隕星也。（《補義》眉）隕星自上而下，氣不固而墜也。（《評林》眉）胡寧："莊七年已書'星隕如雨'，聖人所書各以其實，豈以星隕而言石隕乎？"今案：經言隕石，而不言隕星，猶言日有食之，不言食之者，皆闕於所不見，解者當言其實，不可謂非星隕也。六鷁退飛過宋都，風也。周內史叔興聘于宋，宋襄公問焉，曰："是何祥也？吉兇焉在？"對曰："今茲魯多大喪，明年齊有亂，君將得諸侯而不終。"（文淵夾）因列國之事太繁，故借叔興語以總挈之。退而告人曰："君失問。是陰陽之事，非吉兇所生也。吉兇由人，吾不敢逆君故也。"（韓范夾）未來之事，聖賢術士皆能知之。聖知之而不言，賢者不能無言而能知其本於人事，術士好言之，而且以為事皆繫天也。然則君相之出入，猶傀儡乎？（《分國》尾）對雖失實，"不終"二字，斷盡宋襄一生矣。吉兇由人，脩省補救，皆在其中。（《左繡》眉）解經一層，對宋公一層，退告人一層，凡作三項說話。其實起手星也、風也，便伏陰陽。中間喪亂不終，便伏人事。末段一併揭出耳。左氏文無不貫穿者。往許此文，謂字字洗刷精妙，當讓《公》、《穀》出一頭地。今細味之，乃知只要見個陰陽之事與人無涉，故說得極平極淡耳。筆意不同，夫固各有所當也。末段一反一正，陰陽由人安在兩頭，中間卻以兩"吉兇"相連作轉梲，並兩"君"字亦以一順一倒為呼應，筆筆有法。（《左傳翼》尾）吉兇不僭在人，唯天降災祥在德，是陰陽吉兇未嘗不相為表裏。然天道遠，人道邇，古之聖君賢相多以人事挽回天道，不以陰陽定吉兇也。叔興之論，其以宋公失德多端，不省悟而專取必於災祥，故譏之耳。議論正大，非《公》、《穀》所能及。（《補義》眉）結出吉兇之本，卻把中一段掃過。（《評林》眉）李笠翁："叔興之對襄公則直，而退而告人則婉，此真賢者之言，惜襄之不能聞言省德，而卒以取盂、泓之侮也！"《天祿識餘》："《公羊傳》注：'茲，新生草也。一年草生一番，故以茲為年。'"（王系尾）叔興歸重人事，似不言災異者。然人事失而陰陽錯，陰陽錯而災異見，是深於言災異者也。消彌之道，在脩省，不在祈禳矣。釋經已畢，復詳敘之，誠有味乎其言也。（闓生夾）此見左公本不信妖祥之事，全書多載此等，特以寄其詼詭之趣而已。宗堯按："攝起全篇，妙絕。"

夏，齊伐厲不克，救徐而還。（闓生夾）"不克救徐而還"作一句讀，言其無功也，與下"不果城而還"對照。

秋，狄侵晉，取狐、廚、受鐸，涉汾，及昆都，因晉敗也。（《左繡》眉）取三邑，盡可連寫。卻用涉汾作一隔，文之曲直，亦因乎事之自然而已。

王以戎難告于齊，齊徵諸侯而戍周。（《左繡》眉）只兩語，而順逆曲折，簡練有法。（《評林》眉）楊慎："齊桓能伐厲以救許，城鄫以制淮夷，豈不能伐戎以救周乎？務虛聲而無尊周之實心，於此可見。"

冬，十一月乙卯，鄭殺子華。（文熙眉）蘇氏曰："管仲相桓公，辭子華，盛德之事也，齊可以王矣。恨其不學道，使家有三歸，國有六嬖之禍，故孔子小之。"穆文熙曰："仲言主於禮信，謂'會而列奸，何以示後'，其言種種合道，可以垂訓。桓公納之，宜其主盟哉！"汪道昆曰："議論妙品。'綏之以德'以下章法句法。"

十二月會於淮，謀鄫，且東略也。城鄫，役人病。有夜登丘而呼曰："齊有亂。"不果城而還。（《測義》夾）金履祥氏曰："齊桓尚能伐厲以救徐，城鄫以制淮夷，豈不能伐戎以救周乎？不務德而務遠略，于斯見矣。"（《分國》尾）此兵車之會，凡四次，皆攘夷也。衣裳之會，盛於葵丘，即止於葵丘。兵車之會，極於謀鄫，即止於謀鄫。一生霸業，盡此兩條。（《左繡》眉）小白將死，便有此等妖孽。寫來活是篝火狐鳴，使人吃驚打怪，其神致全在"有夜"二字也。寫妖孽便純是妖孽氣息，奇極！"齊有亂"，妙只三字，語多便反減生趣。（《左傳翼》尾）明是妖言惑衆，而"有亂"一語，若操左券。其氣機之先動歟？齊亂未形，而宰孔知之，叔興知之，徒役亦無不知之，而桓公與管仲反不能知，何其憒憒耶？國家將亡，必有妖孽，況齊桓中國盟主，此死關係尤大，而五子爭立，屍蟲出戶，其禍之烈更出非常，城鄫原屬可已事，登丘夜呼，神其告之矣。淡語着筆，意味無窮。（《補義》眉）只三字而罷九國之役，是齊亂之讖，亦鄫亡之妖。（王系尾）此篇"東略"二字，直接九年傳宰孔之言。桓公北伐山戎，南伐楚，西爲葵丘之會，所少者東略耳。管仲既死，霸業漸衰，而壯心不已，欲因謀鄫以遂其志，而卒不克也。善乎！王元傑之言曰："齊桓享國三十餘年，經營霸業之勤，安內攘外之慮，自會北杏之始，及於會淮之終，衣裳之會十一，兵車之會四。盟幽而下，葵丘以前，衣裳不歃血，兵車無大戰，此霸業之盛也。葵丘以後，會淮以前。鹹之會避狄而遷杞，牡邱之盟次匡而救徐，此霸業所以衰也。至於淮夷病鄫，桓率諸侯而東略，即其國而會之，齊霸於是乎衰，其事亦終於此矣。是部中大結構、大關鍵處。"

◇僖公十七年

【經】十有七年春，齊人、徐人伐英氏。（《評林》眉）劉敞：

"何休曰：'稱氏者，春秋前黜之。'非也。英氏，國也。"夏，滅項。（《評林》眉）家鉉翁："內滅國書取，此何以書滅？曰：'公未歸魯，執政所爲，是以不諱，所以著强臣之罪。'"秋，夫人姜氏會齊侯于卞。（《評林》眉）卓爾康："卞爲齊桓歸國所經之地，夫人因桓公在境而會之，婦人送迎不出門，見兄弟不踰閾，況僖公尚未至國，而私自出會，非禮甚矣。"九月，公至自會。冬十有二月乙亥，齊侯小白卒。

【傳】十七年春，齊人爲徐伐英氏，以報婁林之役也。（美中尾）趙木訥曰："前年楚滅黃，齊不救，楚遂揚兵伐徐。齊合諸侯，徒次而不進，是幸其自退也，是示怯于楚也，宜徐有婁林之敗。救衛無功而王命不行，救徐無功而霸令亦不行矣。"胡澹菴曰："楚病徐，桓不能制，而伐其與國，是遷戮也。"（《評林》眉）《補注》："齊比年伐厲，又伐英氏，皆以徐故，不能服楚，而唯伐其與國之微者，伯業衰矣。"（閭生夾）不能救徐而伐英氏，亦譏之也，霸氣衰矣。

夏，晉大子圉爲質于秦，秦歸河東而妻之。惠公之在梁也，梁伯妻之。梁嬴孕，過期，卜招父與其子卜之。其子曰："將生一男一女。"招曰："然。男爲人臣，女爲人妾。"故名男曰圉，女曰妾。及子圉西質，妾爲宦女焉。（孫鑛眉）此似父試子卜，如康節、伯温然。（《左繡》眉）作者往往寫惠、懷出醜，總爲重耳閒閒襯托也。因圉及妾，中間竟用對寫。只末句一拖，而賓主輕重了然矣，妙筆。板板寫四遍，變則屢變，不變則竟不變，手法不測。將以壓勝，反以徇名，亦奈之何矣？（美中尾）俞碩園曰："是篇秦伯全以理勝，曲直之辨，不戰已決。穆姬起，穆姬收，是小結構。輸粟許賂起，輸粟許賂收，是大結構。"（《左傳翼》尾）圉已爲太子矣，歸河東而妻之，似乎可撫有晉國矣。追敘其始生之繇，一臣一妾，兆已不吉，圉之不終，蓋天定之也。左氏深惡惠、懷，特筆敘此，隱隱爲高梁之死伏案。敘子圉而並及其女，一卜而父子分作兩段說，便自改觀。米顛袖中三石，一皺、一透、一秀，何義門以爲惟皺故透，惟透故秀，此文固深得皺字訣也。（《補義》眉）串合，遠神總注重耳。（《評林》眉）張天如："細事，何亦奇中迺爾？史述之，見子圉之西質亦由定數云。"陳傅良："妾爲宦女，爲晉懷公起傳。"（王系尾）是時齊桓將卒，楚日以肆，晉文將興，傳中詳敘懷公處，皆是明文公之所以有晉也。是映襯法。（武億尾）男女兩件，板板寫四遍。變則屢變，不變則竟不變，手法不測。

師滅項。淮之會，公有諸侯之事，未歸，而取項。齊人以爲討，而止公。（《測義》夾）愚按：公、穀皆以項爲齊滅，爲賢者諱，故不舉國。若然，則滅譚、滅遂，曷不爲齊諱乎？二傳蓋拘內滅書取之例，政不知當時僖公在會，滅項者季孫所爲，執政之臣擅權爲惡，《春秋》方且誅之，安得改滅爲取，同於君父之例？胡《傳》所以獨從左氏。〖編者按：奧田元繼作王元美語。〗（《評林》眉）張溥：「僖公在淮，兵忽及項，無王命而滅小國，齊將執公以歸，正伯討也。」

秋，聲姜以公故，會齊侯于卞。九月，公至。書曰：「至自會。」猶有諸侯之事焉，且諱之也。（《左繡》眉）以有諸侯之事見止，亦即以有諸侯之事諱執，首尾以此兩句爲關鍵。分作兩節，即不見其筆法之所在。（《左傳翼》尾）公在會而師滅項，故齊人以爲討，此失兵權之始也。曲在公，故諱執不書，因後以諸侯之事告廟，特書有諸侯之事于前，著「猶有」二字，自夏徂秋，九月乃歸，見曠時歷月，爲事逗留，無事而似有事，蓋深諱之也。首尾以此兩句爲關鍵，章法最妙。（《補義》眉）事有從權而拂禮者，聲姜是也。傳曰以公故，原其心也。（《評林》眉）高閌：「論其情斯可矣，而禮則不可也。小白入魯地而會聲姜，能無嫌乎？」（王系尾）此篇以兩句「諸侯之事」作章法，寫成一哭。冬會于淮，至夏未歸，以有諸侯之事也。夫人會卞，九月乃歸，猶有諸侯之事乎哉？

齊侯之夫人三：王姬，徐嬴，蔡姬，皆無子。齊侯好內，多內寵，內嬖如夫人者六人：長衛姬，生武孟；少衛姬，生惠公；鄭姬，生孝公；葛嬴，生昭公；密姬，生懿公；宋華子，生公子雍。公與管仲屬孝公于宋襄公，以爲太子。雍巫有寵于衛共姬，因寺人貂以薦羞於公，亦有寵，公許之立武孟。（韓范夾）天下因宦豎而進者，未有不至大亂者也。洛陽之漢，長安之唐，後人切齒，然而齊先之矣。（《補義》眉）此篇敘而不斷，首段便見武孟當立。公與仲屬孝公，大是可疑。既立孝公，又立武孟，明啓爭端。宦豎有權，其病根伏於多魚漏師，早與兵權，故殺羣吏絕不費手。（《評林》眉）《評苑》：「傳言內嬖六人皆有子，如此未有不亂者。」《經世鈔》：「己有子而立之，乃須屬於宋公，何哉？然則桓公知五公子之亂明矣。豈惟桓公，管仲知之明矣。知之而不一爲之所，徒屬外諸侯以自固，若時勢危亂，無可如何者。桓公首伯，管仲天下才，而僚倒昏瞶若此，眞所不解。"楊慎："《文選·宦者傳》論寺人掌女官之戒，寺音侍，於義始叶，古文多省。"鍾伯敬："廢長立少，桓之私也，仲亦曷爲而狥之？他日五子交争，九月而殯，皆仲之妄狥桓志以貽之也。"（方宗誠眉）敍齊桓卒後之亂，皆由齊侯寵女子、小人所致。（闈生夾）詳敍內寵，固信史直筆，亦菲薄之旨。

管仲卒，五公子皆求立。冬十月乙亥，齊桓公卒。易牙入，與寺人貂因內寵以殺群吏，而立公子無虧。（文熙眉）穆文熙曰："桓公伯首，而身後之亂乃若此，蓋緣管仲先死耳。良臣所係，豈淺淺哉？"（《評林》眉）《旁訓》："前內寵，乃指長衛姬也。"王元美："雍巫，寺人貂，仲但曰'非人情，不可近'而已，固未嘗勸桓决去之也。何以天下才而竟無身後之慮若此？"**孝公奔宋。十二月乙亥，赴。辛巳，夜殯。**（《測義》夾）李琪氏曰："大抵春秋之世，盛衰凡三變：桓公之未興與桓公之方霸，及桓公之既没，世變各異也。王臣下聘而不報，王師出伐而無功，凡伯書伐，戎强於北；蔡師書敗，荆盛于南。鄭分許鄢，宋廢鄭嗣，紀小而并于齊，郕弱而偪于魯，此桓公之未興也。王禁明而王臣不下聘者六十年，盟會同而諸侯無私争者三十載，序績召陵而荆枯矣，陳旅轟北而狄退矣，獻捷過魯而戎弭矣，此桓公之主霸也。天王出居而官守不問，衛滅懿親而義師無討，楚書子而主會矣，狄書人而參盟矣，此桓公之既没也。然桓公一人之身，盛衰又凡三變：圖霸之初，定霸之日及成霸之後，得失頗殊也。伐邾侵宋，侯度未一。入蔡侵鄭，戎疾未珍。滅遂降鄣，履事未久，設施多舛。遇穀盟扈，閱理未熟，檢防易肆。蓋桓公圖霸之初也。貫澤而下，葵丘以前，衣裳不歃血，兵車無大戰，仲尼稱其一匡，孟子與其爲盛，在是數年，桓公定霸之日也。九國叛而萌震矜，管仲死而放繩墨，城杞貶於城邢，救徐息於救許，伐黄則外憂起，會卞則家法虧，此桓公成霸之後也。驗春秋大勢之三變，則桓公主霸而爲功。即桓公一身之三變，則桓公立功而不遠，功過乘除，齊桓之顚末可考矣。"（鍾惺眉）"夜殯"二字，似作經書法。（《左繡》眉）敍齊亂，作兩截讀。上半原敍，節節伏。下半正敍，節節應。中以"五公子皆求立"句爲上下關楗。通篇有案無斷，前後四"內"字、四"寵"字，所謂直書其事而意自見者矣。從"無子"敍起，與二五耦篇一樣筆意。彼連寫二"嬖"字，此連寫四"寵"字，其事尤相類也。六夫人，先總後分。五公子，先分後總。以一"內"字，結三"內"字，所謂君以此始，亦必以此終者耶？廢長立幼固非，然其付託得人，管仲不失爲英雄。誤事在桓公又許立武孟耳。武孟可立，則五公子皆得立矣。兩人創伯多少掀天揭地，末路乃至於此，爲之一讀一太息。（《左傳翼》尾）內寵不可竝后，夫人安得有三？如夫人安得有六？嬖子不可配嫡，爭立者安得有五？桓公不能脩身以齊其家，管仲不能格心以匡其主。舍長立幼，又熒亂于雍巫之言，許立無虧，《春秋》書伐、書戰，而不書納昭，昭不當納也。以是知齊之亂，桓與仲始之，宋襄成之也。故欲明《春秋》之義，當先知《大學》之道，管仲一匡九合，而夫子譏其器小，正坐不知《大學》之道耳。（《日知》尾）起手一行，亂本也，許立武孟，已基於此，賴管仲以石壓草，仲死而蔓滋矣。作者于序述中森然寓論斷之旨，結尾十字，爲小白一字一太息。（《評林》眉）《經世鈔》："'夜殯'，桓公之死，尸蟲出戶，姑姊妹之報也。"（王系尾）此篇是通部筋節處。桓公九合一匡，爲五霸之盛。身未沒而業漸衰，肉未寒而國大亂，其故何也？則霸術之不足恃也。周道興于二《南》，桓公夫婦父子之間如此，亦異于文王矣。身脩而後家齊，家齊而後國治，豈迂也哉？（《菁華》尾）桓公已與管仲屬孝公于宋襄公，又因寺人貂一言，許立無虧，是導之使亂也。桓死而仲存，五公子之爭，或可以已。是齊之治亂，係仲一身之存亡。傳敘"管仲卒"一語，極爲有意，非閒筆也。

◇僖公十八年

【經】十有八年春王正月，宋公、曹伯、衛人、邾人伐齊。（《評林》眉）程端學："齊桓帥諸侯尊天子，生民息肩四十年，宜其既沒而人益思之。然死僅踰月，而諸侯伐之者，身不脩而家不齊也。"夏，師救齊。（《評林》眉）程端學："諸侯非王命不得擅興師，然諸侯伐齊而魯救之，猶爲彼善於此。"五月戊寅，宋師及齊師戰於甗。齊師敗績。（《評林》眉）王沿："無虧既立，踰年之君也，而宋人脅齊殺之，將立孝公，復與齊人戰，四公子之徒爭國，宋伐喪，皆不義也。"狄救齊。秋八月丁亥，葬齊桓公。（《評林》眉）趙與權："五伯桓公爲盛，葬不及期，何哉？管仲既死，而寺貂、易牙乘時用事，使桓公不能保其子，以此見閹寺之爲人國家害甚矣。"冬，邢人、狄人伐衛。(《評林》眉)吴徵："其後衛竟滅邢，其怨讎未必不基於此。"

【傳】十八年春，宋襄公以諸侯伐齊。三月，齊人殺無虧。

鄭伯始朝於楚，楚子賜之金，既而悔之，與之盟曰："無以鑄兵。"故以鑄三鐘。(《左繡》眉)三句連寫，見他反復無信、倏然改變處。桓公殁後，讀此等語，使人酸鼻。(美中尾)齊桓冬卒而鄭文春即楚矣，悲夫！曰始朝，哀桓也，爲天下哀之也。(《左傳翼》尾)忽逃盟，忽乞盟，齊桓方殁，即便朝楚，鄭反覆不測如此，楚安得不疑之？但鄰國叛服，視以德綏之若何，不在兵之利不利也，賜之金而不許鑄兵，且要之以盟，楚之無能爲不亦甚乎？(王系尾)觀一"始"字，中國之無霸，亦可傷矣。桓雖罪魁，安得不爲功首哉？是部中大結構處。

齊人將立孝公，不勝四公子之徒，遂與宋人戰。(《評林》眉)《經世鈔》："齊人將立孝公，而與宋戰者，欲兵敗於宋，以張宋之威，而懾四公子，故孝公得立而無患，故曰'不勝四公子之徒，遂與宋人戰'，此齊人之謀也。或曰：'齊人不願戰，而四公子之徒挾之。'"夏五月，宋敗齊師于甗，立孝公而還。(《分國》尾)桓惑於内寵，無責也。所責者，管仲耳。既屬孝公于宋襄，又立武孟，不聞出一言爭之。臨卒竟置孝公不問，彼雍巫一庖竪耳，庖人不治庖，越俎而謀定策。爲管仲者，當其薦羞有請，即請置法，雍巫雖寵，能與管仲爭乎？計不出此，於是乎上不能爲張留侯，次不能爲霍子孟，大臣當國大事，莫如定儲，乃因循釀亂，一至於此。蘇洵曰："若管仲者，何以死哉？"夫雍巫之請立武孟也，仲未死，何以嘿嘿也？宋襄一生，但有敗齊師、立孝公一舉，然未免于阿桓公之意，故《穀梁》、胡氏皆非之。

秋八月，葬齊桓公。(魏禧尾)魏禧曰："竊按《漢書‧地理志》，稱齊襄公淫亂，姑姊妹不嫁，於是令國中民長女不得嫁，名曰'巫兒'，爲家主祠，嫁者不利其家，民至今以爲俗。而後世乃竝言桓公姑姊妹不嫁，桓公當不爲此禽獸行也，吾寧徵信于班氏云。"(美中尾)黃若晦曰："宋襄久有圖霸之志，桓死，孝公奔宋，如獲重寶矣。於是挾以伐齊，曰是桓公、管仲屬於我也。雖齊人亦有不可致詰者，然使桓與仲早定無虧之位，二竪安能冒定策之功，宋襄安得市恤孤之德哉？"(《左傳翼》尾)

孝公，桓公與管仲屬諸襄公，亦齊人所欲立者也。無虧死而四公子猶蠢蠢有徒，宋敗齊師，孝公乃立，宋襄不負所託矣。齊之禍，豈遂已乎？多寵多嬖爲亂之階，可不慎歟？（高塘尾）俞桐川曰："齊桓創霸，而不能正身。管仲佐霸，而不能匡主。所謂'不務德而勤遠略，其在亂乎'至此驗矣。管仲死而公子爭，桓公卒而易牙入。叙亂之速，叙亂之慘，見得假仁假義，禍不旋踵，垂戒處可謂深切著明。叙齊亂，卻兩書管仲，以桓雖能用仲成一匡九合之功，而仲徒急功利，無誠意正心之學，不能輔桓以德，卒致五子之亂，所以罪桓，亦所以罪仲也。旨深哉！"（闈生夾）遲之也。宗堯按："此篇以黜霸爲主。"

冬，邢人、狄人伐衛，圍菟圃。衛侯以國讓父兄子弟。及朝衆，曰："苟能治之，燬請從焉。"衆不可，而後師于訾婁。狄師還。（《左繡》眉）著"而後"二字，便是以文貫事，用筆自簡而輕矣。此即叙議兼行之法。（美中尾）衛與邢，皆齊桓所存者。衛忘桓德，偕宋伐喪，奉少奪長，文之罪大矣。然狄亦邢之仇也，黨仇讎以構怨於兄弟，可謂知類乎？說本姜氏。（《左傳翼》尾）衛與邢皆齊桓所存者也，桓公死，衛文背恩而伐之，狄人救齊以伐衛，邢念舊恩，黨狄與伐，雖棄兄弟之親，而不背伯主之義。狄還而邢猶距衛，以德報德，異于衛之以怨報德也。衛卒懷怨，竟以滅邢，《春秋》進狄以人，蓋深惡衛也。（《補義》眉）"而後"兩字想見并力舍死禦敵，而狄猶未大創，則狄強甚。（闈生夾）此文以滅同姓而諸侯莫救爲主。全文隱遏不露，至末特載禮至一銘，以寄深曲之旨，筆意高絕。

梁伯益其國而不能實也，命曰新里，秦取之。（孫鑛眉）宜屬下年。（《左繡》眉）寫成一笑。一落筆，而神理活現。自是化工。此亦以叙爲議筆法，合下傳以兩"之"字成調者。（《補義》眉）神注梁亡。

◇僖公十九年

【經】十有九年春王三月，宋人執滕子嬰齊。（《評林》眉）余光："滕，小國也。書執，惡宋也。宋襄行誼未著，竊竊然自大以求諸侯，侮弱爲強，諸侯所以愈不附矣。"夏六月，宋公、曹人、邾人盟于曹南。（《評林》眉）穀梁："曹南，曹之南鄙。"鄫子會盟於邾。

己酉，邾人執鄫子，用之。（《評林》眉）趙鵬飛：「用鄫子者，宋公意也。然不書使之者，宋以意論之，而用之之際，宋公不在也，故以邾用之爲文。」吳澂：「用之者，殺之而用其尸爲牲以祀神。」張習孔《雲谷臥餘》：「《公羊》云：『用之社。蓋叩其鼻以血社也。』《穀梁》云：『叩其鼻以衈社也。』是則未嘗殺也。觀子魚言一會而虐二國之君，謂之曰虐，量非殺也。」秋，宋人圍曹。（《評林》眉）吳澂：「宋襄以威迫曹而與之盟，故曹不心服。」衛人伐邢。冬，會陳人、蔡人、楚人、鄭人盟于齊。（《評林》眉）陳傅良：「內不言公，諱之也，以其人楚，不可不人陳、蔡，以其人陳、蔡，不可以不没公也。」梁亡。（《評林》眉）黄仲炎：「民罷而潰，則國已亡矣。國亡而後秦取其地，非因秦取之而後亡也。故《春秋》不得言秦取，而以自亡爲文焉，明自亡者，民亡之。」

【傳】十九年春，遂城而居之。

宋人執滕宣公。（《左繡》眉）執滕、用鄫，事有輕重。故文亦有詳略，然竟脱不得，粘亦不得。看其前後都從「用」字着筆，中間卻以「一會而虐二國之君」作雙綰，又妙在隨綰隨撒，用筆圓轉，如珠走盤。語凡兩層，前饗神，只論理。後求霸，兼論事。而每層又各有虚實兩轉，曲折明快之文。（《評林》眉）王荆石：「齊桓晚始東略，宋襄繼其志，欲以屬東夷，而首虐滕、鄫之君，本欲立威，不知乃所以失諸侯也。」《補注》：「『宣公』，傳見滕子謐，諸崩、卒於經無所見明而獨舉謐者做此。」

夏，宋公使邾文公用鄫子于次睢之社，欲以屬東夷。（《測義》夾）金履祥氏曰：「齊桓晚始東略，宋襄繼其志，欲以屬東夷，而首虐滕、鄫之君，本欲立威，不知乃所以失諸侯也。」（《正論》眉）湯有七年之旱，太史曰：「宜以人禱。」湯乃身爲犧牲。夫出於救旱之不得已，且寧損身以惠民，況無故而戮人之君以媚鬼乎？縱虐從夷，猶曰：「不重傷，不禽二毛。」吾誰欺？（韓范夾）用人以祭，惟四夷故俗則有之。宋襄欲行霸而用夷俗，先自辟也已，安能正諸侯之罪乎？司馬子魚曰：「古者六畜不相爲用，小事不用大牲，而況敢用人乎？祭祀以爲人也。民，神之主也。用人，其誰饗之？齊桓公存三亡國以屬諸侯，義士猶曰薄德。今一會而虐二國之君，又用諸淫昏之鬼，將以求霸，不亦難乎？得死爲幸！」（文熙眉）孫應鰲曰：「用人以祭，而後乃有『愛重傷』、『愛二毛』之言，將誰欺？欺天乎？」（《左傳隽》眉）楊素庵曰："宋襄用人以祭，忍心甚矣。至於泓之戰，乃有'愛重傷'、'愛二毛'之言，吾誰欺，欺天乎？"（《測義》夾）愚按：用人以祭，是可忍矣！而他日詭曰"愛重傷"、"愛二毛"也，將誰欺乎？（《分國》尾）圖伯以攘夷也，使人以祭，夷俗也。用夷俗以圖伯，而況鄫雖小國，亦列會盟，睢爲妖神，何關祀典？兹父此擧，不獨卜其伯業無成，而祿命不永，亦可知也。（《左繡》眉）此公滿肚皮要學齊桓，妙在即將齊桓與他比例，動其珠玉在前之愧。至抉進一層作抑筆，則愈形其醜矣。警絕快絕！只三語，而起手三層，字字應結，筆力圓足至此。（《左傳翼》尾）宋襄求伯不以德義服人，恃強淩弱，其執滕子，罪難逭矣，況又用鄫子於社以益之乎？邾、鄫世仇，用鄫子者雖屬邾人，宋公何以不討？子魚之諫，專責宋公，不得蔽罪於邾也。兩事罪有輕重，故起處將滕子輕輕敘過，單重"用鄫子"一邊，中間蒙繞一筆，綰帶周密，層折批駁，語語警快，令人毛骨俱爽。（高塘尾）吳幼清曰："宋襄志在繼齊桓之霸，然去春首伐齊喪，奉少以篡長。今春首執滕子，恃強而凌弱。如此欲得霸乎？"趙企明曰："君子有爲善之心，聖人不沮也。齊桓有圖霸之心，故北杏之會，諸侯書人，齊獨書爵。宋襄有圖霸之心，故曹南之盟，二國皆人，宋獨書公。不予之以始，無以責其終，觀其所以副聖人之責者何如耳。予齊桓於始，而終成九合之功。予宋襄於始，而終爲天下之辱。聖人亦即其功罪而誅賞之，以示懲勸。予之，所以責之也。"家則堂曰："望之也，非予之也。桓公既没，天下不可無霸也。"季氏廉曰："始則望宋之能霸而予之，繼則罪宋之失德而人之，有何不可？"陳大士曰："五霸莫微于宋襄，亦莫暴于宋襄。未霸而先伐齊喪，圖霸而執滕君，既霸而用鄫子。"曹南之盟，宋襄稱霸之文也。執滕君，用鄫子，虐而且愚，已非求霸之道。迫後被執於盂，受傷於泓，不禽不傷、不阻不鼓之語，又復迂腐已甚。不知何以稱伯？《孟》注，趙氏以齊桓、晉文、秦穆、宋襄、楚莊爲五伯。丁氏以夏昆吾，商大彭、豕韋，周齊桓、晉文爲五伯，朱子兩存之而未定其說。竊謂伯者，謂其有功于尊王，乃可稱焉。如夏昆吾，當太康時，身爲盟主，誅不從命以尊王室。及殷之衰，大彭、豕韋氏復續其緒，所謂王道廢而霸業興者也。齊桓九合一匡，尊崇王室。晉文納襄克帶，翼戴天子。召陵之盟、城濮之戰，《春秋》書法，皆有褒大之詞，不可謂非其人矣。故丁氏五伯之說，其言本于應劭氏，不謂溢美。如以宋襄、秦穆、楚莊，廁于桓、文之列，則彼三君者，曾有一事之善，上及于尊周，而以若是班乎？〖編者按：以上本淩稚隆〗即以《春秋》書法論之，宋襄曹南書公，家則堂云："望之也，非予之也。"又云："宋未能霸。而鹿盟盂會，序宋爲首，以列國皆俯首貼耳，受降于楚，不以爲恥，不出楚下者，惟宋襄耳。顛沛百罹，繼之以死，夫子列齊楚之上，與其有志也。豈以其能伯哉？"楚莊之霸，啓於辰陵，稱于討陳，勝於邲戰。然盟於辰陵，服陳、鄭也，正以責晉之不足恃耳。至伐陳有討賊之義，而既誅其人，旋封其地，討賊入陳，善惡功罪，一予一奪。程子曰："討其罪，義也。取其國，惡也。至納孔寧、儀行父于陳，是又宥亂臣賊子也。所謂討賊之義，果何在耶？"邲之戰，罪晉，非予楚也。李氏康曰："春秋凡與楚戰，不以勝敗，皆以與戰之國爲主。此徐邈所謂內晉而外楚也。"濟河焚舟之舉，秦穆稱霸西戎，然《春秋》書曰"秦人伐晉"。以秦數興報復之師，名爲忿兵，貶而人之，罪之也。非特不如宋襄，並不如楚莊矣。如以三君事蹟論之，秦穆豁達大度，且能用賢脩政，悔過之誓，聖人列于四代之書，孟子亦稱秦穆公用百里奚而霸，此當首屈一指。楚莊盛強，主盟列國。勝邲而不築京觀，似有遠略，伐戎而敢窺周鼎，實包僭萌，亦瑕瑜互見。至宋襄虐而寡謀，愚而自用，不度德，不量力，以致喪師辱身，爲天下笑，視秦穆、楚莊，抑又不若遠甚。特五霸之稱，相沿于趙氏已久，學者知其事，而不必更其說。（王系尾）用人且不敢，況敢用國君乎？引齊桓一比，不獨令宋襄通身汗出，而齊桓之身分亦見。范曄所謂弦外之意、虛響之音，其妙不窮者也。（武億尾）一疊六七轉，咫尺有千里之勢，且又句句有意。（《菁華》尾）用人以祭，此夷狄之俗，宋襄公欲霸諸侯，而慣用夷禮，其悖甚矣。子魚之言，反覆詳盡。所云"得死爲幸"，蓋傷股之辱，早有以知之矣。

秋，衛人伐邢，以報菟圃之役。於是衛大旱，卜有事於山川，不吉。甯莊子曰："昔周饑，克殷而年豐。今邢方無道，諸侯無伯，天其或者欲使衛討邢乎？"（閻生夾）從甯子口中再提諸侯無伯，衛之所以敢滅邢也。此惜之之詞，而反謂"欲衛討邢"，文之深曲如此。**從之，師興而雨。**（韓范夾）此事竟爲後世之君好大喜功者口實，吾以爲非周興之盛未易言此語也。（魏禧尾）彭家屏曰："歲旱民饑，則國君減膳弛侯，恐懼脩省，以感召天和。豈有當大旱之時，冒天之怒，興師伐國，暴衆於外，而能致雨之理？所謂'師興而雨'，亦偶然耳，未可爲訓也。"（《左繡》眉）引古證今，詞意大抵疏密不一。此篇將"旱"、

"雨"兩字安放兩頭，以"周饑"、"年豐"分對，而單留"討邢"在句中對"克殷"作虛掉之筆，不支不漏，極整極勻，尤字字有法也。（《左傳翼》尾）大旱致禱，祇有自責之文，未聞以伐人爲事也。衛從宋伐喪，不自省其罪，而專行報復，且藉口于周克殷而年豐，是誣天也。師興而雨，亦適逢其會耳，豈可以爲致雨常法乎？（方宗誠眉）誣天之言，逢君之惡。

　　宋人圍曹，討不服也。（《正論》眉）討不服而先省德，非《春秋》之言也，聖人之言也。惜襄公不足以與此。（《補義》眉）汪云："聞其欲效齊桓談仁義，故前篇以齊桓相形，此復以文王托諷，可云開導之切。宋襄知子魚爲仁而不用其言，霸之不終，宜哉！"（《評林》眉）楊慎："凡集大事，未有急遽而可成者。宋襄不內自省德，或執或盟或圍，汲汲圖之。鄫子不及會，小失耳，又使邾虐用之，齊桓之創伯，果如是乎？"子魚言于宋公曰："文王聞崇德亂而伐之，軍三旬而不降，退脩教而復伐之，因壘而降。《詩》曰：'刑于寡妻，至於兄弟，以御於家邦。'今君德無乃猶有所闕，而以伐人，若之何？盍姑內省德乎？無闕而後動。"（《測義》夾）姜寶氏曰："襄公欲圖霸業，不能內自省德，嬰齊急於執之，曹南急於爲盟，及曹不服，却又急於圍曹，鄫子不及會，小失爾，却又使邾虐用之，操心如此，何以能集事乎？《春秋》書此數端，見襄公之不能成霸，而致楚執伐敗傷，蓋自取也。"（《左繡》眉）前一"德"字，後兩"德"字，彼此相形，所謂以暴易暴者也。"德"字跟前篇"薄德"字來，前稱齊桓，此又稱文王。以其口口君子，喜托之乎王道也，愈見其妄矣。"無乃"、"若何"、"盍姑"，都婉其詞以諷之，結句板煞，應如欲覺聞鐘，猛然深省耳。（《左傳翼》尾）服人以德不以力，自是純王之道。前篇以齊桓作比例，此又由齊桓而進之以文王，而歸結"內省德"上，詞婉而義醇，管、狐諸臣不聞有此粹論。（闈生夾）此篇專以子魚言作眼目，猶昭公之難專以子家子言作眼目，乃左氏之家法也。

　　陳穆公請脩好于諸侯，以無忘齊桓之德。冬，盟于齊，脩桓公之好也。（《左繡》眉）《下泉》之思，風人所痛，其斯之謂與？唐錫周曰："僧繇畫龍，點睛飛去。能如此一筆便活跳否？"無忘桓德，與楚何干？而亦與盟于齊，此諺所謂亞相知者也，滋中國狃焉而忘其毒矣。

（美中尾）宋襄暴虐，諸侯離心，楚人乘之而起，授意陳侯以無忘桓德爲名，實收諸侯以自附也。齊孝不悟，而墮其術中。王方麓曰：“内楚而列於齊盟，自此會始。”陳大士曰：“首伐霸主者，宋也，即其圖霸者也。首即楚盟者，齊也，即其伐楚者也。”（《左傳翼》尾）宋襄圖伯，而追思齊桓，仁暴之異也。著語不多，而意味深長，令人發《匪風》、《下泉》之歎。桓公没已三年矣，而猶令諸侯睠念，可知遺德在人。然在時不覺，至此始思，陳穆公豈得已乎？（《補義》眉）以楚人爲主，妙在不説楚人一字，專寫陳侯欲脩齊桓之好，而孝已入其彀中，此藏主寫賓、即賓托主之法。（文淵尾）衛之伐邢曰“諸侯無霸”，陳、蔡、楚、鄭盟于齊曰“脩桓公之好”，可見齊桓伯業甚優而難繼矣。宋襄公乃欲合諸侯，其不妄哉？（王系尾）此篇是楚盟諸夏之始。屈完之盟，盟于師中，服于齊也。而其憑陵諸夏之志，未嘗一日忘也。齊桓没而桀心復動，而未測中夏之虚實也。乃因陳穆無忘桓德之説，求參與列國之盟會，以審形勢、揣斤兩焉。陳、蔡，素事楚者也。鄭，新朝楚者也。魯、齊不察，而引賊入室，遂使左衽而與衣裳之會，而楚計得矣。浸假而執宋公以伐宋矣，浸假而衷甲争長矣，浸假而狎主齊盟矣，而是盟寔作之俑也。不忘桓德，豈桓志哉？（《學餘》尾）邢遷如歸，衛國忘亡，宜諸侯之没世不忘也。況繼以宋襄之以人從欲乎？嗚呼！天下自是無復有玉帛之會矣。（閭生夾）宗堯云：“横插陳欲脩好，貶襄之不如桓也，文情妙遠之至。”

　　梁亡，不書其主，自取之也。初，梁伯好土功，亟城而弗處，民罷而弗堪，則曰：“某寇將至。”乃溝公宫，曰：“秦將襲我。”民懼而潰，秦遂取梁。（韓范夾）天下之勢，惟民仁之。然至不可勞者惟民，可狎者江湖，可畏者江湖也。使民有節，豈但恤之，實則畏之耳。畏民者王，玩民者亡。（《左繡》眉）虚實賓主，作兩層寫，使人絶倒。一“則”字，一“乃”字，一“遂”字，寫自取，簡而透也。（《左傳翼》尾）弄巧成拙，寫來真堪絶倒。（高嵣尾）汪德輔曰：“齊人殲于遂，自殲也。鄭棄其師，自棄也。梁亡，自亡也。胡子髡、沈子逞滅，自滅也。若曰非有能殲其衆，非有能敗其師，非有能亡其國、滅其身者爾。比事以觀，而知《春秋》示人自責之意深矣。”俞桐川曰：“愚民適以自愚，騃狀寫來可笑。”（《評林》眉）《補注》：“書梁亡，非由赴告，故不書其主，與書王室亂同。傳義非。”《附見》：“二‘曰’字，皆梁伯誑其民之辭。”（王系尾）何國之亡非自取哉？梁獨受此名者，亟城而弗處，寔出人情之外。

◇僖公二十年

【經】二十年春，新作南門。夏，郜子來朝。（《評林》眉）李廉："何氏特據郜大鼎之文，以爲春秋前宋已滅郜。此無據之言也，不可取。然郜惟此處一見，他無考。"黃正憲："王氏云：郜分南北，皆附庸於宋。意是時宋襄無道，荆楚日强，郜以宋爲難恃，而魯爲同姓望國，故來朝以求依附邪？"五月乙巳，西宫災。鄭人入滑。秋，齊人、狄人盟于邢。（《評林》眉）季本："前年衛從宋伐齊，邢、狄同救。而去年衛遂伐邢，此齊、狄所以至邢而盟也。"冬，楚人伐隨。

【傳】二十年春，新作南門。書，不時也。凡啓塞，從時。

滑人叛鄭，而服于衛。夏，鄭公子士、洩堵寇帥師入滑。（《評林》眉）黃震："齊桓既没，中國無伯，鄭首從楚，稱兵周疆，無忌憚甚矣！"

秋，齊、狄盟于邢，爲邢謀衛難也。於是衛方病邢。（《左繡》眉）似歇後語，簡甚。（《評林》眉）王元美："甚哉，齊孝之無知也！桓公征楚服之，已乃與之盟於國。桓公攘夷狄而卻之，已乃與之盟於邢。《書》曰：'厥父菑，厥子乃弗肯播；厥父基，厥子乃弗肯堂。'其齊孝之謂乎！"〖編者按：凌稚隆作家鉉翁語。〗

隨以漢東諸侯叛楚。冬，楚鬭穀於菟帥師伐隨，取成而還。君子曰："隨之見伐，不量力也。量力而動，其過鮮矣。善敗由己，而由人乎哉？《詩》曰：'豈不夙夜，謂行多露。'"（《左繡》眉）不于齊桓服楚之時舉事，而於此蠢動，非唯不量力，亦不識時矣。故引《詩》以"夙夜多露"見意。（《分國》尾）當時漢東諸侯，連衡抗楚，又遠交于齊，恃爲救援。若非天方授楚，楚不支矣。雖然，隨能脩德，又何力之有哉？（《左傳翼》尾）弦黃叛楚，皆在齊桓極盛之時，猶不免於滅亡。今桓公已殁，諸子争立，國爲人伐，而隨乃率漢東以叛楚，既不量力，又不相時，欲免於伐，其將焉能？（《補義》眉）隨君有志，不可加貶，然見伐亦無可襃，但勉之以善敗由己，義極正大。（《評林》眉）許翰："楚既服隨，則將争衡於上國，而宋欲盟之，其能屈乎？"《補注》："'行多露'，張氏曰：'隨欲復漢東諸侯於中國，左氏罪其不量力，未若孟子師文王之論。'"（閻生夾）不責楚之侵小，而責隨之妄動，乃無可如何之詞，非篤論也。此左氏常法，特以寓其疾世憤慨之忱，猶責泄冶以"無自立辟"也。

宋襄公欲合諸侯，臧文仲聞之，曰："以欲從人則可，以人從欲鮮濟。"（韓范夾）宋襄伯業不競而列于桓文之間，人之所以褒損之者，不遺餘力矣。然不如文仲二言，足概襄公平生也。（《左繡》眉）上照曹南，下照鹿上，只兩語斷煞。三不朽之一，洵夫！起手提一"欲"字，語甚淡耳。卻不料有"欲從人"、"人從欲"如許回環警動文字。陳思鏡背，差堪仿佛。（《分國》尾）襄公若從子魚之言，王道可興，何但伯業！惜乎，以規爲瑱也！至文仲二語，後國僑用之以折楚虔，名臣之言，百世不易。（《日知》尾）千古箴銘，不獨斷盡宋襄公一生也，是謂有物。（閻生夾）宗堯案："文仲之論，中宋襄骨髓，左氏借之以爲一篇骨幹。"

◇僖公二十一年

【經】二十有一年春，狄侵衛。宋人、齊人、楚人盟于鹿上。（《評林》眉）胡寧："鹿上之盟是宋公也，何以稱人？齊桓攘楚以安列國，宋公盟楚以求諸侯。"夏，大旱。（《評林》眉）黃仲炎："《春秋》或言不雨、或言旱、或言大旱，何也？不雨之害比旱爲輕，大旱之害比旱爲重也。"秋，宋公、楚子、陳侯、蔡侯、鄭伯、許男、曹伯會于盂。（《評林》眉）高閌："楚自是稱子，而序於諸侯之上，於此見中國衰而夷狄盛也。"執宋公以伐宋。冬，公伐邾。楚人使宜申來獻捷。十有二月癸丑，公會諸侯盟于薄。釋宋公。（《評林》眉）《增補合注》："公脅於獻捷之威，與五國諸侯爲會，求盟於楚，以請宋公，而後得釋。書會諸侯，不予楚之專執、專釋也。薄，《史記》作亳。"

【傳】二十一年春，宋人爲鹿上之盟，以求諸侯于楚。楚人許之。公子目夷曰："小國爭盟，禍也。宋其亡乎，幸而後敗。"（《左繡》眉）盟上著一"爲"字，宋襄之圖霸，所謂庸人自擾者矣。"幸而後敗",與前"得死爲幸",都是恨恨語,不作預料語讀。(《補義》眉)許之者,覘齊之至否也,桓公之後霸國聲勢最盛,故齊至而盟,不至而執。(閭生夾)每于宋襄有所舉動,便載子魚諷刺之言以貶之,章旨瀏亮而文情剽姚生動。

夏,大旱。公欲焚巫、尪。(《正論》眉)修城郭則民得就食,范文正營繕廢寺,亦仿此意。(《補義》眉)若將備旱一層找足,便無此趣味,須看其佈置之妙。(《評林》眉)《增補合注》:"天惡其不誠,故不雨。或云:'天惡其形,故不雨。'未詳孰是。"顧九疇:"考《檀弓》'暴尪而奚若',注云:'天哀其病而雨。'則所云惡其形者非。"臧文仲曰:"非旱備也。修城郭,貶食省用,務穡勸分,此其務也。巫尪何爲?天欲殺之,則如勿生;若能爲旱,焚之滋甚。"(韓范夾)上天好生,凡所生者,皆其不欲輕殺者也。隋廣曰:"天下大有人在。"安得不受維揚酷哉!(《評林》眉)孫應鰲:"'非旱備'以下十九字,即長牘不過。"公從之。是歲也,饑而不害。(文熙眉)穆文熙曰:"救荒五事,不遠人情,果能行之,自當有效,誰爲倡之,古今皆爲絕倒。"(《分國》尾)"脩城郭"十一字,十二荒政已得其五。"天欲殺之,則如弗生",動之以慈心。"若能爲旱,焚之滋甚",悚之以懼心。君相之言,可挽天意。饑而不害,此足徵矣。雖然,巫尪無罪,弘羊當烹。大暑去酷吏,況大旱乎?(《左繡》眉)欲焚巫尪,無理之至。文便就他無理處,反復駁難,說得不可解,極可笑,真使人犂然而有當於心也。單靠駁難,不見經濟,先著旱備一層,方爲善於持論。末"從之"結"巫尪","饑而不害"乃是結"旱備"句也,收拾完密。以修城郭爲旱備之首,後賢用之輒效。(《左傳翼》尾)不務民義人,每爲邪論所惑。從旱備起論,正大有體。駁辨處牙伶齒利,聾瞶聞之,亦當改容動色。修城郭十字,具幾許經濟,當國者所宜三復斯言。(《日知》尾)左氏鋒穎文字,實爲《國策》濫觴,然揔見圓秀蘊藉,蓋有停蓄,氣自深穩也。(高塘尾)俞桐川曰:"諫焚巫尪,立說亦易。能言救旱之方,乃大臣本領。有諧語,無壯語,即單薄不足覩。"數語耳,後人救荒之政,俱本諸此。

秋,諸侯會宋公於盂。子魚曰:"禍其在此乎!君欲已甚,其何以堪之?"於是楚執宋公以伐宋。(文熙眉)穆文熙曰:"楚以殺君脅宋,子魚以有君緩楚,即兵法'彼固重之,我固輕之者'也,故終有以全宋君矣。何後世'社稷爲重，君爲輕'之語，乃以貽千古之悲乎？"（《左繡》眉）此連經駕敘法。會盂、會薄，兩頭對説。"禍其在此"應上文，"禍猶未也"呼下文，中用"執宋公以伐宋"句爲轉梭，敘事中偏不著詞，只一過峽相似。小小章法，工妙絕人。（《補義》眉）禍已在此，云"禍猶未也"，包許多痛哭流涕在內。（《評林》眉）王荊石："鹿上之盟，楚將誘宋而執之，未容有他，亦恃有齊焉。今盟，齊不至，事可疑矣。陳、蔡、鄭、許皆楚之黨，而曹又宋之仇也，烏得而不執哉！"穆文熙："宋公用人於社，又争盟於鹿上，何得不敗？所以必至於死而後已。"

冬，會于薄以釋之。子魚曰："禍猶未也，未足以懲君。"（美中尾）胡茅堂曰："齊桓攘楚以安列國，宋襄盟楚以求諸侯，圖霸而霸之旨已失。"（《左傳翼》尾）齊桓晉文主盟中夏，攘楚也。今欲合諸侯而求諸楚，風斯下矣。倏而執，倏而釋，操縱由人，不知戒懼，猶貪諸侯，卒致敗泓傷斃，而禍始已，此子魚所以屢歎而憂也。"欲"字是宋襄定案，亦是全文眼目，文仲、子魚，言若一轍，而婉切殊致，疏戚之異耳。（閨生夾）此與上下兩語尤極抑揚之致。（《評林》眉）《經世鈔》："故曰小懲大戒，小人之禍。"馮空立："語語爲後文張本，謂之突敘法。"（王系尾）此篇合盟齊、盟鹿上觀之，楚之黠、宋之愚，可歷歷見矣。齊桓既殁，楚有猾夏之志，而未測諸夏之深淺也。是故盟于齊，以無忘齊桓之德，非楚志也。而甘列陳、蔡之後者，觀諸夏也。鹿上之盟，宋求諸侯于楚，尤非楚志也。而甘處宋之後者，觀宋襄也。既揣知諸夏宋襄之淺深，可以肆其志矣，而未有備也。盂之會，楚備既成，楚志遂決。而宋襄內不自反德力，外不察楚人之機穽，憪然而見執，憪然而見釋。匹夫之辱，莫此爲甚，而況其爲百里之君哉？後人徒見其靦然在諸侯之前，遂列之於五霸，誤矣。齊桓既往，晉文未興，宋襄闒劣，蠻夷猾夏，空中結構處，令人俯仰慨然，是文章神境。

任、宿、須句、顓臾，風姓也，實司大皡與有濟之祀，以服事諸夏。邾人滅須句，須句子來奔，因成風也。成風爲之言於公曰："崇明祀，保小寡，周禮也；蠻夷猾夏，周禍也。若封須句，是崇皡、濟而脩祀、紓禍也。"（《左繡》眉）憑空立案，語語爲後文張本，謂之突敘法。風姓單提，下亦用單應揭過，輕重有法。前逐項伏，後一筆應，既整齊，又變化也。成風語照應本密，然文勢似不可住，合下年傳讀之，方有收煞。而"周禮"禮字亦有歸結，于應法，又整中之變也。(《左傳翼》尾) 私情而以公義出之，正論煌煌，無間可議。前路憑空設案，不惟成風議論有根，而一滅一復，邾、魯之功罪自明，筆力簡峭，高不可扳。天子以四海爲家，侯甸要荒，托周宇下者，皆周也。故蠻夷猾夏，即爲周禍，以其不知有周也。齊桓、晉文尊周必須攘楚，正此義耳。須句爲周須句，邾人如何可滅？魯人如何不救？吕氏本中謂："知周禮者，列國尚猶有人。周禍之説，知之者唯成風一人而已。"議論甚爲明通。(《日知》尾) 此左氏常調，末語兼結前半，則尤爲遒矯。

◇僖公二十二年

【經】二十有二年春，公伐邾，取須句。(《測義》夾) 張洽氏曰："僖公非有崇明祀、保小寡之公心，而徒徇母之私意，故無以服邾，而致升陘之寇。"(《評林》眉) 卓爾康："須句爲成風母家，邾取而我伐之，反地置君，固其本心。其以邾恃宋害鄫，故乘宋公見執而伐之，亦事勢當然。趙氏以爲須句邾邑，則左氏所載豈盡無徵耶？至文公十七年又書伐邾取須句，須句嘗復取於邾，而文又伐取爾。"夏，宋公、衛侯、許男、滕子伐鄭。(《評林》眉) 趙鵬飛："鄭人從楚，力不支也。宋不能抗楚，而甘就執辱，何以責鄭之弱而附楚也？"秋八月丁未，及邾人戰於升陘。(《評林》眉) 張洽："書及公戰也，不言敗，諱恥也。觀此，則春取須句，非有存亡繼絶之公心審矣。"冬十有一月己巳朔，宋公及楚人戰于泓，宋師敗績。(《評林》眉) 黃仲炎："宋襄公自執滕用鄫，以失人心，爲楚所執，今乃不量力而鬥，以徼倖於萬一，衆敗身夷，不亦宜乎！"

【傳】二十二年春，伐邾，取須句，反其君焉，禮也。(王源尾) 凡序事，先將大意或一時大局提明，則理之是非，人之賢否，勢之成敗，事之禍福，國之興亡，總如破竹。不待詞費，不須周折，自使觀者井然，而鐵案如山，千秋莫易。否則，詞愈繁，義愈晦，隙愈多，使善者苦於不彰，不善者得以翻案，史法蕩然矣。邾滅須句，魯復須句，使其爲蠻夷小國，不足輕重，則兩國功罪，亦無所關。唯大書曰："實司太皞與有濟之祀，以服事諸夏。"則其爲神明後裔，中國侯封，胡可滅也？滅之者罪可勝誅、而復之者功可勝錄耶？故文章提得起，才能理得清。極周匝，極參差。太疎非文也，太密非文也。疎而密，密而疎，此中三昧也。文到疎密得宜，便是天工，不爲人巧。（《分國》尾）須句主皞、濟之祀，非邾所得滅。猶顓臾主東蒙之祭，非季氏所得伐也。成風之請不爲私，僖公之伐見其義。僖公嘗從齊桓公，此亦得其城邢、封衛之意。至文公七年，取須句，實邾文公子爲大夫，絕皞、濟之祀以與叛臣，又何謬也！（高嵣尾）俞桐川曰："雖爲外戚，然從大義上起見，故爾謹嚴。"（《評林》眉）陳傅良："'禮也'，傳言經不書邾滅，蔽罪於魯，杜氏：'爲魯私屬，故略。不書，失之。'"

　　三月，鄭伯如楚。

　　夏，宋公伐鄭。子魚曰："所謂禍在此矣。"（《左繡》眉）應上呼下，只一語而寫盡撫膺扼腕之神。（《評林》眉）王元美："歷觀宋襄事，其心最刻，量最狹，雖仁義亦不成其爲假也。"（王系尾）甫釋于楚，旋與之爭鄭，豈非不量力、不知恥之甚者哉？然是時諸夏之君，畏楚如虎，之死而不屈者，獨宋襄耳。其志可哀，其才德不足言也。

　　初，平王之東遷也，辛有適伊川，見被髮而祭於野者，曰："不及百年，此其戎乎！其禮先亡矣。"（《補義》眉）晉虞預云："阮籍裸袒，伊川被髮之比。漢將亡而有愁眉之飾，唐將亡而有拋家之髻，東晉君弱臣強，民間衣小裳大，皆禮先亡之謂也。"（《評林》眉）朱申："按：平王元年東遷，至是蓋百二十三年，但不知辛有以何年適伊川也。然則不及百年之說，亦言其大概耳，不必盡驗也。"（方宗誠眉）料事有深識。（《學餘》眉）上節思齊桓，此節令人思管仲。落句如土委地，知天下無因而來者，皆非無因而來也。（闈生夾）慨歎甚深，《春秋》所以尊中國、攘夷狄也。**秋，秦、晉遷陸渾之戎于伊川。**（韓范夾）背華則成夷，此實至理，與讖緯家言前知者不同。（魏禧尾）金履祥曰："伊洛王畿，天地之中，雖曰曠土，豈宜遷戎居之？秦晉之罪，不惟亂華，其偪周甚矣。自是伊洛之戎，世爲周患。"魏禧曰："人無禮則與禽獸無別，凡風俗之端，禍亂之始也，故君子慎之。後世風俗之壞，必先于士大夫，而齊民效之，浸至亡國喪君，子孫屠戮者，不一而足矣。"（《左繡》眉）戎兆於被髮，而禮亡於東遷。平能中興，秦晉其何能爲？首尾兩"遷"字，特特相映。司隸威儀，千古同歎耳。一點便足，不更著詞。文有即敘即結者，此類是也。讀者得其宮止神行之妙，可以隅反矣。（美中尾）彭躬菴曰："晉任放誕，亦有戎禍。"（《左傳翼》尾）以一人之被髮野祭，而決其地之必戎，如響斯應，毫髮不爽，識氣機祇在明義理耳。有禮無禮，分別甚微，關係絕大，左氏判人休咎，多在此上決斷，讀者當爲留心。太公報政，尊賢尚功，知其後世必篡。魯公報政，尊賢親親，知其後世必微。同焉以禮，尚有不同，況其禮先亡乎？先儒嘗謂觀秦風一篇，而暴秦政治無不根基於此。首重寺人，即趙高亡秦之兆。《駟驖》、《小戎》同袍，則上首虜之先聲也。《蒹葭》秋水，其盧敖輩所由遁乎？《黃鳥》夏屋，焚坑之機動矣。至誠如神，無不先知，洛陽鵑聲，聞者且知治亂，此等曠識，正不讓辛有獨高千古。（《日知》尾）言爲事引，事爲言證，渾健至此。礼之重如此，古人見微知著，事若極奇，理正極確也。（高嵣尾）俞桐川曰："逸事也，淡淡數筆，無限凄涼。"（王系尾）此志戎狄亂華之始，可謂懷百世之憂，具識微之哲者矣。嗟乎！戎之入也，有從之者也。戎之徙也，有兆之者也。戎乎何誅，徙戎者又何誅焉？（《學餘》尾）地之夷也，其禮先亡。禮之亡也，其心先死。履霜，堅冰至，可不辯之於早乎？

　　晉大子圉爲質于秦，將逃歸，謂嬴氏曰："與子歸乎？"對曰："子，晉大子，而辱于秦，子之欲歸，不亦宜乎？寡君之使婢子侍執巾櫛，以固子也。從子而歸，棄君命也。不敢從，亦不敢言。"遂逃歸。（《測義》夾）愚按：懷嬴不敢從，亦不敢言，此一言也，似乎有貞德矣，而異日者與五人之列，以事重耳，則何以不自別焉？（《分國》尾）懷嬴之言，非也。嬴既歸圉，身爲圉之身矣，去留惟圉，生死惟圉。乃以棄君命辭，知有父不知有夫矣。正所謂父一而已，人盡夫也。何怪乎卒嬖二君，宣孟斥爲賤哉？（《左繡》眉）"將逃"起，"遂逃"結，凡寫五"歸"字。"與子歸乎"一筆開出下兩層，下"欲歸"順頂"歸"字一層，"從歸"倒頂"與"字一層，"不敢從"順結"從歸"，"不敢言"倒結"欲歸"，一筆結上兩層，呼應又勻又密，用法入化。（《左傳翼》尾）離別人情之常，此行已成永訣，黯然銷魂，當如何也？小窗喁喁，無復可憐之色。擡出君命，便有爲君所使之意。子宜歸而吾不敢從，居然欲抱琵琶向別船矣。唐錫周云："讀'侍執巾櫛'句，便思奉匜沃盥時，妙甚。'不敢從'，已不欲去也。'亦不敢言'，是竝不欲其留矣。外內惡之，何至侍巾櫛者而亦如此耶？豈此女知慕英雄，絕無兒女子態耶？嗚呼！辰嬴則亦已矣，秦穆之納，晉文之受，其于義何居？(《評林》眉) 王元美："懷嬴不敢從，亦不敢言，似有貞德矣，而異日何以奉匜沃盥而事重耳，曾不以叔姪自別耶？"(王系尾) 此是秦穆納重耳之根，秦晉之成，子圉爲質。圉逃歸而好絕矣，重耳之所以思歸，穆公之所以遂納也。圉內無父命，外欺大國，率爾逃歸，等於匹夫，無成已可概見。懷嬴似善處夫妻父子之間者，亦緣看透懷公底裏，歸晉無成，留秦無用，故以善言謝之耳。

富辰言于王曰："請召大叔。《詩》曰：'協比其鄰，昏姻孔云。'吾兄弟之不協，焉能怨諸侯之不睦？"王說。王子帶自齊復歸於京師，王召之也。(《測義》夾) 愚按：富子論兄弟之常可爾，乃子大叔謀奸王位，召戎以伐京師，罪死毋赦，彼其得容于齊以逃生，則桓公、管仲與有罪焉，而富子不察，區區憂兄弟之不協，爲謀而召之歸，卒致其罪必不可容，而竟不免於死，則曷若苟全之于外爲愈乎？君子謂斯人知姑息之愛，未知國之大體也。(《分國》尾) 子頹之亂，惠王親歷之，復溺於子帶之寵，爲難二十年。三折肱知爲良醫，未必然也。華戎雜居，自古爲患，而秦晉遷之內地乎？其亦因子帶之召誘而致之耳，異于江統之徙戎矣。嗚呼！見伊川野祭，卜中國之爲戎。聞天津杜鵑，知天下之將亂。氣數使然，雖智者亦如之何？(《左繡》眉) 忠恕之言，直作勸親親注疏。然妙在只就《詩》點醒，絕不費辭。論事極爽，解經極活。末掉此筆，不是譏王召亂，乃是罪帶負恩也。(《左傳翼》尾) "兄弟不協"二語，入情入理，最易動聽。富臣屢勸王親親，真善處人骨肉間者。但此語不言於十年以前，其亦知王怒之未怠乎？進言以時，洵然。子帶之惡，更甚子頹，召之而入，不善處之，釀成大亂，卒煩晉文勤王之師而後定，殺之於隰城，于兄弟之恩何有？帶固負恩，王亦未能弭亂，猶不若任其播遷，尚得保首領以歿也。(《補義》眉) 汪云："只就《詩》點醒，然誤王并以誤帶。"(《評林》眉) 《經世鈔》："'富辰言於王'，按：十一年，子帶召戎伐京師，入王城，焚東門。"《補注》："傳見天王不能以義制恩，齊侯爲之請已失之，富辰之言亦非也。舜封象于有庳，而使吏治其國，未嘗留之於帝都。子帶志在召寇作亂，與象一夫之事不同，宥列國斯可矣，乃還之京師，以起後患，謂之協其兄弟，豈不謬哉！"(王系尾) 此篇前應仲孫湫十年之言，後伏天王居鄭、晉文勤王諸案，是血脈流通、筋絡結會處。

邾人以須句故出師。公卑邾，不設備而禦之。（《正論》眉）群策屈群力，文仲之策，何有於邾？即以當齊、楚、秦、晉，吾知有備無患。臧文仲曰："國無小，不可易也。無備，雖衆，不可恃也。《詩》曰：'戰戰兢兢，如臨深淵，如履薄冰。'又曰：'敬之敬之，天惟顯思，命不易哉！'先王之明德，猶無不難也，無不懼也，況我小國乎！君其無謂邾小。蜂蠆有毒，而況國乎？"弗聽。（孫鑛眉）小有錯落便活動。（韓范夾）夏侯尚乘江水淺狹，作浮橋渡江。董昭曰："武皇知略過人，然未嘗輕人如此之甚也。"後尚幾不免，故敵無弱，弱不可狃；敵無寡，寡不可狎。（《左繡》眉）兩路夾說，而平側順逆，筆端變化。因卑邾，故不設備，兩語本是遞說，故前用對講，後用單收，歸重"無謂邾小"，作倒煞之筆。曲折波宕，綽有風神。提句用順，引《詩》卻用逆。斷語於頂《詩》則爲逆，于應提又爲順。單掉小國復用逆，無一筆直。兩小國相映有情，以小卑小，乃尤非也。（《補義》眉）文仲扼一"小"字，順逆翻駁。關尹子云："勿輕小事，小隙沈舟；勿輕小物，小蟲毒身。與文仲之言相發。"（《左傳翼》尾）人不可易，已不可恃，分看似兩層，合勘祇一理。先順後逆，參差變幻，兩襯備饒蘊藉。歸重自己身上，語尤有骨。

八月丁未，公及邾師戰於升陘，我師敗績。邾人獲公冑，縣諸魚門。（《左傳雋》尾）呂東萊曰："大勝小、強勝弱、多勝寡，兵家之定論也。魯與邾未交兵之前，人皆意魯之必勝矣。而僖公卑邾，不設備，卒以取敗。殆非專僖公之罪，其居使之然也。僖公所居者魯，以魯而臨介、莒，則自大視細，心不期驕而驕。以魯而望齊，則自細視大，心不期畏而畏。既見大國之可辱，必見小國之可忽，此所以禍生所忽，而召魚門之辱與？"（魏禧尾）彭家屏曰："屈瑕之伐羅也，不設備而有荒谷之縊。魯僖之禦邾也，不設備而有魚門之縣。蓋兵者心戰，輕敵則心不固矣。所以殺將喪師，如出一轍，君子不得已而有軍旅之事，則臨事而懼爲要道也。"（《分國》尾）博物者，無論大小，皆當以全力副之，此言小不可忽也。故曰一夫不可狃，又曰一人勝予。輕敵者，未有不自覆也。升陘之役，雖得報于訾婁，乃公冑之懸，已取笑於列國，臨敵者戒之！（《日知》尾）筆筆跌宕，風力遒逸。

楚人伐宋以救鄭。（《淵鑒》眉）宋襄忍於鄫子，而不忍於二毛，謂之曰仁，吾不信也。《公羊》擬以文王之戰，謬矣。元德張洽曰："《春秋》以襄公主是戰，則知聖人罪其愎諫求欲，昧大義而尚小節，以取敗國殄民、自及其身之禍。"臣鴻緒曰："宋襄公不務脩德，而欲以力爭諸侯，已爲禍基，即使用子魚之言，一戰而勝楚，亦終不能霸也。"**宋公將戰，大司馬固諫曰："天之棄商久矣，君將興之，弗可赦也已。"弗聽。**（《彙鈔》眉）弱不敵强，宋公既不量力，以致喪師。又假爲迂腐以欺人，能不顏汗？（《左繡》眉）此是左氏開手第一篇駁難文字。看其層層抉摘，一轉一緊，臨了卻作蕩漾之筆。於緊處得松，尤能令意味悠然有餘也。起處一段，絕妙伏筆。下"將戰"字，已是螳臂當事，全不審時量力。及至臨戰，反又迂闊起來，可笑之甚也。固諫語語先手，見得依你一肚皮迂闊論頭，便當索性安分守己，不必强出頭討苦吃耳。此正通篇高一層跌落得力處，併下文"不如勿傷"、"不如服焉"，都隱隱照起。左氏總無閒筆。（《約編》眉）《杜解補正》云："大司馬即司馬子魚。固諫，堅詞以諫也。"朱鶴齡云："按：《史記·宋世家》，前後皆子魚之言。"此說較杜爲優，存參。（《補義》眉）點"固諫"二字，知"棄商"數語乃其末後之辭，前面有多少脩德話在，不聽者，以爲迂也，那知自己卻迂甚。（《評林》眉）《附見》："定十年傳云'公若藐固諫'，固，堅固也。大司馬子魚也。"邱維屏："公孫固不即當日事勢言其敗處，徒言天運，豈足以止兵？"王元美："齊桓以江、黃八國犄角之勢，尚不與楚輕爲一戰，襄何不量力若是？"（闉生夾）讀此知宋襄之志在興商，非同漫舉。而其罪狀徒以違天，遂在不赦，亦並無何等過惡也，乃作者寓意憤惋之處。即子魚之言，亦但以小國爭盟爲禍，並無指斥宋公之語。

　　冬十一月己巳朔，宋公及楚人戰於泓。（《正論》眉）兵法，校之以計而索其情，曰主孰有道。泓之戰，徐偃王之故事也。徐偃不忍民之鬪，宋襄不忍敵之傷，行小忍而忘大義，君子闕之。（《才子》夾）筆快，卻如剪刀快相似，愈剪愈疾，愈疾愈剪。胸中無數關隔喧咳之病，讀此文便一時頓消。**宋人既成列，楚人未既濟。司馬曰："彼衆我寡，及其未既濟也，請擊之。"公曰："不可。"既濟而未成列，又以告。公曰："未可。"既陳而後擊之，宋師敗績。公傷股，門官殲焉。**（《左繡》眉）公說二遍，子魚亦說得兩遍，只因分合、順逆、正側手法不同，便令讀者駭其多、驚其變耳。如此處門項作三層寫，上二層賓用合，下二項主用分。子魚語第一遍亦作三層寫，而賓主倒換，分者合之，合者分之。第二遍復說，變作四平，併上段又自爲一倒一順，章法圓變之極。細尋之，脈縷一絲不亂。鴛鴦繡出，金針何在？人自鹵莽，作者盍欺我哉？（《評林》眉）《附見》："未既濟，言楚師半濟半未濟在河心也。"

國人皆咎公。（《文歸》眉）胡楑曰："'國人皆咎公'虛引下論，得絕處逢生之妙。公曰："君子不重傷，不禽二毛。古之爲軍也，不以阻隘也。寡人雖亡國之餘，不鼓不成列。"（《評林》眉）彭士望："'君子'二字，一'古'字，皆飾非恥敗之具。"（閻生夾）宋襄圖霸，雖不量力，然其志量亦超絕矣。左氏如其分而記之，短長俱見，不失錙黍，尤見定識。不似後世史官，心惡其人，便不見分毫長處也。子魚曰："君未知戰。勍敵之人，隘而不列，天贊我也，阻而鼓之，不亦可乎？猶有懼焉。且今之勍者，皆吾敵也。雖及胡耇，獲則取之，何有于二毛？明恥教戰，求殺敵也，傷未及死，如何勿重？若愛重傷，則如勿傷；愛其二毛，則如服焉。（《測義》夾）孫應鰲氏曰："'如勿傷'、'如服'，子魚達權知變之論也。宋公欲雪孟之恥，而不度其力之不能，徒假匹夫之信以自文，後人乃比之文王，真可大噱！"三軍以利用也，金鼓以聲氣也。利而用之，阻隘可也；聲盛致志，鼓儳可也。"（《正論》尾）蘇氏曰："《公羊》嘉之以爲文王之戰不過於此，余竊笑之。夫襄公陵虐小國，至使邾人用鄫子次睢之社，雖桀紂有不爲。乃欲以不鼓不成列、不禽二毛，求爲文王，不亦過甚矣哉？"胡氏曰："襄公伐齊之喪，奉少奪長，使齊人有殺無虧之惡，有敗績之傷，此晉獻公之所以亂其國者，罪一也。桓公存三亡國，義士猶曰薄德，而一會虐二國之君，罪二也。曹人不服，盍姑省德無闕，然後動？而興師圍之，罪三也。凡此三者，不仁非義，襄公敢行，而獨愛重傷與二毛，則亦何異盜蹠之以分均出後爲仁義、陳仲子以辟兄離母居於陵爲廉乎？"（孫鑛眉）論得盡勁而淨。此與《戰國策》同法，但彼率此鍊，彼薄此濃。前絕峻利，收處卻平緩。（《文歸》尾）爽直無飾語，可砭僞道學膏肓。建白。（《快評》尾）王霸之別，惟是真與假之間耳。齊桓、晉文，成乎其爲假者也。宋襄公，不成其爲假者也。嗟乎！假豈易言哉？二十一年春，宋人爲鹿上之盟以求諸侯于楚，公子目夷諫而不聽，諸侯會宋公於盂，爲楚所執，會于薄以釋之，子魚以爲禍未足以懲君。知君莫若臣，然則襄公平日之剛愎自用可知矣。及此鄭伯如楚，宋公伐鄭，子魚曰："禍在此矣！"公將戰，司馬諫，而公子目夷不諫，知公之不可復諫也。司馬始而諫戰，既而請擊。兩軍既交，則當盡金鼓三軍之用也。宋公有司馬如此而不能用，有金鼓三軍而不能用，即假亦不復成其假，何足當五霸之一哉？吾反覆宋襄之事，及司馬之諫。竊疑宋襄胸中更有不可問者，非止景慕齊桓而已也。（孫琮總評）茅鹿門曰："尖刻快利，與戰國類矣。但彼率此鍊，彼薄此濃，風氣勝之耳。'愛其二毛'以下，申前三意，分合法變，筆鋒變峭爲宕。"子魚諫襄公之言，是第一等守己安分人。至其論戰，又何其雄健勇決也？夫雄健勇決，從守己安分中出，方見絕大作用。若襄公之好鬥逞，而又迂疎以致敗，適自速其死耳，豈復可與談兵？（《統箋》尾）愚按：宋襄不重傷、不禽二毛、不鼓不成列，其言似乎迂闊。然觀其用鄫子於睢社，以誘東□，爲圖霸之術，則任用譎詐，而全無仁心者也。至於用兵臨陣之際，又飾之以仁，豈誠也哉？有謂徐偃行仁義而亡，未可以欺天下後世也。（《析義》尾）宋襄以不阻、不鼓取敗，《公羊》過褒，胡氏過貶，均失其實。總以繼霸之初，不知度德量力，欲以假仁假義籠絡諸侯，故但用正兵，不肯詐勝，是其愚處。與前此以乘車會楚被執，同一好笑。及敗後，受通國咎責，因引及不重傷、不禽二毛門面話頭，虛張掩護，更覺不情。獨不思敵之傷可恤，敵之老可矜，而己之師、己之股、己之門官皆可不必計乎？子魚此論，從不阻、不鼓，倒説到不重、不禽。復從不重、不禽，順説到不阻、不鼓。一句一駁，總見其未知戰，所以深惜其愚也。文之精練斬截，如短兵接戰，轉鬭無前。（《觀止》尾）宋襄欲以假仁假義籠絡諸侯以稱霸，而不知適成其愚。篇中只重險阻鼓進意，重傷、二毛帶説。子魚之論，從不阻、不鼓，説到不重不禽。復從不重不禽，説到不阻不鼓。層層辨駁，句句斬截，殊爲痛快。（《賞音》尾）僖十九年，宋公使邾子用鄫子於次睢之社。國君也，而尚以犧牲用之，比之重傷與禽二毛，不天壤乎？不揣其本，而飾之於細，將誰欺？子魚之論戰精矣，然亦不過因公言以破公之惑耳。按：上年傳，諸侯會宋公於盂，子魚曰："禍其在此乎？君欲已甚，其何以堪之。"於是楚執宋公以伐宋。冬，會于薄以釋之。子魚曰："禍猶未也，未足以懲君。"觀此兩言，則知此戰非子魚本意。（《左繡》眉）前文只是未濟、未列，後忽添出重傷、二毛伴說，行文欲得濃厚故耳。但宋公口中雖四項平重，于敘事終有賓主。故前段順逆交互，以還其平。後段平中寓側，作倒煞歸重之筆，以與敘事相應。篇法細密，蓋毫髮無遺憾也。"三軍"二句，忽著一離，便亦火氣歸重下二項，妙甚。大抵頓宕鬆緊，全在離處得力。兩"可也"，明對前"不可"，"未可"與上"不亦可乎"，同一回龍顧祖法。蓋恐讀者與重傷、二毛一平看去，不見手筆也。嗚呼！妙矣！俞寧世曰："一曰'不可'，一曰'未可'，與曹劌論戰相似，將士莫測襄公胸中有多少甲兵，及至敗後，說出如此腐爛可笑，然後受子魚痛言，更不復能置一辭。人徒賞其後半篇，而不知得神在前半篇也。"（儲欣尾）宋襄違司馬之請，當屬執拗自用。及國人歸咎，而引君子以解之，所謂小人之過必文，非其本心也。不然，宋襄忍用鄫子於次睢之社，而獨愛敵之二毛，有是理哉？襄公愚妄，子魚賢明，使子魚有宋，安於太山，無如其守節固遜何也，與延陵季子同一可惜。（《約編》尾）語氣勁爽，告愚主不得不爾。（《左傳翼》尾）量敵而後進，慮勝而後會，用兵之要道。是時荊楚方強，齊桓召陵之師草草而退，晉文城濮之戰，合齊、秦諸國之兵，兢兢戒懼，僅得一勝，宋豈能敵楚？不戰自是勝算。即不得已而戰，兵不嫌詭，用間出奇，如晉人先軫之謀，欒枝、胥臣之計，何不可者？既不量敵，又不慮勝，一味迂腐，豈不敗事？未既濟而擊，阻隘也；不成列而鼓，鼓儳也。本文祗此兩層，不重傷，不禽二毛，乃其所以不阻不鼓之故，言王者之師神武不殺，堂堂正正，如重傷、二毛等項且不忍爲，如何肯爲狙詐之行而阻隘、鼓儳乎？子魚力破其說，首尾單以"阻隘"二字爲主，中間帶破"不重傷"二句，見其迂闊不情，所以未爲知戰，文意自明，若分作四項看，殊未識旨趣所在。執滕子、用鄫子則諫，圍曹則諫，盟鹿上、會盂、會薄則歎，今于伐鄭又歎，蓋宋公連年求伯，無一事當人意，子魚固知其禍不旋踵也。戰泓而不阻隘，不鼓儳，以致傷敗而死，此是襄公結果盡頭，其差錯全在不度德量力、強欲求伯上。諺云："煩惱皆因強出頭。"其宋襄公之謂乎！（德宜尾）"不可"、"未可"，宛然曹劌從戰，疑宋公亦大有把捉。乃一敗塗地，只子魚"君未知戰"四字了之，後逐層抉進，卻用兩"可也"收住，恰好照應，妙極！（《日知》尾）以中幅宋公數語爲主軍，前後皆會歸於此，此常山率然勢也。（《評林》眉）王陽明："如勿傷、如服，子魚達權知變之論也。宋公欲雪盂之恥，而不度其力之不能，徒假匹夫之信以自文，後人乃比文王之戰，真可大噱。"

王元美："子魚之論戰善矣，然惜其不能陳於未戰之先也。襄有此奇才策士而不能用，以至敗，悲夫！"《經世鈔》："'阻隘可也'，言當擊未濟。'鼓儳可也'，言當擊未成列。儳，仕銜反，猶《曲禮》'儳言之儳'，無次錯雜也。"（王系尾）宋襄圖霸之事，終於此矣。取辱當時，遺笑後世，本無足言。而傳敘之特詳，後之人讀之，有惡其不脩德者，有譏其不量力者，亦有哀其志者。是得失之林也，豈徒以事之核爲文之腴哉？然而大官之美，於茲備矣。（林紓尾）紓曰：凡駁難文字，取其道緊。宋公滿腔迂腐，子魚滿腹牢騷。君臣對答之言，針鋒極准。通篇用五"可"字。公曰"不可"，又曰"未可"，子魚則曰"不亦可乎"，此猶作商量語。至末段用兩"可也"，則直自出兵謀，爲教導襄公語矣，一步緊似一步，詞鋒之便利，令讀者動色。此章似與曹劌觀戰時，同作一知兵之口吻。俞氏寧世謂："將士聞此，幾不測襄公胸中有多少甲兵。及後此說出迂腐可笑之言，受子魚痛斥，不能更置一詞矣。"不知古人行文之妙，舉得不高，亦跌得不碎。襄公雖劣，然假仁僞義，名在五霸之列。觀其以區區一宋，敢與楚抗，膽量亦自不小。兩曰"不可"，口吻極壯闊堅定。至於一敗塗地，若不支撐，則辱乃愈甚。不重傷、不禽二毛、不阻隘、不鼓不成列，連用四"不"字，亦未必皆屬無根之言。子魚不更與辯，但曰"君未知戰"一語，已將以上腐話掃盡。"隘而不列，天贊我也"，開口便破他不阻隘、不成列之闊論。然後將二毛、重傷，反覆警醒一番。胡耉者，元老之稱。"獲胡耉"，破他不禽二毛之假仁。殺敵者，盡敵也。破他不肯重傷之僞義。又患不透，"則如勿傷"、"則如服焉"，讀者似以"則"字代"不"字用，實則非是。"則"字，急語也，趣之之詞也。趣之服，趣之勿傷，皆激烈之談。至此知公無言可對，於是子魚從容談兵矣。"三軍以利用也"一語，語氣和緩，是匡正導以知兵之意。其下兩"可也"，又箴公後此之不可如是。儳，不齊也，猶言未整陳也。（《菁華》尾）子魚自知力不敵楚，勸宋公勿戰，與季梁"請下"之意同，及知公意不回，乃告以先發制人之計，與季梁之請攻其右，俱合批亢搗虛之策，而二主漠然若無所聞。蓋天方授楚，雖有忠臣志士，亦熟視而無如何也。用人於社，昏暴甚矣。一敗之後，無以自解，乃姑託于仁人君子之言，何不知羞辱如此？竊謂宋襄公此番舉動，是爲後世偽道學之祖。公羊子以宋襄之戰，比之文王，誠不知其用意所在。（閻生夾）子魚論戰一段，殊凜烈有英氣，可爲宋襄生色。且觀其所論，正惜其臨戰之不力，並非謂不當戰也。蠻夷方張，中國不振，宋欲圖霸，雖不量力，夫豈有可指之罪哉？

丙子晨，鄭文夫人芈氏、姜氏勞楚子于柯澤。楚子使師縉示之俘馘。（閩生夾）宗堯云："敘宋襄旁及楚子之不遂霸，多鄙夷之辭。"閩生案：重抑楚子，亦所以申襄公之志也。君子曰："非禮也。婦人送迎不出門，見兄弟不踰閾，戎事不邇女器。"（《評林》眉）張天如："鄭國獨無君與執政大臣乎？而何以夫人出勞楚子也？若楚之誇功而示俘馘、取二姬，此夷習也，吾何以責焉！"

丁丑，楚子入饗于鄭，九獻，庭實旅百，加籩豆六品。饗畢，夜出，文芈送於軍，取鄭二姬以歸。叔詹曰："楚王其不沒乎！爲禮卒於無別，無別不可謂禮，將何以沒？"諸侯是以知其不遂霸也。（《分國》尾）鄭於首止之役，王使從楚，逃齊盟歸，楚遂數有事于鄭，鄭始朝楚，楚賜金矣。鄭夫人勞楚子，楚攜二姬歸矣。嗚呼！桓、武之烈未泯，尊楚至於朝，親楚至於出其妻子，鄭何靦顏至此？若楚子者，無禮亦甚。宜乎師敗城濮，身死商臣，祿絕於此也。嗚呼！人知楚之猾夏，豈知其端自鄭從之，實周王啓之耶？（《左繡》眉）凡分敘合斷，乃是常格。此文兩對直起，前晨事既以君子斷之，後夜事又以叔詹斷之，"不復"另以諸侯虛斷，總結一筆，蓋別一章法矣。章法與"反自鄶"同。兩段皆以"禮"字爲主。上段有兩意，一主一賓對説。下段亦有兩意，一得一失互説，皆相配成文者。（文淵尾）宋襄敗死，楚又不能遂霸，天之欲興晉文也！（《左傳翼》尾）楚子伐宋救鄭，宋襄傷泓，鄭人德之，亦不爲過。而勞楚子柯澤者，芈氏、姜氏也，送楚子於軍者，文芈也，又重之以二姬，鄭若遂無君相然。中冓之醜可勝道乎？此宜責鄭，而傳單咎楚者，以楚成英主，不應無別瀆禮以至此也。以無別而斷其不沒，死生禍福都關於禮，是以君子慎之。君子斷一段，叔詹斷一段，諸侯又斷一段，言重詞復，滿腔積憤之氣溢於楮墨，然于楚成則責之，于鄭文不置一詞者，以其人不足掛齒頰也，豈足以汙吾筆哉？（《補義》眉）叔詹及諸侯專責頵，然頵盜賊耳，何足責？其責頵者，正深責鄭文也。有乃父虜息媯之風。（《評林》眉）按："諸侯是以"四字，予較數本皆同，或作"是以諸侯"，非是。（王系尾）分敘勞饗，既引君子、叔展之言分斷之，末復總斷一語，意在末一語也。楚不遂霸，人知其抑于桓、文，而不知楚成無禮，本非霸主之器也。"禮"字是篇中眼目，齊桓、晉文猶知假禮，便是足以制楚處。（方宗誠眉）兩敘兩論相間，是夾敘夾議法。

◇僖公二十三年

【經】二十有三年春，齊侯伐宋，圍緡。（《評林》眉）孫復："楚人敗宋公于泓，齊侯視之不救，而又加之以兵，故伐、圍並書，以誅其惡。"夏五月庚寅，宋公茲父卒。秋，楚人伐陳。冬十有一月，杞子卒。（《評林》眉）程子："杞，二王後而伯爵，疑前世黜之也。中間'子'之，後復稱'伯'。"

【傳】二十三年春，齊侯伐宋，圍緡，以討其不與盟于齊也。（《左繡》眉）己則負德，而以負人可乎？此俚語所謂踏沉船頭者也。（美中尾）姜白巖曰："孝已與鹿上之盟矣，忽以不與盟于齊爲討，非其本意也。楚勝故媚之，宋敗故侮之，是勢利之徒，亦是背義之徒。"

夏五月，宋襄公卒，傷於泓故也。（文熙眉）穆文熙曰："子魚所言，深得戰陣之法。宋有子魚而不能用，其亡也何怪？"蘇氏曰："《公羊》嘉襄公，以爲文王之戰不過於此，余竊笑之。夫襄公陵虐小國，至用人於社，雖桀紂有不爲，乃欲以不鼓不成列，不禽二毛，求爲文王，不亦過甚矣哉？"（《測義》夾）愚按：霸者，謂其有功於尊王，乃可稱焉。如夏昆吾，當大康時，身爲盟主，誅不從命以尊王室。及殷之衰，大彭、豕韋氏復續其緒，所謂王道廢而霸業興者也。齊桓九合一匡，卒明王業。晉文納襄克帶，翼戴天子，不可謂非其人矣。故丁公著氏謂："夏昆吾，商大彭、豕韋氏，周齊桓、晉文爲五霸。"其言本於應劭氏。而説者謬謂五霸盡出于周，廼以宋襄、秦穆、楚莊廁於桓、文之列，則彼三君者，曾有一事之善，上及於尊周，而可以若是班乎？矧當春秋戰國時，孔子止曰："齊桓公正而不譎，晉文公譎而不正。"則周之所謂霸者，桓、文之外，無他族焉。而孟子又曰："五霸者，三王之罪人也。"則五霸之爲三代時諸侯何疑哉？雖然，桓、文而外，則三君矣，秦穆最賢，楚莊次之，若宋襄者，抑又下矣。（魏禧尾）魏禧曰："襄公用國君于社，而不鼓不成列，開後世真假道學一輩，若王莽，其嫡裔也。《公羊》以爲文王之戰不過此，真眯目喪心之談。子魚有德有識有力有才有膽，而不見用，宋襄真下愚哉！"（《分國》尾）宋襄公即陳餘也，子魚即李左車也。陳餘自稱仁義，不用詐謀，違李左車策，卒敗于韓信。宋襄違子魚之諫，卒死於泓。愚哉，此兩人乎！（《左繡》眉）天下僥倖得名，且以傳之不朽，絕不可解。如宋襄居五伯之次，亦其一也。（高嵣尾）趙企明曰："楚人伐宋，以報伐鄭之師也。宋方脫纍絏之餘而歸，不能責躬自咎，內輯其國，外和四鄰，脩德養威，待時而動，乃以區區三小國之師以伐鄭，鄭不可得，而楚肆其暴，一戰奔北，幾至於亡，此誰之咎哉？宋自取也。"子魚一段，快利曲折，佳在起處鋪敘。一曰"不可"，一曰"未可"，與曹劌論戰相似，莫測宋公胸中有多少甲兵，及至敗後說出如此腐爛可笑。人徒賞其後半篇，而不知得神在前半篇也。俞桐川云爾。（《評林》眉）李笠翁："所稱伯者，謂其有功於尊王也。當春秋時，孔子止曰齊桓晉文而已，孟子乃曰卑伯。"今按：宋襄欲速見小，至其敗身傷，庸妄人耳。秦、楚未嘗與中國爲等，何並廁伯者之列哉？雖然，桓、文而外，則三君矣，秦穆最賢，楚莊次之，宋襄其碌碌不足紀乎！（闇生夾）宗堯案："此篇以宋襄公不能定霸爲主。"

秋，楚成得臣帥師伐陳，討其貳於宋也。遂取焦、夷，城頓而還。（《評林》眉）陳傅良："取焦、夷，外取邑不書，例在桓十四年，後倣此。"**子文以爲之功，使爲令尹。叔伯曰："子若國何？"對曰："吾以靖國也。夫有大功而無貴仕，其人能靖者與有幾？"**（《測義》夾）傅遜氏曰："子玉非文公敵也，故卒以楚敗，且慮其爲亂而舉，豈任人之道哉？"（韓范夾）此實待功臣所宜。有賞而不行，無以勸後也。子玉之敗，自不能善持知勇耳。以此追咎子文則苛矣。（《分國》尾）有功不賞，國何由靖，況子玉不靖之人也？當事者盡如子文，何人不可駕馭？（《左繡》眉）子文憐才，自是胸有成竹。故叔伯之疑，其應如響，子玉負之耳。"國"字接上，"靖"字生下，落一筆而全神都動。筆意極緊又極圓也。言外見不可以已之無喜無慍望之若輩也，亦太自喜矣。（《左傳翼》尾）畏其不靖而使爲令尹，便非舉賢。此駕馭英雄之法，所以卒致喪師辱國。蔿賈之前，先有叔伯，可知楚廷具藻鑑之識者，未嘗無人，特君相不悟耳。嗚呼！安石執拗，賊檜陰險，當國諸君子多迷不悟，有識之言裹如充耳，讀史至此，令人反覆歎息也。功如周公，亦人臣本分職事，取邑城城，小小勤勞，何足爲奇，而遽以之爲功，以已之令尹讓之？無貴仕，便不能靖，分明剛而無禮，子文早已知之，憂其亂國，故謹避之耳。此與士會讓郤克，同一心事。"子若國何"，大有疑慮在。成王使之去宋，其亦深惕於此歟？（《補義》眉）周云："子文憂其爲亂而避之耳。反掉有致。"（文淵尾）因其不靖而授之以政，更甚于宋人調停之說矣，焉有不誤國者乎？唯仁者能惡人，子文知子玉不靖而不能惡，故夫子不許以仁也。（高嵣尾）俞桐川曰："千古待功臣者，宜復此言。"（《評林》眉）孫鑛："'與'音預，連下'有幾'爲句。"（王系尾）此篇是楚人伐陳傳，而敘子文之讓與叔伯之言，遙爲城濮伏案也。吳草廬曰："盟曹伐鄭，陳不從宋。盟齊、會盂，則陳從楚。今乃以貳爲討，蓋鄭朝楚而陳不往，遂誣而伐之也。觀此言，使人前想齊桓，後望晉文，文章之興會如此夫！"

　　九月，晉惠公卒。懷公立，命無從亡人。（《正論》眉）晉狐突以從亡教子之忠，唐懷光以身畔成子之忠。二父之死有邪正，而二子亦有幸有不幸焉。（《左繡》眉）此篇前案後斷，以中間議論爲主。"不至"、"無赦"大概說，而實爲狐突作引，卜偃就上事而結之。通篇純用短句，一波一折，簡雋輕圓，又另增一番筆意矣。（《補義》眉）汪云："凡敘惠、懷事，都爲重耳伏脈。"（《評林》眉）《經世鈔》："夷吾忌克，流于子圉益甚。"**期，期而不至，無赦。狐突之子毛及偃從重耳在秦，弗召。冬，懷公執狐突曰："子來則免。"對曰："子之能仕，父教之忠，古之制也。策名委質，貳乃辟也。今臣之子，名在重耳，有年數矣。若又召之，教之貳也。父教子貳，何以事君？刑之不濫，君之明也，臣之願也。淫刑以逞，誰則無罪？臣聞命矣。"乃殺之。**（《測義》夾）郭登氏曰："狐突對懷公曰：'子之能仕，父教之忠，策名委質，貳乃辟也。父教子貳，何以事君？'必如是，而後爲臣之道盡矣。"（《左傳雋》眉）林次崖曰："詞嚴義正，公乃以不附己而殺之。其器量褊淺，無訏謨遠見，宜其有高梁之及也。"（《左繡》眉）"教"字、"貳"字、"辟"字，凡三層。先將"教"字、"貳"字說透，留"辟"字另作反復推敲，與卜偃語同一推廣泛論，所以回應"不至，無赦"作斷語，不單指一人一事而言也。兩"以逞"句，乃一篇大指，總見好殺不可以立國。凡敘惠、懷事，都爲重耳伏脈。"命無從亡人"，文之線，乃事之機也。孫執升曰："使吳王强于自治，則勾踐臥薪嘗膽，亦爲徒然。使惠、懷善以守國，則重耳在外十九年，且終客死，況于從亡諸人？乃舍己而責人，淫刑以逞，不亦惑乎？"（《評林》眉）王荆石："必如狐突所對，而後爲臣之道盡。"《經世鈔》："觀此，則管仲之不當事桓，而召忽之死爲義明矣。出奔之日若管不從糾，則與毛、偃同也。"（《菁華》尾）狐突不惜一身之死，以成其子之功，自是有志之士。而吾於女流中與此相類者，更得二人焉，如王陵、趙苞之母是也。狐突之語雖正，然亦是知懷公之無成故也。

　　卜偃稱疾不出，曰："《周書》有之：'乃大明，服。'己則不明，而殺人以逞，不亦難乎？民不見德，而唯戮是聞，其何後之有？"（文熙眉）汪道昆曰："敘事辭令能品。"穆文熙曰："惠公殺里克、丕鄭、慶鄭，猶有罪狀。懷公之殺狐突，殊爲無謂。忌重耳之賢，啓骨肉之釁，宜其取禍之尤速也。"（《左傳雋》尾）呂東萊曰："德之休明，桂海冰天，荒區絕域，將奉琛重譯而皆來臣，何至下與一亡公子爭數僕役哉？陋矣，懷公之褊也！懷公肆其褊心，不知反己，徒殺人以逞，使在外者絕向我之意，而堅事讎之志，計無失於此者矣。雖重耳苟安於外，彼毛、偃挾不戴天之讎，思欲一逞，豈容重耳之安於外哉？是以納重耳于晉者，非秦伯也，非狐突也，懷公也。"（《快評》尾）重耳此時聲名已震，羽翼已成，近在西秦，輔以強楚，入晉之局已定。爲懷公者，即使脩其刑政，布其德義，猶無補焉。而況淫刑以逞乎？無從亡人之命，非速從亡人者來，實速亡人之來也。即使召之來，亦何補於事哉？（魏禧尾）魏禧曰："凜凜正論，後世若王陵、趙苞之母，其知此義矣！觀欒共叔于父，則知爲子之道。觀狐突於子，則知爲父之道。處父子君臣之變，而不失其正，可爲萬世法也。"彭家屏曰："重耳非世子，與晉之諸公子同。狐突之子，雖名在重耳，非有君臣之分也。且懷公已主晉國，狐突既爲之臣，亦無父子異主之理，雖召之歸晉，亦何不可之有？而狐突不召者，蓋明知懷公之不可，而欲使其子有所托也，此突之智也。然則突亦不得爲懷之純臣也歟？"（《分國》尾）夷吾以忌克不終，圉又甚焉，宜其及也。狐突殺，益堅其子事仇，高梁之刃，自速之耳。父教子貳，何以事君？與縮高不從攻管之命，曰："父教子倍，亦非君之所喜。"意正同，狐突見殺，縮高刎頸，有同哀矣。（《左傳翼》尾）君明臣忠，天經地義，懷公乃盡反之，可歎也。父子君國，而人思重耳，亦因其無親，故內外惡之耳。不知自反，而殺人以逞，何不明至此？此雖敘懷公，卻爲重耳伏案。觀"命無從亡人"句自見針線。(高崑尾)前案後斷,以中間議論爲主,凡敘惠、懷事,皆爲重耳作引針之磁。(閭生夾)附此見懷公之無道,以開重耳。

十一月,杞成公卒。書曰"子",杞,夷也。不書名,未同盟也。凡諸侯同盟,死則赴以名,禮也。赴以名,則亦書之,不然則否,辟不敏也。(《測義》夾)朱子曰:"杞國最小,《春秋》所書,初稱侯,已而稱伯,已而稱子,蓋其朝覲貢賦之屬,率以子男禮從事,聖人因其實而書之,非貶之也。"〖編者按:奧田元繼作王元美語。〗(《左繡》眉)此處讀去,似有脫略。然"赴以名",順頂同盟,則知爲未同盟而言。"不然則否",倒應未同盟,則知爲同盟而言。此等筆法,後賢所未能一爲仿佛者也。(《左傳翼》尾)用夷禮降而稱子,只一語斷定,更無可說。未同盟不書名,卻有變例,拘泥不得。同盟而不赴以名則不書,不同盟而赴以名則又書,禮以義起,變化無方,知此便無非禮之禮,小小文字,甚有關係,不可草草看。(《評林》眉)《補注》:"杞即東夷,以國小貧陋簡禮,從夷事魯,賤之稱子,魯人爲之辭爾。杜氏謂仲尼以之貶稱子,誤矣。"

晉公子重耳之及於難也,晉人伐諸蒲城。(孫鑛眉)此可與《國語》參看,彼繁此簡,各有法。此事已見前,語微不同。(《淵鑒》眉)總十九年所歷各國之事而合敘之,貫穿簡括,此史家列傳體所從出。臣正治曰:"文公出亡,備嘗艱阻,而反國之後,則褊心脩怨,左氏備書,殆有以也。"臣乾學曰:"子玉請殺重耳,與亞父請殺沛公事同,然卒無有以此罪楚子、項王者,以其有君人之度也。"臣廷敬曰:"秦穆、晉文皆霸主也,懷嬴一事,彼此均失。"(《左繡》眉)此篇敘議兼行格,爲明年秦納重耳張本,卻從頭至尾,歷敘一遍。"遂奔狄"起,"送諸秦"住,看其通篇神氣,直注末段。如群山萬壑赴荊門,天下之奇觀也。歷敘諸國,或苦或樂,忽而悲涼,忽而熱鬧,直作絕妙劇本可。天生妙事,天成妙文。惜無能一爲洗發之者。第一筆寫公子,第二筆便寫從者。通篇處處頻點公子,即處處陪寫從者,最是烘雲托月妙法。有時寫公子是寫公子,有時寫從者亦是寫公子。若無此,即嫌於枯寂矣。鋪排公子、從者、天意、人事,大段處不必言,乃往往夾敘許多婦女,及載塊、戈逐、觀浴、揮匜等瑣碎事,極絢爛可愛也。篇中有極變處,有極不變處。中間及齊、及曹、及宋、及鄭、及楚五段,一樣提頭。"將適齊",獨用先透。"過衛",只作略點。"奔狄"、"處狄",兩番提束,以詳其始。"乃送諸秦",特著重落,以要其終。不變則竟不變,所以令片段分明。要變則又極變,所以令錯綜盡致。明乎此,可以使千騎雲合,可以使一塵不驚矣。開手點晉公子,所謂翩翩濁世之佳公子也。蒲城事已見前,此又重提作起,則《大學》仁親為寶之旨。從者五人,卻重在狐、趙。起手先敘趙衰,而重寫子犯。末段子犯自謙,而重寫趙衰。首尾照應勻密,直無一字率意安放。(《補義》眉)汪云:"此類敘法也。通篇敘議兼行,極整極變。一路敘去,而精神已注末段。'吾其奔也'、'遂奔狄',寫得英爽逼人。"(《便覽》眉)提句已包無限事情,是首。(《學餘》眉)重筆也,特筆也,《春秋》齊桓、晉文之事也。(閭生夾)此篇譏晉文之無大志,以"天實置之"及"下義其罪,上賞其奸"二語為主。蒲城人欲戰。重耳不可,曰:"保君父之命而享其生祿,於是乎得人。有人而校,罪莫大焉。吾其奔也。"(韓范夾)天下皆知此義,則可以無孫文子矣,況商臣乎!此數言已有足霸之器矣。(《評林》眉)《經世鈔》:"可見重耳得人,若夷吾,雖盟不能守矣。"湯睡菴:"漢戾太子之斬江充,殆不聞君父不校之旨。"《經世鈔》:"前傳云'校者,吾仇也',情、事、語尤妙。'吾其奔也',見解自是不同,世之為子而與父母較財產者,可以知矣。"(《學餘》眉)數語字字循良,真賢公子也,所以能有晉國。遂奔狄。從者狐偃、趙衰、顛頡、魏武子、司空季子。(孫鑛眉)或稱名、或稱謚、或稱字,不得其凡例。(《約編》眉)提清從亡諸人,為後文張本。(《補義》眉)點出從亡五人,每段照應。汪云:"許多經濟,卻從兒女子敘出,後惟史公得此簡雋之筆。"(《評林》眉)《經世鈔》:"司空季子,一說或尤後先,故逸之。此是文公出亡第一事,傳者急記於此。"(方宗誠眉)先敘晉文公出亡時事。數語極知大義,所以能復國之根本也。"得人"二字,一篇之主。"從者五人",文公所以能復國興霸業者,在此。故首挈之為全篇綱領耳。狄人伐廧咎如,獲其二女:叔隗、季隗,納諸公子。(孫鑛眉)《國語》無此事,而有子犯語甚詳。公子取季隗,生伯鯈、叔劉。以叔隗妻趙衰,生盾。將適齊,謂季隗曰:"待我二十五年,不來而後嫁。"(閭生夾)以二十五年為期,蓋其經營霸業,胸有成算。對曰:"我二十五年矣,又如是而嫁,則就木焉。請待子。"(閭生夾)季隗、齊姜、懷嬴及僖負羈妻，前後映帶生情，以爲章法，最有機趣。**處狄十二年而行。**（《左傳雋》眉）李行可曰："按傳敘重耳歷諸國，不禮者三，妻女、贈饗者四，皆爲後日報施張本。"（《彙鈔》眉）出亡特屢得奇遇，幾老溫柔鄉矣。而卒不害於霸，良以所遇皆賢助也。（《左繡》眉）處狄十二年而行，點得最妙。方見出亡非一日事。然此後更不紀年，若入史公手，則當細載之矣。踵事增華，不可謂史法不謝青于左也。（《便覽》眉）從古別離未有此奇語，季隗之答亦自然。

過衛。衛文公不禮焉。出於五鹿，乞食於野人，野人與之塊，公子怒，欲鞭之。子犯曰："天賜也。"稽首，受而載之。（《彙鈔》眉）子犯隱教公子以忍辱之法，後懷嬴怒，而降服自囚，自因此法得矣，所以能成大謀也。（《左繡》眉）乞食載塊，極其落寞。《河水》、《六月》，極其昌揚。事固由苦而樂，文亦由淡而濃。寫來妙絕。（《評林》眉）《經世鈔》："'欲鞭之'，英雄之氣雖極堅忍，必有露本色不可遏處。"陶圭甫曰："子犯此語，豈真謂此一塊土天賜不可失耶？蓋恐其壯心消冷，故爲是言以鼓舞之，此英雄之妙用也。"（《補義》眉）通篇"天"字爲主，晉侯無親，天早以有晉國者待公子，故於極不得意時透出"天賜"兩字，鄭詹、楚子其言適與之合，而皆徵驗於秦，方知十九年中從者之賢、婚姻之好、列國之接遇，皆天也。至秦伯納女，天若借箸于秦，已徵於人事，故不言天。（方宗誠眉）過衛有賢臣之諫，得人之效也。子犯詭詞以解文公之怒，免被野人之禍害，辭命極巧妙。

及齊，（閩生夾）過衛、及齊、及曹，直貫下入國，如一筆書，特開奇局。**齊桓公妻之，有馬二十乘，公子安之。**（閩生夾）宗堯云："手筆高者，往往好弄當代英雄，如《齊桓傳》蔡姬、申侯，皆此意也。"**從者以爲不可。將行，謀于桑下。蠶妾在其上，以告姜氏。姜氏殺之，而謂公子曰："子有四方之志，其聞之者，吾殺之矣。"**（《便覽》眉）爲桑下之謀，不可無蠶妾，有蠶妾之告，不可無姜氏，真機警絕倫。（《評林》眉）沈雲將："語云：'殷憂起聖。'重耳間關道路，殷憂極矣，乃即安於桓公之妻，以賢伯且然，況碌碌者乎！"李笠翁："重耳得賢臣，又得賢內助，其興伯也宜哉！"彭士望："謀桑下，密矣，上便有蠶妾，進後人多少戒慎。"**公子曰："無之。"姜曰："行也。懷與安，實敗名。"**（孫鑛眉）《國語》語甚詳，不如此一句爲濃。（韓范夾）姜氏速重耳之行，嬴氏告子圍之說，同一雄略。春秋時，何多英婦人也！（《補義》眉）懷安敗名，英雄或惘惘；得志誅無禮，舉朝皆憤憤，俱自女子發之，奇絕！（《評林》眉）《經世鈔》："姜氏是大義俠女子，文公復國，當與狐、趙爲不祧之功，後未見迎復，何耶？豈姜死而無傳歟？不然，文公寡恩不當如是。"彭士望："'懷與'以下六字，可作座右箴。'宴安酖毒'，管仲以戒桓公而齊伯。'懷安敗名'，姜氏以戒文公而晉興。從來成大事人，未有不憂勤惕勵者，故曰'生於憂患，而死於安樂'。"毛晉："'行也'二字冷甚，極是夫婦口語。只著'戈逐'一語，不著子犯語，固醞藉。"**公子不可。姜與子犯謀，醉而遣之。醒，以戈逐子犯。**（孫鑛眉）只著戈逐一語，不著子犯語，固蘊藉。（《左繡》眉）"懷與安，實敗名"六個字，聖賢豪傑胸中皆不脫此，乃出諸女子口中，奇絕。（《約編》眉）狄女柔婉，姜氏英雄，彼此相映生色。（方宗誠眉）在齊有從者之謀，賢婦之助，得人之效也。

及曹，曹共公聞其駢脅。欲觀其裸。浴，薄而觀之。（《評林》眉）《評苑》："駢，猶比；脅，肋也。蓋肋骨連比而上，若一骨然。"按：《晉語》曰："聞其駢脅，欲觀其狀。止其舍，謀其將浴，設微薄而觀之。"注："微薄，蔽也。"又按：周亮工云："薄，簾也。'觀'句，'浴'句。"**僖負羈之妻曰："吾觀晉公子之從者，皆足以相國。**（閩生夾）言從者之賢，則公子爲凡人可知。**若以相，夫子必反其國。反其國，必得志于諸侯。得志于諸侯而誅無禮，曹其首也。子盍蚤自貳焉！"**（《彙鈔》眉）從亡諸臣宣猷效力最多，略而不敘，只于負羈妻、叔詹、楚子口中下一讚語，而諸臣之才已盡見，虛虛實實，莫可名其妙。（《約編》眉）狄女、姜氏後，又敘僖負羈妻之慧心明眼，亦是相映法。（《評林》眉）張太嶽："閨閣筓黛之流，而揣公子一一若契，此天憐負羈之賢，而爲他日免其禍地也。"《經世鈔》："或云：今人醉饋稱'璧上'本此，以爲完璧歸趙者，誤也。負羈不言於君以補過，亦是不忠，謀而不聽，則如是可矣。"（方宗誠眉）得人之盛，在僖負羈之妻口中揭出，神妙不測、變化不測。**乃饋盤飧，寘璧焉。公子受飧反璧。**（《左繡》眉）負羈一段，以上事多於文，以下文多於事。事則看其錯落，文則看其精神。綺繪繡錯，莫可名言之矣。

及宋，宋襄公贈之以馬二十乘。（《左繡》眉）前後敘事極詳，獨敘宋只點得一筆。變甚，非此不見錯綜之極則也。(《補義》眉)敘宋只一語，更錯綜。(《評林》眉)按：宋襄以馬二十乘送公子達于鄭，故杜注曰："贈，送也。"

及鄭，鄭文公亦不禮焉。叔詹諫曰："臣聞天之所啓，人弗及也。晉公子有三焉，天其或者將建諸，君其禮焉。男女同姓，其生不蕃。晉公子，姬出也，(閩生夾)通篇多菲薄之意，此尤顯。而至於今，一也。離外之患，而天不靖晉國，殆將啓之，二也。有三士，足以上人，而從之，三也。(《約編》眉)從亡諸人，逐段中各有回顧。(《補義》眉)處處以從者陪説。(《評林》眉)汪道昆："相從五人，此止言三士，指其最賢者耳。"晉、鄭同儕，其過子弟固將禮焉，況天之所啓乎？"(孫鑛眉)只載叔詹語足矣，餘可例見。《外傳》詳述甯速、僖負羈、公孫固諸辭，太絮，翻覺味短。(《左繡》眉)逐段敘去，長短濃淡，無筆不變。然各自片段，未見聯絡也。此處著"鄭文公亦不禮焉"一筆，便令前後顧盼生情，開後人類敘牽上搭下許多妙法，蓋妙法無不出自左氏者。細思排敘諸國，由衛而秦凡七。雖逐段聯絡，亦必有大關鍵存焉。看前半衛、齊、曹三國，以"衛文公不禮焉"作提。後半鄭、楚、秦三國，以鄭文公"亦不禮焉"作提，遙遙相對。中間以宋襄公作個界畫，猶恐後人未暇細尋其篇法之精，故意將宋事點得極略。寫來恰與九重閶闔旋轉於徑寸之樞相似。奇絕妙絕！乃知千層萬疊，必非信手連片掇拾也。自來人好以參差論古文，鄙意獨好以整齊論古文以此。蓋于參差見古人之縱横，不如于整齊見古人之精細耳。敢以質之當世好古知文者。(方宗誠眉)得人之盛，與其將興晉國又在叔詹口中揭出。弗聽。

及楚，楚子饗之，(《才子》夾)俊殺！曰："公子若反晉國，則何以報不穀？"(《才子》夾)無端引出妙文。(方宗誠眉)"則何以報不穀"之下，原可直接"若以君之靈"一段，然文氣直率，先折一筆，文境乃紆徐有味。對曰："子女玉帛，則君有之，羽毛齒革，則君地生焉。其波及晉國者，君之餘也，其何以報君？"(《才子》夾)妙妙，總是故作好態。曰："雖然，何以報我？"(《才子》夾)定要引出妙文。對曰："若以君之靈，得反晉國，(《才子》夾)此九字是話頭，絕不可少。晉、楚治兵，遇于中原，其辟君三舍。若不獲命，其左執鞭弭、右屬櫜鞬，以與君周旋。"（《左傳雋》眉）茅鹿門曰："文公之志雖大，而其言未免取忌。使楚子如曹、衛之君，則子玉之説得行，文公其不復矣。"（鍾惺眉）危語，終非亡人對大國之體，不可以其倖免而稱之。（韓范夾）處危困時，侃侃如此，後世惟劉玄德、孫伯符在窮約之際，未嘗屈抑於人。英雄之氣，不以勢遏也。且成敗天實爲之，亦不係區區言辭貶辱也。（《才子》夾）辟三舍，只是襯語，此乃報楚之正答也。看他左、右二句，分明畫出略不相讓，真是異樣英物。（《彙鈔》眉）忽説到治兵上，奇峰陡起，英雄情事畢露，兼爲後日城濮之戰遙映生采。（《便覽》眉）此篇公子是主，故特衍出霸主氣概。（闇生夾）晉侯創霸，必以攘楚爲功，此事實之無可避免者。不欺楚子，即自見其大略處。宗堯按："雄氣亦自不可没也。齊桓傳述其救邢、衛，與此段皆非貶辭。古人非好慢罵，苟有所長，固不没其實也。"子玉請殺之。（《補義》眉）汪云："英雄相遇，不覺遂露本色。'請殺之'亦伏城濮請戰之根。一路苦樂相間而來，末二段一步絢爛一步，段段各自爲結，此獨用聯絡遞入，特作重結，以要其終。"楚子曰："晉公子廣而儉，文而有禮。其從者肅而寬，忠而能力。晉侯無親，外内惡之。（《才子》夾）楚子知人。公子方作如此語，乃楚子評之，卻云文而有禮，想古人眼力，直是超絶後來。吾聞姬姓，唐叔之後，其後衰者也，其將由晉公子乎。天將興之，誰能廢之。違天必有大咎。"（鍾惺眉）數語從學問中出。（《才子》夾）楚子知天。（《評林》眉）吕東萊："楚成知晉之必霸，而不殺重耳，此盛德事也。而論者謂失於不殺以啟亂，吾謂自有致此敗亡，非不殺之故也。藉令楚成不用子玉，雖有晉文公，必不敗。"〖編者按：凌稚隆作蘇軾語。〗王荆石："楚子此言，既知君，又知臣，又知天命。"〖編者按：凌稚隆作孫應鰲語。〗《品字箋》："'波'與'被'同，及也。《左傳》'其波及晉國者'，'波'字作'被'字解。"（闇生夾）語多歸重天命，皆薄之之詞也。乃送諸秦。（《左繡》眉）處處以從者陪説，僖負羈妻以從者爲主，説到公子。叔詹以公子爲主，説到從者。楚子則公子、從者對起，而公子單收，都是暗寫。末段與前半，則子犯、趙衰用明寫，此則古文之變化也已。前兩段俱是旁觀之論，後二段于楚則極寫公子，于秦則極寫從者，都是自見丰采。事固愈妙，文乃愈奇，真天地有數之篇。俞寧世云："秦楚是爭伯之國，議論別有氣燄。衛、曹、鄭是用兵之國，敘述別有波瀾。"可為知言。一路得意、失意，相間而來。至末一步絢爛一步，那得不為之叫絶！（昆崖尾）鄧葦夫曰："公子鋒芒銳露，楚成氣識明達，得此俱為寫生。"文字怕板怕復，看他前半頓宕變化。怕直怕散，看他後半層疊貫串。左氏之長技也。（方宗誠眉）在出亡之時而氣象如此之俊偉，毫無窮苦萎靡之狀，亦無齷齪艱深之情，坦白軒昂，此其所以能伯諸侯也。辭命亦敏妙絶倫。得人之盛與其將興晉國，又在楚子口中揭出。

秦伯納女五人，懷嬴與焉。（《左傳雋》眉）唐荊川曰："懷嬴與焉，此左氏暗伏案。"（《評林》眉）李笠翁："懷嬴已妻懷公，文公何遽納之不辭？《史記》、《晉語》咸載重耳不欲受，季子輩勸取之。柳子厚云：'重耳之受懷嬴，不得已。'有是哉！"**奉匜沃盥，既而揮之。怒曰："秦、晉匹也，何以卑我！"**（闈生夾）怒者，嬴也。揮者，公子也。既而揮之者，謂沃盥既畢，揮之使去也。公子本無惡意，嬴嫌其不敬，故怒。此處多誤解。**公子懼，降服而囚。**（《測義》夾）愚按：懷嬴已妻懷公，文公何遽納之而不辭？竊詳傳所云"奉匜沃盥，既而揮之"一節，疑是文公盥洗既畢，業知其為懷公妻，而揮之使去，於是懷嬴怒，而文公懼禍及，遂納之耳。《史記》、《晉語》咸載重耳不欲受，季子輩勸取之，蓋即此事。柳子厚云："重耳之受懷嬴，不得已也。"有是哉！（孫鑛眉）只"降服而囚"便住，不述秦伯及諸賢語，最有蘊藉。（《評林》眉）《經世鈔》："應是公子不知，以水揮而戲之，故懷嬴乘機自言耳，舊注非。"《說文》云："匜，似羹魁柄，中有道可注水。"彭士望："驕亢有女公子氣，的是秦種。然前於子圉頗順，今卻怒，正是懷嬴作略。若子圉者，所謂駑病之馬，不堪鞭策者也。"（闈生夾）記其詔秦以求入。

他日，公享之。子犯曰："吾不如衰之文也。請使衰從。"（《左傳雋》眉）孫應鰲曰："古人忘己，不忌彼我，各出所能以事其主。如重耳使狐偃，而偃自謂不如衰之文，卒之答不失辭，動不失禮，匪惟衰與重耳有光，而偃亦與有榮矣。"**公子賦《河水》，公賦《六月》。**（《評林》眉）孫鑛："《國語》注謂：'河水是沔水，以字似誤。'或是。"按：沔水，《詩·小雅》："沔彼流水，朝宗于海。"**趙衰曰："重耳拜賜。"公子降，拜，稽首，公降一級而辭焉。衰曰："君稱所以佐天子者命重耳，重耳敢不拜。"**（文熙眉）汪氏曰："敘事能品。

'僖負羈之妻曰'以下章法，'其波及'句法。"姜氏可謂有丈夫之志，而助成文公之伯者，與他女子賦《竹枝詞》'遠別離'者，相去若萬里矣。穆文熙曰："僖負羈之妻能識公子，其賢于曹、衛之君遠矣。寘璧即非禮，足感也。"相從五人，此止言三士，指其所最賢者耳。穆文熙曰："文公之志雖大，而其言不免取忌，使子玉之説得行，其能復有晉哉？"（《測義》夾）郭登氏曰："晉人伐蒲，蒲人欲戰，重耳不可，曰'保君父之命而享其生禄，於是乎得人，有人而校，罪莫大焉，吾其奔也'，必如是，而後爲臣爲子之分定，其終有晉國，稱霸主，豈不然哉！若季隗之請待，姜氏之殺蠶女，僖負羈妻之先見，皆婦人之有識者也。楚頫違子玉之讒，不殺無辜，亦有君人之度焉。"（《正集》尾）文公歷游諸國，無事不嘗，一生得力，盡在此處。其入而君也，已暮年矣。較之齊桓，不綦難乎？然其功業所就，比桓公較老鍊一分，而顯赫遜之，則五人之不如管子也。葛端調。（《快評》尾）此傳歷敘公子出亡在外十九年中事，不作首尾，別無結構，逐段寫出，在《左傳》中別爲一格，學者當與《晉語》參看。楚子曰："晉侯在外十九年矣，險阻艱難備嘗之矣，民之情僞盡知之矣。"此篇便是詳寫其備嘗艱難、動心忍性也。晉文霸業，揭地掀天，皆從此篇鍛鍊中出。或曰："狄未可與成事者也，公子之久處於狄，何也？"曰："從公子之所以爲公子也。將欲張之，必固翕之，公子知之矣。"文公在外十九年，其處狄者已十二年，馳騁四方，七年而已。《國語》載狐偃勸公子適齊一段文字，不可不讀。乞食野人，于極不堪時轉念甚速，如此人者，自能成天下事矣。千古奇偉婦人，當以齊姜爲第一，文公之霸，姜實就之。《國語》載齊姜語，尤爲雄俊典麗。獨怪公子返國而後，齊姜竟無下落，何也？豈先公子返國而没耶？余每疑之。近見彭躬庵先生詩云："齊姜語公子，懷安實敗名。手自殺蠶妾，醉載驅之行。此婦霸王師，返國胡不迎？"可謂先得我心矣。公子周遊列國，惟齊、宋、秦、楚之君，待以隆禮，畢竟英雄人識力高人數倍，若曹、衛、鄭，止見目前耳。晉公子之對楚成王，或嫌其鋒芒太露，非亡人全身遠害之道。不知英雄相對，自宜披肝露膽，和盤托出。彼既以人豪自命，兩賢豈相尼哉？若夫藏頭露尾，祇可以欺庸愚，而不可對雄主。楚成王既享公子以周禮，庭實旅百，九獻。亡人而國薦之，非敵而君設之，既已知公子之非常人矣，於此而顧忌恩私，礙惜情面，飾情匿知，言不由衷，適所以示詐以取疑耳。故公子藏鋒斂鍔于曹、衛之邦，而奮袂張髯于楚王之席也。庸夫烏足以知之？楚送公子于秦，是時公子圉自秦逃歸，立爲懷公。秦伯召公子于楚，於是楚子厚幣以送公子于秦也。秦伯之以懷嬴妻文公也，其言曰："寡人之適，此爲才。子圉之辱備嬪嬙，欲以成昏，而懼離其惡名。非此，則無故不敢以禮致之。歡之故也。"觀此，則是秦伯納侍女五人于公，而雜懷嬴於內，不使之知。所謂"不敢以禮致之"也。公子不知而命之奉匜沃盥，執賤者之役。既而揮之者，指揮之，以侍女待之也。懷嬴怒而叫破，然後知此女爲秦公主，降服而囚，以請罪也。其文甚明，讀《國語》自知之。有解奉匜沃盥爲行巾櫛之禮，大謬。（王源尾）凡古人文字，看其著意處，便是神髓。著意於不著意處，更是神髓。於不著意處著意，更是神髓。如此文歷敘重耳十九年流離患難，以爲反國爭雄、取威定伯張本，則其精神所注，全在公子，又何疑乎？乃敘公子也，于野人之塊，則怒。于齊國之富，則安。僖負羈之妻，不聞其贊公子也。叔詹之諫，不聞其頌公子也。直至楚國，方一露丰采。入秦之後，又縮縮焉毫無氣概矣。然而知爲反國爭雄、取威定伯張本者，以其處處有聲勢、有氣焰也。夫寫公子既如此，何以又處處有聲勢、有氣焰？曰其聲勢氣焰不在公子，而在從者。則公子所以反國爭雄、取威定伯，非公子之賢，乃從者之才也，此作者之意也。故開首埋伏"得人"二字，即大書曰"從者狐偃、趙衰"某某。而於野人之塊，則曰："子犯曰：'天賜也。'"稽首受而載之。于公子之安齊，則曰"從者以爲不可"。于姜氏之遣公子，則曰"與子犯謀，醉而遣之"。于僖負羈之妻，則曰"吾觀晉公子之從者，皆足以相國"。于叔詹之諫，則曰"有三士，足以上人而從之"。于楚子，則曰"其從者肅而寬，忠而能力"。于秦伯之享，則曰："子犯曰：'吾不如衰之文也。'"于賦詩則曰："趙衰曰：'公子拜賜。'"于秦伯之醉，則曰："趙衰曰：'公稱所以佐天子者命重耳，敢不拜。'"是其精神所注，全在從者，而不在公子。則其意之全在從者而不在公子明矣，此所謂著意處也。尤妙在於不著意處著意，則將"得人"二字，藏在公子口中，全不著跡。著意於不著意處，則于叔詹之諫歸重於天，而以男女同姓、不靖晉國與從者得人並言。及楚，又盡力寫公子，從者不過夾敘一筆。此所以著意處反不易見。唯著意處不易見，而確有著意處，乃其神髓所在也。讀書者蓋可忽乎？敘事不可旁敘一事，又不可只敘一事。旁敘一事，則筆法亂。只敘一事，則筆法死。死則無文，亂則無章。然欲其不亂，不得不只敘一事，欲其不死，不得不旁敘他事。

二者不可得兼，敘事者其窮矣乎？曰不然。所謂不可旁敘一事者，以精神只注在一事，不可又注在一事也。所謂不可只敘一事者，以精神雖注在一事，又不可不兼敘他事爲襯貼也。惟其精神只注在一事，而襯貼卻不止一事。襯貼雖不止一事，而精神只注在一事。所以斷亂無端，而草蛇灰線，一筆不亂。精嚴緊密，而離奇綜變，一筆不死也。此文精神只在得人，而兼寫公子，並及天命，固矣。又妙在處處兼寫女子。夫寫女子者，豈意又重在女子乎？不過爲從者諸人作襯已耳。於是一篇中，時而從者，時而女子，時而天命，時而公子，又時而從者，又時而女子，讀者眼光不知所措。而孰知其草蛇灰線，一筆不亂耶？（孫琮總評）左氏一書，頗以成敗論人，然實有細心深識。如晉文公將返國創伯，若無一篇連絡文字，則前後血脈不貫串。此十九年作何著落，妙于將返國前，歷敘其十九年之事，見其出亡在外，受多少侮慢，遇幾許賞識。或賢明之辟，反覿面失之；或巾幗之中，反有具眼。或偶爲逸樂所沉溺，或難掩英雄之本色，寫來咄咄逼人。"其必反國"、"其反國必得志諸侯"，卻從僖負羈之妻與楚子口中説出，而又表出晉文始終得力在從亡數人。此種細心深識，自足獨有千古。重耳遍歷諸國，提出"從者"在前，處處都有從者跟着。有時特地揭出，有時從他人口中帶出，詳略顯隱之間，無不筆筆入妙。（《古文斫》尾）歷敘出亡始末，若出後人手，易犯排瑣。看他逐段變化，自不必説。若其精神則全注在從者得人上，故逐段插入。至於去狄之後，齊、宋、楚、秦是更霸之國，英雄相遇，寫得何等氣焰！曹、鄭是用兵之國，風塵眯目，寫得何等凄涼！通篇本無首尾，而起手"君父之命"數語，是復國定霸根本。説到"佐天子"，是爭雄奪霸先聲。忠孝大頭腦，實是無首尾中之首尾也。（《覺斯》尾）陸雲士曰："敘公子之出亡，凡八段，處處見公子之文而有禮，從者之忠而能力。篇中一公子，四婦人，兩伯主，數國君，二能臣，性情作用，各自寫生，並不多費筆墨。"過商侯曰："重耳出亡在外，凡十九年，之狄、之衛、之齊、之曹、之宋、之鄭、之楚、之秦，歷幾許艱辛，受幾許侮慢，賴有僖負羈、叔詹、楚成王、秦伯幾處周旋，始得返國，以成霸業。然無此一篇聯絡文字，竟不知出亡後作何著落，敘事詳簡，一一有法。"（《分國》尾）考《國語》，重耳在狄十二年，無行期。狐偃曰："吾在此，非以翟爲榮，可以成事也。盍速行乎？"及行，在齊，又安之。曰："民生安樂，誰知其他？"從者以爲不可，而未動，重耳似一懷安無大志人也。豈其胸有成算，待時而行，故爲此迂鈍乎？不知此重耳所以能大有爲也。當時夷吾行賂，子圉逃歸，其心汲汲然，無非急圖富貴，如衣繡夜行者之所爲。卒之兩人皆敗，重耳心竊鄙之。所以人巧故拙，人急故迂，閱歷十九年，老謀而有壯事也。虎之將搏也必伏，鷹之將擊也必戢。英雄遵養，豈容人測其淺深？當時齊桓年暮，知繼霸者必重耳，宗女之妻，蓋將深觀之耳。至若人臣各爲其主，以理斷之，子玉之請殺重耳，賢於僖負羈之饋飧藏璧。若曰："有天命者，人不能殺。"是便於人臣有外心而樹德於敵也。劉季謝羽鴻門，范增不以其"龍成五采，有天子氣"置之勿擊。項莊遂拔劍起舞，項伯爲羽族，反以身翼蔽焉。千載下，予終以范增之擊爲正，項伯之市恩，爲不忠者之尤也。僖負羈身爲曹臣，欲早自貳，是誠何心哉？卒之重耳伐曹，數其罪，以其不用僖負羈而乘軒者三百人，嗚呼！僖負羈以不用而有貳心，是安能免於訾議耶？此傳與後城濮之戰兩扇對照。此寫其險阻艱難，彼寫其快意得志。艱難處著眼在三士之上人，快意處著眼在諸人之善謀，須合觀之。(《賞音》尾) 齊桓奔莒，豈無曲折，不過一兩言而止，而晉公子獨敘之詳若此，蓋賢公子也，亦爲下文諸事作案也。然獨不及仁親爲寶之言，豈以其言本之子犯與？夫公子生十七年而即有三士從之，其賢本自過人。又離外之艱甚久，故其才識愈練，以爲天之所啓，良非過也。觀其問答處，語語皆得大體，而其能用衆謀，惜乎佐之者僅得狐趙之輩耳。(《左繡》眉) 以"不校父命"起，以"命佐天子"結，特將忠孝大題目作文字大排場，五霸假之，固須得此鋪張揚厲之筆。一結直爲後文起本，過接極有聲勢。前面多少波瀾，非此精勁之筆，須收不住。後面多少風雲，非此奇麗之筆，須喝不起。蓋二十八宿羅心胸也。(儲欣尾) 此篇傳英雄之神，且因一英雄而傳衆英雄之神。(美中尾) 秦楚是爭霸之國，議論別有氣燄。衛曹鄭是用兵之國，敘述別有波瀾。(《約編》尾) 文公奔走列國，備嘗艱苦，而一生霸業，已盡在其中。從亡諸人，英姿颯爽，亦一一摹出，是左氏文字，不是傳奇文字。此傳歷敘公子出亡在外十九年中事，不作首尾，別無結構，逐段寫出，在《左傳》中別爲一格，學者當與《晉語》參看。我持。(《啽鳳》尾)《左氏傳》頗以成敗論人，然自有細心深識，如晉文將反國創霸，若無一篇聯絡文字，則前後血脈不貫串，此十九年作何著落？今一一敘來，見其出亡在外，受多少侮慢，遇許多賞識。或賢明之辟，覿面失之。或巾幗之中，反有具眼。或偶爲逸樂所沉溺，或難捐英雄之本色，寫來咄咄逼人。"其必返國"、"其返國必得諸侯"，卻從僖負羈妻與楚子口中出，而又表晉文始終得力在從亡數人。此種細心深識，自是獨有千古，宜其於經為臣、于史為祖也。孫執升。晉文出亡十九年，經過凡八國。閱人人殊，歷事事變，層次敘來，有聲有色，不漏不支。後起惟史公有此筆妙。桃塢潘三瑞云："通篇以公子為主，從者為賓，開手提明，綱目井然。寫公子得人，'而校'二句是大本。戈逐、請囚及對楚子語，剛柔迭見，是作用。寫從者，或敘其事，或述其言，詳略互異。中間公子、從者，頻頻點醒，各自發揮，是顧祖法。公子、從者，首用分提，後即從者歸併公子，是結穴法。公子則有列國諸侯陪襯，從者亦有列國大夫陪襯。於中間夾雜許多女子點綴，此又賓中之賓。偏歷諸國，前半何等淒涼，後半何等赫耀，乍陰乍陽，真奇變莫測。"（《左傳翼》尾）春秋時憑陵諸夏者莫如楚，能制楚者莫如晉，要自城濮一戰始，故五伯雖始齊桓，要緊尤是晉文。十九年崎嶇患難，艱難備嘗，情偽盡知，動忍增益，所以能做出此掀天揭地事業，特為敘次一番，為文公寫一生甘苦，即為晉國詳累世基業，並春秋南北升降之機，亦橐籥于此，讀者正須大著眼孔。馳驅列國，所不禮者，皆同姓宗國也。齊桓、宋襄、秦穆皆霸主，一見自然傾倒。楚成才情氣焰不下莊王，只為齊桓、晉文礙手，不能得志諸夏，而其識見原非衛文、曹共諸庸主比，所以加意禮之，亦與齊、秦等。于此可知英雄憐才，兩賢不致相厄。而肉眼無珠，委瑣齷齪，令人氣噎，千古有同恨也。晉公子為天所啟，而又得賢從者以為之助，天人交贊，所以卒能有成。篇中或於從者口中說天，或於從者身上見天，或分見，或合看，處處著眼，是一篇大關鍵所在。晉文一生恩怨最是分明，此篇敘述正為後文報施復怨張本。然于諸國怨無不酬而德有不報，猶曰思小惠不可忘大恥耳。至於從亡諸臣，勞多不圖。諸夫人如文嬴、叔隗，已分厚薄，返國而後，齊姜竟寂然無聞。彼誠薄命，此實負心，讀史者往往欷歔泣下。篇中歷敘諸國，併將從者諸女子一一點綴，都有神脈，不是隨手塗附。文公處狄最久，皆獻公尚在時也。獻公卒，惠公遣人來殺，乃始至齊，久安于齊，無非遵時養晦之計。追惠、懷無親，外內棄之，而復國之計成矣。末後由楚入秦，乃氣機所在，辭謝不得。前此韜晦斂跡，至此光芒氣焰咄咄逼人，故詳寫盡致。其他遊歷諸國，不過往來傳舍耳。或禮或不禮，無可留連，故用帶筆敘過，其中詳略自具天然波折，煩瑣委曲，敘得輕省簡便，為史、漢諸紀傳之祖。

僖公二十三年　　499

尊王攘楚是晉文得國後極大事業，此志藏之胸中久矣，突至楚廷，便欲觀覺，此是英雄心眼，不是泛常遊涉。楚王一見，早已神驚魄動。"報我"一問，原非施德詰報俗情，大丈夫磊落光明，何妨盡情傾吐，令彼君臣刮目起敬，後來相見亦不至觸礙情面。若沾粘滯滯，吞吐含糊，思爲全身遠害計，不知得喪自有天命，正不必飾詐以欺人也。攘楚大旨既可露之楚子之前，尊王大義何妨因秦伯推尊而自認？是君是臣，千載下猶可想見其雄情勝概。昌黎云："知其主可以信其客者，宣州也。知其客可以信其主者，湖南也。"此文兼有此意。篇中三提子犯，兩提子餘，五提從者，無非爲公子著精彩，非公子毫無好處，全賴從者幫扶，乃得返國也。或庵乃謂聲勢氣焰不在公子而在從者，其反國爭雄，取威定伯，非公子之賢才，乃從者之賢才，反主爲客，殊失用意所在。此與呂相絕秦及子朝告諸侯篇，皆收拾前文作一大兜裏也。但子朝奔楚，後不再見，結上而不生下。晉爲麻隧之役歷數秦罪，結上生下，所起不過一事，而其事皆前文所已見者。此文雖爲文公復國起本，而後此取威定伯，酬恩報怨，賞功及諸女子下落，無不胎含於此，故于奔狄後將生平所歷諸國情事，一一補敘出來，名爲兜結，實作提領，與彼二篇意境又不同也。左氏極意寫晉文，故特書大書如此。（《補義》眉）汪云："起結把忠孝大題目作大排場，五伯假之，須得此鋪張揚厲。"（《便覽》眉）即以"佐天子"暗渡復國後諸事，是尾。（《便覽》尾）此傳爲晉文一生行事綱領，故中間敘晉文君臣，原與聖賢有別，只是英雄作用。他如齊女、狄女，亦英雄也。其夾寫瑣屑等事，皆後史所不及寫，即寫一二，必繁衍失當。惟左氏能出以簡筆，運以別態。又篇中寫公子，得失互見，寫從者，詳略不同，皆是關鍵。芳輯評。後人作文，因經營太謹，而氣味乃薄。何坊評竟有謂此文不作首尾，在《左傳》中另爲一格者乎？故首尾特爲拈出。《古文析》以忠孝爲首尾，不無勉強尋來。芳自記。（《日知》尾）用推序法，且有起無結，段段亦不多作聯絡，而公子從者志力襟懷，或于語言露出，或于行逕見出，或于旁觀說出。其所遇有不知者，有略知者，有深知者，皆借以寫公子耳。讀者泥於所遇有賢否，遂謂此乃歷敘其由屈而伸，左氏豈真爲晉公子作出亡年譜耶？眼光滯于句中，安能遊于句外，與作者深意相遇乎？（盛謨總評）寫公子在外，許多曲折，許多險巇，總爲"佐天子"三字作波濤也。時而不禮，時而贈享，是翻簸"佐"字。忽然受塊，忽然醉遣戈逐，是鼓動"佐"字。忽然怒，忽然懼，忽然請殺，是跌宕"佐"字。蓋左氏未着筆之前，先有"佐天子"三字，卻故意爭奇，止向空中描寫。或從側面簸弄，或從反面簸弄，將公子寫得十分顛倒淋漓，卻已將"佐天子"三字寫得十分飽滿透露矣，神化至此，出奇無限。反國所以佐天子，而所以佐天子，仍在欲反國，處處寫欲反國，便處處有佐天子之重耳。只因左氏用筆不測，令人摸索不出，故奇。過接處如蛛絲馬跡，不斷不續；對照處如海市巫峰，若隱若見。一路翻跌追逼，曲曲傳神，文到妙來，作者不知，讀者亦不知也。（高嶀尾）此文綜晉文出亡在外之事而敘次之，爲明年秦納之及一生霸業張本，並爲自奔狄及秦納共十九年作著落也。聯絡前後，貫通血脈，本爲敘事格，即以所敘之言爲議論，亦敘議兼行格，此史家列傳體所從出。開口提出公子，下即提出從者，見文公奔走列國，歷試諸艱，一生定霸規模，已括於此。而從亡諸人，英姿偉器，始終得力。篇中數十"公子"，頻醒"從者"，屢提"天"字，及逗反國等處，皆宜著眼。起處"公子及于難也"句，追出前事，領起後事。結處"所以佐天子者"句，束住前文，喝起後文。歷敘列國，忽而悲涼，忽而鬧熱。或受人侮慢，或遇人賞識。一路得意失意，相間而來。俞桐川云："喧寂炎涼處，描畫生色。每歎先主間關群牧及建文出外事，不遇良史，千古有餘恨也。"秦、楚是爭霸之國，議論別有氣燄。衛、曹、鄭是用兵之國，敘序別有波瀾。衛文賢明之辟，乃失於覿面。羈妻巾幗之輩，反具只眼。安齊則偶爲逸樂所沉溺，對楚則難掩英雄之本色。狄女柔敏，齊女英明，秦女剛倨，左氏善摹閨中事，三樣情態，一一如生。許多猥雜事，如戲嫁就木、乞野載塊、桑下蠱妾、戈逐子犯，及駢脅裸浴、盤飧真璧，並奉匜揮盥等，左氏寫來絕雅逸，此皆後來史家所不能。（《評林》眉）《經世鈔》："此一拜，與韓反首拔舍一拜，機用同，哀不獨文也。又，禧按：'曹操以英雄推昭烈，昭烈失箸之對，御剛譎人，又是一法。'"（武億尾）是晉文一篇外傳。喧寂炎涼，處處描寫生色。以"天"字作主腦，以從者作貫串，以所歷之國與地作關鍵，以寺披、頭須作襯托，以末段作結穴。秦楚是爭伯之國，議論別有氣焰。衛、曹、鄭是用兵之國，敘述別有波瀾。中間夾敘許多婦人及載塊、戈逐、觀浴、揮盥等瑣碎事，絢爛可愛。千騎雲合，一塵不驚，洋洋大觀。（王系尾）秦伯納懷嬴，嘗公子也。公子方有求于秦，故不敢醉。揮之，戲之也，愛之也。懷嬴挾秦爲重，語有鋒芒。公子自囚以謝懷嬴，實以謝秦。許多作用，許多醜態，霸者之苟且如此。賦

《河水》，美秦也，所以求秦。秦伯賦《六月》，已示欲納之意。趙衰即使公子拜賜。公子即降拜稽首，趙衰復申明所以稽首之意，一把拿定，更不放鬆。可謂文，可謂辣矣。通"二十四年春"爲一篇。（方宗誠眉）去晉遠，可以免驪姬之禍也。獻公薨，不遽求復國，而遍歷各國者，俟釁而動，欲求諸侯之助己，且遍歷各國，則諸國君臣之賢否，政事之得失，形勢之險要，兵食之强弱，皆可周知，蓋久有繼齊桓圖霸之心矣。通篇敘次歷落，峰巒疊出。（《學餘》尾）晉文事事不及齊桓，惟得國之際，則兄弟相殘，不如仁親爲寶遠矣。十九年艱苦，遂成霸圖，左氏敘得愈瑣細，愈見精神，蓋舊勞於外之遺風也。吾尤取"懷與安，實敗名"一語，爲切中今日世家子弟深痼之疾也。（《菁華》尾）詳出從者五人，以後分敘其功績，是爲提綱挈領之筆。首一段似與前半篇略復，須看其詞意相避處。敘出亡始末，處處以閨房瑣事點綴其間，讀之自得風趣。衛文有道之君，而乏知人之明，使易世之後實受其禍。齊姜所言全是軍國大計，不爲兒女私情，可謂巾幗英雄。其殺妾滅口，尤具辣心辣手。僖負羈聞妻之言，不以告其主，而爲自謀之計，非忠臣也。或者業已言之，而其主不之察歟？處患難之中，不肯作一乞憐語，自是英雄本色，然終嫌未明韜晦之道。子玉之請若行，大命休矣。子圉之歸，懷嬴不從，早知其有二心矣。與於五人之列，未必果出乃父之命，或者其自媒也。（閩生夾）以上寫奔亡之事，凜然有創霸之氣。

◇僖公二十四年

【經】二十有四年春王正月。夏，狄伐鄭。（《評林》眉）朱睦㮮："鄭在王畿，王所倚毗，頹叔、桃子將欲叛王，故先伐鄭。果出王意，是年王出居鄭，伐鄭而倚鄭，無是理也。"秋七月。冬，天王出居於鄭。（《評林》眉）啖助："天子不言'出'，獨襄王書'出'者，雖居於鄭，若出在四海之外，然王者至尊，故不曰'奔'，雖在外皆曰'居'。"晉侯夷吾卒。（《評林》眉）呂大圭："左氏記惠公卒，在去年九月，蓋《春秋》所據者魯史也，左氏所據者，他國之史也，年月不同，不可得而考矣。"

【傳】二十四年春，王正月，秦伯納之，不書，不告入也。

（《左繡》眉）此篇亦敘議兼行格。論事則一串，論文則可分而爲三爲二，而左氏連貫成篇，其結構之妙，世都未之詳也。以三截看，首段"正月"作領，末敘濟河事，而中夾子犯一番妙文。中段"二月"作領，總敘入晉事，而緊接寺人披一篇妙文。末段"三月"作領，詳敘定晉事，而類附頭須一篇妙文。此事與文相間成章者。以兩截看，上截兩"不書"、"不告"相呼應，而中載子犯、公子之言。下截以兩"求見"，兩"見之"相呼應，而中載除偪定晉之事。上以事包文，下以文包事，此事與文相錯成章者。以一串看，則開手子犯知罪、同心，便見通篇大旨。而寺人一段暗應，頭須一段明應。"心"字、"罪"字，字字對照。又恐後人眼光不到，併"羈紲"二字，亦索性照出，令首尾結構了然。蓋特聯作一篇，爲晉文繼霸、報德脩怨一生作用張本。若離而二三之，便不得其作意之所在矣。自是一頭兩腳格，細看亦可以中段爲主，子犯語，引也。頭須語，陪也。譬如觀貝，正看成碧，側看成紺，文到化工，真非名言可盡耳。（《補義》眉）此亦敘議兼行格，聯五事作一篇，爲晉文繼霸報德脩怨作用，寺人、頭須兩段，見怨可忘。趙姬、介推二段，見德當報，而總歸之於天，把"德"、"怨"兩字盡數掃卻，其理愈精。

及河，子犯以璧授公子，（高塙眉）子犯請亡一事，與末條介推事相類，作正對。子犯深人，從亡十九年，於將入時突然請去，必有以微窺晉文之居心處，特賴公之見幾敏決，得全其舊耳。曰："臣負羈紲從君巡於天下，臣之罪甚多矣。臣猶知之，而況君乎？請由此亡。"（韓范夾）不先説明，則君臣之間，必有嫌隙。使我君有遺棄功臣之名，非所以自全，亦非所以全君也。子犯此舉，極有深慮，不知者以爲要君。（《彙鈔》眉）前此有醉遣戈逐事，想懼公子之銜怨，故設此計以自堅，權譎甚矣。（《評林》眉）鍾伯敬："范蠡會稽之言，較子犯此語，心危而辭迫，若句踐曰：'孤將與子分國而處，不然，將加誅於子。'一種夷狄禽獸之氣逼人矣，公子之言，猶有情理。"彭士望："以文公、子犯君臣尚如此，居成功難矣哉！然子犯必有看破公子處。"（闈生夾）此子犯要君處，篇末介之推之論由此發。公子曰："所不與舅氏同心者，有如白水。"投其璧於河。（方宗誠眉）前段姜與子犯謀，醉而遣之，至復國，慮公以爲罪，故欲亡也。文理脈絡，神氣相顧，而晉文之不忌克，又與晉惠公殺里克、丕鄭相反照。自篇首至此爲一大段，以奔狄、過衛、及齊、及曹、及宋、及鄭、及楚、送諸秦、秦伯納之爲脈絡。濟河，圍令狐，入桑泉，取臼衰。（高塙眉）此敘反國正文，不與諸條一例。及河、濟河、兩軍、一盟、兩入、一朝，敘次分明。二月甲午，晉師軍于廬柳。秦伯使公子縶如晉師，師退，（文淵夾）遣使如師，而晉師即退，其中必有微婉詳說之詞矣，而一語不載，以前後記言甚詳，再述此則冗蔓無剪裁也。軍於郇。辛丑，狐偃及秦、晉之大夫盟于郇。壬寅，公子入于晉師。丙午，入于曲沃。丁未，朝于武宮。（孫鑛眉）《國語》此處有"懷公奔高梁"五字，於事情較明。戊申，使殺懷公於高梁。不書，亦不告也。（《測義》夾）愚按：據《左氏傳》，重耳使殺懷公，是弒逆也，孔子爲此懼而作《春秋》，寧有不書之理？如曰以不告故，則弒逆而代立者，誰爲自告於鄰國？趙盾未弒君，而《春秋》特正其名，豈因告哉？竊意重耳知勵名節，而其從者又皆以忠肅稱，當里克殺夷齊之時，遣使迎立重耳，尚辭不預亂，而顧謂其使殺懷公，此必無之事。誠有之，復何以令于諸矣，而諸矣其誰肯輸心共戴之爲霸主哉？愚故以《春秋》之不書，而疑《左氏傳》必有誤，非事實也。或曰："懷公即卓也，非圉也，本夷吾弒卓之事，而誤言重耳爾。"然亦無據。〖編者按：奧田元繼作王元美語。〗（《左傳雋》眉）王鳳洲曰："首末兩'不書'句關應。"（孫鑛眉）仿佛效經文書法。（魏禧尾）彭士望曰："傳寫重耳亡適諸國，磊落激昂，橫見側出，如大易次寒，各成偉象，欲無興，得乎？此宜與《吳越語》常置心目，足令憂患人堅鍊體魄，擔荷大事。"又曰："《左傳》此篇，略具五伯聚會脈絡，俱傾倒晉公子處。"禧按：惟四伯之國，皆知禮公子，若曹、衛、鄭則不然。可見能強大之國，必有本領過人處。然以宋襄之愚暴，而能知重耳。以衛文之賢，而不加禮，何哉？圖伯之君，其知慮經營多在遠大處，故于過客亡人，每每留心，不肯忽略。自守之君，知慮經營只在四境之內，苟知節儉立國而已足矣。此衛文布衣帛冠，無遠大之規，而宋襄愚暴，有度外之舉也。（《左繡》眉）首段"子犯"四句，結上一大篇文字。"公子"兩句，領後來無數文字。然在本章，只是爲斬袪、竊藏早作提挈耳，絕妙伏法。"濟河"一印，公子十九年抑鬱，至此旬日而吐之。文亦筆筆作輕刀快馬之勢，所謂化工肖物者，非耶？前篇敘出亡事，極其鋪排。此篇敘入國事，極其簡徑。乃行文相間相配一定之法。（《評林》眉)《傳說彙纂》："高梁，杜注：'平陽楊縣西南。'僖九年、十五年及此，杜氏三注稍異，其實一地也。"

呂、郤畏偪，將焚公宮而弒晉侯。（鍾惺眉）呂、郤之才，不減狐、趙，事非其主，竟以殺身，惜哉！（《彙鈔》眉）呂、郤之才，不遜狐、趙，一事失計，自取戮辱，惜哉！**寺人披請見，**（《補義》眉）張幵姜曰："披非不能殺之，不欲殺之也，不欲殺之而故斬其袪耳，披固有心於文公者也。何以故斬其袪？蓋不斬袪，安知晉不更使他人？而從狄君田渭濱之時，不遭毒手乎？呂、郤焚宮之謀，其能與知乎？故曰披固有心于文公者也。"（高塘眉）寺人披請見二事，與四條豎頭須事相類，作正對。披有斬袪舊釁，突以告變來，亦奇士也。或披與呂、郤同謀，而披即賣之以要功於新君耶？抑深識晉文大略高於惠、懷，欲因此以靖晉耶？侃侃之論，句句入妙。公聞言而見，亦所謂明主可以理奪也。**公使讓之，且辭焉，曰："蒲城之役，君命一宿，女即至。其後余從狄君以田渭濱，女爲惠公來求殺余，命女三宿，女中宿至。**（閩生夾）"渭濱"，《韓非子》引作"惠竇"，惠、渭古字通，濱即竇也。惠竇之難前文所不載，故其詞較詳。可見前記蒲城事與此本一篇也。**雖有君命，何其速也。夫袪猶在，女其行乎。"**（《文歸》眉）戴文光曰："鍊句如霜鍔。"（《評林》眉）汪道昆："中宿，二宿也。"《品字箋》："袪，今袖口。"《儀禮》："袪，尺有二寸。"注云："《禮·深衣》'法周尺爲度'，當是二尺四寸。《儀禮》用漢尺，故云尺二寸也。"**對曰："臣謂君之入也，其知之矣。若猶未也，又將及難。**（韓范夾）此二語所以警戒文公者多矣，衛獻之流，安得有人焉告之？（《文歸》眉）陳溪子曰："伏得妙，緊切。"**君命無二，古之制也。除君之惡，唯力是視。蒲人、狄人，余何有焉。今君即位，其無蒲、狄乎？齊桓公置射鉤，而使管仲相，君若易之，何辱命焉？行者甚衆，豈唯刑臣。"**（《左傳雋》眉）茅鹿門曰："披雖反覆從人，其詞卻嚴而正。"湯霍林曰："'國君'兩語，自是名言，不論出豎口。"（《文歸》眉）陳溪子曰："逗得妙。"（《彙鈔》眉）晉文不忘舊惡，固霸者之量。披明譏直誚，說得毛骨俱悚。後蒯徹對漢祖，魏徵對唐宗，語略相似。（《評林》眉）《經世鈔》："引證切妙，正是文公意中事。"**公見之，以難告。**（《測義》夾）真德秀氏曰："披可謂知君臣之義矣。方獻、惠時，重耳爲公子在外，公使伐焉，若披有二心於重耳，豈得爲忠？丁公爲項羽將，而私從漢王，終以被戮。漢景帝爲太子，而召衛綰，綰不往，以此見襃。披惟知此義，是以事獻、惠時，知有獻、惠而不知有文公。及文公既入，即吾君也，有難而不以告，又豈得爲忠乎？文公見之，遂免於難，非賢而能之乎？凡爲人臣，皆所當法也。"〚編者：按奧田元繼作李笠翁語。〛（《文歸》尾）功利中狠人，亦功利中巧人，其言則近有識者，調亦婉若善人。仲光。（《左繡》眉）寺人披語另作一篇妙文讀。看其先虛虛總冒一筆，以下前六句答"雖有君命，何其速也"，後六句答"夫袪猶在，女其行乎"，尤妙在中間趁勢夾入"今君即位，其無蒲狄乎"作轉棙，隱隱將呂、郤事一提，以爲竦動。口角輕妙絕倫，字字尖穎，字字蘊藉，《國策》視此，真傖父矣。

三月，晉侯潛會秦伯于王城。己丑晦，公宮火，瑕甥、郤芮不獲公，乃如河上，秦伯誘而殺之。（文熙眉）汪道昆曰："辭令妙品，'蒲城之役'以下章法句法。"穆文熙曰："寺人披反覆從人，誠無足道。然持機事告人，危言迫脅，人自不得不從之，亦可謂閹人之雄者矣。"（《析義》尾）獻公蒲城之命乃惑于讒，惠公渭濱之命實出於忌。寺人披奉命速至，濟君之惡，以爲固寵之謀。此番復借呂、郤作難，改而市德，真小人傾險反覆常態也。文公讓而辭之，猶從寬典。乃侃侃提出"君命無二"四字，以爲已在當日必當速至加害，絕無半語掩飾引過。且以文公既立之後，必不當紀念舊怨，致人懼罪以取禍難，總緣其胸中有所挾而來耳。幸文公處危疑之際，納其言而宥其罪。若遇鄭厲、衛獻，將來總不免於誅死耳。《國語》所載之詞，過於劫脅，不如此篇劫脅中猶帶婉切，不盡傷對君之體。（《觀止》尾）寺人披傾險反復，誠無足道，然持機事告人，危言迫脅，說得毛骨俱悚，人自不得不從之，可謂閹人之雄。（《集解》尾）寺人披一反覆小人耳，在昔奉命速至以媚君，今借呂、郤作難以市德，立心狙詐極矣。乃偏以"君命無二"爲詞，說得堂堂正正，帶規帶諷，小人便佞可畏如此。前後俱作一樣蕩宕之筆，孀孀動人。（《賞音》尾）呂、郤以灰燼之餘，而思作難，其謀豈容不密？想披亦與謀，而披即賣之以要功於新君耳。侃侃之論，字字快人。倘所謂明主可以理奪，披亦云操此訣耶？此篇後，傳更有頭須之事，附錄之以見公之忘怨。（《評林》眉）陳傅良："'潛會'，傳見自齊桓之伯，諸侯特相會皆不書。"今按："潛會"，不告不入例。晉侯逆夫人嬴氏以歸。

秦伯送衛于晉三千人，實紀綱之僕。（《快評》尾）呂、郤爲惠公之臣，死惠公，固其宜也。獨是文公少經患難，長歷艱難，更事既久，宜有以知之矣。乃返國之初，尚多不能渾忘于宿怨，何耶？居者爲社稷之臣，呂、郤非惠、懷之私人，固晉之社稷臣也。奈何初返晉國，而遽仇社稷之臣乎？曰："呂、郤畏偪。"則必有偪之者矣。此所以來寺人披、豎頭須之譏也。讀章首四字，則知事之所由然矣。寺人披之言，句句就自己說，然句句照應呂、郤，不必以難告公，而其言已罄無不盡矣。一段文字中有兩番說話，此等筆法惟秦以上有之。郤芮之人，吾不能知。若夫瑕甥于惠公時，應變之才，已見一斑矣，奈何今日出此下策？既不獲公，又如河上而會秦伯，何耶？豈材力智慧因運會而變耶？抑其中別有故耶？吾不能知之矣。（昆崖尾）婉而不峭，則無骨。峭而不婉，則無神。二者每難兼工，看是篇純作節短勢險之筆，劌刻陡健，□戰奇鬼，森然逼人，真峭骨嶙峋矣。而一句一跌，一步一轉，嫺折宕逸，姿態絕世，讀之唯虞其盡，亦唯□不盡，風神又何其婉也？截斷看便峭，連並看便婉。左氏好用四字句，此篇尤甚。出後人□□□如何板樣，卻分外飄灑。誦之泠然，流韻□□□□，何物文心，雋妙乃爾！安知寺人非與呂郤□□，而中道變計，賣友求榮者耶？蓋彼亦惠公舊腹心也。千古奸人告密，作俑於此，誠可痛恨。第左氏敘來，貪其文之美，竟忘其人之惡矣。以逆夫人收局，俗本皆刪去，疑與上文風馬牛耳。不知其情節正緣呂、郤之難佈置出來。事似不接，而意自相□，兩下關映，不著而著，有水月鏡花之妙。看杜注自明。左氏照應每用此法，全在無字句處會他用□，此余所謂以不照應爲照應者也。"君之入也"四字，一頓一折，是開端籠提。"君命無二"六句，對他"雖有君命"二語也。"今君即位"二句，承上轉下，是中間關鎖，與籠提處相應成章法。"無蒲狄"句，亦恰與"及難"句相應，俱是於空中逗漏，求見主意。"齊桓"五句，對他"夫袪猶在"二語也。兩截分答，前有提，中有渡，又暗相照應，部伍森然，非細看不解矣。（《補義》眉）逆夫人敘于此，用橫峰一隔。（高崿尾）迎嬴氏以歸三事，與五條歸季隗事相類而不類，作反對。（《評林》眉）《經世鈔》："紀綱之僕，綱總其大，紀理其細也。"

　　初，晉侯之豎頭須，守藏者也。（《約編》眉）有寺人披，即並及豎頭須，是史家類敘法。《史記》列傳從此化出。（高崿眉）豎頭須請見四事，與二條寺人披事相類，作正對。因斬袪讓披，因竊藏辭須，晉文宿怨未忘也。一借蒲狄發論，一借沐上發論。妙議足相匹配。"行者甚衆"、"懼者甚衆"，亦互相關映。兩"見之"，見公轉機敏捷，能釋怨以安衆。(《評林》眉)《經世鈔》："玩文法，當是文公出時，而盜在國之藏。《韓傳》之言，或傳之訛也。"邱維屏："頭須自稱居者，則非從亡者矣。"(《補義》眉)汪云："'初'字追敘，卻即從衛仆類敘。"張云："觀'何必罪居者'句，則頭須之逃，自蒲逃歸晉國耳。"其出也，竊藏以逃，盡用以求納之。及入，求見，公辭焉以沐。謂僕人曰："沐則心覆，心覆則圖反，宜吾不得見也。居者爲社稷之守，行者爲羈紲之僕，其亦可也，何必罪居者？國君而讎匹夫，懼者甚(或作其)衆矣。"僕人以告，公遽見之。(文熙眉)汪氏曰："能品，'公辭'句法。"穆文熙曰："頭須之事，若如《韓詩》所云，則罪不容誅。如本傳所稱，則功不可泯。計其人，亦寺人披之流也。"(《測義》夾)孫應鼇氏曰："盡用以求納，則不當復罪其竊藏，而當憐其忠。"(孫琮總評)子犯授璧，功垂成而不居，將以觀君之心，且自固其交也。寺人披告難，思以功而贖其罪也。暨頭須求見，欲自明其求納之故也。子犯是大臣故智，寺人披、暨頭須是小臣行徑，三人情事不同，故其爲言，或直或曲，或顯或隱，亦各爲分別。文公能明大義，棄小怨，安衆定難，以圖霸業。左氏于其初反國，特敘此數事，見不但帝王自有真，即霸主之器，其規模要自有不同處。(《知新》尾)寺人披罪犯至重，而敢請見，蓋早知文公度量能容，故假告難爲進身之媒耳。暨頭須竊藏，本欲納公，無緣自明，引而不發。並紀二事，全爲晉伯恢張始事規模，使褊心者知廣。(魏禧尾)魏禧曰："以呂、郤之才，而狐、趙諸人不薦以共事。以介推之功，而無有代之白者。吾于此知文公諸臣不過功名之士，非有器識度越，以人才國體爲心者也。凡已當權位，而有宿憾之人，懷危疑之心，便須急急安頓。如郭子儀一入軍中，便召光弼痛哭，不然，懷反側者不爲光弼之欲逃，則爲呂、郤之行逆而已。"(《分國》尾)重耳反國，晉亂止矣。諸人皆思自全之策，故狐偃請亡於前，寺人告難於後，而守豎以求納之故請見也，寺人、頭須兩人，口角尤咄咄逼人。相傳楚昭王出奔，濟于成臼，見藍尹亹載其帑。王曰："載予。"亹去之。王歸，亹求見王，王欲執之。對曰："臣避于成臼，以儆君也，庶憭而更乎？今之敢見，臣觀君之德也，曰庶懼而鑒乎？君若不鑒而長之，臣何有於死？死有司敗矣。"王見之。事頗相類。(《左繡》眉)"竊藏"、"斬袪"，天成一對，又恰與"授璧"相映，想見文心之巧。頭須語，即借沐作一話頭，便與上篇意思迥別，此行文另闢蹊徑之法。竊藏求納，不用細剖。只陳居者、行者事君大體，亦作者意在首尾照應大結局，餘不屑屑耳。首段罪行者，末段罪居者，起結照應極有情。"行者甚衆"、"懼者甚衆"，特遙遙與子犯"請從此亡"照應，真一篇如一句也。（《約編》尾）傳言文公不蓄小怨，故能安衆，兩事類敍，亦各見波致。（《左傳翼》尾）晉文創伯，謀略盡出於子犯。此番歸國，便欲出亡，蓋誠恐不能同心一德，齟齬而不能有爲也。且公子崎嶇患難中，十九年德有不酬，怨無不報，從行既久，罪戾必多，思小怨而忘大德，心覆圖反，居者行者皆懼而思去，則亦惠、懷之續耳。子犯此言不特自爲之計，並爲諸臣地也。後聞寺人、頭須二臣言而回怒作喜，竟如轉圜之易，皆子犯一言啓之。然能曲宥諸臣，而曹、衛宿怨絕不能忘，亦志在取威定伯，勢不得不然耳。子犯一言而公子投璧，聞寺、豎之語，遽爾出見，何豁達大度乃爾？呂、郤若無焚宮之舉，幸若獲宥，亦未可知。桓公能用敬仲，文公豈不能用子金哉？而呂、郤卒以此謀死，雖計不克施，要亦可愧夫世之爲人臣而懷二心者。左氏類敍或多或少，事不一例。如後篇狄歸季隗，兩事對舉也。前篇公子出亡，七八事連書也。掩映錯綜，妙難言悉。此篇首尾三事分看，則子犯、寺、豎各有心事，各有議論，絕不相蒙。通看則首段是行者，後二段是居者，各各懼罪，總是國君而仇匹夫耳。然子犯恐不與同心，尚是或然之慮，頭須心覆圖反，亦係虛揣之辭，唯袪在子行，則仇匹夫已明明見之齒牙間矣。又況畏偪思弒，禍機將發，文公唯聽寺披一言而釋斬袪之怨，卒免焚宮之厄，中段最爲緊要。《左繡》以爲前引後陪，誠非無見。反覆看又似首段虛虛領起，爲下二段包貽；末二段實實分剖，爲上二段結案。誰賓誰主？如環無端。五聲六律十二管，旋相爲宮，此豈可以尋常死法求之耶？（《日知》尾）杜注曰："言棄小怨，所以能安衆。"字字與忌克者反炤，是作者微旨。處處以秦作線，是記述體。（《評林》眉）王季重："文公不讎寺人披之斬袪、豎頭須之竊藏，終免呂、郤之難，能棄小怨而安衆，此文公之美也。"〖編者按：凌稚隆作郭登語。〗（方宗誠眉）呂、郤之難雖免，然公重從亡者之功，而不安撫居者，則人人自危，難猶未已，故寺人披之言極爲明遠。（林紓尾）紓按：寺人披者，反覆之小人也。頭須者，愚妄之小人也。一以告訐陰謀爲進身之地，一以潛邸小人求覆水之收。敍其事者，頗難着筆。若寺人一啓口，即許呂、郤之難，則文公斷斷不信。明謂賣呂、郤以繳功，即披之狡獪，亦斷斷不爲此冒失之舉動。左氏閑閑把舊事一提，説到蒲城斬袪，是骨肉痛心之事，咎在惠公，又不敢明斥惠公，但推卸惠公，以"速"字定寺人之罪。抒其大度，以"行"字見不殺之仁。此一着甚險，一斬寺人，禍事即不旋踵而至。然文公言到此處，豁然不校，似仁至義盡，以下別無餘語矣。而寺人忽斗然發冷雋驚駭之語，一矢口即布一疑團，令文公必釋憾而下問。四句中作三折："其知之矣"，聞者已摸索不著。"若猶未也"，則自下轉語，留爲待問之地。"又將及難"，則更偪進一層，勢在不能不問。試思披之得罪，文公憾至次骨，以新得國之故，許多大仇，尚留而未報，不欲人心解體，故赦披不殺，非真不殺也。披在萬死之中，更求進身之地，則第一語開頭，雖貢其百般之誠款，皆不能回公之心，釋公之憾。非用此恫疑虛喝之筆，萬不見功。凡文字中能一針見血者，必如此簡捷，不特切於事情，亦足動人心目。三語中皆未露出一個"難"字，圖窮匕見，必漏呂、郤二人姓名矣。顧乃不然，但把舊事一提，公溯到蒲狄之難，寺人即還他一個蒲狄，且張其包天之膽。以刑人而自侔仲父，此非妄也，小人眼中矜救命之功，固以爲不世出。亦知文公閲歷久，料事聰明，告則必見。自擬管仲，擬公桓公，亦是用此爲諂媚之具。且明明欲見，卻説到"何辱命焉"，故意推開，而陰恃有上文"又將及難"之語，自爲擒縱，緊切簡括，極行文之能事矣。至於頭須之罪，又與寺人不同。寺人者，以殺公爲己功，其來也，反顔事仇者也。頭須者，以入公爲己功。其來也，自明心跡者也。然竊藏之罪，公憶之。求納之計，公不知也。寺人有本事在先，讀者已悉，故起筆直用寺人披，不必述其事實。頭須之已事無傳，則不能不爲補敍。"心覆圖反"四字雖新，究不甚切要。重在"國君而仇匹夫"六字，打入英雄心坎，勢亦不能不見。文字寫兩小人，作兩樣寫法。一關緊要，一則不關緊要。妙在能將小人之言，説得侃直近理。到似文公之理，轉歉於此二豎。文人狡獪功夫，神注那裏，而筆力即爲是人張大。不即不離，能使人人首肯，真詞林妙品也。(《菁華》尾)子犯此舉，明知其君之決不從，藉以爲取重之計，非純臣也。若以功成之後，恐不見容，則如越范蠡可矣。入國之始，無須慮此爲也。文公返國之始，根基未立，而惠、懷之黨，佈滿中外，正宜捐棄舊怨，使反側子自安，何至使呂、郤邊有邪謀？足徵其量之不足，觀其後嘗脩曹、衛之怨，足以知之矣。"若猶未也，又將及難"，此二語，已將呂、郤之謀盡實吐出。文公見之，亦欲得其情也。頭須反覆小人，監守自盜，及見富貴可圖，復貿貿然來，此等人有何可用？念其盡用求納，姑赦其前罪可也。

狄人歸季隗于晉而請其二子。（高塘眉）狄人歸季隗，五事。與三條迎嬴氏歸相類而不類，作反對。于嬴氏曰晉侯迎，是特自往迎也。于季隗曰狄人歸，是聽其自歸也。得寵忘舊一語，眼光四射，君臣夫婦都括于此。此披、須二人所以諷公，犯、推二子所欲亡而遂隱也。乃前後聯絡貫穿處。**文公妻趙衰，生原同、屏括、樓嬰。趙姬請逆盾與其母，子餘辭。**（《補義》眉）子餘辭，君臣同是勢利，得寵忘舊，是說子餘，已刺晉文。董云："姬氏如以同、括為嗣，趙氏安能終顯？則開趙統者，姬之力也。"**姬曰："得寵而忘舊，何以使人？**（闈生夾）文公之裥，於此一露。**必逆之！"固請，許之。來，以盾為才，固請於公以為嫡子，而使其三子下之，以叔隗為内子而己下之。**（文熙眉）汪道昆曰："敘事能品。'以盾為才'以下章法。"穆文熙曰："逆盾及母，已為人情所難。而子下其子，身下其母，古今讓德之風，此能幾見哉？姬之賢，不在笄帷列矣。"（韓范夾）女無美惡，入宮見妒，天下有此賢婦人哉？當為續《關雎》之正風，補曹姑之《女誡》。（方宗誠眉）回應狄人納季隗事，文法周到不漏。附記趙姬之賢，是文中帶敘法。（《左繡》眉）晉侯作二軍篇，申生略而畢萬詳，已是賓主變格。今此篇于季隗只點一筆，而通身單敘叔隗一邊，其無一句回顧起句，正句句對起句作激射。借賓形主之法，至此文而脫化極矣。《咀華》評語最透，今備載之。唐錫周曰："前篇大書，云晉侯逆夫人嬴氏以歸，何等親熱。此云狄人歸季隗于晉，何等冷淡。嗟乎！嬴氏新婚也，季隗所與同患難者也。晉文公在狄之時，綢繆燕婉，必不少減于文嬴也。即文公去狄之時，握別依依，較之別文嬴，而更有加也。且二十五年之約，猶在耳也。豈遂忘之？乃一則特地迎歸，一則聽其自來，公之滿腔勢利，不描自見。文妙在只用一筆敘季隗歸晉，卻詳敘叔隗，一邊寫得極熱鬧，便覺一邊極冷落。文情之妙，正如劉項會于新豐鴻門，項莊拔舞，其意常在沛公也。"（《評林》眉）《經世鈔》："'姬曰'二語，足令千古勢利人愧死。千古大賢，雖堯舜何以過此！"（《左傳翼》尾）二隗歸而冷暖異狀，非文公忘舊而子餘有前情也。其厚薄之分，在文嬴、趙姬母子耳。

趙姬賢淑，而叔隗與盾獲其所歸。文公之淡落季隗，嬴氏爲之也。身事二夫者猶得寵焉，而何舊之忽忘？讀姬氏之言，不惟文公夫婦汗下五斗，子餘其亦覥面目哉！文公是極勢利人，狄人不歸季隗則季隗竟同齊姜矣。子餘不從趙姬之請，豈懼彤公之短耶？得寵忘舊，姬祇刺子餘，而暗譏文公已在其中，一固請而叔隗歸，再固請而趙盾立，第不識固請于公時，公將何以置辭也。或問姬之請在季隗歸先乎？抑季隗歸而後請乎？余謂得寵忘舊之言出於肺腑，則姬之請必先季隗之歸矣。子下之，己又下之，真屬人情所難，千古賢淑，應推姬爲第一。（文淵夾）此段應狄人伐廧咎如段。此篇惟狄、齊、秦納女事不能以"得人"、"天之所啓"貫之，而又不得不書，故使之自相對待以成篇法者。（《分國》尾）請之來，賢矣。使三子下盾，尤賢。使三子下之，賢矣，已自下叔隗，尤賢。不愧爲重耳之女。（《日知》尾）羅浮兩山，風雨離合。（《學餘》尾）趙姬可謂貴而有禮矣。晉自獻公以來，慘殺相仍，暗無天日，左氏于文公歸國後，但敘趙姬一事，便如陰霾日久，忽睹星月之輝光也。

晉侯賞從亡者，介之推不言祿，祿亦弗及。（《正論》眉）推之意，幾於懟矣。太史公曰："晉文公，所謂明君也，亡居外十九年，至困約。及即位而行賞，尚忘介之推，況驕主乎？"（《左傳雋》眉）郭青螺曰："余謂介推之隱，有三罪焉：怨不言祿，安得爲亷？懟君而隱，安得爲忠？隱而死母，不得爲孝。嗚呼！在母固爲賢母，推之心，獨無猶有憾乎？"（鍾惺眉）杜工部詩所謂"衆人貴苟得，欲語羞雷同"也。（《才子》夾）最是清絕峭絕文字。寫其母三段話，是三樣文字，細細玩味之。先正多責推借正言以洩私憤，非也。看此敘事，先書"不言祿"三字，便知推本自過人一等。（《彙鈔》眉）晉文反國，從已諸臣，譁然爭功邀賞。推獨超然衆紛之外，似爲高□。然所言未免怨望，特借正義以洩私忿，則其汩没于功利者深也。（《補義》眉）介母不求知，堪侶齊姜。令妻賢母，相爲輝映。（高嶹眉）介推不言祿，六事。與首條子犯請亡相類，作正對。子犯深識，及河以請亡。介推清節，弗及而遂隱。晉文待舊之薄可知。而於子犯則投璧以明心，於介推則賜田以志過，轉圜明決，究不減霸主器識。（《評林》眉）《經世鈔》："'不言祿'三字，畢竟介推難及處。觀介推不賞而無言者，則姜氏不迎，恐有是事。"**推曰："獻公之子九人，唯君在矣。**（閩生夾）此意弔詭已極，言兄弟九人，今僅餘其一，苟天命未絕，則此人無論如何必當繼起，以其他無可代也。

然則更不必問其才行功德爲何如矣。惠、懷無親，外內棄之。天未絶晉，必將有主。主晉祀者，非君而誰？（《才子》夾）妙妙，說得雪淡。天實置之，而二三子以爲己力，不亦誣乎？（《才子》夾）斷得倒，二三子更何對？竊人之財，猶謂之盜，況貪天之功以爲己力乎？（《才子》夾）再痛罵之，本落得罵也。（《評林》眉）《經世鈔》："貪天之功，以爲己力，然則二帝三王賞功之典，皆貪天矣。"下義其罪，上賞其奸，上下相蒙，難與處矣！"（孫鑛眉）高論，伊周所未發，然微嫌太深刻，若以自責則可。（韓范夾）既無求禄之事，自不覺其言之深刻。（《才子》夾）直是斷盡晉國後來，奈何誣其爲怨言耶？（《補義》眉）提出"天"字，覺濟河而下，勢如破竹，皆莫之爲而爲。（閭生夾）晉文入國，赫赫震人耳目。獨著此段，極力冷刺，使其君臣皆自顧生愧。一段絕大議論，卻借介子推口中發之，巧不可階。句句挺接硬轉，最不易及，神氣所以振厲也。"下義其罪"者，指其殺懷公以立重耳之不義也，特此意不輕吐耳。"竊人之財猶謂之盜"，此下當接云"況竊人之國乎"，今茹鬱不吐而轉變其詞，以取深隱之致，所以詼詭而敏妙也。其母曰："盍亦求之，以死，誰懟？"（韓范夾）母言自近人情，後見其子斷斷，遂與俱隱而不復言，所以爲難。（《才子》夾）母特試之也，爲上不言禄也。對曰："尤而效之，罪又甚焉，且出怨言，不食其食。"（《才子》夾）尤，罪也。既已罪之，又復效之也。看推亦自認"怨言"字，何勞後人又責其怨？其母曰："亦使知之，若何？"（《文歸》眉）陳浚子曰："又突其母一段，粧點絶有餘味。"（《才子》夾）母特再試之也。對曰："言，身之文也。身將隱，焉用文之？是求顯也。"其母曰："能如是乎？與女偕隱。"（《文歸》眉）胡揆曰："'盍亦求之'、'亦使知之'，試其子也。'能如是乎'一語，快然獲心光景，逼露其母，更奇。"（《才子》夾）細讀此四字，知母上二番爲試之也。奇母！遂隱而死。（《才子》夾）方信龍蛇之詩非推筆。（《評林》眉）太史公："晉文，賢伯也，在外十九年，最爲困厄，反國行賞，忘介之推，況驕主乎！"李笠翁："文公反國之初，從亡諸臣，駢首爭功，推獨超然處衆紛之外，誠爲難及。雖然，推尤諸臣之賞功，其言則是，其言之所自發則非也。何者，推若果以從亡之臣不當賞，則狐、趙與我，其不當賞均也，賞者爲濫，則不賞者爲當，是文公失之於狐、趙，而得之我也，何爲而怨，何爲而隱乎？今既咎文公之濫賞，又咎文公之不賞，是推之言特借正義以洩忿耳。"（閩生夾）宗堯按："高潔之士鄙夷當時，此古今之通例也。左氏采而錄之，述志士之高潔，即含鄙薄晉君臣之意。"晉侯求之，不獲，以緜上爲之田，曰："以志吾過，且旌善人。"（文熙眉）汪道昆曰："議論神品，'獻公子'以下章法句法，'義其罪'字法。"穆文熙曰："介之推口不言功，遁身終隱，足以消人望報之心。然文公始忘而終悔，緜上爲田，志過旌善，待之亦可謂有禮。"汪道昆曰："敘事能品。'周禮、王章、此誰非'句法。"穆文熙曰："文公此一舉便足稱伯，惜哉，其請隧矣。"（《左傳雋》尾）呂東萊曰："文公反國之初，從行諸臣，駢首爭功。子犯之授璧、顛頡、魏犨之縱燧，要切狼戾，有市人之所不忍爲者。而介之推獨超然處衆紛之外，孰謂此時而有此人乎？是宜百世之後聞其風者，猶咨嗟歎息而不能已也。雖然，推尤諸臣之貪功，其言未必非也，其言之所自發，則非也。使晉文賦之以祿，推以此爲辭祿之言，雖不盡中理，猶不失爲狷介也。今既不得祿而爲此言，則是借正義以泄私怨耳。推，高士也，未易以凡心窺、利心量也。母子之間，底蘊舉露，推安所逃其情乎？推若果以從亡之臣爲不當賞，則狐、趙諸功臣，其不當賞均也。文公之賞狐、趙固濫而可責也，賞者爲濫，則不賞者乃理之常，是文公失之于狐、趙，而得之於我也。君待我以常，我自安其常，怨何爲而生？身何爲而隱乎？是非無兩立之理，今既咎文公之濫賞，又咎文公之不賞，此近於人情乎？吾是以知推之言，特借理以逞怨也。"按：文公反國，論功行賞，推不及而隱，從者憐推，懸書公門曰："有龍矯矯，頃失其所。五蛇從之，周徧天下。龍饑無食，一蛇割股。龍反其淵，安其壤土。四蛇入穴，皆得處所。一蛇無穴，號於中野。"公見書，曰："嗟！此子推也。吾憂王室，未圖其功。"召之，則亡。聞其入緜上山中，乃封緜上爲介推田，號曰介山。後並州俗，冬至後一至五日，爲子推斷火冷食。魏武帝《明罰令》曰："聞太原上黨冬至後有五日皆禁火，云爲介推。且子胥沉江未有絕水之事，今沍寒之地，老弱不堪，令不得寒食，犯者家長半歲刑。"後周舉遷並州刺史，作弔書置子推廟，言盛寒去灰，殘損民命，非賢者意。令三日而已。宣示愚民，使還溫食，風俗頓革。（《正集》尾）大率皆怨辭耳，然語氣正大，可爲貪功之戒。孫月峰。（《文歸》尾）以宏達語作怨詞，固是善怨。父一。（《才子》夾）天理人心，不足爲好。（《快評》尾）賞罰爲天下之公，堯舜而後，已難言之矣。論功行賞，大約皆從一人之私起見耳。言不雅馴，莫此爲甚，介子之言是也。但介子之功，考之傳記，略不概見，大約是泛泛從亡之人，未可與狐、趙比勳也。杜詩云："從軍十餘年，能無分寸功？衆人貴苟得，欲語羞雷同。"不語又不可耐，憤極而有此反言也。不惟介子，蓋千古曠達之言，未有不出於憤極者也。杜詩後段云："中原有鬭爭，況在狄與戎。丈夫志四海，安可辭固窮？"亦猶是矣。杜詩此首，全從此篇出也。然其母曰："盍亦求之，以死誰懟？"明知其言之出於懟也。介子自曰："且出怨言，不食其食。"亦自招其言之爲怨也。獨是文公聞此，如獲我心焉。悲夫！（孫琮總評）錢牧齋曰："介子杜口不言功，逃身終隱。足以消人矜功望報之心。"介之推非忘情於祿者，看他"貪天之功以爲己功"一語，彼亦見得有力。但不欲矜之而自言耳，是殆有激而逃者歟？母特深見其隱，故先以二説相進，非姑試之也。至聞言知過，固霸主之大略，且以此爲善，則爭功非善矣。以所旌形所愧，即作用何嘗不出其中。行文筆筆緊湊，無一懈句懈字，宜爲衆口所膾炙。（《古文斫》尾）之推不與從亡五臣之列，自是從臣之微者。但傳中紀狐、趙諸人，無一不在熱鬧場中著腳者。故左公特借之推一段佳話，形得此輩心腸不堪，冷眼猶之史遷傳伯夷之意耳。至於之推異人，更有奇母，晉文雄主，不免愧心。敘得感慨蒼涼，千哉下猶堪隕涕。（《覺斯》尾）過商侯曰："之推杜口不言功，逃身隱死，於純臣之品，真有大過人者。若偕隱之母，死而不悔，尤非笄黛中所可多得。文公志過旌善，可謂有禮，然到底是奸雄語耳。"（魏禧尾）彭士望曰："平心觀晉文反國，天乎？人乎？狐、趙諸子豈貪天功爲己力乎？人君新立，盛稱符瑞，頗欲籠壓功臣。介推忿懟，拈一'天'字，暗透晉文左腹，抹煞狐、趙苦辛，開後世葅醢烹藏之釁，此忮刻之尤者也。"禧按：介推"出怨言"三字，已和盤托出。彭家屏曰："介推之不言祿，尚矣。而有怨言，則已過也。大約賞功之際，上下相蒙，介推有感於內，遂爲是憤懣之詞，而不覺其言之失也。然有功不居，與母偕隱，至不可物色。高致遠情，超然世表，可以爲後之濫功爭賞者愧矣。觀《韓詩外傳》割股之説，《琴操》禁火之事，皆後人爲之傅會，以奇其跡。此可以知人心之所同，推未易貶也。"（《析義》尾）服其事，不居其功，雖臣子之心。然錄其勞而定其賞，亦國家之典。晉文從亡之臣，十九年在外，若盡説無功，則櫛風沐雨，與家食坐視者等，無是理也。但行賞時，必待求之而後得，不求則不得，爲可議耳。篇中重冒功一邊，濫賞意只帶說。後段借與母問答之詞，自明其不爲利、不爲名之意。則介之推之立品，有大過人者。晉侯綿上之舉，亦知己之不及賞爲過，推之不言祿爲善，可謂失之東隅，收之桑榆者矣。但介推故事，爲説不一。按：晉文從亡五臣，未有推姓名在内，則舊注謂公之微臣，較確。乃《史記》五蛇之歌，有"一蛇無穴"之句，似推在五臣之内矣，此一説也。考《晉乘》五蛇歌内，有一蛇割股之句，似推之功，又在割股救公之餓，比諸臣更難，此一説也。甚而小説載晉文求推不得，焚山以逼其出，推寧受焚而死，至今傳清明前一日，人爲禁煙，名曰寒食，此又一説也。若以理揆之，推之隱，既不使人知矣，何又有懸書宫門之事？在當年五鹿乞食，亦偶然缺之，豈至絶糧？縱令絶糧，則推必先受餓，股肉幾何？能飽晉文之腹乎？以剔去股肉之餓夫，又能從亡跋涉，此其最不可信者矣。玩晉文行賞未及，不過一時遺忘，去而歸隱可也，何至視同寇仇，寧焚死而不出？其怨懟君父之罪，有不容於誅者。後人何所取而憐之，代爲禁煙耶？凡此皆好事者爲之，讀古者不可不辯。（《分國》尾）子推之高，其母激成之耳。當推不言祿矣，義罪賞奸之言出，母遂曰："盍亦求之。"又曰："亦使知之。"蓋微窺子意也。至曰："身將隱，焉用求。"母然後曰："能如是乎，與女偕隱。"則前此不能如是可知也。杜子美贈常徵君詩："楚妃堂上色出衆，野鶴階前鳴向人。"之推於騈首時而不言祿，可謂色殊衆矣。乃不能嘿嘿，殆不免于鳴向人乎？雖然，縣田一環，清風千古。後人追誦龍蛇之章，以爲太息。若之推者，亦雞群之一鶴也。（《晨書》總評）徐衮侯曰："推之事蹟，諸説紛紛，未必傳信。如龍蛇之歌，有云從者憐之，懸書宫門，此出自《史記》，與《説苑》所載同也。有云文公飲大夫酒，推奉觴而歌，公悟，與之田。此出自《新序》，與《呂氏春秋》所言自爲賦詩同也。又謂子推姓王名光，隨文公十餘年，退隱介山，公以玉帛禮之，不出。此出自《列仙傳》，其言詭怪，不足據也。若夫龍饑無食、一蛇割股之句，林西仲先生辨其五鹿乞食之時，區區股肉，重耳未必飽，推亦不能行，善矣。至焚山、推死一事，論者曰：'有何仇讎，遂焚死不出？此真怨懟君父者，後人何所取而憐之？'抑予更有進焉，推與母偕隱，則燔灼之下，母必不獨生，縱或不死，公當因其子而厚其母，何没没也？推不但不忠，且不孝矣。衆説傳疑，本不足辨，然好古者，正須於傳疑處一定其是非耳。要之，推人品盡高，東萊譏其口出怨言，猶《春秋》責備之意云。"(《觀止》尾)晉文反國之初，從行諸臣，駢首爭功，有市人之所不忍爲者。而介推獨超然衆紛之外，孰謂此時而有此人乎？是宜百世之後，聞其風者，猶咨嗟歎息不能已也。篇中三提其母，作三樣寫法，介推之高，其母成之歟！（《集解》尾）憤激而言，雖非純臣之語，然于天道人事，卻看得十分透徹，文亦清穎峭拔。（《彙編》尾）錄其勞而定其賞，固國家之典。服其事不居其功，實純臣之心。當時文公返國，從行諸臣駢首爭功，介獨超然不齒，隱死不悔，可爲千古爭功者戒。及看其母問答，又知推之高皆其母成之也。歸隱是不言祿究竟，不爲利名是不言祿精微。文于前段寬，寬逼出"難與處矣"一句。後又起兩段波折，一段推到不爲利，一段推到不爲名，末後又一段"偕隱"結之，可謂極善於養局，極善於推敲。（《知新》尾）十九年從亡，勞自當酬。但人臣不可貪天功爲己力，要求爵賞。此則高自位置，直使懷利事君者無所容身，豈非大快！（《賞音》尾）世道衰壞，莫甚于上下相蒙。晉文之賢，而狐、趙輔之，何至於是？然以爲下義其罪，上賞其奸，則充類至義之盡，未始非相蒙也。故推以祿弗及而死，則死輕於鴻毛。以上下相蒙難與處而死，則死可風百世而重於泰山矣。而後世乃有日夜論功不決，且至冒功倖祿者，獨不愧於心哉？（《左繡》眉）此與上歸季隗篇一樣意思，總譏晉文得國，報施甚疏，爲世負心人寫一小照，但不至於如長頸鳥喙之甚耳。固宜城濮之役，魏、顛兩人大駡之也。以晉文起結，中間極寫介推母子，蓋亦從賓見主之法而已。特標一筆"賞從亡者"，而所記偏不於賞，而於不賞。又特標一筆，曰"介之推不言祿，祿亦弗及"，而當時君之授賞，臣之受賞，許多可議，皆在其中，無怪推之極口批駁矣。乃讀至中幅，又成不言之言，讀至後幅又成不賞之賞，而結處二語："且旌善人"，恰應轉"不言祿"；"以志吾過"，恰應轉"祿亦弗及"。無意結構，而局法天成。以左氏爲化工，誰曰不宜？介意已盡於前，"求之"、"知之"，乃是借其母更作挑剔。此文字波瀾，無此即一覽而盡矣。世人皆作實事讀，恐失作者之意。故一部《左傳》皆作如是觀。（昆崖尾）王晉升曰："不言祿，予之推也。祿弗及，譏文公也，二句爲綱。入介子口中，節節爲不言祿供狀。而後以隱死結不言祿之案，以縣田結祿弗及之案，左氏之章法如此。"程念伊曰："憤激非純臣語。然于天道人事，卻看得透徹。"敘介推耳，卻以晉侯首尾相照，此局法活變處，又插入其母語，錯綜相形，此文字波瀾處。亦用四言成文，玩其前後佈置用意，總是一層進一層法，段段緊，筆筆峭。(《約編》尾）介推固高節，聞言知過，文公洵英主哉！(《左傳翼》尾）賞罰必待自言，不言即弗之及，所以有上下相蒙之弊。推未嘗不怨懟，而以高隱自處，不說己有功不賞，而說人無功可賞，見世之高爵厚祿者，皆與己等。不言之言乃更甚於言也。不待魏、顛戟手掀脣，而公之薄待有功已人人共覩矣。見得透徹，說得明快，是文公入國後一大結束文字。介子之功傳記無考，在從亡中或亦遼東豕也。然"天實置之，而二三子以爲己力"，恐狐、趙亦不免此。推唯不敢貪天之功以爲己力，故不言祿，祿之弗及，原屬意中事，特眼眶中不奈此紛紛相蒙輩何耳。一心要隱，故不肯求，亦不使之知，所以晉侯求之不獲也。三代而下，賞不酬勞者不知幾許，沙中偶語，子房權詞，遂啓後世君臣無窮嫌隙，此豈可爲典要乎？新主入國，人人各思樹立，從龍諸臣，尤志得意滿，此獨以賞功不公，超然高舉。蓋公之薄倖，早有以深窺之矣。覺扁舟五湖，必待功成名遂而後去，猶非見幾之早，高出總在不言祿上。若利祿得而絆之，亦何能鳳冥鴻飛，不可得而物色哉？(《析觀》尾）章禹功曰："晉文從亡之臣，在外一十九年，櫛風沐雨，跋涉道路，可謂苦嘗備盡。及歸晉繼立，賞及從亡者，錄其勞而定其賞，乃國家之常典。服其事不居其功，亦臣子之職。推之隱，可爲有大過人者也。然之推既不使人知，何又懸書宮門？世所論五蛇歌之說紛紛不一也。當晉文公五鹿乞食，云之推剔去股肉充之。餓夫但股肉能有幾何，而得飽晉文之腹乎？即剔去股肉，之推豈能抱痛又從亡于道路乎？揆其理，察其情，莫須有三字不足以爲衡論也。按：《史記·晉世家》傳其母曰：'能如此乎，與女偕隱。'至死不復見。介之推從者憐之，乃懸書宮門，曰：'龍欲上天，五蛇爲輔。'五蛇，五臣也。即狐偃、趙衰、魏武子、司空季子及介之推也。'龍已升雲，四蛇各入其宇，一蛇獨怨，終不見處所。'晉文公見其書曰：'此介之推也，吾方憂王室，未圖其功。'使人召之，則亡。遂求所在，聞其入綿上山中，於是文公環綿上山中而封之，以爲介推田，號曰介山：'以紀吾過，且旌善人。'五蛇之說，是從者憐而懸之，不待辨而自明矣。篇中以不言祿爲綱，故入之推口中，先以'天未絕晉，主晉祀者，非君而誰'，天實寘之，真立言有本。此晉文當得之位，何有於人力哉？所以譏濫賞而冒功也。又借與母問答之詞，節節自明其不爲利、不爲名之供狀，而後以死隱結之推不言祿之案。以綿爲之田，晉文亦知己之不及賞爲過，結'祿亦弗及'之案。左氏書法，所以誅從亡駢首爭功，而予之推獨能超然隱逸於衆紛之外。介推之風，可爲山高水長矣。"(《便覽》尾）下義其罪，上賞其奸，此充類至義之盡也。乃後世竟有日夜論功不決，且至冒功倖祿者，亦獨何哉？芳輯評。(《日知》尾）怨君意少，乃羞伍絳、灌耳，介推如馮異之倚樹，文公如勾踐之鑄金，作者殆與季隗篇同一微辭也。(文淵尾）前半篇敘文公之出亡，後半篇敘文公之入國，而以子犯請亡一事爲前後樞紐。前半篇以"得人"、"天之所啓"著文公所以反國，又處處爲創伯一切事張本。後半篇以不念舊怨、知過旌善著文公之所以興，此通篇之大意也。然得人實不能貫下半篇，故借叔詹之語貫得人於天之所啓之中，而於篇末復申明天之所啓，以見披之告變，頭須之用藏求納，皆貪天之功，而前後皆以"天之所啓"貫之矣，義法精深至此，真變動猶鬼神，不可端倪。自秦納惠公後，敘晉事，皆著惠公爲人之所棄，以見文公爲天之所啓，此意已借秦伯"姑樹德焉，以待能者"一語點出，然猶隱而未顯也。故此篇借楚子、介之推之言反復言之。楚子、介之推語以一篇論之，則爲縮合通篇，以前後晉事論之，則爲明點正意，其變化胡可測也！（盛謨總評）唐錫周曰："第一段曰'難與處矣'，第二段曰'不食其食'，俱藏'隱'字在內。直至第三段，'隱'字方見，如雲穿而月出。"左氏篇首下"不言"二字，"推曰"一段，已將不言之神，吞吐而出。又從母口放開一步，以"求之"、"知之"句反擊不言。及轉到"言，身之文也"四句，忽然寫出"不言"正面，令我想左氏"不言"二字之妙，十日不眠。左氏下此二字時，固謂後人無復有知此二字者。於埜偏要尋出此二字，令左氏悶煞。（高嵣尾）此敘晉文反國也，牽連綴敘六事。貌似各不相涉，神則暗自相通。險夷易地，新舊異情，炎涼變態，所不可恃者多矣。子犯請亡，介推遂隱，嬴氏往迎，季隗自歸，見晉文之薄舊也。讓寺人披、辭豎頭須，見晉文之脩怨也。然晉文由困而亨，艱苦備嘗，情偽盡知，遇事能明，臨機能決。故質河以慰子犯，賜田以旌介推，且卒見披、須以安衆心，究屬霸主規模。獨處季隗，不如秦嬴，是爲之薄。或曰："公之入，全賴秦之納，時勢使然，且迎秦嬴以報德也。"是亦一說。然處季隗究不應如此冷落，且又不聞後之處其二子，是不能爲之諱耳。晉文入國圖霸，一生報德脩怨，大略已基於此。故特述此六事于入國之初，晉文之猜嫌見，晉文之器識亦見。(《自怡軒》尾）世道衰壞，莫甚于上下相蒙，晉文君臣，何至於是？下義其罪，上賞其奸，蓋充類至義之盡。故推以祿弗及而死，則死輕於鴻毛。以上下相蒙難與處而死，則死可風百世，而重於泰山矣。謝立夫。（王系尾）自"晉公子重耳之及於難"至此爲一篇，無經有傳者，晉世主夏盟，而文公刱霸，故詳其始也。二十三年、二十四年，分兩層看。前一層，敘在狄、過衛、及齊、及鄭、及曹、及宋、及楚、及秦，有厚有薄，有怨有德，皆是爲後文作頭緒，而文公閱歷之熟可知矣。後一層，敘子犯、寺人披、頭須、趙姬、介之推，有佞有賢，有詐有直，而文公茹納之宏可見矣。寫衆人只是寫文公，衆人之鬚眉生動處，即文公頰上三毛也。（方宗誠眉）觀此數語，晉文所以能感人心而得人也。（《學餘》尾）介子之賢也，數從者不及，其善藏其才也；賞從者不及，其善藏其功也；晉侯求之不獲，其善藏其身也。介子其春秋之夷、齊乎？介母益深遠矣，左氏傳之于晉才方盛之時，譬如鷙鳥乘秋，而白鶴沖空而去也。（林紓尾）紓曰：天下好文章，不是好手能憑空虛構而出，一一本之天然，經好手一安頓，便覺前後都有照應。此篇重在"不言"及"弗及"四字，既不言，自不及，那裏尚有文字？看他不言而偏有言，且言之痛快，使公聞之，節節痛心。在理，祿宜即及。然及其生前，文字又屬平衍。敘"及"字，偏及他身後，倒似開頭"不言"、"弗及"四字有意作反面，使他下文轉入正面者。試問此是天然耶？或左氏之杜撰？觀他起手，大書晉侯賞從亡者。從亡者到底幾人，公胸中當已了了，何至遺漏一個介子推？然貪天之功，以爲己力。如狐偃者，即屬其人。子推冷眼旁觀，不覺氣填胸臆。有貪功者之言，則不自爲功者自然不言。面前不言，背後自然生出議論。此不是寫子推之激，正是寫晉侯之梟。然晉侯方以譎假仁，萬不聽子推之向隅，以形己之不義。求之不獲，放火以速其出，此真強盜之行爲。左氏不書，但曰"遂隱而死"，不言病、不言自盡，而死期恰在求之時，則晉侯顛倒錯亂之行爲，但於"遂隱而死"四字中包涵都盡。至以田旌善，此粉飾盡人知之，不必論也。然結到不賞之賞，無心與篇首相應。至子推與其母對答云云，均是文中應有之波瀾，亦不必確有其事。（《菁華》尾）介推自是清介之士，而其語不無過激，若其母，則真賢母也。春秋有此人，方知孟德曜、鮑少君未是俊物。文公悔過之勇，自與護前者不同。

　　鄭之入滑也，滑人聽命。（《左傳雋》眉）李行可曰："敘事有原委。"（孫鑛眉）敘來因簡核。（《淵鑒》眉）富辰欲王忍小忿以扞外侮，亦自有見。然至逆王命而執其使,抑亦甚矣!不能申明君臣之大義,而但以親親爲言,豈正論乎?宜無以動王之聽也。臣乾學曰:"襄王不忍小忿以棄懿親,是從奸而忘禍也,故卒召子帶之難,富辰諫詞可謂懇摯矣。"(《左繡》眉)此篇是截講格,又復説格,亦遞對格,又回環格。"以狄伐鄭"四字作提,通篇卻作兩半讀。先寫鄭不當伐一層,次寫不當以狄伐鄭一層,是截講也。而上截只是泛論,合到鄭又只用虛籠,留於下截實講。反復申重,雖作兩截,實只一串也。至上虛下實,用筆又遙遙相對。"太上"四句,與"庸勳"八句對,都大概説。周公、召公與四德、四奸對,都雙行實説。"如是"三句與"周之懿德"九句對,都是申説。"今天子"與"今周德"對,都用"其若何"作結。語意不同,而格調相准。若前從周公、召公説到鄭,後從鄭又抱到周公、召公,首尾回環,用筆圓變不測,定非一知半解之所能盡耳。(《補義》眉)汪云:"特用兩縱句,與通篇調法相準。"(《評林》眉)按:"帥師伐滑",注:"堵俞彌"上誤脱"洩"字。二十年注云:"公子士,鄭文公子;洩堵寇,鄭大夫。"是必名寇,字俞彌也。《匯參》二十年注云:"洩堵,連氏。"**師還,又即衛。鄭公子士、洩堵俞彌帥師伐滑。王使伯服、游孫伯如鄭請滑。鄭伯怨惠王之入而不與厲公爵也,又怨襄王之與衛、滑也,故不聽王命,而執二子。王怒,將以狄伐鄭。**(《正論》眉)鄭之罪亦大矣,執王使,射王肩,使得桓、文之佐聲其罪而伐之,鄭亦何辭?辰之諫,蓋悲周祚式微,而終不諳大義。第以狄伐鄭,不如舍之。(孫鑛眉)忽用縱句,在左爲小變,便近戰國,其文機只在"之"、"也"二字上。(《補義》眉)此明天王出居之由,是前論後敘格。諫伐鄭作兩層寫,上層言不必伐鄭,下層言不可以狄伐鄭,至狄女不可爲后,其理更明,不煩辭費。末段詳敘叔帶,結出天王居鄭,而"不廢懿親"之言驗矣。太叔居溫,而"女德無極"之言驗矣。周公、召公相對並説。(方宗誠眉)王當明正鄭違命、侵小、執王臣之罪,而以狄伐之,名不正矣。**富辰諫曰:"不可。臣聞之,大上以德撫民,其次親親,以相及也。**(方宗誠眉)"親親"一篇之主,開首提挈,以領通篇。**昔周公吊二叔之不咸,故封建親戚以蕃屏周。**(《左傳雋》眉)按朱魯齋曰:"二叔,管、蔡也。周公攝政,管、蔡流言而挾武庚以叛,故周公傷其不和睦作亂而被誅也。"亦通。**管、蔡、郕、霍、魯、**

衛、毛、聃、郜、雍、曹、滕、畢、原、酆、郇，文之昭也。邢、晉、應、韓，武之穆也。凡、蔣、邢、茅、胙、祭，周公之胤也。（《評林》眉）《評苑》：“此六國者，皆周公之嗣也，不言昭穆者，周公不敢繼文王之後也。”召穆公思周德之不類，故糾合宗族于成周而作詩，曰：‘常棣之華，鄂不韡韡，凡今之人，莫如兄弟。’其四章曰：‘兄弟鬩于牆，外禦其侮。’（韓范夾）《盤庚之誥》曰：“若網在綱，有條而不紊。”此篇分引周、召作大對，以明己說，可謂構茲鴻制，合彼成杼。（《評林》眉）《評苑》：“鬩，狠戾也。牆，言在家內也。”如是，則兄弟雖有小忿，不廢懿親。今天子不忍小忿以棄鄭親，其若之何？庸勳、親親、暱近、尊賢，德之大者也。即聾、從昧、與頑、用嚚，姦之大者也。棄德崇姦，禍之大者也。鄭有平、惠之勳，又有厲、宣之親，棄嬖寵而用三良，于諸姬爲近，四德具矣。（《左傳雋》眉）楊素庵曰：“兩舉狄鄭，照應分曉。”（《補義》眉）或言鄭執王使，安得言四德？此就其先世言之，言不可沒其先德而棄之也。（《評林》眉）王陽明：“四德四姦之論雖甚具，摠不若以華夷大分陳之，尤爲正大。”汪道昆：“近，接壤也。言近當親之。”孫鑛：“分別狄鄭。”耳不聽五聲之和爲聾，目不別五色之章爲昧，心不則德義之經爲頑，口不道忠信之言爲嚚，狄皆則之，四姦具矣。周之有懿德也，猶曰‘莫如兄弟’，故封建之。其懷柔天下也，猶懼有外侮，扞禦侮者，莫如親親，故以親屏周。召穆公亦云。（《補義》眉）周公分作兩層，召公只以一筆納入，極變化。（《評林》眉）孫鑛：“‘故’字，申前述周意。”（闈生夾）提挈警聳，兩“猶”字折落尤深痛。左氏每敘及周事，輒有無限悲涼嗚咽之音，此忠鯁之天性也。今周德既衰，於是乎又渝周、召，以從諸姦，無乃不可乎？民未忘禍，王又興之，其若文、武何？”王弗聽，使頹叔、桃子出狄師。（《測義》夾）許翰氏曰：“鄭執王使，是無王也。王啓戎師，是無中國也，天下何恃不亂？”（《快評》尾）鄭固有罪，奈何以狄伐之耶？《春秋》書：“狄伐鄭。”不與狄以王命也。富辰之諫，前言不可以小忿而棄鄭，後言不可以狄伐鄭，前後兩段，文陣甚整。此文只爲要引《棠棣》之詩第四章，與王之以狄伐鄭針鋒相對耳。

然既引第四章，不得不並引首章而追原作詩之故，又本之于周公之大封同姓也。要知只第四章詩是此日主句，通篇更不提起鄭罪，當王盛怒之下，固宜爾也。他日戎禍既成，終依晉、鄭以返國，老成謀國之言，真不虛也。（王源尾）聞之魚服江中八陣圖遺跡尚存，登高遠望，縱橫曲折，井井可分。入其中，巋然亂石數十阜而已，絕不辨其孰為頭與尾，孰為門與路。說者以為怪。余曰：「毋怪也。此陣法之妙耳。若入其中而令人辨其頭尾門路，何足為八陣哉？」文章亦然。有正有側，有主有客。主見於正，客見於側，固也。而古人往往顛倒主客，而反用之。曷言乎顛倒主客而反用之？如此文，親親，主也。而周、召側面也。庸勳、暱近、尊賢與四姦者，皆賓也。而襄王于鄭，正面也。客意必見於周、召，而主意單見於鄭，又何疑乎？乃其敘周公也，曰：「封建親戚以蕃屏周。」親親之外無他意也。其敘召公也，曰：「糾合宗族于成周。」親親之外無他意也。及入鄭以後，忽於親親之外，增出三意，將親親夾雜於中，一例平敘，似通篇主意四者並重，而不單在親親。又於四者之外，更添四意為反襯。有此一襯，愈覺前四者同是主，毫無軒輊。而鄭、狄分應，又銖兩不爽。於是如入八陣之中，絕不辨其頭尾與門路矣。至敘鄭已畢，應前周、召，復單歸親親，並無二意。如登山者，未至其上，峰巖巒壑，歷歷可數。一入其中，峰迴路轉，而向之所謂峰巖巒壑者，茫乎不能辨矣。夫向所謂峰巖巒壑固在也，特以峰巒之下又有峰巒，巖壑之中又有巖壑，紛乘雜出，則舉向所見者而眩之矣。復歷平原，則回首三峰依然如故耳。文章不可逐段作究竟，全要未完忽起，遙接中離，斷續之間，至文存焉。三復斯篇，自知其妙。照應以在空際為佳，斤斤繩步，字字應者，庸手也。然亦各有局勢，如畫家有惜墨如金者，有潑墨如潘者，有約略形似者，有鬚眉畢露者。用筆不同，同歸至妙。此文「親親」字貫注通篇，固矣。他若「德」字、「姦」字、「周、召」字、「文武」字、「禍」字，或拈一二應之足矣，何必字字照應為工哉？曰此局勢然也。非有意照應。而局勢既然，有不照應不得者，所謂鬚眉畢露者也，烏可為典要哉？（《左繡》眉）首段乃一篇文字緣起，敘事用疏宕之筆，最史公得力處。而雙敘如縠，搖漾生姿，特與通體文調相准，為尤奇也。上截從「德」引入親親，卻處處以德伴說。鄭有德而周不德，鄭當親而周不親，乃一篇大旨。周公、召公，調法相對，參差中整齊也。前明點「親」字，而「不咸」則暗點「德」字。後明點「德」字，而宗族則暗點「親」

字，乃互見法。下截從鄭遞到狄，故從德轉出奸，語平而意側。蓋兩層終以鄭親爲主也。雖以鄭親爲主，但下截自重在不當以狄伐鄭，故抱轉周、召封建、屛藩，乃是扯上截伴下截合講之法。而末段德衰從奸，語氣自垂重狄上作結，又因太略，另添"民未忘禍"兩句以足之，調劑適均，蓋筆筆有分寸在。"其若文武何"，回應上截，仍暗暗歸重親親。兩層一線，尤是精細處。"以棄鄭親"、"以從諸奸"八個字，是兩截眼目。抱前段申說，文氣疏宕，與起調相應，妙。周召不用平應，而周公二項，反分兩對。總之，文人聖境，參差整齊，神化不測耳。上截虛歇，下截實煞，相對作結，章法整齊。末句又與前"使伯服"句相配。孫執升曰："鄭于諸姬爲近，而入春秋以來，與王室構怨者，惟鄭爲甚。夫子刪《詩》，而以《緇衣》爲冠，倘亦《魚麗》之義乎？"（《左傳翼》尾）不聽王命而執王使，鄭原有罪。富辰絕不提起鄭罪，欲王不以小忿廢懿親也。前從周召親親、屛周、合族大道理說起，引出王不忍小忿棄鄭親來，中間詳言棄德崇奸之不可，鄭狄對舉，見鄭不可伐，王不當以狄伐鄭。末以渝周、召以崇諸奸收住，兩"其若之何"，緊相照應，上下回環，如常山陣法，首尾無一懈可擊。周公弔二叔之不咸而爲封建，召公思周德之不類而作詩，兩公於親親具多少苦心，如何可渝？不封建固不能合族，然封建親戚而不能糾合宗族，勢必以小忿廢懿親。兩段相承說下，歸重後半截引《詩》，第四章實係眼目，落到襄王，只承召穆公一邊，文勢自然如此。結處仍詳述周之封建，以見親親大義不可忽視也，正須玩其首尾精神所在。單靠親戚屛藩而德不足以撫民，已屬次乘，況又以小忿而廢之耶？究之襄王之廢懿親，總是不德所致。篇中"德"字是賓，處處提掇不放，議論得大頭腦。（《補義》眉）兩"弗聽"，有主之者，點出頹叔、桃子，與下段甘昭相應。（《日知》尾）純用騈調，而氣自疎宕。純用寬勢，而局自道緊。遠則禦王射肩，近則方命執使，六師移之，豈爲不親親耶？東周所以贅旒，槩正坐此，誰謂富辰之論當也？特因王後來后狄女以致亂，而今用狄師，遂以所言爲是，觀此文入手數語，是非判然，其有以斷斯獄矣。（德宜尾）將"太上以德"二句立柱，以下闡發到底，自具瀠洄頓跌之妙，此首可與取郜大鼎篇參看。（《評林》眉）汪道昆："富臣之諫，可謂激切，王不能聽，宜有子帶之禍。"

夏，狄伐鄭，取櫟。

王德狄人，將以其女爲后。富辰諫曰："不可。臣聞之曰：

‘報者倦矣，施者未厭。’狄固貪惏，王又啓之。女德無極，婦怨無終，狄必爲患。”王又弗聽。（昆崖尾）語意愷切，不繁而透。（《左傳翼》尾）語簡義豐，字字箴銘，德狄女后，一虛一實，文亦兩層並應，而歸重女后上。（《評林》眉）《經世鈔》：“'報者'以下八字悚然，使人不敢輕於受恩，而市井之情，寫出如畫。'女德'以下八字，説盡古今婦人情狀。”《附見》：“殺人取財曰惏，極者，謂中道也。見《方言》。”

初，甘昭公有寵于惠后，惠后將立之，未及而卒。昭公奔齊，王復之，又通於隗氏。王替隗氏。頽叔、桃子曰：“我實使狄，狄其怨我。”遂奉大叔，以狄師攻王。王御士將禦之。王曰：“先后其謂我何？寧使諸侯圖之。”王遂出。及坎欿，國人納之。（《補義》眉）至此忽插二子議論，方知前後皆二人之謀。（《評林》眉）王元美：“不聽富辰之諫，而至師敗身出，王實自取之也。”《經世鈔》：“東周之衰，多有此種似是而非之理，明惠宗于燕亦如是。”

秋，頽叔、桃子奉大叔，以狄師伐周，大敗周師，獲周公忌父、原伯、毛伯、富辰。王出適鄭，處於氾。大叔以隗氏居於温。（文熙眉）汪道昆曰：“議論具品，'庸勳親親'以上章法，'女德無極'句法。”富臣之諫可謂急切，王不能聽，宜有子帶之禍。穆文熙曰：“襄王不納富臣之諫，果以狄女致王子帶之難。不有晉文，孰其興陽樊之兵哉？”孫應鰲曰：“報施德怨，可鑒千古。”（《測義》夾）愚按：據此，王之以狄伐鄭，豈其心哉？蓋頽叔、桃子將爲子帶謀，故唆王爲之爾。有如以不聽請滑故，則入滑事在二十年，曷爲越四年始出狄師，而比其出也，又處于鄭之氾，伐鄭而又依鄭，有是理耶？（《左傳雋》尾）吕東萊曰：“襄王以狄伐鄭，富辰固諫之。襄王召子帶，富辰實導之。能見狄之禍，而不及子帶之禍，世皆悔富辰導子帶之失也。使襄王納其諫而不與狄通，則子帶何自而成其惡乎？唐之回紇，晉之契丹，始借其力，終罹其禍。彼二國者，亦豈有子帶之釁召之耶？爲襄王者，當以與狄通爲悔，不當以召子帶爲悔也。若子帶則不足責矣。”（《左繡》眉）承前篇來，德狄、女后，亦一句提，兩層應，而以女后爲主。善道物情，精透語不在多。王德狄人是虛景，“施者未厭”二句亦用虛説，而以“我實使狄”二句虛應之。其女爲后是實事，“女德無極”二句亦用實説，而以通隗、居温二句實應之，無一筆亂下也。（《補義》眉）極寫禍患，皆爲富辰之言左證。（高崶尾）俞桐川曰：「讀前半，知禁錮諸王，魏之所以孤。讀後半，知借援外藩，唐之所以亂。反覆申繹，總言鄭不可棄，狄不可親，前紆徐，後剴切。」違王命，執王使，鄭固有罪矣。然忍小忿，篤懿親，責以大義，彼將自服。即或欲興問罪之師，齊、魯、宋、衛，豈無敵愾者？乃帥狄以伐同姓之國，且立其女以爲天下之母，又不謹男女之別于宮闈，以致亂作于內，蒙塵於外，是召之而即爲我致，德之而終爲我讎，與開門揖盜何異？經曰「狄伐鄭」，即曰「天王出居於鄭」，以見自啓之釁、自貽之慼也，豈能爲襄王諱哉？前惠王有子頹之難，適鄭處於櫟。今襄王有叔帶之難，適鄭處於氾，王室亦多故矣。襄王于帶有孝友之心，而未得孝友之道也，當分別觀之。趙企明曰：「『天王出居於鄭』，志出入之實爾。三傳鏊爲異論：曰『天子無出』，又曰『王者無外，故不言出』。出，失天下也。夫一視同仁，王者之心，此所謂無外也。豈謂王者一出而遂有外乎？一舉足而出，天下遂非其天下乎？聖人書『出居於鄭』，志天王出而天下無勤王者，非謂王不可出而出也。或謂『書出所以貶天王』，噫！襄王之出，豈得已哉？自古有兄弟之難者二，舜于象則封之，周公于管蔡則誅之，皆不得已也。周公上無母氏之愛，而下有宗社之危，故寧誅之以存宗社。舜以頑父嚚母之所愛，誅之則傷孝心，故封之以慰父母。今叔帶者，惠王、陳媯之所愛也。殺父母之所愛，則與鄭莊公何異？故寧避之而出居於鄭，文、武之神靈未泯，天下必有勤王者，此襄王之心也。以此貶襄王，可乎？」按：此釋出居之義甚確，其評論襄王亦允。王曰「先后其謂我何？寧使諸侯圖之」二句，已道出本意。（王系尾）王以狄伐鄭，而復適鄭，其亦有感于富辰之言乎？富辰之請復叔帶，非也，而王從之。諫立狄后，是也，而王違之。從違失宜，而王室亂，良臣死。晉文剏霸之資，於是乎在矣。文心漩渡，知有何限？（《菁華》尾）襄王不忍忿忿之心，卒至引狄入戶，此大誤也。劉季玉之使元德拒張魯，何以異此？富臣之諫，純以親親爲言，語意亦婉轉善道，無如王之負氣而不能從也。或以襄王出奔，乃召子帶爲之，以是爲富辰罪。然使王不伐鄭，不以狄女爲后，彼子帶者，乃一匹夫耳，何能爲乎？處氾之辱，謂王之自取可也。

　　鄭子華之弟子臧出奔宋，好聚鷸冠。鄭伯聞而惡之，使盜誘之。（韓范夾）凡人違拂公情，不在於大。有一舉一動之間無巨過惡，而取憎於人者矣。蓋亂法失常，好詭立異，雖小，亦大也。故《禮經》

於祐禬之微，謹其治忽；《曹鳩》於帶弁之一，以見淑人。（《補義》眉）"子華之弟"四字著眼。汪云："層層斷結，又一法。"八月，盜殺之于陳、宋之間。君子曰："服之不衷，身之災也。《詩》曰：'彼己之子，不稱其服。'子臧之服，不稱也夫。《詩》曰：'自詒伊慼。'其子臧之謂矣。《夏書》曰：'地平天成。'稱也。"（文熙眉）子臧之服，但宜論其非法，不必論其稱否也。呂氏曰："鄭世子華以賣國誅，其弟子臧出奔宋，竟至鷸冠爲鄭伯所殺，怨在人而不在冠也。嗚呼！子臧附子華之邪，終不能免其禍，亦可畏哉！"（《測義》夾）陸粲氏曰："聚鷸冠，微過爾，矧父與子乎，而以是故推刃也，不道孰甚焉？今舍是而區區於服之不衷是譏，末哉！君子之見也。地平天成之語，於義尤迂而不屬，疑是後儒所勦入者。"（韓范夾）一冠服耳，推及天地，乃知天下事皆然。畢公弼亮，四世惟是克勤小物，以此故也。（王源尾）四折，筆法娬娬曲曲，姿態絕世。四段體勢若平，實錯綜盡致。"君子曰"、"詩曰"、"《夏書》曰"，詞繁句復，如空中蜃市，氣象萬千。故文才三四行，便有萬言之勢。此作短篇法也，今人便以爲邈矣。生平最愛魏叔子先生之言曰："子臧之服不稱，謂鷸冠炫異，於逃死之時不相稱耳。故傳借《詩》、《書》以發之。地平而後天成，不平則不成，故曰'稱'。子臧鷸冠，不平孰甚焉？安能成乎？此皆古人引《詩》、《書》見大意處。"（《統箋》尾）愚按：天冠地履，冠之不稱，則一身之天地有不平成之象，故傳取其義，非泛引也。（魏禧尾）魏禧曰："鄭伯殺子臧以義，而使盜誘，出衛宣曖昧之計，何也？後世人君誅其臣，亦多用此者。晉屬【編者按：當爲晉靈】使麑鉏【編者按：當爲鉏麑】賊宣子，明知其忠，故不敢顯行誅。若唐德宗殺李輔國，罪惡貫盈，何不可明正典刑，而亦出於盜賊之計？真所不解。"孔之逵曰："子臧以子華故，懼誅出奔，鄭伯不知其所在，及聞宋有聚鷸冠之人，而臧之跡顯矣，於是遣盜誘殺之。夫臧既逃罪，即當深自斂藏，不示人以異，使人得識，而乃好聚鷸冠，是亦五月羊裘，教人以蹤跡之也。左氏只以'服之不衷，身之災也'，反覆詠歎，其意自見。"禧按：此論最妙，鄭伯既因鷸冠聞其所在，又見其矜肆不自韜避，愈加惡怒，是以必殺之而後已。如隋煬帝見張衡之肥而殺之，謂其不思過是也。而使盜誘之，則子臧所交遊，所行事，亦可想見其不端矣。子臧之服不稱，正謂鷸冠炫異，於逃死之時不相稱耳。故傳借《詩》言以發之。地平而後天成，不平則不成，故曰"稱"。

子臧鷸冠，不平孰甚焉？安能成乎？此皆古人引《詩》、《書》見大意處，頗有微旨。余往最惡其泛舛不切，今因遠言乃有悟也。嘗見近世緝捕人于敵作奸細者，每以異言異服，動止非常被獲，而索奸細者，亦專索之言服可疑之人，真可笑也。余《日錄》有云："趙岐胡餅買賣如一，遂爲孫嵩所識。李密教授諸生時，哀矜泣下，幾爲太守所捕。于此悟王命逃死之道，只要'平常'二字。"又《讀石雜詠申屠子龍》云："禍來無所，獨身棲樹。二女異心，不可同處。"噫！知此者，思過半矣。（《分國》尾）惡鷸冠，是也。盜殺之，何哉？蓋文公之罪有大於子臧者。報叔父妃，而生子臧，顯殺之，慮有慶封之答楚虔者，故盜殺之耳。（《左繡》眉）此層層斷結格。"不衷"、"身災"，以兩語作斷，意亦足矣。又兩引《詩》以證之，一證不衷，一證身災，意已盡矣。又引《書》以解"稱"字，小題大做，於無可出色處，偏要寫得濃至，亦左氏本色也。此地平天成解"稱"字，開後人唐皇一派文法。（《左傳翼》尾）非法、不服，一衣冠之間而堯桀之分已在於此，聖賢所以兢兢慎之也。好聚鷸冠遂釀殺身之禍，服奇而志淫矣，必地平天成而後謂之稱，想見天下事其不能稱者不知其幾矣。奇偉之語實係平實之理，概以堂皇目之，豈不冤殺？子臧，子華弟也，而實鄭伯子也。罪子華，並及子臧，父子之間至不相容，以一冠之故，惡而殺之，情可悲矣。然子臧實有取禍之道，一衣冠也，而好爲詭異，其他可知。崎嶇患難猶且如此，平時可知。左氏不責鄭伯，獨反覆歎息于子臧者，所以示人好惡當謹，而孤臣孽子操心慮患，尤不可不危且深，自詒伊戚，毋徒歸咎于君父也。魏叔子謂："子臧之服不稱，以鷸冠炫異，不宜於逃死之時耳。"不知服之不衷，身之災也。子臧即不逃死，鷸冠其可服乎？天地人物總以得其常爲稱，地只是平，不平則山崩川竭也，地不稱矣。天只是成，不成則日食星變，天不稱矣。人物反常亦然。故衣服草木之妖，與日食星變山崩川竭等，無他，只是反常，只是不稱而已。小人而服君子之服，不稱也。以正人而服畸人之服，亦不稱。世人好爲奇服，即此便是天翻地覆事，歎子臧而引《夏書》"地平天成"爲言，絕大道理，惟明者可與參之。（高塘尾）前敘事，後議論。四"曰"字體勢若平，意實相貫。錯綜盡致，姿態橫生。（《評林》眉）楊慎："鷸冠，微過也，矧父與子，豈不能正言以責哉？而胡爲推刃？又胡爲以盜誘也？不道孰甚焉？君子遂以服之不衷是譏，謬矣！"鄒守益："地平天成之語，於義迂而不屬，左氏之引經，大較牽合如此。"

（王系尾）此篇是小中見大法。服飾之細，好樂之偏，遂至殺身，可畏哉！引君子、引《詩》《書》，反覆丁寧，總是一個"稱"字。不稱則不保一身，稱則平成天地。酣恣之極，益見謹嚴矣。（閩生夾）聚鷸冠，小過也，君自欲殺之耳。君子乃責子臧，文詞婉曲。

宋及楚平。宋成公如楚，還，入于鄭。鄭伯將享之，問禮于皇武子。對曰："宋，先代之後也，于周爲客，天子有事，膰焉；有喪，拜焉。豐厚可也。"鄭伯從之，享宋公，有加，禮也。（《分國》尾）讀白馬之詩，周人之待勝國厚矣。後人有發其陵而謀戮其子孫者，請三復此條。（《左繡》眉）鋪排語，卻用簡雋流逸之筆，妙甚！每二字一讀。分明畏楚，豈爲主人翁哉？（《左傳翼》尾）作賓王家，天子待之且不與群侯等，享禮有加，自屬一定體制。寥寥數語，典則煌煌，若謂分明畏楚，不爲主人翁而設，殊屬勢利之見，不可從。（高塘尾）俞桐川曰："三代待勝國有加，故歷年長久。寥寥數語，想見忠厚之遺。"（王系尾）此篇重在首段。鄭享宋公，只是連類敘及，因以見當時諸侯不以服事蠻夷爲恥，使人前想齊桓，後望晉文也。若因"禮也"二字，遂謂美鄭而敘此篇，則是隨眼發付，不足與讀書矣。

冬，王使來告難，曰："不穀不德，得罪于母弟之寵子帶，鄙在鄭地氾，敢告叔父。"（《補義》眉）王使告魯，魯史書之，故於魯詳其辭，其於秦晉只點一筆，爲下文伏案。解經斷結。臧文仲對曰："天子蒙塵于外，敢不奔問官守。"王使簡師父告于晉，使左鄢父告于秦。天子無出，書曰"天王出居於鄭"，辟母弟之難也。天子凶服降名，禮也。鄭伯與孔將鉏、石甲父、侯宣多省視官、具於氾，而後聽其私政，禮也。（魏禧尾）呂祖謙曰："襄王伐鄭，富辰固諫之。襄王召子帶，富辰實導之。能見狄之禍，而不能見子帶之禍，所以周人痛悔之也。"魏禧曰："鄭伯悍然敢於執王使，無君已甚，王之伐之固宜。富辰之諫，所以篤兄弟之理，獨不思正君臣之義乎？但王以狄伐鄭，則大失耳。若以鄭伯之罪告之晉侯，聲之天下，鄭伯必懼而請服，何至召狄兵以速禍，卒使富辰有先見之明哉？凡諫人者，既破其所惑，又當使其人有以自處，若無以處之，而徒執理以難，人各有情，豈能從我？如趙延壽論晉兵，畢仲遊言財用，耶律楚材之諫空江南爲牧地，皆千古進諫經國之實用高手也。余嘗謂：'周衰，其君臣之賢能者，只靠典禮辭命爲自全之計，此外實事不能一毫有所作爲。'於此益見。詳周論。"魏世倣曰："鄭强大，又有納王之功而無報，反爲衛請滑，其執二子，雖鄭之不臣，實自王室開之也。富辰不諫于遣伯服、游孫伯請滑之時，而諫于鄭執二子、王怒之後，亦晚矣。"（《左繡》眉）兩句句法都有三層，古而拘，另一筆墨。告晉、告秦，略其辭而詳其事，以魯爲主。既應使來告難成章法，又爲後勤王起本也。引經斷結，恰倒收上三語，無一字落空者。三條都用"禮也"作斷，第一"禮"，勢利也。第二"禮"，苦惱也。第三"禮"，直免意思不過耳。（《左傳翼》尾）詳敍周亂，以終狄必爲患意，爲伐鄭而起狄師、立狄后，因招狄寇而出奔，而仍出居於鄭，告難諸侯而亦不告鄭，鄭雖省視官、具而終不勤王，王與鄭皆各有芥蒂在。告難以魯爲主，秦晉雖是帶敍，卻爲下勤王起本，不得輕忽，結局用兩"禮也"作斷，飄渺不盡，文情俱妙。（《補義》眉）三事用三禮，尊先代也，示脩省也，尊天子也，俱有先王之遺意。或謂鄭禮宋以朝楚故，禮王以告於秦晉故，而王不至鄭都，尚有芥蒂，皆謬說也。（《評林》眉）張天如："冬，王使來。王資援於狄，而反爲狄所攻，蒙塵在外，蓋用異類以殘同氣，未有不反嚾其毒者。"《補注》："'辟母弟之難'，陳氏曰：'傳釋經不書王子帶。'"《附見》："曰出居，譏王之避母弟之難也。"（王系尾）此篇與鄭之入滑篇，皆是天王出居於鄭傳。彼追敍出居之由，此正敍出居之事。釋經于此者，王以秋出，至冬乃告也。中間鄭子華、宋成公二篇，事不相屬，文不相蒙，而皆在八月。《左傳》編年，據其時而敍之，故夾在中間。告難無不及，獨敍晉、秦者，以二國嘗勤王，爲後作案耳。敍晉、秦，則不得不敍魯，《春秋》魯史也。

衛人將伐邢，禮至曰："不得其守，國不可得也。我請昆弟仕焉。"乃往，得仕。（《左繡》眉）三"得"字爲線索，得仕則得守，而國可得矣。（《評林》眉）楊慎："邢之伐衛，衛當自反其致兵之故，乃用禮至之謀，誘其守而殺之，又因而滅其國，衛之罪不容誅矣。"（王系尾）伐國便思滅國，可謂深心辣手。此通明年春爲一篇。（闇生夾）譏衛之滅同姓，卻於禮至銘中見意，詭極。

◇僖公二十五年

【經】二十有五年春王正月，丙午，衛侯燬滅邢。夏四月癸酉，衛侯燬卒。（《評林》眉）王元傑："衛侯忘同姓之恩，絕先代之祀，惡之大者也。經書正月滅邢，四月衛侯燬卒，則知天道禍淫之理明矣。"宋盪伯姬來逆婦。（《評林》眉）《增補合注》："姑自爲子來逆婦，而公主大夫之昏，皆非禮也。兩譏之。"宋殺其大夫。秋，楚人圍陳，納頓子於頓。（《評林》眉）陸淳："《穀梁》云：'納頓子者，陳也。'案經文，楚自納之，何關陳事？"葬衛文公。冬十有二月癸亥，公會衛子、莒慶盟於洮。（《評林》眉）《傳說彙纂》："經凡書盟者惡之，況衛子居喪出盟，莒慶又以大夫盟諸侯。而趙鵬飛以爲予釋怨，豈以内不諱公，而莒慶書名，經固無惡於洮之盟邪？故今從趙說。"

【傳】二十五年春，衛人伐邢。二禮從國子巡城，掖以赴外，殺之。正月丙午，衛侯燬滅邢。同姓也，故名。（《測義》夾）愚按：諸侯不生名，衛侯書名，左氏以爲滅同姓，而胡《傳》因之。則晉之滅虞滅虢，亦同姓也。以璧馬假道，亦二禮之詐也。而或名或否，雖強爲之說，終不得其義。朱子云："經文只隔'夏四月癸酉'一句，便書'衛侯燬卒'，恐因是而傳寫之誤，亦未可知。"當從朱子。禮至爲銘曰："余掖殺國子，莫余敢止。"（《測義》夾）呂祖謙氏曰："衛禮至行險僥倖，戕人而取之國，恬不知恥，反勒其功於銘，以章示後世，所謂遺臭萬年者也。"（魏禧尾）魏禧曰："玩杜注不知恥詐語，則事人以求報讎者，非君子之所取也。蓋既爲之臣，而又圖之，則君臣之防決，而使人主不復信其外臣矣，此豫讓所以不肯僞事襄子與？然如夏廡等類，則又當別論。"（《分國》尾）衛人不念齊桓之德，輒伐喪焉，《春秋》非之。邢與衛同患難之國，又同姓，始偕狄以伐衛，繼狄去而邢留，卒爲衛滅。二至詐謀，銘功自矜，鄙哉！衛文伐喪，滅同姓，又用二至，不足取也。（《左繡》眉）傳滅邢事，卻始終詳敘禮至，以其詐以得國，上累其君也。銘、名相映，不能留芳百世，適以遺臭萬年矣。（美中尾）馬宛斯曰："狄之入衛也，亦復偪邢，夷儀、楚邱，其相依猶唇齒也。乃邢甘助狄，衛遂滅邢，亦思控大邦而嘆誰極，同病相憐，胡遽忘之而遽昧之耶？生名之貶，所由來歟！"（《左傳翼》尾）滅邢，禮至之謀，而蔽罪文公。以其伐齊招邢狄之師，不知自反，聽邪臣之謀而滅同姓，與秦穆謀鄭、楚虔誘蔡無以異，故斥其名以罪之。《左繡》云："銘、名相映，不能留芳百世，適以遺臭萬年。"前用三"得"字爲線索，得仕則得守，而國可得矣。看法亦妙。(《評林》眉)《補注》："同姓也，故名。三傳皆同此說，學者疑之。黃先生曰：'凡、蔣、邢、茅、胙、祭，周公之胤也，今邢爲衛所滅矣。邢與魯同出自周公，故書曰衛侯燬滅邢。雖罪衛侯，而實繫於魯也。'"王元美："禮至用詐戕人，因以滅國，其罪大矣。不以爲恥，而反銘其功，以章示後世，令孝子慈孫，得無有汗顏耶！"(王系尾)邢之亡國，衛之兼國，皆係於一人。人之所係大矣哉，可以觀矣。(方宗誠眉)設詭計以取人之國，聖人所深惡也。

秦伯師于河上，將納王。(《左繡》眉)此是晉文第一件冠冕事，卻便露詭譎全身。看子犯之謀，先從私說到公，復從公轉到私，已自兩歧識見。晉文則純以私爲主，故阪泉之兆，王戰得克，已合大義，因於己無涉，便又遷就到筮。務必有利於己而後快。戰克王饗，單就卦義說。降心逆公，則直道破心事。而於是辭秦、逆王，踴躍從事矣。看來極是有志氣，不肯讓第一等人與別人做，卻不知他滿肚皮以勤王爲求諸侯張本，不肯將便宜事與別人分也。五伯假之，晉文尤做得徹骨，作者早爲之刻畫一斑矣。(《補義》眉)此晉文反國第一功，而做來卻不甚冠冕。天子蒙塵，刻期誓師，不疑何卜，卜筮，皆私意也。辭秦師，欲專其功也。至享禮命宥，禮遇隆矣。忽繼之以請隧、圍陽，將勤王、朝王大題目只成利己二字，傳最形容得出。(高塘眉)納王一事，此爲綱。以勤王而求諸侯，皆假公義以濟私心，所謂霸也。欲納王而辭秦師，不肯將便宜事讓別人做，所謂譎也。(闈生夾)此篇敘文公定霸，分勝楚、勤王二事。勝楚以狐疑多慮爲主，見其徼幸。勤王以天子降心爲主，明其不臣。**狐偃言于晉侯曰："求諸侯，莫如勤王。**(闈生夾)揭明本旨，所謂五霸假之也。**諸侯信之，且大義也。繼文之業而信宣于諸侯，今爲可矣。"**(韓范夾)勤王以服諸侯，此伯主要領。曹操雄視天下，亦竊此義耳。(《評林》眉)《經世鈔》："'且大義也'，得局面。然先說'求諸侯'三字，後方說'且大義'三字，晉君臣本末盡見。"(方宗誠眉)"求諸侯莫如勤王"是晉文興伯業作用。**使卜偃卜之，曰："吉。遇黃帝戰於阪泉之兆。"公曰："吾不堪也。"**(闈生夾)揭其無君之心。**對曰："周禮未改。今之王，古之帝也。"公曰："筮之。"筮之，遇《大有》之《睽》，曰："吉。遇'公用享于天子'之卦。戰克而王饗，吉孰大焉？且是卦也，天爲澤以當日，天子降心以**

逆公，不亦可乎？（閭生夾）直貫後文"狩于河陽"。《大有》去《睽》而復，亦其所也。"（《評林》眉）張半菴："晉文興勤王之師，歸天子而誅罪人，功於是乎偉矣。惜其不以大義自裁，而一聽於卜筮也。脫占而不從，庸遂已乎？此見周之衰而君臣之倫斁矣。"汪道昆："諸侯勤王，事在不疑，何卜之有？脫卜之不吉，庸遂已乎？"（方宗誠眉）正意前數語已盡，使卜、使筮是兩折筆。晉侯本無勤王之意，狐偃出此謀，故晉侯疑而不敢任，使卜使筮，深懼其事不成也。狐偃解卜筮之詞，極其誘掖，極其鼓舞，辭命極佳。以上敘晉臣定勤王之謀。**晉侯辭秦師而下。三月甲辰，次於陽樊。右師圍溫，左師逆王。**（《測義》夾）愚按：晉文興勤王之師，歸天子而誅罪人，功于是乎偉矣，而惜乎其不以大義自裁，而一準于筮卜爲也。脫占而兇者，庸遂已乎？於是見周之衰而君臣之倫斁矣。或者曰："未必非左氏因其事而鑒焉之說。"（《分國》尾）勤王是也，辭秦師，獨以晉師順流而下，此何異王濬之趨石頭，渾遣人要與論事，報曰："風利不得泊也？"蓋當時秦師先駐河上，將納王，晉獨不可與共事乎？要名之心急，專功之念勝耳。（《左傳翼》尾）天子蒙塵，奔問官守，此大義所在，何待再計而後決？繼文之業，而以信宣于諸侯爲辭，雜於公私義利之間，此正所謂以力假仁也。狐偃之計，明白洞達，更無可疑，猶必待卜筮而後決者，以公所謀在利不在義也。迨卜筮襲吉，乃踴躍從事，而義聲照耀宇宙矣。辭秦而下，轟轟烈烈，雷奔電掣，何等爽快？合前後觀之，才知甚妙。求諸侯莫如勤王，秦君臣豈不知此，只爲晉文礙手，專功不能，分功不得，助功更不必也。納王曰"將"，多少躊躇，無非爲此，故晉人一辭即自斂兵而退，蓋當日賦《河水》、賦《六月》時，彼早已以佐天子者自命也。前著秦伯師于河上將納王，後著晉侯辭秦師而下，當日情事宛然在目。（《補義》眉）此敘論間行，以事之轉折爲文之波瀾，而霸者之底裏盡情傾露。（《日知》尾）寫勤納王一事，而在外十九年抱負盡洩紙上，故每謂古人佳文字，一字直作數十百字用。偃言公從，本無奇特處，以秦師頓起，以卜筮頓挫，以辭秦收場，平直中寫來乃爾崛強。

夏四月丁巳，王入于王城，取大叔于溫，殺之於隰城。（《分國》尾）因伐鄭召狄，因召狄納后，因納后子帶通，因而子帶奔，復召狄，皆襄王自取之。失在不納富臣之諫耳。嗚呼！君臣構難，兄弟操戈。或召戎，或以狄。後世借兵突厥，乞援回紇，又堂堂正正矣。

（《左繡》眉）一卜一筮，分明對局。雖前略後詳，而中間各以"吾不堪也"、"且是卦也"作一折，稱停恰匀，其起訖之兩兩相對，尤顯而易見者耳。"吾不堪也"，寫作小讓如僞光景，煞甚可笑。較之"安知非僕"，光明、詭秘，相去天淵。寫得精神奮發，又着着有經濟，此處卻要真實本領，單靠詭譎不得。五霸不足六，亦談何容易耶？

戊午，晉侯朝王，王饗醴，命之宥。請隧，弗許，曰："王章也。未有代德，而有二王，亦叔父之所惡也。"（孫鑛眉）只此三句，以視《國語》四十餘句，繁簡各具法。（鍾惺眉）此一事差强人意。（《評林》眉）王元美："晉侯稍效薄勞，即爲請隧，則此勤王非方伯事哉？周室雖衰，而此弗許之辭，亦覺瑰壯。"王荆石："《國語》所載請隧事，更覺綺麗神采。"穆文熙："晉文右師圍溫，左師逆王，名義赫然，何必減於湯、武？惜哉！其請隧矣。"《經世鈔》："'王章也'，與孔子惜繁纓同。"（閔生夾）借王言以抑其侈心，《國語》王詞數百言，此以二語約之，愈見其妙。與之陽樊、溫、原、欑茅之田。晉於是始啓南陽。（《學餘》尾）辭秦師而下，將獨有其功也，秦晉從此疏矣。嗚呼！隧不可請也，田亦不可受也。讀此令人悢然思謝胩之臣焉。

陽樊不服，圍之。蒼葛呼曰："德以柔中國，刑以威四夷，宜吾不敢服也。此，誰非王之親姻，其俘之也！"乃出其民。（《左傳雋》尾）呂東萊曰："晉文公既定子帶之難，請隧以自表。襄王弗許，曰：'王章也。'與之溫、原、欑、茅、陽樊之田。襄王之意，以謂吾周之爲周，在德而不在形勢。典章文物之制，子孫當世守之，不可一毫假人。至於區區土壤，吾何愛而以犯强國之怒耶？抑不知隧固王章也，千里之畿甸，亦王章也。襄王惜禮文，不以與晉，自謂能守王章。抑不知割地自削，則畿甸之王章既不全矣。惜其一墜其一，烏在其能守王章耶？"（孫鑛眉）《國語》語不長，然彼二篇俱絶佳。（王源尾）晉文定霸，首功在納襄王一事，故寫得極發揚之致。如日月中天，光彩炳燿，隆隆然不可向邇。不如此，不足以相發也。然前序勤王，後序請隧。勤王所以尊王，請隧又復無王，何其悖也？前曰"諸侯信之"，後曰"陽樊不服"。信者，信其義。不服者，又不服其德。何其戾也？以一人之身，一時之事，而前後若此，非假之而然乎？左氏推見至隱，故序法如此。因其自然，寫其本然。而文章遂以幻矣。異哉！前曰"秦伯將納王"，後曰

"辭秦師而下"。一以見秦遏于晉，不得主中夏。一以見晉先乎秦，遂以伯諸侯，皆用筆深微處。（《分國》尾）不許隧，與之田，此仲尼於繁纓曰"不如多與之邑也"，弗許數語，居然生色。倉葛之呼更壯，使晉侯之膽一落于王章，氣再挫於俘虜。（《左繡》眉）此篇承上篇來，于極得手時，便寫他兩件沒趣事，亦作者胸中皂白過人處也。兩對中，以"王"字爲眼目，而起手敘事連著四"王"字，寫得鄭重，先立一篇之案。否則臨時撰出，即不成章法矣。《國語》兩篇大文，此只以數語括之。意足而語峭，詳略固各居其勝也。王語令之自慙，葛語令之自思，簡嚴急直中別具婉曲之致，亦何煩費辭？兩節中特著"始啓南陽"一筆，先收束上截，然後跌落下截，乃有間架。若竟接"陽樊不服"，則不見起伏轉換之妙矣。此筆尤中間轉換之極佳者，既有勢，又有局也。"王"字爲主，"德"字伴說，兩對中以順逆爲章法，各有兩層頓折。（《左傳翼》尾）勤王自是人臣分，義而因之爲利，不當請而請，不當受而受，若齊桓君臣便無此舉動矣。如此極興頭事，乃以兩般極不興頭事收場，可見以力假仁，便不濟事。棄豐鎬而遷郟鄏，周所以弱，惠王既以虎牢等邑與鄭虢，今又使晉啓南陽，日朘月削，將何以堪？不以名器假人，如何可以土地予人？此是襄王失處。既是王章，如何可請？既是王姻親，如何可俘？此是晉文失處。乃出其民而必取其土，目中尚有王乎？始啓南陽，大有感喟意在。（《日知》尾）"亦叔父所惡"、"宜吾不敢服"，若以道相待而不敢苟者，絕妙束縛，絕妙諷刺，直可令人十日思。（《評林》眉）《增補合注》："中國有禮義，當以德柔之。夷狄無廉恥，故以刑威之。今我乃中國也，而以待夷狄者待我，故不敢服。"（王系尾）敘陽樊與原不服晉，明人心未忘周，周之所以未遽亡也，與上"未有代德"相顧。陽樊事在此夏，故連敘之。原事在冬，故別敘。此是晉文初霸之根，謀之未定，則卜筮紛若。既決於心，遂如發弩，辭秦師而獨下矣。其才可見，其譎亦可見。（《菁華》尾）秦伯首先倡義，竟讓晉侯獨有其功，何也？君父在難，臣子當投袂而起，尚詢之卜筮，何也？萬一卜筮不吉，將遂已乎？襄王不許晉侯之請，亦足差強人意。與之四邑之地，以悅其意，雖所損實多，然聖人有言："不如多與之邑，惟器與名不可以假人。"此物此志也。周室之微久矣，而旁邑之人，尚不願他屬，足見人心未去，而文武成康之澤之入人深也。（閭生夾）借蒼葛以痛斥之。又案：勤王，大業也，乃處處揭其陰私，並無一字美詞，何等識量！

秋，秦、晉伐鄀。（《補義》眉）秦師遠出而不納王，故取析以償之。子玉追秦師不及，故圍陳納頓以償之，兩事一局。汪云："許多詭秘，數語寫盡，筆簡而明。"楚鬭克、屈御寇以申、息之師戍商密。秦人過析，隈入而繫輿人，以圍商密，昏而傅焉。宵，坎血加書，僞與子儀、子邊盟者。商密人懼曰："秦取析矣，戍人反矣。"乃降秦師。（秦師）囚申公子儀、息公子邊以歸。（《評林》眉）《經世鈔》："秦人過析，何以二公子不知？所謂潛軍也。故既降商密，而復之析，又得以獲二公子，前後皆潛師不令知耳。"楊慎："楚伏兵以傾秦，而反爲秦所陷，春秋時詐謀多此類。"楚令尹子玉追秦師，弗及，遂圍陳，納頓子於頓。（王源尾）戰功能以奇勝，操觚者幸矣。何也？奇則譎，譎則動於九天，潛於九淵。倏而來，來也無蹤。忽而往，往也無跡。吾直寫其機巧，傳其神妙，不必別求所以奇，而文固已奇矣。此文寫秦人處處用奇，陰謀變化，如鬼如神。尤妙在用精鍊簡括之筆，使其蹤跡不甚了然，而兵之奇見，文之奇亦見。若遇此種奇功，而筆不足以傳之，誠以眞金作頑鐵用矣，豈不惜哉？於精鍊簡括之中，獨詳僞盟一事。又于商密人口中蕩漾二語，皆筆墨變化處。結歸楚之圍陳，納頓子，更將破軍亡將之楚，略一生色，亦變化處。（《分國》尾）輿人之繫，猶可言也。鬭、屈戍商密，秦人僞盟，兩人不察，竟爲秦虜，何秦人智、楚帥愚乎？（《左繡》眉）以瑣碎之文寫詭私之事，語簡而明，筆輕而活，《國策》亦時效此種，便苦其澀，天分固不可强也。絕妙兵機，後人屢用輒效。其許多詭秘，總以算計申、息二戍爲主。前以盟申、息者詐商密，後即以降商密者敗申、息，中二事固以取析陪戍反也。鬭、屈只兩人名字，爵凡三次點足，即用作首尾中三處關鍵，細玩可知其篇法之精。以秦爲主，而前陪一晉，後便附一陳、頓，皆相配處。本爲圍陳、頓作傳，卻別詳伐鄀、追秦事。子玉可謂失之東隅，收之桑榆矣。（《左傳翼》尾）二國勤王，而納王獨讓之晉。二國伐鄀，而取析獨讓之秦。所謂失卻領珠，但取鱗爪也。戍商密而失守，追秦師而弗及，不得已而圍陳，無如何而納頓，所謂走卻螃蟹，專捆西瓜也。經以圍陳爲主，而傳獨詳伐鄀者，蓋事之始末實是如此，其敘兵機詭變，疑鬼神兵，眞有風雲集其筆端。（《評林》眉）《經世鈔》："楚追秦師不及，師無虛出，故爲頓圍陳，時陳人逐頓子，故楚納之。"（王系尾）左氏善言兵，而此篇尤見奇巧。秦楚俱強大，秦伐鄀而楚戍之，安得無戰？乃過析弗改，即從過析中生出巧變。先以虛聲下商密，因以餘威敗析戍。兵不勞而收全功于指顧，何其妙哉！朱子謂《左傳》權謀功利之書，此尤得權謀之所未曾有，安得不歎絕於太官。

冬，晉侯圍原，命三日之糧。（《補義》眉）命三日糧，便爲示信之地。圍原猶圍樊陽也，爲欺人語，其誰信之？莒慶爲公壻，故莒可平，寢兵息民，猶有取焉。原不降，命去之。諜出，曰："原將降矣。"軍吏曰："請待之。"公曰："信，國之寶也，民之所庇也，得原失信，何以庇之？所亡滋多。"退一舍而原降。遷原伯貫于冀。趙衰爲原大夫，狐溱爲溫大夫。（文熙眉）汪氏曰："序事能品。'得原失信'句法。"（韓范夾）其圍陽樊也，不強民之所不欲；其圍原也，不極己力之作必至。出其民，深於招攜；抑其力，雄于張武矣。霸主之威皆以禮大，非若後人之威徒以勢大也。（《左繡》眉）分明怕他照陽樊式耳，三日一舍，粧出一片王道模樣聲口來，亦不怕他不降，所謂譎也。請隧、圍樊事不類，而合爲一篇。圍樊、圍原事同而反分爲兩篇，可見文章結構剪裁駢搭之妙，論文不論事也。溫又略帶得妙，事變而文因之矣。（美中尾）馬宛斯曰："叔帶始謀奪嫡，繼致天子蒙塵，經兩霸主，大難方已。桓弭之於未亂之先，文戡之於既亂之後。雖用心不同，而有功於王室則一。"姜白巖曰："南陽之田，非天子所樂予也。拒其請隧，不得已而賜之耳。二邑不服，公然稱兵於天子之畿內。以義始，而以不義終，其後事多類此。"齊次風曰："周之東也，晉鄭是依。其弱也，亦以晉鄭，而晉爲尤甚。陽樊、溫、原、攢茅之田，桓王嘗以畀鄭莊，至此又以賞晉文。畿內所餘，曾復幾何？觀於盟向之求成，陽樊之不服，知周民猶戴王室，而強侯之跋扈，等於攘奪也。"（《左傳翼》尾）甫圍原而即下三日糧之令，非欲窮極兵力，正欲因其不降而示之以信也。因倉葛一番懲創，而欲柔之以德。王道規模，全以詐譎出之，溫、原二守皆任以腹心，處處見譎而不正作用。柯之會，齊桓不失信于曹沫，諸侯服之。晉文之不肯得原失信，猶是意也。信，國之寶，民之所庇，苟失信焉，何以自立於天地之間？夫子論政，謂兵食可去而信不可去，其不以此哉？（王系尾）此篇見人心之未忘周，而晉文之刱霸，亦有可觀矣。民之所庇、何以庇民，寔有見於物之理，與人君之所以理物者，雖曰假之，感人已速，而況誠然者乎？（武億尾）兵威以德義飾之，德義以兵威佐之，"信"字起，"信"字結，筆意深，筆力嚴。

衛人平莒於我，十二月，盟于洮，修衛文公之好，且及莒平也。(《左繡》眉) 解紛排難，歸美於親，衛成初政，甚有可觀，不奈後之顛倒何也？

晉侯問原守於寺人勃鞮，(《評林》眉) 鍾伯敬："中臣之職，承奉左右，從容納忠可也，而薦引人才則非其職矣。然晉侯亦不宜謀及嬖近，使之昂抑人才也。柳宗元《守原議》，其意最盡。"對曰："昔趙衰以壺飧從，徑，餒而弗食。"故使處原。(《測義》夾) 柳宗元氏曰："守原，政之大者也，所以承天子、樹霸功、致命諸侯，不宜謀及嬖近以忝王命。雖或衰之賢足以守國之政不爲敗，而賊賢失政之端，由是滋矣。況當其時不乏言議之臣乎！"(《統箋》尾) 愚謂國之大政，不謀左右。晉文公置守而問之寺人，且衰從亡之士，有大功，股肱也。壺飧勿食，細事也。以股肱之臣，而由奄人以進，置其大勳而錄其小節，用人如此，何足以爲後世法乎？(魏禧尾) 真德秀曰："衰，賢者也。舉而得賢，則寺人亦賢也。後之議者猶以爲譏，蓋中臣之職，承奉左右，從容納忠可也，而薦引人才，則非其職矣。"禧按：《秦風》譏寺人之令，趙良數鞅因景監以見，後世君子恒不肯借徑宦官，雖其賢者，界限必嚴也。魏禧曰："幽王之滅，秦襄公、晉文侯戮力王室，以致強大。今狐偃勸晉文繼文之業，而秦穆不能繼襄之功，聽晉侯之辭，何耶？穆公蓋亦無遠略矣，所以僅能霸西戎也。然晉文身自勤王而辭秦伯，專功忌前，不知當日措詞何謂？倉葛呼而陽樊不殘，舍人兒見而外黃免死。晉文圖伯，首以勤王唱義，故倉葛以義折之。項王志在立威，以下諸城，故小兒以利動之，皆各極時勢，而機用正同。文公聲望赫然，又有定王之功，而樊、原俱不肯服，必待于圍，何也？此知周先王之德在人深，而晉文假力無以服人如此。"彭家屏曰："天子之制，地方千里，公侯方百里，伯七十里，子男五十里。山川土田，受之先王，垂爲世憲，天子不得與，諸侯不得受者也。周幽王爲犬戎所殺，平王東遷，秦襄公以兵送之，王封襄公爲諸侯，使逐犬戎，即有岐、豐八百里之地，此西周之所以亡也。子頹之亂，惠王出奔，鄭虢合兵納王，殺王子頹。王以虎牢以東與鄭，以酒泉與虢。子帶之亂，晉文以兵定襄王，而殺子帶。王與之原、樊、溫、原、欑茅之田。有限之地，何堪屢以與人？此入春秋以來，東周之所以日削而不競也。夫眾建諸侯，所以藩衛周室。王室有故，諸侯勤王，亦職分當然，未可言德。而以地錫之，廢先王之經，棄世守之土，與者過矣，受者得無罪乎？以義始，以利終，此春秋之所以大亂也。"（《分國》尾）虞廷格苗，尚須七旬。西伯降崇，猶待三旬。伐原而以三日，期誕矣，何信之有？守原非可謀於寺人，柳子原論之詳矣。壺飧勿食，比之蕉蕈豆粥，誼有加焉。（《左繡》眉）此事柳州駁之不遺餘力矣。然重耳英雄，豈全憒此？當時患難中別有感傷處，如載塊、受飧，幾同呼蹴。洮飯不及壺漿，正在於此。吾家豆粥麥飯，竟下光武之泣。大樹豈無他勞哉？意可想已。（《左傳翼》尾）守原，重任也，而以酬壺餐之小惠，且出子勃鞮之口，在晉侯偶一爲之。于趙衰別有相信處，若援此以爲例，則害不小矣。柳州之論，未爲苛也。（《日知》尾）杜注云："衰雖有大功，猶簡小善以進之，示不遺勞。"（高塏尾）此晉文霸業第一事，然全是以公濟私，以力假仁，是霸者作用，是譎者心術。《傳說》曰："晉侯有功於王室，其事不見於經，蓋夫子削之也。求諸侯而勤王，受田、請隧，且以兵威強取畿內之邑，過大於功，故削之。"晉侯問守原一事，前人論之頗多。魏叔子曰："《秦風》譏寺人之令，趙良數鞅因景監以見。後之君子，恒不肯借徑宦官。雖其賢者，界限必嚴也。愚謂衰從亡十九年，其忠且賢，晉文知之最悉，其守原也，不必因壺飧之事，亦不必因寺人之言也。"（《評林》眉）《增補合注》："傅遜云：從即亡矣，當從字句。徑餕途中，饑也。"《經世鈔》："衰自有可用處，以壺飧用衰，亦一端耳。有如此忠信卻不可守原，不如此忠信卻可守原者。"（方宗誠眉）敘天子賞晉侯之功，亦應敘晉侯賞諸臣之功。勤王之謀，子犯倡之，故賞狐溱不必再敘狐氏之功矣。趙衰無勤王之謀，而亦同膺懋賞，故補出"以壺飧從，徑，餕而弗食"一事，文法乃爲完密。晉侯全身計較利害，不起大義。此文最善敘次，將晉侯一團計較私心，與假公濟私之處，盡如繪畫出之。

◇僖公二十六年

【經】二十有六年春王正月，己未，公會莒子、衛甯速盟于向。（《評林》眉）吳徵："衛本欲平魯、莒之怨，洮盟，莒子不親至，僖公必欲與莒子盟，故復爲此會也。"齊人侵我西鄙，公追齊師，至鄙，弗及。(《評林》眉)趙匡："寇至不知，追之不及，言內之無警戒。"夏，齊人伐我北鄙。(《評林》眉)張洽："齊侯，《春秋》以其爭盟，而侵伐亟舉，故人之。"衛人伐齊。公子遂如楚乞師。(《評林》眉)趙匡："天子在上，而諸侯自相請師，非禮也。"秋，楚人滅夔，以夔子歸。(《評林》眉)《傳說彙纂》："楚滅同姓，經不書名者，蓋欲削其爵，故不得而名之也。《穀梁》以為'不日，微國也'，非也，赴告闕爾。"冬，楚人伐宋，圍緡。公以楚師伐齊，取穀。(《評林》眉)吳徵："公不用魯師，而用楚師，雖能取齊之邑，而辱國莫大焉。將以刷西鄙、北鄙之恥，而適所以甚其恥也。"公至自伐齊。

【傳】二十六年春，王正月，公會莒茲丕公、甯莊子盟于向，尋洮之盟也。齊師侵我西鄙，討是二盟也。(《補義》眉)趙氏曰："莒子知魯肯平於己，故必躬親，二國既從，衛以大夫受歃而已。"(《評林》眉)張天如："洮、向二盟，魯乃黨衛，於齊何與？而連興侵伐之師，非義甚矣，其致衛之伐與魯之伐，皆自取也。"(閩生夾)此篇記成穀一役，乃城濮戰前應有節目。

夏，齊孝公伐我北鄙。衛人伐齊，洮之盟故也。(《測義》夾)吳澂氏曰："洮、向二盟雖瀆，齊何與焉？而連興侵伐之師，非義甚矣。其致衛之伐與魯之伐，皆自取之。"

公使展喜犒師，(《正論》眉)文仲知展禽之賢而不與立，急乃需其言以解。夫辭猶足以禦萬乘，況身執政柄，有不寢敵於未形乎？(《才子》夾)只是短幅，卻有無數奇妙。如斗按"恃"字作突兀一句，一也。並舉二祖同事先王，二也。賜盟至今在府，三也。忽然感頌桓公，四也。諸侯共望率桓之功，不止魯之望之，五也。自寫無恐，嬝嬝二十五字只作一句，六也。(《才子》夾)人來伐我，卻往迎勞之，便妙。(《淵鑒》眉)讀此等文字，可見當時諸侯猶畏名義，先王之澤未衰。水心葉適曰："展禽事僅一見，無子產鋒銳之氣，純於義理與事相麗，意順詞正，宜齊侯不戰而自卻也。"臣叔元曰："臨之以先王先公，責之以棄命廢職，使齊侯無所解免，欲不還師得乎？"(《左繡》眉)以二盟討魯，卻不防魯之以舊盟責齊也，此亦相映處。辭令之選，巧變無窮，大約不外二種。一是就其辭而入之，一是反其辭而折之。此篇之妙，乃在兼此兩法。恐矣，是就辭。則否，是反其辭。隨口轉變，其敏妙不待言。恃先王之命，乃以一筆擅二妙，爲尤奇也。蓋何恃不恐，其意中分明笑我毫無所恃。我偏要對他説個有恃，便是反其辭而折之。他口中又若像問我畢竟有恃，我便實對他説個有恃，便是就其辭而入之。中間將盟辭做個話頭，下具率桓之功，又是就其辭而入之。豈其嗣世云云，又是反其辭而折之。一往一復，粲花之舌，生花之筆，木强者，奉爲换骨金丹可也。（方宗誠眉）此篇辭命是《左傳》第一篇文字，止明大義，不間以利害，展禽所以得爲聖人也。**使受命于展禽。**（《才子》夾）下皆柳下辭也，聖之和者，其辭侃侃又如此。（《彙鈔》眉）以下皆展禽語也，故以"受命"一句包之。（《補義》眉）戴云："著受命句，通篇皆柳下語矣，乃虚實互用法。孰使之？文仲使之也。魯君其知之否？"（《評林》眉）汪道昆："齊師壓境，方使受命於賢，亦已晚矣。況借重其言，而不能顯用其身，此所以夫子有竊位之譏也。"（《學餘》眉）辭令之善，無逾此對，受命展禽故也。然則國之所恃，其惟聖賢乎？**齊侯未入竟，展喜從之，**（《才子》夾）妙，應後"乃還"二字。（方宗誠眉）未入竟而往説之，極妙！若已入竟，即有不欲還之勢矣。曰："寡君聞君親舉玉趾，將辱於敝邑，使下臣犒執事。"齊侯曰："魯人恐乎？"對曰："小人恐矣，君子則否。"（韓范夾）吕甥王城之役，對秦伯曰："小人慼，君子恕。"展喜對齊侯曰："小人恐，君子否。"皆以反激之詞，疎蕩己説。如江水遇礁，濆湧作勢。（《才子》夾）算來説恐又不得，説不恐又不得，忽分君子、小人，奇妙無比。（《約編》眉）與吕甥對秦伯同一機警。（《便覽》眉）先有齊侯一"恐"字，逗起"恃"字。則"恃命"一語，突兀如山。下引二公、一王，森嚴之至。二公之外，添出桓公，文情既濃。又妙在"太師"句，先著一頓，方用"昭舊職"作應，轉入本身。隨用反跌法，竟代他坐煞，以收轉"恃"字、"恐"字，機警無比。**齊侯曰："室如縣罄，**（孫鑛眉）《國語》罄作磬，注言："魯府藏空虚，但有榱梁如懸磬也。"近是。伯玉謂是神品，亦未敢謂然。**野無青草，何恃而不恐？"對曰："恃先王之命。**（《左傳雋》眉）孫應鰲曰："'恃先王之命'一言，大義凜然，夫孝公豈能上悖其君、遠違其祖？"（《評林》眉）《經世鈔》："引先王之命，甚嚴正，卻敘得通家親熱得好。"**昔周公、大公股肱周室，夾輔成王。成王勞之，而賜之盟，曰：'世世子孫，無相害也。'載在盟府，大師職之。**（《才子》夾）加此二句妙，言凜凜至今在。（《補義》眉）側入太公，以起桓公。汪云："用君子、小人，似與王城篇相犯，而中間寫來無絲毫相似，直是以犯爲避。"桓公是以糾合諸侯，而謀其不協，彌縫其闕，而匡救其災，昭舊職也。（《文歸》眉）陳溪子曰："以下一段，言婉而氣厲，且誘之，且沮之，煞是微巧。"（《才子》夾）"是以"字妙絕，三"其"字皆指魯也。及君即位，（《才子》夾）先之以桓公，妙。疾接"及君即位"，更妙。諸侯之望曰：'其率桓之功。'我敝邑用不敢保聚，曰：'豈其嗣世九年而棄命廢職，其若先君何？（《才子》夾）二十五字，只成嫋嫋一句，妙絕妙絕。君必不然。'恃此以不恐。"（《才子》夾）直結到"恃"字。（《約編》眉）棄命則不忠，廢職則不孝。齊侯當不得此四字，安得不還？繳"恃"字煞。（《評林》眉）穆文熙："先王成命，桓公伯略，當令聽者感動鼓舞，不待辭說之畢矣。"（閭生夾）《左傳》辭令之美妙絕古今，此亦其一也。齊侯乃還。（文熙眉）汪道昆曰："辭令神品。"穆文熙曰："既以大義感之，而又以舊職歆之，人未有不從之者，可謂有詞矣。"（《正集》尾）既以大義感之，又以盡職歆之，令人樂從而無難，且忘其言之爲說也。葛端調。（《文歸》尾）提起先王賜盟，則有君命在；說起周公、太公，則有祖業在。齊人聞之，能不還兵？王陽明。（《快評》尾）僖公二十五年冬十二月，公會衛、莒盟於洮。二十六年春，公會莒子、衛甯速盟于向。齊侯之伐我，豈以洮、向之盟耶？然孝公嗣桓九年以來，從無一事見於經傳，勤王之舉甘讓晉人，其無志於率桓之功可知。然而不肖之子，決不甘自安於不肖。北鄙之伐，正窺其"室如縣磬、野無青草"，而借題于衛、莒之瀆盟，將以張惶其霸業也。和聖昆季窺見其隱，便從此說入。齊侯正將以此爲率桓之功，豈知其爲棄命廢職也？天下本無難事，只是人不能扼其要耳。此篇機杼若全從晉陰飴甥會秦伯于王城學來，然彼則以君子、小人兩路夾攻。此則只重"君子則否"句，若夫小人之恐，只算閒閒答還孝公耳，故下文更不照管小人一句。（王源尾）文如弈棋，一著得勢，便任我縱橫，破竹而進。此文開口提出先王之命，便有壁立千仞之勢，下靡然如霏屑矣。將命作文，厥道唯一，韓文公《祭鱷魚》文本此。文有反虛正虛反實之法。蓋反正、虛實，固也。而善爲文者，每於反之後正之，前著一段虛文，虛之後實之，前著一段反文，煞是生動可愛。總之，於將入主處，仍入客耳。此文之入桓公，即此法也。（孫琮總評）程明道曰："齊侯以'恐'字嚇他，他卻分個小人、君子來，占許多地步。'恃先王之命'，何等名正言順，後來一勸一懲，將'恃'字首尾照應，結束精神。"齊欲以兵威詟魯，柳下氏特援大義以折之。篇中稱王命，述祖德，其立意極剛毅，其設辭又婉曲。折衝勝算，固籌之有素。乃其妙處，尤在安頓君子、小人二句於先。蓋齊侯突地說個"恐"字，置對甚難。此獨分別出兩樣人來，只將不恐者，擡到高處，即有心恐人者，自粗淺不足數矣。立言之妙，非和而介者，未易辨此。（《快筆》尾）只是短幅，卻有無數奇妙。齊侯以"恐"字喝嚇他，斗然分出君子、小人字面來，占許多地步，一也。齊侯以"恃"字笑他，斗然指出先王之命來，何等名正言順？二也。"昔周公、太公"以下，斗然並舉二祖，細述先王之命一番大義凜然，三也。"桓公"以下，斗然感頌桓公，細述其能守先王之命一番舊盟昭然，四也。"及君即位"以下，一勸一懲，婉曲沉痛，五也。至末掉轉"恃"字，首尾照應，結束精神，六也。通篇得力處，只在"恃先王之命"一句，尋著這箇大題目，便是壓倒齊侯。想此即展禽所授之語，前用"受命"一句包之，章法妙甚。然不可竟認爲展禽語也，其主意則受之展禽，其答應又在臨時耳。（《古文析》尾）按：《經》是年公會莒丕公、甯莊子盟于向。《傳》曰："尋洮之盟也。"故齊人侵魯西鄙，又侵魯北鄙，皆討是二盟故。但孝公徒知以二盟討魯，而不計自家忘卻舊盟。嗣世九年，而棄命廢職，以此責之，真無辭可抵對也。文之得勢，全在末後反掉處。（《彙鈔》眉）上援王命，次及祖宗，論有根據，自能降伏齊侯之心，斂兵而退。首末照應，結束精神。（《覺斯》尾）過商侯曰："齊侯劈頭以'恐'字嚇之，最是小家相。展喜卻分出君子、小人，措詞甚妙。不但不恐，反寫出無數托大語。懼之以先王，愧之以祖宗，試問齊人恐乎？則真恐矣。"（魏禧尾）魏禧曰："以此辭令，齊侯輒還，猶知此時爲近古，而齊侯爲賢也。然傳曰'討是二盟'，謂魯與衛、莒再盟，則齊師原非名義之正耳。"邱維屛曰："句句粘到桓公，尤足壓倒聳動孝公。"彭家屛曰："展喜犒師之詞，受命于柳下惠者也。始從周公、太公受命王室大本大原說下，繼言齊桓一匡天下之功，以見嗣世必不悖先君之德，純以義理之氣震動齊侯，非春秋文士酌事勢利害以譬服人者所可比矣。"（《析義》尾）一篇大旨，止在"恃先王之命"一句，此受展禽之教，以大義爲感動，不必又贅。獨是應對之語，須取給于臨時，何以知齊侯必有是問？妙在乘其師未入境，先往迎犒，釣出他口中一個"恐"字。又把"恐"字分別個君子、小人，釣出他口中一個"恃"字。然後好把口授大旨，滔滔汩汩提起。太公受命，桓公脩職，橫說豎說，了無滯礙矣。及說到孝公來伐，卻不言魯無以保聚，反謂魯不敢保聚。不言齊肆其毒害，反謂齊必不加害。如此則是魯之士馬，本無藉於飽騰迎敵，又何待以懸罄、青草爲憂乎？詞之嚴正中卻加許多回護，宜齊侯之動聽還師也。但齊師既退之後，魯卻遣襄仲乞師于楚，伐齊取穀，豈載在盟府之詞，止可責齊，不堪自責耶？可發一笑。（《集解》尾）通篇大旨，在"恃先王之命"一句，已足懾服齊侯，中間細述王命，載引王公，末幅既望其率循，又決其必不棄廢，把好人硬坐孝公身上，立言巧妙，宜其不戰而屈人之兵。使受命于展禽，非通篇皆展禽語也。蓋主意則受之展禽，而應答又展喜臨時隨機妙用，觀齊侯問魯人恐乎，即陡分出君子、小人。問何恃以不恐，即對以恃先王之命，可知非先時所能逆料也。（《彙編》尾）大義感動，全在"恃先王之命"一句，提起兩家祖宗，說得王命凜然，名正言順，宜其動聽而退師也。至齊侯以"恐"字嚇他，他卻分個小人、君子字面來，卻又占許多地步。是篇做作，只在一"恐"字。齊侯問其何恃不恐，則曰恃先王之命。"昔周公"以下，正述先王之命。"桓公"以下，嘉桓公守先王之命，步步養局。"及君即位"以下，一勸一懲，方寫本題，曰"恃此不恐"，首末照應，結束精神。至"不敢保聚"顧"懸罄"、"青草"，"棄命廢職"顧"王命舊職"，古人着筆，正無一字泛說如此。（《知新》尾）全篇問答，以"恐"字、"恃"字爲呼應，機鋒相對，所謂眼目者，此也。嚴正而出之以巽順，不由人不動心悅耳。（《賞音》尾）其大旨在先王之命，其機括在未入竟而從之。按：是年春，齊以魯與衛、莒爲洮、向之二盟，侵我西鄙，公追齊師，至酅而弗及矣。何前此不聞不敢保聚也？齊師歸，東門襄仲如楚乞師，冬，公以楚師伐齊，取穀，何不復守先王之命也？（《分國》尾）人未有不壓於分者，曰"恃先王之命"，奪其魄矣。人未有不好名者，曰"君必不然"，刺其心矣。雖然，以邾人來而不設備之僖公，強敵壓境，何恃不恐？喜曰"恃先王之命"，亦恃展禽之命耳。倘齊之君臣，如越之君臣，不好名者，曰："余雖靦然人面哉，猶禽獸也。"魯曰："君必不然。"齊曰："何必不然。"則奈之何？（《晨書》總評）徐袞侯曰："爲子孫而陳其祖父，人情未有不念舊者。以祖父而美其子孫，人情未有不好諛者。入情入理，自然傾聽。

獨是臧孫蔽賢，柳下三黜，及至事急，始來受命，天下忮刻賢才，事過即忘者，不知誤人多少。觀展禽、燭之武，不能不浩歎也。"（《觀止》尾）篇首"受命于展禽"一語，包括到底。蓋展喜應對之詞，雖取給于臨時，而其援王命、稱祖宗大旨，總是受命于展禽者。大義凜然之中，亦復委婉動聽。齊侯無從措口，乘興而來，敗興而返。所謂子猷山陰之棹，何必見戴也。真奇妙之文。（《左繡》眉）乘其未入，而從之犒師，以餂其"恐乎"一問，前人嘗論之。然刪去"衛人伐齊"二句，卻令末句"乃"字無著，此未細尋左氏筆法。蓋孝公師動於辭令，實因國有外寇，趁勢回去，正諺所謂假手脫者。但以伐齊係于此文之後，便不見賢者善辭之效，特輕敘在前，而末以"齊侯乃還"一筆應之，若全不係衛師之有無也者，遂令大功歸於儒生。此史家筆辭妙用，而又無斧鑿痕。若鹵莽讀去，全不見得耳。因前用君子、小人，後亦用"君必不然"以配之，皆特特與王城篇相犯。而中間兩"曰"字，寫得無絲毫相似。所謂以犯為辭者，非耶？呂甥直說不和，妙於突。此又不直說不恐，妙於婉。直者使人神聳，婉者使人意移。（昆崖尾）吳蓀右曰："人但習其文辭耳，不知藏嚴厲於和易之中，節節緊湊。開口抬起王命，便將乃祖、乃父前事壓倒他，隱見稍有差池，便是不忠不孝，何等凜然！"不作卑乞態，不作凌暴語，其文甚婉，而其意甚厲。使聞之者藹然意移，又凜然神動。春日秋霜並現毫端，真神技也。桓公一段，昆繩以為生動可愛，論局勢耳。若其立言之旨，已驚魂刺骨，令人不寒而慄矣。（美中尾）孝公之還雖動於辭令，實因國有外寇。文輕敘在前，而末以"齊侯乃還"應之，若全不係衛師之有無也者，遂令大功歸於儒生矣。（《約編》尾）辭命如此，足以卻敵矣。（《喈鳳》尾）"恐乎"突問，"何恃"再詰，齊侯聲口，何等矜張？何等輕薄？特提出先王賜盟、先君脩職大題目來，明是壓服他，而言者無罪，聞者感悟，辭令最善。其指意諒必受之於禽，其應對亦正難得有喜也。若其後幅之妙，則《析義》評云："不言魯無以保聚，反謂魯不敢保聚。不謂齊肆其毒害，反謂齊必不加害。如是則是魯之士馬本無藉於飽騰迎敵，又何待以懸磬、青草為憂乎？嚴正中有許多回護，宜其動聽還師也。"春秋辭命猶尚義理，戰國遊說專講利害，世運之升降於此可見。況齊桓摟伐諸侯，全以尊王為義，則恃先王之命自是受意于柳下者也。從先王說到大公、桓公，直注孝公身上，使孝公不敢不尊王，不得不法祖，不忍不述父，而意尤重在述父，故始以諸侯之望正動之，繼以敝邑之意反劫之，是孝公譏魯無恃而恐，而魯之所恃無恐者，即在孝公。其機警應變，又非空言義理而失之迂疏者矣。慕岩參評。（《左傳翼》尾）"恃先王之命"，自是主句大意，歸重率桓之功上，桓公勳業昭天壤，祇是不敢棄命廢職，如何嗣世九年便悉反之？通體純用劫法，婉順中有勁峭之致，絕世妙品。（德宜尾）擡出先王、周公、太公、成王、桓公，力爭上流，而以"恃此不恐"句陡然煞住，令齊侯難措一辭，此爲辭令第一。（《析觀》尾）章禹功曰："齊伐魯，因僖公二十五年，與衛人盟於洮。衛常伐齊，齊於是乎怒魯，故興師伐魯之北鄙。魯使展喜受其辭命，迎犒其師。請見齊侯，開口就鈎出孝公一個'恐'字來，又把'恐'字分別個君子、小人，鈎出他一個'恃'字，然後一句唱出'恃先王之命'，引古證今，則魯原不煩飽騰迎敵，而懸罄青草，亦不足爲憂。詞嚴義正，眞片語可以折衝。"（《便覽》尾）入手提"使受命"句，則一篇言語，固是喜之隨機應變，而立意則出於惠也。至於文之大旨，固在恃先王之命，而善用機括，尤在未入境而從之。又案：機軸與晉陰飴甥對秦伯同。而彼以君子、小人兩路夾攻，此則專重君子，故下首更不照管小人。（《日知》尾）戴岡得曰："着受命句，通篇皆柳下語矣。史《淮陰傳》前云'何奇'之所'奇'者，登壇數語也，虛寔互用學此法。"空中說透，正位只用反筆掉醒，故得簡潔圓峻。（盛謨總評）前面排山倒海而來，後面卷旗收兵而去，齊侯兩樣光景，都在左氏筆墨外，讀時細想便妙。中間幾層襯寫，如烘雲托月，到正意只用數筆，如月出雲飛。曰伐北鄙，曰乃還，可見通篇是未入境時文字，唐評得之。（高塘尾）俞桐川曰："受命展禽一句，包下一篇文字，結撰脫化。述先王，稱先君，道理正大。逐句針對，逐句收應，格律精嚴。""恃先王之命"句，一篇大旨，此篇入首"小人"二句，與晉呂甥對秦伯，同一機警。然彼以君子、小人兩路夾攻。此只重"君子則否"句，若小人之恐，只算閑閑答還孝公耳。（王系尾）讀此篇者，皆歎賢人有用，是皆不善讀書者也。使魯能用惠，則可以南面而制齊，尚何假巧令之辭爲？平居黜賢崇佞，訑訑自得。一旦有急，則搖尾乞活，而使賢者爲哀憐之辭，其爲冤苦，何可勝道？而猶群然賞其辭令之妙也，豈知柳下胸中，血淚十斗哉！（方宗誠眉）以率桓之功望之，又以"其若先君何"愧之，又以"君必不然"爲之開拓，令齊侯無可藉口。韓公《諫佛骨表》亦善爲上開脫。（《學餘》尾）略似陰飴甥之對秦伯，而大義凜然，較彼彌縫掩飾之説，不可同年而語矣，蓋一則情曲義虧，一則理直氣壯，左氏傳之，如化工之肖物也。（林紓尾）文字中有下一字，造一語，重如山嶽，震如雷霆，聞者立動其顏色，即此篇"恃先王之命"五字是也。文字中有使人歡悅，使人疑駭，聞者必加以考問，即此篇"小人恐矣，君子則否"八字是也。《國策》中亦間用此法，顧多拗折之筆，宛轉盤繞，本求明顯，以盤繞過多，轉致沉晦，亦比比而是。左氏則堂堂正正，一下字，即使人無可移易。觀齊孝公之來，實襲其先公之餘烈，輕蔑魯國，一開口便曰："室如懸罄，野無青草。"明明指其無恃。而展喜即拈此"恃"字爲當頭之棒喝，孝公早已愕然撟舌，而展喜卻雍容閒暇。述及周公、太公，然周公、太公之間，不著一"與"字，正有講究。蓋著一"與"字，是將二公隔膜，不成一家人矣。周、太平列者，見得二公初無分別，而子孫生出不協，即爲二公之罪人。故以下清出"相害"二字，不言害魯，而曰相害，且魯亦引過，是語氣之和平處。轉到桓公身上，更見得與魯親上加親。不溯鴻功，但言舊職，復歸到二公盟誓之至意，嚴切束縛孝公，使之無可挪動。"率桓之功"四字，明明責他不能躬承先業，棄命廢職，直是當面抹殺。幸有"豈其"二字爲之根，則雖抹煞孝公，尚是駕空立論，意謂能率桓功，即是不廢舊職。不率桓功，即是自棄其命，點清君子有恃不恐之意。且下"君子"兩字，尤有分寸，得見君子自待如此，對待孝公亦如此。孝公不副君子之望，則孝公已不自居于君子之列，而淪於小人。師直爲壯，曲爲老，孝公經此一番申斥，默然無言，文自首至尾，無一懈筆。（《菁華》尾）犒師之詞，何其似陰飴甥對秦伯語，是時周德雖衰，天命未改，故凡聘問之詞，動引先王之命爲言。

東門襄仲、臧文仲如楚乞師，臧孫見子玉而道之伐齊、宋，以其不臣也。（《測義》夾）金履祥氏曰："魯人知柳下惠之賢而不能用，齊師壓境，始使展喜受命焉，如其言，果退齊師矣。而魯乞師於楚，是以先王之命退齊，而又自犯先王之命也。"

夔子不祀祝融與鬻熊，楚人讓之，對曰："我先王熊摯有疾，鬼神弗赦，而自竄於夔。吾是以失楚，又何祀焉？"（韓范夾）忿其失位，而併棄其祖祀，是何禮也？其失位也宜。（《補義》眉）楚得夔，其地直通巴蜀，楚益強大。東萊責夔子忿言以速禍，以楚之貪，善言亦無益也。（《評林》眉）王百穀："夔子之答楚問，正也。其激怒而見滅者，以氣之忿而奪言之正也。"〖編者按：凌稚隆作呂祖謙語。〗胡寧:"諸侯之祀,無過其祖者。而夔祖熊摯,是不得祀祝融與鬻熊也,而楚反以是滅之,非其罪矣。"唐爵周:"不能亢宗,而詈其先人者,所在多有。"秋,楚成得臣、鬭宜申帥師滅夔,以夔子歸。(魏禧尾)魏禧曰:"夔子不祀祝融、鬻熊,於禮正而見滅者,其辭不順也。曰:'吾是以失楚,又何祀焉。'若追憾于失楚而不祀,則是以私忿而廢大禮,且辭倨,非對大國之體也。若曰:'我先君熊摯有疾,自竄於夔,是以不得嗣楚。禮,諸侯之祀不過其祖,故支子不祭。若我祀祝融與鬻熊,是二楚也。敢干典禮以亂大國之祀?魯祖周公,而不敢祀公劉。衛祖康叔,而不敢祀后稷。今大國以是為討,是教貳也。其猶有可赦也夫?'或曰:'楚狡而忍,雖辭順無庸。'曰:'春秋時強弱相食,猶恥無名之師。故展喜辭順,齊侯還師;王孫滿辭順,楚子不敢問鼎。且夫辭順而見滅,非吾悔也。夫殺身滅國,亦求其無所於悔而已矣。'"(《分國》尾)魯不敢祀公劉,衛不敢祀后稷,夔子何不以大義辭楚人,曰:"諸侯不得祀遠祖,我祖熊摯,祀熊摯耳,何責焉?"楚應辭屈矣。乃以有憾于遠祖為辭,自取滅亡而已。(《左繡》眉)不能亢宗,而詈其先人者,所在多有。以有疾,故別封,卻都歸咎在鬼神弗赦上,立言無理而有法。(美中尾)夔,上游之國也,滅則巴蜀道通,楚益富強矣。"不祀",託辭耳。(《左傳翼》尾)熊摯以廢疾不得為嗣,而歸咎於鬼神,以飾不祀之愆。而劉氏以為:"夔既別封,不得祀祝融、鬻熊,亦猶魯衛之不敢祖后稷、公劉,則夔之不祀為無罪,而楚之滅同姓為有罪也。""失楚"、"何祀",語太傲烈,易觸楚人之怒。然楚欲滅夔,蓄志已久,此特借辭以為名耳。滅夔不名楚子而人之,罪楚更甚於名之也。(閩生夾)每小國之滅,必疏其所以失國之罪,雖關勸懲,而從無一言責楚之蠶食,亦文章微旨也。

宋以其善於晉侯也,叛楚即晉。冬,楚令尹子玉、司馬子西帥師伐宋,圍緡。(《補義》眉)楚氛如此,安可無城濮之師?

公以楚師伐齊,取穀。(《評林》眉)王荊石:"楚,夷也,而資之伐齊,可乎?倘齊復以先王之命為問,其何辭以對?"趙伯循:"齊桓、晉文用諸侯師悉能左右之,何不曰'以'?凡不用我師,而用彼師,曰'以'也。"(《補義》眉)都為城濮伏脈。凡師能左右之曰以。(閩生夾)魯從楚者,豈有能左右之之理?此經師望文妄說。置桓公子雍于穀,易牙奉之以為魯援。楚申公叔侯戍之。桓公之子七人,為七大夫于楚。(《左繡》眉)此二節,都爲城濮之戰起本。于敘事中間,忽然橫插一筆,見魯之竟能以楚伐齊。于敘事已了,忽然橫拖一筆,見齊之不能以楚責魯。極小文字,乃得此兩奇筆。先王之命依然盟府,而魯則自食其言,齊則安受其盡,皆可歎也。是作者言外之意,不望世人讀而知之耳。(美中尾)姜白巖曰:"荆舒是懲,奚斯作頌於前。今誘楚伐齊、宋,是因豺狼而噬姻鄰也。先王之命如故,吾將援盟府以責之。"(《左傳翼》尾)宋與齊皆霸國也,以私憾故而乞師于楚以伐之,棄諸夏而即蠻夷,魯之失計甚矣。恃先王之命,自言之而自悖之,得不有靦面目乎?桓公伐楚,何等氣焰,而其子竟有七人爲楚大夫,可知內寵之多,貽謀不臧,而孝公之不能撫公族,又其餘也。然則非魯能以楚伐齊,乃齊自貽伊戚耳。(王系尾)魯非怨宋也,欲借力于楚,則導之伐宋。楚非怨齊也,而偪齊則楚利也。楚方欲憑陵諸夏,而魯爲之內主,借寇兵而傅虎翼,則其勢益張,其禍益大,魯獨能無患乎哉?甚矣,其愚也!益令人遙跂晉文矣。(武億尾)魯竟能以楚伐齊,齊竟不能以楚責魯,極小文字,得此兩奇事。

◇僖公二十七年

【經】二十有七年春,杞子來朝。(《評林》眉)《傳説彙纂》:"杞稱子,時主黜之也。左氏似謂孔子黜之,非也。《春秋》有褒貶而無黜陟。"夏六月庚寅,齊侯昭卒。秋八月乙未,葬齊孝公。乙巳,公子遂帥師入杞。(《評林》眉)張洽:"杞子來朝,而帥師入杞,以怨報德,此所謂欲加之罪,何患無辭也。"冬,楚人、陳侯、蔡侯、鄭伯、許男圍宋。(《評林》眉)家鉉翁:"人楚子而爵諸侯,不與楚子以主諸夏之盟,亦以正諸侯從夷之罪。"十有二月甲戌,公會諸侯,盟于宋。

【傳】二十七年春,杞桓公來朝,用夷禮,故曰子。公卑杞,杞不共也。(韓范夾)春秋之世,有禮則尊,無禮則卑。雖尚強力,猶貴王儀,蓋有三代之遺風焉。尉佗箕距見責,蹶然而起,此風于漢初尚未泯也。至於晉唐以後,中國轉事夷狄,則專以無禮爲強矣。世變之衰,不可歎哉!

夏，齊孝公卒。有齊怨，不廢喪紀，禮也。

秋，入杞，責無禮也。(《測義》夾) 愚按：杞最小國，其所操玉帛，不能以矦伯禮見，而以子禮見，魯以是爲不共而責之，非責其用夷禮也。噫！來朝以庇社稷也，魯豈能庇杞者，若之何反以儀文故輒興問罪之師，杞寧心服哉？魯於是失人心矣。〖編者按：奧田元繼作王陽明語。〗

楚子將圍宋，使子文治兵於睽，終朝而畢，不戮一人。(《補義》眉) 蔿賈之論子玉，與趙衰之論郤縠相對。楚用剛而無禮之人，晉尚敦《詩》説禮之人，勝敗之機已伏。一"賀"字作三層批駁。(高嵣眉) 前半敘楚命將。將著晉文城濮之戰，先從對面起案。責子文，正以撲子玉，撲子玉，實以呼晉霸。(方宗誠眉) 記兵事。兵事以將帥爲本，楚用子玉剛而無禮，故致敗。晉用郤縠，"説禮樂而敦《詩》《書》"，故能霸。將記城濮之戰之勝敗，而先敘二國用帥之賢否，所謂提綱挈領之法。子玉復治兵於蔿，終日而畢，鞭七人，貫三人耳。國老皆賀子文，子文飲之酒。蔿賈尚幼，後至，不賀。子文問之，對曰："不知所賀。子之傳政於子玉，曰：'以靖國也。'靖諸内而敗諸外，所獲幾何？子玉之敗，子之舉也。舉以敗國，將何賀焉？(楊繩武眉) 便伏後城濮之敗。(闈生夾) 逆攝後事。子玉之敗尚在後文，此時並未嘗敗，徑稱"子玉之敗"云云，文筆奇矯無對。子玉剛而無禮，(楊繩武眉)"剛而無禮"四字斷定子玉，"禮"字是一篇眼目。不可以治民。過三百乘，其不能以入矣。苟入而賀，何後之有？"(文熙眉) 穆文熙曰："蔿賈數語，遂爲子玉死案，鞭人貫耳，總見剛而無禮，惟無禮，所以不能過三百乘也。"(《快評》尾) 此爲城濮之戰楚師敗績張本，與下篇晉謀元帥、諸卿相讓參看，有國有家者，用人烏可不慎也？僖公二十三年秋，楚成得臣帥師伐陳，取焦夷，城頓而還。子文以爲功，使爲令尹。叔伯曰："子若國何？"對曰："吾以靖國，夫有大功而無貴仕，其人能靖者，與有幾？"子文之謀國，可謂忠矣。雖然，有功賞之以爵可也。授之以政，不亦過乎？子玉之敗，叔伯知之，蔿賈知之，子文與諸國老不知也。賢如子文，猶有此失，"知人則哲，惟帝其難"，成敗之際，難言之矣。(《分國》尾) 城濮之敗，已在蔿賈眼中，子文豈不知之？亦曰"吾以靖國云爾"。(《左繡》眉) 起手兩行，分明襯托出一"賀"字來，而不足賀之意，已伏入蔿賈口。先用一筆掃倒，然後細細發揮，二層六轉，每轉以鬆爲緊，説來字字是不知所賀神理，當令滿座爲之爽然。不知所賀，言若賀子玉，則子玉之不靖也如彼。若要賀子，則子之失舉也如此。若説他治兵終日爲能，則才不足以勝三百乘，雖欲賀之，亦烏從而賀之也哉？三層都用"何"字文法，第一個"幾何"，責之也；第二個"何賀"，問之也；第三個"何後"，反言以誚之也。口角又尖又辣，此後生真可畏也。俞選連子玉治兵至殺子玉爲一篇，評云："命將是勝負之本，蔿賈論子玉、趙衰論郤縠並敘起，文有眉目。"（《約編》眉）子玉之敗，先于蔿賈口中寫出。（《左傳翼》尾）剛而無禮，窺破底裏，古之大將以此敗事者甚衆，此祭征虜雅歌投壺、羊叔子輕裘緩帶所以獨擅千古也。剛爲美德，得臣、陽處父皆以剛失之，以好剛不好學也。不學故無禮，正犯濂溪先生所謂："剛惡者不能治身，豈能治民？"舉以敗國，自不待言。然人之性情鮮能中和，剛猶可以振刷有爲，柔則軟媚無骨，不至如鄙夫之患得患失不止。後世大臣喜柔而惡剛，稍有氣節者以爲不合時宜而違之俾不通，其日所汲汲者，皆拂鬚屈膝之徒、喧籬由竇之輩，是又子文之罪人也夫。禮所以辨上下、定民志，上好禮則禮達而分定，故民易使。晉文於少長有禮知其可用，全從大蒐示禮來。有禮無禮，是晉楚勝敗之所以分，兩兩對看自見。（楊繩武眉）此段敘楚之將帥，子文是賓，子玉是主。（《評林》眉）《經世鈔》："蔿賈以子玉平日觀之，知其必敗，非以鞭人貫耳爲無禮也。"《匯參》："此即見師之出而不見其入意，孔疏'不能入前敵'，亦非。"（王系尾）此篇與後蒐於被廬對看，晉楚之勝敗可知矣。照耀生色，文家妙筆。而篇中治兵於睽、治兵于蔿、國老皆賀、蔿賈不賀，又處處照耀，處處生色，妙絕妙絕！（《菁華》尾）子文治楚有功，乃不能薦賢自代，致有喪師之舉，不可謂非一生之玷。宋人論管仲有云："賢者不悲其身之死，而憂其國之衰，故必復有賢者而後可以死。"奈何子文所謂賢者，乃實不賢也？方之管仲，彌不及矣。人有少年早慧，而溺於世味，不能以道自輔，迨暮氣已深，卒成塊然一蠢物，如蔿賈是也。

冬，楚子及諸侯圍宋，（楊繩武眉）圍宋，層次。（《淵鑒》眉）晉爲三軍謀帥，而必曰"説禮樂、敦《詩》《書》"，以戰功取霸，而必曰"文之教"，此等議論識見，非三代以下人所及。水心葉適曰："左氏敘晉文公求霸，以信、義、禮行之。如醫用急藥療急病，一病必應一藥。孟子又分別驩虞睅睅。"仁山金履祥曰:"按晉文公勤王以示義,伐原以示信,大蒐以示禮,所謂五霸假之也。然霸圖猶有此,後世併無之矣。"臣杜訥曰:"禮、義、信皆立國之大經,晉文公欲用其民,而亟脩此三者以示之,可謂本務矣。"宋公孫固如晉告急。(高嵣眉)後半敘晉命將。趙衰對映子文,郤縠對映子玉,禮樂《詩》《書》對映剛而無禮。前後相形,勝敗已分。晉、楚分舉,本是兩板文字,因晉文城濮之功,是春秋一件大事,左氏于晉命將後,特將晉文圖霸本領,又添敘一段出來,精彩百倍。先軫曰:"報施、救患、取威、定霸,於是乎在矣。"(《測義》夾) 孫應鰲氏曰:"齊桓既没,楚蓋憑陵中國,宋襄思圖之,又以敗衂,故晉文特起救宋之志,欲制強楚,曹、衛背華附夷,即侵伐之,然晉文實在於救宋服楚,不在於侵曹伐衛。"〖編者按:奧田元繼作張天如語。〗(《左傳雋》眉) 李行可曰:"按先軫四言,乃文公圖伯大關節處,總之不出'報施'二字,後傳段段皆有照應。"(《約編》眉) 晉之成算,亦先提清。(《補義》眉) 二語城濮一篇之綱。一"於是"領起下四"於是"來。(楊繩武眉) "報施、救患、取威、定伯"八字,是一篇骨子,晉人此一戰行事,總不出此八字內。狐偃曰:"楚始得曹,而新昏于衛,若伐曹、衛,楚必救之,則齊、宋免矣。"(楊繩武眉) 救宋,層次。(《評林》眉) 《經世鈔》:"城濮之戰,最是先軫、狐偃二人得力,左氏特于群帥中先挈出二人本謀于此。急急下手,不肯放過,古人立功名者類如此。"於是乎蒐於被廬,作三軍。謀元帥。趙衰曰:"郤縠可。臣亟聞其言矣,説禮樂而敦《詩》《書》。(楊繩武眉) "説禮樂"、"敦《詩》《書》"正與子玉之"剛而無禮"反照。《詩》《書》,義之府也。禮樂,德之則也。德、義,利之本也。《夏書》曰:'賦納以言,明試以功,車服以庸。'君其試之。"(《測義》夾) 王世貞氏曰:"成季佐晉,他謀策未離春秋人物,其薦郤縠,毋論管、鮑,遠可與岳牧同風。"乃使郤縠將中軍,郤溱佐之;使狐偃將上軍,讓于狐毛,而佐之;命趙衰爲卿,讓于欒枝、先軫。(楊繩武眉) 晉卿皆所謂禮也。使欒枝將下軍,先軫佐之。荀林父御戎,魏犨爲右。(《約編》眉) 敘晉作三軍,説禮樂,敦《詩》《書》,與"剛而無禮"相反。(楊繩武眉) 此段敘晉之將帥。(《評林》眉) 黃建:"趙衰竟未爲卿,當時君臣不私從亡之勞如此,後世行賞,先藩邸之臣,毋怪示人以不廣也。"(王系尾)此篇是楚人、陳侯、蔡侯、許男圍宋傳,而詳敘晉事者,與楚子將圍宋篇作對照也。前批已明。

晉侯始入而教其民,二年,欲用之。(《補義》眉)鍾云:"義、信、禮本皆好事,被左氏用三'於是乎'說得事事有心,伯者行徑盡露。"(高塘眉)此段撮敘反國以來定霸規模,卻以武事攝入文教中,與子玉"剛而無禮,不可以治民"反映。三段本是好事,被左氏連用"欲用之"、"將用之"、"可矣乎"等句,又連用三"於是乎",便見欲速急功,有爲而爲,所以爲霸術也。(《評林》眉)按:"晉侯"以下至"未生其共"數句,插入論文公行事。《經世鈔》:"以下三'於是乎',想見諫行言聽。"(《學餘》眉)民可輕用乎?戰可輕言乎?召陵不戰而霸,城濮一戰而霸,霸之升降也。戰可輕言乎?**子犯曰:"民未知義,未安其居。"於是乎出定襄王,入務利民,民懷生矣。將用之。子犯曰:"民未知信,未宣其用。"於是乎伐原以示之信。民易資者,不求豐焉,明徵其辭。**(《評林》眉)汪道昆:"易即貿易,不餙價以求多,而明定其貴賤也。"**公曰:"可矣乎?"**(鍾惺眉)此一問安頓得妙,露出競心。**子犯曰:"民未知禮,未生其共。"於是乎大蒐以示之禮,作執秩以正其官,民聽不惑,而後用之。出穀戍,釋宋圍,一戰而霸,**(楊繩武眉)"一戰而霸"四字,一篇線索。**文之教也。**(文熙眉)穆文熙曰:"人知爲將之道在武,而不知所貴在文,文武並用,乃得行師之要。故曰:'文武吉甫,萬邦爲憲。'文子之論得之矣。"汪道昆曰:"妙品。'子犯曰'以下章法句法。"(《測義》夾)金履祥氏曰:"晉文公勤王以示義,伐原以示信,大蒐以示禮,所謂五霸假之也。然霸圖猶有此,後世併此無之矣。晉文之霸,子犯、先軫之謀居多。先軫報施救患、取威定霸之說,已不如管仲三不可之言。惟子犯'《詩》、《書》義之府,禮、樂德之則',其言爲精。而又曰'德、義,利之本',則皆霸佐之心矣。夫有恩則有怨,救宋固報施也,至于分曹困衛,報怨亦已甚矣。稱舍於墓,一譎。分曹畀宋,一譎。私許復曹衛,一譎。執宛春,又一譎。退斾曳柴,又一譎。晉文公譎而不正,于此一役亟見之。在軍則殺顛頡、祁瞞,師入則殺舟之僑,此軍法所以伸,戰所以勝,國人所以長,文公霸業於是乎備見矣。"孫應鰲氏曰:"布經陳猷,施捨有序,然晉文之欲速亟功,于是見之。"(《左傳雋》眉)李行可曰:"按始言'欲用之'，繼言'將用之'，終言'後用之'，照應處俱得次第。"又曰："'可矣乎'者，即用之變文也。"李九我曰："收拾鋪敘尤奇。"(《左傳雋》尾) 茅鹿門曰："'納王示義'，似矣。而河陽之狩，請隧之舉，大義安在？'伐原示信'，似矣。而宛春怒楚，曳柴敗荊，大信安在？'大蒐示禮'，似矣。而降服請囚，將殯有聲，大禮安在？此晉文所以重于伯也。"(韓范夾) 齊桓初年，屢欲從事於天下，而管仲止之。文公初年，屢欲從事于諸侯，而子犯止之。句踐生聚之後，亦屢欲從事于吳，而范蠡止之。英雄急急自見之心，不可遏也。(《快評》尾) 此爲城濮之戰晉師勝楚張本。中有三段文字，謀伐曹、衛以救宋是一段，謀元帥、命六卿是一段，趁便總敘文之圖霸是一段，奇絕之格，遒極之文。一篇以五"於是乎"作章法，遂將晉文君臣寫得着着有心，事事皆假。與《國語》管仲治齊參看，便覺管仲與狐、趙有大段不同處，遂令桓、文有正譎之異。因歎禮義只此一副，乃帝用之而帝，王用之而王，桓用之而桓，文用之而文。至晉文，而禮義竟同優孟衣冠矣。然而報施救患、取威定霸，果於是乎在。禮義之關於世道人心爲何如也？謀元帥而取及於《詩》《書》、禮樂，命六卿而互相推讓，皆是故爲做作，示民以禮耳。又恐後世讀者認真，竟謂實有其事。若爾，雖三代聖王，何以過此？故又將晉文有心取霸，通前至後，總聚一番，更以三"於是乎"點畫龍之睛，而結以大蒐示禮，孰謂文章有定法哉？(王源尾) 將晉楚之將，兩兩相形，以爲城濮勝楚張本，所謂較之以計而索其情也。故以前照後、後映前爲章法。然一段楚，一段晉，本是兩板文字，而作者化板爲活，于兩段之後，又復經營出一段，變兩爲三，靈奇生動。看他前後照應處，如倒影澄潭，纖微必露，妙矣。尤妙在後以兩段分映，以郤縠映子玉，正也。以晉文映子玉，奇也。郤縠映子玉，以"説禮樂而敦《詩》《書》"對其"剛而無禮"。晉文映子玉，以示義、示信、示禮對其"不可以治民"。故後段既分映，又總結。示義、示信追敘，示禮又復述。錯綜盡致，妙匪一端。(孫琮總評) 敘子玉治兵一段，蓋爲城濮之敗張本，正暗與"晉蒐被廬、作三軍、謀元帥"相對。見晉、楚勝負，不在城濮之戰，而早已在治兵謀帥之日。此折衝之算，所以必決於廟堂。報施救患，取威定伯，此晉之君臣十九年以來所不去於心者也。乃因宋之被圍而克成其功，故始以先軫之言，結以一戰而霸，見得謀之深而發之決，英雄眉宇，無不逼露。(《分國》尾) 勤王、伐原、大蒐，文公圖伯本領，盡於此矣。傳中蓁寫文公急於圖霸，一則曰"欲用之"，又曰"將用之"，終曰"可矣乎"，遲暮之年，迫不能待，顧桑榆，枎髀肉，情見乎詞矣。（《賞音》尾）示禮、示義、示信，豈只爲戰而設？晉文以力假仁者也。《左氏春秋》亦兵書也，故俱看成圖伯作用，而嘖嘖于一戰而霸。（《左繡》眉）此篇爲戰城濮起本，不過一蒐乘命帥事耳，散散敘來，無可出色。後半篇忽將前事一併重敘，後事一併預提，便令精神團結，光彩絢爛。蓄勢極厚，鍊局極精，又屬宇宙大觀，讀者亦爲之鼓舞不倦，豈不奇絶？左氏文，大抵首尾相配，此獨上下迥絶，盡文格之變。然其脈絡抑何融以密也？後半三"於是乎"，二賓一主，作前偶後奇章法。而前半卻將"於是乎蒐於被廬"先作一提，已是埋伏有情。而先軫口中，早將"於是乎在"借勢虛喝一筆，振起通篇，尤合首尾呼應一片。其運掉蓋繞乎篇之前、篇之後，躊躇漸忘而後奏，方驊然者也。豈節節而爲之也哉？"取威定伯"，起處一提。"一戰而霸"，結處一掉。提筆如高峰墜石，掉筆如大海廻風，真妙文也。襄評曰："單爲霸功作軍謀帥，而首選乃在說禮樂、敦《詩》《書》，思古人何等經濟？祭征虜雅歌投壺，羊叔子輕裘緩帶，三代而下，儒將風流，都源於此。豈得以霸功而少之？"後半篇頓挫聯絡，極板極圓，全在三"於是乎"插得松活。以"欲用之"、"將用之"跌出"而後用之"，中間又將"可矣乎"作一挑剔，字字靈躍，一氣趕出。結句春水亂流，歸雲擁樹，莫得而名之矣。合長勺、州兵兩篇筆法爲一，焉得不異樣出色？兩"教"字于本段自爲起結，兩"霸"字於通篇共爲起結。此吾所謂分而爲二，合而爲一者。唐錫周曰："來春城濮之戰，是開書以來第一件驚天動地事，左氏於一年前預作一襯。如奇葩未放，先見滿庭綠影。如明月未來，先見一天珠斗。令人遊目騁懷也。"妙批！可儀堂本連治兵至殺子玉爲一篇，批尾云："長篇無提束斷制，則散漫平衍，然須奇變爲高。中段'出穀戍'數語及'君子謂是盟'二句，振起上下文勢，是多少神力！"（昆崖尾）劉開侯曰："晉文經猷有序，然而欲速急功已見矣。"（《約編》眉）總敘霸業之興，寫得精彩。（《約編》尾）此篇敘楚所由敗，晉所由霸，皆如指之掌。（《左傳翼》尾）齊桓時荊楚雖強，憑陵諸夏猶未至於猖獗，桓公少年舉事，可以從容有爲，師召陵、盟葵丘，所以遲至數十年之後。晉文入國既已垂暮，而荊楚橫暴，戍穀、圍宋，伯國且受其蹂躪，他可知矣。若不迅速有爲以摧其鋒，何以取威，何以定霸？入國以來君臣憂慮，早朝晏罷，無非爲此。故于宋人告急、大蒐示禮時，將前此謀略一一追敘出來，見文公復國取威定伯一腔心事勃勃不能自遏，而意慮之周，規模之密，幾幾與管子治齊相等，絕非宋襄鹵莽妄動比。兜上起下，如福地洞天，令人遊覽不盡。師中之吉，全在艾人，故命將乃勝負根本。子文薦得臣，不知其剛而無禮。子餘薦郤縠，乃稱其說禮樂而敦《詩》《書》，不待鋒刃既交而兩國之勝敗早已分矣。所以於蒍治兵鞭七貫三，專事立威。被廬大蒐執秩正官，期於示禮。樽俎折衝，古人不予欺也。前後掩映以爲章法，天半朱霞，潭中秋月，疏疏淡淡，有影無跡，筆妙直同化工。評者謂此文宜分三段看，謂："謀伐曹衛以救宋是一段，謀元帥而命六卿是一段，末總敘文之圖伯是一段。"不知本文只重蒐於被廬與治兵於蒍相激射，先軫之謀，其緣起也。後段不過總敘前事，歸結大蒐示禮上，以爲城濮勝楚張本耳。血脈次第宛然可尋，強爲分析，殊爲失之。"招攜以禮，懷遠以德"，桓之所以服諸侯也。"示義"、"示信"、"示禮"，晉文取威定伯之略，亦在是焉，可知服人在德不在威。但桓、文皆是以力假仁，與純王心事天懸地絕，而譎而不正，晉文爲尤甚焉。末段極力寫晉文勃勃欲用光景，而假仁心事早已和盤托出矣。（德宜尾）爲戰城濮起本，不過一蒐乘命帥事耳，散散敘來，無可出色。後半忽將前事一併重敘，後事一併預提，便令精神重結，光彩絢爛，蓄勢極厚，鍊局極精。范右文。（楊繩武眉）"示義"、"示信"兩段是賓，因下文"大蒐示禮"一段而追敘此兩段作陪。"示禮"一段是主，晉侯示禮所以勝楚之剛而無禮也。（《便覽》眉）"而後用"是收應"欲用之"，卻帶二句，預伏下文。而"一戰"句，又遙應先軫語，總收上段。（《便覽》尾）此是晉楚合傳，爲城濮張本。其分敘晉、楚，宛是兩對格，卻妙在末幅倒敘有情，結處喚醒有力。三"於是乎"，及"將用之"、"欲用之"、"可矣乎"等字，尤使霸者行徑畢露。文雖鋪張，筆法自在。何可謂左氏嘖嘖于一戰而霸？芳輯評。（《日知》尾）用四"於是乎"字作章法，寫出取威定霸心事，急不可待。而謀必萬全，可云雙管齊下，言中言外，且全爲"譎"字寫出頂上□光。大蒐示禮，即前半蒐于被廬也。因欲爲晉君臣圖霸寫生，則前半不足盡之，故用進溯法，見經營霸業於此終，不於此始也。妙在將示禮與上義、信排寫，令人忘其爲回應上文者，且似上下迥分兩截者，悟其蛛絲馬蹄之妙，章法固有條不紊也。（高嵣尾）俞桐川曰："命將爲勝負之本，蒍賈論子玉，趙衰論郤縠，並敘有眉目。後一段將晉文致霸，統舉前後事總說一番，乃左氏大著手眼處。"此篇敘楚所由敗，晉所由霸，皆如指之掌。《眉詮》曰："此戰城濮總冒，即晉霸提綱。"（《評林》眉）《經世鈔》："'欲用之'、'將用之'、'可矣乎'，寫得晉文段段欲動之情如見，卻被子犯遏抑，而文公能堅忍處亦如見。此當與曹劌之告莊公、申包胥之告句踐同看，用兵之理，思過半矣。若徒以詐謀勇力爲戰勝，未有能久，未有不内傷其國者也。"王元美："所謂文之教，蓋得自郤縠《詩》《書》禮樂之敦且悅爲多。"（王系尾）此篇敘前事不是追敘，敘後事不是連敘，蓋撮舉晉文霸略，以爲前後關鍵，是部中大結構處。與閔二年齊桓公封衛于楚丘，遷邢於夷儀，邢遷如歸，衛國忘亡，是一樣如椽大筆，使讀者精神飛動。（方宗誠眉）此段是總結前篇勤王、伐原、大蒐三事，又領起後篇城濮之敗【編者按：疑衍一"敗"字，或爲"戰"字之誤】，敗楚興霸之事，是文字中關鍵，法度謹嚴，神氣完固，若無此一段在中，則成平鋪直敘矣。（《學餘》尾）義也，信也，禮也，假之也。然趙衰之薦，子犯之不輕用其民，有鮑叔、管仲之風焉，桓、文之所以並稱也。若夫城濮之戰，先軫之謀，不務德而求勝，以致晉、楚構釁，終於春秋，何足道哉！何足道哉！（《菁華》尾）選擇將材，專以《詩》《書》禮樂爲言，此中自具特識。拘拘于牝牡驪黃，固不足與言相馬也。采其君臣問答之醼，其一種振作精神，活現紙上。文教一語，即結上義、信、禮三項。（闇生夾）宗堯云："此段鋪張晉文之重信義，然實寫其信義皆臨時措辦耳。'於是乎'字凡三見，所謂假仁義也。"闇生案：城濮之戰乃春秋大事，故於事前數數提頓，以見其鄭重。前蒍賈之論一提，此段再提，皆極慘澹經營出之。

◇僖公二十八年

【經】二十有八年春，晉侯侵曹，晉侯伐衛。（《評林》眉）《增補合注》："此再書晉侯，或者經文自是兩章，各舉其事，不相連屬，傳寫多誤作一章書之爾。先儒以爲譏復怨者，非也。"公子買戍衛，不卒戍，刺之。（《評林》眉）家鉉翁："殺無罪之大夫，《春秋》所深惡，故不書殺而書刺，蓋知其無罪而殺之幽閟之中，與《周禮》三刺之義不同。"楚人救衛。三月丙午，晉侯入曹，執曹伯。畀宋人。（《評林》眉）張洽："自晉人侵曹至此，《春秋》著文公致楚興戰之由，胡氏節節爲之論，非也。"夏四月己巳，晉侯、齊師、宋師、秦師及楚人戰於城濮，楚師敗績。(《評林》眉)姜寶："直書城濮戰勝，以至踐土會朝、河陽會朝，皆紀晉文攘夷尊王盛事，與齊桓伐楚、召陵、首止、葵丘會盟同。"楚殺其大夫得臣。衛侯出奔楚。五月癸丑，公會晉侯、齊侯、宋公、蔡侯、鄭伯、衛子、莒子，盟於踐土。陳侯如會。公朝于王所。(《評林》眉)陳岳："襄王聞晉勝，自往勞之，非晉致之也，故爲王諱而不書。"吳徵："諸侯朝於踐土之宮，《春秋》魯史，故但書公朝，非魯一國獨朝，而諸侯不朝也。"六月，衛侯鄭自楚復歸於衛。衛元咺出奔晉。(《評林》眉)《附見》："叔武之位以晉侯之意定之，非王命之。"高閌："叔武雖不能避嫌，然亦請復衛侯，衛侯不之信，先期而入，因殺之，故《春秋》不書叔武之事，是專責衛侯也。"陳侯款卒。秋，杞伯姬來。(《評林》眉)季本："伯姬莊二十五年歸杞，至是三十八年，亦老矣，而匍匐來魯，豈得已哉！小國爲魯所陵也。"公子遂如齊。冬，公會晉侯、齊侯、宋公、蔡侯、鄭伯、陳子、莒子、邾人、秦人于溫。天王狩于河陽。(《評林》眉)《增補合注》："河陽即溫，今河南孟縣有河陽城，以其在河之北，故云河陽，以大天子也。"吳徵："踐土是天王自來，故没而不書，存君體也。會溫則晉實召王，故書天王自狩，存臣禮也。"姜寶："當時晉以許不會踐土，欲討許；衛侯爲元咺所訟，欲討衛；又以溫爲王所賜地，會諸侯於此，以謀討貳，而即欲王至其地，一籍寵靈焉。自嫌強大，不敢入京師之意，晉容或有之。自以地小力薄，不足以待諸侯，因晉侯之請，有出而就之意，王亦容有之。此《春秋》所取也，故書諸侯會溫、天王狩河陽、公朝王所，若諸侯自相爲會，王適以狩而至，而諸侯因相與朝王云爾。如此則王與諸侯兩無嫌，兩皆可取之辭也。"壬申，公朝于王所。(《評林》眉)《增補合注》："壬申不書月，上文'冬'字之下有闕文。"晉人執衛侯，歸之于京師。衛元咺自晉復歸於衛。諸侯遂圍許。曹伯襄復歸於曹，遂會諸侯圍許。

【傳】二十八年春，晉侯將伐曹，假道于衛，衛人弗許。(《左傳雋》眉)李行可曰："晉文得志于諸侯而首誅無禮于曹，果如僖氏所料。衛無禮于晉，今又不許其假道，故衛侯請盟，晉人弗許。此見晉得以有辭于衛，而報衛之心益深矣。"(《左繡》眉)此篇本敘城濮之戰，而始于曹衛之伐，終於踐土之盟，凡四大節。自首段至"舟之僑爲戎右"止，敘侵曹、伐衛事，爲城濮作引。末段"至於衡雍"起，敘享、覲、會、盟事，爲城濮作結。中間宋人告急至"癸酉而還"，正敘其事。而開手特書一句"上德也"，著末亦特結一筆曰"能以德攻"，首尾照應精神，多許事直作一句讀。中幅以"次於城濮"、"癸酉而還"分讀，上半敘謀，下半敘事。上半又分兩層：前層公悅，分田畀宋，而子玉不肯去宋。後層公悅，私許絕楚，而子玉不肯還師。下半亦分兩層：前層聽誦、夢搏相對，而詳寫請戰之辭；後層有禮、無晉相對，而正寫接戰之事。雖參差不齊，其間架固秩然也。（楊繩武眉）伐曹，層次。（《補義》眉）汪云："數段宜連看，曹、衛之伐爲城濮作引，踐土之盟爲城濮作結。"（高塘眉）第一段從侵曹、伐衛敘起，蒙上篇狐偃救齊、宋之策來，爲戰城濮作引。"尚德"二字，前照文教，後照德攻。伐衛略，侵曹詳，輿謀一波，魏犨一波，閑處生色。舊解侵曹報觀脅之忌，伐衛報不禮之怨，取五鹿並踐天賜之語。觀前篇明言"伐曹衛，齊宋可免"，恐不盡然。（《評林》眉）王百穀："據當時觀裸、與塊，晉文於曹、衛雖有怨，然所以侵曹伐衛，則自爲破楚之黨與，以屈楚而成伯耳，即如齊桓之伐楚而侵蔡也，豈專爲蔡姬蕩舟之憾哉！故知胡氏譏復怨之說未盡。"**還，自南河濟。侵曹伐衛。**（楊繩武眉）伐衛，層次。（《評林》眉）《經世鈔》："曹曰侵者，由南河間道出其不意也。衛曰伐者，以不假道，正名而伐之也。"**正月戊申，取五鹿。**（《評林》眉）《經世鈔》："取五鹿，與塊之言。"**二月，晉郤縠卒。原軫將中軍，胥臣佐下軍，上德也。**（方苞夾）"德"字直貫篇末"能以德攻"，晉侯惟有德，故能上德也。（《左繡》眉）首段侵曹伐衛總提，以下先敘伐衛，次敘伐曹。于衛則先透"楚"字一筆，于曹則先透"報"字一筆，早爲中幅提頭，其用筆密細如此。本爲伐曹，卻先伐衛起。侵曹、伐衛兩句，搭敘甚奇，與後胥臣、子玉對敘句法同，結二語亦是此法。蓋以此調安放首尾中三處作章法也。（《約編》眉）伐曹報觀脅之怨，取五鹿踐天賜之語。（方宗誠眉）前書子玉剛而無禮，見楚用帥不當，取敗之根。此書晉郤縠卒，用原軫，爲上德，見晉所以能致勝也。是文字提綱挈領法。

晉侯、齊侯盟於斂盂。（方苞夾）《經》書"晉侯、齊師、宋師、秦師及楚人戰於城濮"，而《傳》于戰止列晉之三軍，故具詳齊侯之合于晉，爲二卿以師從張本。且明三國之師分隸晉之三軍，與鄢陵之戰鄭伯自爲一軍異也。衛侯請盟，晉人弗許。衛侯欲與楚，國人不欲，故出其君以說于晉。衛侯出居於襄牛。（《測義》夾）姜寶氏曰："據當時觀浴、輿塊，晉文於曹、衛雖有怨，然其所以侵曹伐衛，則自爲破楚之黨與，以屈楚而成霸耳，即如齊桓之伐楚而侵蔡也，豈專爲楚姬蕩舟之故哉？故知胡氏譏復仇之說未盡。"〖按：《評林》作王百穀語〗（《評林》眉）《補注》："衛侯出居於襄牛，諸侯出不踰境，史不書，亦未必告。"

公子買戍衛，楚人救衛，不克。公懼于晉，殺子叢以說焉。謂楚人曰："不卒戍也。"（《左傳雋》眉）杜元凱云："僖公實畏晉，故殺子叢，而誣叢以廢戍之罪。"（方苞夾）此節於篇法爲駢枝，以《左傳》義兼釋經故也。而書公之懼晉，又爲公與踐土之盟張本。（《左繡》眉）上衛出君悅晉，魯殺臣悅晉，二事對寫。（《評林》眉）楊慎："殺子叢以說，殺一將而兩餂餂於晉楚之間，殆非爲君之體。"

晉侯圍曹，門焉，多死。（《彙鈔》眉）晉文不及齊桓，狐、趙諸臣亦不及管仲。觀此陰謀詭計，變詐多端。雖取勝一時，而舉動失措，即報恩雪怨間，盡屬乖張，其取威定霸亦章矣。（方宗誠眉）凡兵事，先在得帥，次在善謀。故自此以下，詳敘兵謀。曹人尸諸城上，晉侯患之，（《評林》眉）《經世鈔》："晉侯圍曹，曹再無禮。"（闓生夾）"晉侯患之"、"公疑焉"、"是以懼"，皆敘晉侯之狐疑虛怯，即以爲文字章法。聽輿人之謀（曰），（方苞夾）晉能有德有禮，故能集衆謀，所以勝也。稱："舍於墓。"師遷焉，曹人兇懼，爲其所得者，棺而出之，因其兇也而攻之。（楊繩武夾）與後原田之謠相應。（《評林》眉）張大嶽："但稱舍墓而師不遷，曹人亦未必懼，此制變之權也。"《經世鈔》："此等謀亦常有敵人假爲此說以動衆怒，而反勝我者。大約我不可制敵，則稱舍墓而兇懼，要須因時謀之。"孔尚典："人情於將然之禍則懼而思救，於已然之禍則怒而思報，文公懼曹，妙在師遷而不發塚。使文公遽發其塚，則愈以固曹人之守耳，其能因而攻之哉？"三月丙午，入曹。數之以其不用僖負羈，而乘軒者三百人也。且曰獻狀。（韓范夾）《曹風》曰："彼侯人兮，荷戈與祋，彼其之子，三百赤芾。"此《曹風》所以亡也。一入其國，不責其無禮於己，而明責其用人之失，乃見興師有名，伯者假義行私，皆此類也。（《評林》眉）《增補合注》：

"曹棄賢濫爵，故令乘軒者各獻其在位之功狀，《詩》所謂'三百赤芾'是也。"《經世鈔》："曹國雖小，而乘軒至三百人，無道可知，不必說到無德居位矣。"令無入僖負羈之宮而免其族，報施也。（《左傳雋》眉）按：此報曹之無禮，報僖負羈之飧璧，而以"獻狀"、"報施也"為句，此章法。（方苞夾）亦見晉侯有德有禮，而報施又與避三舍以報楚之施相映。（楊繩武眉）"報施"二字獨於此處明點，此外見暗應。（《評林》眉）《經世鈔》："曰'免其族'，則曹城皆不免鹵掠矣，此子產入陳所以有三代氣象。"（方宗誠眉）應前篇僖負羈饋盤飧、置璧事，"報施"二字，又與前篇晉惠不報秦施事反照，所以一成一敗，此文字精神周到、才思恣肆處。魏犨、顛頡怒曰："勞之不圖，報于何有！"（闇生夾）入曹而亟報私惠，其量淺矣，故借魏犨等言以責之。爇僖負羈氏。魏犨傷於胸，公欲殺之而愛其材，使問，且視之。病，將殺之。魏犨束胸見使者，曰："以君之靈，不有寧也。"距躍三百，曲踴三百。乃舍之。殺顛頡以徇于師，立舟之僑以為戎右。（文熙眉）汪道昆曰："敘事妙品。'入曹'以下章法。'勞之不圖'句法。"（《左繡》眉）與下圍曹、報施，都為首尾兩"德"字作反映之筆，一"勞之不圖，報于何有"，八個字罵煞重耳矣。（《左傳雋》眉）李行可曰："二子同爇僖負羈，而魏犨被傷，卒以舌免。獨殺顛頡，刑不偏乎？"（美中尾）楚始得曹而新昏於衛，蓋欲為遠交近攻之計，折晉左臂，使不得東向爭鄭也。此門庭之寇，故晉文當日汲汲首事於此，豈惟報怨之私，亦事勢有不得不爾者焉。（《評林》眉）《匯參》："如病，則將殺之，林注非也。"邵寶："距躍，直跳；曲踊，橫跳；百，猶阡陌，蓋躍躍之度大約有此。"《經世鈔》："乃舍之，是益愛其勇，注謂以其有禮，非。"王元美："不殺顛頡，則武人跋扈者莫懲，而軍令亦玩愒不肅。"

　　宋人使門尹般如晉師告急。（楊繩武眉）以下致楚戰。層次。（《淵鑒》眉）城濮、召陵，霸功之大者。召陵之師責包茅之貢，問膠舟之罪，何等辭嚴義正！城濮之戰，執宛春、許曹衛，以致蒙馬虎皮，曳柴偽遁，兵家陰謀，無所不用，此桓、文譎正之分也。水心葉適曰："城濮之戰，宛然戰國楚漢之事，與齊桓迥殊，不謂時變如此之亟。至錫命侯伯，又不止楚漢，莽操之風見矣。"晦庵朱熹曰："文公伐衛以致楚，而陰謀以取勝，故夫子稱譎而不正。"臣熙曰："齊之霸以召陵，晉之霸以城濮。齊用正，晉用譎。此桓、文優劣之辨，左氏極力摹出，一時情事，千古如新。"臣正治曰："得臣違楚子之節制致敗，剛愎至此，欲不輿尸得乎？蒍賈已先料之矣。"臣德宜曰："楚師之良在其中軍，故胥臣先犯陳、蔡，此兵法攻瑕之術也。欒枝偽遁，即淮陰佯北之智。橫擊夾攻，分道出奇，敘次如畫。"臣廷敬曰："先軫之言智，子犯之言禮，欒枝之言義，晉有是三臣，安得不霸！"臣鴻緒曰："是役也，晉謀臣猛將，克成厥功。然非以禮、義、信教民於先，未必能定霸也。傳曰'能以德攻'，信夫！"（高塙眉）第二段敘晉之欲戰作主腦，"我欲戰矣"、"能無戰乎"，提醒本意。藉齊秦以告楚，既使怒楚而不得不與楚戰。分曹、衛以畀宋，復使楚怒而不得不與我戰。多少委曲，連環妙計，已開戰國詭譎之習。"齊、秦未可"一開，"分田畀宋"一合。公曰："宋人告急，舍之則絕，告楚不許。我欲戰矣，齊、秦未可，若之何？"（方苞夾）帶出秦人，蓋晉本救宋，宋以師從不待言，而秦之合于晉不可略也。（《便覽》眉）晉師爲宋而起，乃急急於侵曹、伐衛，故用特筆點清眼目，與上公孫固相應。先軫曰："使宋舍我而賂齊、秦，藉之告楚。我執曹君，而分曹、衛之田以賜宋人。楚愛曹、衛，必不許也。喜賂、怒頑，能無戰乎？"（閹生夾）寫其臨戰用計。宗堯案："述其計之譎也。執宛春一段亦然。"公說，執曹伯，分曹、衛之田以畀宋人。（《測義》夾）吳徵氏曰："晉之用師於曹、衛也，實欲致楚而與之戰，先以假道而啓衛之釁，衛既不許，則還師自南河濟，略侵曹境，不深治曹也。移師伐衛，責其不假道之罪，衛服罪請盟，而猶不許，以致其君出避，魯戍逃還，則楚不得不救衛矣。楚既救衛，猶恐其人衆先歸，則又移師臨曹，入其國而執其君，又以曹君畀受圍之宋，多方以激楚之怒，則楚不得不與晉戰矣。"〖編者按：奧田元繼作張天如語。〗（《左傳雋》眉）羅文恭曰："宋與楚皆有德于晉，文公欲釋宋圍，又不欲竟攻楚，故分曹、衛以怒楚師，賂齊、秦以與楚戰，使楚急曹、衛，其勢必釋宋，楚人墮其計中，果有宛春之請。"（《彙鈔》眉）前則分曹、衛，後則私許復曹、衛，顛倒曲折，須刻變幻，晉術既巧，得左氏怪筆搏得，益復疑鬼疑神。（《左繡》眉）夫子以譎目重耳，朱注特舉此事爲證。今細讀之，大略有三，總以欲戰爲主。其始恐戰之無助，則以喜賂、怒頑之策激齊、秦，而不虞楚子之去也。其既屈于宛春之三施，則以私許、執使之策激子玉，而又礙于楚惠之將爲口實也。於是終以君退臣紀之策，作楚以曲，而可以唯我之欲矣。着着暗算盡情，其餘藏頭露尾莫可枚舉。非左氏二十分靈心妙腕，亦須描摹不出，快甚。（《約編》眉）既使齊、秦不得不戰，又使楚不得不與我戰。連環之計，已開戰國詭詐之習。故譎而不正，過於齊桓。（《便覽》尾）得志于諸侯而誅無禮，曹其首也。晉文心事，被一婦人道破。故傳特書晉侯將伐曹，與經連書"晉侯"同意。入曹之後，便將僖負羈一段，特筆再拈，隨接魏、顚之怒，可見從亡之人，尚未能心服。又綴先軫一策，而晉文霸業，從可知矣。芳輯評。（《評林》眉）《評苑》："曹、衛乃楚之所愛者，而二君見執，二國之田見奪，則楚怒甚矣。"《附見》："宋人承晉所與曹、衛之田，故楚人怒之，不許齊、秦之爲宋請，於是齊、秦亦怒楚頑，而能無戰乎？"（方宗誠眉）以上爲一大段，皆晉未戰前之謀也。蓋晉侵曹、伐衛，分曹、衛之田以畀宋人，皆欲激子玉之怒，以決一戰而定霸耳。晉之必勝，在楚子口中預先説出，所謂筆所未到氣已吞也。

　　楚子入居於申，（高嵣眉）第三段敘楚之不欲戰作波折，論晉侯、引軍志，步步頓跌。前後兩"公悅"，是晉君從臣言。此處王怒，是楚臣違君命，勝負已分。楚子"無從晉師"一開，子玉、伯棼"請戰"一合。使申叔去穀，使子玉去宋，曰："無從晉師。晉侯在外十九年矣，而果得晉國。險阻艱難，備嘗之矣；民之情僞，盡知之矣。天假之年，而除其害。天之所置，其可廢乎？《軍志》曰：'允當則歸。'又曰：'知難而退。'又曰：'有德不可敵。'此三志者，晉之謂矣。"（《左傳雋》眉）孫應鰲曰："昔晉文歸楚，楚子享之，且送諸秦，可謂有恩。今則復有此語，則楚之待晉者益厚，乃城濮之戰，竟因數語激成之。德不償怨，惜夫！"（《補義》眉）汪云："又借楚子口中提唱'德'字，首尾照應，而所謂德者，只是嘗艱難、知誠僞焉耳。楚成明知晉不可敵，知難而退，使晉人著著蹈空，的是晉文勁敵。"（《便覽》眉）晉君臣方自詡計在必戰，此反從楚子不戰起手。雖是文家跌法，實見楚無子玉，許多詐謀皆不必。（《評林》眉）王元美："楚子三引軍志，可謂明於料敵矣，楚子曷不亟召子玉以反，而乃少與之師？竊令以若之料，即悉師以出，猶懼不免，而顧以少擊衆，是自敗其師也，子玉何以誅焉？"子玉使伯棼請戰，曰："非敢必有功也，願以間執讒慝之口。"（楊繩武眉）"讒慝之口"謂蒍賈等語"剛而無禮"。王怒，少與之師，唯西廣、東宮與若敖之六卒實從之。（《測義》夾）愚按：楚子三引軍志，以料晉不可敵，不可謂不明矣。既而子玉不勝私怨，固請一戰，楚子業嘗怒其不可，則曷不更命之反，而乃少與之師？竊念以若所料，即悉師以赴，猶懼不免，而顧以少擊衆，是欲自敗其師也。抑又何昧耶？城濮之戰，吾於子玉乎不足深誅矣。（《評林》眉）《經世鈔》："子玉越椒剛而無禮，以信謗者之言，豈但不能間執而已？古今剛愎人見識舉動，每每如此。上'公說'，是君能從臣；此'王怒'，是臣不能從君。成敗之機決矣。"（閩生夾）子玉實有將才，坐兵少而敗，此爲探源破的之論。

　　子玉使宛春告于晉師曰："請復衛侯而封曹，臣亦釋宋之圍。"（《便覽》眉）此一使又出不意，蓋子玉性剛，不耐蒍賈之激，敗後不死，必有可觀。（高嶱眉）第四段又敍晉之欲戰作主腦，"將何以戰"、"戰後圖之"，提醒本意。隱許曹、衛以間楚之交，明執宛春以激楚之怒，多少委曲，亦連環妙計。前是使齊、秦間楚，此更使曹、衛間楚。前是激齊、秦之怒，此更激楚之怒，策更奇。宛春告一開，子玉怒一合。子犯曰："子玉無禮哉！君取一，臣取二，不可失矣。"（《補義》眉）子犯急趣進師，其言甚頗，非觕力折之，利鈍正未卜也。先軫曰："子與之。定人之謂禮，楚一言而定三國，我一言而亡之。我則無禮，何以戰乎？（楊繩武眉）醒"禮"字。不許楚言，是棄宋也。救而棄之，謂諸侯何？楚有三施，我有三怨，怨讎已多，將何以戰？（孫鑛眉）論得盡，最痛快，又最鍊勁。不如私許復曹、衛以攜之，執宛春以怒楚，既戰而後圖之。"（《測義》夾）陸粲氏曰："原軫言定人之謂禮，似也。則未知私許復曹、衛與執宛春也者，禮歟？能爲善言而以詐詭終之，曾不如子犯之語之猶近實也。"〖編者按：奧田元繼作張半菴語。〗（鍾惺眉）城濮之謀，狐偃始之，先軫中之，又終之，皆是以我用人，使與國、敵國皆爲我用。（楊繩武眉）總是報施、救患。公說，乃拘宛春于衛，且私許復曹、衛。曹、衛告絶于楚。（《左傳雋》眉）李九我曰："規畫周詳，文有步驟。前致楚以救曹、衛，此私許復曹、衛以攜楚，乃譎而不正處。"（《補義》眉）此篇節節逼出經一"戰"字，自圍曹至分曹田，寫得盡情，勢在必戰，忽楚子命去宋，則不戰。於事爲變更不測，於文爲急來緩受。忽接子玉請戰，楚子與之師，是又必戰矣，而晉師忽退，則又不戰。至子玉不可，四國會師，又必戰無疑也，而晉侯膽怯，又生如許遲疑，然後以詰朝相見決戰，千山万壑，忽斷忽續，真奇觀也。（《評林》眉）朱熹：「文公伐衛以致楚，而陰謀以取勝，故夫子稱譎而不正。」《經世鈔》：「假道於衛以伐曹，弗許而伐衛，因借伐曹、衛以挑楚，分曹、衛以怨楚，許復曹、衛以攜楚，只將一曹、衛操縱楚人如弄丸，但以伐曹、衛爲報怨，淺矣。」汪道昆：「反間甚妙。」《經世鈔》：「圖者，圖謂復曹衛也。先軫大是狠手，觀後敗殽死狄益見。此'公說'、'子玉怒'，與上'說'字、'怒'字，又一關照。」黃建：「'拘於衛'，以信衛之叛楚。」（方宗誠眉）文字貴有開合曲折，楚子不欲戰是開筆、折筆，子玉請戰是轉筆、正筆。子玉請戰之言與前篇剛而無禮相應。前敘晉君臣之兵謀，此敘楚子玉之無謀，兩兩相形。此敘子玉之無禮，後敘晉君臣之有禮，亦兩兩相形。文字每段之中，皆必有開合，有曲折。如子犯之言是開筆、折筆，原軫之言是正筆。

子玉怒，從晉師。晉師退。（《便覽》眉）晉師退，接得妙，轉得捷，是文家屈伸法。（高嵣眉）第五段突敘晉之不欲戰作波折，念舊惠，審曲直，步步頓跌。晉師退一開，子玉不可一合。此以上皆在未戰前。（《評林》眉）王荊石：「前子玉曰'願以間執讒慝之口'，至是而怒，則其戰決矣。蓋剛而無禮之人不能詳審如此。」《經世鈔》：「楚子之去，晉師之退，有王伯之分矣。」**軍吏曰：「以君辟臣，辱也。且楚師老矣，何故退？」子犯曰：「師直爲壯，曲爲老。豈在久乎？微楚之惠不及此，退三舍辟之，所以報也。**（韓范夾）速杞之戰，季梁請下之以怒我而怠寇，文公避楚，正此謀也，豈欲實前言哉？曲直之說，蓋明指兵情矣。（方宗誠眉）軍吏之言是文中折筆，子犯之言是正筆。**背惠食言，以亢其讎，我曲楚直。其衆素飽，不可謂老。我退而楚還，我將何求？若其不還，君退、臣犯，曲在彼矣。」退三舍。楚衆欲止，子玉不可。**（《測義》夾）呂祖謙氏曰：「晉文加兵曹、衛以欺楚，許復二國以攜楚，又拘子玉之使以怒楚，三舍辟之，示怯以誘楚，其詭計如此，孔子斷之曰譎，豈不信哉！」（韓范夾）此時子玉借晉兵之退，旋師而返，則其能事大不可量。晉國之憂未有窮也。（《彙鈔》眉）直、壯、曲、老，《兵志》中□論，子犯論理度事，無不切中，非深於兵機，何以能此？(《評林》眉)汪道昆：" '以亢其讎'，貫玉注：'亢，蔽也。讎，宋也。楚之讎也，而晉蔽之，則曲矣。'"《經世鈔》："此語似平，然非本心之談，以其謀在必戰也。"彭士望："善戰者能移曲於敵。"張天如："是時即子玉從衆而止，晉必又以計致之與戰。"

夏四月戊辰，晉侯、宋公、齊國歸父、崔夭、秦小子憖次於城濮。(《便覽》眉)已次戰地，又背鄀一折、夢搏一折，文情甚暇，筆陣甚奇。又通首用間敘法，一面敘晉，一面敘楚。至此用夾敘法爲關紐。(高塘眉)第六段，衆師已次城濮，乃近將戰之時，晉侯忽又欲戰不戰，生出無數波瀾。將下不下，是文家聚勢法。輿頌、楚惠、夢搏三層作波，"患"字、"疑"字、"懼"字，亦三層作跌，疊用開合，文勢盡變。亦見晉文臨事而懼，與子玉剛而無禮反照。楚師背鄀而舍，晉侯患之，聽輿人之誦，曰："原田每每，舍其舊而新是謀。"(方苞夾)晉侯有德而能勤民，具見於此。(楊繩武眉)與前稱舍於墓、輿人之謀相應。(《評林》眉)《經世鈔》："前曰'聽輿人之謀'，此曰'聽輿人之誦'，成大事未有不用衆者。"公疑焉。子犯曰："戰也。戰而捷，必得諸侯。若其不捷，表裏山河，必無害也。"公曰："若楚惠何？"(《左傳雋》眉)朱魯齋曰："至此還不忘報楚惠，文公畢竟爲報施所狙。"欒貞子曰："漢陽諸姬，楚實盡之，思小惠而忘大恥，不如戰也。"晉侯夢與楚子搏，楚子伏己而盬其腦，是以懼。子犯曰："吉。我得天，楚伏其罪，吾且柔之矣。"(文熙眉)穆文熙曰："子犯解夢，亦甚牽合，無非作其猛氣，使之一戰而已。凡夢但如此解，自無不吉，迷人不至喪氣矣。"(《左繡》眉)此文跟上"一戰而霸"來，決意戰楚，但可恨楚惠礙手耳。前半以"我欲戰矣"句爲眼目，而下文"能無戰乎"、"既戰圖之"，反覆推敲，必算得于戰一毫無失而後快。後半以"若楚惠何"句爲眼目，而下文小惠大恥、君惠敢忘，又反復推敲，必洗得于惠一毫無妨而後快。而"微楚之惠，不及此"，則上半於子犯口中先透一筆。"戰而捷"、"不如戰也"，則下半于欒、犯口中復帶一筆，將戰與惠兩項合來並行不背，方得放心說個"其可用也"，真和盤托出矣。退舍報楚，雖是踐言，究竟是一件過意不去的事。篇中處處作綿針泥刺之筆，如首尾兩"德"字，何等冠冕？中間楚子亦許之爲有德，究竟其所謂德者，不過情僞盡知而已，明明背惠亢讎，卻托之于漢陽諸姬。若説皆獎王室，則又明明供稱必得諸侯。細玩子玉兩番請戰，句句有意思，有辭令。試將子犯、欒枝兩"惠"字移在子玉口中，而益以韓原公孫之對，不知面赤多少。作者特爲藏拙，但微露圭角，使人得之意象之表。至於舍舊謀新，分明冷諷。伏己鹽腦，分明心虛。子犯雖復替他解釋，按之都係勉強支吾。尤妙在起手從魏、顛兩人一口揭破，便是借他人之酒杯，澆自己之塊壘。而首尾偏以"上德"、"德攻"，極口稱讚。把無數詭計負心，一齊瞞過。晉文則腹中鱗甲，左氏亦皮裏陽秋。極變詐之事，故須得此極巧妙之文也。此之謂化工肖物而已矣。（《約編》眉）聽輿人之誦一波，解夢又一波，皆見晉侯臨事而懼，與子玉剛而無禮相反照。（《評林》眉）《經世鈔》："借夢以堅其志，如杯酒化血，梟鳴牙旗，古人解禍爲福者，皆志定於内也。"張半菴："晉侯疑輿人之誦，懼伏己之夢，其戰志尚在猶豫，決之者子犯與貞子也。"《增補合注》："據《考工記》注云：'腦得和煦之氣，故柔。'"（方宗誠眉）此段文字曲折更多，關合更多，筆極雄肆。（閭生夾）此使筆狡獪爲戲耳。宗堯案："此與答野人與塊之技同，左氏含輕晉君之意。"

　　子玉使鬬勃請戰，曰："請與君之士戲，君馮軾而觀之，得臣與寓目焉。"（《左傳雋》眉）李九我曰："以戰爲戲，見子玉輕敵之甚。"（孫鑛眉）工絕，此方是神品。（方苞夾）子玉無德無禮，不能勤民，具見於此。（《約編》眉）子玉請戰之詞，無禮之至，對辭莊嚴肅穆，彼此參觀，勝負之形已判，與晉侯之疑懼戒敬相映。（楊繩武眉）子玉驕而輕，所謂"剛而無禮"也。（高嶱眉）第七段是約戰之文。子玉之詞，輕漫無禮。欒枝之對，恭謹得體，勝負攸分。"少長有禮"一句，應前篇"禮"字，照本篇"德"字。晉侯使欒枝對曰："寡君聞命矣。楚君之惠，未之敢忘，是以在此。爲大夫退，其敢當君乎？（方苞夾）有德有禮之言。既不獲命矣，敢煩大夫謂二三子，戒爾車乘，敬爾君事，詰朝將見。"（文熙眉）汪道昆曰："詞令妙品。'請與之戲'以下，章法句法，'寓目'句法。"又云："子玉驕氣大甚，蔑凌大國之君，戰曷容已？晉不爲負恩矣。"孫應鰲曰："觀子玉之辭驕甚，安得不敗？但楚子既命無從晉師，而子玉不忍私憤，故欲與戰。以強君而不能制一強臣，此固狐偃、先軫之所以知其必勝也。"穆文熙曰："退與偽遁，所以誘之。橫擊夾攻，所謂出奇。晉師深于兵法，安得不勝楚乎？"（《彙鈔》眉）子玉請戰語，何其無禮！欒枝對子玉，何其有禮！（楊繩武眉）晉人語從容有禮。（《評林》眉）彭士望：「'敬爾君事'，'敬'字正對'戲'字。」按：「詰朝」二字見此章及襄十四年，高士奇《天祿識餘》曰：「詰朝相見，謂明早也。」《說文長箋》：「詰朝，本作喆朝，古哲字。哲，明也，借義也。後因喆、詰形相同，故誤為詰也。」《經世鈔》：「晉之謀楚，如設阱置餌以誘猛虎，虎死在須臾，而竪尾大吼，張威以懾獸，悍然自入死所而不知也。」（方宗誠眉）敘子玉辭命之無禮，晉侯辭命之有禮，兩兩相形，而一勝一敗之神情已動。

晉車七百乘，韅、靷、鞅、靽。（孫鑛眉）但極填四字，更無餘語，是禿句法。**晉侯登有莘之虛以觀師，曰：「少長有禮，其可用也。」**（《左傳雋》眉）按：前云「民未知禮，未生其共」，此言「有禮，其可用也」，亦自照應。（楊繩武眉）醒「禮」字。以下實敘戰事，皆取威定伯之事也。（《便覽》眉）已敘過請戰詞令，卻又從晉文目中、口中添注出欲戰心事、得意情形。**遂伐其木，以益其兵。**

己巳，晉師陳於莘北，胥臣以下軍之佐當陳、蔡。（《測義》夾）傅遜氏曰：「觀子玉請戰之詞與欒枝之對、晉侯之觀兵，勝負已別。」（高塘眉）第八段是敘戰正文，先以虎皮蒙馬，偏師直犯；次以設斾詐退，曳柴偽遁；後以中、上二軍，橫擊夾攻。看來不獨文德之教，亦且兵法之精。俞云：「春秋數大戰，惟城濮乃是真戰。史公敘垓下本此。」此段句句是兵機。**子玉以若敖之六卒將中軍，曰：「今日必無晉矣。」子西將左，子上將右。**（韓范夾）「滅此而朝食」，齊所以敗也。「今日必無晉」，楚所以敗也。戰，危事也，其可以恣睢佻躁乎？**胥臣蒙馬以虎皮，先犯陳、蔡。陳、蔡奔，楚右師潰。狐毛設二斾而退之。欒枝使輿曳柴而偽遁，楚師馳之。**（孫鑛眉）欒、胥同在下軍，楚右既潰，復何為偽遁？**原軫、郤溱以中軍公族橫擊之。狐毛、狐偃以上軍夾攻子西，楚左師潰。楚師敗績。子玉收其卒而止，故不敗。**（《左傳雋》眉）李九我曰：「畫盡戰時事，殆若目前。」（《左繡》眉）晉軍作三遍寫，第一遍承蒐被廬，一陞一補，便見六卿無缺。第二遍敘次城濮，有主有客，全虧諸侯同仇。第三遍敘登有莘，伐木益兵，一似七百猶少。楚軍卻只寫得兩遍。前則曰西廣、東宮、若敖六卒，後亦曰中軍六卒，左右陳蔡而已。末獨找一筆曰「收其卒而止，故不敗"，隱隱見子玉之能。晉徒以多勝少，而非真能以德攻也。激射之妙，都在無字句處耳。文章妙用，全在多作開合。此篇則開合之至奇至變者。如齊秦未可則一開，宋人之畀則一合。楚子入申則一開，伯棼請戰則一合。宛春告釋又一開，曹衛告絕又一合。至於子玉怒從晉師，竟可合矣，又退三舍，著實一開。使讀者一閃一閃，急不得就，方才落到"次於城濮"。以爲今而後可以徑寫戰事矣，忽然接寫晉侯聽誦而疑，則又開。再寫夢搏而懼，則又開。然後跌落鬭勃請戰、晉侯觀師，著實一合，而以敘戰終焉。一路無數峰巒，層層起伏，文章鉅觀，其是之謂乎！此段正敘戰事，蒙虎、設斾、曳柴是一類，橫擊、夾攻是一類。前奇後偶，用三層寫出。卻亦三點楚師，夾敘其中。事則震耳駭目，文則錦簇花團。左氏敘戰，已得數篇，至此大展才情，縱橫獨出矣。前子玉云"與君之士戲"，此則竟是戲戰矣，奇妙至此。晉師不敘齊、秦，楚師不敘東西，皆作者故爲此詳略隱見之筆，以娛我後人，使得之筆墨之外也。陳家珍曰："太史公寫楚漢相持處，即如身親戰地，對此筆筆寫生，則又瞠乎後矣。召陵、城濮，服楚等耳，而聲勢赫奕，鋪排絢爛，比小白冠冕十分。所謂踵事增華，讀者亦可以觀世變也。城濮之戰，寫得極其奇妙，然不過數行而止。文卻于未戰之前，作無數翻騰。于既戰之後，作無數鋪襯。節節誇張，遙遙與出亡本末一篇照耀生色，大爲十九年艱苦備嘗人吐氣。昔人云《左傳》出自晉人手筆，故寫晉事特詳，理或然耳。一路散散敘來，卻用閒筆兩兩照應聯絡。如前寫分曹之謀，而曰'公說'云云；後寫私復之謀，而曰'公說'云云。前寫使伯棼請戰于楚，後寫使鬭勃請戰于晉。前寫輿人之謀，後寫輿人之誦。前寫曹衛之師而夾寫子叢戍衛，後寫城濮之戰而夾寫鄭伯致師。皆映帶成趣，無此即枯直無致矣。"（《約編》眉）敘戰事極清晰，亦極有精神。（楊繩武眉）先敘右師之敗，次敘左師之敗，然後敘子玉。子玉雖云不敗，而左右師之敗，皆子玉之敗也。此段正面實敘戰事，曲折詳盡。（《便覽》眉）細敘戰法，亦細敘敗法，又以敗績總之，又以不敗圓之。（《評林》眉）聞子將："退與僞遁，所以誘之。橫擊夾攻，所謂出奇。晉將之深於兵如此，安不勝楚乎！"《經世鈔》："此子玉不殺，文公所以憂也。"

晉師三日館、穀，及癸酉而還。（《測義》夾）孫明復曰："昔者齊威既沒，楚人復張，猖狂不道，欲宗諸矦，與宋並爭。會盂戰泓，以窘宋者數矣，今又圍之踰年，天下諸矦莫有能與抗者。晉文奮起，春征曹、衛，夏服強楚，討逆誅亂，以紹威烈，自是楚人屛迹，不犯中國者十五年，此攘夷狄救中國之功，可謂不旋踵而建矣。"（《彙鈔》眉）二狐將上軍，原、郤將中軍，胥臣將下軍，偏用夾敘、倒敘法，逐一清出。晉之兵法甚變，左氏文法亦甚變。（《晨書》總評）徐袞侯曰："楚自齊桓歿，納頓子而陳圍，戰泓水而宋敗，伐齊滅夔，其意氣之盛，可謂壯哉！世無盟主，故得饕食上國，號召中夏。孔子作《春秋》，誠惡之也。文公不欲使天下之勢歸於楚，君臣協謀，定奇計於帷幄，出奇兵于戰場，諸侯聽命，楚師敗衂，有功於召陵多矣。蓋楚以進而退，晉以退爲進，三舍之避，雖云報德，實以驕之。設旆曳柴，其又精於退乎！而君臣定計，全在激楚之怒。齊、秦助晉，一怒也；曹、衛分田，二怒也；執宛春，三怒也；曹、衛告絶，四怒也；楚衆欲止，五怒也。子玉無刻不怒，則晉文無日不說，及其死而公益喜矣，而霸業成矣。"（《便覽》眉）寫勝兵得意，只一筆而神氣如生。（《便覽》尾）此《左傳》六大戰之一，戰是通篇眼目，故晉文決于戰，子犯、先軫亦決于戰，且看定子玉必出於戰。只爲齊、秦未肯戰，上篇乃設略齊、秦，分曹、衛之策，詎料楚王定于不戰。子玉要戰，又有使宛春一說，子犯之技已窮，遂覺情迫語急。妙在先軫明執、私許之謀，仍算定子玉必戰。然後逐層頓跌，逐層描寫，遂令兵法、霸業，了了行間。芳輯評。

甲午，至於衡雍，作王宮於踐土。（文熙眉）穆文熙曰："楚子昔厚遇文公，今復有此語，則晉楚可謂有恩，乃城濮之戰，竟因數語激成之，德不償怨，惜哉！"（方苞夾）左氏敍事之法在古無兩，宜其於此等求之。蓋晉之告勝，王之謀勞晉侯，及晉聞王之出而留諸侯以爲會盟，就中情事若一一序入，則不勝其繁，而篇法懈散。惟於還至衡雍，先序王宮之作，則王至踐土，晉獻楚俘，可以順承直下，斬去一切枝蔓，而情事顯然，所謂神施而鬼設也。（《啃鳳》尾）按：錢塘馮氏云："夫子以謫目重耳，……須描摹不出。"信然，若其中之關合變化，曲折匠心，則又非此之細心明眼，亦鉤取不出也。晉文繼齊桓而霸，功在穆、襄、莊三伯之上。余欲衷其事爲一篇，題以《文公定霸始末》入集。緣坊友以篇長，恐學者倦于卒讀而止。但城濮之師，比之召陵。且齊桓歿而楚益橫，非此一戰，周且將爲楚矣。所關甚鉅，不獲已，照林氏本節鈔，以存其概。若前此韓原之戰，與後邲、鞌、鄢陵諸戰，皆絶世之文，固不得不以集隘而姑已矣。（高嵣眉）第九段敍晉勝後事，賜享覲、錫崇命、尊王室、盟諸侯、張武功、昭文德，爲全篇正結。詳寫盛典，霸業成矣。可爭齊桓之烈，堪追文侯之命。"能以德攻"一句，結束本篇，並收足前篇"文之教也"句，真大手筆。（《自怡軒》尾）敘晉侯愈收愈有精神，敘子玉極驕橫，極無經濟，對看去，毛骨爲聳。謝立夫。

　　鄉役之三月，鄭伯如楚致其師，爲楚師既敗而懼，使子人九行成于晉。晉欒枝入盟鄭伯。（方苞夾）正敘晉之得鄭，因追敘鄭之從楚，與魯、衛、曹之從楚相映，且爲鄭伯傅王張本，而鄭致楚師，又城濮之師所以合也。（《便覽》眉）跟上首順敘，妙在隨手插入鄭伯，了楚子及諸侯圍宋案。（《評林》眉）《經世鈔》："鄉役之三月，追敘法。"《補注》："子人九必是鄭伯弟語之後，杜《譜》以九爲雜人，誤矣。"五月丙午，晉侯及鄭伯盟于衡雍。

　　丁未，獻楚俘于王，（方苞夾）試思若前無"作王宮"一語，此處如何入王之下勞、晉之獻俘？突起闌入，氣脈必爲橫割矣。駟介百乘，徒兵千。鄭伯傅王，用平禮也。己酉，王享醴，命晉侯宥。（《便覽》眉）細細敘述，雖有氣焰，已低於齊桓一格。（《評林》眉）《經世鈔》："鄭懼服而盟，故其傅王所以禮晉最重。"王命尹氏及王子虎、內史叔興父策命晉侯爲侯伯，賜之大輅之服，戎輅之服，彤弓一，彤矢百，玈弓矢千，秬鬯一卣，虎賁三百人，曰："王謂叔父，敬服王命，以綏四國，糾逖王慝。"（《測義》夾）孫應鰲氏曰："晉文攘楚，不朝于京師，獻楚俘以警衆，乃坐使天子下臨主盟，進位侯伯，後世脅天子以取九錫者，將籍口於是。"〖編者按：奧田元繼作王元美語。〗（韓范夾）詞旨茂烈，同于文侯《羲和之命》，子長爲《尚書》文，終涉《國策》，不若盲公之醇也。晉侯三辭，從命，曰："重耳敢再拜稽首，奉揚天子之丕顯休命。"受策以出，出入三覲。（《快評》尾）寫得精神之至，此《左傳》五大戰之一，譬猶東岱、西華，乃造化全副力量之所結構，非尋常一丘一壑可比。余常言學者當取此等大文，別錄一册，誦之萬遍，與心口合一，然後細講其經營位置、開闔變化、起伏頓挫之妙，心胸於此而開，眼界於此而豁，將見古今無不可讀之書，天下有不足寫之事矣。文公霸業在此一戰，數十年之所經營，千頭萬緒至此結穴，而晉數世之霸，由此開基。故左氏全副精神注射此篇，學者亦以全副精神力量對之，始見古人面目。楚以陳、蔡、許、鄭之師圍宋、戍齊，衛則其姻，而曹則其好也。楚圍宋急，晉越千里而往救之，則楚爲主而晉爲客。子犯之謀伐曹、衛以解宋圍，則我爲主，而楚爲客，攻其所必救也。然晉自攻曹、衛，楚自圍宋，不以曹、衛之故而釋宋圍，子玉于此亦大有定力。迨乎曹、衛既拔，而門尹般之告急者復至，晉於是窮矣。戰，則齊、秦猶未可也，先軫之謀，借曹、衛之田，以致楚之必戰。借宋之賂，以來齊、秦之助，而城濮之局定。宋人使門尹般如晉師告急，是第一番波瀾。楚子能識文公於流離顛沛之際，知人之哲，方且沾沾自喜，解宋之圍，而去齊之戍，讓其飛揚跋扈于中原，自是最高一着。惜乎，子玉以剛愎敗乃公事，覆軍殺將，何足多歎？楚子"入居於申"是第二番波瀾。子玉雖以剛愎致敗，然其人自是豪傑，如不因曹、衛而解宋圍，是何等定力？宛春使晉，能令晉之譎詐着着皆失，不惟能定曹、衛，而宋亦爲我德。當晉人鬼怪百出之際，乃能有此全勝之着，亦異矣。文公既敗之而猶懼，楚殺之而後喜也。子犯聞之，不得不怒。先軫之謀，亦是怒極而有此反言也。"子與之"是一時計無從出之辭，曹、衛爲楚之與國，齊、宋爲晉之與國，私許復曹、衛而令之絕楚，則並化曹、衛皆爲晉矣。執宛春于衛，而不遣歸，以圖亟戰，其餘皆且後圖，可謂鬼沒神出矣。子玉使宛春告晉，是第三番波瀾。晉人千方百計只圖一戰，迨乎子玉怒而從晉師，孰不拭目以俟諸壁上？乃晉師忽然一退，真是出人意表，譬如江雲飄練，壁斷空青。又如舟近神山，海風忽起。天下之偉觀，無過此矣。晉師退是第四番波瀾。四番大波瀾之後，橫用如椽之筆，先將兩軍提出作一總束，令讀者至此，心眼之間先作六種震動。學者能得此一筆，即作數萬言長篇，皆不懈散。已入城濮之戰正文，看他更有力量勒定筆先寫三段：第一段，聽輿人之謀，文公至此尚作狐疑。第二段是鬬勃請戰，兩家辭命各極其妙。第三段是登有莘之虛。文章得此，精彩萬倍。"少長有禮"是映前大蒐示禮，伐木益兵，是更加一層聲勢也。後方正敘城濮之戰。左氏每一篇傳，必以一人爲主，一事爲經。若此篇，固以城濮之戰爲經，而晉文爲主矣。故詳于寫晉，而略于寫楚。"己巳，陳於莘北"，已用大筆一句提起，卻從下軍之佐敘起一陣，一奇也。"胥臣以下軍之佐當陳、蔡"，即當接下"蒙馬以虎皮，先犯陳、蔡"矣，乃因楚之右軍，不知爲誰所領，於百忙中，夾敘楚之三軍，二奇也。他人爲之，寧不預敘于楚師"背鄐而舍"之下乎？于晉師文中，夾敘楚之三軍，乃更於夾敘中，又夾敘子玉之驕悍，而文陣不懈不散，三奇也。昨讀《莊子・逍遙遊》，見其於譬喻中又作譬喻，歎其奇絕。此文於夾敍中更作夾敍，尤爲奇絕也。嗚呼！觀止矣！末以踐土之傳爲城濮之戰作結，非此一事，不足以結束此大篇。將敍踐土之命，而先敍晉、鄭之盟，爲鄭伯傅王、用平禮地也。慧心人當自知之。（楊繩武眉）此段模仿《尚書・文侯之命》，極其鋪張揚厲以振起全局。（《評林》眉）魏禧："按：河陽之狩，仲尼曰：'以臣召君，不可以訓。'故書曰'天王狩于河陽'，然則此舉在晉侯未爲大失，特不可爲訓耳。效尤者將有挾天子以令諸侯之事，故聖人隱之，所以全晉而存大義也。"（方宗誠眉）以上敍戰勝後受王之爵賞，"有禮"二字一篇之主。（林紓尾）紓按：是篇敍晉文以譎謀陷曹、衛，因之敗楚。文似《國策》，實非《國策》。《國策》造句甚吃力，轉折旋繞，必欲讀者知其設謀之深，敍事之曲。然往往爲不曲之曲，匪深之深。若一二語衍文，便百索不得其解矣。觀左氏之敍曹、衛事，簡易顯豁。明明是曲，讀之則直而易曉。明明是深，讀之似淺而無奇。凡文字頭緒繁多，事體轇轕，總在下字警醒，則一目了然，不至令人思索。此等文境，亦大不輕易走到。試觀先軫之謀曰："使宋舍我而賂齊、秦，藉之告楚。我執曹君，而分曹衛之田，以賜宋人。楚愛曹、衛，必不許也。喜賂怒頑，能無戰乎？"寥寥數行中，若入《國策》文字，必前盤百轉，幾令讀者身陷其中，無有出路，此亦關人之能用簡筆不能用簡筆也。此數行全著眼在"喜賂怒頑"四字，應上必使齊、秦之可。讀者當知左氏此時，用筆不注在楚，不注在曹、衛，注在齊、秦也。何以言之？文公之意，決戰無疑。齊、秦不助，亦不能戰。問先軫，是問齊、秦之可，不是問楚之能戰與否。執曹、分曹、衛以干楚怒，是饋送一頑字與楚子玉也。使宋舍我而賂齊、秦，又隱導齊、秦以貪。貪而不遂，則始喜而終怒，勢在必戰。以上所謀，是構三國以興訟。"喜賂怒頑"四字，是定三國之爰書，斬截碻當，歸結本謀。以下再敍戰事，至子玉請復衛侯而封曹，楚亦釋宋之圍，見得楚子玉千伶百俐，破此鬼蜮之機關。若入《國策》，便有曲折之議論。而左氏敍先軫之言，只用一"攜"字，一"怒"字。曹、衛見晉之許復，安得不攜？楚子玉見晉之拘使，安得不怒？晉又是激他必戰之策。綜言之，定策雖佳，須在戰後分曉。捷則諸計全中，不捷則百事瓦解，此左氏敍城濮未戰之前計畫，勝負之定，實不在此。讀者不能謂此計一行，晉國便勝著也。文敍事至此，正在百忙之中，忽徐徐寫出楚子在申，下敎調去穀、宋二軍，且從容作閑語曰："晉侯在外，十九年矣，險阻艱難，備嘗之矣。民之情僞，盡知之矣。"三用"矣"字，有歎惋意，有逆料意，有畏懼意，不是寫楚子之度，是寫晉侯之能。觀其下欒枝之言，其度尤勝。唯左氏有兼人之神力，不肯盡逞才鋒，爲喧天之鐃吹。在兵事吃緊時，仍能爲此整暇之筆，太史公有時能之，然語多矜莊，不如左氏之舒泰。昌黎則筋骨呈露，亦不能有此整暇之筆。不特此也，《左傳》敘數大戰，如鞌也、邲也、鄢陵也，車馳卒奔，頗極喧鬧。而此篇敘計畫獨多，文字佳處，俱在戰事之前，千瀾萬波，全爲制勝張本。及歸到戰狀，寥寥不過數行而結。凡鉅篇文字，最忌相犯。城濮之戰，君臣輯睦，上下成謀，故勝。鞌之戰，極敘齊侯之驕，極寫郤克之憤，亦勝。邲之戰，則晉大夫咸有虞心，人多口雜，彘子亂之，故敗。鄢陵之戰，則晉大夫咸不欲戰，而倖勝由子反醉而共王傷也。鄢陵之戰，用虛寫之筆尤佳。故作文必先自定其局，不自相襲，則每篇始各具精神，然亦關才學與識耳。（闈生夾）鋪張王命，文中應有之義，猶齊桓事中宰孔賜齊侯一段也。

衛侯聞楚師敗，懼，（方苞夾）與鄭伯、魯侯之懼遙應。**出奔楚，遂適陳，使元咺奉叔武以受盟。**（《正論》眉）潘可大曰："元咺亦欲爲忠矣，特以叔武之殺激之，頓失初心，遂與君構訟。忠不終而怨售，敢望甯俞哉？"魏了翁曰："天下無不是底父母，咺之心，亦見君有不是處耳。"（《才子》夾）讀起嫋嫋二句，真欲淚落。讀後斬斬數語，直欲血迸。晉文公伐衛，衛侯請盟，晉弗許。衛人出其君以說，遂奔。攝君事以受盟於踐土。（楊繩武眉）結伐衛案，與上文"鄭伯爲楚師既敗，而懼"相應。

癸亥，王子虎盟諸侯于王庭，要言曰："皆獎王室，無相害也。有渝此盟，明神殛之，俾隊其師，無克祚國，及而玄孫，無有老幼。"（孫鑛眉）誓篇名見《尚書》，盟在《春秋》最多，亦可各錄爲篇。（《評林》眉）彭士望："按：陳侯亦如會，是時附楚者盡如晉，一戰之威，風聲如此。光武昆陽，有此氣勢。"**君子謂是盟也信，謂晉於是役也，能以德攻。**（王源尾）齊桓既歿，楚勢益橫。若無晉文，天下皆爲楚矣。而晉文所以取威定伯者，全在城濮一戰。有此一戰，而後中夏之勢稍振，而後荊蠻之勢稍衰。自此晉爲諸侯盟主者百有餘年，雖南北相持，而楚終不能得志。及晉之衰，而楚亦弱。則此一戰之功，所關豈小哉？故作者以全力寫之，序得聲滿天地，氣憾山河，萬丈光芒，貫徹今古。真足雄視百代，使晉文生氣凜凜猶存，是何等筆力？文之妙，妙在離，離未有不合者也。顧一離便合，死規耳，曷貴乎？唯其將合復離，又將合，又復離。幾合矣，終復離。而後蹊徑絕焉，局陣奇焉，變化生焉，光怪出焉，恍焉惚焉，無定形焉，杳焉冥焉，不知其所之焉，此則離之妙境也。此文敘晉文取威定伯，既在一戰。則文之精神眼目，亦在一戰。使入手數行，便敘一戰，妙境何從生乎？唯于未戰之前，敘晉欲戰，楚卻不戰。楚欲戰，晉又不戰。晉用多少陰謀譎計，以圖一戰。及至將戰，卻又不戰。楚負多少雄心橫氣，以邀一戰。及至將戰，卻又不戰。盤旋跳蕩，如此數四，方入城濮。及入城濮，又生出無限煙波，只是盤旋，只是跳蕩，只是欲戰，只是不戰。千回萬轉，方將一戰敘出。使讀者神蕩目搖，氣盈魄動。不知手之舞之，足之蹈之，而其實不過離中之妙境而已。然則知合不知離，知離之死規，而不知離之活法，曷足語於此道乎？開手敘伐衛、圍曹，詳已，平平爾。作者乃于平中造奇，特地生出魏犨、顛頡一段文字，以取生動之致。總之，古人文字，絕不肯使一段不生動也。從來敘戰功有三：一曰載其謀；二曰詳其事；三曰狀其勢。至於兩陣相當，自垓下而來，從未有敘其如何戰如何戰者。蓋奇正變化，多不言之秘。而文人漫不知兵，以為此不必詳處，一加詳便繁累，且近稗官。故非第舉大要，則唯寫其聲勢而已。嗚呼！一部十七史，將名將神機妙用埋沒無傳者，不知其幾也。即如孔明八陣，乃太公、孫武嫡傳，其戰法之妙，陳壽未嘗一字寫出。顧謂將略非其所長，是何異瞽者之論妍媸，而癡人喃喃夢囈邪？讀左氏之文，亦可汗顏俯首也已。文欲相稱，此傳敘城濮之戰，何等聲光？未戰以前，何等精彩？使其後散散淡淡作結，何能稱邪？於是將朝王、獻俘、享醴、賜命，盡力鋪張，以至大輅、戎輅、彤弓彤矢、秬鬯、虎賁，纖細不遺，而策命之詞，詛盟之言，繁稱不厭。寫得赫赫奕奕，煌煌炳炳，如大廈高堂，繼以龍樓鳳闕，聲光較前倍著，精彩較前倍加。嗚呼！斯不亦大稱矣乎？敘曹、衛、宋、鄭、齊、秦、陳、蔡諸國，或分或合，錯落盡致。（孫琮總評）

城濮之戰，左氏敘晉處，何等曲折，何等細密，何等謙退，君臣上下之間，同心協謀，而又用"少長有禮，其可用也"與前大蒐示禮相應，那得不一戰而伯？其敘楚處，君臣之間先已牴牾不合，絕不聞子玉向人采一言，絕不聞人向子玉獻一計，惟寫其一路壯往用罔之氣，那得不喪師辱國？晉楚兩君，其意似皆不欲戰。先軫則以術致楚之戰，子犯決計于戰，而先示以如不欲戰，若子玉則直悻悻于一戰爾。晉臣深謀，子玉輕躁，筆筆欲生。（《左繡》眉）此篇以衛始，以衛終。以斂盂之盟始，以踐土之盟終，亦首尾相顧處。末二句一句結盟語，一句結通篇，卻用牽上搭下之筆，借作雙收。與起處侵曹、伐衛，中間胥臣當陳蔡、子玉將中軍，同一筆意，蓋又一章法。細思此篇，必得此雙調方收得住，看他萬頃煙波，至此泄然而止，筆力千鈞。（美中尾）趙木訥曰："晉文功與齊桓同，而勢則異。桓難於合諸侯，文難於制楚。桓之興，諸侯未識所謂霸，必屢會屢盟而後服。文之興，諸侯習於從霸，一揮而至矣。然楚之強，非曩時比。師臨齊、宋之郊，自東以南皆楚，非大勝之無以奪其氣而定諸侯之心。文一戰而霸，可謂一時之偉績矣。"（《約編》眉）一句結盟，一句通結全篇，並收足前"一戰而霸"，真大手筆。（《約編》尾）敘兩邊情事，總加一倍形容。波瀾頓宕，曲折淋漓，令人目不給賞。（《左傳翼》尾）齊桓服楚在不戰，晉文服楚在戰，本領不同，時勢亦異。然晉文君臣志在一戰，又怕此一戰，蓋不戰則楚雖釋宋而去，未經懲創，將來掃地興師，勢必再來，我數年經營締造之功，無所發洩，即能報施救患，豈能取威定伯？但楚於我有舊恩，彼來伐宋，而我出師以救之，則兵端在我不在彼。退舍之言謂何而忘諸乎？故宋來告急，不即救宋而伐曹衛以致楚師之救，使一戰得以有辭，而無奈楚之不出此也。夫楚子豈不欲爭衡上國者，況曹衛皆其與國，何難出一旅以相救，特深知晉文之為人智深勇沉，諸臣謀略又非得臣比，彼既不來擾我，我又何故又去尋彼？故各做各事，彼伐曹衛，我自圍宋，絕不相擾，正所以避其鋒也。至於齊秦代請，執曹君而分曹衛之田，其勢漸逼，遂入申以避之，而命其臣去穀、去宋，不與爭衡。大丈夫光明磊落，見可而進，知難而退，何等爽快！若果如此，則晉文終不能一戰，而伯業難成矣。幸有子玉剛愎自用，不聽王命，恃復衛封曹之謀足以制晉君臣，使之不得不俯首從者，而先軫一策，奇幻更深，神機妙算，真弄子玉於股掌。楚雖欲不戰，豈可得哉？特是晉人雖能激齊、秦而使之助戰，又能激楚而使之必戰，而楚惠難忘，恐背惠食言，貽人口實，而兵兇戰危，子玉多才，恐不克勝以貽後羞，故退舍後尤且疑且懼，臨事而懼，好謀而成，晉文其兼之矣。故未戰之先，許多謀略。方戰之時，許多兵機。豈一剛而無禮者所能測識哉？篇中段段寫欲戰，卻段段寫不欲戰，非左氏故作閃爍此隱見出没之筆爲文章推波助瀾，乃其當日情事寔有如此透迤曲折者，據事直書，本末自見，而文章之妙因之，讀者所宜反覆致思也。侵曹伐衛，楚不之動，則執君分田以劫之。復衛封曹，楚來作難，則私許執使以怒之。隨機應變，鬭巧出奇，節節相生，如環無端，能令仇我者轉而親我，與彼者轉而絕彼，君且爲怒，衆皆欲止，雖諸臣能效其謀，而主張寔在晉文。篇中兩"晉侯患之"，兩"公說"，及"公疑"、"公懼"，與夫觀有莘之墟，皆大頭腦所在，不可不知。救齊宋，報施救患也。侵曹伐衛以勝楚，取威也。王親往勞，享禮命宥，策命爲侯伯，則定霸矣。齊桓一匡九合，天子僅于葵丘賜胙。晉文一戰城濮，而遽膺此殊榮異數，主盟中夏垂百餘年，齊秦帖服，荊楚不敢憑陵，基業寔始於此。結束揚厲鋪張，寫得如此炳炳麟麟，是春秋極大關要事，不得冷凍著筆，致全體不相稱也。晉文欲戰而以齊秦未可爲憂，至戰時楚斂陳蔡，晉獨不斂齊秦者，蓋晉于齊秦不過資其聲援，而至於運籌帷幄，決勝疆場，晉自有人，原不藉乎齊秦也。春秋數大戰，惟此敘得詳盡，以見勝楚之不易，而前此君臣許多謀略，至此方有歸著也。師克在和不在衆，晉車七百乘，較楚之西廣、東宮與若敖之六卒，多寡固有分矣。然晉文在軍聽輿人、聽先軫、聽子犯、聽欒枝，虛心採納，尚懷疑懼。而子玉直以一剛處之，不聽王命，不聽衆言，雖復衛封曹足以難晉人，收卒不敗，未嘗無元帥之略，而獨行獨斷，未有不喪師辱國者。至左氏敘致敗之故，往往相形比較，一一對看，得失瞭然矣。此文以戰城濮爲主，侵曹衛其始事也，盟踐土其結案也。經書錯出，傳聯爲一，來蹤去跡，歷歷分明。晉文勝楚全是狙詐，故夫子譏其譎而不正，左氏謂此役能以德攻者，蓋因示義示信示禮，與純用兵力者不同耳。左氏識見只到得這裏，故極口稱讚如此。春秋五大戰皆絕世奇文，韓原則以韓簡論筮作結，言孽由己作。鄢陵則以范文子論作結，見楚固大敗，晉亦倖勝。䉵之戰則結以賓媚人之言與魯衛之請，見爲憤兵。惟邲之戰，楚莊不築京觀，論似正大，而武有七德，我無一焉，視能以德攻者何如？潘尪甫盟，即聽石制而欲分鄭，信乎不信？戰楚之後，如楚者，鄭伯而外，僅一許男，視享禮賜輅秬鬯虎賁策命爲侯，四方諸侯莫不輸誠來盟者，何如也？城濮一戰，前紹召陵，後啓蕭魚，峻功偉烈，光昭宇宙，左氏極力鋪張，精彩百倍，比類以觀，知作者胸中自有涇渭，非無端強分軒輊也。（楊繩武眉）"信"字、"德"字即禮也，結晉案。（《補義》眉）以衛始，以衛終，以斂盂之盟始，以践土之盟终，首尾照应。结出"德"字，收拾全局。(《便览》尾)此细叙晋文得意事也，却妙在结尾二句，一则收束本文，一则呼应"一战而霸"，为前数篇结穴，真大手笔。芳辑评。(《日知》尾)晋文之功，君子嘉之。晋文之谲，君子疾之。然功成于战，战成于谲，褒则失理，贬又失事，一笔传出，两层骈具，张藻画松，未知若何？设如所传，应亦从此种笔法脱胎也。不特晋君臣口口道谊，心心功利，即局外点缀，皆具诡变之气，画美人则花草皆带韵，画虎豹则木石皆带劲，文家须识此佈景法。(方宗诚眉)"能以德攻"四字，一篇归宿，与前篇"上德也"三字相应，结晋文之所以胜。(《菁华》尾)明明是报盘飧置璧之惠，却以不用贤为名，伯者之假公济私，大都如是。言"师迁焉"者，是虚声夺人，非实事也。若遽掘曹人之墓，则反坚其死守之心，与田单之激怒其众相似，非计之得者也。魏犨才气，当在议能之列，不能与颠颉一例。僖负羁本一庸人，偶听其妻之言，而有惠于重耳，以其不用为曹人罪，恐不足以服曹人之心。魏犨、颠颉之怒，未必不由于此。晋文独力不能制楚，必得齐、秦之助，方能取胜。观先轸之谋，已开战国时捭阖之法。楚子之言，可谓知彼知此，何不严谕子玉使之退兵，而仅以少舆之师以洩其怒？岂子玉亦守将在外君命有所不受之言，楚子固无如之何也？激之使不能不战，然后以退三舍践其曩日之言，此时子玉之不可，亦逼于无可如何之势，兵法所谓欲纵先擒也。否则楚人知事势之难，正可藉此藏事，以为他日之图，晋之后忧方大，何暇图霸哉？楚之围宋，所以救曹、卫也，晋人以计间曹、卫于楚，是子玉此行，不能得宋，又失曹、卫，其何以归见国人？三舍虽避，其万不能退，决也。晋人此计，比前之执曹伯，分曹、卫之田，更狡、更毒。子玉刚愎自恃，喜作大言欺人，去圣人临事而惧之旨远矣。哀哉！兵在其颈而不自知也。城濮之战，楚中军存。邲之战，晋上军存。其败北情形，大略相似。左氏每叙战事，如五花八门，阵法不乱，此其最擅长处。"赐之"云云，后世九锡之物，略具于此。上篇言"文之教也"，此篇言"能以德攻"，两两相照，以示与穷兵黩武者有别。(闇生夹)宗尧云："眼光直射二百四十年之战、盟，此后，并此举皆无有也。"

初，楚子玉自为琼弁玉缨，未之服也。(《补义》眉)此叙杀得臣事。将待策勋后服之耶？与大辂之服、戎辂之服相映。(高嵣眉)第十段叙楚败后事，为本文余波。子玉之气足以败国，其才亦足以复耻。

前段極寫子玉敗形，及至連穀而死，接入晉侯"喜可知也"，卻是無限惋惜，抑揚有致。先戰，夢河神謂己曰："畀余，余賜女孟諸之麋。"弗致也。大心與子西使榮黃諫，弗聽。榮季曰："死而利國。猶或爲之，況瓊玉乎？是糞土也，而可以濟師，將何愛焉？"弗聽。出，告二子曰："非神敗令尹，令尹其不勤民，實自敗也。"（《測義》夾）陸粲氏曰："楚俗信鬼，故有是説。而左氏又特好怪，於是乎侈言之以神其事，亦不足辨也已。"〖編者按：奧田元繼作鍾伯敬語。〗（方苞夾）與晉之勤民反對。（闔生夾）先大夫評曰："文若抑子玉，實乃著其不惑神怪。"既敗，（方苞夾）子玉戰前之事與楚王戰後之命，風馬牛不相及，止用"既敗"二字，直接榮季"實自敗"語，渾然無跡，是謂神施鬼設。王使謂之曰："大夫若入，其若申、息之老何？"子西、孫伯曰："得臣將死，二臣止之曰：'君其將以爲戮。'"（楊繩武眉）補結子玉案。與起處蔿賈語相映。及連穀而死。（孫鑛眉）詰語緩而深，答語曲而核，至"及連穀而死"一語，含意無窮，與上相掩映，真妙絶。晉侯聞之，而後喜可知也，曰："莫余毒也已！蔿呂臣實爲令尹，奉己而已，不在民矣。"（文熙眉）汪道昆曰："敘事能品，'晉侯聞之'以下三句，句法。"穆文熙曰："以子玉而與文公爲城濮之戰，其不敵明矣。即使以冠弁畀之河神，能遂取勝乎？但其剛而無禮，此其所以敗乎！"（方苞夾）與子玉之不能勤民相映，又與晉之能勤民反對，故以結通篇。（方苞總評）唐宋諸家之文，終篇一義相貫，譬如萬脈同源、百枝共本，不如此則氣脈斷割而篇法爲之裂矣。太史公《禮書序》首尾以二義分承，篇法之奇，唐以後無之。此篇以德、禮、勤民三義相貫，間見層出，融洽無間，又漢以後所未有也。《易》於《坤》曰"爲文"，又曰"物相雜，故曰文"，蓋彼此交互，相爲經緯而文生焉。敘事之文，最苦散漫無檢局，惟左氏于通篇大義貫穿外，微事亦兩兩相對。此篇言晉侯有德有禮而能勤民，所以勝；子玉無德無禮不能勤民，所以敗。其大經也。中間晉侯能用人言，不獨博謀于卿大夫，且下及輿人；得臣剛愎自用，不獨榮黃之諫不聽，楚衆欲還不從，即楚子之命亦不受，又一反對也。楚子不欲戰而得臣强之，晉侯疑于戰而諸臣決之，又一反對也。晉侯之夢似兇而終吉，得臣之夢似吉而終兇，又一反對也。楚所愛者曹衛，晉所急者宋，魯則陽從晉而陰爲楚，鄭則始向楚而終從晉，皆兩兩相對，所以杼軸而成章也。（《古文斫》尾）城濮之戰，震耀一時，卻不知費多少心計，而子玉實墮其術中，聖人所謂譎而不正也。論者但見子玉無禮敗，晉以有禮勝，遂歎美子犯、先軫之功。不知有禮、無禮，誠當時勝敗之所以分，而所以使無禮在楚，有禮在晉者，節節皆是權謀，而子玉特受其愚也。全傳眼目在"戰"字，夫剛而無禮，誠不可以敵少長有禮之師。顧晉方欲一戰以逞其雄，而楚且欲斂軍而避其銳，於是乎晉人欲戰之計已窮。"喜賂"、"怒頑"，先軫之計巧矣。而楚子方使申叔去穀、子玉去宋，勢未可戰也。及伯棼請師，宛春來告，戰有機矣。乃楚一言而定三國，晉一言而亡之，彼有禮而我無禮，勢未可以戰也。至於私復曹、衛，明執宛春，計愈巧矣。子玉怒從晉師，已墮計中，而猶必欲退三舍以避之者，無非欲以禮自予，以無禮予彼，而後一戰可逞。於是乎晉謀愈精，而子玉不悟也。蓋晉人此時不難於戰，難於使我直彼曲而戰。迨至輿人之誦、鹽腦之夢，而晉侯猶以為疑。蓋深慮夫一發不中，前功盡棄。不知此時直已在我，曲已在彼，一戰而伯，此其時矣。子玉之愚，猶謂今日必無晉矣，不亦悖哉？左氏於此傳，極力張晉君臣之能成大功，仍逐步寫子玉之居然勍敵。一戰而伯，心力幾枯，譎而不正，微意俱在言外。豈真謂德禮之教，能以是始者，亦能以是終乎？（魏禧尾）魏禧曰："此一舉也，後人每以分田畀宋、許復曹衛、執行人、辟三舍等事，為晉文之譎。又言其欲速亟功，於此見者以為不及齊桓。不知齊桓之時，楚勢未大張，憑陵中國未甚。及執宋公之後，中國諸侯唯知有楚，楚偃然自大，目中無中國諸侯久矣。使非文公城濮一戰，幾何不胥中國而夷狄乎？其後數百年得與楚迭長夏盟，有以分楚之勢，而壯中夏之威者，皆文公子孫也。其譎與欲速也，安得有病？"彭士望曰："子玉不勤民，呂臣不在民，正對晉教民、用民。晉楚以民升降，民之重也如此，讀《左傳》須留心此等處。"又曰："子玉雖才，終難駕馭，若秦用孟明，得之矣。楚子宜一赦責其後效，不效即殺之。吾于此慨然于古今人才之難，國法之易，人主怒之不可犯如此，豈獨為子玉傷哉？"孔之遽曰："齊桓公伐楚，深入楚境，諸夏之勢已張，苟可以已，即不戰而盟可矣。至於楚人圍宋，深入諸夏，城濮之地，在今河北。晉不大挫其鋒，則不能以杜後患。故城濮之戰，正也。即用先軫之計，無害乎其為正也。"邱維屏曰："晉文城濮之戰，先儒多以譎言之。而所以指悉其譎者，未得透露使人見。晉文攘楚之功大矣，其譎正欲攘楚耳，何害？吾謂此竟看至晉人秦人圍鄭處止，則見晉文攘楚雖是攘夷，而實以報曹衛之怨者，着着皆譎，並攘楚、尊王之事，其中皆有威劫勢陵之隱。故《春秋》書法一一不輕放過。如侵曹、伐衛，再言晉侯。楚人于衛，得以救書。踐土與溫兩段没王，而河陽之召，但書王狩。執曹稱畀，報衛書歸之於元咺。自晉圍鄭稱人，若竟不知晉文有尊王攘夷之功者。孔子豈故抑之耶？大抵霸主之義，以尊天王、安中國爲要。晉文初爲襄王定子帶之難，是已。然始見秦河上之師，乃辭秦師而獨下，此忌遏秦師，欲專居納王之功，便是第一次譎處。及王入而朝，便以隧爲請。雖襄王能以大義折之，而必與以陽樊諸邑，其震主之威，豈但如芒刺在背而已哉？如齊桓公召陵伐楚，威聲久震。而襄王初賴齊定世子之位，繼告齊桓定初喪之位。葵邱之會，襄王未嘗自臨，但遣宰孔賜胙而已。今晉文一勝楚而襄王乃趨臨會之，惟恐略後。此固桓之尊主，終見於下拜；文之震主，驟敢於請隧致之也。《春秋》兩削王臨朝會，而兩以朝王所志其實。特踐土之王，無事可托之，而見河陽偶有狩事，則復托於狩，以見王固在此，而使溫會削王之書法益著耳。卒之翟泉之盟，且使狐偃得入王城之內而盟王子矣。宜胡氏以爲無君之心著也。至其攘楚，楚之所爲宜攘者，以無王也，陵諸夏猶次之，況於一己之恩怨乎？齊侯召陵之伐，特問王貢、王征之故，此爲《春秋》第一義，亦終《春秋》不載見之辭也。城濮則緣救宋，而晉于同楚圍宋之國，未嘗問焉，乃專事曹、衛。且晉救宋，救中國之一患。楚請釋曹、衛，不更救中國之二患乎？石祁子曰：'天下之惡一也。'吾亦曰：'天下之善一也。'吾救宋，一善也。楚救曹、衛，二善也。吾以吾之一善，聽楚之二善，則三善也。而必欲爲私復以譎曹、衛，何爲乎？身爲中國之霸，欲攘僭王猾夏之夷，而乃以過而見禮之故，遂爲退舍。假令楚以退舍之故，收卒而還，則僭王猾夏之奸，晉文固已久置之不問矣。故吾謂楚特自失計耳，使楚子當入申之後，晉人有退不敢當君之言，而應之曰：'寡君與君，各惟諸侯之不睦者是問，匪徒以威脅之，而務以德懷之。寡君是以願君爲寡君釋曹與衛，寡君固請爲君釋宋之圍。今曹、衛咸告我曰：吾寧絶君，晉君已因君之請而許復我矣。君惟是終德于曹、衛，寡君惟君之明德是承，其敢覊跡于宋之城下？顧一介行人不敢寧居，以來請於君。君既許其請矣，行人其何所獲罪，不虞君之執之也何故？無寧謂兹行人不當爲君之二怨請，則寡君與有罪矣。'吾不知子犯是時將謂誰曲而誰直，誰壯而誰老也？而況鄭、衛雖盟，仍見鳩見伐，終已不一釋其怨乎？觀《左傳》敘述此事，始終深得《春秋》書法之意，將晉君臣逞威無上、挾怨虐鄰之故，婉婉寫出。但其用意深婉，多以微詞見意，非深心於是者，不能驟見耳。此篇是《左傳》中第一大雅之文，其平平寫出他意思高深處、其隱見轉撥處皆如坤軸之陂陀，委卸如大海之縈瀾披廻，非深心遠見者，不能知也。自馬、班、韓、柳而下，如此篇者，其文不少概見。惟我朝經義中尚或見之。余嘗謂：'《左傳》文字最難及處，在將二百五十五年事，貫串作一篇文字，徑似蘇氏《璿璣圖》經緯勾曲，皆可成章也。緣作者將二百五十年人事物理，世運天道，首尾熟悉于中，從容就當日情事寫出，雖議論著理處，意見或有偏頗，而序事則各因其情景寫出，並不橫用己意，淩駕出之。故其首尾自各相呼應也。司馬子長便自有抵捂。蓋子長每借事道出自己情思，於前後抵捂不及顧耳。此是《左傳》作文字胸次高絕古今處。'偶因冰叔錄晉文公霸諸侯前後各段事爲一篇，遂識之。"（《分國》尾）河神瓊玉之請，楚人尚鬼，爲子玉解嘲耳。不然，似此子玉，縱如神請，未必倖勝也。（《賞音》尾）敘晉侯，愈收斂，愈有精神。敘子玉，極驕橫，極無經濟。對看去，毛骨爲聳。（《左繡》眉）此篇傳殺得臣事，作兩截讀。上半寫先戰拂神之祐，愛物而爲好我者所恨。下半寫既敗受君之責，自裁而爲仇我者所快。本各開說，而上下兩"已"字、兩"民"字，兩相映帶。三"敗"字又借作聯絡，蓋體截而意仍遞者。尤妙在上半"未之服也"、"弗致也"，與下半"而後喜可知也"，調法相應，都是以文貫事，章法乃一線也。正面罪子玉，作意却刺晉侯。蓋子玉固有可死之道，然以行詐負心之重耳死子玉，則子玉不受。起手"弗致也"，隱隱見他剛正。結語抑呂臣，所以揚子玉。而出子玉，乃所以入晉侯。"喜可知"、"莫余毒"兩句，倒映出前面許多臥不安席、自慚形穢意思來。作者極寫晉文之譎，至此猶作此筆，真言有盡而意無窮也已。徐揚貢曰："文貴察聲，喜怒皆肖其聲，此結有喜聲傳出。"（《左傳翼》尾）賞罰明而後可以立國，故喪師辱國之臣，法所不貸。城濮敗而誅子玉，泜水退而誅子上，鄢陵敗而誅子反，屬國叛而誅子辛，荊楚立法之嚴，異於他國，此其所以雄長南服，專橫諸夏也。然得臣雖剛愎自用，不因曹衛而解宋圍，而復曹封衛之謀，實能令晉人心驚膽怖。使其不死，其爲晉憂方大耳，豈止如秦孟明之取王官及郊已哉？左氏惓惓致惜，蓋亦有壞汝萬里長城之意。結末帶敘呂臣，見楚材實少，舍此更別無可用，子文正非浪舉也。楚殺子玉，先儒責楚成平日縱使求勝，一敗而殺之以快敵仇，故稱國以殺，而不去其官。楚成豁達大度，較勝莊王，能容晉文，豈不能赦子玉而責其後效？征伐，人君之大柄，威權不可下移，使之去宋而必欲與晉戰，專權自恣，與魯翬固請而行等，無君之心既萌，將來豈可復制？況有大功而無貴仕，早已憂其不靖，剛而無禮，豈但不可以治民哉？因其敗而殺之，以杜強臣之患，此或楚成之微意也夫！子產不用玉琸，不榮龍鬭，君子美之。得臣弗致瓊玉，不惑淫神，似亦循禮守正者，而榮季咨嗟歎息，以其無勤民之心也。既不勤民，又不可以治民，剛而無禮之害如此，傳記此事以寔蔿賈之言，見楚王不知其人而用之致敗，又殺之以快仇敵之心之爲失計也。大心、子西欲諫不敢，而使榮黃，榮黃一諫弗聽，申說又弗聽，舌敝唇焦，直是褎如充耳，出告三子，的真無計可施，又恐又惜，字裏行間有多少嗚咽神情在內！徐揚貢謂文貴察聲音，晉文語語有喜聲穿出。余謂榮季語亦有怨聲穿出也。（楊繩武眉）仍歸結到晉，所謂通篇以晉爲主也。（楊繩武總評）此篇是晉勝，以晉爲主。自河陽勤王以來，皆紀晉文創伯之事，至城濮之戰而伯功乃盛，此正紀晉伯之盛也。"報施救患、取威定伯"八字是一篇骨子，救患不過報施，取威即是定伯。侵曹，報曹共公之觀裸也；伐衛，報衛文公之不禮也；救宋，報宋襄公之以馬二十乘也；退三舍，報楚子反國之言也，不獨"無入僖負羈之宮"爲報施也。而獨於"無入僖負羈之宮"明點"報施"兩字，蓋盤飧置璧，施之小者也，盤飧之施尚不忘報，況曹、衛、楚、宋恩怨之大乎？勝楚得諸侯，而天王策爲侯伯，是取威定伯也。報施救患，取威定伯，其功又全在一戰，故曰"一戰而伯"，又是通篇線索。晉侯曰"我欲戰矣"、先軫曰"能無戰乎"，子犯曰"將何以戰"，又曰"戰也，戰而捷，必得諸侯"，欒貞子曰"不如戰也"，其君臣計畫皆急急於一戰，而唯恐楚人之不欲戰。子玉剛而無禮，適墮其術中。故蔿賈既決其敗于前，榮季復諫其敗於後，至軍敗身死而"晉侯喜可知"，起結完子玉案，而繳重在晉所以定晉伯也。"禮"字亦是一篇眼目。"剛而無禮"，子玉敗之根。"大蒐示禮"，晉文致勝之本。子犯曰"子玉無禮哉"，先軫曰"定人之謂禮"，又曰"我則無禮，何以戰乎"，晉侯登有莘之虛以觀師，曰"少長有禮，其可用也"，及後盟于王庭，君子謂"是盟也信"、"是役也能以德攻"，"德"字、"信"字，皆所謂禮也。楚人治兵，晉人大蒐，兩段遙對，皆是選擇將帥之事。楚之將帥"剛而無禮"，晉之將帥"説禮樂、敦《詩》《書》"，兩國將帥之優劣從此見，即兩國用兵之勝負從此分也。"示義"、"示信"、"示禮"不平，此段因上文蒐于被廬，故追敘伐原、定襄王兩段作襯，"示義"、"示信"是賓，"示禮"是主。"出穀戍"、"釋宋圍"不平。城濮之役，總爲宋起見，楚子圍宋，晉人救宋，侵曹、伐衛，皆爲宋設也。"出穀戍"是賓，"釋宋圍"是主。此篇以戰作主，而未戰之前，屢以不戰作勢，離合之妙也。文章之道，欲合必先離，能離然後能合。以不戰作勢，所謂離也，不戰而卒至於戰，所謂合也。楚子入居於申，使申叔去穀，使子玉去宋，曰"無從晉師"，是楚子可以不戰矣，離也，而子玉使伯棼請戰則合。宛春告晉曰："請復衛侯而封曹，寡君亦釋宋之圍。"是子玉亦可以不戰矣，離也，而先軫以宛春之執怒楚則合。晉師退避三舍，楚衆欲止，是晉楚皆可以不戰矣，離也，而子玉不可則合。楚師背鄬之舍而患、輿人原田之誦而疑、楚子伏己之搏而懼，是晉侯亦幾幾不欲戰矣，離也，而欒枝、子犯以"得天"、"得諸侯"決其必捷，則合。子玉使鬥勃請戰以下遂一合而不復離矣。要其前此文字之離，正爲後此文字之合也。明於離合之説而文章之道，思過半矣。春秋時去古未遠，故其用兵，猶多堂堂之陣，正正之旗。獨城濮此篇，全是陰謀詭計，爲孫、吳先導。伐曹、衛，孫子所謂攻其所必救也；執宛春，孫子所謂怒而撓之也；退三舍，孫子所謂平而驕之也；胥臣蒙馬以虎皮，孫子所謂亂而取之也；狐毛設二旆而退，欒枝使輿曳柴而僞遁，孫子所謂利而誘之也；原軫、郤溱以公族橫擊，狐毛、狐偃以上軍夾攻，孫子所謂攻其無備、出其不意也；晉師三日館穀，孫子所謂因糧於敵也；合而言之，則孫子之所謂以正合、以奇勝，致人而不致於人者也。晉文創伯之時，去孫武子尚遠，而十三篇之秘已盡洩於此矣。《左傳》敘事，多於戰之前後描寫，不肯用正面敘；又多零星點綴，不肯一併敘；邲、鄢陵皆然，獨城濮此篇將晉楚交戰事並疊作一處，又皆正面實敘，遂開《史》、《漢》鉅鹿、昆陽之局，五大戰文字中所獨也。策命晉侯爲侯伯一段，鋪張揚厲之極，前此戮力疆場，此處策勳廊廟；前此文字皆金戈鐵馬之聲，此處文字皆玉佩冠裳之度。不如此，前後文字不能改觀；不如此，前後文字亦不能相稱也。（高嵣眉）俞云："城濮之役，晉侯全要以戰取威，患不戰，不患不勝。篇中'我欲戰矣'、'能無戰乎'、'何以戰乎'、'既戰圖之'、'戰也'、'不如戰也'，節節醒'戰'字。'少長有禮'、'能以德攻'，前後照應。文章須要錯綜，有熱鬧處，有寂寞處。此篇敘戰城濮，如震雷掣電。盟踐土，如青天皎日。殺子玉，如淒風苦雨。文境變化，讀者改觀。"（高嶹尾）孫明復曰："晉文始見於經，孔子遽書爵者，與其功不旋踵而建也。昔者齊桓既没，楚人復張，猖狂不道，欲宗諸侯，與宋並争，會盂戰泓，以窘宋者數矣。今又圍之逾年，天下諸侯莫有能與伉者。晉文奮起，春征曹、衛，夏服强楚，討逆誅亂，以紹桓烈。故召陵之盟，城濮之戰，專與齊桓、晉文也。"朱子曰："齊桓公死，楚侵列國，得晉文公攔遏住，如横流氾濫，硬作堤防。不然，列國爲澊浸必矣。"又曰："文公伐衛以致楚，而陰謀以取勝，故夫子稱譎而不正。"吕圭叔曰："召陵之次，一得屈完之盟而退師。城濮之役，不至敗楚師不已。蓋桓公所爲，將以服强楚之心。晉文之舉，所以挫强楚之勢也。所遇不同，用計亦異，其爲有功則一也。然召陵之師，規模既定，聲其罪而伐之，楚亦屈服而不敢校，此正也。晉文加兵曹、衛以致楚，許復二國以攜楚，又拘子玉之使以怒楚，三舍避之示怯以誘楚，其詭計如此。孔子斷之曰譎，豈不信哉？故齊桓圖霸之功，三十年而後有召陵之役。會諸侯之事，亦三十餘年，屢盟屢會，而後有葵丘之盛。若文公則侵曹、伐衛、勝楚、圍許、盟踐土、會溫，兩致天王，執曹、衛之君而後復之。凡霸者之事，爲之略盡，皆在一年之内。是齊桓猶有近正之意，若晉文則太譎矣。齊桓猶有近厚之心，若晉文則太迫矣。"葉水心曰："城濮之戰，宛然戰國、楚漢之事，與齊桓迥殊。不謂時變如此之亟。至策命侯伯，又不止楚漢，莽操之風見矣。"齊桓時，楚勢雖强，然大抵蠶食于江、漢間，其憑陵中國，尚未甚也。及盂會執宋公之後，諸侯皆伏首帖耳，威勢益横。且齊桓伐楚，深入楚境，諸夏之勢已張，苟可以已，即不戰而盟可矣。至於楚人圍宋，直驅中原，城濮之地，在今河北。使不大挫其鋒，窺鼎之萌，不待宣公時矣。自此戰後，晉爲諸侯盟主者，百有餘年。雖南北相持，而楚終不得志。及晉之衰，而楚亦弱。則此一戰之功，所關豈少哉？夫子于文公侵、伐、入、執、戰，皆舉而爵之，是予晉文以霸也。至夫子以譎目晉文，而朱子特引此事爲證。然晉文之譎，當納襄王時，辭秦師而獨下，不肯使秦同居納王之功，便已微露機術。及此戰，先激齊、秦之怒，分曹、衛之田，是第一次譎處。次執宛春以怒楚，許曹、衛以攜楚，是第二次譎處。後又藉楚惠爲口實，以退辟三舍，誘楚以弱，以君退臣犯，坐楚以屈。至於蒙馬虎皮，設斾詐退，曳柴僞遁，横擊夾攻，凡兵家陰謀，無所不用。視齊桓責包茅之貢，問膠舟之罪，正正堂堂，蓋不若矣。事蹟心術，或功或罪，皆當分別觀之。（《評林》眉）王荊石：「楚王想有棄子玉之意，故始不止其師，而敗後亦不以赦命下。」《經世鈔》：「奉己，古今大監戒，後世乃有自壞長城以資敵者，奈何！」（武億尾）全篇以「禮」字作骨，敘晉段段有禮，敘楚段段無禮。剛而無禮、少長有禮，大呼應，是一篇血脈。凡分七段讀。首段「何後之有」止，敘蒍賈論子玉，是楚命將。次段「魏犨為右」止，敘趙衰論郤縠，是晉命將。三段「文之教也」止，忽將前事一併重敘，後事一併預提。精神團結，光彩絢爛，蓄勢極厚，為通篇樞紐。四段「舟之僑為戎右」止，敘侵曹、伐衛事，為城濮作引。五段「及癸酉而還」止，是敘戰正文。上半敘謀，下半敘事。六段「能以德攻」止，敘享覿會盟事，為城濮作結。末段敘子玉結局，收拾全篇，回應首段。而前「上德也」一提，後「能以德攻」一結，首尾照應精神，多許事直作一句讀。（《菁華》尾）子玉不祭河神，自是通道之篤，不得以其敗少之。城濮之勝，晉文憂子玉之尚存。殽之勝，趙衰病孟明之復用。英雄所見略同。（闈生夾）前路許多疑畏結穴於此，所以深惜子玉之死也。先大夫評曰：「此見蒍賈之讒慝，非料事之智矣。」

　　或訴元咺于衛侯曰：「立叔武矣。」（《補義》眉）此篇以元咺為主。衛之出君，原以此為名悅晉耳，非真逐其君也。自公疑武殺角，而君臣遂貳，為元咺訟君伏脈。武子之盟只為一元咺耳，字字忠懇，沁入元咺之心。元咺安，無不安矣。後篇「謂寧俞忠而免之」，「謂」，元咺謂之也，知其深感於是盟。（《便覽》眉）起得突兀，卻遙接「奉叔武」來。**其子角從公，公使殺之。咺不廢命，奉夷叔以入守。**（韓范夾）衛侯忌愎而又加之以躁，待其臣，待其弟，皆以自快其意而已，歷觀本末，直皆在咺，但君臣無獄，屈於大分耳。（《左繡》眉）此篇寫衛君臣始終不協，為訟晉、執歸張本，以元咺為主。蓋宛濮之盟，原只要調停一元咺。元咺安則叔武安，而國人不待言耳，而不虞又重之以前驅之殺也，適授之以口實矣。兩「使殺之」，特特激射。見雖殺獸犬，而殺子之怨，未之肯忘，甯子不得而與之也。辜負一片苦心，亦辜負一篇妙文。（《評林》眉）《經世鈔》：「衛成殺咺子，又甚於晉懷之殺偃父矣。」

　　六月，晉人復衛侯。甯武子與衛人盟于宛濮，曰：「天禍衛國，君臣不協，以及此憂也。今天誘其衷，使皆降心以相從也。不有居者，誰守社稷？不有行者，誰扞牧圉？不協之故，用昭

乞盟於爾大神以誘天衷。自今日以往，既盟之後，行者無保其力，居者無懼其罪。有渝此盟，以相及也。明神先君，是糾是殛。"（韓范夾）能失國而後復，此居者行者交相疑之時也。不安人心，何以安己位？武子盟詞，靖民之經也，亦定國之權也。（《才子》夾）更不煩稱，至今凜凜然。**國人聞此盟也，而後不貳。**（《文歸》尾）調停數語，使反側子自安，應變妙著，孰謂不在文詞？爻一。（《才子》夾）前文敘，起得蒼健，此處又收煞得蒼健。（《覺斯》尾）過商侯曰："余讀武子之盟宛濮也，不虞晉人而虞國人，不虞行者之恃力，而虞居者之懼罪。自聞此盟，而國人不貳。以爲既安其內，然後惟吾所爲而無患也。不然，元咺不得殺，而成公亦幾頓矣。"（《晨書》總評）徐袞侯曰："晉文之伐衛也，以無禮且不假道。故成公以新昏之故，而欲從楚。國人以說晉之故，而逐其君。賴元咺公爾忘私，叔武賢而能讓，攝位受盟，成公得復國焉。當其上下疑貳，甯俞稱天以臨之，君臣帖然，可謂社稷之臣也。乃入門一矢，骨肉相殘，武子雖忠，其奈之何哉？嗚呼！深室之中，公當自悔渝盟矣。"（《彙編》尾）盟宛濮而國人不貳，納橐饘而主躬不虞，貨醫衍而免君於鴆，鄰好成而釋公子執，皆武子保身濟君之事也。然卻事事處置得好，且不表著其能，所以爲愚不可及也。（《評林》眉）王荊石："衛侯有叔武之賢，甯俞之忠，所以卒復其國。"《經世鈔》："'不有居者'以下四語，爲千古出奔復國安衆定事之祖。誘，開誘也。天開誘衛人之中心，衛人今同心盟神，又以感動開誘天之中心，使不降禍於衛，舊注非。"（方宗誠眉）咺奉叔武受盟，奉叔武入守，然後晉人復衛侯，是有功于衛侯者也，故甯武子盟詞曰："不有居者，誰守社稷。"辭命絕佳，是時衛侯忌元咺、叔武，元咺、叔武懼罪，故甯子爲此詞者和解之。（闈生夾）反射下文亂事，章法奇特。

　　衛侯先期入。（《便覽》眉）本接"復衛侯"來，插敘衛侯罪狀，"甯子"下著一"先"字，又似跟衛侯順敘。**甯子先，長牂守門，以爲使也，與之乘而入。公子歂犬、華仲前驅。叔孫將沐，聞君至，喜，捉髮走出，前驅射而殺之。公知其無罪也，枕之股而哭之。**（闈生夾）敘事曲折詳盡，此最見左氏史才。**歂犬走出，公使殺之。元咺出奔晉。**（文熙眉）汪道昆曰："辭令能品，章法句法。"世事不有負人者哉？叔武之事，可爲悲婉。（《快評》尾）二十八年，晉侯、齊侯盟於斂盂，衛侯請盟，晉人弗許。衛侯欲與楚，國人不欲，故出其君以説于晉。衛侯出居於襄牛，既聞楚師敗於城濮，懼，出奔楚，遂適陳。使元咺奉叔武以受盟於踐土。甯武子知可及，而愚不可及。衛侯之入，實得此盟之力。"國人聞此盟也，而後不貳"，可見國人前此不能不貳也。叔武、元咺處此嫌疑之際，讒言勢所必有，只在衛侯有以察之耳。訴元咺者，雖不知爲誰，然以後文觀之，蓋即歂犬、華仲之倫也。武子之與國人盟，一以致衛侯反國，二則保全叔武也。老臣之心，苦矣哉！（孫琮總評）張侗初曰："始敘盟之由，而歸於不協之故。'用昭乞盟'以下，正是盟詞。'國人聞此盟'二句，收煞得健。"讀盟誓之詞，武子之忠誠見矣，若果上下相安，亦可免於禍患。不意前驅又復多事，遂致衛侯幾斃深室。然使不遭磨折，則武子之忠誠不大顯，此别利器者，所以必待於盤根錯節歟？"（《左繡》眉）文作兩截讀。上半居者無懼其罪，下半公知其無罪，緊相呼應。又起手數句已爲末段伏案，中間盟語，乃是承上啓下，以中權貫首尾，章法絶佳。宛濮之盟，乍看謂是解釋前文，再看乃是逆映後文。讀者眼光直注下半篇文字，乃見作者結構之妙。聞盟不貳句，轉梲最佳。煞得上文足，便跌得下文起也，左氏極於此等處著精神。本傳元咺，中間卻詳敘甯子盟、甯子先，早爲"忠而免之"伏脈。史有甲事得乙爲貫穿，則乙事即見於甲傳中，乃反客爲主之法。如信陵之侯生，平原之毛先生皆是也。俞評以或訴爲疑獄，歂犬爲訴人，未確。（《喈鳳》尾）武子誠恐衛人仍前之不協，成公雖復而不克安其位，故入盟國人，又先入而安喻之。長牂其乘亦喜相諒而不貳矣，乃公以速驅而誤殺。元咺勉全君命於殺角之時，而不能不洩怨於殺夷之日，君臣構訟，不協復甚，致令武子爲輔于晉，幾坐刑戮。追隨京師，周旋深室，職納橐饘，貨醫薄鴆，極盡心力，始得濟君反國。是必成之無道，天故甚其禍以懲之，抑武之愚忠，天更艱其遇以表之乎？傳以元咺始，以元咺終，本是以元咺爲主。通篇卻只敘甯子盟、甯子先，並無一語及元咺。不知甯子之盟，正欲調停元咺。甯子之先，正欲安慰元咺。"國人聞此盟而後不貳"，"國人"，衆之之詞。"而後"，難之之詞。可見元咺殺子之情結胸未化，而武叔之射，遂萬不能安。此甯子能解於既盟之時，而不料於先入之際者也。手寫甯子，眼注元咺，讀者當于無字處想出作者精神來。若謂此爲甯俞忠而免之伏案，猶落邊際一層。慕岩參評。（《左傳翼》尾）反側不安，雖得國必不能有宛濮之盟。調停元咺以安慰其心，非爲叔武地，正爲成公地耳。不殺叔武，其子雖死，元咺尚可回心。乃不意甯子一腔熱血，計欲先入調停，而先期而入者已早下毒手也，將如之何哉？晉人既復衛侯，又與國人盟矣，胡爲必先期而入？猶未釋然于叔武、元咺，風馳電掃，使之措手不及。由《公羊》言之，成爲忌殺。由左氏言之，成亦非誤殺。蓋成公內忌信讒而殺元角，必不能不殺叔武，所以授意於前驅，而又殺之以自解說，爲人所作何事，而敢望生乎？兩"公使殺之"，恰好冤對，不必訴元咺者之即爲歂犬，而後知其罪之不可逃耳。宛濮之盟，原慮有此一段公案，而不知倒是此一盟賺過國人，使叔武無故受戮。武子之先，因長牂問中逗留，躭閣機會，苦心反成敗着，其亦天之未厭衛亂乎？叔武之死固由長牂逗留武子所致，然公既先入，武子即與叔武一面，叔武能不出迎乎？前驅者既受意旨，豈能不下毒手？設出迎稍遲，欲加之罪，豈患無辭？又將何以解冤？總之，叔武不死于武子之不先，而死于衛侯之先。殺叔武即以此爲殺者罪，知雖真知，哭卻是假哭，讀此輒爲三歎！（德宜尾）始敘盟之由，而歸於不協之故。"用昭乞盟"以下，正是盟詞。"國人聞此盟也"二句，收煞得健。張侗初。（《便覽》尾）元咺不因縶死廢命，功在社稷也。訴公于晉，已失臣禮。況公已殺歂犬、哭叔武乎？至成公得失，篇中亦毫不相揜，左氏豈特神於敘事哉？芳輯評。（《日知》尾）衛成之疑忌，元咺之勉強，叔武之友愛，甯子之忠藎，從者之挑隙，起結數行，無不具見。然妙在中幅序入盟亂，是爲前事收場，却是爲後幅逆跌，合而玩之，實只歸罪衛君一人耳。才人寫生之文，老吏斷獄之手。（盛謨總評）左氏提筆便寫"或訴元咺于衛侯"句，奇突甚矣。蓋左氏胸中先有"不協"二字，突于此段寫出，中間只用"不協之故"四字一點，令人無處尋他筆墨。左氏作文，變怪如此。讀者若不細心，如何領得？（《評林》眉）王季重："叔武之死亦冤哉，猶幸而有枕股之哭與歂犬之殺也。"邱維屏："孔子稱甯武子知，此一先也，武子當有用知處，不致前驅殺叔武乃是。"《經世鈔》："二子，衛大夫。凡君行，必有前驅，蓋二子爲衛成前驅也。舊注非。"（武億尾）此案全府獄於歂犬。叔武非不愛兄，衛侯非不愛弟，元咺非無仗節死難之義，獨犬欲鬭其君臣，使不和協。故先訴元咺以起釁，後殺叔武以滅口。"或"字設疑，至前驅之殺，罪人斯得。見公枕股而哭，惶遽走出。雖正其戮，而咺之怨已不可解矣。甯子盟詞極愷切，極持平，而前後敘事，使是非曲直，分毫不爽，尤見左氏筆力。（《菁華》尾）以叔武之賢，衛侯既歸，斷無與之爭國之理。必欲除之，是誠何心哉？或謂此乃歂犬所爲，非衛侯意。不知衛侯不利其弟在國，是其本心，乃假手於歂犬以殺之，而復除之以滅口，而不知人之不可欺也。不然，何不靜俟國人之出迎，而必爲先發制人之計乎？

城濮之戰，晉中軍風於澤，亡大旆之左旃。祁瞞奸命，司馬殺之，以徇于諸侯，使茅茷代之。（韓范夾）古者行師，馬逸旗亡，罪及主者，軍令之嚴如此。後世喪師棄地，因循不加罪矣。賞信則可勸，罰必則有威，祁瞞之事，督帥所宜法也。（《補義》眉）入於晉加一"愷"字，是竭力形容。（《評林》眉）按：莊二十八年爲旆、僖二十八年設二旆、哀二年以兵甲之旆，并今年，杜解不一，傅氏辨似有理也，或謂大旆與左旃，非大旆中左旃，亦通。

師還。壬午，濟河。舟之僑先歸，士會攝右。秋七月丙申，振旅，愷以入于晉。獻俘、授馘、飲至、大賞、徵會、討貳。（闈生夾）"振旅愷"以下數語，實敘戰勝後定霸之圖，此下緊接召王以誅其不臣之罪。殺舟之僑以徇於國，民於是大服。（武億眉）齊桓以仁厚勝，晉文以威武勝。此文不過二百字，露出無限英氣。

君子謂："文公其能刑矣，三罪而民服。《詩》云：'惠此中國，以綏四方。'不失賞刑之謂也。"（文熙眉）汪道昆曰："序事具品，'風於澤'字法。"朱氏曰："顛頡、魏犨同罪，而顛頡獨死，謂之能刑可乎？"（《測義》夾）愚按：從亡之臣皆賞，而介之推獨不及。顛頡、魏犨同罪，而顛頡獨死，文公賞刑蓋亦不能無失焉。（《左繡》眉）凡事頭多者，都以另提法補寫。如河神篇補寫子玉敗績文尾，宛濮篇補寫衛侯奔楚文尾，此篇乃補寫伐木益兵文尾，而各有一樣另提法。連類而觀，得史一班矣。爲三罪結案，中間卻夾敘許多大事，亦史家趁筆帶敘之法。三罪一殺于未戰之前，一殺于方戰之際，一殺於既還之日，而總敘於振旅之後。事斷而文聯，此史家之常例也。奸命先歸是整齊法，夾敘獻俘等是參差法，師旋振旅又是牽上搭下對法。前文少長有禮，其可用也，說得軍容何等整齊！卻於前著一顛頡，於後又表一祁瞞、舟僑，漏出許多敗缺，都是反刺之筆，與河神篇作意正同。（《左傳翼》尾）家氏謂三子所當在議勳議能之列，可以不殺。不知刑賞國之大典，不僭不濫，才能服民。大蒐示禮，有奸命者則殺之，此正刑以濟禮處。前篇謂晉能以德攻，此文又贊其能刑，總是極力讚揚，作貶駁看不是。此篇爲城濮一戰補遺，德爲治民之本，而刑亦不可廢。三罪而民服，德而不失之姑息。示義示信示禮，德也。狥師狥諸侯狥國，刑也。兩兩正復相配。文有起必有結，章法乃不散渙。楚殺子玉，治兵圍宋之結案也。晉殺三罪，大蒐被廬之結案也。(《補義》眉) 結得正大，不專指上三事。(《評林》眉) 王陽明："按：文公從亡之臣皆賞，而介之推獨不及。顛頡、魏犨同罪，而顛頡獨死。其賞刑吾不能無譏焉。"(閩生夾) 顛頡等乃舊臣，殺之太過，見其殘忍要譽。

冬，會于溫，討不服也。(孫鑛眉) 敘衛事自前"衛侯請盟"起，直至後年"冶廑辭卿"止，一一精核，若聯爲一片，深可玩。

衛侯與元咺訟，甯武子爲輔，鍼莊子爲坐，士榮爲大士。衛侯不勝。殺士榮，刖鍼莊子，謂甯俞忠而免之。執衛侯，歸之于京師，寘諸深室。甯子職納橐饘焉。(《測義》夾) 家鉉翁氏曰："衛侯逞忿殺弟，烏得無討？執而歸之京師，是也。但因元咺訟而執衛侯，則非也。"元咺歸於衛，立公子瑕。(韓范夾) 咺訟于晉，雖爲慹君，然亦一時忠憤，至歸而立公子瑕，則顯然逐君肆惡矣。爲咺計者，逃於外而不歸可也。(《左繡》眉) 此篇亦咺起咺結，中以甯子相形。蓋衛侯非咺不執，非俞不復，兩人正相反也。連宛濮篇，便都是以兩人相反爲合傳之法。明是元咺訟衛侯，而曰："衛侯與元咺訟。"不與元咺得訟衛侯也。殺爲誰殺？刖爲誰刖？免爲誰免？乃至衛侯之執，爲誰執？蓋特特藏過"晉侯"二字，不與晉侯得執衛侯也。此便是左氏書法。(美中尾) 骨肉相殘，罪在成公。君臣構訟，罪在元咺。晉文不察，執其君而窮其獄，竊生殺之權，亂上下之分矣。傳不言晉者，不與晉人之執也。(《左傳翼》尾) 爲討不服而有溫之會，當時諸侯從楚圍宋者，陳、蔡、鄭、許也。楚敗而蔡、鄭、陳皆服，許仍即楚，合諸侯以圍之，可矣。衛既受盟，乃聽元咺之訟執其君而刑其大夫，若此討專爲衛設者，豈靖亂之道乎？咺挾伯主之威，易置其君，毫無顧忌，罪不容誅矣。文公是會，以臣召君，又爲臣執君，獨非名義之罪人乎？"謂甯俞忠而免之"，謂之者誰？晉文謂之，元咺謂之也。武子忠誠貫日月，雖狡偽強暴者亦不能不爲之感，於此見人性之本善，而三代直道之公猶未泯也。(《補義》眉) 一氣寫來，如許聲勢，至執衛侯，卻不言晉人，不與晉人之執也。(《評林》眉)《經世鈔》："衛侯已殺歂犬，不知其辭何以不勝。按：甯子不獨恐君饑渴，亦且以防酖毒。稠者曰鬻，淖者曰糜。"（方宗誠眉）士榮、鍼莊子大約與顓犬皆是爲衛侯謀殺叔武之人，甯武子之盟詞則是中道而立，欲兩全君臣之義，而不意顓犬之爲君殺武也，故以爲忠而免之。

是會也，晉侯召王，以諸侯見，且使王狩。仲尼曰："以臣召君，不可以訓。"故書曰："天王狩于河陽。"言非其地也，且明德也。（《分國》尾）文公圖霸，全從恩怨起見。觀脅伐曹，授塊伐衛。負羈以盤飱免族，楚師以厚享退舍。念怨不休，懷惠不置，無非桑榆舉事，汲汲然恐不得報耳，即其臨陳對敵、詭謀取勝亦然。語曰："行百里者，半九十。"況日暮乎？取徑而行，焉得不譎？（《補義》眉）承會於溫來。狩非其地，由晉召之也，罪也。不言晉召，明晉猶有尊王之德，故隱之也。二語予奪並到。（《評林》眉）李笠翁："晉文欲率諸侯以朝王，正也。懼其不能，故譎以行之，召王以就焉。人獨見其召王之非，而不見其欲朝之本心，是以譎而掩其正也。"〖編者按：凌稚隆作程子語。〗金聖歎："天王至踐土，《春秋》沒而不書。天王會溫，而書狩河陽，此真聖人之心法也。天王下勞，晉侯召王，皆不可以訓。雖兩書朝王，所以爲美事，然其朝既非巡狩常時，又非方嶽常所，變文起義，其失自見。"（闈生夾）明德者，明晉侯之不德也。前路鋪張策命，極其堂皇，忽於此處揭出不臣之實，一字之誅嚴於斧鉞矣。此篇文至此止，以下皆事後餘波。

壬申，公朝于王所。（《測義》夾）郭登氏曰："天王至踐土，《春秋》沒而不書。天王會于溫，而《春秋》書'狩於河陽'，此二者直吾聖人之筆削也。天王不當出勞晉矦，晉矦不當召王以諸矦見。君屈於臣，是爲失道。以臣召君，不可以訓。雖兩書朝於王所，以爲美事。其朝也，既非巡狩之常時，又非方嶽之常所，變文起義，其失自見。學者當於此處求聖人之心法，雖不中不遠矣。程子云：'《春秋》大義數十，炳如日星。'此類也歟！"（孫琮總評）叔武之殺，曲在衛侯。若非甯俞盡忠，深室之鴆，幾於不免。至晉文召王，直以威力譬服一時。揭出不可爲訓，覺君臣分誼，千載猶自凜凜。（《左繡》眉）召王本重使狩，故特用重筆。而以諸侯見只用輕筆帶之。解經亦用一輕一重之筆，兩"且"字正相配也。先述夫子之言，又推夫子之意，經是創筆，解經亦用創格，此等處，故須鄭重出之。前篇深沒晉侯，此篇特提晉侯。一是隱削其權，一是明正其罪。而文法之變，即在其中，妙哉！（美中尾）程子曰："晉文欲率諸侯以朝王，正也。懼其不能，故譎以行之。人獨見其召王之非，而不見其欲朝之本心，是以譎掩其正也。"孫莘老曰："齊桓之興，始致世子。晉文之霸，遂召天王。"（《左傳翼》尾）不能率諸侯以朝王，召王使來，令之就見，又欲自隱其召君之失，而令王以狩獵爲名。有尊王之心而不達尊王之禮，《春秋》原情爲制，不言晉召，而云王狩，爲王諱，爲晉解也。左氏直書其事實，下斷語深得麟經大旨。辭嚴義正，筆凜秋霜。舊說輾轉支離，特爲辨正，以俟世之好學深思者。（武億尾）方敘振旅歸國，即伏徵會討貳，帶起溫之會。其敘會溫，先將衛獄敘過，再補出召王一事，章法變化，筆極簡古。

丁丑，諸侯圍許。（孫鑛眉）論亦婉中，第文則左氏常調。（《補義》眉）此以圍許爲主，却以中權議論映合前後爲斷。

晉侯有疾，曹伯之豎侯獳貨筮史，使曰："以曹爲解。齊桓公爲會而封異姓，今君爲會而滅同姓。曹叔振鐸，文之昭也；先君唐叔，武之穆也。且合諸侯而滅兄弟，非禮也。與衛偕命，而不與偕復，非信也。同罪異罰，非刑也。禮以行義，信以守禮，刑以正邪，舍此三者，君將若之何？"（《左傳雋》眉）李九我曰："轉折佳，詞亦詳密。"**公說，復曹伯。遂會諸侯于許。**（文熙眉）穆文熙曰："侯獳貨史復曹，雖近於詭，然所言種種合道，人自不容不聽之矣。"汪道昆曰："議論能品。'貨筮史'字法，'桓公'以下章法。"（《測義》夾）愚按：筮史非禮非信非刑之言，晉文誠無以自解，宜其說而復曹也。惜乎言者以貨故，聽者以疾故，復國者以用貨故，皆無取焉。（《分國》尾）甯俞賂警，衛侯不死。侯獳貨史，曹伯以復。如此貨賂，卻不可少。末世徒爲美官之履，無錢不行，何也。（《左繡》眉）此節完私許復曹衛事，許復、告絕，藉以傾楚。事過輒忘，亦是晉侯一件疚心之事。將"與衛偕命而不與偕復"一直提破，譬如腦後下針，鼻贅不應手而脫乎哉？或謂全不似筮史語，以不照顧"以曹爲解"爲奇。則古者師箴工諫，盡人得規，明明教他藉端發藥，正不必作藏頭露尾伎倆也。通篇正須看其直捷痛快處，能傳"以曹爲解"正言不諱之神。使曰"以曹爲解"，此在侯獳分中教筮史大旨。下文即代筮史作面見晉侯語，以敘事遞下之筆作議論提頭之筆，此爲奇絕耳。《國策》代請說君等機趣，疑都從此脫化。章法與受命展禽正同。孫執升曰："豎，小臣也，而功且復國。然則臣之爲功于國者，固不以其位之大小也。侯獳但曰'以曹爲解'，'齊桓'以下，正爲解之辭。此傳文詳略互見之妙。"（昆崖尾）寓秀勁於排偶，淡淡數語，姿態無窮。（《左傳翼》尾）以曹爲解，不過令筮史因事盡規，非必沾沾從疾上索解也。若云滅曹何以致疾，封曹何以療疾，晉文英主，豈能爲無稽之言所動乎？筮史語皆侯獳所授，只就曹伯一直説下，更不回顧有疾一語，的稱老辣。《咀華》謂起手領綱一語，與受命展禽同一筆法，甚妙。（高嵋尾）傳曰"以曹爲解"，此侯獳教晉筮史大旨。"齊桓"以下，即筮史見晉侯爲解之詞也。以一筆作議論提頭，亦傳文詳略互見法。章法與展喜犒師受命展禽同。晉文念念欲作齊桓，起處一語，深中其窾。後借衛作比例，悉中情事，宜公之悦也。（《評林》眉）《經世鈔》："以曹爲解，章法簡妙，晉文念念欲作齊桓，一語深中其窾。下文許多道理，不過演足以成其文耳。"按：傳文"諸侯圍許"，諸本皆作"諸侯于許"，如孔疏及永懷堂本"圍"作"于"，不知孰是。（方宗誠眉）辭命絶善。晉文欲繼齊桓霸業，故引桓公以諷之。

晉侯作三行以禦狄，荀林父將中行，屠擊將右行，先蔑將左行。（《左繡》眉）河陽錫命以後，居然帝制自爲矣。較天威咫尺者，不啻天壤。宜夫子並衡桓文，而獨有所抑歟？本意要作三行，禦狄其藉端也。只此一句，須分兩筆讀乃得。（王系尾）此年經文所書，多是晉事。唯陳侯欵卒、杞伯姬來、公子遂如齊三條爲雜事耳。傳皆略之，合爲一篇，平鋪直敘中，鉤箝連鎖，起伏呼應，裁補鎔鑄之妙，使人尋玩不盡。後之史家，惟龍門善學之。識定於先，欲詳則詳，欲略則略，數千載之貴賤賢不肖，俯聽進退，而皆備其筆力以自見於後世。晉宋以下，止是敘家譜，作墓誌，甚者若胥吏之録供，其不敢埋設處，早已活埋卻也。荊楚僭王，威行南服，中夏復折而從之，則周遂亡矣。頓首冀闕，不待赧王矣。城濮之功，豈淺尠哉？唯其功之大，雖聖人亦不得不許。而功利權譎之術，遂中于人心，固結而不可解，沉迷而不可瘳，則誰之罪哉？故知功首罪魁，非不相掩之謂。其功即其罪，功之首，即是罪之魁也。是部中大結構、大關鍵處。

◇僖公二十九年

【經】二十有九年春，介葛盧來。（《評林》眉）陳傅良："介一歲再至，其意將安在乎？故亟書之。介人侵蕭，譏有以來之也。"公至自圍許。夏六月，會王人、晉人、宋人、齊人、陳人、蔡人、秦人盟于翟泉。（《評林》眉）程子："晉文連年會盟，皆在王畿之側，而此盟復迫王城，又與王人盟，強逼甚矣，故諱公，諸侯貶稱人，惡之大也。"秋，大雨雹。（《評林》眉）季本："'秋'字下不書日月，闕文也。"冬，介葛盧來。

【傳】二十九年春，介葛盧來朝，舍於昌衍之上。公在會，饋之芻、米，禮也。（《左繡》眉）客舍昌衍，而主饋芻米，本一連事，卻以公在會夾敘其中，此亦倒注法。

夏，公會王子虎、晉狐偃、宋公孫固、齊國歸父、陳轅濤塗、秦小子憖，盟于翟泉，尋踐土之盟，且謀伐鄭也。卿不書，罪之也。在禮，卿不會公、侯，會伯、子、男可也。（《左繡》眉）正意渾說，餘意卻用細說。正意正說，餘意卻用反說，總不作一直筆。（美中尾）陳止齋曰："此晉初以大夫盟王子也。大夫之交政於是始。"胡康侯曰："翟泉近在王城之內，而王子虎下與列卿盟，是謂上替。諸侯大夫入天子之境，雖貴曰士，而上盟王子，是謂下陵。"（《左傳翼》尾）虎本天子上公，狐偃輩皆列國諸卿，概貶之而稱人，以晉初以大夫盟王子，下陵上替，無王之罪已著，故貶。公在會亦諱而不書者，以卿會公侯也，罪之也。釋稱人，末句兼釋不稱公，二意俱收，點水不漏，足徵義例之密。（《評林》眉）陳傅良："言卿猶無會公之禮，而盟王子，經所以甚貶之。"（闔生夾）明責其僭，所以尊王也。

秋，大雨雹，為災也。

冬，介葛盧來，以未見公故，復來朝，禮之，加燕好。

介葛盧聞牛鳴，曰："是生三犧，皆用之矣，其音云。"問之而信。（《分國》尾）非牛鳴如是，聞其聲而知其所以然也。林注曰："傳言人聽能通鳥獸之情，非但如白龜年之識羊鳴而已。"（《左繡》眉）此見左氏閒心妙腕，於瑣屑事都作碎金收拾。一經點化，便成絕世佳文也。牛鳴如何措詞？文偏寫他三遍。實處先於介君口中道出，正說牛鳴，卻用虛筆。只以一"云"字、"信"字括之。議、敘、斷層層寫到，而無一字犯，筆極簡極圓。（《左傳翼》尾）一歲再來，見其加意上國，饋芻米加燕好，禮所宜然。末借牛鳴作點綴，瑣屑事敘得絕有情趣，文境乃不寂寞。(《補義》眉) 敘一瑣事，見此等往來，無關輕重。(《日知》尾) 傳奇事用簡峭之筆，真寫得出。(《評林》眉) 呂東萊：「以人而通鳥獸之情，則所云蕭韶奏而鳳來儀，蓋禮之必然者。」《增補合注》：「《周禮》：『夷隸掌與鳥言，貉隸掌與獸言。』注：『夷隸征東夷所獲，貉隸征北夷所獲。』介是東夷，故聞牛聲而知其情。」(武億尾) 聞牛鳴，如何措詞？文偏寫他三遍，議、敘、斷層層寫到，而無一字犯手，極簡極圓。(鬭生夾) 記此廣異聞也。當時或有附會，然其事不足信。

◇僖公三十年

【經】三十年春王正月。夏，狄侵齊。(《評林》眉) 家鉉翁：「晉文置狄不問，以狄無僭王圖大之心，而楚之志不在小。」秋，衛殺其大夫元咺及公子瑕。(《評林》眉) 趙匡：「瑕，元咺所假立，而自秉國權，瑕亦未如君也，故以君殺大夫之辭言之，而在元咺下。」衛侯鄭歸於衛。(《評林》眉) 吳徵：「已殺元咺，則無人拒之，有周、冶等納之而勢易，故書歸。」晉人、秦人圍鄭。(《評林》眉) 孫復：「翟泉之盟鄭不至，故圍之。」介人侵蕭。(《評林》眉) 徐彥：「介來朝稱名，今稱人者，退之也。」冬，天王使宰周公來聘。(《評林》眉) 張洽：「天子三公兼冢宰，而使來聘魯，用見周室陵夷，大臣失職也。」公子遂如京師。遂如晉。(《測義》夾) 季本氏曰：「雖先周後晉，然志實以晉為急，故書『遂』，而其不虔亦可見矣。」

【傳】三十年春，晉人侵鄭，以觀其可攻與否。狄間晉之有鄭虞也，夏，狄侵齊。(《左繡》眉) 此亦敘議兼行格。妙在上截先敘後議，下截先議後敘。恰好敘在兩頭，議在中間，事斷而文聯。只三四語，而用法之妙如此。(《左傳翼》尾) 俟隙而動，外夷常態。箏之戰，而楚有蜀之師。平陰之伐，而楚有純門之役。楚且然而，何況于狄？晉之不討，但舉兵圍鄭，豈志在報怨，無暇及此耶？抑畏其兇威而莫之敢攖耶？然必間晉虞而後動，則狄之畏晉抑已甚矣。(《評林》眉) 李卓吾：「晉文之志已不在諸侯，故狄乘間而侵齊，伯之不能持久如是。」(王系尾) 此敘晉人侵鄭，只是狄所以侵齊之故，而晉文之量小已可見矣。鄭人行成，再同盟矣，終啣不禮之怨，必加兵而後快焉，豈不甚哉！觀其可攻與否，寫詭譎情形如繪，且爲九月與秦圍鄭作脈。

晉侯使醫衍酖衛侯。（《補義》眉）天子獄吏皆其牙爪耳目，武子徘徊門外，絕不與通，托機事於獄卒之手，此中正有深謀。衛成竟同鄭厲，一字不涉元咺，而元咺爲厲自見。（閭生夾）不能明正其罪而陰酖之，記此見晉之失政。**甯俞貨醫，使薄其酖，不死。公爲之請，納玉于王與晉侯。皆十珏，許之。秋，乃釋衛侯。**（《測義》夾）愚按：衛侯有罪耶？不當以醫誅之。衛侯無罪耶？不當以王釋之。二事誠然，晉文於此操縱皆失其道矣。及考《國語》："晉侯執衛侯歸周，請殺之，王曰：'不可，夫君臣無獄，今元咺雖直，不可聽也。君臣皆獄，父子將獄，是無上下也。而叔父聽之，一逆矣。又爲臣弒其君，其安庸刑？有刑而不庸，再逆矣。一合諸侯而有再逆政，余懼其無後也，不然，余何私於衛侯？'據此，則衛侯之不死而得歸于衛，以王之言也，傳文恐未盡實云。"

衛侯使賂周歂、冶廑，曰："苟能納我，吾使爾爲卿。"周、冶殺元咺及子適、子儀。公入，祀先君。周、冶既服，將命，周歂先入，及門，遇疾而死。冶廑辭卿。（文熙眉）穆文熙曰："甯俞納橐饘貨醫，委曲調護，終濟衛君，所以仲尼謂之愚不可及。"（《分國》尾）甯俞之忠，人知職饘薄酖，周旋患難。不知宛濮一盟，最爲要領。蓋襄牛之出，國人出之。"國人聞此盟也，而後不貳"，國本固矣。元咺以社稷爲重，奉叔武入守，殺其子不顧。一君出，立一君。立一君死，又立一君。卒之國安君復，而身與所立之君俱死。《春秋》稱國以殺，不去其官，有以也夫！所可惜者，叔武之見殺也。爲叔武計，當爲宋之目夷，楚人執宋公，目夷守國。楚人謂宋人曰："子不與我國，我將殺子君。"宋人應之曰："我賴社稷之神靈，吾國已有君矣。"於是釋宋公，宋公走之衛，目夷曰："國爲君守之，君曷爲不入？"然後迎公歸。當時叔武知此，于成公之歸，先期迎之，前驅之殺可免。乃成公已先入，叔武尚不知，何憒憒哉？若晉文堂堂伯主，唧不禮之小忿，伐未已，又討。討未已，又執，甚至使醫行酖，必賊殺焉始快。及其釋也，不過十瑴之區區也。何其無伯主之度也？嗚呼！爲人君者，無得罪于百姓。讀此傳者，其亦有鑒於襄牛之轍夫！（《賞音》尾）元咺不以子殺而廢命，謂之功在社稷可也。至愬公于晉，則失君臣之禮矣。成公以躁急忌克，再失其國，幾死深室，非甯俞爲之臣，周魯爲之請，殆哉！（《左繡》眉）鴆衛侯，釋衛侯，首尾對寫，可見都是晉侯分中事。中間特著"王許之"三字，則治之以王矣，與前會溫節同一筆意。貨醫而僅僅薄鴆，此中有多少勉強在。不貨其不鴆，而徒貨其薄鴆，愚之甚，忠之甚。此結局衛侯、元咺事。看衛成如此舉動，何足以服元咺之心？篇中寫元咺爲厲處，不用明筆，只依經敍殺元咺於殺子瑕之下，而意自了然。挑燈讀之，使人凜凜也。（《左傳翼》尾）其不死也以賂，其釋也以賂，其復國也以賂，用之輒效，舉天下一毫之事非賂無以行之，衛成爲此固不足道，獨惜文公一戰而霸，許復曹、衛而皆出於賂，復曹伯賂猶在人，釋衛侯賂竟在己，將所謂信刑者，果安在哉？衛侯以賂而得不死，周歂以得賂而死，首尾關照，亦覺有情。（高嵣尾）元咺訟君，不臣也。衛成忌殺，不君也。忠懇所至，能保其身以濟其君，只表一甯武子耳。初聞"叔武立"之訴，便種忌殺之根。殺子角，先期入，歂犬前驅，忌叔武之心顯然矣。訟晉不勝，武子不置一詞，曲在君也。釋歸之後，殺元咺及子適、子儀，純是一片忌心。胡傳曰："晉文公有憾于衛武而不釋怨，於是逐衛侯，立叔武。叔武辭立而他人立，則恐衛侯之不得反也。於是乎己立爲君，治反衛侯。衛侯得反，而疑其弟，則曰：'叔武篡我。'元咺爭之曰：'叔武無罪。'衛侯不信，終殺叔武。"李氏廉曰："《公羊》與《左傳》所載小異，由左氏言之，則衛侯爲誤殺。由《公羊》言之，則衛侯爲忌殺。然衛侯之內忌信讒，始於殺角之時，今之殺叔武，乃其本心，特誣罪於前驅，以告諸侯耳。此《公羊》所以爲實錄也。"（《評林》眉）王元美："衛侯有罪耶？不當以醫誅之。衛侯無罪耶？不當以玉釋之。晉文於此操縱皆失其道矣。"《補注》："衛侯使賂，傳見雖得請於王，非殺元咺及公子瑕則不得入，經所以不書歸自京師。"《經世鈔》："元咺報之也，然何不殺冶？豈歂爲謀主耶？"《旁注》："冶廑見周歂死，以爲神咎，故辭卿。"（王系尾）元咺不臣，瑕愧子臧之節。衛侯以王命釋歸，討之何患無辭？賂而殺之，苟而已矣。周歂暴死，亦事之適然，而人心寔快。然則鬼神之誅，不敢以爲必有，亦何可以爲必無哉？（武億尾）兩"使"字彼此照應，兩"死"字前後呼應，中間兩"衛侯"字作上下樞紐，緊甚密甚。（閩生夾）不直衛侯，故假神怪以著之。

九月甲午，晉侯、秦伯圍鄭，以其無禮于晉，且貳于楚也。
（《正論》眉）鄭用燭武與魯求展禽事絕相類，一言賢于百萬師。而呂相絕秦，遂以是爲罪首。要之，武亦用間之法，與展禽正大之談又大懸絕。（《左傳雋》眉）李行可曰："按傳：圍鄭則曰'以其無禮于晉'，子犯請擊之，則曰'非夫人之力不及此'，無非寫文公准出亡時恩怨爲報施也。悉三傳顛末，回顧照應，無毫滲漏矣。（《才子》夾）分明一段寫舍鄭之無害，一段寫陪晉之有害，而其文皆作連鎖不斷之句，一似讀之急不得斷者。妙在其辭愈委婉，其讀愈曉暢。（《淵鑒》眉）晉之伐鄭，本以其無禮，貳於楚特借辭耳。故是役也，晉主而秦客，燭之武之言易入者以此。仁山金履祥曰："晉文報怨而喜功，故邀秦以伐鄭。秦穆恃功而嗜利，故私鄭以倍晉。此一役也，結怨交兵者數世，晉主夏盟，失秦之援，而爲楚所抗，自是役始。《春秋》之所憂在楚，《史記》之所憂在秦，二者居天下之大勢矣。"臣乾學曰："秦晉協和以圖鄭，燭之武數言能使秦伯反爲鄭守，此種已開戰國策士之風。"（《左繡》眉）此是第一首反間文字，凡用間，必得間而入。起手一行，寫得圍鄭乃全與秦無涉，便伏一篇立説之根。又用間不外利害兩端，而極言如此之利，不如極言如彼之害。篇中説利只一層，説害卻用三層是也。用間不可説成爲己之擧，須借箸而陳，居然忠愛。篇中凡九提"君"字，寫得句句是爲秦謀，不爲己謀。吾舌尚存，雖隨、陸復生，何以易此？（《補義》眉）特提出無禮於晉，非無禮於秦也，便伏用間之根。汪云："生平憤懣，趁此傾吐。"又云："隨勢折入，單爲秦謀。"（《便覽》眉）貳楚後，已受盟踐土矣。此專爲報怨，託名貳楚，故知立案處一字不苟。（閩生夾）此篇以穆公之霸能用孟明爲主。燭武、弦高、先軫、狼暉，皆映帶生色處。晉軍函陵，秦軍氾南。佚之狐言于鄭伯曰："國危矣，若使燭之武見秦君，師必退。"公從之。（方宗誠眉）敘佚之狐之謀於首，通篇神理已振。"公從之"下即可接"夜縋而出"，然不免直促，有此委折，文乃搖曳生姿。辭曰："臣之壯也，猶不如人，今老矣，無能爲也已。"（閩生夾）譏公之不早用之也，語特婉妙，左氏多用此筆法。公曰："吾不能早用子，今急而求子，是寡人之過也。然鄭亡，子亦有不利焉。"許之，夜縋而出。（韓范夾）君臣艱難倉卒之情，可憫如此。是惟不蚤用人，乃有此危。然能爲此情言，賢者亦未有不感動者也。（《文歸》眉）蔣尚賓曰："先説之武，後乃得遣。變難之際，知人用人，大非易事。"（《評林》眉）《經世鈔》："知人識勢，見秦君便是高見，亦

僖公三十年

善辭。唐德宗奉天諸詔，正是此意。凡事勢到急處，尤當一味樸實悔艾，若稍存粉飾附會之見，人心立解體矣。"（《學餘》眉）圓轉深透，得未曾有，而不能早見用於鄭，豈非世卿執政，而賢人在下之故耶？見秦伯，曰："秦、晉圍鄭，鄭既知亡矣。若亡鄭而有益於君，敢以煩執事。（《才子》夾）最妙是此一句，使人氣已先平一半。越國以鄙遠，君知其難也，焉用亡鄭以陪鄰。（《約編》眉）亡鄭無益于秦，一層。（《便覽》眉）"若亡"反入"敢"字，有勢。"越國"竟用突接，筆筆殺手。（《評林》眉）《附見》："鄭、晉、秦三國次第相鄰，故注曰'越晉國'。"鄰之厚，君之薄也。（《便覽》眉）"鄰厚"、"君薄"四字，義更深，下即趁勢寬一筆，備覺多情。若舍鄭以爲東道主，行李之往來，共其乏困，君亦無所害。（《約編》眉）存鄭卻有益於秦，一層。（《便覽》眉）此就秦君現身説法，又將晉另作一提，推進一步，下便秦晉並收，更不找鄭，真老辣如斷獄手，而豐神自在。（《評林》眉）《泊宅篇》："李、理義通，人將有行，必先治裝，如孟子言'治任而行'，理亦治也。"且君嘗爲晉君賜矣，許君焦、瑕，朝濟而夕設版焉，君之所知也。（《補義》眉）數"君"字居然恩愛。（奧評林眉）孫應鰲："許君焦、瑕，正見晉不可與同爭，秦安得不戍鄭哉！"（闓生夾）"朝濟而夕設版"等句，撰語絶工，左氏詞令之美，此等亦一秘訣。夫晉何厭之有？既東封鄭，又欲肆其西封，不闕秦，將焉取之？闕秦以利晉，唯君圖之。"（《左傳雋》眉）凌約言曰："古今破同事之國，多用此説。且越國鄙遠、亡鄭陪鄰利害，既已彰著，而版築之設，又秦所深憾于晉者，蓋不待其詞之畢，而三軍已解甲矣。"（孫鑛眉）造語精而指利害透，短文之最妙者。（鍾惺眉）利害了然，黃歇上書秦昭王，全是此一篇説話。（《文歸》眉）胡揆曰："首言亡鄭無利於秦，次言舍鄭之利，次言亡鄭之害，一段緊一段，固自善入。"（韓范夾）秦晉不過以利合，故燭之武全以利害説之，要其所必聽也。（《才子》夾）前段寫舍鄭之無害，後段寫陪晉之有害。（《約編》眉）亡鄭後將有害于秦，又一層。（《評林》眉）《經世鈔》："此言亡鄭，晉必害秦。"（方宗誠眉）無一字爲鄭乞憐，只處處爲秦算計利害，則秦自不能不動心，立言絶妙。收句尤妙在不斷，聽秦伯自思之。秦伯説，與鄭人盟，使杞子、逢孫、楊孫戍之，乃還。（《測義》夾）孫應鰲氏曰："晉乃秦之敵，鄭近於晉，遠於秦，秦得鄭而晉救之，勢必致者，故秦不但不圍，而且戍鄭也。"〖編者按：奧田元繼作王元美語。〗（《文歸》尾）燭之武以老辭，而"鄭亡不利"之言，自然感悟而去。先説鄭亡無益於秦，而後以越國鄙遠、亡鄭陪鄰動之，"且君嘗爲"四句，以往日之倍秦言。"夫晉何厭"五句，以後日之闕秦言。辭命之善，一至於此。宜秦伯之説且盟也。荆川。（韓范夾）燭之武便比曹衛省幾許禍患，爲國所以重文告之詞。

子犯請擊之，公曰："不可。微夫人之力不及此。因人之力而敝之，不仁。失其所與，不知。以亂易整，不武。吾其還也。"亦去之。（文熙眉）汪道昆曰："辭令妙品。'若亡鄭'以下章法句法，'鄙遠'字法。"穆文熙曰："古今破同事之國，多用此説。越國鄙遠，亡鄭陪鄰，乃爲至理，人安得不聽之乎？"孫應鰲曰："許君焦瑕，正見晉不可與同事，秦安得不戍鄭也？"（《測義》夾）金履祥氏曰："晉文報怨而喜功，故激秦以伐鄭。秦穆恃功而規利，故私鄭以倍晉。此一役也，結怨交兵者數世。晉主夏盟，失秦之援，而爲楚所抗，自是役始。《春秋》之所憂在楚，《史記》之所憂在秦，二者居天下之大勢矣。"（《正集》尾）條悉利害，洞若觀火，而紆徐曲折，有老成顧盼之意。葛端調。（《快評》尾）二十八年，城濮之役，文公欲用鄭伯以傳王也，許子人九之行成。欒枝入盟鄭伯，已而晉侯及鄭伯盟于衡雍。至此，復興秦師伐之，文公譎而無信若此，安能不失秦人之心哉？"有益"、"無害"是一篇之眼，見亡鄭之有害無益也，妙在反點而不正點。此謂正説反點，皆是先反點，後正説。燭之武之説秦伯，亦了不異人意，獨是其言之委曲、婉轉、次第、頓挫，能令人之意消，則有大段着力不得處。赫赫南鄭，惟此一老能也，後人可悟其故矣。（《快筆》尾）敘圍鄭，則曰"以其無禮于晉"。敘子犯請擊，則曰"微夫人之力不及此"。寫文公此舉，無非從出亡時之恩怨起見也。從出亡時之恩怨起見，則晉爲主而秦爲附。不説晉君，而説秦伯，已得説之之道矣。先將"亡鄭陪鄰"一語，點醒秦之無謂。再將"爲東道主"一語，歆動秦之舍鄭。"且君嘗爲晉君"四句，以往日之背秦觸怒之。"夫晉何厭"五句，又以後人之闕秦聳激之。詞命之善，一至於此，宜秦伯之説而且戍也。妙在其辭愈委婉，其説愈曉暢。而其文皆作連鎖不斷之句，一似讀之急不得斷者。胸中無數關隔嘻歎之病，讀此等文字，便一時消散。（《古文斫》尾）扼要只"亡鄭無益于秦"一句，但此句形勢，亦人所易曉，不知亡鄭既無益于秦，而舍鄭卻有益於秦，且亡鄭不惟無益于秦，而且大有害于秦，鄭之當舍，真不待再計而決也。舌鋒可畏如此。(《彙鈔》眉)第一段曉之以所難，二段餌之以所欲，三段動之以舊怨，四段惕之以後患。一氣說來，不分段落，而自曲折盡致。(《覺斯》尾)過商侯曰："得勢全在'秦晉圍鄭，鄭既知亡'二語，先令人氣平了一半。以後紆徐曲折，言言刺入秦伯心窩裏去。詞令之妙，一至於此。其悅而且戍也，固宜。"(《析義》尾)晉文脩怨于鄭，與秦何涉？會兵圍之，自是過舉。但既同圍鄭矣，乃聽燭之武之言，中變而與鄭盟，且舍戍焉，晉豈有不憾者？後此，晉樞牛吼，西師暴骨於二陵，結釁不休，皆自此始，此尤失策之大者也。但燭之武為國起見，說秦之辭，句句悚動，有回天之力，其中無限層折，猶短兵接戰，轉鬭無前，不慮秦伯不落其轂中也。計較利害處，實開戰國遊說門戶，佚之狐當受薦賢上賞矣。(《晨書》總評)徐裒侯曰："秦晉圍鄭，燭之武若解釋前怨，雖舌敝耳聾，不見成功矣。惟不為鄭計，反為秦謀，說到有損無益，使秦伯自思，始則索然，繼則悚然，所以墮其轂中，戍之而還也。以反客為主之計，行節短勢險之文，縱橫家應奉為枕秘。"(《觀止》尾)鄭近于晉而遠于秦，秦得鄭而晉收之，勢必至者。越國鄙遠，亡鄭陪鄰，闕秦利晉，俱為至理。古今破同事之國，多用此說。篇中前段寫亡鄭乃以陪晉，後段寫亡鄭即以亡秦，中間引晉背秦一證，思之毛骨俱悚，宜乎秦伯之不但去鄭，而且戍鄭也。(《集解》尾)鄭未嘗獲罪于秦，秦伯合師圍鄭，原屬無謂，故言可乘間而入。"亡鄭陪鄰"一語，已刺著秦伯隱衷，以後條陳利害，委婉曲折，古今詞令第一妙品。(《彙編》尾)之武回天之力固不可及，然兩國同來，何以獨要見秦？武不見用於鄭，何以知武之說必行于秦？佚之狐料事有識，知人獨明，而且能薦賢引用，臣職中又豈易及哉？解圍原懼其亡，文即從"鄭亡"二字落想，先以鄭亡歆動燭之武，武得此二字，即發鄭亡後如此無益于秦，如此有害于秦，曲折歆動。本重舍鄭，倒將舍鄭作折。本圖解圍，倒叫秦自圖，始終不脫"鄭亡"二字，此文家之扼要法也。(《知新》尾)鄭伯以利害動燭之武，燭之武因以利害說秦伯，使他自為圖度，還兵戍鄭，適以固秦，是真辯才。(《賞音》尾)秦晉方睦，若卑辭乞憐，秦必不能以鄭易晉，妙在語語從亡鄭後打算，見秦無益而有害，今日之陪鄰，已覺無謂，他日之闕秦，隱然可憂。秦伯安得不聽哉？燭之武一言，賢于十萬師矣。然初使之而未免怨言，則其忘身愛國，猶在佚之狐後耳。

（《左繡》眉）大旨只極言亡鄭之無益，開口提明一句，以下分作兩半讀。前半先申言亡鄭之無益，又翻轉來，極言舍鄭之無害。再抉進一層，先言晉善背秦，再言並當闕秦，都是一層緊一層。前半亡鄭以陪鄰，後半闕秦以利晉，兩兩相對，一反一復，寫得不唯無益，竟大有損。直截痛快，卻步步用一頓一跌，以挑撥之。筆舌之妙，真爲《國策》開山。然《國策》有其圓警，無其簡潔雋逸也。燭武説秦，純用抑揚頓跌之筆。文於起局、收局，亦都作一種姿致。蓋筆墨各有氣類，不如此不成片段。唐錫周曰："驟讀之，似無數曲折。細按之，只是四段。若亡鄭、若舍鄭、且君、夫晉，何等明畫！"（崑崖尾）程念伊曰："鄭未嘗獲罪于秦，秦圍鄭原屬無謂，故言可乘間而入。委婉曲折，詞令第一妙品。"連鎖而來，一段起一段，折跌而下，又一層轉一層。如入名區，睹其林巒洞壑，忽廻忽倒，忽橫忽斜，總無一處平衍。而氣脈隱然聯絡，絕非陡岩絕巘之比。千載來無此結構。連呼八"君"字，句句神肖。（《約編》尾）此爲殺師張本，見秦晉結怨之所自始也。燭之武説秦伯之詞，亦層層緊逼，無一閒句。（《啫鳳》尾）秦本無怨于鄭，不過晉引爲援，圍以洩忿。燭之武一夕話，始則見亡鄭徒爲晉利而無濟于秦，繼且見亡鄭不但無益秦，且有害于秦。千廻百折，字字沁入穆公心坎裏。此誠工於行間者，那得不悦而遽退？然秦以嗜利而倍晉，且使臣爲鄭戍，遂與晉成數世之仇。林堯叟云："秦晉之怨始此。"以列國言，其失尚小。金仁山云："晉失秦援，遂爲楚抗，自此役始。"以天下言，其害實大也。文公汲汲於報怨，亦失霸主之度量，不聽子犯而擊秦，則具大識力在。（《左傳翼》尾）翟泉之盟專爲服鄭，而鄭不至，其貳于楚可知。文公于不禮諸國痛加懲艾，惟鄭伯欲資之以傅王，故因行成而即許之盟，其不能釋然于鄭，未嘗一日忘也。今此之圍，雖爲貳楚，實是舊怨未忘。提語正得其情，欲脩舊怨，而數加兵，所謂不見德而惟虐是聞也。秦伯不知其不可而從之圍鄭，後聽燭之武之言而私盟以去，隙釁一開，遂兆數十年戰争之禍，皆非義舉。《春秋》稱人以貶，蓋交譏之也。秦伯師于河上，本將納王，被晉侯辭之，遂斂手以退。城濮之戰，小子憗雖在軍中，未嘗協力以戰，名爲犄角，寔係觀望。晉之霸，秦所忌也。今此圍鄭，同心協力而來，勢必有滅鄭分地之謀，而晉人在東，秦人在西，越國鄙遠，既知其難，以鄭地易晉邑，而割地與秦，又恐蹈許焦瑕故事。不但目前亡鄭祇以陪鄰，將來闕秦更以利晉。利害得失，瞭如指掌，所以不待辭之畢而秦伯已傾倒于燭之武之言矣。無益無害，無信無厭，分看雖是四層，究之目前無益、將來有損兩層而已。曲折如千巖萬壑，目不給賞。轉折動盪更有兔起鶻落少縱則逝之勢。最妙是"鄭既知亡矣"一語，將鄭撇開不顧，許多議論都是爲秦而不爲鄭，教他退師只是閑淡逗出，在有意無意之間，真善於立言者也。戰國策士大半祖此，然詞氣淩厲，多露圭角，不如此之渾脱和婉耳。以力假仁是伯者短處，亦是長處。戰城濮則有示義、示信、示禮三事，釋曹伯則聽行義、守禮、正邪三言，此番更以不仁、不知、不武爲病而不擊秦師。雖曰久假不歸，豈不愈於更不知假者哉？何以知二君有滅鄭分地之謀？以越國鄙遠及許君焦瑕二語知之。不然，杞子一告，何以遂有襲鄭之舉乎？秦穆貪鄭深入肺腑，雖爲燭武退師，而志不可遏，遂致敗師於殽。人知秦晉之争自戍鄭始，而不知自圍鄭始也。（《析觀》尾）章禹功曰："晉文出亡時，曾過鄭，而鄭不禮焉，是以脩怨于鄭，所由始也。文公既伯天下，將伐鄭，秦穆公會之，與晉偕來而圍鄭，似屬過舉矣。但秦既與之偕來，又從燭之武之言以利爲向背，私與鄭盟，而且使人戍守，晉于此寧無憾焉乎？此後秦晉結釁不休，至暴骨于原野，秦可爲失策大矣。何二國圍鄭，而獨言秦師退者？因晉爲主，而秦爲附。若説之秦師退，晉不能獨留故也。所以燭之武就先將亡鄭陪鄰提醒秦伯，不説有益於鄭，止説有害于秦。設使得鄭，欲以爲秦之邊鄙，而隔越間于晉國，固難保守，勢必至獨歸於晉。是晉陪之益厚，秦之削弱益薄也。不若舍之，留鄭爲東道主人。真英辭遠識，使人不覺聽從。又妙在秦伯身上事以觸其怒，况君嘗獲惠公而釋之，惠公許焦瑕二邑以報秦恩，豈期朝歸而夕版築以守焦瑕，此晉背恩之速如此，君所素知。復將闕秦聳激，夫晉何厭之有，若亡鄭以闕東封，况秦在西，則比闕。若不闕秦，則晉將何所取之，以肆其西封也？着着爲秦伯打算，不爲鄭謀，而深于謀鄭也。迨至子犯請擊秦師，文公以微夫人之力而誰爲，原是一點良心難滅處。但仁智武正是譎而不正。篇中句句頓挫，段段連鎖。文勢縱橫，無限層折。猶如短兵接戰，轉鬥無前，不慮秦伯不落武之彀中也。燭之武辭命卓越，傑然天下，佚之狐當受薦賢之上賞。"（《補義》眉）董云："使子犯之請行，則鄭亦有不利，但文公新伯，秦强實過之，不敢犯也。一結見圍鄭之謬，是全篇歸宿。"（《便覽》尾）秦晉方睦，若卑辭乞憐，秦未必許也。妙在語語從亡鄭後打算，一片心若全爲秦者，秦伯安能不聽哉？戰國人文，大都以此爲藍本。芳輯評。（《日知》

尾）帆隨湘轉，望衡九面，停蓄含蘊處益見透露，此之謂筆妙，入戰國人手，一瀉無餘，那得此神韻風味！（盛謨總評）左氏一眼註定秦伯，卻偏要說"以其無禮于晉"，此左筆故意迷人處。然筆在此，而神已側注秦伯矣。故於狐口直接"使燭之武見秦伯"，于後突出"秦伯說"、"盟"、"戍"，可見一篇全神已預藏於首二句。人只解此屬敘筆，卻不知左氏經營慘澹之苦，只在此二句。蓋其章法之精神，不必聯絡而自暗相呼吸也。處處以秦作主，處處以晉作敵，是以晉爲文之反面也。通篇正意，只有"若舍鄭以爲東道主"四句。（高塘尾）李氏廉曰："秦晉之爭始此，夫秦以非子之餘，踐岐豐之地，《春秋》所書，大抵皆與晉兵爭之跡耳。自穆公釋韓之憾，而從晉於城濮之功，於是盟于溫、于翟泉，借役于齊、鄭，戮力同心，未始有隙。由燭之武一語，而秦輔晉之心變矣。文公既卒，而殽戰起釁，厥後彭衙之戰、令狐之戰、河曲之戰，秦之伐晉者六，晉之伐秦亦六，興數十年報復之師，更四君而未已。蓋至襄公十一年戰櫟，十三年十三國之伐，然後交伐之文，始絕於經。然則有穆公之賢，而其所就僅止此，豈非貪利忘義之失哉？"俞桐川曰："秦晉外合內離，晉之霸，秦之忌也。不見晉君，反見秦君，已得要領。反反覆覆，只在利害上講，使秦伯不惟釋鄭，反欲拒晉。秦晉搆隙，則鄭免矣。文章快利，已開戰國策士之風。"此爲殽師張本，見秦晉結怨之所自始也。武見秦伯，語凡四層。委婉曲折，逐步勘進，若全爲秦而不爲鄭者，戰國人大抵以此爲藍本。（《自怡軒》尾）妙在語語從亡鄭後打算，見秦無益有害，今日之陪鄰，已覺無謂。他日之闕秦，隱然可憂。秦伯安得不聽哉？許穆堂。（《評林》眉）謝文洊："此見晉文豁達大度處，子犯功名之士，只顧乘便取利，無一毫情義，從來以智謀長者多如此，所以可畏。"按："亦去之"對上，曰"戍之，乃還"，故曰"亦"。（王系尾）燭武之言，凡作六轉，揣事料情，審形度勢，言言切至，轉轉精神，實爲戰國說士鼻祖。而溫文爾雅，則左史之潤色也。（林紓尾）天下求文字之緊湊，用利害兩字，轆轤爲用，移步換形，言簡詞悚，能使人不得不聽者，此篇是也。燭之武雖老，技癢人也，故一叩即鳴。想其辭謝鄭伯時，亦未必即有把握。一經鄭伯提起"鄭亡，子亦不利"一語，立時參透晉強，秦亦不利。機關一動，即用鄭伯速已之言，爲搖動秦伯之術。觀其一肆口即曰："亡鄭而有益於君，敢以煩執事。"此即鄭伯言中之意也。"越國以鄙遠，君知其難也"句，是言秦爲其難，以利歸晉。亡鄭陪鄰，爲計更左。似患晉之無利，用力以附益之。"鄰厚君薄"，已撩動秦伯妬心，使之趨利而避害。繼以甘爲東道，願供行李困乏，謂秦雖無大利，亦據其小利。不説以鄭屬秦，但小餌之以此，兩兩與亡鄭陪鄰比較，爲利已多。願不言利，而曰亦無所害者，以所挾持餌秦者，爲禮薄也，不好出口。且不將晉人攀倒，以往事動秦伯之怒，亦不見功。焦、瑕負約，是惠公時事，然惠負而文不酬，秦伯本有怏怏之心，一經觸發，立形解體。東封、西封之害，秦人本不懼此，特行文應有之言。全篇重在"闕秦利晉"四字，使秦伯不能不聽。匪特燭之武敏給，非左氏文字曲曲傳寫，敏給亦無從見。文無他妙巧，但極緊極靈，代他體貼，代他估量，代他不平，代他計較，代他抱屈，一一若貢忠誠，實一一皆關利害。利害兩字，或平列，或側重，或挪移抽換，但覺一步緊似一步，行文能解此法，殊遊刃有餘。（《菁華》尾）城濮之後，晉人得志，秦人未必毫無忌心。其相與伐鄭者，乃牽率使來，非其心之所欲也。故燭之武得以乘其機。不然，豈有與人有成謀，而聽一説士之言，遽翻然變計之理？後來張孟陽之説合韓、魏，以覆知氏，與此相類。此時晉人乘全勝之威，敵懵歸之衆，覆之有餘裕矣。而卒不爲者，亦其一片天良不能盡絶處。

　　初，鄭公子蘭出奔晉，從于晉侯。（闈生夾）以"姬、姞偶，其後必蕃"爲主。同一公族，穆後何以獨盛？此無理可言，故假夢蘭、姞甥等情事幻此奇文，亦戲筆也。**伐鄭，請無與圍鄭。許之，使待命於東。鄭石甲父、侯宣多逆以爲大子，以求成于晉，晉人許之。**（《測義》夾）邵寶氏曰："身從其奔，而心從其宗，從晉伐鄭而無與圍，蘭之處兹變也，其可也！"（孫琮總評）晉人主兵，然其重實在于秦。鄭人看清把柄在秦伯，故其爲言婉而透，深而明，使秦伯入其彀中，則鄭圍固已立解矣。善於用秦伯，即善於用晉侯，已開戰國策士機鋒。（魏禧尾）魏禧曰："辭令妙絶，與陰飴甥對秦伯足相上下。茅鹿門稱歐陽文忠《宦者論》如傾水銀於地，百孔千竅，無所不入。余於此二篇亦云然。"彭家屏曰："燭之武辭令之善，人皆知之。然得其要領，切於事勢，足以聲動秦伯，而要以必從者，則越國鄙遠之説也。秦既不能越晉而有鄭，而徒取以益晉，豈秦之利乎？故一聞燭之武之言，即心解神悦。既私與之盟，又使三大夫戍之，所以防晉者深矣。搤人者必搤其肮，燭之武其操是道歟？"（《分國》尾）《絶秦》中"擅及鄭盟"，即此事也。自重耳入晉，從未有隙，此謀行，鄭國之圍雖解，秦晉之師遂構，燭之武真傾危之士哉！(《左繡》眉) 事截而文遞，全在中間轉榫處著力，既要有勢，又要有情。如此處一許無與圍鄭，一許請逆以求成，兩兩相對。中間使待命於東，為束上渡下之筆是也。(美中尾) 執曹伯，囚衛侯，無禮之怨報矣，而於鄭心殊未懺也。於是因偶不會翟泉而討之，晉文之於恩讎，亦太分明哉！"無禮於晉"，明屬修怨之師。"無害於君"，隱啟東封之志。從此二國交兵七十餘年，晉既孤援，秦亦暴骨，非均失策哉！(《左傳翼》尾) 請無與圍鄭，不忘父也，不背本也，即此便可以君鄭。鄭之所以逆在此，晉之所以許亦在此。堯舜之道，孝弟而已矣。不孝不弟，而能君國子民，使其子孫蕃昌者，未之前聞。(《評林》眉) 王荊石："齊桓不從鄭子華之請，而鄭伯受盟。今晉文乃以子蘭從於伐鄭，將何以訓？無惑乎秦伯之竟叛，而又何以責鄭伯也？"(王系尾) 蘭之過於子華也遠矣，卒有鄭國，子孫蕃盛，豈倖也哉？兩邊對看，道理之根柢明，文章之色澤出矣。(《學餘》尾) 物必先腐也，而後蟲生之。人必先疑也，而後讒入之。晉侯不與秦勤王，而與秦圍鄭，穆公其疑矣，是以鄭間得入。子犯之請擊，亦異于管仲之相桓矣。子蘭之賢，遠過子華，其得國也，宜哉！君子謂齊、鄭成于管仲，而晉、鄭成于子蘭也。

　　冬，王使周公閱來聘，饗有昌歜、白黑、形鹽。辭曰："國君，文足昭也，武可畏也，則有備物之饗，以象其德。薦五味，羞嘉穀，鹽虎形，以獻其功。吾何以堪之？"(《分國》尾) 體薦折俎，有宴享之分。白黑形鹽，有文武之象。周禮在魯，斌斌可觀。(《左繡》眉) 先虛說一層，再實說一層，明於虛實之法，而文不可勝用矣。象德獻功，又互見法。典雅精潔，而氣韻又極生動，洵文之聖者。(美中尾) 姜白巖曰："諸侯但朝王所，王遂使三公兼冢宰者來聘，周室陵夷甚矣。齊桓之霸，王禁明而王臣不下聘者六十年。晉文之不如桓也，豈一二數哉！"(《左傳翼》尾) 象德獻功，分映文武。薦五味三項，即上昌歜等事，單屬獻功，專指武一邊，與文無涉。杜氏以嘉穀象文，鹽虎象武，殊屬不合。據文意由備物之享陪起下三項，似有賓主，隱見得德不可冒，而功更不可竊。備物之享，已不敢當，況益以此三者之殊禮乎？"吾"字緊與"國君"對言，已非國君，文武皆不足重，故有此辭。簡潔勁峭，筆筆追古。(《補義》眉) 象德一層虛說，獻功一層實說。(《日知》尾) 積字成句，積句成調，節短而味長，煉法入□。(《評林》眉) 程端學："禮雖有天子聘諸侯之文，然魯未嘗朝王，不過因會盟晉侯朝於王所而已，襄王不能正王法而下聘焉，已失道矣，況遣冢宰乎？陵遲甚矣！」

東門襄仲將聘于周，遂初聘于晉。（《左繡》眉）三層轉折，只用三虛字括之，簡何如也？（美中尾）李行簡曰：「內大夫如京師七，如晉二十八，皆始於此。」

◇僖公三十一年

【經】三十有一年春，取濟西田。公子遂如晉。（《評林》眉）鄭玉：「魯遣使如晉，拜分田之賜，而不請命於周。正疆理之復，但知有伯，不知有王。但知利，不知義，此《春秋》所以於濟田書'取'也。」夏四月，四卜郊，不從，乃免牲。猶三望。（《評林》眉）程頤：「周公之功固大矣，皆臣子之分所當爲，魯安得獨用天子禮樂哉？成王之賜，伯禽之受，皆非也。」劉敞：「所謂不從者，謂日不吉也。不吉則不敢郊，故須免牲也。」汪克寬：「《周官》四望，蓋望四方，今魯三望，蓋泰山在魯西，海在魯東，河在魯北。」秋七月。冬，杞伯姬來求婦。狄圍衛。（《評林》眉）吳澂：「狄去年侵齊，今又圍衛，若無晉伯然，豈以晉文居狄之久，狎之與！」十有二月，衛遷於帝丘。

【傳】三十一年春，取濟西田，分曹地也。使臧文仲往，宿於重館。重館人告曰：「晉新得諸侯，必親其共，不速行，將無及也。」從之，分曹地，自洮以南，東傅於濟，盡曹地也。（《評林》眉）張天如：「不請王命，而擅分曹地，尤因其共與速者先及之，豈爲伯之體？」

襄仲如晉，拜曹田也。（《分國》尾）當時晉文公執曹伯，班其所侵地于諸侯，不過快一時之欲，以雪觀脅之恥。魯與曹同姓也，何不踵當時隱公入許之役，曰：「君雖有命，寡人弗敢與聞乎？」不然，後至焉，使先至者受地盡，而魯無分，亦超然免乎評論矣。文仲稱知者，惑於重館人言，重繭趨分，利令智昏，君子不取。或曰：「濟西田爲魯故地。」然不以亂易亂，《公羊》以爲《春秋》之法，故直書曰「取」。（《左繡》眉）首尾敍取田如晉事，只用一點之筆。中間卻詳敍重館人語，及田多少之數，分明以中間作兩頭注腳，結構精嚴。以"分曹地也"、"盡曹地也"爲呼應，"拜曹田也"趁筆作帶，合成章法。（《左傳翼》尾）濟西田，《公羊》以爲復魯舊地，此云分曹地，蓋淮濟本魯境內，濟西田爲魯田，爲曹所奪，則魯地即曹地也。無王命以正疆理，雖復吾故田，與非其有而取者無異，況用重館人之言取悅盟主乎？取者，不宜取也。不論是非，但唯共者是親，此極害事。文公論報復，專是此意，不料已爲重館人所窺，分曹地而魯所得獨多，無非喜其共我。"自洮以南"云云，極力形容以實重館人之言，蓋深譏之。

夏四月，四卜郊，不從，乃免牲，非禮也。猶三望，亦非禮也。禮不卜常祀，而卜其牲、日，牛卜日曰牲。牲成而卜郊，上怠慢也。望，郊之細也。不郊，亦無望可也。（《分國》尾）必卜郊從而後卜牲，今已牲，是牛先得吉卜矣，而卜郊，是卜牲先于卜郊矣。郊不從而免牲，始以郊從牲，終以牲從郊，故曰怠慢。要之，魯郊非禮，卜牲、免牲，爲猶隱乎爾。西亭援《竹書紀年》：平王四十三年，魯惠公使宰讓請郊，王使史角論止之。魯之郊，自僖公始也。（《左繡》眉）兩"非禮也"雙起，"曰"以"禮"字總提，而分兩層洗發。並"乃"字、"猶"字，虛神都見。視公、穀解經，差爲隱秀。兩意前重後輕，故用筆亦前詳後略。末數語最帶得簡雋有致。（美中尾）王者以冬至祀上帝，又以夏之孟春祈穀於上帝，禮行於郊，故曰郊。魯以周公故，遂得用祈穀之郊，蓋僭禮也。乃者，萬不獲已之辭。望雖郊之細，亦郊之屬，魯人不得於此，冀得於彼，則是猶三望者，仍未忘乎郊之辭也。譏其可已而不已也。説參齊氏。（《左傳翼》尾）祭祀國之大典，曷爲乎譏之？蓋郊與望皆天子之禮，魯行之爲僭。然其來已久，且又歲事之常，有不勝書者，故因其行之失而著之簡策，以見失禮之中又失禮之意，精神在一"乃"字、"猶"字內。四卜不從乃免牲，是可免而不免也。不郊猶望，是不必望而望也。兩事上重下輕，故敘有詳略，然典禮之失雖小不苟，末句掉尾正有無限神情溢於言表。（《補義》眉）齊河洲曰："乃不郊者，万不獲已之辭也。望雖郊之細，亦郊之屬，魯人不得於此，冀得於彼，則是猶三望者，仍未忘乎郊之辭也。"（《日知》尾）先獨斷，後注明，峭奧簡潔，文體已濫觴公、穀。（《評林》眉）啖助："天子以冬至祭上帝，又以夏之孟春祈穀於上帝於郊，故謂之郊。魯以周公之故，特以孟春祈穀於上帝，亦謂之郊。郊皆用辛日，故以二月卜三月上辛，不吉，則卜中辛，又不吉，則卜下辛，所謂吉事先近日也。卜三旬皆不吉，則不郊。"

秋，晉蒐于清原，作五軍以禦狄。趙衰爲卿。（《左繡》眉）忽而三行，忽而五軍，寫晉文好大喜功、朝更暮改徹骨。（方宗誠眉）左氏前記楚武、文時之善謀善戰，以見楚之日強。記晉獻、文時之二軍、三行、五軍，以見晉之日盛。（闉生夾）此篇以趙盾爲主。盾，弒君之賊，文無一字貶詞，最見精心結撰處。記趙氏得位之始。

冬，狄圍衛，衛遷於帝丘。卜曰三百年。衛成公夢康叔曰："相奪予享。"公命祀相。甯武子不可，曰："鬼神非其族類，不歆其祀。杞、鄫何事？相之不享於此久矣，非衛之罪也，不可以間成王、周公之命祀。請改祀命。"（韓范夾）此大臣持國之正也。狄梁公毀淫祠四千餘所，即武子之義夫？（《分國》尾）祖歸於孫，故曰："不思親，祖不歸。"相爲夏祖，于衛何與？齊武帝夢太祖謂宋諸帝從吾求食，可別爲祀，遂四時致祭於清溪，用家人禮，惜無以甯之説正之也。（《知新》尾）祀典所定，自有職守，未許漫爲增加。末世謟瀆鬼神，遂至崇淫祀，越封内，非其鬼而祭，愚且惑矣。提出王制舊典來喚醒他夢夢，真可垂日月而不刊。（《左繡》眉）論不可祀相處，凡作三層批駁，一層緊一層。第一層著解在相，第二層著解在帝丘，第三層著解在康叔，不復不露，煞甚精細。嘗論絕好文字，只在眼前，唯慧心人俯拾即是。如此文三層，只在起手一行中耳，豈有他繆巧耶？（《左傳翼》尾）非其鬼便不當祭，後世淫祀只是見理不明。相一層，帝邱一層，康叔一層，正大典禮，説來無一點滲漏，筆法簡峭。前此狄滅衛，齊桓城楚邱以遷衛，衛國忘亡，未數十年而爲狄所逼，又遷于帝邱以避之，衛之不競已甚。晉霸正強而狄人橫肆憑陵，晉文坐視而不救，不及齊桓遠矣。帝邱之遷，衛不得已而爲之，卜曰三百年，而其根基鞏固，可圖久矣，不與楚邱等。幸之乎，亦危之也。"相奪予享"，康叔幾有餒而之痛，衛之君臣，其亦惕然知懼否？晉前作三軍以禦狄，今又蒐於清原作五軍以禦狄，狄乃移兵以圖衛，是晉文且無如狄何，豈能救衛？幸而次年狄有亂，衛人侵狄以報之，狄請平焉，復因晉喪以侵齊，竟復伐晉，若非箕之役稍挫其鋒，則中國皆爲其所蹂躪矣。桓文方強，而狄乃如此，豈不可畏之甚哉？（《補義》眉）"鬼神"三句就相言，"相之不享"二句就帝邱言，"不可以間"就康叔言，用三層寫。（《日知》尾）都用暗轉法，故簡勁中自具遒宕之氣。（高塙尾）神不歆非類，民不祀非族。夏之相，不享于周之衛，武子此對，亦智之一端也。（《評林》眉）李笠翁："相奪之夢，疑文人爲好奇譎詭談，然甯俞'鬼神非族類，不歆其祀'之言，可以語祀典矣。"〖編者按：凌稚隆作郭登語。〗（王系尾）甯子深明祀典，不可惑以妖妄，故連敘之。

鄭洩駕惡公子瑕，鄭伯亦惡之，故公子瑕出奔楚。

◇僖公三十二年

【經】三十有二年春王正月。夏四月己丑，鄭伯捷卒。衛人侵狄。（《評林》眉）吳徵："衛畏狄之強，遷都以避之，今乘其亂始敢以兵攻其境，言侵不言伐，不敢聲其罪而討之。"秋，衛人及狄盟。冬十有二月己卯，晉侯重耳卒。

【傳】三十二年春，楚鬭章請平于晉，晉陽處父報之。晉、楚始通。（《左繡》眉）晉楚始通，春秋又轉一局矣。桓文都以攘楚爲名，而一終於來盟，一終於始通。蓋適可而止，乃所以自善其霸也夫！（美中尾）王方麓曰："楚非衰弱不振畏我而請平也，晉與之平，非能使之受齊盟而遵約束也。攘討之義怠，故和同之說入焉，文之志荒矣。"（《評林》眉）《補注》："陳氏曰：'傳見楚強晉怠，夷夏狎主齊盟之漸，故曰始。'"

夏，狄有亂。衛人侵狄，狄請平焉。秋，衛人及狄盟。

冬，晉文公卒。（《測義》夾）李廉氏曰："桓、文雖並稱，而文固非桓匹也。桓公二十餘年蓄威養晦，始能問罪于楚。文公一駕，而城濮之功多於召陵。桓公屢盟屢會，遲廻晚歲，始會宰周公。文公再合，而溫之事敏乎葵丘。桓公終身與諸侯，會鄄失魯，盟幽失衛，首止失陳。文公三會，而大侯小伯莫有不至，其得諸侯又盛乎桓公，而曰文非桓匹，何也？文公之功多於桓公者，罪亦多於桓公也。事速就乎桓公者，義尤壞乎桓公者也。名盛乎桓公者，實衰乎桓公者也。《春秋》不以功蓋罪，不以事掩義，不以事誣實，此其非桓匹歟！桓公得江、黃而不用於伐楚，文公謂非致秦則不可與楚爭，楚抑而秦興矣，此桓公之不肯爲也。桓公會則不邇三川，盟則不加王人。文公會戰內則侂矣，盟子虎則悖矣，此桓公之不敢爲也。桓公寧不得鄭，不納子華，懼其獎臣抑君，不可以訓。文公爲元咺執君，則三綱五常於是廢矣，此又桓公所不忍爲也。夫子正譎之辨，獨不深切著明哉！"（《淵鑒》眉）違棄老成之言，自古鮮有不敗者，穆公敗而知悔，庶曰能賢，惜其能悔而不能改，日尋干戈，而未有已也。臣熙曰："情至不過數語，便覺風景淒然，百端交集。"臣鴻緒曰："老成謀國，情深語至，悽婉動人。"庚辰，將殯于曲沃，出絳，柩有聲如牛。卜偃使大夫拜。曰："君命大事。將有西師過軼我，擊之，必大捷焉。"（《彙鈔》眉）西師，秦師也。卜偃蓋聞秦密謀，故因柩聲以壓衆心耳。（《左繡》眉）此篇爲戰殽起本，極寫蹇叔先見之明，起手卻寫一先見之卜偃作引。蓋照定諫師、哭師兩段文字，以伏筆爲提筆也。"其誰不知"暗應"將有西師"，"禦之於殽"明應擊之大捷。於事則各不照會，于文則彼此回環，於格則一頭兩脚，頗似授璧篇章法也。又看此篇分作三段讀，以中段"且行千里，其誰不知"二句爲主。末段哭師，明指晉人，乃緊承此二句而申言之。首段卜偃語，卻預爲"知"字作注脚。事勢毫無影響，便憑空下此一筆。在左氏只是倒插法，乍讀之，恰似一味好奇，將卜偃寫成一脫空謾語漢也。豈不奇絕？"將有西師"作提，以下潛師、勞師、出師、禦師，直至秦師遂東，一線穿落，章法絕佳。（《補義》眉）卜偃已了然秦師過我，下乃追敘杞子告秦，使讀者看去，似捕役高距坐觀，而盜方造謀行劫，贓入手而擒者隨之，無一得脫。若但賞其東西南北小小映照，猶未足以盡其奇妙。孫氏謂此段宜入下，癡矣。蹇叔先見，卻有卜偃先見相陪，知幾之士正相匹敵，以深罪秦穆。結語千萬人將送登鬼錄，而君臣猶踴躍也。（《評林》眉）《附見》："'曰'字，晉先君命戎事於文公，卜偃述之之辭。"王元美："柩中聲本與西師無關，但卜偃已聞秦襲鄭之計，故因是而設權以正衆心。"（《便覽》眉）不節此二行，方見左氏連敘書法及各篇照應文法。（王系尾）此爲明年敗秦師於殽作案。柩聲甚怪，而卜偃正之以人事，卒以勝秦，無他異焉。乃知人定可以勝天，而妖乃不自作也。

　　杞子自鄭使告于秦，曰："鄭人使我掌其北門之管，若潛師以來，國可得也。"穆公訪諸蹇叔，蹇叔曰："勞師以襲遠，非所聞也。師勞力竭，遠主備之，無乃不可乎！師之所爲，鄭必知之。勤而無所，必有悖心。且行千里，其誰不知？"（孫鑛眉）論精而語未鍊陗。（鍾惺眉）勞逸賓主四字，分別得極明。"遠主備之"一語簡至，老成人自不費辭。（《便覽》眉）此本找"知"字，破上"潛師"作收，卻用"誰"字放鬆到晉人之禦。(《評林》眉) 王荊石："此即漢王恢馬邑之詐，古今行險若此者，未有不敗。"《經世鈔》："必有悖心，謂勤勞無所得，必行悖理之事。"(方宗誠眉) 語簡而情事精透。

公辭焉。召孟明、西乞、白乙，使出師於東門之外。(《才子》夾) 一片沉痛，卻出之以異樣興會。蹇叔哭之，曰："孟子，吾見師之出而不見其入也。"(《才子》夾) 先呼，便慘！只一句，情文俱極。公使謂之曰："爾何知？中壽，爾墓之木拱矣。"(《才子》夾) 公亦詛，妙。不如此，不與上下文配。(《便覽》眉) 哭字作兩層寫，"孟子"二字，喚得有情，卻極淒涼。"中壽"二字，答得無禮，卻極新奇。(《評林》眉)《增補合注》："爾今年已中壽，不久于生，比師回，汝墓之木已拱矣，言死將至矣。"《匯參》："此'知'字乃反唇前三'知'字。"按：《淮南子》："中壽，七十歲。"與孔疏、林注異。蹇叔之子與師，哭而送之，(鍾惺眉) 說得極確，不問而知其為老人矣。曰："晉人禦師必於殽。殽有二陵焉。其南陵，夏后皋之墓也；其北陵，文王之所辟風雨也。必死是間，余收爾骨焉。"(《才子》夾) 只是"晉人禦師必于殽，余於其間收爾骨"一句，看他忽然生出"殽有二陵"，遂寫得如此異樣穰至，始悟文章有何定態？人自不會搜捕耳。(《約編》眉) 著色濃至，卻極悲涼。(《便覽》眉) 故作搖曳，尺幅中便已風雨淒然，大有鬼氣。(《評林》眉) 孫應鰲："情結言慘，讀之殆難為懷，國棄老成，鮮不敗者。"蘇轍："穆公違蹇叔而用孟明，千里襲鄭，覆師於殽，雖悔過自誓，列於《周書》，而不能東征諸夏，以終成伯業。於乎！穆公賢君也，行一不義，而幾至於狼狽不能與桓、文齒，而況其下乎！"李笠翁："蹇叔熟輿圖，諳典故，而尤逆料其子所死之地，真老成多識之士。"《經世鈔》："古之謀臣，未有不請地圖者。"(闌生夾) 此精神旁溢處，俶儻詼麗，極文章能事，後人無能及之者。太史公所以不如左氏，止爭此等，他更無論矣。秦師遂東。(文熙眉) 汪道昆曰："序事能品，'北門之管'字法。"穆文熙曰："穆公信杞子詭言，乃加兵于鄭，輕挑強晉，而又不納蹇叔之諫，賢君豈宜有此？其敗不足惜矣。"孫應鰲曰："情結言慘，讀之殆難為懷，國棄老成，焉不敗者？"談覆軍之所，如在目前，後果中之，蹇叔可謂異人。惜哉！其言之不用也。(《快評》尾) 敘晉文公之喪于秦師之前，卜偃一段奇文，益覺突兀。晉文以譎致霸，其群臣相習成風，蓋無所不用其譎矣。卜偃已知西師消息，因文公出柩之異，假卜以勵眾心，此亦狐、趙輩之謀也。左氏此等，極有意思，皆當細心體察，不可同聲附和謂左氏多誣，更不可謂左氏瞞過，謂機祥必驗也。蹇叔哭師，與《史記》荊軻《易水歌》同令千古黯然神斷，然各是一種神理，各是一副筆墨。蓋蹇叔是知他人不返，荊卿是自知不返故也。如南陵、北陵句，善學此一筆，則知何處不可設色哉？不善設色者，於實處設。善設色者，於虛處設。不善設色者，於正處設。善設色者，於反處設。不善設色者，於主上設。善設色者，於賓上設。悟我此言，思過半矣。（孫琮總評）蹇叔對穆公之言，計慮周到，此猶望其師之可止也。至已出師，而哭孟明，聲音則酸楚；送其子，意思則淒切，詞氣則悲壯。公義私情，言下歷歷各有分曉。卜偃有權變，杞子極狡譎，其舉動蹇叔若親見之。蓋老成更事既多，則瞻言百里，固不必待其著而後知耳。何秦穆之用壯而侮老？（《古文斫》尾）穆公利令智昏，作此孟浪舉動。觀蹇叔數語，日後隻輪不返情形，早已瞭如指掌。此言不入，前哭師，後哭子，猶欲以老人血淚一阻三帥之行。穆公猶謂其故作不祥語，亦以不祥語詛之，可謂悖極，向來注者都誤。（《彙鈔》眉）一哭再哭，出軍時最惡聞此。然蹇叔正不得不哭，至穆公之既敗而哭，晚矣。（《覺斯》尾）陸雲士曰："蹇叔以言諫不從，繼之以哭，一哭再哭，以哭諫也。而穆公終不悟，而喪師，枉死其子，是秦國再無第二有識如蹇叔者，真所謂一個臣矣。至今讀之，似聞青山猶哭聲也。"過商侯曰："蹇叔所陳，計深慮遠，皆老成練達之語。讀到哭孟明、哭子，景色最是慘淒。"（《析義》尾）秦穆，賢主也。前此氾南之軍，以燭之武越國鄙遠數言，返師而西，已知秦必不能有鄭矣。此番狥杞子之請，謂其利令智昏而然乎？蹇叔置對，利害瞭如指掌，乃不見聽。計無所出，其先哭師，次哭子，無非冀秦伯之一悟，以止三帥之行耳。老臣謀國，慮長而且情深如此。（《觀止》尾）談覆軍之所，如在目前，後果中之，蹇叔可謂老成先見。一哭再哭，出軍時誠惡聞此。然蹇叔不得不哭，若穆公之既敗而哭，晚矣。（《集解》尾）只"勞師襲遠"一語，便已明透無比，以下細推流弊，言言中窾，其如主聽之不聽何？貪而愎諫，宜秦師之暴骨於二陵也。沉痛之音，卻以興會之筆出之，更自精彩奪目。（《知新》尾）貪心一萌，險在前而不知，謀甚老而不用，可鑒也。玩占損象，早知窒欲，豈有此耶？（《賞音》尾）蹇叔之言，豈不勝於越國以鄙遠之語？乃公悅於彼而拂於此者，利令智昏耳。不得已而次哭師，再哭子，總欲動公之悔悟，微獨料事之智也。（《左繡》眉）哭師凡兩番，前一番只一句，其詞決絶。後一番用細囑，其詞悲咽。中夾以秦伯詈語，字字著惱。合之遂成絕妙文字。東坡所謂喜笑怒罵皆成文章，卻不言哭亦有妙文也。《左傳》固無妙不備者。文莫妙於對，後段以南陵、北陵對寫，極淒慘文字，卻寫得極濃至。前段只一語，而以見出、不見入作對，真乃妙不容言。而此則無題，不可著色耳。末句不惟結出師東門，直與首段西師相應。"遂"字乃明譏晉知秦謀，而秦不知晉謀也。首尾照應精細至此，後人孟浪讀去，惜哉！此篇閑中以東南西北作點綴，亦奇。（《啽鳳》尾）秦之不能越晉鄙鄭，穆亦稔知之矣。乃復惑於杞子，任老臣苦口血淚，亦莫之悟。利令智昏，後雖悔，何及乎？（《左傳翼》尾）秦師未東而朕兆已露于晉，禍福倚伏，消息絕大，惟明者乃能見微知著也。晉有卜偃，秦有蹇叔，兩人識見旗鼓相當。乃卜偃指揮而晉人皆從，蹇叔苦諫而秦君不悟，利令智昏，豈其然乎！晉文在日，秦穆爲其所扼，不得爭衡中原，戍鄭而歸，雖謂文公已死，自可得稍示乖異，猶不敢遽。此番因杞子之告便欲長驅遠馭而爲所欲爲也，乃出絳柩聲猶兆禦秦消息，扼之生前者並且敗之死後，死諸葛走生仲達，真是奇絕！"鄭必知之"，指鄭。"其誰不知"，卻暗暗指晉，分明敗殽事已在喉舌間，但未說破耳。後因其不聽，且哭且說，明目張膽指陳言之。前後兩番，一隱一顯，此文家虛實互見之法。照應卜偃語，亦如澄潭映月，有影無形，妙不可言。（《便覽》尾）有杞子之使告，自有卜偃之使拜，二人本是一對，文卻先從卜偃起，遙接圍鄭篇來，倒入杞子，引出蹇叔爲中流砥柱。惜穆公已用燭之武之言，而反忽於此。芳自記。（盛謨總評）從"有聲如牛"四字，生出一篇文字，奇絕。外閑讀者，將此四字作《西遊記》看，冤煞。俄而羅拜，俄而告秦，俄而出師，俄而哭師，只因首有"有聲如牛"四字，便令讀者逐段聳異。究之，讀者亦安知此四字使之也？固知文字盡人知其妙者，必非妙文字。玩"秦師遂東"句，原作過脈，以注貫次篇，卻已將通篇精神收拾此句，至此頓住。大抵左先生文，大而蛟龍，小而蜿蜒，任其變化運動，起止如意，若必云如何落想，如何着筆，則又隔壁聽話矣。（《自怡軒》尾）蹇叔之言，計慮周到。不得已而次哭師，再哭子，總欲動公之悔悟，微獨料事之智也。謝立夫。（王系尾）蹇叔之識何其明，言何其切，諫何其苦哉！以穆公之賢，而不能聽，則貪之害深也，是此篇之微旨。（方宗誠眉）記兵事體。前秦使杞子輩戍鄭，非爲鄭也，蓋陰使其窺釁而後用師以襲之耳。（林紓尾）文字須講聲響，此篇聲響高極矣。襲鄭之師，百里奚不諫，仍在虞之故智。故文中出色之人，但寫蹇叔。秦師將出，君臣咸求吉利之語，叔乃哭送，事已大奇。不知有此一哭，而文之聲響，即由是而高。抗聲呼曰孟子，其下即曰："吾見師之出，而不見其入也。"孟子宜小頓，其中有千言萬語，礙著秦君說不出，礙著孟子之少年盛氣，亦說不出。但曰"孟子"兩字，如繪出老年人氣結聲嘶，包蘊許多眼淚。"吾"字亦宜作一小頓，才見得老人若斷若續之口吻。以下便沖口吐出不吉之語，寫蹇叔憤激，遂至口不擇言。顧蹇叔之聲響即高，苟秦伯以悠泛之詞答之，便不成文體。"爾何知"三字，聲亦高騫。"中壽"宜活讀，當作宜死說。其下曰："爾墓之木拱矣。"是說少年將帥出師，正爲英雄立功之日。汝老悖垂死，墓木且拱，有何知識？語涉咒詛，蓋見出而不見入一言，蹇叔分明詛孟明之死，故秦伯亦以此報之。凡文字有根苗者，上呼下應，自不突兀。今試將秦伯之言作高聲拖延一誦，亦至悲抗。至於蹇叔復告其子，遙想二陵曰："其南陵，夏后皋之墓也。其北陵，文王之所避風雨也。"音節直帶楚聲，不言險地渡兵，爲人劫躪。但虛寫險阻之狀，隱詔三帥早爲之備。不以審勢應敵爲言，但於悲哭中帶出兵謀。吾不知左氏胸中，蘊何機軸，行文之高，至於如此。"必死是間"，正是必備是間。惜三帥無謀，岸然不顧。文末以四字結句，曰："秦師遂東。""東"字亦響極。正寫此三帥喜功好戰之心，全把老成之言，拋諸腦後，慨然東邁，于無意中作一結束，而敗兆已寓其中。此四字，雖在《檀弓》册，亦不可多得，故文字之結響，令人心醉神馳。舍左、馬二氏，無出其右者。（《菁華》尾）此篇若入後人之手，便從杞子自鄭使告于秦說起，而此偏從一怪事入手，使人讀之，覺精神一振。左氏之文，善取風趣，大都如是。蹇叔開口一言，便見老成更事。所云"勞師以襲遠，非所聞也"，是左氏妙於傳神之筆。

◇僖公三十三年

【經】三十有三年春王二月，秦人入滑。（《評林》眉）張洽："孟明視、西乞術、白乙丙不書，罪之也。"齊侯使國歸父來聘。夏四月辛巳，晉人及姜戎敗秦師於殽。癸巳，葬晉文公。（《評林》眉）季本："晉先君有文侯，重耳復謚爲文，非禮也。"狄侵齊。公伐邾，取訾婁。秋，公子遂帥師伐邾。晉人敗狄於箕。（《測義》夾）愚按：晉之敗秦稱人，説者謂晉背秦之惠，貶而人之，似矣。及狄伐晉，晉迎而敗之，其功足偉者，而《春秋》亦稱人，則説者又謂狄侵齊圍衛，而晉不能救，僅於其見伐而後勝之，亦貶詞也。竊意此爲人字所拘，求之不得其情，則曲爲之説，故儒者貴乎通也。朱子云："《春秋》傳例多不可信，聖人記事，安有許多義例？"〖編者按：奧田元繼謂出《增補合注》。〗冬十月，公如齊。十有二月，公至自齊。乙巳，公薨於小寢。隕霜不殺草。（《評林》眉）吳徵："霜當重而不能殺草，李梅再花而結成實，皆冬暖之咎徵也。"李梅實。晉人、陳人、鄭人伐許。

【傳】三十三年春，秦師過周北門，左右免冑而下。（《淵鑒》眉）秦師至滑而鄭不知，微弦高之智，鄭亦殆矣。文逸宕多姿。臣德宜曰："《易》有之：'出師以律，否臧凶。'又云：'幾事不密則害成。'秦師甫出，即爲二子所窺，其取敗何疑！"臣英曰："鄭之辭杞子，意嚴而辭婉，情迫而語閒，想見古人用筆之妙。"超乘者三百乘。（《評林》眉）《經世鈔》："免胄示敬。"《增補合注》："兵車大將居中不下，但居左右者去冑而下車也。超乘，謂車正行車之時，超上車而乘之，以示勇也。"王孫滿尚幼，觀之，言于王曰："秦師輕而無禮，必敗。輕則寡謀，無禮則脱。入險而脱，又不能謀，能無敗乎？"（鍾惺眉）秦入滑之役，一老人，一幼子看破算定。（《彙鈔》眉）秦師之敗，被一老一幼決定，見識正不相讓。（《左繡》眉）此傳秦人入滑事，然不重入滑，只重鄭必知之，見蹇叔之言信也。弦高段是外謀已洩，武子段是内應已空。鄭不可冀，只得滅滑。勤而無所，必有懷心，一一收應。然此亦非正文，只要遞到戰殽作歸結。起處從王孫觀師，引入入險必敗。上照二陵，下照囚帥。明指晉人，而曰過周，曰及滑，偏不一字及晉。超乘則正在興頭，滅滑則頗稱得手，卻不知墨絰姜戎已徐起而議其後也，是一篇結上生下文字。論本文作三段讀，中段爲主。首段過周起，末段滅滑止。中段上承周，下伏滑，乃敘事聯絡之金針也。中段又作兩半讀，前段知秦師之來，則甘言以逆之。後段見秦戎之去，則婉辭以送之。而前爲"從者之淹"，後爲"吾子之行"；前一日一夕，後原圃具圃，都兩兩相映成文。又參差，又整齊，章法入神。至辭令之妙，乃不待言耳。兩段中間趁勢遞下，敘事簡捷，最佳。前段妙於安頓，後段妙於打發。前妙於熱，後妙于冷。前妙于說破，後妙于不說破。含譏帶刺，使人無言可答，無地自容。此種雋妙，《國策》全未到也。首段"能無敗乎"，出自王孫旁觀。末段"不可冀也"，出於孟明自審。前有輕而無禮兩意，後亦有不克不繼兩意，皆遙遙相配，非率爾者。其實首段不過爲犒師、辭戍作一引子。末段齊宋之奔，乃順承辭戍一篇妙文而結之。滅滑之還，乃倒承犒師一篇妙文而結之。非必以末段與首段相對作章法也，而首尾結構自在。論兩兩開說，當以孟明語連弦高語後，因中間"遽告"一氣遞下，故先以杞子奔齊結過後段，而倒以孟明遙接前段，便令犒師、辭戍兩文，併在一處。一奔一還，兩事併在一處。剪裁片段之法，又可窺見一班矣。（《補義》眉）接哭師來。董云："春秋之商人屢多賢者。"王孫知其必敗，而不知其謀鄭，乃以滅滑聞，似料其敗，反奏凱而旋，一起一結反射，而下篇乃見轉身之妙。此篇應蹇叔諫師一段，妙在全不見晉人動靜，下篇以"原軫曰"突起有勢。（《評林》眉）邱維屏："一老、一幼、一商人，點綴相掩映。"

及滑，鄭商人弦高將市于周，遇之。以乘韋先，牛十二犒師，曰："寡君聞吾子將步師出於敝邑，敢犒從者，不腆敝邑，爲從者之淹，居則具一日之積，行則備一夕之衛。"（韓范夾）鄭之得全，一賈人之功也。十二牛勝數百乘師武臣力矣。故曰以智加人者倍，以力加人者半。且使遽告于鄭。（《左傳雋》眉）楊素庵曰："'且使遽告'以下四語，敘當時事，詞約而盡。"（《彙鈔》眉）乘韋，四韋也。弦高一商人，倉忙時辦此急智，大可爲異才稱屈。（《約編》眉）弦高已知之矣，應"其誰弗知"句。（《便覽》眉）有此妙人、妙著，方有妙文，真如天生。（方宗誠眉）應蹇叔之所謂"鄭必知之"之語。此計甚佳。一則令秦師氣阻，一則令鄭君知備，而國人之心皆可不至忙亂，得以從容應變。辭命語婉而意峻。

鄭穆公使視客館，則束載、厲兵、秣馬矣。（鍾惺眉）"鄭人使視客館"一語，寒心墮氣矣，不待辭令之終也，以下字警妙。（《約編》眉）就鄭一面接到杞子，緊湊。使皇武子辭焉，曰："吾子淹久於敝邑，唯是脯資餼牽竭矣。爲吾子之將行也，鄭之有原圃，猶秦之有具囿也。吾子取其麋鹿，以閒敝邑，若何？"杞子奔齊，逢孫、楊孫奔宋。孟明曰："鄭有備矣，不可冀也。攻之不克，圍之不繼，吾其還也。"滅滑而還。（文熙眉）穆文熙曰："弦高以一商人能禦秦師，使鄭有備，則亦異人也。後又不受賞而逃，冥鴻千里，又非春秋人物矣。"〖編者按：《左傳雋》作朱魯齋語。〗（《快評》尾）王孫之幼與蹇叔之老，相耀成彩，妙在不知秦師之行何爲，只一往觀其氣色，知其必敗。秦師襲鄭，鄭實不知。然弦高以一商人，詐爲使者，即令秦人喪膽。周、鄭之間，豈止一弦高？即不能詐使犒師，而先知有備，可必也。孟明亦大愚矣。弦高商人，辭令之妙乃爾，妙在只認秦師道出於鄭，令秦人有退步。若斥言襲鄭，便不可收拾矣。弦高一邊犒師，一邊使遽言告鄭，是一時事，非有先後也。因敘告鄭事，遂雜敘鄭使視客事。其實孟明一聞弦高之言，即滅滑而還，不待杞子、二孫之奔也。（孫琮總評）弦高乘韋先牛，第一智着，是鄭大功臣。然當犒師時，有窮詰其詐者，別出奇策，制使不得告鄭，則內外猝動，鄭亦未必無虞。乃輕脫寡謀，王孫早已見之，固知智深勇沉，必推持重之將。（《覺斯》尾）過商侯曰："弦高以乘韋先牛犒師，鄭之有備，秦固已知之矣，鄭實不知也。使非遽告視館，厲兵秣馬，鄭亦幾墮其計。則十二牛可當數十萬師武臣力。"（《知新》尾）越晉以襲鄭，真利令智昏。弦高卓識遠見，宜其獨傳千古。（德宜尾）此篇前段妙於安頓，後段妙於打發。前妙於熱，後妙於冷。前妙於說破，後妙於不說破。含譏帶刺，使人無言可答，無地自容，雋妙絕倫。陸粲皋。（《左傳翼》尾）秦來襲鄭，鄭尚不知，若非弦高一遇生出急智妙用，則鄭幾墮掌握矣。妙在一面犒師，一面即告鄭。犒師則三帥不敢進，告鄭則三戍不敢留。外寇內患一時俱釋，鄭所以危如累卵者，竟安若泰山也。商人中有此賢能而棄之不用，惜哉！秦師免胄超乘，驚天動地而來。秦戍秣馬厲兵，獐頭鼠目以待。機關一洩，竟伏東流。勞師襲遠，不必蹇叔而後知其不可也。犒師但云"步師出於敝邑"，而不言其來欲何爲，遣戍但云"爲吾子之將行"，而不言其去爲何故，詞令婉妙，得自倉卒急迫中，令人咨嗟歎絕。三帥與三戍消息本通，此卻隔絕，一毫影響不知。鄭君與鄭商馬牛不及，此卻關通，百般機智俱到。觀王孫入險必敗之言，則蹇叔禦師于殽，非過慮也。觀孟明有備難冀之言，則蹇叔"其誰不知"非浪語也。此篇雖爲前後文過峽，而脈絡呼吸，字字周通，章法自成段落。(《精言》尾) 杞子告秦之謀，陰遣一介往來，最爲機密。即師過王城，王孫滿能料其敗，亦不料此行當往何處也。弦高遇之於滑，以由滑而東，路出於鄭，蹤跡詭秘可疑，豈敢執定爲襲鄭之計乎？及鄭聞告，察三子所爲叵測，方得其實。若明斥之，又恐事急生變，秦師猝至，難以兩撐也。故弦高矯命犒師，止謂鄭知有兵至，迎到境內，聽其或居或行，若不知其爲襲鄭而來者。且云"具一日之積"，示有儲蓄可支。又云"備一夕之衛"，示有兵力可守，使知無處措手。而穆公使辭三子，止謂供給不繼，無以留客，卻把三子束載厲秣，硬認作歸秦促裝，若不知其爲秦師內應者。且云原圃麋鹿，聽其取作行資，開他一條去路，使之不能自存。此時不動聲色，將外患內患，弄得他倉皇失措，去的去，奔的奔，兩邊不能照應，終是高棋妙著。玩孟明"攻之不克"句，從"一夕之衛"來。"圍之不繼"句，從"一日之積"來。有兵有食，總謂之有備也。左氏步步寫出，佈置極靈，讀之甚覺可惜。(盛謨總評) 突出商人暗遞，一面犒師，一面遽告。忽視館，忽使辭，疾忙中幾層轉摺變換，經左氏寫來，都不見其筆墨運動之跡，乃爲大奇。辭杞子，忽縱筆寫到原圃、具囿、麋鹿，點綴生色，蔥翠迷人。此種文情，出入風雲，有化工焉。馬、班至此，一起斂手沮色矣。(《便覽》尾) 此與上篇同爲秦敗作張本，然彼則專論局中，此則設色局外。故不特王孫是旁觀，即弦高亦爲不意相值。鬥入正文，筆情便分外閃爍。結句又與上遙遙作對，卻仍只是點題。此妙未許粗心者知。芳自記。(《評林》眉) 李笠翁："弦高若不犒師而逃告鄭，則秦師必遲回而生變，投機之會，間不容髮。故遇而即矯君命以犒，若爲不知秦之計，而令秦亦與吾之不知相安也。以商人而有此捍國之忠、權宜之計，鄭之疆埸諸侯，可爲增愧。"《經世鈔》："不殺其人，而婉辭以致其奔，何也？大國不可犯也，小國敗大國之師，殺大國之使，未有不速取滅亡者。故小國與大國戰，敗亦求成，勝亦求成。以此知燕丹、荊卿之謀，直兒戲矣。"《淮南子》："穆公遣孟明襲鄭，賈人弦高相與謀曰：'凡襲國者，以爲無備也。今示以知情，必不敢進。'乃矯鄭伯之命，以十二牛勞之，秦果還師。鄭伯以存國之功賞弦高，高辭之曰：'誕而得賞，則鄭國之信廢矣。'不受而逃。"(王系尾) 此篇四段，以傳文言之，前三段是主，後一段是賓。秦雖滅滑，志初不在滑也。以經文言之，前三段是賓，後一段是主。此篇是秦人入滑傳也，通前後讀之，則水鏡先生不知賓主矣。(方宗誠眉）此計亦善。若鄭取杞子輩殺之，則秦有辭以伐鄭矣。故但遜辭使其知鄭有備而去耳，內奸既去，則外患自不得而至。（林紓尾）此一篇是上篇蹇叔言論之注腳，事事皆應其口。蹇叔曰："師之所爲，鄭必知之。"而隱隱已伏下一個弦高。似弦高之十二牛及乘韋，已爲蹇叔所見者。蹇叔曰："師老力竭，遠主備之。"似皇武子請客獵于原圃，而逄孫、揚孫之奔齊、奔衛，又爲蹇叔之所見者。蹇叔曰："勤而無所，必有悖心。"猶言師出無功，必有悖逆之事，以洩其憤。則滅無罪之滑，使晉人有所藉口，又爲蹇叔之所見者。通篇爲前後兩篇作過脈文字，明乎蹇叔之意，全注在霸餘之晉國，而此篇偏不提起"晉"字，如雷聲將起，先密佈下無數陰雲，而雲中隱隱已洩電光。如王孫滿之觀師而料敵，弦高之愛國而行權，一則決秦師之必不勝，一則示鄭國之不易取，全在蹇叔"勞師襲遠"一語爲之關軸。然文字雖屬過脈，而起訖仍然自成篇法。王孫滿一開口，即曰："能無敗乎！"孟明一悔悟，亦曰："不可冀也。"此二語，是天然之照應，亦天然之對仗。尤妙敘王孫滿而加以"尚幼"二字，又與上篇"爾何知，中壽"作一照應。穆公怒中壽人之老悖無知，而不知適落中壽人逆料之中。且不止中壽之人知之，而幼沖之人亦知之。所不知者，穆公耳。左氏在百忙中，尚能隱隱出以冷雋之趣語，真神閒氣定之文。大凡行文有首有尾者，易於結構。若緣起在前篇，而結穴又在後篇，中間最難安頓。一着力爲下文處處留下地步，便生出許多痕跡。若照應上文，又不免拖泥帶水。此篇妙在全用敘事法，初若另起爐竈，而步步咸有根據而來。一副眼光，全行注射下文。但觀弦高之犒來師，柔中帶剛。所云"具一日之積"者，言爲汝備也。"備一夕之衛"者，言將逐汝出於境外也。詞極柔順，意極剛果。而皇武子請客行獵，尤多妙語解頤。至於滅滑而還，則三帥之無聊可想。然書滅滑，則秦師未嘗及鄭，但及滑耳。若說成"是時秦師在滑，滅滑而還"，於文字亦未嘗非簡。乃左氏已先用插筆，寫與弦高相見時，正剛剛及滑，已埋下滅滑根株，至此直書滅滑，簡便極矣。（《菁華》尾）以一商人之微，而謀略輻輳如是，鄭之不亡，宜矣。孟明知兵機已洩，迅速旋師，猶可立於不敗之地。恥於無功，而思借滅滑以自解，此正蹇叔所謂"勤而無所，必有悖心"也。曠日需時，使晉人得成師以出，據險而覆之，斯誠慮事不詳之過也。

齊國莊子來聘，自郊勞至於贈賄，禮成而加之以敏。臧文仲言於公曰："國子爲政，齊猶有禮，君其朝焉。臣聞之，服於有禮，社稷之衛也。"（《左傳翼》尾）國有人焉，未可與爭，不在詐力而在禮，禮之可以服人，賢于十萬師矣。魯秉禮而齊不敢動，齊有禮而魯且來朝，人君可不知所務乎？

晉原軫曰："秦違蹇叔，而以貪勤民，天奉我也。奉不可失，敵不可縱。縱敵患生，違天不祥。必伐秦師。"（《才子》夾）讀原軫語，讀欒枝語，讀破欒枝語，讀文嬴語，讀先軫怒語，讀孟明謝陽處父語，讀秦伯哭師語，逐段細細讀，逐段如畫。"天奉我"本奇語，然只爲其違蹇叔，則固至理也。後之違先生長者，尚其戒哉！（《淵鑒》眉）是時晉鄭未睦，秦師之東，又非加兵於晉，乃藉同姓爲兵端，而衰絰以從戎事，是亦不可以已乎！止齋陳傅良曰："晉之伯，秦有力焉。自城濮以來，無役不從也。文公未葬，襄公墨衰及姜戎要秦師于殽敗之，秦晉之構怨自是始，更三君交兵無虛歲，曾不十年，晉遂不競而楚伯。"臣士奇曰："秦晉交兵自殽始，先軫狃於小利而忘大計，啓數世之釁，故殽之勝，禍晉非利晉也。"（《補義》眉）此篇應蹇叔哭師一段，以秦違蹇叔起。（《便覽》眉）入手雙綰前二篇。（《評林》眉）王元美："秦兵襲鄭，與晉何與？而要之，假天奉之說，以偷一時之利，自是二國交兵，數世不解，皆先軫貽之也。"《經世鈔》："秦國君臣密謀，何以晉國得知其詳，故是間諜得力，別有論。"（閻生夾）提起，全神俱振。此節專於先軫著意，寫其生氣凜凜處。欒枝曰："未報秦施，而伐其師，其爲死君乎？"（《才子》夾）時文公新死，言忘秦施，是死其君。此亦只是文字故作一曲。（《便覽》眉）口中如許斬截，卻借欒枝一跌。先軫曰："秦不哀吾喪，而伐吾同姓，秦則無禮，何施之爲？吾聞之，一日縱敵，數世之患也。謀及子孫，可謂死君乎？"（《便覽》眉）晉謀臣惟此老計最高，手最辣。（《評林》眉）《經世鈔》："圍鄭而盟，盟鄭而襲，兵名甚正，何不言此，而以無子之言爲兵端乎？豈反覆狙詐，春秋常態，人習之不爲怪，而反謂伐同姓爲名義耶？"《附見》："死君謂重耳。"遂發命，遽興姜戎。（《補義》眉）"遂"字、"遽"字極決斷、極迅速。子墨衰絰，梁弘御戎，萊駒爲右。（方宗誠眉）先軫是怨秦晉伐鄭時，秦先還而使杞子戍鄭，以自爲計，故欲撓其計，報其怨，並非因其伐同姓也。

夏四月辛巳，敗秦師於殽，獲百里孟明視、西乞術、白乙丙以歸，（《才子》夾）曰"遂"、曰"遽"、曰"以歸"，寫先軫如畫。遂墨以葬文公。晉於是始墨。（《測義》夾）邵寶氏曰："墨衰絰而從戎，禮之變也。禮變于不得已，寇不于門庭，而興師以襲人，非不得已也。不得已而墨可也，非不得已而墨，謂之何哉？遂墨以葬，可乎？可墨也，亦可復也。"〖編者按：奧田元繼作王元美語。〗（孫鑛眉）上云"墨衰絰"，至此單用一"墨"字，于文爲陗，然亦根上來。（《彙鈔》眉）文公新卒，襄公在喪，故稱子。衰絰而墨之事極變常，至流而成俗，更可怪矣。（《左繡》眉）此是一篇過峽文字。一面正敘殽師，收應上哭師、滅滑兩篇文字。一面勒敘三帥，弔動下"遂霸西戎"數篇文字。篇中上半以敗秦於殽爲前文結穴，下半以請帥、追帥爲後文提頭。末段秦伯哭師，"孤之罪也"顧上，"孤之過也"起下，"大夫何罪"又是顧上，"不以一眚"又是起下。先收上半篇文字，後收下半篇文字。章法明整之極，而又故意將兩"違蹇叔"句綰住起訖。蓋收應前文是明修棧道，弔動下文是暗渡陳倉。稍一鹵莽，即墮作者五里霧中矣。又末段前數句都算結上，只以末句遞下亦得，但不如逐句分貼之勻。（《評林》眉）汪道崑："衰絰從戎，逐門庭之寇可也，興師遠襲，數世挐兵，先軫之罪大矣。"（閫生夾）旁及墨衰之制，筆力強處，後人亦少此等，苟爲之，必支離矣。

文嬴請三帥，曰："彼實構吾二君，寡君若得而食之，不厭，君何辱討焉！使歸就戮于秦，以逞寡君之志，若何？"（韓范夾）穆姬之請秦伯，文嬴之請三帥，同一女子之見。（方宗誠眉）辭極婉轉，妙在不甚著意。公許之，先軫朝。問秦囚。公曰："夫人請之，吾舍之矣。"先軫怒曰："武夫力而拘諸原，婦人暫而免諸國。（《才子》夾）"暫"字妙，千古同恨，事事如此。（閫生夾）"暫"，讀《尚書》"暫遇奸宄"之暫，謂欺詐也。《莊子》"知詐漸毒"之"漸"亦是此字，從來注家無知其義者。墮軍實而長寇讎，（《才子》夾）此句雙承，"墮軍實"承"武夫"句，"長寇仇"承"暫免"句。亡無日矣。"不顧而唾。（《左傳雋》眉）呂東萊曰："軫以晉襄公之縱秦囚，不顧而唾，無禮甚矣。及箕之役，深悔前過，免冑而死于狄，其一念之勁烈如此。然身死無名，沒有餘責，與自經溝瀆者等耳。"（韓范夾）三語雖甚無禮，猶可免入狄之事。（《才子》夾）實是憤，勿謂其無禮也。

（《補義》眉）忽生枝節，開後半彭衙、王官及霸西戎事。唐云："戰勝後要葬文公，故三帥尚未發落，即被文嬴乘機釋之，此'暫'字之意也。"（《便覽》眉）一問、一怒、一唾，先軫神氣如生。武夫、婦人，比對尤妙。暫，猝也。**公使陽處父追之，及諸河，則在舟中矣。**（《才子》夾）寫得釋三人疾去如畫。**釋左驂，以公命贈孟明。**（《才子》夾）陽處父兒戲，然此時急智，又只得爾。**孟明稽首曰："君之惠，不以纍臣釁鼓，使歸就戮于秦，寡君之以為戮，死且不朽。若從君惠而免之，三年將拜君賜。"**（《才子》夾）此謝今之不復轉船也。言三年以後來伐晉，當面謝，今不復被誘轉船矣。讀之令人絕倒。（《彙鈔》眉）秦獲晉侯而穆姬救之，晉獲三帥，則文嬴救之。一施一報，不真累□。（《便覽》眉）一波未平，又蹴一波，左公線索，處處皆然。（《評林》眉）王元美："穆姬在秦嘗免夷吾，文嬴在晉，安得不免三帥？幸而秦穆之賢，能聽而舍之，使如先軫所言，則晉之受禍於秦，尤未可知者。"（閭生夾）此段敘寫最生動有態。

秦伯素服郊次，鄉師而哭曰："孤違蹇叔，以辱二三子，孤之罪也。"不替孟明："孤之過也。大夫何罪，（《補義》眉）以違蹇叔結。汪云："'素服'與'墨縗'應，'鄉師而哭'與'哭子'、'哭師'應，末托一筆，弔動後文。"（閭生夾）李右周云："一本'不替孟明'下有'曰'字，蓋'不替孟明'四字乃記者之詞。此說于文義最合。"**且吾不以一眚掩大德。"**（文熙眉）汪道昆曰："議論序事能品，'以貪勤民'、'天奉我'句法字法。又'不以一眚'句法。"穆文熙曰："穆姬在秦，能免夷吾。文嬴在晉，安得不免三帥？且以秦穆公之賢，而晉殺其三帥，恐亦未便，但一敗殽函，即足稱伯矣。"（《左傳雋》尾）按：《秦誓》作於此時，而夫子錄之，取其能悔過。（《才子》夾）仍結違蹇叔。（《快評》尾）寫先軫，如龍躍虎卧，于晉諸臣中，別是一種氣色也。東門出師之際，蹇叔已知晉必覆秦師於二陵之間，晉若縱秦師而使之全歸，晉亦失其為晉矣。何則？晉昔假道于虞以伐虢，因之而滅虞，虞即後車之鑒也。今秦欺晉之新喪，潛軍而歷險，如出入於無何有之鄉，其輕晉為何如耶？向非晉人三敗孟明，吾恐秦之凌轢中夏，不待戰國時矣。先軫曰謀及子孫，言大而非誇也。秦釋惠公，晉釋三帥，皆夫人請之，報施之道，何其奇也？襄公新立，更事未久，聽夫人之請而釋之，原軫言而復追之,進退兩失矣。雖然,覆秦軍以謀及子孫,釋三帥以報秦德,固兩盡之道。先軫之言過矣,宜其自悔而死也。孟明之出也,蹇叔哭而送之。孟明之入也,穆公哭而迎之。以哭為章法,奇絕。(孫琮總評)寫事描情,針鋒相對。文嬴請三帥,與穆姬歸晉侯一轍。然惠必殺慶鄭,而穆能用孟明,此惠不能享國,而穆遂霸西戎也歟?(《覺斯》尾)原軫謀伐秦師,怒釋三帥,忠義之氣,勃勃如生,固知晉之興猶再世也。而秦穆悔過數言,尤見創霸之本。孔子刪《書》,終取《秦誓》,有以夫!(《彙鈔》眉)穆公不以一敗之小過,掩其終身之才德,究用之以霸西戎,可謂知人善任。(《統箋》尾)魯齋朱氏曰:"《秦誓》作於此時,而夫子錄之,取其能悔過也。"(《分國》尾)當秦納燭之武之言,背晉盟鄭,使杞子三人戍鄭,名曰解鄭之圍,實為襲鄭之計。客人之館,而謀其主。獨坐空山,假虎自衛。北門之鑰,以兵授人,宜秦人每飯不忘也。不然,越國鄙遠,既納之武之言於前。勞師襲遠,竟違蹇叔之言于後乎?秦貪甚矣,始於貪,卒于悔,君子猶取焉。喪服臨戎,卒擒三帥。庶幾乎唐莊宗夾寨之戰、周世宗高平之師。所訾者,姜戎前驅,墨衰變禮,未免狄道耳。即晉侯亦諱之,而以賤者告,但曰"晉人及姜戎敗秦師於殽而已",無足取也。(《晨書》總評)徐衷侯曰:"越國難以鄙遠,言猶在耳也。邊將貪功,兵端忽起。蓋戍鄭以來,晉之蓄怨已久,乘釁敗秦,匹馬隻輪無返者,穆公自取之矣。篇中杞子、三帥,同一開釁。先軫、秦穆,同一貪功。弦高、處父,同一急智。蹇叔、王孫,同一料敵。作者一邊寫生,兩邊對照,其間哭聲、罵聲、怒聲、老人、稚子、勇將、婦人,或如哀猿激響,或如萬馬奔騰,或如巧言鸚鵡,光彩陸離,使觀者賞心眩目。"(《集解》尾)前蹇叔料晉人必禦師於殽,先軫果以"秦不可失"、"敵不可縱"為辭,而敗秦師於此地。英雄所見,大約相同,通篇每寫一人,便有一人形像宛然紙上,繪影繪聲,當不過此。(《知新》尾)禹湯罪己,其興也勃焉。秦穆公向師數言,真能見過自訟。而信任孟明,卒成霸業,非具知人特識,豈能使過不惑若是?(《賞音》尾)秦伯忠言不入,而貪以喪師,其失不待言矣。晉之俘秦三帥,則不能無議焉。滑之于晉,孰若曹、衛之為親?況滅滑之無禮,又孰與納文公之惠之大乎?欒枝之言,正論也。先軫特以猛獸已入我阱,不欲縱舍之耳。從此兩國結怨,數世不解,則一勝之功,豈足贖乎?但已獲三帥而歸之,殊為失算,反不若縱於先之有恩無怨矣。孟明及滑而遽返,其識不為不明,何以約束不嚴，致有輕而無禮之議，且悖戾肆毒，爲強鄰藉口乎？當緣才大氣高，未經老練，迨再敗之後，懼而脩德，而其氣斂，其才乃成矣。（《左繡》眉）上半原軫、欒枝三番往復。下半文嬴、先軫、孟明亦三番往復，章法最勻。末段單收而能雙應，筆法尤妙。凡文字章法調法，都要勻稱。如此篇文嬴語與孟明語，俱以兩意開合，作參差調。先軫語在中，獨用整對。而其"爲死君乎"、"可謂死君乎"、"孤之罪也"、"孤之過也"，首尾各用雙調相應。似此結構，安得有肥瘠不類之譏乎？墨縗、素服，亦前後相映成趣。俞選從晉文公卒直至此合爲一篇。評云："秦入滑一段，應蹇叔對穆公。晉敗秦一段，應蹇叔哭孟明。末以孤違蹇叔收，是一頭兩腳文字。"大段極分明。唐錫周曰："戰勝後連忙要葬文公，所以三帥尚未發落，即被文嬴乘機而入。使三囚如脫網之魚，此'暫'字妙義也。"（儲欣尾）原軫之言是也，秦據雍州之固，有車鄰、駟驖之雄，然不敢出函谷以窺諸侯者，以晉爲之限蔽也。微原軫，則秦之往來侵軼，跌宕中原，不俟孝公後矣。（昆崖尾）程念伊曰："每寫一人，便有一人形象，口吻宛然在目，光景如畫，此是何等筆法！"左氏敘事之文，每于斷續離合處變化不測，錯綜出奇。此篇獨用一直滾敘之法，次第條理，前後相生。而埋伏照應，映襯摹寫，層層俱妙，段段入神，又一樣局勢。（美中尾）惠半農曰："與晉爭中原者，楚也。秦晉甥舅國，城濮之戰，穆有功焉。合秦以敵楚，文之善謀也。且晉不敗秦，何害於霸？而汲汲焉背殯而要於險，君子是以貶襄公。或謂'楚氛未熄，秦燄復張，不可縱而弗擊'，非也。秦本無志於中原，觀其千里襲鄭，無功而還，又焉能爲亂於天下哉？"（《約編》尾）此篇濃至處，轉見風神。（《嚙鳳》尾）老成之言，實爲龜鑑。穆違蹇叔，已爲禍本，晉即以爲兵端。番番良士，苟尚有之，又何原軫貪得逞功之有？秦晉互有勝負，穆姬爲晉侯免死，文嬴爲秦帥釋囚，其亦有報施之義乎？而一直一婉，各極其妙。（《左傳翼》尾）殽之役，先儒謂晉襄背殯興師，後連夷狄，忘親背惠，結怨召寇，兵連不解者數十年，故稱人以貶之。然晉文初喪，秦穆即肆憑陵，襲鄭滅滑，志吞中國，不加以懲創，則山東諸侯皆有不能安枕之患。楚氛未熄，秦焰復張，害及生民，所係豈淺鮮乎？得此一戰而秦之詐力不得逞，雖霸西戎，而東征無聞焉。殽師之烈不亞城濮，豈得以墨衰即戎而斥之爲忘親乎？至於改過不吝，聖賢所許，素服郊次，責己自訟，夫子列之《尚書》之末，惓惓三致意焉，瑕瑜原不相掩，分別觀之可也。

違蹇叔所以致敗，原軫罪秦以此，穆公悔過亦以此。首尾屢提此句，正宜著眼。不以一眚掩大德，尤屬仁人之言，後世用人忽而加膝，忽而墜淵，其能收此後效哉？以貪勤民自是秦穆膏肓之疾，所以不哀晉喪而伐其同姓，致晉有"一日縱敵，數世之患"之懼，三帥就擒如縛雞豚，豈孟明不戰之罪？懸軍深入，險阻在前，殽有二陵，必死是間，蹇叔已明料之矣。秦穆豈不慮此，亦因未報其施，晉必不忍死君而伐其師，且有文嬴爲之內應，是以寡我襄公而僥倖出此。若非原軫定計，則秦人出入往來如入無人之境，而晉幾不國矣。思小惠而忘大恥，城濮之戰欒枝嘗以勸晉文，而於此獨反之。胸無灼見，忽彼忽此，謀之不臧，往往如是。發言盈庭，是在人君善於採納也。（《精言》尾）秦于晉有置君之惠，其敢軼晉地者，亦恃此耳。不知二國嫌怨，起于戍鄭，成於不弔，前恩已棄，況又值貪功之先軫慫恿其間乎？篇中以違蹇叔起，違蹇叔收，是正應法。晉兇服，反用墨。秦常服，反用素，是倒應法。秦伯向師而哭，與前此蹇叔出師之哭，是遙應法。若婦人能與軍事，臣子敢怒其君，囚既釋而復追，將既敗而猶用，其中結構穿插，皆以"失奉縱敵"二句爲脈絡，是暗應法，細玩自知。（德宜尾）篇中兩寫先軫，又決斷，又戇直，聲情俱露，卻結出孟明數語，極冷極毒。秦伯一哭，又極慘澹，卓舉紆徐，相配成章，文境似平實奇。（《便覽》尾）秦之失，已備著於前，此單表晉也。其累世雄長諸侯手段，畢現於此。其目無君上，以致日後君弱臣強，其端亦開於此。故結尾特著秦之悔過，與《書》載《秦誓》同意。蓋秦不能得志於春秋者，以晉障之也。晉不分，秦烏能興哉？芳自記。（《日知》尾）蹇叔之言，固是揣提，然"鄭必知之"、"必有悖心"，滅滑篇應之矣。"禦師於殽"，末篇應之矣。而三帥生還，則於"必死是間"之語不應，蓋貪緣得請，徼幸登舟，遂使老謀不驗耳。合讀之，層層順下，末乃陡然一變，正如老杜所謂"峯峯次低昂，紫蓋獨不朝"者，左氏平整篇法，似此者絕少，然猶變換如此。（盛謨總評）前面寫先軫，指揮如意，便覺滿紙兵戈。後面寫先軫，憤怒失聲，便覺滿紙雷霆。寫陽處父快馬疾追，河邊急殺。寫孟明輕帆揚去，中流顧盼。寫文嬴柔婉，嫋嫋動人。寫秦伯哀痛，神魂不定。左氏一幅筆墨，寫來種種各極其妙。向稱史家鼻祖，果非虛美。（高塘尾）林唐翁曰："秦晉七十二年之爭，始於殽，而終於十三國之伐。此役曲自在秦，貪得無謀，自取敗喪，不必責晉，何也？秦虎據岐雍之固，有車鄰、驖駟之雄，不敢出函谷東下而窺諸侯者，以晉爲之限敵也。前圖鄭背晉而去，已有爭雄之心。茲乘晉喪，襲鄭入滑，志在得諸侯，不專在鄭、滑也。使不大挫其鋒，將乘勝長驅，觀兵中原，不俟孝公後矣。況滑今河南偃師縣，殽今河南陝州。滑固近晉，而殽即晉境也。晉爲盟主，雖在遠地，猶當救之。況謀切近之同姓，以視東郊不啓，亦復何異？晉之君臣，豈得晏然而已乎？自殽之役要而擊之，三帥被獲，匹馬隻輪無反者。自是秦不敢越晉而東圖，是敗楚者，文之功。敗秦者，襄之力也。齊孝不能繼桓之業，而晉襄猶能紹文之霸也。至於墨衰即戎，程子蓋嘗非之。然徐、淮並興，魯公兕服命師，《費誓》一篇，列于《周書》，古人有行之者矣，不必執其義而深責之。"此篇按事則秦曲晉直，論文則晉賓秦主，通篇精神，俱極寫蹇叔老成明達，洞燭於事先，徵驗於事後。末以"孤違蹇叔"一語結束前文，見秦穆實能悔過也。"不以一眚掩大德"一句，直注始終用孟明，以爲霸西戎張本。此《秦誓》一篇，孔子錄於《書》，抑賢之也！（《評林》眉）謝文洊："至此而哭，晚矣。然有此一哭，纔見得蹇叔兩哭，哭得有著落，有精神。"《經世鈔》："直說到此，不顧一毫體面，所以爲賢。"姜寶："秦欲襲鄭而滅滑，非晉門庭之寇也，晉襄何得援伯禽故事，以吉禮從金革乎？趙汸氏專罪秦而不責晉，非也。或謂晉棄親爲讎，卒不競於楚，以失秦，殽之役爲專責晉，亦非也。從胡氏並責秦、晉爲是。"（王系尾）秦伯罪己而不責人，自是君人之度。然而孟明不足任也。勞師襲遠，信義俱廢。漫無可否，從君於昏，一罪也。喪師辱國，不知愧悔，旋有彭衙之敗，視其民如草菅，二罪也。王官之役，崤尸始封，淒慘何如？而靦然自以爲得志，三罪也。雖霸西戎，所得幾何？穆公不以一眚掩大德，孟明其可以微功掩三罪哉？殽之役，或罪秦，或罪晉，或秦晉交罪。竊嘗觀其事，則秦曲晉直。誅其心，則皆見利忘義，有工拙而無曲直也。雖然，秦則拙矣，晉果工乎哉？襄誠有繼霸之心，葬文公，率諸侯涉西河而問滅滑之罪，秦未有不服者。城濮、踐土之好，可無失也。乃徒見殽師可取，取之而已迫不及待矣。自此秦晉相仇，禍延數世，晉無暇制楚，而秦常附楚以間晉，靈景之不競于穆莊，職是故也。先軫之謀子孫者，豈不誤哉？（武億尾）此篇分四段讀，首段總領，秦入滑一段，應蹇叔對穆公；晉敗秦一段，應蹇叔哭孟明；末段總收，是一頭兩腳文字。其中寫蹇叔之老成、王孫之聰俊，正以寫穆公之昏惑。寫鄭人之閒暇，晉人之神秘，正以寫秦師之鹵莽。佈景精，著色麗，辭令議論，節節入妙。（林紓尾）紓按：此篇仍是活畫老謀壯事之蹇叔，不是寫秦晉之勝負也。前一篇語語皆蹈蹇叔伏中，已詳批而顯揭矣，然尚為蹇叔對穆公言時之應驗。此篇則為蹇叔哭師之應驗矣，蹇叔不云乎："晉人禦師必於殽。"而此篇開頭，即大書晉"原軫曰"三字，其下復特書"夏四月辛未，敗秦師於殽"，直截老當，把蹇叔所料，切實捧出。但觀原軫之言曰"秦違蹇叔"，其後秦伯哭師，亦曰"孤違蹇叔"，首尾兩提蹇叔，則愚所謂此篇活畫蹇叔，不是為秦晉之勝負，然乎？否乎？而三帥之所以得歸者，其中亦微有天道。晉人之待秦，純用狡獪。而秦公之待晉，頗近忠厚。惟伐鄭留戍而先歸，與勞師襲遠一事，亦頗近貪利，所以取敗。若三帥授首，而蹇叔忠裔亦在其中，未免過無天道。僥倖有文嬴為請，而原軫不知，處父追及，而孟明已在舟中，生死關頭，僅容一髮。此是為王官一役，留下張本。且吾所謂狡獪、忠厚之分，其事亦正明顯。欒枝念死君，是忠厚語。原軫謂不哀喪而伐同姓，是矯曲為直語。晉不愛虞虢，不愛桓莊之族，何有於一滑？其言愈慷慨奪理，正其愈狡獪處。至於秦伯之向師而哭，自行引罪，此原軫所萬不肯為，亦晉文生時所萬不肯為者。忠厚之氣，挾哭聲而俱出。一引罪，一認過，一不以眚掩德，想蹇叔在旁而聽，亦當揮淚不止。則晉人雖勝，固不如敗者之君臣契合、元氣渾淪也。此篇與上篇詞令皆佳，弦高語，句句藏鋒。皇武子語，咄咄逼人，而又出以溫婉。文嬴語，委過於下。孟明語，隱寓復仇。皆言中有物，神妙無匹。（《菁華》尾）連上二篇，俱以蹇叔作主。曰穆公訪諸蹇叔，曰秦違蹇叔，曰孤違蹇叔，三句相承為文，以見不聽老臣之言，自取傾覆之辱，所以示戒者深矣。

狄侵齊，因晉喪也。

公伐邾，取訾婁，以報升陘之役。邾人不設備。秋，襄仲復伐邾。（《評林》眉）《匯參》："'邾人不設備'一句，承上起下。"

狄伐晉，及箕。八月戊子，晉侯敗狄於箕。郤缺獲白狄子。（方宗誠眉）"郤缺獲白狄子"下即應直接"反自箕，以三命命先且居將中軍，以一命命郤缺為卿"，豈不了當，但有賞胥臣一節，故必補敘白季過冀事，情緒方明。**先軫曰："匹夫逞志於君而無討，敢不自討乎？"免胄入狄師，死焉。狄人歸其元，面如生。**（《測義》夾）愚按：先軫不顧而唾，無禮於其君，既而知悔之，則曷自歸於司寇，而伏劍焉已矣。免冑入狄，以喪其元，徒益國恥爾。其與自經溝瀆者何異哉？〚編者按：奧田元繼作王元美語。〛（韓范夾）先軫，剛人也。剛而有禮，故能以死生之大義自裁。（《補義》眉）此爲敗狄傳，以先軫爲主，帶敘且居襲職事。明寫晉侯、郤缺之敗獲，已暗寫軫將中軍之功。入狄死之敘其節，又見中軍無將。中段明敘郤缺之賢，能幹父蠱，即暗寫且居之賢，可襲父職，父罪正與父功照應。俞云："敬字觀人之法，節字用人之法。"（《評林》眉）陳傅良："獲白狄子，傳見始書敗狄，猶不書獲。"今案：獲夷狄，史不書。（方宗誠眉）敘先軫之死，應前不顧而唾之無禮，又以明狄之敗，先軫冒死之功也。（閭生夾）終先軫之事，因縱筆以及白季，文勢磅礴，古人文字，故時時有旁枝也。且與秦伯用孟明事相映。

初，臼季使，過冀，見冀缺耨，其妻饁之。（《正論》眉）古人取士觀其一節，故夫婦敬而臼季升，茅容危坐樹下，郭有道識之。世之衰也，且以一眚棄大德。（《學餘》眉）胥臣之薦郤缺，與趙衰之諫郤縠，若合符節，蓋重德也。然則德顧不重乎？行軍備敵，德顧不重乎？此舉士飯牛之風也，趙衰聞而知之也，是爲達四聽。胥臣見而知之也，是爲明四目。舍此無以爲桓、文，況帝王之道乎？敬，相待如賓。與之歸，言諸文公曰："敬，德之聚也。能敬必有德，德以治民，君請用之。臣聞之，出門如賓，承事如祭，仁之則也。"公曰："其父有罪，可乎？"對曰："舜之罪也殛鯀，其舉也興禹。管敬仲，桓之賊也，實相以濟。《康誥》曰：'父不慈，子不祇，兄不友，弟不共，不相及也。'《詩》曰：'采葑采菲，無以下體。'君取節焉可也。"文公以爲下軍大夫。反自箕，襄公以三命命先且居將中軍，以再命命先茅之縣賞胥臣，曰："舉郤缺，子之功也。"（韓范夾）高帝封陳平而賞魏無知，薦人者有進賢之賞，則人樂於推剡也。以一命命郤缺爲卿，復與之冀，亦未有軍行。（文熙眉）孫應鰲曰："惟賢是取，不拘於世，此用人之准。"穆文熙曰："桓公用管仲，文公用冀缺。舍寇讎而爲腹心，乃古今人情所難，所以爲五伯之雄。"汪道昆曰："能品。'君取節'字法句法。"（王源尾）賓主詳略之變，古人安有窮哉？主詳而賓略，正也。略主而詳賓，變也。然略主而讀者終覺其詳於主，詳賓而讀者終覺其略于賓，何也？曰正筆略主而詳賓，旁筆又略賓而詳主也。正筆既略主而詳賓，讀者固茫乎孰賓而孰主，乃傍筆又略賓而詳主，讀者不愈茫乎孰主而孰賓哉！此文本傳晉人敗狄於箕，而敗狄，郤缺功也，則郤缺自然主矣。郤爲主，則先軫自然賓矣。乃敘郤缺，不過曰"獲白狄子"四字已畢，不已略乎？敘先軫，既敘其言，又敘其事。既敘其死，又敘其歸。不已詳乎？所謂正筆略主而詳賓也。又追敘郤缺一段，不過述缺所以得用之由，全無關于正傳，卻詳之又詳，且數倍於先軫，所謂傍筆略賓而詳主也。追敘既畢，復接正傳，又先結先軫，次結胥臣，後結郤缺，似乎先主而郤賓，然且居從略，胥、郤從詳，依然先賓而郤主。嗚呼！只賓主二字，古人多少變化也！史傳文字，全要彼此互見。法則取其相間，義則取其相形。參錯互交，而至文生焉。此文本傳郤缺，乃夾入先軫，遂有無限波瀾情趣。然使脈絡不貫，又無文矣。唯以"逞志於君"四字伏於前，而追敘郤缺一段，句句與之映，於是氣勢始相聯絡，深奇超忽，孰窺其微？夾敘先軫，妙矣！尤妙在追敘郤缺，從白季口中傳出，而結處三人一例並序，何其錯綜？先軫變爲且居，胥臣、冀缺又復串敘，何其錯綜！（魏禧尾）彭家屛曰："先軫之唾其君，洵有罪矣。然迫國家之公義，動一時之浮氣。事過氣平，心知其罪，正當囚服入朝，身服鈇鉞，痛哭流涕，再三請死。明君臣之分，章國家之法，以爲同列勸，不誠善於處死者哉？乃見不及此，身死狄師。豈知當長子之寄，非可死之時。殉一己之情，忘民社之重。以是補過，不又有過焉者乎？夫疆場之事，力盡身死，得死所也。有所懷挾，藉以自盡。雖身膏戎馬之場，非死所也。然跡其先後之言，忿激一時，懊悔事後，至無地自容而慷慨求死，人有不得於心，赴湯蹈火而不自知者，此類是也。其志亦可哀也夫！"（《分國》尾）缺父郤芮，曾興焚宮之難，人各爲其主也。文公舉讎，卒收敗狄之功，有以夫！（《左繡》眉）此是兩人合傳體，而意有賓主，故敘有詳略，蓋平中寓側也。起處寫冀缺獲狄，只輕點一筆，而重敘先軫免冑死狄，歸元如生，似軫主而缺賓也。讀至中段，乃重敘冀缺本末，則軫賓而缺主瞭然矣。末段看他先安頓賓筆，後結煞主筆，平平敘置中，軒輊分明，字字有法。尤妙在賓主對敘中，偏夾入一主中之賓以隔斷之。而又明以再命作一色敘法，使人如入九嶷，莫辨誰爲賓主，奇甚，變甚！因敗狄賞功，只重首尾兩段，中間插入舊事，乃補敘法。以缺爲主，而"逞志"映"能敬"，"自討"應"取節"，兩兩有情，是合傳正法。前用散敘，此處必用整結。不如此不成章法也。首段對寫兩人，中段單寫一人，末段夾寫三人。凡換三樣筆法，左氏無變不備，此又其一耳。（昆崖尾）敘郤缺，插入白季、先軫，賓主錯出，文瀾固妙矣。尤妙在郤缺正傳分作兩層敘，橫插追敘一段於中，斷續離合，方見局法之變。（《嗜鳳》尾）傳爲敗狄於箕而作，則敘戰功，以缺之獲白狄子爲主，而軫之死狄師其次。敘賞功，亦以命缺爲卿作主，且居代將爲次。其大較也。中間追敘郤缺之用，原于季子。敬則有德，正以表著缺之本領。而缺以薦而建敗狄之功，則季子亦非無與於本傳者，恰好師反自箕，策功之命，均及三人，用作歸宿，自成天然結構。並令中段倍見精神。缺，敗狄者。乃不詳敘缺敗狄之功，偏敘先軫之死，胥臣之薦，錯綜變化，此左氏敘事慣用妙法。須知敘先軫之死，正所以敘缺敗狄之功。敘胥臣之薦，正所以敘缺能成敗狄之功。一是對面敘法，一是追補敘法。本傳正事，只於首處提清，尾處收明。"三命"段，收應先軫之死。"再命"段，收應胥臣之薦。"一命"段，收應敗狄之功。中節以"文公以爲下軍大夫"句，了郤薦缺案，恰好引起三命、再命、一命。而末"一命"數句，與此"下軍"句對照。"與之冀"句，又與"過冀"應，總歸併到缺上，極奇變之文，卻又一絲不紊，妙絕！慕岩參評。（《左傳翼》尾）此篇以郤缺爲主，先軫爲客，乍看又似先軫爲主，郤缺爲客。蓋兩人一勝敵，一死敵，皆有功當賞者。因郤缺及胥臣，則胥臣是客矣。然無胥臣則冀缺不舉，獲白狄子之功從何得來？追敘郤缺其可舉處，俱在胥臣眼中見出，口中説出。末後結以"舉郤缺，子之功也"一語，亦似胥臣仍是主，而非客。究之前以郤缺獲白狄子起，中亦詳郤缺之舉，末以郤缺未有軍行作結，則牀頭捉刀乃是主人也。人以爲詳賓而略主，亦讀者惝恍迷離而不知孰主孰賓耳。識破又惡乎惝恍迷離哉？先軫死敵之故已見前篇，不必再贅。郤缺勝敵，全賴胥臣之舉，必須補出。文中詳略自具天然脈絡，乃有罪則父子兄弟不相及，有功則先軫之賞可與且居，郤缺之功並逮白季，不惟見人君崇賞慎刑忠厚待人之意，而彼此掩映，亦有無限情致。胥臣論郤缺兩番議論，皆極純粹正大，俱傳中不朽名言。此篇以晉襄賞功爲主，插入胥臣，與後歂子桑之忠同一意致，蓋薦賢爲國，人臣之大節，君能賞之，所以利及子孫黎民也。晉主夏盟垂百餘年，其以此哉！先軫一言偶忤，即自討以尊君。胥臣薦賢，國家得收人才之用，其膺重賞宜也。晉屢受狄患，文公且無如之何，今郤缺克狄而獲其君，中國之威以振，豈尋常折馘執俘比？乃胥臣以薦缺而受再命，而缺竟不能與胥臣同賞，賞不酬勞，豈猶以其父有罪故抑之耶？且居之將中軍也以父，缺之未有軍行也亦以父，比類以觀，左氏之微意見矣。(《日知》尾)九疑連渺渾相似，文家妙境，信乎無所不有。(高塘尾)此傳敗狄賞功事。郤缺獲白狄子，敗狄之功也，自應爲主。先軫死于狄師，臼季能荐郤缺，皆有旌賞，故因而附見，自應爲賓。前兩段散敘，極錯綜。後一段總收，極謹嚴。三人三事三段，賓主詳略，處處變化，合傳體所從出。前後兩段是正傳，忽插追敘一段於中，極斷續離合之致。《左繡》云：「逞志映能敬，自討映節取。」愚謂以下軍用郤缺，罪坐其父，不因而棄其子之賢也。以中軍命且居，賞及其子，正所以旌其父之節也。罰不見嗣，賞延於世，比照參觀，其義互映。凡合傳文字，要彼此互見，前後錯出。文則取其相間，義則取其相形，方有映帶聯絡之妙，否則篇法不相貫穿矣。(《評林》眉)孫應鰲：「惟賢是取，不拘於世，此用人之準。」《經世鈔》：「賞胥臣、錄死事之子、賞舉賢之人，賞格最嚴。」李廉：「晉襄初立，伯業未定，秦之窺鄭，齊之聘魯，皆有志於爭伯也。惟外患是憂，而置齊魯之交於度外，故不踰年而伯事復盛，《春秋》書敗秦、敗狄、如齊、伐許於一年之間，其晉伯絕續之會，三強睥睨之秋歟！」(王系尾)此可以見晉臣之盡職，襄公之念功矣，所以能繼霸也。雖然，先軫之自討，是驚拳之自刖也。中軍之將，實秉國均，非可以酬功也。春秋之世，世卿專恣，政在私門，其所由來漸矣。(武億尾)此兩人合傳體，而意有賓主。起處冀缺略，先軫詳，似軫主而缺賓也。中段重敘冀缺本末，則軫賓而缺主瞭然矣。末段看他先安頓賓筆，後結煞主筆，平平敘置中，軒輊分明，字字有法。尤妙在賓主對敘中偏夾入一主中之賓以隔斷之。而又明以再命作一色敘法，使人如入九疑，莫辨誰爲賓主，奇甚，變甚！(《學餘》尾)先軫之死也，好戰之罪也。逞志於君，由其逞志於敵也。夫敗楚，猶可言也。敗秦，不可言也。先氏其無後乎？胥臣之言信善矣，冀缺亦賢矣哉！(《菁華》尾)先軫，剛人也。一時意氣所激，不能自持。事後而悔，思以一死自明，而死之無名，又與匹夫溝瀆何異？力戰而亡，亦自謂得死所矣。田夫村婦，一舉一動，而識者覺其有異。蓋觀人者，能留意於細微之事，未有不十得七八者也。薦賢受上賞，古有是語，而能行之者甚少。襄公之賞胥臣，實得此意。後世如漢高之賞魏無知，與此相類。

冬，公如齊朝，且弔有狄師也。反，薨於小寢，即安也。(《測義》夾)郭登氏曰：「僖公享國長久，無大過舉，迹其無版築之勞，則能愛養民力。嚴宗廟之祀，則能敬事先祖。興閟泮之宮，則能崇儒重道，可謂知所本矣。然公子友得政，則治有可稱。臧文仲竊位，則事無可采。至若先霸主而後周，背夏盟而即楚，恣公子遂之專，啓三桓之僭，抑又何哉？蓋可與爲善，可與爲惡，無所主乎中者也。較之桓、莊之儔，則有間矣。"〖編者按：奧田元繼作張天如語。〗（《左繡》眉）遠歸耶？此則《閟宮》詩人所不料也。寫得文甚。（《評林》眉）楊士勛："薨于小寢，傳發此例者，以隱公不地，桓公非王，今僖公雖卒，而没於婦人之手，故發傳以惡之也。"

晉、陳、鄭伐許，討其貳于楚也。

楚令尹子上侵陳、蔡。陳、蔡成，遂伐鄭，將納公子瑕，門於桔柣之門。瑕覆于周氏之汪，外僕髡屯禽之以獻。文夫人斂而葬之鄫城之下。（《分國》尾）文公諸子，子華殺之南里矣，子臧盜殺之矣，士死于葉矣，俞彌早卒矣，庶幾子瑕存耳，又死于覆車之禍。蓋天爲穆公有蘭夢之徵，七穆將蕃，必令諸公子無一存，而突、忽、亹、儀之釁，庶可免也。其曰文夫人斂而葬之，公之寡恩，不隱然見哉？（《左繡》眉）鄭伯、洩駕，君臣皆惡，自是一薄福人。散散敘來，筆法必有成片段處，人自忽略耳。（王系尾）卓去病曰："許從楚最堅，雖晉文霸業方盛，而溫會、翟泉盟，皆不能致。即以諸侯圍之，猶然弗服。蓋深信楚之足恃也。"嚴啓隆曰："許至此服晉，至宣十二年敗邲後，復事楚。"按：此役雖服許，而陳、蔡已貳。觀楚之强，則齊桓、晉文之功可觀矣。

晉陽處父侵蔡，楚子上救之，與晉師夾泜而軍。（《評林》眉）王元美："此與謝玄、符堅夾灘水立陳之勢同，使符堅如子上之不涉，晉亦必不能敗。"（闈生夾）弑父大逆，記者有深痛存焉。文以商臣之忍爲主。**陽子患之，使謂子上曰："吾聞之，文不犯順，武不違敵。子若欲戰，則吾退舍，子濟而陳，遲速唯命，不然紓我。老師費財，亦無益也。"乃駕以待。子上欲涉，大孫伯曰："不可。晉人無信，半涉而薄我，悔敗何及，不如紓之。"乃退舍。陽子宣言曰："楚師遁矣。"遂歸。**（《補義》眉）主意在此。竟若爲處父出力。（《評林》眉）《匯參》："兩'紓'字相對成章法。"**楚師亦歸。大子商臣譖子上曰："受晉賂而辟之，楚之恥也，罪莫大**

焉。"王殺子上。(文熙眉)穆文熙曰:"子上雖由詐而退,然完師而歸,楚人殺之,過矣。"(韓范夾)商臣所爲悖逆非類,子上以商臣爲不可立,不可爲非知人,此亦忠於謀國者也。而商臣恨之,以非罪陷之于死,周武之子歟?晉武之子歟?(《分國》尾)陽子之言狡,子上信之,愚矣。商臣之譖,斬關而入,何怪其然!(《左繡》眉)此篇極寫陽子有謀,使人害怕,又使人笑。先尋常說某師其遁,都作實事用。此忽幻作虛景用,奇極!陽子見險與敵共,已有欲遁之意。但思以遁自處,不如以遁處人。與其敵果遁而以遁逐之,不如敵並不遁,而直以遁誤之而誣之也。曲曲折折,計真妙計,文亦妙文。兩"紓"字相對成章法,主意在宣言楚遁,楚安肯遁?則姑使之退舍。楚安肯退舍?則必餌之紓我。楚又安肯紓我?則用兩路垛截法,先退之以濟陳,繼激之以老師。萬一他竟投鞭而來,而我又開口說破,既不可犯煩,又不甘違敵。于是駕以待之,明示以半渡而薄光景,令其必出于紓我之策,而楚遁之宣言,乃墮我術中矣。一筆中有許大機詐在。此時商臣若在師中,夾泜之軍,定同淝水之捷,楚師敗矣。不待陽子宣言也,可長哉?(《左傳翼》尾)晉既敗楚,而處父于此猶有懼心,可知兵兇戰危,倖勝不可恃也。子上欲涉,大孫伯不可,豈亦習見城濮之敗,而知晉人多詐,慮爲其所乘乎?半渡則薄,退則宣言,兩者必居其一于此,陽子此時早已勝算在手矣。本欲自遁而以遁之名予敵,不費一矢而令彼將頭懸藁街,其譎不較狐、原二君更甚乎?子玉以戰而死,子上以不戰而亦死,楚之用法太峻,柄國者其亦難矣哉!(《日知》尾)犯順違敵,陽子早擬居一於此矣,文却於此得結構,撫實而幻,勝讀蕉鹿夢。

葬僖公,緩作主,非禮也。凡君薨,卒哭而祔,祔而作主,特祀於主,烝、嘗、禘於廟。(《分國》尾)以僖公之賢,不能得正而薨。其後文公至十五月而始作主,祔而作主之謂何?且特祀於主,十五月之內未有主,是十五月內無特祀也。至大事於大廟,徒欲躋之閔公上,多見其不知禮耳。(《左繡》眉)《補正》:"'緩作主'一句讀,蓋卒哭而祔,祔而作主。今僖以文元年四月葬,二年二月始作主,過祔之期。"按:杜注:"七月而葬,緩。"則"緩"自屬上句,而"作主"上當重一"緩"字,未可知也。(《左傳翼》尾)依禮作主,易易耳。卒哭而祔,祔而作主,魯之君臣豈不知之?何以遲之又久?蓋文公原有欲躋其父之心,只爲於禮不順,難以曉告於衆,故謀議未決耳。既葬祔廟,若仍列閔公之下，則後此無端而踰，殊爲不倫，故緩作主，俟有夏父弗忌者爲之倡議，而後斷然行之，庶幾可免衆多之口。主既作矣，猶不入宫，俟大事逆祀而後祔之於廟，公與文仲猶藏頭露尾，而以其事屬之于夏父弗忌，則魯多異議，而公之再四躊躇不安於心，亦可知矣。諸儒惟家氏鉉翁"逆祀有萌，議論未定"爲得其情實，其餘或譏其後，或誚其慢，祇以一"緩"字蔽之，其亦未窺見至隱歟！（《評林》眉）《增補合注》："緩字，杜注屬上句，五月而葬，不得言緩也，宜屬下句。"《匯參》："既葬免喪，唯杜有此說，其違禮拂經甚矣。"（王系尾）贊曰："僖前附齊桓，後附晉文，遂以積弱之餘，稍能自振。奚斯之所爲作頌也。考其政德，未有可觀，所遇則然耳。"（《彙鈔》尾）齊桓爲五伯首，存亡國，合諸侯，尊周攘楚，拜胙，皆巫巫以正名分、睦鄰封爲義，功獨偉焉。雖借托仁義，假公濟私，而一匡奏績，天下翕從，後莫有及之者矣。晉文繼之，先歷惠、懷之難，備嘗險阻，乃得復國。效法齊桓所爲，而純尚詐力取威定霸，故敘晉事居多。秦穆三置晉君，違蹇叔之諫，致敗於殽。爲德不卒，君子病焉。左氏每于長篇敘戰之文，尤精神百倍。城濮之役，殽之師，略見一班。僖爲魯之賢主，《駉》之篇，《閟宫》、《泮水》之什，《魯頌》美焉。其後乃躋僖于閔，亂先後之次，臧孫何以辭其責？所爲貽誚萬世，而莫可掩也。

文公（元年至十八年）

◇文公元年

【經】元年春王正月，公即位。（《評林》眉）啖助：「嗣子爲君，明年正月朔就位，南面改元。」二月癸亥，日有食之。天王使叔服來會葬。（《評林》眉）高閌：「葬者，臣子之事。會葬者，諸侯相送終之辭也。天王唯有弔贈含襚之禮，今使叔服來會葬，是自同於諸侯也。」俞皋：「天王使會葬惟一見經，其餘則知其不會。」夏四月丁巳，葬我君僖公。天王使毛伯來錫公命。（《評林》眉）程端學：「文公在衰絰中，安然受之而不辭。毛伯不諫而從君之令，皆非也。」晉侯伐衛。叔孫得臣如京師。衛人伐晉。秋，公孫敖會晉侯于戚。冬十月丁未，楚世子商臣弒其君頵。（《評林》眉）《增補合注》：「商臣稱世子，以見其有父之親。頵稱君，以見其有君之尊。聖人書此，使天下後世知所以爲君臣父子之道，而免于首惡之名、誅死之罪也。」陳傅良：「楚國不志，其志頵何？世子弒君，不可以楚不志也。」公孫敖如齊。（《評林》眉）劉懷恕：「叔服相公孫敖二子，後果如之，豈敖之淫亂奔莒，固已既具之乎？則又何貴於敖也？」

【傳】元年春，王使內史叔服來會葬。公孫敖聞其能相人也，見其二子焉。叔服曰：「穀也食子，難也收子。穀也豐下，必有後於魯國。」（文熙眉）穆文熙曰：「慶父弒君，而其後文伯乃爲大賢，昌後於魯，天道誠不可知哉！」（《分國》尾）相二子也，直鏡出公孫敖自己一生之究竟。食以奉祭養，敖幾幾乎作若敖矣。收以收骨，敖幾幾乎不得首丘矣。叔服言下，大有棒喝，敖知之否？唐杜牧論相，謂呂公、來和之相呂雉、楊堅，當曰此必爲呂氏、楊氏之禍，乃可謂善相人，所言更進一籌。（《左繡》眉）簡甚雅甚。聞作畫貴有士大夫筆意，似此風鑒，其口角豈當求之士大夫外耶？兩子俱好，而一子尤佳。近世爲姑布家言者，甚得此秘。但能學其訣，而不能學其驗，則何也？"食子"、"收子"、"豐下"，只以一字爲評，不肯作極口面奉語，固非世俗所能效顰者。（《左傳翼》尾）世禄之家，爵位原有定數，所不知者，壽之短長與有後無後耳，以壽計之則收子者勝，然豐下有後，則食子者未爲劣也。語簡意足，轉峭尤韻。食子養生，收子送死，分寄兩人，決斷詫異。一字之評，"食"字尋常矣，然曰"收"，豈爲後日取殯識耶？即以皮相論人，亦非近世談水鏡論麻衣者所及。（《補義》眉）敖得祀於魯者，以二子之故也。叔服已灼見其異日矣。（方宗誠眉）此帶敘，于解經無干。此於文字爲伏筆。

於是閏三月，非禮也。先王之正時也，履端於始，舉正於中，歸餘於終。履端於始，序則不愆。舉正於中，民則不惑。歸餘於終，事則不悖。（《測義》夾）朱申氏曰："開端不差，故時序無愆過。寒暑不應，故民心無疑惑。置閏得宜，則四時得所，故作事無悖亂。"（韓范夾）龍門氏曆律全書，都從此出，數言其經也。一行諸人所定，其緯也。（《分國》尾）作曆者，若無置閏一法，亦宜辦耳。惟置閏難，陶唐釐百工，釐以此也。履端，以十一月一日子初一刻，爲曆首。舉正，以日月之行，遲速之中氣，爲十二月之序也。歸餘，每月所餘之日，歸之於終，爲閏也。前紹羲和二公，後開一行諸人，盡於此數語耳。（《左繡》眉）極整贍之文，起用極超忽之筆，奇！漢以後隨時置閏，又不依歸餘于終古法，而推步益精，乃不得以此議之矣。兩層都以韻語成文，而首句都不入韻。此以不變爲整齊者。（美中尾）張得天曰："閏必歲終，則四時多舛。事之昔非今是者，惟曆法最爲顯然。蓋天地亦以漸而開，推步之密，魯實始基之矣。"（《左傳翼》尾）孫執升曰："典奧質勁，似頌似銘，已爲延壽《易林》、子云《官箴》諸家之祖。"寥寥數語，可包太史公、班、范天官、律曆諸書，三句平敘，而歸餘於終爲主。置閏必在歲終，此古法也。漢以後隨時置閏，不拘古法，未有譏之者。其推步精核，當閏而閏也。此突下"於是"二字，見三月不宜置閏，故以非禮譏之。觀此可知古人不知有歲差法。（《日知》尾）退舉先王，不復回應，古意遠神。（高嵣尾）俞桐川曰："五十字，可敵曆書全篇。"（《評林》眉）呂東萊："後世甘石三家，蓋本此治曆。"朱申："曆法以十一月甲子朔夜半冬至爲曆元，其時、月、日、五星皆起於牽牛初度，更無於分，以此爲步占之端，故云履端於始。每歲有二十四氣，立春、驚蟄、清明、立夏、芒種、小暑、立秋、白露、寒露、立冬、大雪、小寒，謂之節氣。雨水、春分、穀雨、小滿、夏至、大暑、處暑、秋分、霜降、小雪、冬至、大寒，謂之中氣。惟閏月獨無中氣，閏前月則中氣在晦日，閏後之月則中氣在朔日。舉中氣而正月，則置閏不差矣。"（《學餘》尾）此中夏典禮，由唐虞以迄於今，不可不知也。左氏以三言盡其義，可謂簡而核矣。

夏四月丁巳，葬僖公。

王使毛伯衛來錫公命。叔孫得臣如周拜。（美中尾）胡康侯曰："禮：'喪畢，以士服見天子。已見，賜之黻冕圭璧。'今文公在喪未朝，何爲來賜命乎？故穀梁子曰：'禮有受命，無來錫命。錫命，非正也。'"

晉文公之季年，諸侯朝晉。衛成公不朝，使孔達侵鄭，伐綿、訾，及匡。晉襄公既祥，（《評林》眉）按：晉襄公既祥，舊說："亮，信也；陰，默也。爲聽於冢宰，信默而不言。"鄭玄以諒闇爲凶廬，杜氏不從。使告于諸侯而伐衛，及南陽。先且居曰："效尤，禍也。請君朝王，臣從師。"（閏生夾）譏其不知有王耳，文特婉妙。晉侯朝王于溫，先且居、胥臣伐衛。五月辛酉朔，晉師圍戚。六月戊戌，取之，獲孫昭子。（《評林》眉）按：古諸侯喪，既葬除喪服，無哭位，諒闇三年，居心喪終制。今晉襄既小祥，爲位而哭，故注爾。王陽明："朝王伐衛，既盡臣禮，又克纘父志，襄於忠孝之道，兩得之矣。"王鼎爵："先且居之言似矣，然欲伐衛而乃朝王，可謂尊主之誼乎？"

衛人使告于陳。陳共公曰："更伐之，我辭之。"衛孔達帥師伐晉，君子以爲古。古者越國而謀。（《測義》夾）愚按：陳爲衛謀，亦曰"強爲善以敬事大國"可爾，乃使報伐以益晉之怒，而復執孔達以求成焉，繆亦甚矣，何貴於越國而謀哉？〖編者按：奧田元繼作鍾伯敬語。〗（《左繡》眉）此篇前半是晉人伐衛傳，後半是衛人伐晉傳，分寫有何妙義？文于晉則插敘一朝王事，于衛則插敘一謀陳事。而"君朝王"、"臣從師"，"更伐之"、"我辭之"，前作對仗，兩"使告"恰作呼應，事截而文自聯。然晉免於效尤之禍，而衛不得托于越國之古也，則于孔達吾懼其卒也已。似屬兩對，然作法不盡於此。起處衛成不朝，伏前段。孔達伐鄭，伏後段，乃雙提法。收處陳不當越國而爲人謀，衛尤不當越國而謀於人，乃雙結法。而所提所結，又不必盡應，蓋合傳之變格也。（《補義》眉）經書衛人伐晉，可知諸儒諱伐盟主之説甚謬，結句包括全局。（武億尾）共公二語，言簡而意曲；君子一結，言簡而意微。

秋，晉侯疆戚田，故公孫敖會之。（《左傳翼》尾）本欲伐衛而懼以效尤致禍，故朝王。本欲求和，而恥以力屈爲嫌，故伐晉。皆于本意外添補一層也。"君朝王"，"臣從師"，"更伐之"，"我辭之"，語語峭逸。"君子以爲古"，結意淡遠，在虛無縹緲間。伐衛則書晉侯，嘉其伐叛討貳也。伐晉則書衛人，罪其以小謀大也。朝王不書，志不在朝王也。告陳不書，罪亦不在告陳也。古者越國而謀，謀義也。盟主致討，乃謀畔命侵小，義乎？否乎？其于古也何居？（王系尾）此篇是三股文字，合傳體也。繁簡不同，而各極其致。晉之伐衛，先詳其所以伐，隨手便插敘朝王事。夫討衛不朝，師已在途。然後想其朝王，果足掩效尤之實乎哉？寫其朝，正是寫其不朝，此首段之妙也。衛之伐晉，先敘謀陳，便插敘君子之言。夫晉強衛弱，禍難方殷，不圖目前之急，而拘泥古跡，果得謂之古道乎哉？説他古，正是説他不古，此第二段之妙也。公孫敖會晉侯，止敘所以會之故，辭意似簡。而"疆戚田"三字，直將上二段情事一齊吊動，聲勢更盛，意味更長，此第三段之妙也。豈非奇而又奇！

初，楚子將以商臣爲大子，訪諸令尹子上。（孫鑛眉）敘事簡練，插寫處有神。（《才子》夾）寫子上語，是四句，妙於錯落。寫潘崇語，是一句，妙於輕巧。寫江羋語，是三句，一句一字，一句二字，一句十一字，妙於徑露。寫商臣語，是三句，二句二字，一句一字，妙於磣辣。不過五七行文字，其間無變不極。（《左繡》眉）此篇通體都用短促急疊句法，寫極戾虐人，極悖逆事，便作極兀屼之筆，所謂化工肖物者。（《評林》眉）《經世鈔》："'初，楚子'，《禮》云：'既斷於志，復以問人者，冀人言之有合於己也，及其不合，則自行矣。'"胡寧："嫡妾必正，而楚子多愛；立子必長，而楚國之舉常在少者。黜兄立弟，謀及江羋，宜其敗也。"子上曰："**君之齒未也。而又多愛，**（《才子》夾）二語説盡少年輕舉。**黜乃亂也。**（《才子》夾）只此已斷定不可立，下另補二事耳。**楚國之舉，恒在少者。且是人也，蜂目而豺聲，忍**

人也。(《文歸》眉)陳溧子曰："形容妙字。"**不可立也。**"(《才子》夾)此"不可立"句，只頂忍人，不總承上文。(《左繡》眉)子上凡四意，層層頂接，卻以"黜乃亂也"作上下轉梭，緊甚圓甚。(《彙鈔》眉)子上料事如神，後果字字奇驗。(《評林》眉)《經世鈔》："立少非正，然在楚論楚，則子上之言爲老成持重之見矣。"(方宗誠眉)"忍人"二字爲此篇主腦，下文句句有"忍"字意思。(閩生夾)將敘其大逆，先露端倪。**弗聽。既又欲立王子職，而黜大子商臣。**(《才子》夾)果應"齒未"、"多愛"之料。**商臣聞之而未察，告其師潘崇曰："若之何而察之？"潘崇曰："享江芊，問而勿敬也。"**(《才子》夾)輕巧之至。**從之。江芊怒曰："呼，役夫！宜君王之欲殺女而立職也。"**(韓范夾)小人之謀，往往奇隱，取深密之信於不意之中，較之用間用諜，且百倍矣。(《才子》夾)輕輕畢吐，因更思潘崇之巧也。(《評林》眉)汪道昆："婦人容易見其本性，故一激輒吐露之。"(閩生夾)婦人口吻畢肖，《史記・外戚世家》從此出。**告潘崇曰："信矣。"潘崇曰："能事諸乎？"曰："不能。""能行乎？"曰："不能。""能行大事乎？"曰："能。"**(《才子》夾)潘崇明知商臣欲行大事，特不便開口，故假作二問，看他連答二"不能"。二"不能"、一"能"，寫得辣甚，疾甚，果又應蜂目豺聲之料。(《左繡》眉)往往以直筆寫曲事，愈直愈曲。不過平平敘去，而神氣躍然，真化工之筆。以"能事"、"能行"陪能"大事"，則不必明言何等大事，而忍人自心領神會矣。賊賊！只一字寫出忍，如聞其聲。(《補義》眉)汪云："短音促節，寫兇人爲悖逆事，聲情俱出。"(《評林》眉)《經世鈔》："凡爲太子置師，必擇端方貞誠、德望夙著者，後世選文學之士，亦多致敗，況使智術變詐之人與居乎！"潘崇曰"，先設爲二端以探之，教人弒父，煞難開口。"

冬十月，以宮甲圍成王。王請食熊蹯而死。(《才子》夾)熊蹯難熟，冀有外救。**弗聽。丁未，王縊。諡之曰"靈"，不瞑；曰"成"，乃瞑。**(《測義》夾)愚按：傳謂諡"靈"弗瞑，改"成"乃瞑，夫商臣忍於弒父與君，而不忍其不瞑乎？頹能神於諡之不美，而不能神于其子之弒己乎？況君薨舉諡，常在葬時，安得諡于未殯之前？此左氏之鑿也。〖編者按：奧田元繼作王元美語。〗(鍾惺眉)生而亂，死而以瞑爭諡，異哉！(《才子》夾)此記商臣不惟弒父，又爲父作惡名。今弒楚成者，乃目不瞑，自爭所得耳。(《補義》眉) 天道茫茫。(《評林》眉)《經世鈔》："身被弒而猶嫌惡諡，真可謂好虛名矣。" 魏禮："秘史載司馬溫公作《通鑑》，至唐太宗，忽有衣黃袍者見於目前，曰：'先生幸善書。'公起持筆，跪而言曰：'陛下穢德多矣，臣頸可取，筆不可奪。'遂不見。觀此，則或有然者也。"（閭生夾）言其忍也，微詞，補筆。**穆王立，以其爲大子之室與潘崇，使爲大師**，(《評林》眉)《附見》："諸侯大師，有德行以教民者，出《周禮》注。"**且掌環列之尹**。(文熙眉) 汪道昆曰："敘事能品。" 商臣殺子上，其仇在此。穆文熙曰："商臣弒君，罪不容死。而成王既立太子，復奪此與彼，亦有取亂之道。縱非父子相殺，亦必兄弟相戕。春秋明驗，往往有之，不獨楚焉而已。" 婦人容易見其本性，故激輒吐露之。(《才子》夾) 一筆連寫三賞，總見蜂目人忍于其父也。(《快評》尾) 僖三十三年，晉陽處父侵蔡，楚子上救之，夾泜而軍。晉人誑楚而歸，楚師亦歸。太子商臣譖子上曰："受晉賂而辟之，楚之恥也，罪莫大焉。"王殺子上。小人有小人之才，無小人之才者，絕不能爲小人之事。人當盛怒之時，言必不擇。而婦人之怒，尤爲易觸。欲察廢立之事，而忽享及江芈，小人之才令人可畏，令人可愛！"信矣"之下，潘崇更無他言，接連三問，如短兵相接，極其古勁，寫忍人神妙之筆也。潘崇意本在第三句，其言不便遂出之口，故先以上二句發端，猶衛公孫鞅先以帝王之道說秦孝公也。雖然，商臣向第三句中薦得，堪爲楚國之士，若向第一句中薦得，便自救不了矣。(魏禧尾) 胡安國曰："嫡妾必正，而楚子多愛。立子必長，而楚國之舉，常在少者。黜兄立弟，謀及江芈，宜其敗也。" 魏禧曰："按：楚成在位四十餘年，未嘗有大過舉，其不殺晉文及使子玉去宋等語，頗有人君之度，而遽遭祿山、朱溫之禍，何哉？蓋廢立不定，必生大亂，古今一轍。故雖以宋文帝之恭儉，隋文帝之勵精，而不免於子禍也。商臣惡同楊廣，潘崇奸過楊素，不必論矣。楚成欲黜不黜，犯周史讖誅之戒。又使商臣得聞，江芈得知，蹈《大易》機事不密之殃。宮甲之變，雖曰天數，豈非人事哉？余嘗謂隋文子禍，內成於獨孤氏，外成于楊素，其失甚明。每讀史至召勇一節，獨恨文帝之當忍而不忍，柳述、元岩之疏而無謀也。當廣逼陳夫人時，帝將廢廣立勇，止呼述、岩而不及素，蓋明知素爲廣之私人而疑之矣。不然，素固當時第一重臣，朝廷他事無所不謀，而此廢立大故，乃不與聞哉？〈禮云："前之廢勇立廣，素爲謀主矣。今欲廢廣，則疑素不待辨也。"〉此時述、岩當爲帝謀，一面召廣至榻，使陳夫人質正其事。〈禮云："面正又足明陳夫人之譖否，妙妙。"〉一面召素詣官，數其廢勇立廣之罪，片刻竝誅，然後審擇所立，則大事定矣。當時君臣咸知素爲廣之死黨，而帝漫然曰：'召我兒。'述、岩泰然出閤爲敕書，致素得聞之，以成其謀。身囚主弑，豈不哀哉？夫利害之際，間不容髮。韓魏公出空頭敕貶任守忠，雖歐陽文忠共事而不知。撤簾之舉，雖富鄭公共事而不知，蓋誠有所不得已於此也。從來廢所已立，苟非漢東海、唐淮陽之賢，其勢多出於弑逆，而必有爲之謀主者。熊蹯之禍，出於潘崇。雀縠之變，成于田不禮。欲廢廣而不備素，豈有濟哉？宋吕端以笏書大漸字，令親密吏趣太子而鎖王繼恩於閤，所謂能斷大事者矣。或謂：'遽殺廣、素，疑於太忍。如胡寅所謂廢廣出外，熟議所立，素不從則請降詔旨以軍法從事，不更仁至義盡乎？'曰：'廣當君父危篤，而逼其寵姬，死有餘罪。素害一太子、一王，專權亂法，殺之豈爲過？季友以一言而誅叔牙，國家大事未可以儒生姑息之見參也。使如胡氏之說，從容會議，則廣素之謀合而反噬之勢成矣。'金人云：'待汝議論成時，我已過河。'真可爲儒者一大針砭也。"孔尚典曰："按：前年商臣譖殺子上，今年弑王，舉朝皆其黨，所以圍官而無一人救也。楚成有賢臣不能用，而反殺之，其見弑不亦宜哉？"彭家屏曰："商臣蠭目豺聲而弑父，越椒熊狀豺聲而叛君，後世如王敦、劉劭，均有異狀。人性皆善，而惡人之生，其貌便殊，造物賦形之故，有不可解者。賈大傳曰：'天下之命，懸于太子。太子之善，在早教諭，與選左右。習與正人居，猶生長于齊，不能不齊言也。習與不正人居，猶生長于楚，不能不楚言也。'此真立國之本，萬世不易之論。潘崇奸謀小人，楚成使爲太子之傅，其生亂也宜哉！"（《分國》尾）成王不納子上之言，繼又謀及婦人。官甲之興，禍由自取。熊蹯待救，亦愚矣。（《左繡》眉）譖殺子上事已見前，此處夾不入，則略之矣。史家互見法。因此悟華督殺孔父，不申敘托孤事，與此正同。（《左傳翼》尾）建儲，大事也，楚無適立，擇長擇賢皆可。商臣長矣，欲立之而躊躇不定，得毋以其非賢乎？知子莫若父，商臣之忍，令尹知之，王豈不知也者？宗社大計而欲付之忍人，失一。父子之間至難言也，子上披肝瀝血，慷慨以陳，非不知言出禍隨，知有國不知有身，明白痛快，字字金石，而置之不聞，失二。不聽其言猶之可也，不聽其言而並洩其言，致使忠臣被讒以死，失三。嬖子配嫡，亂之本也。鄭之亂也以叔段，衛之亂也以州吁，晉之亂也以奚齊、卓子，齊之亂也以武孟諸人。多愛一言，子上已明說破，猶欲廢商臣以立職乎？失四。黜乃亂也，亂之種類不一，皆以黜而生。父殺其子，亂也。臣弒其君，亦亂也。屍蟲出戶，不得斂殯，亂也。喋血宮寢，不保首領，亦亂也。無所逃而待烹，唯共世子則然，豈可望諸忍人乎？失五。當斷不斷，反受其亂。欲廢商臣即宜告於臣民而廢之，而優柔不決，以致變出非常，失六。謀及婦人，凡百不可。廢立何事，而使江羋與聞乎？失七。立太子必擇師傅，使之親正人聞正言見正事，以開發其神智，薰陶其德性。今之傅商臣者何人乎？潘崇也。教之享江羋，教之怒江羋，教之行大事，則是成王不死于商臣，而死于潘崇矣，失八。如此殘忍事，敘得如此曲折明晰，非第以褫亂臣之魄，亦恐爲人君父者前有讒而不見，後有賊而不知，遺笑於天下萬世也。從來亂賊之黨不保其終，如成濟、張衡輩是也。一則借之以自解說，一則良心難昧，清夜自思，未嘗不追恨於濟惡之人。今商臣于潘崇富之貴之，而且親之近之，致壽考以終，厚其師而仇其父，商臣不足責也。天道尚可問耶？讀至此，目眥盡裂矣。成王左右豈無親信之人，而獨于江羋討消息者，以其輕喜易怒淺露之甚也。如此等人而以此等事告之，不死何待？子上之言一邊爲楚王言，一邊爲商臣言，蓋逆知異日必有廢立之舉，而宮甲之禍，在忍人出之尤易也。能行大事，在商臣意中有此一著，在潘崇意中亦只此一著。先以二事挑問者，非難輕出諸口，正欲以堅其心耳。商臣忍，潘崇更忍，吾不知其目何似，其聲更何似也。（《日知》尾）畫家寫形易，寫聲難。文家寫聲易，寫形難。似此描寫，四人各現意態，亦文家額上添毫之技。（高嶼尾）俞桐川曰："'君之齒'二句，說成王狐疑猶豫之狀。'忍人'句，說商臣陰賊殘刻之狀。狐疑猶豫，只'既'、'又欲'三字畫出。陰賊殘刻，卻作四層描寫。兩君面目如生。"（王系尾）馮天閑曰："此篇通體都用短促急疊句法，寫極戾虐人，極悖逆事，便作極亢厲之筆，所謂化工肖物者。"愚按：商臣之忍，人所共睹。潘崇之忍，豈在商臣下哉？一筆寫來，兩邊都出。而兩人俱有後於楚，短音促節內，更有歎息之聲。（《菁華》尾）"蠭目豺聲"句，狀忍人絕肖。婦人性急，故以此試之。前兩策是賓，後一策是主。已死而猶以惡諡爲嫌，可謂愚極。楚商臣手弒君父，而及身享國十餘年，生有令嗣，遂霸諸侯，後來傳世者，皆其子孫。潘崇首獻逆謀，富貴一世，傳祚及黨，皆爲令器，爲國世臣，何天之獨厚此兩人也？豈殃慶之說，天故顛倒出之，以示人不測耶？抑方在夢夢之中，而有所不及覺耶？此則非吾所知矣。

穆伯如齊，始聘焉，禮也。凡君即位，卿出並聘，踐脩舊好，要結外援，好事鄰國，以衛社稷，忠、信、卑讓之道也。忠，德之正也；信，德之固也；卑讓，德之基也。（《分國》尾）桓、莊、僖以來，齊魯兵端屢構。文公踐阼，往脩盟好，亦彌縫之上策也。（《左繡》眉）"好事"二句，總束上兩句。"忠信"句，總領下三句。分明分說在兩頭，而以合說作中間轉棙也。此法屢用屢妙，只是屢變其貌耳。不另作收煞法，如是足矣。（《左傳翼》尾）恤小事大，好事鄰國，自是邦交常禮，諸侯在喪，豈能三年之久杜絕朝聘？左氏以爲禮而稱之，似不爲過。特毛伯來錫命，而得臣始報聘京師。此則齊未聘而敖乃先往，高氏以爲圖婚于齊，似得其隱情。故何氏休以爲："書者，譏喪娶，吉兇不相干。"得之。（《補義》眉）列國聘問往來，不以兵革殘民，故史以爲禮，而他無論焉，衰世之事也。（《評林》眉）高閌："會晉歸而復聘齊，魯人於是兩事齊、晉，且圖婚於齊故也。"

殽之役，晉人既歸秦帥，秦大夫及左右皆言于秦伯曰："是敗也，孟明之罪也，必殺之。"秦伯曰："是孤之罪也。周芮良夫之詩曰：'大風有隧，貪人敗類。聽言則對，誦言如醉。匪用其良，覆俾我悖。'是貪故也，孤之謂矣。孤實貪以禍夫子，夫子何罪？"（《補義》眉）數語可作《秦誓》一篇讀。復使爲政。（《左傳雋》眉）茅鹿門曰："知人罪己，此秦穆之所以霸也。"（孫鑛眉）宜入下年。（魏禧曰）魏禧曰："殽之舉，無故啓釁，何哉？蓋秦再置晉君，威德數加于晉，必輕晉矣。故諸臣欲乘此立威于秦，以杜後來其後人侵陵之患。然背德結怨，此一舉也，足以敗國而有餘。別有論。"邱維屏曰："《左傳》敘殽戰，全著精神在蹇叔。起序蹇叔語，後連紀兩哭，極見蹇叔心明而意懇處。其及王孫滿，正是爲蹇叔掩映。弦高之洩秦師，則蹇叔之語之明徵也。而序秦師至滅滑一結，蹇叔語盡驗矣。後段又序晉來敗秦事，證蹇叔語。而先後序先軫事，益見蹇語之精神也。如此看，作者精神方綻露，並見作文之所以結束處。末秦伯又以出人意表處作結，秦伯前後一昏稚，一切實，悔過于蹇叔爲正收，于秦伯又爲反照，皆有味。"彭家屏曰："《易》曰：'無攸遂。'《書》曰：'牝雞無晨。'《詩》

曰：'婦無公事。'皆言婦人不可干與政事也。穆姬之必釋晉惠，文嬴之請歸三帥，皆非也。然以時勢論之，惠公不返，晉亦有君。三帥不歸，秦亦有帥。幽之殺之，等匹夫耳。不亦深鄰怨而示己之不廣哉？二君皆英明之主，計必不出此也。其皆歸之，勢也。特以婦人、女子干與其間，若二君盛德之舉，爲徇門內之情，何以服臣民而存國體乎？或曰：'文嬴，母也。襄公不得不從，與穆姬之事異。'是又不然。禮著三從之義，而曰：'夫死從子。'《春秋》于夫人姜氏如齊，大書特書，深咎莊公之不能防範其母也。襄公不知此義，率爾舍之，成慈母之過，激悻臣之唾，遂致母子、君臣之道，一時交失。吁，過矣！"（《左繡》眉）此節重復"使爲政"句，與後"秦伯猶用孟明"對看，都爲遂霸西戎起本。而一用作煞，一用作提，無不變者。"孟明之罪也"、"夫子何罪"，首尾呼應極緊，中間又自以"孤實貪以禍夫子"與"是孤之罪"句爲呼應，恰作順承倒煞筆法，處處筋節。前素服哭師，一則曰"孤之過也"，再則曰"孤之罪也"，猶是囫圇說，此直供出病根，非真心悔悟者不能。左氏頻記秦穆此等處，所以當《秦誓》之義也云爾。（《左傳翼》尾）秦違蹇叔，而以貪勤民，一"貪"字是秦穆病根，特恐舉朝知之，天下知之，而自己迷而不悟，且避諱不肯出口，天下無如何也。如秦穆者，古今有幾人乎？（高塘眉）首段敘秦事，"復使爲政"上跟殽敗，下爲彭衙之戰作引。（《評林》眉）張半菴："穆之待孟明如此，孟明安得不奮力以報！"（方宗誠眉）敘事體。因孟明復伐晉，而先追敘秦穆復用孟明爲政事。

◇文公二年

【經】二年春王二月甲子，晉侯及秦師戰于彭衙，秦師敗績。（《評林》眉）程端學："秦穆邀利以取敗，不自悔責，而事報復，又取敗績，其罪著矣。晉襄公忘喪而主乎此戰，雖勝，無足道矣。"丁丑，作僖公主。（《評林》眉）家鉉翁："逆祀有萌，議論未定，緩於作主，以是故也。"張洽："事亡如事存，故作主以象神。而祭之禮，既葬，作主於墓，不終日而虞祭，不忍一日忘親也。僖公元年四月葬，今乃作主，慢而違禮甚矣。"三月乙巳，及晉處父盟。夏六月，公孫敖會宋公、陳侯、鄭伯、晉士穀盟於垂隴。（《評林》眉）陳際泰："翟泉以列國之大夫盟王臣，大夫張也，見諸侯之輕天子也。垂隴以伯主之大夫盟諸侯，大夫張也，見伯主之輕諸侯也。"自十有二月不雨，至於秋七月。八月丁卯，大事於大廟，躋僖公。(《評林》眉)趙匡："凡祭而失禮，則書祭名。祭非失禮，爲下事張本，則釋事。"冬，晉人、宋人、陳人、鄭人伐秦。公子遂如齊納幣。(《評林》眉)高閌："納幣者，即納徵也。公始祥而納幣，則納采、問名，皆在三年之内矣。聖人於此譏之。"

【傳】二年春，秦孟明視帥師伐晉，以報殽之役。二月，晉侯禦之。先且居將中軍，趙衰佐之。王官無地御戎，狐鞫居爲右。甲子，及秦師戰于彭衙。秦師敗績。晉人謂秦"拜賜之師"。(《左傳雋》眉)李九我曰："再戰再北，猶不以爲怯，此明之所以感激自奮也。"(《左繡》眉)此篇當合"猶用孟明"作一篇讀，首段結前事，末段起後事。而拜賜之嗤，增脩之避，兩兩激射，此不待言。中段詳敘狼瞫怒黜從師事，以見晉有君子，所以敗秦，爲孟明增脩張本，乃反照旁襯絶妙處。否則與拜賜之師，了不相涉耳。(《補義》眉)此篇驟觀之，似以末節爲正，乃孟明脩德，轉敗爲功之由，不知此特專罪秦也。殽之戰，悔悟深切，宜懼而增德，寢兵息民，又爲彭衙之報，孟明導之也。故首二句已歸罪孟明。(《便覽》眉)從上順敘，已伏"猶用孟明"句。(高嵣眉)二段敘晉敗秦于彭衙事，藏過狼瞫，用簡筆，卻是正文。(方宗誠眉)前段是追敘、補敘，此段是主。

戰于殽也，晉梁弘御戎，萊駒爲右。(《文歸》眉)陳谿子曰："追敘法，簡暇有度。"(《左繡》眉)須知"拜賜之師"下本應直接"秦伯猶用孟明"，因狼瞫事不能割愛，而兩截中間，又必得一間架，方不局促，遂以旁筆夾敘之。看其原敘殽、箕兩層，合到彭衙本事，特以君子許狼瞫，而終於"念德不息"之不可敵。前半忽離，後半忽合，明於離合之妙，其於賓主自轉變入神矣。前連寫三"囚"字，中連寫五"勇"字，末連寫三"怒"字，筆意濃至。(《便覽》眉)突轉"戰於殽"作領句。(高嵣眉)第三段敘晉敗秦于彭衙之所以然，特傳狼瞫，用詳敘，卻是附見。先輘入狄師死而狄敗，狼瞫馳秦師死而秦敗，故爲師者，貴有死士也。戰之明日，晉襄公縛秦囚，使萊駒以戈斬之。囚呼，萊駒失戈，狼瞫取戈以斬囚，禽之以從公乘，遂以爲右。箕之役，先軫黜之，而立續簡伯。狼瞫怒。其友曰："盍死之？"瞫曰："吾未獲死所。"其友曰："吾與女爲難。"瞫曰："《周志》有之：'勇則害上，不登於明堂。'死而不義，非勇也。共用之謂勇。（《文歸》眉）魏之允曰："詮勇字大妙。"吾以勇求右，無勇而黜，亦其所也。謂上不我知，黜而宜，乃知我矣。子姑待之。"（鍾惺眉）識到養到之言，生死功名之際灑然矣，斯之謂勇。（《左繡》眉）王錫周曰："數語淋漓盡致，如雲堆浪湧，讀之起舞。"（《評林》眉）王宗沐："狼瞫當黜而不怒，遇難而能先，其抑友人爲難數語，綽古且多。"《經世鈔》："盍死之，此時人輕死如此，可笑！"及彭衙，既陳，以其屬馳秦師，死焉。（韓范夾）懟其上而思爲亂，勇人也；懟其上而思爲義，進於勇者也。甚矣，知人之難！先軫賢帥，於此大誤矣。晉師從之，大敗秦師。（《補義》眉）狼瞫死而戰勝，正與孟明敗而偷生反照。（《評林》眉）《增補合注》："大敗秦師上文是本年事。"君子謂："狼瞫於是乎君子。《詩》曰：'君子如怒，亂庶遄沮。'又曰：'王赫斯怒，爰整其旅。'怒不作亂，而以從師，可謂君子矣。"（文熙眉）狼瞫死秦師中，遂大敗秦師，可謂善用其勇，故傳謂之君子。呂氏曰："狼瞫怒先軫不知其勇，而死于秦者，所以彰軫之不知義也。名則忠晉，而實愧先軫。"（《測義》夾）愚按：先軫、狼瞫死敵同，而其所以死異，何者？先軫直諫乎襄公，本無罪也，何以自討？其死謬矣。狼瞫見黜於先軫，誠有激也，欲以自効其死，宜矣。況先軫死狄，反辱晉師，不惟傷勇，且無以謝襄公。狼瞫死秦，遂敗秦師，豈特忠晉，亦可以愧先軫。〖編者按：奧田元繼作李笠翁語。〗）（《文歸》尾）如此用怒，如此用勇，國家亦何憚而不以法繩悍將乎？要之，先軫之黜，實有以服其心。瞫特不勝憤憤，以雪其恥耳。大將皆如先軫，戰將皆如狼瞫，天下無事矣。乂一。（王源尾）敘事之法，往往先總敘大綱，即追敘前事一兩段，然後復接正傳詳敘之。而總敘中卻埋伏追敘之線，詳敘中又頂針追敘之脈。使其前後似斷實連，似連實斷，然後方有峰巒，有章法。此文本傳狼瞫，而開手總敘彭衙之戰，第暗暗埋伏一續簡伯，所謂狼瞫者，無影無形。既而追敘殽之戰一段，從萊駒引出狼瞫，所謂狼瞫者，不倫不類。繼又追敘箕之戰一段，復從狼瞫打轉簡伯，所謂狼瞫者，半隱半現。繼而方將狼瞫死敵心事提明，然後再入彭衙而詳敘之，見晉之所以成功者，實由狼瞫。而所謂狼瞫者，方有原有委。結尾又從怒字生情，詠歎作收，單結狼瞫，並不旁及，而所謂狼瞫者，始全身畢露矣。章法之妙，費幾許經營？而妙處只在兩段追敘，故追敘一法，乃文家要訣也。追敘之法，誰不知之？但今之所謂追敘者，不過以其事之不可類敘者，置之於後作補筆耳。如此是一死套而已，豈活法乎？追敘之法，乃凌空跳脫法也。以凌空跳脫之法，作一死套用，而曰我知追敘之法，豈不哀哉？讀古人文字如弄丸，可以輪轉而觀，四面八方俱有。讀今人文如面牆，撥不動，旋不轉，呆呆一面而已。故余嘗謂文字宜圓不宜扁，以圓則活，扁則死耳。此文只是四面八方俱有。（孫琮總評）狼瞫揮戈斬囚，其勇立見。先軫黜之，非能害其勇也，適以著其勇也。看他《周志》以下，一氣七轉，總只要獲死所。賢者不自惜其死，正未肯輕於一死。怒不作亂而從師，狼瞫誠獲死所哉！（《彙鈔》眉）一篇彭衙交戰文字，乃因狼瞫之死，忽追敘戰殽時一段事，極似閒筆，卻是此文正敘用意，用筆最是靈妙。斷章之意，出左氏口中，便津津有味。（魏禧尾）魏禧曰："先軫死而狄敗，狼瞫死而秦敗，古之爲師必有死士也。始戰而有致死之人，則敵人出其不意，必驚而怯，吾之軍必有恃而勇矣。"孔尚典曰："狼瞫以不用而欲死，先軫以無故而黜勇士，皆爲過矣。然人所以竭力死報，不由於感恩過厚，即由於抑激思奮。使狼瞫不黜右，當未必能以死陷陣也。"（《分國》尾）先軫之死狄師也，報生君也，感其勿計也。狼瞫之死秦師也，謝死友也，其黜允宜也。但秦珍一孟明，晉輕喪先軫、狼瞫二人。秦霸西戎，晉不復振，於此判矣。嗚呼！（《左繡》眉）一句首尾用兩"君子"，乃僅見此語。（美中尾）胡康侯曰："《易》曰：'懲忿窒慾。'秦穆不能窒慾，故殽之師爲貪兵。不能懲忿，故彭衙之師爲憤兵。"黃若晦曰："晉襄得志於殽，可以已矣。當秦兵再至，使修文告以諭之，如展禽所以犒齊師者，搆怨或可免焉。乃一則憤於敗而不能平，一則狃於勝而不能屈，血氣用事，終於結讎黷武殘民而已。"（《左傳翼》尾）秦用孟明，復敗于彭衙，妙在敘戰時只云秦師敗績，絕不言其何以敗，天悶海枯，令人無處捫索，讀至後幅，乃知兩軍對壘，旗鼓相當，忽以狼瞫死義，出人意表，晉爲倖勝，而秦之所以敗，實非孟明之過也。此又烘染襯托之法，接入下篇，更覺有力。先軫逞志於君，君不討而自討。狼瞫見黜於上，不作亂而以從師。自上將以至戎右，無不秉禮守義，孟明雖欲勝之，豈可得乎？此其所以懼而增德也，後半一字不染孟明，而無非爲孟明掩映，妙絕幻絕！狼瞫之戎右得自意外，失亦自意外，可知富貴倘來之物，直可浮雲視之也。狼瞫怒不作亂，而以從師，較之小人固勝一籌。然得一車右何足爲榮，失一車右何足爲辱？怒爲多事，死又何爲？此人當與介之推一例看，口口說義，卻是看義不透耳。先軫不免一死，設不自討，而見殺於狼瞫，狼瞫亦不免一死，設不從師而爲難於先軫，則軫不見忠臣之節，而瞫亦非君子之勇。固知死非難而處死爲難也。（方宗誠眉）此段敘秦之所以敗，由於晉狼瞫之死戰，而因追敘戰於殽與箕之役，狼瞫得右與被黜之事，以爲文之峰巒，可免平鋪直敘之弊。"甲子，及秦師戰于彭衙"下，即接以"狼瞫以其屬馳秦師，死焉"，甚爲明爽，然少峰巒，少波瀾，觀此可悟敘事斷續提掇之法。（《菁華》尾）此時踣殽之敗未久，秦之父兄子弟，呻吟之聲未絕也，孟明不知蓄銳養精，待時而動，致復有彭衙之辱，責以謀國不臧，何以自解？趙成子之言，獨具遠識，與一勝而驕者，何啻天壤？

　　秦伯猶用孟明。（鍾惺眉）不以成敗論英雄，古今惟秦穆一人。（高嵱眉）四段敘秦事，"猶用孟明"，前結彭衙，後爲王官之捷伏案。孟明欲報秦〖編者按：疑當爲晉〗而重施於民，卒有王官之捷。晉悼欲抗楚而謀息其民，終成三駕之功。師克在和，故曰人和者，用兵之本。孟明增德，而成子決計辟秦。子囊改行，而宣子知其無成。故曰脩德者，威敵之本。（《便覽》眉）突接"拜賜之師"，宛如峰斷雲連。**孟明增脩國政，重施於民。**趙成子言于諸大夫曰："秦師又至，將必辟之，懼而增德，不可當也。（韓范夾）晉所以不至敗國。（《補義》眉）猶用孟明，猶欲報仇也。孟明脩政厚施，志在於戰，成子懼不與敵，志在於守，見晉自有人，料其積銳再來，早立身於不敗也。首尾融貫一氣。《詩》曰：'毋念爾祖，聿脩厥德。'孟明念之矣，念德不怠，其可敵乎？"（《左繡》眉）"戰於殽也"突轉，"猶用孟明"突接，筆筆有跳脫之勢。起處看"增脩"二字，後以"增德"、"脩德"分應，又從詩添一"念德"，皆有條理，非率爾者。其筆意又與前半相配成章法也。朱受谷曰："秦人敗而懼，晉人勝而懼，秦善敗，晉善勝，真勁敵也。"（《左傳翼》尾）增脩其德原屬治國常理，豈爲復恥報怨而設？況一敗兩敗之後而始謀及此，可謂不知本圖矣。然見兔顧犬，尚爲未晚，所以趙成子聞之而懼其不可當也，不戰而能屈人，舍德其何恃乎？此上下諸篇過峽也。戰殽、彭衙之役於此結案，濟河、焚舟之舉於此起本，合前後諸篇讀之，才見起伏斷續之妙。開首一"猶"字，遙接前"復始"二字，筋轉脈旋，筆筆跳躍。（《便覽》尾）起手應前文，入後起後文，本書一串。妙在"拜賜"之下，不直接"猶用孟明"，轉入狼瞫一段奇文，作申敘。"猶用孟明"句，便是特筆再提。可見古人章法之妙，只在順逆離合間。芳輯評。（盛謨總評）前用"拜賜之師"句，已神趣"秦伯猶用孟明"矣。卻用一筆擺開，又將"敗"字酣寫一番，然後落到"猶用"上，正見左氏脫離之妙。唐錫周分爲二首，似失作傳本意。于埜性不善飲，飲少輒醉，然獨喜醉中意趣爲難言也。讀左文妙處，每有此意。因謂左文亦能醉人，願與喜酒者共之。（高嵣尾）俞桐川曰："敘兩國事，頭緒繁多，看他順逆隱見，變化錯綜，使人了然當日情勢，尚能作諧語、莊語、斷制語、引證語，極忙極暇，敘事聖手。通篇以殽、箕、彭衙爲提掇，以孟明作關紐。"此篇前後敘用孟明爲主，中敘彭衙之戰，正以屢敗引出用人之壹也。狼瞫馳秦師而死，此彭衙秦敗之所以然，左氏於中間追敘其事，特爲武夫知義，表其一段名論，開史家附傳之體。敘狼瞫事，若如後代史敘法，必先狼瞫，後彭衙，此則先彭衙，後狼瞫，章法之妙，只在順逆斷續間。（王系尾）此篇是晉侯及秦師戰于彭衙，秦師敗績傳。第三段正敘彭衙，卻是虛寫，所以勝處，卻是在第四第五段，首段二段末段，皆爲王官傳"用孟明句"伏脈，本是美秦，而晉人身分亦出。文心吊詭，知有何限？而良工心苦，難望人知。於乎！（武億尾）通篇以殽、箕、彭衙爲提掇，以孟明作關紐，敘兩國事，頭緒繁多。看他順逆隱見，變化錯綜，使人了然當日情勢，尚能作諧語莊語斷制語引證語，極忙極暇，敘事聖手。（方宗誠眉）晉人謂秦"拜賜之師"下即可直接"秦伯猶用孟明"一段，然少波瀾境界，夾敘狼瞫一段於中，再以此段爲遙接之筆，斷續離合，極其變化。

丁丑，作僖公主，書，不時也。（《評林》眉）高閌："周人卒哭而祔，祔而易主，是謂虞主。既期而練，練而易主，是謂練主。僖公薨十有五月，非虞、練之時，而方作主，猶未祔廟也，未祔廟者，欲躋之故也。"

晉人以公不朝來討，公如晉。夏四月己巳，晉人使陽處父盟公以恥之。書曰："及晉處父盟。"以厭之也。適晉不書，諱之也。（《左繡》眉）敘事中間，插入解經，筆輕而活。（《左傳翼》尾）

文公喪服未除，不應朝晉。晉人來討，不能以禮拒之，往朝受辱，實爲自取。晉襄怒其不朝，使處父盟以恥之，卑諸侯已甚。處父去族，責晉之無禮也。公如晉不書，諱與處父盟，實諱不當如晉也。（《補義》眉）敘事中插史法。（《評林》眉）張洽："盟於晉之都，而君不出，恥甚矣，故諱之。"公未至，六月，穆伯會諸侯及晉司空士縠盟於垂隴，晉討衛故也。書士縠，堪其事也。（《左繡》眉）如晉、及盟本兩事，一書一不書，順接"及盟"，倒帶"入晉"，輕重有法。以尊臨卑，厭勝之義。彼使處父盟以恥之，經即書"及處父盟"以厭之。聖人因應轉移，只是行所無事。左氏筆妙，亦極寫得輕圓相稱也。（《評林》眉）王錫爵："既命之卿，例皆書名，何堪與不堪之論哉？未幾以亂誅，安在其爲堪耶？"〖編者按：凌稚隆作啖助語。〗（王系尾）文公急於事大，見辱無辭，不競甚矣。其始立也，王使會葬錫命。成風之薨，歸含且賵。禮數如此，而卒未聞其朝周也。晉能討而周不能討，則文之爲文可知，周之爲周亦可知矣，此是文章包含處。衛始與陳謀，欲以倔強倖成，而卒爲苟免，附傳於此，亦以類相從也。史家附傳合傳法，皆從此等處學去。

陳侯爲衛請成于晉，執孔達以説。

秋八月丁卯，大事於大廟，躋僖公，逆祀也。（《淵鑒》眉）弗忌之躋僖公，所謂非禮之禮，夫子責其不智，左氏譏其失禮，聖賢所見略同。原父劉敞曰："僖公於閔，非父子也，然與親父子相襲無以異，臣子一體也。君之則我以臣事之，父之則我以子奉之，是故爲人後者則爲之子矣。彼不以子繼父，則必以臣繼君，君臣猶父子，則父子猶君臣也。舜之有天下，祖顓頊而宗堯。堯非同姓也，受國焉爾，非同姓尚宗之，況親親乎？"臣莢曰："逆禮失祀，論斷易繁，證以兩詩而足，可爲引經議事之則。"於是夏父弗忌爲宗伯，尊僖公，且明見曰："吾見新鬼大，故鬼小。先大後小，順也。躋聖賢，明也。明、順，禮也。"（《左傳雋》眉）王鳳洲曰："弗忌欲阿世好，假之新大故小，亦詭亦奇。"（《左繡》眉）此篇是一事兩斷格。前斷逆祀，後斷縱逆祀，用筆前詳後略。蓋逆祀論得透，則縱逆祀者，只以一言斷之而足矣，此寫一層而兩層皆到之法。然亦前一層妙意至多，故物莫能兩大耳。否則既寫逆，又寫縱，復何傷乎？（《補義》眉）一"逆"字發明"躋"字已盡，弗忌一段追原逆祀之由，中間議論騰翻，正發明其不順、不明所爲逆也。（《評林》眉）沈雲將：「逆祀者，二公位次之逆，非昭穆亂也。若兄弟相代而即異昭穆，設使兄弟四人皆爲君，則祖父之廟即已從毀矣。故謂坐次可也，謂世次不可也。」〖編者按：凌稚隆作姜寶語。〗汪道昆：「胡氏曰：閔、僖二公親則兄弟，分則君臣，以爲逆祀者，兄弟之不先君臣，禮也。故公羊曰：『逆祀，先親而後祖也。』閔、僖非祖稱，而謂之祖稱者何？臣子一例也。」

君子以爲失禮。禮無不順。（《學餘》眉）君子之言，乃爲明順。因知一切經典，皆以明順爲歸也。**祀，國之大事也，而逆之，可謂禮乎？子雖齊聖，不先父食久矣。故禹不先鯀，湯不先契，文、武不先不窋。宋祖帝乙，鄭祖厲王，猶上祖也。是以《魯頌》曰：「春秋匪解，享祀不忒，皇皇后帝，皇祖后稷。」君子曰禮，謂其后稷親而先帝也。《詩》曰：「問我諸姑，遂及伯姊。」**（《文歸》眉）陳溪子曰：「《泉水》詩引得真妙，能用不切事爲切。」**君子曰禮，謂其姊親而先姑也。**（韓范夾）兩引詩詞，而各以君子之言斷之，排股分節，整頓有偶，此今日制舉藝之法所自始也。（《文歸》眉）胡揆曰：「兩『君子曰禮』與『君子以爲失禮』呼應得有神、有趣，而皆以『明、順，禮也』一『禮』字爲根。」（《補義》眉）非禮之禮，又語極恍惚，何足動君子之聽？隱含一「縱」字。父指閔，子指僖，言僖不可先於閔。「上祖」祖字指閔，言閔不可降於僖。閔爲祖，僖爲父，截然不踰，而爲弗忌所蒙，故以天祖姑姊人所易曉者喻之。（《評林》眉）張天如：「宋，王者之後，其祖帝乙，禮也。鄭，諸侯，而祖天子，謂有功也。有功而廢禮，可乎？魯之郊禘，非禮也，鄭祖亦云。」〖編者按：凌稚隆作邵寶語。〗王陽明：「此引《詩》以明僖雖閔之父，爲親，不可敘於閔上，申上不可先大後小意。」**仲尼曰：「臧文仲，其不仁者三，不知者三。下展禽，廢六關，妾織蒲，三不仁也。作虛器，縱逆祀，祀爰居，三不知也。」**（文熙眉）穆文熙曰：「仲尼獨責文仲者何？以其柄政也。柄政而有此不仁不知數事，動而有尤，民將何賴？魯政其日衰矣。」汪道昆曰：「議論能品。『魯頌』以下章法。」（《左傳雋》尾）胡致堂曰：「閔、僖二君，親則兄弟，分則君臣。僖雖閔之庶兄，然嘗爲閔臣矣。兄弟之不敵君臣，禮也。故《公羊》曰：『逆祀，先禰而後祖也。閔、僖非祖禰而謂之祖禰者何？臣子一例也。"（孫鑛眉）取義巧而淺小，若出近代人手，必以嫩病之。（《文歸》尾）末引孔子斷文仲語斷夏父弗忌事，映帶之妙，縣於筆與，不可強至也。（王源尾）"逆祀"二字，斷案如山。夏父數言，敘事已畢，傳止此矣。"君子以爲失禮"以下，乃申言逆祀之非禮。"仲尼曰"以下，乃結言逆祀之不知，總是波瀾。逆祀非禮，此文正面。中間略逆而詳順，略非禮而詳禮，只在反面點染，反面寫得淋漓，正面自爾生動。用賓之法，非與主相類，即與主相反。相類者以正映，相反者以反映。反正雖不同，未有不與主相映者。然亦有非反非正，不倫不類，與主全不相涉，不相映，但於其中與主牽帶一二筆以爲聯絡，而遂有連山斷嶺之妙者。此奇中之奇，法外之法，用賓之又一道也。如此傳以臧文仲三不仁、三不知作收，是矣。蓋六事中，除縱逆祀正傳外，唯祀爰居略映。他若下展禽、廢六關、妾織蒲、作虛器，全不相涉。以不相關涉之事，與正傳不分賓主，平平作結，又結到別人身上，非奇中之奇，法外之法，用賓之又一道乎？夏父局中，文仲局外，舍局中而責局外，可乎？曰非也。夏父之罪已明，不待責矣。且庸人不必責矣。文仲賢者，既爲魯臣，可嘿嘿無一語乎？《春秋》責賢者備，故仲尼有不仁、不知之誚也。而左氏敘在傳末，便有連山斷嶺之妙。（《彙鈔》眉）止三五行文字，而嶽峙川□，法無不備，令我移情不能去。（魏禧尾）魏禧曰："宗伯主躋僖之議，而夫子以罪文仲，故知爲相極難，凡人之功罪皆身與焉。此理明，而猶有以興獻入太廟，加武宗之上者，何與？"按：僖公之事見於《春秋》者，功不勝其過。敗邾於偃，是棄盟也。禘太廟，致夫人，以哀姜則淫亂正，以成風則妾亂嫡也。及夫人會齊侯于陽穀，季姬及鄫子遇於防，是敗男女之防也。言損威則淮之會見執于齊，升陘之戰胃懸魚門矣。言勞民則非時新作南門矣。言棄華即夷，則以楚師伐齊取穀，會楚于圍宋盟宋矣。過寵季友，刺公子買，則失君。即位以來，不朝周，出居之禍，不勤王。宰周公之聘，使公子遂兼二事以報，則失臣。而《泌宮》、《泮水》、《駉》諸篇，以浮誇溢美之辭，聖人不刪，而竟登於《頌》，何歟？夫子謂言偃曰："魯之郊禘，非禮也，周公其衰矣。"魯而有《頌》，于郊禘何譏焉？夫僭竊之事，虛誕之辭，皆《春秋》所惡，而於《詩》獨否，亦豈存其事以示譏，如《春秋》所書郊禘之義耶？（《分國》尾）魯人但知兄大於弟，不知君尊於臣。僖先臣于閔也，故曰逆祀。當時莫有正之者，故左氏托之君子。因躋僖公，唐時遂至遷中宗，祔睿宗，躋睿宗于中宗之上。孫平子力非之，以爲兄臣于弟，尚不可躋，況弟臣于兄乎？卒貶斥夏父爲之俑也。（《左繡》眉）文係駁難體，篇中層層論斷，無一字放鬆，而援據典則，點染風華，頓宕多姿，不徒作硬辣手筆，是爲有骨有肉之文。起結作斷，中間只作翻騰議論，格法一新。"非禮"兼不順、不明二意，但對逆祀說，自以不順爲主，而不明即在不順之中，故"齊聖不先"作一串說。不順又由於不明，故末又單以"不知"作結。蓋雙承側注之法，莫圓於此矣。又看"禹湯"至"上祖也"，順頂"躋聖賢"一層。魯頌兩段，倒頂"先大後小"一層。雖串說而實暗暗分點，用意極爲細密。一"君子以爲"開出兩"君子曰"，兩"頌曰"、"詩曰"，結出一"仲尼曰"，以與"明見曰"對照，絕妙章法。末煞兩"也"字，與起四"也"字，中三"也"字，相配成章，悠然而止，言有盡而意無窮。通篇重寫逆祀，卻語氣未了，忽然轉出一縱逆祀者。前不預伏，後不另提，只閑閑折衷聖論，便有更上一層之歎，筆妙真如輕雲出岫也。文無定格，匠心而生，所謂《檀弓》物始，何必有例者耶？（崑崖尾）俞寧世曰："敘事僅一行，餘俱斷制。淘洗揀擇，潔淨晶瑩，排偶流逸，實開擧業之祖。"氣如滿澤春水，秀動中寓汪洋，勢如吐岫夏雲，整密中出奇變。（美中尾）失禮兼不順、不明二意，但對逆祀，自以不順爲主，而不明即在不順中。故"齊聖不先"作一串說，不順又由於不明，故末單以不智作結。蓋雙承側注之法，莫圓於此矣。（《左傳翼》尾）此文泛看似閑，其實關大典禮所在，後世濮國興獻議禮之失，紛紛聚訟，皆弗忌之見耳。《春秋》不書禘於太廟，而云大事於太廟，見此是何等事，而任弗忌顛倒至此，魯秉周禮，其謂之何？"祀，國之大事"二語，尤屬通篇眼目，讀者詳之。弗忌爲宗伯，何故作此悖逆之舉？分明文公有尊父之心，弗忌承其意以行之。"明見"云云，隱見舉國中街談巷議特爲此說以箝制之耳。但云"先大後小"，人猶有議之者，加以"躋聖賢"則人不敢復置一詞矣。此尤無忌憚之甚，張璁、桂萼不是過也。篇中辨此尤力，正所以拔佞夫之舌而關其口。流言止於知者，文仲當國而弗忌敢爲此不稽之言以成其悖逆之舉，舉朝嘿嘿，文仲寂無一言，豈真爲其言所惑而從而附和之耶？竊恐阿諛逢迎，不敢異同以得罪於君耳。加以不知，猶屬恕詞。左氏引仲尼之言，而連數其不仁不知之失，蓋深惡之也。倡爲逆祀之說者，弗忌也。縱弗忌以成其說者，文仲也。前提弗忌，隱隱有一文仲在內。中幅就弗忌之論而駁之，知逆祀之失而縱逆祀之失可知。歸到文仲，原非突出，蓋大臣當國，不能正君心，定典禮，群小紛怒，置之不問，是誠何心？不責弗忌而責文仲者，見罪有攸歸耳。躋僖公而必于大事於太廟者，以大事時群公之主咸在，乃得黜閔以崇僖也。此時位次一定，而迎主太廟，昭穆乃可易位矣。議何以必出於弗忌？以弗忌爲宗伯也。宗伯掌邦禮，宗伯不尊則君與相不得而尊也。弗忌爲宗伯始此乎？始此也。前此非無宗伯，不尊僖公也。弗忌尊僖公而不爲宗伯，僖公不得而尊。弗忌以尊僖公而得爲宗伯，僖公亦以弗忌爲宗伯而得尊。公與文仲不知幾許旁求而始得一弗忌，弗忌不知幾許逢迎而後得爲宗伯。"於是"云者，蓋賤之也。彼云禮，君子以爲非禮，則弗忌之爲小人可知矣。前一"君子"云云，直駁弗忌。中兩"君子"云云，暗刺文公。末引仲尼，明斥文仲。一片敘去，而針鋒各有所注，不得模糊忽過。文章衹敘事議論相間而成，或詳事而略議論，或詳議而略事，或敘議詳略相稱，此篇乃議詳而事略也。開首"大事"躋僖，敘止二句，而以逆祀斷之，下正申明其所以然。"夏父弗忌"十句申明躋僖，"君子"以下，皆以發明逆祀之失，固一意翻作兩段説也，安得謂正傳已畢，此只是波瀾乎？尊僖之論出自夏父，却是功狗。文仲則發蹤指示者，罪更浮於弗忌，安得謂之局外，而云責賢者備乎？此文機局與大棘之戰篇相似，責狂狡、羊斟，用兩君子作斷，其譏華元則就築者之謳以爲誚。既有現成譏評，不必另下斷語。詳者不察，反謂出脱華元，此皆朱子所謂醇不別白、旨不分明者，讀者慎勿爲其所誤也。（《補義》眉）文仲六罪，敝賢爲先，能用賢則逆祀不作，敝政無聞，聖人所以深罪之也。（《日知》尾）愈推遠一層，愈逼緊一步，流連詠歎，皆成摑血棒痕。淋漓恣肆極矣，而範以風雅，此左氏獨步處。（高嶠尾）敘事略，論斷詳，潔凈晶瑩，排偶流逸。（《評林》眉）《類書纂要》："末民之末，謂工商之業，官富貴而末民困。"《經世鈔》："無益之器故曰虛"，兩引《詩》之後，即接"仲尼曰"，而以六事並説，以不仁、不知雙結，全無賓主，章法最奇，且上記夏父之論，此突出臧文仲不仁不知，尤妙！"（王系尾）左氏論禮，皆極謹嚴。祭祀之大，祖考之間，尤所慎也。夏父逆祀，敢於明見，已暗伏縱之者矣。篇中層層辯駁，凡引許多"君子曰"、"魯頌曰"、"仲尼曰"，皆是爲明見人頂門下針。逆祀之案定，縱逆祀之案，尚煩另定乎哉？謹嚴中風韻雜出，又兼公、穀二氏之長矣。（《學餘》尾）事之是非不難知，文章爾雅，足見古人經術之深，後儒莫及也。歸罪臧文仲，所謂《春秋》之義，責備賢者歟？（《菁華》尾）純是巫覡口吻，維妙維肖。"逆祀"二字斷案，下文"失禮"句，即爲此一語注腳。引經隨引隨斷，自成章法。（闔生夾）縱筆及仲尼之論文仲，古人文字往往如此，而神氣仍自回合。

　　冬，晉先且居、宋公子成、陳轅選、鄭公子歸生伐秦，取汪及彭衙而還，以報彭衙之役。卿不書，爲穆公故，尊秦也，謂之崇德。（《測義》夾）愚按：穆公雖嘗悔過，而不能改，何德之可尊而崇之？歷考自入春秋以來，外兵非君將皆稱人，即前此晉以三國伐許，與明年五國伐沈，皆不書大夫姓氏，是崇何德哉？《春秋》於"人"之一字，其貶與不，終無定論。朱晦翁謂："不當於一字上理會褒貶，以求聖人之意。"正此之類。〖編者按：奧田元繼作王元美語。〗（《左繡》眉）及某而還，以報某之役，平平語耳，只因著兩彭衙，便異樣色澤。左氏一小異處，務必寫出，以自娛娛天下，豈得以雕蟲目之？（美中尾）既避秦矣，而又伐之，何也？

　　襄仲如齊納幣，禮也。凡君即位，好舅甥，修昏姻，娶元妃以奉粢盛，孝也。孝，禮之始也。（《左繡》眉）"禮也"虛說一層，"孝也"實說一層，末句從孝合到禮，總結一層。在左氏固是常談，而自爲千古之法。（闔生夾）此篇著襄仲之惡，以"謀人，人亦謀己"爲主。又歸咎于季文子而痛斥之，以"保奸主藏"爲主。開首著此，大義凜然。

◇文公三年

【經】三年春王正月，叔孫得臣會晉人、宋人、陳人、衛人、鄭人伐沈。沈潰。（《評林》眉）胡銓："春秋侵伐之柄下移於諸侯，自是遂移於大夫矣。"夏五月，王子虎卒。（《評林》眉）高閌："王子虎卒，赴於諸侯而書其卒，蓋著其交政於諸侯也。公、穀以爲叔服，非是。"秦人伐晉。（《評林》眉）陳傅良："此秦伯也，何爲貶稱人？殽之誓，孔子有取焉，而秦穆之連兵無虛歲，故自韓原，秦不以爵見於經。"秋，楚人圍江。雨螽于宋。（《評林》眉）孫覺："雨，自上而下者也。螽不及其所從來，自上而下，衆多如雨，而在宋之四境，故曰雨螽于宋。"王樵："書雨，見災甚，非隊而死也。"冬，公如晉。十有二月己巳，公及晉侯盟。(《評林》眉）張洽："不書地，盟於晉都也。"晉陽處父帥師伐楚以救江。(《評林》眉）吳徵："江受楚之伐，伯者所當救也。處父畏楚強，不敢徑趨江之城下，乃揚言伐楚以救江，門於方城，一見息公之來即避之而返，既不能救江，又不能伐楚，其畏怯也明矣。"

【傳】三年春，莊叔會諸侯之師伐沈，以其服于楚也。沈潰。凡民逃其上曰潰，在上曰逃。(《左繡》眉）以衆去寡曰"潰"，以寡去衆曰"逃"，只一兩語耳，卻將"上"字、"逃"字略作顛倒，便自言語妙天下。(王系尾）小篇耳，看他一句釋經，備呼應之能，極顧盼之勢。兩句發凡，挈部中之綱，及例外之例。文境開拓，與夫大篇何殊？趙啓明、家則堂譏晉襄不能討商臣滔天之罪，而區區伐其附從之小國，議論精鑿，足發此篇包含之義。

衛侯如陳，拜晉成也。

夏四月乙亥，王叔文公卒，來赴，弔如同盟，禮也。(《評林》眉）趙匡："天子大夫無與諸侯盟之禮，而曰'禮也'，豈《春秋》之意乎！"

秦伯伐晉，濟河焚舟，取王官，及郊。(《淵鑒》眉）秦伯終任孟明，以成王官之捷，可爲千古用人之法。臣乾學曰："此秦穆公之霸也，穆公悔心一萌，任賢脩政，奄霸西陲。甚矣，用人之效彰彰如是也！孔子刪《書》，獨存《秦誓》以此。"(《左繡》眉）此篇結束殽師以來數篇文字，一敍兩斷，都用風檣陣馬筆法。鋪張揚厲，詠歎淫佚，非此不足以舉積憤而盡抒之者也。極精神之事，極精彩之文。兩層三疊，遞說而似對局，平說而有側意，板說而藏變法。既以"君子"作斷，又以"詩曰"作贊，各用作總結之筆。上斷于秦穆兩語對說，孟明、子桑，另自兩對。下贊于秦穆獨四語，孟明、子桑又各小略。看來三平，其條理乃自精細。有稱其故意迷人者，故絮論之。至前用三人作順領，後用三人作倒煞，又整中之變之最分明者耳。添入子桑作章法，文情方濃，文味方厚。與冀缺三命篇同一筆意。但彼夾在中，此增在後。彼用參差，此用整齊，遂令讀者另換一番眼色。俞寧世曰："此篇人多賞其後三行，其實得力在第一行，有聲勢，有光焰，激得下麵文情出。"(《補義》眉）

寫出氣燄。秦伯假脫手，《傳》故作鋪張，襃之也，非襃其功，襃其自以爲功而止戈也。(《便覽》眉) 起手二行，極有聲勢，自激得下文情出。**晉人不出，遂自茅津濟，封殽尸而還。遂霸西戎，用孟明也。**(《測義》夾) 姜寶氏曰："《史記》稱穆公作誓，在今取王官封殽尸之後，蓋其親見殽尸露骸暴骨之慘，不勝悲痛，封掩之而作誓言，自是遂不復東征，誓言終能踐矣。若敗殽作誓，而復有彭衙以後等役，殘民不已，不應自食其言至此。"(《左傳雋》眉) 王鳳洲曰："'遂霸'兩語，掉上揭下，最有神情。" 楊素庵曰："'君子以是'三段，並三引詩文，勢如明珠走盤，不可抵住。(《評林》眉) 孫應鼇："'用孟明一句'是斷案，下說穆公之爲君，孟明之臣，子桑之忠，又引三詩注之，即明此句之意，明珠走盤。" 張天如："穆公平亂善鄰，綽有伯者之風。惜其初信燭之武之言，復循杞子之計，惟利爲趨，以至將禽師殞，幾不自振。雖僅收之桑榆，曷克以償之？"〖編者按：凌稚隆作傳遜語。〗李廉："左氏以此役爲秦伯西戎之始，且稱其舉人之周、與人之壹、孟明之不解、子桑之知人。而胡氏諸說，皆以爲貶者，左氏得其事，胡氏論其義也。"(闈生夾) 前文排山倒海，專爲此處，故特鄭重而道之。**君子是以知："秦穆公之爲君也，舉人之周也，與人之壹也；孟明之臣也，其不解也，能懼思也；子桑之忠也，其知人也，能舉善也。**(闈生夾) 前文勢重，故極力蕩漾以承之。**《詩》曰：'於以采蘩？于沼于沚。於以用之？公侯之事。'秦穆有焉。'夙夜匪解，以事一人'，孟明有焉。'詒厥孫謀，以燕翼子'，子桑有焉。"**(文熙眉) 汪道昆曰："議論具品。'君子是以知'以下章法。" 穆文熙曰："自古豪俊之士，往往以一敗致棄，能不得展。如秦伯之于孟明，真古今一事也。其安得不伯乎？" 汪道昆曰："辭令能品。"(《左傳雋》尾) 羅文恭曰："庸君世主，往往以成敗論人物，俾英雄豪傑不得展布才能，竟賫志以没。秦穆不以一眚棄孟明，而濟、焚之帥，秦用以伯如此。噫，士果可以成敗論哉？"(孫鑛眉) 九"也"字法見意態。一雙、二單，亦不板。亦有單句法，第畦徑太明，效之甚易，所以不爲高妙。(《正集》尾) 敘事極嚴約有法。葛靖調。(韓范夾) 三者惟秦穆尤難。(《快評》尾) 崤之役，晉人既歸秦帥，秦大夫及左右皆言于秦伯曰："是敗也，孟明之罪也。必殺之。"秦伯曰："是孤之罪也，孤實貪以禍夫子，夫子何罪？"復使爲政。文公二年，秦孟明視帥師伐晉，以報殽之役，晉侯禦之，及秦師戰于彭衙，秦師敗績，晉人謂之拜賜之師。秦伯猶用孟明，孟明增脩國政，重施於民。趙成子言于諸大夫曰："秦師又至，將必避之。懼而增德，不可當也。"敗於殽而用之，敗于彭衙復用之，秦穆公所以霸西戎也。城濮之敗，殺子玉；泜水之退，殺子上，楚風之所以不競也。國君猶不可以成敗用人，學者又可以成敗論人乎？宜左氏之津津于秦穆也。秦穆三用孟明，濟河焚舟，已辦必死之志。使晉更敗之，不惟無以處秦，並無以自處矣。閉門不出，讓其濟茅津，封殽尸，以結此一局，了此一案，自是最高一著。吾謂秦人善於處敗，晉人善於處勝也。（孫琮總評）陳明卿曰："此篇敘事，簡勁高古。'君子'以下，嘉秦君臣，作無限讚歎，讀之不覺爲之擊節。"陳家珍曰："專任有成，古雄略之君多有之。至再挫而持氣益堅，不顧旁觀阻撓，孟明於此，亦有不可及者矣。"以上數篇，只是一篇文字。分讀之，每事自爲起止；合讀之，只一事血脈貫穿，井井有理，而不見段落。秦君臣相與有成，無限深心苦志，左氏極力摹寫，經營慘澹，明眼人細心融會，愈讀愈有味。此篇風姿宕逸，雖傳寫殆徧，然廬山本來面目，又何可忘？（《彙鈔》眉）此一舉，可謂失之東隅，收之桑榆。秦伯猶用孟明似屬可疑，至此方信用孟明之力，故暢發之，連下數"也"字，筆情橫恣。（《統箋》尾）愚按：後世命將出師，一經敗的，即治以失律之罪。秦于孟明，不惟不罪，仍秉國焉。穆公用人，誠非世主可及。而趙衰之斂兵不出，其老成謀國，又豈智謀之士所能望其涯涘者乎？秦固霸西戎，而晉亦數世稱雄於中夏，國有人焉，諒哉！（魏禧尾）謝文洊曰："穆公猶用孟明，非全副識力、全副度量不能。在朋友猶難之，況君臣乎？後世人才偶遭蹉跌，而陷重典，或遂終身廢弛者，誠不幸哉！人之才誠有始愚終智者，然其人要爲有本領，有骨力，但輕浮之氣未除，必經歷挫折，而後力沈氣靜，始可以就大事。用人者奈何一再詿誤，而遂輕棄絕之，使國家不收真才之用，人才抱枉抑之痛耶？蘇軾初中程，英宗即欲授知制誥，相國韓琦曰：'軾之才，遠大之器也。他日當爲天下用，要在朝廷培養之，使天下莫不畏慕降伏，皆欲朝廷進而用之，然後進用，則人人無異辭矣。今驟用之，則士未必以爲然，適足以累之也。'乃授直史館。軾聞之，曰：'韓公可謂愛人以德。夫知制誥乃軾所優爲，韓公猶且慎重，恐爲軾累。矧關係安危之事，輒用未經鍛鍊之人，及其不效，又不能推法外之意以原之，豈非草芥人才耶？'若韓公者，不但愛人以德，正爲國家惜才，又爲國家造才者也。"魏禧曰："趙成子言必避秦，王官之役，晉人果不出矣。然成子既言之後，秦未取王官之先，先且居乃會諸侯伐秦取汪，而秦師既還，晉人伐秦取邧。敵來而謀避之，敵未來而先伐之，以挑其師，敵去而再伐之，以厚其怨。于成子本謀，不大乖乎？曰：'此晉人拘宛春、復曹衛、退三舍之故智也。'秦未來而先伐者，所以豫爲避秦之地。秦既去而更伐之者，所以文其避秦之舉。何以言之？蓋不出以避其銳，所以守勝，此謀已先定於胸中。然恐諸侯輕之，故乘其未發，姑會諸侯薄伐以張其威，是以取汪，及彭衙而還也。及後不出，則若使秦之爲報汪之役者，曰：'我既再敗秦，又率諸侯伐之，吾姑不與較焉，以謝之可也。'於是以避強之心，而爲脩德之名，此所以爲晉人之讓也。然則成子曰：'懼而增德，不可當矣。'興師伐之，不虞秦人遽出而發其憤乎？曰：'出其不意而伐之，及彭衙而遽還，晉人固已知秦之不及出矣。''然則復伐秦圍邧，何也？'曰：'亦所謂薄伐以張威也。晉既避秦，秦人之憤已洩，必不更出師以與晉角，縱令出師，非復昔日之銳矣。'"彭家屏曰："孟明欲報秦而重施於民，卒有王官之捷。晉悼欲抗楚，而謀息其民，卒成三駕之功。師克在和，人和者，用兵之本也。"(《集解》尾) 始終能用孟明，此秦穆之所以霸也。篇首一句結斷，歸重秦穆，以下帶寫孟明之脩德，子桑之舉善，反覆讚歎，文法整飭而錯落，宜舉業家奉爲楷模。(《知新》尾) 孟明再敗，秦穆任之如初，□□□□，□□□□，聖人列其誓於《書》，而傳復歸美子桑。至今追想當年，君臣一堂修省，舉賢任能，真春秋之僅事。(昆崖尾) 鄧葦夫曰："寫秦君臣相與有成，經營慘澹，風姿宕逸。"文字有賓主一法久矣，賓主不明，則章法亂。賓主太明，則文情板。如此傳，秦伯主也，孟明主中賓也，子桑純乎賓矣。于推敘緣由處，以"秦伯猶用孟明"喝起。于敘事既畢後，以"用孟明也"結住。一筆兩筆，提醒主腦，使人曉然知其大旨所在，而以孟明夾敘於中，子桑帶贊于後，章法何等分明？乃其敘晉之論秦也，説孟明不及秦伯，錯綜矣。敘秦之伐晉也，説秦伯又及孟明，錯綜矣。後面更將秦伯、孟明、子桑議論一番，詠歎一番，三人排列，並無低昂，愈整齊，愈錯綜矣。讀者幾不辨其孰主孰賓。孰爲主中主，孰爲賓中賓。但覺段段迷離，文情又何等變化不測也。嗚呼，妙矣！"用孟明也"一句，應前提後，真有千鈞之力。末段以九"也"、三"焉"連疊成文，蹀躞翩躚，有舞蝶飛燕之態。鏗鏘錯落，有密雪碎玉之音。（《左傳翼》尾）既作誓悔過矣，彭衙及此役猶汲汲以報復爲事，貪兵轉而爲忿兵，安在其能悔哉？故《春秋》稱人以貶之，左氏獨極力讚歎者，以其能用孟明，既周且壹也。贊穆公，復贊子桑，三帥既歸時，盈庭讒構，非得子桑左右營救，豈能復有今日？楚成知此，必不殺子玉。子文知此，必能救得臣矣。不以一眚掩大德，秦穆可爲千古用人之法。殽之役，秦人匹馬隻輪無返者，痛入骨髓，一伐再伐，雖曰雪恥，實暴骨中野，天昏日黯，慘目傷心耳。殽尸封則哭望天涯者，此心庶稍慰矣。秦人濟河焚舟爲此，晉人閉門不出亦爲此。讀史至十六國而見燕垂參合殺之痛，爲之淚下五斗。李華《吊古戰場文》所以欷歔欲絕哉！（《啫鳳》尾）左氏傳殽之役，累牘不厭，此傳實其總束。入手鋪張，至後兩番讚歎，爲孟明吐氣，爲子桑生色，其主筆尤在特表秦穆之不奪於衆說，屢敗弗恤，卒以用人而成霸業，亦以爲後之用人者勸也。"君子"、"詩曰"兩層，雖則三人平列，而賓主正自秩然可按。（德宜尾）一敘兩斷，都用風檣陣馬筆法，鋪張揚厲，詠歎淫佚，極精神之事，極精彩之文。（《便覽》尾）此結殽師以來數篇文字，一敘兩斷，兩層三疊，遞說而似對局，平說而有側意。其添入子桑，與孟明作對，正是分出穆公，以特表其能用人也。芳輯評。（《日知》尾）春秋之世，遇合薦舉如此者，鮮矣！左氏豈有感歟！不然，何纏綿戀慕，情餘於言外，一至此乎！（盛謨總評）唐錫周曰："前如風雨驟至，後如清流激湍。"前數篇文字，只注到"霸西戎"結穴矣。然數篇開竅，全在"猶用孟明"句作轉，方入正面。到此猶恐讀者不曉，又以"用孟明也"四字點醒，令人豁然。卻又恐讀者盡曉，偏將三人平平結住，令人茫然，左氏運筆至此，試問解人，妙不妙不？（高嶙尾）"用孟明也"一句，統爲出師入滑、敗殽、彭衙諸篇總結，秦穆之霸成於此也。敘事節短，有聲勢，有氣焰。論贊韻長，極整齊，極錯落。秦穆稱五霸之一，此傳又以"遂霸西戎"揭出秦穆，而《春秋》書法無予詞，何也？胡康侯曰："聖人作《易》，以懲忿窒欲爲損卦之象，曰：'損，德之脩也。'穆公初聽杞子之請，違蹇叔之言，名爲貪兵，是欲而不能窒也。及敗於殽，歸作《秦誓》，庶幾能改過矣。復起彭衙之師，報殽函之役，名爲忿兵，是忿而不能懲也。今又濟河，人之稱斯師也，何義哉？貶而稱人，責備之也。"趙企明曰："秦穆伐晉以報前日三敗之辱也。說者以爲穆公之霸在此。齊桓、晉文之霸，聖人必有褒大之詞，雖宋襄無成，曹南之盟，亦書爵以揭于諸侯之上。今秦于殽之戰、彭衙之戰，皆書師。於此，乃書人，豈謂其霸而反人之耶？孟子所謂五霸者，其實桓、文而已。宋襄之敗，固所不録，而秦穆、楚莊，皆無予詞，鄙秦楚也。且前日之敗，兵端皆啓于秦，實自敗爾。論者見殽之敗，有悔過之誓，孔子列于《周書》，遂以爲聖人予秦穆。今自殽之敗，兵連禍結，以戕其民，安在其爲悔也？聖人特取誓之文而已，非進秦穆也。焚舟之勝，雖霸西戎，《春秋》書人，貶可知矣。"鄭子美曰："夫子于秦穆，取其悔過之詞，録于《周書》以爲法。罪其窮兵之禍，貶於《春秋》以爲戒。蓋並行不悖也。"李氏廉曰："左氏以此役爲秦霸西戎之始，且稱其舉人之周，與人之壹，孟明之不解，子桑之知人，而胡氏諸説皆以爲貶者，左氏得其事，胡氏論其義也。"（《評林》眉）《補注》："子桑有焉，此亦以成敗論人，《春秋》正誼不謀利，明道不計功，左氏不知此秦穆脩怨，乃中國之罪人。"（王系尾）此篇論斷多於敘事，"用孟明"以下，是殽以後數篇之結穴處，並是秦穆即位以來之結穴處，非止結本文也。秦穆有雄志，惠、懷以來，圖之數十年。殽一敗而氣全沮，王官勝而慚少釋，遂霸西戎，談者美之。豈知秦穆胸中，血淚十斗哉？（《學餘》尾）秦伯伐晉，直在秦也，故君子與之，反復詠歎，曲中情事，出《風》入《雅》，美秀而文，所謂韻流墨中，聲動簡外者也。（《菁華》尾）破釜沉舟，期在必勝，兵法所謂置之死地而後生也。既舉二邑，即草草了事，亦明知晉不可敵，不可自作蛇足，可謂知彼知此。分贊秦伯、孟明，而忽及子桑，文筆更無滲漏。蓋子桑之舉孟明，前此傳文不言，直於此處補出。（闈生夾）旁及子桑，尤極洋溢。子桑，舉百里奚者，故云"翼子"。

秋，雨螽于宋，隊而死也。

楚師圍江。晉先僕伐楚以救江。

冬，晉以江故告于周。王叔桓公、晉陽處父伐楚以救江，門于方城，遇息公子朱而還。（《測義》夾）愚按：陽處父帥師救江，其意實以楚不可敵也，故不敢直趨江城之下，而揚聲伐楚以救江。夫伐楚者，豈不深入其境哉！而左氏云"門于方城，遇息公子朱而還"，則是兵甫至楚，固已即退矣。杜注："子朱聞晉師起，而江兵解，故晉亦還。"竊疑楚聲方張，豈爲晉師一闖其境，而即肯解去乎？蓋陽處父之徒籍口以退師爾。觀四年書楚滅江，圍何嘗解也？（《左繡》眉）傳特移圍江於雨螽之下，又升救江于盟晉之上，令兩文相接成章也。復離而二之，失兩伐楚以救江之妙矣。(《左傳翼》尾) 晉襄嗣位，伯業稍衰，楚遂有窺江淮之意。晉再伐楚以救江，而卒無救于江者，救之不以其道也。商臣覆載不容之惡既不能討，陽父救江，兵不敢造其城下，揚言伐楚，一遇息公即自退師，畏楚極矣。其告周王叔桓公以往者，不過借天子威命以恐喝之耳。平時不知有天王，而欲以之懼無父無君之商臣，豈奉天討罪之義乎？(王系尾) 晉之無補于江亡也，固自以爲鞭長不及也。先僕救之，處父救之，告于周而假王靈以救之，視齊桓之于黃，可謂勤矣。然不能親救，又不告諸侯使同救，而但乞靈於無靈之周，果可以謝無咎於天下後世乎哉？

　　晉人懼其無禮於公也，(《補義》眉) 一"懼"字伏後二"樂"字。請改盟。公如晉，及晉侯盟。晉侯饗公，賦《菁菁者莪》。莊叔以公降，拜，曰："小國受命於大國，敢不慎儀。君貺之以大禮，何樂如之？抑小國之樂，大國之惠也。" 晉侯降，辭。登，成拜。公賦《嘉樂》。(韓范夾) 《三王世家》昔人以爲文辭雍容，洵可觀也。睹此淑儀，固當奊翅！(《左繡》眉) 爲無禮改盟，故降拜、降辭、登拜，皆詳寫禮節。又前篇一"恥"之，一"厭"之，可謂兩主不樂之極。故此文連寫"樂"字，而終之以"《嘉樂》"，特爲"懼"字作解釋也云爾。"儀"字、"樂"字分承詩詞，忽將"樂"字復說一遍，意故側重。然妙在將大國、小國，亦復說一遍，不令文字偏枯，精細之至。前四句答謝《菁莪》之意已足，後兩句乃是預透《嘉樂》詩意於前，故末只點"公賦"一筆便自分明，以兩釋詩安在中間，而兩賦詩安在兩頭也。此法亦往往而有，但以兩詩運作一片，作承上啓下之筆，則敏妙尤獨絕耳。(《分國》尾) 經前曰："及晉處父盟，不書公，爲公諱也。" 後曰："公及晉侯盟。" 書公如晉之始也。詩中有"樂且有儀"句，故曰"敢不慎儀"，又曰"何樂如之"。(《左傳翼》尾) 前以不朝來討，此以無禮請改盟，前倨後恭，晉侯知自反矣。一"懼"字是"樂"字反面，卻是"樂"字根苗，而向之恥與厭冰消霧釋，公降晉侯亦降，公拜晉侯亦拜，樂從禮生，兩兩賦詩，一樂有儀，一樂令德。"敢不慎儀"從"貺以大禮"生出，晉侯賦《菁莪》，公所以賦《嘉樂》也。莊叔議論上下鎔成一片，最爲警敏。(《補義》眉) 只以賦詩結"樂"字。(《評林》眉) 《匯參》："爲無禮改盟，故降拜，降辭，登拜，皆詳寫禮節。"

◇文公四年

【經】四年春，公至自晉。夏，逆婦姜于齊。(《評林》眉) 趙匡："公自逆，常事不書，以成禮于齊，所以變文云'逆婦'以譏之。"狄侵齊。秋，楚人滅江。晉侯伐秦。衛侯使甯俞來聘。冬十有一月壬寅，夫人風氏薨。(《評林》眉) 蘇轍："風氏，僖公之妾母也。凡魯君之妾母，其生也稱夫人，其沒皆以夫人之禮禮之，考之舊典，則非禮也。然《春秋》書之，不爲異辭者，君臣之禮也。"

【傳】四年春，晉人歸孔達于衛，以爲衛之良也，故免之。

夏，衛侯如晉拜。(《分國》尾) 城濮之役，晉既復衛矣，又不朝，成公之宿怨未忘也。陳爲衛謀，更伐我醳，是千古極善處事之法。戰國策士祖此，以得志於遊說。傳者以爲古而不合於時，何也？(《左繡》眉) 苟云"衛侯如陳，拜晉成也"，此處忽將"拜"字作散後語，蓋彼以晉成解說在後，此以衛良解說在前故也。只是一順一逆，而句法奇絕不測至此。

曹伯如晉會正。(《左繡》眉) 上節以一字爲傳，此節又以兩字爲傳，簡甚！

逆婦姜于齊，卿不行，非禮也。君子是以知出姜之不允於魯也，曰："貴聘而賤逆之，君而卑之，立而廢之，棄信而壞其主，在國必亂，在家必亡。不允宜哉？(閩生夾) 深致慨歎之詞，而寄託無端。此等慨歎若於事後發之，則意味全失矣。此爲文之所以貴用逆也。《詩》曰：'畏天之威，于時保之。'敬主之謂也。"(《分國》尾) 昏禮重親逆，前公子翬逆文姜，尚非之，況並卿不行乎？且禮，入國然後稱婦，方逆尚在齊而婦之，胡氏所謂："方逆而已成爲婦，未至而如在國中也。"未婦而婦，宜乎已婦而不婦。婦姜也，而爲出姜乎？國亂子弒，有自來也。(《左繡》眉) 一呼一應，又引詩作證，此左氏常調。但此文乃因後斷前，與他處預作評論者不同。四"畏"字亦復有本耶？(《左傳翼》尾) 逆者誰？公自逆也。禮成乎齊，故曰婦也。程子曰："納幣在喪中，與喪昏同也。"稱婦姜，已成婦也。不稱夫人，不可爲小君奉宗廟也。孫氏謂："不言公者，諱之也。以其成禮于齊，故不言公以諱之。"此皆本之《穀梁》而得情理之正者也。左氏則以爲貴聘而賤逆之,棄信壞主,而斷出姜之不允,此則所聞異辭者。然據此以論婚姻正始,始不以夫人之禮逆,爲國所輕,勢所必至,故因後之出而原其始之逆不以禮斷之,亦所以維婚姻之禮也。邦君之妻與君敵體,不可亢亦不可卑,《春秋》於不親迎且譏之,而況於不使卿逆乎?若公羊娶于大夫之説,則失之遠而不足以定是非、正倫紀,自不可與穀梁、左氏並論矣。(《評林》眉)楊守魯:"出姜不允,亦適遭其變,豈恐不係於貴聘而賤逆?此左氏之鑿。"(王系尾)此篇是逆婦姜傳,而極論出姜之不允,爲十八年殺惡及視、夫人大歸作案也。遂之弑逆,爲禄去公室之始,是魯國大關鍵,即是部中大關鍵,而其禍由於夫人之無寵。夫人之無寵,於是焉兆矣。故層疊發論,以爲文章之關鍵,筆墨似費而實省。

　　秋,晉侯伐秦,圍邧、新城,以報王官之役。(美中尾)救江則遣大夫,伐秦則君親之。惜也!襄緩於恤患,而急爲修怨之師也。(《補義》眉)便見何不移伐秦之師以救江。

　　楚人滅江,秦伯爲之降服、出次、不舉、過數。(韓范夾)自是霸主風則。大夫諫,公曰:"同盟滅,雖不能救,敢不矜乎!吾自懼也。"君子曰:"《詩》云:'惟彼二國,其政不獲,惟此四國,爰究爰度。'其秦穆之謂矣。"(《左繡》眉)名雖爲人,其實自爲。引《詩》亦全在"彼"字、"此"字見神理,緊照"爲之自懼"着筆,言之親切而有味也。江雖小國,實中夏之助。今楚滅江,晉霸衰矣。秦穆此舉,蓋儼然以伯自居云。(《左傳翼》尾)楚人滅江,晉人不以爲恥,而秦穆以爲懼,蓋儼然自居于伯矣。熒惑入南斗,豈必徵應專在梁耶?一面矜江,一面自懼,所謂既痛逝者,行自念也。恤鄰可嘉,而懼而脩政,尤可貴。引詩贊誦,單從自懼着筆,真親切有餘味也。(《補義》眉)贊秦穆反照晉襄,亦借賓形主法。(王系尾)江圍甚久,未聞遣一旅以相救,而但謝不能,亦安用此過數之虛文哉?惟"自懼"一言,有究度之意,君子取之,言外便有一不知懼、不知矜之晉襄在。

　　衛甯武子來聘,公與之宴,爲賦《湛露》及《彤弓》。不辭,又不答賦。使行人私焉。對曰:"臣以爲肄業及之也。昔諸侯朝正于王,王宴樂之,於是乎賦《湛露》,則天子當陽,諸侯用命也。諸侯敵王所愾,而獻其功,王於是乎賜之彤弓一,彤矢百，旅弓矢千，以覺報宴。今陪臣來繼舊好，君辱貺之，其敢干大禮以自取戾。"（文熙眉）汪道昆曰："辭令能品，'覺報宴'字法。"（《測義》夾）邵寶氏曰："甯武子之不拜《湛露》、《彤弓》，禮也。二詩何詩也？而歌于魯矦之堂乎？其言曰'肆業及之'，忠告而婉。"（《左傳雋》眉）湯霍林曰："'昔諸侯'至'報宴'，兩解賦《湛露》及賦《彤弓》之非禮，而語調錯綜變化，末句收掉尤佳。"（《左傳雋》尾）呂東萊曰："魯，諸侯也。甯武，陪臣也。文公賦《湛露》、《彤弓》，則是以天子自待，以諸侯待俞，失禮甚矣。斯時武子辭之則彰其失，答之則當其尊，故因行人之問而私及之，孔子稱武子其愚不可及，此亦一事也。"（韓范夾）典禮之行，本自嚴重。後人用之，以明好、和宴、親洽，因而易流，上下僭等，非其物矣。讀甯子所論，乃覺周禮之嚴。（《快評》尾）若以魯爲失禮耶，則武子當辭爲合禮耶？禮宜答賦，不辭，又不答賦。魯反以武子爲失禮矣。"臣以爲肆業及之也"一句，說明不辭之故，下文皆言不敢答賦之故矣。使魯當時不問，則"肆業及之"一句已默寓於不辭、不答之間，不敢以非禮自處，亦不敢以非禮處人也。聖賢一語一默，無非至理奇文，後賢切無於無文字處錯針線也。（孫琮總評）肆業及之，解所以不辭不答之故，何等蘊藉！"昔諸侯朝正"兩段，只解《湛露》、《彤弓》，而魯之僭，已在言外，結語更凜然。只此數語，較叔孫豹之對晉人，更覺嚴毅。（《分國》尾）魯，秉禮之國也。且僖公朝史克作頌詩，亦彬彬矣。《彤弓》、《湛露》，何昧昧焉？其後穆叔聘晉，拜《鹿鳴》，不拜《肆夏》、《文王》，倘亦聞甯俞之風與？（《晨書》總評）宋南金曰："甯俞愚不可及，妙在不但不答賦，抑且不辭。若辭之，是斥其僭，而自居有禮也。分解《彤弓》、《湛露》，何等遒逸，何等蘊藉！"（《知新》尾）臣之忠者，未有不敬，當時列國大夫，柄政專國，誰復知己之爲陪臣？得此一番正名定分，方見得周天子不僅守府。（《賞音》尾）不亢不卑，最得使臣之體。（《左繡》眉）左氏賦《詩》、贈答、辭受俱有妙義，忽從不辭、不答，另換一番光景，事出匪彝，文更不測。此亦作家別行一路之法。天下有對客肆業者耶？不欲直責主人適失，卻先自作此夢夢語，最措詞謙婉絕妙處，莫認作一味假意譏刺也。不辭、不答，呆呆坐着，極其懵懂。天子、諸侯，一一數來，極其精明。寫得妙絕。兩"宴"字對上"宴"字，一安在詩上，一安在詩下，只此傾換法，便自參差整齊，轉變不盡矣。起筆最佳，住筆最勁。"自取"緊對"肆業"，呼應極靈。（儲欣尾）亦甯武子之智也。杞鄫何事？責辭嚴切，肄業及之，諷詞深冷，能言者無出其右。而杜注以爲其愚不可及，過矣。（昆崖尾）起語詼諧，對語鄭重，收語謙婉，短短詞令，亦有多少變相！（《約編》尾）以俞之忠，而辭令又若此，可謂恭敬而溫文。（《喈鳳》尾）甯子陳說二詩來歷，致爲詳核，豈果夢夢，而以侑食爲肄業？但當宴固辭，恐明斥魯之非。俟其私問，而引爲恐滋己戾，則不漏圭角，亦是善於應對處。春秋之時，詩樂失次，得一二通明之士，推原本義以存其真，宣聖周流，參互考訂，而詩樂以正。如武子、穆叔輩，是皆其所取資者也。（《左傳翼》尾）《湛露》、《彤弓》來歷武子知之，魯廷豈無知之者？只爲僭用已久，模模糊糊，遂成鶻突。若一一披根尋原，則天子禮樂便用不得矣。祇得裝聾作啞，全做不識不知樣子。不然"相維辟公，天子穆穆"，奚取於三家之堂？又寧有取于魯君之堂耶？被此一番提唱，不啻當頭著棒，魄悸心驚。要緊尤是王與諸侯、陪臣等字，所宜着眼。宴享何時，而忽然肄業，此語滑稽，堪爲絕倒。"肄業及之"，甯猶不解何爲《湛露》、何爲《彤弓》耶？豈肄業人隨口滑讀，毫不理會，不懂文義，自古已然耶？爲之一粲。（《補義》眉）只就二詩分晰，而於大禮自見。朝正天子，獻功於王，久不見此規製，得之使臣，猶見成周之禮不難復興。（《便覽》尾）左敘賦詩，各有妙義。此則不辭、不答，呆呆坐着，極其懵懂。天子、諸侯一一數出，極其精明，殊新人耳目。芳輯評。（《日知》尾）自謙正以諷魯，然正復渾而不露也。智耶，愚耶，雙管齊下矣！（高塘尾）俞桐川曰："古禮淪亡，諸侯僭紊，寂寥數語，典核慎重。曰諸侯，曰王，曰陪臣，名分秩秩，魯君臣能不汗顏？"起語詼諧，對語鄭重，收語謙婉，短短詞令，亦有多少變相？此種不惟筆墨雅飭，實學人考求義疏之資，不僅詞令之巧也。（《評林》眉）王錫爵："武子不拜，綽有深意，豈不曰：'《湛露》、《彤弓》何詩也，乃取而歌於魯堂乎？'其曰'肄業及之'，諷亦婉而切矣。"（王系尾）此篇諸選本争剟取之，而未有能言其妙者也。魯人僭妄，辭則顯其失，答則同其罪，不辭不答妙矣。而魯人不知其妙，反以爲不妙，怪而問之。遇如此大不妙之人，處如此至不妙之事，雖有妙者，亦難乎其爲妙矣。甯子只用"肄業"二字，便將僭妄之罪，輕輕推上工人身上，後雖極意明辨，亦不失賓主之歡情，可無傷脩好之本意矣。豈非天下之至妙乎哉？（《自怡軒》尾）不亢不卑，最得使臣之體。謝立夫。（方宗誠眉）辭命婉而直。不說魯賦二詩之失禮，但言己不敢干大禮，何等委婉！而義自森然不可犯。（《學餘》尾）觀武子之言，德音秩秩，則知保身濟君，由其通經致用，非偶然也。武子知禮，則魯之所謂秉禮者何如哉？此孔子之所以問禮于周也。

冬，成風薨。

◇文公五年

【經】五年春王正月，王使榮叔歸含，且賵。（《評林》眉）趙匡：“公、穀皆云：'兼之，非禮也。'據禮，含、賵、襚止一人兼行爾，若每事須一人，則罄王朝之臣，不足以克喪禮之使也。”三月辛亥，葬我小君成風。（《評林》眉）程端學：“小君者，嫡夫人之稱，而妾母稱之，又私諡焉，亂禮甚矣。”王使召伯來會葬。（《評林》眉）程頤：“天子以妾母同嫡，亂天理也，故不稱天。聖人於此，尤謹其戒。”夏，公孫敖如晉。（《評林》眉）高閌：“王含且賵，又來會葬矣，捨天王而謹事晉，不待貶而惡自見也。”秦人入鄀。秋，楚人滅六。（《評林》眉）家鉉翁：“武王訪帝王聖賢之後紹其封，盛德事也。周綱陵遲，先代之後鼪食無餘，若滅夔、滅六、滅蓼之類是也。”冬十月甲申，許男業卒。

【傳】五年春，王使榮叔來含且賵，召昭公來會葬，禮也。（《評林》眉）劉敞：“左氏曰'禮也'，非也。禮，庶子爲君者，爲其母無服，不敢貳尊者也。妾母稱夫人，王不能正，而又使公卿會葬，何也？”

初，鄀叛楚即秦，又貳于楚。夏，秦人入鄀。（美中尾）顧復初曰：“秦據豐鎬故都，抗衡中夏。然終穆公之世，不能越殽函而東者，以襲鄭無成功，滅滑適爲晉有故也。於是入鄀，鄀近武關，穆之意以爲不得於東，猶可以經營商雒，圖武關爲南出之門戶，而亦不能有。由是屏伏西陲，幾二百年。至三晉瓜分，秦得桃林塞置關，函關入秦，遂虎視以雄列國矣。”（王系尾）“初”字是追敘遠事，“又”字是接敘近事，“夏”字始入正傳。看他一篇三句，凡作三層，而局陣開展，主客分明，情事曲折，無不備具，絕筆也。

六人叛楚即東夷。秋，楚成大心、仲歸帥師滅六。（《左繡》

眉）逕書六，而不及蓼，傳亦特詳滅六之故，而於蓼略焉。則文仲總斷不分低昂，而賓主自明，又無斧鑿痕也。

　　冬，楚公子燮滅蓼，臧文仲聞六與蓼滅，曰："皋陶庭堅不祀忽諸。德之不建，民之無援，哀哉！"（《測義》夾）郭登氏曰："連書秦入鄀，楚滅六，又滅蓼，西秦南楚，憑陵中夏，吞噬弱小，而無忌憚也。病乎晉襄之霸業衰矣！"〖編者按：奧田元繼作湯睡菴語。〗（王源尾）以"忽諸"、"哀哉"兩字句頓挫跌宕作章法，促響哀音，神傷千古。只此一二十字，抵《哀江南賦》千百言而有餘矣。近代文字只尚多，所謂買菜求益者也。役夫，陋哉！滅蓼即序於滅六之下，不更詳所以見滅之故，即兩行文字中，亦有詳略，可知古人用筆之妙。（《分國》尾）時晉人救江，卒爲楚滅，晉伯衰也。秦伯降服出次，雖不救，賢於救矣。至若六叛宜伐，蓼何爲者？文仲哀庭堅之不祀，豈皋陶之邁種德，不如子公乎？魏高允曰："皋陶至德，英、蓼先亡。劉項之際，英布黥，而賊猶有刑之餘釁。"（《左繡》眉）自秋徂冬，二國連滅，所謂"忽諸"也。只二字寫盡弔古之神。上二句弔皋陶，下三句乃歎六、蓼，連讀則失之矣。（美中尾）楚滅江而晉不能救，楚益張矣。弔皋陶、嘆六蓼，遠神已注中原諸國。（《左傳翼》尾）滅六不歎，而歎於滅蓼之時，以皋陶之祀於是而斬也。秋冬相去爲時無幾，而二國旋滅，故有"忽諸"之歎。"德之不建"二句，是致滅之由，而上句尤吃緊，以子孫之不德而致祖宗絕祀，豈不可哀之甚乎？虞廷五臣，禹獨讓皋陶，德可知矣。乃三代遞王，益亦有後，而皋陶不祀，固其子孫爲之，晉爲盟主，何獨不爲之援乎？"哀哉"一歎，大有責晉意，于楚不置一詞者，僭王猾夏，何足與責也？（《補義》眉）弔皋陶，嘆六、蓼，而遠神已注着中原諸國。（高嵣尾）呂東萊曰："邾滅須句，楚滅六、蓼。夫須句司太皞之祀，六、蓼實皋陶之後，此皆先王所封諸侯，唐虞三代，綿延不廢，何故才入春秋之世，便見屠戮？蓋向時間有聖賢之君相相與維持，故得世守其國祀。至此先王德澤既斬，故先王之諸侯，亦不能自存。此最見得天下大勢。（《評林》眉）《補注》："'哀哉'，傳於文五年錄臧文仲語，成七年錄季文子語，昭二十六年錄叔孫昭子語，皆見中國無伯，而識者憂之。"（王系尾）"德之不建"、"民之無援"，料斷極其平允，是六、蓼二國鐵案，即是春秋諸亡國鐵案。文簡韻長，至今如聞歎息之聲。（闇生夾）以慨歎總收。以上穆王所滅。宗堯按："此篇以小國見滅爲主，所以著楚之強也。"

晉陽處父聘于衛，反過甯，甯嬴從之，及溫而還。其妻問之，嬴曰：「以剛。《商書》曰：『沈漸剛克，高明柔克。』夫子壹之，其不没乎。天爲剛德，猶不干時，況在人乎？且華而不實，怨之所聚也，犯而聚怨，不可以定身。（闈生夾）責陽處父，亦痛惜狐氏之意所激而發。余懼不獲其利而離其難，是以去之。」（文熙眉）甯嬴論陽子一章，可爲剛愎者之戒。（《左傳雋》尾）孫應鰲曰：「詳此語則陽子蓋虛誕不情、剛愎自用者耳，二者有一，且足賈禍，況兼而有之，其何能免？」（韓范夾）張華晉室名輔，止因華而不實，遂至不獲考死，人其可以不實哉？（《文歸》尾）才是真經術、真讀書人。說到「定身」二字，儒者應一起回首。仲光。（魏禧尾）彭家屏曰：「《書》之稱舜，曰『溫恭允塞』，言其和粹形於外，而誠實積於中也。又《詩》之稱申伯曰『柔嘉』，稱衛文曰『塞淵』，可知聖賢之所尚，其旨同矣。反是而剛以自張，華而鮮實，本之不脩，末將焉救？怙氣者召殃，清言者賈亂，覆轍相踵，如出一途。卓哉，甯子之言，誠千古龜鑑也。」（《左繡》眉）此節雖有兩層，以前一層爲主。提句著力，已斷其不没。後乃又轉出聚怨一層，而再斷其不可以定身也。妙在正說後，忽將天德比例，便從此又比之草木。分明正說安在兩頭，而比例安在中間，作束上轉下之筆，意警而法甚圓。（《左傳翼》尾）太剛則折，只此一端，已足取禍，況益之以華而不實乎？魏晉諸名士，兵在其頸而不知，大致總不外此兩弊，甯嬴能知人斯能保身，自是千古只眼。（《補義》眉）俞云：「剛則待人疏，華則自治疏，兩揭禍源，《道德經》不過也。」（《評林》眉）按：《尚書》曰『剛克』、『柔克』，注曰：「勝本性即是氣質變化。」宋儒以前即有此說。《匯參》：「『且華』云云，此句尤是病根，所謂根也慾，焉得剛。」（方宗誠眉）「以剛」二字一篇之主，伏後易中軍與見殺之根。（《菁華》尾）剛爲令德，聖人猶以爲未見爲憾，處父之剛，直任性自是已耳。甯嬴此論，具有至理。其知人之明，自不可及。

　　晉趙成子、欒貞子、霍伯、臼季皆卒。（《左繡》眉）只「皆卒」兩字，使人讀之，動老成凋謝之慨。（闈生夾）老成凋謝，晉難之始，無一閒筆。

◇文公六年

【經】六年春，葬許僖公。夏，季孫行父如陳。（《評林》眉）

吳徵："此亦行父欲迎婦於陳，而請於君，借聘禮以行，前此魯、陳未嘗有邦交也。"秋，季孫行父如晉。八月乙亥，晉侯驩卒。冬十月，公子遂如晉。葬晉襄公。（《評林》眉）季本："晉自襄以後，書葬者：悼、平、昭、頃，皆甫三月，不知其故。豈其意在速定嗣君，而遂以爲常制歟？"晉殺其大夫陽處父。晉狐射姑出奔狄。（《評林》眉）高閌："先書晉殺處父，繼書射姑出奔，則實殺處父之罪自著矣。"閏月不告月，猶朝於廟。（《評林》眉）杜諤："《春秋》志文公廢告朔，而猶朝廟，是幸其禮不盡廢，聖人愛禮之深意也。"

【傳】六年春，晉蒐於夷，舍二軍。使狐射姑將中軍，趙盾佐之。陽處父至自溫，改蒐于董，易中軍。陽子，成季之屬也，故黨于趙氏，且謂趙盾能，曰："使能，國之利也。"是以上之。宣子於是乎始爲國政，（閏生夾）此篇專以趙盾弒君爲主，眼光專爲此事，前後皆烘托激射之筆也。自陽處父易帥，而賈季不能復存于晉。狐氏亡，而趙盾專國之勢成矣。宗堯按："狐、趙舊勳，趙氏盡奪其權而狐氏亡，此段敘述最分明。"制事典，正法罪，辟獄刑，董逋逃，由質要，治舊洿，本秩禮，續常職，出滯淹。既成，以授大傅陽子與大師賈佗，使行諸晉國，以爲常法。（《左繡》眉）此篇爲晉殺陽處父張本，先經始事，蓋預爲侵官立案也。"黨于趙氏"，定罪分明。又曰"且謂趙盾能"，夫不能於他人，而能自陽子之口，趙盾雖能，終爲一人之私矣。下半詳寫趙盾能處，乃史家得失互見法。然亦見事事獨斷獨行，使狐射姑多少眼燕。臨了重又轉到"以授太傅陽子"，分明擺出一"黨"字局面。而"以爲常法"，又分明久占要津，使妒積薪人扼挽于遲我十年使相之恨也。手寫此處，眼注彼處，能令易班、侵官兩意都到，是爲入神之筆。牽一賈佗，總見輪射姑不着也，妙！（《左傳翼》尾）宣子一爲國政，即有制事典許多法則，以爲晉國常法，其能自非賈季可及。但趙衰有從亡之勳，使之爲卿猶再四謙讓，末年始佐中軍，宣子一出即代父位，猶黨處父，上狐射姑而執國政，魁柄在手，事事更張，其鋒芒不太露乎？他日桃園之禍，於此已露一斑。賈季"夏日"之評，固適肖其勢焰熏炙，如火烈烈，不可向邇也。處父改蒐而易宣子，宣子定法而授處父，更相表裏，毫無顧忌，安知處父所爲，非宣子示之意乎？讀者且勿被他瞞過。夷蒐易將，公、穀皆以爲公先使射姑將中軍，因處父諫而易之。是易將由君，非處父擅自易之也。命將國之大事，君所推轂，處父安得以私易之？二傳甚得情實，左氏欲以侵官罪處父，故直以易中軍坐之，而不言見殺之故爲襄公漏言。處父身爲太傅，命將失當，固不可以不言，豈可避侵官而爲持祿容身之計？但以成季之屬而黨于趙氏，使盾得操政權，末流遂有弒君之禍，事雖公而意則私，罪亦不免。此案必合三傳斷之，是非乃有定論也。（《補義》眉）寫出剛而聚怨，爲殺處父張本，抉出處父隱衷。汪云："言外見射姑無從參末議，以上諸事皆射姑禍根。"（《評林》眉）張天如："宣子之賢，本非射姑所及，但處父奪其中軍以與之，故人有黨於趙氏之議。宣子其不幸而爲處父之知哉！"按：獄刑，坊本誤作刑獄。（王系尾）此篇敘處父之所以死、趙氏之所以興也。處父無足論者，成季之勳，未至執政。盾以年少履父位，驟矣。旋借黨力，遂帥中軍，此其私心自計，非有以聳動一時之耳目，烏能安其位哉？於是目無周禮，目無唐叔，目無文公，自出心裁，授之二孤，使爲晉國常法。處父其黨也，欣然而奉之，賈佗舊人也，俯首而從之。晉國之大，若六轡之在手矣。今考其所正之法罪，所治之舊污，所本之秩禮，所續之常職，既無可見。若夫董逋逃，辟刑獄，由質要，不過有司之所守。而所云出淹滯者，亦收拾人心之具也。若以補偏救弊，則可以一時，不可爲常法。如其爲常法也，大則有周公之典禮，小則有文公之霸業，而安事此紛更爲也？吉率由舊章，功在社稷，而無赫赫之名。必矜心作意，乃可掠美市恩，是則趙盾之能而已矣。（《菁華》尾）狐射姑本庸碌下材，觀其論辰嬴一節可見，使將中軍，必至誤事。易以趙盾，自是差強人意。惟不告諸君，而妄以己意自爲改易，則是予奪進退之權，操諸臣下，使人人側目，處父于此無立足之地矣。且其"使能"一言，猶是支飾之詞，而營私之見，是其真情真據，左氏用"故黨趙氏"一語，可謂誅心之論。

臧文仲以陳、衛之睦也，欲求好于陳。夏，季文子聘于陳，且娶焉。（《左繡》眉）求好本以爲公，反因以爲私，豈亦從三思得來耶？

秦伯任好卒。以子車氏之三子奄息、仲行、鍼虎爲殉。（韓范夾）秦穆生則用有罪之賢人，死而殺無辜之良士，何也？（《左繡》眉）論斷文字，要有實理，又須有虛神。此文中段是實理，起結呼應乃虛神也。先提明一層，次申說一層，末以蕩漾作收，與交質篇格法相似，爲議論文字之正鋒。(《評林》眉) 補注："傳見秦卒、葬猶未見於經。"皆秦之良也。國人哀之，爲之賦《黄鳥》。君子曰："秦穆之不爲盟主也，宜哉！死而棄民。先王違世，猶詒之法，而況奪之善人乎！(《文歸》眉) 胡揆曰："翻進一層立案。"《詩》曰：'人之云亡，邦國殄瘁。'無善人之謂。若之何奪之？"古之王者知命之不長，是以並建聖哲，樹之風聲，(孫鑛眉) 樹遇風則鳴，故云樹之風聲。分之采物，著之話言，爲之律度，陳之藝極，引之表儀，予之法制，告之訓典，教之防利，委之常秩，道之禮則，(孫鑛眉) 十句亦太排，第猶有佳字，然在今則爲老生常談。使毋失其土宜，衆隸賴之，而後即命。聖王同之。今縱無法以遺後嗣，而又收其良以死，難以在上矣。(《文歸》眉) 申衍"詒法"句，皆是反案立論，局寬而氣切。(闓生夾)"無法"句主腦，論定秦穆也。借三良發議，意實不在三良，故妙。君子是以知秦之不復東征也。(《左傳雋》尾) 丘瓊山曰："像人而葬，仲尼猶以爲無後，況殉用三良乎？秦穆於此，其罪不可逃矣。或以爲穆公遺命如此，而三子自殺以從。觀詩'臨穴惴惴'之言，則是康公之從亂命，迫而納之壙，其罪亦有所歸矣。"(孫鑛眉) 此是未見秦強時語。(《文歸》尾) 文字必先善離，後乃善切。離法不一，有推進一層而離者，有拓開一步而離者。如此章本論殉葬也，乃將先王詒法後人之精意美行，暢衍一番，顧毋處只用"而況"、"而又"字面一跌便醒，此又推進一層離法，極離處正其極切處也。然"先王違世"，"王者知命之不長"及"而後即命"等語，非不步步回顧，字字吃緊。必入此境，乃可撒手懸岩耳。(《快評》尾) 此與前秦用孟明參看，乃左氏加意故作此二篇，遙遙相對，寓意甚深，不可不知也。前篇贊穆公能用孟明，增脩國政，重施於民，遂霸西戎，歎不容口。此篇惡其以三良爲殉，罵不絶口，何耶？夫先王之身雖死，而其心在民，爲民建聖哲而遺法度，其心真實在民故也。穆公雖用孟明，增脩國政，重施於民，不過假此爲富強之計、取霸之資耳，其心實不在民也。觀其死而以三良爲殉，則其棄民於死後，可知矣。蓋有實心，而後有實效。"不爲盟主"、"不復東征"，只爲其心不在民耳。左氏記事之書，此篇敘秦事不過三十四字，君子之論秦事反有百五十餘字，一也；論秦穆，不過首尾數句，中間皆説先王，二也；此篇人是主，法是賓，而敘先王之用人不過一句，敘先王之遺法，反有十一句，可悟作文賓主之法矣。（《分國》尾）孟明再挫，秦伯弗替。焚舟一舉，遂霸西戎。宜哉！但生前一孟明而不忍殺，臨死以三良而用爲殉，何逕庭哉？驪山工匠生閉墓中，其由來者，非一朝夕矣。（《左繡》眉）起句"不爲盟主"，乃因其死而罪其生，結句"不復東征"，又因其身而併釋其子孫，著眼在"殉"字上，故篇中句句都就死一邊說。中間排寫十餘句，看去似乎板實，卻不知止是避實擊虛處。蓋本論三良，自當痛發奪善收良之失。今卻不論人而論法，又不論無法而論詒法。總用高一層跌落之法，便令正意直從對面透出，豈非異樣空靈？前將詒法抉進一步，後又將無法縮退一步，絕妙擒縱。至首尾呼應緊密，乃不待言矣。（《左傳翼》尾）俞寧世曰："樹人立法皆所以爲子孫也，秦穆法既不立，又失其人，故終春秋之世不得志於天下，左氏蓋會大勢以立言也。雖然，焚書坑儒禍不旋踵，呂秦者，學嬴秦者也。能不罪作俑哉？有治人無治法，法必須人以用也。雖無老成人，尚有典型。曾是莫聽，大命以傾。無人雖有法亦不足恃，況併無法乎？"從主意翻出客意，乃文家加倍襯墊法門。得此議論方周至無滲漏，而文亦深厚不淺薄，曲折不枯直矣。秦仍戎俗，立國本無法則，又用三良殉葬，不但無法，又且棄民，棄民即奪善人之謂。吳恭存謂："三良以品言則爲善人，以分言則爲民，非以棄民爲綱，人與法爲目也。"甚是！（《補義》眉）此篇說者多未分明。按人對三良，法對殉葬，殉葬已不可爲法，況於用善人？善人民所依賴，而殄之，是殄民也，殄民是殄國也。首段大意已盡。古王者一大段，言立善人以法詒民，民無不安，何處更留得此種虐政？起論生前，末論死後。（《日知》尾）用孟明而秦以盛，用三良而秦以衰，霸西戎及此篇，皆反復流連不置，其游神遠矣。（《評林》眉）吕東萊："霸以用夏變夷爲良，秦穆、宋襄志於霸而以夷道行之，宜其不終也。穆也殉人，襄也用人。"〖編者按：凌稚隆作邵寶語。〗王百穀："'並建聖哲'以下，王者蓋以其心思衍爲萬世之命，豈規規伯者之所知也！"按：予校數本，"禮則"間絕句，唯林注否。《增補合注》云："'常秩'，官司之常職。'禮則'，禮節法制也。言使因地之利，毋失其宜，衆民有所依賴，然後順天命就死，蓋自古聖王無不如此。'難以在上'，即邦國殄瘁之意。"（《菁華》尾）殉葬非古，禮有明文，況用賢者乎？秦穆病中昏瞶，而其子乃遵其亂命而不能改，其不足以任負荷，即此可見。"不復東征"一語，蓋刺康公無能，而伯業頓衰。（閩生夾）

結句雄遠，作此文尚在春秋時，若戰國以後，秦日盛強，作者必不爲此論矣。

秋，季文子將聘于晉，使求遭喪之禮以行。其人曰："將焉用之？"文子曰："備豫不虞，古之善教也。求而無之，實難，過求何害？"（《分國》尾）子產會晉平之喪，子皮請以見新君之幣行，子產曰："喪焉用幣？"凶而豫吉且不可，聘晉而備弔，是吉豫凶也，不可必矣。三思過計，宜尼父諷之。（《左繡》眉）"實難"、"何害"，乃申明"備豫不虞"語，可見利害不出是非之內，是非既明，正不必三思也。兩"求"字，亦以一順一逆爲對法者。（美中尾）黃懋容曰："季孫始見經，書如陳如晉，著其私交樹黨，爲三家僭竊之漸。"（《左傳翼》尾）行父相魯，不能導君朝王，君若臣僕僕晉廷，知有伯主，不知有王，阿結強援，以植私交，意可見矣。"備豫不虞"，雖云處事周到，而過於疑慮，利害之心勝則是非之見反昏，夫子譏其三思，正以此耳。（《補義》眉）以襄仲之凶惡，濟以文子之三思，後此殺惡立宣，故處處周到。（高塙尾）朱子曰："季文子三思而後行，如使晉而求遭喪之禮以行，亦其一事也。"（《評林》眉）黃正憲："季文子專執國政，不能以禮佐其君，乃與敖相繼出聘，阿結強援，故既書如陳，又書如晉，所以著其私交樹黨，爲三家僭竊之漸也。"

八月乙亥，晉襄公卒。（《測義》夾）郭登氏曰："桓公既沒，齊孝不能纂桓公之烈，致宋楚之交爭。而晉襄能繼文公之緒，挫三強而復霸。三強者何？秦強於西，狄強於北，楚強於南。戰殽以却秦，敗箕以剪狄，伐許以離楚，一年之內，三敵悉退，亦可謂有霸者之略焉。雖不及乎前人，則勝齊孝爲之遠矣。"（《左繡》眉）此篇作兩截讀。上截各出論頭，下截兩兩比對，純用復說筆法。下截復說上截，而下截每扇又各自復說。妙在上截亦先作復說以配之，分之則上下各成片段，合之則上下共成片段也。上截復說，句句用順。下截復說，句句用倒。前復說在接連，後復說在兩開。前奇後偶，局整而變，又左氏用法最圓處。（《補義》眉）此篇爲令狐之戰蓄勢，多用複筆見章法。其大旨見盾主立雍，字字決斷，已具一段剛戾之氣。靈公少，晉人以難故，欲立長君。趙孟曰："立公子雍。好善而長，先君愛之，且近于秦。秦，舊好也。置善則固，事長則順，立愛則孝，結舊則安。爲難故，故欲立長君，有此四德者，雖必抒矣。"（《評林》眉）《補注》："服虔作紓，紓，緩也。"賈季曰："不如立公子樂。辰嬴嬖於二君，立其子，民必安之。"《韓范夾》醜甚，宜陽子之易之也。（闇生夾）此段以狐、趙二人意氣之爭爲主眼。蓋趙盾必去賈季，而後得晉權。今日之爭，則去賈季之始也。趙孟曰："辰嬴賤，班在九人，其子何震之有？且爲二嬖，淫也。爲先君子，不能求大而出在小國，辟也。母淫子辟，無威。陳小而遠，無援。將何安焉？杜祁以君故，讓偪姞而上之，以狄故，讓季隗而已次之，故班在四。先君是以愛其子，而仕諸秦，爲亞卿焉。秦大而近，足以爲援，母義子愛，足以威民，立之不亦可乎？"（《補義》眉）忽賈季异議，盾又將雍、樂之母與雍、樂夾寫，兩兩比較，明雍之宜立，斥指文嬴，絕不留餘地，無所忌憚，口吻如畫。（闇生夾）宗堯云："辯倒賈季，又殺公子樂，立公子雍之謀甚決矣，爲下文蓄勢。"使先蔑、士會如秦，逆公子雍。賈季亦使召公子樂於陳。趙孟使殺諸郫。（文熙眉）穆文熙曰："襄公已立靈公爲太子，何得更迎公子雍？爲謀已舛，所以不行。至於立靈公而敗秦師，尤宣子之大舛也。"孫應鼇曰："是舉也，夷皋不當立，則不宜聽穆嬴以畏偪。如其當立，則不必爲雍子之求。所謂大臣以遇大事而能斷者也。卒之令狐之役，既以背秦，又違先蔑，夷皋竟以亂國，宣子終冒弒名，當斷不斷，反受其亂，有以也夫。"（《快評》尾）讀此諸篇，春秋時人情世事，約略可以想見，大非今日局面。夫人、太子猶在，而外求君，此必不行，徒多此一番議論舉動。然荀林父知之而不言，豈趙孟爲政，林父不在其位耶？抑趙孟剛愎不可諫耶？觀于賈季而知林父不言之高矣。趙孟先說公子雍有四德，妙在"爲難故，欲立長君"句，鋒芒逼人。及賈季更議公子樂爲辰嬴之子，則更有杜祁一篇說話，鑿鑿可聽。左氏一副筆墨，寫一人便有一人意思，一人胸襟，乃至顧盼聲容，一一全別。然非細心如髮人，一往讀之，卻都不見。此日主意一定，即使先蔑、士會逆公子雍，他日翻轉來，便以秦爲寇。此是趙孟手段，他人不能。（《左繡》眉）雍、樂通體對說，而意自側重雍一邊，起結於法最分明也。（《左傳翼》尾）襄公肉死未寒，兩卿各迎其所立，專橫自恣，目中全無君上，而宣子尤甚。欲立者娓娓言其長，不欲立者津津道其短，咬牙切齒不肯一語讓人，左氏敘次，聲音面目俱已活現紙上。(《評林》眉) 李笠翁："晉文公始霸，後世賴之。公子雍親文公子，年長而辟，趙孟立之是矣。而偪於穆嬴，卒詐敗秦師，而立靈公，晉遂失霸。其後，靈公不君，卒以欲殺盾見弒，而盾亦卒被弒君之名，見義而為不終者矣。"〖編者按：凌稚隆作金履祥語。〗《經世鈔》："文公諸子，俱適他國，不知何故，豈不畜群公子之禁，猶未除耶？"《評苑》："文公正夫人，文嬴也。杜祁本班在二，偪姞本班在三，以偪姞生襄公，為世子之故，乃遜偪姞，使居第二，在己上也。"《經世鈔》："如必立長，則莫過公子雍矣。"(王系尾) 襄公卒，靈公幼，托孤寄命之責，於盾乎在矣。盈庭慮難，盾喪其守。廢嫡嗣而外求君，荀林父明知其不可，而不敢與盾言也，則盾之剛愎可知也。賈季之言，誠不可用，使盾虛己平心以求至當，彼將廢然自返，而荀父亦不憚于敷陳。乃激而愈怒，持之愈堅，逆之愈速，遂至殺子樂以成子雍。乃利害當前，初心復變，卒於背先蔑、立靈公，而又以公子雍為寇也。是視置君不如弈棋，而以人之國為戲也，可勝歎哉！(《菁華》尾) 襄公薨，靈公嫡嗣當立，若以年少為疑，則聽於塚宰，雖委裘植腹何害？此義不明，乃欲求嗣於外，使襄公有知，九泉之下，有餘恫矣。其後靈公欲殺趙武〖編者按：當為趙盾〗，固由其驟諫而然，而其原因未必不始於此。

賈季怨陽子之易其班也，而知其無援于晉也。九月，賈季使續鞫居殺陽處父。書曰："晉殺其大夫。"侵官也。(文熙眉) 穆文熙曰："宣子之賢本非射姑所及，但處父奪其中軍以與之，故人有黨于趙氏之議，宣子其不幸而為處父之知哉！"公羊子曰："晉殺其大夫陽處父，君漏言也。其漏言奈何？君欲使射姑將，陽處父諫曰：'射姑民眾不悅，不可使將。'處父出，射姑入，君以此語之射姑，怒，出刺處父于市而走。"穀梁子曰："稱國以殺，君漏言也。故士造辟而言，詭辭而出，曰：'用我則可，不用我則無亂其聽。'"(《測義》夾) 張洽氏曰："據左氏，則若晉國之事一聽於陽處父者。及考《穀梁》所謂漏言，則是易中軍，乃處父密言於襄公，公不能謹而輕漏之，以致射姑之殺處父，《春秋》所以分其殺於君與大夫也。"(《左繡》眉) 起法超忽。事已見前，此處只作一提醒之筆，敘法入妙，全在兩"也"字帶得輕直，傳出賈季念念不忘、又目中無人神理來，奇極。此處以侵官為主，故起手用重筆明頂前改蒐篇。而"以剛"乃處父一生病根，故用輕筆暗暗帶入，只兩筆而賓主分明圓到，其妙如此。煞句簡而輕，與起調相應成章法。(《評林》

眉)《補注》:"晉殺處父,莒殺意恢,據《傳》,皆兩下相殺也。左氏不知有筆削之旨,義與事違。"(方宗誠眉)應前陽處父易中軍,應前甯嬴曰"以剛"。釋經正文已畢,以下帶敘。

冬十月,襄仲如晉葬襄公。

十一月丙寅,晉殺續簡伯。賈季奔狄。宣子使臾駢送其帑。(《文歸》眉)胡揆曰:"賈季殺其薦己者,臾駢又賈季所戮,宣子使之,其中可疑。"(闡生夾)臾駢,賈季之仇,宣子使之,欲以滅狐氏也。夷之蒐,(《補義》眉)夷之蒐,點出禍根。賈季戮臾駢,臾駢之人欲盡殺賈氏以報焉。臾駢曰:"不可。吾聞前《志》有之曰:'敵惠敵怨,不在後嗣。'忠之道也。夫子禮于賈季,我以其寵報私怨,無乃不可乎?介人之寵,非勇也。損怨益仇,非知也。以私害公,非忠也。釋此三者,何以事夫子?"(《文歸》眉)戴文光曰:"妙語能破俗情。"盡具其帑與其器用財賄,親帥扞之,送致諸竟。(文熙眉)汪道昆曰:"議論具品。"穆文熙曰:"臾駢不報賈氏之怨,可謂有君子之風,褊心之徒,讀此亦自灑然。"(韓范夾)臾駢之意甚厚,亦因宣子有以感發之。(《文歸》尾)一事而三君子與焉,可以觀晉人材之盛。然其美率起于宣子。陽子冒怨達賢,達宣子也。臾駢不私恩怨,宣子所用人也。又可以觀宣子之爲人矣。古道、古風,後不多見。建白。(《分國》尾)無私曰剛,處父以成季屬大夫,黨于趙氏,何剛之有?且臣無專制,盾佐中軍,惟君所命。處父奪賈季之元帥以與盾,無君之罪,人得而殺也。但處父固有可殺之罪,而賈季則非殺處父之人。鞫居不察,悞受其使。晉殺鞫居,亦爲失刑。宣子送帑,祗以易位故致拳拳耳。所難者,臾駢釋怨扞帑送之,義高千古。(《左繡》眉)宣子爲同官送帑,卻使臾駢,有意無意俱不可知。然自旁人看來,豈非天禍假手?臾駢卻正唯宣子所使,不當介寵報怨,故一則曰"夫子禮于賈季",再則曰"何以事夫子",縱不爲見禮于夫子者計,獨不爲事夫子者計耶?怨雖不報,而忠於趙孟,亦自此見知矣,蓋遠遠爲河曲之戰起本也。三者以忠爲主,知、勇添出伴說,故下亦添器用財賄伴送帑以配之。與前引《志》以敵惠陪敵怨同,章法乃得勻耳。(《左傳翼》尾)夷之蒐,宣子欲駕賈季而上之,假手處父而故爲離異以掩其跡,不援處父,則賈季可以逞志于處父,而因此以出賈季,出奔送帑,不使他人而使臾駢,陽篤同官之好，實欲致毒以洩其忿。奸險百出，真可畏也。臾駢知之，而以德報怨，口口歸美夫子，將順其密口，而轉移其蛇心，曲盡待惡人之道，讀者毋以臾駢之言，遂謂宣子待賈季不失爲厚也。處父固侵官，射姑亦專殺，一殺一奔，足蔽厥罪矣。所可異者，處父以密語薦趙盾，而襄公漏之。賈季以無援殺處父，而晉人討之。宣子以仇人送賈季，而臾駢護之。其情事每出人意料之外，而晉室之亂於此已極。後此箕、先諸人之禍亦沿于此，毋怪其不競于楚，而范山有北方可圖之議也。(《補義》眉) 以惠怨陪出忠，又以寵陪忠，末以勇、知陪忠，述其言，正極力表臾駢之忠。趙盾固知之深矣，反照河曲之戰不用駢謀。(《評林》眉) 魏禧：「按：漢之李陵，以處置過甚，成莫反之勢。此論最有關係，經國者不可不知也。」孔尚典：「賈季奔狄，宣子不送其帑，彼將懷怨而盡狄人以亂晉，故荀林父於士伯，雖日同寮之誼，亦以本國大夫知本國虛實，不市恩以感其心，是自樹敵於鄰國也。賢君於去國之臣，必先於其所往，三年而後收田里，此待臣之禮，而即安國睦鄰之至計也。」邱維屛：「觀晉夷、董之蒐及立君事，則卿大夫各分黨矣，此即三家分晉之漸也。傳於私黨分爭時，恰有臾駢送賈季帑、荀伯送先蔑帑二事點綴之，殊有生色。」《經世鈔》：「親扞以防臾氏之人，寇萊公于丁謂過而使家人縱博，意同。」(王系尾) 臾駢正士哉！何其智也。趙孟送賈季之帑，彼固自託於禮，人亦孰不謂之禮？第以晉國之大，狐氏之勳，豈患無人，而必臾駢之是使？趙孟而使駢也，固謂駢將借其寵以復其怨，己實假其手以快其心。賈氏既滅，然後歸罪臾駢，以示己之終始有禮于賈季也。駢知己殺賈季氏，將以己說。不殺賈季氏，又失孟意，於是極贊趙孟之有禮，己不過體其禮意而不敢脩私怨也者。趙孟之心雖不快，趙孟之名則甚美，其亦可以釋然矣。全局看破，卻佯爲錯會，是善處極難處之事之人。既歎絕於斯人，安得不歎絕於斯文？(閻生夾) 舅犯于晉有莫大之功，且文公之戚姻也，以意氣之爭而逐其子，盾之僭端見矣。左氏不明言之，特於此處嗚咽纏綿，以盡其意。太息狐氏之不終，而又不明揭趙盾之奸，最是文情深曲處。

閏月，不告朔，非禮也。閏以正時，時以作事，事以厚生，生民之道，於是乎在矣。不告閏朔，棄時政也，何以爲民？ (《分國》尾) 閏月者，積餘日爲之，非餘月也。不告之意，若以爲餘月而可置之。閏月可置，閏月中之政事皆可廢乎？當時文公猶朝于廟，明知不可廢矣。此《春秋》所以譏也。(《左繡》眉)"時"字提,"民"字結,中間"作事"、"厚生"遞下,語平而意側注。觀其單收"時"字、"民"字,可以得其用筆輕重之法矣。棄時之政,乃是將"事"字歸併"時"字中說。林注:"時與政對。"非也。(《左傳翼》尾)一歲有一歲之事,一月有一月之事,如何一日廢弛得,看出君臣怠緩意,議論警切,抵漢人奏疏幾許!(《日知》尾)道渾。可爲端木欲去餼羊義疏。(高嵣尾)禮,諸侯受十二月朔政于天子,退而藏之祖廟,每月朔告於廟,使大夫南面奉天子命,君北面而受之,退而頒之百官,是朝廟之禮,爲告朔也。文以閏月非常月,遂不告朔。夫閏雖無常,而政自有常,廢告朔,是輕正朔,慢時令,棄政事也。漸至其後,雖常月亦不告矣。此子貢欲去告朔之餼羊也。猶朝於廟,猶者,諸家皆以爲可已之辭。大率譏其舍大政而謹小禮。獨胡傳以爲幸其不已之辭,以"我愛其禮"證之。朱子深取其義,蘇穎濱曰:"《春秋》蓋有同辭而異實者,猶三望、猶繹,可以已也。猶朝於廟,幸其不已也。"

◇文公七年

【經】七年春,公伐邾。三月甲戌,取須句。(《評林》眉)劉敞:"公羊曰:'取邑不日,此何以日,內辭也,使若他人然。'非也。僖公時亦嘗伐邾取須朐矣,何不爲内辭哉?穀梁曰:'取邑不日,此其日何也?不正其再取,故謹而日之。'非也。設不日則聽其取乎?諸取邑不日者,皆聽之矣。"遂城郚。夏四月,宋公王臣卒。宋人殺其大夫。(《評林》眉)吴徵:"宋人殺其大夫,穆、襄之族率國人,人衆,非一人也,故稱宋人。死者不幸而遭亂兵,非有可殺之罪,故不書名。"戊子,晉人及秦人戰於令狐。晉先蔑奔秦。狄侵我西鄙。秋八月,公會諸侯、晉大夫盟于扈。冬,徐伐莒。公孫敖如莒涖盟。

【傳】七年春,公伐邾。間晉難也。

三月甲戌,取須句,寘文公子焉,非禮也。(《左繡》眉)成風既没,睅祀亦絕。不惟非禮,直不孝矣。(《評林》眉)陳傅良:"非禮也,傳言所以再書取須句。"

夏四月,宋成公卒。於是公子成爲右師,公孫友爲左師,樂豫爲司馬，鱗矔爲司徒，公子蕩爲司城，華御事爲司寇。（《左繡》眉）敘宋事，必詳敘六卿，于諸國蓋自成一體格也。（《補義》眉）宋事必詳敘六卿，蓋采之宋書，其體裁如此。（方宗誠眉）先敘六卿之名，爲下文六卿和公室之根。

昭公將去群公子。（韓范夾）棄公族，而欲自立，吾不知其可也。魏文帝鋼斥諸弟，同于讎仇，然其爲魏患者，卒非陳思諸王也，司馬氏耳，棄公族，亦何利哉？（《淵鑒》眉）"親之以德"一語自是本原之論，不專爲宋公道。臣叔元曰："葛藟本根之喻，至理可思，情切而語類諷，何其辭之冷以雋也！"（《評林》眉）《補注》："傳録此語，不言其故，且昭公未即位而先欲去群公子，殊不近人情。或是當時交搆之言，或弑君者誣之，以證成其無道耳。《史記·宋世家》：成公卒，其弟御殺世子而自立，國人殺御而立其少子杵臼，是爲昭公。此蓋國亂之由，傳偶不能備，史亦不復詳也。"（闇生夾）此篇明昭公之冤而重責華元，以"棄君於惡"爲主。樂豫曰："不可。公族，公室之枝葉也，若去之則本根無所庇蔭矣。葛藟猶能庇其本根，故君子以爲比，況國君乎？此諺所謂庇焉而縱尋斧焉者也。必不可，君其圖之。親之以德，皆股肱也，誰敢攜貳？若之何去之？"不聽。（《補義》眉）後此"無道"兩字已伏根於此。正喻夾寫。（《評林》眉）鍾伯敬："昭公欲去群公子，而樂豫以公子爭之，得非所稱妬婦之口耶！豫之言雖是，而昭公心且疑矣。"〖編者按：凌稚隆作陳傅良語。〗（闇生夾）公之所謂無道止此而已，故詳著於前，言其罪不至死也。穆、襄之族率國人以攻公，殺公孫固、公孫鄭于公宮。六卿和公室，樂豫舍司馬以讓公子卬，昭公即位而葬。書曰："宋人殺其大夫。"不稱名，衆也，且言非其罪也。（文熙眉）穆文熙曰："宋人無故欲去群公子，甚爲過舉，所以致穆、襄之族率國人相攻，而《春秋》書以'宋人殺其大夫'，蓋非之矣。"（孫琮總評）國重世臣，故公族絶不可去。世主多猜，總懼以專權誤國耳。"親之以德，皆股肱也"，精誠名言，可爲猜主下一針砭。周之辰、宋之豫，其書皆睦於令典。魏晉以降，禁防益密，禍亂益繁，紛紛多制，何如日置二疏於座右？（《分國》尾）戕伐同氣，未有不覆。曹魏蕭齊，往往然也。樂豫之言，千古不磨。（《左繡》眉）此節議論，純用正喻夾寫法。前喻論勢論情，公族之不可去已透。後又轉出一層正本之論，卻從理上說，非唯不可去，亦不必去矣。曲折反復，所謂一篇之中，三致意焉者。只起手四語足矣，妙在拈"庇"字復說兩遍，令文情濃至。暗引詩，明引諺，一層本一層，"本不可去"恰好反正相承，重寫三"庇"字，筆意最有波致也。股肱又從枝葉映帶而來，意到而語亦精。"必不可"應"不可"，"若之何去之"應"若去之"，重規疊矩，章法甚密。"六卿和公室"一筆結通篇，"不稱名"一語括兩意，簡到。（昆崖尾）陳眉公曰："昭公去群公子，樂豫以公子而爭之，其言雖善，昭公固已疑之矣。"（《評林》眉）王元美："樂豫卒有此舍司馬以讓一著，則前日之諫非固寵。"《匯參》："按：大夫不名，蓋史略之。"陳傅良："非其罪也，傳釋大夫恒書名，於是特不書名，且釋不以國討爲文。"今按：不稱名，說見後八年。（《左傳翼》尾）"不可"、"必不可"、"若去之"、"若之何去之"，斬釘截鐵無一字含糊。枝葉股肱兩喻，語有次第。"無所庇廕"，悚之以利害。"誰敢攜貳"，動之以情理。情詞斐亹，悽人肺腑。蒭除手足者，惜未三復此言。（《補義》眉）國人、公族皆與公爲難，則奸人得乘其隙，此篇爲宋人黨公子鮑發端。（《日知》尾）正喻夾寫，芊眠駘宕，如游百丈，獨裊晴空。（高塘尾）俞桐川曰："枝葉、股肱兩喻親切，上喻衍三層，下意只一句，亦宕逸，亦精峭，意思懇惻，詞致秀脥。"（王系尾）此篇善用點睛法。散散敘事，以結語釋之，通篇點睛處也。開口說宋成公卒，其辭未畢，忽然歷數某人爲某官，似無頭緒。及讀至六卿和公室，轉覺頭緒井然，首一段點睛處也。讀昭公將去群公子，已歎其少恩。讀穆、襄率國人攻公，已驚其大逆。及讀至昭公立而葬，始悟前者之事，其君臣猶斬然在苫塊之中，中二段點睛處也。使人渙然而釋，翛然而遠。（武億尾）此節議論純用正喻夾寫法。上就情勢上說，則不可去。下就理上說，則不必去。曲折反覆，所謂一篇之中三致意焉者。（閭生夾）攻公而殺其黨，豈得以衆爲解？且與"非其罪"之義不合，此皆曲說之不可信者。公死亦非罪，此處取影。

秦康公送公子雍于晉，（《才子》夾）先寫秦康語，次寫穆嬴語，次寫林父語，次寫士會語，都作一樣最峭最健之筆。（《補義》眉）此篇宜在立靈公下，而傳遙接先蔑迎雍來，寫得壁立萬仞，而穆嬴一轉，乃見兔起鶻落之勢，若依次直敘，文勢渙散矣。（《評林》眉）陳傅良："秦康公，傳見秦康公書人。"曰："**文公之入也無衛，故有呂、郤之難。**"（《才子》夾）只半句，最是峭，又最是健，書此爲戊子之敗加色。

乃多與之徒衞。(《才子》夾)去年八月，晉襄公卒，靈公少，晉人欲立長君，趙孟曰："立公子雍，難必抒矣。"晉使先蔑、士會如秦迎之，康公送之。穆嬴日抱大子以啼於朝，曰："先君何罪？其嗣亦何罪？舍適嗣不立而外求君，將焉寘此？"(閨生夾)夾此數語，趣甚。內有適嗣，而外求君，群臣之荒謬可笑，著此以見其舉措之妄。詞筆警湛，光焰動人。出朝，則抱以適趙氏，(《文歸》眉)戴文光曰："日抱、出抱，如畫。"頓首于宣子曰："先君奉此子也而屬諸子，曰：'此子也才，吾受子之賜；不才，吾唯子之怨。'今君雖終，言猶在耳，而棄之，若何？"(《左傳雋》眉)湯霍林曰："兩段描寫穆嬴愴惶懇惻之狀，殆如目睹。"歸震川曰："詞嚴義正，宜盾無置對。"(閨生夾)此尤精心結撰，痛快淋漓。宗堯按："此實宣子失策處。"宣子與諸大夫皆患穆嬴，且畏偪，(《補義》眉)"畏偪"二字，是盾隱衷。乃背先蔑而立靈公，以禦秦師。(韓范夾)始謀迎君于秦，何不即計及先君之子？及其後也，又改謀而拒之，晉大臣處國事，亦可謂疏而躁矣。(《評林》眉)《經世鈔》："穆嬴大有作略。"箕鄭居守。趙盾將中軍，先克佐之。(《評林》眉)陳傅良："傳見晉趙盾書人。"荀林父佐上軍。先蔑將下軍，先都佐之，步招御戎，戎津爲右。(《測義》夾)姜寶氏曰："啖氏云：'上言背先蔑立靈公，明蔑在秦也。次言先蔑將下軍，則是蔑又在晉也。何其自相背乎？'啖子之辯是矣。但先蔑若在秦未嘗歸，則經安得書奔秦？以經書奔秦，則先蔑是逆雍之後還，至令狐乃復在秦也，惟'先蔑將下軍'一句，明是傳悞。"(《評林》眉)《補注》："上言先蔑如秦，又言背先蔑以禦秦師，則將下軍非先蔑，傳誤明矣。杜氏：'先蔑前還。'亦非。既前還，背秦無用奔秦，其奔秦以不與立靈公爾。"及堇陰，宣子曰："我若受秦，秦則賓也；不受，寇也。(閨生夾)記其舉措荒謬，毫無信義於人。既不受矣，而復緩師，秦將生心。先人有奪人之心，軍之善謀也。逐寇如追逃，軍之善政也。"訓卒利兵，秣馬蓐食，潛師夜起。戊子，敗秦師於令狐，至於刳首。(《左傳雋》眉)張之象曰："趙盾此舉，不義甚矣。事已至此，但宜委曲以致不得已之情，則秦人未必戰，即戰亦未必勝。何得名其爲盜，潛師取勝，自甘悖亂若是乎？此盾所以有靈公之禍也。"(《補義》眉)汪云："敘議一氣直下，有風發泉湧之勢，爲掩人不備者傳神。(《評林》眉)陳傅良："不言敗，經變文。"己丑，先蔑奔秦。士會從之。(《測義》夾)孫應鰲氏曰："是舉也，夷皋不當立，則不宜聽穆嬴以畏偪。如當立，則不必爲雍子之求。所謂大臣以遇大事而能斷也。卒之令狐之役，既以背秦，又違先蔑，夷皋竟以亂國，宣子終有弒名，當斷不斷，反受其亂，有以也夫！"(《左傳雋》尾)羅大經曰："趙盾當國大臣，受襄公委託之重，乏老成酌見之謀，易主如棄梗，置君如奕棋，卒至潛師襲秦，失策尤甚。獨不思秦師何故而來，我何故而禦耶？悖亂若此，桃園之弒端兆矣。"(《彙鈔》眉)晉之禦秦，倉卒變計，故蔑雖同出師，而未知其情。事定則蔑難以事新君，乃出奔秦。既有太子，又迎雍，既迎雍，又禦秦，舉動乖亂，此盾所以有靈公之禍。(《左繡》眉)此篇都用敘議夾寫筆法，分兩半讀。起至"至于剄首"，是正敘。"先蔑奔秦"至末是帶敘。而上半又分兩段："禦秦"以前極寫穆嬴，"箕鄭"以後極寫宣子。下半亦分兩節："先蔑之使"極寫林父，"士會在秦"極寫士會。而合之總是極寫先蔑逆公子雍之非，故通篇當以"背先蔑而立靈公"一句爲關鍵，兩"外求君"句爲眼目。起手從秦送雍敘入，寫得聲勢隱隱開門揖盜。末以同罪非義結，亦與穆嬴兩"無罪"相對。其嗣無罪，則外求者有罪矣。後半帶敘，正是回應前半正敘作歸結，分明以敘爲斷。不得此意，幾疑前後篇法不屬矣。日抱啼朝，又適趙頓首，寫得慷慨歷落，聲淚俱下，穆嬴是一極有作用婦人，不獨醉令之妙，而辭令實妙不可言。先蔑與士會同使，而獨言背先蔑，以先蔑不聽林父，而士會非義先蔑也。輕放一筆，留于後文解之，細甚。先蔑乃宣子所使，今于宣子極寫其畏義變計，改過不吝。於先蔑則連寫兩"弗聽"，便令外求之罪，獨歸先蔑。妙筆。經本罪趙盾，傳則罪先蔑。此正所謂錯經合異者。數語寫得有風發泉湧、兔起鶻落之勢。此敘議兼行極活處。(方宗誠眉)"士會從之"之下，原可直接"在秦三年，不見士伯"，然平鋪直敘，了無意味，帶敘"先蔑之使也"一段，乃有波瀾意度。此篇正意至"士會從之"已畢，下先蔑與士會二段，只是帶敘。

先蔑之使也，荀林父止之，曰："夫人、大子猶在，而外求君，此必不行。子以疾辭，若何？不然，將及。攝卿以往可也，何必子？同官爲寮，吾嘗同寮，敢不盡心乎！"(《補義》眉)此與穆嬴之言相對，正深罪趙盾也。(《評林》眉)《經世鈔》："此識大體、知事變之言，然林父何以不告於議迎之日，且不以告宣子，而私告蒧？林父爲不忠矣。林父是有見識、無力量人，郯之敗，於此可以想見。"弗聽。爲賦《板》之三章。又弗聽。（《評林》眉）《經世鈔》："先蒧再弗聽，只是貪迎立之功耳。人無識而喜功名、貪爵賞者，往往如此，士會不見，意當在是。"及亡，荀伯盡送其帑及其器用財賄于秦，曰："爲同寮故也。"（《測義》夾）孫應鰲氏曰："林父料事既明，處心尤厚。"（《文歸》尾）趙盾見秦靈、公子雍，宜委曲以致不得已之情，則秦人未必戰，何得目其爲寇，而潛師以襲之耶？悖亂如此，所以召靈公桃園之弒也。鹿門。敘法參差，結法冷雋，人所易知，但其中有一種喪君無政忽忽景色，或人所略耳。父一。（昆崖尾）姜定庵曰："使秦、禦秦，逆君、立君，視主器若贅旒，棄鄰好爲敵國。蓋政出多門，而三卿分國之漸已見。"宣子語，穆嬴語，一路純用極緊極健極險極峭之筆，如苦雨淒風，疾雷迅電，令人心驚魄動。及敘荀子告先蒧語，卻出以欵欵曲曲，澹宕婉摰，又如鶯啼燕語，草軟花明，令人愛玩不置也。文人妙處，段段移人如此。正傳畢後，忽插入林父，倒敘前事一段，又轉到送帑，接敘後事一層，局法錯綜回環，真有山斷雲連、水斜橋接之妙。（《評林》眉）《經世鈔》："若淺薄之夫，則必憤其言之不聽而快之矣，安得有此厚道乎！"（閭生夾）此爲文情旁溢之處，其關切同僚，正爲賈季事取影。觀送帑及器用財賄，與臾駢爲復詞，可悟其微意所寄，正復妙遠不測也。

士會在秦三年，不見士伯。其人曰："能亡人於國，不能見於此，焉用之？"士季曰："吾與之同罪，非義之也，將何見焉？"（《補義》眉）罪先蒧，正深罪盾。及歸，遂不見。（文熙眉）汪道昆曰："敘事能品，'先君奉此'以下章法，'我若受秦'以下句法。"穆文熙曰："趙盾此舉不義甚矣，事已至此，但宜委曲以致不得已之情，則秦人未必戰，即戰亦未必勝，何得名其爲盜，潛師相襲，自取悖亂若此乎？此盾所以有靈公之禍也。"又云："荀林父先見若此，而先蒧弗聽，貪慕新君，不聞強諫，事敗奔秦，所以士會鄙之而不與言。"（孫琮總評）戴岡得曰："荀伯盡心以告蒧，而送帑於其行，得友道矣。何不盡心以告盾，得臣道乎？而乃以國事戲也？士會之意，亦謂己不得不同行，故同得罪耳。蒧爲正卿，而不納言匡諫，以致此變，故曰'非義之也'。"公子雍之逆，謀出於趙孟，迨穆嬴責以大義，則又背初議而拒秦，以致與國嫌隙，賢智出走，則皆趙孟之過也。通篇寫穆嬴之哀怨，寫趙孟之反覆，寫荀伯之高義，寫先蔑之昏愚，寫季隨之忍鷙，胸中看得清，筆下描得出，無不處處入神。（《分國》尾）立公子雍，立公子樂，無論其出之貴賤，皆非也。舍襄公子，立文公子。舍穆嬴子，立杜祁子。舍在國之子，立仕于秦之子。一時惑於國有長君之説，宣孟亦無定見。林父既知其不可，何不昌言於朝力爭之，但私言之先蔑哉？嗚呼！夷皋之立，非宣孟本心，傳曰"宣子患穆嬴，且畏偪，乃背先蔑立靈公"，夫穆嬴直則己不直。國人偪我以大義，則己不義。微穆嬴與國人，宣孟竟甘心於不直不義乎？故曰夷皋之立，非其本心。然則今日之立夷皋者，非宣孟也，他日之弑夷皋者，乃真宣孟夫！（《集解》尾）爲國立長君，社稷大計也，乃迫于穆嬴，遂爾倉卒變計，宣子不能慮始，有遺議矣。篇首因後有戊子之敗，先寫秦康公語作伏筆，益顯精神。寫穆嬴語，呫呫逼人，恰似撒潑怨詈口吻。末幅補寫荀伯、士會二段，更見晉國舉朝人物不凡，段段生色，讀之令人神情飛舞。（《左繡》眉）前半竟從秦送敘起，此處方重敘先蔑，以應中幅"背先蔑"句，又一敘事錯綜法。此段正與前半相應，穆嬴語作兩半寫，此却寫出五六層轉折來，文情濃至，前後方得相稱。否則，前飽後饑，便不成章法。上段應外求，下段應何罪，勻甚。先蔑段作許多層折，士會只直説一遍，此文字濃淡曲直相間寫法。而上段寫三"同僚"，兩"弗聽"，下段連寫四"不見"，又兩兩相配，真妙筆也。不但末二段相配，並與前半兩"朝"、兩"抱"、兩"先君"、兩"何罪"，及才不才、子賜子怨，中幅受不受、善謀善政，筆意無不相配。所謂筆墨各有氣類者，於此益信。《左傳》大概分合皆成章法。若分之不各成章法者，必合之不共成章法者也。小小片段，亦何處著得一率筆耶？（美中尾）姜白巖曰："敗殽而後，日尋干戈。至此秦已閉關矣，而忽爾挑釁，遂令銜恨益深，楚人反得援秦以敝晉，終春秋不解，皆盾貽禍之烈也。"（《左傳翼》尾）舍嫡嗣不立而外求君，將焉實此？宣子實是輕舉妄動，荀伯庸陋且知必不可行，舉朝豈無知之者？特宣子獨斷獨行，先蔑承命而往，遂不敢有異論耳。前半詳敘穆嬴啼泣之言，先蔑迎立之失，後從林父口中補出，正見穆嬴啼泣字字正大，趙孟不道，不待背秦時始見也。"夫人、太子猶在"二語，與穆嬴語正相應，此是一篇眼目。立雍之謀，倡于趙盾，先蔑不過爲其所使，此云背先蔑而立靈公，所以嫁禍於蒐，而蒐之不聽荀伯而憒然一往，可知其失也。荀伯之言委曲切至如此，而置之不聽，既不知其非義，又不知其不行，一味承順宣子，思邀迎立新君之功，而不虞宣子之背之也。靈公既立，先蔑、士會若不奔秦，必膺顯戮。先蔑至此始悔不聽荀伯之言，晚矣。但二子同奔，士會自知非義，而先蔑無聞，亦識有高卑之不同耳。所以晉卒復士會，而先蔑終老于秦。敘穆嬴之啼，真有一婦人呼天搶地，悽悽惻惻，舉朝吞聲不敢開口形狀。敘荀伯之諫，真有一良友指天畫地，欵欵曲曲，任他舌敝不一動心模樣。敘送子雍，則樽俎雍容，而兵甲之盛，徒侶之多，宛然在目。敘禦秦師則刀槍劍戟，疾如雷電，解如風雨，森然可畏。左氏傳神，無不描寫曲盡。（《日知》尾）此篇專罪趙盾也，求君于外，盾原失策。穆嬴之偪，勢所必至。則令狐之師，亦勢所必至。一著失策，兩面鞠張，迎雍者不得不禦雍，賓秦者不得不寇秦矣。"我若受秦"一段，言之鑿鑿，正寫其躑躅數四，一念幡然，悔於心，愧於心，因而昧其心也。"夫人、太子猶在而外求君"，林父規先蔑也，實左氏借以敲剥趙盾。"吾與之同罪"，士會自咎也，實左氏借以提唱前事。後半遂有鴻門舞劍，意在沛公之妙。《左繡》分段太明，只成有一事序一事手法，豈復有文心耶！徒指其字句配搭，以爲融貫，失之遠矣。（高塘尾）俞桐川曰："文無出沒隱見之妙，是賬簿也。前篇敘兩嚮立君，似舉朝無一人者。讀此則知先君命于前，夫人請于後，曰'皆患'，知諸大夫之同心。'且畏偪'，知國人之有公論。至先蔑之使，荀林父預決其敗，而士會明知其非。然則立公子雍，特出盾之尚斷，其爲不道無將甚矣，至於敗秦，則又棄信用詐，背好結怨。各樣情狀，俱以喧襯點染出之。情文斐亹，百讀不厭。"趙盾前主計迎公子雍，上不謀及國母，下不謀及同朝，至迫于夫人，乃立靈公。所立誠是，但所以立之，出於反覆，則前之無狀，厥罪昭然矣。及秦以徒衛來送，宣子不思善其道以處之，反狃於先發制人之說，以寇待秦，潛師夜起，乘其不備，擊而敗之。人之無良，何至於此？林父以夫人、太子猶在，而外求君，此必不行，極有見地。然既以此止先蔑，何不以此諫宣子耶？士會在秦，不見先蔑。以其爲正卿而不諫，違林父而弗聽也。然前之同行，理之可否，事之濟否，豈不一加忖度，徒於事後怨人絕人，抑不自反矣！此事當以趙盾爲罪首，先蔑次之，士會又次之。《眉詮》云："趙盾非良士，弒萌已伏於此。"士會與先蔑同往，首段內只稱背先蔑，而不及士會者，以先蔑不聽林父，而士會非義先蔑也，留于後二段解之。綴士會於後，亦見其罪異於先也，故晉人復之。首段敘穆嬴，情詞悲痛，正如淒風苦雨。二段敘趙宣機械險變，正如疾雷迅電。三段敘林父，事體洞徹，情誼肫摯，正如青天皎日。末段敘士會事，絕人已甚，無半點情面，又如嚴霜寒雪。文境之變幻，何其無窮乃爾？前二段正敘，後二段帶敘。然帶敘乃以回映正敘作收結，文成兩形，脈只一線。（盛謨總評）篇首寫"文公無衛"三句忽住，便接穆嬴，幾不可辨。到中間忽然寫出"潛師夜起，敗秦"，兩兩暗相關應，乃知呂、郤之難，是對面文字，所謂翻轉看法也。左氏要寫人怒，便滿紙都是怒；要寫人哭，便滿紙都是哭。如此傳穆嬴一段，句句是啼，字字是悲，雖令優兒登臺，不能如此傳出。前面俱寫立靈公，後面忽將先蔑細寫，令人迷疑。蓋由左氏先伏"乃背先蔑"一筆，用此筆時，神已注後段矣，人自看不出耳。余故曰："左文幻也。文章以斷爲妙，斷則離，離則曲，司馬、韓、歐都得此妙。後人作文，筆筆承順沾滯，唯恐不接。試讀左氏此文，一段斷一段，故意迷人，何等變化。"（《自怡軒》尾）穆嬴哀切情狀，幾於血淚交迸，宣子之所以動心改計也。通篇皆曲盡情勢，此一段尤爲入神之筆。杜草亭。（《評林》眉）呂東萊："士會不以同患而親蔑可也，至于絕跡不見，則矯枉過直矣。"（王系尾）趙盾始背嗣君，旋背寮友，又背鄰國，輕率反覆，敗亂之道也。而卒無他故，則其應變之才，決機之智，有過人者矣。通篇寫趙盾，末路分敘先蔑、士會，亦是寫趙盾。附寫荀林父處，總是寫趙盾，而數人身分都出。（林紓尾）紓按：此篇文字似貶先蔑不值一錢，故有人言經罪趙盾，傳罪先蔑。試問遣先蔑者，趙盾也，左氏何以舍盾而罪蔑？實則讀傳而爲此言者，粗心浮意，殊可笑也。傳中大書特書曰"背先蔑而立靈公"，此何語耶？靈公應立，而趙盾且受顧命。觀穆嬴所言，則襄公臨死之哀鳴，趙盾萬不宜背，而盾居然背之。左氏深惡其所爲，故不書背襄公，而大書背先蔑。背先蔑，非改過也。欲委其背公之罪，而加之先蔑也。荀伯早已知之，故力止先蔑之行曰"夫人太子猶在，而外求君"，言下已隱隱斥趙盾背顧命，背夫人，又背太子矣。及送帑之事，則荀伯不背先蔑，正以反映趙盾之背襄公也。于宣子並無一言，而罪狀顯然。至於士會之惡先蔑，私意也，以爲先蔑果辭謝不行者，已亦可免。乃先蔑貪功而獻媚，多此一舉，竟至與之同罪，此蓋無關緊要之贅筆，不能據此爲先蔑之罪。然就文論文，似穆嬴一哭，而盾立萌其改過之心。潛師一起，而盾又擅其用兵之能。

其實皆非也。更立靈公，直畏偪耳。敗秦令狐，直背信食言而行劫於不備耳。然左氏寫穆嬴之哀痛迫切處，聞者幾爲淚下。但觀在朝數語，謂先君何罪，其嗣亦何罪，舍適嗣不立，而外求君，將焉寘此？此指太子也，即所謂厓山塊肉也。讀者試閉目凝想其神情，國君新喪，夫人及太子皆斬衰，抱哭於朝，而謂舉朝大臣皆置之不理，國人能無不平？穆嬴此舉，已據勝著。乃更抱太子適諸趙氏，萬目共覩，見麻衣如雪之母子，則夫人太子也，竟至頓首于宰相之門，哀求嗣立。此不是寫穆嬴，直寫趙盾喪心昧良，至於使人難堪地步。於是趙盾計窮，乃生出背先蔑之一策。至禦秦師之舉，而秦人一團高興，以爲結好邦交，乃不知已墮人伏中。左氏寫趙盾論兵，如火如荼，乃不知是個明眼人暗中狙擊瞎子，萬無不勝之理。外觀似寫趙盾之知兵，按之不足值人一笑。而此意早爲荀伯所覺，故力勸先蔑勿行。荀伯似早知穆嬴之有智略，國人之思舊君，顧命之不宜遽背，國本之不宜動搖。外諫先蔑，而目光全注趙盾。而先蔑不悟到底，遂墜趙盾術中。讀者當知此篇文字，與先蔑一毫無干，純是寫趙盾之裝神弄鬼也。然篇中書先蔑將下軍，此是先蔑尚在秦師，何以能將？但觀經書先蔑奔秦，不言出者，在外奔也。而疏言先蔑、士會前還晉，晉人始以迎雍出師，卒然變計耳。此論頗近牽强。在理，《左傳》當書先都佐下軍，如荀林父可也。時箕鄭將上軍，以居守，故但書荀林父。先蔑在秦，故但書先都，則合矣。（《菁華》尾）公子雍且至，而宣子忽然改圖，諒穆嬴一婦人何能爲？蓋立雍之議，出自宣子一人，舉朝未必僉同。衆口訾訾，勢所不免。宣子亦知其難，故立靈之議始定。"畏偪"二字，曲盡當日情事。秦爲送公子而來，徒衛之多，其意甚屬可感。乃以寇待之，以理而言，曲固有在矣。宣子忽爲先發制人之計，所謂寧我負人，無人負我，奸人手段，千古略同。秦人既未嘗防患于先，何從應敵於後？乘其不意，攻其無備，其破秦也，直如摧枯拉朽已耳。然此種舉動，三尺童子羞言之，何足以示天下？士會與先蔑自是平日薄其爲人，故同爲羈旅，而絕不與通。若但以從趙盾之邪謀爲不義，則會方責己不暇，何暇責人？（闈生夾）此寫士會身分。士會在春秋爲第一等人物，書中往往用特筆寫之。宗堯按："寫先蔑之不當逆公子雍，所譏在宣子也。"

　　狄侵我西鄙，公使告于晉。趙宣子使因賈季問酆舒。且讓之。酆舒問于賈季曰："趙衰、趙盾孰賢？"對曰："趙衰，冬日之日也。趙盾，夏日之日也。"（孫鑛眉）語精階，意尤深妙。（魏禧尾）魏禧曰："立君得失，此皆可鑒。凡君死主幼，大臣易於爭權，爭權必始於持異議。況廢立未定，尤禍本所伏，當國者宜十分著意。""夫人、太子在而外求君"，林父之言是已。即國家多難，當廢嫡立長，未有不與君夫人定議而遽廢立者。穆嬴義正情切，宣子所以畏偪而反前舉也。然前舉既誤，靈公又不得不立，而秦送雍至，當何如？嚴兵以待於竟，則直言君夫人之故，委曲以謝秦人、公子雍而已矣。始不謀之夫人，而終以詐擊秦師，盾之失為已甚也。嘗考吳王休寢疾，以子䨥托丞相濮陽興。及休卒，吳人以蜀新亡，欲得長君。興與張布說朱太后立烏程侯皓。后曰："我寡婦人，安知社稷之慮？苟吳國宗廟有賴可矣。"皓遂立，故曰："未有不與君夫人定議，而私廢立者也。"邱維屏曰："觀晉夷皋之蒐及立君事，則卿大夫各分黨矣。此即三家分晉之漸也。傳于私黨紛爭時，恰有臾駢送賈季帑、荀伯送先蔑帑二事點綴之，殊有生色。"（《分國》尾）趙夙以來，保世滋大，衰之冬日為之也。桃園之弒，首蒙惡名；下宮之討，幾滅趙祚：盾之夏日，何如冬日可愛哉？（《左繡》眉）此等月旦，極奇極雋，又妙在極簡，只換一字，而身分全別。晉魏臧否，屑屑分別，亦何煩許辭？句法有時以省為妙，有時以不省為妙。如此處各省去上一"日"字，或者去下兩"之日"字，則減色澤多少？細味可得重字法。（《左傳翼》尾）為正說難於舉似，故罕譬而喻之。若罕譬仍不親切，終是浮泛。同此一日，而冬日是如何，夏日是如何，實體貼出可愛可畏景象，乃為傳神寫照。一字品題，而千古不易，真奇絕也。狄自敗箕以後，兇焰斂戢，晉襄既沒，肆出為虐，侵魯侵齊侵宋侵衛，晉不能討，聊為讓之，冀止其鋒，而必先之以問者，所以通殷勤、道歉曲，服之以禮也。夏日之喻，賈季品題宣子，亦隱隱有如火烈烈，莫我敢遏，意欲豐舒退抑一步，存中國大體意在，固是善於立言，其亦深感使臾駢之意也歟！"孰賢"一問，豐舒早已心折宣子，夏日何等剛烈，可知此人原不是易與的，彼既來問，不是容易，怠慢不得。彼既來讓，必有主張，輕忽不得。語語對伐魯說為是，若泛泛說他可畏，便不見當日答言深心。（高嶹尾）只冬日、夏日，渠父子性情行事，可想而知。不加品評，優劣自見。（《評林》眉）王元美："夏日最剛猛，盾似之，宜有斷決矣，乃於子雍、夷皋之立，何其變棋視君也？"（方宗誠眉）辭命極佳，言外見宣子之可畏，不可輕晉也。（《學餘》尾）趙成子之溫溫也，其遺愛在人也，晉人思之矣。宣子炎炎，其能繼美乎？（闈生夾）此寫賈季庸才，不能制盾而畏之特甚，是爲補筆。宗堯按："傳以此刺盾之焰也。"

秋八月，齊侯、宋公、衛侯、陳侯、鄭伯、許男、曹伯會晉趙盾盟于扈，晉侯立故也。（《評林》眉）陳傅良："盟于扈，傳言諸侯不敘。"今按：晉襄卒，靈公幼，趙盾以大夫主諸侯，卒使晉不競於楚，中國於是無伯，故經變文以略之。下又見十五年、十七年。公後至，故不書所會。（《測義》夾）愚按：左氏以爲公後至，故不書會。若爾，當如十六年季孫行父會齊侯于陽穀，齊侯不及盟之例，則於義乃明，不得以不序諸侯，見公之後至也。矧經既明稱公會諸侯、晉大夫盟于扈矣，又何所據而謂公獨後至乎？臨川吳氏謂："不列序諸國，以當時無盟主，而大夫强合諸侯，故略之也。"此説平易有理。凡會諸侯，不書所會，後也。後至，不書其國，辟不敏也。（《左繡》眉）凡説三遍，承接順逆，無一字率爾。（美中尾）晉大夫主盟諸侯自此始，前此士縠之於垂隴猶奉襄命也，今則趙盾專之矣。（《左傳翼》尾）晉自襄公以來，紹統繼序，皆不會諸侯，獨此以晉侯立而會諸侯于扈，以靈公幼弱，晉大夫求盟諸侯以紹先君之業，蓋亦不得已焉。文公既約晉盟而復後至，其怠緩廢弛可知，雖云與會，不得與之盟，故諸侯不序，其曰"辟不敏者"，諱之乎？實責之也。（《評林》眉）《附見》："避，猶言隱諱也。"

穆伯娶于莒，曰戴己，生文伯，其娣聲己生惠叔。戴己卒，又聘於莒，莒人以聲己辭，則爲襄仲聘焉。（《評林》眉）吳徵："魯臣每欲娶婦，必請於君行聘會之禮，假公事以遂其私，君之無政，臣之無禮也。況敖代弟逆，名尤不正，卒以淫奔，禽獸之行也。"

冬，徐伐莒。莒人來請盟。穆伯如莒涖盟，且爲仲逆。及鄢陵。登城見之，美，自爲娶之。仲請攻之，公將許之。叔仲惠伯諫曰："臣聞之，兵作於内爲亂，於外爲寇，寇猶及人，亂自及也。今臣作亂而君不禁，以啓寇仇，若之何？"公止之，惠伯成之。使仲舍之，公孫敖反之，復爲兄弟如初。從之。（韓范夾）惠伯一言而定國難，其功大矣。止火於未燃，其力易而功多，止火於既燃，焦頭額而功少也。（《分國》尾）穆伯舉動，的是慶父之子。有是父，有是子也。八年奔莒，卒從己氏。（《左繡》眉）注爲明年公孫敖奔莒傳，則此文以穆伯爲主，故敘仲略而敘伯詳。當分三段讀："自爲娶之"上，寫穆伯不成兄弟。"仲請攻之"下，寫襄仲不成兄弟。"惠伯成之"下，寫復爲兄弟如初。通篇以"之"字文調作章法，"自爲娶之"，煞住上段也，卻趁勢將"攻之"、"許之"遞下。"公止之"亦應上"許之"作煞筆也，又趁勢將"成之"等數"之"字一總收卷，末仍以"從之"結住，牽上搭下，或起或止，都以"之"字作關楗。事固可笑，文亦以遊戲行之乃爾。寇亂凡說三遍，順而逆，逆而順，與上篇三寫"後至、不書"正同。（《左傳翼》尾）本是自娶，因莒人辭，遂以襄仲爲名，既爲襄仲聘，則不可自取之矣。一念迷惑，遂致干犯名義而不顧，色之迷人如此，豈可向邇乎？惠伯平二子，草草了結，豈能令穆伯心死，通篇敘襄仲、穆伯二人，以穆伯爲主，蓋失兄弟之道，皆穆伯尸之也。（《補義》眉）汪云："亂寇凡三寫，順逆有法。"（《評林》眉）湛若水："莒以弱小之國，見伐於徐，公孫敖如莒以救之，似禮矣。而敖之意不在於救莒，因盟莒以爲迎娶之地，假公以圖私，濟邪以害正，故《春秋》書之，使人考其跡，知其心，而非禮自見矣。"

晉郤缺言于趙宣子，（《正論》眉）賈誼之告文帝曰："一寸之地，一人之衆，天子無所利焉。"誠以治之而已。天子且然，矧侯國伯主可以私人之土乎？郤缺之言，豈但睦衛，所裨于晉匪淺。（《淵鑒》眉）此篇深得懷柔之道，宣子能用善言，其相晉君以主齊盟也，不亦宜哉！（《補義》眉）汪云："歸地只起手一點，下皆空中立論，結用輕掉，文境灑脫。曰："日衛不睦，故取其地，今已睦矣，可以歸之。叛而不討，何以示威？服而不柔，何以示懷？非威非懷，何以示德？無德，何以主盟？子爲正卿，以主諸侯，而不務德，將若之何？《夏書》曰：'戒之用休，董之用威，勸之以《九歌》，勿使壞。'九功之德皆可歌也，謂之《九歌》。六府、三事，謂之九功。水、火、金、木、土、穀，謂之六府。正德、利用、厚生，謂之三事。義而行之，謂之德、禮。無禮不樂，所由叛也。若吾子之德莫可歌也，其誰來之？盍使睦者歌吾子乎？"宣子説之。**（德秀尾）按：此章收功，全在"睦者歌吾子"一語。蓋人之常情，強軋之未必從，而順道之常見聽，此趙宣子之所以說也。（文熙眉）汪道昆曰："議論具品。"穆文熙曰："此論深得懷遠之略，宣子悅之，他日遂歸衛田，宜其能主盟于諸侯也。"（王源尾）以"德"字貫通篇，易見也。奇在前言示德、務德，指示懷耳，即示威尚屬客意。及引《書》卻將"戒休"、"董威"置而不論，單從《九歌》轉到九功，接出"德"字，下層層倒序，極力描繪，古色磅礴斑爛，乃俱客意。而繳轉"德"字，又俱□□，而其用意，不過以"歌"字聯"德"字而已。人間丘壑，那復有此？《逸書》只"戒之用休"至"勿使壞"四語耳，"九功之德"以下，皆郤缺之言，非《書》文也。偽《尚書》乃並節入經文中。（孫鑛眉）宜入下年。（《左繡》眉）此篇務德、懷睦，只數語可了，卻引《書》、釋《書》，從《九歌》生情簸弄，遂令極平淡題目，寫得極典雅有風致，所謂得文之趣者。看來當作兩段讀，前連用四"何以"，節節順生。後連用五"謂之"，層層倒結，已是鬆快無比。而上段"子爲正卿，而不務德，將若之何"，下段"吾子之德，莫可歌也，其誰來之"，兩對都用反說，至末方用正筆，又只輕輕一撲便住，豈非異樣空靈？尤妙在起手將歸地一點，通篇只是泛論，結亦虛掉，不更絮聒，辭令中極灑脫者。枯筆鈍筆，其不奉爲萬金良藥耶？從睦說到德，從德說到歌，結句"睦"字收前段，"歌"字收後段，偏不收"德"字，便獨表"德"字爲一篇之主，藏於"子"字中作倒煞之筆，不漏不板，尋常講呼應者，恐未到此精妙絕倫也。（昆崖尾）俞寧世曰："文有用順者，有用逆者，此文一路以逆勢見奇，追至末句，使聽者心解神怡。"（《左傳翼》尾）人知此篇語意和婉，看來煞甚嚴正，一連下幾個"何以"，又找"子爲正卿"云云，分明當頭著棒，不爲含糊語明矣。正意已盡前半，後又引《書》作詠歎淫泆之筆，以暢其旨，終繳"吾子之德，莫可歌也"云云，都是切至危詞，末用一語輕輕轉撥，令他歡然可受，真真果秋肅春溫俱備。（《日知》尾）孫執升曰："引《書》處露出《九歌》，掉尾緊收'盍使睦者歌吾子乎'，悠然竟住。正如秋水盈盈，一舟輕漾，能使觀者神遠。"昔人評品顏魯公書法，謂之遒媚，左氏此種文字，應足當此二字。（《評林》眉）王元美："睦是一篇大旨，而歌則從睦生也。"徐文長："此章收功，全在'睦者歌吾子'一語，蓋人常情，強軋之未必從，而順導者常見聽，此宣子之所以說也。"

◇文公八年

【經】八年春王正月。夏四月。秋八月戊申，天王崩。冬十月壬午，公子遂會晉趙盾盟於衡雍。（《評林》眉）任公輔：「晉、魯之用事者會盟，政在大夫矣。」高閌：「衡雍，晉文公會諸侯朝王之處也，天王崩，諸侯不奔喪，而盾、遂皆國之正卿，乃自相會盟於王畿之內，惡莫大焉。」乙酉，公子遂會雒戎盟於暴。公孫敖如京師，不至而復。（《評林》眉）《傳說彙纂》：「不至而復，經文甚明，孫氏以爲中道而返者，得之諸家。謂受命不行者，非也。若果不行，聖人何難據實以書之乎？」丙戌，奔莒。螽。宋人殺其大夫司馬。宋司城來奔。（《測義》夾）石介氏曰：「前書宋人殺其大夫，蓋言死者衆也。此年書宋人殺其大夫司馬，宋司城來奔，蓋言官者殆盡也。」

【傳】八年春，晉侯使解揚歸匡、戚之田于衛，且復致公壻池之封，自申至於虎牢之竟。（文熙眉）汪道昆曰：「議論具品，『叛而不討』以下句法。」（《測義》夾）愚按：杜注：「公壻池，晉君女壻。」竊疑春秋時惟有公子公孫，未嘗有稱公壻者。假有之，趙穿亦公壻也。十七年與公壻池爲質於鄭，何以穿獨不稱公壻？據劉氏，以爲：「公壻楚地，池其名，有公壻溪見定五年，此人因地爲名，非晉壻也。」此說得之。又杜注：「晉取衛地以封公壻池，今并還衛，申，鄭地。」竊疑池封既衛地矣，申與虎牢皆鄭地，何緣乃以歸衛？據服虔氏，以爲致之于鄭，而傳遜氏亦云。讀傳上文，晉侯使解揚歸匡、戚之田于衛，衛事畢矣。下文且復致公壻池之封，自申至於虎牢之竟，非衛事矣。蓋公壻池必是楚人奔晉，晉取鄭田封之。今既使鄭歸衛之侵田，寧不以己所侵于鄭者歸之乎？傳以申與虎牢皆鄭地，則還鄭已明，經故不復言鄭。況上文杜注已言歸鄭、衛田張本，而此不言鄭，其誤自見。二說得之。（《分國》尾）吾子之德，莫可歌也，所謂夏日之日也。衛于晉，自授塊、不假道以來，至於今，始睦歸。曰致封，庶幾釋怨睦鄰之誼。（《左繡》眉）明點衛，暗點鄭，匡、戚在上，申、虎牢在下，只一倒換法。（《評林》眉）陳傅良：「虎牢之竟，終元年疆戚田，傳且言晉利諸侯之地。」（王系尾）郤缺之言善矣，雖然，不能爲公室宣德意，而竟爲私家樹威福，大夫之所以日強，晉之所以分也。宣子之說，爲公乎？爲私乎？凡此皆是傳中筋節血脈處。

夏，秦人伐晉，取武城，以報令狐之役。（《評林》眉）陳傅良：「報令狐，自是秦晉再交兵不書，故十年書秦伐晉。」

秋，襄王崩。

晉人以扈之盟來討。冬，襄仲會晉趙孟，盟於衡雍，報扈之盟也，遂會伊雒之戎。書曰"公子遂"，珍之也。（《測義》夾）劉敞氏曰："若兩稱公子爲褒公子遂，如京師，遂如晉，則貶矣，彼不謂貶，何耶？"（《左繡》眉）兩事連敘，只用束上轉下筆法。解經語雖雙頂，而意實側注，用筆極圓。以珍易貴，用字取新法，但不許篠驂紮閩者藉口。（美中尾）梁確軒曰："文公委靡，仲乘其怠盟晉會戎，結强援以專國政，而基殺嫡立庶之禍。"（《評林》眉）葉清臣："'珍之也'，遂本以二事出，故以壬午盟趙盾，乙酉盟雒戎，相去四日，非一事再見，自應去族，何珍之云？使經與其遂事，則當書'遂與雒戎盟于暴'，亦不得再見名氏。經不言遂，而傳言遂，其妄可知。"今案：襄仲是行，一盟中國，一盟夷狄，既不得用一事再見之例，亦不當言遂。杜云："遂不受命而盟雒戎。"非事實也。（閩生夾）《春秋》以誅亂賊，豈有反珍襄仲之理？此等多經師曲說，而此語尤爲紕繆。

穆伯如周弔喪，不至，以幣奔莒，從己氏焉。

宋襄夫人，襄王之姊也，昭公不禮焉。夫人因戴氏之族，以殺襄公之孫孔叔、公孫鍾離及大司馬公子卬，皆昭公之黨也。司馬握節以死，故書以官。（韓范夾）握節以死，生氣凜然。何無忌厲聲取蘇武節，執之以督戰而死事，與此同。（《補義》眉）遙接六卿和公室篇來，前攻公者穆襄之族，今又是戴氏矣。"昭公之黨"四字着眼。（《評林》眉）王元美："公子卬之司馬，乃樂豫所讓。福兮，禍兮所伏，豫固見之蚤矣。"陳傅良："書以官，傳見卬不書名氏，且言襄夫人因戴族以殺卬，故亦書人。"司城蕩意諸來奔，效節於府人而出。公以其官逆之，皆復之，亦書以官，皆貴之也。（《測義》夾）愚按：司馬握節而死，司城效節而出，大夫之常事爾，左氏謂《春秋》以此故書官，考《周官》：惟守邦國都鄙及出使有節，六卿居官者未必有節也。故啖助氏謂："舊說此二人不失節，故誤以節義之節爲符節也。如孔父'義形於色'而誤爲女色爾。"此說爲是。邵寶氏曰："前志有之：'大夫死命。'又曰：'有官守者，不得其職，則去。'故司馬握節死，司城效節出，《春秋》皆以官書。死、去異乎？死道一，去道二。有去于幾者，有去于瀆者。去于幾者與死道同，去于瀆與死道異。"（《分國》尾）握節而死，以官死也。致節出奔，不以其節奔也。兩人似有可取，而《穀梁》以稱官爲無君之辭，胡傳以爲不能其官，至於見殺、出奔。又何斷斷也？（《左繡》眉）經于司馬、司城連敘，而一殺一奔，分點兩頭。傳於握節、效節對敘，而一死一奔，連敘中間。文無他奇，只看其順逆伸縮處，可以悟變化之妙。"皆黨"敘於死前，"皆復"敘於奔後，末以"皆貴之"總結。三"皆"字相映成章法，奇絕。兩"書以官"，又妙於鏧。（《評林》眉）張洽："司城，司空也，宋以武公名司空，諱之曰司城。"陳傅良："傳釋凡奔皆讇也，於是特書官。劉氏曰：'握節而死，亦大臣常事。效節而出，自求免罪而已，未見可貴之實。'今案：左氏不知宋大夫不名而書官，乃夫子特筆，見書司城則曰以其官逆之，見書司馬則曰其官皆從，不能皆從，不能闕疑，而妄釋書法，故其陋至此。"（《左傳翼》尾）大夫者何？六卿統詞也。司馬、司城皆大夫也。宋何以殺其大夫？以其爲昭公之黨也。殺之者誰？宋襄夫人及戴氏之族也。昭公不禮襄夫人，夫人欲出昭公，先去其黨，故因戴氏以殺之也。司馬者何？公子卬也。卬與司城蕩意諸皆黨昭公者也。司馬殺，司城奔，則主勢危矣，昭公所以弑也。殺與奔何以具官，以不愧其官也。不愧其官奈何？以其握節以死與效節以出也。人臣黨君可乎？君者，人臣之腹心，臣則其手足也。與君爲黨，是忠於所事者也。不黨君則黨賊矣。司馬者，主兵之官。司城則任扞禦者也，不能其官而至於見殺出奔，烏得以無罪乎？君弱政亂，禍所由生。襄夫人實尸之，罪不在二子，故皆貴之而各書以官也。汪云："'握節'、'效節'映帶兩'書以官'。使昭公不寒而慄。"（王系尾）昭公之初，有穆、襄之亂。樂豫讓司馬以強公室，復有戴族之亂。然則昭之爲昭，不至於孟諸不止矣。此是文章血脈處。昭公無禮，而二子有禮於昭。左氏貴之，以定臣極，又是文章身分斤兩處。（閭生夾）褒忠義也，公之黨多賢，足見公之無罪矣。

　　夷之蒐，晉侯將登箕鄭父、先都，而使士穀、梁益耳將中軍。先克曰："狐、趙之勳，不可廢也。"從之。先克奪蒯得田于堇陰。故箕鄭父、先都、士穀、梁益耳、蒯得作亂。（《左繡》眉）四人敘在前，一人敘在後，恰將先克之言與事敘在中間作主，而末以五人總結，無一筆無法也。（《左傳翼》尾）進賢退不肖，國家大典，先克舉狐趙而抑先都等，處父舉趙盾而抑狐射姑，意不必盡公，而所舉實正。乃射姑倡亂，戕殺處父。先都等因之遂殺先克，禍始於襄公之欲樹私人而漏言失臣，成於靈公之主少國疑，賊不能討。今也一殺再殺，吞舟不至漏網，而政刑乃以有章。箕鄭父言及者，罪均罰同，非累而及之也。（《評林》眉）楊升菴：「先克議勳，當矣。卒以奪田見殺，衆怒固難犯哉！」（閭生夾）箕鄭等之死，趙盾賊之也。先記晉侯將大用之，而後記其罪狀，此爲曲筆。趙盾之恣橫，更不煩加一字。

◇文公九年

【經】九年春，毛伯來求金。（《評林》眉）高閌：「公孫敖既不至京師，魯遂不共天子之喪，故毛伯於是來求金也。家宰秉國之均，豈可以用度之闕，而下求於諸侯乎？」夫人姜氏如齊。二月，叔孫得臣如京師。辛丑，葬襄王。晉人殺其大夫先都。三月，夫人姜氏至自齊。（《評林》眉）汪克寬：「文姜享齊侯者一，會者五，如齊者三，如齊師者一，如莒者二，皆淫姣之行，不書至者，天倫泯滅，人欲肆行，不可以言至也。」晉人殺其大夫士穀及箕鄭父。楚人伐鄭。（《評林》眉）李卓吾：「晉遂不競，而楚莊霸也，此《春秋》志楚莊霸事之始也。」孫復：「楚復彊也。楚自城濮之役，不敢加兵於鄭，今伐鄭者，晉文既死，霸國不振故也。」公子遂會晉人、宋人、衛人、許人救鄭。夏，狄侵齊。秋八月，曹伯襄卒。九月癸酉，地震。（《評林》眉）任公輔：「前此百餘年，未有書地震者，而自此至哀公，書地震者五。地道以靜爲體，安以承天者也。逆其常理，而不得節焉，則震而不安其所承焉，於此見諸侯變而不承諸侯〖編者按：疑當爲"天子"〗之象也。」冬，楚子使椒來聘。（《評林》眉）陸淳：「公羊云：『椒者何？楚大夫也。楚無大夫，此何以書？始有大夫也。』案：例凡未命之卿來魯，皆書名，無他義。」又曰：「穀梁云：『楚無大夫，其曰椒，何也？以其來我，襃之也。』聖人設教，豈以來我則襃之？」秦人來歸僖公、成風之襚。（《評林》眉）李笠翁：「秦欲伐晉，假歸襚一節，以觀魯之情，亦遠交近攻之意。因襚成風，不可無僖公。婦人夫死從子，先僖公而後成風，自是史文之體。」張洽：「是時秦、楚交病列國，秦欲伐晉而歸襚於魯，猶楚欲圖北方而來聘也。」葬曹共公。

【傳】九年春，王正月己酉，使賊殺先克。乙丑，晉人殺先都、梁益耳。（《左繡》眉）此節連上下二節爲一則，"亂"用總提，而"殺"分兩番，恰似間一個殺一個者，事奇而文因之，作者亦不知其所以然也。

毛伯衛來求金，非禮也。不書王命，未葬也。

二月，莊叔如周葬襄王。（美中尾）張西銘曰："求車，非禮也，求金甚矣。世彌降，則求彌下，悲哉！"

三月甲戌，晉人殺箕鄭父、士穀、蒯得。

范山言于楚子曰："晉君少，不在諸侯，北方可圖也。"（韓范夾）凡爲伯主，不可予蠻夷以可乘之隙。楚圖北方之志，未嘗一日忘也，觀隙而投耳。然則伯主統馭諸侯，亦當誦"所其無逸"之篇。（闇生夾）一起俊筆得勢。賀松坡先生以此語爲全書關鍵。楚子師於狼淵以伐鄭。囚公子堅、公子尨及樂耳。鄭及楚平。（《左繡》眉）晉、楚爭鄭，自此開其端矣。伐鄭不言其人，又不書戰。狼淵，援師耳，却以伐鄭全屬之，乃對晉君少而言，故獨以楚子爲主。公子遂會晉趙盾、宋華耦、衛孔達、許大夫救鄭，不及楚師。卿不書，緩也，以懲不恪。（《測義》夾）陳傅良氏曰："晉遂不兢，而楚莊霸也，《春秋》重貶之，志楚莊霸事之權輿歟！"（《分國》尾）時漢東諸侯，約略剪盡，遂侈然有北方之志。蠻夷窺伺中國，每飯不忘，可畏哉！諸侯救鄭，瞠乎其後，何也？（《左繡》眉）"緩也"，只以一字爲斷，而其事則敘於前，其義則注於後，都只四字爲句，並不費辭，簡甚。（《補義》眉）以首四句爲主，而以中段爲貫串，救鄭不及而鄭平，伐陳不救而陳平，兩及楚平相關照，竟不出范山意料中也。

夏，楚侵陳，克壺丘，以其服于晉也。

秋，楚公子朱自東夷伐陳，陳人敗之，獲公子茷。陳懼，乃及楚平。（《左繡》眉）此二節連讀，與前伐鄭合看。鄭以見囚而平，陳又以獲敵而平。勝敗皆不敢與楚抗也。北方可圖，范山固不專指鄭而言耳。（美中尾）城濮後，楚不敢窺北方者十五年矣。趙盾執政，專權行私，晉以不競而啓戎心。（《左傳翼》尾）滅江滅六，窺伺猶在江淮之間，至伐鄭伐陳，則駸駸乎南而北矣。"北方可圖"一語，自范山啓之，楚子遂爾長驅而入。總之，不在諸侯，便爲敵侮。不在乎君之少不少也。宣子合諸侯以救鄭，而緩不及事，以致楚人愈橫，由鄭及陳，鄭人被囚，陳人獲俘，皆不敢楚抗。一則云鄭及楚平，再則云陳及楚平。北方可圖，乃眞可圖矣。明年厥貉之次，蔡、宋且從風而靡，晉之不競，不罪趙盾將誰罪哉？（王系尾）此篇四段，首段明楚志甚大，楚氣方張。次段、末段以及楚平作呼應，中一段以緩救作關紐，罪趙盾也。楚之伐鄭，以嘗晉也。晉不能救，遂肆然而侵陳。侵之伐之，不服不已。東晉時慕容儁死，晉人曰："中原可圖也。"桓溫曰："慕容恪尚在，憂方大耳。"靈公雖少，趙盾秉國，國君之廢立，在其掌握，權寵過慕容恪遠甚。而楚人睨晉，未嘗置之齒牙也。盾之爲人何如哉？歸衛匡戚，恩在私門，則欣欣然說之。與楚爭鄭，謀在公室，則泄泄然緩之。楚復何忌？孟諸之田，宋公、鄭伯至爲左右盂，使華夏之君，駢首而事蠻夷，是誰之咎也夫？

　　冬，楚子越椒來聘，執幣傲。叔仲惠伯曰："是必滅若敖氏之宗。傲其先君，神弗福也。"（《測義》夾）張洽氏曰："伐鄭而聘魯，亦遠交近攻之意。"（《左繡》眉）人以爲我傲人耳，卻不知自傲其先君，語最可思。一句斷，兩句解，只三句，而宗也，先君也，神也，凡疊用而不覺其重，順逆有法故。（美中尾）與晉爭霸而結魯也。

　　秦人來歸僖公、成風之禭，禮也。（《測義》夾）姜寶氏曰："僖公、成風，如惠公、仲子，亦是兩人兼禭，當時成風死已四年，僖公薨已九年，無來禭之理。但秦欲伐晉，而假歸禭一節，以觀魯之情。猶楚欲圖北方，而假來聘以親魯，所謂遠交近攻之意也。因禭成風，不可無僖公禭。婦人夫死從子，先僖公而後成風，自是史文之體當然。程子云：'雖子母，先君後夫人，禮當然。'是也。"諸侯相弔賀也，雖不當事，苟有禮焉，書也，以無忘舊好。（《左繡》眉）低回頓折，只三五語，而恣致無窮。結用倒句法，風致全在"也"字一招，若換作"書之"，便與上"也"字、"焉"字調法不合矣。（美中尾）張元德曰："是時秦、楚交病中國，秦欲伐晉而歸禭，猶楚欲圖北方而來聘也。"呂樸鄉曰："以妾媵爲夫人，寵其所愛而適卑其身。以妾母爲夫人，貴其所生而反賤其父。"

◇文公十年

【經】十年春王三月辛卯，臧孫辰卒。（《評林》眉）張洽：

"文仲，魯之名大夫也，知柳下惠之賢而不與立，自莊公未與聞國政，而四十餘年間，魯政多疵，文公尤甚。"夏，秦伐晉。楚殺其大夫宜申。(《測義》夾) 吳澂氏曰："商臣弒君父，天地所不容，宜申越十年而乃謀弒，其義不足稱也。然其謀不遂，而身見戮，聖人不以其當受今將之誅，而以國殺大夫爲文，其意深矣。"自正月不雨，至於秋七月。及蘇子盟于女栗。(《評林》眉) 陸淳："畿內諸侯皆曰子，殷制已然，箕子、微子是也，周因之。王臣稱子，皆畿內諸侯也，蘇子、劉子、單子、尹子是也。"冬，狄侵宋。楚子、蔡侯次於厥貉。(《測義》夾) 季本氏曰："據《左傳》，則厥貉之次，當列陳侯、鄭伯，而經略不一見焉，安得盡從傳文耶？觀新城之盟，三國皆至，則其未嘗與楚可知矣。說者不此之據，而乃於厥貉之次，附爲削三國書蔡侯之說，不亦牽强之甚乎！"(《評林》眉) 家鉉翁："是役也，宋、鄭、陳、蔡皆從，宋、鄭、陳預會不預次也。預會，脅從也。預次，同惡也。"

【傳】十年春，晉人伐秦，取少梁。

夏，秦伯伐晉，取北徵。(《左繡》眉) 此節爲秦伯伐晉作傳，卻兩兩對敘，不著一斷語，使人得自取之故於言外，又暗爲楚伯厥貉起本也。(《評林》眉) 孫覺："以其易世相讎，交攻不已，故不稱其人，但曰'秦'以黜之。"(《補義》眉) 傳見一書一不書。

初，楚范巫矞似謂成王與子玉、子西曰："三君皆將强死。"(《補義》眉) 此殺宜申傳，首段借點"成王强死"四字，成何以强死？穆弒之也。便見殺宜申不得爲討賊矣，此正發明經義處。城濮之役，王思之，故使止子玉曰："毋死。"不及。止子西，子西縊而縣絕，王使適至，遂止之，使爲商公。沿漢泝江，將入郢。王在渚宮，下，見之。懼而辭曰："臣免於死，又有讒言，謂臣將逃，臣歸死于司敗也。"王使爲工尹。又與子家謀弒穆王。(閩生夾) 穆王弒父元惡，子西之舉無可厚非，不得與尋常叛逆同例也。穆王聞之。五月殺鬬宜申及仲歸。(《分國》尾) 成王見弒于商臣，强死固矣。王止子玉死而先死，又止子西死，而卒以謀弒死，亦皆强死。巫言可畏哉！(《左繡》眉) 此篇爲殺宜申作傳，因追敘范巫之言，須玩其用筆賓主、詳略、明暗之妙。蓋前有子玉，後有子家，恰好作陪。若併敘成王强死，則喧客奪主矣。看他將"王思之"三字暗藏强死在內，真妙筆也。後半將商公陪工尹，"見之"陪"聞之"，"將入郢"陪"又謀弑"，一篇總以賓主爲章法。將入郢，謀弑成王也，此處暗説。讀至下文"又"字，則併此了然矣。文有寫一邊而兩邊俱透者，此類是也。（《左傳翼》尾）成王不殺二子，欲二子不以强死，所以使己强死之言不驗也。一不及，一止之，則二子强死有驗有不驗矣。乃王止子西之强死，而子西且欲王强死。王終不以其欲强死我而令之强死，猶欲己之强死不驗。乃王不欲强死子西，而王終不免于强死。王强死而子西亦竟强死，范巫之言，於是不爽，其殆天定者人不能逃乎？或謂穆王弑父，子西爲成討賊，是其强死者皆因成王之强死而然，不知北面已十年，豈復成討賊之義？況前沿漢泝江將入郢者，早已欲弑成王矣，豈能爲舊君討新君乎？（《評林》眉）鍾伯敬："商臣弑君父，天地所不容，宜申越十年而乃謀弑，其義不足稱也。然其謀不遂而身見戮，聖人不以其當受今將之誅，而以國殺大夫爲文，其意深矣。"按《水經》："江水東逕江陵縣。"注云："春秋之渚宮矣，漢景帝二年改爲江陵縣。"劉敞："稱國以殺大夫者，罪累上也。宜申之罪奈何？宜申之爲人臣也，出則亡其衆，處則亂其命，足以殺其身而已矣。"（《菁華》尾）蔿似料三人之强死，當是以相法知之，而傳無明文，惟考其生平業巫，或者別有神道歟？子西謀弑穆王，傳不言其因，或者感成王不殺之恩，而思得當以報？然何以遲之十年之久，亦未敢信其必然。顧亭林乃謂宜申先以謀弑成王，後復謀弑穆王。此則全是冤獄，不知亭林何所見而云然也。

　　秋七月，及蘇子盟于女栗，頃王立故也。（《左繡》眉）此人不忠不信，何宜復見？復見而不書所及，其以新王之用人爲已僭矣。（《評林》眉）王葆："不書公，諱與王臣盟也。襄王喪葬，公未嘗往；頃王既立，公又不朝，乃及王臣爲不相信之盟，臣子之義安在哉？"

　　陳侯、鄭伯會楚子於息。冬，遂及蔡侯次於厥貉，將以伐宋。（《補義》眉）爲次厥貉傳。步步寫楚人凌虐，使人難堪，忽以末二句折轉，正如獨鶴凌空，翛然自遠。通篇宋臣懼弱，楚臣恃强，兩兩相對，宋、鄭與左右司馬對，且聽命與違命對，逆楚與扶宋對，不出强、弱兩字。**宋華御事曰："楚欲弱我也。先爲之弱乎，何必使誘我？我實不能，民何罪？"乃逆楚子，勞，且聽命。遂道以田孟諸。宋公爲右盂，鄭伯爲左盂。**（韓范夾）以蠻夷之主，田於中夏之地，而親侯上公爲之孟翼，儼然帝制自爲矣。**期思公復遂爲右司馬，子朱及文之無畏爲左司馬。命夙駕載燧，宋公違命，無畏抶其僕以徇。**（《左繡》眉）此篇以"聽命""違命"作眼目，前兩"弱"字、後兩"強"字作照應，若宋公者，所謂既不能強，又不能弱也，其見圍宜哉！注爲宋人殺子舟張本，則前"先爲之弱"單爲下"何強之有"作伏筆。御事未免開門揖盜，子舟直是狐假虎威，而楚霸之集，亦因以見矣。陳、鄭與蔡，皆晉、楚間小弱國也。陳、鄭自前年皆及楚平，而蔡于翟泉後，久不見經，其不畔晉即楚可知。今亦從楚次於厥貉，則楚霸自此集矣。經略陳、鄭、宋，而獨書蔡，或當以此。杜注："陳侯必同。"語附會欠明。（《評林》眉）杜諤："序楚子於蔡侯之上者，蔡與楚比周，欲同力伐宋，故序於楚下，以疾其受制於楚，所以示譏也。既譏之，又書其爵者，斥言蔡侯以罪其人也。既言蔡侯，則不可言楚人矣。"《附見》："兩甄，猶兩翼，陣名也。"

或謂子舟曰："國君不可戮也。"子舟曰："當官而行，何強之有？《詩》曰：'剛亦不吐，柔亦不茹。''毋縱詭隨，以謹罔極。'是亦非辟強也，敢愛死以亂官乎！"（《左繡》眉）辟彊亂官，應上"官"字、"彊"字，亦用倒換法。其調則又與起句相應作章法也。妙哉！（《左傳翼》尾）厥貉之會，宋、鄭、陳、蔡皆從，獨于蔡書次者，以其甘心從楚也。三國預會不預次，家氏以爲預會脅從，預次同惡，是也。宋恐其見伐，勞且聽命，卒以違命受戮，後殺無畏以啓易子析骸之禍，開門揖盜，自詒伊戚矣。總之，晉伯既衰，北方遂有可圖之隙，范山一言爲中國害何如哉？（《菁華》尾）以天朝藩臣，而班在部曲之列，猾夏之舉，至斯極矣。君子于此不能不深思桓文也。無畏無禮如是，亦深知宋之無人。

厥貉之會，麇子逃歸。（孫鑛眉）二句宜入下年。（《測義》夾）張洽氏曰："傳言麇子逃歸，而經不書，以其逃楚也，與陳、鄭之逃齊、晉異矣。"（《分國》尾）楚氛之橫，自厥貉始。宋、鄭二君，甘受役焉。彼許、蔡二君，乘楚子車，尚爲失位，況爲左右孟乎？曾不如麇子之逃歸也。（《評林》眉）《補注》："陳氏曰：凡逃夷狄不書。"今案：麇屬楚小國，雖逃，史不書。（王系尾）楚人之橫極矣，孰使之然哉？晉爲盟主，主少國疑。輔幼君，攝國政者，誰哉？然則宣孟之能，僅足以自樹威福。所以爲公室計者，可知已矣。

◇文公十一年

【經】十有一年春，楚子伐麇。（《評林》眉）《增補合注》："楚侵伐書爵始此，蓋聖人悼中國無盟主，故不以夷狄待之。"夏，叔（仲）彭生會晉郤缺於承筐。（《評林》眉）杜諤："自文公之後，大夫擅相爲會者多矣，《春秋》詳而志之。"秋，曹伯來朝。公子遂如宋。（《評林》眉）李廉："魯聘宋者八，始於此年。"狄侵齊。冬十月甲午，叔孫得臣敗狄於鹹。（《評林》眉）趙匡："《穀梁》云：'以衆焉言之也。'若如所説，當云敗長狄于鹹，今直云狄，則舉狄軍總敗耳。"

【傳】十一年春，楚子伐麇，成大心敗麇師於防渚。潘崇復伐麇，至於錫穴。（《左繡》眉）此節連上傳讀，凡連寫四"麇"字。（《評林》眉）《補注》："不書敗，説在隱四年。"

夏，叔仲惠伯會晉郤缺於承筐，謀諸侯之從于楚者。（《左繡》眉）漢高爲義帝發喪，筆法似從此脱去。此爲"某事也"之變文，只换一虛字，而句意挺挺異常。作文第一要换筆，洵矣！（《評林》眉）汪克寬："晉欲謀貳國而使次卿爲會，魯亦不遣執政而使惠伯往，其謀之不遠而不足以却楚方張之勢，審矣。"（王系尾）諸侯從楚，中夏日偪，蠻夷益横，此何等事，而獨與弱魯謀之哉？趙盾之泄泄可知也。是以未謀之前而寂然，既謀之後而仍寂然也。

秋，曹文公來朝，即位而來見也。（《評林》眉）《補注》："即位而來見，傳見諸侯喪畢不朝京師，而朝大國。"

襄仲聘于宋，且言司城蕩意諸而復之，因賀楚師之不害也。（《左繡》眉）以三語敘三事，賓主輕圓簡净，纍纍如貫珠。（《評林》眉）陳傅良："凡大夫奔，復之皆不書，杜説非是。"（王系尾）聘自是常禮，復意諸、賀不害，皆因聘而及之者也。此篇三句三事，首句是正敘，下二句皆是附敘。以應前，只用"且"字、"因"字兩個虛字斡旋，便如一線穿珠，而賓主分明，文章順序，真妙筆也。

鄭瞞侵齊。遂伐我。公卜使叔孫得臣追之，吉。侯叔夏御莊叔，綿房甥爲右，富父終甥駟乘。冬十月甲午，敗狄於鹹，獲長狄僑如。富父終甥摏其喉以戈，殺之。埋其首於子駒之門，以命宣伯。(《左繡》眉)此篇乃類敘法也，因敘新事，直追敘舊事，又倒挈後事，重敘前事。敘其人則用整齊法，敘其事則用參差法。而五人五事，凡三點鄋瞞。伐我、伐宋、伐齊，一主二賓，段落明整。末以一句作收，不過分提總結，而聯絡映帶，奇麗天成。似此結構，固史、漢諸公所寢食以之者已。類敘之有賓主，固已。而賓之中又有主焉，如此篇伐宋一段，句句與首段相配，爲四賓之主。下三節合成一段，又以中節爲三賓之主。若輕重無法，則一屋散錢矣。(《補義》眉)寫奇人奇事，斑駁陸離，而按年分晰，却條理秩然。(《評林》眉)《補注》："'伐我'不書，以敗之爲義也。"《傳說彙纂》："《左傳》先言敗狄于鹹，後言獲長僑狄如，蓋以長狄爲狄中一人，非以長狄爲國號也。胡《傳》用劉敞正名之說駁之，似未得傳意。公、穀亦因左氏之意而推衍之耳，其言雖怪，必有所受。"《補注》："言摏其喉以戈，殺之，則其人之長六尺，戈所可及也。注：長三丈乃據《魯語》與《穀梁傳》而意之，不能闕所不知。若何休以爲蓋長百尺，則怪誕矣。其三子事見襄三十年。"(方宗誠眉)正事敘畢，以下帶敘。

初，宋武公之世，鄋瞞伐宋，司徒皇父帥師禦之。耏班御皇父充石，公子穀甥爲右，司寇牛父駟乘，以敗狄於長丘，獲長狄緣斯，皇父之二子死焉。宋公於是以門賞耏班，使食其徵，謂之耏門。晉之滅潞也，獲僑如之弟焚如。齊襄公之二年，鄋瞞伐齊，齊王子成父獲其弟榮如，埋其首于周首之北門。衛人獲其季簡如，鄋瞞由是遂亡。(《測義》夾)愚按：《史記·魯世家》引此傳文，作齊惠公之二年。又《齊世家》惠公二年，書："長狄來，王子成父攻殺之。"《十二諸侯年表》亦於齊惠公二年書："王子成父敗長翟。"三文皆同。而此傳獨以惠公爲襄公，蓋傳寫之誤爾。不然，以魯桓十六年死，至魯宣十五年，一百三歲，其兄寧得猶在耶？傅遜氏《辯誤》亦云然。(韓范夾)僑如兄弟，徜徉中國，夷蠻之惷蠢者耳，非有奇技異智勝人者也，故獲之差易。若以僑如輩之勇，而加之以後世匈奴之狡，誰能制之？(王源尾)頭緒愈多，文愈妙。蓋多則錯綜、顛倒、分合、穿插，種種妙法，俱可施展。若頭緒無多，便須分外生情，起爐作竈，所以多多愈善也。此傳敘僑如一人，連類以及緣斯，又連類以及焚如，又

連類以及榮如、簡如，而或先或後，或略或詳，或分敘或合敘，層巒疊
嶂，崢嶸偪人。敘事之法，切不可前者前、中者中、後者後。若前者前
之，中者中之，後者後之，印板耳，如生理何？唯中者前之，後者前之，
前者中之、後之。使人觀其首，乃身乃尾，觀其身與尾，乃首乃身，如
靈蛇騰霧，首尾都無定處，然後方能活潑潑也。緣斯、榮如、簡如之獲，
在僑如之先，焚如之獲在其後。"鄭瞶由是遂亡"，非結榮如、簡如，並
非結僑如，蓋總結之，而實以結焚如耳。乃焚如却序于中，蓋後者中之
之法也。（《分國》尾）相傳眉見於軾，節骨專車，身橫九畝者，即是種
也。似此兄弟五人，宜乎橫行天下，乃覆不旋踵。得臣待事命子，而僑
如其子，將狄其子矣。卒之宣伯淫惡，通于穆姜，身為獸行，是亦狄也，
真僑如也。（《左繡》眉）首段名門、命子兩事見奇，中段則"虷門"句
順對"以命宣伯"，末段則"埋首"句倒應"子駒之門"，合之便是一頭
兩腳章法。而敘一事反用多筆，敘三事反用少筆，以參差為整齊，必如
此章法乃勻也。中段既以詳敘配首段，使下三事亦各用詳敘，豈不喧客
奪主？妙於焚如用輕遞之筆，與末句輕帶簡如相配，便令榮如段無尾大
不掉之病。合看中段則一詳一略，相間而寫。單看末段，又兩頭略，中
間詳，剪裁之妙，神而明之矣。俞寧世曰："順逆錯落，卻又簡潔，班馬
外裔諸傳，無此筆力。"（美中尾）趙木訥曰："狄橫甚矣，侵陵列國幾
遍。此一役也，不惟有功於魯，且有功於天下。"《左傳翼》尾）敗狄於
鹹，本傳也。因伐我而及伐宋、滅潞、伐齊，因獲僑如而及獲緣斯、焚
如、榮如、簡如，因名子而及名門，因埋首於子駒之門而及埋首于周首
之北門，或詳或略，或整或斜，參伍錯綜，不可名狀。最妙是于追敘伐
宋後，倒挈滅潞後事在中間，又追補伐齊前事，或庵所謂"使人觀其首
乃身乃尾，觀其身與尾乃首乃身，如靈蛇騰霧，首尾都無定處"是也。
識得破層巒疊嶂卻是一定筆妙，否則水復山重，無處覓桃源蹤跡矣。一
長狄也，自春秋前以至文宣，幾及百年，而齊、魯、宋皆受其害，不啻
萬馬千軍跳樑紙上，其實自緣斯以下，祗五六人耳。自負其形之異，而
以勇力加人，不旋踵而遂亡，一結句有多少歎息意在！此文若從宋武之
世敘起，繼以伐齊，接入本事，帶敘滅潞在後，頭緒雖清，但前者前、
中者中、後者後，適成印板耳。即從本事敘起，而追敘伐宋、伐齊，將
滅潞綴末，猶然印板也。惟將滅潞獲焚如事而夾敘于伐宋、伐齊兩前事
中，則錯綜迷離，乃不直頭布袋矣。敘伐宋句句與本事相配，極詳。敘

下三事錯落用簡筆。"鄭瞞由是遂亡",原爲本事而設,詳敘所獲數人者,見前已獲某某,今又獲僑如,只剩一焚如,滅潞時又獲,種類已盡,安得不亡?一結而無不結矣。(《評林》眉)王陽明:"鄭瞞兄弟分道而出,竟皆亡。宋以門賞彫,齊、魯兩埋其首,蓋共難其功,而以誇國也。"(王系尾)此篇是叔孫得臣敗敵於鹹傳。首段正敘,緣斯一段追敘,焚如、榮如、簡如一段,有連敘、有追敘。其實中二段,皆連敘也。馮天閑之謂類敘,其言曰:"因敘新事,直追敘舊事,又倒挈後事……寢食以之者已。"(方宗誠眉)因記一事,而帶敘事前事後諸事,參差歷落。

郕大子朱儒自安于夫鍾,國人弗徇。

◇文公十二年

【經】十有二年春王正月,郕伯來奔。杞伯來朝。(《評林》眉)范寧:"僖二十七年稱杞子,今稱伯,蓋時王所進。"二月庚子,子叔姬卒。(《評林》眉)汪克寬:"二傳以書子爲同母妹,然十四年再書子叔姬,苟皆同母,不當同字矣。"夏,楚人圍巢。秋,滕子來朝。秦伯使術來聘。(《評林》眉)《補注》:"劉氏曰:'杜注云術不稱氏,史略文'。非也。內大夫未賜族者猶不氏,安知此術非未賜族者乎?"冬十有二戊午,晉人、秦人戰于河曲。季孫行父帥師城諸及鄆。(《評林》眉)家鉉翁:"城一邑已爲勞民,今一朝城二邑,其勞民爲甚。書'城諸及鄆',貶也。《春秋》之法,城非其時,貶。興兵以城,尤在所貶。"

【傳】十二年春,郕伯卒,郕人立君。大子以夫鍾與郕邽來奔。公以諸侯逆之,非禮也。故書曰:"郕伯來奔。"不書地,尊諸侯也。(《測義》夾)愚按:大子嗣位,未踰年尚稱子,寧有身未嗣位,以邑出奔,而反予之以其君之尊稱者哉?《公羊》以爲失地之君,《穀梁》以爲爲齊所偪,二説得之。而《左傳》云大子者,以其嗣位日淺,或稱爲大子,而左氏遂誤以爲大子出奔也。至謂以諸矦禮逆之,而謂之郕伯,則鑿矣。此得之劉原父云。【編者按:奧田元繼作吕祖謙語。】(《左繡》眉)此節連上節讀,兩寫太子,與兩寫諸侯呼應。不當以諸侯逆之,故書曰"郕伯",既以諸侯禮之,故不書地。一書一不書,兩諸侯，只是用一順一倒之筆，而名實之矛盾了然矣。(《評林》眉)陳傅良："尊諸侯也，傳釋書法與郜庶其三叛臣異。"今案：此史文也，左氏既不能別白，學者又不知有辭從主人之義，遂詆傳爲妄，過矣。

杞桓公來朝，始朝公也。且請絕叔姬而無絕昏，公許之。(《左繡》眉)許多情事，只以一筆寫盡，簡潔之極。(《評林》眉)《補注》："叔姬不安於杞，假歸寧以反，故杞伯來請而後絕，經不書始嫁與來寧，法與鄫季姬同。"

二月，叔姬卒，不言杞，絕也。書叔姬，言非女也。

楚令尹大孫伯卒，成嘉爲令尹。群舒叛楚。夏，子孔執舒子平及宗子，遂圍巢。(《左繡》眉)此節亦前總後分，前暗後明法。三句三樣筆法，簡而輕也。

秋，滕昭公來朝，亦始朝公也。(《評林》眉)季本："滕自宣公見執於宋而從之，二十六年矣，昭公嗣立，復朝魯，宋亂，不暇爭也。"

秦伯使西乞術來聘，且言將伐晉。(《左繡》眉)來聘而言將伐晉，蓋以將伯諷魯也。妙在賓主都不明言，只把玉來作個話頭。乃辭者力辭，致者終致。到末稱以君子而厚賄之，亦仍不說破，只囫圇瞭解。讀者須于言外得其隱躍吞吐、各各意會之妙，是一首啞謎文字，千古無人抉出也。神脈所注，略筆反是重筆。此文賓主對說，而襄仲起，襄仲結，是以主爲重。故中間特著"主人辭"三句爲提掇界畫，與前辭玉、後厚賄呼應作章法。賓主皆以先君爲言，而前段從好說到器，後段從器說到好，只一倒換法。(《評林》眉)趙鵬飛："九年，秦將伐晉，則來歸僖公、成風之襚。今將爲河曲之戰，則有術之聘。"(闈生夾)宗堯按："秦之切齒于晉，皆謀立公子雍所致。魯與晉稍有不睦，秦輒欲構成其釁，以見秦之痛恨晉也。"襄仲辭玉曰："君不忘先君之好，照臨魯國，鎮撫其社稷，重之以大器，寡君敢辭玉。"對曰："不腆敝器，不足辭也。"主人三辭。(《評林》眉)《補注》："《聘義》曰：'以圭璋聘，重禮也。已聘而還圭璋，此輕財而重禮之義也。'然則聘禮終必還玉，非不欲與秦爲好。傳錄賓主辭令，以見秦人之進於禮，下云'國無陋矣'是也。杜說非。"賓答曰："寡君願徼福于周公、魯公以事君，不腆先君之敝器，使下臣致諸執事，以爲瑞節，要結好命，所以藉寡君之命，結二國之好，是以敢致之。"（闈生夾）秦告魯伐晉，以今語言之，此密約也，故主賓之詞皆略不及。襄仲曰："不有君子，其能國乎？國無陋矣。"厚賄之。（鍾惺眉）《左傳》如此等處，人皆稱之，其實平平。（《分國》尾）此秦通于魯之始，其言將伐晉者，爲令狐之役也。魯爲望國，爲襄仲者，何不明告以"令狐之役，臣各爲主，雖晉不謝秦，潛師而禦，曲在晉也。然夷皋既立，國豐宜消。且穆嬴秦自出，夷皋穆所出，請君釋憾于晉"？乃使者言，襄仲竟置嘿嘿乎？窺仲之意，不過畏秦爲虎狼國，順逆兩難，進退無據，他日且從壁上觀耳。但恐爲秦人窺其短長，安在其爲望國也？（《左繡》眉）秦將伐晉，魯不敢從，亦不敢阻，然而心竊畏之矣。厚賄以暗結之，曰君子，曰無陋，特託辭以爲之名耳。（美中尾）前歸隧，此來聘，欲魯不爲晉役，而翦其羽翼也。秋聘，而冬與晉戰於河曲矣。（《左傳翼》尾）來聘而言將伐晉，不過以其情告之，若以將伯諷魯，則當明言乞師矣，何必作此機深語乎？辭玉、致玉原都從玉起見，非秦人以玉賂魯，而令之興師，魯不敢從，故不受玉，而後以厚酬而謝之也。《左繡》論似新奇，卻非本旨。（王系尾）辭玉、致玉作兩層寫。秦、魯胸中各有一段不可明言之隱，俱於辭玉、致玉傳出，可與尋常酬酢一體看過乎哉？秦之聘魯，非愛魯也，與晉爲難，而畏其多與，今之來聘，誠知其不能與秦而叛晉，亦庶幾其不從晉而疾秦，是亦離其與也，所以必致玉也。魯誠不敢背晉，亦無辭以拒秦，苟辭其玉，亦足以白于晉矣。秦人執講信修睦之義，諄諄以先君爲辭，其玉固無可辭也。無可辭而受之，亦足以白于晉矣。所以三辭不獲，而後受也。此皆是文章包蘊處。昔人謂益人神者，無過讀書，諒夫！

秦爲令狐之役故，冬，秦伯伐晉，取羈馬。（《評林》眉）《經世鈔》："令狐之役，晉最無人理，故八年秦伐晉，取武城。晉猶不自省，取少梁以報之。秦復伐晉，取北徵，晉不敢報。而今又伐晉，取羈馬，蓋秦之憤恨獨深也。"陳傅良："傳言秦伯、晉趙盾，見書人。"**晉人禦之。趙盾將中軍，荀林父佐之。郤缺將上軍，臾駢佐之。欒盾將下軍，胥甲佐之。范無恤御戎，以從秦師于河曲。臾駢曰："秦不能久，請深壘固軍以待之。"從之。**（《左繡》眉）此篇以"待"字爲骨，以臾駢、趙穿相對而寫，以"惡佐上軍"句爲眼目，以

"交綏"句爲界限,上是臾駢欲待,而穿將獨出;下是臾駢欲薄,而穿又欲待期。上是當待不待,下是不當待而待,卒令秦以羈馬始,以入瑕終。老師之謀,以宣子主之而不足。軍門之呼,以胥甲輔之而有餘。蓋新出之屬,不敵一卿之寵也。如此,可勝慨哉?注爲宣元年放胥甲傳,愚謂詳寫趙穿恃寵好勇,玩寇悞國,獨不見放,乃爲後弒靈公伏脈矣。下六卿相見,緊接此篇,則以士會爲主亦得。《咀華》評所謂"趙穿之狂,臾駢之智,俱受士會牢籠",是也。(《補義》眉)提出令狐,則此役晉人爲之。(《補義》眉)主將業已定計。

　　秦人欲戰,秦伯謂士會曰:"若何而戰?"對曰:"趙氏新出其屬曰臾駢,必實爲此謀,將以老我師也。趙有側室曰穿,晉君之婿也,(閩生夾)以穿爲晉君之婿,其謀至深險,故趙穿弒君至易。千古權奸之所爲,固出一轍也。**有寵而弱,不在軍事,好勇而狂,且惡臾駢之佐上軍也,若使輕者肆焉,其可。"**(《補義》眉)惡臾駢佐上軍最着眼,蓋忌其功,故撓之。"其可"二字虛住,留下面趙穿實寫。俞云:"晉欲待其遁而擊之,秦人既不敢退,只得求戰爲退之地也。晉人惟知秦欲戰,不知秦欲退耳,方服臾駢卓識。士會畫策,不過欲全其軍也。未嘗求勝晉,與以國情輸敵者不同。"(《評林》眉)王元美:"傳稱隨武子之德甚盛,然其奔秦也,避罪而已,軍旅之事,辭勿與知可也。遽以國情輸之,爲籌畫焉,此其覘公山不狃尚遠不逮,何德之有?"〔編者按:凌稚隆、魏禧作陸粲語。〕《經世鈔》:"凡軍內有勳戚懿親寵臣,最是敗事。"按:《詩·大雅》:"是伐是肆。"鄭《箋》:"肆,犯突也。"《疏》謂:"犯突,言犯師而衝突之。"(閩生夾)此寫趙盾之無軍律,不能將衆。又案:著士會數語,前後俱振。宗堯按:"士會此謀,不惟能料駢與穿也,趙孟之不能用駢棄穿,亦爲所料。"**秦伯以璧祈戰於河。**(《彙鈔》眉)士會不得已而出奔,遽以國情輸敵,愧蜀漢徐庶多矣。然其談言微中,亦略見一班。晉卿之謀復,有以也。(方宗誠眉)敘秦兵謀。"好勇而狂"二句預先提出,爲下文伏筆。

　　十二月戊午,秦軍掩晉上軍,趙穿追之,不及。反,怒曰:"裹糧坐甲,固敵是求,敵至不擊,將何俟焉?"軍吏曰:"將有待也。"穿曰:"我不知謀,將獨出。"乃以其屬出。(《測義》夾)金履祥氏曰:"秦、晉亟戰而楚霸矣,晉主夏盟,而君幼國偷,軍謀不一，其始見於河曲之戰，其甚見於邲之敗。"〖編者按：奧田元繼作張天如語〗（方宗誠眉）敘晉趙穿之中秦計，句句有"好勇而狂"神氣。宣子曰："秦獲穿也，獲一卿矣。秦以勝歸，我何以報？"乃皆出戰，交綏。秦行人夜戒晉師曰："兩君之士皆未憖也，明日請相見也。"臾駢曰："使者目動而言肆，（孫鑛眉）正可與"幣重而言甘"作對。懼我也，將遁矣。薄諸河，必敗之。"（韓范夾）有才略人，自不偏執。胥甲、趙穿當軍門呼曰："死傷未收而棄之，不惠也；不待期而薄人於險，無勇也。"乃止。（《評林》眉）《經世鈔》："戰謀未定，以一穿而皆出，不慮喪師辱國，可乎？然獲卿之言，又似是軍謀者，宜何如？"譚友夏："士會、臾駢，其智相當。胥甲、趙穿，庸悍不足錄矣。"《經世鈔》："穿出而皆戰，穿呼而皆止，宣子之師爲無紀矣，其不爲荀林父之敗邲者，幸耳。"（方宗誠眉）又敘趙穿之中秦計，句句是"惡臾駢之佐上軍"神氣。秦師夜遁。復侵晉，入瑕。（文熙眉）汪道昆曰："敘事妙品。"士會、臾駢，其知相當。胥甲、趙穿肉食之夫，不足數矣。（《分國》尾）臾駢知士會在秦，未可輕敵，欲老其師，以不戰勝之也。輕兵誘敵，宣孟何不出一言止穿，但曰"秦獲穿也"？交綏而退，何其不武？懼□□□，薄河必敗，庶幾桑榆之收，其如軍門之呼何？士會輸情，亦深曲晉人背約，令狐一役，不義之甚耳。（《左繡》眉）起手提明"從秦師于河曲"，則可待、可薄，收放在我，一筆伏一篇之案。下分兩扇讀，"乃皆出""乃止"對煞，上是當待不待，下是當薄不薄，亦前總後分之格。然"戰，交綏"，"戰"字即承"欲戰""祈戰""戰"字落下。而當薄不薄，其病根即在當待不待中。故趙穿之惡臾駢，全於士會口中説透。上詳下略，蓋對局而有遞勢者。秦人欲戰，駢欲待之，本與下秦人夜戒、駢欲薄之兩兩對寫，卻夾入士會語，上承臾駢，下引趙穿，最敘事牽搭變動入妙處，亦全爲兩人相忤寫生。若無此，即文字一直帳矣。中用"戰，交綏"三字兩句作一大段落，爲通篇樞紐，章法絶奇。此文意不重戰，故戰地即於起處一筆揭過。而正寫戰事，亦只三字。蓋晉志待秦可擊，秦雖志戰，又畏其深固，故不成戰也。然穿之撓駢，罪狀已具於此。前怒後呼，或各有説，交綏而不力戰，則何説耶？上段先寫臾駢，後寫秦人。下段先寫秦人，後寫臾駢。亦以一順一倒爲變換也。前用參差調對起，此以整齊調對收，首尾相配，結構極工。"不待期","待"字是於下截串上截法,若以爲當待不待者然,寫兩人拗彆入神。(昆崖尾)士會之明鑒,臾駢之精細,趙穿之粗猛,宣子之猶豫,逐段摹寫,面面如生。寫臾駢之智,正以照出趙穿之愚;寫趙穿之愚,又以照出士會之智。蓋士會開口六件,已把趙穿小像托出,以下敘趙穿處,覺六件字字神似。前提後應,在情態不在語句,筆法最高。駢之智,穿之愚,雖同於士會口中料出,而一則倒掣於前,一則應明於後,亦文家佈置變化之法。(《左傳翼》尾)料敵制勝者,臾駢也。輕躁僨事者,趙穿也。有一趙穿,雖百臾駢而志且不得逞矣,將如之何?趙穿之狂躁似先縠,惡臾駢之佐上軍,又似二憾,以赫赫炎炎之宣子而任其專行無忌,其不鄰于林父之未能行令者幾何?宜乎晉人狃于其習,以致有邲之敗也。前半是當待不待,後半是當薄不薄。究之,臾駢之深壘固軍,正以待其將遁而薄之也,士會在秦軍且知之,穿豈不知,分明惡駢而不欲成其謀耳。忌心一生,讒賊隨之,古今來忠臣智士披肝瀝血而不能爲國家建立功勳者,大率坐此。結末于秦師夜遁後復綴侵晉入瑕,見秦人未經敗衄,所以仍肆侵淩,致煩詹嘉守塞,君相爲之旰食也,穿之罪可勝誅乎!最妙是掩晉上軍一着,以晉人攻晉人。令他深壘固軍陰謀秘計盡成無用,舉國張惶,疑神疑鬼,始得克還無害,否則將遁而薄,其不爲殽師之續者,幸矣!(《日知》尾)深固以待,只半截語;待其遁而薄之,乃全謀也。中間插入士會,用趙穿以牽掣臾駢,遂使待不成待,薄不成薄,全勝老謀,只於兩頭略見一斑,然正如畫雨龍,東雲見鱗,西雲見爪,而攫拏夭矯之勢,較全龍尤有神也。秦勢却從臾駢說出,晉事却從士會料出。深壘固軍矣,而一出皆出;欲戰祈戰矣,而方交即綏;行人戰矣,而實欲遁去;薄之必敗矣,而因呼輒止。層層出人意表,布置奇幻。(王系尾)此篇寫臾駢之智計,趙穿之稺狂,可謂毛髮生動矣。然而非寫臾駢、趙穿也,寫士會也,寫趙盾也。晉人美惡,士會周知,以詔秦而謀者,晉明年之所以復士會也。趙盾能逐賈季,出先蔑,殺箕鄭、先都、士縠,而獨於狂悖之趙穿,卵翼袒護,唯恐傷之,誠不可解。迨讀至桃園之禍,黑臀之迎,而乃曉然于趙盾之心矣。盾此時雖無弒立之心,而畜養趙穿,則惟其所用而已矣。(林紓尾)紓曰:此篇以士會爲主,以臾駢、趙穿爲客。士會是客中之主,駢、穿又主中之客。蓋河曲之役,爲士會歸朝之張本,是士會爲此篇之主矣。然而諸將之出,不知會爲秦畫策也,則明明是主,又爲客矣。臾駢首畫一個"待"字,秦果不能待也。繼定一個"薄"字，晉之力固能薄也。而趙穿曰"我不知謀"，又曰"不惠無勇"，明恃其巨族以過新進之士，似此篇專爲此二人寫照，則二人又似此篇之主。然而二人一精一粗，一純一暴，而士會意中已了了知之，且明白爲秦伯言之。謂臾騈雖爲晉謀，不敵貴族趙穿之武斷，一口吸盡二人，則二人雖主，仍爲士會之客。然中間有一"待"字爲定盤針，又有一"薄"字爲收束法。如臾騈所言，則士會之料敵是虛寫，臾騈之定策是實寫，趙穿之敗謀是旁襯之筆，則又似臾騈爲此篇之主人翁。迷離惝恍，究不辨誰主誰客。文心之變幻，令人捫捉不得。總之，一路寫趙穿之狂謬，隱爲下文弑君伏線；寫趙盾之縱任趙穿，亦爲下文不敢討賊伏線。春秋爲世族之天下，《鶡冠子》所謂："萬賤之直，不能撓一貴之曲。"信哉，信哉！（《菁華》尾）士會爲晉世臣，以出亡之故，遂獻謀於敵國，亦不知所托則隱之義矣，此公山不狃之罪人也。趙孟爲上將，三軍皆聽命焉，不能制一趙穿，使之首犯軍令，執而誅之，方得用法之正，乃從之出戰，何也？傳詳書其事，蓋深譏之也。（闈生夾）宗堯按："終士會之言，兼以伏下文討不用命者，意含譏刺。"

城諸及鄆，書，時也。

◇文公十三年

【經】十有三年春王正月。夏五月壬午，陳侯朔卒。邾子蘧蒢卒。自正月不雨，至於秋七月。（《評林》眉）陳岳："凡旱爲災，多繫於夏，竟夏不雨，則爲災。如傳三年書六月雨，則旱不竟夏，不爲災。斯書正月不雨，至秋七月，夏在中，爲災可知。苟亦曰'夏大旱'，則嫌連春秋不雨，苟備書三時不雨，更曰大旱，則文繁矣。"大室屋壞。（《評林》眉）按：大室，《公羊》《傳說彙纂》等作"世室"，程子云："觀春秋中，文公事宗廟最爲不謹，遂有世室屋壞之變，天人之際，可不畏哉！"冬，公如晉。衛侯會公於沓。狄侵衛。十有二月己丑，公及晉侯盟。公還自晉，鄭伯會公于棐。

【傳】十三年春，晉侯使詹嘉處瑕，以守桃林之塞。（魏禧尾）謝文洊曰："以士會之賢，豈不及弗擾？其意蓋欲求復于晉，故稍示其謀于秦，使晉知之，懼而圖復。然士會亦見晉同僚有人，國尚可爲故爾。若晉卿皆妬，則死心于秦矣。可見執政愛材，賢人雖散而復聚。"禧按：此論亦佳，然士會教秦挑戰，亦無大利害。（美中尾）自殽至此，凡六交兵，秦晉亟戰，而楚霸矣。

晉人患秦之用士會也，（《左繡》眉）此篇只極寫一誘士會歸晉事，其未歸也，則六卿相見而憂之；既濟也，則魏人譟還而喜之。中間壽餘、士會兩心暗照，裝腔作勢處，色色寫絕。而秦伯則當局者迷，繞朝則旁觀者清，又恰與上半桓子、成子一賓一主相配。前曰"六卿相見"，後曰"無謂秦無人"；前曰"患秦之用"，後曰"吾謀適不用"；前曰"執其帑"，後曰"歸其帑"。都是兩兩激射，章法勻密。粗心讀之，未易領茲奇妙耳。提筆陡然，神氣直振全局。《咀華》云："兩句若倒轉，便無靈氣。今劈空說個'患秦用士會'，然後轉到六卿相見，便似晉人懼怕士會，無日不念誦也者。"良爲妙解。（《補義》眉）陡然而起，接六卿句，覺諸浮一見，全爲士會。（《自怡軒》眉）劈空說個"秦用士會"，然後轉到六卿相見，便似晉人無日不慮此者，兩句若倒轉便無靈氣。（方宗誠眉）士會是主，賈季句是陪筆。"晉人患秦之用士會也"下即接"乃使魏壽餘誘士會"，亦甚直接，然嫌平直，且不見當日籌畫情事。夏，六卿相見于諸浮，趙宣子曰："隨會在秦，賈季在狄，難日至矣，若之何？"（鍾惺眉）李斯論逐客即此意。（韓范夾）楚材晉用之故，一言而令尹懼、伍舉復矣。趙宣子當國，自知憂之，與楚令尹待人言而後憂者，知識相千里矣。中行桓子曰："請復賈季，能外事，且由舊勳。"郤成子曰："賈季亂，且罪大，不如隨會，能賤而有恥，柔而不犯，其知足使也，且無罪。"（《彙鈔》眉）因隨會在秦，並思及賈季之在翟，具有賢主輕重之論。（《補義》眉）林父之闒已見於此。"不如隨會"語極斬截，數語曲盡士會，可謂知人。（《評林》眉）鍾伯敬："晉得復還士會一著，以是稍免秦患。李斯諫逐客，即此意。"《經世鈔》："大臣當國，用心如此，當與復椒舉同看。"（闉生夾）"賤而有恥，柔而不犯"，皆阿曲從諛之謂，非真以此譽士會也，乃反射諸人得罪于趙氏者，皆不肯阿附之者耳，此爲微曲深至。

乃使魏壽餘僞以魏叛者，以誘士會，執其帑于晉，使夜逸。請自歸於秦，秦伯許之。履士會之足於朝。秦伯師于河西，魏人在東。壽餘曰："請東人之能與夫二三有司言者，吾與之先。"

（鍾惺眉）晉自譎，秦自正。觀秦穆心事器量，出桓文之上，恐非穆公時。(《評林》眉)《經世鈔》：「秦、晉交兵，時通信使，豈遂不能傳意，而須偽叛以履足耶？」魏禮：「當是先已通謀，臨事更履足耳。」**使士會。士會辭曰：「晉人，虎狼也，若背其言，臣死，妻、子爲戮，無益於君，不可悔也。」**(《評林》眉)謝文洊：「士會前以激穿入瑕要晉，此又以辭要秦，此一要尤巧，明明説出，不懼秦伯見疑，只是揣得秦伯真。」《經世鈔》：「言晉人無信，恐不降而挾我以去，若不從晉人之言，則必爲所殺；而魏不降，則秦又將誅吾妻子，此無補益於秦之事。舊注未安。」湯睡菴：「士會已知壽餘之計，但妻子在秦，恐皆約歸晉，秦必殺其妻子，故偽辭不行，以探秦伯之心。而秦伯信之以爲實然，故墮其計。」(方宗誠眉)一折，文局乃寬。士會之辭，乃偽辭也。要秦伯「歸爾帑」一言耳。**秦伯曰：「若背其言，所不歸爾帑者，有如河。」乃行。繞朝贈之以策，**(孫鑛眉)用脩謂「策」是書劄，近是。(《補義》眉)若曰可以歸鞭迅指矣。或云以留士會及壽餘，且潛師襲魏，書於簡策贈之，似古人無此賣弄也。**謀而還，秦伯猶竚立以俟，妙絕！曰：「子無謂秦無人，吾謀適不用也。」**(鍾惺眉)無此一段不精神、不波瀾。(《評林》眉)《經世鈔》：「示覺其情而已，謀適不用，是助談之詞，觀贈策情況可見。」(閭生夾)此段敘事靈妙無比，故曾太傅特取此節，以爲詼詭之趣。繞朝數語，尤爲頰上添毫。宗堯按：「公子雍之事屈在晉，故刺晉。然秦伯再受人欺，其誰之咎？此處譏秦伯，係帶寫，文法最爲周密。」**既濟，魏人譟而還。**(閭生夾)寫其得意疾驅，摹畫入妙。**秦人歸其帑。其處者爲劉氏。**(文熙眉)汪道昆曰：「敘事能品。」穆文熙曰：「晉招士會，不計其爲秦畫策；秦返會帑，不罪其詐謀還晉，均爲善事。繞朝贈鞭，想見其奇。魏人鼓噪，又何踴躍也！」(《測義》夾)孔穎達氏曰：「此傳尋討上下，其文不類，深疑此句或非本旨。蓋漢室初興，捐棄古學，左氏不顯於世，先儒無以自申，插注此辭，將以媚世爾。」(《快評》尾)棄賢資敵，千古大患。更讀楚聲子復伍舉與子木論晉國一篇，言楚有材，晉實用之，歷數析公、雍子、子靈、苗賁皇奔晉之後，爲楚大患，楚數世不競，皆由於此。其言雖爲椒舉而發，實理實事，自是如此。宣子汲汲謀復隨會，自是大臣憂國之心。宣孟之忠，於此可見。然其所以復隨會者，何其譎也？河曲之戰，晉人不能得志于秦，會實使然。踰年而有壽餘之叛，"請東人之能與夫二三有司言者"，舍會而誰？此亦不難見也。秦伯知之而故縱之，晉自譎，秦不以譎待晉也。縱之而繞朝言之，秦之得體極矣。（《彙鈔》眉）壽餘□巧，士會機警，秦伯忠厚，繞朝明穎，俱寫來如活。（《統箋》尾）愚按：晉之始霸也，以趙衰。而其再競也，以隨會。求諸秦而歸之，此晉嗣興之一大機也。（魏禧尾）吳正名曰："趙宣子患才爲敵用，何不隨、賈同召，而煩郤、荀之異同乎？曰：意出亡而召，當亦不易，如士會之事已見，故寧擇其尤賢者歟？"賴韋曰："河曲之戰，晉軍機皆爲士會燭破。故宣子之患，獨在士會，特將賈季陪説耳。且賈季在狄，難形未見，而國有亂人，惟恐去之不早，此正所謂天去其疾者，豈得復召之耶？吾故曰：召亡即易，宣子必不復歸賈季矣。"魏祥曰："以艱深文淺陋，不可窺也；以淺陋文艱深，尤不可窺。以虛作實，不可料也；以實作虛，尤不可料。故藏庚南郡者，宣言於衆曰：'此間便是作神奸于京師者，財貨充牣。'人問何以能爾，曰：'一味至誠。'皆士會辭行之意也。"（《分國》尾）壽餘僞降，士會知，繞朝知之，秦伯亦豈不知之？辭秦數言，要秦伯以必歸帑也。蓋曹瞞不能留關羽，秦伯豈能留士會？河曲之役，報效已畢，兩無憾焉。嗚呼！棄賢資敵，自古所歎，此聲子有班荊之約，李斯上逐客之書。若侯景在梁，自比隨、賈，語梁帝以高澄忌賈在狄、惡會在秦，又何其無恥與？（《左繡》眉）壽餘語，妙若不知有士會其人也者，又若非士會別無其人也者。士會語良妙，若忘其爲己之本晉人也者，若深惡而痛絶此晉人也者。一妙於不説破，一妙於直説破，摹畫至此，吹毫欲活矣。不曰悔之無及，而曰不可悔也。猶言我去是去，只是你不要懊悔。元詞所謂"語言雖是强，脚步見早先行"也。絶倒！繞朝韻人、韻事、韻語，秦得此，差强人意。前以"詹嘉處瑕"作引，後以"處者爲劉"作結。兩"處"字閒情相照，真無一筆落空矣。（昆崖尾）壽餘之巧詐，秦伯之樸直，士會之機警，繞朝之明智，寫來段段生動。文患太迂，迂則無眉目。又患太直，直則無波瀾。須令人一望而門開山見，再尋又路轉峰廻，方稱妙境。如此傳，士會主也，起句便喝出本意，真有登高而呼之勢，令人心清目爽矣。乃陡然一轉，抬出賈季來，與隨會平説，竟不分其孰賓孰主，林巒一變，使人不測。陡然再轉，索性抛卻士會，單説復賈季，丘壑愈奇，越發使人不測。然後借郤成子口中，撇開賈季，雲收霧霽，歸出盧峰真面目來。只起手三行文字，便有多少曲折。中間敘秦伯直率，受晉之愚處，直覺氣悶。忽結出繞朝一段，洗盡上文，波瀾橫起，遂令壁壘一新，分外精采。古人文字不肯板煞如此。徐揚貢曰："繞朝必有先知強諫之事，卻不序，只用贈策數語逗出深心，似天外奇峰，飄渺可愛。古文以虛補實之法。一執帑于晉，一歸帑于秦，一履足於朝，一噪還于魏，脈絡如蛛絲馬跡。"（《左傳翼》尾）棄賢資敵，千古大患。河曲之戰，士會輕輕道破晉人機關，遂以一趙穿制臾駢而有餘，晉竟不能得志于秦。設若秦大用會而盡展其謀略，其爲晉害豈止如伯州犂輩之在楚已哉？所以未復則舉朝惕息，既還則通國歡騰，而晉主夏盟，大於此人是賴。"乃使之"云云，主意非出自壽餘也。想見六卿宵衣旰食，設計施謀，不知費幾許心思，設繞朝之謀得行，將如之何？壽餘偶以魏叛，無不嗤晉人之譎者。設不如此，士會何由而復？秦庭既有繞朝之言，豈不能破其謀，特以心苟不留，雖強羈其身無益，所以推心置腹，更不用此子億逆也。士會歸晉而其施仍自處秦，亦受恩深處便可爲家耳。秦伯既歸其帑，又容其處者，其光明磊落正可想見。士會在秦，晉人患之。士會歸晉，秦人豈不之患？恐其以破臾駢之謀，又復施之于秦耳。壽餘來誘，繞朝冷眼覷破，設謀告君不見採納，竟爾兔脱，若不說破，勢必小視秦國，説吾謀不用，下一"適"字，見偶爾不用，不可恃以爲常，秦國之大如某者，車載斗量，我之謀出子意外，子意料不及者不知有幾。一經懲創，將來虛心聽從，正未可知。吳舍章云："不云吾言，而云吾謀。蓋爲君謀留士會，並留壽餘，而潛師以襲魏也。贈之以策，乃是將所謀書之於策以示之耳。"看得最妙。（《日知》尾）守桃林、見諸浮、譟而還，皆於無字句處寫出患用士會全神也。識得主腦，則中間序事處乃忽爲晉人懼，忽爲晉人喜，筆墨之靈，可以移人如此。（高崏尾）"晉人患秦"句，前以憂始；"魏人鼓譟"句，後以喜終，是一篇大關目。一執帑于晉，一歸帑于秦；一履足於朝，一贈策以行。亦節節聯映，絕妙章法。（《評林》眉）《補注》："陶唐氏之後爲劉累，累後爲晉范氏、士氏，見襄二十四年、昭二十九年傳及《晉語》。"丘維屏："傳此語爲范氏無後於晉言。"按：或謂"其處者爲劉氏"一句後人補之，亦似是。顧九疇："壽餘、士會之計皆奇，然恐出自六卿也。史稱三晉多權變之士，信矣！"（《自怡軒》尾）誘士會，描盡壽餘靈變，士會反言辭行，亦極智巧。忽接以繞朝贈策，又明明道破，奇峰插入，幾疑天外飛來。而通篇章法、調法、句法、字法，無一不峭潔。許穆堂。（武億尾）此篇寫士會歸晉事，前以憂始，後以喜終，是大關目。壽餘、士會，兩心暗照。桓子、成子、秦伯、繞朝，賓主相配勻密。（王系尾）此篇敘士會之歸晉特詳，以其賢大夫，且世執晉政也。精神飛動處，尤在繞朝一段。晉人之詐，秦伯之貪，得此一覰，倍覺玲瓏。（方宗誠眉）"乃行"之下即接以"既濟"，亦甚直接，但少曲折變化，繞朝一接，神化不測。繞朝二語極佳，使士會聞之，既感且懼，或不害秦國耳。（《學餘》尾）"晉人，虎狼也"，實錄也。用士會，虎狼其漸馴矣，故謹而傳之。（林紓尾）紓曰：士會爲秦畫策，似已爲晉人所覺。不然，斷不能鬪出一個"患"字。不言"六卿相見于諸浮，謀士會也"，乃先患士會，而後六卿始行聚議，似又爲臾駢之所覺。言六卿者，臾駢在内也。蓋臾駢料敵如神，詎有不知士會之理？此文之用省筆也。復賈季，是陪筆。復士會，是正意。壽餘之詐降，即《三國演義》之黃蓋也。秦伯之縱士會，亦《三國演義》曹操之不追關羽也。壽餘曰："請東人之能與二三有司言者。"明明是指士會，全秦之人，豈有不知？即秦伯亦明明知之，蓋留士會，亦必不爲己用，又知士會之來奔，爲無罪之人，晉人必不之舍，而會亦一心戀晉，不如聽之自行。但觀其答士會曰："若背其言，所不歸而帑者，有如河。"然則明明知其不反矣。此亦晉侯觀軍府，見南冠，而釋鍾儀之意也。不然，士會所云"不可悔"三字，是何語？秦伯竟無所疑，且與之立誓，兩心相印，已躍然紙上。然文字貴點眼，士會行時，忽然突出一個繞朝，把士會隱情和盤托出。此即顧虎頭傳神阿堵，亦張僧繇之畫龍點睛。一向悶葫蘆，至此爲繞朝揭破，文字用醒筆，乃毫不著意，真屬神品。（《菁華》尾）賈季擅殺大臣，其罪大矣，視息異邦，已爲多幸。荀林父乃請復之，其庸闇甚矣。邲之敗，已可於此決之。士會之辭，必不可少。若遽歡然就道，便使人窺其衷矣，其必不成行決也。繞朝此時必有諫阻之言，傳略而不載，第書其贈策之言，可悟省筆之法。

邾文公卜遷於繹。（《正論》眉）邾子"命在養民"之言，知君民一體之義矣，而從宋襄之亂命，用鄫子於社，則不忍之心死之久矣，遷繹遂卒，蓋天道與？（《才子》夾）看其動筆，如快刀切物相似。（《補義》眉）俱義精仁熟之言，亦一層翻作兩層。周云："邾文公，用鄫子於次睢之社者也，邾子或因此大悔厥心，而改殘忍爲慈乎！"（《評林》眉）陳傅良："凡自遷其國都不書。"史曰："利於民而不利於君。"邾子曰："苟利於民，孤之利也。天生民而樹之君，以利之也。民既利矣，孤必與焉。"左右曰："命可長也，君何弗爲？"邾子曰："命在養民。死之短長，時也。民苟利矣，遷也，吉莫如之！"遂遷於繹。（文熙眉）穆文熙曰："邾子死短長爲時，利民爲吉，議論絕人，足破千古之惑，堪輿家爲結舌矣。"（《評林》眉）《經世鈔》："文公之卒，恰逢此時，史言不利，亦是知文公氣數當盡耳。豈不遷則不死哉！然此等以爲知命，亦須君子方識得，若庸俗人則以爲不信卜筮，自取死矣。"《評苑》："人命短長，各有其時，非遷與不遷所能損益也。"

　　五月，邾文公卒。君子曰："知命。"（《快評》尾）杜預曰："左右以一人之命爲言，文公以百姓之命爲主。一人之命，各有短長，不可如何。百姓之命，乃傳世無窮，故從之。""知命"二字中有一篇極大文字在内。（魏禧尾）魏禧曰："達識明論，千古可師。按文公即用鄫子於社者，何其懸絕如兩人也？或謂此等人，左氏以知命許之，甚謬。豈邾弱宋强，令之而不能違，抑其後有悔心而進德，又或將死而言善耶？君子録其晚，蓋可也。"彭家屏曰："天降下民，作之君。天之命君，以爲民也。君民一體，未有民利而君不利者，亦未有民不利而君獨利者也。邾文不從卜史之言，而決於遷繹，可謂明達矣。至命之短長，數也。龜筮亦以數之已成者告人耳，豈關繹之遷與不遷哉？"（《左繡》眉）前言民利即是君利，後言民利即是命長，蓋深知君以民爲命也。語語明決，無一毫鶻突，故末亦只以"知命"兩字斷之，筆法正與通體相稱。"史曰""君子曰"，"左右曰""邾子曰"，兩番往復，語對而意遞。末以"君子曰"斷之，章法明整極矣。（昆崖尾）李恕谷曰："按注疏謂：'左右以一人之命爲言，文公以百姓之命爲主。'一人之命短長有定時，遷國以延國祚也，豈爲一人？又考文公以莊公二十九年即位，至此五十一年，若早年即位，亦當六十有餘，若中年，則七八十矣，並非短折也，何不利之有？其後邾爲鄒，綿至戰國，穆公稱賢君，能與魯閗，則國亦利矣。卜史之占，固不如文公自明也。宜傳之稱之曰'知命'也。而文亦跌宕有法。"（《左傳翼》尾）天者，命之原也。天爲民而立君，則君即以民爲命。民利即爲君利，而命之長即在是焉，非見道明者不能知也。前半不利猶是渾言，後半言命分明説破，而公斷然不惑，設不遷繹，公能不死乎？"知命"一斷，破盡千古愚蒙。邾文公，用鄫子于次睢之社者也，張悔菴謂："牛羊用人，唯大國之命，豈能斷斷不惑于利，爲此愛人之言？"余謂："聖人刪《書》，末載《秦誓》，以其能改過也。安知邾子不因此大悔厥心而改殘忍爲慈仁乎？利不以己而以民，命不以一人而以百姓，明于理，精於數也。孔子罕言利與命，能若此者，又何憚而不言？"（《日知》尾）峭逸遒宕，使筆如口，已開蒙莊蹊逕，然莊有其靈快，無其堅緻也。（高崥尾）孫月峰曰："仁人之言，達人之識。"（《學餘》尾）邾，小國也。文公之言，則堯舜文王之心也。嗚呼！是可謂之君也已。（閭生夾）左氏喜談神怪，然止藉以蕩寫胸臆瑰奇之趣耳，其本意則決不惑妖祥也。觀此等可信。

秋七月，大室之屋壞，書，不共也。（《左繡》眉）大室屋壞，似屋自壞者。然"書不共"，則固有壞之者矣。

冬，公如晉朝，且尋盟。衛侯會公於沓，請平于晉。公還，鄭伯會公于棐，亦請平于晉。公皆成之。鄭伯與公宴於棐。子家賦《鴻雁》。季文子曰："寡君未免於此。"（《補義》眉）插"寡君未免"一語，寫出中原諸國無不危懼。文子賦《四月》，子家賦《載馳》之四章，文子賦《采薇》之四章。鄭伯拜，公答拜。（《分國》尾）《鴻雁》，鄭望魯鳩也。季子以同病答之，而賦《四月》，自傷行役逾時，思歸祭祀也。鄭終思求援于魯，故又賦《載馳》，季子《采薇》之答，則能慰其意矣。遂拜其貺。情文之美，隱然言外。（《左繡》眉）此篇純用敘而不議。前兩寫會公請平，而不言其所以然。後兩寫賦詩、答拜，亦不言其所以然。中夾點季文子語，隱隱躍躍，亦復不甚明白。通篇只似作啞謎關目相似，此左氏章法之別出一奇者也。林注："諸夏之懼甚矣。"不說破，更妙。以衛陪鄭，雙起單收，若將宴棐賦詩作正敘，則衛饑鄭飽，章法不得勻稱。妙將"公皆成之"平平結過，下另抽出補敘，而結處亦作對寫之筆以配之，合來恰好中間散、兩頭整，無一毫畸輕畸重也。何稱停審細至此！尤妙在雙敘偏用單句煞，單敘偏用雙句煞，用法之巧化不可爲。極淡之文，有極精之法在。《左傳》曾一字苟且讀得耶！（《左傳翼》尾）衛、鄭從楚，以強弱之勢不敵，計非得已。今因厥貉會後伐麋圍巢，楚氛愈熾，恐其憑陵，請成于晉，介魯求通，公皆成之，二國之難以紓。明年新城之盟，從楚者皆服，公之此舉，于晉亦不爲無助。但公往而爲衛請平，於勢甚便。還而復往，未免煩難。始以《四月》答《鴻雁》，繼乃以《采薇》答《載馳》，亦因其情詞肫摯，義不容辭耳。篇中于"公皆成之"後，補敘鄭伯享公一段，事勢實然，非故畸輕畸重也。《左繡》謂通篇純用敘而不議，不知敘即是議，既請平矣，又賦詩矣，所以然已明白説出，豈猶作啞謎關目乎？（《評林》眉）陳傅良：「請平於晉，傳見諸侯猶有尊晉之志。」王元美：「文公朝晉，而承筐篚沓，相繼爲會，明年新城之盟，服楚之國皆棄異而即同，則輔伯之功，魯亦不爲無補於晉。」〖編者按：凌稚隆作汪克寬語。〗（王系尾）是時楚穆死，楚莊新立而幼，故諸侯復謀從晉。此篇是公如晉、衛侯會公於遝，公自晉反，鄭伯會公于棐傳。合傳也，首段鄭、衛平敘，次段單敘鄭，不敘衛，而衛之先已得平，早於"還"字、"亦"字中傳出。讀者心目了然矣。格局奇幻，隨事而成，若霞雲之舒卷，使人歎絶。而賦《鴻雁》，賦《四月》，賦《載馳》，賦《采薇》，當時諸侯東觀西望，不遑啓處之苦，已於言外傳出。文章神味，知有何限？唯在細心人領會也。

◇文公十四年

【經】十有四年春王正月，公至自晉。（《評林》眉）高閌：「公自去冬初如晉，則因與衛會，既盟晉而還，則又因與鄭會，久於道路而不朝正，書至以見之。」邾人伐我南鄙，叔彭生帥師伐邾。（《評林》眉）季本：「此即叔仲彭生也，脱'仲'字耳。」夏五月乙亥，齊侯潘卒。（《評林》眉）高閌：「齊孝公名昭而謚潘，曰昭，非禮甚矣。」六月，公會宋公、陳侯、衛侯、鄭伯、許男、曹伯、晉趙盾。癸酉，同盟於新城。秋七月，有星孛入於北斗。（《評林》眉）《日知錄》：「不言其所起，重在北斗。」孫復：「孛，慧之屬，偏指曰慧，光芒四出曰孛。」家鉉翁：「有星者，非常之星，不當有而有，異之大者也。」公至自會。晉人納捷菑於邾。弗克納。九月甲申，公孫敖卒于齊。（《評林》眉）范寧：「卒在常所則不地，嬰齊卒貍脤，仲遂卒千乘，或踰竟，或未踰竟，皆書地。」齊公子商人弒其君舍。（《評林》眉）孫復：「舍未踰年稱君者，孔子疾亂臣賊子之甚，嫌未踰年與成君異也，故誅一公子商人，爲萬世戒。」宋子哀來奔。冬，單伯如齊。齊人執單伯。（《評林》眉）張洽：「單伯自莊元年至今，已八十餘年，未必一人，或其子若孫？！」齊人執子叔姬。（《測義》夾）愚按：傳例稱伯姬、叔姬者，先君之女，時君之姐妹也。伯、叔姬稱子者，時君之女，所以別夫先君之女也。今日"子叔姬"，則爲文公之女無疑。然文公逆婦姜于齊，纔十年爾，豈遽有女爲昭公妃，而又即生子舍可立爲君乎？故説者因疑爲僖公之女也。竊謂子叔姬之爲僖女、爲文女固不可知，若非"子"字之誤，則叔姬于齊，其逆其歸，當有脱簡。朱子謂其間極有無定當難處置處，其此類歟！

【傳】十四年春，頃王崩。周公閱與王孫蘇爭政，故不赴。凡崩、薨，不赴，則不書。禍、福，不告，亦不書，懲不敬也。（《評林》眉）《補注》："頃王崩葬不書，説見莊十六年。傳知史有不赴不書之例，遂援王孫爭政事以實之，非也。"家鉉翁："是歲頃王崩，以不赴而不臨、不賵、不奔，《春秋》不書，著天下諸侯之無王也。"

邾文公之卒也，公使弔焉，不敬。邾人來討，伐我南鄙，故惠伯伐邾。（《左繡》眉）二事接連，兩"不敬"正相應，上不敬在人，下不敬在己，《春秋》刑書，只是相屬以禮而已。（《評林》眉）王荊石："小國安敢責禮於大國？亦爲須句故而修怨耳。"〖編者按：凌稚隆作家鉉翁語。〗

子叔姬妃齊昭公，生舍。叔姬無寵，舍無威。（《左繡》眉）因母無寵，故子無威。起手應從子叔姬敘入，若説"齊昭公娶于叔姬，生舍"云云，則下語少力矣。下條明敘元妃、二妃云云，便從邾文公説起。一倒一順，都有故在，對看自得其筆法之妙。公子商人驟施于國，而多聚士，盡其家，貸於公有司以繼之。（韓范夾）正嫡無威，而强公子施德于民，以邀非意，此立國之大患也。爲顧命大臣者，無一人能禁止之，尚得謂齊有人哉？（《評林》眉）楊升菴："此與宋鮑之饋餼、陳氏之家量貸而公量收意同。"（閭生夾）左氏於人之陰謀，記之每有切齒之慨。夏五月，昭公卒，舍即位。（王系尾）此篇是齊侯潘卒傳，即爲弑舍、執叔姬作案。商人早已爲宋鮑之前師、陳氏之嚆矢矣。世故之傾危，尚矣哉。

邾文公元妃齊姜生定公，二妃晉姬生捷菑。文公卒，邾人立定公，捷菑奔晉。（《左繡》眉）敘得名分秩然，後辭晉時，只消五字而了了矣。（王系尾）此篇爲晉人納捷菑作案，重在元妃、二妃四字，明其嫡庶素定，捷菑即長，猶不得立，而況乎其少哉？厥後邾人長幼之辭，特婉以謝晉，而趙盾之妄可知矣。

六月，同盟于新城，從于楚者服，且謀邾也。（《左繡》眉）會晉趙盾，本爲謀邾，卻將舊事先應在前，便不與承筐篇住句犯復。（《評林》眉）程頤："六月，同盟于新城，諸侯始會，議合而後盟，盟者志同，故書同，同懼楚也。"（王系尾）此篇文僅三句，而爲部中大關鍵處，筋節尤在一"且"字。楚自狼淵伐鄭以來，諸夏奪氣，宋公、鄭伯至爲左右盂而聽命于其司馬，辱莫甚矣！幸而楚穆死，楚莊幼，諸侯念舊，而復從晉，此夷夏興衰之一大機也。趙盾曾不安內攘外之是謀，而牽率諸侯，欲納邾人之庶孽，以亂天常，是豈足以服人哉？晉之不足與，又奚待扈之盟哉？

秋七月乙卯夜，齊商人弒舍，而讓元。元曰："爾求之久矣。我能事爾，爾不可使多蓄憾。將免我乎？爾爲之！"（孫鑛眉）勁妙有姿態。（韓范夾）其讓兄甚僞，故公子元直指其本情以破之，即此數言，勝於討罪全檄矣。（《左繡》眉）第一句掃其目前之假，次句消其後日之忌，三句又明指其平日之毒，四句再詰問之，六句索性安頓之，一句一轉。四"爾"字，兩"我"字，寫得各不相合。既和平，又輕薄也。此節本以兩"求之""爾爲之""我能事爾，爾不能免我"對說，中間襯入"不可使多蓄憾"句，便令整齊中有參差之妙。（王系尾）昭公潘弒孝公之子而代之，商人又弒昭公之子而代之。自桓公以後，禍亂極亟矣。霸術其不足恃哉！此是文章斤兩處。（闓生夾）才了懿事，便射惠公，所謂一波未平，一波又起，此等絕可愛。且倒攝惠公於前，而後通篇局勢緊湊也。

有星孛入于北斗，周內史叔服曰："不出七年，宋、齊、晉之君皆將死亂。"（《評林》眉）劉歆："斗，天之三辰，綱紀星也。宋、齊、晉，天子方伯，中剛記〖編者按：疑當作"中國綱紀"〗，故當之也。斗七星，故曰不出七年。"按："周內史叔服曰"，注："言但叔服能知之。"

晉趙盾以諸侯之師八百乘納捷菑於邾。邾人辭曰："齊出貜且長。"宣子曰："辭順而弗從，不祥。"乃還。（《測義》夾）王樵氏曰："無名興師，氣先不壯。又聞邾人之言直，故消沮而還，陽爲爲義，其實慮納之而終不能定，故不得不已爾。"（《分國》尾）晉以勢來，卒以義曲。春秋時，尚有此等舉動，末世奪於八百乘矣。（《左繡》眉）

自反而縮，氣盛辭戇，絕無周旋委曲，以五字當人百乘之師，左氏筆力亦極肖之，異事。明告之曰齊出，絕不藏頭露尾，他處以曲見妙，此獨以直見妙，筆妙無不妙也。（《評林》眉）錢牧齋：「宣子置君於邾則明，而子雍、夷皋之際竟先後異軌，何也？胡氏稱其算無遺策，過矣。」陳傅良：「傳於齊糾、小白、陽生、邾捷菑、莒去疾，皆見不書奔，疾不在奔故。」陳岳：「文六年趙盾將中軍，持國政，郤克宣十七年方代士會將中軍，則納捷菑乃宣子明矣。」（《左傳翼》尾）晉人盛師而來，欲納捷菑，以其爲晉出也。故以齊出答之，一「長」字便令百乘之師無處著手。一紙書賢於十萬師，詎不然乎？特不言嫡而言長，其謂之何？弗克納，在宣子有改過之美，然以不正而奪正，至合諸侯之師八百乘以臨之，以大夫而擅廢置，非義舉也。稱人以貶，蓋甚重乎其始也。（王系尾）立君是何等事，其順其逆，曾不早審，連諸侯，動大衆，造人之城下，而廢然自返，不幾兒戲乎哉？雖然，辭順而還，固愈乎不還者矣，是則趙盾而已矣。（《補義》眉）寫得聲勢幾欲踢倒邾城。周云：「只五字，八百乘無處著手。」

周公將與王孫蘇訟于晉，王叛王孫蘇，（鍾惺眉）此「叛」字下得奇。**而使尹氏與聃啓訟周公于晉。趙宣子平王室而復之。**（《測義》夾）傅遜氏曰：「王既知曲直所在，曷不能正，而乃求晉理之？其倒而授之也甚矣！」（《左繡》眉）以叛目王，所謂君不君也。「平」字結叛、使一層，「復」字結將訟一層，此亦用倒承法。（美中尾）黃若晦曰：「垂隴，士穀主諸侯之盟。新城，趙盾主諸侯之盟。」項平甫曰：「扈之同，同授諸侯於諸侯也。新城之同，同授諸侯於大夫也。」（《評林》眉）按：王士禎《池北偶談》云：「《左傳》奇文，以上叛下亦曰叛，如王叛王孫蘇是也。」使二人告晉，以周公之理直。（王系尾）斗然下一「叛」字，使人駭絕，然可以天子而訟于諸侯，又何不可謂王爲叛其臣哉？周室之衰，何可勝歎！

楚莊王立，子孔、潘崇將襲群舒，使公子燮與子儀守，而伐舒蓼。二子作亂，城郢，而使賊殺子孔，不克而還。八月，二子以楚子出，將如商密。廬戢梨及叔麋誘之，遂殺鬬克及公子燮。（《分國》尾）楚莊時年尚幼，商密爲儀、燮舊窟，以楚子出，謀不利也。廬大夫誘殺之，得先著矣。《史記》：莊王即位，三年不出號令，日坐鐘鼓之間，左把鄭姬，右抱越女。伍舉諫曰："有鳥於此，三年不蜚不鳴，是何鳥也？"王曰："三年不蜚，一蜚沖天。三年不鳴，一鳴驚人。"此正不蜚不鳴之時與？明年一戰而滅庸，遂興霸業。當時內有儀、燮之亂，外有群蠻之叛，而又因之以饑饉。幼沖之年，罹此多難，天將啓之，豈漫然哉？（《左傳翼》尾）文章敘次不過順逆兩法變化錯綜而已，他篇多從亂原說起，此則先正敘，後原敘，中詳定亂之略只一轉換，段落分明，筆底見有千岩萬壑，極離迷惝恍之致。投鼠忌器，挾君而出，討賊最難。而戢黎、叔麋妙在用誘，遂令劇賊授首。定變安邦，可以無謀乎？（《左繡》眉）只敘兩人作亂，而或分或合，極有章法。上截正敘，下截原敘，中間誅亂，總計之則三分三合，錯計之，則一分一合，一合一分，又一分一合。前則合與合接，後則分與分接，首尾則分起而合收。作亂則合提而合結。敘得又整齊又變化，不知左氏當日爲有意，爲無意？其殆匠心而出不期然而然乎？（《評林》眉）《補注》："楚殺大夫或不告，與中國異，後倣此。"

　　初，鬬克囚于秦，秦有殽之敗，而使歸求成，成而不得志。公子燮求令尹而不得，故二子作亂。（《補義》眉）敘作亂之由。（王系尾）此段追敘二子作亂之由，又補明秦之從楚，晉實驅之，爲前後點睛處，是借點法。此篇與十六年滅庸傳，歷敘楚莊之始，禍亂頻仍，而卒能定霸，賢可知矣。抑亦見生於憂患，而凡有國有家者，不可不自振也。（方宗誠眉）先敘二人作亂被殺之事，後補敘二人作亂之由，乃不平順。

　　穆伯之從己氏也，（《補義》眉）提筆一篇線索。汪云："此全爲堂阜歸喪篇伏脈，了結己氏一案，詳敘文、惠之兄弟，反形穆伯、襄仲之兄弟也。（闈生夾）此與上文本相屬，後人斷之以隸經，因復增起句也。魯人立文伯。穆伯生二子於莒，而求復，文伯以爲請。襄仲使無朝聽命，復而不出，二（或作三）年而盡室以復適莒。文伯疾而請曰："穀之子弱，請立難也。"許之。文伯卒，立惠叔。穆伯請重賂以求復，惠叔以爲請，許之。將來，九月卒于齊，告喪，請葬，弗許。（《左繡》眉）此節宜合飾棺堂阜爲一篇，作者于孟氏兄弟之際，三致意焉。穆、襄之兄弟，其參、商也如彼；而文伯則以立後讓其弟，惠叔則以毀請葬其親；獻子與二子又兄以愛聞，弟以禮死。其孝友也如此。穆伯非齊人魯親之謀，則終於不歸；襄仲非惠伯善終之勸，則終於不哭。安能復完兄弟之初乎？文本了結己氏一案，而詳敘文、獻父子，以見孟氏之所以世其家者，在此而不在彼也。至於莒出二子，始敘其生，終敘其死，亦隱隱見穆伯從己氏之非，如衛宣之壽伋，雖賢而不卒也，而垂戒深矣。篇中兩"親"字，三"愛"字，兩"兄弟"字，皆當着眼。只就本節而論，兩求復、兩爲請，一使無朝，一許一弗許，自成片段也。(《左傳翼》尾)只爲己氏一着失腳，遂欲復而不能，雖二子代爲之請，終不能勝襄仲之梗也。特是穆伯既已歸魯矣，即復而不出，獨不能少安毋躁，而必盡室以復適莒乎？豈歸魯之日，己氏與所生之二子尚留莒耶？不然，又豈天奪之魄而使之不得考終父母之國耶？不可解矣。(《評林》眉)毛穉黄："以敖之行，而有孫如蔑，則所云禍淫者，殆謂情耶？"《經世鈔》："立難也，穆伯有此賢子孫。"陸淳："奔大夫不書卒，非我臣也。故書之，且明君臣之義，死生一也。"《附見》："請歸葬於魯地，非以卿禮葬也。觀後傳文云許之，又云葬視共仲，則歸魯甚明。"(王系尾)敖奉命吊周，竊幣而從己氏，既復而盡室復適莒。人之無良，莫此爲甚，況其爲慶父之遺醜哉？然有穀、難以爲子，又有仲蔑以爲孫，世爲魯卿，榮寵赫然，此亦天道之不可知者。(闇生夾)此與申公巫臣敘鄫夫貪色皆極委婉纏綿之致，淡而意永。

宋高哀爲蕭封人，以爲卿，不義宋公而出，遂來奔。書曰"宋子哀來奔"，貴之也。(《評林》眉)《補注》："貴之也，與釋司馬、司城書官同，此獨書字，則又誣以不義其君。"《傳説彙纂》："左氏以子哀書字爲貴之，諸家皆主其説，獨家鉉翁謂臨難自免，亦正，故並存之。"(闇生夾)經師之旨，蓋以死節者爲最貴，其次自免於幾先，亦可貴也。然此等解釋皆曲説附會，非孔子之意。

齊人定懿公，使來告難，故書以九月。齊公子元不順懿公之爲政也，終不曰"公"，曰"夫己氏"。(《分國》尾)商人弑舍讓元，元不取，誠知一立爲舍之續也。卒之以刖人父、攘人妻，申池之禍，天假手于丙、閻二人。商人奪國終殺身，子元辭立卒得國。一奪一辭，當知所擇矣。(《左繡》眉)一曰不義宋公，一曰不順懿公，兩事連敘對看，亦用一順一倒法。一是先敘而後解經，一是先解經而後敘也。(《左傳翼》尾)驟施盡貸，而又多士，意欲何爲？猶欲以此誑元耶？"爾求之久矣"，一語抉破，一連三四轉，帶辭帶勸，半冷半嚴，絶妙筆舌，不順神情不待他時早已形之眉頰。(《評林》眉)《日知錄》注：猶言某甲，假名甲乙。《史記·萬石君傳》：長子建、次子甲、次子乙、次子慶，甲乙非名也，失其名而假以名之也。

襄仲使告于王，請以王寵求昭姬于齊。曰："殺其子，焉用其母？請受而罪之。"

冬，單伯如齊請子叔姬，齊人執之。又執子叔姬。(《左繡》眉)請姬語，太露圭角，分明刺其所忌，宜見執而不歸也。然寫在單伯分中，便令單伯有不善辭令之譏，與後"貴之也"不合。文妙於用前明後暗、詳一略二之法，安放襄仲口中，單伯只輕輕一點，最國手下子爭先處，細味乃得之耳。(《補義》眉)襄仲何知辭命，而單伯直以所言告齊，"殺其子"三字正中所忌，故見執。文於襄仲一邊用明寫，單伯一邊用暗寫，若直入單伯口中，反覺其言無因。(王系尾)此篇是齊人執單伯、齊人執子叔姬傳，敘事之妙，如射者之引弓，矢愈欲前，弦愈欲卻。卻之而至於無可卻而後發，夫乃無堅不破矣。子弒母歸，當時多有，而魯人遜辭以請，猶不敢遽請，而假王寵以請，而王果遣重使以為之請，歷歷寫來，讀者但嫌其過慎，不復疑有不得所請者。忽接"齊人執之""又執子叔姬"二句，然後歎商人之狂悖，不復在人情意計中，此文家作勢法也。能作勢，然後能出色。

◇文公十五年

【經】十有五年春，季孫行父如晉。(《評林》眉)張洽："魯不能閑暇明政刑，以義討齊，而反因晉以求於齊；行父為大夫，不能請討弒君之賊；晉為盟主，不能奉天討於商人，皆罪也。"三月，宋司馬華孫來盟。(《評林》眉)張洽："華孫之來，出於自請，故不稱使。結好合於事宜能其官也。"夏，曹伯來朝。齊人歸公孫敖之喪。(《評林》眉)蘇轍："敖以罪出，魯人以孟氏故，不絕其親，而許其歸，禮也。"六月辛丑朔，日有食之。鼓，用牲於社。(《評林》眉)按：二十五年傳云："凡天災，有幣無牲。"單伯至自齊。(《評林》眉)吳徵："魯臣自他國至者三：此單伯至自齊，意如、婼至自晉是也，皆為齊、晉所執，幸得解脫，故書其至。"晉郤缺帥師伐蔡。戊申，入蔡。(《評林》眉）張洽："君弱不可以忽，修德以來蔡，上也。缺乃以兵伐而入其國，徒示威武，暴及其都民，而蔡終不心服，謂之能佐霸主、服諸侯，可乎？言伐、言入，甚之也。"（秋）齊人侵我西鄙。季孫行父如晉。冬十有一月，諸侯盟于扈。十有二月，齊人來歸子叔姬。（《評林》眉）高閌："晉合諸侯盟于扈，受齊賂而不伐齊，故齊人自歸子叔姬，以解諸侯之意。"按：書曰子叔姬來歸，是直出之文也。**齊侯侵我西鄙，遂伐曹，入其郛。**

【傳】十五年春，季文子如晉，爲單伯與子叔姬故也。（《左繡》眉）因請叔姬，卻累及單伯，故先言爲單伯。又此處單伯、叔姬雙提，爲後單伯至自齊、齊人來歸子叔姬兩節立案。而結之曰"王故也"，則又與此處重提單伯相應，並繳上"王寵"來脈，文法一絲不亂也。

三月，宋華耦來盟，其官皆從之。書曰"宋司馬華孫"，貴之也。（《評林》眉）陳傳良："來盟，傳言華耦不書名。"王元美："周之禮經，其使介有常數矣，不聞其官皆從以爲禮也，以此爲貴，豈《春秋》之意哉？"〖編者按：凌稚隆作劉敞語。〗

公與之宴，辭曰："君之先臣督，得罪于宋殤公，名在諸侯之策。臣承其祀，其敢辱君？請承命於亞旅。"魯人以爲敏。（《測義》夾）愚按：華耦既自以承罪人之祀，不敢辱君，則曷不辭于出使之日，而及夫既使而宴也，乃無故而揚其先人之惡于鄰國。是舉也，不惟辱親，且辱君命，而魯人猶以爲敏者，何居？〖編者按：奧田元繼作張天如語。〗（《分國》尾）以爲敏者，魯之人云爾。此傳者之微詞，故書曰華孫，舉其孫，而其祖華督之罪遺醜萬年矣。（《左繡》眉）此節解經，於敘事對看。前貴其事，後敏其詞。前純用揚筆，後暗用抑筆。作文要前後相顧如此。若直譏其暴揚祖惡之失，則自相矛盾矣。亞旅不必定指上大夫，只謙言衆有司耳，亦與上"其官皆從"相映有情。（《左傳翼》尾）宋華耦來盟，曷爲不言君使？字之而復官之，以其憂君闇弱，賢臣外奔，權宜來盟，紓國之難，雖能舉其職，異於專行無君者，不可以矯命罪之也，此固其善之大者。至於率屬從典則貴其事，自卑辭宴則敏其詞，於善之中又有善焉。而或且謂盟會備官不足爲善，且不免有暴揚祖惡之失，以是爲華孫咎，非《春秋》與人爲善之至意也。（《補義》眉）"敏"與"貴之"相應，傳有似褒而實刺者，此類是。（《評林》眉）劉懷恕:"魯公之宴華耦,貴其來盟,非貴其祀也,耦乃以祖之罪爲辭,謬矣。故魯人以爲敏,反言之也。亞旅不必定指上大夫,只謙言衆有司耳。"(闔生夾)此尤無足取,何以貴之?尤曲説之不可通者。"魯人以爲敏",記者痛時人之無識也。

夏,曹伯來朝,禮也。諸侯五年再相朝,以修王命,古之制也。(《左繡》眉)王命、古制,語語鄭重,爲討於有禮伏案。(《評林》眉)《補注》:"古之制也,曹伯文十一年來朝,至十五年再來朝,偶合五年之數,遂以爲古制,由不見《周禮》耳。"

齊人或爲孟氏謀,曰:"魯,爾親也。飾棺置諸堂阜,魯必取之。"從之。卞人以告。惠叔猶毀以爲請。立於朝以待命。許之,取而殯之,齊人送之。書曰"齊人歸公孫敖之喪",爲孟氏,且國故也。(韓范夾)以情與禮動魯,故無不從。天下有情與禮而不動者,必非人焉可也。江子抱友盜爲情屈,啓民除草虜爲禮屈,況宗國乎?(《補義》眉)一"親"字領起下惠伯兄弟親愛一番正論。釋經已完。葬視共仲。聲己不視,帷堂而哭。襄仲欲勿哭,惠伯曰:"喪,親之終也。雖不能始,善終可也。史佚有言曰:'兄弟致美。'救乏、賀善、吊災、祭敬、喪哀,情雖不同,毋絶其愛,親之道也。子無失道,何怨於人?"襄仲説,帥兄弟以哭之。(《評林》眉)吕東萊:"襄仲之於穆伯,兄弟也,合以天也,不然,豈惠伯立談之頃,所能回耶?"《經世鈔》:"處骨肉親戚要道如是。"李笠翁:"惠伯始而能止襄仲之攻,今又能勸襄仲之哭,可謂能處人兄弟之間矣。"《匯參》:"'致美',此二字只當作與'救乏'對説,不必另作一頭。"他年,其二子來,孟獻子愛之,聞于國。或譖之曰:"將殺子。"獻子以告季文子。二子曰:"夫子以愛我聞,我以將殺子聞,不亦遠於禮乎?遠禮不如死。"一人門於句鼆,一人門於戾丘,皆死。(文熙眉)穆文熙曰:"公孫爲從弟娶于莒,見其美而自娶,又如周不至,以幣奔莒。此其類不屬爲人,然惠叔毁請喪,襄仲不怨,可謂有禮。至於聲己帷堂,則婦人常性。而二子以一言自殺,過矣。"孫應鰲曰:"二子之死,欲以明志。然亦何自輕若是?況獻子未信讒也,而又愛之。"(《測義》夾)愚按:二子之死,固以明志。然獻子賢者也,而又愛之,二子辭,獻子必辨焉,何遽自輕若是,不亦益遠於禮乎?春秋之世,士不聞道，而輕死以爲名高，如斯人者，何可數也！（王源尾）文欲得其主而亂其緒。得其主，正也。亂其緒，奇也。此傳見敖所以歸葬，惠叔耳。惠叔仁親，非主乎？主既得，而其緒乃借聲己、襄仲、惠伯及二子與孟獻子以亂之。蓋"親"字貫注通首，惠叔，仁親者也。聲己、襄仲，賊親者也。惠伯因襄仲之賊親，而勸以仁親者也。孟獻子亦仁親，而莒二子誣爲賊親，終不失爲仁親者也。經曰"歸公孫敖之喪"，而傳所序如此，知其以惠叔主邪？抑與諸人不分賓主而概序之邪？所謂奇也。聲己不視，雜序於中，二子之來，拖序於後，皆用筆妙處。蓋聲己二語，加于襄仲一段之上，似有輕重，其實皆賓也。二子來於他年，孟獻子自爲親愛，與此時事不相涉，而其實亦賓也。連山斷嶺，相接以脈而顧以勢，明眼人自得之耳。（魏禧尾）胡安國曰："公孫敖，慶父之後，行又醜矣。出奔他國，其卒與喪歸，皆書於策。許翰以爲文伯、惠叔二子之哀誠無已也，故魯人從其請，國史記其事，仲尼因而不革者，以敖著教也。《易》曰：'有子，考無咎。'周公命蔡仲曰：'爾尚蓋前人之愆。'"魏禧曰："以敖奪妻之怨，而惠伯猶勸其和，可以知兄弟之情。以敖不悛之惡，而魯猶歸其喪，可以知父子之道。"（《分國》尾）惠叔請復於生前，收骨於身後。"有子，考無咎"，亶其然乎！所惜爲聲己者，不能字二子，帷堂不視，但啾棄舊之怨。二子禦寇而死，以明不殺，又何烈哉！尤可異者，宣伯無行，四子皆賢也。（《左繡》眉）合前篇求復作一篇讀。前兩求復，一使無朝，一許之，作一段，敍其生還事。將來卒齊，及葬視共仲，作一段，敍其死歸事。"聲己不哭"至"帥兄弟以哭之"，了兄弟相惡及和之如初事，末段了二子事，正了己氏事也。余論見前。"取而殯之""葬視共仲"二句本連，中間夾入解經，乃以斷插敍法。"勿哭"，並禁兄弟使弗哭也。故著一"帥"字。穆、襄兄弟，唯惠伯實終始之。數語情真理至，直作春令詩疏，讀之淒然增手足之重也。不但爲此篇中權，並遙應"和之如初"一篇作結束，見作者文字血脈貫通處。從親字生出愛字，此文只就本節而論，又以三"親"字，兩"兄弟"字，兩"愛"字，首尾相映爲片段也。己氏不見結局，結二子，即所以結己氏也。（《左傳翼》尾）惠叔，孝子也。期年猶毀，豈不能歸葬其父而必待齊人爲之謀者？觀葬視共仲，則朝議可知。聲己不視，幃堂而哭，與襄仲欲勿哭，則門內可知。文伯不能調停于生前，惠叔豈能維持于死後？若非惠伯兩番正議，則能始善終兩無可望矣。穆伯雖淫人，而縠與難賢，在莒所生之二子又賢，其孫蔑亦賢，孝子慈孫萃于一門，而卒不能回襄仲之怨，以致客死於外，爲娶己氏費如許精神，而二子結局其慘如此，可見宣淫之夫必不爲天所佑，而淫之爲禍烈也。左氏之意深矣哉！穆伯求復，二子爲之一再請矣，而卒爲襄仲所阻，死請歸葬，終不之許，齊人之請，蓋深憐孝子而疾襄仲之殘忍耳，所謂義憤也。齊人爲孟氏，孟氏豈不自爲謀？齊人爲魯故，魯豈不當自爲計？書曰"齊人歸公孫敖之喪"，罪孟氏，兼罪魯也。一襄仲梗之於外，一聲己梗之於內，致行道爲之悲傷，他年之譖，餘波未息，安知非積怒蓄怨，必欲死其子而後已者？怨毒可畏，甚於虎狼蛇蠍，噫！（《補義》眉）汪云："敘二子之死，爲從己氏結局。"（《評林》眉）孔尚典："獻子既不信讒，即當取讒人誅責之，呼二子慰諭，何爲告季文子？二子聞言，自囚於獻子之門請罪可也，何爲輕生？兩失之矣。"（王系尾）此篇四段，卻是一頭三腳，有正敘，有連敘，隨筆敘事，隨筆收拾前案，是八九年中一結束處。惠叔毀請，終叔服之言。倉卒中又結一冷案，此其敘事之妙也。穆伯淫昏，聲己妒悍，襄仲引賊，兕德參會，是一樣色澤。惠叔至性，惠伯慈祥，二子死禮，是一樣色澤。獻子能愛而不終，另是一樣色澤。歷歷寫來，錯雜如繡，是文章鬥色處。（閭生夾）附記二子之志節，凜然生動。

六月辛丑朔，日有食之，鼓，用牲於社，非禮也。日有食之，天子不舉，伐鼓于社，諸侯用幣于社，伐鼓於朝，以昭事神、訓民、事君，示有等威。古之道也。（《左繡》眉）此條與莊二十五年傳參看，彼論非常，故只舉"唯正月之朔"，此論"非禮"，故備舉古之道，言各有當也。（《左傳翼》尾）此與莊二十五年日食同，諸儒謂彼論非常，故只舉"唯正月之朔"，此論"非禮"，故備舉古之道，言各有當。正當參看。愚按左氏所紀皆係周正，則所云六月即係正陽之月，非夏正之六月也。既當伐鼓，魯爲諸侯，不於朝而於社，不用幣而用牲，以諸侯而僭天子，故爲非禮，即是非常。以其初變常禮，故云然耳。觀兩篇皆云用幣於社，伐鼓于朝，可知兩六月不應異視，而非常、非禮之無異議明矣。按：左氏前篇"唯正月之朔"云云，見唯正陽之月始用幣於社，伐鼓於朝，他月則否，但不當鼓用牲於社耳。非謂彼六月不是正月，此六月又是建未之月也。高氏謂："莊公兩以日食鼓用牲於社，其非禮妄作，義已著矣。文公亦復如此，必以爲先朝故事，可踵而行之。玩此則前言非常者，譏莊公之蔑禮犯義也。此云非禮者，譏文公之因陋承誤也。"

齊人許單伯請而赦之，使來致命。書曰"單伯至自齊"，貴之也。（《測義》夾）愚按：單伯既書被執，迨其後已解脫，而不書其至，則疑至死而不得釋也，此記事之體宜然，恐無貴之之義。（《評林》眉）張洽："若如左氏之說，以單伯為周大夫，則是齊執王使。《春秋》既不書其自周來魯，又止書其至魯，而不復言其歸京師，是同之於魯之臣子，無復周、魯大夫之別，且無以明齊人之執王使，豈《春秋》辨上下、尊王室之義哉？"陳傅良："傳釋外大夫未有書至者，於是特書至。說見《後傳》。"今案：此史例也，傳於史文有未詳，輒妄釋之，蓋於魯史舊章亦考之未備。

新城之盟，蔡人不與。晉郤缺以上軍、下軍伐蔡，曰："君弱，不可以怠。"戊申，入蔡，以城下之盟而還。凡勝國，曰滅之；獲大城焉，曰入之。（《左繡》眉）解經多著虛字，便活。又，此節似以三"城"字爲映帶，襄十三年傳"弗地曰入"，便見此處另一筆意矣。（《評林》眉）楊士勛："伐、入兩舉者，伐而不即入，故兩舉之。莊二十八年伐、戰兩舉者，初伐其竟內，戰在國都，故亦兩舉之也。"（《左傳翼》尾）蔡侯附楚而有厥貉之次，盟於新城，從楚者多服，而蔡不來，晉人伐之，猶負固不服，以致師入其城。伐、入兩舉，所以罪蔡也。但范山之勸楚子圖北方也，以晉君之少，郤缺亦以君弱不可以怠而伐蔡，南北爭競，皆爲晉靈。然晉靈之失諸侯，不在幼弱，而在不君。郤缺不能勉君修德服楚以庇蔡，而恃其兵力伐蔡入都，荼毒其民，計亦末矣。但郤缺猶知以君弱不可以怠爲言，趙盾執晉大政，泄泄遝遝，豈其君臣有隙，自相傾軋，無瑕及此歟？韓厥以宣孟之忠與成季之勳並論，吾不識所謂忠者果何事也！（《補義》眉）君弱與范山言晉君少相合，盾不以缺爲師傅，使教正之，何也？（王系尾）趙盾其差強人意乎，是時楚莊幼弱，多內亂，屢饑饉，是以不遑救也。合前後十餘年中觀之，知晉人非能有爲者。此皆是傳中筋節處，不得忽過。

秋，齊人侵我西鄙，故季文子告于晉。

冬十一月，晉侯、宋公、衛侯、蔡侯、（陳侯）、鄭伯、許男、曹伯盟于扈，尋新城之盟，且謀伐齊也。齊人賂晉侯，故不克而還。於是有齊難，是以公不會。書曰"諸侯盟于扈"，無能爲故也。(《測義》夾）愚按：晉，盟主也，《春秋》不曰晉侯會諸侯盟，而曰諸侯盟，不成乎霸之辭也。汪克寬氏曰："此年盟扈，欲討齊而不果。十七年會扈，欲討宋而不能。皆以賂而棄討賊之義，故皆略諸侯而不序。左氏一則曰無能爲，一則曰無功，皆謂其廢天討而縱亂賊也。"**凡諸侯會，公不與，不書，諱君惡也。與而不書，後也。**（《左繡》眉）此篇只是前案後斷文字，而手法絕佳。本當以解經徑接 "不克而還"，卻將 "公不會" 插入，而于 "無能爲" 下，另以兩 "不書" 解之，用筆參差入化。文家莫活于反映，如此篇要見不序諸侯許多無能爲之苦，卻故意詳列諸國于首，此前路伏筆之妙。文家莫醒于旁敲，如此篇要明不序諸侯非關公不會之故，卻將諱與後兩意相形，此後路應筆之妙。若單責其受賂，正無多語耳。（《左傳翼》尾）晉爲諸侯盟主，特爲伐齊而合諸侯，受賂而還，其無能爲可知。盟主既還，諸侯何所措手？無能爲，責諸侯，實尚責晉也。有謂不責受賂者非，諱與後兩層是他篇例，公不在會，不可以此例責之，恕公正以罪諸侯也。（《補義》眉）敘此兩例，見非諱非後，特以無能爲耳，是旁擊法。（《評林》眉）陳傅良："'無能爲'，傳釋盟恒序諸侯，於是雖伯主在焉，亦不序，見晉失伯而楚興。"趙匡："左氏云：凡諸侯會，公不與則不書。按：諸侯會，公不與，而列會者非一，則知左氏之說非也。"程頤："此盟，爲齊亂也，魯以備齊，不在會，故不序。又稱諸侯者，衆辭，見衆國無能爲也。"（王系尾）是時楚方饑亂，君又幼弱，諸侯去楚而即晉，難得之會。而晉乃若此，豈非驅諸侯使歸楚哉？"無能爲"，三字耳，而有無窮歎息，至今如聞。

齊人來歸子叔姬，王故也。（《評林》眉）《傳說彙纂》："左氏誤以單伯爲周大夫，故單伯之至，則曰來致命，叔姬之歸，則曰王故也。今並刪之。"

齊侯侵我西鄙，謂諸侯不能也。（《才子》夾）先作十六字嫋嫋一長句，次作四字斬斬四短句，後則反引《詩》正說之，正引《詩》反說之。末又過一層翻跌 "不免"，誠乃短短小幅，無美不備。（《補義》眉）承前篇無能爲來，知齊之侵魯，其故在晉。**遂伐曹，入其郭，討其來朝也。季文子曰："齊侯其不免乎。己則無禮，而討於有禮者，曰：'女何故行禮！'禮以順天，天之道也，己則反天，而又以討人，難以免矣。**（孫鑛眉）左氏每有此重法，後是申前，味最長。《詩》曰：'胡不相畏，不畏於天？'君子之不虐幼賤，畏於天也。（闈生夾）"不虐幼賤"乃指弒舍而言，特藉端發之以取深曲。"以亂取國"，則固明言之矣。在《周頌》曰：'畏天之威，于時保之。'不畏于天，將何能保？以亂取國，奉禮以守，猶懼不終，多行無禮，弗能在矣！"（闈生夾）懿公昏悖，自取死禍，以"不畏於天，將何能保"爲主。（文熙眉）穆文熙曰："懿公刖邴歜之父，而使歜僕；奪閻職之妻，而使職驂乘。反天之事，固不止此。弒逆之禍，果不出文子之所逆哉！"（韓范夾）惟無禮之人，乃惡人行禮。漢高素嫚罵人，而見叔孫所習，亦輒然喜，終是有禮性，但爲秦俗移染耳。惟齊商人與隋廣乃真有無禮之性者也。（《快評》尾）在心爲意，出口爲言，落筆爲文，三件只是一事。今人何時心無妙思，口無妙語？但苦無左氏妙筆寫作妙文，遂皆散作冷風蕩煙耳。試看季文子此言，只是今人口頭趣語，被左氏寫入傳中，便成絕世奇文。吾黨當細想其如何落筆便能寫出，若能學得，隨地皆成結構。（王源尾）爲商人被弒立傳，無禮即以反天，其何能免？義衹此耳。後兩引《詩》，不過借畏天反覆以盡致，非有加也。然而曲暢其辭，更非邈也。宕折猶夷，文情特妙。結尾數語，簡勁挺拔，以變通篇之局而束。其勢如挽強命中，直透中堅，非復羽扇綸巾，風流自賞者矣。（《分國》尾）己罪免討，謂人無能而侵之。己則無禮，忌人有禮而伐之。橫逆甚矣，不亡何待？（《左繡》眉）此篇以"禮"字爲主。前從"禮"轉出"天"，後仍從"天"歸到"禮"，宋儒以禮爲理，以理爲天，大抵不出前人名言耳。接連四"禮"字，筆最紆曲有致，與《外傳》悖者以不悖爲悖，同一筆意。末又足兩"禮"字，章法完密。己則反天，則疊前句作雙調，意足而味濃。"難免"已結應不免，下又引《詩》斷結，亦左氏常法。但以畏釋不畏，以不畏釋畏，反正錯綜，手法尤不測。"禮"字凡六，"天"字凡七，故意復疊。意以復而透，詞以復而奇。然字字簡雋，豈無理只取鬧者所得而效顰也耶？（《左傳翼》尾）禮者，天理之節文，則禮即是天，《中庸》"不可以不知天"，道理與此印合。左氏斷人禍福，每以禮之有無爲憑准，其理甚精。無禮是就本事上斷，末數語歸到"以亂取國"上去，作加一倍法，勁直中具淡宕奧折之致，味之無極。（《補義》眉）抉進一層，收到"禮"字。（《評林》眉）《匯參》："何故行禮，說來使人絕倒。"（闈生夾）痛責懿公之意於此發之，使前後俱振。

◇文公十六年

【經】十有六年春，季孫行父會齊侯于陽穀，齊侯弗及盟。（《評林》眉）程頤：“魯、齊既先約盟，而公稱疾不往，乃使季孫行父會，故齊侯不及盟。”夏五月，公四不視朔。（《評林》眉）孫覺：“視朔之禮廢，自文公始，不曰始不視朔者，或行而或廢也。”齊履謙：“謁上曰告，臨下曰視，閏不告月，簡宗廟也。四不視朔，厭朝政也。”六月戊辰，公子遂及齊侯盟於郪丘。秋八月辛未，夫人姜氏薨。毀泉臺。楚人、秦人、巴人滅庸。（《評林》眉）戴溪：“秦、楚相遠，其所以得伐庸者，由巴、蜀以通道。”冬十有一月，宋人弑其君杵臼。

【傳】十六年春，王正月，及齊平。公有疾，使季文子會齊侯于陽穀。請盟，齊侯不肯，曰：“請俟君間。”（《左繡》眉）齊以公疾，愈作難。魯以公疾，愈著急。兩段連讀，當以“請俟君間”句為樞紐矣。（《評林》眉）陳傅良：“凡平，雖內不書。”

夏五月，公四不視朔，疾也。（《測義》夾）高閌氏曰：“前此未有書不視朔者，若其有疾，則亦常事爾，此特書者，見公之非有疾而然也。”

公使襄仲納賂于齊侯，故盟於郪丘。（《測義》夾）郭登氏曰：“齊爲魯弱，既執其親戚命使，又伐其邊隅與國，文公不敢與之抗衡，求與之和，又恐不利于己，故托疾而使大夫莅其事。齊矦不肯，文公愈懼，故使公子遂納賂要盟于郪丘。《春秋》於此數事牽聯而書，見文公之怠政，實則畏齊稱疾而不敢出也。”〖編者按：奧田元繼作李九我語。〗（王系尾）家則堂曰：“齊魯皆千乘之國，齊能伐，魯豈不能扞齊？而行父、襄仲乞盟不得，至納賂求盟，魯之君臣，有愧甚矣。”按：江、黃恃齊而皆亡，魯恃齊、晉而益弱。不能自強，而欲借強大之強以爲強，豈計之得者哉？

有蛇自泉宮出，入于國，如先君之數。秋八月辛未，聲姜薨，毀泉臺。（《分國》尾）此亦偶合之數，聲姜之薨，豈爲是與？泉臺之毀，細人之見也。夫胡氏以毀爲有輕先祖之心，左氏曰如先君之數，亦似有微意。(《左繡》眉) 蛇不言數，但曰如先君。先君亦不言數，自是魯人囫圇彷彿之詞耳。蛇也，泉宮也，出也入也，國也，如先君也，字字一順一逆，蓋無字無法者。蛇之未出，國無死人耶？臺之既毀，國人無死耶？寫世俗好怪，可笑。(《評林》眉) 鄭玉："魯因蛇妖毀泉臺以惑衆，固有罪矣，苟不因蛇妖而毀之，亦徒勞百姓之力，彰先祖之過而已，何益於政治哉！"齊履謙："'毀泉臺'，穀梁氏曰：'喪不貳事，貳事，緩喪也。'昭十一年大蒐于比蒲，左氏亦曰：'君有大喪，國不廢蒐，有三年之喪，而無一日之慼。'二傳正相發明。"

楚大饑，戎伐其西南，至於阜山，師于大林。又伐其東南，至於陽丘，以侵訾枝。庸人帥群蠻以叛楚。麇人率百濮聚於選，將伐楚。於是申、息之北門不啓。(《左繡》眉) 此篇以滅庸爲主。首段平列三項，戎是賓中賓，百濮是正賓，群蠻是主中賓，庸是正主。正不知從何處著手，而次段蒍賈先安頓了正賓，三段師叔又安頓了主中賓，四段楚子會師分隊以全力取正主而了結之，而主中賓亦無不結焉。唯賓中賓則直置之，以整齊起，以參差止，又一變格也。戎、麇後無應筆，秦、巴前無伏筆，皆以不照應爲照應，正章法相配處。謀徙阪高，蒍賈曰不可。謀復大師，師叔曰不可，兩段相對。末段乘馹、分隊云云，勢如破竹，筆法緊與首段相配，此章法照應之以神不以形者也。後人于字句臨摹，卻從何處著手耶？(《補義》眉) 唐云："一起有哀鴻遍野、群盜滿山之勢，極寫事勢洶湧難爲，以襯托楚之有謀。"

楚人謀徙于阪高。蒍賈曰："不可。我能往，寇亦能住。不如伐庸。夫麇與百濮，謂我饑不能師，故伐我也。若我出師，必懼而歸。百濮離居，將各走其邑，誰暇謀人？"(孫鑛眉) 是質語，以調錬，故不覺其質。(《評林》眉) 王荊石："蒍賈之謀，以弱爲强；師叔之謀，以强爲弱。兩策甚合兵法，所以滅庸而能復振。"按：阪高雖險地，不可必恃，二"能"字有味。(韓范夾) 古今遷都之利害，決於此數言。王始興踵其說，遂足以定晉都矣。玉局《周平王論》亦衍本而生梯者也。乃出師。旬有五日，百濮乃罷。(《補義》眉) 承伐雍，顧大饑。自廬以往，振廩同食。次於句澨。使廬戢梨侵庸，及庸方城。庸人逐之，囚子揚窗。三宿而逸，曰："庸師衆，群蠻聚焉，不如復大師，且起王卒，合而後進。"師叔曰："不可。姑又與之遇以驕之。彼驕我怒，而後可克，先君蚡冒所以服陘隰也。"（孫鑛眉）亦是以鍊文其質。（《評林》眉）楊升菴："楚欲知庸師虛實，故偽使楊窻爲所囚，而因得其情於逸歸之時。"（《補義》眉）兩"不可"相應。前示以有餘，此示以不足。又與之遇，七遇皆北，唯裨、鯈、魚人實逐之。

庸人曰："楚不足與戰矣。"遂不設備。楚子乘馹，會師於臨品，分爲二隊，子越自石溪，子貝自仞，以伐庸。秦人、巴人從楚師，群蠻從楚子盟。（《評林》眉）陳傅良："'群蠻從楚子盟'，傳見楚子書人。"《經世鈔》："庸之黨益離。"遂滅庸。（王源尾）杜注謂《傳》言楚有謀臣，所以興，深得作者之意。楚既大饑，又多外患，苟非蒍賈定策，師叔運奇，楚不國矣。然其勢不危，則二人之謀不見；庸勢不盛，則楚勢之危不彰，而連兵之國不多，則庸勢之盛不顯。故寫戎、蠻、麇、濮，寫庸人也。而極寫庸人，極寫蒍賈、師叔也。蓋欲序其盛，先寫其衰；欲序其衰，先寫其盛，乃不易之法。（魏禧尾）金履祥曰："楚莊初年，內有鬬克、公子燮之亂，外有庸麇之難，而卒以霸。禍患之有益於人國如此。"（《分國》尾）楚自武王荊尸，已經四傳。城濮一蹶，楚焰少挫。未有窘促於此日之庸者。蒍賈伐庸之計，決楚師一出，百濮駭走。夫賈豈真驅餓卒，圖僥倖？觀其自廬以往，振廩同食，其得士卒心，有由也。既而謀起大師，師叔不可。七遇佯北，以驕蠻心，庸人遂滅。兵固有以弱爲強者，蒍賈是也；有以強爲弱者，師叔是也。有臣如此，楚莊不霸，得乎？（《賞音》尾）邦本未搖，而烏合之衆四起，此在相度事機，奪其所恃而破散其黨，乃爲上策。若反爲之示弱，則寇勢益張，而將不可救矣。唐太宗之出臨渭橋，寇准之奉宋真宗渡河，即蒍賈之所計者也。晉宋之南渡，即徙阪高之謀也。茲役也，蒍賈已熟料于前，師叔又運巧於後，磐根錯節，迎刃而解。楚莊之創霸，此二人始基之矣。（《左繡》眉）讀起手數行，如遇一棘手題目，幾無可措手。及讀下文，應手而解，事奇而文亦妙矣。蒍賈、師叔料敵制勝，都於極困憊中寫得極精彩。楚子一段，尤所謂"始如處女，後如脫兔"者，不論文而論兵，左氏亦屬智囊第一耳。（儲欣尾）楚莊霸業，開於克庸。敵國外患，天之所以相賢主也。（美中尾）秦、楚之合始此。王顓菴曰："秦、晉之釁深，而晉人力疲於西陲。秦、楚之交合，而楚人逞志於南服。晉衰楚強，秦爲之也。"(《約編》尾)楚莊之霸，基於滅庸，傳言此舉皆得謀臣之力。(《左傳翼》尾)以危如朝露之楚，忽然安若泰山，則國有謀臣之效也。蒍賈定計伐庸，師叔又于伐庸中而出出奇制勝之法。蓋不示之以強則麇與百濮之師不罷，不示之以弱則無以怒我而怠寇，不能一舉而滅之。洞悉兵機，如指諸掌，所以勢愈急，謀愈紓，忽示有餘，忽示不足，弄敵於股掌而卒莫之知也。盤根錯節，所以別利器。不瞭此景象，二子之才不顯，國之成敗廢興豈不以人哉！前伏後應，文字之常，然亦有不必拘者。蓋頭緒既多，正以疏疏密密、斜斜整整見奇，而不必字比句櫛也。楚之滅庸恃謀而不恃衆，秦人、巴人本是帶敘，可以不伏。百濮既罷，則麇可知，群蠻既盟，則戎自退。故不結而亦猶之結耳。《左繡》謂："戎麇無應筆，秦巴無伏筆，皆以不照應爲照應，正章法相配處。"亦妙。戎人志在剽掠，飽其所欲即歸。麇濮群蠻負隅險阻，出没不測，以兵威之可也。唯庸接壤，可以拓土啓疆，因其來伐而伐之，師服示弱，又足補蒍賈所不及，唯能舍所不必謀，而謀其所當謀，此滅庸所以爲得計也。(《補義》眉)汪云："一結有'始如處女、後如脱兔'之勢，與首段應。"馬云："秦巴無伏筆，戎麇無應筆，又章法之變。"(高塘尾)俞桐川曰："前段虛者實之，後段實者虛之。起二行寫得楚國勢如累卵。蒍賈定計，人心始定。師叔決策，群臣奮勇。反危爲安，轉禍爲福，直反掌間耳。非絶世筆力，不能敘來如此生色。"《評林》曰："先極敘庸之強，忽結到庸之滅。先極形楚之危，又轉出楚之盛。兩邊夾寫，各具變化生動之妙。起段結段，俱有風馳雨驟之勢，筆力相同而情事迥異，此亦余所謂以相反爲照應也。楚子以下，正所謂'始如處女，後如脱兔'也。不論文而論兵，左氏亦屬智囊第一。"(王系尾)此篇敘楚之所以興也。賓主分明，詳略有體，而尤善用襯染法。本是楚人滅庸傳，卻先將庸人聲勢寫得火雜雜地，此遙襯法也。蒍賈之謀，以弱爲強，妙于禽王。師叔之謀，以少制衆，妙於用怯。卻先以楚人襯起蒍賈，子揚窗襯起師叔，此近襯法也。皆是反襯。楚莊不惑於庸衆之言，乘敵無備，傾國急攻，一舉而滅之，真有處女脱兔之能。則又以蒍賈、師叔襯起楚臣也，是正襯法。襯所以作其勢，染所以出其色，只隨事順敘，而讀者如陟層樓，如登疊嶂矣。(武億尾)此篇傳滅庸事，分四段讀。首段寫得楚國勢如累卵。謀徙阪高，蒍賈不可；欲復大師，師叔不可；兩段相對。

末段會師分對云云，勢如破竹，筆法緊與首段相配。此章法照應之以神不以形者也。(《學餘》尾) 危事能安，亡事能存，楚可謂有人矣。左氏記載，灼見彼己，真經世之文。(林紓尾) 紓曰：此章迎頭大書"楚大饑"三字，見得其下斷無更能出兵滅人之理。復繼之以戎患，西南、東南、陽邱、訾枝，幾於無處不被兵禍。而庸人、麇人、群蠻、百濮，其來也，如蝗之蔽天。申、息閉關，全國謀徙，寫得手忙腳亂，楚之危，岌岌矣。而蒍賈曰"不可"，此兩字鎮定如山嶽。其下分析兵謀，處置麇人、百濮，瞭如指掌，於是舉國人心，因之略定。而百濮果罷。不敘麇人，以百濮罷則麇人亦罷，麇固與百濮相約而來，因亦相將而去，此是文中省筆處。兩路之兵既撤，則專意於戎，而戰又不利。子揚窗爲廬戢黎部曲，復見禽於虜，幸而逃歸，盛張敵眾，軍心復爲之亂。師叔曰"不可"，此兩字又鎮定如山嶽。其下亦分析兵謀，詐敗以誘不整寡謀之小丑，乃果不出所料。通篇以兩"不可"字爲之關軸，與申生伐東山皋落氏時微同。然用字同，而用意實又不同。眾欲戰，狐突不可。狐突欲行，羊舌不可。借此爲不戰之收束，是縮其結穴處於中間。此篇之兩"不可"，作兩層看。蒍賈之不可，合戎、蠻、百濮、麇、庸而統言之，此結前半之戰局也。師叔之不可，則專爲庸人之倖勝，乘其驕懈而潛襲之，結後半之戰局也。蓋皋落氏之役，用兩"不可"，識不戰也。滅庸之役，用兩"不可"，識作戰也。孫執升曰："前之出師，不足而示以有餘，虞詡之增竈也。後之七北，有餘而示以不足，孫臏之減竈也。謀臣如此，天固不能爲之災。"實則蒍賈、師叔之用兵，亦以智襲愚，以文明對蠻野耳。百濮何知，庸又何知？二子一能料敵，一能行兵，均屬兵家之常法。不過經左氏一點染，分外出奇耳。此章仍重文字，不重兵法。(《菁華》尾) 入手極寫饑困之餘，強鄰壓境，事勢危險萬狀，以見楚之有謀。遷國圖存，終非上策，周之已事是也。蒍賈數言，洞中肯綮。師叔之言，即季梁怒我怠寇之說也。隨不能用，而楚能用，勝敗之機，實決於此。

宋公子鮑禮于國人，宋饑，竭其粟而貸之。年自七十以上，無不饋詒也，時加羞珍異。(閩生夾) 加述一句，倍覺酣恣。無日不數於六卿之門，國之才人，無不事也，親自桓以下，無不恤也。(《評林》眉) 彭士望："聞齊商人之風，又加一倍，此齊田之佣也。寫出深情厚貌，籠絡機權。"(方宗誠眉) 奸人收人心，往往如此。(閩生夾) 以上揭其陰私，而詞反若褒之者。公子鮑美而豔，襄夫人欲通之，而不可，夫人（或作乃）助之施。昭公無道，國人奉公子鮑以因夫人。（《左繡》眉）此傳宋人弒君事，以昭公無道爲主，而弒之者，襄夫人率大夫、國人以奉公子鮑也。頭緒甚多，從何處下手？看他先從公子鮑禮于國人、數於六卿、乃助之施敘入，便句句直射"不能其大夫，至於君祖母，以及國人"，爲無道作反照之筆。而正敘昭公無道，只須三次一點，並不實寫何等無道，竟將"國人奉公子鮑以因夫人"提掇駕馭，乃是于頭緒繁雜中用一綫單行之法。故夫人、大夫、國人，處處周到，而無一字襞積之跡，似此圓凈，何必夜來之針始詫爲天衣無縫耶！"因夫人"下，本是直走。"將使公田"，因大夫尚未點明，故插敘六卿一段，並爲意諸之死伏脈。而昭公之無道，即借作一提，使正旨不冷落，真無一浪筆。（《評林》眉）王元美："公子鮑好施，而昭公無道，此亢旱之有甘霖也，安得不奪之國！"《經世鈔》："襄夫人乃襄王之姊，考叔帶之生，至今幾七十年，乃襄王之弟也，則襄夫人之年老可知，欲下通嫡孫，奇哉！豈昭公之黨造此謗耶？"彭家屏："襄夫人年七十餘而通公子鮑，武后年及八十而設奉宸府，皆妖物異事。"（《補義》眉）經書宋人弒君，無有主名，傳首提公子鮑，結出文公即位，使賊臣無可逃。寫公子鮑事事有道，而昭公無道並不實指一事，以鮑之有道處，即公之無道處，見公之無道，乃鮑陰致之而諸臣顯擠之也。方知上段筆筆與"不能其大夫、君祖母、國人"反照，而公之弒全不費力矣。（方宗誠眉）昭公並未見有無道之實據，蓋公子鮑收買人心，布散流言，以君爲無道，所以爲弒君之計也。

於是華元爲右師，公孫友爲左師，華耦爲司馬，鱗䱒爲司徒，蕩意諸爲司城，公子朝爲司寇。（閩生夾）補敘六卿，與篇首爲章法。大書華元，所以罪之也。初，司城蕩卒，公孫壽辭司城，請使意諸爲之。既而告人曰："君無道，吾官近，懼及焉。棄官，則族無所庇。子，身之貳也，姑紓死焉。（韓范夾）亂世立朝之人，其委曲圖全如此，蓋亦幾幾乎蒼梧、東昏之轍矣。雖亡子，猶不亡族。"（《評林》眉）魏禧："此時豈無告老謝事之法，而必須殺其子耶？"陸粲："愛其官，而弗愛其子，世衰道微，士之懷寵而不知去就也，乃至此乎！"李笠翁："公孫壽辭司城而使其子爲之，以求緩死，疑於知難，然使文公惡意諸之死，而併遂其族，以及其父，則其難不尤速哉？

人臣固隨分以明節可也。"（方宗誠眉）鮑無日不數於六卿之門，六卿心畢從之矣。公孫壽懼死而辭位，正留身以事之也。既，夫人將使公田孟諸而殺之。公知之，盡以寶行。蕩意諸曰："盍適諸侯？"公曰："不能其大夫至於君祖母以及國人，諸侯誰納我？（闉生夾）文中屢言昭公無道，然實夫人及文公之傾陷之也，故記此數語，以表見其人，特深致惋惜之意。且既爲人君，而又爲人臣，不如死。"盡以其寶賜左右而使行。（方宗誠眉）觀此足見昭公迫于襄夫人及強臣之逼，非無道也。夫人使謂司城去公，對曰："臣之而逃其難，若後君何？"（《評林》眉）《經世鈔》："因田而殺，亦猶范宣子使欒盈城著而逐之也，司馬懿誅曹爽亦如是。"彭士望："'不如死'一語，愧殺古今降王。"《補注》："傳序六卿於上，而夫人但使司城去公，則餘五人皆鮑之黨也。"彭士望："'若後君何'一語，愧殺古今逃臣。"

　　冬十一月甲寅，宋昭公將田孟諸，未至，夫人王姬使帥甸攻而殺之。蕩意諸死之。（文熙眉）穆文熙曰："公孫壽知昭公無道，懼及己，乃以棄官爲難，甘令其子死之，何其鄙而忍也？"（《評林》眉）《補注》："死之，意諸來奔而復，無能爲輕重，雖死節，與荀息、仇牧比。"書曰"宋人弑其君杵臼"，君無道也。（美中尾）宋昭豈真大無道者？禮於國者何人？助之施者何人？人心既得，昭於是被無道之名以出，負無道之名以終矣。（《補義》眉）周云："弑君、立君操之夫人手，是何等夫人！然只淫心蕩耳。'奉公子鮑以因夫人'句，尤一篇關鍵。"意諸忠於昭，其父亦曰君無道，蓋告六卿也，鮑之心跡所不敢言，倘有異說，族殉之矣。（《評林》眉）金履祥："《春秋》弑君之罪，自宋昭至齊莒，書法皆變，蓋自其君無道，而亂臣賊子皆有所因也。"《補注》："爲司馬傳，惟殺蕩意諸，右師以下皆在位。"（武億尾）此傳宋人弑君事，以昭公無道爲主，卻從公子鮑禮于國人作反照之筆，一線單行，毫無襞積跡痕，何必夜來針始詫天衣無縫耶？（方宗誠眉）夫人使帥甸攻殺昭公，當日必以公爲無道赴諸鄰國，不稱弑君之主名。舊史因來赴無弑君主名，但書宋人，孔子亦不得而增也，左氏舍弑君之賊，而歸罪於君，非正論也。（闉生夾）此亦經師妄解失經旨者，左氏文中雖數言昭公無道，然乃深曲之文，不似此句淺率如此。左氏之法，凡其無道之實跡皆已具見，則不復加議論，文公、襄夫人是也。無實跡可指，則往往於議論斥之，昭公是也。

　　文公即位，使母弟須爲司城。華耦卒，而使蕩虺爲司馬。（魏禧尾）魏禧曰："得失可鑒。"（《左繡》眉）既以無道爲主，何故又不詳寫？只于公孫口中虛提一筆，又於自己口中虛寫一筆，而前則詳公子鮑，後則詳襄夫人，分明寫出襄、鮑通謀篡弑一重公案。蓋言在此而意在彼，左氏錯經合異，往往有此，讀者得之筆墨之表可也。曩評云："爾今看此篇專寫文公以好施得國，而寫昭公無道，只一意諸死節，而鮑則大夫、國人無不助之。其所以助鮑而殺昭者，則襄夫人也。通篇以公子鮑爲經，君夫人爲緯，而大夫、國人穿插其間，凡作兩截讀。'既'字以上敘平日，'既'字以下敘臨時。上截又分兩段，上段敘好施，見國人之感恩有由；下段敘六卿，見大夫之離心有素。而中以'國人奉鮑因夫人'一句爲轉棙。下截亦分兩段，上段敘夫人之謀，下段敘夫人之事，以兩'夫人使殺'爲間架，而中以'不能其大夫，以及國人'句爲眼目，直與前半篇'國人奉公'句相對起結。則文公好施得國正文，看其前半篇筆筆伏，後半篇筆筆應，經緯穿插，非粗心所能驟得也。第一筆寫公子鮑，第二筆便寫因夫人。'因夫人'下，凡三寫夫人，使田、使去、使帥，通篇似夫人爲主。然收局仍結歸文公，與起相應，乃以主包賓之法。讀者弗爲其所迷也。"前二說主經，後一說主傳，前論文主散，後論文主整，未審于作者之意果孰當也？唯好古知文之士，爲我正之。（《左傳翼》尾）鮑欲竊國，收買人心費盡機巧，中有提線人在，襄夫人是也。夫人欲通公子鮑，故欲立之而助之施。凡鮑所爲，皆夫人爲之也。人心既得，則去昭公如去腐鼠矣。一篇中以夫人作主，前半從公子鮑逆說出夫人來，後半一則曰"夫人將使"，再則曰"夫人使"，三則曰"夫人王姬使"，無處不見夫人作用。大夫、國人皆成傀儡，篇中雖標無道爲眼目，于昭公無恕詞，而必詳其本末，備書以告後人者，見昭公之弑，罪不獨在昭公也。敘次曲盡，千載下儼如目睹。是何等夫人，未立者立之，已立者殺之，一國人聽其驅遣，究之淫心作崇，不能自遏耳，說來怕人。公子鮑巧於篡者，許多好事夫人助之，安受其名。欲殺昭公，夫人尸之，已泯其跡。然則欲通之而不可者，將誰欺耶？佐殺太子痤，鮑弑昭公，其奸狡同一轍矣。先儒罪昭公，罪國人，罪襄夫人，而獨不罪公子鮑，其亦漏網吞舟也歟？（《菁華》尾）昭公失道，傳無實事。其失國之由，在即位之初，即欲去群公子，致人心不附，而公子鮑得驅之以爲資。至於自知禍至，束手就斃而無可如何，亦可哀矣。子輿氏所云爲政不難，不得罪於巨室，正謂此也。昭公雖死，而告蕩意諸之言，猶凜凜有生氣。

◇文公十七年

【經】十有七年春，晉人、衛人、陳人、鄭人伐宋。（《評林》眉）陸淳："左氏云：'卿不書，失其所也。'啖子曰：'案《春秋》不命之卿例書人，非貶也。'若命卿失所即貶稱人，不命者貶又如何書之？"夏四月癸亥，葬我小君聲姜。齊侯伐我西鄙。六月癸未，公及齊侯盟於穀。諸侯會于扈。（《評林》眉）汪克寬："二扈之會，皆取賂而還，見利而忘義也。"陳際泰："于扈而散言諸侯伐宋，而并人大夫。諸侯之貴加於大夫，而于扈之貶甚於伐宋，何也？其位也彌尊，則其責也彌重。"秋，公至自穀。（《評林》眉）高閌："公不與扈之盟，而及齊盟穀，苟免齊難，書'至自穀'，則不會扈可知矣。公已與齊侯盟，而遂復往者，政在遂故也。"冬，公子遂如齊。

【傳】十七年春，晉荀林父、衛孔達、陳公孫寧、鄭石楚伐宋。討曰："何故弒君？"猶立文公而還。（闈生夾）譏之也，用筆曲甚。卿不書，失其所也。（《測義》夾）姜寶氏曰："高氏以爲始無弒君之謀，終無弒君之逆，而或有其情。列國之卿不探其情，而無所委罪焉，《春秋》所以貶之者，是也。所謂探其情，未必情之實，然所謂委罪焉者，亦謂當廢鮑而不立而已矣。此説乃不易之斷案。"（《分國》尾）文公十五年，司城蕩意諸來奔，《春秋》書之，及其死也，反不書。胡傳以其知而不言、不諫也，故不得同于孔父、仇牧之死。夫王姬將使昭公田孟諸而殺之，公既知之矣，意諸亦勸其適諸侯矣。又田孟諸，自趨死所，意諸亦如之何？一死自盡，不獨殉君，亦可謝父。至鮑厚施示德，其立心與商人無異，通于祖母，卒弒昭公。原情定罪，昭公見殺，謂鮑殺之亦可。經雖書"宋人弒其君"，此曰"何故弒君"，猶立文公而還，雖諷晉之受賂，而文公弒君亦顯然矣。（《左繡》眉）討弒君而反立君，只一"猶"字，寫來使人絕倒。（《補義》眉）二語自相矛盾，妙絕！（《評林》眉）《經世鈔》："不能討其篡弒之罪，而姑平宋以立文公。"（王系尾）此篇精神全在一"猶"字，無窮嬉笑怒罵之意，千言萬語説不盡，只用一虛字傳出，奇絕。

夏四月癸亥，葬聲姜。有齊難，是以緩。

齊侯伐我北鄙，襄仲請盟。六月，盟於穀。

晉侯蒐于黃父，遂復合諸侯于扈，平宋也。公不與會，齊難故也。書曰"諸侯"，無功也。（高嵣眉）盟扈傳曰"無能爲"，此曰"無功"，皆謂其廢大討而縱亂賊也。兩扈之會，不序諸侯，所以削晉霸而著其黨逆之罪。（《評林》眉）《補注》："陳氏云：'傳釋會恒序諸侯，於是雖霸主在焉，亦不序。'"

於是，晉侯不見鄭伯，以爲貳于楚也。（《補義》眉）此爲會扈傳。以首段爲主，討賊無功，更爲定賊，諸侯所以貳也。下子家與書一大篇，須知無一語不有上段意在，故明目張膽，字字含怒，皆從上段生來，謂作如此事，猶向人前討貳乎？宣子低頭認罪，竟以兩婿入質，可知此一大篇，正爲盟扈暗斷，夫豈略主詳賓，遺其正意乎？（《評林》眉）王元美："晉不能討宋則鄭貳，蓋晉惡也，安得濫焉討之？宣子家之貽書不我服也。"鍾伯敬："子家之書，婉而有情，又有不可玩之威，所以晉人竟屈其說，辭之不可已也如是。"鄭子家使執訊而與之書，以告趙宣子，（孫鑛眉）妙處只在敘事換文法上，此等文字，古今亦罕二。曰："寡君即位三年，召蔡侯而與之事君。九月，蔡侯入於敝邑以行。敝邑以侯宣多之難，寡君是以不得與蔡侯偕。十一月，克滅侯宣多，而隨蔡侯以朝于執事。十二年六月，歸生佐寡君之嫡夷，以請陳侯于楚而朝諸君。十四年七月，寡君又朝，以蕆陳事。十五年五月，陳侯自敝邑往朝於君。往年正月，燭之武往，朝夷也。八月，寡君又往朝。（《文歸》眉）陳溪子曰："歷敘往事，法殊潔老。"（《彙鈔》眉）歷敘三年所朝之數，而並述其月，詳贍質核，真是賬簿皆成妙文矣。（《評林》眉）王季重："詳敘三年中所朝之數，而併述其月，其詞實覺典贍。"以陳、蔡之密邇于楚，而不敢貳焉，則敝邑之故也。（《才子》夾）妙妙，不惟說自朝，乃至說陳、蔡之朝，皆出於鄭。八字一句，十一字一句，勿讀破。（《彙鈔》眉）用陳、蔡點綴，有波瀾。（方宗誠眉）敘鄭之事晉，妙在將陳、蔡事晉亦歸於鄭之功，是爲加倍寫法。雖敝邑之事君，何以不免？在位之中,一朝於襄,而再見於君。夷與孤之二三臣相及於絳,雖我小國,則蔑以過之矣。(孫鑛眉)總上意,錯落流動。(《文歸》眉)戴文光曰:"此下説將敵晉意,層層轉入,最婉最激。"今大國曰:'爾未逞吾志。'敝邑有亡,無以加焉。(《才子》夾)八字妙妙,如有芒刃。(方宗誠眉)將鄭之事晉,重衍一番,極沈鬱頓挫之妙。古人有言曰:'畏首畏尾,身其餘幾。'又曰:'鹿死不擇音。'小國之事大國也,德,則其人也;不德,則其鹿也。鋌而走險,急何能擇?(《才子》夾)言以人視我,我還是人。若以鹿視我,我便是鹿。命之罔極,亦知亡矣。將悉敝賦以待於鯈,唯執事命之。(《左繡》眉)以平宋無功之晉,而欲責鄭之貳楚,自反不縮,本不足以服鄭,故執訊致書,亦句句明目張膽言之,絕不支離文飾。其敘向之原未嘗貳楚也,索性將別人好處攬歸自己,説個盡情。其敘今之不得不貳楚也,亦索性將別人好處,理應相就,説個盡情。文要含蓄,此偏傾吐。文要紆徐,此偏驀突。文要和平,此偏武怒。絕不顧那廂人置身無地。而於是以不見鄭伯始者,竟以行成爲質終矣。是一首極放肆、極暢快文字。(《左傳雋》眉)李九我曰:"此書道瑣尾周旋之情,徘徊迫脅之故,古雅透徹,爲後來大篇長牘之祖。"(文熙眉)穆文熙曰:"鄭人之言宛而有理,中有不盡之威,所以晉人屈服,辭之不可已也如是。"汪道昆曰:"'小國之事大國'以下,章法句法。(《彙鈔》眉)婉而有情,又有不可玩之威,所以晉人竟爲所屈。(《評林》眉)孫鑛:"語語正喻夾寫,是通體著精神處,妙于泛説,而筆調亦極有風致。"俞寧世:"以敘事爲議論,以議論爲辭命,歷歷落落,極淡極古。"鍾伯敬:"此言晉之責鄭既甚,則鄭亦必不自屈於晉。"《增補合注》:"我亦如鹿之疾走而趨于險,欲一鬬以死,不暇擇音而鳴之惡耳。"(方宗誠眉)前二段,見鄭無失禮,此段見鄭不畏強。(闓生夾)窺見晉瑕,乃敢爲此論。詞氣致爲憤鬱。文公二年六月壬申,朝于齊。(《左傳雋》眉)唐荊川曰:"極利害言之,'文公二年六月'數語,又復旁及解脫,直令晉無可吹求,真辭令妙品也。"四年二月壬戌,爲齊侵蔡,亦獲成于楚。居大國之間而從于強令,豈其罪也?大國若弗圖,無所逃命。"(《才子》夾)前幅縷述自己事晉惟謹,乃至陳、蔡之事晉,皆出鄭人之力,猶爲戰戰畏大國之言。至後幅,忽然開胸破喉,竟説不復能耐,又別述楚國寬大,以深譏晉之不知恤小，真目眥盡裂之文。（《才子》夾）貳楚，忽反寫楚之寬大以諷晉，更妙更奇。開胸放喉，竟自承認，又妙又妙！（《評林》眉）邱維屏："文字到樸直無文處，乃是至文，《左傳》中如是文絕少。"（方宗誠眉）此段用筆尤妙。晉責鄭貳于楚，即自認之而明其無可奈何，妙妙！若詭言無其事，反似畏晉矣。"（闈生夾）晉不能與楚爭衡，而欺淩小國，故載此書以痛折之。（《文歸》尾）辭令神品，其靈妙只在敘事文法變還，先歷敘，後兩分結之，字字勁鍊流轉，妙絕千古。冏得。激越婉沁，有子産風則。又一。

晉郤缺行成于鄭，趙穿、公壻池爲質焉。（德秀尾）按：鄭，小國也。子家辭直而晉遽畏之，以其壻爲質，若事大國焉。辭之不可已也，如是夫？（韓范夾）吾聞之也，人不可多求，多求則人將責焉。鄭之對晉，可謂亢矣。明言叛貳之形而不懼晉之怒，豈非多求之故哉？使人不可如牛馬，急則敗矣。信哉，是言也！（《快評》尾）以區區之鄭，介於晉、楚之間，服楚則晉討之，服晉則楚人伐之，逶迤于晉、楚之間以苟延國祚，鄭人之情亦苦矣。斯時晉靈無道，晉霸中衰。十五年冬，會諸侯于扈，尋新城之盟，且以齊數侵魯，將謀伐齊。乃受齊賂，不克而還。至此復會諸侯，以平宋亂。而齊之侵依然如故，魯不與會，實誰致之？鄭既來會，明不叛晉，乃意中以爲貳于楚，不見鄭伯。致使鄭人出此一書，反行成出質于鄭，晉實有以自取也。小弱之於强大，不是一味柔順便可以圖存。大國之誅求無已，使無有以折之，亡可立待也。鄭之逶迤于晉、楚之間，乃不得不然之勢，子家乘此時出此一書，開胸吐膽，明明說破，不但此時得晉之成而出其質，他日往來于晉、楚之間，皆有餘地。後來惟子産最得此言。辭命之事，有宜傳之於口而不可筆之於書者，有宜筆之書而不可傳之於口者。宜傳之口者而筆之書，則絕不能達意。宜筆之書者而傳之於口，則亦不能達意。讀此文，可悟其意矣。陡然而起，讀之若聲色俱厲。前半篇敘鄭之事晉，妙在帶定陳、蔡，一句中皆有兩層。（《析義》尾）鄭既與晉同盟新城，又不敢背楚厥貉之好，雖反覆可罪，但念前此失三大夫，而待救不至，則晉不可恃可知。會而不見，何以服其心乎？子家是書，初言朝晉之勤，即以厥貉從楚之陳、蔡，因鄭事晉以爲己功，不但自明其非實心與楚，且以示晉若棄鄭，則陳、蔡狐兔之悲，亦當永與晉絕，其命意最深遠也。因兩引古人成語，以斥晉命之不堪；上徵先世事齊，以明從楚之無罪。語語鋒刃，純是一團怒氣揮灑而出。至説及索賦待儵,無所逃命,乃以犢觸虎,不顧死生話頭,亦量晉之無能爲耳。其中分敍、總敍,旁喻遠引,無不入妙,非後人所能措筆。(《晨書》總評)徐袞侯曰:"詘人以理不以勢,服國以德不以兵。晉靈無道,政由趙氏,楚氛日惡,厥貉之會,陳、蔡、鄭、宋皆俯首相從。楚莊發憤與中夏爭盟,晉失文、襄之業,能保鄭之不從楚乎?子家一書,先敍鄭功,詳明委曲,厥後憤怒之語,幾於髮盡沖冠,若雖以卵投石,有所不恤者。志迫情苦,晉何辭焉?夫鄭之反覆,在從晉不敢背楚,從楚不敢背晉,而其所以不亡者,正以服晉楚爭,服楚晉爭也。出有敵國外患,內有法家拂士,吾轉爲鄭幸矣。"(《觀止》尾)前幅寫事晉惟謹,逐年逐月算之,猶爲兢兢畏大國之言。後幅寫到晉之不知恤小,鄭亦不能復耐,竟説出貳楚亦勢之不得不然,晉必欲見罪,我亦顧忌不得許多。一團憤懣之氣,令人難犯,所以晉人竟爲之屈。(《賞音》尾)晉無德意以懷小,而仗其勢力,誅求無厭,子家是書,言言透快,理足奪人,不意子產之前,先有此一番吐氣。要之晉靈不君,宣子無如之何,故子家敢如此抗言耳。(《左繡》眉)傾吐者其情,懲突者其氣,武怒者其色,然其措詞命意,一何安以詳也?第一段敝邑有亡,第二段悉索敝賦,都是襯托停頓處。第三段從于強令,豈其罪也?方將貳楚直認,不復遮飾。一路由寬而緊,又極有步驟之文。看來通篇以小國之事大國一段爲主,"今大國曰"以前,歷敍陳、蔡及敝邑事,所謂德則其人也。文公以後,又歷敍朝齊、成楚事,所謂不德則其鹿也。篇法是常山蛇勢,擊中而首尾皆至者也。直起、直收,年、月、日零星敍述,于左氏又別出一格矣。兩引古語,令話頭委婉有襯托,否則理直而詞未免太迂矣。鄭之工於爲命,蓋不自東里始也。語語正喻夾寫,是通體有精神處。妙於泛説,而筆調亦極有風致。從朝齊説到成楚,金聖歎謂別述楚國寬大,以深譏晉之不知恤小,固是。然作者只是言從于強令,鄭素來如此,以見今之貳楚走險,實不得而罪之也。是機鋒緊對語,而筆法又與起處相應,直率中藏得細針密線在也。(昆崖尾)鍾伯敬曰:"道瑣尾周旋之情,述徘徊迫脅之狀,古雅透徹,可爲後來長牘之祖。"起段疏散,恐其氣懈也。忽重重關鎖以整密之筆收之,則精神振矣。中段激昂,恐其勢竭也,又遠遠引證,以淡婉之筆變之,則意致活矣。(《評林》眉)陳傅良:"爲質焉,傳言晉之不競。"(《約編》尾)馳詞執禮,以當大國,實開子產之先。(《日知》尾)陳、蔡不貳一層,敝邑事君一層,

文公十七年

十分有理，妙在却未説破鄭不貳于楚，即以古言宕開，欲相抗衡，儼然貳心行徑，然後以從其强令點破，見鄭無失禮，晉爲刻求，使晉怃然愧過舉在己並隱然畏勝勢在鄭者，其妙只在先後位置間耳。然非真貳于楚者，不爲此言。左氏開手云云，已注出子家敢言之故矣。而結尾二語，一以見黔驢技窮，與起相稱；一以見鄭人有辭，難復恃强也。（高嵣尾）俞桐川曰："以敘事爲議論，以議論爲辭命，歷歷落落，極淡極古，溫如春風，清如秋水。説鄭事晉，扯陳、蔡來陪。説鄭貳楚，並説到朝齊，極有膽量。"前半道瑣尾周旋之情，後半寫徘徊迫脅之狀，馳詞執言，以當大國，實開子産之先。（《自怡軒》尾）晉無德意以懷小，而仗其勢力，誅求無厭，子家是書，言言透快，理足奪人。〈許穆堂〉（王系尾）此篇是諸侯會于扈傳，則子家書是附敘。然晉人失諸侯之故，全於書辭傳出。文心如錦，人但賞其色色相映，而不知色色相讓處，寔具匠心。（《學餘》尾）其辭直而有禮，晉無以罪之。勿謂弱小遂不能自强也。（林紓尾）紓曰：大書晉侯不見鄭伯，以爲"貳于楚"，此三字是晉人定鄭之罪案。然新城之盟，晉受齊賂而班師。討宋之役，仍立弑君之公子鮑。晉之不見直于鄭，鄭已輕之。然貳楚無明文，經傳所不見，"以爲"者，晉臆度之詞也。乃子家之書，將楚字隱隱約約敘出，似貳非貳。迎頭説召蔡侯而與之事君，夫蔡附于楚已久，鄭何能召？則鄭之通楚，陽爲和事之佬可知。然蔡侯入鄭，隨鄭朝晉，又明明是一種實事，無可諱者。十二年，歸生與太子夷朝楚，此明明貳楚，偏説是請陳侯。至十五年，陳侯始朝晉，事隔三年，此三年中，不知作何鬼蜮之計畫。然將年月縮短而言，似經鄭一請，而陳侯即來。乃不知其爲三年之久也。往年，去年也。燭之武輔太子朝晉。八月，鄭伯又自來。將陳、蔡之事一束，中間著一"楚"字，似陳、蔡畏鄭，而公然背楚。實鄭隱通楚，故用陳、蔡以欺晉。把一種陰謀融化無跡，忼爽言曰"則敝邑之故"，直似一篇鳴冤陳情之文。使晉人聞之，惝恍迷離，不能指實揭其罪狀。文之關鎖，嚴密極矣。以下將所有朝晉之時期，作一總結。自謂蔑過，則歸罪於晉，方爲有辭。"今大國曰"四字，是代晉吐不道之語，揣意以爲言。晉逞志，則鄭知亡。似晉之罪狀，已在歸生掌握之中。遂引古語，用以自剖其不得已。所謂悉率敝賦，以待於儵，豈真有其事？亦隱隱于背後恃有楚在。所謂鋌而走險，急何能擇？率性明明告他真事楚矣。觀其下有"獲成于楚""從于强令"八字，則鄭之可晉可楚，一望而知。是時晉已偷懦無力,不能表率諸侯,故子家得灑灑洋洋,說他一頓。理本不直,卻能自成爲直。詞本非壯,卻能自成爲壯。鄭之善於辭令,豈待東里哉?(《菁華》尾)宋昭被弒,晉爲盟主,不能興師問罪。合諸侯爲扈之盟,一定逆鮑之位,霸風掃地盡矣,宜諸侯之不服也。鄭子家之書,正論直言,而無一毫委婉之旨,全無事大之體,亦其不平則鳴,有以激之也。晉人得書,口噤不敢出聲,屈意求成,而遽以二堅入質。蓋自反不直,衹有俯首受辱而已。(孫琮總評)茅鹿門曰:"其妙在敘事文法變換,先歷敘,後兩分結之,字字勁鍊流逸。"小之事大,正一味卑順不得。如鄭之于晉,既數自往朝,又率陳、蔡以偕朝,則於事大之禮,已可云克盡,而猶不免於苛責,使不援大義以相折,則小國將何以自立?今觀子家之書,嚴毅勁直,侃侃陳説,絕無異詞,而晉質已入。非僅氣有以懾之,而理足以服之也。理直則氣壯,於此可見。

秋,周甘歜敗戎於邧垂,乘其飲酒也。(韓范夾)項羽蕭上之軍,殺漢兵五十萬,亦乘其飲酒高會而敗之,故軍中不可一日弛備。(《左繡》眉)於遂戍貪盃後,又見此鹵酒之爲禍烈也。(《評林》眉)陳傅良:"'飲酒也',爲成元年王師敗起。"

冬十月,鄭大子夷、石楚爲質于晉。(《分國》尾)此傳辭令,爲國僑徵朝之對、獻捷之對之祖。游吉宋盟之對、弔晉之對,亦祖此也。實鄭國辭令之開山。(《左傳翼》尾)大蒐黃父,復合諸侯于扈,掀天揭地而來,以平宋亂,而卒以無功而返,與前列國之大夫失其所同譏,不競甚矣。不知內慚而以貳楚洩怒于鄭,致子家明目張膽大抒憤懣,無辭抵對,反爲之請成置質,是尚得爲伯主乎?此篇平宋無功是主,責鄭不服乃其餘波,勿因此一篇妙文,遂將大頭腦忽過,只看篇首敘次自見。然因責鄭不服,愈見平宋無功之可恥。以餘意烘染正意,左氏文多如此,讀者詳之。小國之於大國,有當柔順者,有不當柔順者。事未盡禮,其曲在己,此當柔順者也。不加德音,而誅求無時,此不當柔順者也。況鄭密邇于楚,豈能朝夕在晉?因責其貳楚,通前徹後,痛切言之,自敘前情以明無罪,又言命之困極,將思變計。一以冀其寬假,一以勸其畏懼,妙在説自己好處,處處將陳、蔡扯入。説晉人不好處,又將齊桓反襯。其理極直,其氣極壯,其詞極婉,其情極亢,令晉人有不得不折之勢。總之,鄭實近楚,鋌而走險,晉人所畏。索性說個明白,將他胸中鬼胎打破,後來徵朝獻捷、壞垣争承諸篇,子產一味强項,都是此意。

此篇固其開山始祖也。(《補義》眉)晉鄭交質，霸威日替矣。

襄仲如齊，拜穀之盟。復曰："臣聞齊人將食魯之麥。以臣觀之，將不能。齊君之語偷。臧文仲有言曰：'民主偷必死。'"(《左繡》眉)此爲商人見弒起本也。前數語，先爲"戒期""不及"作引，絕妙伏筆法。(《評林》眉)李卓吾："不言伐魯，而言食魯之麥，甚文而婉。"

◇文公十八年

【經】十有八年春王二月丁丑，公薨於臺下。(《測義》夾)汪克寬氏曰："或謂因隕而薨，不能順受其正，雖莫得其詳，然經書薨于臺下，失正終之道矣。"(《評林》眉)黃正憲："前書毀泉臺，此書薨于臺下，即此地耶？信如左氏之說，則蛇之妖乃不係於聲姜，而係於文公者矣。"秦伯罃卒。夏五月戊戌，齊人弒其君商人。(《評林》眉)高閌："書齊人弒，以誅亂賊之黨，且見齊無臣子，而商人得遂爲君也。"六月癸酉，葬我君文公。秋，公子遂、叔孫得臣如齊。冬十月，子卒。(《評林》眉)陳傅良："惡位未定，則其稱子某，成之爲在喪之君也。凡君在喪，恒稱子，未葬稱子某。成之爲在喪之君，以弒罪罪宣公也。"夫人姜氏歸於齊。季孫行父如齊。(《測義》夾)愚按：書二卿如齊于子卒之前，夫人歸齊于子卒之後，終之以行父如齊，而殺適立庶，謀成計定，本末皆備矣。莒弒其君庶其。

【傳】十八年春，齊侯戒師期，而有疾，醫曰："不及秋，將死。"公聞之，卜曰："尚無及期。"惠伯令龜，卜楚丘占之曰："齊侯不及期，非疾也。君亦不聞。令龜有咎。"(闓生夾)此皆隨手拈來，玩弄作戲耳。二月丁丑，公薨。(《測義》夾)郭登氏曰："文公安於宴息，荒怠政事，逆祀崇而君臣之分瀆，世室壞而宗廟之敬衰，公孫敖違命而不能刑，齊商人侵辱而不能抗，又使寵妾匹嫡，强臣擅政，尸未及寒，而冢嗣戕賊，是不足以保其妻子也，魯道於是乎衰矣！"(《分國》尾)一兆而齊侯申池之殺，魯公臺下之薨，惠伯馬矢之埋，刻期不爽，今日安得有如是焞龜者？(《左繡》眉)此節合上段讀，前是以理斷，此是以效斷。有疾者偏不以疾死，利人死者偏先必死者而死，與前以語偷決死，同一奇文也。前重兩"偷"字，後重三"期"字，亦相配處。(《左傳翼》尾)語偷必死，更決之於疾，此動乎四體也。一卜而兩君一臣死兆俱見，此見乎筮龜也。事奇而理確，明者自信得及。齊侯之死，襄仲以語斷之，醫以疾斷之，楚邱以卜斷之，皆不及期，而究之死不死於疾，而死於弒，仍以語偷爲主。公以死卜齊侯，而公亦死，且較不及期者而先死，而主卜者亦死，斷一人而三人之殃咎畢見。談理論數，確有可據。奇峭簡净，筆法尤老。(《補義》眉)"不及秋，將死"，齊侯死於弒，古無此方書，醫何以知之？(《評林》眉)汪克寬："或謂因隕而斃，不能順受其正，故以非命而終。今雖莫考其詳，然經書薨于臺下，則其失正終之道，亦可貶矣。"

齊懿公之爲公子也，與邴歜之父爭田，弗勝。及即位，乃掘而刖之，而使歜僕。納閻職之妻，而使職驂乘。(《補義》眉)宋昭之弒，屢言無道，其無道可疑。齊懿之弒，不言無道，其無道是實。傳立意總在筆墨之外。

夏五月，公游于申池。二人浴于池，歜以撲抶職。職怒。歜曰："人奪女妻而不怒，一抶女，庸何傷！"職曰："與刖其父而弗能病者何如？"(《左繡》眉)此所謂嬉笑怒駡皆文章也，歜語妙在"人"字，職語妙在"其"字。一是不知奪妻者爲何如人，一並不知見刖者爲誰之父矣，謔甚。兩人相謔相謀，本無輕重，而以撲抶職，發難於歜。故起處平敘兩"使"字，而用筆自有詳略。於法最審細也。(韓范夾)二人各有叛志，故相挑以致謀。子長之論棠大夫曰："怨毒之於人，甚矣哉！"洵不誣也。**乃謀弒懿公，納諸竹中。**(閻生夾)極言懿公之無與，所謂失道者寡助也。**歸，舍爵而行。齊人立公子元。**(《分國》尾)怨毒之於人，甚矣。睚眦且不免，況刖人父、奪人妻？晉伐齊，士弱焚申池之竹。申池竹林必茂，懿公之尸納於此中。噫嘻，猶爲死得其所也。(《左傳翼》尾)弒舍而立，三月乃定，其危也如累卵矣。猶不知戒懼，而多行不義以速之，弒逆之患起於肘腋，其亦天奪之鑒乎？因遊而調笑以起弒謀，殺一國君如去孤雛，左右不知，國人不問，可不爲之寒心歟？二人久懷必報之志，而發難於歜，以父仇爲尤重也。(《補義》眉)徐退谷曰："讀至'竹中'，知左右無一人。讀至'舍爵'，知國中無一人。齊侯孤立之況如繪。(《評林》眉)穆文熙："懿公多行不道，又密邇仇讎，安得不敗？所以既弒而齊人終無憐之者也。"《補注》："謀弒懿公，稱人從赴，例在十年，杜、陳說皆非。"（王系尾）懿公之行非禮於歜、職也如戲，其近歜、職也又如戲，二人之弒懿公也，亦如戲。左氏以遊戲之筆，寫成一篇優秀文字，而金鑑炯然，是爲奇絕，是爲妙絕。（闈生夾）馬驌云："《史記》孝公卒，昭公因開方殺孝公子而自立。殺人之子者，人亦殺其子。昭公殺孝公子，《春秋》略其事。"

六月，葬文公。

秋，襄仲、莊叔如齊，惠公立故，且拜葬也。（《左繡》眉）兩人兩事，其分任可知。文只併敘，總要簡耳。（《評林》眉）湯睡菴："二卿之行，非相爲介，蓋以兩事行也，襄仲專爲謀立宣公，托以一卿賀立君，一卿拜葬而已。以大事陰謀，欲面見齊侯而決，蓋身在使外而托以使行也。"〖編者按：凌稚隆作王樵語。〗

文公二妃敬嬴生宣公。敬嬴嬖，而私事襄仲。宣公長，而屬諸襄仲，襄仲欲立之，叔仲不可。仲見於齊侯而請之。齊侯新立而欲親魯，許之。（《補義》眉）一"嬖"字禍根。（闈生夾）敬嬴私事襄仲，齊侯親魯，皆誅及隱微之筆。

冬十月，仲殺惡及視而立宣公。書曰："子卒。"諱之也。仲以君命召惠伯。其宰公冉務人止之，曰："入必死。"叔仲曰："死君命可也。"公冉務人曰："若君命，可死，非君命，何聽？"弗聽，乃入，殺而埋之馬矢之中。公冉務人奉其帑以奔蔡，既而復叔仲氏。（《測義》夾）邵寶氏曰："伍尚召于楚平，惠伯召于宣公，皆君命也，皆死。尚往以父質也，惠伯何居？宣公與聞乎殺惡之謀，其召惠伯，蓋欲成其謀爾。而惠伯以君命故，竟蹈其難。好仁不好學，其蔽也愚，惠伯之謂矣！是故伍尚死以成孝，惠伯之死，愚哉！"

夫人姜氏歸於齊，大歸也。將行，哭而過市曰："天乎，仲爲不道，殺嫡立庶。"市人皆哭，魯人謂之哀姜。（《分國》尾）仲如齊，齊許之，羽翼已成，不可動矣。此時惡、視二子，爲几上肉，刲刃殺之，一孤雛耳。公冉止其主，固智，固愛主。惠伯入而死，能殉君，亦忠。過市一哭，聲有餘哀。殺適立庶，罪布通國，勝於討檄百道矣。嗚呼！文十八年而惡、視見殺，宣十八年而東門氏逐，一間耳。況惠伯殺而後卒立，歸父奔而家遂亡，誰謂天道無知哉？（《左繡》眉）此三節合爲一篇，以襄仲殺適立庶爲主，中節正敘其事，首節是緣起，分敘敬嬴、宣公，一嬖一長，事遞而文對，都歸併襄仲身上。末節是斷案，卻不另起爐竈，即于哀姜哭聲中點出，首尾伏應一片。其夾敘惠伯事，乃附見法，妙於起處亦先插一筆，便不嫌贅，章法安頓之細如此。以哀名姜，一行中有多少捶胸頓足、血湧淚枯神理在。讀之疑有愁雲繞其筆端、悲風起於紙上也。唐錫周曰："質言之，只一'哭'字可了。著眼在一'市'字，便生出無數花色，無數神情。曰過市，則涕泗滂沱非一時。曰皆哭，則涕零如雨非一人。更妙在哀姜口中，只十字便住，宛然哽咽光景，蓋十字少一字不得，亦更無第十一字可說也。"（《左傳翼》尾）張悔葊曰："齊惠公惡商人之爲政，終不曰公，曰夫己氏。乃聽襄仲之請殺適立庶以成魯國之亂，則是與乎弑也，元豈介然疾惡者哉？使真能惡商人，必不助襄仲矣。"殺適立庶，成于襄仲，而實文公有以啓之。祇一"敬嬴嬖"，便生出無限禍胎來。厥後私事襄仲，屬諸襄仲，皆此爲之階也。此與宋元公殺太子痤同看，然棄結向戌猶在暗中，此則公行無忌矣。故棄殺太子尚費許多機巧，此則有一襄仲在，芟除惡、視不費絲毫氣力也。叔仲惠伯迂迂闊闊，動以道理繩人，襄仲于穆伯事久已厭苦之矣，廢立何如事而但以口舌爭耶？晉之穆嬴哭，魯之哀姜亦哭，然穆嬴哭而舉朝奪氣，宣子亦爲回心；哀姜哭而市人掩淚，襄仲絕不動念。以靈公尚在，哭之有功；太子既死，哭之無救也。況穆嬴是有才婦人，語語刀斧俱下，宣子尚畏清議；哀姜是失勢婦人，語語依靠無人，襄仲並忘廉恥，所以同一哭而末路不同耳。嗚呼！齊桓以多嬖之故而兆五子之爭，霸業遂衰；魯文以一嬖之故而釀三家之盛，先烈不復。王化始於閨門，豈不然哉！（《補義》眉）通篇不見行父，而行父已在箇中，故如齊不必另傳，又於宣十八年逐歸父傳行父語中，點出殺適立庶，以補此傳未及。唐云："只十字便住，宛然哽咽光景。"（《評林》眉）《經世鈔》："凡有奸人秉政，欲行廢奪之事，吾既以爲不可，則必思有以處之，徒以口舌爭而優游不斷，機事不密，則坐以待君弑身死而已矣。觀襄仲之事，益知季友誅叔牙爲黨義，故聖人深有取也。"穆文熙："襄仲弑嫡立庶，又詐殺惠伯，弑逆憑其胸臆，而人無敢如之何，權勢所積，蓋非一日矣。"《增補合注》："惡雖已死，未告外人，故襄仲詐以子惡之命，召惠伯使入。"《補注》："傳見惡不書弑，杜、陳說皆非。既葬，未踰年，不稱君，當以《公羊》爲正。劉氏曰：'杜云先君既葬，不稱君者，魯人諱弑，以未成君書之。'非也。假令不諱，遂書公薨乎？一年不二君之義，何所施此？乃明稱君者之不以葬爲限，果矣。"（王系尾）此爲魯國祿去公室之始，是部中大關鍵處，以"天"字爲主。遂謀不道，惠伯不可，朝廷未嘗無正人也，而徒埋馬矢之中。遂爲不道，市人皆哭，國人未嘗無良心也，而空墮風前之淚。尤可異者，惠欲親魯，反殺其甥以徇賊遂，固謂遂能以魯事齊，而不知遂實以齊脅魯，豈非天哉？雖然，遂之肆惡，惠失之也。遂之患失，既得之也。孰是得之，天人之際，居可知矣。（《學餘》尾）哀音足以泣鬼神而動千古。嗚呼！襄仲之罪，上通於天矣。

　　莒紀公生大子僕，又生季佗，愛季佗而黜僕，且多行無禮于國。（孫鑛眉）平鋪之文，太板而實，乏跌宕流走之趣，不爲佳。僕因國人以弒紀公，以其寶玉來奔，納諸宣公。（《評林》眉）《補注》："陳氏曰：'傳言僕弒紀公而書國。'"（《測義》夾）愚按：左氏稱僕因國人以弒其君，是僕既通乎國人矣，復何所憚而不自立，而顧來奔魯乎？則《春秋》書法亦當如"楚世子商臣弒其君頵"，而又何以書國弒乎？吳臨川氏疑'僕因國人'之下'以'字當作'之'字，謂僕因國人之弒君，懼并及禍而來奔也。則季文子必欲出諸竟，大史克業已稱爲弒君父，又何耶？以經正傳，傳必有誤。〖編者按：奧田元繼作吳澂語。〗公命與之邑，曰："今日必授。"季文子使司寇出諸竟，曰："今日必達。"公問其故。季文子使大史克對曰："先大夫臧文仲教行父事君之禮，行父奉以周旋，弗敢失隊。曰：'見有禮於其君者，事之如孝子之養父母也。見無禮於其君者，誅之如鷹鸇之逐鳥雀也。'（《測義》夾）孫應鰲氏曰："養父母、逐鳥雀，但形容真愛真惡。"（韓范夾）功名節烈，皆在此數言之中，莫但作事上之常言觀也。（《補義》眉）爲設兩喻，十分興會。方承得"今日必達"語氣來，卻已暗伏下文一舉一去。周云："直言不諱，若不知宣有殺惡及視等事者，鷹鸇之逐，不惟裭襄仲之魄，並以寒宣公之膽。"（闓生夾）襄仲之無道不足論矣，季文子當國而不能討，故附記此事，所以深諷刺之。"先大夫臧文仲教行父事君之禮"云云，皆刺筆也。若曰："此固嘗受教于臧文仲者也。"用意微婉雋妙之至。《國語》載此書，無季文子使對云云，其文亦不及此篇之美。疑此對本不干季文子，左氏牽涉及之，以寓其誅伐之意也。先君周公制《周禮》曰：'則以觀德，德以處事，事以度功，功以食民。'作《誓命》曰：'毀則爲賊，掩賊爲藏，竊賄爲盜，盜器爲姦。主藏之名，賴姦之用，爲大兇德，有常無赦，在九刑不忘。'行父還觀莒僕，莫可則也。孝敬忠信爲吉德，盜賊藏姦爲兇德。夫莒僕，則其孝敬，則弒君父矣；則其忠信，則竊寶玉矣。其人，則盜賊也；其器，則姦兆也，保而利之，則主藏也。以訓則昏，民無則焉。不度於善，而皆在於兇德，是以去之。（閩生夾）公負大疚在躬，述此等告之，自使芒刺在背。（文熙眉）朱氏曰："宣公以篡得國，而行父不討，顧乃逐一莒僕而不少假借，是托莒僕以劫制宣公也。"孫應鰲曰："此篇凡二段，先一段引《周禮》《誓命》，以明莒僕之不可不去。後段引元凱、四兇，以明莒僕之不可不誅。豐麗嚴整，今止存先段。"〖編者按：奧田元繼作陳臥子語〗（《左傳雋》眉）王鳳洲曰："關應歸案，文極錯綜變化。"（《彙鈔》眉）如此斷讞，自不容于魯，魯亦在所必去矣。（《補義》眉）以上答去莒僕之意，後半推言去莒僕之功。（方宗誠眉）以上言出莒僕之故，以下引舜之去四兇爲比，其引舜舉八元、八愷，則陪筆也。（閩生夾）言在此而意在彼，最爲文之神境，所謂語南而意北者也。以下文氣尤極汪洋滂沛，極瑰瑋浩汗之觀，固左氏書中極盛文字。昔高陽氏有才子八人，（《補義》眉）"昔高陽"另提，是展局法。蒼舒、隤敳、檮戭、大臨、尨降、庭堅、仲容、叔達，齊聖廣淵，明允篤誠，天下之民謂之八愷。高辛氏有才子八人，伯奮、仲堪、叔獻、季仲、伯虎、仲熊、叔豹、季貍，忠肅共懿，宣慈惠和，天下之民謂之八元。此十六族也，世濟其美，不隕其名，以至於堯，堯不能舉。舜臣堯，舉八愷，使主后土，以揆百事，莫不時序，地平天成。舉八元，使布五教于四方，父義、母慈、兄友、弟共、子孝，内平外成。（韓范夾）歷敘行實，似諸人列傳，史家敘傳之體本於此。（《評林》眉）李笠翁："世儒每謂古今人相遠，然元愷、四兇亦同時而生，在虞舜能辨取舍而已。"昔帝鴻氏有不才子，掩義隱賊，好行兇德，丑類惡物，頑嚚不友，是與比周，天下之民謂之渾敦。少皞氏有不才子，毀信廢忠，崇飾惡言，靖譖庸回，服讒蒐慝，以誣盛德，天下之民謂之窮奇。顓頊（氏）有不才子，不可教訓，不知話言，告之則頑，舍之則嚚，傲很明德，以亂天常，天下之民謂之檮杌。此三族也，世濟其兇，增其惡名，以至於堯，堯不能去。縉雲氏有不才子，貪于飲食，冒於貨賄，侵欲崇侈，不可盈厭，聚斂積實，不知紀極，不分孤寡，不恤窮匱，天下之民以比三兇，謂之饕餮。（《測義》夾）孔穎達氏曰："宣公不能去莒僕，而行父能去之，恐宣公以不去之爲恥，行父以去之爲專，史克方以宣公比堯，行父比舜，故言堯朝有四兇，堯亦不能去，須賢臣而除之，所以雪宣公不去之恥，解行父專擅之失也。"〖編者按：奧田元繼作李笠翁語。〗（《評林》眉）《附見》："既有渾敦、窮奇、檮杌三兇，併之縉云氏不才子饕餮爲四兇，故曰以比三兇。"舜臣堯，賓於四門，流四兇族渾敦、窮奇、檮杌、饕餮，投諸四裔，以禦螭魅。是以堯崩而天下如一，同心戴舜，以爲天子，以其舉十六相，去四兇也。（閻生夾）跌落復起，文勢如大海之上風起潮湧，蔚爲奇觀。故《虞書》數舜之功，曰：'愼徽五典，五典克從。'無違教也。曰：'納於百揆，百揆時序。'無廢事也。曰：'賓於四門，四門穆穆。'無兇人也。（《測義》夾）傅遜氏曰："高辛子八人，堯兄弟也，堯豈不知而待舜？且八愷主后土以揆百事，地平天成。伯禹之任八元，使布五教。契之任元愷八人，既同心，且同職，何別無任乎？若爲長佐同主一事，則不宜曰十六相也。且與《書》文亦異，此非文子見聞之繆，則左氏之誇，恐不足爲據也。"〖編者按：奧田元繼作沈雲將語。〗（《補義》眉）堯不能，舜能之，聲口倨傲之甚。俞云："堯不能舉不能去，非貶堯也，乃以貶宣。舜舉舜流，非美舜也，乃以自美。"先寫三兇堯不能去，後寫舜去四兇，法略變，亦化板法。周云："必借史克言之，乃能盡致，非第見攷證典故有據、書法不隱有人也。"（《評林》眉）孫應鰲："行父與宣公先後如齊，求昏與會，其甘心甚矣，決非假托莒僕以劫制宣公。"（方宗誠眉）去兇是主，收歸正位。舜有大功二十而爲天子，今行父雖未獲一吉人，去一兇矣，於舜之功，二十之一也，庶幾免於戾乎！"（《淵鑒》眉）辭義典重，"高陽氏"以下一段，太史公全採入舜本紀。環谷汪克寬曰："莒太子僕弒其君，以其寶玉來奔，納諸宣公，則季孫行父使司寇出諸竟。邾庶其以土地來奔，襄公朝晉未返，而季孫宿以君姬氏妻之，且有賜焉。於此見行父之忠於公室而遠於利，宿之貪利而忘君也。"伯厚王應麟曰："古者以德爲才，十六才子是也。如狄之鄷舒、晉之知伯、齊之盆成括，以才稱者，古所謂不才子也。"西山真德秀曰："史克激稱以辨宣公之惑，釋行父之志，故其言美惡有過辭，蓋事宜也。"臣熙曰："平平對去，有開有結，比偶文字，左氏已先爲之矣。"臣正治曰："文子三思後行，而於莒僕則出之甚決，可謂能疾惡者矣。其引古典，詳而有體。"臣廷敬曰："《國語》亦載莒僕事，而以爲里革更書以授文子，似未足據。"臣乾學曰："行父詞氣微涉激烈，要其自比鷹鸇之逐，大義凜凜，如申屠嘉召辱鄧通，亦復令人想見大臣風采。"臣杜訥曰："文子此舉，深明人臣之大義，節取而表著之，亦足維綱常於不墜。"（德秀尾）按：四凶在堯時，罪惡未著，前輩論之詳矣。今云堯不能去，非也。又，是年冬十月，子卒，夫人姜氏歸於齊，季孫行父如齊。傳曰："文公二妃，敬嬴生宣公。敬嬴嬖，而私事襄仲。宣公長，而屬諸襄仲，襄仲欲立之，叔仲不可。"冬十月，仲殺惡及視，而立宣公。書曰"子卒"，諱之也。宣公元年，季文子如齊納賂以請會。行父歷數莒僕之罪，當矣。而不知襄仲之惡近在目前，而不能正，反與之先後如齊以求昏與會焉，是陷身于盜賊之黨而不自知也。且其言曰："見無禮於君者，猶鷹鸇之逐鳥雀也。"如襄仲者，其有禮乎？其無禮乎？梟獍在前而不知逐，顧區區以去鳥雀爲能，而曰此舜功二十之一也，豈不可哂也哉！愚既錄其文，不得不論其實。惡與視，夫人姜氏之子，正嫡也。襄仲，公子遂也。（《左傳雋》眉）湯霍林曰："總上，歸案分明。"杜云："史克激稱以辨宣公之惑，釋行父之志，故其言美惡有過辭。"（《左傳雋》尾）李九我曰："按魯宣公以篡弑得國，而行父不討，顧乃逐一莒僕，歷數其罪而不少假借，是托莒僕以劫持宣公也。彼宣公果人也，固宜羞愧汗下，無措躬之所矣。三家擅權，蓋始於此。傳曰：'東門襄仲殺嫡立庶，魯君於是乎失政。'嗚呼，其所由來漸矣。"（《正集》尾）文品貞栗，于左氏爲堂堂之陣，正正之旗。葛靖調。（《快評》尾）"命與之邑""使出諸境"，"今日必授""今日必達"，天外奇峰，對插而起。因而通篇皆作對偶，此與周、鄭交質同法，而彼文精嚴，此文開闊，遂爲秦以下文字作藍本，在《左傳》中別爲一體。段段賓主間錯成文，人謂其步武嚴整，豈知恣意排蕩哉？"是以去之"一段，說所以必去莒僕之故，正文已竟，下皆恣意縱筆，故作排蕩搖曳，只爲中間"堯不能舉""堯不能去"八字耳。敘元、愷、四兇，洋洋數百言，須知皆是閒筆，中間眼目只在"堯不能舉""堯不能去"八字。善於立言，巧爲宣公回護耳。夫莒僕固當去，其奈宣公何？故歷敘元、愷一十六族，其賢如此，神堯不能舉也；四凶族，其惡如此，神堯不能去也。直待舜臣堯而後舉之，而後去之，知人則哲，惟帝其難，信不誣矣。莒僕來奔，宣公不去，亦猶堯之不能去四凶，夫亦何傷于盛哉？故知"堯不能舉"四字還算是賓，"堯不能去"四字然後是主，賓主處處分明，然後知古人經營之苦。元、愷、四凶，板板敘來，忽將三凶一結，留饕餮在後，更作一行另敘，文陣一軍忽變，令全軍旗幟皆改觀矣。試問學人，何故饕餮當另作一行寫？不可謂文無定格，揮灑由我也。蓋饕餮云云，與莒僕之竊寶玉相類，三凶是主中之賓，惟饕餮是主中之主，不可令主賓莫辨也。末將虞舜之功，與自己錙銖相較，於二十分中，自叨其一，滑稽之極，不謂此一篇板重文字，有此飄渺中結。（《分國》尾）行父去莒僕，詞義斷斷矣。但魯有東門襄仲，通敬嬴，殺太子，其罪案奚啻莒僕？捨在魯之莒僕弗去，區區於一來奔之莒僕而出之，曰去一凶矣，何其謬也！自比于舜，又何厚顏！（《左繡》眉）此是左氏議論文字中，第一首條暢平實之作。分兩半讀，前半正答去莒僕之意，後半推言去莒僕之功。而上截又分三層，一層先大夫，一層先君、周公，一層說到行父，還觀莒僕。下截亦分三層：一層舉十六族，一層去四凶，一層說到行父二十之一，都由賓入主。雖詳略不同，間架未始不相配也。看其前用排，後用對，以雙調起，以單調收，其氣疏，其力厚，其格整，其詞贍。誠乃梐腹之官廚，分其餘瀝即足傲彼五侯鯖也已。通篇對說居多，只是善用賓主。有禮、無禮，吉德、凶德、濟美、濟凶，直說到大功二十，二十之一，字字比較，真如天官寶樹，花花相對、葉葉相當者矣。此段筆調最生動，排而不板也。極言莒僕之當去，只數語可了。爲要誇張行父，便遠引舜去四凶，而又以舉十六族作陪，極平淡事，說得極希奇，極濃至。推此法也，賦海欲得萬言，固易易耳。得訣在使史克，若行父自對，安得有許多文字？後人于難措辭處，往往托之他人之口，其源盡本諸此也。"是以去之"已結過"公問其故"，若如此便住，亦得。但文氣似局而未暢，故下文重又引古證今，極其鋪排，行文原有敷衍之法，然未免開廓落一派，昌黎浮誇之語，大抵專指此種而言。不能爲古人諱矣。詠歎淫佚，興會淋漓，長文最貴收繳完密。似此一氣盤旋，如大海廻風生紫瀾也。起結寫得生動，中幅板處都活，此文字相救之法。一"數"字領起許多數目，算博士得左氏之一體矣。唐錫周曰："大落墨法，東西京文往往祖此。"鍾伯敬曰："此行父托莒僕以劫持宣公也。三家擅權，蓋始於此。"俞寧世曰："鍾惺論甚精，顧其不自對而使太史克者，一以見考證故實之有據，一以見書法不隱之有人也。"（昆崖尾）徐揚貢曰："章法浩衍，在左氏爲變調。"（美中尾）何義門曰："借莒僕以脅宣公，文子之私也。辭則嚴矣，君方授之邑，臣乃出諸境，於是政始在大夫。"（《嘳鳳》尾）魯宣奪嫡，而賂齊與會，視莒僕弒父而賂魯取容，同爲兇德之類，故授邑無嫌。行父與宣先後適齊以固其位，亦豈真能以禮事君者？而此之急去莒僕，特爲義正詞嚴。至其行文整齊之中，自有變化，尤見才大而心細。（《左傳翼》尾）宣公之受莒僕寶玉，與桓公受郜鼎一般，大臣以義正君，在所必諫。然臧哀伯之諫，祗言寵賂不可滋章，違亂賂器，輕輕帶過，惟恐誦言以張君惡，故其詞婉。若行父今日必達，既使君令有所不行，而弒君父、竊寶玉直言不諱，且以保利主藏爲宣公罪，若不知宣公有殺惡及視等事者。"鷹鸇之逐"云云，不唯襯襄仲之魄，並以寒宣公之膽矣。後面舉吉去兇一段議論，雖云人才吉兇關係國家不小，宰相之職在進賢退不肖，舜之相堯大功不過如此，道理雖是，而鋪張揚厲過於誇大。説到同心戴舜以爲天子，比擬不倫，目無君父。鍾伯敬謂"行父借莒僕以劫制宣公，三家擅權蓋始於此"，甚得情事。顧不自對，而使太史克者，其詞鋒淩厲，實難面陳，必借他人陳述，乃能盡致，非第見考證故實之有據與書法不隱之有人也。吳幼清謂："莒僕若果弒君，則經宜書'太子僕弒其君庶其'，而不當稱國以弒。且既同國人弒君矣，則當自立，何以奔魯？欲將'以'字改作'之'字。"卓氏因謂："以、已古字通用，因乃因緣之因，非因附之因，見公已爲國所弒，恐禍及己，而遂去之。"然使僕果因父被弒，逃死避難，行父何以使司寇出諸竟，而以弒君父、竊寶玉爲言，而自比於鷹鸇之逐？分明自弒其君，心不自安，逃奔他國以脫禍，不得以經不書僕弒，爲之宛轉開釋。至稱國以弒，在庶其多行無禮，爲國人所不容，原有自取之罪。大臣坐視不討，皆坐當誅不救之條，即於此附見。張氏洽之説甚爲明晰，當從。（《日知》尾）通篇祗三層文字，一言當逐，次言當逐之實，三引古案，見逐爲有功，環拱本旨，如驪龍之抱珠。（高嵣尾）俞桐川曰："此借莒僕以劫制宣公，然細觀其劫制之處，'今日必授''今日必達'，便有箝制君命使不得行之意。'有禮''無禮'四句，説到鷹鸇逐鳥，已露出逐東門手段。二'才子'，四'不才子'，爲莒太子對照。'堯不能舉''堯不能去'，貶堯乃以貶宣。舜舉元凱、舜流四凶，美舜乃以自美。'堯崩'一段，又以行父與舜對較，顯然脫出宣公薨後，有尚制魯國之意。其使太史對者，一以見考證故實之有據，一以見書法不隱之有人。要之，行父原非有心討賊，特以'亂賊'二字壓伏宣公，使不得逞，然後可以得魯政耳。故左氏敘此文于宣公篡弒之後，以明三家分魯之漸。世徒賞其宏博暢達，淺矣。"（王系尾）此篇以宏雅之筆，抉出老奸肺腸，繪出老奸面目，傳出老奸聲口，千秋絕筆也。莒僕誠不可不逐之人，大夫謀國，誠有不可不逐之責。第問賊遂弒立，爲有禮於君者乎？爲無禮於君者乎？既不能討，反爲之納賂以成其事，鷹鸇之用，固如是乎？猶敢謂奉以周旋，無敢失墜乎？夫國有禍亂，奸臣之資也。賊遂首爲大惡，行父拱手從之。當其盛，則附之以分其寵。幸其衰，則奪之以專其利。宣十八年，歸父之逐，此時已有成算矣。此是何等肺腸，而區區去一莒僕，便已稱述前賢，比功古聖，惑天下而欺後世，此是何等面目哉？史家不幸而遇此等人，雖罄南山之竹，不足書惡人之醜。左氏但據事直書，正如老吏錄供，不增損一字，而鐵案如山矣。故云千秋絕筆也。（方宗誠尾）此篇自"昔高陽氏"以下，醉氣矜肆跋扈，以舜自比，全無臣子之禮。（《菁華》尾）宣公之立，出自襄仲一人之意，三家原不與謀，而其心必大不服，故借莒僕一事，極口痛罵。想宣公聞之，亦口囁心悸，不能措一辭。其不慮宣之疑己者，蓋此時行父已握國之大權，宣又庸懦無能，仲亦非老奸巨猾，均非季之所畏。然後來宣公與子家謀去三桓，其機未必不伏於此。（閩生夾）此段尤離奇敏妙，不可方物。二十一者，明謂其尚有大奸未能盡去也。此等文字，千古以來竟成絕詣，尚不敢望有解人，安望有能學步者乎？（《彙鈔》尾）秦伯以殽之役，背棄盟好，用孟明而修舊怨，秦、晉日多事矣。其勝負之故，止爭用人之得失。每議軍機，必詳國勢、審敵情，謀定而後戰。智勇相搏，以成一日之功，非苟焉已也。自晉靈失政，楚復爭雄，鄭介晉、楚兩大間，修詞陳幣，得免侵陵。子家一書，實開子產諸人治鄭之法。春秋以文辭爲功，不信然耶？至季文子黜逐莒僕，守正去邪，大義昭於斧鉞。故並錄之以垂訓戒。

宋武氏之族道昭公子，將奉司城須以作亂。十二月，宋公殺母弟須及昭公子，使戴、莊、桓之族攻武氏于司馬子伯之館。遂出武、穆之族，使公孫師爲司城，公子朝卒，使樂呂爲司寇，以靖國人。(《左繡》眉)左氏敘法，大抵不出一順一逆。如此文凡寫三遍，先從武氏說到司城須，次從須說到武氏，又從武族說到司城，因陪一司寇，而以"靖國人"結焉。平敘文字，無一率筆如此。"以作亂""以靖國人"，首尾照應，亦自明整。(《評林》眉)陳傅良："討亂，雖殺母弟不書。"《補注》："樂呂，戴公五世孫，今云曾孫，誤也。出《世本》。"(王系尾)文弒立而須作亂，須流其鮮終哉？而文卒享之，則其能足以靖之也。先殺須昭，擒其王也。次攻武氏，探其冗也。併逐穆氏，盡其黨也。以公族攻公族，而擢用其良，足以靖矣，抑亦天心之厭亂與？贊曰："文公委任東門遂，賢之與？惑於佞而自耽逸樂也。卒有弒立之禍，祿去公室，魯不可爲，天與？人與？"(閩生夾)華元、樂呂皆黨文公者，故並譏之。

宣公（元年至十八年）

◇宣公元年

【經】元年春王正月，公即位。（《評林》眉）劭寶："即位之禮，行則書之，不行則否。文、成以下六君皆行之，隱以爲攝而不必行，莊、閔、僖則繼故而不忍行者也，宣之行，宣之志也。"公子遂如齊逆女。三月，遂以夫人婦姜至自齊。（《評林》眉）趙匡："書'以'者，不當以也。"葉夢得："文與宣皆喪娶也，故出姜逆不稱氏，穆姜至亦不稱氏，其爲貶之道同也。何以不於其逆焉？逆者，未成婦也。至者，已成婦也。"夏，季孫行父如齊。晉放其大夫胥甲父于衛。（《評林》眉）李堯俞："稱國以放，與稱國殺大夫同。"公會齊侯于平州。公子遂如齊。六月，齊人取濟西田。秋，邾子來朝。楚子、鄭人侵陳，遂侵宋。（《評林》眉）張洽："不討有罪，固晉之無義，而亦未至如僭王之罪大也，鄭舍晉從楚，故稱人。"晉趙盾帥師救陳。宋公、陳侯、衛侯、曹伯會晉師于棐林，伐鄭。（《評林》眉）家鉉翁："不言晉會四國，而言四國會晉，嘉四國也。諸侯多從楚，而四國去楚即晉，《春秋》雖惡趙盾，未嘗絕晉也。"冬，晉趙穿帥師侵崇。晉人、宋人伐鄭。

【傳】元年春，王正月，公子遂如齊逆女，尊君命也。三月，遂以夫人婦姜至自齊，尊夫人也。（《測義》夾）劉敞氏曰："左氏：'稱族尊君命，舍族尊夫人。'非也。若然，'公子結遂及齊、宋盟'，非受命亦稱族。歸父、豹、意如其往也氏，其至也不氏，無有夫人居間也，何以舍族耶？"姜寶氏曰："不稱公子，以一事而再見，故單稱名，非別有意義也。"（《左繡》眉）凡著解，敢妙于同而異處，分剖得清，又不費醉也。(《評林》眉) 陳傅良："傳言逆稱女，以君爲尊，至稱夫人，以夫人爲尊。成十四年傳曰：'稱族尊君命，舍族尊夫人。' 妄加之也，傳無以公子爲族之義也。"

夏，季文子如齊，納賂以請會。(《左繡》眉) 後讀莒僕篇，其不爲之啞然而笑乎？(《補義》眉) 汪云："還觀莒僕之逐，爲之一笑。"

晉人討不用命者，放胥甲父于衛，而立胥克。先辛奔齊。(《測義》夾) 愚按：河曲之役，及今八年矣，而始討不用命者，且趙穿之罪浮於胥甲，而獨放一胥甲，則皆執政者之私也。故先儒曰："放胥甲者，弑夷皋之兆。"(《左繡》眉) 此俚語"冷火爆熱栗"者，想見趙穿礙手，不得已而爲之矣。(《評林》眉) 張我繢："趙穿之罪，浮于胥甲，放甲而不及穿，盾之私耳。異日桃園之弑，盾能逭其責乎？"(閨生夾) 獨放胥甲，言其袒趙穿也。宗堯按："不用命者，不獨胥甲。"

會于平州，以定公位。東門襄仲如齊拜成。(《左繡》眉) 納賂推文子，拜成則自行，此襄仲之狡也，亦大寒心在。(美中尾) 金仁山曰："襄仲弑赤立宣，行父上不能爲季友，次不能爲惠伯，而爲之使齊納賂，大節虧矣。同惡之情著矣。"(《評林》眉) 《補注》："定公位，杜氏謂當時事情有此，非謂當然。"

六月，齊人取濟西之田，爲立公故，以賂齊也。(美中尾) 黃若晦曰："許田入鄭桓篡成，郜鼎入魯督罪釋，濟西入齊宣位定，利之禍，如此其極也！"(《補義》眉) 既以爲婿，復取其田，齊惠之惡，浮於魯侯。(《評林》眉) 孫覺："齊侯之罪隱而難見，故明書取田，以著其罪。《春秋》取田邑皆貶之曰人，罪其擅取也。惟齊景爲昭公取鄆，以其取不爲己得，特書其爵。"

宋人之弑昭公也，晉荀林父以諸侯之師伐宋，宋及晉平，宋文公受盟于晉。又會諸侯于扈，將爲魯討齊。皆取賂而還。(《補義》眉) 原敘。此篇已爲不競於楚起本。鄭穆公曰："晉不足與也。"遂受盟于楚。陳共公之卒，楚人不禮焉。陳靈公受盟于晉。(閨生夾) 楚莊爲春秋之令辟，此篇所以表章之，以"德刑政事典禮不易"爲主。

秋，楚子侵陳，遂侵宋。(《測義》夾) 姜寶氏曰："齊桓侵蔡，而遂伐楚，以蔡近而楚遠，有事於楚，道先由蔡也。楚莊侵陳，而遂侵宋，以陳近而宋遠，有事于宋，道先由陳也。侵蔡伐楚，蓋齊桓圖霸之舉。侵陳侵宋，蓋楚莊圖霸之舉也。"〖編者按：奧田元繼作沈澤民語。〗
晉趙盾帥師救陳、宋。會于棐林，以伐鄭也。楚蔿賈救鄭，遇于北林。囚晉解揚，晉人乃還。（《測義》夾）王樵氏曰："據經文，盾實未嘗救宋，左氏意之爾。上書楚子侵陳，遂侵宋，則楚師已在宋矣。盾始帥師救陳，又自陳而即次于棐林，會四國以伐鄭，必不反尾楚師，而至於宋也。遙以爲名，而左氏誤信之，經安得書救宋哉？"（《左繡》眉）此文後半是正敘，前半是原敘，楚以陳、宋之受盟于晉也而侵之，晉以鄭之受盟于楚也而伐之，兩兩對說。妙將鄭盟補敘于宋、陳兩盟之中，便變化不板。而侵陳順接，位（疑當作"侵"）宋倒應，筆筆有法矣。三項皆補敘舊案，極零星事，串來極整齊，熟玩自得其剪裁烹鍊之妙。一侵一伐，兩救適足相當，囚解揚、乃還，則晉獨弱矣。文于盟晉用輕筆，盟楚獨用重筆，"晉不足與"，一篇眼目，蓋爲不競于楚起本也。（《補義》眉）正敘。上寫晉、楚兩兩相當，至末二句將囚師退，乃見晉之不競，而不足與之意分外精神。（《評林》眉）《補注》："凡楚救不悉書，陳氏云：'楚救必不能而後書。詳見《屬辭》。'"（王系尾）晉之霸也，能制楚也。趙盾當國，勇於秦而怯于楚，避豺狼而逐狐兔，能無失諸侯哉？此等皆是部中筋節處。

晉欲求成于秦，趙穿曰："我侵崇，秦急崇，必救之。吾以求成焉。"冬，趙穿侵崇，秦弗與成。（《測義》夾）王樵氏曰："秦強國，與晉又深讎也，以好結之，猶未易成，乃伐崇以怒之，而曰'以求成'，不亦遠于爲謀乎？"（《左繡》眉）讀至伐晉、圍焦，穿真所謂弄巧成拙者。此見宣子縱穿，漸漸出手做事，爲桃園之履霜矣。（《評林》眉）程端學："書此，見大夫專兵侵伐，亦以序晉靈見弒之漸。"（王系尾）晉自與秦爲難，備多而力分，遂不競于楚。今欲求成，計之得者也。謂宜開誠心，發重使，棄近怨，尋夙好，明白正大，庶幾有成焉。盾不能然，而用趙穿之詐，既不足以欺秦，徒爲笑于諸侯，亦終於不競而已矣。

晉人伐鄭，以報北林之役。於是，晉侯侈，趙宣子爲政，驟諫而不入，故不競于楚。（《測義》夾）金履祥氏曰："趙宣子輔幼君，不爲置賢師傅，而徒強諫，此宣子之失也。"（鍾惺眉）"驟諫"二字，非所以待庸暴。甚矣，宣子之無術也！僅以身免，竟得惡名，無術也夫！（韓范夾）諫而不納，則國因之弱，可畏也。故國家多難，以求直言爲至要。（《左繡》眉）注爲明年鄭伐宋張本，愚謂直爲弒君篇伏脈。（《左傳翼》尾）取賂故不足與，此是不競于楚根本，討亂大事，取賂便還，尚何足與？穆公之言，蓋深疾之也。鄭一即楚，南北交爭，卒兆邲戰之敗，關係不小。宋、陳盟晉，而楚侵之。鄭盟楚，而晉伐之。陳背楚，以楚不禮故，私而小。鄭棄晉，以晉取賂故，公而大。即此便見不競于楚處。所以楚莊一出而滅陳平鄭，敗晉圍宋，天下莫之抗也。解揚之囚，特其小創耳。左氏于晉報北林之役，結出原委，蓋深有慨乎其言之。此篇是晉衰楚强一大總領，故經詳書而不殺，讀者正須通前後玩之，乃得其精神血脈之所在。（《評林》眉）《評苑》：「'驟諫'，有急遽之意，諫而不入之事跡，亦見明年，言晉伯所以衰，而楚所以橫行于中國也。」（王系尾）靈公即位於襁褓之中，趙盾專政，十三年於茲矣。靈齒漸長，盾權漸分，傳以「於是」二字畫清界限，明自此以前，不競之罪在趙盾；自此以後，不競之罪乃在靈公也。然玩「爲政」二字，盾猶有不得盡委其責者。（闓生夾）此頓挫之筆，震川所謂如人吐氣也。又案：譏趙盾之無能，反若爲之解者。宗堯按：「頓跌之筆，敘事之文最重，《史記》多用此。」

◇宣公二年

【經】二年春王二月壬子，宋華元帥師及鄭公子歸生帥師，戰於大棘。宋師敗績，獲宋華元。（《評林》眉）徐彥：「宋、鄭皆言帥師者，其將皆尊、其師皆衆故也。」秦師伐晉。夏，晉人、宋人、衛人、陳人侵鄭。（《評林》眉）高閌：「自是楚與晉爭，晉不能競，反有弒逆之禍，於是楚益自肆，明年遂有問鼎之事。」秋九月乙丑，晉趙盾弒其君夷皋。（《評林》眉）程頤：「趙穿弒君，人誰不知，若趙盾之罪，非《春秋》書之，更無人知之也。」冬十月乙亥，天王崩。

【傳】二年春，鄭公子歸生受命于楚伐宋。宋華元、樂呂禦之。二月壬子，戰於大棘，宋師敗績，囚華元，獲樂呂，及甲車四百六十乘，俘二百五十人，馘百（人）。（《評林》眉）趙鵬飛："鄭伐宋而以宋主之，《春秋》被伐者爲主，例之常也。楚未嘗伐鄭，鄭穆無釁而從楚，晉再伐而不及，固已悖矣。今乃爲楚伐宋，可勝責乎？華元兵敗身獲，而無貶辭，傷其力不敵，而責晉之不救也。書敗、書獲，甚楚、鄭也。"（《左繡》眉）此篇敘法極整而變，可作兩截讀，可作三段讀，又可作一串讀也。兩截讀則上半寫華元戰敗事，下半寫華元逃歸事。上半又分兩扇，狂狡倒戟而獲，羊斟輿入而敗。一則失禮違命，一則敗國殄民，皆以君子作斷。下半亦分兩扇，入門不怨叔牂，巡功不怨城者。一則寬釋在前，一則含容在後，皆以韻語成文。而甲車俘馘，兵車文馬，兩兩相對，極其整齊。三段讀，則一串亦在其中。首段正敘戰敗事，次段將戰追敘前事，末段宋城附敘後事，而當以中段爲主。羊斟以私憾悞國，此華元所以見囚，非狂狡失禮違命之比。雖役人不爲解嘲，于華元固無傷也，此一篇之大旨。妙在中段又分兩層，上層將戰、及戰，承上狂狡作對。下層逃歸，既合，起下承者作引，分明以中段作上下文轉棙，章法極變。而前以狂狡宜禽，陪羊斟非人；後即以非馬、其人，陪口衆、我寡。此即《公羊》所云"以三軍敵華元，華元雖獲不病"者，直爲起手一"囚"字下注解。蓋通篇總要出脱華元，作宋及楚平張本也。經營匠心，雋妙層出，在作者又見一番遊戲筆墨矣。敘狂狡本反陪華元，其事卻正陪羊斟。敘羊斟本正陪華元，其語又反映役夫。都是一脈兩用之筆，圓轉真如環無端。（《補義》眉）俞云："元帥被獲，賤之之詞。狂狡違命，威不立也。羊斟報怨，德不孚也。獲而逃，告而入，辱矣。故末借謳詞以刺元，論者反美元爲大度，非也。"**狂狡輅鄭人，鄭人入于井，倒戟而出之，獲狂狡。**（閨生夾）此節取詼詭之趣，故閑語皆有致。**君子曰："失禮違命，宜其爲禽也。戎，昭果毅以聽之之謂禮，殺敵爲果，致果爲毅。易之，戮也。"**（方宗誠眉）正敘已畢，帶敘狂狡所以見獲之故，因論其罪，此夾敘夾議法。（孫鑛眉）入兩斷語，亦是波瀾。

將戰，華元殺羊食士，其御羊斟不與。及戰，曰："疇昔之羊，子爲政，今日之事，我爲政。"（孫鑛眉）"爲政"二字絕妙。**與入鄭師，故敗。君子謂："羊斟非人也，以其私憾，敗國殄民。**（閨生夾）先大夫《答賀松坡書》云："《史記》載華元饗士，其御羊斟不及。古以斟爲羹，而非御者之姓名甚晰。今左氏乃有'羊斟非人也'等説，此必經師講論時有疑羊斟爲人者，而其師知斟之爲羹，故曰羊斟非人。豈知後之淺者入此語于左氏書中，而廣續之以私怨殄民云云者哉。此皆文中攙雜膚受淺説，尤爲謬亂，全書中此類尚多也。"於是刑孰大焉。《詩》所謂'人之無良'者，其羊斟之謂乎！殘民以逞。"（孫鑛眉）只"乎"而住，常格也。復出"殘民以逞"句振起，甚勁有勢。（韓范夾）左史盛責斟，斟小人，不足道也。元爲大將，而疏闊若此，其何以戰？是役也，吾尤責華大夫焉。（《彙鈔》眉）曰非人，曰私憾，曰無良，迭斷痛罵。（《補義》眉）馬逸不能止，鄭克以此成功。御入不使知，張骼爲之超乘。元率四百六十乘，即入鄭軍，何至見獲？上言殺敵致果，是反映華元；下言敗國殄民，是順取華元。傳蓋筆筆罪元也。（《評林》眉）孫執升："大棘之戰，華元以羊羹小故，師敗身囚，仿佛與中山敗相類，華元不報羊斟，而謂其寡服衆口。"《經世鈔》："薄人于險者，每能乘其不意。"張鳳洲："古之善用兵者，投醪分甘，惟恐不徧，且欲與士卒最下者同食，況其御人乎？此羊羹不與，華元所以致禍也。羊斟則誠戮餘矣。"《附見》："'《詩》所謂人之無良'，《詩·大雅·角弓》，又《鄘風·鶉之奔奔》。"（文熙眉）穆文熙曰："古之善用兵者，投醴分甘，三軍之士，且欲其徧及也，況其御人乎？此羊羹不與，華元之所以致禍也。若羊斟，則不足責矣。"

宋人以兵車百乘、文馬百駟以贖華元于鄭。半入，華元逃歸，立於門外，告而入。見叔牂，曰："子之馬然也。"對曰："非馬也，其人也。"既合而來奔。（《評林》眉）《經世鈔》："元從容于入宋，而急遽于逃歸，何也？懼賂畢而中變也，情勢固有然者，然殊失大臣之體。若晉叔向、魯叔孫昭子之徒，決不爾矣。'非馬，其人也'，此猶有崛強之氣，忿怒之情。"孔尚典："享士而親近之御士不與，自見元失。歸而慰之，元亦自悔矣。"陸粲："羊斟以飲食之故，喪三軍，陷元帥，則非華氏之讎，國之賊也，執而戮之，誰曰不可？元也詭言逸賊，誠近厚矣，無乃非直乎！"《補注》："來奔，賤者奔，雖接我，史不書。"（《左傳雋》尾）呂東萊曰："元之意，豈不以斟爲吾御幾年矣，偕出偕入，相悉相信，今日饗士，吾肘腋同體之人，豈計一杯羹以爲輕重？姑及疏者、遠者可也。羊雖不及，然親厚之意，固已踰百牢而豐五鼎矣。

斟不知享其意，而徒欲享其食，忿戾勃興，致華元於死地。元待之以君子之心，斟報之以小人之行，非特負元，乃負國也。議者或謂元御下寡恩，以起羊斟之怒。吾觀元之爲人，樂易慈祥之氣，溫然可挹。其免於囚虜而歸，再與斟遇，猶慰解勉勞，若恐傷其意者。彼能恕於既爲變之後，豈不能撫斟於未交兵之前哉？然明不足以灼奸，誠不足以動物，惜乎，華元有君子之資，而未嘗學也。"

宋城，華元爲植，巡功。城者謳曰："睅其目，皤其腹，棄甲而復。于思于思，棄甲復來。"使其驂乘謂之曰："牛則有皮，犀兕尚多，棄甲則那？"役人曰："從其有皮，丹漆若何？"華元曰："去之，夫其口衆我寡。"（孫鑛眉）復出此奇，大有態色。（《文歸》眉）胡揆曰："一歌一答，皆極奇矯，與三百篇別一音節。"（《文歸》尾）歌古事奇，兩形出古君民風教樸厚。友夏。云"棄甲則那"，若不解其"棄甲"二字之意者，滑稽得妙，頑鈍得妙。末云"口衆我寡"，止得尤妙，只四字，悟應變止謗之法。伯敬。（王源尾）揚之則入天，抑之則入地，無事加之詞，爲毀譽也。據事寫情，是非自見。若功有可訾，即序其功而存其可訾之端；罪有可矜，即序其罪而著其可矜之跡。則是是非非，錙銖毫髮，寧有爽於《春秋》之義哉？大棘之戰，華元辱國喪師，罪何待言？然所以喪敗，羊斟之罪也。著斟之罪，而元之罪輕矣。元，賢者也。不以一眚掩大德，非私元也。及歸而序其見斟之語、巡功之謳，而元之賢愈見矣。蓋出入人罪，公則宣尼之筆削，私則猾吏之深文。總非近代文人極口訿訾，顛是倒非，自謂能操毀譽之權者所夢見耳。先序狂狡一段最妙，既爲華元作襯，又爲羊斟作襯，襯華元，虛也；襯羊斟，實也。蓋以羊斟爲主耳。托序巡功一事，固見華元之賢，而以諧謔易干戈，以歌謳易嚴厲，閒閒散散，著而不著，有多少變態！（孫琮總評）前於敘事兩下斷案，章法甚奇，後又瑣碎得妙。師喪而不罪其人，聞謳而知畏其口，華元雖敗軍之將，於此猶覺有大體。（《彙鈔》眉）兩相對答，逸趣橫流。（魏禧尾）魏世傑曰："華元當時只宜佯若弗聞而過，不應使驂乘相復，待其再辱而後去，則國政之喪體失法多矣。"（《分國》尾）倒戟出敵，狂狡之見禽，宜也。羊斟以羹故，敗國殄民，宜正典刑。及其歸也，反見慰焉。宋失刑矣。役夫之謳，大不共也。此倡彼和，若出一口。華元之馭下雖寬，宋其失政哉！（《左繡》眉）嘲其目、嘲其腹，又嘲其須，語語絕倒。二段都用韻語，乃尤妙絕。晉人嘲謔，頗得此種風致。蓋有其一體，皆足以名于時矣。三"棄甲"，收上戰敗。兩"復"字，收上"逃歸"。末句收拾通篇，無一筆滲漏，妙甚。俞寧世曰："元帥被獲，賤之之詞。狂狡違命，威不立也。羊斟報怨，德不孚也。獲而逃，告而入，辱矣。故末借謳詞以刺元，論者反美元爲大度，非也。"此評與鄙見各別，兩存以待平心而論者。（昆崖尾）滿篇趣語，此左氏有意遊戲之文。夾敘夾議，已開司馬子長門户。開手一行，將正傳敘過，以下忽用散敘體，或追敘前一層，或接敘後一層，或夾敘旁人作映射，或拖敘餘波作點染，零星瑣細之中，純用雋語作聯絡映照，局法活變，文情跳脱。（《左傳翼》尾）公子歸生一偏裨之將耳，大棘之戰，宋人大敗，敘致敗之由，一由狂狡，一由羊斟。狂狡僅自隕其身，羊斟則敗國殄民，辱及元帥也。隨敘隨斷，責備二子，似若爲華元出脱者，而不知失禮違命，由威命不立，且以分羹不遍而致以私憾敗國殄民，則元之罪彰彰矣。半贖逃歸，尚何面目對人？宜乎謳者群起而誚之也。傳於狂狡、羊斟明下斷語，而于華元借謳者以爲誚，所謂嬉笑甚於怒罵也。此種筆妙，難以言傳。兵敗多矣，未有主將被擒者。華元囚而樂呂與狂狡皆獲，甲車俘馘歷歷可數，失律喪師，元罪重矣。中段殘民以逞，結俘馘也。末段棄甲而復，結甲車也。前提後斷，尋常間架，而雲煙布濩，令人莫測。（《補義》眉）得此一謳，從前之甲車俘馘，繼以兵車文馬，只換一瞬目皤腹，而"于思"者趣甚、毒甚。著"衆""寡"二字，覺篇中許多數目字，栩栩欲動。（《日知》尾）杜注曰："傳言華元不吝其咎，寬而容衆。"通篇皆以趣事趣語，點染連綴，幽花小石，步步引人入勝。（高崦尾）俞桐川曰："斷續逆順，篇法與彭衙之戰同，其格調古雋，又是一種。"《評林》曰："滿篇趣語，此左氏有意遊戲之文。開手一行，將正傳敘過，以下忽用散敘體，或追敘前一層，或接敘後一層，或夾敘旁人作映射，或拖敘餘波作點染。零星瑣細之中，純用雋語作聯絡映照，局法活變，文情跳脱。"中山君以一羊羹亡國，以一壺飧免死。趙盾以簞食給翳桑餓人，後倒戟以禦，遂出宮甲之難。鄭子公以食黿不與而構難，羊斟以食羊不及而憤師，知恩怨之於人甚也，小人之情不可失也如此。夫飲食細故，而遺怨招尤，往往中於所忽。中山君曰："與不期於衆少，期於當厄。怨不在於深淺，在於傷心。"《詩》不云乎："民之失德，乾餱以愆。"（《評林》眉）《經世鈔》："'于思'，思如字，又西才反，賈逵云：'台頭貌。'"顧炎武："直言之曰'那'，長言之曰'奈何'，一也。"《經世鈔》：

"言皮雖多，亦可惜丹漆。舊注非。"鍾伯敬："若不解其'棄甲'二字之意者，滑稽得妙。"張半菴："華元使驂乘與城者對答，其量雖宏，其於官民之體亦甚嫚褻不肅。"《經世鈔》："'華元曰去之'爲句，'夫'字屬下，助語。舊注連上讀，作'役夫'，非。"（王系尾）此篇凡三層，首段一層是正敘。中二段一層，是宋師所以敗績、華元所以見囚之故。末二段一層，是華元所以得歸之故。通體敘事，中幅夾敘帶斷。人但賞其詼嘲流速，而不知晉人之褎如充耳，已於言外傳出，又有無窮慨歎矣。（方宗誠眉）此篇敘華元之賞不公而刑不當，辱國遺羞，而猶不知恥，非美其有度量也。（《菁華》尾）宋人弒君，晉爲盟主，受賂而與之盟，可恥甚矣。楚人獨授意于鄭而伐之，尚爲差強人意。惟楚亦非眞能討賊者，其伐宋也，特怒其不與己耳。使楚果有意正宋之罪，縱不能執鮑誅之，而華元、樂呂，身爲大臣，黨附逆黨，與聞弒君之舉，其罪大矣。既獲于鄭，取而誅之可也，而聽其得贖而歸，脫于刑戮，尚爲有王法乎？是故晉既失矣，而楚亦未爲得也。華元老奸，其一副臉皮正不可及，杜氏以寬而容衆許之，未免失當。

　　秦師伐晉，以報崇也，遂圍焦。夏，晉趙盾救焦，遂自陰地及諸侯之師侵鄭，以報大棘之役。楚鬬椒救鄭，曰："能欲諸侯而惡其難乎？"遂次於鄭，以待晉師。趙盾曰："彼宗競于楚，殆將斃矣。姑益其疾。"乃去之。（《測義》夾）愚按：以全晉之盛，合諸侯之師，乃遇一鬬椒，遂不敢交綏而去，豈事理哉？蓋盾本無欲戰之心，而又蓄弒逆之謀，故姑托爲之辭，以解於衆，於是楚遂益張，明年且有問鼎之舉，皆趙盾致之也。〖編者按：奧田元繼作王元美語。〗（《左繡》眉）分明自己不競，卻以別人之競爲將斃。此諺所謂憂人發積自怕窮者也。（《左傳翼》尾）既合諸侯之師爲宋報怨雪恥而來，何畏乎鬬椒而引師去之？胡氏以爲晉力非不足，以理曲也。夫抑强扶弱，救災恤鄰，盟主之大義，盾畏楚而避，《春秋》貶而稱人，又何理曲之有？只爲晉靈不君，宣子將有內難，憂不在楚，故引師而去之。前五代時劉裕平秦速歸，即此意也。左氏于前年冬伐鄭之師已揭其故矣。（《補義》眉）此師趙穿所致。汪云："分明自己不競。"（《評林》眉）陳傅良："'侵鄭'，經自此三年不書晉師。"今案：三國大夫，傳失其名氏，孔氏謂實微者，非也。（闓生夾）先大夫評曰："此與楚子元伐鄭略同，皆有異謀，志不在敵也。"

晉靈公不君：（孫鑛眉）先點出不君，是提綱法，散語遒鍊。（《彙鈔》眉）劈提"不君"二字，是一篇斷案，又另一起法。（《左繡》眉）此篇亦錯經以合異也。經書趙盾弒君，傳則敘不弒君而書弒君之故。以太史語爲斷案，以夫子語爲論定，通篇只作三段讀。首段"猶不改"以上，詳靈公之不君，爲趙穿之弒伏線。中三段詳宣子之生平，預爲不弒君伏脈。末段乃正寫其不弒君，而不免於弒君之名也。前案後斷，而斷之中又有斷焉。以散敘起，以整斷收。敘則層波疊浪，斷則峭壁懸崖，文章之鉅觀也。（高塘眉）首段從晉靈不君敘入，爲士季、趙盾入諫張本。士季賓也，趙盾主也，先並提虛起。（方宗誠眉）"不君"二字，一篇之主。（閨生夾）言靈公不君，與言宋昭無道同，此左氏之定法，所以迷惑讀者之耳目也。**厚斂以彫牆；從臺上彈人，而觀其辟丸也；**（《約編》眉）首句提綱。"彈人"句峭鍊。**宰夫胹熊蹯不熟，殺之，寘諸畚，使婦人載以過朝。**（《左繡》眉）寫不君只三筆，寫拒諫只四筆，而無不盡，無不活，簡甚奇甚。（《便覽》眉）置畚，巧思、慘狀皆到，而已暗露風光，"見手"句便天然而來。（《評林》眉）鍾伯敬："置畚過朝事，靈公所諱，士季亦不宜指此爲謀，無惑其不之改也。"《經世鈔》："'從臺上'一句，鍊出許多情事如畫。"（閨生夾）見其並無大過，非不可諫誨。**趙盾、士季見其手，問其故，而患之。將諫，士季曰："諫而不入，則莫之繼也。會請先，不入則子繼之。"**（韓范夾）諫法當如此。後世人臣，連章抗詞，或聚群伏闕，君一不聽，則無繼者，是以天聽終不可回也。（《評林》眉）孫應鰲："諫之不入，則莫繼言斯言矣。三進及溜，而後視之，形寫如畫。"孔尚典："進言貴留餘地者，人始或見禮未明，不從此人之謀，既見彼人亦諫，乃知衆心之同而漸悟者。又有本不樂從，礙于情面，暫時許諾，久而漸變者，此所以貴乎有繼也。"**三進，及溜，而後視之。**（《約編》眉）寫拒諫情形如畫。**曰："吾知所過矣，將改之。"**（鍾惺眉）此二語正是文過惡諫口角。（《評林》眉）《評苑》："公惡人諫己，姑飾辭以拒之。"《經世鈔》："急急先說，非是認過，總不使他開口絮聒，以認過爲護過，又是一種不可與言學術，比拒諫人更狠。"**稽首而對曰："人誰無過？過而能改，善莫大焉。《詩》曰：'靡不有初，鮮克有終。'夫如是，則能補過者鮮矣。君能有終，則社稷之固也，豈唯群臣賴之！又**

曰：'袞職有闕，惟仲山甫補之。'能補過也。君能補過，袞不廢矣。"（高塘眉）第二段是賓，寫士季之善諫，皆爲趙盾之驟諫作反照。士季告趙盾語，是不驟著數。三進、稽首，是不驟光景。改過數語，抑揚婉轉，是不驟辭令。（孫鑛眉）淺易語，然章法亦具。（《彙鈔》眉）士季顯指君過，諫雖婉，故亦不入。（《補義》眉）引詩反證盾初只廢靈之心，玩"袞不廢"三字，明明以不改必廢告靈矣。（閭生夾）寫士會之恭謹以反形趙盾，又見趙盾之謀弒逆，士會絕不知也。士會之諫，專以補過爲詞，所以明靈公之過非不可諫，而盾之逆乃益著也。"惟仲山甫補之"，從士會口中斥責趙孟之詞也。

　　猶不改，宣子驟諫。（《左繡》眉）"猶不改"三字束上，"宣子驟諫"四字轉下，字字筋節。大抵文字主詳賓略，此正法也。有時略主而反詳賓者，主即於賓中見也。此文中三段詳寫鉏麑三人，而宣子之賢自見。故於諫亦詳寫在士季甲裏，所以成詳賓略主片段，而又預爲書弒君留地步也。若前半驟諫寫得詳盡懇到，則後書弒君，便未免有觸背之病。作文須照顧通局，古今大作手，亦何以易此哉？左氏慣用牽上搭下法，如宣子驟諫，本應主"將諫"，卻起下"公患"，"攻之"本對上"賊之"，而"彌明殺之"又對下"靈輒免之"，以"遂自亡也"作總結之筆，解此伸縮，敘置方變而活。（高塘眉）第三段是主，"驟諫"二字便是無君之根，"公患之"三字，便是逼君之象。至於使士刺之，而士自死；嗾犬噬之，而犬被殺；伏甲攻之，而甲皆倒戈。一切籠絡箝制，俱屬盾之黨，靈公一獨夫耳，皆爲弒君伏案。敘三士，變化錯綜。至靈輒與伏甲本一節事，分作兩節。鬬何以出？此中藏靈輒倒戈事在，妙不說破，只以"鬬且出"三字作埋伏。到後追敘倒戈緣故，乃知"鬬且出"三字下落矣。其姓名前已點出，後卻不告，來得清，去得幻。斷續離合，伏應明暗之法，巧極變極。（《便覽》眉）三字束上，四字轉下。"患之"又領下"賊之"、"攻之"二段，妙在"攻之"下，添出"免之"一段，方用"自亡"句收轉驟諫，章法井然。"自亡"當依《左繡》注作"宣子出亡"，謂驟諫幾至不免，遂自亡也。余按：此解甚確，且正呼下"未出山"句。（《評林》眉）《經世鈔》："觀婦人載過朝及患之，靈公猶畏盾也，盾于此不能行廢置，則當從容以處之，驟諫不已，殺身而已。"**公患之，使鉏麑賊之。**（《彙鈔》眉）驟諫本非諫體，況欲以回暴君乎？宜惡其煩而必致之禍也。晨往，寢門闢矣，盛服將朝，尚早，坐而假寐。麑退，歎而言曰："不忘恭敬，民之主也。賊民之主，不忠。棄君之命，不信。有一於此，不如死也。"觸槐而死。（《補義》眉）麑嘆而言，何人聞之？豈真見盾之假寐而不殺乎？抑盾早已有備，殺麑而文致其辭也？殺機實在於此。（《評林》眉）王荆石："驟諫不惟無以動聽，且將惡其煩而致之禍，鉏麑之賊有以也。"《經世鈔》："麑固義烈之士也，使麑深于學問，則當反告靈公，力爲調護，不聽，自殺以悟君可也，不猶賢于竊嘆而觸槐以死與！"孔尚典："宣子若不盛服假寐，則竟死於鉏麑矣。夫豈片時恭敬果而足回天哉？平日不早，偏是此日纔早，可見天之曲全善人，有許多巧妙處。"李笠翁："麑之死固善，然宣子爲政之良，諫君之直，麑胡不聞之？乃以假寐爲賢，使不及其假寐也，則固以賊之矣。是宣子大德不見赦，而以小敬免也。"〖編者按：凌稚隆作柳宗元語。〗（閩生夾）此亦小節耳。且鉏麑之言，其誰聞之？紀文達已疑之矣。宗堯按："此不没宣子之長，通篇所譏乃不能屈護其短耳。"

秋九月，晉侯飲趙盾酒，伏甲將攻之。其右提彌明知之，趨登，曰："臣侍君宴，過三爵，非禮也。"遂扶以下，公嗾夫獒焉。（《補義》眉）意在伏甲殺盾，嗾獒以爲號。明搏而殺之。盾曰："棄人用犬，雖猛何爲。"（閩生夾）無君處，明目張膽言之矣。鬭且出，提彌明死之。

初，宣子田於首山，舍于翳桑，見靈輒餓，問其病。（《便覽》眉）一路順敘，偏拖出一追敘事。（閩生夾）鉏麑、提彌明、靈輒三事，見其收拾奸雄得人心。先大夫評曰："敘此三人，見趙盾收召奸俠，君臣相圖。"曰："不食三日矣。"食之，舍其半。問之，曰："宦三年矣，未知母之存否，今近焉，請以遺之。"使盡之，而爲之簞食與肉，置諸橐以與之。既而與爲公介，倒戟以禦公徒而免之。問何故。對曰："翳桑之餓人也。"問其名居，不告而退，遂自亡也。（《左傳雋》眉）閔如霖曰："古人一飯必報，靈輒之謂也。所尤難者，不告而退，庶幾不望報之君子矣。"（韓范夾）時介盾之中大有豪傑，惜乎，靈公不能用也。（《彙鈔》眉）串敘三人爲趙盾致死，得免於難，情致淋漓，今猶勃勃有生氣。（《補義》眉）靈輒之爲公介，必非無心，皆趙氏豫爲安頓，不告自亡，亦盾之文飾其辭乎！（《約編》眉）

敘三義士，變化詳悉。(《便覽》眉)"遂自亡也"固是卷上，亦是起下。故"未出山"句渾敘於前，"使趙穿"句明點於後。既敘太史書法，又用"太史對曰""孔子曰"重重結案，爲上段文勢重，此不便輕耳。若執煞越境、討賊等字，聚訟紛紛，亦知逆謀既定而越境、而討賊，遂可以逃罪乎哉？(《評林》眉)艾千子："靈輒一飯必酬，又飄然不自炫其功，即薦紳士亦難之也。"彭士望："田獵之頃，見道旁病人輒問及，是大臣細心處。"《經世鈔》："餓垂死而念母，真是求忠臣必於孝子之門。問其名居，不告姓名固高，單拈出此一句，使千載後恩怨赫然。"《匯參》："'遂自亡也'，'亡'字結上遞下，注屬靈輒，誤，言趙宣子亡。"(閭生夾)宗堯按："盾前失策，後弑君，罪皆難掩。靈公以拒諫謀殺盾，又非也。故寫宣子脫禍處，餘音繚繞，以見晉靈之非。"(文熙眉)汪道昆曰："敘事妙品。'胹熊蹯'字法。"孫應鰲曰："諫不入，則莫能信斯言矣。'三進及溜，而後視之'，形寫如畫。"穆文熙曰："鉏麑以刺客而死仁義，彌明以僕夫而死主人，一時奇氣，可想可慕。"古人一飯必報，靈輒之謂。所尤難者，不告而退，庶幾不望報之君子矣。

乙丑，趙穿攻（或作殺）靈公於桃園。宣子未出山而復。(《約編》眉)未出山而復，便是董狐注腳。(高嶝眉)末段入弑君正文，不多着筆，卻從太史書法、孔子贊詞揭出趙盾罪狀，誅心立論，鐵筆立案。"越境乃免"句，不可泥看。盾既反國，即當討賊。免與不免，在乎討與不討，而不在越與不越也。朱子亦嘗論之。(《評林》眉)李笠翁："靈公欲殺盾日，乃謀弑靈公，遂使趙穿攻於桃園者，情也。謀既定則出奔，以待其舉事，則復國以成其亂者，跡也。盾蓋主謀，穿特從之，其王導之與王敦乎！"(閭生夾)故作頓挫，生出文情。**大史書曰："趙盾弑其君。"以示於朝。**(《彙鈔》眉)顯暴其罪，盾之爲主謀可知。(《評林》眉)《補注》："傳於趙盾、崔杼弑君，見齊、晉史臣以直筆爲官守，與魯史諱內惡不同。曰'弑其君'，乃錄外之辭，穀梁云'弑公'，是矣。"**宣子曰："不然。"對曰："子爲正卿，亡不越竟，反不討賊，非子而誰？"**(《評林》眉)胡安定："非子而誰，亡不越境，反不討賊，是盾僞出而實與聞乎故也。"(閭生夾)正言以痛責之，所謂誅奸諛於既死也。先大夫評曰："就董狐口中見正意。"**宣子曰："嗚呼，**(《詩》曰)**'我之懷矣，自詒伊慼'，其我之謂矣！"**(閭生夾)宗堯云："'我之懷矣'云者，用以解'亡不越竟'可也，'反不討賊'將何辭以自解乎？"孔子曰："董狐，古之良史也，書法不隱。趙宣子，古之良大夫也，爲法受惡。（闇生夾）記聖言以兩贊之，妙極！謂其爲法受惡，見其惡固已無可辭矣。惜也，越竟乃免。"（《測義》夾）愚按：靈公之立，非盾本心，公寧不知之？而及公既立，盾又當國二十餘年，國人皆知有盾而不知有公，公積不能堪，而欲殺之，非一日矣。盾不勝危懼，而求以自固，於是借侵崇之名，授穿以兵柄，以爲弒公地。而及穿既弒公也，盾未出山而復，不惟不能討，而又使穿迎立新君，以爲固恩地。然則盾弒君之心豈不昭然可見哉！而左氏繆爲夫子之言，曰："惜也，越竟乃免。"是使賊臣僞爲遠遁而返以苟脫其罪也，而可乎？金履祥氏曰："此非夫子之言也。方靈公欲殺趙盾，至于伏甲攻之，盾力鬭而出，于是出亡。而趙穿攻靈公于後，穿何怨于公而爲此？是必有所受命矣。盾非果奔也，故未出山。實使穿也，故不討賊。夫子書法因董狐之舊，豈又爲是言乎，而反爲趙盾謀也？且盾成弒君之惡矣，縱使越竟，又何免于弒逆之罪乎？以是知決非夫子之言也。"〖編者按：奧田元繼作李笠翁語。〗鄭玉氏曰："靈公欲殺趙盾，盾乃謀弒靈公，遂使趙穿攻于桃園者，情也。謀既定則出奔，以待其舉事既遂，則復國以成其亂者，蹟也。盾蓋主謀，穿特從之耳。故大史書曰'趙盾弒其君'，誅首惡也。"（《左傳雋》眉）按：孔子於《春秋》書"趙盾弒其君夷皋"，不應有此議論。歐陽公疑之，是也。然謂盾實弒之，亦非也。意者，盾之出奔也，穿承其風旨而弒之，是靈公之死爲盾，而不爲穿也。所以董狐發其惡而書之。若夫"爲法受惡"以下，殊無義理，恐非聖人之言也。（《左傳雋》尾）呂東萊曰："董狐所謂'亡不越竟'者，蓋責其遷延宿留，潛有所待，以爲與謀之證耳。曷嘗謂在竟內則有罪，在竟外則無罪乎？左氏不達狐之意，復託仲尼之言曰：'惜也，越竟乃免。'審如是，則後有奸臣賊子如盾者，逆謀既定，從近關出，候於竟外，聞事克而徐歸，遂可脫弒逆之名矣。是爲奸臣賊子畫逃罪之策，夫豈聖人之語耶！"（《正集》尾）越竟庶可以不討賊自解耳，反句足上意，非真謂宜越竟逃罪也。文之敘事議論，無字不具深色，可謂鮮至。葛端調。（《覺斯》尾）過商侯曰："靈公死於穿，未死於盾，而董狐直書曰趙盾。意者盾之出奔也，趙穿承其風旨而弒之。是靈公之死爲盾，非爲穿也。不然，鉏麑死、提彌明死，盾胡獨不死？不誅其跡，而誅其心，誠良史之筆。"（《統箋》

尾）魯齋朱氏曰：“孔子於《春秋》書‘趙盾弑其君夷皋’，不應有此議論，本朝歐陽公疑之，是也。然謂趙盾實弑之，亦非也。意者，盾之出奔也，趙穿承其風旨而弑之，是靈公之死爲盾，而不爲穿也。所以董狐發其惡而書之。若夫‘爲法受惡’以下，殊無義理，恐非聖人之言也。”靈公遇弑後，趙盾迎公子黑臀于周而立之，是爲成公。（《晨書》總評）徐袞侯曰：“趙穿者，盾之從父昆弟也。有寵而弱，好勇而狂，河曲之戰，實奸軍命，趙盾爲之怙惡久矣。且靈雖不君，盾獨不思穆嬴之言曰‘此子也才，惟子之賜。不才，惟子之怨’乎？晉王敦謀逆，王導躬秉機政，亂生同本，不能絕惡未萌、止邪方焰，以社稷爲三窟，君子無恕詞焉。則桃園之弑，盾能免罪乎？其曰‘越境乃免’者，猶言逃在前，弑在後，或可借此以辭惡名。而反不討賊之罪，自若也。傳以翼經，其寬一步，正緊一步處。堯叟之言，甚覺愜當，永叔、東萊徒滋議耳。文之詳敘及點明處，凜凜猶有生氣。”（《左繡》眉）末段以“亡不越境”承上“未出山而復”，“反不討賊”起下“使趙穿逆公子”，尤牽上搭下之至妙者，用筆真如環也。宣子弑而不弑之故，暗敘於前。不弑而弑之故，明斷於後。夫子語以董、趙並提，賓主相形，抑揚互用，收束緊嚴，非此不足以作長篇之結局。太史語以“反不討賊”爲主，“亡不越竟”乃陪襯語也。宣子一“懷”字，僅可以解不越竟，不可以解不討賊。夫子“越竟乃免”，亦見此事猶有可解，若反不討賊，則萬無可解。此一篇之歸宿，妙在渾敘“不出山而復”於前，而特點宣子使趙穿于後，讀者自呹呹於未出山，而作者自了了于使趙穿也，真神斤鬼斧之文。（昆崖尾）敘事寫照之文，莫呆於直敘，莫板於正寫，莫妙於借對面中敘處，尤莫靈於借對面中以反筆炤出。如此傳敘趙穿之弑，以盾之亡也。盾之亡，以靈之忌也。靈之忌，以盾之諫也。然則這段禍胎，其起于宣子驟諫乎？乃不呆寫他驟諫如何不好，緊從上面借一士季描寫，細細敘他先事籌度，臨機引導，有一段絕妙作用，絕妙機鋒。陡然接入正傳，而宣子之無術，驟諫之難堪，不消絮聒，神情迸露矣。文有言在彼而意在此者，此類是也。人只道他詳賓略主，不知他詳賓處，正印主也。靈心妙筆，映射玲瓏，誰其會之？“恭敬”一段，亦是借賓敘主，但前是在對面中反照，此是在對面中正寫。前是照出他不好，此又是寫他好，用意變化不同耳。“伏甲”一段，夾敘嗾獒事作點綴，波致橫生，行文解得此法，板者活，平者奇，寂者喧，澹者豔矣。不然，敘一事直敘一事，有何勝境？靈輒與伏甲一段，事分作兩段。上段總不說破，只以"翳且出"三字作埋伏聯絡，令人望之莫辨，如歸雲擁樹，曉霧橫江。下段陡然追敘，如雲開雨過，山斷峰移，另是一番景色。及接入公介，繳明"翳且出"三字下落，又如羅浮兩山以風雨爲離合也。逐層看去，有多少妙境，令人神怡。敘事敘人於出落處令人不可捉摸，方稱奇幻。有藏埋於前，明點於後者；有明點於前，又藏埋於後者，所謂神龍見首不見尾，見尾不見首也。如此文敘翳桑餓人，前已點出姓名矣，後忽敘得茫無下落，有海水汨沒、山林窅冥之況，此乃作者故爲幻筆以極文瀾變態，而讀者之眼，已爲所愚，遂惝恍迷離，忘卻來路，若真有曲終人不見之恨者，妙絕妙絕！此等法自左氏創之，遂爲文人奇訣。後來如永叔《醉翁亭記》從此脫出，乃倒用司農印也。士季告宣子語，是不驟著數。三進、稽首，是不驟光景。改過一段，抑揚婉轉，又是絕妙不驟詞令也。只爲下面"驟諫"二字，演出如許一段佳文。李恕谷曰："經將書趙盾弑君，先書晉人放胥甲父于衛，又書趙穿帥師侵崇，見盾執國柄，隱蔽穿惡，合爲一人。後之行弑，穿即盾矣。即以傳文言，先敘士會之婉諫，以形盾之驟諫，其無君之心已見。次出鉏麑觸槐，夫鉏麑，君側之力士也，何故死盾之庭槐下？則君使來賊可知矣。盾必預備之矣。其入而宴也，或即與穿謀弑，或竊憂，而穿之好勇而狂先發之，盾不之禁。遂入就宴。觀其帶一力士，且曰'棄人用犬，雖猛何爲'，胸有成竹可知矣。出而遂亡，知必有作亂者矣。未出山而返，或料穿已行事而歸矣，或穿行事後使人追歸矣。董狐曰'亡不越境，返不討賊'，鐵案也。特不討賊，莫可支吾，遂置不辨。而不越境，猶可塗飾，遂胡混數語。而孔子即因其混語而駁明之，插良史不隱，則盾之弑君，莫可隱矣。就其語而曰'爲法受惡'，而申之曰'惜也，越境乃免'，言越境而飄然遠去，則與穿渺不相涉，乃可免弑君之名。今逗留旋歸，並不討賊，非盾弑而何與？隨即接書云'盾使穿迎公子黑臀于周而立之，朝于武官'，夫晉國別無一人，而必使弑君之賊迎新君哉？可見盾之立君，即穿之立君，直若一人。可見穿之弑君，即盾之弑君，並非二人矣。不書正卿之名，而書誰乎？王昆繩絕世聰明，乃爲左氏雄文所瞞，亦智者千慮之一失也。鉏麑、靈輒二段，見盾之得人心，所以敢爲弑逆也。"（《約編》眉）傳深爲趙盾痛惜，故援孔子語結之。"越竟"句亦是惜之之辭，非爲盾畫解免之策也。（《補義》眉）穀梁云："反不討賊，其志同，志同則書重。"宣子字字認罪，卻字字飾惡，老奸聲口。"宣子使趙穿"五字更坐實弒君。（高崿尾）趙盾專政幾二十年，境內境外，知有盾而不知有君。且靈公之立，本非盾意。及公既長，不堪其專，遂欲殺盾。鉏麑棄命而死，提彌明出鬭而亡，靈輒內叛，倒戈以禦公徒。盾雖倖免，君臣已爲仇敵矣。非盾弒公，則公殺盾，勢固不兩立也。穿乃盾之族子，平日所愛信之人也。堂上之甲方興，桃園之攻遂至。則穿之弒，乃承意行事，爲盾弒也。及其反國，非獨置賊不討，反使往迎新君，則盾乃首惡也。謂之弒君，雖百喙奚解乎？亡不越境，言行未遠而君被弒，跡涉同謀，非必果同謀也，此層輕。反不討賊，是已有死君之心，此層重。非謂越境即無罪也。人臣無將，將則必誅。又惡莫慘於意，以此罪盾，乃閑臣子之邪心而防其漸也。邵二泉曰："《春秋》之筆，莫大於斷弒君之獄；斷弒君之獄，尤莫大於微顯闡幽之一二策者。是故晉夷皋之弒，舍穿而歸盾。鄭夷之弒，舍宋而歸歸生。楚虔之弒，舍觀從而歸比。齊荼之弒，舍朱毛而歸乞。雖不必其人自爲，皆以禍所從發爲主，所以誅其意也。"胡康侯曰："《春秋》爲亂臣賊子而作，其法尤嚴於亂臣之黨。"董江都曰："爲人臣子而不通《春秋》之義者，必陷篡弒之罪。"孟子曰："聖人作《春秋》，而亂臣賊子懼。"經書趙盾弒君，而傳言趙穿，仍歸罪於趙盾，亦所謂綜經以合異也。趙盾弒而不弒之故，暗敘於前。不弒而弒之故，明斷於後。敘則層波疊浪，斷則峭壁岩岸，文章鉅觀也。（《便覽》尾）經書"弒其君"，而傳則敘不弒君而書弒君之故。以太史書爲斷案，以使趙穿爲點睛。通首段落，"猶不改"已上，是極寫靈公不君，"驟諫"已下，是極言宣子不善諫所致，末段是釋經正文。胡《傳》于鄭子產有疾篇，謂"仲尼曰"當作"君子曰"。余意此篇"孔子曰"亦當改作"君子曰"，蓋經是夫子手筆，則"爲法受惡"等語，何難直斷曰無？（《評林》眉）李笠翁："此非夫子之言也。盾非果奔也，故未出山。實使穿也，故不討賊。夫子書誠因董狐之舊，豈又爲是言乎，而爲趙盾謀也？且盾弒君之惡矣，縱使越境，又安免弒逆之罪乎？以是知決非夫子之言也。"《補注》："'孔子曰'以下，乃盾子孫託聖人之言爲其祖分惡，至《穀梁》時猶有謂盾爲忠臣者。"《附見》："張隧謂：'惜也者，惜董狐之言也，非惜宣子之不能免也。'"（方宗誠眉）"良大夫"三字一篇結束，中間"將諫""驟諫""不忘恭敬"皆是良大夫所爲。但此篇必是趙盾子孫強盛，肆爲誣罔之詞。贊董狐，真孔子言也。贊趙盾，非孔子言也。理無兩是，既書弒君之賊，而豈稱之爲良大夫哉?（闈生夾）此轉尤極詼諧敏妙之致，明言其終未能免也。

宣子使趙穿逆公子黑臀于周而立之。（美中尾）顧亭林曰："穿之弒，盾主之也，討穿猶不得免也。君臣之義無逃於天地之間，而可逃之境外乎?"何義門曰："亡不越境，蓋有待也。不惟不討賊，而反俾賊逆新君，盾之與於弒也，其何所逃哉!"邵二泉曰："亡即越境，亦邴歜、閻職之舍爵而行也。反即討賊，亦羽父之討翬氏，司馬昭之誅成濟，朱全忠之誅蔣元暉、柳璨也。"（《評林》眉）彭家屏："'宣子使趙穿'再接，此五字弒跡了然。"《補注》："'而立之'，於此見盾與穿志同，逆新君不使他人而使穿，欲免穿於討也。"（闈生夾）先大夫評曰："於迎立事一露'使'字。"**壬申，朝于武宮。**（王源尾）大書"靈公不君"，君無道也，而通篇處處借他人寫趙盾，見弒君之罪，非其罪也。初以士季並序，觀士季之忠而盾可知。繼序鉏麑，觀鉏麑之俠，而盾更可知。既又序提彌明、靈輒，觀明與輒之義勇，而盾愈可知。究之，弒君者，趙穿也。大史之書，以其不越竟、不討賊而已。引孔子之言，而盾爲法受惡，非弒君之賊，不亦彰彰較著乎?總之，寫此一人，必不止此一人，而後能全神畢露。不必寫此一人，但借他人以寫此一人，而尤能使其全神畢露爾。此中機巧，可語會心。論《春秋》之義，必以歐陽子之言爲是。使弒君者趙穿而盾不與，孔子斷無舍穿而歸其罪於無辜之盾者。孔子既書爲盾，則穿不過供其驅使，或承其意旨，若司馬昭之成濟、公子光之專諸而已。如傳之言，盾特爲法受惡，而孔子之言偏矣，其可信邪?吾特賞其文，不取其義。序三義士，爲盾生色，各極其致。尤妙在追敘靈輒一段，橫遮硬斷，另劃一天，總是陰陽不測。（孫琮總評）士季先趙孟以諫，鉏麑、提彌明、靈輒免趙盾於死，皆爲趙孟用者也。通篇趙孟是主，而諸人爲之點綴，故單就宣子收結。開口説靈公不君，篇中所敘情事，似宣子無大罪戾。然桃園之變，豈得置之不聞?所以太史抗言，宣子緘口。即吾夫子筆削一書，要説爲法受惡，先贊書法不隱。蓋大義攸關，固不以上之無道而可寬也。用筆嚴正，使人毛髮灑淅。（《分國》尾）逆公子雍于秦，趙盾也。逆公子黑臀于周，亦趙盾也。靈公於中間，但博得桃園一弒耳。夫乙丑至壬申，才六日也。桃園之攻，盾既聞之，未出竟而即復，方復國而即逆。六七日中，攻者攻，弒者弒，隨弒隨復，隨復隨逆，其謀豫矣。胡氏於穿之侵崇，謂上卿以志同受惡，端見於此。又軍門之呼，放胥甲父，不放趙穿，而謂其庇黨，豈一朝夕之故與?傳者歷敘靈之欲殺盾，以見怨毒之深。又歷舉盾之多死士，以見黨與之盛。趙盾弒其君，太史非失人也。（《賞音》尾）趙穿弒君之賊也，宣子使迎立成公，是反爲穿畫免死之計矣，其不免惡名也宜。是篇命題，有訾余改經文者，余曰："趙盾弒其君，經文也。趙穿弒靈公於桃園，傳文也。余所錄者傳文，則從傳而已。若必襲歐陽文忠之言爲證，是駁左氏，非余之咎也。"訾余者不覺大笑。（《約編》尾）敘晉君失德，宣子能得人心，皆形容盡致。末段咨嗟歎息，尤用意微婉。（《左傳翼》尾）據歐陽子之説，竟似左氏舍弒君之盾，而歸獄于趙穿，與孔子經文相反。細看"遂自亡也"下，突接"趙穿攻靈公於桃園"，旋接宣子"未出山而復"，而以太史"亡不越竟"二語爲斷案，則靈公之弒分明罪盾而不罪穿矣。後引孔子之言，看去似爲出脱，實則老吏斷獄，愈鬆愈緊，令他擺脱不開。蓋自古亂臣賊子靷刃君父，未有不假手于腹心爪牙，如成濟、張衡輩者。趙穿正其類也。不然，既不討賊，何爲又使之迎立新君乎？司馬昭之心路人皆知，左氏未嘗被他瞞過。讀是文者，正當會其微意所在。恕宣子者，謂："大書靈公不君，君無道也，而通篇處處借他人寫趙盾，見弒君之罪，非其罪也。孔子亦云爲法受惡。"罪宣子者，謂："此傳寫趙盾老奸，鐵案在'亡不越竟'二語，尤以不討賊爲主。"看來靈公無道，不惟厚斂彫牆等事非人君之道，而飾非拒諫、賊殺大臣尤不君之甚者。此自靈公實跡，非宣子無端訕謗以爲行弒名色也。左氏云："凡弒君，稱君，君無道也。稱臣，臣之罪也。"大凡亂賊弒逆固由主弱臣强，亦必人君失德有以致之。靈公不君，自不待言。特是君即不令，臣不可以不共，且君有臣而殺之，亦誰敢與之抗者？盾惟畏死之心勝，是以陷於大惡而不知耳。蓋靈公之立非盾本謀，靈公早已忌盾。盾又驟諫，益犯其所忌，不殺之不止。使鉏麑賊之不得，公謀愈急，而盾防身之計出矣。飲酒伏甲，並嗾神獒，賴提彌明、靈輒倖脱其禍，雖欲不亡，豈可得乎？出亡之時，豈遂無別謀乎？侍宴君側，率領死士格鬬而出，目尚有君乎？曹瞞、朱三驕塞跋扈，不是過矣。桃園之攻，即云穿自爲之，盾未必知，而試問攻桃園之甲，盾之家衆果不在內乎？不待反而不討賊而知其罪無可逃也。安得因其與士季同諫，又得諸俠爲之效死，遂借"爲法受惡"一語爲之末減乎？詳審顛末，而盾之罪自定，故不必有心出脱，亦不待深文羅織也。（《日知》尾）宣子固非元兇，亦非指示，特以狂悖不悛，有其除之，未嘗不心許耳。然此心何可容也？不越竟、不討賊，緊勘此案，宣子只辨得不越竟，未辨不討賊，然不越竟非弒君定讞，定讞在不討賊耳。反而討賊，不越竟何害？結句大書"宣子使趙穿"云云，豈無他人，必穿是使？可見桃園一案，未嘗不心許也。則首惡奚辭哉？俞寧世先生方之于司馬昭、蕭道成，且謂靈公可匡而悟，試細讀桃園以前之文，豈可匡悟者？恐好深文，反涉見淺也。（《自怡軒》尾）一起即坐實靈公不君，通篇之案已定。趙盾雖賢，勢必至於爲法受惡。若士季之忠，鉏麑之俠，彌明、靈輒之義勇，皆爲趙盾襯筆，此即畫像家烘托之法。蓋盾負弒君之名，左氏亦深惜之也。許穆堂。（林紓尾）此篇敘述晉靈，實則不是專寫晉靈，是寫三壯士，又不止寫三壯士；是兼寫一個良史。趙盾是一篇中之幹，晉靈爲之開場，董狐爲其收局。鉏麑似秀州刺客，提彌明似樊噲，靈輒似食馬之野人。狀其勇慨，此都易寫。難在寫鉏麑之來，不見宣子，與秀州刺客略異；又不殺人，又非爲宣子所殺，作何收束？左氏無可如何，忽爲鉏麑之言，歎息宣子之忠，自明不忍，遂死於槐樹之下。初未計此二語是誰聞之。宣子假寐，必不之聞。果爲舍人所聞，則鉏麑之臂，久已反剪，何由有閒暇工夫説話，且從容以首觸槐而死？文字中諸如此類甚衆，柳下惠之坐懷不亂，此語又對誰言？言出自己，則一錢不值。言出諸女，則萬無其事。他如黃仲則之《焦節婦吟》，如"汝近前來，妾不懼"云云，時夜靜人眠，節婦見鬼，與鬼作語，且見骷髏，且見血衣，是誰在旁作證？然詩情悲惻，人人傳誦，固未察其無是理也。想鉏麑之來，懷中必帶匕首，觸槐之事，確也。因匕首而知其爲刺客，因觸槐而知其爲不忍，故隨筆裝點出數句慷慨之言，令讀者不覺耳。提彌明帶劍入侍，此根苗亦由鉏麑而來，宣子知刺客爲君所遣，不能不用壯士以防身。然亦恃有備無患之思想，不期果然遇伏。彌明死狗之後，宜書伏甲争出，而左氏但用一"鬭"字了之。既鬭，自然是鬭伏甲。百忙中省卻無數筆墨。凡能用省筆者，文未有不簡潔者也。"提彌明死之"句斷，此時不能突出倒戟戰內御之人。用"初"字起，亦是常法。然使庸手寫之，"不言而退"四字，已足了卻靈輒矣。不知以介士禦公徒，直是反叛，即退而大罪尚存，不聲明"自亡"二字，此局仍不之了。此是隨手作結穴法。以下再説別事，始與此節不再糾纏。通篇中弒君之罪，全在宣子。文寫宣子忠愛處，卻似與宣子初不干涉。得董狐鐵筆一書，如力排雲翳，仰見皎日，宣子之罪案始定。顧無端插入孔子一言，似不討賊可以無罪，只斤斤望宣子越竟，即可以免罪，竊疑不類夫子口吻。憶前三十年，亡友鄭大令箋爲之説曰："越竟乃免，是惜董狐立言之失體，不是爲宣子寬其罪名。此句承上'書法不隱'來，謂董狐既有如此鐵筆，宣子亡即越竟，寧自免乎？惜者，惜其何必作'越竟乃免'之言，以亂人意？且不討賊，即爲罪矣。何須越境？"時吾師鄭虞臣先生擊節稱賞，謂此語恨不令歐公見之。愚細審後文，趙盾使穿迎公子黑臀，是極力爲穿出脱，此弑君心跡，即無董狐，亦足了了。文到妙處，於著意處佳，於不著意處亦佳。以上諸節，皆左氏著意筆也。此句則似不著意，而著意正在是間。左氏惡弑君，既大書董狐，又復證以孔子。二者又不足，復清出趙穿迎立新君。以彌天罪惡之人，奉迎乘輿，則爲功爲罪，識者咸能辨之矣。（《菁華》尾）士季之言，卻自娓娓動聽，可爲諫君者法。鉏麑之言，孰從而聽之？或趙盾自以計殺麑，而托言其自殺，以诳己罪。又謬爲麑言，以明己之忠。然其弑君之機，已伏於此。自古奸臣莫不優待勇士以爲死黨，故誅之祇宜不動聲色，伺間而發，如魏孝莊帝之誅爾朱榮、周武帝之誅宇文護是也。晉靈童駿，惡足以語此？亡不越竟，是顯然與穿有謀，以爲反國之計，太史之言，可謂直抉其隱，而仲尼之言，亦即此意。謂越竟即爲他國之人，穿之弑君，己無所利焉，以此可自明其不與謀也，然討賊自不可已。杜氏以越竟即君臣之義絶，可以不討賊，殊屬非是。

初，驪姬之亂，詛無畜羣公子，自是晉無公族。（《補義》眉）"晉無公族"一句領起。及成公即位，乃宦卿之適（子）而爲之田，以爲公族，又宦其餘子，亦爲餘子，其庶子爲公行。晉於是有公族、餘子、公行。（美中尾）齊次風曰："順文以觀，晉於是始收公族，實則多設數官，凡卿之嫡子、庶子，無不用爲大夫。公族之名有而實無，世卿之強遂至根深蒂固，而公族日替矣。"（方宗誠眉）追敘晉有公族、餘子、公行之始。（閩生夾）此六卿分晉之由來。趙盾請以括爲公族，（閩生夾）先大夫評曰："敘其挾迎立之恩，自樹私黨。"曰："君姬氏之愛子也。微君姬氏，則臣狄人也。"公許之。（韓范夾）事不忘本，行不背恩，賢者之大義也。盾之得譽於天下也宜。（《左繡》眉）三項以公族爲主，看其用筆詳略輕重之法。（《評林》眉）石星："屏、括之賢不及趙盾，盾之薦括，竟使爲適，古人不忘人德若此，末世其鮮矣，余用憮然！"邱維屏："無公族，而以卿之適子爲公族，國終歸於世卿已矣。曹丕不親親，而國卒歸於司馬父子之勢自如此。"（闔生夾）意私而詞甚公，奸雄之作用也。宗堯按："文似稱盾不忘姬氏之德，意實謂滅狐氏、先氏、梁氏而自殖其族也。"

冬，趙盾爲旄車之族。使屏季以其故族爲公族大夫。（《測義》夾）傅遜氏曰："此三家分晉之本也。自披其枝葉，而使本根一無所庇，故異姓之臣世竊權寵，獲奮詐謀，而瓜分其國。"（魏禧尾）丘維屏曰："無公族而以卿之適子爲公族，國終歸於世卿已矣。曹丕不親親，而國卒歸司馬父子，勢自如此。"魏禧曰："穿之弒，雖非盾使，盾必知情而不禁。觀宣子'不然'之對，是有良心人認不得、辯不得口語也。其奔也，則知其非使也。其不討而用以逆黑臀也，則知其知情也。然盾之得罪，皆由於以義匡君，爲社稷之故，情不得已，亦欲效古人變置之義。故《春秋》雖書盾弒君，而孔子初未嘗等之亂臣賊子之列。故曰：'爲法受惡，惜也。'然若後世司馬昭之歸罪成濟，隋煬帝之殺張衡，則惡愈奸而風愈下矣。觀華元之羊羹、趙盾之簞食，知恩怨之於人甚也。中山君亦以羊羹失國，以壺飧免死。而顧榮、陰鏗，皆以分炙獲免於難。故中山君曰：'與不期衆少，期於當厄。怨不在大小，在於傷心。'富貴之家，輕忽微賤，而不恤其饑寒，積習成性，雖數歲童子，莫不尊己卑人。驕蹇自奉者，一旦遇變，舉親戚童僕無一足恃之人，閤門駢首以待誅戮而已，可不鑒哉？"彭家屏曰："趙盾倉卒出奔，趙穿攻靈公於桃園。是穿之弒君在盾出奔之後，盾烏從而知之？而《春秋》坐以弒君之罪者，以盾反不討賊，有死君之心也。而又使穿迎黑臀于周，是使賊也，其亡君之心益明矣。此《春秋》誅心之法也。許悼患瘧飲藥而死，殺許悼者，庸醫也，而坐許世子止以弒君之罪者，以既不擇醫，又不嘗藥，其父由世子之不慎而死，此《春秋》辨晰精微之旨，故謂非聖人不能作也。所以爲人臣子者，不知《春秋》之義，每陷於大惡而不知。趙穿弒君，經書趙盾，亦推見至隱之意，與許世子書法相同。而魏氏以爲盾必知情，是誣盾也，非《春秋》之微義也。且當許悼患瘧之時，醫誤以藥殺之，亦可謂許止知情乎？若知情而書弒，則《春秋》之作，夫人而能之矣，何待聖人耶？然盾之所以不討賊者，大約有三：靈公無道，將危社稷，古人尚有變置之道，故急於迎君而緩於討賊，一也。被攻出奔，幾不免於死，今既遇弒，亦得紓己之難，二也。趙穿周親，情有所不忍，三也。由是三者，遂被之以大惡之名而不能辭。如以爲知情而不禁，則失實矣，豈聖之所謂爲法受惡哉？是不可不辨也。"（《分國》尾）初，趙姬以盾爲才，使爲適嗣。至是，盾仍以適讓屛季，自掌旄車。惜乎，禍僨嬰齊，屛季致僇也。（《左傳翼》尾）使爲公族大夫，則三項自重公族。趙盾爲旄車之族，旄車乃公行之官，又不得輕公行而單主公族，必己身有退步而後乃得讓人，故敘次詳略中自有賓主。君姬氏之德刻骨銘心，前此屢欲報之而不能，此番乃克盡酬夙願也。因迎立定策之功以市私恩而酬舊德，宣子專擅之跡愈彰，弑逆之心亦愈顯矣，讀此能無噭然？（《補義》眉）前是無公族，此是名有而實無，寫盾布置極巧極橫。借以報恩，純是私意。（王系尾）此篇是晉趙盾弑其君夷皋傳。自"乙丑趙穿攻靈公"至"越竟乃免"，是正敘。以上是弑君之緣由，以下是弑君後作用。其文卓絕千古，其事則先儒論之悉矣。善乎俞寧世之言曰："篇首不君三事，是少年狂放者所爲，忠臣左右匡之，未必不悟，然盾正不欲其悟也。靈公之立，非盾本心。彼將援立庶孽，尚擅其國。方欲甚靈公之惡而戕之。觀其玩君命於掌握，結死士爲黨援，嫁惡於穿，市德於己，實司馬昭、蕭道成一流，非凡弑君比。左史據事直書，而罪狀昭然，運筆比於然犀矣。"（闓生夾）宗堯按："此篇以刺盾爲主，餘皆旁支。"

◇宣公三年

【經】三年春王正月，郊牛之口傷，改卜牛。（《評林》眉）按：先儒謂"郊牛之口"有"之"字，緩辭。成七年"鼷鼠食郊牛角"，無"之"字，急辭。牛死，乃不郊。猶三望。葬匡王。（《評林》眉）家鉉翁："桓王七年而後葬，譏緩也。匡王四月而亟葬，譏速也。"楚子伐陸渾之戎。夏，楚人侵鄭。秋，赤狄侵齊。（《評林》眉）張洽："赤、白二狄，尚赤衣、白衣也。"家鉉翁："狄忽分爲二，《春秋》著赤狄、白狄之號，其後晉滅赤狄，因其分也。先儒以赤狄爲唐叔子孫，似未然。"宋師圍曹。冬十月丙戌，鄭伯蘭卒。葬鄭穆公。

【傳】三年春，不郊而望，皆非禮也。望，郊之屬也。不郊，亦無望可也。（《評林》眉）黃仲炎："魯郊，僭禮也。郊牛之口傷，改卜牛，牛死，是於僭禮之中，又知天意之不享也。"《補注》："學者乃議其不郊爲非禮，豈知禮哉！"

晉侯伐鄭，及郔。鄭及晉平，士會入盟。（王系尾）鄭以二竪之賂，去晉即楚，罪在晉矣。晉不思改脩霸政，而悻悻焉逞其兵力，雖得鄭平，非心服也。自此以往，無歲不與楚爭鄭，卒至敗績於邲，豈得獨罪林父而寬趙盾哉？此是部中脉絡處，非止爲今年夏楚侵鄭作案也。

　　楚子伐陸渾之戎，遂至於洛，觀兵于周疆。（《約編》眉）起二語已是罪案。（《補義》眉）一"遂"字何等猖獗！（《便覽》眉）提筆有勢，觀兵句是加意形容，而字法只在一"遂"字。定王使王孫滿勞楚子。楚子問鼎之大小輕重焉。（孫鑛眉）亦只是閑問，非是示偪，第其意卻有覬覦。對曰："在德不在鼎。（《文歸》眉）胡揆曰：即從"鼎"字內發出"德"字，就伏有明、昏二意在，巧心妙手。（《便覽》眉）一語喝破，下跟"德"字領起。（《評林》眉）孫應鰲："王孫滿一言，而周鼎重於萬鈞。'夏之方有德'以下，見在德不在鼎也。'成王定鼎於郟鄏'以下，見天祚明德，有所底止，皆所以折不臣之心。"（闈生夾）宗堯云："左氏于桓文之霸也，多微辭；于楚子之霸也，則顯折之，所以攘夷狄也。"（方宗誠眉）一語破的，振起通篇。辭命嚴正。"德"字是主腦。昔夏之方有德也，（《補義》眉）提出"德"來，撇過"鼎"字，又粘住"鼎"字，帶出"天"來。桀紂鼎遷，由於失德。可見天祚明德，不在鼎矣。因詳敘天眷有周，歷數未艾。君一問苦太早耳。篇中義正辭嚴，凜凜斧鉞，班彪《王命論》應以此爲藍本。遠方圖物，貢金九牧，鑄鼎象物，百物而爲之備，使民知神、奸。故民入川澤山林，不逢不若。螭魅罔兩，莫能逢之。用能協於上下，以承天休。（《測義》夾）陸粲氏曰："諸言禹鑄鼎，其事不經見，故儒者疑之。其信有焉，殆亦紀治水之迹，著其貢賦之名數，以視後人耳，何至迂怪如滿所云哉？或曰：鼎，啓鑄也。"〔編者按：奧田元繼作呂祖謙語。〕（《評林》眉）《經世鈔》："讀此，乃知鑄鼎之利民用古，聖人不作無益如此，《山海經》非徒博物之謂。"按：《書·召誥》疏云："九牧貢金爲鼎，故稱九鼎。"其實一鼎，然鼎之上備載九州山川異物，又可疑。桀有昏德，鼎遷于商，載祀六百。商紂暴虐，鼎遷于周。（《便覽》眉）四句關鎖上下，筆簡而宏。德之休明，雖小，重也。其奸回昏亂，雖大，輕也。（闈生夾）雖小、雖大，指鼎言，即隱譏楚國。天祚明德，有所底止。（方宗誠眉）"天"字，一篇關鍵。成王定鼎於郟鄏，卜世三十，卜年七百，天所命也。周德雖衰，天命未改。鼎之輕重，未可問也。"（《正論》眉）澤麇蒙虎之喻，以勢懼；明德底止之說，以理喻。楚之介在蠻夷，無王之心，非一日矣。特以區區名義，尚不敢犯，而二臣應變出辭，尤屬奇偉。（《才子》夾）與《國語》不許請隧篇千載對峙，彼特婉曲，此特勁激。（《淵鑒》眉）問鼎，逆節之萌也。王孫滿之對，一毫委蛇不得，必如此辭嚴義正，始足以杜覬覦之端，折强臣之氣。臣德宜曰："在德不在鼎，實有國之金鏡寶箴也。蓋正位凝命者乃鼎，而三趾兩耳者非鼎也。使周鼎不淪於泗水而秦得之，亦何益？"（文熙眉）汪道昆曰："議論妙品，'德之休明'句法。"穆文熙曰："楚子問鼎，甚于晉文請隧。周臣能以德折之，所以周雖衰，而猶能延一綫之脈。"（《正論》尾）曰德曰命，詞嚴義正，能折奸雄窺伺之心。（《左傳雋》尾）吕東萊曰："楚爲封豕長蛇，觀兵周郊，問鼎之輕重，侈然有改玉改步之意。使王公卿士，怵惕祗畏，懷覆亡之虞，則后稷、公劉之業，猶有望也。適王孫滿之説偶行，其君臣相與高枕，遂謂吾舌尚存，寇至何畏？狃其禍而恃其幸，開之者，非滿與？自是之後，相襲成俗。問其治國，則先文華而後德政；問其禦寇，則先辯說而後甲兵；問其交鄰邦，則先酬對而後信義。下逮戰國吞噬之際，猶用滿之餘策，虛張九九八十一萬之數，以謫齊。一旦秦兵東出，辯不能屈，稽首歸罪，甘爲俘虜，始知浮語虛辭果有時而不可恃也。吾故曰：'王孫滿卻楚之功，不足償其怠周之罪。'"（《正集》尾）議論矜激，語音掉爽，壯衰周之氣，爲文、武、周公生色不淺。葛端調。（《文歸》眉）戴文光曰："矜激掉厲，如劍戟相向。"（《文歸》尾）其言典重，足配九鼎。戰國顏率以九九八十一萬人可挽，鼎乃輕甚。父一。問鼎之大小輕重，意或可誅，而詞固甚微。非若請隧之顯干王章也。王孫滿之對，較襄王加嚴切焉，止萌杜微，大體宜爾。斯文之奇，故在識到。仲光。（《快評》尾）楚之僭王已久，其耽耽于成周之九鼎，更非一日。賴齊、晉之君，親主齊盟，尊周攘夷，南風因而不競。召陵之盟、城濮之戰，有功於王室者大矣。晉世其霸，至靈公末年晉亂，不有諸侯。楚乘中國之釁，直逼雒邑，觀兵問鼎，以中國無人也。中國不可一日無人也如此。楚人志在九鼎，其伐陸渾之戎，似全爲問鼎作地者。觀左氏之"遂"字可見也。由伐戎至雒，由至雒而觀兵，而問鼎。若全不爲問鼎而來者。乃身至雒邑，咫尺王庭，觀兵於疆，而不入覲，其倨極矣。問鼎之大小輕重，已示周人以意矣。王孫滿妙在明明説破，更不作委曲，能令楚人索然意盡。（王源尾）筆力矯悍勃萃，如快馬砍陣，摧鋒陷堅，所向披靡。"在德不在鼎"一句，有單刀直入之勢，以下遂成破竹。妙在通篇都説德，及入周，卻説天命。此固文字變化處，亦詞令圓妙處。蓋德固足以譽楚，而周德既衰，又不足恃也。所以反將德字撇開，歸重天命，直使他開口不得。（孫琮總評）唐荊川曰："矜激掉屬，如劍戟相向，洵足懾楚子矣。然未聞因此而君臣交儆，以祚明德。自是而後，辭對日高，實政不舉。東萊咎滿爲作俑，亦有見哉！"楚子觀兵于周疆，明以兵力脅周也。王孫滿開口以"德"字折倒他，惟德得天，則一切兵力自用不著。故先言德，後兼言天，知天命之未改，而楚子覬覦妄干之心，固已從言下奪之魄。（《古文析》尾）若説德之休明大也、重也，其奸回昏亂小也、輕也，便庸便腐。看他偏將"小"字翻出"重"字，"大"字翻出"輕"字，遂覺分外精彩。（《彙鈔》眉）稱"德"、稱"天"，折倒楚子，矜激掉屬，如劍戟相向。（《覺斯》尾）過商侯曰："鼎之一問，目無天王。王孫滿提出'德'字，已足破癡人之夢。結成'天'字，尤足禦奸雄覬覦之心。滿之一言，其可謂重於九鼎。"（魏禧尾）魏禧曰："辭義典嚴，楚隱窺之，而滿顯折之，固是辭令一道。"（《析義》尾）楚莊問鼎，自不是閒問，但彼時周室雖微，名義猶存，未必遽爲楚并。即楚力能并周，諸侯亦未必服從，徒負不義之名於天下耳。王孫滿"在德不在鼎"一語，確是正論。其言鑄鼎之始，乃在夏后有天下之後，非因得鼎而後興也。其言夏鼎遷商，商鼎遷周，必有奸回昏亂如桀紂者，而湯武始得以休明之德，坐享天祚。況天命有當改之時，非人力所能勝。今周縱失德，未必如桀紂；楚之明德，未必如湯武。即此日之天命，亦未必遽祚楚而厭周，則鼎之問也，不太早計乎？是一篇極有斟酌文字。舊評謂滿卻楚之功，不足以贖息周之罪，何其刻而不當理也？（《分國》尾）楚莊假伐戎爲名，窺伺周室。故傳者深惡之，曰："遂至於雒，觀兵于周疆。"問鼎之心，良叵測矣。王孫滿以"天"字壓之，一曰天休，再曰天祚，終曰天命，反將"德"字放輕，曰周德雖衰。夷不信德，而畏天也。（《晨書》總評）宋南金曰："觀兵、問鼎，儼然有投鞭斷流景象，王孫滿以'德'字破其愚，以'天'字寒其膽，詞嚴義正矣。有謂'天祚明德'以下，舍'德'而論冥冥不可知之數，卻落一地步者，不知此段最冷而有味。天命未改，楚果能上承天休，如孟津之會，八百之朝乎？使其反己自思，覺逆天難做，未有不若失者。此真待兇人不惡而嚴之論也。滿之折楚也，以莊語；顔率之欺齊也，以滑稽。兩人皆使周鼎安若磐石，然吾于此生人才升降之感矣！（《觀止》尾）提出"德"字，已足以破癡人之夢。揭出"天"字，尤足以寒奸雄之膽。（《集解》尾）先王耀德不觀兵，楚子觀兵周疆，蓋恃其強也。因而問鼎，益有覬覦天命之心。王孫滿開口便說"在德不在鼎"，已足奪其所恃。末段抬出"天命"二字來，愈見天下非人力所能爭。中間論鼎，還他大小輕重四字，而寔從德上發論，絶不著意於鼎。楚子此時跋扈雄心不覺消沮。詞嚴義正，不激不隨，而筆法短峭警拔，又足起衰式靡。（《彙編》尾）讀"休明""昏亂"數句，可起繡扆脩德之思；讀"天命未改"數句，可落奸邪窺覦之膽。"在德不在鼎"是一篇主意，下皆反覆明之。然須看其先以鼎所由來，伏一"天"字，又將大小輕重錯落歸併完他，備極頓挫，然後承"天"字跌入，單以輕重未可問結之，其線索不苟如此。（《知新》尾）當年秦晉鼎峙，楚莊豈能遂并天下？見周之弱，徒以鼎擁空名、爲共主，閑中問及，未必不爲子孫圖度耳。歸重有德，援據天命，不覺妄念潛消。（《賞音》尾）王孫滿不責楚子之無王，至謂"天祚明德，有所厎止"，人皆咎其失言，不知觀兵周疆，天王尚不敢責其無禮，豈問鼎之言獨能深罪耶？故只以"在德不在鼎"折之，見楚子殊爲失問，冷諷踰於顯斥矣。至末提出"天所命也"四字，則冠屨之分，仍自凜然。（《左繡》眉）德言天，而歸於鼎之未可問，卻又未嘗不在鼎也。真縱橫如意之文。單從本朝說起，若無襯托。若平敘三代，又不見間架。文從鑄鼎說到定鼎，定鼎是主，鑄鼎亦賓中主，都用詳筆。中間兩寫遷鼎，而于商只著"載祀六百"四字，獨用略筆。轉遞圓緊，既有襯托，又有間架。尤妙在將"德"字、"輕重"、"大小"字，橫空獨發，爲一篇之警策。恰與起、結三處相配作章法。似此結構，誠哉巧奪天工。囫圇問今大小輕重，卻從大小分出輕重，洗刷精妙。起處四字總說，中從大小側到輕重，結便單收輕重，絶妙脫卸法。唐云讀此視《國策》顔率欺齊篇便小樣，可爲知言。（崑崖尾）前截以"德"字爲主，帶出"天"字；後截以"天"字爲主，帶定"德"字，結構各殊，針線卻密。前截有提有束，有正有反；後截有虛有實，有賓有主，俱非草草佈置。（美中尾）宋蓁天曰："在德不在鼎，實有國之金鑑寶箴也。蓋正位凝命者乃鼎，而三足兩耳者非鼎也。使周鼎不淪於泗水而秦得之，亦何益？"（《約編》眉）不曰"不當問"，而曰"未可問"，勁中帶婉。(《約編》尾) 揭出"天"字、"德"字，便見主腦。是時周爲共主，雖無休明之德可稱，亦不至奸回昏亂如桀紂也。故以"天命未改"爲言，覺楚之問，尚覺太早，措辭極有斟酌。楚人志在九鼎，其伐陸渾，全爲問鼎作地。觀左氏"遂"字可見。問鼎之大小輕重，已示周人以意矣。王孫滿妙在明明說破，更不作委曲，能令楚人索然意盡。我持。(《啖鳳》尾) 在德不在鼎，正以天祚明德也。有德則鼎不遷而重，無德則鼎遷而輕，自是古今通義。但周至定王，歷年既久，先德亦微，似未足恃。故又申言天祚有所底止，即卜鼎而見命之未改，以遏覬覦之邪心。先民王氏謂其舍德而論冥冥不可知之數，已落下一地步。然實有此理在，即孟子論傳賢章可見也。鼎爲有德者所鑄，亦惟有德者能遷。則鼎以有天下者而重，有天下者初不以鼎而尊也。乃至視爲傳國之寶，即並認作得國之祥，如楚子者，正復不少。後來國璽之相寶貴，糾紛不已，其惑蓋亦猶是耳。(《左傳翼》尾) 既觀兵，又問鼎，便有窺伺覬覦之意，觀一"遂"字可知伐陸渾之戎特其借名耳。提出"德"字，又提出"天"字，而以"天祚明德，有所底止"告之，見卜年、卜世尚非宜問之時，令奸謀慚而自沮。王或庵謂：通篇重"德"字，及入周卻說天命，蓋德固足以聾楚，而周德既衰，又不足恃。所以反將"德"字撇開，歸重天命。不知天祚明德，則天命未改，正以德之未衰，衰而曰雖，不過謙詞耳。此乃文字變化處，亦詞令圓妙處也。其嚴正峻厲，與襄王折晉文請隧同，而曲邕過之。(《精言》尾) 觀兵而問鼎，明明窺伺大物之意。王孫滿昌言偉論，提出"德"字、"天"字，非惟沮楚子探問之心，抑足寒奸雄覬覦之膽。不但攝服楚子，使千百世下，知德足恃而天命之難改，其功偉矣。章有章法，句有句法，不獨詞令爲工。(《析觀》尾) 章禹功曰："楚莊王伐陸渾之戎，何必至雒？既至雒，又何必觀兵于周郊？此不臣之心著矣。周定王因楚子示兵逼周，故使王孫滿以郊勞之禮迎之。彼周室衰弱，止得如此發付。況周，君也；楚，臣也。何楚子不以天使尊拜寵命之勞，而反問鼎之大小輕重？較之齊桓下拜受胙，奚啻天壤哉？王孫滿'在德不在鼎'以折之，足以杜奸雄之心而奪其氣。然天命雖有當改之時，固非人力之所能致。即夏禹之有天下，又非因得鼎而王也。王孫滿所言夏鼎遷商，商鼎遷周，必有奸回昏亂如桀紂者，而後湯武能以休明之德丕承天命，坐享天下。今周德雖衰，未必如桀紂而遽爲楚並，而楚之明德，亦未必如湯武而遽承天祚。楚子之問，徒負不義之名於今古矣。篇中先以‘在德不在鼎’爲通篇之綱，開口就說破楚子。就將夏禹鑄鼎始末，非有德者不能承天眷之休，復將桀之昏德、紂之暴虐，歷敘遷至周之由。隨將‘德之休明’‘奸回昏亂’四語，上下緊緊關鎖，總言鼎之遷，皆由於德。又破楚子問鼎‘大小輕重’四字，故首言大小，末止言輕重，則句法簡峻，辭氣卓厲，如劍盾相向。結以‘天命’二字，語意正大，足以壓倒楚子矣。"（《便覽》尾）特地問鼎，注意便在鼎。開口卻說個不在鼎，及至提出"德"字、"天"字作主，則又從鑄鼎卸出遷鼎、定鼎，而歸於未可問鼎，意未嘗不在鼎也，真縱橫如意之文。讀"休明""昏亂"之語，可起當宁脩德之思。讀"天命未改"之語，可折奸雄窺伺之意。芳輯評。（《日知》尾）欲熄其燄，豈無機鋒？文固得高一層落墨法，讀《國策》欺齊篇，自見此文樹義宏遠。（高嵣尾）陸渾在伊洛之間，逼近王城，楚莊伐陸渾，志窺周鼎也。伯業以尊周爲義，楚莊之問，狡焉思逞，去桓文遠矣。"天"字、"德"字爲綱領，大小、輕重爲眼目，詞嚴義正，足寒奸雄之膽。（《自怡軒》尾）"在德不在鼎"一句，已括全篇大旨，恐楚疑周德既衰，鼎若可問，故又提"天所命也"四字以折之，筆愈轉愈勁。杜草亭。（《評林》眉）《評苑》："郟鄏，東周之王城也，成王成武王之志，定鼎於此。"陳傅良："未可問，傳言晉衰，楚窺周室。"《匯參》："開筆作態，不曰不可問，而曰未可問，回復得又決絕，又委婉也。"（王系尾）通篇抱定"德"字不放，末忽云"周德之衰"，似是敗闕，卻正是幹補敗闕處。周德之衰，人所共見，何可掩飾？德雖衰而命未改，其積德之厚可知矣。不惟語無滲漏，抑又加一倍精神。辭令極品，文章極品。（武億尾）特特問鼎，便滿肚主意在鼎。開口卻說個不在鼎，已使之爽然自失。劈頭提出德，又從德推出天，而歸之於鼎之未可問，卻又未嘗不在鼎也。真縱橫如意之文。（方宗誠眉）德與天命雙收，何等謹嚴！（《學餘》尾）一起敘得聲勢赫奕，顧盼非常，若火燎于原，不可向邇矣。王孫一對，天人今古，理勢瞭如。其辭重而不煩，嚴而不激，實足以息兇焰而亢王靈，東周衰而不亡，尚有典刑也。豈非菁莪之澤永，而鳴鳳之音長歟？（林紓尾）紓曰：楚莊觀兵周疆，而不朝王，目中無王，未必即思遷鼎。問鼎者，或好古之心，無心流露。王孫滿疑其叵測，又無兵力足以抵抗，劈頭覓出一個"德"字，與"鼎"字相校，輕輕把鼎遏倒，說成有天下，全不在此區區者。想楚莊聰明，一聽即已領解，此要言不煩者也。其下說鑄鼎之故，不過言百物而爲之備，全無關于王業，又把鼎字看得極輕，使他不要著意，處處將"德"字提醒。說到夏德、商德，凌夷衰微，逐漸說到本朝。而衰周景象，即有王孫滿之詞令，亦將支架不起，拈出"有所底止"四字，實用天命壓楚莊之侈心，蓋亦知周德不足以服楚，故直捷說出德衰命在，且尋出卜世卜年故案，來嚇南人。看似一團興會，內中實屬無聊。但能使楚莊掃興而去，未必遂服周德，不敢復萌異志。凡讀古人文字，不必因其喬喬皇皇，即行卻退。潛心一想，此文雖壯，而滿腔皆畏葸之心，第一句"在德不在鼎"，似極侃直。末一句"未可問也"，似極斬截。究竟不足以抵叛逆之師。不過時非其時，楚弭其鋒，而滿得其志耳。(《菁華》尾) 陸渾，戎狄小國，未嘗開罪于楚，伐之何爲？蓋借之以爲觀兵周疆計也。問鼎之言，其志不小，王孫滿以"在德不在鼎"答之，一語已如冷水澆背，使之不寒而慄。以下歷敘夏商之事，以示天命有在，雖有蓋世之雄，無所用窺伺之計。所謂一言強於十萬兵者，庶幾近之。積弱之朝，得此稍爲生色。(闈生夾) 或謂此等詞令已開戰國談辨之習，然戰國之士競尚詭譎，此文渾穆而嚴毅，固自不同。

　　夏，楚人侵鄭，鄭即晉故也。(《評林》眉) 余光："夏，楚人侵鄭。《春秋》繼伐陸渾而書楚人侵鄭，惡楚莊。"

　　宋文公即位三年，殺母弟須及昭公子，武氏之謀也。使戴、桓之族攻武氏于司馬子伯之館。盡逐武、穆之族。武、穆之族以曹師伐宋。秋，宋師圍曹，報武氏之亂也。(孫鑛眉) 全重文十八年語。(《左繡》眉) 事已見前，只補出曹師伐宋，爲今秋宋師圍曹緣起。然將前文對看，其順逆賓主又各不同，蓋前重在司城，此重在武氏故耳。(《評林》眉) 高閌："秋，宋師圍曹。武氏之亂，非曹人所致也。宋不能內睦九族，而興兵以圍人之國，不亦左乎！"

　　冬，鄭穆公卒。(孫鑛眉) 敘事首尾亦有綜括收拾法。(《彙鈔》眉) 因穆公之卒，而追敘其未生之前、已生之後許多異事。以一"蘭"字爲終始，波致幽趣。(《左繡》眉) 記鄭穆公卒，極尋常事，卻從他生之所以然，直敘到死之所以然，筆筆從"蘭"字生情。夢蘭、御蘭、徵蘭、名蘭、刈蘭，連寫數"蘭"字，事奇而文妙。左氏慣於極纖悉事，寫得極風致有色澤。如此文，真清麗之作也。(《補義》眉) 只一起一結是正傳，中三段皆追敘，又是一格。初，鄭文公有賤妾曰燕姞，夢天使與己蘭，曰："余爲伯儵。余，而祖也，以是爲而子。以蘭有國香，人服媚之如是。"既而文公見之，與之蘭而御之。辭曰："妾不才，幸而有子，將不信，敢徵蘭乎。"（韓范夾）委曲細碎中多芳逸，此唐人小説之祖。公曰："諾。"生穆公，名之曰蘭。（《補義》眉）穆公名蘭，寫得如許奇麗，爲全篇之冒。賤妾與下兩又娶反照，人服媚之與殺之、鴆之、惡之反照。（《評林》眉）按：夢是燕姞未見文公之時也。王百穀："蘭爲芳草，此穆公所以能昌其胤。"《評苑》："國香，言其香之可貴，不與常品同也。服，佩也，古人以香草爲佩。媚，愛也。言汝人尊愛汝子，如服媚此蘭也。未幾，文公見燕姞而悅之。"（閩生夾）左氏好奇，故記此等誕幻之事輒有異采。

　　文公報鄭子之妃，曰陳嬀，生子華、子臧。子臧得罪而出。誘子華而殺之南里，使盜殺子臧于陳、宋之間。又娶于江，生公子士。朝于楚，楚人鴆之，及葉而死。又娶于蘇，生子瑕、子俞彌。俞彌早卒。洩駕惡瑕，文公亦惡之，故不立也。（閩生夾）總敘諸子不終，以見穆公之得天命。文情奇肆而氣緊遒。瑕死已見於前，故不復記，知此與上文本爲一篇也。公逐群公子，公子蘭奔晉，從晉文公伐鄭。石癸曰："吾聞姬、姞耦，其子孫必蕃。姞，吉人也，后稷之元妃也，今公子蘭，姞甥也。（閩生夾）又幻出姬、姞偶一段，而以姞爲吉人，愈幻愈妙。蓋穆公之後于鄭最盛，故聚精會神而爲此文，空幻輕靈，不肯驟落。古人言輕燕掠波，最是此等妙境。天或啓之，必將爲君，其後必蕃，先納之，可以亢寵。"與孔將鉏、侯宣多納之，盟于大宮而立之。以與晉平。（《彙鈔》眉）歷敘群公子始末，總收結到公子蘭，筆法簡到。（《補義》眉）寫諸母子如斷蓬敗絮之飄零，正與國香有薰蕕之別也。然子華不入甯母事，子臧不入鷸冠，瑕不入伐鄭，穆公不入待命於東，能慈愛故潔。總以"天"字收束。

　　穆公有疾，曰："蘭死，吾其死乎，吾所以生也。"刈蘭而卒。（王源尾）杜氏曰，《傳》言穆氏所以大興于鄭，天所啓也。故"天"字是主，"蘭"字是眼。開手"鄭穆公卒"一句提綱，下面三段文字俱是追敘，結尾一段方是正傳。局陣極閎，呼應極靈。所謂首尾相擊應者也。中間追敘群公子不立一段，極妙。既見天意有屬，蘭夢非誣，又將上下文隔斷，有橫峰側嶺之奇。(《分國》尾) 文公盡逐群公子，穆亦幾幾不免矣，幸有蘭徵耳。厥後七穆果蕃，天之所啓，不可廢也。(《左繡》眉) 中間詳敘不立彼而立此之故，都暗對上"賤妾"二字着筆，看他多許人多許事，敘得如此簡潔。單句提單句結，中兩句對，小小自成片段。前後凡七寫"蘭"字，筆情經郁，中於一奔一立，亦兩點公子蘭以映帶之，不令冷落也。敘到"立之以與晉平"，便接入有疾作收局，作史最要辣手割愛，否則語不可了矣。起處鄭穆公卒，不過點經語耳。讀至結句，不謂於極平常點題中，弄出極絢爛文字。真戈無定格，隨手可造。所謂"春雨有五色，酒邪花旋成"也。那得不推爲化工？即於自己口中作首尾呼應結構，又別一格。孫執升曰："此記卒也，顧言其始生，奇矣。忽入夢蘭事，甚奇。源源本本說到后稷、吉人，更奇。刈蘭而卒，大奇。明是穆公一篇外傳。(《左傳翼》尾) 穆公者何？鄭伯蘭也。穆公其謚，蘭其名也。鄭伯何以名蘭？以鄭伯之母燕姞夢天與之蘭以爲己子，文公御之，而與之蘭，以蘭爲徵，故生鄭伯而名之爲蘭也。蘭何以得爲鄭伯？以蘭之母燕姞。姞之先有後后稷元妃者，姬、姞耦不與陳媯諸姬等，故爲天所啓。夢蘭生子，而國人戴之爲君，亦不與子華、子臧群公子無成等，故蘭所以得爲鄭伯也。一蘭也，何足以爲鄭伯重？以蘭有國馨，人服媚之，穆氏大有後於鄭，人服媚之亦如蘭也。其生也以夢蘭而生，其卒也以刈蘭而卒，鄭伯之生卒皆以蘭，蘭故足爲鄭伯重也。書穆公卒矣，何以必詳其生？曰未知生，焉知死。敘一人而必詳其始終本末者，此行文之定體，亦釋經之常例也。且穆氏大有後於鄭，故著之也。(《評林》眉) 楊升菴："以夢蘭生，以刈蘭卒，數誠前設。"(武億尾) 起句不過點經語耳，讀至結句，乃知極平常點題中，卻弄出極絢爛文字。看他筆筆從"蘭"字生情，亦風致，亦色澤，逼真清麗之文。(王系尾) 此篇是鄭穆公卒傳。先敘其所由生，次敘其所由立，左文最簡，而不厭其詳者，以穆族蕃衍于鄭，凡十一族，七穆尤盛，子皮、子產皆其裔也。篇中以"天"字作主，以"蘭"字作經緯，使與己蘭，以蘭爲子，蘭有國香，服媚如蘭，與蘭而御，徵蘭名蘭，蘭死刈蘭，寫得紙上芬芳襲人。乃疑《楚辭》蘭桂菌椒，九畹百畝，皆是從此脫去。(林紓尾) 紓曰：此文雖屬編年之中，實則別成爲鄭穆公一小傳。夢蘭者，幻想所結成也。刈蘭者，疾革時即不刈蘭而亦死，刈之自以爲應讖耳。全屬子虛之事，而左氏竟拾取作文之起結，似乎有首有尾，有叫有應，乃不知爲左氏弄神通之筆陣。試觀"賤妾"二字，妾矣而又賤，其子焉得立？報鄭子所生，固不足錄。其下又娶于江，又娶于蘇，則正娶之夫人，非賤也，而其子皆遇害，皆不得立，正爲穆公蓄勢。處處從人事著手，人事不獲當，始歸之天命。是鄭國明明排出一種亂局，坐待穆公登場。左氏以爲就事敘事，過於簡略無味，卻把燕姞夢蘭一事作提，復以鄭穆刈蘭一事作結，中間點染出夢蘭、御蘭、徵蘭、名蘭、刈蘭無數"蘭"字，使人目迷五色。似此篇爲紀夢之文學，學之稍事渲染，便成小說。南北史於此類筆墨極夥，皆爲左氏所欺，故趨入瑣碎一路。讀者當從子華、子臧、子士、子瑕、子俞彌著眼，此五子皆不幸，正爲穆公之幸。此是史之正意。然五子何以不得立而待穆公，則此中又有天意。既有天意，則夢蘭之事，又未必無因。於是一篇好文字，遂借"蘭"字發揮。至於刈蘭一事，穆公亦自命得國之有天意。刈蘭者，自信其應夢，亦用以欺人。左氏不管他好歹，取爲文字之起結，以醉觀者之目，文心之狡獪極矣。（《菁華》尾）穆公，鄭之賢君，左氏追敘其得國之由，一一詳具始末，而以"天或啓之"一語總結一篇大意，以見天意所在，非人力所能爲。彼以僥倖之心希圖萬一者，皆屬多事。（闈生夾）餘波亦吊詭可愛，收不枯寂。"刈蘭而卒"，言蘭瘁當刈時而公卒也。馬驌云："穆公之子十有三人，靈、襄嗣位，公子嘉誅，子然、士子孔之族奔楚，羽氏適晉，不在其數。其餘罕氏、駟氏、國氏、良氏、游氏、豐氏、印氏，謂之七穆。宋之盟，七子賦詩，則七族也。韓起之聘，六卿賦詩，其時良氏微矣。終春秋之世，穆族代爲卿也。"

◇宣公四年

【經】四年春王正月，公及齊侯平莒及郯。（《評林》眉）王葆："'及'有二義，'及齊'，公之志也；'及郯'，以大及小也。"莒人不肯。公伐莒，取向。（《評林》眉）李簾："宣公平莒、郯而伐莒取向，正與桓公平宋、鄭而伐宋戰宋相類，蓋二公皆不義失平，怨之本也。"秦伯稻卒。夏六月乙酉，鄭公子歸生弒其君夷。赤狄侵齊。（《評林》眉）高閌："以齊之強而連年爲狄所侵，則惠公之無政可知。"秋，公如齊。公至自齊。（《評林》眉）高閌："公始即位，公子遂、季孫行父一歲而三聘齊，至是亟朝於齊，謹事大國以自固也。"冬，楚子伐鄭。

【傳】四年春，公及齊侯平莒及郯，莒人不肯。公伐莒，取向，非禮也。平國以禮不以亂，伐而不治，亂也。以亂平亂，何治之有？無治，何以行禮？（《分國》尾）伐崇不服，文王尚退而脩德。平之也，反加伐，又取焉。是假平爲名，掩襲之耳。（《左繡》眉）"平國以禮不以亂"一句提明，下六句一轉，順承"亂"字，倒煞"禮"字，"平"字居中作關紐，只因添出"治"字伴說，便覺筆端紛紜，其實脈縷一絲不亂也。（《左傳翼》尾）莒、郯交惡，魯及齊平之，可謂義舉。而莒不肯者，以郯爲魯姻親，而有所左右於其間，且挾齊以臨之，宜莒人之不心服也。不知自反，而以兵伐之，亦已甚矣。又取向焉，心既不公，復因之以爲利，《春秋》所以深惡之也。

楚人獻黿于鄭靈公。（《彙鈔》眉）始而相戲，既而相怒，釀成弑□，可見戲爲禍本。公子宋與子家將見。子公之食指動，以示子家，曰："他日我如此，必嘗異味。"（鍾惺眉）食指動，禍機也。一鼎之鬻，君臣死焉，豈偶□□。（《評林》眉）王荆石："子公之食指動，戲言招禍，事方隱而預洩之，亦能招禍。"（《補義》眉）通篇以"權"字爲骨子，前段起釁由宋，造意由宋，反譖由宋，似全是一人生事。然其生事處，正其不自主張處。寫歸生始則相親，繼則相規，直至生死之關，事不得已，而後從之，全被他人迫脅。然其迫脅處，正其自作主張處，何也？權在歸生也。然後知公之見弑，由權之失耳。至此方點出"權"字，文已大奇。末段欲逐穆氏之族，並子公亦在逐內，而不敢議及歸生，可知其權大勝子宋，即新君亦不足以制之也。前寫歸生不露"權"字，後寫歸生有權，並不露歸生，超超元箸，古今無兩。（闈生夾）入題瑰詭有致。及入，宰夫將解黿，相視而笑。公問之，子家以告，及食大夫黿，召子公而弗與也。子公怒，染指於鼎，嘗之而出。公怒，欲殺子公。子公與子家謀先。子家曰："畜老，猶憚殺之，而況君乎？"（韓范夾）"畜老猶憚殺之""殺老牛莫之敢尸"，當日臣子所以目其君者如此，信是天地摧坼時也。（《彙鈔》眉）以"畜"稱君，其言如此，安逃弑逆之名？（闈生夾）君臣之義，其時之人不知久矣，記此所以傷之也。反譖子家，子家懼而從之。（闈生夾）宗堯按：「反譖子家，是子家不從，則子公不能爲也。不能以其力去子公，而反假其力於子公，故罪之也。」夏，弒靈公。書曰：「鄭公子歸生弒其君夷。」權不足也。（《測義》夾）陸淳氏曰：「子公弒君之賊也，其惡易知。子家縱其爲逆，罪莫大焉，書之以爲首惡，與趙盾之弒義同。」汪克寬氏曰：「十年傳載鄭人討幽公之亂，斷歸生之棺而逐其族，則鄭人當時已以歸生爲首罪矣。」（闈生夾）特爲之解，妙甚。左氏皆此筆法。「越竟乃免」，用意與此正同。君子曰：「仁而不武，無能達也。」（魏禧尾）魏禧曰：「歸生專鄭有年，權本其所自有，而懼譖以從弒，自陷首惡，故曰『權不足也』。然則歸生足于權奈何？當子公來謀，吾度其勢之不可以諫誨也，則陽與之合，即而圖之，殺子公易易矣。」賴韋曰：「國法首亂者死，吾實討賊，而君以爲吾作亂，奈何？」曰：「吾與之盟，使子公定其書，就盟所誅之，以其書見於君，而自請專殺之罪，其可矣。雖然，忠君者不顧身，使子家蒙冤以死，死於討賊，不猶愈於被弒君之惡，而受斫棺之罰哉？」魏祥曰：「趙穿弒靈公，實爲趙盾之故。而盾亦既知之，故不書穿而書盾弒，所以誅意也。今弒君者意與事皆係子公，而歸生乃挾而相從，何以置子公而書歸生？蓋子公必待歸生而後敢弒，則所以成其弒者，實歸生矣。然靈公非真欲殺子公也，觀其至夏而猶不殺，且子公尚可以譖子家，則子公之逆謀，亦可勸諭而止矣。乃始則妄比爲畜，終竟從人弒之，非歸生之罪而誰罪也？」熊頤曰：「宋仁宗暴疾，文彥博與劉沆同宿殿廬，有禁卒告都虞侯欲爲亂者。彥博廉得其詐，請沆判狀尾，斬卒於軍門。帝疾愈，沆密奏彥博擅斬告反者，彥博以沆判呈，乃得免。吾師所云先令子公定書，最是大臣濟變保身良法。於最倉卒中，思慮精密如此也。」彭家屏曰：「叔牂以頒羊不及而僨師，子公以食黿不與而構難，小人之情之不可失也如此。然《詩》不云乎：『民之失德，乾餱以愆。』乾餱，食物之薄者，而失德招尤，胥在乎此。鄭靈食諸大夫，以黿召子公而不與，其亦有未盡道者歟？」（《評林》眉）朱申：「以『畜老』擬君，尚得爲仁哉？左氏所稱頗謬於聖人者，往往如是，讀者不以辭泥可也。」《補注》：「既云『懼而從之』，是與謀也，『權不足』乃俚俗之言，非所以釋經。」《經世鈔》：「無能達也，妙語説盡古今姑息之弊，故曰惟仁人爲能愛人、惡人。」凡弒君，稱君，君無道也；稱臣，臣之罪也。（《左繡》眉）趙盾以不討賊書弒君，今子家懼譖而從，則直與於亂矣。曰權不足，曰仁而不武，只說成一膽小無決斷人相似。要之，只是讀者胸中都有執訊一篇妙文，故稍寬之耳。其實李代桃僵，匪朝伊夕。觀其敘將見，則曰子公與子家，謀先則曰子公與子家，食指動則以示子家，公問之則子家以告，乃至入見解黿，直描一句曰相視而笑。寫得子公、子家竟是一個人。反譖、懼從，固其所也。篇中步步摹寫，真大神之筆。憚殺則固可殺矣，比君於畜，直助之摩厲以須耳。歸獄首惡，亦何說之辭？唐錫周曰："禍胎於子公，然子家實蒙首惡。篇中極似詳敘子公，卻是陪筆。極似帶敘子家，卻是正筆。史家立言，固自有體。"（《評林》眉）《附見》："弑，伺也，伺間而後得其便。"《補注》："凡弑君，君雖無道，豈臣子所當較？臣既弑君，亦豈有無罪者？《傳》謬至此。凡弑君，或書賊主名，或不書主名，皆從赴告。《傳》不知策書從赴之法，而妄為之辭，故陳氏以凡例為後人依倣。"（方宗誠眉）人君見弑於臣，其無道自不待言。聖人作《春秋》，則專罪人臣，所以正名分也。左氏所解，非《春秋》意。（文熙眉）穆文熙曰："凡事不可先談，君父之前，尤不宜戲。如子公、子家者，可鑒也。"歸生本無意作難，以子公脅從之，乃蒙首惡之名，故傳以為權之不足也。

鄭人立子良，辭曰："以賢則去疾不足，以順則公子堅長。"乃立襄公。襄公將去穆氏，而舍子良。子良不可，曰："穆氏宜存，則固願也。若將亡之，則亦皆亡，去疾何為？"乃舍之，皆為大夫。（《測義》夾）邵寶氏曰："己留而族亡，子良何以為心？故欲與族偕亡，而卒存其族，亦豈子良有心於要之哉？讓國，禮也。偕亡，禮也。偕存，亦禮也。雖然，子良於穆之族有義不同天者焉，知權者當有以處之矣，而區區於存亡之偕，何居？"〖編者按：奧田元繼作鍾惺語。〗（《左繡》眉）後半詳寫子良讓國存宗，句句知明處當，特描一仁而武樣子，為權不足者作反映之筆也。否則前後文意不屬矣。胸中若存得"則亦皆亡"四個字，便仁且武，而權亦足矣。何至利害惶惑，卒為亂賊之歸乎？弑君何等樣事，看他"猶也""而況也""乎也"，說得文搊搊。今子良讓國存宗，斬斬卻用四"則"字，何等決斷！對寫妙絕。（《左傳翼》尾）仁而不武，總是利害得失判斷不下，一庸惡陋劣之鄙夫耳。小則吮癰舐痔，大則弑父與君，無兩人也。故天下柔媚無骨人卒陷於大惡而不難，若子良者，千乘之國可讓，一本之親可保，只是胸中了了耳。對看便自分明。（高塘尾）陸伯沖曰："子公，弑君之賊也，其惡易知。

子家縱其爲逆，罪莫大焉。書之以爲首惡，所以教天下之爲人臣者也。《春秋》之作，聖人本以明微，蓋謂此也。與書趙盾之弒義同。"俞桐川曰："弒君何事，可以通謀？既知其謀，不告於君以正其討，乃始沮之而終從之乎？蓋歸生先有無君之心，爲宋窺破。故始則相告，繼則反譖，然則歸生之弒明矣。處處開釋，處處折斷，末敘子良一段讓位保族，正以反形歸生。"（王系尾）此篇是兩頭敘，中間斷。中間斷語，只是收束前文，不是爲通篇作樞紐。末段只是連敘，而能使讀者精神全注末段。文境變化，豈真腕中有鬼哉？譬大匠之造五鳳樓，只是神明於規矩而已。（《菁華》尾）子家掌一國之令，且嘗伐宋有功，豈有不能制一子公之理？其弒其君夷，左氏謂其權不足也。如謂此非威權、事權之權，當作通權達變之權解。蓋子家懼靈公入子公之讒而禍及己，當爲先發制人之計，執子公誅之，然後告之其君而暴其罪。即使其君不信，至於出亡而止，此則聖人所謂可與權之說也。何謂權？變而不失其正是也。今子家無弒君之心，而有弒君之舉，轉若爲他人所制而俯首以從之者，謂爲權不足，蓋惜之也。

　　初，楚司馬子良生子越椒，（孫鑛眉）敘事詳密有委。（《彙鈔》眉）先敘子越來歷，正敘其事，忽溯子文來歷，虎狀豺聲與虎乳相應生色，左氏時有此法。（《左繡》眉）此篇傳滅若敖氏，卻以子文爲主。蓋越椒之滅，子文料之於前；克黃之復，子文遺之於後也。看其處處提掇子文，聯絡入妙。通篇都以奇語結撰而成，起處野心之諺、鬼餒之泣，中幅三矢竊二之論，末段虎乳之目，命名之改，奇情絡繹，應接不暇，又換一番筆墨矣。起手一段，便立一篇之局。記越椒初生之象，即爲前半滅若敖氏伏筆。記子文將死之言，即爲後半"改命曰生"伏筆。妙在"必殺之"總提，下分兩層，狀聲就外面說，野心就裏面說。"大感"總提，下亦分兩層，"速行"向生者說，"餒而"向死者說，而各點"若敖氏"三字。前三字爲"遂滅若敖氏"作倒喝，後三字爲"改命曰生"作反喝。參差歷落中，仍自片段整齊，脈縷精細，是何等手法！子文曰："必殺之。是子也，熊虎之狀，而豺狼之聲，弗殺，必滅若敖氏矣。（閩生夾）同一記事，若倒置文後，便索然無味，此可悟逆筆之妙。諺曰：'狼子野心。'是乃狼也，其可畜乎？"（方宗誠眉）追敘越椒之生。觀人法。子良不可。子文以爲大感，及將死，聚其族，曰："椒也知政，乃速行矣，無及於難。"（《評林》眉）《經世鈔》："以相法驗之，亦是一說。"穆文熙："楚之有越椒，猶晉之有楊食我也。天生兇逆，不可馴改，豈非數與！"《經世鈔》："何不言於王而殺之？此時椒已長大，必有兇惡之跡。"（閩生夾）宗堯云："此篇爲謀逆亂者戒，故屢述子文滅宗之言及下文箴尹之論。"且泣曰："鬼猶求食，若敖氏之鬼不其餒而？"及令尹子文卒，鬬般爲令尹，子越爲司馬。蒍賈爲工正，譖子揚而殺之。子越爲令尹，己爲司馬。子越又惡之，乃以若敖氏之族圄伯嬴于轑陽而殺之，遂處烝野，將攻王。（文熙眉）穆文熙曰："子文論越椒必敗，與叔向之母論叔魚同，何其奇中也？然叔段、州吁、商臣、子間，又何不聞有早識之者乎？"蒍賈爲子越譖殺子揚，而子越乃并蒍賈殺之，譖人媚人，終亦不免，其可快哉！（《補義》眉）一步緊一步，涕泗橫流，死不能瞑，而以是料乳臭兒，大奇！（《評林》眉）孔尚典："子越、子揚親從弟兄，尚不能相容，又能容蒍賈乎？人有至感，使我害之，其人他日必然害我。賈智士，乃貪富貴而聽之，所謂利令智昏，信矣！"（方宗誠眉）正敘越椒之作亂，以應狼子野心之言。

　　王以三王之子爲質焉，弗受，師於漳澨。秋七月戊戌，楚子與若敖氏戰於皋滸。伯棼射王，汰輈，及鼓跗，著于丁寧。又射，汰輈，以貫笠轂。（鍾惺眉）屬語句字皆奧極。（閩生夾）宗堯云："文事往往以寫景真切爲聖境，漢、唐、宋、明諸家於此等處百變其用，常成詣極之文。"師懼，退。王使巡師曰："吾先君文王克息，獲三矢焉。伯棼竊其二，盡於是矣。"（韓范夾）楚王權詞以安軍而鼓其銳，可謂知行師進退之變矣。（《補義》眉）一路野子狼心行徑，而楚子撰出三矢愚衆，非魑魅不足以制熊虎。（方宗誠眉）設詭詞以安衆心，妙妙！鼓而進之，遂滅若敖氏。（《評林》眉）陳傅良："滅若敖氏，雖殺命大夫不書。"王元美："當危疑倉卒時，須以權辭鎮之，方可定人心而壯其氣。"（方宗誠眉）敘越椒之滅，以應"若敖氏之鬼不其餒"二句。

　　初，若敖娶於䢵，生鬬伯比。（《學餘》眉）此段敘事，最屬閑文，而面面俱到，光光相映，是爲神品。若敖卒，從其母畜於䢵，淫於䢵子之女，生子文焉。䢵夫人使棄諸夢中，虎乳之。䢵子田，見之，懼而歸，(夫人)以告，遂使收之。楚人謂乳穀，謂虎於菟，故命之曰鬭穀於菟。以其女妻伯比，實爲令尹子文。(《左繡》眉)兩"殺之"、一"弗受"、兩射，都寫他狼子野心處。然重在攻王、射王，故以"遂"字作轉下，亦以"遂滅"應之，段落明畫。一筆結應起處第一層，以下當直接"子文之孫箴尹"云云矣，重又倒敘此段，前爲若敖氏作注腳，後爲"改命曰生"作緣起也。而鬭穀於菟特表所生之異，與狼子野心相映成趣。不虎乳者，反以野心滅宗。乳於虎者，獨以勸善留後，分明人面獸心、獸面人心之別，蓋天生奇事，成此奇文者矣。左氏最是倒敘處見文法之變、文情之濃。(《補義》眉)下映克黃。不載虎乳之奇，則首段勢孤。兩兩互映，文情濃至。(《評林》眉)丘維屏："虎乳之與熊狀豺聲相掩映。"《經世鈔》："妻伯比，賈充以女妻韓壽，亦此智也。"(方宗誠眉)追敘子文生時之兆，反對越椒生時之兆，於菟與前狼子反照。其孫箴尹克黃使于齊，還，及宋，聞亂。其人曰："不可以入矣。"箴尹曰："棄君之命，獨誰受之？君，天也，天可逃乎？"遂歸，復命，而自拘于司敗。(《彙鈔》眉)箴尹持論甚正，宜不絕其祭祀。(《評林》眉)魏世傚："拘於司敗，黃亦知莊王賢，必赦之，而爲是歟？高允謂翟黑子曰：'明主可以理干。'此類是也。不然，非己之過，逃而全宗，何不可？"李笠翁："箴尹知無所逃之義，申生之流也。雖然，申生必死，箴尹不必死，其無逃同，其所以無逃異。"《經世鈔》："若敖終以子文不綏〖編者按：疑當爲"餒"〗，此漢於霍氏所以爲寡恩也。"王思子文之治楚國也，曰："子文無後，何以勸善？"使復其所，改命曰生。(文熙眉)穆文熙曰："楚子三矢之説，亦以安人心耳。矢之中人，何必息乎？"呂氏曰："楚之滅若敖氏也，克黃幸而漏網，宜其委質諸侯以逃死矣，乃以君命爲重而直赴之，非審知義命、一視死生者，能之乎？"(《測義》夾)邵寶氏曰："箴尹知無所逃之義，申生之流也。雖然，申生必死，箴尹不必死，其無逃同，其所以無逃異。"(王源尾)嘗觀畫師，樹七，同其二。或曰："樹七耳，何必同？"畫師曰："天地生物，無心有氣。無心，安得數武地而七株恰七樣也？有氣，又安得數武地而七株不同其一二也？"余歎曰："有是哉！天道不處處同，又不處處俱不同。處處同，無變化。處處俱不同，無氣脈。文章於參差出沒極不同之中，雜以一二極相同之處，非此道乎！"此文前以熊虎豺狼起，後以虎乳於菟應，便是此法。有順敘法，有逆敘法。先提正傳，追敘前事，復接正傳而敘之，逆敘法也。從前事敘起，後入正傳，順敘法也。然逆敘者，于正傳後，即可接入後事爲餘波，以已有峰巒也。順敘者，于正傳後，又必追敘前事，然後拖序後事，以尚無峰巒也。若前既順敘，後又直接後事，先秦、西漢未有如此章法者。此文前從越椒之生，敘到越椒之滅，所謂順敘法也。後又從子文之生，敘到克黃之復，所謂追敘前事，拖敘後事法也。欲抑即抑，抑無力。欲揚即揚，揚無勢。抑先揚也，揚先抑也，加倍法也。皋滸之戰，原敘越椒滅亡，卻先敘其強，非抑先揚乎？原敘楚子之滅若敖，卻先敘其弱，非揚先抑乎？尺蠖之屈，以求伸也。伸以爲伸，伸也幾何哉？一則曰"必滅若敖氏"，再則曰"遂滅若敖氏"。若敖氏滅矣，克黃復所，若敖終不滅也。嗚呼！天報子文之善也可，天成左氏之文也可。（孫琮總評）越椒形聲俱異，子文懼其滅宗。豈知越椒爲狼，固不可畜，而子文固以虎乳乎？寒冰鳥翼，實啓聖哲，勿云事不經見，概屬傳疑也。獨是蒍賈幼年，能正子文傳政之失，及其晚節，乃助伯棼而譖子揚。將官以寵僨，抑耄而智昏？向非箴尹復位，若敖之鬼，幾於不祀。益信子文讓功，固宜有後；蒍賈嫉才，必難令終。（《分國》尾）若敖之族雖滅，子文之後自存，蓋勸善也。雖子揚已殺，藉非有使齊之役，皋滸之戰，箴尹豈能獨存？天蓋巧于延子文哉！獨是蒍賈表表，譖殺子揚，已亦不免。夫蒍賈幼年能識子玉之必敗，不能燭越椒之必亡，豈所謂小時了了，大時不了了耶？（《左繡》眉）從子良生越椒，點一"生"字。後半忽敘到若敖生伯比，又敘到伯比生子文，層層爲著末一"生"字作引，絕世文情。（昆崖尾）前從越椒之生，敘到若敖之滅。後從子文之生，敘到克黃之復。大分之，是兩截。細分之，是四段。然前二段即後二段夾縫中事也，出印板手，定從頭排尾，逐次敘來，欲爲若敖氏清族譜世系，已成直頭布袋，尚足言文乎？看他將中間事抽放於前，用倒敘法。將前面事橫擔於中，用追敘法。若敖之滅與克黃之復，本相接耳。看他忽以子文之生隔開，用連者斷之之法。克黃之復，與子文之生若相遠矣，看他即跟子文之生說下，用斷者連之之法。總之，人如此起者，偏不如此起。人如此接者，偏不如此接。廻峰倒嶺，極繚曲往復之奇；五花八門，盡離合變化之妙，豈可與庸才道哉？（美中尾）浦二田曰："通篇都是特表子文，故前以國事徵家難，後以祖德納君恩，斡運有法，入我陶冶。"（《啗鳳》尾）若敖氏自子文始顯名諸侯，克延宗祀，無子文是無若敖氏矣。傳爲若敖氏作，自應以子文爲主。山〔編者按：此字疑有誤〕首表其見之早、慮之周，中遡其生之奇、名之異，後著其善之詒、澤之裕，步步著精神。楚王數語，尤足該括令尹生平。左史此篇雖敘述夢之亂，實表揚子文之善，即以是作鬭穀於菟傳贊讀也可。（《左傳翼》尾）初生之子必欲殺之，又決其必滅若敖氏，聞之殊令人駭。及將死時，猶慮及生者。死者而叮嚀反覆，傷悼不已，非真知灼見，何以有此？中間詳敘狼子野心之狀，直結到遂滅若敖氏上，以見子文之言真若操左券也。後克黃復所，亦幸邀於意外耳。劉淵不死、祿山倖免，天禍大國，正非偶然，豈得謂有識者之過刻哉？子文以爲大慼，必欲殺之，於越椒乎何忍？不過憂其爲亂，致若敖氏之不血食耳。歷世名卿，一狼子野心足以覆宗，古今來如此者甚眾，慼文子之慼者不知幾許人也。幸君念子文，卒使延祚。誅惡有刑，勸善有賞，雖國典，實天道也。左氏書以垂戒，世家大族父兄子弟各宜借鑒於斯文。（《日知》尾）滅若敖者越椒，存若敖者子文，順序安有生氣耶？從子文欲殺越椒序起，不特將滅宗事空中提掇，且步步反跌，結處掉尾，乃陡然成奇。通篇皆以奇語奇事，點染連綴成文，中段無奇可出矣，而文氣奇，文勢又奇，遂不齊之響，無不純之色。（高塘尾）俞桐川曰：“竟是若敖氏家乘，一越椒能覆其宗，一子文能保其後。最妙是存亡絕續，敘得悲涼處，使人動心。”（王系尾）此篇四段，卻是兩扇文字，各以一段追敘，一段正敘也。若敖氏未滅，而子文先見。若敖氏雖滅，而子文有後。傳所以津津者，表揚若人耳，而于蔿賈有深惜焉。（方宗誠眉）敘箴尹之順君命，反對越椒之逆君命。前敘若敖氏之滅，後敘若敖氏尚有存者，則以子文之故也，以後以子文爲線索。（《學餘》眉）收得完整，真覺鴟梟之響，化爲鸞鳳之音。（《學餘》尾）狼不可畜，而虎乳獨存，蓋人之惡有甚於狼虎者矣。夫違命者亡，復命者昌，微子文，箴尹其生矣。況重以毀家紓難之忠乎？又以歎若敖滅于武，而子文之後，獨存于文也。（林紓尾）此篇敘鬭氏家事，及其反形，似一貫而下，頭緒並不繁多，不知乃至難寫。文先說越椒之生甚異，既長乃成反賊。且生時爲子文所惡，又預料其反形，後乃一一符驗，此直捷易寫也。而下半節竟將已死之子文，作成列傳，從死後倒繞，説其生時，試問此兩節文章，如何着筆？須知左氏之能，能使人人眼光腦力隨其一枝妙筆而趨，盡使萬難着筆之處，亦能化險爲夷。此篇自越椒敗後，轉入子文，著眼在"遂滅若敖氏"五個字。以越椒之罪，遂及舉族之若敖，子文亦若敖氏之一，不應斬宗而絕祀。著意在留一箴尹，以嗣子文。箴尹，子文之孫也，留箴尹祀子文，載筆甚易，不過曰"楚以子文之忠，不宜無後，使克黃復爲箴尹"足矣，而必追述子文之生，作爾許波瀾，何也？左氏一生好奇，虎乳棄兒，此萬古不常聞之奇事，在文家中必欲一洩其異。顧于子文死後，補敘生平，亦不爲不簡，惟湊巧適遇越椒謀反，補敘越椒之生，復有虎狀而豺聲。此虎字適引下"於菟"兩字。意左氏寫到此處，忽然追憶及於虎乳之事，又苦攛插不入，故於"盡滅若敖氏"句下帶出若敖，因若敖遂及伯比，因伯比遂及子文。一及子文，則虎乳之事，盡可恣意發揮。既不牽扯，又不穿鑿，極行文之樂事矣。中間寫臯滸戰狀，一射再射，著丁寧，貫笠轂，描畫既工且險，楚子以急智激軍心，詞令亦至扼要。不特此也，觀子文臨命之言，"椒也知政"句，眼光直注到伯棼之反謀。"鬼猶求食"句，眼光又注到盡滅若敖氏。聲抗而悲，此是左氏寫生長技。要之，上句固爲殺伯棼之張本，下句即爲留箴尹之張本。長於文者，起處即顧到歸宿之地，此是定法。若中間變幻穿插，則在讀者會心，不可拘泥。(《菁華》尾) 以逆億之言，而使人殺其子，此亦至難之事，未可以愎諫咎子良也。以叔向之母之料其孫，令尹子文之料其姪，皆以初生知之，然則人果可以相求耶？蔿賈以早慧聞，乃爲人干此等事，豈其利祿熏心，老而智昏耶？權詞而安士卒之心，卒以此取勝，楚莊深識兵法。滅若敖氏之下，若直接克莒〖編者按：疑當爲"黃"〗事，便毫無生趣，述邘子之女，生出一段波瀾，讀之使人神王。熟讀左氏文，行文自無枯寂之病。(閩生夾) 若敖，楚之世勳，滅族太過，故記此以終之，篇首歔嗟鬼餒亦是此意。宗堯按："以此事作轉筆，文勢自爾不測。"

　　冬，楚子伐鄭，鄭未服也。(《評林》眉) 陳傅良："經自此四年，復不書楚子。"

◇宣公五年

　　【經】五年春，公如齊。夏，公至自齊。秋九月，齊高固來逆叔姬。叔孫得臣卒。冬，齊高固及子叔姬來。(《評林》眉) 楊士勛："莒慶已發傳，今重發之者，莒慶小國之大夫，高固齊之尊卿，而娶公之同母姊妹，嫌待之禮殊，故發傳明其不異也。"楚人伐鄭。（《測義》夾）愚按：高閌氏謂去冬之伐稱楚子，與其討弒君之罪也。今稱人，又罪其數犯中國也。如以其數犯中國，則鄭弒君之罪固在，何緣而輒爲褒貶其辭乎？竊疑去冬或楚子自將，今則命之微者，《春秋》據實而書，殊無意義。（《評林》眉）李簾："此書人者，即胡氏所謂興師動衆，賊則不討，惟服鄭之爲事，故傳稱子，經稱人，貶之也。楚兵三至鄭矣。"

【傳】五年春，公如齊，高固使齊侯止公，請叔姬焉。（《評林》眉）張我續："宣公與齊而失晉，黑壤之執，自取之耳。況以上而婚大夫，其辱不亦甚乎！"

夏，公至自齊，書，過也。（《補義》眉）執岳翁以求女，古來無此執柯人。（《評林》眉）《補注》："'書，過也'，知告廟未通，復發此義，豈他公之行舉無過者？"

秋九月，齊高固來逆女，自爲也。故書曰："逆叔姬。"即（或作"卿"）自逆也。（《評林》眉）黃仲炎："魯宣公以不義得國，倚強齊以自固，土田薦賄，玉帛造庭，舉千乘之國，惟齊是聽，今遂見偪於齊，連昏於齊之大夫而不敢違焉，此孟子所謂人役者也。"陳傅良："內女適諸侯，諸侯遣人來逆，則稱逆女，非親逆，故從內爲稱。其諸侯與大夫雖尊卑不同，親迎皆當稱字，以明齊也。杜說非。"

冬，來，反馬也。（《測義》夾）高閌氏曰："高固之娶，叔姬之嫁，齊許之來，魯與之來，皆非禮也。"（《左繡》眉）四節連讀，首節高固止公請叔姬，作一總提。次節結應公如齊，三節雙點高固、叔姬用明，末節雙結用暗。而總以四"也"字注腳作章法，若分四段讀之，都不見其妙耳。次節書"過"，不言其事，事已見於首節也。末節反馬不言其人，人已見於三節也。四節又可作兩對讀。上三條都明點經文，此忽節去七字，伸縮有法。（王系尾）此年秋，叔孫得臣卒，傳不敘，蓋欲使叔姬、高固事連屬成篇也。宣公假齊力以篡竊，復假之以定位，不正甚矣。割地以賂之，屈節以朝之，而卒不免于辱，左氏之垂戒深矣哉。若作四項開看，便都不見意味。

楚子伐鄭，陳及楚平。晉荀林父救鄭，伐陳。

◇宣公六年

【經】六年春，晉趙盾、衛孫免侵陳。（《評林》眉）高閌："趙盾前會衛侯救陳，今更與衛孫免加兵於其國，故書侵，以正主盟者之罪。雖以陳背晉即楚，亦以晉救之無功故也。"夏四月。秋八月，螽。（《評林》眉）高閌："書八月螽者，惟八月有之，非經時也。"冬十月。

【傳】六年春，晉、衛侵陳，陳即楚故也。

夏，定王使子服求后於齊。（《左繡》眉）天王求后，不似高大夫之用強媒也。

秋，赤狄伐晉。（閭生夾）此篇專爲邲戰解嘲，眼光四射，以"率是道也，其何不濟"二句爲主。圍懷及邢丘。晉侯欲伐之。中行桓子曰："使疾其民，以盈其貫，將可殪也。《周書》曰：'殪戎殷。'此類之謂也。"（韓范夾）小國無文德，而有武功，賢者懼之，正爲此也。烏程侯西陵之役，敗揚肇、走羊祜，遂益驕肆，以至於亡。盈則覆之，天之道也。（《左繡》眉）"使疾其民，以盈其貫"，八字中有兩大段文字在，此只是簡。要之，亦左氏用熟各筆法也。諺所謂惡貫滿盈者，當本於此。（《左傳翼》尾）寬下網，慢收鉤，待小人與戎狄之道當如此，而鄭莊以之施于叔段則謬矣。晉侯能庸桓子，卒收後效。若遇王者，則寬洪惻怛，又不爲此狙詐之行也。（《評林》眉）《匯參》："劉炫曰：'按：《尚書·泰誓》武王數紂之惡，云商罪貫盈，言紂之爲惡如物在繩索之貫，不得爲習也。'"

冬，召桓公逆王后于齊。

楚人伐鄭，取成而還。（《評林》眉）《補注》："取成而還，楚比年伐鄭，惟此年傳記取成而還，故杜氏以厲之役在此，傳蓋有闕。"

鄭公子曼滿與王子伯廖語，欲爲卿。伯廖告人曰："無德而貪，其在《周易》豐之離，弗過之矣。"間一歲，鄭人殺之。（《分國》尾）爵罔及惡德，古訓明矣。無德而貪，宜其殃也。但不識末世之爵，果皆有德乎？存此，止人之妄想云。（《左繡》眉）此等便爲廋詞濫觴，似此用經，最輕而雋也。（《左傳翼》尾）子皮使尹何爲邑，子産謂之傷。子路使子羔宰費，夫子謂之賊。蓋不勝其任，而使之居此位，所以可虞。舉世營營苟苟，盡懷顯赫，而折足覆餗，敗轍相尋，迷而不悟，絕可憐也。如曼滿者，豈少斯人哉？

◇宣公七年

【經】七年春，衛侯使孫良夫來盟。（《評林》眉）《傳説匯纂》："按：《穀梁》謂前定之盟不日，非也。良夫奉命之時，未必即有盟期，故不書日。"家鉉翁："魯宣因齊得篡，不事晉矣，晉將有討，衛人來告，欲魯之預於會也，非若齊、晉大夫脅而求盟，是以無譏。"夏，公會齊侯伐萊。秋，公至自伐萊。大旱。冬，公會晉侯、宋公、衛侯、鄭伯、曹伯于黑壤。（《評林》眉）陳際泰："《春秋》榮義不榮勢。黑壤之不與盟，諱之也，辱也。沙隨之不見公，著之也，榮也。"

【傳】七年春，衛孫桓子來盟，始通，且謀會晉也。

夏，公會齊侯伐萊，不與謀也。凡師出，與謀曰及，不與謀曰會。（《左繡》眉）入春秋以來，書及、書會屢矣，至此始發例者，東萊本齊屬國，與魯風馬牛，而會以伐之，故特明其不與謀也。以此見左氏作傳，行雲流水，不似後人印板套頭生活。（《評林》眉）《補注》："夏，公會齊侯。杜氏不復深考，惟循傳爲説，非也。劉氏曰：'諸侯相率而討罪伐畔，則是與謀而已焉。有連兵合衆，人君親將，而曰不與謀者哉？'"

赤狄侵晉，取向陰之禾。

鄭及晉平，公子宋之謀也，故相鄭伯以會。冬，盟于黑壤，王叔桓公臨之，以謀不睦。

晉侯之立也，公不朝焉，又不使大夫聘，晉人止公於會，盟于黃父。公不與盟，以賂免。故黑壤之盟不書，諱之也。（《測義》夾）愚按：宣公專於朝齊而不事晉，黑壤之執，蓋自取之也。然晉不討其弒君之大惡，而僅以不朝小過責之，又卒取賂而免，安在其爲盟主哉？〖編者按：奧田元繼作湯睡菴語。〗（《左繡》眉）厚責朝聘，而薄責弒君，二事連書，晉霸之衰可睹矣。兩兩相形，意在言表。（《補義》眉）結出魯以賂免，知鄭賂早入于盾也，故許之平，此首尾互應之法。(王系尾)此篇是公會晉侯、宋公、衞侯、鄭伯、曹伯于黑壤傳。凡三段,中段正敘,首段先抽出鄭,末段又抽出魯,亦情事所宜然,而文境變矣。因事而變,則變而不變,不變而變,乃所以爲善變也夫。

◇宣公八年

【經】八年春,公至自會。(《評林》眉)高閌:"古者國有兇荒則殺禮而不舉,公夏會伐萊而秋至,冬會黑壤而此年之春至,其間大旱之不恤,而區區以侵伐期會爲急。"夏六月,公子遂如齊,至黃乃復。辛巳,有事於大廟,仲遂卒於垂。(《評林》眉)《傳說彙纂》:"仲遂不書公子,杜預謂蒙上文,固亦近理。然其實弒君之賊,《春秋》所誅,故於其死而書名以絕之也。"壬午,猶繹。(《評林》眉)《傳說彙纂》:"《檀弓》:仲遂卒,猶繹。仲尼曰:'非禮也,卿卒不繹。'"萬入,去籥。戊子,夫人嬴氏薨。(《測義》夾)汪克寬曰:"《春秋》既書夫人姜氏薨,又書夫人風氏薨,則知哀姜爲莊公夫人,而成風乃妾也。既書夫人姜氏歸于齊,又書夫人嬴氏薨,則知出姜爲文公夫人,而敬嬴乃妾也。直書于策,而嫡妾之分明矣。"晉師、白狄伐秦。(《評林》眉)高閌:"殽之役書'及姜戎',此不言及者,以傳考之,白狄爲主也。"楚人滅舒蓼。秋七月甲子,日有食之,既。冬十月己丑,葬我小君敬嬴。(《評林》眉)吳徵:"僖、宣、襄、昭四妾母,群臣皆逢君之意,而尊爲夫人也。"雨,不克葬。庚寅,日中而克葬。(《評林》眉)《傳說彙纂》:"雨不克葬,當從《穀梁》喪不以制之說,左氏以爲禮,又謂:'禮,卜葬先遠日,辟不懷也。'非也。卜葬當先遠日,以見懷親之情。既卜而葬矣,乃以喪制不備,失其所卜之吉,不懷莫大焉,何禮之有?"城平陽。楚師伐陳。

【傳】八年春,白狄及晉平。夏,會晉伐秦。晉人獲秦諜,殺諸絳市,六日而蘇。(《左繡》眉)晉語遂成齊諧。(《左傳翼》尾)此等事似難猝信,然奇奇怪怪事古今何所不有,固不必搜奇抉異,專信齊諧,亦不得因夫子不語,概以爲荒誕而屏之見聞之外也。(《補義》眉)鄢陵篇疏云:"軍中伺侯間隙,今謂細作之人也。"秦晉兵爭,彼此交訽,所以和好之難。傳非徒志怪也。

　　有事於大廟，襄仲卒而繹，非禮也。（《左繡》眉）此等處傳反略於經，亦以聖經語簡意足，無容復贅。所謂游、夏不能贊一詞者也。豈左氏亦有不經意之作哉？

　　楚爲衆舒叛，故伐舒蓼，滅之。楚子疆之，及滑汭。盟吳、越而還。（《左繡》眉）一語爲後半部吳、越許多事情作引，不獨見楚而已。天運人事大都迴環倚伏，齊桓方盛，晉勢已昌。晉文正興，秦楚已熾。今楚莊甫霸，而吳越已駸駸乎萌蘖其間矣，可懼哉！可思哉！（美中尾）何義門曰："吳越盟，而楚莊得以入陳、鄭，圍宋敗晉。諸戎和，而晉悼得以三駕爭鄭。未有邊鄙多故可以圖霸者也。反而行之，則夫差方敗齊長晉，而句踐已入吳矣。"（《評林》眉）趙鵬飛："舒同宗而異國，故得謂之群舒，杜氏以舒、蓼爲二國，疏矣。舒庸、舒鳩，豈亦兩國乎！"陳傅良："楚子疆之，傳見楚子再書人。"（王系尾）楚自熊通僭王，至成而憑陵諸夏，桓文攘之，中夏以安，然楚未嘗不蠶食南服以自廣也。晉襄死而楚復橫，楚穆死，楚莊幼，饑亂頻仍，內外交迫，而晉靈無道，趙盾爲政，弗能乘也。楚滅燮、儀、越椒而內難寧，滅庸、舒而外患息，吳、越受盟而無復南顧之憂矣。遂專意中夏，歲歲與晉爭鄭，而邲之勝已可早見。此是部中大結構處。

　　晉胥克有蠱疾，郤缺爲政。秋，廢胥克，使趙朔佐下軍。

　　冬，葬敬嬴。旱，無麻，始用葛茀。雨，不克葬，禮也。禮，卜葬，先遠日，辟不懷也。（《測義》夾）愚按：《士喪禮》："潦草載篾笠縣封，不爲雨止，猶爲之備也。"宣公以國君葬其母，而不能預爲之備，至暴之野次，明日始卒襄事，嫚親廢禮，莫此爲甚，而左氏猶以爲禮乎？《穀梁傳》云："雨不克葬，喪不以制也。"斯言得之。〖編者按：奧田元繼作王元美語。〗（《分國》尾）懷，思也。卜遠日，辟不懷，即追遠之意也。雖然，無麻用葛，雨不克葬，其于禮眞薄乎云爾。旱、雨皆咎徵也，而敬嬴之私事襄仲，宜有咎徵，胡氏之言信哉！（《左繡》眉）因旱而易麻，因雨而遲葬，皆禮之權也。一則斷其爲禮，又引禮以解之。而一則不置一辭，蓋遲葬不失禮之常，易麻遂爲禮之變也。文以載道，用筆詳略，所係之重如此，奈何苟焉讀之？（王系尾）葬有常禮，改茀改日，有二變矣。分兩層敘，或斷或不斷，覺有餘味。

城平陽，書，時也。（《評林》眉）趙鵬飛："左氏曰：'書，時也。'且左氏例：'水昏正而栽。'水昏正，夏之十月，非周之十月也。今見書十月，遂謂之時，是不識夏、周正朔之異也。"

陳及晉平。楚師伐陳，取成而還。（《左繡》眉）于鄭、于陳，兩寫取成而還，而楚霸成矣。

◇宣公九年

【經】九年春王正月，公如齊。公至自齊。（《評林》眉）孫復："公有母喪而遠朝彊齊，公之無哀也甚矣。"夏，仲孫蔑如京師。（《測義》夾）姜寶氏曰："以厚薄言則君朝齊而臣聘周，以緩急言則歲首朝齊而夏乃聘周，以疏密言則於周纔一往聘，而於齊則又再朝，比事以觀，不待貶絕而惡自見矣。"齊侯伐萊。（《評林》眉）許翰："赤狄比侵，齊不敢報；萊不伐齊，而齊亟伐之，可以觀惠公畏彊凌弱矣。"秋，取根牟。（《評林》眉）汪克寬："根牟蓋小國，内諱滅，故書取，與鄆、郜同。昭八年蒐於紅，自根牟至於商衛，即所取根牟也。"八月，滕子卒。九月，晉侯、宋公、衛侯、鄭伯、曹伯會于扈。晉荀林父帥師伐陳。辛酉，晉侯黑臀卒于扈。冬十月癸酉，衛侯鄭卒。宋人圍滕。楚子伐鄭。晉郤缺帥師救鄭。陳殺其大夫洩冶。

【傳】九年春，王使來徵聘。夏，孟獻子聘于周，王以為有禮，厚賄之。（《左繡》眉）不聘則微辭以動之，來聘則厚賄以懷之，周家忠厚開基，其末流乃至於此。（《左傳翼》尾）公僕僕齊廷，而于周不一往。仲孫蔑之聘，且必待徵。設使王不來徵，則並無此行，其無王亦甚矣。乃王猶厚賄獻子，踰年即來報聘，豈真以此一聘爲空谷足音而跫然以喜乎？周雖微弱，不應不競至此。書徵聘，並書厚賄，左氏蓋交譏之。（《補義》眉）王不來徵，并無此聘，霸衰而周室益微。（《評林》眉）按：周衰禮廢久矣，今王使來魯，不敢斥言徵聘，唯諷喻耳，故經不書。杜注："言周徵也。"或作："言周微也。"傳寫誤也。陳傅良："傳言所以自文公至今再書聘。"今案：微者雖王使不書，說見隱五年。（王系尾）經書："春王正月，公如齊。夏、仲孫蔑如京師。"君朝彊鄰，而臣聘王室，倒行逆施，已足駭矣。況周實徵之而後聘之哉！左氏不爲公如齊傳，而獨爲此傳，以爲不待比事以觀，魯之罪固不可勝誅也。省而自顯，省其所可省也。

秋，取根牟，言易也。

滕昭公卒。

會于扈，討不睦也。陳侯不會。晉荀林父以諸侯之師伐陳。晉侯卒于扈，乃還。（《測義》夾）姜寶氏曰："凡列國統于一將者皆書，如隱十年翬帥師會齊人、鄭人伐宋是也。此不書，安得以爲林父將諸侯之師乎？"（《左繡》眉）三節寫成一串，不費辭而了了。

冬，宋人圍滕，因其喪也。

陳靈公與孔寧、儀行父通于夏姬，皆衷其衵服以戲於朝。（韓范夾）淫褻已非，又昭露之，此何心也？故淫則未有不亡，宣則未有不亡之速且慘者也。（《評林》眉）張半菴："皆衷其衵服，按：《楊升菴詩話》云：'衵服，謂日日近身衣也，唐人謂之腰采。'"洩冶諫曰："公卿宣淫，民無效焉，且聞不令，君其納之。"公曰："吾能改矣。"公告二子，二子請殺之，公弗禁，遂殺洩冶。孔子曰："《詩》云：'民之多辟，無自立辟。'其洩冶之謂乎。"（《測義》夾）愚按：或謂洩冶親非貴戚，位非上卿，直諫而死，傷於勇矣，故書名以示貶也。然則宋、晉書殺其大夫仇牧、荀息，牧、息皆名也，亦將示貶乎？蓋冶之失在于不能早諫以蓄其君之惡，至其捐生盡言，正人臣匡正之事，何可過責？如皆隱身遜禍，若子哀、叔肸輩，則忠言不入於耳，亂世亦何賴於君子乎？文定於夏徵舒弒君之傳，曰："忠莫顯於身見殺而其言驗。"其所以許冶者亦至矣。《詩》之所言，恐非孔子所引云。（《賞音》尾）洩冶既立陳廷，豈容不諫？夫子蓋傷其直以取禍，故爲是感歎之辭，非咎其諫也。（《左繡》眉）靈公三個人是多辟者，洩冶一個人是立辟者，再將四個總寫一遍，而以孔子引《詩》斷之，恰結上二層，章法見成之極。寫猥褻事，筆法甚簡而潔。一涉纖濃，便入稗官家數，俗不可醫矣。管閒事者，前有洩冶，後有國佐。危行言遜，殆指此等而言耶？（《左傳翼》尾）公卿宣淫，洩冶以直言賈禍。左氏譏其不能避禍，先儒駁之，謂比干諫而死，洩冶又何愧哉？孔子不云乎："危邦不入，亂邦不居。"又曰："邦無道，危行言孫。"於此取裁焉可也。（《補義》眉）

《株林》詩曰："從夏南。"《月出》詩曰"舒窈糾。"皆指徵舒也。舒將弒逆，通國皆知，而舉朝嘿嘿。多辟從宣淫來，立辟從無效來，自者止冶一人也。一言而刃及君，國隨之。悼冶也，哀靈也。（《評林》眉）胡安定："禍莫大於拒諫而殺直臣，忠莫顯於身見殺而其言驗。"又曰："冶雖效忠，其猶在宋子哀、魯叔肸之後乎！故仕於昏亂之朝，若異姓者，如子哀潔身而去可也。其貴戚耶，不食其祿如叔肸善矣。"魏禧："胡論是矣，然此只有微子去之，便無比干諫而死者，孔子並稱三仁，論正無弊。"郭扶九："冶直以宣淫爲言，殆非諷諫之道，然輕生無隱，亦自是人臣之盛節。"《經世鈔》："若舊注然，則忠諫殺身以成仁之人，皆可非矣，決非孔子之言。若解云：'民多邪辟，則吾不可立於邪辟之朝。'見洩冶不能無道卷懷則可耳。"（方宗誠眉）辟，邪辟也。引《詩》"民之多辟，無自立辟"，謂洩冶當見機而早作也，左氏本不誤。杜注以辟爲法，則誤矣。（闈生夾）猶言舉世混濁，無得獨爲君子，乃忿世至切之言也。若公卿宣淫，正無待誅伐矣。宗堯按："泄冶忠諫而反譏之，乃痛世變而爲此激宕之論也。"

　　楚子爲厲之役故，伐鄭。（《左繡》眉）其堪在前，其文在後，此處忽然著此一筆，亦奇！

　　晉郤缺救鄭，鄭伯敗楚師于柳棼。國人皆喜，唯子良憂曰："是國之災也，吾死無日矣。"（《左繡》眉）子良知之，而無解于國災。一人之憂，不敵國人之喜也，惜哉！晉救鄭，而鄭獨敗楚師。不但楚怒，亦晉所不樂也。況在己又無持勝之策乎？子良之憂，所包者廣矣。（《左傳翼》尾）既挑釁于強楚，恃晉人之救而敗之，以重其怒，禍不旋踵，宜子良爲之拊髀長太息也。國人皆喜，其殆別有肺腸乎？（《評林》眉）陳傅良："鄭伯敗楚師，凡伐之爲所敗，但書伐，不書敗，譏不在敗之者，他倣此。"

◇宣公十年

【經】十年春，公如齊。公至自齊。齊人歸我濟西田。（《評林》眉）程頤："齊、魯脩好，故歸魯田。田，魯有也，齊非義取之，故云。"夏四月丙辰，日有食之。己巳，齊侯元卒。齊崔氏出奔衛。（《評林》眉）張洽："特書其氏，見崔杼之宗彊於齊，故勢足以偪高、國。今日雖逐之，而尚能復歸於齊。如崔成之徒，後日卒自遺滅宗之禍，豈非族大勢張而不知制節謹度，卒至兇於家、禍於國也歟！"公如齊。五月，公至自齊。癸巳，陳夏徵舒弒其君平國。六月，宋師伐滕。公孫歸父如齊，葬齊惠公。晉人、宋人、衛人、曹人伐鄭。秋，天王使王季子來聘。（《評林》眉）陳傅良："自頃王而下，王室無聘魯者，於是再聘，而王季子實來，則已尊矣！"公孫歸父帥師伐邾，取繹。（《評林》眉）《傳說彙纂》："文十三年稱邾遷於繹為邾之國都，距今僅十數年，未必更遷，取繹，是滅邾矣。孔疏謂別有繹邑，亦因繹山為名，則邾國小邑少，不應更有同名之邑也。疑《公羊》作'蘱'為是，然《穀梁》亦與左同，故依《大全》作'繹'，而附論之如此。"大水。季孫行父如齊。冬，公孫歸父如齊。齊侯使國佐來聘。饑。楚子伐鄭。

【傳】十年春，公如齊。齊侯以我服故，歸濟西之田。（王系尾）嗟乎！處無道之世，惡人何所憚而不為惡哉？豈惟無所憚而已，且有所甚利焉。嫡庶之分，彼弗顧也。君臣之義，彼弗知也。國固人之國也，奪人之國，而分其國以賂強援，于惡人何損？況卑躬屈節以行其媚，而所分之地，又可以復得也。惡人之利如此，亦何怪中材以下之人相勉而趨於惡也哉！雖然，祿去公室，實自宣始。利在一時，害流後世。惡人縱弗計名義，能弗計利害乎？是足以省矣。

夏，齊惠公卒。崔杼有寵于惠公，高、國畏其偪也，公卒而逐之，奔衛。（《評林》眉）鄭彰魯："使是時高逐〘編者按：疑當為"國"〙逐崔杼，不使之歸，必可無莊公禍。"書曰"崔氏"，非其罪也，且告以族，不以名。（《測義》夾）家鉉翁氏曰："是歲至崔杼弒君，蓋五六十年，使杼得年七十，此時方在弱冠，不應權勢已盛，為人所畏忌，非杼之身，或其父，但不可考耳。"凡諸侯之大夫違，告于諸侯曰："某氏之守臣某，失守宗廟，敢告。"所有玉帛之使者，則告，不然，則否。（《分國》尾）崔杼有寵于惠公，高、國二卿，必有窺其微者，故曰畏其偪。書曰"崔氏"，胡氏載許翰以謂："出而能反，反而能弒者，以其宗強故也，非非其罪之謂。"（《左繡》眉）崔杼之弒，特恨其不終耳。然在此時，固無可罪者。此即不逆其將來之意。曰守臣某，則固當告以名矣；曰崔氏，雖見無罪，於禮亦有闕。書法固兼此兩意。(《左傳翼》尾）崔杼弒君之賊，特此時其惡未著，以偪見逐，故左氏以爲非其罪，此亦《春秋》忠厚待人，不爲已甚之意。而赴告書氏而不書名，因爲發凡，以著赴告之例。按：公羊子："稱崔氏，譏世卿。"張氏亦云："特書其氏，見崔氏之宗强于齊，故勢足以偪高、國。"然則稱氏以赴，正見其偪，所以被逐也。又據家氏云："以歲月考之，是歲至杼弒君蓋五六十年，使杼得年七十，此時方在弱冠，不應權勢已盛，爲人所畏，疑非崔杼之身。或其父，或其族，皆未可知。"余謂杼以嬖寵得幸，正當在弱冠之時，家世本强，又以有寵見偪，高、國安得不逐之耶？旋逐旋歸，可惡特甚。左氏不逆將來，蓋恕之也。(《評林》眉）陳傅良："非其罪，傳釋杼罪不在奔，公、穀諸家皆以氏爲世卿，惟左氏無此義，於崔杼信矣。"《評苑》："崔杼此年奔衛，至襄公廿五年弒莊公，相距五十一年，又二年而自縊，然奔衛前已有寵於惠公，計其年亦不甚少矣。五十年後，而繼娶東郭姜，生明，可立後，則又未耄也，以年歲考之，皆可疑。況又記奔而無復，於成十七年以杼爲大夫。前高、國畏其偪而逐之，後以何故而得復也？何復而即用之乎？不應疏略如此。竊恐奔衛者非杼也。經文書氏不名，此疑宜闕焉，而傳蓋曲爲之解也。"《補注》："玉帛之使，但謂告命相通，不必言聘，蔡與魯未嘗交聘，而書其大夫出奔，可見矣。諸侯赴告之法，如後世郡國文移，合關通者須有常準，左氏惟據近事言之。"(王系尾）此篇文法，層層生下來，卻是層層收上去。末一層收到"告諸侯"句上，"告諸侯"一層收到"告"字上，"告"字一層收到"書"字上，"書"字一層收到"奔"字上，"奔"字一層收到"逐"字上，"逐"字一層收到"齊惠公卒"句上。所以許多層次，但覺緊峭，不覺拖遝。

公如齊奔喪。(《左繡》眉）只注兩字，而詫異聲情，不啻自其口出。妙筆正不在多。(美中尾）趙東山曰："宣十年四朝齊，恭矣。至於奔其喪，是以事天子之禮事齊也。其後成送晉景之喪，襄且送楚康之喪，甚則昭弔少姜而晉不納，魯日卑矣。其失自宣公始。"

陳靈公與孔寧、儀行父飲酒于夏氏。公謂行父曰："徵舒似女。"對曰："亦似君。"徵舒病之。公出，自其廄射而殺之。二子奔楚。(文熙眉）胡氏曰："禍莫大於拒諫而殺直臣，忠莫顯於身見殺而其言驗。"又曰："冶雖效忠，其猶在宋子哀、魯叔肸之後乎！故仕於昏亂之朝，若異姓者，如子哀潔身而去可也。其貴戚則不食其禄也，叔肸善矣。"穆文熙曰："陳靈宣淫，甚於齊莊，致弑何尤？若孔、儀二子，助成靈公之過，罪又甚者也。楚人問罪，獨殺徵舒，置二子於不問，豈非失刑與！"（韓范夾）人孰無恥心？如此，何以處人之爲子者？齊莊、陳靈，皆以通臣婦致變，而靈又甚于莊矣。（《左繡》眉）前篇寫其事，此寫其言。前三人合寫，此分寫。蓋其淫愈彰，其戲愈甚，直畫出他肆無忌憚來。不如此，不足以死亡也。以君爲主，故對寫中有輕重筆法在。（《左傳翼》尾）徵舒弑君，《春秋》書其名氏，固以正亂賊之罪，然陳靈身爲人君，至舍人道而躬爲禽獸之行，媟嫷至此，毫無忌憚，不死何待？（《補義》眉）虐謔至於不可忍，恥之、憤之，激而爲弑，靈自取之。（《評林》眉）王荆石："陳靈公與孔寧、儀行父飲酒於夏氏，此與鄭靈公食黿之戲同，君臣褻嫚如此，其見弑亦晚矣！"

　　滕人恃晉而不事宋，六月，宋師伐滕。（《測義》夾）愚按：此可見晉霸業之衰。（王系尾）此篇所敘，文若罪滕，意實罪晉。晉爲盟主，滕既竭力以事之矣，其稍强大于滕者，皆得而魚肉之，小國何以自存？則亦何賴有盟主哉？趙孟何曰："齊桓卒而宋人執其君，晉伯衰而宋人圍其國。大國之無伯，小國之憂也。"有意無意中，部中血脈自動。

　　鄭及楚平。諸侯之師伐鄭，取成而還。

　　秋，劉康公來報聘。（美中尾）徵而後聘，有禮安在？霸衰，而周室益微，王靈益不震。自此百餘年，無復聘魯之使矣。（《補義》眉）徵聘、報聘皆可傷。

　　師伐邾，取繹。

　　季文子初聘于齊。

　　冬，子家如齊，伐邾故也。（《評林》眉）高閌："魯伐邾，故恐齊人以爲討，遂謀伐莒焉。甚矣，魯之懼齊也，二歲之間，而公與大夫五如齊矣。"

　　國武子來報聘。

　　楚子伐鄭。晉士會救鄭，逐楚師於穎北。諸侯之師戍鄭。（《測義》夾）姜寶氏曰："楚子頻年伐鄭，可謂肆行而無忌矣。晉實不競于楚，故雖有救鄭伐鄭之舉，皆不足爲輕重，所以不見於經。"〖編者按：

奥田元繼作王元美語。》鄭子家卒。鄭人討幽公之亂，斲子家之棺而逐其族。改葬幽公，諡之曰靈。（《分國》尾）堵父怒黿，文伯見逐。羊斟無羹，華元敗歸。子公染指，靈公見弒。口腹之累人，甚矣！子良辭立，大節卓然。願與穆氏俱亡，竟得俱存。其高可風，其義可敬。（《左繡》眉）觀此，則幽公之亂克，公子宋歸獄於歸生耳，歸生爲宋成濟矣。不討罪於生前，而斲棺於死後，亦掩耳盜鈴而已。前未得晉平，則以相會者免弒君之討。今既得晉成，則以斲棺者謝弒君之名。蓋居然自直，已伏背晉從楚之根矣。寫子公煞甚狡黠。（《左傳翼》尾）弒君者子公，而歸生蒙首惡之名，生前不討賊，而死後斲棺，置子公不問，而漏網吞舟，政刑無章，何以立國？人皆謂子公之狡黠，吾則直謂鄭君相之昏亂而已。（《補義》眉）子公依然無事。諡幽而更靈，染指之怒未舒耶！（王系尾）此是楚子伐鄭傳，凡晉楚爭鄭，皆是部中大結構處。子家之討，不過隨時附敍，結一閒案耳。輕重賓主，毫無牽混。而文章之波搊自生，史家之所尸祝社稷者也。（閨生夾）敍述此等，皆作者憤邪嫉惡之衷所激而發焉者也。宗堯按："此痛誅子家處。"

◇宣公十一年

【經】十有一年春王正月。夏，楚子、陳侯、鄭伯盟于辰陵。（《評林》眉）季本："陳、鄭當南北之衝，楚之所欲爭者也，所恃者晉霸，有足仗耳。晉德不足以庇之，則有從楚而已。辰陵之盟，其殆以晉爲不足恃乎！"公孫歸父會齊人伐莒。（《評林》眉）杜諤："稱齊人以示貶，人齊亦以人魯也。必書公孫歸父，亦以志大夫之專也。"秋，晉侯會狄於欑函。（《評林》眉）高閌："諸侯所恃者晉爾，齊方伐莒，晉方會狄，而使楚人爲伯者之事，此反道也。"冬十月，楚人殺陳夏徵舒。（《測義》夾）王樵氏曰："比事而觀，上則楚子、陳侯盟于辰陵，成乎霸主矣。下則楚人殺陳夏徵舒，行乎霸討矣。而魯方會齊伐莒，晉方會狄于欑函，其言外之意，可謂深切著明矣。"（《評林》眉）孫復："此楚子殺陳夏徵舒也，其言楚人者，與楚討也。陳夏徵舒弒其君，天子不能誅，諸侯不能討，而楚人能之，故孔子與楚討也。"丁亥，楚子入陳。納公孫寧、儀行父于陳。

【傳】十一年春，楚子伐鄭，及櫟。子良曰："晉、楚不務德而兵爭，與其來者可也。晉、楚無信，我焉得有信。"乃從楚。夏，楚盟於辰陵，陳、鄭服也。(《分國》尾）九年，鄭從晉，楚伐之，不義也。晉救鄭，義之也。十年，楚伐鄭稱爵，直楚也。晉士會潁北之追削之，責晉也。十一年，辰陵之盟，似乎下喬入穀，得書於經，傷中國之不能令，貶中國，進夷狄也。居大國之間，唯强是從，子良苦心，豈得已哉？晉楚不務德而兵爭，語尤洞的。（《左繡》眉）一筆寫盡末世效尤心腸口角，又可見當時只論兵力，於懷遠以德、伐原示信者，直有一蟹不如一蟹之歎也。（《左傳翼》尾）鄭久屬晉，楚未嘗爭。忽以晉人取略之故而背晉從楚，以致二大國交爭，兵連禍結。天下本無事，庸人自擾之耳。又不守信，反覆變詐，肉袒牽羊，禍豈能免？而徒歸咎於大國之不務德，舛矣！

楚左尹子重侵宋，王待諸郔。令尹蔿艾獵城沂，使封人慮事，以授司徒。量功命日，分財用，平板榦，稱畚築，程土物，議遠邇，略基趾，具餱糧，度有司，事三旬而成，不愆於素。（孫鑛眉）此句句有著落，雖排三字句，亦不覺堆。（鍾惺眉）典甚，質甚，古甚。（韓范夾）後世名人作修城築堰等記，詳誌工數及竹木財用之費，其源皆本於此。故大家每言來處。（《分國》尾）簡括周緻，晉士彌牟之營成周，取裁於此。歐、蘇亭臺諸記，諛而不實，況其下者？（《左繡》眉）詳城沂事，卻著侵宋、待郔兩筆於首，見令尹之獨斷無失也，最是襯托妙法。極表孫叔之能，乃楚莊之所賴以成霸功者耳。三句總提，"慮事"虛。量功命日，乃所謂慮事也。兩項又不平，中八句應"量功"，三句應"命日"，末句總結，極簡老文字，其詳略伸縮變化有法如此。（《左傳翼》尾）蔿敖，楚莊所賴以成伯功者，小小板築而秩然有條如此，其他設施可以例見，宜乎隨季之極口推贊也。謝玄淝水之捷，郗超料其必能辦賊，而決之於小物之位置，即是此意。（《補義》眉）敘令尹城沂，以侵宋、待郔起，見侵伐亦令尹之謀也。兵略城功皆委令尹，而楚子規其成，任用之專也。"使"字直貫通節，結穴在"不愆于素"，便見令尹才能，爲邲之戰勝張本。（高嵣尾）此見孫叔敖之能，楚莊所賴以霸也。"城沂句"總提，"慮事"虛。量功命日，所謂慮事也。中八句應"量功"，"三旬"句應"命日"，末句總結。（《評林》眉）王荊石："令尹蔿艾獵，太史公《循吏傳》以叔敖爲首，其政大較多此類。"《附見》："使封人慮事，注：'謀音母，古通用。'"（王系尾）此篇是楚子、陳侯、鄭伯盟于辰陵傳，連敘侵宋、城沂二事，見楚莊之日盛也，亦是部中大結構處。

晉郤成子求成于衆狄，衆狄疾赤狄之役，遂服于晉。秋，會於欑函，衆狄服也。是行也，諸大夫欲召狄。郤成子曰："吾聞之，非德，莫如勤，非勤，何以求人？能勤有繼，其從之也。《詩》曰：'文王既勤止。'文王猶勤，況寡德乎？"（《測義》夾）陛粲氏曰："是時晉景怠政，不在諸侯，二三大夫踰嬪惰，無以威懷戎狄，而俛首求成焉。又匍匐以從之，其事至陋矣，安在其能勤而援文王以自解乎？《詩》曰：'不顯亦臨，無射亦保。'又曰：'勉勉我王，綱紀四方。'文王之勤也如是。"〖編者按：奧田元繼作王元美語。〗（《分國》尾）置德不問，但曰莫如勤，蓋諱言求，以勤爲辭也。以文王勤止爲比，妄矣。（《左繡》眉）拈一"勤"字，分出得失兩項，又引古抉進一步，極小文字，筆意無不老到。收"勤"字，又找"德"字，兜裏有法。句句爲"求"字解嘲耳，卻自說得好聽。（美中尾）楚盟諸侯于辰陵，晉莫敢問，乃孜孜於狄，且往會焉，晉衰甚矣。楚遂假名以討陳，不惟勢足陵晉，義亦足以傾晉矣。不自反，而爲邲之戰以爭鄭，宜其敗也。錄《春秋直解》。（《左傳翼》尾）以盟主而求成衆狄，殊爲失體。然以赤狄之強，而欲翦其羽翼，非往而從之不可。蓋衆狄雖疾赤狄之役，徒有其意，召之未必肯來，從之始能得服。服則衆狄從我，而潞氏孤矣。自知德不足以服遠，而特出於勤，此審己量力之言，看作爲"求"字解嘲，便沒卻老成謀國深心。（《評林》眉）陳傅良："傳見晉不在諸侯，而從事夷狄，楚於是主盟。"

冬，楚子爲陳夏氏亂故，伐陳。（《正論》眉）陳亡於淫，而楚繼以貪，相去不能以寸。叔時取懷與之之說，非應侯遠交近攻之謀可同日道也。謂陳人無動，將討於少西氏。（《文歸》眉）蔣尚賓曰："'陳人無動'伏下申叔時一段論案，細甚、冷甚。"遂入陳，殺夏徵舒，轘諸栗門，因縣陳。陳侯在晉。（《便覽》眉）"故"字、"謂"字、"遂"字，皆爲"因"字作勢，寫霸者假仁義如畫。（《補義》眉）汪云："一路寫得極正大，爲一'因'字反托。"

申叔時使于齊，反，復命而退。王使讓之曰："夏徵舒爲不道，弒其君，寡人以諸侯討而戮之，諸侯、縣公皆慶寡人，女獨不慶寡人，何故？"對曰："猶可辭乎？"王曰："可哉！"曰："夏徵舒弒其君，其罪大矣，討而戮之，君之義也。抑人亦有言曰：'牽牛以蹊人之田，而奪之牛。'牽牛以蹊者，信有罪矣；而奪之牛，罰已重矣。（闇生夾）宗堯云："孔子之論泄冶，靈公之謂徵舒，申叔之論縣陳，寫變亂之世未有如此之微至者。"諸侯之從也，曰討有罪也。今縣陳，貪其富也。以討召諸侯，而以貪歸之，無乃不可乎？"（《左傳雋》眉）湯霍林曰："'以討'一句，收盡斷盡。"（方宗誠眉）四騰挪然後入正面，何等委婉曲折，欲抑先揚，先喻後正，先賓後主，極頓挫之致。收句不說煞，何等委婉！所以能感動人君，此可爲進諫之法。前段得古人匡救君惡之意，後段得古人將順君善之意。王曰："善哉！吾未之聞也。反之，可乎？"對曰："（可哉！）吾儕小人所謂取諸其懷而與之也。"（闇生夾）著語趣極。又案：兩喻極有風趣，而筆筆跳脫，此左氏閒逸之妙。**乃復封陳，鄉取一人焉以歸，謂之夏州。**（《淵鑒》眉）既縣陳矣，聞正言而復之，申叔深得納誨之方，楚王亦有虛受之量。正叔程頤曰："致亂之臣，國所不容也，故書納。"臣熙曰："蹊田之喻，妙在切直；取懷而與之喻，妙在輕雋。"臣正治曰："蹊田之罰，最爲妙喻。猶鄉取一人以歸，惜哉！其未盡裁之以義也。"（文熙眉）穆文熙曰："叔時復命不言，欲王詰之，乃得盡言，古人進言之法如此。不然，君方自多其功，而己即強諫以拂其意，則其勢未有能入矣。"孫應鰲曰："牽牛之喻，甚極事情。《史記》略變其文，便弱矣。"朱氏曰："叔時善諫君，莊王能從義，楚之伯也，豈偶然哉？"（《測義》夾）姜寶氏曰："楚莊本欲縣陳，固以申叔時之言而止，然實陳成公在晉，恐晉率諸侯內其故君，而陳人應之，楚終不能有陳，故不若以復封陳爲名，而其實非其本心如此也。觀復封爲陳之後，而猶鄉取一人爲夏州，其不忘取陳一念可知矣。"（《知新》尾）臣行弒逆，君之子固在，胡可滅也？侃侃直辭，非不竦聽，委曲諷勸，乃善補過。欲求濟事，不爲矯激，可以觀矣。（《補義》眉）怒其朝晉是隱衷，討賊是名號。楚莊純以仁義欺人，若直揭其隱，則中其所忌。妙在牽牛一喻，隱隱躍躍，使之自會，而於討賊不可爲利上昌言之，於是復反其地，樂居仁義之名。

急寞二兇，仍得陳國之利。名實並收，真奸雄也。汪云："可乎、可哉，問答極風致，又作一喻，與上喻相映。"故書曰："楚子入陳，納公孫寧、儀行父于陳。"書有禮也。(《測義》夾)愚按：致亂之臣，國所不容，故《春秋》書納，而左氏以爲有禮，若以納亂臣爲有禮，孰爲非禮？王樵氏曰："夏徵舒不勝忿耻以弑其君，其賊易知也。而孔寧、儀行父之爲賊難見也，何也？公告洩冶之諫，寧、行父請殺之，則殺洩冶者，二賊也。徵舒之耻，發於似女亦似君之言，則激自廐之射者，亦二賊也。平國既弑，不他奔而奔楚，蓋志在以陳餌楚而殺徵舒爾，楚莊動于利而興師，非申叔時之言，則陳遂縣矣，則致胡公、大姬幾不祀者，又二賊也。使盡乎天討，則二賊之誅，不當在徵舒之後，而反納之，楚莊之志可知矣。"(《左傳雋》尾)朱魯齋曰："申叔能諫君，莊王能徙義，楚之伯也，豈偶然哉？"(《文歸》尾)辭理婉雋，格調潔老。(《古文斫》尾)入陳、縣陳，太容易，太便宜，莊王英主，亦自有過意不去處。申叔復命不賀，莊王早已會意，卻要看他如何說出來。此時若呆說討召貪歸之非，無論慢諫者生厭，即改過者亦不精神，看他前後兩喻，何等醒快，何等風流！《國策》《南華》之長，兩兼之矣。(《彙鈔》眉)申叔並不自解不慶之故，婉曲罕譬，最爲易入，故能使楚莊改轍。(魏禧尾)胡安國曰："爲楚莊宜何如？瀦徵舒之宮，封洩冶之墓，尸孔寧、儀行父于朝，謀于陳衆，定其君而後去，其庶幾乎？"王樵曰："誘君淫戲于夏氏者，二賊也。殺洩冶者，二賊也。激徵舒射君者，二賊也。以陳餌楚，幾滅陳祀者，二賊也。二賊之罪，甚于徵舒。楚莊若正天討，所當殺不待時，而反納之于陳，此伯業所以不敢望桓文哉？"禧按：宋昭公無道，宋子哀爲蕭封人，以爲卿，不義宋公而出，遂來奔，書曰："宋子哀來奔，貴之也。"又宣十七年，公弟叔肸卒。《穀梁傳》云："其曰公弟叔肸，賢之也。其賢之何也？宣弑而非之也。非之則何爲不去也？曰兄弟也。與之財則曰吾足矣。織屨而食，終身不食宣公之食。君子以是爲通恩也。"彭家屏曰："齊莊之從崔氏，陳靈之從夏南，與梁祖避暑于張宗奭之第，其事略同。而梁祖得免於弑者，倖也。假設宗奭從其子之請，其不爲齊莊、陳靈者幾何哉！"(《分國》尾)微申叔時言，楚子因亂以襲陳，大不直于諸侯矣。然鄉取一人，猶沾沾乎爾也。(《賞音》尾)申叔時不願其君之得地，而願成君之令名，其意高人數倍。然楚莊之從諫如流，抑豈易得哉？吾意五霸之中，楚莊優於宋襄、秦穆。(《左繡》眉)

此是左氏第一首諷諫文字，明主可以理奪，然最苦是老實説道理，非板即腐，聽之使人瞌睡欲落床。如此文，若只講討召貪歸之失，反之之得，亦有何味？看他全借譬喻簸弄，生姿作態，風趣無窮，此爲諷諫之上乘，《國策》之開山。前人稱莊周善爲詼諧罕譬之説，似此筆妙，恐漆園亦走且僵也。兩喻雋妙不必言，妙在前後兩問兩答，都作一波一折風致，以一色筆墨，合成一片章法。好議論，又須好襯托耳。楚子縣陳，是一件極便宜事，卻不知爲世口實正在於此。起手"陳人無動"，儼然無長寧爾口氣；"轘諸栗門"，居然聲罪致討作爲，皆是特寫作堂堂正正，爲下文"因"字一笑也。妙絶！前段從正意引入，又將正意申説，後段只將喻意一點便住，正意已盡於前也。用筆伸縮入化，接落"乃復封陳"，寫解頤會心神理，吹毫欲活矣。唐錫周曰："喻者，愈也。謂其較勝於正意，襯托得正意醒也。若喻意不如正意，不如無喻矣。伐陳、入陳、縣陳、封陳，細針密縷，不走一絲。"（儲欣尾）叔敖爲相，楚子縣陳不諫，而得之申叔時之言，此叔敖所以不及管仲也。（崑崖尾）俞寧世曰："一起敍法便高，'無動'二句，言陳人望其討賊，不意滅國，'遂'字言乘隙而入，'因'字言乘便而取，皆左氏用意處。討召貪歸，其義見矣。"（美中尾）楚莊不於辰陵之盟召徵舒而戮之，乃踰三時而始興師問罪，何哉？則以陳侯復朝晉故耳。外託討賊之義，内實懷縣陳之心，蔿敖何在？愧申叔時矣。何義門曰："莊王入陳而縣之，固不可以令於諸侯。乃聞申叔時之言，遂并納孔、儀，則亦未盡乎討罪之道也。夫宣淫于朝，專戮直臣，使國亡君滅者，宜與徵舒比而誅之，而使得返其國以從政，何以懲惡而謝陳之宗社哉？"黄懋容曰："莊封陳而納二人者，使挾楚以制其國命也。自是陳之從楚者二十有八年。"（《約編》尾）傳言楚莊能從諫如流，所以威振中夏。（《左傳翼》尾）楚滅國多矣，申叔不言，獨于陳乎是諫者，以討始，而以貪終也。討其賊爲義，取其國爲貪，謂陳人無動，以義聲哄陳人，幾有簞壺來迎之意。而因以縣陳，其可乎？莊王英主，其讓申叔時也，隱諱縣陳不言，亦自知於義不可，所以一聞諫而虛懷速改，有轉圜之易也。申叔乘機而導，以喻言婉諷，言語妙天下，姚平山謂兼《南華》《國策》之長，洵然！（《便覽》尾）願君有令名，而不願君得地，立意便高。然若老實説道理，便無佳文。似此兩喻，簸弄風姿，真諷諫之上乘，《國策》之開山。芳輯評。（《日知》尾）伐陳、遂入陳、因縣陳、乃復封陳，是文字針線處，褒譏具足，辭令亦緩而愈永，輕而愈雋。(高嵣尾)俞桐川曰："'陳人無動'二句,言陳人望其討賊,故倒戈以迎,不意其爲滅國也。'遂入陳',言乘隙而入。'因縣陳',言乘便而取。討召貪歸,其義見矣。'猶可辭乎',王曰'可哉',見王能虛受。'反之可乎',對曰'可哉',見王能速改。'乃復封陳',真聽言如轉圜。此皆左氏用意處,文筆雋爽,其餘事耳。"伐陳、入陳、縣陳,關節清楚,針線細密。(《自怡軒》眉)敍事明快,兩喻更精妙絕倫。許穆堂。(《評林》眉)陸淳:"楚子之討徵舒,正也,故書曰'人',許其行義也。入人之國,又納淫亂之臣,邪也,故明書其爵,以示非正。《春秋》之義彰善癉惡,纖介無遺,指事原情,瑕瑜不掩,斯之謂也。"朱申:"叔時善諫君,莊王能從義,楚之伯也,豈偶然哉?"陳傅良:"'有禮也',傳釋楚入未有書爵者,於是特書爵。"(王系尾)此篇前敍後斷,敍處不没其實,所以存真僞之本。然斷處全歸以禮,所以弘遷改之大路也。楚子之封陳鄭也,假義也。楚子之假義也,慮害也。怵於害而後歸於義,而仍以禮許之,衰世之志也。取諸其懷而與之,一語已定通篇之案矣。(方宗誠眉)討陳夏徵舒,得討賊之道,謂之有禮可也。因而入陳,又不正公孫寧等長君逢君之罪,而反納之于陳,何爲有禮?左氏之論非也。(《學餘》尾)楚有人焉,微申叔時,莊其靈矣。推是心也,天下無可亡之國也。天下無亡國,楚豈能獨亡乎?(《菁華》尾)入陳一役,討弑君之賊,名義甚正,雖有縣陳之舉,然聞申叔時之言,便深自引咎,楚莊自是可人。惟孔、儀二人導君爲惡,陷之於死,久爲國人所切齒,執而戮之,方足以正不臣之罪。乃復使之靦然復國,且得以逃賊爲己功,此亦事之至不平者。蓋楚莊惑於二子之説,專歸罪夏徵舒,而其通于夏姬之醜,不得而知之也。(閩生夾)納淫人烏得謂有禮?亦曲説也。

厲之役,鄭伯逃歸,自是楚未得志焉。鄭既受盟於辰陵,又徼事于晉。(孫鑛眉)宜入十二年。(《左繡》眉)厲之役,前不正敍,後則逐處提掇,寫來與東雲見鱗、西雲見瓜相似,亦左氏之變調也。連下文作一篇讀,"逃歸"伏下"肉袒"句,"未得志"伏下"懷怒"句,"受盟"伏下"入盟","徼事"伏下"不能事""改事君",無一閒筆。

◇宣公十二年

【經】十有二年春,葬陳靈公。(《評林》眉)按:徵舒弑其君平國在十年五月癸巳。楚子圍鄭。（《評林》眉）高閌：“封陳侯者，非楚本謀也，不善而能改也，故書入。與鄭平者，楚本謀也，不爲利謀所誘，故書圍。”夏六月乙卯，晉荀林父帥師及楚子戰于邲，晉師敗績。秋七月。冬十有二月戊寅，楚子滅蕭。（《評林》眉）高閌：“楚既得陳、鄭，又敗晉師，遂深入內地，憑陵小弱，滅人之國，書以著其暴也。”晉人、宋人、衛人、曹人同盟於清丘。宋師伐陳。衛人救陳。

【傳】十二年春，楚子圍鄭，旬有七日。（孫鑛眉）字句俱淨。（楊繩武眉）先敘楚子克鄭事。鄭人卜行成，不吉。卜臨于大宮，且巷出車，吉。國人大臨，守陴者皆哭。楚子退師，鄭人修城，進復圍之。（方苞夾）論敘事常法，出車大臨乃被圍常事，本不必書，而特書者，與能信用其民義相發也。《春秋》之法，書“入”則不復書“圍”。退師、修城，乃復圍以前之事，亦不宜書，而特書者，見楚子行師進退有禮，與篇末論“武有七德”義相發也。（《便覽》眉）兩退師，見霸者擒縱之妙。三月克之。（韓范夾）聞哭而退師，則克城之後未有不終許之平者也。始也，不扼人於窮；既也，不縱人之叛；終也，不致憤於無已，此三物者，可以伯。入自皇門，至於逵路。鄭伯肉袒牽羊以逆，曰：“孤不天，不能事君，使君懷怒以及敝邑，孤之罪也。敢不唯命是聽。（《評林》眉）《經世鈔》：“一‘命’字引起下文三段，昌黎《科目時與人書》文法祖此。”其俘諸江南，以實海濱，亦唯命。其翦以賜諸侯，使臣妾之，亦唯命。（孫鑛眉）兩“唯命”作波，以發佈腹心之意，最緊切無剩語，絕工妙。若惠顧前好，徼福于厲、宣、桓、武，不泯其社稷，使改事君，夷於九縣，君之惠也，孤之願也，非所敢望也。敢布腹心，君實圖之。”（《便覽》眉）以一“唯命”，引起兩“唯命”，先說煞自己死心塌地，然後將“若”字輕輕放轉，說個“改事君”，卻又連下“也”字，連忙縮住，使聞者自然心平。左右曰：“不可許也，得國無赦。”王曰：“其君能下人，必能信用其民矣，庸可幾乎？”退三十里而許之平。（《淵鑒》眉）鄭詞遜順，得以小事大之體，所以能不失國。環谷汪克寬曰：“據左氏、公羊所記，鄭襄公屈服於楚，禮卑辭巽以求免，則楚之凌暴亦甚矣。然其能不聽左右之言而退師許平，薄於利而不要其土，則比於狡焉而思啓封疆者，猶有改過遷善之美意也。"臣鴻緒曰："前既封陳，茲復平鄭，伐國而不有，莊之霸也宜哉！"（韓范夾）兩層退師，氣象略似齊桓。（《文歸》尾）不恥卑辱，幾有勾踐之風，而報人之志，何不逮遠甚？要知同一屈辱，越出於懷毒詭屈，鄭知罪誠服；越敵驕而有臣，鄭敵良而無助故也。仲光。（《約編》眉）此敘楚之待鄭，所謂怒其貳而哀其卑也。（楊繩武夾）前曰"退師"，此曰"退三十里而許之平"，總是不專恃戰。（《評林》眉）《經世鈔》："可知驕亢之人必爲衆之所棄。"**潘尫入盟，子良出質。**（文熙眉）汪道昆曰："辭令妙品。'其俘諸江南'以下章法。'夷於九縣'字法。"穆文熙曰："吾于莊王之許鄭平，而知楚之所以伯也。夫叛而討之，服而舍之，威德兼著，即三代之師曷以加此？若晉師救鄭，輕挑強楚，激成邲戰，以至敗績，此又天所以成楚也與？"〖編者按：奧田元繼作呂祖廉語。〗（《快評》尾）春秋之時，天下大勢在晉、楚，而鄭則晉、楚之樞也。漢陽諸姬，楚實盡之。鄭與陳、蔡，于楚爲近。楚不能得志於三國者，晉爲之援也。十一年，陳少西氏弒其君，晉不能討而楚討之。楚將縣陳，而晉不能救也，楚固有以窺晉矣。昔歲入陳，今茲入鄭，圍鄭三月而後克，楚亦不遺餘力。此時晉師亦起，楚既克鄭而復許之平，不惟示鄭以德，且令晉師有以藉口而歸也。荀林父之言，恰是楚人意中事。邲之戰，不惟非林父之心，並非楚人初心可知。鄭伯以能下人全其社稷於既覆之後，柱下有言："江海能爲百谷王，以其善下也。"有國有家者，胡可不取五千言熟讀而深思之耶？（魏禧尾）彭家屏曰："鄭介晉、楚之間，爲兩國必争之地，服楚則晉至，服晉則楚至。春秋之世，被兵最重者，莫鄭若也。然欲兩擇而一從之，則無如與晉。晉爲同姓之國，壤地較楚爲稍近。若明結晉人，同力禦楚，楚師至則堅壁清野，竭力據守以待晉援，庶幾其有瘳乎？乃計不出此，而曰'與其來者可也'，又曰'晉楚無信，我焉得有信'，如是而謀國，是輾轉召兵耳，宜其僨矣。"（《古文研》尾）乞憐語，何足又道？看他句調沉浮，聯用疊字處，如小窗妮妮，幽壑泠泠。尤妙在煞末"非所望也"一語，宛轉輕圓，尤使英雄心軟。（《分國》尾）辰陵之盟，載書未改，鄭又邀事強晉，宜楚師之踵至。雖然，桓、武之烈，赫赫猶昨，爲子孫者，至肉袒牽羊而逆楚，使人益思不肯下齊之紀侯也。（《晨書》總評）徐袞侯曰："情詞婉麗，哀惻動人，絕妙一篇降表。"（《賞音》

尾）鄭非漢陽諸姬之比，楚雖滅之，必不能終有之，特是退師以俟其修城，退舍而後與鄭盟，且曰："其君能下人，必能信用其民矣。"此等見解作用，的是少有。惜其爲僭王之裔，故不能獲與桓、文抗行耳。（《左繡》眉）昔歲入陳，今茲入鄭，兩事接連，皆爲邲戰作引。陳縣復封，虧了別人一篇妙文，妙在字字有趣。鄭人許平，虧了自己一篇妙文，妙在字字可憐。筆端變化，真如如何之樹，隨刀改味也。許評："全以下人爲主，下人不但指肉袒牽羊。看他一篇之中，低頭代罪，仰首乞憐，寫得情辭悱惻，悲鳴動聽。楚莊英雄，不覺入其彀中矣。以一'唯命'，領兩'唯命'，先將俘馘兩項說煞，已自死心塌地。然後將'若'字一轉，輕輕說個'使改事君'，卻又以'非所敢望'連忙縮住，不作十分希冀。而聞者自爲之平心解顏。文到至處，哀樂皆能感人。"連讀兩篇，致味各別。其詠陶謠舞，則自一耳。（崑崖尾）直摯婉曲，詞令絕妙，前後敘事，伯主氣象，亦自寫出。（《左傳翼》尾）鄭反覆多變之國也，事急而求哀乞憐，文詞雖工，又何足道？楚莊于鄭貳則伐之，服則舍之，較前封陳，更覺光明正大，以能下人而知其能用民二語，尤具卓識。（盛謨總評）肉袒牽羊，下人之甚也。以下活描下人情態，至末忽借王口點出，覺得許多停頓婉轉，只爲"下人"二字傳神。古人文字處全在裏許，若不會鉤索得去，可惜可惜。（高塘尾）前入陳，此圍鄭，皆邲戰之權輿。楚莊氣識洞達，亦於此見。（《自怡軒》眉）不作十分希冀，而聞者自然感動，措詞最工。杜草亭。

夏六月，晉師救鄭。（《彙鈔》眉）一篇大文，其平平鋪敘處，皆有結構；其落落點綴處，皆有精采。（《淵鑒》眉）傳文莫多於此，而中間述言叙事，繁冗纖悉，秩然不亂，粲然不遺，典而雅，富而豔，奇而法，曲而詳，諸美具矣。水心葉適曰："荊尸事已見莊公，蓋通國大舉，凡在役屬之民，皆用之矣。故鄧曼以爲'豈不知楚師之盡行'，而士會所言'商農工賈不敗其業，而卒乘輯睦'，大衆遠征，最爲難事，而內外有紀如此，故以爲不可敵也。"晦庵朱熹曰："《左傳》分謗事，近世士大夫多如此，只要狥人情。如荀林父邲之役，先縠違命而濟，乃謂'與其專罪，六人同之'，是何等語也？爲林父者，只合按兵不動，召先縠誅之。"茅堂胡寧曰："邲之戰，先縠、趙旃實敗晉師，而獨書林父者，責元帥也。武侯祁山之戰，違命於街亭者，馬謖也；失於箕谷者，鄧芝也。而武侯深自刻責，以爲咎皆在己，此亦《春秋》之義也。任歸於一者，責有所歸；權分於下者，衆無適從。吳濞既反漢，用條侯，以梁王之貴、太后之尊，交請救援，條侯謹守便宜，竟破七國。唐六道重兵攻圍淮蔡，久而無功。及裴度視師，雖韓弘亦輿疾督戰，遂擒元濟。代宗以九節度之師圍慶緒，不立元帥，一夕而潰。其成敗之績，豈不著明也哉！"臣熙曰："左氏於極長文字，如江如河，無所不有，而起伏變化，層見疊出，令人應接不暇，洵文章之鉅觀。"臣德宜曰："晉帥人各異心，非楚能敗晉，晉先自敗也。唐季用兵，令宦官參軍事，往往牽制取敗，可以為戒。"臣鴻緒曰："敍兩國軍事極錯綜變化，而成敗井然，真兵書之祖，所以古良將多讀之。楚子七德數語，志量弘遠，不愧霸者。"臣英曰："先縠輕而寡謀，剛躁而愎，以致晉師敗衂，《左傳》數處摹寫，情狀如畫，誠《易》所謂'弟子輿尸'也。"臣乾學曰："此楚莊之霸也。《春秋》惡僭王，獨於是役無貶辭，蓋以莊有霸者之義。左氏載晉楚計畫行陣，如虬龍變化，至今讀者若壁上觀。"臣棻曰："晉師敗於驕，楚莊勝於懼，故于行三軍，必與夫懼者。"臣士奇曰："不昭武功，而以七德自愧，楚莊善居成功，蓋自克庸以來，無時不兢兢也。"臣叔元曰："通篇議論敍事，鋪陳排比，相雜成文，如編珠錯綉，耀人心目。"臣杜訥曰："林父不能審幾獨斷，以致喪師辱國，責固難逭矣。先縠剛愎不仁，敵國猶知之，顧使佐中軍，此晉之失霸所由來也。"（《左繡》眉）此自城濮後，又一首敍戰大文也。洋洋灑灑，只作三大截讀。自起至"必長晉國"，是未戰前事。"楚少師"至"宵濟"，是將戰、正戰時事。末段是既戰後事。通篇敍議兼行，而前後著力在議論，中間著力在敍事。議論用整片筆法，敍事用錯綜筆法。總之晉為主，而以楚對寫、夾寫其間。鄭則時作穿插點綴，遂令花團錦簇，無妙不臻也。首段又分四節，除整敍軍師外，都層層頂接。首桓子欲還，士會極言其宜退。次先縠中軍佐濟，荀首極論其師殆。次韓厥分惡、濟師，伍參勸王"君勿逃臣"。次鄭使如晉請承，欒書指破"鄭以我卜"。而以荀首斷同、括，趙朔斷欒伯結之。大抵前重隨武論晉師宜歸，後重欒武論鄭使難信，而中間夾寫楚北師、鄭如晉，一承上，一起下，分明以二武之論包絡兩頭也，章法絕佳。中段獨分六節，如師、更對為一開，致師、相逐為一逼，二憾皆往為一挑。驟寫中軍合戰是敗績正位，分寫上軍、下軍是敗績餘波。各各成片寫來，卻兩兩交錯寫去，最熱鬧，最變幻。極紛亂之事，極清晰之文。末段只分兩節，文本以晉為主，而為救鄭，故敵楚。一節寫楚告成從對面作收筆，一節寫鄭弭亂從來脈作收筆，不收晉而晉在其中。與韓原之斷先君，同是別行一路之法，但面貌各別耳，然而匪彝所思矣。（楊繩武眉）大敘晉師救鄭。（《補義》眉）此以林父之敗爲主，而敗之者爲孫叔，乃林父之敗，伍參料之，而孫叔納其言。孫叔之勝，隨武、欒武諸人皆料之，先縠獨不謂然，而林父不能決。楚將孫叔、伍參而外，如屈蕩、養由基、潘黨、許偃諸人，不參一語。晉將林父、先縠而外，如趙括、趙同、魏錡、趙旃輩，各逞其私。楚不特諸帥也，尊如楚王，外而皇戌，皆由孫叔調度。晉不特魏錡、趙旃思以敗國也，即知兵如韓厥，早云六人分謗，爲林父退走之地。故楚賺以盟，晉信之。使之無備，晉又信之。孫叔著著得手，林父事事被愚。或互寫，或間寫，或引證，或豫寫，洋洋大篇，頭緒極紛，而敗由林父，勝由孫叔，兩兩相關，一線到底。**荀林父將中軍，先縠佐之。**（《左傳雋》眉）按：胡《傳》曰："河曲之戰，趙穿獨出，而臾駢之謀不用。卽涇而次，欒黶欲東，而荀偃之令不行。今林父初將中軍，乃以先縠佐之，使敵國謀臣知其從政者新，未能行令，誰之過與？故稱國以殺，不去其官，罪累上也。"（文熙眉）汪氏曰："議論能品。"穆文熙曰："邲之敗，在林父不善將將，而彘子剛愎輕敵，二憾怒楚求敗，不有韓厥之同進，隨會之設七覆，則晉師幾不能濟河矣。""昔歲"章法，"師武臣""以我卜"句法，"麗龜"字法。先縠爲偏將，乃狂肆若此，卒以致敗，主帥其爲土偶矣。厥言乃救敗之道，所以晉師終不大敗。"子爲元帥"二句，乃林父罪案。（《評林》眉）張半菴："此戰在林父不善將將，而彘子剛愎輕敵，二憾怒楚求敗，不有韓厥之同進，隨會之設七覆，則晉師幾不能濟河矣。"《經世鈔》："左氏於大國卿帥選命之際必詳如此，所以立事之綱領，而其用人之當否公私，皆於此見。"**士會將上軍，郤克佐之。趙朔將下軍，欒書佐之。趙括、趙嬰齊爲中軍大夫。鞏朔、韓穿爲上軍大夫。荀首、趙同爲下軍大夫。**（方苞夾）四大戰無書三軍之大夫者，惟邲特書，以晉之喪師，由先縠剛愎，而趙括、趙同實助之。鞏朔、韓穿則有設七覆于敖前事，荀首則有以其族反之，獲連尹襄老、囚楚公子穀臣事，趙嬰齊有使其徒先具舟於河事，苟不先書其職司，則不知其爲何人。旣備舉六人，則趙旃求卿未得，魏錡求公族未得，皆以卿族在軍行而非有職司，亦見矣。**韓厥爲司馬。**（鍾惺眉）歷歷敘事議論，看他碎而能完，板而能靈，亂而能整,可悟作長篇之法。(方宗誠眉)先敘晉諸軍帥以提通篇。(閩生夾)將敘大戰,故先鋪敘將帥,震川所謂"鋪張程節"。及河,(楊繩武眉)照下濟河。聞鄭既及楚平,桓子欲還,(閩生夾)此役桓子本不欲戰,倉卒應敵,又不豫爲之備,臨戰倉皇,一敗塗地,文中敘次最明。曰:"無及于鄭而勤民,焉用之?楚歸而動,不後。"(孫鑛眉)失鄭、避楚四句,語簡而盡,事情絕佳。(《約編》眉)敘晉師未渡河,諸人議論不一。(《評林》眉)《經世鈔》:"楚已破鄭,晉不能救鄭之服楚,又可伐乎?大非伯者之師,此語便不及楚莊十倍。"隨武子曰:"善。會聞用師,觀釁而動。(方苞夾)晉人怙亂之釁,爲楚所窺。而楚君臣言戒,無釁可乘,此句乃通篇之關鍵。德刑政事典禮不易,不可敵也,(楊繩武眉)此段以"楚不可敵"句作主。(方苞夾)六事與篇末武有七德義相發,楚人六事具修,爲敵所畏。而楚子猶曰"武有七德,我無一焉",是乃六事所以具修也。不爲是征。楚軍討鄭,怒其貳而哀其卑,叛而伐之,服而舍之,德刑成矣。伐叛,刑也;柔服,德也,二者立矣。(楊繩武眉)著此二段,便見楚國之必勝。德、刑雙舉一段並敘。昔歲入陳,今茲入鄭,民不罷勞,君無怨讟,政有經矣。荊尸而舉,商農工賈不敗其業,而卒乘輯睦,事不奸矣。(楊繩武眉)政事等單頂二段,敘法變。蒍敖爲宰,擇楚國之令典,軍行,右轅,左追蓐,前茅慮無,中權,後勁。(韓范夾)楚國陣法備於此數言。右轅,白虎也;左追蓐,青龍也;前茅慮無,朱雀也;後勁,玄武也。中權以控四隅,五陣備變化全矣。百官象物而動,軍政不戒而備,能用典矣。其君之舉也,內姓選於親,外姓選於舊;舉不失德,賞不失勞;老有加惠,旅有施舍;君子小人,物有服章,貴有常尊,賤有等威,禮不逆矣。(楊繩武眉)典、禮二段,變整爲散,法又變。德立,刑行,政成,事時,典從,禮順,若之何敵之?(孫鑛眉)排敘六件,是左氏當調,然亦稍有節奏,不甚板。(《評林》眉)《經世鈔》:"一段衍疊,似《國語》,以篇長不害。"《匯參》:"斥侯,蹄伏者,令人遠在軍前斥度侯望,慮有伏兵,使蹄行之也。"《評苑》:"物,旌旗也,言百官各象其所建之旗物而行動。"呂大圭:"自楚執討賊之權,於是陳爲楚有,鄭不堪楚之屢伐而受盟辰陵，然曰'與其來者可也'，則猶未純乎從楚也，故徵事於晉，晉既不能有陳，而僅爭鄭，則郯之一戰，晉、楚勝負之一決也。自郯之敗，而楚橫行莫制矣。"（閩生夾）此皆實敘楚莊霸略，而從士會口中虛寫，文境空靈之至。此篇以鋪張楚莊霸業爲主，而行文專從晉師一面敘述，運實於虛，特開奇局，且有內中國而外夷狄之意也。見可而進，知難而退，軍之善政也。兼弱攻昧，武之善經也。子姑整軍而經武乎，猶有弱而昧者，何必楚？（方宗誠眉）凡文字，一篇有一篇之大起大承大結束，一段有一段之小起小承小結束。（閩生夾）宗堯按："楚君能盡其職，其所以勝且強，盡具於士會語中。"仲虺有言曰：'取亂侮亡。'兼弱也。（孫鑛眉）《仲虺誥》中原有"兼弱"二字，此以作斷語，覺未妥。《汋》曰：'於鑠王師，遵養時晦。'耆昧也。《武》曰：'無競惟烈。'撫弱耆昧，以務烈所，可也。"（《彙鈔》眉）士會于入陳、入鄭，稱楚政、叔敖，正苦其多事，俱老成見解。（《約編》眉）士會一段，以德、刑、政、事、典、禮六字爲眼，有提有束，中雖排敘，不覺其板。（《補義》眉）此段逐字倒承，章法又變。（《評林》眉）《補注》："何必楚，晉人釋楚而甘心於群狄以此。"湯睡菴："此段摠明'德刑政事典禮'一句，見楚不可敵，末句引言，見楚不可與昧者比。"（方宗誠眉）楚國德刑政事典禮之善，在晉軍帥口中說出，是謂對面寫法，而楚之必勝，於此已伏。彘子曰："不可。晉所以霸，師武臣力也。今失諸侯，不可謂力。有敵而不從，不可謂武。由我失霸，不如死。且成師以出，聞敵強而退，非夫也。命爲軍帥（或作師），而卒以非夫，唯群子能，我弗爲也。"（孫鑛眉）"非夫也"三字，在今已陳。以中軍佐濟。（《約編》眉）林父、士會皆知楚不可敵，以偏師先濟者，獨彘子耳。然林父將權不立，威令不行，所以敗也。（《評林》眉）穆文熙："先縠爲偏將，乃狂肆若此，卒以致敗，主帥其爲土偶矣。"王元美："先縠爲中軍佐，欲邀軍帥之功，故獨議戰。"《經世鈔》："桓子曰'楚歸而動'，故宜有此言。"（方宗誠眉）"以中軍佐濟"之下即接韓獻子謂桓子之言亦可通，但嫌文境局促。

知莊子曰："此師殆哉。《周易》有之，在師之臨，曰：'師出以律，否臧，兇。'執事順成爲臧，逆爲否，衆散爲弱，（孫鑛眉）坤爲衆，坎不爲衆，蓋師有當衆之意，二爲丈人，初變則將權分，故云衆散。川壅爲澤，有律以如己也，故曰律。（孫鑛眉）"如己"是倒句法，即是如律意，與由仁義行聲爲律同意，苟九家坎爲律。否臧，且律竭也。盈而以竭，夭且不整，所以兇也。不行之謂臨，有帥而不從，臨孰甚焉！（闈生夾）語譏彘子，實以形桓子之不能行令也，重在"有帥不從"四字。此之謂矣。果遇，必敗，彘子尸之。雖免而歸，必有大咎。"韓獻子謂桓子曰："彘子以偏師陷，子罪大矣。子爲元帥，師不用命，誰之罪也？失屬亡師，爲罪已重，不如進也。事之不捷，惡有所分，與其專罪，六人同之，不猶愈乎？"師遂濟。（《測義》夾）傅遜氏曰："彘子悖矣，而又成於厥，厥言既失專制之權，尤無謀國之忠，師敗業隳，厥之由也。"（《左傳雋》眉）李事道曰："按胡《傳》曰：'林父既知無及于鄭，焉用之矣，下令三軍，無得妄動，按軍法而行辟，夫豈不可？既不能令，又畏失屬亡師之罪，而從韓獻子分惡之言，知難而冒進，是棄晉師於，誰責乎？'"（《約編》眉）又敘彘子先濟後諸人議論，亦自料必敗。因彘子先濟，而隨之進兵，總見桓子胸無成算。（楊繩武眉）著此一段，便見晉師之必敗。（《補義》眉）何云："先縠專命，厥不能請於林父以戮之，唯欲分其罪於群帥，其誤林父以敗國殄民者，豈不尤重於縠哉！"（《評林》眉）孔之遂："委縠于敵，亦罪在元帥，遣司馬追而梏之，似更近是。先縠之罪在于欲戰而無備，桓子之罪在于不欲戰而無備。"《經世鈔》："律，法也；如，從也。法以治人，若失法而弱且壅，則法將從而加於己矣，與彘子不從帥而有大咎正合。《周書》曰：'我則致天之罰于爾躬。'所謂有律以如己也。諸注未是。"穆文熙："厥言乃救敗之道，所以晉師終不大敗。'子爲元帥'二句，乃林父罪案。"（方宗誠眉）以上敘晉諸帥之謀，而晉之必敗已伏。

　　楚子北師次於郔，沈尹將中軍，子重將左，子反將右，將飲馬於河而歸。（楊繩武眉）飲馬於河與前晉師及河相映，晉六卿皆不欲戰，惟一縠欲戰，而敗；楚子、孫叔敖皆不欲戰，惟一伍參欲戰，而勝，兩人對照。（方宗誠眉）又敘楚軍帥之名，與前敘晉軍帥相對。聞晉師既濟，王欲還，嬖人伍參欲戰。令尹孫叔敖弗欲，曰："昔歲入陳，今茲入鄭，不無事矣。戰而不捷，參之肉其足食乎？"參曰："若事之捷，孫叔爲無謀矣。不捷，參之肉將在晉軍，可得食乎？"（《補義》眉）即其言而反之，壯烈中卻饒風致，亦反映林父請死之恥。（《評林》眉）《經世鈔》："大約賢者必愛民而惡兵，故桓子欲還，武子曰善，叔敖弗欲也。"丘維屏："春秋時雖不見專殺國卿，然偪陽之役，知罃謂偃、匄曰：'七日不克，必爾取之。'是自有取卿之法矣。林父安得徒委先縠于敵也？"令尹南轅反旆。（《約編》眉）此敘楚子、令尹皆不堅意欲戰，見其持重處。伍參言于王曰："晉之從政者新，未能行令。其佐先縠剛愎不仁，未肯用命。其三帥者專行不獲，聽而無上，眾誰適從？此行也，晉師必敗。（闈生夾）宗堯按："晉之所以敗，盡于伍參語中。"且君而逃臣，若社稷何？"（韓范夾）晉二三大夫，皆爲嬖人所測，安得不敗？（《彙鈔》眉）策晉師必敗，嬖人乃有確識。（《評林》眉）丘維屏："彘子、伍參相照，一徇中軍佐而敗，一聽嬖人而勝，作者兩爲點綴精神，方是良史大胸次、大手筆。"汪道昆："伍參之言，所謂兵法之知彼知己者。"李笠翁："伍參窺晉將帥之情，一一如照肝膈，安得不勝？"《經世鈔》："先縠不用命，故三帥不得專行，則軍士雖欲聽而無上，故曰'眾誰適從'，舊注未是。"王病之，告令尹，改乘轅而北之，次於管以待之。（文熙眉）伍參之言，所謂兵法之知彼知己者。胡氏曰："古者仗鉞臨戎，專制閫外，雖君令有所不受，況其屬乎？林父既知無及于鄭，焉用之矣，乃畏失屬亡師而從韓子分惡之言，知難而冒進，是誰之責乎？"（《評林》眉）《經世鈔》："令尹不欲，則竟南轅，王病之，必告令尹而改北，莊王之禮賢臣、大臣之執國事如此。"（方宗誠眉）文字愈折愈妙，愈曲愈工，王欲還一折，令尹弗欲戰二折，令尹南轅反旆三折，愈折則畜勢愈有力，晉師必敗在楚人口中說出，亦與晉隨武子之言相對。以上敘楚兵謀，而楚之必勝已伏。

晉師在敖、鄗之間。鄭皇戌使如晉師，（《古文析》夾）以上分敘晉楚兩軍，一邊濟師，一邊改乘轅而北之，已成交兵之局。以下卻敘鄭以助戰愚晉，楚以求成嘗晉。蓋誠如欒武子之沉幾、隨武子之善對，三軍猶不至於暴骨也。文勢如瀑布飛流，天風吹斷，又如峰迴路轉，忽遇平原，可悟操縱變化之妙。（《彙鈔》眉）忽入此段，天外奇峰。（《約編》眉）鄭人勸戰作一頓跌，亦見諸人議論之不同。（《補義》眉）在敖、鄗之間，早占地利，觀下射麋走林，則有險可守。曰："鄭之從楚，社稷之故也，未有貳心。(《評林》眉)按："未有貳心"，注："二與貳通。"《後漢書·列女傳》"命之所遭無離貳"，猶《北史》"衆遂離貳"。楚師驟勝而驕，其師老矣，而不設備，子擊之，鄭師爲承，楚師必敗。"虓子曰："敗楚服鄭，於此在矣，必許之。"欒武子曰："楚自克庸以來，其君無日不討國人而訓之于民生之不易，禍至之無日，戒懼之不可以怠。(闈生夾)此下亦極力發楚莊霸業，文氣極爲騰逸。在軍，無日不討軍實而申儆之于勝之不可保，紂之百克而卒無後，訓以若敖、蚡冒篳路藍縷以啓山林。(孫鑛眉)此章法自《尚書》變來，流動中卻自蒼渾，蒼渾是古法，流動是變法。(《彙鈔》眉)篳路，柴車；藍縷，敝衣。歷敘楚事，以駁倒皇戌，文筆夭矯。(《評林》眉)王百穀："欒武子歷敘楚事，以破鄭皇戌楚師驟勝而驕、師老、不設備三意。"《評苑》："'于民生之不易'，'于'與'吁'同，嗟歎而言也。"《經世鈔》："晉、楚爭鄭，鄭義當從晉，然楚莊王破鄭，可以滅鄭而舍之，所當終莊王之世畢志服從者也。旋與楚盟而遽通晉師，特首鼠之見，可謂負恩，兵連禍延，有自來矣。或曰：'藍縷，衣破而縷藍藍然。'"箴之曰：'民生在勤，勤則不匱。'不可謂驕。先大夫子犯有言曰：'師直爲壯，曲爲老。'我則不德，而徼怨于楚，我曲楚直，不可謂老。其君之戎，分爲二廣，廣有一卒，卒偏之兩。(《評林》眉)姜希轍："按：周制，車十五乘爲大偏，二十五人爲兩，以舊偏法論之，一卒百人之外，又有此五十人之兩也。蓋楚一車兼周兩車人數，周一車有七十五人，楚一車有一百五十人。此説見唐太宗、李靖問對，註疏説誤。"右廣初駕，數及日中；左則受之，以至於昏。内官序當其夜，以待不虞，不可謂無備。子良，鄭之良也。師叔，楚之崇也。(闈生夾)師叔不可謂良，故曰崇，此句中字法。師叔入盟，子良在楚，楚、鄭親矣。來勸我戰，我克則來，不克遂往，以我卜也，鄭不可從。"趙括、趙同曰："率師以來，唯敵是求。克敵得屬，又何俟？必從虓子。"知季曰："原、屏，咎之徒也。"趙莊子曰："欒伯善哉，實其言，必長晉國。"(文熙眉)欒書論楚不可戰，鄭不可信，可謂曲盡。穆文熙曰："楚使入晉，乃所以覘其虛實。隨季對楚，其言遜而有禮，不有趙括之對，則晉楚可盟矣。恨哉！"（《彙鈔》眉）諸帥議論紛紛，而林父無一言，必敗之道。（《補義》眉）陸宣公曰："節制多門，則人心不一，號令不行。"（《評林》眉）《匯參》："'鄭不可從'，此段以此句爲正。此等不過寫作聚訟築室光景，于本文無甚輕重也。"《補注》："傳記士會、欒書之言，見晉大夫自知非楚敵，故以不戰喪師。"（方宗誠眉）又敘晉兵謀，而楚之必勝已于晉人籌算及之。（闉生夾）宗堯按："寫衆論紛馳，刺主帥也。"

楚少宰如晉師，曰："寡君少遭閔兇，不能文。聞二先君之出入此行也，將鄭是訓定，豈敢求罪于晉。二三子無淹久。"（《評林》眉）郭扶九："莊王與孫叔俱不欲戰，故少宰之辭如此。"《經世鈔》："'二先君之出入此'語有來歷。"（方宗誠眉）辭命極佳，已伏必勝之氣象。**隨季對曰："昔平王命我先君文侯曰：'與鄭夾輔周室，毋廢王命。'今鄭不率，寡君使群臣問諸鄭，豈敢辱候人？敢拜君命之辱。"彘子以爲諂，使趙括從而更之，曰："行人失辭。寡君使群臣遷大國之跡于鄭，曰：'無辟敵。'群臣無所逃命。"**（《左傳雋》眉）鮑□心曰："隨季善於辭楚矣，彘子又從而更之，怒敵速敗，宜其及也。"（《左繡》眉）以上是議論，以下是敘事，都兩邊湊緊。此一節卻兩兩作放開之局，如山之過峽處，文氣賴此一寬也。軍旅匆忙中，忽著許多辭令。此與下兩獻麇，皆是絕妙好辭。（《評林》眉）《經世鈔》："'昔平王'，此必須有大來歷，方能對副。"（方宗誠眉）摹寫剛愎不用命之狀，即伏必敗之道。

楚子又使求成于晉，晉人許之，盟有日矣。（《左繡》眉）"盟有日矣"，通身關鍵。前文只點"六月"，此處點一"日"字，下文便點出乙卯戰日，並後文"日中""日入"，"夜"字、"昏"字、"宵"字，都從此而伏，精妙至此。敘致師忽用排調，先總領一筆，次分三段，後總括一筆。尤妙在詳敘其言，而略敘其事，既極鋪排，又極簡括，真妙文也。凡以議論代敘事者，其法盡出於此。文要整散相配。前路都用散敘，致師忽用三排。到後半分敘三軍，於中軍先濟則曰"舟中之指可掬也"，於上軍不敗則曰"吾不如大國之數奔也"，於下軍偏勝則曰"吾不可以苟射故也"，恰與前三段遙遙互應，誠哉結構天成！（《約編》眉）楚人求成作一頓跌，又見置對之異同。（《補義》眉）皇戌一番勸戰，楚子兩次求成,乘其將佐不協,令之聚訟,不暇設備,都爲乘晉師之地。(《評林》眉)葉水心:"楚去國遠而整,晉在內地而散,以傳考之,楚國以成餌晉,晉甘其說而弗自定,此其議論反覆之間,馳突忽至,遂不能支,求爲河曲之交綏,豈可得也!"(方宗誠眉)"楚子又使求成于晉,晉人許之,盟有日矣"三句,極力反折,極力騰挪,幾若無可轉身,下忽生出晉楚致師一轉,是爲絶處逢生之筆。**楚許伯御樂伯,攝叔爲右,以致晉師。**(《補義》眉)晉已許盟,盟已有日,忽起三子致師挑釁,讀者亦無限驚怪,而當時晉卿聽其玩弄,殊不可曉。(《評林》眉)《經世鈔》:"致晉師,此楚亦用文公城濮之智。"**許伯曰:"吾聞致師者,御靡旌摩壘而還。"樂伯曰:"吾聞致師者,左射以菆,代御執轡,御下,兩馬,掉鞅而還。"攝叔曰:"吾聞致師者,右入壘,折馘,執俘而還。"**(孫鑛眉)事奇,敘尤絶奇。字字精嶒,豈但如畫!(韓范夾)三段光景錯落,語言簡至,令人踴躍。(《評林》眉)劭寶:"兩馬掉鞅,掉兩馬之鞅也。驂馬車旋,則其鞅須掉之,而示閑暇之意,亦在其中矣。"**皆行其所聞而復。**(方苞夾)致師實事,皆以虛語出之,忽用一語指實,與下文承接無間,所謂變化無方。(《彙鈔》眉)三人各述所聞,又總束一語,乃左氏長文中極出色處。(《約編》眉)三人致師,於各人口中說出,下只"皆行其所聞而復"一句實敘,最得運實於虛之法。(閩生夾)文情恣肆,其佈局設景尤極蕭閒雅麗。大戰中包括此等,最是左公才力可愛處。宗堯按:"是役也,楚實輕晉,求成于晉,有成約矣,而又致師。蓋楚以節制之師,輕晉之既無成謀,又無紀律,故挑之也,而文特恣肆。"**晉人逐之,左右角之。樂伯左射馬而右射人,角不能進,矢一而已。麋興於前,射麋,麗龜。**(《彙鈔》眉)極力形容,意態踴躍,神采飛揚。(《評林》眉)王季重:"樂伯射麋以恐晉師,此正其致師之法。"《經世鈔》:"任安世曰:'此射法也。三路來逐,若射其人,則受傷不過一人,其車仍可進退,二角並進,不可禦矣。故於左角先射其馬,馬傷則一車之人皆不能進,而左角自退。然後從容以射右角之人,而右角亦退,故逐者惟有中路之鮑癸耳。且射馬易於射人,急忙中先其易者,以少其敵。'只有一矢,故特爲雍容以欺敵。"(方宗誠眉)兩射麋事皆無中生有之文。**晉鮑癸當其後,使攝叔奉麋獻焉,曰:"以歲之非時,獻禽之未至,敢膳諸從者。"**(孫鑛眉)筆端如畫，不待言。妙處乃在語簡而險絕，意態踴躍，想見一時熱鬧光景。**鮑癸止之，曰：「其左善射，其右有辭，君子也。」既免。**（韓范夾）當時興兵伐國，有以一言得體而退師者，即兩陣相交，兵刃相接之時，猶有以言辭有文而縱之者，蓋猶有三代之遺風焉。春秋而後，不可得見也。（《古文析》夾）前文晉人許之，盟有日矣，兩軍原無必戰之意，此則將盟未盟，特以致師示武，猶云軍中無以為樂，請以劍舞云爾。前人遂謂不欲崇和，以疑晉之群帥。不知楚既不欲崇和，何至直待軘車之迎，望塵之告，而後出陣哉？故此戰全在敘兩軍不意中得情得勢，若於此時便寫楚人急欲一戰，後反減卻精神矣。（《左繡》眉）"皆行其所聞而復"已結過上段，此下趁勢從晉逐楚，引到楚逐晉，直至乘晉軍方住，行文真有輕刀快馬之勢。文要變化錯綜，如"既免"二字，乃束上轉下法。蓋此下本以逐魏錡、逐趙旃相對而寫，卻嫌其板，故從射麋、獻麋生情佈景，上下牽搭寫去。至正敘趙旃，本當直接"夜至楚軍"，卻以論備有無一番往復間斷之，遂令樂伯與魏錡宜斷而反聯，魏錡與趙旃宜聯而反斷。敘事之妙，生龍活虎矣。文自起至楚子求成，已作數番轉換，然都兩邊各敘。作者忽思變化多端，何至一遞一層作尋行數墨生活？遂陡然駕出中間一大段錯綜串互文字來，極飛針走線之奇也。"召盟，許之"下，本當直接"夜至楚軍"，因要插入論備一段文字，遂著"與魏錡皆命而往"句，縮入晉一邊來，便趁勢將不敗、先濟伏得一筆。尋常講穿插者，對此不免袖手低回耳。凡總點之筆，不于文前，即于文後。此"皆命而往"句卻安在中間，作束上起下之筆，既作間斷，又作聯絡，妙甚！（《約編》眉）此卻用實寫，與上虛實相間。

晉魏錡求公族未得，而怒，（方苞夾）以楚人致師，連類而及之，舍此更無可安置處，凡左史敘事溜溜直下處，皆以慘澹經營而得之，特觀者莫能識耳。（《約編》眉）敘楚致師下接寫二憾怒楚，是聯絡法。（《評林》眉）《經世鈔》："林父既不能制先縠，而復使二憾往，何哉？郤克見及此而不與元帥謀之，又何也？"鍾伯敬："邲之敗起於先縠之不用命，而成於魏錡、趙旃以私憾誤軍計。"**欲敗晉師。請致師，弗許。請使，許之。遂往，請戰而還。楚潘黨逐之，及熒澤，見六麋，射一麋以顧獻，曰："子有軍事，獸人無乃不給於鮮，敢獻於從者。"叔黨命去之。趙旃求卿未得，且怒于失楚之致師者。**（方苞夾）因楚人致師，晉人逐之，連類而及晉人請師。而請使，連類而及趙旃求卿不得而請使。以二事舍此別無可安置處也。猶慮章法散漫，又以"怒于失楚之致師者"緊抱上文，上與魏錡之怒、下與"二憾往矣"相應，義法之精審如此。（方宗誠眉）敘晉致師亦兩兩相對，"趙旃求卿未得"應敘在上文魏錡"請使，許之"之下，然嫌平直，且"潘黨逐之"一段，事無下文，無處安置，故直敘於此。**請挑戰，弗許。請召盟，許之。與魏錡皆命而往。**（方苞夾）郤克、先縠、士季相語，魏錡未使以前事也。既敘魏錡請戰，楚人逐之，欲追敘三人之語，極難措置，故連類而書趙旃之請，忽以"皆命而往"四字綰合，渾然無跡，此退之所謂"變動若鬼神"者，自周以後之文，不復見此。（《彙鈔》眉）晉之敗，起於先縠之不用命，成于魏錡、趙旃以私憾誤軍計，敘得精詳不漏。（《補義》眉）周云："趙旃與魏錡偕命而往，下當接夜至楚軍，但晉人之敗，雖由二憾，實以無備之故，故將趙旃虛按放下，詳敘無備，方補寫趙旃。且二憾怒楚雖同，而楚子親逐旃，令尹恐王深入晉軍，故以全師進，則旃罪更大也。"（閩生夾）見桓子之不能節制諸將。宗堯按："楚非挑戰也，挑晉之亂人也，而亂人果應之。'弗許''許之'凡兩見，此寫晉帥之庸劣。"郤獻子曰："二憾往矣，弗備，必敗。"（《約編》眉）趙旃、魏錡二人類敘，用一筆鉤連。彘子曰："鄭人勸戰，弗敢從也。楚人求成，弗能好也。師無成命，多備何爲。"士季曰："備之善。若二子怒楚，楚人乘我，喪師無日矣。不如備之。楚之無惡，除備而盟，何損於好？若以惡來，有備不敗。且雖諸侯相見，軍衛不徹，警也。"彘子不可。（文熙眉）士季之論，乃有備無患之意，其深於兵法者。

　　士季使鞏朔、韓穿帥七覆于敖前，故上軍不敗。趙嬰齊使其徒先具舟於河，故敗而先濟。（《左傳雋》眉）先提終事以結"有備不敗"之案，深罪彘子不肯設備之非隱然言外，真敘事能品。（孫鑛眉）未交戰，卻先將"不敗""先濟"點明，亦是一敘法。（方苞夾）試思晉師既敗以後，有楚人教晉脫局，及逢大夫免趙旃、知莊子獲連尹襄老等事，若更敘此二事，則辭意繁雜而不相屬，篇法散漫而無所統，與宋以後諸史無異矣。故因彘子不肯設備，連類而預書之，則敗後三事得以類相從而不雜矣。太史公所謂非好學深思不能心知其意者，當於此等求之。(《左繡》眉)趁勢帶點一筆,令後文輕省,獨不點下軍,留于末段另寫,皆錯綜法。此處不點下軍,後則於中軍、上軍兩番插點,顛倒五行手段。對晉弗備,故插敍在此。然於後事則是倒注法,蓋得此預先注明,便知王乘左廣,乃乙卯日中。王見右廣,乃是日入。結處"昏"字、"宵"字,乃知戰了大半日。灰綫草蛇,在細心看耳。(《約編》眉)上軍不敗,中軍敗而先濟,先提清在此,後事逆記於前,《史記》每用此法。(《補義》眉)周云:"具舟奉桓子命爲之,蔿子不肯設備,不得已爲之也。觀下'先濟有賞'句,可知敗而先濟,不止嬰齊一人。(《評林》眉)《經世鈔》:"帥七覆,先敍後事小結案。"(方宗誠眉)"故上軍不敗""敗而先濟"本非此時之事,乃夾敍之筆,可省後來多少筆墨!(閩生夾)就蔿子"不可",陡入敗後情形,文境峭絕。以上寫晉師臨戰逡巡,以下正敍戰中情事。宗堯按:"上下軍不得已,皆各自爲謀,林父不得帥之,且不能效之。蔿子即爲梗,亦自主其偏師耳,林父並本部之師,不能自將,其又誰尤?"

　　潘黨既逐魏錡,趙旃夜至於楚軍,(方苞夾)雖連類而書設備、具舟二事,其實三子相語,乃魏錡、趙旃初往時事也。魏錡之事已備見,而趙旃之事未終,故以二語綰合,渾然無跡,所謂變動若鬼神。(《約編》眉)敍趙旃卻以潘黨逐魏錡引起,行文極花描,且爲下文"晉人懼二子"及"潘黨望其塵"生根。(閩生夾)此長篇接卸之法。席於軍門之外,使其徒入之。楚子爲乘廣三十乘,分爲左右。右廣雞鳴而駕,日中而說。左則受之,日入而說。許偃御右廣,養由基爲右。彭名御左廣,屈蕩爲右。(《約編》眉)將敍楚子逐趙旃,忙中卻提清左右二廣。乙卯,王乘左廣以逐趙旃。(《評林》眉)《經世鈔》:"連上逐役細碎敍致者,必當有牽連之法。且別敍乘廣,此斷續之法。"王荊石:"觀楚之兵法與其謀臣及晉之諸將紛紛同異,則勝負自判。"《附見》:"'日中而說',說,舒銳反,即《詩》'召伯所說'之說,或讀脫者,非。"趙旃棄車而走林,屈蕩搏之,得其甲裳。(《評林》眉)《經世鈔》:"既無畏矣,走林何也?"晉人懼二子之怒楚師也,使軘車逆之。潘黨望其塵,使騁而告曰:"晉師至矣。"楚人亦懼王之入晉軍也,遂出陳。(方宗誠眉)晉楚"盟有日矣",皆無意于戰,因諸人致師,而倉卒交戰。楚以有備而勝,晉以無備而敗,兩相對照。孫叔曰："進之。寧我薄人，無人薄我。（閩生夾）此表孫叔，孫叔本不欲戰，及臨事乃更英發，楚所以成霸，又正以反形桓子也。《詩》云：'元戎十乘，以先啓行。'先人也。《軍志》曰：'先人有奪人之心。'薄之也。"遂疾進師，車馳卒奔，乘晉軍。（《彙鈔》眉）叔敖始不欲戰，至是能先發制人，此鎮重果敢之才也。（《補義》眉）透出"孫叔曰"三字，主帥何等斷決！（《評林》眉）王元美："叔敖始不欲戰，而至是則能先發制人，此鎮重果敢之才。"（閩生夾）寫楚軍聲勢，精悍之至，詞氣俱盛。桓子不知所爲，鼓於軍中曰："先濟者有賞。"（閩生夾）惡謔，使千載下讀者爲之拊掌。中軍、下軍爭舟，舟中之指可掬也。（《左傳雋》眉）二軍爭舟，砍斷手指，故舟中之指可以兩手而掬。描寫晉軍無備，主帥無謀，眉毫具見。（孫鑛眉）魏錡是先一日事，楚王乘左廣則是次日日中，趙旃既夜至，不知次日前半日作何事，直至日中後楚王始逐之。又魏錡已隔夜，晉人何以尚不知其所在，而以鈍車逆之？皆可疑。細玩，止"趙旃夜至"一句礙眼，似唯此一句是前一日事，其潘黨逐魏錡、楚王逐趙旃皆在一時，但略有前後。"潘黨既逐魏錡"一句，前接"命去之"，後接"王乘左廣"，如此看，方與事情合。（韓范夾）大軍相壓，不待戰而敗，晉之挫衂未有如此甚者。蓋楚之心一，晉之心亂；楚之謀定，晉之謀乖也。（《古文硏》夾）萬馬齊騰，白刃亂下，若使李龍眠畫之，不知費多少時日，豈如此三十餘字！神品。（《彙鈔》眉）呼吸間勝負已判。（《左繡》眉）文要提清線索，首段自"晉師救鄭"至"必長晉國"，詳于敘晉，而楚師次郔、次管，夾敘於中。中段從少宰如師，至王乘左廣，詳于敘楚，而晉人請使、召盟，夾寫於中。一路都參差錯互而來，中段後數行，尤使人眼花繚亂。得此兩路相對，頭緒了然，提束之妙，此爲第一矣。一段寫得如火如錦，竟紙上亦業業，在風馳雨驟中，卻間以引《詩》、引《軍志》。寫孫叔綽有儒將風流，不作儈父面目。前文多少起倒，多少離合，幾於急不得就。此處忽然無端而來，千載下猶爲之色然而駭，何怪當局之手忙腳亂乎？須知此段直從"盟有日矣"一氣趕出，真神來之筆。文要佈署安詳，倉卒合戰，固非一筆兩筆所得寫盡也。看其將中軍先濟作一安頓，然後另提筆補寫上軍，再換筆補寫下軍，而以"餘師不能軍"云云結之，極忙亂事，寫得極清楚。全在段落煞筆提筆，見界畫手法。（《補義》眉）林父不知具舟，則將何物先濟？若已知之，何不使下軍皆具？"指可掬"一語慚甚。（《評林》眉）《經世鈔》："此時一鼓以奔楚師，勝負未可知也。古之卻陣亂濟，千百中未有一不敗者，余作《邲論》曰：'先縠獨濟之後，有可以救敗者，而林父不知也。'"按：陳騤《文則》曰："舟中之指可掬，則攀舟亂刃斷指之意自蓄其中。"（《約編》眉）車馳卒奔，極見迅速，不知所爲，極狀無能，俱傳神之筆。（方宗誠眉）敘孫叔敖與荀林父，一以整以暇，一倉卒失措，束手無策，兩相對照。

晉師右移，上軍未動。（《測義》夾）愚按：楚勢方強，爭霸中國，晉雖救鄭，而鄭已服楚，衆皆欲返，林父身爲元帥，果知無及于鄭，焉用勤民，則下令還師，觀釁而動，雖先縠欲濟，孰敢奸之？迨既不克自專，至于師皆同濟，則躬率三軍，冒矢石而力戰可也。辛之勸戰弗敢從，求成弗能好，知二憾之必敗而弗爲之備。人懷退志，先備歸舟，故楚師一薄，而林父已不知所爲矣。然則喪師之罪不於元帥，而誰責哉？《春秋》以林父主戰，意蓋在此。〖編者按：奧田元繼作李笠翁語。〗（《評林》眉）《增補合注》："二軍在軍之右，皆移去濟河，惟上軍以有備，故獨不移。"（閩生夾）士會爲一時麟鳳，特於敗軍中極力表而出之。**工尹齊將右拒卒以逐下軍。楚子使唐狡與蔡鳩居告唐惠侯曰："不穀不德而貪，以遇大敵，不穀之罪也。然楚不克，君之羞也，敢藉君靈，以濟楚師。"**（《評林》眉）《經世鈔》："不穀不德，大勝矣，猶謙辭以懷小國。"**使潘黨率游闕四十乘，從唐侯以爲左拒，以從上軍。**（《評林》眉）按：游闕、游車、游閒曠，猶遊民之遊，通作斿。（閩生夾）右拒僅一句，左拒則十餘句，長短參差，極行文之樂事。**駒伯曰："待諸乎？"隨季曰："楚師方壯，若萃於我，吾師必盡，不如收而去之。分謗生民，不亦可乎？"殿其卒而退，不敗。**（《文歸》尾）智力正敵，一和一貳，遂分勝敗，小人何可一日使與大事哉？仲光。勢決而道，字滿而逸，古文之勝。冏得。（《彙鈔》眉）同奔爲分謗，不戰爲生民，鍊句工老。（《評林》眉）《經世鈔》："此分謗義高，與韓厥之論不同。"（閩生夾）敗中能分別名將，最難。以上正敘戰中情事，以下戰後餘波。

王見右廣，將從之乘。屈蕩尸之，曰："君以此始，亦必以終。"自是楚之乘廣先左。（孫鑛眉）事在一時，而分在各處，故次第分頭緒，讀畢而首尾了然，最是高手。（方苞夾）篇中疊見楚人乘廣之制，故戰之終事又舉此與前相應。（《左繡》眉）此段另敘上軍事，又插敘楚，不惟暗點"日入"，令前文不漏，亦爲若不夾入此段，則"不進" "少進"一段文字，便接"殿卒" "不敗"一連寫去，不見斷續之妙也。文意從車馳卒奔而來，故處處就車上點綴，亦片段之法。（《評林》眉）按：屈蕩尸之，尸作戶爲是。

晉人或以廣隊不能進，楚人惎之脫扃，少進，馬還，又惎之拔旆投衡，乃出。顧曰："吾不如大國之數奔也。"（《彙鈔》眉）楚人反教晉以奔之法，晉人反誚楚之數奔，奇情迭出。（《左繡》眉）晉人作吳語，然是借此襯出殿卒不敗，爲上軍略見生色。與下"不可苟射"爲下軍略見生色同，皆是暗暗爲士會、欒書、荀首出脫。遙映前半篇議論，以反射林父不知所爲，爲綿裏針筆法也。妙極矣。（《約編》眉）忙中能敘此閒句，有事外遠致。（闇生夾）風趣絕佳，非才力極大，不能有此文字，所以有生龍活虎之致，全在此等。史公不及左氏者，亦在此。

趙旃以其良馬二，濟其兄與叔父，以他馬反，遇敵不能去，棄車而走林。逢大夫與其二子乘，謂其二子無顧。顧曰："趙傁在後。"（闇生夾）寫此等瑣事情趣，極見敘事之才，真所謂大含細入，無所不包者也。**怒之，使下，指木曰："尸女於是。"授趙旃綏，以免。**（方苞夾）因廣隊之奔連類而及之。**明日以表尸之，皆重獲在木下。**（文熙眉）逢大夫恨趙旃不欲見則是，至以殺其二子，則過矣。（《測義》夾）愚按：逢大夫一怒尸其二子，何其不慈至是哉！竊謂彼趙傁者以憾故，將不利于晉，而請挑戰以激楚怒，以故竟爲楚所逐而棄車以走，是非所謂悖逆者流耶！逢大夫即無二子與乘，當置之不顧，矧天親之謂何？乃忍尸其無罪之子，而顧授逆臣以其綏哉？必不得已，以趙傁一人附載焉，庶幾兩全，此非可與賈獲舍母載君者例論也。〖編者按：奧田元繼作王元美語。〗（孫鑛眉）明日事即於事下預述，與前不敗、先濟同法。（《左繡》眉）此段接敘下軍事，趙旃事頗可不敘，而特詳之者，蓋以逢大夫尸子爲知莊子求子作引，又表兩邊各有死亡，爲二國暴骨作伏。而趙旃、魏錡前既皆命而往，此處又須與廚武子再見一番，不合偏枯也。行文配搭要勻，其法如此。（《補義》眉）因廣隊之奔，連類及之。表尸與下裏老之尸相映。（《評林》眉）《經世鈔》："殺二子爲忍已甚，豈車小不能並載耶？即見旐而不授綏亦可。"（闈生夾）表，即所指之木，"尸女""尸之"，皆謂求其尸也。此實字虛用法。

楚熊負羈囚知罃。知莊子以其族反之，（方苞夾）敗後又有獨反而勝者，故敘晉之敗以此終焉，且與篇首先縠之獨進相映。廚武子御，下軍之士多從之。每射，抽矢，菆，納諸廚子之房。（《左傳雋》眉）又復旁及零零碎碎，鋪敘刻畫，真能品也。廚子怒曰："非子之求，而蒲之愛，董澤之蒲，可勝既乎？"知季曰："不以人子，吾子其可得乎？吾不可以苟射故也。"（鍾惺眉）李廣度不中不發，即不苟射之意，然"不苟"二字深。（韓范夾）要質須其重者，是為老謀。喪子而氣定，此亦人情所難也。（《評林》眉）《經世鈔》："人有躁動輕生，甘於一擲者，視其身不若菆矣。不可苟射，諫君過、攻小人者，不可不知。"（闈生夾）宗堯按："求子者尚能舒徐審慎以求之，三軍之帥遇事不知擇別，抑獨何哉？"射連尹襄老，獲之，遂載其尸。射公子穀臣，囚之。（方苞夾）公子穀臣之囚又與知罃之囚相映。以二者還。（《古文斫》夾）結上軍以相調語，略見生色。結下軍以知莊子反戰，略見生色。而趙旃寄車，使逢大夫殺其子；廚武子御，助荀首求其子。二憾中又分賢不肖，無一字虛下。（《彙鈔》眉）事在一時，而分在各處，讀畢而首尾了然。（《補義》眉）敗後猶有七覆而全者，有獨反而勝者，見晉無備之愚。穀臣之囚與知罃之囚相映。（闈生夾）文情俱妙，言其有此才而不能一戰也。

及昏，楚師軍于邲，晉之餘師不能軍，宵濟，亦終夜有聲。（文熙眉）觀此晉師可謂極敗，城濮、鄢陵不若此甚也。（《測義》夾）孫應鰲氏曰："自楚執討賊之權以入陳，於是鄭遂受盟辰陵，然猶徼事於晉。及邲之敗，而楚伐宋，益為橫行，莫得制之矣。惜乎晉之不能養威而審謀也！"（《左繡》眉）三句收束全篇，楚軍於邲，結次邲、次管；晉餘師，結中軍、上軍、下軍；宵濟，結中軍佐濟、師遂濟。一一結過，下段單收楚、鄭，作意前後論之詳矣。（《約編》眉）再敘晉之餘師一筆，見其囂而不整，是題後顧影法。（《評林》眉）徐文長："中軍之權不能總統大營，故餘師雖多而不能軍，唐九節度之師敗於相州亦類此。"汪道昆："觀此，晉師可謂極敗，楚之城濮、鄢陵不若此甚也。"（闈生夾）惜其有如此之衆而不能戰也。宗堯按："妙絕，文有餘痛。"

丙辰，楚重至於邲，遂次於衡雍。（《補義》眉）不敘此一段，則上面引《詩》、引《易》結不住，且以反對晉人諸般狼狽，又以反振下段林父復位也。潘黨曰："君盍築武軍，而收晉尸以爲京觀？臣聞克敵必示子孫，以無忘武功。"楚子曰："非爾所知也。夫文，止戈爲武。（《評林》眉）《品字箋》："京觀有二義：一曰'京，大也'；一曰'京與鯨同'。鯨，鯢也，鯨大魚，能食小魚，故楚子謂潘黨曰：'昔者賢王伐不敬，取其鯨鯢而封之，以爲大戮，於是乎有京觀，以懲淫慝也。'"《經世鈔》："夫文見解便自不同，引證亦不同，可以想其自命。"（闈生夾）于宋之盟，則曰兵不可弭。此又曰禁暴戢兵，通兩義觀之，乃左氏救時之特識也。武王克商，作《頌》曰：'載戢干戈，載櫜弓矢。我求懿德，肆于時《夏》，允王保之。'又作《武》，其卒章曰：'耆定爾功。'其三曰：'鋪時繹思，我徂維求定。'其六曰：'綏萬邦，屢豐年。'夫武，禁暴、戢兵、保大、定功、安民、和衆、豐財者也。故使子孫無忘其章。今我使二國暴骨，暴矣；觀兵以威諸侯，兵不戢矣。暴而不戢，安能保大？猶有晉在，焉得定功？所違民欲猶多，民何安焉？無德而強爭諸侯，何以和衆？利人之幾，而安人之亂，以爲己榮，何以豐財？（韓范夾）此一段，桓文所不及，楚雖僭王之國，莊之所以得列于五伯也。武有七德，我無一焉，何以示子孫？（闈生夾）借楚子口中以爲論斷，又以見楚莊之賢，與前隨會、欒書兩段相配以成篇法。其爲先君宫，告成事而已。武非吾功也。古者明王伐不敬，取其鯨鯢而封之，以爲大戮，於是乎有京觀，以懲淫慝。今罪無所，而民皆盡忠以死君命，又可以爲京觀乎？"（《才子》夾）看他先說"無以示子孫"，次又說"不成武功"，次又說"不是京觀"。總是前幅有幾句幾字，後幅必須句句字字與他發放。若後幅不擬發放者，即前幅不得漫然著一句一字也。（方苞夾）楚子既勝而自以爲不德，所見高遠，所以德立、刑行、政成、事時、典從、禮順而不可敵也。（闈生夾）悲世之衷鬱然紙上，千載而下，如聞慨歎之聲，左公此等文最沉痛。祀於河，作先君宫，告成事而還。（文熙眉）楚子之言，可謂遠慮而志不在小者也，所以敗晉。（《文歸》尾）前引七德，後敘無七德，俱有變化，相承遞下，緊切沉毅。罔得。楚莊大有王者氣象，此論非桓、文所及。惟信。（《彙鈔》眉）提收翻駁，與起處士會一段議論筆筆爲對。晉人論之於未敗之先，楚人論之於已勝之後。以六事始，以七德終，中間無數散碎文字，得此關鎖，鎔成一片。（《左繡》眉）文要收局嚴重，如此大篇，輕雋之筆須彈壓不住。看此節鋪排七德，味厚而色濃。又與起士會、欒書兩節妙文相應，處處經營匠心。文要立言有體，如此篇晉敗楚勝，幾于予楚罪晉。今只敘楚不爲京觀，並不十分誇耀。而謙無七德，直句句自納敗缺。于扶晉抑楚之旨，不啻如自口出也。又，林父師無成命，罪無可逭。若與剛愎不仁者同類並觀，則意甚惜之。故失屬亡師，未能行令，都寄在別人口中。而"不知所爲"，只作敘事帶過。末段詳寫楚告成功，便算反刺林父。而今罪無所，依舊替他出脫，至歸於怙亂，亦借斷石制者斷先縠，不露出此入彼痕跡。其於是非又毫無僭忒也。傳世之文，故與漫然涉筆者相去天壤哉！《咀華》載其師陳君梅麓評："起訖分作九幅。每一幅各有兩扇緊相對照。其小注以晉師救鄭，與楚子北師，至次管以待，相對爲一幅，寫兩邊關緊。晉在敖鄗，與楚少師如晉，至盟有日矣，相對爲一幅，寫漸漸放開。楚許伯致師，與晉魏錡求公族，至皆命而往相對，一是楚來生事，一是晉往生事，爲一幅。二憝往矣，與乘廣三十，至得其甲裳相對，一是晉無備，一是楚有備，都寫到趙旃惹事住，爲一幅。晉人懼與楚人懼，至乘晉軍相對爲一幅，是寫兩家忽然交鋒。桓子不知所爲，與工尹齊逐下軍，至大國數奔，相對爲一幅，寫兩邊各自忙亂。趙旃良馬與楚囚知罃，至不可苟射，相對爲一幅，寫兩邊各有虧損。及昏，楚軍於邲，與晉餘師四句，相對爲一幅，寫兩邊各自收軍。楚重至邲，與秋晉師歸，至使復其位，相對爲一幅，寫兩軍各自反國。"愚意九幅唯第一幅、第五幅、第八幅裁對天成，餘則于本文未免割裂。然工致無以復過，似此細心點勘，真愚所旦暮遇之者，故備載其段落，與當世共欣賞焉。愚好以整齊論古，常恐于古無當，今陳君實獲我心，亦竊喜出門合轍矣。（昆崖尾）徐揚貢曰："左氏謀篇，先之以提挈，使讀者未竟全篇，了然知晉必敗，楚必勝。若後來追奔逐北者，皆意中必有之事，自然湊泊，其奇一。繼之以互敘，晉人口中敘楚事，楚人口中敘晉事，兩相配合，自然無痕，其奇一。約之以步驟，始而離，中而合，合而復離，由遠而近，由緩而急，悉合節奏，不假思維，其奇又一。要其關棙轉轇，以晉爲主，以楚爲客，以鄭爲引，以左右上下四軍爲眼目，以進退爲屈伸開闔，一篇中眞有龍跳虎卧之勢。所謂紛紛紜紜，鬥亂而不可散者也。其行文之妙，有避有犯，有照有應，有首有尾，讀者細玩之，於謀篇思過半矣。"（美中尾）浦二田曰："邲又大戰之一，歸宿在楚莊定霸。晉以軍佐愎而師進，楚以令尹果而轅北，此爲首幅。鄭皇戌之誘，楚少宰之成，局勢一拓。楚之致師，晉之二憾，局勢一迎。此皆衍幅。晉三軍之敗績，楚七德之偃武，完戰事，成霸業，此爲面幅終焉。汪洋浩蕩，順軌安瀾。"翁寶林曰："通篇議論敍事、鋪陳排比相雜成文，如編珠錯繡，耀人心目。"（《約編》眉）末段敍楚子善於持勝，戰前有愼重之心，勝後無驕矜之氣，楚莊所以能霸。（《約編》尾）城濮之師，晉文深沉詳愼，而子玉以剛愎自用應之，故晉勝而楚敗。邲之戰，楚莊持重安閒，而林父以漫無節制應之，故楚勝而晉敗。兩篇可以參看。（《評林》眉）《經世鈔》："莊王此語幾于王者，蓋高出桓、文之上。"鍾伯敬："摠解不敢示子孫以無忘武功，蓋莊王之戰勝而謙，其度量有越人者。"按："何以"，或作"可以"，非是。《匯參》云："亦配一'何以'字。"是謂上文應"何以示子孫"。（方宗誠眉）此段敍楚勝之後不立武軍，足見楚之所以霸也。（《菁華》尾）退師而猶不服，自是倔強可惡，而卒許之平者，知鄭終不可滅而晉救將至，兵法所謂知難而退，非眞愛鄭也。楚人乘全勝之勢，其鋒不可當。俟其既歸而後再舉，自是萬全之策。晉能再來，楚將不能，此亦善於料敵之言。提出"德刑政事典禮"六項爲綱，以下分疏爲目，左氏最多此種排比文字，而不失之累重者，氣足以舉之也。彘子不用軍令，擅自進師，於法當死。桓子柔懦無能，韓獻子宜以正言諫之，勸其先戮彘季，以肅三軍之心。乃勸其分罪於六人，以爲自全之計，是以愛身爲重，而以保國爲輕，其謬甚矣。桓子之罪，韓獻子有以成之也。晉之將佐甚多，而其智皆在楚嬖人之下，焉得不敗？楚之于晉，專以甘言啖之，使之怠而無備。"盟有日矣"，晉人已在術中。及下孫叔進師之謀，乃如風發泉湧，勢不可遏。而晉人則倉皇失措，舉動煩擾，惟有一走而已，皆坐信楚盟爲眞，而不知其紿己也。"不知所爲"一語，活寫出庸將情狀。七德一段，與上之士會所稱六項相對爲文。既勝之後，能以禮自守，不爲驕氣所乘，其氣量尚在桓、文之上。

　　是役也，鄭石制實入楚師，將以分鄭而立公子魚臣。（《補義》眉）末以一鄭一晉相形。辛未，鄭殺僕叔及子服。君子曰："史佚所謂毋怙亂者，謂是類也。《詩》曰：'亂離瘼矣，爰其適歸？'歸於怙亂者也夫。"（《左傳雋》尾）趙氏曰："楚無釁有備，故勝。晉不觀釁，失律，故敗。是左氏兵法。"余有丁曰："邲之役，六卿大夫司馬皆在，三帥不欲勤民，先縠違命濟師，但林父既爲元帥，法得專制，既不能禁副屬之違令而專行，又不能督士卒、親矢石以破敵，喪師之罪復何辭？吳楚叛，亞夫爲將，以梁王之貴、太后之尊，交請救援，亞夫謹守便宜，竟平七國。唐六道重兵攻圍淮蔡，日久無功。裴中立監師，雖韓弘亦輿疾督戰，遂擒元濟。代宗以九節度之師圍慶緒，不立主帥，一夕而潰。此存亡反覆之跡也。"（《快評》尾）此篇洋洋數千百言，爲五大戰之一，《左傳》中第一長篇，乃妙手空空，純以月華雲影，蕩漾成文，而其中空無一字，洵是千古奇觀。題是戰於邲，乃文中並無戰字。以不戰而爲大戰，千古奇事，千古奇文也。晉師救鄭，鄭已降楚，則晉師當還。楚既服鄭，晉師雖出，楚亦當還。晉三軍之將，皆不欲戰，欲戰者，惟一中軍之佐。楚之王與令尹，皆不欲戰，欲戰者，惟一嬖人伍參。以一軍佐、一嬖人成此兩軍之局，各以一麾交易而退。夫三軍在其中軍元帥之命而已，今以軍佐、嬖人而操之，聽而無上，衆無適從，不獨晉師然也。然則晉固不幸而敗，楚亦倖而勝耳。此篇以數小篇成一鉅篇，每一篇各自爲結構，各成章法，而於合縫斗筍處，別以一句兩句爲之關鎖，故數千言大篇，讀之不懈不散。會得此法，確信作《史記》亦非難事。人只一滾看去，針線之法，卻全不見矣。前半篇寫晉人紛紛議論，人各一見，其言何縟而繁也？不惟先縠、原屏不用軍命，魏錡、趙旃怒敵致寇，有以取敗，即賢如隨季、智如欒書，既不能堅持其議以退師，徒以多言惑亂軍心，使元帥茫然不知所爲，令三軍將何適從耶？故邲之敗，不敗於桓子，不敗於彘子，而敗於衆多之口，議論之害事如此。即如隨武子之言，豈不極是？而張惶楚勢，幾於聖。三軍中而爲此言，令剛愎者聞之而憤怒，惡弱者聞之而短氣，何貴乎其文辭爛然耶？彘子之獨濟，全從隨季之言奮激而起。彘子剛愎不仁，不用軍命，以愎戾而獨濟，早爲伍參所窺，不足多責。獨是知莊子，既不能阻彘子之濟，又不能別爲桓子謀，徒逞機先之哲，以自神其智。然則又何待公言？言之不濟於事，適足以惑軍心而墮士氣耳。竟陵鍾伯敬評韓獻子之言曰："六人分過，以狗一先縠。自解其喪師之罪，而不顧國家之成敗。此臣子之言乎？"余謂先縠以一軍獨濟，而後師不繼，其陷於楚師必矣。先縠固不足惜，奈此一軍何？亦社稷之羞也。且桓子亦何以自解於縱屬亡師之罪乎？先縠既不用命而濟，又豈能令之而返？在桓子，於此惟有乘先縠之銳氣，而繼之以大軍，慷慨誓衆，奮勇而前，戮力同心，滅此朝食，城濮之捷，或不難復見於今日。乃韓獻子之言，則以三軍之白骨，狥一剛愎不仁之先縠，出此言而濟師，三軍之氣已竭，又何待戰哉？宜乎聞楚師至而爭渡也。伍參一嬖人耳，而預聞軍事，至於令尹，亦不能專其謀，楚人未爲得也。雖然，參之料晉，何其奇哉？曰"晉之從政者新，未能行令"，夫人特患權不在己耳，權既在己，令何難焉？而不知非所令之難行，令則難也。然苟桓子非不能行令者，特以從政未久，威德未洽于人心，又值先縠剛愎不仁，以不能行令之將，而輔以不肯用命之佐，則其令未有能行者也。此語非深於天下之故不能道隻字。晉人紛紛議論後，接手即寫楚人一番議論。晉人以一軍佐獨濟，而元帥從之渡河。楚人以一嬖人制謀，而令尹爲之改乘。然晉人之爭論繁而囂，楚人之爭論簡而靜，勝敗之氣象已形於言語之間。化工之筆，有不知其然而然之妙。欒武子之論楚莊，可謂歎不容口矣。更妙在口歎楚莊，眼注晉國，正見晉之事事不能爾也。胡可與楚爭乎？後更得趙莊子一點，兩邊皆動。會看書人，一篇能作兩篇看，若擔板漢只見一邊矣。欒武子之言可謂透極矣，而不爲原屏所肯。天下更有此種聽言如醉之人，不可以理解也。欒武子一篇文字，以趙莊子折出題外一語作結，飄渺極矣。此言有二解：一謂欒伯能自行其言，他日必爲政于晉國也；一謂晉國若能實欒伯之言，必得志於天下也。通篇說楚事，卻結到晉人身上，可謂要言不煩。莊子始終只此一語。鄭使如晉請戰，晉人究竟不見有以應鄭。蓋晉人方在紛爭未決之際，而楚使適至，故鄭人之請猶未有以應之。下既許楚盟，則已不許鄭之請戰矣。故後文郤子曰："鄭人勸戰，弗敢從也。"文章起伏斷續之妙，無以復加矣。楚人致師之際，晉師愈亂，楚師愈整；晉人愈紛，楚人愈暇；晉軍愈囂，楚軍愈靜。不待二軍爭舟之際，勝負之形已判矣。楚人胸中此時已有成竹，將弄晉於掌股之上，看他先之以使，次而求成。晉人之辭無禮已極，楚反求成，詎非以此亂晉人之心耶？晉許楚成已大非郤子、二趙之心矣。盟已有日，而楚又使單車挑戰，入壘折馘執俘而去，以爲成耶，此則胡爲乎來哉？一車致師，能令晉人五色無主，不戰自亂，楚人真有折衝樽俎之能也。楚致師以後數段，雖各自成章，而轉枝過節處，將連忽斷，已斷猶連，豎插橫穿，針飛線走。正如江雲飄練，石壁橫斷空青，倏而飛瀑千尋，碧落忽垂匹布，令人心眼震駭，不復能更措一語矣。魏錡、趙旃本是一時受命,而行略有先後。魏錡已請戰而還,潘黨逐之,至滎澤而射麋,潘黨舍魏錡而返之時,即趙旃至楚軍門怒楚之時也。晉人既遣二憾,隨季憂其怒楚,即使鞏朔、韓穿帥七覆于敖前。晉人旋遣軘車往逆二子。斯時,魏錡尚未至晉軍,潘黨亦在中路,而楚王已乘左廣出楚壁而逐趙旃。潘黨先望見晉軘車之塵,誤以爲晉師全出,使騁而告楚,楚遂空壁而來晉師。於片時片刻之中,要敘清此萬千頭緒,天下之難,無逾此者。蒙莊述庖丁之言曰:"每至於族,吾見其難爲。"解者曰:交錯聚結爲族,行文至此,亦可謂至於族矣。乃吾相其視止行遲,亦何其經營之慘澹也!夫趙旃與魏錡既偕命而往,其行差有前後耳,在他人決定一起敘出。楚人之逐趙、魏,既略有先後,而晉人之備楚,又即在同時。公將以何法安插,令其恰好耶?今試看其先將魏錡提出,另作一篇小品,與上樂伯致師作一往一來之筆,以叔黨命去之半句勒住。安插一人于途中,南不著楚,北不著晉,然後另敘趙旃,而結以"二子偕命而往",便可偷出筆來,從容寫晉上軍之備楚,更將趙嬰齊後文倒插於此。嬰齊先具舟於河後,中軍、下軍所爭者,即此舟也。故敗而先渡,不止嬰齊一人,蓋中軍敗而皆得先渡也。趙嬰齊爲中軍大夫,所具之舟本以應接中軍故也。工尹齊將右拒卒以逐下軍,潘黨從唐侯爲左拒以從上軍,而不及中軍者,以中軍先渡也。最奇者,初寫潘黨逐魏錡未了,頓住筆卻去敘趙旃,未了,又總結魏、趙一句,卻去敘晉之設備,並將後文倒插而入。又更轉筆遙接前文,潘黨只得半句即勒住,更轉筆接前文趙旃,才敘得兩句未了,又勒定,卻去排比楚之二廣,而後大書"乙卯,王乘左廣而逐趙旃"。潘黨之逐魏錡,於中途,而忽合楚軍既盡出,而晉軍已移矣。晉楚相遇,本不曾戰,而斯文之忽明忽滅,忽斷忽續,真有八門五花之妙。縱橫變化,開闔出入,鬼神不得而測之矣。題是戰于邲,其實並不曾戰。晉上軍不動,楚猶求助於唐侯,使晉師稍有紀律,勝敗之數,猶未可知也。諸軍帥胸中先橫一必敗之見,烏得不敗?孫叔敖勝晉三帥遠矣。隨武子殿,上軍不敗。中軍敗而先渡,晉之餘軍在河南者,惟下軍耳。楚以全力萃晉下軍,宜無不盡者。乃更有此三篇小傳,雖敗而餘勇猶堪賈也。一篇大文非此三段爲晉作結,便索然無味矣。晉軍之敗,以魏錡、趙旃之怒楚師。潘黨逐魏錡,楚子逐趙旃,遂乘晉師,以致潰敗決裂。獨是魏、趙二子,在中途尚無下落,遂以二子結煞晉軍。晉以此敗,即以此終也。有意無意,吾不得而知矣。

欒武子之贊楚莊王，字字警策。楚莊王之請唐侯，字字戒懼。克晉而後，字字皆權術矣。治國而能警策，臨事而能戒懼，克敵而濟以權術，三年不飛不鳴，鍛鍊成此一副本領，能不謂之梟雄哉？宜乎未戰之先，已奪晉人之魄矣。潘黨以勝敵爲武，莊王以自勝爲武。潘黨欲收晉尸爲京觀，以示子孫。莊王以不自滿假爲京觀，以示子孫。楚之克晉，不待一矢加遺，先聲已奪晉人之魄矣。克晉而後，益以戒懼謙恭，爲善後之策，楚何可當也？結楚師幾於聲臭俱無，須與晉軍之繁囂紛亂對照而看。通篇晉楚文字，卻以鄭事作結，晉師以救鄭而出也，以鄭始者，理應以鄭作結。（方苞夾）晉之怙亂者，軍帥則有先縠，大夫則有趙括、趙同，卿族之在師中者則有魏錡、趙旃。而以鄭石制之怙亂，引史佚之言及《詩》以證之，所謂妙遠不測。（《古文斫》尾）"晉之從政者新，未能行令"，是邲戰定案。然濟河以前，罪在先縠，濟河以後，罪在桓子，此不可不辨也。夫桓子以中軍之帥，專制閫外，乃令不行於軍佐，而聽六人同罪之計，牽率濟河，不必言矣。使濟河之後，而嚴陣整旅，以觀其變，軍固不可敗也。致師不答，猶云鄭重。二憾既往，而漫不設備。麛子梗命，而弗能奪。下軍爭舟，而若不聞。直至軍崩陣亂，而鼓衆先濟，風鶴皆兵。藉非隨會之老謀，差強人意，一敗塗地，殆不止此也。若楚莊者，飲馬於河，本無必戰之志，而望塵一鼓，遂收全勝之功。武軍之不築，京觀之不爲，雖持滿可嘉，夫亦自知其倖勝也已。讀者當于言外得之。（《左繡》眉）看來城濮篇善用開法，見縱禽之奇。此篇善用轉法，見頓折之妙。起手本爲救鄭出師，而"聞楚及鄭平"一轉。而桓子欲還，士會昌言楚歸而動，二轉。而麛子以中軍佐濟，荀首明指此師之殆，韓厥欲分惡同罪，三轉。而師遂濟，濟師則竟與楚遇矣，而楚聞晉濟，四轉。而王欲還，伍參欲戰，令尹弗欲，五轉。而王告北轅，次管以待，如其言，晉必敗，楚必勝矣，六轉。而鄭使加師，麛子必許，如其言，又楚必敗，晉必勝矣，七轉。而欒書極論楚不可克，鄭不可從，則二武之見，始終一轍，萬無決戰之理。於是楚如晉而曰"豈敢求罪于晉"，晉對楚而曰"豈敢辱侯人"，分明漸打和局。雖麛子憎諂，趙括更對，而楚子求成，晉人許盟，以干戈至者，竟可以揖讓歸，幾疑邲戰何緣復合？看他索性將"盟有日矣"竭力一縱，忽然再轉變過來，八轉。而樂伯致師，晉人逐之，然鮑癸止而免矣，九轉。而魏錡請戰，楚人逐之，然潘黨亦命去之矣，十轉。而趙旃召盟，楚王逐之。然甲裳雖失，亦棄車而走林矣。此時晉非有備，楚甫求成，偏師遊戲，勢在得已，乃十一轉。而晉懼挑釁，軑車逆矣，十二轉。而楚懼陷陣，疾進師矣，曾不一拘，勝敗立決，使讀者亦出於意外。而行文轉變亦至矣，盡矣，無以復加矣，未已也，十三轉。而先寫左拒逐上軍，脫肩拔箙，反以敗奔誚大國，十四轉。而補寫右拒逐下軍，抽矢納房，幸以人子載尸還，滿盤敗著，唯此差強人意，而卒無如"宵濟有聲"之竟以敗歸何也，十五轉。而楚告成功，一邊寫得光彩，一邊分覺敗壞不堪，十六轉。而鄭殺怗亂，一邊寫得精明，一邊愈見優柔不斷。總之，未戰前作許多轉變，如疊嶂層巒。既戰後作許多轉變，如幽溪別沛，放翁"山重水複疑無路，柳暗花明又一村"未必有此步步引人入勝也，豈非絕世奇文！通篇雖分三大截十六轉看，其實以"盟有日矣"句爲一大關鍵，乃通身轉棙處也。自桓子欲還，至晉人許成，中間雖作幾番頓折，卻已首尾一串。自此以後，便筆筆作戰聞之勢，你來我往，你往我來，遂至不可收拾。而總此一筆爲之倏忽幻化也。吾擬以分風劈流，不知許大神力。楚之懷詐，晉之受欺，勝敗全伏於此四字中，即以此作通身樞紐，奇絕！文要步步聯絡，如士會觀釁而動，接林父楚歸而動說下。先縠"不可"，接士會"可也"說下。荀首"此師殆哉"，接先縠"成師以出"。韓厥"四罪"，接荀首"必有大咎"說下。以後步步銜卸，皆此一法。文要各成片段，如楚子北師作提筆，下便以南轅、北轅點綴映發。而次郔、次管，恰作首尾。其餘自士會"觀釁而動"，以至楚子"不爲京"結，全篇結構分之皆可作一首小文讀也。文要兩兩相對。北師段，敘楚三軍與敘晉三軍對。飲馬於河，與及河對。聞晉師既濟，王欲還，與桓子語對。令尹語與隨武語對，伍參語與蒍子語對，南轅與中軍佐濟對。言子玉與知莊語對，改乘轅與韓獻語對，次管以待與師遂濟對，《咀華》評云爾。蓋如此則夾敘處，方令上下有情也。夾敘鄭使一段，前顧救鄭，後照分鄭，乃此文一篇之脈絡。一段歷落生動，重重疊疊，直寫出楚君一團精神來，文亦精神百倍。二"於"字見作虛字連下之筆，不必解作曰字。上兩疊用"於"字，下兩疊便一用"以"字，一用"曰"字，變換可見。"其君"作領筆，卻以"在軍"作對。兩"無日不討"，兩"訓之"，一申儆之，一箴之，長短參差中，自有整齊之法在。文要賓主互用，此篇寫晉敗於邲，當以晉爲主，而佐則剛愎不仁，帥亦師無成命。楚則莊爲君，敖爲臣，連嬖人亦都是好幫手，晉豈得而敵之？故文於前半，詳敘晉，夾敘楚，而楚之勝勢已奕奕于晉人口中。中間晉楚連寫，而筆意已漸注于楚，至末便純寫楚子，深得止戈爲武之意，直與起士會、欒書語相應。前則出主入賓，中則賓主對寫，末則反賓爲主。章法神化無跡，非後賢所能仿佛也。一大段後，更作三小段以伴之，濃淡相間，最有章法。（《日知》尾）此篇專罪林父也，寫林父只三筆：一曰"將中軍"，一曰"欲還"，一曰"不知所爲，鼓於中軍"而已。此外于發言盈廷者，無所可否；於詭變百出者，無所防備。楚詐晉亂，未聞中軍帥一言主持，而坐以待盟，事變一成，輒思先濟，而激事變之人，復由林父遣使，則咎誰諉哉？左氏于無字句處，寫出一空疎優柔小照，而千波萬浪皆朝宗於此。正如鴻門宴，不特舞劍者意在沛公，即項王、范增、張良、樊噲，意人人殊，然神光皆落此一人身上也。欲還是本念，盟是趁勢以成就欲還之念耳。非彘子則可還，非魏、趙則可盟，晉不敗矣。然不制彘子而輕信魏、趙，則林父也。故千言萬語，皆襯託一人不言不語；千計萬畫，皆形容一人不計不畫，其妙皆在無字句處，則左氏斷斯獄，固不貸首而嚴從矣。（《評林》眉）陳傅良："討亂，雖公子不書。"鄭彰魯："怙亂，謂石制恃鄭亂而要爲利，注謂恃寵。"（方宗誠眉）此段應首段鄭事，而"怙亂"二字爲一篇之主，明雖專論僕叔，實則暗論彘子也，神氣完固。若認作專論僕叔，則神氣局促而通篇散漫矣。（閩生夾）晉楚之争，實皆怙亂而已，故引莊言不足，復就石制事以致其痛惻之意。凡文字要旨，特於閑處發之，所以詭妙，尤左氏定法也。

鄭伯、許男如楚。（方苞夾）傳主釋經，此經所不書而詳之者，以二國朝楚乃南北盛衰分界，不可不志，且與前"不克遂往"相應也。（《左傳翼》尾）城濮戰而晉主夏盟，邲戰而楚雄南服，此天下南北大勢升降之機也。楚之敗也，以子玉剛而無禮，不可治民。晉之敗也，以先縠剛愎不仁，未肯用命。一則彼欲戰而君不能制，一則偏師濟而主將無如之何。軍中有此，其不輿尸者鮮矣。先縠性固不仁，要亦忌荀伯之蹴其上，欲以覆軍辱國，使之負咎以去而代其位耳。不然，未濟之先藉口師武臣力，猶欲倖勝成功，而兩軍相當不肯設備，致有喪師之辱，此何心也？歸國之後，又召衆狄來伐，遂爾族滅。惡來自取，又誰咎焉？林父身爲主將，欲還不能，設備不得，老成忠讜之言置若罔聞，群小紛糾之形視之無睹。楚軍一乘而不知所爲，整軍經武者固如是乎？彼孫叔者，始不欲戰，非避敵也，所以爲臨事之懼。後疾進師，非貪功也，所以爲好謀之成。雖伍參旁參末議，而操縱進退，胸中自有主張。忽求成，忽致師，奇詭百出，弄晉人於股掌，而處女脫兔，莫測其神機妙算之所至。莊王不築武軍，不爲京觀，功成不居，雖云善於持盈，而七德無一，實有自知之明。篇中曲折委備，大綱不過如此。左氏敘次錯綜變化，令人莫可端倪，要亦據事直書，文成而法自立，非好爲詭異以炫人也。不備不虞，不可以師。鄭人勸戰，而以楚之無備告，則知師之勝負全在有備無備上，不待二憾怒楚，恐其乘我而始當備也。鄢陵之役，楚晨壓晉軍而陳，亦是出其不意，與此番之疾進師而乘晉軍相似，直以有備之故，謀定而戰，遂能敗楚。桓子果能堅壁固壘，亦足以自完，只看上軍設覆不動，楚師已無如之何，若中軍、下軍皆如此，又豈爲楚敗乎？此篇關鍵，前在桓子欲還不能，後在設備不得，總一彘子梗命，遂致桓子動輒掣肘也。二憾之往，雖屬同時而略有先後，潘黨逐魏錡，楚子逐趙旃，相間不過頃刻，兩邊分寫，頭緒已覺紛如，加以晉人憂二子怒楚，楚來相乘，欲設備、不肯設備，一面議論，一面佈置。晉人逆二子，楚人又救莊王，一霎時間要寫挑戰，又寫追者，且于潘黨之逐渲染射麋顧獻，以與上鮑癸相映。楚王之逐，詳敘兩廣之駕，回應欒武子之言，並爲後將乘右廣伏脈，中插設伏以爲上軍不動之根，倒插具舟，並後先濟、爭舟一齊涵蓋。而孫叔曰"進之"以下，勢如萬馬自天而降，風雨爭飛，魚龍變色，真鬼神于文者。後惟史公敘鉅鹿、扶風敘昆陽差堪彷彿耳。文章最要首尾相應，如鄢陵之戰以范文子始，以范文子終，中間晉楚相遇時，又以范文子不欲戰敘于諸臣議論之上，此常山陣法也。此文前敘士會以六事相推，後敘楚子以七德自謙，皆先總後分，首尾掩映，中間鄭人勸戰，又敘欒武子之言，極力贊楚，橫擔以聯絡首尾，機軸與鄢陵篇同，但彼篇三處一意到底，此則前贊後謙，另換一重境界，尤爲精彩出色也。楚有伍參不從令尹，似乎未能行令不獨林父，未肯用命不獨先縠，晉何以敗，而楚反勝乎？蓋孫叔不欲戰，亦知德薄能鮮，欲愛惜民命，與楚子篇末議論同一心腸。至晉人必敗早已在其心眼中矣，而沉幾獨斷，伸縮自如，次管以待，便準備一戰，而特地求成以熒惑晉人，使不設備，迄乎盟既有日，復致師以亂之，突出不意，令之無計可施。若不如此詭譎，恐堂堂正正旗鼓相當，未知鹿死誰手也。一篇精神全在少宰如師、樂伯致師兩段。不聽伍參，卻用其言。潘黨輩全是任其指揮，紛紛楚軍如沈尹、子重、子反輩，不敢出一語，即王亦必告而後從，權不旁落，故能克敵有功。至於晉人不惟羣小囂呶，即隨、欒輩盛稱楚德，知其不敵，不能令桓子全軍而歸，徒爲多言以激羣小之怒而墮三軍之心，又豈賢者所爲乎？是役也，楚靜而晉亂，故寫晉人紛亂之狀特詳。中軍具舟已先濟矣，故後只言逐下軍、從上軍。殿卒不敗，上軍又已結過，"王見右廣"下，乃補敘逐下軍情事耳。隊不能進，猶能脫扃拔旆以出，不受楚惎。趙旃濟其父兄，逄大夫不私子弟，尚有親上死長之風，荀首一失知罃，而偏師獨往，從者甚衆，折馘執俘而還，下軍大敗，尚且如此取償于楚，設早設備，勝負正未可料。楚子因"無忘武功"一語，發出如許大議論，所引諸詩，俱三代純王氣象，善於持盈，似乎遠過桓、文。而《左繡》謂"武有七德，我無一焉"，于楚子口中自納敗缺，大有挾晉抑楚之意。余按：城濮結云"君子謂是盟也信，謂晉於是役也能以德攻"，今云七德無一，則不以德攻矣。欲分鄭立叛，則盟不信矣。彼此對勘，正自天懸地絶，用楚子語與石制事作結，大有深意在。

　　秋，晉師歸，桓子請死，晉侯欲許之。（《才子》夾）快論，又快文。一請一許，亦是恒事，不圖下發此至論。（《補義》眉）習鑿齒以武侯不從蔣琬請貸馬謖而揮淚斬之爲不智，不知用法貴明，顚頡斬而知晉所由霸，桓子復而知晉所由衰。（《評林》眉）《經世鈔》："忙中偷閑，略一斷，纔入赦林父一段大議論。"陳傅良："《檀弓》云：'謀人之軍師，敗則死之。謀人之邦邑，危則亡之。'今桓子將軍師敗，故請死。"王元美："晉、楚之勢，豈爲一臣輕重哉？楚再世不競，於子玉亦何與？卒之，林父雖復用，曾未有以勝楚而強晉者，士伯之言竟何如？而異日者，顧以能庸中行伯蒙瓜衍之賞，能無厚顏乎？"**士貞子諫曰："不可。城濮之役，晉師三日穀，文公猶有憂色。左右曰：'有喜而憂，如有憂而喜乎？'公曰：'得臣猶在，憂未歇也。**（《才子》夾）"猶在"，字法妙，"未歇"，字法妙。**困獸猶鬬，況國相乎！'**（《才子》夾）不是喻，乃極言憂。**及楚殺子玉，公喜而後可知也，曰：'莫余毒也已。'**（《才子》夾）敘事，又帶畫文公，又帶寫"曰"字，凡十三字成句，飛舞之色，撲紙而起。應前"未歇"。前日之喜，直到今日方喜。今日之喜，始連前日都喜。此句只是寫喜之甚，不必與講兩"再"字。（《評林》眉）《經世鈔》："公喜而後可知也，不覺其見于色；曰'莫余毒也已'，不覺其出于口。寫出憂危後一段驚喜儌倖之情，活活如見。"是晉再克而楚再敗也，楚是以再世不競。（韓范夾）此亦論其人耳。若庸懦無能之帥，則殺之可也。李元平之屬，亦可以桓子藉口乎？（《才子》夾）上晉文喜語已畢，此士貞子斷楚殺子玉之失。**今天或者大警晉也，而又殺林父以重楚勝，其無乃久不競乎？林父之事君也，進思盡忠，退思補過，社稷之衞也，若之何殺之？夫其敗也，如日月之食焉，何損於明？**"（《測義》夾）愚按：晉、楚之勢，豈爲一匹夫輕重哉？而士伯謂楚之再世不競以殺子玉故，則當其時晉方主盟中夏，而諸將佐又皆協力共濟，楚即欲窺之，而無其釁，寧獨殺一驕蹇臣能損其強耶？卒之，林父雖復用，曾未有以難楚而強晉者，士伯之言竟何如？而異日者，顧以能庸中行伯蒙瓜衍之賞，噫！其愧也夫！"（《評林》眉）按："進思"以下八字出《孝經·事君章》，蓋古語。《經世鈔》："林父所以不當殺者全在此，不然，徒欲收後效而喪師一切可赦，則國無復律矣。數語可爲千古赦罪之法。先縠、旃、錡三人不殺，可謂無法。"（閻生夾）前路譏刺桓子太甚，此處特放寬一筆，所謂棋無盡殺也。**晉侯使復其位。**（《快評》尾）秦用孟明而伯西戎，晉用桓子而啓疆土。秦漢而降，難言之矣。以此而知古人之識，誠有大過乎今之人者。何則？夫頑鐵一經鍛鍊，尚成吹毛利器，何況萬眾之將相素以雄豪自命者乎？其人本具非常之材，一遭摧挫，則驕矜浮薄、剽悍輕揚之氣消烊殆盡，自然魂驚夢惕，圖蓋前愆。故恃才之虛，不如更事之實，以此而應天下之變，吾知其恢恢乎遊刃必有餘地矣。士貞子之論，只就楚殺子玉一邊說，然此意已在言外矣。寄語世人，不可以成敗論他人，更不可以成敗自論也。（王源尾）文共十段，楚入鄭，一也；晉救鄭，二也；議戰，三也；邀戰，四也；舍戰，五也；戰後情狀，六也；楚勝告成事，七也；鄭殺石制，八也；鄭如楚，九也；晉赦林父，十也。局陣環渾雄闊，諸大戰文中獨爲用正。先縠剛愎違命，致敗晉師，故通篇以先縠爲主。林父雖帥，非罪首也。士會老成持重，明於料敵，全軍而返，與先縠正對。故林父爲主中賓，士會爲賓中主。其餘或附士會，或附先縠，皆賓也。而荀首爲士會之亞，觀先縠、士會俱五見，林父與荀首三見，諸人不過一兩見，可知賓主輕重所在。序楚入鄭，其君有禮。有禮，不可敵也。晉救鄭，其將無權。無權，胡可戰也？隨會知彼，荀首知己，勝負已判。先縠違命，韓厥惑師，林父無斷，罪顧問哉？妙在隨會、荀首兩議，一則詳而變，一則曲而奧；一則虛映，一則實疏，文愈古妙，三人之罪愈難逭，摹寫之工也。伍參料晉，欒書料楚及鄭，前後縮帶，晶光四徹。而先序王欲還，參欲戰，敖弗欲。南轅、北轅，無限情趣。中序鄭使詛晉，挑動郤子，躍躍欲飛。後拖敘知季、趙莊論原並欒伯，離筆作收，丘壑一變。邀戰一段，波瀾萬狀，一篇最奇警跳蕩之處。先敘兩番詞命，雍容不迫。郤子更詞，已是邀戰。卻又序楚求成，晉許盟。盟已有日，乃突出致師，奇文騰空幻赫，千靈百怪，雜遝而來，復恍惚而去。既又序二憾之往，層峰側嶺，煙雲狼籍。而倒提後事，尤出意表。通篇俱用正，獨此與後石制一段用奇，讀者著眼。接序二憾入戰最綿密，妙在復述左右廣，有照應，有起伏。正序戰功，楚勝不過"車馳卒奔，乘晉軍"一句，晉敗不過"爭舟"二句、"右移"二字而已，何其鍊也！大敗之中，卻序上軍不敗，所以不敗之故，又倒序在前，何其變也！此種序法，龍門後戛戛乎難之。孫叔初不欲戰，欲戰者，伍參也。及出陳而急進以薄晉軍者，敖也，非參也。敖之忠智固見，文之變換亦見。不察敖之忠智，不可與論人，不知文之變換，不可以言文。寫晉敗後之狀，可笑、可涕，妙在序知莊子還戰，有回風逆折之勢，與韓原終於扶起晉家一樣筆法。總之，上下無常，剛柔相易，乃文家至訣。楚莊戰勝告成一番議論，妙極妙極！注以《傳》謂楚莊有禮，所以遂興，此勝晉之本也。克勍敵，收全功，可謂武矣。乃引《詩》以明止戈爲武，歸武功於七德，而自明無德不可以言武，豈復揮戈躍馬之象乎？乃十分謙讓，百倍光輝，所謂尊而光者。章法與城濮序晉文朝王受命，毫無差別，而筆法無一字雷同，非化工乎？至句句與晉激射，如天半紅霞，崢嶸萬態，卻是夕陽餘映，少陵"反照入江翻石壁"亦有此意，妙諦可參。第八段結先縠也。鄭殺石制耳，曷云結先縠？曰此暗結法也。序石制之怙亂，所以結先縠之喪師。不然，石制一案，非此篇中文字矣；借此結彼，空奇靈妙，又在致師之上。第九段結鄭也，只用六字，"許男"二字尚屬賓，長短參差入妙。以林父總收，亦是正，而其妙有三，追敘晉楚當年之勝負，以襯今日之勝負，一也；贊林父之賢，洗刷其敗亡之罪，二也；出脫林父，即歸獄先縠，又暗結先縠，三也。更妙在借局外人口中出之，著而不著，文情淡逸，有雨過天清氣象。此文詳矣，不厭其詳。長矣，不顯其長。何哉？曰其爲道也屢遷，故不厭詳、不顯長也。何謂屢遷？曰無定姿，無定勢也。文欲詳，繁則病矣。欲簡，略則病矣。詳而不繁，雖千萬言，簡也。簡而不略，雖一二言，詳矣。文必詳而簡，簡而詳，而無一字之繁之略，方爲至文，此文可謂詳而不繁。總之，句句精要靈動，絕無膚庸，雖千萬言，不繁也。櫽栝而無遺，含蓄而不露，雖一二言，不略也。今人只能繁與略耳，烏知詳簡之義哉？（方苞夾）《公羊》《穀梁傳》及《國語》《國策》皆篇各一事，而脈絡具焉。《左傳》則分年以紀事，而義貫于全經。前此城濮之戰，楚殺得臣。後此鄢陵之戰，楚殺公子側。故林父請死，晉侯使復其位，不得不具書以志晉楚軍法之寬嚴。又以晉文既勝而有後事之慮，與楚莊既勝而知前事之非，相映以爲樞紐，義法之精密如此。（方苞總評）"怙亂"爲此篇樞紐，衆所共知。然以著晉之所以敗而楚之不可敵，不能該也。以著先縠、趙括、趙同、魏錡、趙旃之僨事，而林父及群帥之失謀，不能該也。故又以"觀釁而動"貫穿前後，而楚君之明於七德，修其六事，日夜警備，無釁可乘；楚令尹之臨事而懼，當機而決；伍參之知己知彼，料敵得間，皆統攝於此矣。晉之釁，不獨先縠之專行，趙括、趙同之黨附，魏錡、趙旃之樂禍也。林父不能制命，明知必敗而從韓厥分惡之謀，一釁也；隨季之對，先縠得而更之，二釁也；楚子求成，不使荀首、知罃往，明知魏錡、趙旃之樂禍，而曲從其請，三釁也；諸帥明知楚之宜備，而不爲戒，四釁也。士會設七覆則無釁可乘，而一軍獨全矣。使中軍、下軍各自爲備，則彘子偏敗，而晉師不致大崩也。觀伍參之言，則晉之釁，楚早見之；觀士會、趙朔、欒書、韓厥之言，則晉之釁合軍皆自知之。而林父不能定謀，諸帥不能強諫，以自弭其釁，則不敗何待哉？至於乘晉之釁者，楚也，而"觀釁而動"，則以晉士會出之。怙亂者，晉人也，而引史佚之言及《詩》，則于鄭石制發之。旁見側出，不可端倪，神乎技矣。此戰之事與言最繁雜細碎，故特起連類而書之例。使一以事之前後爲序，則意脈不貫，拳曲臃腫而不中繩墨矣。其兩兩相映，則與諸戰略同。楚人致師，晉鮑癸以其有辭而免之。晉人請戰，楚潘黨以其有辭而免之。魏錡、趙旃皆以有求不遂而請使，其顯見者也。晉群帥皆不欲戰，而欲戰者惟先縠。楚君相皆不欲戰，而欲戰者獨伍參。荀林父之命，不獨不行於先縠，趙括、趙同乃得而更之，趙旃、魏錡皆得而強之；而楚之軍政，則專制于叔孫，不獨伍參不敢違，二帥亦莫敢參焉，即王必告焉而使自改其前命。隨季知楚之不可敵，而不能止先縠之獨進。欒書知鄭之不可從，而不能折趙括、趙同之黨同。荀首以《易》論敗之可必，楚子以《詩》論勝之不足爲功。隨季言楚之六事不易，楚子言己之七德俱無，引《詩》者五、古賢之言二，楚先君、晉先大夫之言二。隨季則總述楚之軍政，欒書則獨舉楚之車法，其中軍及前後左右之制，既見於隨季之言，故于後並舉左拒、右拒。以楚之軍政，其乘廣之制，既詳于欒書之言，故于後並舉游闕以備楚之車法。欒書之言，則趙朔稱善。郤克之言，則隨季稱善。趙嬰齊以舟具而先濟，趙旃之兄與叔父以馬良而先濟。趙旃前以遇大敵棄車而走林，後以失良馬棄車而走林。逢大夫二子之尸、連尹襄老之尸，知罃之囚、公子穀臣之囚，凡事皆兩兩相映，如錦繡組文，觀者但覺其悅目，而無從覓其針功，後有作者，不可及也矣。（孫琮總評）徐揚貢曰："及河以後，濟師以前，雜敘眾議，紛如聚訟，以見桓子將權之失。及楚求成而晉許之，特提一句，又見桓子未嘗不專斷。乃于魏錡、趙旃之挑戰，曰弗許、曰許之，兩番提呼，以見不專斷之罪仍在桓子。又於郤獻子、士季之請備，先書兩人有備之不敗、雖敗先濟，而後細寫爭舟指掬、宵濟有聲，以形無備之罪仍在桓子。獨於桓子請免，詳敘貞子之言，作一篇大結。又將楚子辭築京觀，對形晉之遣將致敗。似此長篇敘戰，戰端之起，倒敘在篇尾作詠歎，當與鄢陵一戰同推神品。"邲之戰，楚勝而晉敗，楚之所以勝，于服鄭處寫出雄略大度，於論七德見其志深慮遠。至兩次求成，兀自神情雍雅，具有霸主氣象。而令尹之持重老成，伍參之見事明透，許伯、攝叔、樂伯之戰氣勇健，舉止安詳，臨敵應變，事都不苟，哪得不勝？若晉臣如雨如雲，輒築舍聚訟，不欲戰者，荀林父、士會、趙朔、荀首、欒書也；欲以戰逞者，先縠、趙括、趙同、魏錡、趙旃也；至不得已而姑勸戰，則韓厥也。林父以中軍元帥，不能堅持所見，牽於先縠，和又非和，戰不成戰，進既無紀，退復無備，議論紛紛，以致取敗。士貞子雖救其死，要不能掩其失。通篇歷敘事辭，有詳有略，有起有結，有直接，有遙接，有忙中插入閒筆，有前面預伏後案。如親立諸人之側，而聆其詞令，瞻其容色。如身在晉楚戰處，而觀其步騎往來，陷陣追奔也。但恐耳聞目睹，亦未必纂畫精工有如此。（《彙鈔》眉）楚用子玉而敗於城濮，晉用林父而敗于邲，其罪均也。士伯借來□發力救林父，□□不死，特□□。（魏禧尾）魏禧曰："一篇敘事，是零零碎碎，到末卻以七德及免林父作二大段文字收拾，古文或前散後整，或前整後散，多用此法。"丘維屏曰："此文如高山大川，雄偉中自有神工結聚處，評者以碎而完、板而靈言之，所見小矣。看他兩國收處，楚最得勝，收在不築京觀；晉最敗，收在不殺林父。俱轉換乾坤處。"(《集解》尾)全爲晉計利害,絕不爲林父求免,末段乃帶表其賢,立言何等周到,至於文情駘蕩,又左氏大有姿致之文。(《賞音》尾)桓子如不勝任,當辭於出師之始,奈何身爲元帥,而聽諸卿大夫之各行其意乎?乃知淮陰侯之國士無雙,只就登壇之拜而一軍皆驚足以徵之,桓子不得以從政新爲解也。故伍參所料數言,足以概晉人之所以敗,而楚之勝,不特參爲主謀,孫叔先人有奪人之志,實據其上游矣。敘城濮之戰,晉文何等小心,子玉何等驕縱!敘邲之戰,楚君臣何等決斷,晉諸卿何等散漫!其勝負皆不待既戰而決也。唯是敘事中能使諸人之聲音笑貌畢見,不得不推左公爲鼻祖。(《左繡》眉)諫殺林父,只以殺子玉相形,不過舊話耳。前添喜憂、憂喜,後添再克、再敗,中添困獸猶鬭三四語,便自新警非常,標此以爲用舊文法。以子玉爲比,卻嫌擬非其倫。故又另提林父作重贊之筆,立言有法。先將"若之何殺之"説煞,戰敗只作輕拖,妙甚。若將不當殺,移在"何損於明"下,便是俗筆。此用筆生死之別也。(儲欣尾)邲戰于諸帥異同處著精神。《左傳》以剛愎不仁坐罪先縠。胡《傳》以不能制命歸罪林父,皆是也。伍參之言曰:"晉之從政者新,未能行令。"傳又曰:"桓子不知所爲。"觀此,則左公之罪林父也,亦不從末減矣。長篇大章,只其整不可及。(崑崖尾)程念伊曰:"全爲晉計,絕不爲林父求免,末乃帶表其賢,進言有法,文情駘蕩,最有姿致之文。"先論晉楚,後論林父,層次不苟。兩段又俱先論往日,後論目前,層次中更寓層次也,文律細甚。(《左傳翼》尾)城濮一敗,楚人痛心疾首,積數十年而不能伸,今此乃其揚揚得意之秋也。彼殺子玉,此不殺林父,不使彼以再克誇張,而存困獸猶鬭之懼,是亦善於持敗者也。鄢陵亦以楚殺子反作結,左氏深心若揭,不以一眚掩大德,古來名將轉敗爲勝者多建奇功,末世好持短長,一戰不勝,首懸槀街,奇才異能爲之奪氣,説到再克再敗,龜鑑昭然。有國者,其以秦穆之用孟明爲法哉!(楊繩武總評)此篇是楚勝,以楚爲主。自伐陳以來,皆楚莊創伯之事,至邲之戰而霸功乃盛,此正紀楚霸之盛也。此篇與城濮不同,城濮之役,晉君臣皆急於一戰,而勝邲之役,楚君臣皆不欲戰,惟一伍參欲戰,而亦勝。始服鄭而許之平,便非必于戰者。後聞晉師濟而欲反,命令尹還轅而仍次於管以待,使少宰如晉師,又使人求成,皆非欲戰者也。及戰勝之後,潘黨請築京觀而楚子不許,其始終不欲以戰自張明矣。此是通篇血脈暗相貫注處,看來晉人城濮多陰謀，而楚人郤轉正大。惜乎僭王日久，目無共主，故爲先君宮，告成事而還，無策命侯伯之典，此其所以不及桓、文也歟？起手"其君能下人"兩句，服鄭而不利其有，小國之所以懷也。末後"武有七德"一段，克晉而不張其功，大國之所以威也。兩段雖文有繁簡，而語氣正大，義類相符，勦兩悉稱。如此起結，方包括得住中間千頭萬緖也。隨武子一段泛論楚師之必勝，以見楚不可敵；知莊子一段，對鄭皇戌語駁辨，以見鄭不可從。故兩段雖一樣鋪張楚事，而不嫌複遝。此文楚人事都從晉人看出，隨武子"德刑政事典禮"及欒武子"楚自克庸以來"兩段也；晉人事都從楚人看出，伍參"晉之從政者新"一段是也。彼此一交互，則實者皆虛，虛者皆實，所謂實者虛之、虛者實之之法也。許伯御樂伯一段，"吾聞致師者"三層是虛說，而"摩旆摩壘"等語，卻實行其所聞而復，是實事而語卻虛，又一虛者實之、實者虛之之法也。看來晉軍輕佻，楚軍持重；晉軍不和，楚軍輯睦；晉軍徇私，楚軍急公；晉軍無備，楚軍有備。隨武子言楚不可敵，而彘子不可；欒武子言鄭不可從，而趙括、趙同弗欲，是不和也。伍參欲戰而孫叔敖弗欲，因王命而改乘轅以北，何其輯睦！彘子以中軍佐濟，師遂濟，是輕佻也。將飲馬於河而歸，次於管以待，何其持重！魏錡求公族未得，趙旃求卿弗得，皆怒而欲敗晉者，是徇私也。孫叔敖始不欲戰，及王乘左廣以逐趙旃，孫叔曰："進之，寧我薄人，無人薄我。"何其急公！彘子曰："多備何爲。"桓子不知所爲，是無備也。楚子兩廣分爲左右，右廣雞鳴而駕，日中而說，左則受之，前茅慮無，中權、後勁，何其有備！篇中兩兩相形，一一對照，便見楚之必勝而晉之必敗矣。"楚子圍鄭"以下，先敘克鄭事爲一篇原起；"晉師救鄭"以下，雜敘晉將帥語以見晉軍之無主張；"楚子北師"以下，雜敘楚君臣語以見楚之有操縱；"鄭皇戌如晉師"以下，又插出鄭以挑晉楚之釁；"楚少宰如晉師"以下，乃夾敘晉楚事也。楚既求成矣，而許伯、樂伯復以致師來；彘子及趙同、趙括已撓權矣，而魏錡、趙旃復以啣憾往，於是晉楚遂有不得不戰之勢。"潘黨逐魏錡"以下，乃正敘戰事也，晉軍中有棄車走林者，有敗而爭舟者，有敗而先濟者，有殿其卒而不敗，有以其族反之者。楚軍中其前有摩旆摩壘者，有射麋掉鞅者，有入壘折馘執俘者，後有搏得甲裳者，有寧我薄人、無人薄我者，有車馳卒奔者。將晉楚兩國交戰事寫得橫斜歷亂、迷離變幻，應接不暇，末乃以"武有七德"一大段包舉之，於是碎者完，散者整，雜出者悉有條而不紊。通篇文字極典重，又極細密；極錯綜，又極嚴整。五花八門，無不如志，子長、孟堅大紀傳多從此出。篇中每發一段議論，必逐字分疏，逐字還他根柢。德刑、政事、典禮，師武、臣力，師出以律，驟勝而驕，老不設備，禁暴戢兵，保大定功，安民、和衆、豐財，段段皆是寧拙無巧而巧不可階，寧樸無華而華不可掩。亦諸大戰文字中所獨也。城濮之戰文字全用奇，此篇文字全用正；鄢陵之戰文字多用虛，此篇文字多用實，在諸大戰中尤爲左丘明全力所注者。（高嵣尾）胡茅堂曰："邲之戰，先縠、趙旃實敗晉師，而獨書林父者，責元帥也。武侯祁山之戰，違命於街亭者，馬謖也。失于箕谷者，鄧艾也。而武侯深自刻責，以爲咎皆在己，此亦《春秋》之義也。任歸於一者，貴有所歸；權分於下者，衆無適從。吳楚既反，漢用條侯，以梁主之貴、太后之尊，交請救援，條侯謹守便宜，竟破七國。唐六道重兵，攻圍淮蔡，久而無功。及裴度視師，雖韓宏亦輿疾督戰，遂擒元濟。代宗以九節度之師圍慶緒，不立元帥，一夕而潰。其成敗之績，豈不著明也哉？"家則堂曰："論者謂邲之敗，與楚以霸，不然也。晉救鄭不書，緩也。責晉，非與楚也。林父逗撓不前，《春秋》正失律之誅，責林父，非與楚也。豈以晉一敗之故，而僭王之楚可使之霸乎？"李氏廉曰："《春秋》凡與楚戰，不以勝敗，皆以與戰之國爲主。徐邈云內晉而外楚是也。"黃正憲曰："案：楚莊強暴，蔑視諸國。入陳、圍鄭，莫敢誰何？其威勢猖獗，十倍楚成矣。且齊桓召陵之師，尚約六國爲援。晉文城濮之戰，亦以三大國爲助。今景公初立，霸業已衰，視文公時威力人心，消索幾盡。乃欲林父以偏師當虎狼之楚乎？藉令諸將同心，三軍用命，勝負之勢猶未可知。況林父節制不嚴，計謀不一。始惑于韓厥分惡專罪之言，既壞於錡、旃致師召盟之請。故楚師一乘，倉卒無措。然則致此敗者，豈可專歸咎於先縠哉？自邲一敗，而楚滅蕭圍宋，勢益橫行矣。文共十二段，分作六大截看，兩兩相配。前茅、中權、後勁，千頭萬緒，節節迷離，段段清楚。汪洋浩瀚，順軌安瀾。（《自怡軒》尾）楚之主戰者，唯伍參，君、相從之而勝。晉則或欲戰，或不欲戰，茫然無定說，桓子依違其間，焉得不敗？此大較也。纖悉敘去，能使諸人聲音色貌畢露，唯左氏有此神妙。許穆堂。（王系尾）昔人謂淮陰用兵，多多益辦者，分數明也。此篇敘事，正如淮陰之用兵。邲之戰，非一朝一夕之故也。晉自靈公以來，不競者非一端。楚自克庸以來，猾夏者非一事。伐鄭救鄭，伐陳救陳，晉楚之師互動。成楚晉伐，成晉楚伐，陳鄭之交不親，紛挐數十年，流極而爲邲之戰。是晉楚之全力，陳鄭之叛服，華夷之强弱，畢注于此一戰也。此豈一心之所能經營，一手之所得指畫者哉？然而戰則有戰之人矣，戰則有戰之地矣，戰則有戰之時矣。篇中如某帥某師，某佐某帥，某將左，某將右，某某畫策，某某致師，此敘其人也。及河，濟河，北師，南轅，改乘，次管，敖鄗之間，邲與衡雍，此敘其地也。夜至楚軍，乙卯逐趙旃，及昏至邲，丙辰至雍，餘軍宵濟，晉師秋歸，此敘其時也。分數定於胸中，而隨時、隨地以寫其人，使讀者如見其人之勇怯焉，如見其人之智愚焉，如見其人之邪正焉，如見其人之從容整暇、倉皇沮喪焉。豈惟見之而已，直是步步分明，刻刻不漏。雖使身在其地，歷始終以觀其事，未必若是其指諸掌也。嗚呼！神哉！前望城濮，後望鄢陵，不但佈置不同，其用意亦不同。佈置不同者，筆之變也。意思不同者，時之變，而亦筆之變也。發凡論之詳矣。（武億尾）此篇分五段讀：首段"子良出質"止，是圍鄭事。次段"必長晉國"止，是未戰前事。三段"終夜有聲"止，是將戰、正戰時事。四段"歸於怙亂"止，是既戰後事。末段以林父之殺而不殺，與起手鄭之圍而不圍，遙映作結。通篇敘議兼行，而前後著力在議論，中間著力在敘事。議論用整鍊筆法，敘事用錯綜筆法。總之，晉爲主而以楚對寫夾寫其間，鄭則時作穿插點綴，遂令花團錦簇，無妙不臻也。城濮篇善用開法，見擒縱之奇。（《學餘》尾）楚殺子玉而衰，秦復用孟明而霸，得失之間，可以觀矣。況林父之事君，本有不可以一眚掩者乎？善哉！士貞子之諫也。（《菁華》尾）林父爲將，以仁柔爲下所輕，卒致挫敗之辱，兵敗而歸，執而戮之，自是國法之正，且使後來者有所儆懼，知講求整軍經武之道，乃聽士渥濁之邪言，使大惡漏網，晉侯於是爲失刑矣。

冬，楚子伐蕭，宋華椒以蔡人救蕭。（《補義》眉）此寫楚莊屠戮之慘，以發明書滅之義。**蕭人囚熊相宜僚及公子丙。王曰："勿殺，吾退。"蕭人殺之。**（閩生夾）蕭人尚能抗楚，深痛晉師之不競也。**王怒，遂圍蕭。蕭潰。申公巫臣曰："師人多寒。"王巡三軍，拊而勉之。三軍之士，皆如挾纊。**（韓范夾）古之名將，軍營不定，不敢言勞；軍炊未熟，不敢言饑；軍井未穿，不敢言渴。務與士同甘苦，故人樂爲用，楚王可謂善將矣。（《補義》眉）孟知祥軍中暑熱，巡行撫問，三軍欣然，如熱而濯，堪與楚莊對。（《評林》眉）李笠翁：

"莊王能論三軍之守如此，其當時意氣今猶可想見。至唐德宗時，乃一襦袴求之不獲，竟慰勞而遣之，噫！二君者亦大有徑庭矣。"陳傅良："遂圍蕭，傳見滅不書圍，他倣此。"按：陳騤《文則》云："挾纊，則軍情愉悅之意自蓄其中。"遂傅于蕭。還無社與司馬卯言，號申叔展。（《補義》眉）申敘申叔一事，是摹寫楚莊使蕭人無噍類也，直是春秋一屠伯。叔展曰："有麥麴乎？"曰："無。""有山鞠窮乎？"曰："無。""河魚腹疾奈何？"（闈生夾）河魚無疾，腹疾者，煮熟之後，箸入其腹，以喻死也。言無禦濕之具，將死奈何？此語人多不得其解。曰："目于眢井而拯之。"（鍾惺眉）此隱語之始。（闈生夾）筆意敏妙。記小邑被兵之苦，生人不能自存。又見楚軍內羸，深惜晉之不能抗也。"若爲茅絰，哭井則已。"（《評林》眉）汪道昆："叔展曰：'軍中不敢直言，故爲此隱語。'"按：《潛確類書》注：河魚之腐，自內及外。故腹疾似之，言蕭爲楚圍，勢將潰，如河魚腹疾。（闈生夾）已，讀如字。已者，疾已也，對上"腹疾"而言。明日蕭潰，申叔視其井，則茅絰存焉，號而出之。（王源尾）經曰滅蕭，傳曰蕭潰。民逃其上曰潰。潰者，民無固志也。只此一字，而蕭見滅之故可知矣，不必明言也。追序無社一事，而蕭潰之狀可知矣，不必序楚之強之衆也。追敘挾纊一事，而楚之滅蕭又可知矣。挾纊，賓也。井絰，主也。以賓引主，反映於前，而正序於後。何以知挾纊爲賓？曰蕭潰焉耳。無社、叔展隱語問答，奇奧可喜，如觀海錯，如覩琪花，非復尋常耳目所及。（《彙鈔》眉）叔展欲使無社伏水以逃死，故問有麥麴、麴窮禦濕之藥乎？社不悟，復問以腹疾而後悟。因欲展視枯井救之，展教以茅絰表井，而以己之哭聲爲信也。（《分國》尾）還無社無守心矣，又與楚師有故，不潰何待？麥麴、山鞠，皆隱語。如魯有山氏呼庚癸，唐許欽明呼美醬米墨爾。（《左繡》眉）滅蕭傳，傳楚莊之霸，非傳蕭無守心也。後半文詳是賓筆，前半文略是主筆。後半正所以反映前半。拊而勉之，皆如挾纊，然則莊王之字下者，正不必麥麴、鞠窮，自無河魚腹疾也。而蕭之見滅，宜矣。楚之能滅蕭，審矣。兩"遂"字相應，一人之怒，又不如三軍之感也。明日蕭潰之速，正應此，乃兩截一串處。後半謬語，雞肋之濫觴也，寫來一何風致！（《左傳翼》尾）君臣俱盡曰滅，如前狄滅衛之類是也。楚子以殺宜僚與丙之故而致毒于蕭，不滅之以抒其憤不止，迨至拊循三軍，皆如挾纊，蕭雖善守，直用靴尖踢到耳。叔展欲救一無社，猶必匿之于眢井，待號乃出，且不敢明言，則蕭人之無噍類可知。如此寫"滅"字，真覺月落烏啼、神號鬼哭也。祇"王怒，遂圍蕭，蕭潰"七字，大有泰山壓頂之勢。邲戰以後，楚王氣盈天下，諸侯皆欲以氣吞之，誰敢相逆？么麼蕭人首違其命，所以不滅不休，此與後圍宋篇俱是一樣心事。北方可圖，乃爾勢如破竹，豐雖由於邲戰，而機實始于志不在諸侯。晉之不競，豈一日二日之故乎？（高嵣尾）後半謬語，雞肋之濫觴也，寫來一何風致！孫執升曰："叔展不忘舊識，隱語致意，伐其國而矜其人，猶是伯主之師，非以友誼遂忘君事也。"（王系尾）楚自邲戰後，志在北方矣。伐蕭以偪宋也，偪宋以偪諸夏也。故經書滅蕭，而傳但敘蕭潰，明蕭無足輕重，楚志不在蕭，楚禍亦不止于蕭也。連類讀之，令人思桓、文，蓋思王者矣。

晉原縠、宋華椒、衛孔達、曹人同盟於清丘。曰："恤病、討貳。"於是卿不書，不實其言也。（《測義》夾）姜寶氏曰："楚滅蕭以脅宋，而宋與曹、衛皆唇齒之國，猶欲推晉以禦楚，而晉實不能也，徒爲此盟塞責，竟何益于事乎？經於列卿稱人，以示貶也。**宋爲盟故，伐陳。衛人救之。孔達曰："先君有約言焉，若大國討，我則死之。"**（《測義》夾）汪克寬氏曰："清丘之載書，恤病討貳，而宋之討陳，衛之救陳，皆非《春秋》所與者，不度德，不量力，而啓釁於強楚，渝盟失信，以從簡書，名雖是而實則非矣。"（《左繡》眉）不實其言，上承解經，下起敘事，一筆作兩頭關鍵，左氏慣用之法。恤病討貳，是言先君。約言是不實，前伏後應，無一率筆。（《評林》眉）陳傅良："傳見三國之大夫書人。"《補注》："晉景公初年，楚方得志於中國，入陳、圍鄭、敗晉師於邲、滅蕭矣，晉於是時乃以先縠合諸侯大夫于清丘而稱同盟，則豈足以敵楚乎？故皆奪其恒稱，明年宋人及楚平，則經旨可見矣。傳於此特發筆削之旨，而惟以'不實其言'釋之，舉其小節而遺其大體，故義有不通也。"黃仲炎："陳，附楚者也。宋以清丘之盟而伐之，衛背盟而救之，伐者義而救者不義矣。"按注：盟約指文二年傳曰："陳侯爲衛請成于晉也。"（王系尾）家鉉翁曰："幽之同盟，內外大小，翕然來同，齊霸之方盛也。新城之同盟，諸侯散者復合，晉霸之漸衰也。清丘之同盟，異者眾而同者鮮，晉不復可爲霸也已。"

◇宣公十三年

【經】十有三年春，齊師伐莒。(《評林》眉)汪克寬："伐莒，公羊作"伐衛"，證之經，又前後皆無齊、衛交怨之事，而於莒則四年平之不肯，而魯伐之，則此爲伐莒無疑。"夏，楚子伐宋。秋，螽。冬，晉殺其大夫先縠。

【傳】十三年春，齊師伐莒，莒恃晉而不事齊故也。

夏，楚子伐宋，以其救蕭也。(《測義》夾)季本氏曰："陳、鄭、宋皆在河南，中國之要樞也。鄭處其東，宋處其西，而陳介乎鄭、宋之間，得鄭可以致西諸侯，得宋可以致東諸侯，而得陳可以致鄭、宋者也。楚既屬陳，尋又服鄭，若復得宋，則河南之地盡爲楚有，自是將霸天下矣。使非宋人猶足以自守，中國幾何而不淪胥以陷于夷狄也？"〔編者按：奧田元繼作湯睡菴語。〕君子曰："清丘之盟，唯宋可以免焉。"(《測義》夾)金履祥氏曰："邲之師，晉亦盍知所懲艾，息民修政于國，而布德加禮于諸侯，庶爲可耳。顧汲汲于討貳，又使郤子主清丘之盟，且楚方加恩于陳，而使宋伐之；衛方有恤陳之師，而晉又討之，遂使宋致楚師而不能救，卒亦併宋失之矣。傳稱清丘之盟，唯宋可免，愚謂伐陳不可免，惟救蕭可免耳。"(《左繡》眉)救蕭下，宜補入伐陳事，下文乃明，只用斷續互見法，總要簡耳。意者宋自以踐盟伐陳，楚自以救蕭伐宋，君子觀之，則以爲楚雖以救蕭遷怒，宋自以踐盟免譏也，亦錯經合異之旨歟？"唯"字，乃責晉、衛之意居多。(《評林》眉)按：晉、衛宜顧清丘之盟恤宋而不恤，且與晉、衛同貶稱人，故傳云宋可以免焉。

秋，赤狄伐晉，及清，先縠召之也。(《補義》眉)若云召之，則先縠罪不容誅。下云"歸罪"，則先縠死且不服。遽膺赤族之禍，此時晉卿已自相吞噬。

冬，晉人討邲之敗與清之師，(鍾惺眉)此一條可死，不然，舍林父而殺先縠，於是乎失刑矣。歸罪於先縠而殺之，盡滅其族。君子曰："惡之來也，己則取之，其先縠之謂乎。"(文熙眉)穆文熙曰："林父身爲主帥，能斬偏將。而縠子不用其命，卒致喪師之禍，則兩人之罪，均不可宥。晉人既宥林父，乃並宥罃子，可謂無法之甚。迨其招狄人以伐晉，而後族滅之，則亦晚矣。"（《測義》夾）高閌氏曰："釋趙旃、魏錡不討，而獨誅先縠，又族之，惡之甚者也。"（《分國》尾）邲之役，罃子違命濟師，桓子身爲元帥，不能按法行辟，畏失屬亡師之罪，從同伍分謗之言，知難冒進，自棄晉師。《春秋》罪歸桓子，是也。余所疑者，晉師不能軍也。當時楚師既老，晉師方銳，加以六卿皆在，三帥皆良，不弱于楚之子反、子重也。罃子偏師，雖曰違命，諸帥既成師而出，協力競進，焚舟濟師，何至我軍挫、國威頓？堂堂桓子，身任元帥，不過鼓於軍中曰："先濟者有賞。"使上軍、下軍爭舟，舟中斷指，多至可掬。傳曰桓子不知所爲，徵酣哉！況罃子雖不用命，其餘諸帥，各有統屬，庶幾其奮。唯楚子亦曰："不穀不德。"卒遇大敵，而乃師奔宵濟，終夜有聲。傳曰："晉之餘師不能軍。"豈其然乎！桓子進不能正罃子以法，退不能作三軍之氣，倒柄授人，請免而免，亦僥倖耳。更可異者，楚之伍參，其曰："晉之從政者新，未能行令。其佐先縠剛愎不仁，未肯用命。其三帥者，專行不獲，聽而無上，衆誰適從？此行也，晉師必敗。"何料晉之明乎？夫知彼知己，軍之善政。桓子從政雖新，彼士會亦老成練達矣。但執見可而進、知難而退之說，至於設備，徒設七覆以自固其軍，同事而出，何沒沒耶？莊子以求子故，殪襄老，囚縠臣，何不致果毅於大衆，使一軍有榮施？讀傳至此，不能爲晉諸帥解也。邲之敗，桓子請死，罃子不聞言。若非清之役，竟倖免矣。惡不積不滅，於罃子益信。（《左繡》眉）"取之"正對"召之"說，本欲召以敗國，不知適取以自殺，此案與斷緊相呼應處。（美中尾）毛寅谷曰："習鑿齒以武侯不師三敗之道、揮淚斬馬謖爲不智，不知用法貴明，顛頡殺而知晉所由霸，林父復而知晉所由衰。"愚按：林父使復位，旃、錡不見誅，獨歸罪於先縠，不平甚矣。即因清之師，亦誅及其身已耳。然且族之，夫以先軫之元勳，而不使有後。於乎！刑不已濫歟！（《左傳翼》尾）邲之戰，剛愎不用命，以致喪師辱國，罪已重矣。國討未及，尚不悛懲，而復召赤狄以速之斃，豈非自作之孽乎？但縠雖當死，而其族何辜，必盡滅之，刑毋乃濫甚？蓋晉之巨室彼此傾軋，各懷吞噬之心，欒、胥、原、狐、續、慶、伯降在皂隸，職此之由。晉國萃於三族，此固有其幾矣。（《評林》眉）蘇轍："冬，晉人討邲之敗。邲之役，三帥皆不欲戰，先縠不可，故敗，誅之固其宜也。然先縠，先軫之後也。軫，晉之舊勳也。

晉人誅縠，而盡滅其族，稱國以殺，言刑之過也。"（闇生夾）惜先縠也。先縠壯士，林父怯懦致敗，乃歸罪先縠，故惜之。邲戰之文至此已止。

清丘之盟，晉以衛之救陳也，討焉。使人弗去，曰："罪無所歸，將加而師。"孔達曰："苟利社稷，請以我說。罪我之由，我則爲政而亢大國之討，將以誰任？我則死之。"（孫鑛眉）宜入下年。（韓范夾）孔達誠忠於其國矣，然爲國者，必殺身以悅大國，而後得免其討，爲大臣者，不亦危乎？（《左繡》眉）四字提得簡而脫，將他處"爲某盟故也"對看，便見其起法之變矣。連寫四"我"字，所謂罪有所歸也。凡作四轉讀，一虛一實，一反一正，"罪"字只於中間一點。前云利社稷，後云將誰任，占卻地步多少！（《評林》眉）《評苑》："孔達曰：'今晉討衛罪，而我不引罪自殺，是亢晉也。我爲執政而不任其罪，將歸罪於誰乎？'遂縊而死。"

◇宣公十四年

【經】十有四年春，衛殺其大夫孔達。（《評林》眉）陳傅良："孔達自殺，而稱國以殺者，其君之意也。"夏五月壬申，曹伯壽卒。晉侯伐鄭。秋九月，楚子圍宋。（《評林》眉）《傳說彙纂》："去年楚子伐宋，今年圍宋，必待其平而後已焉，《春秋》屢書於冊，罪楚之暴而責晉之不能救也。胡《傳》於衛人救陳，以爲著宋之罪，而伐宋、圍宋皆以爲宋所自取，而責宋爲深，似非經旨。"葬曹文公。冬，公孫歸父會齊侯於穀。

【傳】十四年春，孔達縊而死。（《補義》眉）背晉救陳，自是孔達失策，然殉之以死，忍矣！衛人以說于晉而免。遂告于諸侯曰："寡君有不令之臣達，構我敝邑於大國，既伏其罪矣，敢告。"衛人以爲成勞，復室其子，使復其位。（《分國》尾）清丘之盟，唯宋救蕭，能恤病也。伐陳，能討貳也，餘皆不免。雖然，孔達守先君之約，勝於踐清丘之盟，不惜以身殉國，與趙氏之董安于，義烈均焉。（《左繡》眉）此節合上傳作一首讀，蓋句句相應也。讀此，凡禍福相告詞令，可以類推矣。（《評林》眉）家鉉翁："孔達縊而死，據傳，孔達自以其身紓國患，然達爲政而背清丘之盟，救陳詔楚，謂之無罪不可也。"

夏，晉侯伐鄭，爲邲故也。告于諸侯，蒐焉而還。中行桓子之謀也，曰："示之以整，使謀而來。"（《補義》眉）桓子復位後一番振作，不出一"整"字，然已伏不敢救宋之根。（閻生夾）宗堯按："孟明終能雪恥，林父之謀豈亦雪恥邪？其後幸有滅狄之功耳。然于楚終不競也。隨武子不云乎：'猶有弱而昧者，何必楚？'桓子後能伸之于狄，而中土霸權，實已讓楚矣。"（《分國》尾）蒐焉而還，悚之以兵威矣。示之以整，又服之以紀律，何不用之于邲戰？鄭人懼，使子張代子良于楚。鄭伯如楚，謀晉故也。鄭以子良爲有禮，故召之。（《左繡》眉）此寫林父復位後一番振作精神，上二句是謀之事，下二句是謀之意，卻將中行桓子之謀插在中間，以貫兩頭，最是圓緊之筆。此法蓋屢用而屢妙者也。末句帶敍，然以有禮故召還，則非爲邲故，亦非謀晉故也，言外見鄭未肯來之意。作者于林父蓋不甚滿之矣。（《左傳翼》尾）爲邲伐鄭，卻不即用師，示之以整，使謀而來，緩之甚於急之也。鄭伯謀晉，親自如楚，而又召子良以歸，其不肯即晉之意隱然可見。中行桓子之謀恐未足以動之也。（《評林》眉）《傳說彙纂》："鄭以晉敗於邲，遂叛晉即楚，宜晉景自將以伐之也，故書晉侯。胡《傳》以爲報怨之兵，直書而義自見者，非也。"王元杰："鄭惟強弱是視，初非惟義之從，晉興救鄭之師，是以致邲之敗。晉景雖無可附之德，亦當念之弗忘，迨其喪師，翻然從楚，是何謀之淺也！《春秋》與晉伐鄭，則鄭之罪明矣。"（王系尾）欲懼之使來，反迫之如楚，中行桓子之謀也，增修國政，愧孟明矣。

楚子使申舟聘于齊，曰："無假道于宋。"亦使公子馮聘于晉，不假道于鄭。（《補義》眉）早爲一怒伏根。俞云："'無'者禁止之辭，'不'者可以不必也。"（《評林》眉）《經世鈔》："無假道，不請於宋而徑過其地也。"《補注》："楚子忿晉伐鄭，欲伐宋而無名，故不假道以起怨，其聘于晉非爲好也，怠晉之救宋而已。"申舟以孟諸之役惡宋，曰："鄭昭宋聾，晉使不害，我則必死。"王曰："殺女，我伐之。"見犀而行。（《評林》眉）《經世鈔》："申舟知宋之必殺己，而王強使之以死，雖怒而圍宋，何益於舟？徒殺一臣，殃兩國之民而已。莊王於是乎失道矣。"及宋，宋人止之，華元曰："過我而不假道，鄙我也。鄙我，亡也。殺其使者必伐我，伐我亦亡也。亡一也。"（鍾惺眉）華元此語卻失著。（《評林》眉）王元美："過不假道，未爲深怨，乃殺使以挑釁，國且幾亡，華元後雖有平國之功，不足多也。"《經世鈔》："鄙我之亡，虛名也。伐我之亡，實禍也。理甚易明，特宋人憤怒而爲之說耳。"《補注》："乃殺之，非卿，雖殺行人，史不書。"乃殺之。楚子聞之，投袂而起，屨及於窒皇，劍及於寢門之外，車及于蒲胥之市。（《測義》夾）傅遜氏曰："楚莊于此，復肆其夷風乎！"（孫鑛眉）奇敘奇事，奧而核。（《補義》眉）一氣趕到末句，並不點出怒字，只三"及"字已怒氣可掬。（閭生夾）創語奇特，尤凜凜有英氣。秋九月，楚子圍宋。（文熙眉）穆文熙曰："過不假道，未爲深怨，乃殺其使人，挑禍強楚，華元可謂大愚。投袂以下，言其暴怒急遽之甚。"孫應鰲曰："倉皇急遽，如親見之。"（《文歸》尾）非急臣也，乃急信耳，描寫可謂刻至。父一。（《彙鈔》眉）不假道未爲深怨，乃殺使者以挑釁，亦自失策。（儲欣尾）先爲之弱而楚師不害，乃父御事所以安宋也。殺一使者，易子析骸之禍遂成，上負其君，下愧其父，宋之不亡，特幸耳。（《左繡》眉）此爲第一首寫生文字，寫得怒容可掬，又不實寫他如何怒法，只就袂上、屨上、劍上、車上，逐一添毫，便令怒氣拂拂，從十指中出，奇絕！不惟楚子兩番說話早帶怒色，並申舟及華元亦語語亢厲，都爲末路蓄勢，此篇法一線處，蓋筆墨真有臭味也。公子馮後無照應，蓋已于申舟口中解釋去矣。妙筆！前提句，即作敘事帶過，"亡一也""乃殺之"，亦帶議帶敘筆法，非此簡捷，烏能將全力歸併末段去耶？凡開手點題而妙者，如"鄭穆公卒"是也。至末點題而妙者，如此處"楚子圍宋"是也。起手之妙，妙于後之照應有情。結尾之妙，妙於前之跌落有勢。（昆崖尾）陳季琳曰："投袂數句，寫楚子之忿怒如畫，亦以見楚之有備，一呼而旋集。"（《左傳翼》尾）張悔葊曰："楚之于鄭，曾入其國而赦之矣，鄭乞自夷於九縣矣，不假道可也。宋非鄭比，何以亦不假道？楚欲伐宋，而患無名，故不假道以怒之。彼殺我行人，則用衆有辭矣。又不使他人，而使申舟，舟嘗無禮于宋公，宋公所必殺者，使他人未必殺，而使申舟則必死也。致之必死之地，乃間宋以殺使之名，宋病而乞盟，自是中國諸侯南向奔楚，雖魯亦薦賄焉，楚子遂得志於中國矣。"觀投袂一段，中國之從事于楚有奮然如此者乎？于其不爲武軍也，可以見楚子之度。於其投袂而起也，可以見楚子之雄。能弛能張，不柔不懦，宜其伯。不必假道者，不假道可也。當假道者而禁之使不假道，悔莽之論固足發彼狡謀，要亦因邲之勝晉，自恃其強，有莫敢誰何意。華元之殺，實出楚子意外，所以一怒興師，勃勃而不可遏也。"投袂而起"數句活畫出一火炮性楚子跳躍紙上。(《日知》尾) 寫生手。(盛謨總評) 過峽處精神猛醒，結穴處精神聚會，學人靜蓄數月，方許讀此。讀"投袂"數句，忽覺"見犀而行"四字空中鼓動，左氏運神全在此等處，讀者煞要精神照管。凡文字，讀者精神與作者精神相遇而敵則出，柳子所謂"急與之角而力不暇也"。然左文精神大，未易與敵。以讀唐宋文精神讀漢文，則餒矣；以讀漢文精神讀左文，則又餒矣。具一分精神，才讀得一分書，秤稱斗量，豈可強哉。(高嵣尾) 俞桐川曰："楚恃其強，強使申舟命無假道，謂宋必不敢殺也。宋人只是一聾，便乃無所顧忌。末寫怒狀，奇絕偉環。"述圍宋之因，申舟、元華【編者按：當爲華元】、楚子三樣，紙上皆有聲狀。(《評林》眉) 孫應鰲："投袂以下，倉皇急遽，如親見之。"按：室皇、蒲胥名義俱未詳。李笠翁："楚莊之絕纓吞蛭，素號能容忍，何至此怒宋急也？"(王系尾) 楚通諸夏，以鄭爲門戶。鄭既服，則次及于宋矣。宋服而魯、衛、曹、齊不支，其勢然也，楚之所以汲汲于宋也。前以救蕭伐宋，宋未肯服，勢將復伐，又患無名，過宋而不假道，是明以申舟求釁也。然則投袂而起，固其素志。雖痛申舟，豈真痛申舟哉？趙企明、汪德輔亦嘗論之矣。(《菁華》尾) 不假道于宋，激之使殺使人，以爲出師之名。然是時晉師雖敗，晉國猶存，宋大於陳、鄭，與楚楚強，與晉晉強，其勢足以爲兩國輕重。楚子此時，席全勝之勢，正當善宋而來之，以孤晉之黨。宋人怵於邲之役，焉敢不從？無故而樹一敵，後雖獲與之成，然其力亦已疲矣，何如不戰而屈人之兵爲愈乎？

冬，公孫歸父會齊侯於穀。見晏桓子，與之言魯，樂。桓子告高宣子曰："子家其亡乎，懷于魯矣。懷必貪，貪必謀人。謀人，人亦謀己。一國謀之，何以不亡？"(《測義》夾) 陸粲氏曰："居魯而言魯樂，亦人情爾，何罪而得亡？歸父固欲去三桓而不克者，雖被逐，猶君子所哀也。今曰'謀人，人亦謀己'，非夫淺丈夫者因其敗而追爲之辭歟？蓋左氏言人之禍福若此者衆矣。"【編者按：奧田元繼作李笠翁語。】(韓范夾) 禍患相連，言之可懼，君子所以忍嗜禁欲也。(《分國》尾) 時子家欲去三桓，專國政，所以懷魯、言魯樂也。虎得人而甘之，不知黃熊在樹顛已躡其後，熊更猛於虎也。子家自謂得寵，能勝舉朝之側目乎？謀人，人亦謀己。造謀者，宜猛省。（《左繡》眉）逐層推出，所謂君以此始，亦必以終者也。樂不可極，懷實敗名，最是曲折明快之文。（《左傳翼》尾）子家，魯人也，言魯而樂，適得其常，何遽斷之以亡？蓋伊父襄仲殺子赤立宣公，一國威福在其掌握，歸父又寵于公，且有謀去三桓之意，一"樂"字中有多少驕橫自恣氣象，桓子於此窺破底裏，曰懷曰貪曰謀人，逐一推出，其亡也直可翹足而待，知言知人，足覘卓識巨眼。（《補義》眉）二"懷"字、四"謀"字，寫盡歸父。（王系尾）此篇是倒點睛法，十八年歸父奔齊傳，但敘其欲去三桓以強公室。夫去三桓，強公室，忠臣也，雖死猶生，何有於逐？以窮兇極惡之東門遂，而乃有賢乎？殊不知彼年正敘者，歸父之託辭；而此處閒閒附見者，乃其本心也。然則歸父之謀去三桓，非欲強公室也，貪魯樂也，欲世執魯柄也。是亦東門遂而已。未畫龍，先點睛，豈非奇絕？豈非幻絕？（闈生夾）此皆忿恨首惡切齒之音。

　　孟獻子言於公曰："臣聞小國之免於大國也，聘而獻物，於是有庭實旅百。朝而獻功，於是有容貌采章，嘉淑而有加貨，謀其不免也。誅而薦賄，則無及也。今楚在宋，君其圖之。"公說。（孫鑛眉）宜入下年。（《左繡》眉）典則之文，出以痛峭，風度轉佳。聘、朝對說，嘉淑加貨，雙承倒應，歸重薦賄也。謀其不免，言謀尚恐不免，實講後，須得此鬆宕之筆。（《補義》眉）以"免"字起，以"謀其不免"束，想見當日苦衷。

◇宣公十五年

【經】十有五年春，公孫歸父會楚子于宋。（《評林》眉）家鉉翁："楚伐宋，於魯無所預，而魯人震悸，正因宣公篡弒十有五年，未有討之者，今見楚戮夏徵舒，懼而往會。"夏五月，宋人及楚人平。（《評林》眉）按：宋、楚國內衆人皆和平也。孔疏云："人者，衆辭。"六月癸卯，晉師滅赤狄潞氏，以潞子嬰兒歸。（《評林》眉）汪克寬："晉景公會狄於欑函而不討陳，滅赤狄潞氏而不救宋，不可以言伯矣。"秦人伐晉。王札子殺召伯、毛伯。（《評林》眉）劉敞："穀梁云：'不言其，何也？兩下相殺也。'非也。凡殺大夫稱'其'者，皆君也。豈可曰'王札子殺其大夫召伯、毛伯'乎？"秋，螽。仲孫蔑會齊高固于無婁。初稅畝。（《評林》眉）楊士勛："徐邈以爲除去公田之外，又稅私田之十一也。"冬，蝝生。饑。

【傳】十五年春，公孫歸父會楚子於宋。（《測義》夾）愚按：魯方事齊，故歸父先會齊侯于穀，而齊侯不任其事，故歸父遂會楚子于宋，魯人背齊向晉之端，起於此矣。〖編者按：奧田元繼做鍾惺語。〗（《分國》尾）小國魯，大國楚，何至於此乎？當時楚莊即位，首滅庸，遂伐陸渾，問鼎于周，滅舒城沂，入陳服鄭，敗晉於邲，滅蕭圍宋，浸浸乎及魯。獻子以爲憂，似也。然不能圖內治，固國本，徒以薦賄爲自全計，抑末矣。（美中尾）兵未及魯，望風薦賄，何其卑乎？（《左傳翼》尾）楚自勝邲以後，滅蕭圍宋，駸駸有憑陵諸夏之懼，魯即不能興一旅之師以救宋，亦當慎其守備、固其疆場以爲自完計，楚人雖強，未遽釋宋而侵魯也。獻子不勸君內修外攘，而欲謀其不免，薦賄于楚，抑何無計之甚耶？高氏曰："直以地宋者，罪魯，見夷狄在宋境，而反與之交聘也。"家氏亦云："楚自伐宋，于魯無與，而魯人震懼若禍之已至者，懼楚人以夏徵舒之討討之也。"可謂得其情。（王系尾）楚子圍宋，已歷三時，諸侯無敢救者。魯以近宋之故，望風請服，楚威極矣，晉衰甚矣。王明逸曰："昔楚執宋公以伐宋，以獻捷威魯而魯懼，先諸侯而趨之。今楚子圍宋，威未至魯而魯震，先宋之未平而求媚焉，何其益卑乎？孟獻子號賢大夫，而謀國若此，亦可鄙也已。"

宋人使樂嬰齊告急于晉，晉侯欲救之。（《左繡》眉）此篇傳宋及楚平事。兩段以後半爲主，蓋以解揚死不失信，陪起無詐無虞也。通篇信字作骨，歸結在末二句。起處敘伯宗諺語，分明以晉君之不信，跌出晉臣之信，爲楚、宋作反照之筆。"高下在心"四字，與結"盟曰"八字，緊相映帶，爲一篇首尾關鍵。不得此旨，事屬而文離矣。不惟議論前後呼應一片，並敘事亦兩兩相映。"登諸樓車""登子反之床"中間又夾寫一稽首馬前者，照耀成趣。閒心妙緒，觸手紛來。（《補義》眉）此分二段看，以第一段爲主。晉不救宋，即不誑宋，亦非伯者之守信。中段解揚致命，可謂不渝其信矣。然揚之致命，致其誑宋之命也，揚守信於晉，晉益失信於宋矣。末段楚子失信于無畏而憖不能答，正與晉失信于宋而誑之以救反對，轉入華元以信告，子反爲信感，結出無虞詐以守其信，見虞詐者獨晉人耳，以發明聖人專罪晉人之義。伯宗曰："不可。古人有言曰：'雖鞭之長，不及馬腹。'天方授楚，未可與爭。雖晉之强，能違天乎？諺曰：'高下在心。'川澤納汙，山藪藏疾，瑾瑜匿瑕，國君含垢，天之道也，君其待之。"（《正論》眉）鞭長不及馬腹，伯宗之言信矣。第己則不救，而欲揚言以堅人之守，徐觀其成敗，托國之謂何？（《測義》夾）愚按：楚之圍宋，九月於茲，不惟宋之憊也甚，楚亦兵罷食盡而將去矣。晉乘此時合諸侯，悉師以撼之，未必無功。而伯宗顧使其君懷安，而甘心于不競，乃更謬爲晉師悉起之言，噫！是烏足以懼楚而慰宋哉！（《彙鈔》眉）恐晉君以不救宋爲恥，故引兩說以解之。（《評林》眉）劉懷恕："伯宗一章，不但諳於事勢，抑且精於理道，人雖暴戾恣睢，讀之亦當氣平。"《經世鈔》："以勢則不敵，以理則當救，故爭長諸侯，則以養晦恤民之義爲主，若救患踐信，則成敗非所預計矣。是故不爭鄭可也，不救宋不可也。伯宗所言自是名論達識，特不當言於此時耳。"（闓生夾）自此以後，晉不能與楚爭矣。"納汙含垢"等詞，菲薄已甚。乃止。使解揚如宋，使無降楚，曰："晉師悉起，將至矣。"鄭人囚而獻諸楚，楚子厚賂之，使反其言，不許，三而許之。（鍾惺眉）不許，忠也。三而許之，知也。妙妙！（《評林》眉）《評苑》："言晉盡起兵以救宋，今其兵將至宋矣，此蓋爲虛言以懼楚而慰宋也。"按：解陽猶未至宋，中道鄭人囚之獻楚。《經世鈔》："解陽先不許而後許之，楚人信之堅矣。人知其以知成忠，而不知其以忠成知也。且強而後許，則反言亦不爲失言矣。"登諸樓車，使呼宋人而告之。遂致其君命。（《左傳雋》眉）施仁曰："楚人登諸樓車，使呼告宋，奇！揚竟致晉命，且爲'義命無二'之語，尤奇！噫，解揚知此大義，可謂不辱君命者矣。"（韓范夾）其權以濟事，全在許之，若不許，則楚必先殺之，雖斷脛絕軀，城中人不知也。故死於軍中與死於城下，相去萬萬也。楚子將殺之，使與之言曰："爾既許不穀，而反之，何故？非我無信，女則棄之，速即爾刑。"對曰："臣聞之，君能制命爲義，臣能承命爲信，信載義而行之爲利。謀不失利，以衛社稷，民之主也。義無二信，信無二命。君之賂臣，不知命也。受命以出，有死無霣，又可賂乎？臣之許君，以成命也。死而成命，臣之祿也。寡君有信臣，下臣獲考死，又何求？"楚子舍之以歸。（文熙眉）汪氏曰："敘事議論能品，'爾既許不穀''有死無賈'句法。"穆文熙曰："楚人樓車登揚，使呼宋，下之策，亦甚奇。揚竟致晉命，且爲'義命無二'之語，則又奇于楚矣。意氣英英動人，楚不殺，有見哉！"穆文熙曰："解揚致命，可謂能權，其義、信數語尤足聳動人心，楚子不殺，厥有見哉！"（韓范夾）一解揚勝十萬師，楚之終不敢與晉敵，晉有人焉故也。（孫鑛眉）轉折盡有致，第多四字句，遂覺方而不流動。（《彙鈔》眉）楚子責揚無信，從無一語承認，反將信字細細分剖，嚴毅之容，勁激之氣，自足傲視萬衆。（《左繡》眉）王以信責揚，揚即以信自予。以信責揚，全在既許不穀；以信自予，卻正在臣之許君。妙將"命"字伴說，又將"死"字串說，尤妙於中間將"賂"字逆折，層層解，字字駁，遂覺舌轉如環，筆鉅於鍔。下半筆筆暗跟上截來，關鍵極緊，是合傳法之正宗。秦穆、楚莊都有幾分理學，如此處王不能答，便全是爲解揚所動，不能作高下在心面目，乃其本真未盡漓也。（盛謨總評）通篇文字，只從"晉師悉起，將至矣"七字生出。前面伯宗一段，文意已絕，到此七字轉竅，後面點出"致命"，亦即爲此七字點睛。蓋"晉師悉起，將至矣"七字，乃君命也，一路寫到"致君命"，俱爲此七字寫照。後一段"將命"字爛發，淋漓痛快，亦即從此七字寫出。尤妙在左氏用"曰"字虛露"命"字之神，前面文字注到"曰"字，用"曰"字注到"命"字，然後從"命"字發揮，而歸宿於"臣之許君，以成命也"二句，使後人只曉他寫"命"字，不曉他寫"曰"字之妙，此種神奇，千古莫傳。于埜嘗與仁石、臥魯雨後觀月，中天黛雲掩映，素月微露其妙。少頃，又藏雲裏，潛身緩步，漸蒸雲氣，忽白，俄而雲散，月大出矣。適讀此文，乃悟左氏逗"曰"字、出"命"字之妙。（《評林》眉）彭家屏："解陽曰：'死而成命，下臣獲考。'是以見殺爲考終命也。"（方宗誠眉）辭命義正辭嚴，有威武不能屈氣象。

夏五月，楚師將去宋。申犀稽首于王之馬前，曰："毋畏知死而不敢廢王命，王棄言焉。"王不能答。（韓范夾）忠臣孝子之言，自然惻惻動人，可哀可敬。申叔時僕，曰："築室，反耕者，宋必聽命。"從之。宋人懼，使華元夜入楚師，登子反之床，起之，曰："寡君使元以病告，曰：'敝邑易子而食，析骸以爨。

雖然，城下之盟，有以國斃，不能從也。去我三十里，唯命是聽。"子反懼，與之盟，而告王。（《測義》夾）凌約言氏曰："兵法云：'因其鄉人而用之，必先知其守將、左右、謁者、門者、舍人之姓名，因而利導之。'華元疑用此术焉。言情而勢遽，詞遜而意劫，固將以床上之盟而易城下之盟哉！不然者，而何子反懼也？而説者譏其輕見情實，蹈不測之險，非知元者。"〖編者按：奧田元繼作陳明卿語。〗（鍾惺眉）古人君自君，友自友，磊磊落落，兩全而不沾滯如此。**退三十里。宋及楚平，華元爲質。盟曰："我無爾詐，爾無我虞。"**（文熙眉）穆文熙曰："兩壘相對，華元乃能夜登反之床，楚師懈弛若此，即與宋戰，恐亦未必取全勝也。"公羊子曰："莊王圍宋，華元、子反出相見。子反曰：'子之國何如？'元以病告。子反曰：'憊甚矣。雖然，吾聞之，圍者箝馬而秣之，使肥者應客。是何子之情也？'華元曰：'吾聞君子見人之阨則矜之，小人見人之阨則幸之。吾見子之君子也，是以告情於子也。'子反曰：'諾，勉之矣。吾軍亦有數日之糧爾，盡此不勝，將去而歸。'揖而去之，以告莊王曰：'以區區之宋，猶有不欺人之臣，可以楚而無乎？'遂去之。"穆文熙曰："公室卑而不能治，華元引以爲罪，誠是。至身自出奔，則可謂無策之甚。不有魚石之止，其不爲亡命也夫！"（《測義》夾）愚按：《韓詩外傳》云："楚莊圍宋，有七日之糧，使司馬子反乘闉而突窺宋城，宋使華元乘闉而應之。子反曰：'子之國何若矣？'華元曰：'憊矣！易子而食之，析骸而爨之。'子反曰：'吾聞圍者之國，箝馬而秣之，使肥者應客。今何吾子之情也？'華元曰：'吾聞君子見人之困則矜之，吾望見吾子似于君子，是以情也。'子反曰：'子其勉之，吾軍有七日糧耳。'揖而去。子反告莊王，莊王怒，子反曰：'區區之宋，猶有不欺之臣，何以楚國而無乎？吾是以告。'莊王遂罷兵去。"此傳與左氏傳不同，似得情實，故附錄之。傅遜氏曰："楚莊既討徵舒之亂，力足以有陳、鄭而不取，宋以病告，必退師與之平，皆度時審勢而并酌以義也，故列之霸焉。然而陵偪宗周，與桓、文異矣。"（韓范夾）盟詞樸典。（孫琮總評）黃士京曰："恤鄰爲義，晉、楚匹也，伯宗何爲以強遜楚哉？既無解難之仁，又爲誑鄰之舉，君臣胥失之矣。幸有一解大夫，猶爲國生色云。"解陽不肯反君命，義之正也。強之三而僞許，權以濟其義也。因楚子先逗一"信"字，遂從信字説出許多大道理，而楚子殺心已自冰釋。然非華元見情，子反仗義，則易子析骸，宋將因之斃矣。故此一役也，其得力乃在於諸臣，若晉侯之誑宋，楚王之棄言，二君皆不免有失。(《彙鈔》眉)情真而勢遽，詞遜而意切，華元亦能事人。(魏禧尾)賴章曰："觀楚築室反耕，猶未得取宋要領。古人尚有唱籌量沙以誤敵者，今欲劫子反，而乃以病告，不大失乎？卒以退師全國，何哉？蓋宋之危迫，雖微元之告，楚亦可意而知。使元乘劫制之勢，張宋之威，以恐喝子反。子反即懼而與盟，既盟之後，各歸其軍，元復能制其死命乎？即殺子反，而益楚怒，無補于宋之亡。故爲華元者，惟有以病告耳。宋既病而猶不肯爲城下之盟，則人必有致死之心。夫以將死之人，而懷必死之志，楚雖强，安能敵之？子反知宋病而必不可取，華元之情實而勢偪。情實則動，勢偪則懼。安能不退師三十里而與之平哉？燭之武告秦師，亦不以亡鄭爲諱。是故以情實爲濟變之方者，變之正，而實變之變者也。"丘維屏曰："傳于楚莊圍宋之初，三志其勃然之狀，氣概英武，可以想見。然須看其解揚以執信欺之而舍而弗殺，華元以登床劫之而退而與平，乃真英雄舉動也。"彭家屏曰："解揚曰：'死而成命，下臣獲考。'是以見殺爲考終命也。晉劉沈曰：'葅醢之戮，其甘如薺。'是以見殺爲如獲甘旨也。語皆奇創激烈，足以感發後人。"(《分國》尾)此傳一信貫之，楚王"不食""我伐"之言，信也。解揚卒致晉君之命，信也。華元、子反各輸其情，卒去三十里而平，信也。我無爾詐、爾無我虞，真作全傳骨子。(《晨書》總評)宋南金曰："伯宗以含垢之言而釋宋好，華元以孟諸之役而殺申舟，俱失親鄰之道。楚師壓境，責解揚無信，揚即將'信'字逐層剖晰，侃侃而談，如短兵轉戰，楚子爲之氣奪。乃知誑宋之舉，天所以顯解揚也。退舍受盟，楚失一臣，而服一國。蓋莊王方以桓、文自待，假仁義以號召中夏，猶前日服鄭曰'其君下人'之故智也。世無盟主，南風日競，君子不咎楚而咎晉焉。"(《賞音》尾)解陽以死成命，可謂信矣。然適成君欺宋之名耳。以義揆之，宜於奉使時諫公勿行爲正。(《左繡》眉)一稽首，一不答，進退兩難，虧煞一僕者從而解之，此等佈置，特特與登床告病者點染生動，莫作閒文讀。宋及楚平，是平之權操自宋也。登床告病，語語真實。宋以信感，楚亦以信孚矣。退三十里，便是楚不詐宋。華元爲質，便是宋不虞楚。寫"平"字十分精彩，便是寫"信"字十分飽滿也。左氏于桓、文都寫信字，不料此處又有此出色文字。與之盟而告王，趁筆敘去，單留盟詞重寫，作通篇結局，筆力千鈞。盟詞簡質，總以信爲主，抽出與解揚語相配成章法，若于上文隨手寫卻，更何處另覓妙結耶？借盟詞作斷，又一妙法。《正義》注太拘，不可從。(昆崖尾) 此傳以信義詐虞爲聯絡映射，或示詐虞，或示信義，或以信義爲詐虞，或以詐虞成信義，或以臣之信義警君之詐虞，或以我之詐虞致人之信義，奇幻千重，玲瓏萬狀。(美中尾) 卓去病曰："陳、鄭、宋皆在河南，天下要樞也。鄭處西，宋處東，陳介鄭、宋之間，得鄭則可以致西諸侯，得宋則可以致東諸侯，得陳則可以兼致鄭、宋。陳、鄭既服，復得宋，河南地盡爲楚有矣。"馬宛斯曰："縣陳而復封之，則曰不貪其富。入鄭而復平之，則曰君能下人。圍宋而復成之，則曰爾無我虞。莊知三國不可取而不取，姑以德爲威，故申叔不賀而進蹊田之喻，子反在師而受登林之盟。君臣間有成謀焉，爲操爲舍，總以收中國之霸權也。"(《約編》尾) 逐段敘次，各見簡峭。(《左傳翼》尾) 楚子席屢勝之威，一怒而來，竟欲滅此朝食，乃解揚一言，竟使師老於外，而宋人不服，前之投袂而起者，不得不袖手而歸矣。若非申叔爲之畫策，得宋人一盟以爲轉局，不唯有慚申犀，又將何以自解免哉？晉雖不競，而一解揚足以困楚，所謂一紙書賢於十萬甲兵也。前此楚子圍鄭，三月始克者，以鄭待晉救不與楚平也。此番解揚一言，宋人固守，積九月而楚不能下，其望晉救可知。晉不能救而使解揚致命，使無降楚，致宋有易子析骸之慘，是尚得爲盟主乎？宋既以病告，而楚子猶急於退者，以晉之出師每綏不及期，安知晉師悉起，不於九月之後，如向六月救鄭故事乎？師老於外而敵寇方張，固不如稍得藉手、全軍而歸之爲得計也。胸中有解揚數語，鬼胎在內，遂令火炮性急人忽然冰冷。人以解揚一使爲晉罪，吾正以解揚一使爲晉功也。通篇"信"字似是眼目，晉不救宋，而使以救宋告，無信也。解揚致君之命，不受楚賂，成信也。楚子舍之以歸，因其臣之有信，不敢料其君之無信也。"王棄言焉"，王不信也。華元以病告子反，宋有信也。子反告王而許之平，楚有信也。無詐無虞，寫"信"字十分飽足。楚子一聞解揚之言，即不之殺。一聞華元之言，即許之平。豁達大度，豈非盟主雄略哉？(《補義》眉) 汪云："登林與登樓映照，起子反與呼宋人映照，國獎不從與藏垢納汙映照，無虞無詐與高下在心映照，處處見其章法。"(《日知》尾) 林唐翁經注曰："凡平不書，必關天下之故也而後書，文九年陳平不書，宣十年鄭平不書，僖二十四年宋嘗及楚平矣，不書，必莊王得宋，天下將有南北之勢，始書之。"讀林注，則此文惜晉之亂也。不救宋而南北分，乃誑以晉師悉至，不至敺宋歸楚不止，是晉之失宋在無信，而文中敍事序言，遂將許多信不信者，與本旨正映反襯，無一字歧出，旁見側出，皆如星之拱辰。然讀去却是序明此事首尾也，謂作文操論易、記序難者，殆未解此種意匠耳。（盛謨總評）讀到去宋，忽而犀稽首；讀到王不能答，忽而申叔僕；讀到宋人懼，忽而使華元入師登牀。文不滿三十句，藏許多妙境在內，任後人秉燭裹糧，遊之不盡。豈可閉目策馬，自謂已經？築室、反耕，詐也。宋人懼，虞也。登牀起之，詐也。子反懼，虞也。詐、虞俱從盟詞點出，左氏用筆，明明如此，却不說破，藏神蓄妙，真不可測。（高嵣尾）俞桐川曰："前敍晉不能救災恤鄰，後敍楚不能報仇雪恥。解揚一段，敍事議論，俱有精采。"《評林》曰："此傳以信義、詐虞爲聯絡映射，或示詐虞，或示信義。或以信義爲詐虞，或以詐虞成信義。或以臣之信義，警君之詐虞。或以我之詐虞，致人之信義。奇幻千重，玲瓏萬狀。解揚登諸樓車，申犀稽首馬前，華元登牀起告，閑中點綴，互映亦巧。"（《評林》眉）《補注》："'爾無我虞'，凡書平則不書盟，兵交怨結，以平爲重。"陳氏："猶不書盟，與隱七年例自相違。"（王系尾）宋服楚而藩籬大決矣，使楚莊不死，諸夏其被髮左袵乎？此部中之大結構也。通篇順序，分三段。首段敍伯宗，謀國非不忠，而闇於大勢也。次段敍解揚，大節不可奪，而不在其位也。三段敍華元，怒楚者此人，平楚者此人，爭區區退舍之禮者此人。有不甘下人之氣，而卒不免於人下也。所以可惜者不同，而均有致惜之意焉，此篇中之小結構也。（林紓尾）紓曰：春秋人物，較之戰國人物，頗忠厚可愛。此篇炳炳彪彪，寫出信義二字，實則能守信者，解揚也，次則子反。解揚不畏死而守信，子反則畏死而守信。以解揚起，以子反結，於"信"字頗有實際。若晉、楚二君，皆不信者也。晉侯之欲救宋，初念甚正。若立允樂嬰齊之請，便是信矣。乃聽伯宗之言曰："高下在心。"所謂高下者，活動之醉也。晉侯聽之，使解揚如宋，使無降楚。下"使"字，使之信己也。行詐而強使信之，已棄擲解揚之性命與楚人矣。不惟無信，而且忍心而害理。左氏乃從百詐中表出解揚之一信，登樓車，將君命，宋人憑城下瞰，必怪其有膽；楚人萬衆聚觀，亦必驚其不畏死。想楚子此際，怒不可遏，解揚之命，如屬絲矣。若即殺之，便無文章。偏生楚子提出"信"字，解揚即從"信"字發出議論，無語不中於理。楚子語塞，此楚子之忠厚也。及將去宋，申犀責之以棄信，楚子之語又塞，此又寫楚子之忠厚也。

開首寫晉侯欲救宋，其忠厚與楚子正同，而伯宗教之無信。而申叔時之築室反耕，亦是詐術，亦教楚子以無信。讀者試思解揚有矢信之慨，然無驗也。申犀方念父之仇，蓋必報也。文勢至此，宋人已萬無解免之方法。忽然突出華元入帳登床，以相臣爲刺客，想子反驚怖於三尺霜鋒之下，必百醜盡露。既要盟而獲免，明日背之，亦無不可。乃子反既盟而告王，果退師而與宋平，此亦不忍失信於人者也。此章只分兩段，一寫解揚，一寫子反。至華元入帳，不畏死之狀，卻似解揚，然實爲子反作守信之襯筆，陡要不在華元也。(《菁華》尾) 楚人圍宋，宋人死守數月，楚力已疲，不得已而爲去宋之計。使晉於此以全力救之，固可坐收必勝之勢。乃荀林父既怵于挫敗之餘，憂怖欲死，姑以保境爲得計，而伯宗復以邪言中之，使宋人大失所望，卒至俯首于夷狄，豈非千古憾事？

潞子嬰兒之夫人，晉景公之姊也。(《補義》眉) 此與上篇對看，同一伯宗，于救宋則云違天，滅狄則云討亂，蓋以不救宋之禍在人，而滅狄之利在己也。從來晉卿遇事，以是非直告於君而同朝謀之，至林父每事則使私人代言，而己若不與焉，其後傳爲衣鉢。**酆舒爲政而殺之，又傷潞子之目。晉侯將伐之，諸大夫皆曰：「不可。酆舒有三儁才，不如待後之人。」伯宗曰：「必伐之。**(閩生夾) 記其伐狄之銳，正所以譏其畏楚也。先大夫評曰：「避楚而專力謀狄，伯宗之策也。」**狄有五罪，儁才雖多，何補焉？**(韓范夾) 伯宗前年知楚之不可敵，今此斷狄之必可伐，皆確有所見，故不執一說以自主。(《評林》眉) 彭士望：「左氏借『儁才』二字發揮罵世，十分深刻痛快，正是十分提醒愛惜。」《經世鈔》：「棄賢、奪地應爲兩罪，而此并言之者，豈二事原相關耶？棄賢人亦爲致伐之罪，妙！禹數有苗曰：『君子在野，小人在位。』故晉殺寶華而孔子反，白公殺管齊脩而沈諸梁入。賢人之係于人國如此。」《匯參》：「《史記·殷本紀》云：『紂知足以拒諫，飾是非之端，矜人臣以能，高天下以聲，以爲皆出己之下，武王伐滅之。』是恃才儁故滅也。」**不祀，一也。耆酒，二也。棄仲章而奪黎氏地，三也。虐我伯姬，四也。傷其君目，五也。怙其儁才，而不以茂德，兹益罪也。後之人或者將敬奉德義以事神人，而申固其命，若之何待之？不討有罪，曰將待後，後有辭而討焉，毋乃不可乎？夫恃才與衆，亡之道也。商紂由之，故滅。天反時爲災，地反**

物爲妖，民反德爲亂，亂則妖災生。故文反正爲乏。盡在狄矣。"晉侯從之。六月癸卯，晉荀林父敗赤狄於曲梁。辛亥，滅潞。酆舒奔衛，衛人歸諸晉，晉人殺之。《測義》夾）愚按：晉人殺酆舒，與楚人殺陳夏徵舒例同，而經不書，則左氏或者因晉當時所執之辭而文其説耳，非真義舉也，不然，則罪在酆舒，何以反滅潞子耶？〖編者按：奧田元繼作湯睡菴語。〗（《分國》尾）才非召殺，恃才，殺之由也。少正卯言辨記博，仲尼以小人之雄傑，不免兩觀之誅。况酆舒怙三俊才，濟以五惡，往正其罪，何辭之有？但不得並潞滅之耳。伯宗之數罪，果爲定案。晉師之滅潞，豈爲義師？（《左繡》眉）此篇傳晉滅狄事，而潞子無罪，罪在酆舒。文中"狄有五罪""盡在狄矣"，不曰舒而曰狄，以酆舒爲政，舒罪即狄罪，伐狄即所以伐舒也。至敘滅潞，又不詳嬰兒之歸，而獨詳酆舒之殺。蓋于事則滅狄爲主，于文則酆舒爲重，其法並行而不背也。"有三儁才""待後之人"，兩意雙提，文作兩番披駁。前一層從儁才説到待後，後一層從待後復説到儁才，恰將五罪、四反分對兩頭，而以"後無罪""後有辭"安在中間作接連詰難也。警拔其意，痛快其文，而構局又極整極變，可謂出奇無窮。（《左傳翼》尾）因其有俊才，伐之恐不能勝，故欲待後。殊不知罪不可赦，有才無益，况恃才適以益罪乎？篇中雖兼破"待後"，而以"恃才"爲主，故末路仍歸到才上去，平分作對，便失賓主。（《日知》尾）亂鬨氣悍，接轉處多作竿頭進步之勢。（《評林》眉）《經世鈔》："罪在酆舒，反滅潞，何耶？晉人亦借舒以奪人國耳，與楚莊之討夏氏異矣。"（王系尾）伯宗謂宋不可救，狄必當伐，卒以滅狄，可謂明於謀國者與？林父喪師于邲，而敗狄曲梁，可謂收之桑榆者與？非也。攘楚，大義也。攘楚而霸業隆，大利也。滅狄之所得，磽确之土，侏儒之民，而有不義之名，孰少孰多？且夫楚敗於城濮，不與晉爭，而蠶食江漢以自廣，以待晉釁；晉敗於邲，不與楚爭，而吞噬潞氏以自肥，以待楚釁，其術正同。而楚計則得，晉計則失也。楚，夷也，名號弗正，周之賊也，盛則伏，衰則起，爲鬼爲蜮，固其所也。晉自文公剏霸，天子命爲侯伯，爲子孫者，何弗兢兢業業以自強，堂堂正正以相臨，而效蠻夷鬼蜮之爲哉？故吾謂孟明之功，未足償其過，而林父又不及孟明遠甚。伯宗之謀，亦異于狐、趙矣！（《菁華》尾）潞于晉爲至親之國，酆舒爲亂，執而戮之，宜也，何爲並其國而滅之乎？此與幸人之災何異？申叔時有言："牽牛以蹊人之田，而奪之牛，亦已甚矣。"晉景公之謂也。伯宗勇於滅潞，怯于救宋，蓋亦震于楚威故也。

　　王孫蘇與召氏、毛氏爭政，使王子捷殺召戴公及毛伯衛。卒立召襄。（《測義》夾）愚按：左氏謂王孫蘇使殺，則經何爲不以蘇首惡哉？當以經爲主。（《左繡》眉）"卒"字寫出王孫蘇究竟寡不敵衆，爲下出奔伏筆。

　　秋七月，秦桓公伐晉，次於輔氏。壬午，晉侯治兵於稷，以略狄土，立黎侯而還。及雒，魏顆敗秦師於輔氏。獲杜回，秦之力人也。（《彙鈔》眉）先點出秦之力人一句，伏後所以見獲□□。（《補義》眉）敘秦兵聲勢。（《評林》眉）《經世鈔》："秦伯親伐晉，可謂大敵見臨，而大師乃略狄，只遣偏師應之，兵法所謂知己知彼也，亦見間諜之精。"陳傅良："傳見秦伯書人。"

　　初，魏武子有嬖妾，無子。武子疾，命顆曰："必嫁是。"疾病，則曰："必以爲殉。"及卒，顆嫁之，曰："疾病則亂，吾從其治也。"及輔氏之役，顆見老人結草以亢杜回，杜回躓而顛，故獲之。夜夢之曰："余，而所嫁婦人之父也。爾用先人之治命，余是以報。"（文熙眉）汪氏曰："敘事具品。"穆文熙曰："從父從君，均當以顆爲例。結草爲報，古人借此示教，不必責望也。"（鍾惺眉）"必嫁是""必以爲殉"，總是一情字往來顛倒至此，魏顆用治、亂二字分解，所謂發乎情，斷以義也。（韓范夾）武功之成，亦以陰德致之，此即果報之説，先西域梵經而爲言者也。（《分國》尾）義正者，能勝人。顆用武子治命，其義已正，便可亢杜回有餘，必俟老人結草，細人之見耳。所異者，武子英雄，蓺宫時且曰"勞之不存，報于何有"，況束胸見使，距躍曲踊，何等壯節？區區一嬖妾，欲嫁欲殉，拳拳不置，何無丈夫氣耶？嗚呼！兒女情長，英雄氣短，此項重瞳有虞兮之慟，曹瞞分香賣履，刺刺不休也。（《左繡》眉）杜注："傳舉此以示教。"非教人役志於鬼神，乃教人無違於治命也。看兩"必"字，都是極其叮嚀，叫人何從剖斷？提出治、亂二字，一經權衡，重輕立決，解得直截又委婉。會此旨也，天下無難處之事，亦無難構之文矣。"秦之力人也"，特著此筆，看出下文一段注釋來，以頓筆爲呼筆，與他處只作本句注釋者，筆意自別。前半點一"命"字，又點一"治"字，至末以命筆結之曰

"用先人之治命"，結構極精。(《左傳翼》尾) 不示之以形則其報不顯，不形之於夢則其故不明，事本恢奇，而理自平正。治命、亂命，可爲人子事親準則。作俑無後，聖有明訓。象人不可，而況用人？三良殉葬，秦是以不復東征。老人結草，報自不爽。後世淫祀，多殺人以殉，其不爲宋襄之續者幾何？(高崶尾) 俞桐川曰："治命、亂命，理足不朽，不必論果報也。"命，同也。而治、亂二字，一經權衡，可否立判，此真有學識人語。儲同人曰："從治命一事，而仁、孝並見。"(《評林》眉)《經世鈔》："左氏好徵鬼神夢兆之事，雖極誕怪，讀之自覺可喜可信，自《三國志》後，諸誌怪者但覺是小說中話柄，令人厭而疑之，此可辨古今人筆力優劣所及。"李笠翁："活父妾，子職也，而且得報，況其他乎！此足爲陰德者之勸。"邱維屏："治、亂二字，爲千古孝子開兩大路，其功不小。"魏禧："《孝經》'從父之命，豈得爲孝'，已暢發此旨。"(王系尾) 文有主客相讓法，魏武子一段，本是帶敘，客也。左氏因欲帶敘此事，便於正敘中張大魏顆之功，預爲此段作勢，遂有龐公司馬不知主客之妙。讀者須先辨明主客，然後可得其相讓法。(方宗誠眉) 志怪異事，開後來小說家之宗。(《學餘》尾) 用治命，孝也。不以人殉葬，仁也。有是二者，可以禦侮矣。君子觀于輔氏之役，而知華元之不臣，宜其爲鄭禽也。

晉侯賞桓子狄臣千室，亦賞士伯以瓜衍之縣，曰："吾獲狄土，子之功也。微子，吾喪伯氏矣。"(韓范夾) 以此處今之舉主，大服其心。(《補義》眉) 此爲林父第一得意事，已爲林父結局。(《評林》眉) 按：晉稱中行伯者三人：荀林父、荀庚、荀偃，見《系譜》。邱維屏："如此用賞，意思最深長，《左傳》亦縷縷不休。"(闐生夾) 聊以解嘲耳，記克狄，而有邲敗一役在喉吻間，故妙。**羊舌職說是賞也，曰："《周書》所謂'庸庸祗祗'者，謂此物也夫。士伯庸中行伯，君信之，亦庸士伯，此之謂明德矣。文王所以造周，不是過也。**(闐生夾) 皆諷詞也，與後成鱄稱魏獻子同法。**故《詩》曰：'陳錫哉周。'能施也。率是道也，其何不濟？"**(《測義》夾) 愚按：林父敗軍之將，幸而脫死，不務修德以圖雪恥，而徒逞志於狄，雖捷有功，君子以爲未足捄邲之敗也。而林父且以自多，蒙千室之賞，曾無怍色，晉侯賞罰於是乎失中矣。羊舌子顧以文王事擬之，噫！豈其倫？

豈其倫？〖編者按：奧田元繼作李笠翁語。〗（《左繡》眉）先案後斷，案伏斷應，乃一定之法。此文忽將案與斷兩兩對寫，賞亦賞，庸亦庸，寫得與天官寶樹相似，而又各各生動，不同刻楮，三寸鏤管，吾不知其變化乃至於此。"羊舌職說是賞也"，以敘事為議論，又引經之變調。從"賞"字，推出"庸"字，恰好中間轉梭，用筆最靈活可喜也。前述晉侯亦賞士伯，句句將賞桓子歸併賞士伯後。贊晉侯能庸士伯，亦便將士伯庸中行伯緊接，歸併庸士伯，洗刷得"庸庸"兩疊字語妙如許，清新俊逸，與霸西戎篇同為詠歎淫佚之作，而風調迥別，盡態極妍。（昆崖尾）一段駁一段，一層進一層，斬截剽悍，語不透不止；磅礴洶湧，意不竭不休。萬弩齊發之鋒，三峽倒傾之勢，短篇中之最有氣焰者，左文內又是一種。辯駁條陳體，原宜用此等筆力。（《左傳翼》尾）秦伯能用孟明，晉侯不殺林父，卒收後效。可知不以一眚掩大德，真千古人主用人之藥石也。此與前濟河焚舟篇遙相應，而極口稱歎不置，所以見秦晉之得而楚之用法太峻也。前篇以整齊勝，此以參差勝，筆法各別。（王系尾）晉之君臣，失諸侯而泄泄相安，獲狄土而津津相賀，陋矣。至與文王相擬，何其妄哉！左氏一邊寫楚，一邊寫晉，若絕不相蒙。而後人連類讀之，已恍然於其用意之所在矣。（閩生夾）猶曰：惜乎，其獨不能敵楚耳！

　　晉侯使趙同獻狄俘于周，不敬。劉康公曰："不及十年，原叔必有大咎，天奪之魄矣。"（《分國》尾）士伯止桓子之死，賞桓子，並賞士伯。士伯薦桓子之才，用桓子，並用士伯，為善者亦勸矣。趙同殺于成八年，而精魄早喪。"原、屏咎之徒也"，惡固可稔哉？

　　初稅畝，非禮也。穀出不過藉，以豐財也。（《左繡》眉）藏富意，說來至簡至精，《左傳》寸寸是王也。（美中尾）朱子曰："夏父躋僖公，禮之變。季氏舞八佾，樂之變。僖焚巫尪，刑之變。宣初稅畝，法之變。政逮大夫，政之變。婦人髽而弔，俗之變。"（王系尾）此篇是部中大關鍵處。魯自宣公篡位，親倚東門氏，而君失其政。稅畝之舉，豈獨宣公意哉？公孫歸父、季孫行父共成之者也。凡權臣之欲竊柄者，必使其君棄其民而己噢咻之，則民知有權臣而不知有君。且君而棄民，何異匹夫？生殺予奪，權臣制之，而君日以孤。是故意如逐昭公，絕其嗣，溝其墓。三家逼哀公，使之客死於越，而民莫之哀也，失民故也。失民始於稅畝，甚於丘甲。至於四分公室，而魯不可為矣。嗚呼！仲遂首惡者也，歸生世惡者也，行父附惡，一縱一擒，而獨專其利，權奸固有巧拙哉！(《評林》眉)《傳説彙纂》："税畝之説，公、穀二《傳》皆以爲税而取一，但廢古之助法爾。杜預以爲既取其公田，又税其私田十之一，則爲十而取二矣。胡《傳》主公、穀，而朱子從杜氏，姑並存之以俟考。"《附見》："不過藉，藉，秦昔切，薦也，借也。與《籍》字元自別，人或混用。"(《分國》尾) 税畝，因財不足也。不過藉，乃所以豐財。當時魯脅于楚，謀國者憂其不免，觀仲蔑之言於公，歸父之會于宋，岌岌乎薦賄是圖，宜國用之不足，而思取償於民也。後世除陌方田，又何怪其然乎？

冬，蝝生，饑。幸之也。(《測義》夾) 愚按：秋，螽未息。冬，蝝復生。其重爲民災可知矣。故"秋螽""冬蝝生""饑"，牽連而書，記異也。而左氏皆以爲幸之，何幸之有？(《左繡》眉) 兩事併釋，亦變側，却政得兩事連書之旨。税畝而仍不免於饑，與其以冬蝝爲幸，何如豐什一之財乎？(《評林》眉) 黄仲炎："螽，始生者爲蝝，螽蜚蔽天，或來自他處，不必見其生也，故不曰螽生。蝝生於境内，見其生也，故曰蝝生。"

◇宣公十六年

【經】十有六年春王正月。晉人滅赤狄甲氏及留吁。(《評林》眉) 高閌："書'及'者，所以別二族。"張洽："晉自不得志於楚，而一意用於狄，兼并其地。士會書人，深貶之也。"**夏，成周宣榭火。**(《評林》眉) 孫覺："《公》《穀》皆云樂器之所藏榭，藏樂器，則何獨名宣乎？"李堯俞："廟不應有榭，榭不應藏樂。榭者，講武之所。宣者，其宣王之所爲乎？至是歷十二世，王業日壞，求其如宣之盛既不可得而見，而王之跡又煨燼，蓋痛之也。"按：宣榭火，注："歇前。"謂屋前無屏障也。**秋，郯伯姬來歸。冬，大有年。**

【傳】十六年春，晉士會帥師滅赤狄甲氏及留吁、鐸辰。(《評林》眉) 陳傅良："晉士會，傳見士會書人。"

三月，獻狄俘。晉侯請于王。戊申，以黻冕命士會將中軍，且爲大傅。於是晉國之盜逃奔于秦。羊舌職曰："吾聞之：'禹稱善人，不善人遠。'此之謂也夫。《詩》曰：'戰戰兢兢，如臨深淵，如履薄冰。'善人在上也。善人在上，則國無幸民。諺曰：'民之多幸，國之不幸也。'是無善人之謂也。"（韓范夾）後世居人上者，專用喜怒以爲賞罰，故爲下者僥倖之心易生，僥倖心生則國典皆不足畏，此言誠經法之正也。（《分國》尾）以王命命士會，晉於是乎有禮，舉士會爲政，晉之盜賊盡奔于秦，秦豈真爲逋逃藪？舉皋陶、舉伊尹而不仁者遠，理有固然耳。范雎相，蔡澤之徒往入秦。郭隗用，樂毅、劇辛之徒爭入燕。是類者合，非類者去也。善在上，則國無幸民，想見孔明之治蜀。（《左繡》眉）羊舌極贊士會，以"禹稱善人"二句爲主。下又引《詩》、引諺以證之，一正一反，相承說下。中以"善人在上，國無幸民"爲轉檄，平淡文字，必以變爲工也。（《左傳翼》尾）亦以羊舌語作贊，妙用夷猶淡逸之筆。"幸民"二字最妙，小人行險以徼倖免而無恥，皆有幸心也。善人在上，賞不僭而刑不濫，雖欲倖免，其將能乎？戰戰兢兢，臨深履薄，則無幸心矣，不善所以遠也。正本清源之論，可與賞之不竊同看。（《補義》眉）汪云："引《詩》正說，引諺反說。"（高崪尾）淡淡數語，卻是治術之要。左氏短篇皆包大議論在內，此種是也。（《評林》眉）《補注》："傳見列國之卿猶有請命者。天子太傅，三公之官也。諸侯太傅，孤卿之官也。《周禮·典命》云：'公之孤四命。'鄭眾云：'九命上公，得置孤卿一人。'春秋晉爲伯主侯，亦置孤卿。文六年有太傅陽子、太師賈佗，則晉嘗置二孤。"（王系尾）酆舒有雋才而晉滅之，群狄喪膽，所以取之如振稿也。此是文章輝映處。士會，晉之良臣，子孫蕃盛，乘滅狄之便，表著一番，是部中眼目處。凡文章之妙，多在無文字處，讀者不可不細心也。

　　夏，成周宣榭火，人火之也。凡火，人火曰火，天火曰災。（《左繡》眉）一行中凡六寫"火"字，如披雲漢圖。（美中尾）黃若晦曰："榭者，講武之所。宣榭者，宣王之遺跡也。遇災而燬，中興之跡泯矣。"（《評林》眉）張太嶽："宣榭火，此王子擅殺大臣而天子不討之象。"程頤："天火未嘗不假人火以爲災，凡人火皆天所爲也。唯雷火災物者間有之，而不可以常理論。左氏分火爲人、災爲天，未當。"

　　秋，郯伯姬來歸，出也。

　　爲毛、召之難故，王室復亂。王孫蘇奔晉，晉人復之。

　　冬，晉侯使士會平王室，定王享之，原襄公相禮，殽烝。

武子私問其故。王聞之，召武子曰："季氏，而弗聞乎？王享有體薦，宴有折俎。公當享，卿當宴，王室之禮也。"武子歸而講求典禮，以修晉國之法。(《分國》尾)襄王折請隧，定王解證殽，周室雖微，典禮之間，尚有可觀。他日景王彝器之索，雖曰非禮，典籍之徵，使籍談語塞，亦自彬彬。士會歸而修法，古人留心典故如此。(《左繡》眉)數語條理分明，極簡極整，此等皆所謂文、武之道未墜於地者也。注：士會，卿也，雖享亦當用宴禮，意在言表，正以不說破爲佳。(《左傳翼》尾)"享有"二句，士會之所知也，"公當"二句，士會之所不知也，說得名分截然，以見典禮一定，不可混亂。"而弗聞乎"一呼，"王室之禮也"一醒，如呼寐者而使之覺，數言之中溫肅俱備，王室凌夷而守禮不失，雖強藩悍辟，亦當俯首肅志，何況武子！講求典禮，宜其汲汲不遑也。王朝典禮既如此嚴肅，何以一王孫蘇而驕蹇橫暴，迄不能制乎？亦王室凌夷積漸使然耳。因武子私問而詳告之，儀制尚截然不可亂，而況君臣上下之大體乎？"而弗聞乎"等語，口角冷峻，武子歸但知講求典禮以脩晉國之法，而于王孫蘇始終袒護，抑何明於小而暗於大耶？(《補義》眉)士會爲卿，宜用宴禮，不直說出，含蓄得妙。(《便覽》尾)《檀弓》論晉大夫，以士會爲首。今錄此二則〖編者按：原書於此篇下附錄僖公三十年"冬，王使周公閱來聘"一段〗，以見一班。且見左氏中平淡短篇，亦不可及。芳自記。(《日知》尾)杜注曰："傳言典禮之廢久。"(《評林》眉)石星："定王享之，享、宴不同，武子怪問，人固有知有不知也，何病乎？然歸而講禮，則其心虛矣！"陳傅良："晉國之法，終前年殺毛、召傳。"(《王系尾》)定王明禮如此而周日以衰，士季好禮如此而晉日以侈。豈禮之不足以爲國哉？是特儀文之末，而非君子之所貴也。曾子不云乎："籩豆之事，則有司存。"

◇宣公十七年

【經】十有七年春王正月庚子，許男錫我卒。丁未，蔡侯申卒。夏，葬許昭公。葬蔡文公。(《評林》眉)季本："是時許、蔡從楚，皆來訃喪，而魯往弔焉，見魯亦與楚通焉。"六月癸卯，日有食之。己未，公會晉侯、衛侯、曹伯、邾子同盟於斷道。(《評林》

眉）黃正憲：「魯、衛、曹、邾皆相鄰國，是時宋與楚平，若以宋爲嚮導而東侵，則四國實爲門户而唇齒相依者也。斷道之盟，不可已也。」秋，公至自會。冬十有一月壬午，公弟叔肸卒。

【傳】十七年春，晉侯使郤克徵會于齊。齊頃公帷婦人，使觀之。郤子登，婦人笑于房。（韓范夾）郭定襄接賓客，姬妾環侍，惟盧新州來，則令避去。蓋以杞貌陋，恐姬妾笑之而致禍也。汾陽所以成大功、保富貴者，孰非深於《春秋》之力哉？（《評林》眉）李笠翁：「齊帷笑跛客而致國禍，平原君之美人笑躄而失賓客，竿黛之辱，固不啻市朝。此子儀之見盧杞而悉屛侍妾，有以也。」彭士望：「公、穀俱極力描寫，左只一'登'字畫出跛神，不覺失笑。左氏每紀此等，以見嬉笑怨毒之甚，不可不謹微而慎忽。」獻子怒，出而誓曰：「所不此報，無能涉河。」（閩生夾）將後文戰事一齊提起。獻子先歸，使欒京盧待命于齊，曰：「不得齊事，無復命矣。」郤子至，請伐齊，晉侯弗許。請以其私屬，又弗許。（《測義》夾）王樵氏曰：「郤克徵會，本爲謀楚，《穀梁》之説是也。胡氏謂謀伐齊，誤矣。徵會在未見笑之前，豈預知其見笑，故爲之會以謀之耶？左氏載婦人笑于房，自爲鞌之戰張本爾。」（《左繡》眉）此篇作兩截讀，凡文有敘有議，大抵一串。此獨敘、議各自成文，然其意未始不相發也。蓋以會徵齊，而獨辭之。辭之已，而又執焉。雖齊實侮客，而郤之忿不已甚乎？前半極寫郤之盛怒，便爲賈皇語伏案。而後半過"而不改""以懼諸侯"，雖指執三子言，實并辭齊、請代一總諷切在裏許也，融會得之。上半以徵會、辭齊爲起訖，下半以兩晉人一執、一緩爲起訖，此又分之各成片段之説也。（《評林》眉）邱維屏：「又不許，此必武子爲政有以沮之。」王元美：「郤子以私憾故，欲逞志於齊，而晉侯弗許，似矣！則何以復執其使，已而賈皇言之，果當也，則宜有辭以責使者而明遣之還，齊將引咎自謝不暇，又何以緩之使逸乎？蓋晉之不達於禮如此，何怪諸侯日貳而霸業日衰也！」（閩生夾）晉侯不欲動兵而卒不得，自此以後，晉權遂旁落矣。

齊侯使高固、晏弱、蔡朝、南郭偃會。及斂盂，高固逃歸。夏，會於斷道，討貳也。盟于卷楚，辭齊人。晉人執晏弱于野王，執蔡朝于原，執南郭偃于温。苗賁皇使，見晏桓子，歸，言于晉侯曰：「夫晏子何罪？昔者諸侯事吾先君，皆如不逮，

（閩生夾）蓋言諸侯之于晉，不如昔者之事先君也，倒裝句法。即襄十四年所謂"諸侯事我寡君不如昔者"也。舉言群臣不信，諸侯皆有貳志。齊君恐不得禮，故不出，而使四子來。左右或沮之，曰：'君不出，必執吾使。'故高子及斂盂而逃。夫三子者曰：'若絕君好，寧歸死焉。'爲是犯難而來，吾若善逆彼以懷來者。吾又執之，以信齊沮，吾不既過矣乎？過而不改，而又久之，以成其悔，何利之有焉？使反者得辭，而害來者，以懼諸侯，將焉用之？"晉人緩之，逸。（《正論》眉）不釋則疑其來，釋則欣其來，利害昭然，是善轉移機括處。（《補義》眉）此分兩截看：上截是郤克怒齊，因請伐齊；下截是請釋齊三大夫，言齊不必怒，意全相反，然皆爲戰鞌張本也。如克請伐齊而晉侯從克，似晉君臣喜事，過猶在晉。乃克請之益力，而拒之益堅，又從苗賁皇之言，釋其大夫，可見齊不仇魯、衛，晉必不伐齊也，而鞌之戰非盡出於克之一怒矣。故兩截皆爲戰鞌地。晉侯從諫正與怒客者迥別。（閩生夾）哀晉之失政，罪郤克也。以"唯器與名，不可假人""政亡，則國家從之"爲主。（文熙眉）汪道昆曰："序事具品，'所不此報'句法。"穆文熙曰："'犯難而來'與'執之以信齊沮'二句，悲切動人，故晉人釋桓子，惜其不能明遣之，而令之自逸，失懷遠之道矣。"（《測義》夾）愚按：郤子以私憾故，欲逞其志于齊，而晉侯弗許，是矣，則何以復執其使？已而賁皇言之果當也，則宜有辭以責使者，而明遣之還齊，將引咎自謝不暇，又何以緩之而使逸乎？蓋晉之不達於禮如此，何怪乎諸侯之貳而霸業之日替也！（《分國》尾）顰笑召禍，自古有之。盧杞貌醜，郭令公戒婦人勿得侍立，懼以笑啓釁也。夫惟簿觀覘，尚召伐曹之甲；臨樓行汲，卒斬笑躄之頭。堂堂晉使，帷婦笑之，鞌戰之怒，其能免乎？苗賁皇數語酷似端木語吳太宰時。（《左繡》眉）先從諸侯一反一正泛説起，以下前三層極言來者之可矜，後四轉極言執之之無謂，又痛快，又婉轉，字字圓緊。前用兩"故"字，一爲是後用四"以"字相配爲章法，然後雖四轉，原只三層，都説自己不是，應轉"晏子何罪"，而信沮、成悔、懼諸侯意，則一層之一層。"吾過""何利""焉用"之詞，則一層寬一層，所以不十分激怒郤子也，妙極矣！（《左傳翼》尾）大臣當敬，本國且然，況盟主之卿貳乎？據《穀梁》：晉、魯、衛、曹諸卿同時聘齊，眇、跛、秃、僂一時並集，傀儡登場，令人絕倒。頃公見戲，釀成喪師辱國之禍。左氏略諸卿不言，獨寫一郤克，而盛怒難遏，已勃勃不可當矣。盟斷道後，未嘗一提獻子，而無不有獻子之怒在其中，賓皇之言，委曲和婉，亦無非解其怒也。怨毒之於人，甚矣哉！（《評林》眉）《經世鈔》："執三子於三地，豈來有先後，隨所至而執之耶？此與蹶由之對楚同。不明遣之以謝齊，而緩之使逸，可笑孰甚？三子之逸，亦是庸人。觀叔孫豹之執便見。"（《菁華》尾）是時楚勢強盛，爲齊計者，正宜結好于晉，以收同心協力之效。乃於聘使之來，遽以非禮遇之，以啓釁端。其於謀國之道，不其遠歟？獻子之請伐齊，雖動於氣忿之私，而其事固不可以已，至執晏弱、蔡朝、南郭偃三子，甚屬無謂。古者兵交，使在其中，三子何罪，而執之乎？怒其君而辱其臣，甚非爲盟主之道也。

　　秋八月，晉師還。

　　范武子將老，召文子曰："燮乎！吾聞之，喜怒以類者鮮，易者實多。《詩》曰：'君子如怒，亂庶遄沮；君子如祉，亂庶遄已。'君子之喜怒，以已亂也。弗已者，必益之。郤子其或者欲已亂于齊乎？不然，余懼其益之也。余將老，使郤子逞其志，庶有豸乎？爾從二三子唯敬。"（韓范夾）傷心之怨，必使人得發而後國安。如劍客鍊莫耶，偶爲物觸，必擊注空中，令擊鳥除怒，而後可馴也。（《補義》眉）前篇似言郤克之生事，此復醒出"已亂"二字，以見用師非盡洩憤。一"敬"字亦箴二三子、箴郤克。乃請老，郤獻子爲政。（文熙眉）汪道昆曰："議論能品。'有豸'句法。"穆文熙曰："武子讓政，遠害全身，足爲千古之法。郤子逞志，所以終受晉禍。"（《測義》夾）愚按：范子之欲以國柄授郤子，非以豸其私怒耶？則怒且益亂。范子業已計其必然，乃弗能禁，又席之權以逞其志，如憒國事何？蓋武子懼其偪而姑請老以避之，善自爲謀，非忠於謀國者也。〖編者按：奥田元繼作湯睡菴語。〗（魏禧尾）魏禧曰："淩氏謂武子假郤克之權以逞志，懼其偪已耳，所謂善自爲謀，而非忠於謀國者。然其逞志，不過伐齊。伐大國以立威，在當時不以爲害國也。故假之權則怒洩于齊，不假之權則怒齊之憤不洩而亂生於內矣。人處事勢，有不得不如此者，慎毋執中正硬板道理以責備古人，而使後人無所依據也。"孔之逵曰："克序當爲政，武子即抑之使不伐齊，徒俾其蓄憾於我，而終不能使之不伐。

且邲之戰，武子將上軍，郤克佐之。中軍、下軍皆敗，上軍獨全，武子蓋稔知克之能足以濟事，必不致忿兵辱國也。特以伐齊報私忿，身秉國政，而徇人之私，義所不出，故置身事外以聽其所爲耳。其後郤克爲政，晉伐齊，齊侯與晉盟於繒，以太子彊爲質，而遂罷兵。及鞌之役，乃因齊數侵伐魯、衛，魯、衛各來乞師，克操必勝之勢，與二國共奮死力，非妄以忿兵加人而倖功者。然則使逞其志，必如郤克而後可。非郤克則不可也。蓋加于子文一等矣。"（《分國》尾）愚按：古者秉國大臣，及其老也，必擇賢以自代，諸葛武侯于蔣琬、費禕是也。畢此二三人，而蜀事遂以不競，甚矣，執政之能爲國存亡也。晉之秉鈞，莫賢于隨武子，而其致政也，其意乃以屬郤克，蓋以郤子之才，而有深怒于齊，不授以政，不足以雪其欲報之私，而國事亦因之而生隙，此其慮後之策，自有深機，非常道可概執，而晉之權歸群下，六卿瓜分之漸亦微見其端矣。郤氏不終，武子已見其然。不然，爲政而何以曰"使逞其志"也？（《左繡》眉）士會致事戒子，全爲郤克用事起見，故篇中詳於論克，而略於訓子。起從晉師還敘入，緊承上文一怒而來，爲一篇文字之根。結處直點出獻子爲政，一篇主腦。而將老、乃老，首尾呼應，大旨了然矣。寫出喜怒作用來，不同頭巾語。此與子文靖國，一樣見識，一樣論頭，而理解各別，精意層出不窮。（儲欣尾）晉第一流人物，其范武子乎？當國未及兩年，而亟讓郤克以解晉亂。謀國何忠也？武子而後，文子稱象賢矣。（《左傳翼》尾）郤子之必欲逞志于齊也，武子知之。不欲從，又不能止，不得已而退，無限苦衷，亦可想見郤氏之橫，而晉君之不能也。士君子當國不幸，所處時勢有與武子同者，其亦以此爲法，全身而退可乎？（高嵣尾）本年春，郤克徵會于齊，齊頃公圍婦人，使觀之。郤克登，婦人笑于房。郤克怒，出而誓曰"所不此報，無能涉河"，後成二年，即敗齊於鞌。此爲中間過接文字，故末以郤獻子爲政作收結。（《評林》眉）鄭彰魯："武子蓋不滿郤子之以私怒逞志於齊，故云"或者欲已亂"，又云"庶有豸"，言婉而刺，不欲其子從克以逞也。"《經世鈔》："處亂世之道無過此，身歷世故，出入智術之久，而後知此語非迂非泛也。"陳傅良："爲政，傳言三郤所以見殺。"（王系尾）通篇眼目在"討貳"兩字，討貳有二義：一謀伐齊，一以備楚也。汪德輔曰："魯、衛、曹、邾皆迫于齊，故同有伐齊之心。而晉又欲討其貳，會逢其適。觀明年晉、衛伐齊，又二年四國與齊戰鞌，則此盟爲同謀伐齊可知矣。"黃正憲曰："魯、衛、曹、邾皆相鄰之國。是時宋與楚平，若以宋爲向導而東侵，則四國寔爲門户而脣齒相依者也。斷道之盟，不可已也。此當日之情事也。左氏據事直書，而組織之工，則以郤克爲經，晏弱、高固、蔡朝、南郭偃、苗賁皇、范武子爲緯，織成一篇無縫天衣，使大者見之謂大，小者見之謂小。遠觀近觀，各得其妙，而不知其所以妙，神乎技矣。"（《學餘》尾）武子可謂退以義矣。齊非禮也，怒而伐之，則亦非禮也。從之遂其非，禁之激其憤，不如請老之謂愈也。當事而後知難，故曰："郤子爲政，庶有豸乎？"甚哉！武子之智也。（閭生夾）此段橫空而來，神氣駿邁無比。"已亂于齊"者，言洩憤于齊以免晉國之亂也。若無鞌戰，晉國之亂不待三郤時矣，此情惟范武子知之耳。

冬，公弟叔肸卒。公母弟也。凡大子之母弟，公在曰公子，不在曰弟。凡稱弟，皆母弟也。（《左繡》眉）公弟解得鄭重，固當記日以卒之耳。一行中，凡六寫"弟"字，此等皆有意以疊筆見致者。（《評林》眉）《補注》："'皆母弟'，劉炫曰：'再言凡者，前凡據適妻子爲文，後凡嫌妾子爲君，母弟不得稱弟，故言凡也。'"

◇宣公十八年

【經】十有八年春，晉侯、衛世子臧伐齊。（《評林》眉）家鉉翁："齊自懿、惠以來，比世再篡，怙彊妄行，漁獵小國，其罪亞於楚。晉景懦無立志，忽興師伐齊，亦足聳聽，《春秋》何貶焉？"公伐杞。夏四月。秋七月，邾人戕鄫子於鄫。（《評林》眉）薛季宣："戕者，殺異國之君也。邾力足以加鄫，而屢無道於鄫，則魯以彊大加邾，蓋出乎爾者也。"甲戌，楚子旅卒。（《評林》眉）家鉉翁："楚入春秋百年，武、文、成、穆，未有窺周室之心也。楚莊睥睨周鼎，欲遂僭王之夙心，故《春秋》書法爲之一變，其存也書之曰'子'，其殁也卒之曰'子'而不葬，抑之也。示共主在周，雖欲僭而莫得也。論者乃謂《春秋》進之是以爵之，貴之是以終之，非知《春秋》者也。"公孫歸父如晉。冬十月壬戌，公薨于路寢。歸父還自晉，至笙。遂奔齊。（《評林》眉）按：歸父還不書，《春秋》常例也。然今書之，是特書也。略"公孫"二字，非《春秋》常例所拘，唯善以禮進退，而特書之也。

【傳】十八年春，晉侯、衞大子臧伐齊，至於陽穀。齊侯會晉侯盟於繒，以公子彊爲質于晉。晉師還，蔡朝、南郭偃逃歸。（《左繡》眉）此行聊以平郤克之怒耳，故盟質即還，要爲郤克所不樂聞也。晉侯既會，宜以禮遣，而朝、偃遽逃，與高、晏一樣倉皇，知其信晉侯不若其畏郤克之甚也，而鞌戰來矣。（《補義》眉）齊頃成盟，公子入質，前所執者，自當禮遣，而令其逃歸，慎矣。（《評林》眉）陳傅良："盟于繒，特相盟，雖伯者亦不書，且見晉衰。"

夏，公使如楚乞師，欲以伐齊。（王系尾）宣倚齊簒魯，卑以事之，無所不至，而卒不能有終也。意必有大不能堪者，又不能于同姓之晉，而遠結蠻夷以爲好，其爲人概可知矣。此是部中小結構，非閒閒然敘此一事也。

秋，邾人戕鄫子於鄫。凡自虐其君曰弑，自外曰戕。（《左繡》眉）次睢之用，其仇未報，今復爲微者所戕，甚矣，鄫之世爲邾弱也。（《補義》眉）張天如曰："邾文公用鄫子，猶假宋命。邾定公戕鄫子，直邾自爲。彼惟試於次睢，方伯無討，遂再試而不懾也。"（《評林》眉）鍾伯敬："宋襄蓋嘗使邾人執鄫子用之，今又何使戕其君於國中乎？鄫之無人可知也。"

楚莊王卒。楚師不出，既而用晉師，楚於是乎有蜀之役。（《測義》夾）季本氏曰："楚莊之興，志欲圖中國，但以能審形勢，故先爲務本息民之計，不汲汲於兵争，即位三年而始滅庸。秦、巴既合，足以制中國諸侯，然后漸圖陳、宋。動必相機，辭足以屈中國，亦一時之雄也。然滅庸、滅舒蓼、滅蕭，肆其强暴。而宋、陳、鄭聖賢之後，無不皆被其毒，凡其所爲，皆貪慾之事，非有假仁義以正天下之功，説者乃以列於五霸而與桓、文並稱，豈不誤哉！"（《左繡》眉）此條本連上如楚乞師爲一節，編書者按經在戕鄫下，故記之耳。後文子有詳敘，此只作一渾記之筆，乃紀事之提頭也。（王系尾）楚莊才略過人，繼武、文、成、穆之業而侈大之。陵諸夏，問周鼎，駸駸乎不可制矣。其卒也，天下之幸也。此篇"楚莊王卒"句，是部中大關鍵處。下三句約撮後事，以清乞師伐齊之案，是一二年中小關鍵處。

公孫歸父以襄仲之立公也，有寵，欲去三桓以張公室，與公謀而聘于晉，欲以晉人去之。（《補義》眉）"與公謀"一篇之主。

想見拊膺頓足之狀。**冬，公薨。**（《測義》夾）李廉氏曰："宣公大略與桓公相類，宣公因齊得國，終身事齊，自黑壤見止之後，南逋于楚。當是時，晉之霸事不振，故魯亦得以自從，數侵犯小國以自益，而晉問不及焉。直至十七年斷道之盟，始背齊事晉，則以季孫之憤也，於是歸父逐，而三家之張甚矣。先儒李氏云：'賂田求昏，君大夫奔走無寧歲，以爲媚齊之謀，而無事晉之志。一逞於兵，則伐莒伐邾，猶未已也，而伐萊伐杞。一放於利，則取向取繹，猶未厭也，而取根牟。此宣所以無良圖也。'斯言得之矣。"**季文子言於朝曰："使我殺適立庶以失大援者，仲也夫。"**（《補義》眉）一人言如出兩口。（閩生夾）文子之罪於此微一露，然公薨，敢爲是言，又見其無君之心也。**臧宣叔怒曰："當其時不能治也，後之人何罪？子欲去之，許請去之。"**（閩生夾）合觀此節，則前文之義益明矣。**遂逐東門氏。**（《測義》夾）陸粲氏曰："許也，季氏之黨也。始則陽爲正言以微立異同，繼而曰'許請去之'，則其本情著矣。自昔強臣欲除異己者，未始不有姦人左右之。"**子家還，及笙，壇帷，復命於介。既復命，袒、括髮，即位哭，三踴而出。遂奔齊。**（《測義》夾）姜寶氏曰："歸父如晉、奔齊二事，左氏謂謀去三桓，欲仗晉以行事。使果有此，則歸父被逐，當奔晉不當奔齊也。左氏以傳聞爲實，然竟不審其後晉人從否何如，要是晉徵爲斷道之盟，魯不得不往，既受盟，魯又不得不一修好，此歸父所以如齊。而歸父之見逐，則又以其貴而有寵，行父輩始嘗忌之，今於宣公之薨，行父又將自文其謀弒子赤之故，於是誣以謀去三桓之罪，以激衆怒，而追治子赤之事，故致其以家遣如此。而歸父之奔齊，則以其父嘗謹事於齊，齊爲可依故也。"（《補義》眉）與篇首"與公謀"三字應。**書曰："歸父還自晉。"善之也。**（文熙眉）穆文熙曰："襄仲通於敬嬴，弒太子惡而立宣公，罪不容誅。文子始而不治，既乃悔之，欲逐其子歸父，晚矣。宣叔之論，可謂正大。"（《彙鈔》尾）子輿氏云："孔子成《春秋》而亂臣賊子懼。"晉趙盾之不討賊，鄭歸生之權不足，均不免弒逆之名，其義一也。左氏發明書法，舉此而餘可例推。邲之戰，晉帥權不相統攝，由是喪師失霸。楚莊賢明智勇畢效，克晉、討陳、伐宋、伐鄭，殆無虛日，遂以致霸，亦有足取者。因其文，繹其義，庶可知人論世乎？（魏禧尾）魏禧曰："歸父遭逐而有禮，不亂不懼，所以可法。凡父死，而其信用之人非有大惡不可忍，則必從容以禮去之。宣公未殯而成公遽逐其使，可謂忍矣。《穀梁》以爲背父，胡氏以爲忘父，允當。然其權在行父、宣叔，當非成公所得主也。"孔尚典曰："欲去三桓而洩其謀，內無心腹輔佐君側，輕身聘晉，即令公不薨，亦將有内亂而挾君以逐東門氏者。嘗疑宣公之死，或亦季文子、臧宣叔弑之。觀公薨而即言於朝以逐東門氏，是其處心積慮者久矣。"（《分國》尾）東門氏應逐也，行父當國，若能施於惡、視未弑前，或惡、視將殺日，行父當萬代瞻仰。宣公薨而後言於朝，晚矣。君在殯，遣巨室，忍矣。況其胸中本非爲國，不過因歸父謀去三桓，先發制人，爲自全計。宣叔之責行父，片言破的。子家之哭宣公，今有餘哀。但覺行父老奸，無一善狀。（《左繡》眉）此事便爲昭、哀二公作俑矣。子家獨非三桓耶？其意不過假公濟私、藉寵而忌季氏耳，故季氏還以報之。乃晏桓子所謂"謀人，人亦謀之"者也。文中一"謀"字，三"欲"字，三"去之"，正相應。書善其還，而又詳欲去三桓之失，文似前後不貫。不知果去三桓而強公室，雖復恃寵謀人，與臣有璧馬之寶何異？書以善之，故不獨善其得復位、出奔之禮也已。文子一"我"字，説得三桓與公室是二是一，正使歸父不得藉口，妙舌。宣叔怒文子，便已出脱歸父，又妙筆也。（美中尾）馬宛斯曰："東門之惡，在殺二子。行父所忌，在去三桓。公償私怨，子任父怨，其誰服焉？"殺嫡立庶，此何事也而乃爲人使乎？行父殆欲蓋彌彰矣。（《左傳翼》尾）張悔葊曰："人知魯自季武子始專國政，而不知自季文子始。"又："季文子與孟獻子皆號社稷之臣，而歸父已欲去三桓以張公室，則三家之勢日以炎炎，非一日矣。然則歸父去之是乎？曰是時季、孟爲國人所賢，歸父又係賊臣之子，驟去三桓，誰其與之？且歸父此舉，未必盡出公心，不過以襄仲既卒，權勢下逮季氏，故忌而相圖耳。歸父既欲張公室、去三桓，則季氏自以殺嫡立庶罪仲氏，晏桓子'謀人，人亦謀之'一語，得其情矣。"後儒以其復命爲禮許之太過，以爲非志仁者不能，恐歸父未必敢當耳。歸父謀去三桓以張公室，實忌季氏而欲代之位耳。季氏因以殺嫡立庶追罪其父而逐之，生不能討，爲之附和，今怨歸父而借題爲名，獨不一爲自反乎？臧叔既知其非，又從而去之，是何心也？恐其致毒必滅其宗，聊爲解釋，蓋亦劇具苦心矣。歸父始謀不臧，而藉介復命，退不失禮，君子猶有取焉。（《評林》眉）《經世鈔》："文子本欲借題以去歸父，又將前弑逆事推卸乾净，一舉兩得，後世巧猾老宦，每能如此。文子三思後行，當以是也。此事豈可聽人所使耶？"陸粲："宣叔，季氏之黨也。自昔強臣欲除異己者，必有奸人左右之。始之正言以自表，既之助惡以奉勢，後世朝臣亦多如此。"（王系尾）行父魯之親賢，弒立大難，竭性命以殉，豈俟再計？即不能然，則當蹈河踰海以避亂，魯不可一日居也。乃爲之使齊納賂焉，始焉附惡以分其寵，終焉因利乘便擠之而奪其柄。奸雄辣手，寧有兩哉？遂自文公之世，貴盛已極。而忍行弒逆者，欲爲子孫世世之利也。身死未冷，子猶貴盛，而向之媚己者，已得而寢處之。九原有知，其悔何如？此篇是逆遂弒立之報，行父專魯之始，爲部中大關鍵處。贊曰："宣之始立，政由仲遂。遂死而仍無一善之可稱也，祿去公室，孰則爲之？"（《菁華》尾）公孫歸父欲去三桓，是魯事一大轉機，使其事克成，何至有昭、哀兩世之辱？不幸使命未返，而君已薨，使行父得假公義以濟私情，此其中大有天意存焉。書歸父還自晉，善之也。非善其去國有禮，乃善其忠於公室，而深惜其謀之不成也。